Dr. Oetker

# 1000

## Rezepte – blitzschnell

Dr. Oetker

# 1000

## Rezepte – blitzschnell

Dr. Oetker Verlag

# Rezepte – blitzschnell

Wenig Zeit oder einfach keine Lust auf langen Küchendienst? Dann sind Sie hier genau richtig. Mit unseren 1000 Rezepten zaubern Sie mühelos in Nullkommanichts für sich, Ihre Familie oder ein paar liebe Freunde etwas Köstliches auf den Tisch.
Egal ob es nur ein kleiner Snack oder ein leichter Salat sein soll, ob Sie lieber Suppe löffeln oder ein ordentliches Stück Fleisch oder einen edlen Fisch auf dem Teller haben möchten. Sie bevorzugen es vegetarisch? Pasta ist Ihre Leidenschaft? Hier finden Sie schnelle Rezepte für jeden Geschmack, die Sie ganz einfach nachkochen können. Und immer gilt: In 30 Minuten ist der Küchendienst erledigt und der Genuss kann beginnen.

Natürlich haben wir auch an die Liebhaber von selbst gebackenen Kuchen und Teilchen gedacht. Der Teig ist schnell gerührt und in die Form oder aufs Blech gebracht. Den Rest erledigt dann der Backofen. Der Bäcker hat schon zu? Keine Tiefkühl-Pizza mehr im Gefrier? Dann finden Sie sicherlich gute Alternativen im Kapitel Brot und pikantes Gebäck. Nicht mehr als 60 Minuten und die selbst gebackenen Köstlichkeiten sind fertig.

Das Einzige, für das Sie nun ein bisschen mehr Zeit einplanen sollten, ist die Auswahl. Zwischen Gemüse-Gyros im Pitabrot, Spaghetti al tonno oder Currywurst de luxe, Apfel-Walpilz-Kaiserschmarren, Schwedischem Sommersalat oder Seelachsfilet mit Ofentomaten fällt die Entscheidung nicht eben leicht. Aber glücklicherweise kehrt die Lust auf Genuss ja täglich wieder. Lassen Sie sich also immer wieder aufs Neue verführen.

Alle Rezepte wurden von uns getestet und Schritt für Schritt so beschrieben, dass sie Ihnen gut gelingen.

# Kapitelübersicht

Kapitel **01**

Rezepte 001–100

# Salate & Dressings

Chinakohlsalat mit Bündner Fleisch

## Chinakohlsalat mit Bündner Fleisch

2 Portionen

*Zubereitungszeit:* 30 Minuten

**Für den Salat:**
350 g Chinakohl
200 g Bündner Fleisch
3 Orangen
1 Grapefruit
125 g blaue Weintrauben

**Für die Salatsauce:**
3 EL Salatcreme (10 % Fett)
150 g Joghurt (0,1 % Fett)
1 EL Zitronensaft
Salz
gem. Pfeffer
etwas Zucker

*Pro Portion:*
E: 47 g, F: 14 g, Kh: 37 g,
kJ: 1983, kcal: 474

**1.** Für den Salat den Chinakohl putzen, vierteln und den Strunk herausschneiden. Die Blätter waschen und gut abtropfen lassen oder trocken schleudern. Salatblätter in mundgerechte Stücke zupfen.
**2.** Das Bündner Fleisch in schmale Streifen schneiden. Die Orangen und Grapefruit so schälen, dass die weiße Haut vollständig entfernt wird. Orangen und Grapefruit filetieren, den Saft dabei auffangen. Trauben abspülen, abtropfen lassen, halbieren und entkernen.
**3.** Für die Sauce die Salatcreme mit Joghurt, Zitronen-, Orangen- und Grapefruitsaft in einer Schüssel glatt rühren. Die Sauce mit Salz, Pfeffer und Zucker würzen. Die Salatzutaten in einer Schüssel vorsichtig vermischen und mit der Sauce anrichten.

## Kartoffelsalat mit Kresse

4 Portionen

*Zubereitungszeit:* 10 Minuten, ohne Abkühlzeit

750 g gegarte, gepellte Pellkartoffeln, z. B. vom Vortag

**Für die Sauce:**
375 ml Gemüsebrühe
3 EL weißer Balsamico-Essig
Salz, gem. Pfeffer
4 EL Olivenöl

190 ml abgetropfter Karottensalat (aus dem Glas)
500 g Champignons

4 EL Olivenöl
2 Kästchen rote Daikonkresse

*Pro Portion:*
E: 10 g, F: 21 g, Kh: 33 g,
kJ: 1484, kcal: 354

**1.** Kartoffeln in Scheiben schneiden und in eine große Schüssel geben.
**2.** Für die Sauce die Brühe mit Essig, Salz und Pfeffer verrühren. Olivenöl unterschlagen. Karottensalat und Sauce zu den Kartoffelscheiben geben, gut untermischen und durchziehen lassen.
**3.** In der Zwischenzeit die Champignons putzen, evtl. kurz abspülen, trocken tupfen, in Scheiben schneiden. Olivenöl in einer Pfanne erhitzen. Die Champignonscheiben darin in 2 Portionen unter Rühren hellbraun braten, mit Pfeffer würzen. Champignonscheiben abkühlen lassen und unter den Kartoffelsalat heben.
**4.** Kresse abspülen und trocken tupfen. Die Blättchen von den Stängeln schneiden. Den Salat mit Salz und Pfeffer würzen. Die Kresseblättchen unterheben.

***Tipp:*** Die rote Daikonkresse erinnert im Geschmack an Kreuzkümmel (Cumin). Sie kann durch einfache Kresse ersetzt werden.

## Nudelsalat mit Schinkenröllchen

4 Portionen

*Zubereitungszeit:* 30 Minuten

1 1/4 l Wasser
1 TL Salz
125 g Hartweizennudeln, z. B. Spirelli

600 g Zucchini
1 EL Speiseöl, z. B. Olivenöl
Salz
gem. Pfeffer
100 g Rucola (Rauke)
1/2 Bund glatte Petersilie

**Für die Salatsauce:**
2 EL mittelscharfer Senf
2 EL saure Sahne
2 Msp. gem. Piment (Nelkenpfeffer)
1 EL Olivenöl

285 g abgetropfter Gemüsemais (aus der Dose)
4 Scheiben Kochschinken (ohne Fettrand)

*Pro Portion:*
E: 15 g, F: 9 g, Kh: 36 g,
kJ: 1225, kcal: 293

**1.** Das Wasser in einem großen Topf zugedeckt zum Kochen bringen. Dann Salz und Nudeln zugeben. Nudeln im geöffneten Topf bei mittlerer Hitze nach Packungsanleitung bissfest kochen, dabei gelegentlich umrühren.
**2.** Inzwischen Zucchini abspülen, abtrocknen und die Enden abschneiden. Zucchini in etwa 5 cm lange dünne Streifen schneiden.
**3.** Öl in einer Pfanne erhitzen. Die Zucchinistreifen darin unter Rühren anbraten, mit Salz und Pfeffer würzen, aus der Pfanne nehmen.
**4.** Die Nudeln in ein Sieb geben, mit kaltem Wasser abspülen und abtropfen lassen. Den Rucola verlesen, dicke Stängel abschneiden. Rucola waschen und trocken schleudern, einige Blätter zum Garnieren beiseitelegen. Petersilie abspülen, trocken tupfen und die Blättchen von den Stängeln zupfen. Rucola und Petersilie in Streifen schneiden.
**5.** Für die Sauce den Senf mit saurer Sahne und Piment verrühren, mit Salz und Pfeffer abschmecken. Das Öl unterschlagen. Nudeln mit Mais, Rucola und Petersilie vermischen, Salatsauce unterrühren. Zucchinistreifen auf die Schinkenscheiben legen. Schinken aufrollen und auf dem Salat anrichten. Salat mit beiseitegelegten Rucolablättern garniert servieren.

Kartoffelsalat mit Kresse

Nudelsalat mit Schinkenröllchen

## Caesar-Dressing
8–10 Portionen

*Zubereitungszeit:* 5 Minuten

500 g Salatmayonnaise
100 g Schlagsahne
100 ml Milch
2 Knoblauchzehen
3 EL ger. Parmesan
1 Sardellenfilet (aus dem Glas)
2 EL Weißweinessig
Salz, gem. Pfeffer

*Pro Portion:*
E: 3 g, F: 34 g, Kh: 4 g,
kJ: 1394, kcal: 333

**1.** Mayonnaise mit Sahne und Milch in einen hohen Rührbecher geben. Knoblauch abziehen, mit Parmesan, Sardellenfilet, Essig, Salz und Pfeffer hinzufügen.
**2.** Die Zutaten mit einem Pürierstab pürieren. Das Dressing mit Salz und Pfeffer abschmecken.

***Tipp:*** Für 4 Portionen einen Römersalat oder Eisbergsalat putzen, waschen, trocken schleudern und in mundgerechte Stücke zupfen. Salat mit 2 Esslöffeln des Dressings mischen und in einem tiefen großen Teller anrichten. Frisch geriebenen Parmesan, geröstete Brotwürfel und kross gebratene Poulardenbrust auf den angerichteten Salat legen – ein köstliches Sommergericht.

## Fischsalat
6 Portionen

*Zubereitungszeit:* 30 Minuten, ohne Durchziehzeit

500 g weißes Fischfilet, z. B. Seelachsfilet
500 ml Wasser
1 gestr. TL Salz
1 kleines Lorbeerblatt
6 Pfefferkörner
einige Senfkörner
1 Msp. gem. Pfeffer
1 Scheibe von 1 Bio-Zitrone (unbehandelt, ungewachst)

250 g abgetropfte Erbsen (aus der Dose)
250 g abgetropfte Möhrenwürfel (aus der Dose)
1 Zwiebel
1 EL fein geschnittene Schnittlauchröllchen

**Für die Salatsauce:**
2 EL Gemüseflüssigkeit (aus der Dose)
2–3 EL Kräuteressig
Salz
gem. Pfeffer
Zucker
1 TL mittelscharfer Senf
2 EL Speiseöl

*Pro Portion:*
E: 19 g, F: 7 g, Kh: 7 g,
kJ: 683, kcal: 162

**1.** Fischfilet unter fließendem kalten Wasser abspülen und trocken tupfen. Wasser in einem Topf zum Kochen bringen. Fischfilet, Salz, Lorbeerblatt, Pfefferkörner, Senfkörner, Pfeffer und Zitronenscheibe hinzufügen. Das Fischfilet bei geringer Hitze in etwa 10 Minuten gar ziehen lassen.
**2.** Fischfilet mit einer Schaumkelle herausnehmen, auf eine Platte legen und abkühlen lassen.
**3.** Inzwischen von den Erbsen und Möhrenwürfeln die Flüssigkeit auffangen, 2 Esslöffel davon abmessen und für die Salatsauce beiseitestellen. Zwiebel abziehen, halbieren und in kleine Würfel schneiden.
**4.** Das Fischfilet in Stücke zupfen. Die Fischfiletstücke mit Erbsen, Möhren-, Zwiebelwürfeln und vorbereiteten Schnittlauchröllchen in einer Schüssel mischen.
**5.** Für die Sauce die aufgefangene Gemüseflüssigkeit mit Essig, Salz, Pfeffer, Zucker und Senf verrühren. Das Speiseöl unterschlagen. Die Sauce mit den Salatzutaten vermischen. Den Salat zugedeckt im Kühlschrank etwas durchziehen lassen. Den Salat nochmals mit Salz und Essig abschmecken.

***Tipps:*** Schneller geht es, wenn Sie den Salat mit Räucherfisch, z. B. Forellenfilets, zubereiten. Mischen Sie zusätzlich etwa 250 g gegarte, gepellte und gewürfelte Pellkartoffeln mit unter den Fischsalat.

Apfel-Sellerie-Rohkost

Weißkohlsalat mit Speck

## Apfel-Sellerie-Rohkost

2 Portionen

*Zubereitungszeit:* 20 Minuten

**Für die Marinade:**
Saft von 1 Zitrone (50–60 ml)
1 EL flüssiger Honig (etwa 20 g)
Salz
gem. Piment (Nelkenpfeffer)

2 Äpfel (300 g)
1 Knolle Sellerie (400 g)
50 g Kasseler Aufschnitt oder geräucherter Putenbrustaufschnitt
125 g Joghurt (1,5 % Fett)
2 EL gehackte Walnusskerne (20 g)

*Pro Portion:*
E: 12 g, F: 10 g, Kh: 32 g,
kJ: 1130, kcal: 270

**1.** Für die Marinade Zitronensaft mit Honig verschlagen, mit Salz und Piment abschmecken.
**2.** Äpfel abspülen, abtrocknen, vierteln und entkernen. Sellerie schälen, abspülen und gut abtropfen lassen. Äpfel und Sellerie grob raspeln und unter die Marinade rühren.
**3.** Den Aufschnitt in feine Streifen schneiden. Joghurt glatt rühren und unter die Apfel-Sellerie-Mischung rühren. Apfel-Sellerie-Rohkost mit Aufschnittstreifen und gehackten Walnusskernen servieren.

## Weißkohlsalat mit Speck

6 Portionen

*Zubereitungszeit:* 30 Minuten

1 kleiner Weißkohl (etwa 750 g)
2 rote Paprikaschoten
Salz
gem. Pfeffer
100 g fetter Speck
1 gestr. TL mittelscharfer Senf
etwas Weinessig
1/2 TL Zucker

*Pro Portion:*
E: 5 g, F: 5 g, Kh: 7 g,
kJ: 394, kcal: 94

**1.** Weißkohl putzen, vierteln und den Strunk herausschneiden. Weißkohl abspülen, abtropfen lassen, fein hobeln oder schneiden. Weißkohl in ein Sieb geben, mit kochendem Wasser überbrühen und anschließend gut abtropfen lassen.
**2.** Paprika halbieren, entstielen, entkernen und die weißen Scheidewände entfernen. Die Schoten abspülen, abtropfen lassen und in Streifen schneiden.
**3.** Weißkohl in eine Schüssel geben und mit den Paprikastreifen gründlich mischen. Mit Salz und Pfeffer würzen.
**4.** Speck in kleine Würfel schneiden, in einer Pfanne ohne Fett goldbraun ausbraten und zu der Weißkohl-Paprika-Mischung geben. Den Salat mit Senf, Essig und Zucker würzen. Nochmals mit Salz und Pfeffer abschmecken.

Scharfer Mango-Glasnudel-Salat

Käsesalat in Tomaten

## Scharfer Mango-Glasnudel-Salat

4 Portionen

*Zubereitungszeit:* 30 Minuten

150 g Glasnudeln
2 Bio-Limetten (unbehandelt, ungewachst)
1 Bio-Orange (unbehandelt, ungewachst)
1 rote Chilischote
1 reife Mango
je 4–5 Stängel Basilikum und Koriander
2 EL Sesamöl
Salz
gem. Pfeffer
400 g Garnelen (roh, ohne Kopf, geschält und entdarmt)
2 EL Sonnenblumenöl
1–1 1/2 EL flüssiger Honig

*Pro Portion:*
E: 22 g, F: 13 g, Kh: 49 g,
kJ: 1690, kcal: 405

1. Die Glasnudeln nach Packungsanleitung zubereiten, dann abkühlen lassen.
2. Limetten und Orange heiß abspülen, abtrocknen. Von 1 Limette und der Orange die Schale getrennt abreiben. Den Saft getrennt auspressen. Zweite Limette beiseitelegen.
3. Chilischote abspülen, abtrocknen, entstielen, längs halbieren, entkernen und in kleine Streifen schneiden. Das Fruchtfleisch der Mango vom Stein schneiden, schälen und in Streifen schneiden.
4. Basilikum und Koriander abspülen, trocken tupfen und die Blättchen von den Stängeln zupfen. Einige Blättchen beiseitelegen, restliche Blättchen getrennt in feine Streifen schneiden.
5. Orangensaft mit abgeriebener Orangenschale, Sesamöl und Chilistreifen verrühren. Marinade mit Salz und Pfeffer würzen.
6. Garnelen unter fließendem kalten Wasser abspülen und trocken tupfen. 1 Esslöffel Öl in einer Pfanne erhitzen. Garnelen hineingeben und unter Wenden darin braten, bis sie sich rot gefärbt haben.
7. Die Glasnudeln mit einer Küchenschere in mundgerechte Stücke schneiden. Mangostreifen, Orangenmarinade, Koriander unterrühren.
8. Übriges Öl mit Honig, abgeriebener Limettenschale, -saft und Basilikum verrühren, mit Salz und Pfeffer würzen. Marinade mit Garnelen vermischen, auf dem Mango-Glasnudel-Salat anrichten.
9. Beiseitegelegte Limette in Scheiben schneiden. Salat mit Limettenscheiben und beiseitegelegten Kräuterblättchen garnieren.

## Käsesalat in Tomaten

4–6 Portionen

*Zubereitungszeit:* 30 Minuten

300 g Emmentaler, in 3 mm dicken Scheiben
150 g Salatmayonnaise
2 EL Joghurt (3,5 % Fett)
40 g gehackte Mandeln
1 rotschaliger Apfel
gem. Pfeffer
8–10 Tomaten

*Pro Portion:*
E: 19 g, F: 38 g, Kh: 8 g,
kJ: 1862, kcal: 444

1. Den Käse entrinden und in Würfel schneiden. Mayonnaise mit Joghurt in einer Schüssel glatt rühren, Mandeln unterrühren.
2. Apfel heiß abwaschen, abtrocknen, vierteln und entkernen. Apfelviertel in Streifen schneiden und mit den Käsewürfeln unter den Mayonnaise-Joghurt rühren. Den Salat mit Pfeffer würzen.
3. Tomaten abspülen, abtrocknen und jeweils einen Deckel abschneiden. Tomaten mit einem Teelöffel aushöhlen (das Inneres für Tomatensuppe oder -sauce verwenden).
4. Die Tomaten mit dem Käsesalat füllen. Den Deckel jeweils wieder daraufsetzen.

*Tipp:* Den restlichen Salat nach Belieben auf abgespülten, trocken getupften Salatblättern anrichten.

## Himbeer-Dressing

4 Portionen

*Zubereitungszeit:* 10 Minuten

100 g Himbeeren
1/2 TL Zucker
2 EL Balsam-Essig
1 TL milder Senf
1/2 TL Dr. Oetker Finesse Orangenschalen-Aroma
Salz, gem. Pfeffer
2 EL Oliven- oder Distelöl

*Pro Portion:*
E: 0 g, F: 5 g, Kh: 3 g,
kJ: 261, kcal: 62

**1.** Die Himbeeren verlesen, evtl. kurz abspülen und vorsichtig trocken tupfen. Die Beeren in einen hohen Rührbecher geben und mit einem Pürierstab pürieren. Oder die Beeren fein zerdrücken und durch ein feines Sieb streichen.
**2.** Den Zucker mit dem Essig verrühren und so lange rühren, bis der Zucker gelöst ist. Das Himbeerpüree mit Senf und Orangenschalen-Aroma unter den Zucker-Essig rühren. Himbeer-Dressing mit Salz und Pfeffer würzen. Zuletzt das Öl unterschlagen.

*Tipps:* Das Himbeer-Dressing passt zu Blattsalaten, wie z. B. Radicchio, Eichblattsalat, Feldsalat, Chicorée, Lollo rosso oder Batavia. Balsam-Essig ist eine Mischung aus Weinessig und Aceto Balsamico. Das Dressing ist gut verschlossen im Kühlschrank 1–2 Tage haltbar.

## Wildsalat

4 Portionen

*Zubereitungszeit:* 15 Minuten, ohne Durchziehzeit

300 g gebratenes Wildfleisch, z. B. Rehrücken
2 Zwiebeln
Salz
185 g abgetropfte Pfifferlinge (aus dem Glas)

**Für die Salatsauce:**
2 EL Weißweinessig
2–3 EL Schlagsahne
2 EL Preiselbeeren (aus dem Glas)
3 EL Speiseöl
gem. Pfeffer
1 Prise Zucker

**Zum Garnieren:**
4 Stängel Thymian

*Pro Portion:*
E: 24 g, F: 13 g, Kh: 9 g,
kJ: 1066, kcal: 255

**1.** Das Wildfleisch in Streifen schneiden. Die Zwiebeln abziehen und in sehr dünne Scheiben schneiden. Die Zwiebelscheiben in kochendem Salzwasser etwa 2 Minuten garen. Dann in ein Sieb geben, mit kaltem Wasser abschrecken und abtropfen lassen.
**2.** Die Wildfleischstreifen mit den Zwiebelscheiben und den Pfifferlingen in einer Schüssel vermengen.
**3.** Für die Sauce Essig mit Sahne und Preiselbeeren in einer Schüssel verrühren, Öl unterschlagen. Die Sauce mit Salz, Pfeffer und Zucker würzen, zu den Salatzutaten geben und vorsichtig untermengen.
**4.** Den Wildsalat zugedeckt im Kühlschrank durchziehen lassen, dann evtl. nochmals mit Salz, Pfeffer und Zucker abschmecken.
**5.** Die Thymianstängel abspülen und trocken tupfen. Den Wildsalat in Portionsschälchen geben und mit den Thymianstängeln garnieren.

*Tipp:* Der Salat schmeckt besonders gut, wenn Sie ihn 1–2 Stunden durchziehen lassen.

Himbeer-Dressing

Wildsalat

## Asiatischer Pilz-Glasnudel-Salat

4 Portionen

*Zubereitungszeit:* 20 Minuten, ohne Abkühlzeit

100 g Glasnudeln
250 g Salatgurke
150 g Möhren

**Für die Sauce:**
10 g frischer Ingwer
1 Knoblauchzehe
2–3 Limetten
2 EL Weißweinessig
2–3 EL Sojasauce
4–5 EL Speiseöl, z. B. Rapsöl
1 Prise Zucker
1 Msp. Sambal Oelek

150 g Shiitakepilze
150 g Austernpilze
100 g Frühlingszwiebeln
75 g Mungobohnenkeimlinge
evtl. Salz

*Pro Portion:*
E: 4 g, F: 12 g, Kh: 31 g,
kJ: 1017, kcal: 242

**1.** Glasnudeln nach Packungsanleitung zubereiten. Glasnudeln abgießen, mit kaltem Wasser abspülen und in einem Sieb abtropfen lassen. Salatgurke nach Belieben schälen, längs halbieren, entkernen und in etwa 1 cm breite Streifen schneiden. Möhren putzen, schälen, abspülen, abtropfen lassen und auf einer Küchenreibe in feine Streifen hobeln.
**2.** Für die Sauce den Ingwer schälen. Knoblauch abziehen. Dann Ingwer und Knoblauch in sehr kleine Würfel schneiden oder im Blitzhacker sehr fein hacken. Limetten halbieren und den Saft auspressen.
**3.** Den Limettensaft mit Essig, Sojasauce, Ingwer- und Knoblauchwürfeln in einer Schüssel gut verrühren. 3 Esslöffel des Speiseöls unterschlagen, mit Zucker und Sambal Oelek würzen. Glasnudeln, Gurken- und Möhrenstreifen untermischen. Salat kurz kalt stellen.
**4.** In der Zwischenzeit Pilze putzen, mit Küchenpapier abreiben, evtl. abspülen und trocken tupfen. Große Pilze in grobe Streifen schneiden. Frühlingszwiebeln putzen, abspülen, abtropfen lassen und dann in kleine Stücke schneiden.
**5.** Keimlinge verlesen, abspülen und abtropfen lassen. Keimlinge in kochendem Wasser etwa 1/2 Minute blanchieren, in ein Sieb geben, mit kaltem Wasser übergießen und abtropfen lassen.
**6.** Restliches Speiseöl in einer Pfanne erhitzen. Die Shiitake- und Austernpilze darin unter Rühren kräftig anbraten und herausnehmen. Pilze etwas abkühlen lassen.
**7.** Keimlinge, Frühlingszwiebelstücke und Pilze unter den Salat heben. Den Salat nochmals mit Sojasauce und evtl. Salz abschmecken.

## Tunfisch-Kartoffel-Salat

4 Portionen

*Zubereitungszeit:* 25 Minuten

2 rote Zwiebeln (etwa 130 g)
1 kg Baked Potatoes (Backkartoffeln, aus dem Kühlregal)
300 g abgetropfter Tunfisch im eigenen Saft (aus der Dose)
200 g Staudensellerie

Asiatischer Pilz-Glasnudel-Salat

Tunfisch-Kartoffel-Salat

Porree-Curry-Salat

1 Bund glatte Petersilie
200 g Cocktailtomaten
1 rote Paprikaschote
(etwa 200 g)
Weißweinessig
Salz
gem. Pfeffer
1 Prise Zucker
200 g Salatcreme (10 % Fett)

*Pro Portion:*
E: 23 g, F: 6 g, Kh: 45 g,
kJ: 1414, kcal: 338

1. Die Zwiebeln abziehen, halbieren und würfeln. Die Backkartoffeln pellen und in grobe Würfel schneiden. Tunfisch mit einer Gabel grob zerpflücken.
2. Sellerie putzen und die harten Außenfäden abziehen. Die Stangen mit dem Selleriegrün abspülen und abtropfen lassen. Selleriegrün beiseitelegen. Selleriestangen in feine Scheiben schneiden.
3. Petersilie abspülen, trocken tupfen und die Blättchen von den Stängeln putzen. Einige Blättchen zum Garnieren beiseitelegen und restliche Blättchen fein hacken.
4. Cocktailtomaten abspülen, abtrocknen, evtl. halbieren und evtl. die Stängelansätze herausschneiden. Paprikaschote halbieren, entstielen, entkernen und die weißen Scheidewände entfernen. Schotenhälften abspülen, abtropfen lassen und in sehr feine Streifen schneiden.
5. Zwiebel-, Kartoffelwürfel, Tunfisch, Selleriescheiben und Selleriegrün, fein gehackte Petersilie, Cocktailtomaten und Paprikastreifen in einer großen Schüssel mischen. Den Salat mit Essig, Salz, Pfeffer und Zucker abschmecken und nach Möglichkeit noch ein wenig durchziehen lassen.
6. Den Salat in Portionen anrichten, mit der beiseitegelegten Petersilie garnieren und mit der Salatcreme beträufeln.

## Porree-Curry-Salat

4 Portionen

*Zubereitungszeit:* 20 Minuten, ohne Durchziehzeit

2 kleine Hähnchenbrustfilets
(je etwa 150 g)
Salz, gem. Pfeffer
1 EL Speiseöl, z. B. Rapsöl
2 Stangen Porree (Lauch)
100 g Joghurt (0,3 % Fett)
80 g Joghurt-Salatcreme
(30 % Fett)
1 Prise Zucker
gut 1/2 EL Currypulver
einige Stängel glatte Petersilie
1 geh. EL geröstete Cashewkerne

*Pro Portion:*
E: 21 g, F: 10 g, Kh: 9 g,
kJ: 876, kcal: 210

1. Die Hähnchenbrustfilets unter fließendem kalten Wasser abspülen, trocken tupfen und mit Salz und Pfeffer bestreuen. Das Speiseöl in einer Pfanne erhitzen. Hähnchenbrustfilets darin von beiden Seiten bei mittlerer bis starker Hitze etwa 10 Minuten gut durchbraten. Die Filets herausnehmen und auf einem Teller abkühlen lassen.
2. In der Zwischenzeit Porree putzen, die Stangen längs einschneiden, gründlich waschen und abtropfen lassen. Porree schräg in dünne Streifen schneiden.
3. Den Joghurt mit der Salatcreme verrühren. Die Sauce mit Salz, Pfeffer, Zucker und Curry würzig abschmecken.
4. Die Porreestreifen vorsichtig mit der Sauce vermischen und das Ganze etwas durchziehen lassen.
5. Inzwischen Petersilie abspülen, trocken tupfen und die Blättchen von den Stängeln zupfen. Hähnchenbrustfilets in dünne Scheiben schneiden und dekorativ auf den Salat legen. Den Salat vor dem Servieren mit Cashewkernen bestreuen und mit Petersilie garnieren.

***Tipp:*** Porree ist für manche Menschen bekömmlicher, wenn er zuvor blanchiert wird. Dafür die Porreestreifen für 1–2 Minuten in kochendem Salzwasser garen. Dann in ein Sieb geben, mit kaltem Wasser abspülen und gut abtropfen lassen.

Exotischer Ananassalat mit Schweinefilet

## Exotischer Ananassalat mit Schweinefilet

4 Portionen

*Zubereitungszeit:* 20 Minuten

2 Frühlingszwiebeln
1 rote Paprikaschote
1 Baby-Ananas oder 1/4 Ananas (etwa 250 g Fruchtfleisch)
1/2 Bund Koriander oder glatte Petersilie

**Für das Dressing:**
1 kleine, rote Chilischote
Saft von 2 Limetten
1/2 TL gem. Koriandersamen
3–4 EL Sonnenblumen- oder Distelöl

750 g Krautsalat (aus dem Kühlregal)

400 g Schweinefilet
Salz
gem. Pfeffer
2 EL Sonnenblumenöl
2 EL scharfe Asia-Chili-Sauce

*Pro Portion:*
E: 25 g, F: 27 g, Kh: 46 g,
kJ: 2235, kcal: 534

**1.** Frühlingszwiebeln putzen, abspülen, abtropfen lassen und in feine Scheiben schneiden. Paprika halbieren, entstielen, entkernen und die weißen Scheidewände entfernen. Schote abspülen, abtropfen lassen und in feine Würfel schneiden.
**2.** Von der Ananas den Schopf mit Stielansatz und dem obersten Stück Schale abschneiden. Ananas längs vierteln, den inneren Strunk herausschneiden. Ananas schälen, Fruchtfleisch in Stücke schneiden.
**3.** Kräuter abspülen, trocken tupfen, Blättchen von den Stängeln zupfen. Einige Blättchen beiseitelegen, die restlichen Blättchen grob hacken.
**4.** Für das Dressing Chilischote längs halbieren, entstielen und entkernen. Die Schote abspülen, abtropfen lassen und fein hacken. Chili mit Limettensaft und Koriandersamen verrühren, Öl unterschlagen. Krautsalat mit Frühlingszwiebeln, Paprika, Ananas und Kräuterblättchen mischen.
**5.** Schweinefilet trocken tupfen und in etwa 2 cm dicke Scheiben schneiden. Filetscheiben mit Salz und Pfeffer bestreuen. Das Öl in einer Pfanne erhitzen und Filetscheiben darin von jeder Seite etwa 3 Minuten braten. Chili-Sauce auf die Filetscheiben träufeln und kurz durchschwenken.
**6.** Salat nochmals mit Salz und Pfeffer abschmecken, mit dem Filet anrichten und mit den beiseitegelegten Kräuterblättchen garnieren.

## Beeren-Ananas-Salat

2 Portionen (ohne Foto)

*Zubereitungszeit:* 5 Minuten, ohne Durchziehzeit

Saft von 1 Zitrone
1 gestr. EL flüssiger Honig
1 Msp. gem. Zimt
2 Bananen
200 g frisches Ananasfruchtfleisch
150 g TK-Beerencocktail
2 Vollkorn-Reiswaffeln

*Pro Portion:*
E: 3 g, F: 1 g, Kh: 63 g,
kJ: 1208, kcal: 289

**1.** Zitronensaft mit Honig und Zimt in einer Schüssel glatt rühren. Bananen schälen, in dünne Scheiben schneiden und mit der Zitronensaft-Honig-Mischung verrühren.
**2.** Das Ananasfruchtfleisch in kleine Stücke schneiden und mit den gefrorenen Beeren unterheben. Den Salat etwa 25 Minuten durchziehen lassen. Den Obstsalat durchrühren, mit den Reiswaffeln servieren.

## Spitzkohlsalat mit Souflaki

4 Portionen

*Zubereitungszeit:* 30 Minuten

600 g Spitzkohl
2 rote Paprikaschoten
2 Zwiebeln
1 Bund glatte Petersilie

**Für die Kümmel-Vinaigrette:**
3 EL Weißweinessig
1/2–1 TL gem. Kümmel

Salz
gem. Pfeffer
4 EL Olivenöl

500 g Schweinefilet
2 TL Gyros-Gewürzmischung
2–3 EL Olivenöl

**Außerdem:**
8 Holz- oder Schaschlikspieße

*Pro Portion:*
E: 32 g, F: 16 g, Kh: 43 g,
kJ: 1312, kcal: 314

**1.** Von dem Spitzkohl die äußeren Blätter entfernen, den Kohl vierteln und den Strunk herausschneiden. Kohl abspülen, abtropfen lassen und in dünne Streifen schneiden.
**2.** Die Paprikaschoten halbieren, entstielen, entkernen und die weißen Scheidewände entfernen. Die Schoten abspülen, abtropfen lassen und in Streifen schneiden. Zwiebeln abziehen, halbieren und in Ringe schneiden.
**3.** Petersilie abspülen, trocken tupfen und die Blättchen von den Stängeln zupfen. Spitzkohl- und Paprikastreifen mit Zwiebelringen und Petersilienblättchen vermengen.
**4.** Für die Vinaigrette Essig mit Kümmel verrühren, mit Salz und Pfeffer abschmecken. Öl unterschlagen. Die Vinaigrette mit den Salatzutaten vermischen.
**5.** Schweinefilet trocken tupfen, evtl. entfetten, entsehnen und in etwa 1 1/2 cm breite Scheiben schneiden. Fleischscheiben flach auf je 2 Holz- oder Schaschlikspieße stecken und mit der Gyros-Gewürzmischung bestreuen.
**6.** Olivenöl in einer beschichteten Pfanne erhitzen. Spieße darin unter Wenden etwa 5 Minuten braten. Die Spieße mit dem Salat anrichten.

## Aprikosen- oder Pfirsich-Vinaigrette

10 Portionen

*Zubereitungszeit:* 15 Minuten

1 Schalotte
2 reife, enthäutete Pfirsiche oder
4 reife, enthäutete Aprikosen
100 ml weißer Balsamico-Essig
50 g mittelscharfer Senf
1/2 EL flüssiger Blütenhonig
1 gestr. TL Salz
gem. Pfeffer
175 ml Sonnenblumenöl
100 ml Olivenöl
25 ml Walnussöl
evtl. etwas Orangensaft

*Pro Portion:*
E: 1 g, F: 30 g, Kh: 3 g,
kJ: 1188, kcal: 284

**1.** Schalotte abziehen und klein würfeln. Pfirsiche oder Aprikosen halbieren und den Stein herauslösen.
**2.** Die Schalottenwürfel mit den Pfirsich- oder Aprikosenhälften, Essig, Senf, Honig, Salz und Pfeffer in einen hohen Rührbecher geben und mit einem Pürierstab fein pürieren. Die 3 Ölsorten in einem dünnen Strahl hineinlaufen lassen, dabei die Sauce weiter pürieren bzw. mixen, bis eine homogene Verbindung entsteht. Ist die Vinaigrette zu dickflüssig, etwas Orangensaft hinzugeben.
**3.** Die Vinaigrette in ein gründlich gereinigtes, gespültes Glas füllen, mit einem Deckel verschließen und im Kühlschrank aufbewahren. Vor Gebrauch gut schütteln und innerhalb von 3–4 Tagen verbrauchen.

***Tipps:*** Die Vinaigrette passt gut zu Blattsalaten, Tomaten oder zu gebratener Leber. Statt frischer Pfirsiche oder Aprikosen 125 g gut abgetropfte Aprikosenhälften (aus der Dose) verwenden.

Spitzkohlsalat mit Souflaki

Aprikosen- oder Pfirsich-Vinaigrette

## Brunnenkressesalat

4 Portionen

*Zubereitungszeit:* 30 Minuten

2 Bund Brunnenkresse (etwa 300 g)
4 Scheiben Weißbrot (je etwa 20 g)
75 g Butter

**Für die Salatsauce:**
150 g Crème fraîche
2–3 EL Limettensaft
Salz, gem. Pfeffer
Zucker
3 hart gekochte Eier
2 EL gehackte Petersilie
2 EL fein gehackter Dill

*Pro Portion:*
E: 9 g, F: 32 g, Kh: 13 g,
kJ: 1573, kcal: 377

**1.** Brunnenkresse verlesen, gelbe Blätter und dicke Stiele entfernen. Kresse abspülen und gut abtropfen lassen.
**2.** Weißbrotscheiben entrinden und in kleine Würfel schneiden. Butter in einer Pfanne zerlassen. Brotwürfel darin von allen Seiten rösten, herausnehmen, etwas abkühlen lassen und in eine Schüssel geben. Kresse untermischen.
**3.** Für die Salatsauce Crème fraîche mit Limettensaft verrühren, mit Salz, Pfeffer und Zucker würzen.
**4.** Eier pellen und klein hacken. Petersilie, Dill und zwei Drittel der gehackten Eier unter die Sauce rühren. Die Sauce auf dem Salat verteilen und mit den restlichen gehackten Eiern bestreuen.

***Tipp:*** Salat nach Belieben mit Radieschenscheiben und gekochtem Ei garnieren.

## Spinatsalat mit Granatapfel

4 Portionen

*Zubereitungszeit:* 20 Minuten

1 kleiner, reifer Granatapfel
30 g Pinienkerne
2 Knoblauchzehen
60 g Schalotten
3 Stängel Thymian
100 g Blattspinat
6 EL Olivenöl
5 EL Balsamico-Essig
Salz, gem. Pfeffer
1 Prise Zucker

*Pro Portion:*
E: 3 g, F: 19 g, Kh: 9 g,
kJ: 910, kcal: 217

**1.** Den Granatapfel halbieren und die Kerne vorsichtig herauslösen. Die weißen Scheidewände entfernen. Pinienkerne in einer Pfanne ohne Fett unter Wenden goldbraun rösten und auf einen Teller geben.
**2.** Knoblauch und Schalotten abziehen und in fein würfeln. Thymian abspülen, trocken tupfen und Blättchen von den Stängeln zupfen. Die Blättchen grob hacken.
**3.** Den Spinat verlesen, gründlich waschen, gut abtropfen lassen und in breite Streifen schneiden.
**4.** Olivenöl mit Essig, Knoblauch-, Schalottenwürfeln und gehacktem Thymian verrühren. Das Dressing mit Salz, Pfeffer und Zucker würzen. Spinat, Pinienkerne und Granatapfelkerne unterheben. Den Spinatsalat nochmals mit den Gewürzen abschmecken.

Brunnenkressesalat

Spinatsalat mit Granatapfel

Paprikasalat mit Minze

Gemischter Blattsalat

## Paprikasalat mit Minze

4 Portionen

*Zubereitungszeit:* 20 Minuten, ohne Durchziehzeit

je 1 rote, gelbe und grüne Paprikaschote
250 g mittelgroße Tomaten
100 g Schafskäse
100 g Zwiebeln
1/2 Bund frische Minze
4 EL Weißweinessig
6 EL Olivenöl
Salz
gem. Pfeffer
100 g abgetropfte, grüne Oliven, mit Paprika gefüllt

*Pro Portion:*
E: 7 g, F: 24 g, Kh: 9 g,
kJ: 1168, kcal: 279

**1.** Paprikaschoten halbieren, entstielen, entkernen und die weißen Scheidewände entfernen. Schoten abspülen, abtropfen lassen und in etwa 2 cm große Stücke schneiden.
**2.** Die Tomaten abspülen, abtrocknen, halbieren, entkernen und die Stängelansätze herausschneiden. Tomaten in etwa 1 cm dicke Spalten schneiden. Den Schafskäse in etwa 1 cm große Würfel schneiden.
**3.** Die Zwiebeln abziehen, halbieren und fein würfeln. Minze abspülen, trocken tupfen und die Blättchen von den Stängeln zupfen. Blättchen in feine Streifen schneiden.
**4.** Essig mit Olivenöl verrühren, mit Salz und Pfeffer würzen. Paprikastücke, Tomatenspalten, Schafskäsestücke, Zwiebelwürfel, Minzestreifen und Oliven hinzufügen. Die Zutaten mit dem Dressing gut verrühren. Den Paprikasalat etwa 10 Minuten ziehen lassen.

## Gemischter Blattsalat

4 Portionen

*Zubereitungszeit:* 20 Minuten

750 g gemischte Blattsalate, z. B. Lollo bionda, Feldsalat, Frisée, Rucola
150 g Chicorée

**Für die Vinaigrette:**
1 Zwiebel
2–3 EL Kräuteressig
Salz
1 Prise Zucker
zerstoßene, getrocknete, grüne Pfefferkörner
5 EL Olivenöl
1–2 EL gehackte Kräuter, z. B. Petersilie, Schnittlauch, Kerbel

*Pro Portion:*
E: 4 g, F: 13 g, Kh: 4 g,
kJ: 626, kcal: 149

**1.** Die Salate putzen, waschen und gut abtropfen lassen oder trocken schleudern. Salate in mundgerechte Stücke zupfen.
**2.** Von dem Chicorée die äußeren welken Blätter entfernen, Chicorée längs halbieren, abspülen, abtropfen lassen und die bitteren Strünke keilförmig herausschneiden. Chicorée in Streifen schneiden. Chicoréestreifen in einer Schüssel mit den Blattsalaten mischen.
**3.** Für die Vinaigrette Zwiebel abziehen und fein würfeln. Essig mit Salz, Zucker und Pfefferkörnern verrühren. Öl unterschlagen. Zwiebelwürfel und Kräuter unterrühren und die Vinaigrette über die Salatzutaten geben. Alles vorsichtig vermengen und sofort servieren.

***Tipps:*** Die Variationsmöglichkeiten dieses Rezeptes sind vielfältig. Sie können Hasel- oder Walnussöl anstatt des Olivenöls verwenden und den Kräuteressig durch Himbeeressig ersetzen.

Vinaigrette mit Oliven

Räucherlachs-Reis-Salat

## Vinaigrette mit Oliven

4 Portionen

*Zubereitungszeit:* 10 Minuten

1 Knoblauchzehe
1 Schalotte
75 g abgetropfte, schwarze Oliven ohne Stein
3 EL Balsamico-Essig
2 EL Wasser
1 TL mittelscharfer Senf
Salz, gem. Pfeffer
4 EL Olivenöl oder eine Mischung aus 2 EL Olivenöl und 2 EL Zitronenöl
einige Stängel glatte Petersilie

*Pro Portion:*
E: 1 g, F: 17 g, Kh: 2 g,
kJ: 671, kcal: 160

**1.** Knoblauchzehe und Schalotte abziehen. Knoblauch durch eine Knoblauchpresse drücken. Schalotte und Oliven sehr fein hacken. Essig mit Wasser, Senf, Knoblauch, Schalotte und Oliven verrühren, mit Salz und Pfeffer abschmecken.
**2.** Öl oder Ölmischung unterschlagen. Petersilie abspülen, trocken tupfen, die Blättchen von den Stängeln zupfen und fein hacken. Die gehackte Petersilie unterrühren.

***Tipps:*** Dieses Dressing passt zu kräftigen Salaten, wie Römersalat, Endivie oder Radicchio, ebenso wie zu Tomaten- oder Bohnensalat. Das Dressing hält sich gut verschlossen etwa 2 Tage im Kühlschrank.

## Räucherlachs-Reis-Salat

4 Portionen

*Zubereitungszeit:* 25 Minuten

250 g Express-Langkornreis-und-Wildreis

**Für das Dressing:**
200 g Joghurt (1,5 % Fett)
100 g saure Sahne
Salz
gem. Pfeffer
1 gestr. TL Currypulver

2 Frühlingszwiebeln
140 g abgetropfter Gemüsemais (aus der Dose)
1/2 Kopf- oder Endiviensalat
75 g Radieschensprossen
120 g Räucherlachs in Scheiben

*Pro Portion:*
E: 13 g, F: 8 g, Kh: 30 g,
kJ: 1035, kcal: 246

**1.** Den Reis nach Packungsanleitung garen und abkühlen lassen.
**2.** Für das Dressing in der Zwischenzeit Joghurt mit saurer Sahne glatt rühren, mit Salz, Pfeffer und Curry abschmecken.
**3.** Frühlingszwiebeln putzen, abspülen, gut abtropfen lassen und in feine Scheiben schneiden.
**4.** Das Dressing mit dem Reis vermengen. Mais und Frühlingszwiebelscheiben unterrühren und die Reismischung zugedeckt in den Kühlschrank stellen.
**5.** In der Zwischenzeit den Salat putzen, waschen und gut abtropfen lassen oder trocken schleudern. Salat in mundgerechte Stücke zupfen. Die Sprossen abspülen und gut abtropfen lassen.
**6.** Die Reismischung nochmals mit Salz, Pfeffer und Curry abschmecken. 4 Portionsschälchen mit dem Salat auslegen. Die Reismischung darauf verteilen und die Lachsscheiben dekorativ daraufgeben.
**7.** Zum Schluss die Sprossen in kleinen Häufchen daraufsetzen und Salat servieren.

## Fenchel-Reis-Salat
4 Portionen

*Zubereitungszeit:* 20 Minuten, ohne Durchziehzeit

200 g 10-Minuten-Naturreis
Salz
Saft von 2 Zitronen
(etwa 120 ml)
Saft von 2 Orangen
(etwa 160 ml)
2 EL flüssiger Honig
2 TL Fünf-Gewürze-Pulver
2 EL Speiseöl, z. B. Olivenöl
4 Äpfel
2 Fenchelknollen
2 rote Paprikaschoten

*Pro Portion:*
E: 8 g, F: 7 g, Kh: 74 g,
kJ: 1687, kcal: 400

1. Den Reis in Salzwasser nach Packungsanleitung garen.
2. In der Zwischenzeit Zitronen- und Orangensaft mit Honig, Gewürze-Pulver und Salz verrühren. Zuletzt das Speiseöl unterschlagen.
3. Die Äpfel heiß abwaschen, abtrocknen, vierteln, entkernen und in dünne Spalten schneiden. Die Apfelspalten sofort mit der Saftmischung verrühren.
4. Garen Reis in ein Sieb geben, abtropfen und etwas abkühlen lassen.
5. Die Fenchelknollen inzwischen putzen, abspülen, abtropfen lassen, halbieren und in Streifen schneiden.
6. Die Paprikaschoten halbieren, entstielen, entkernen und die weißen Scheidewände entfernen. Schotenhälften abspülen, abtropfen lassen, in Würfel schneiden.
7. Apfelmischung mit den Fenchelstreifen und den Paprikawürfeln unter den Reis mischen und kurz durchziehen lassen.

## Asia-Glasnudel-Salat
4 Portionen

*Zubereitungszeit:* 30 Minuten

500 g Hähnchenbrustfilet
2 EL Sojasauce
150 g Glasnudeln
1 rote Chilischote
2 Knoblauchzehen
5 Möhren
2 Stangen Porree (Lauch)
2 EL Speiseöl, z. B. Sesamöl
Salz
gem. Pfeffer
1/2 TL gem. Ingwer
3–4 EL Limettensaft

*Pro Portion:*
E: 33 g, F: 6 g, Kh: 39 g,
kJ: 1467, kcal: 349

1. Hähnchenbrustfilet unter fließendem kalten Wasser abspülen, trocken tupfen, in etwa 2 cm große Würfel schneiden und mit der Sojasauce verrühren.
2. Die Glasnudeln nach Packungsanleitung zubereiten, erkalten lassen. Dann mit einer Küchenschere in etwa 3 cm lange Stücke schneiden.
3. Inzwischen Chilischote halbieren, entstielen, entkernen, abspülen, abtropfen lassen und in feine Streifen schneiden. Knoblauch abziehen und fein hacken.
4. Möhren und Porree putzen. Die Möhren schälen, abspülen, abtropfen lassen und in dünne Scheiben schneiden. Porreestangen seitlich längs einschneiden, gründlich abspülen und abtropfen lassen. Porree in Streifen schneiden.
5. Öl in einer Pfanne erhitzen. Die Hähnchenwürfel darin unter gelegentlichem Rühren 5–7 Minuten braten, mit Salz und Pfeffer bestreuen und aus der Pfanne nehmen.
6. Chilischote, Knoblauch, Möhren und Porree im verbliebenen Bratfett anbraten und etwa 4 Minuten unter gelegentlichem Wenden bissfest dünsten.
7. Salatzutaten miteinander vermischen, mit Salz, Pfeffer, Ingwer und Limettensaft abschmecken. Salat sofort warm servieren oder etwas durchziehen lassen, kalt servieren.

Fenchel-Reis-Salat

Asia-Glasnudel-Salat

## Endivien-Melonen-Salat mit Zanderfilet

4 Portionen

*Zubereitungszeit:* 30 Minuten

1/2 Zuckermelone,
z. B. Galiamelone
(etwa 500 g Fruchtfleisch)
2 EL Apfelessig
1 TL Zitronensaft
Salz
gem. Pfeffer
Zucker
2 EL Olivenöl
1 EL Haselnussöl
1 Endivien- oder Kopfsalat
1 Salatgurke
1/2 kleine Chilischote
600 g Zanderfilet
2 EL Olivenöl

*Pro Portion:*
E: 32 g, F: 11 g, Kh: 9 g,
kJ: 1107, kcal: 263

**1.** Melone entkernen und schälen. Für das Dressing 150 g Fruchtfleisch abwiegen, grob würfeln und dann fein pürieren. Melonenpüree mit Essig und Zitronensaft verrühren und mit Salz, Pfeffer und Zucker gut würzen. Beide Ölsorten unterschlagen.
**2.** Das restliche Melonenfleisch in Würfel schneiden. Salat putzen, waschen und gut abtropfen lassen oder trocken schleudern. Die Salatblätter in mundgerechte Stücke schneiden.
**3.** Gurke abspülen, abtrocknen und die Enden abschneiden. Gurke längs halbieren und entkernen. Gurke in Scheiben oder Stücke schneiden. Chilischote längs halbieren, entstielen, entkernen, abspülen und abtropfen lassen. Chilischote in kleine Streifen oder Stücke schneiden.
**4.** Melonen- und Gurkenstücke, Salat und Chili vorsichtig vermischen und auf einer Platte anrichten.
**5.** Fischfilet unter fließendem kalten Wasser abspülen, trocken tupfen und mit Salz und Pfeffer bestreuen. Fischfilet in 4 Portionen teilen. Olivenöl in einer beschichteten Pfanne erhitzen. Die Filets darin von jeder Seite etwa 4 Minuten braten. Salat mit dem Dressing beträufeln. Filets in Stücke schneiden und auf dem Salat anrichten.

***Tipps:*** Verwenden Sie für dieses Dressing aromatische, reife Früchte. Prüfen Sie beim Kauf Reife und Aroma. Duftet die Melone durch die Schale zart süßlich und gibt der Stielansatz auf Druck leicht nach, ist die Melone reif für den Verzehr.

## Apfel-Senf-Vinaigrette

4–6 Portionen

*Zubereitungszeit:* 10 Minuten

1 Stängel Rosmarin
1 Schalotte
1/2 Apfel
2 EL Apfelessig
1 TL Apfel-Dicksaft
oder 1/4 TL Zucker
1/2 TL körniger Senf
Salz, gem. Pfeffer
2 EL Distel- oder Sonnenblumenöl
1 EL Kürbiskernöl
2 EL geröstete, gesalzene
Kürbiskerne

*Pro Portion:*
E: 8 g, F: 11 g, Kh: 3 g,
kJ: 502, kcal: 120

**1.** Rosmarin abspülen, trocken tupfen und die Nadeln von den Stängeln zupfen. Nadeln sehr fein hacken. Schalotte abziehen. Apfel schälen, vierteln und entkernen. Apfel und Schalotte sehr fein würfeln.
**2.** Essig mit Dicksaft oder Zucker und Senf verrühren, mit Rosmarin, Salz und Pfeffer abschmecken. Beide Ölsorten unterschlagen. Schalotten-, Apfelwürfel und Kürbiskerne unterrühren.

Endivien-Melonen-Salat mit Zanderfilet

Apfel-Senf-Vinaigrette

Grünes Kräuter-Dressing / Joghurt-Dressing

***Tipps:*** Die Vinaigrette passt zu Blattsalaten, wie z. B. Rauke, Blattspinat, Römersalat oder Endivie, sowie zu Salaten mit Gemüse, z. B. mit Möhren oder Fenchel. Die Vinaigrette hält sich verschlossen (in einem Glas oder einer Flasche) etwa 3 Tage im Kühlschrank.

## Grünes Kräuter-Dressing

4 Portionen

*Zubereitungszeit:* 15 Minuten

3 Stängel Petersilie
1/2 Kästchen Kresse
125 ml Buttermilch
1 TL flüssiger Honig
1 TL mittelscharfer Senf
2 EL Olivenöl
Salz
gem. Pfeffer

*Pro Portion:*
E: 1 g, F: 5 g, Kh: 3 g,
kJ: 260, kcal: 62

**1.** Die Petersilie abspülen, trocken tupfen und die Blättchen von den Stängeln zupfen. Blättchen grob hacken. Kresse abspülen, trocken tupfen und abschneiden. 1 Teelöffel von der Kresse zum Garnieren beiseitelegen.
**2.** Restliche Kresse, Petersilie, Buttermilch, Honig, Senf und Olivenöl in einen hohen Rührbecher geben. Die Zutaten mit einem Pürierstab gut pürieren.
**3.** Das Kräuter-Dressing mit Salz und Pfeffer abschmecken und mit der beiseitegelegten Kresse garnieren.

***Tipps:*** Das grüne Kräuter-Dressing passt zu knackigen Blattsalaten, wie z. B. Eisbergsalat, Chinakohl oder Chicorée. Das Dressing harmoniert aber auch mit Gemüsesalaten etwa mit Brokkoli, Blumenkohl, Möhren oder Kohlrabi. Im Kühlschrank können Sie das Dressing gut verschlossen etwa 3 Tage aufbewahren. Wenn Sie es portionsweise abfüllen, können Sie es zusammen mit vorbereitetem Salat mit ins Büro nehmen. Gießen Sie es dann erst kurz vor dem Verzehr über den Salat.

## Joghurt-Dressing

4 Portionen

*Zubereitungszeit:* 10 Minuten

3 Stängel Kräuter, z. B. Petersilie, Schnittlauch oder Kerbel
300 g Joghurt (3,5 % Fett)
2–3 TL Zitronensaft
Salz, gem. Pfeffer
etwas Zucker

*Pro Portion:*
E: 3 g, F: 3 g, Kh: 4 g,
kJ: 230, kcal: 55

**1.** Die Kräuter abspülen und trocken tupfen. Von der Petersilie oder dem Kerbel die Blättchen von den Stängeln zupfen, fein hacken. Schnittlauch in feine Röllchen schneiden.
**2.** Den Joghurt mit dem Zitronensaft und den Kräutern in eine Schüssel geben und glatt rühren. Dressing mit Salz, Pfeffer, Zucker abschmecken.

***Tipp:*** Das Dressing schmeckt besonders gut zu Blattsalaten oder gemischten Gemüsesalaten aus Gurken, Paprika und Tomaten.

Zwiebel-Vinaigrette / French-Dressing

Minz-Joghurt-Dressing

## Zwiebel-Vinaigrette

4 Portionen

*Zubereitungszeit:* 15 Minuten

1 kleine Zwiebel
4 abgetropfte Cornichons
(aus dem Glas)
1/2 Bund Petersilie
2–3 EL Weißweinessig
1 TL mittelscharfer Senf
Salz
gem. Pfeffer
Zucker
6 EL Speiseöl, z. B. Olivenöl

*Pro Portion:*
E: 0 g, F: 15 g, Kh: 2 g,
kJ: 600, kcal: 143

**1.** Zwiebel abziehen. Zwiebel und Cornichons in kleine Würfel schneiden. Petersilie abspülen und trocken tupfen. Blättchen von den Stängeln zupfen und fein hacken.
**2.** Essig, Senf, Zwiebeln, Salz, Pfeffer und Zucker in eine kleine Schüssel geben und mit einem Schneebesen verrühren.
**3.** Das Öl esslöffelweise dazugeben und mit einem Schneebesen unterrühren. Cornichons und Petersilie in die Sauce geben und unterrühren. Die Sauce mit Salz und Pfeffer abschmecken.

***Tipp:*** Zusätzlich einige eingelegte Kapern abtropfen lassen, fein hacken und unter die Sauce rühren.

## French-Dressing

4 Portionen

*Zubereitungszeit:* 10 Minuten

2–3 EL Weißweinessig
1 EL mittelscharfer Senf
Salz
gem. Pfeffer
Zucker
6–8 EL Olivenöl

*Pro Portion:*
E: 0 g, F: 18 g, Kh: 1 g,
kJ: 678, kcal: 162

**1.** Weißweinessig und Senf in eine kleine Schüssel geben und mit einem Schneebesen verrühren, mit Salz, Pfeffer und Zucker würzen.
**2.** Olivenöl esslöffelweise dazugeben und mit einem Schneebesen unterrühren. Dressing mit Salz und Pfeffer abschmecken.

## Minz-Joghurt-Dressing

4 Portionen

*Zubereitungszeit:* 5 Minuten

einige Stängel frische Pfefferminze
1 Knoblauchzehe
250 g Joghurt (3,5 % Fett)
2 EL Olivenöl
1 Prise gem. Kreuzkümmel (Cumin)
Salz, gem. Pfeffer

*Pro Portion:*
E: 2 g, F: 7 g, Kh: 3 g,
kJ: 373, kcal: 89

**1.** Pfefferminze abspülen, trocken tupfen und die Blättchen von den Stängeln zupfen. Ein paar Blättchen zum Garnieren beiseitelegen, die restlichen in feine Streifen schneiden. Knoblauch abziehen und durch eine Knoblauchpresse drücken.
**2.** Joghurt mit Öl, Kreuzkümmel und Knoblauch verrühren. Dressing mit Salz und Pfeffer abschmecken. Mit den beiseitegestellten Pfefferminzblättchen garnieren.

***Tipps:*** Dieses Dressing passt zu Blattsalaten, wie z. B. Römersalat, Eisbergsalat, Chicorée oder Endivie, Gurkensalat und Salaten aus gebratenem Gemüse, wie z. B. Zucchini, Paprika oder Fenchel. Das Dressing hält sich gut verschlossen etwa 3 Tage im Kühlschrank.

## Zitronen-Buttermilch-Dressing

4 Portionen

*Zubereitungszeit:* 5 Minuten

125 ml Buttermilch
125 g Schmand (Sauerrahm)
1 TL Dr. Oetker Finesse Geriebene Zitronenschale
Salz, gem. Pfeffer
2 EL Schnittlauchröllchen

*Pro Portion:*
E: 2 g, F: 8 g, Kh: 3 g,
kJ: 381, kcal: 91

**1.** Die Buttermilch mit dem Schmand und Zitronenschale in einer Schüssel glatt rühren, mit Salz und Pfeffer abschmecken. Zuletzt die Schnittlauchröllchen unterrühren.

***Tipps:*** Dieses Dressing passt zu knackigen Blattsalaten, wie z. B. Eisberg, Chinakohl oder Chicorée. Aber auch zu Gemüsesalaten mit Blumenkohl, Brokkoli, Möhre und Kresse ist das sommerliche Dressing perfekt. Das Dressing hält sich gut verschlossen etwa 3 Tage im Kühlschrank. Vor dem Servieren sollten sie es dann nochmals kräftig durchrühren.

## Thousand-Islands-Dressing

4 Portionen

*Zubereitungszeit:* 20 Minuten

1/2 rote Paprikaschote
1/2 grüne Paprikaschote
1 kleines Bund Schnittlauch
3 EL Salatmayonnaise
3 EL Joghurt (3,5 % Fett)
Salz
1/2 TL Paprikapulver edelsüß
einige Tropfen Tabasco
gem. Pfeffer
1–2 TL Weißweinessig

*Pro Portion:*
E: 1 g, F: 11 g, Kh: 4 g,
kJ: 479, kcal: 114

**1.** Paprikahälften längs halbieren oder vierteln, entstielen, entkernen und die weißen Scheidewände entfernen. Paprika abspülen, abtropfen lassen und in sehr kleine Würfel schneiden.
**2.** Schnittlauch abspülen und trocken tupfen. Schnittlauch in feine Röllchen schneiden.
**3.** Mayonnaise und Joghurt in eine Schüssel geben. Die Zutaten mit einem Schneebesen verrühren und mit Salz, Paprikapulver und Tabasco würzen. Jeweils 1 Teelöffel Schnittlauchröllchen und Paprikawürfel zum Garnieren beiseitelegen.
**4.** Paprikawürfel und Schnittlauch in die Sauce geben und unterrühren. Dressing mit Salz, Pfeffer, Paprikapulver und Weißweinessig abschmecken. Dressing mit restlichem Schnittlauch und Paprika garnieren.

***Tipp:*** Das Thousand-Island-Dressing schmeckt gut zu Blatt-, Gemüsesalaten oder zu Anti-Pasti.

Zitronen-Buttermilch-Dressing

Thousand-Islands-Dressing

## Nudelsalat
3–4 Portionen

*Zubereitungszeit:* 15 Minuten, ohne Durchziehzeit

2 l Wasser
2 gestr. TL Salz
200 g Nudeln, z. B. Farfalle

150 g Joghurt (3,5 % Fett)
2–3 EL Salatmayonnaise
1–2 EL Tomatenketchup
1 Knoblauchzehe
Salz, gem. Pfeffer
140 g abgetropfte Erbsen (aus der Dose)
140 g abgetropfter Gemüsemais (aus der Dose)
100 g mittelalter Gouda
100 g Kochschinken
150 g Cocktailtomaten
1 rote Paprikaschote
evtl. 100 ml Gemüsebrühe

*Pro Portion:*
E: 26 g, F: 24 g, Kh: 58 g,
kJ: 2347, kcal: 561

**1.** Wasser in einem großen Topf zugedeckt zum Kochen bringen. Dann Salz und Nudeln zugeben. Die Nudeln im geöffneten Topf bei mittlerer Hitze nach Packungsanleitung bissfest kochen, dabei gelegentlich umrühren.
**2.** Inzwischen Joghurt mit Mayonnaise und Ketchup in einer Salatschüssel verrühren. Knoblauch abziehen und durch eine Knoblauchpresse dazudrücken. Sauce mit etwa 1/2 Teelöffel Salz und etwas Pfeffer abschmecken. Erbsen und Mais unter die Sauce mischen.
**3.** Anschließend die Nudeln in ein Sieb abgießen, mit kaltem Wasser abspülen und gut abtropfen lassen.
**4.** Gouda und Schinken in feine Würfel schneiden. Tomaten abspülen, trocken tupfen, halbieren und Stängelansätze herausschneiden.
**5.** Paprikaschote halbieren, entstielen, entkernen und die weißen Scheidewände entfernen. Schote abspülen, abtropfen lassen und in Würfel schneiden.
**6.** Nudeln mit Käse, Schinken, Tomaten und Paprika in die Schüssel zur Sauce geben und alles gut vermischen. Den Salat zugedeckt im Kühlschrank etwas durchziehen lassen.
**7.** Den Salat dann nochmals mit Salz und Pfeffer abschmecken, evtl. noch etwas Brühe unterrühren.

***Tipp:*** Der Salat schmeckt sehr gut durchgezogen besonders lecker.

## Grüner Salat
4 Portionen

*Zubereitungszeit:* 15 Minuten

400 g grüner Salat, z. B. Kopfsalat, Eisbergsalat, Lollo bionda

**Für die Vinaigrette:**
2 EL Weißwein- oder Obstessig oder Zitronensaft
Salz
5 EL Mineralwasser
2 TL mittelscharfer Senf
6 EL Speiseöl, z. B. Rapsöl
5 Stängel Petersilie
1/2 Bund Schnittlauch
1/2 Kästchen Kresse
1 kleine Zwiebel
gem. Pfeffer
1 Prise Zucker

*Pro Portion:*
E: 2 g, F: 15 g, Kh: 2 g,
kJ: 637, kcal: 152

**1.** Den Salat putzen und die äußeren, welken Blätter entfernen. Den Strunk keilförmig mit einem Messer aus dem Salat schneiden. Salat waschen und gut trocken tupfen oder schleudern. Salat in mundgerechte Stücke zupfen.

Nudelsalat

Grüner Salat

**2.** Für die Vinaigrette Essig oder Zitronensaft mit Salz, Mineralwasser und Senf verrühren. Speiseöl unterschlagen.
**3.** Kräuter abspülen und trocken tupfen. Petersilienblätter von den Stängeln zupfen. Kresse abspülen, trocken tupfen, mit einer Küchenschere abschneiden. Kresse und Petersilie hacken. Schnittlauch in Röllchen schneiden. Zwiebel abziehen und in sehr kleine Würfel schneiden.
**4.** Kräuter und Zwiebelwürfel unter die Vinaigrette rühren, mit Salz, Pfeffer und Zucker würzen. Den Salat mit der Vinaigrette vermengen und sofort servieren.

Obstsalat

Gnocchi-Salat mit Bärlauch

## Obstsalat

4 Portionen

*Zubereitungszeit:* 30 Minuten

1 Apfel
1 kleine Mango
1 Nektarine
1 Pfirsich
1 Orange
1 Kiwi
1 Banane
100 g Erdbeeren
3 EL Zitronensaft

*Pro Portion:*
E: 2 g, F: 1 g, Kh: 25 g,
kJ: 498, kcal: 119

**1.** Den Apfel schälen, vierteln und entkernen. Das Mangofruchtfleisch vom Stein schneiden und schälen. Nektarine und Pfirsich abspülen, abtrocknen, halbieren und entsteinen. Vorbereitetes Obst in Stücke schneiden. Die Orange so schälen, dass die weiße Haut vollständig entfernt wird. Die Orange filetieren.
**2.** Kiwi schälen, halbieren und in Scheiben schneiden. Die Banane schälen und ebenfalls in Scheiben schneiden. Erdbeeren abspülen, gut abtropfen lassen, entstielen und je nach Größe halbieren oder vierteln.
**3.** Das Obst mit dem Zitronensaft in einer Schüssel vermengen. Den Obstsalat in Portionsschälchen sofort servieren oder zugedeckt bis zum Verzehr in den Kühlschrank stellen.

***Tipps:*** Den Obstsalat mit Pfefferminzblättchen garniert servieren. Ist Ihnen der Salat nicht süß genug, geben Sie noch 1 Esslöffel Zucker dazu. Der Obstsalat lässt sich beliebig abwandeln, je nach Saison und Geschmack. Sie brauchen insgesamt etwa 1 kg Obst.

## Gnocchi-Salat mit Bärlauch

4 Portionen

*Zubereitungszeit:* 30 Minuten

750 g Gnocchi (aus dem Kühlregal)

**Für das Bärlauchpesto:**
50 g Pinienkerne
1 Knoblauchzehe
120 ml Olivenöl
100 g Bärlauch
100 g Parmesan (am Stück)
Salz
gem. Pfeffer

150 g Cocktailtomaten

*Pro Portion:*
E: 17 g, F: 40 g, Kh: 76 g,
kJ: 3159, kcal: 755

**1.** Die Gnocchi nach Packungsanleitung kochen, dann in ein Sieb geben, mit kaltem Wasser abspülen und gut abtropfen lassen.
**2.** Für das Pesto inzwischen die Pinienkerne in einer Pfanne ohne Fett unter Wenden goldbraun rösten und auf einen Teller geben. Knoblauch abziehen und durch eine Knoblauchpresse drücken. Pinienkerne, Knoblauch und Olivenöl in einen Blitzhacker geben und fein hacken.
**3.** Bärlauch abspülen, trocken tupfen oder trocken schleudern und die Stiele entfernen. Bärlauchblätter in feine Streifen schneiden, zu der Pinienkern-Olivenöl-Mischung in den Blitzhacker geben und das Ganze fein hacken.
**4.** Parmesan fein raspeln, kurz mit dem Bärlauchpesto vermischen, mit Salz und Pfeffer abschmecken. Bärlauchpesto vorsichtig unter die Gnocchi heben.
**5.** Cocktailtomaten abspülen, abtrocknen, halbieren und evtl. die Stängelansätze herausschneiden. Die Cocktailtomaten vorsichtig unter die Gnocchi mischen.

***Tipp:*** Dazu schmeckt gut frisches Baguette.

Tomaten-Zwiebel-Salat

Geflügelsalat

## Tomaten-Zwiebel-Salat

4–6 Portionen

*Zubereitungszeit:* 35 Minuten

500 g Tomaten
250 g Zwiebeln
1 EL gehackte, glatte Petersilie
Salz
gem. Pfeffer

**Für die Salatsauce:**
2 EL Kräuteressig
2 EL Orangensaft
1 TL Orangen- oder Feigensenf
1 EL flüssiger Honig
6 EL Olivenöl
evtl. vorbereitete, glatte Petersilienblätter

*Pro Portion:*
E: 2 g, F: 12 g, Kh: 8 g,
kJ: 637, kcal: 152

**1.** Tomaten abspülen, abtrocknen und die Stängelansätze herausschneiden. Zwiebeln abziehen, zunächst in Scheiben schneiden, dann in Ringe teilen. Tomaten in Scheiben schneiden, mit den Zwiebelringen und der Petersilie in einer Salatschüssel vermengen. Die Tomatenscheiben mit Salz und Pfeffer bestreuen.

**2.** Für die Salatsauce Essig, Orangensaft, Senf und Honig verrühren. Nach und nach das Öl unterschlagen. Salatsauce mit Salz und Pfeffer abschmecken.

**3.** Die Salatsauce über die Salatzutaten geben und den Salat bis zum Verzehr kalt stellen. Nach Belieben mit Petersilienblättchen bestreuen.

***Tipp:*** Den Tomaten-Zwiebel-Salat als Beilage zu Steaks oder Gegrilltem, zu Schinken oder als Partysalat servieren.

## Geflügelsalat

4–6 Portionen

*Zubereitungszeit:* 30 Minuten

125 g Zartweizenkörner
500 g gebratenes oder gekochtes Geflügelfleisch, z. B. Hähnchenbrust
je 100 g kernlose, grüne und blaue Weintrauben
4 Stängel Estragon
1/2 rote Chilischote

**Für die Sauce:**
2 Knoblauchzehen
2 EL Kräuteressig
1 EL flüssiger Honig
150 g Crème fraîche
2 EL Apfelsaft
1 EL mittelscharfer Senf
6 EL Olivenöl
Salz
gem. Pfeffer

*Pro Portion:*
E: 27 g, F: 23 g, Kh: 30 g,
kJ: 1800, kcal: 431

**1.** Zartweizenkörner nach Packungsanleitung garen und abkühlen lassen. Inzwischen Geflügelfleisch in Streifen schneiden. Weintrauben abspülen, abtropfen lassen und halbieren. Estragon abspülen, trocken tupfen, die Blättchen von den Stängeln zupfen. Blättchen grob hacken. Chilischote halbieren, entkernen, die weißen Scheidewände entfernen. Schote abspülen, abtropfen lassen und fein hacken.

**2.** Für die Sauce Knoblauchzehen abziehen und grob hacken. Essig, Honig, Crème fraîche, Apfelsaft, Senf und Knoblauch pürieren. Nach und nach das Öl unterschlagen. Sauce mit Salz und Pfeffer abschmecken.

**3.** Geflügelstreifen mit der Marinade, Chili und Zartweizen in einer Schüssel vermengen. Weintrauben und Estragon vorsichtig unterheben und den Salat servieren.

## Tortellini-Tomaten-Salat

4 Portionen

*Zubereitungszeit:* 20 Minuten, ohne Durchziehzeit

500 Tortellini mit Käsefüllung (aus dem Kühlregal)
250 g Tomaten
150 g Kochschinken in Scheiben

**Für die Salatsauce:**
1 Knoblauchzehe
1/2 Bund Schnittlauch
3–4 EL weißer Balsamico-Essig
Salz
gem. Pfeffer
1 Prise Zucker
4–5 EL Olivenöl

*Pro Portion:*
E: 21 g, F: 24 g, Kh: 41 g,
kJ: 1932, kcal: 461

**1.** Die Tortellini nach Packungsanleitung zubereiten, dann in ein Sieb geben, kurz mit kaltem Wasser abspülen, abtropfen und abkühlen lassen.
**2.** Inzwischen Tomaten abspülen, abtrocknen, vierteln und die Stängelansätze herausschneiden. Tomaten entkernen und in Spalten schneiden. Den Schinken in kleine Stücke schneiden.
**3.** Für die Sauce Knoblauch abziehen und durch eine Knoblauchpresse drücken. Schnittlauch abspülen, trocken tupfen und in feine Röllchen schneiden.
**4.** Essig mit Knoblauch verrühren, mit Salz, Pfeffer und Zucker würzen. Das Olivenöl unterschlagen, den Schnittlauch unterrühren.
**5.** Tortellini, Schinkenstücke und Tomatenspalten mit der Sauce in einer Schüssel vorsichtig mischen, zugedeckt gut durchziehen lassen.
**6.** Den Tortellini-Tomaten-Salat evtl. nochmals mit Salz und Pfeffer abschmecken.

***Tipp:*** Für eine vegetarische Variante ersetzen Sie den Schinken durch 250 g frische, geputzte, in Scheiben geschnittene Champignons.

## Obst-Gemüse-Salat mit Zitronenverbene

2 Portionen

*Zubereitungszeit:* 15 Minuten, ohne Abkühlzeit

je 1 rote, gelbe und grüne Paprikaschote (etwa 600 g)
2 Möhren (etwa 200 g)
6–8 Zitronenverbeneblättchen
3 EL Olivenöl
60 g Cashewkerne
1 EL Zucker
Saft von je 1/2 Orange, Limette und Grapefruit
je 2 Orangen und Grapefruits
Salz
gem. Pfeffer
1 EL Himbeer- oder Apfelessig

*Pro Portion:*
E: 13 g, F: 31 g, Kh: 62 g,
kJ: 2568, kcal: 614

**1.** Die Paprikaschoten halbieren, entstielen, entkernen und die weißen Scheidewände entfernen. Schotenhälften abspülen, trocken tupfen und in mundgerechte Stücke schneiden. Möhren putzen, schälen, abspülen, abtropfen lassen und in Scheiben schneiden. Verbeneblättchen abspülen und trocken tupfen.
**2.** Jeweils etwas Olivenöl in einem Topf erhitzen. Die Paprikastücke, Möhrenscheiben, Verbeneblättchen und Cashewkerne darin etwa 5 Minuten unter mehrmaligem Wenden andünsten, dann mit Zucker bestreuen und karamellisieren.
**3.** Fruchtsäfte hinzugießen, zum Kochen bringen und zugedeckt weitere etwa 5 Minuten dünsten, abkühlen lassen.
**4.** Inzwischen Orangen und Grapefruits so schälen, dass die weiße Haut vollständig entfernt wird. Die Filets herausschneiden.
**5.** Gemüse-Cashewkern-Mischung in eine Schüssel geben. Orangen- und Grapefruitfilets unterheben. Den Obst-Gemüse-Salat mit Salz, Pfeffer und Essig würzen. Restliches Olivenöl hinzufügen.

Tortellini-Tomaten-Salat

Obst-Gemüse-Salat mit Zitronenverbene

## Grüner Kartoffelsalat mit Schafskäsesauce

4 Portionen

*Zubereitungszeit:* 20 Minuten, ohne Durchziehzeit

200 g TK-Brechbohnen
Salz

**Für die Schafskäsesauce:**
180 g Schafskäse (9 % Fett)
200–225 ml Milch (3,5 % Fett)
1–1 1/2 TL mittelscharfer Senf
2–3 EL Zitronensaft
gem. Pfeffer

750 g gegarte, mittelgroße Pellkartoffeln, z. B. vom Vortag
1 kleine Zucchini
1 großes Bund Frühlingszwiebeln
je 1 Bund Petersilie und Schnittlauch

*Pro Portion:*
E: 16 g, F: 7 g, Kh: 45 g,
kJ: 1292, kcal: 310

**1.** Die Bohnen nach Packungsanleitung in Salzwasser garen, in ein Sieb geben, kurz mit kaltem Wasser abschrecken und gut abtropfen lassen. Die Bohnen zum Abkühlen beiseitestellen.

**2.** Für die Sauce in der Zwischenzeit Schafskäse mit 200 ml Milch in einen hohen Rührbecher geben und mit einem Pürierstab cremig pürieren. Senf, Zitronensaft und evtl. die restliche Milch unterrühren. Das Schafskäse-Dressing mit Pfeffer und evtl. etwas Salz abschmecken.

**3.** Die Pellkartoffeln pellen, in Scheiben schneiden und unter die Sauce rühren. Den Salat etwa 5 Minuten durchziehen lassen, dabei gelegentlich umrühren.

**4.** In der Zwischenzeit Zucchini abspülen, abtrocknen und die Enden abschneiden. Zucchini in kleine Würfel schneiden. Die Frühlingszwiebeln putzen, abspülen, abtropfen lassen und in feine Scheiben schneiden.

**5.** Abgekühlte Bohnen, Zucchiniwürfel und Frühlingszwiebelscheiben unter den Salat rühren. Den Salat zugedeckt etwas durchziehen lassen.

**6.** Petersilie und Schnittlauch abspülen und trocken tupfen. Petersilienblättchen von den Stängeln zupfen und fein hacken. Schnittlauch in kleine Röllchen schneiden. Die Kräuter unter den Salat rühren. Den Salat erneut mit den Gewürzen abschmecken und servieren.

***Tipp:*** Petersilie und Schnittlauch können Sie durch Basilikum ersetzen.

## Römersalat mit Zucchini und gebratenen Mozzarellastreifen

2 Portionen

*Zubereitungszeit:* 30 Minuten

**Für den Salat:**
250 g Zucchini
Salz
75 g Staudensellerie
1 rote Paprikaschote
1/2 Kopf Römersalat
1–2 EL Olivenöl
gem. Pfeffer
gem. Kreuzkümmel (Cumin)

**Für die Sauce:**
2 EL Rotweinessig
3–4 EL Olivenöl

**Für die Mozzarella-Sticks:**
125 g Mozzarella
1 Eiweiß (Größe M)
1 geh. EL Weizenmehl
je 25 g helle und dunkle Sesamsamen
3 EL Speiseöl

*Pro Portion:*
E: 25 g, F: 73 g, Kh: 19 g,
kJ: 3472, kcal: 833

Grüner Kartoffelsalat mit Schafskäsesauce

Römersalat mit Zucchini und gebratenen Mozzarellastreifen

1. Für den Salat Zucchini abspülen, abtropfen lassen und die Enden abschneiden. Die Zucchini in Scheiben schneiden. Zucchinischeiben mit etwa 1/2 Teelöffel Salz bestreuen und etwa 10 Minuten ziehen lassen.
2. In der Zwischenzeit Staudensellerie putzen und die harten Außenfäden abziehen. Den Sellerie abspülen, abtropfen lassen und in Scheiben schneiden. Paprikaschote halbieren, entstielen, entkernen und die weißen Scheidewände entfernen. Schotenhälften abspülen, abtropfen lassen und in Streifen schneiden. Von dem Römersalat die äußeren, welken Blätter entfernen. Salat halbieren und den Strunk herausschneiden. Salathälften abspülen, trocken tupfen und in breite Streifen schneiden.
3. Zucchinischeiben trocken tupfen. Olivenöl in einer großen Pfanne erhitzen. Zucchinischeiben darin unter gelegentlichem Wenden anbraten. Paprikastreifen hinzugeben und kurz mit andünsten. Zucchinischeiben, Paprikastreifen und Staudenselleriescheiben in eine Schüssel geben, mit Pfeffer und etwas Cumin würzen.
4. Für die Sauce Essig mit Salz und Pfeffer verrühren. Olivenöl unterschlagen. Das vorbereitete Gemüse mit der Sauce vermengen.
5. Für die Mozzarella-Sticks Mozzarella abtropfen lassen und in dicke Streifen schneiden. Eiweiß mit Salz verschlagen. Mehl, helle und dunkle Sesamsamen jeweils getrennt in einen tiefen Teller geben. Mozzarellastreifen in Mehl wenden, durch das verschlagene Eiweiß ziehen und zuletzt in dem hellen oder dunklen Sesam wenden. Die Panade leicht andrücken.
6. Speiseöl in einer großen Pfanne erhitzen. Die Mozzarellastreifen darin etwa 2 Minuten von jeder Seite bei mittlerer Hitze braten. Mozzarellastreifen aus der Pfanne nehmen und auf Küchenpapier abtropfen lassen. Römersalatstreifen mit dem Salat in der Schüssel vermischen und auf Tellern anrichten. Die Mozzarella-Sticks darauf verteilen.

Pellkartoffelsalat mit Salami

## Pellkartoffelsalat mit Salami

4 Portionen

*Zubereitungszeit:* 25 Minuten

750 g gegarte Pellkartoffeln, z. B. vom Vortag

**Für die Marinade:**
125 ml heiße Gemüsebrühe
4–6 EL Zitronensaft
25 g TK-Italienische Kräuter
6 EL Olivenöl
Salz, gem. Pfeffer

350 g abgetropfte, grüne Bohnen (aus dem Glas)
250 g abgetropfte, weiße Bohnen (aus dem Glas)
2 rote Zwiebeln
2 Fleischtomaten
150 g Salami in Scheiben
etwas Zitronensaft

*Pro Portion:*
E: 17 g, F: 27 g, Kh: 37 g,
kJ: 1964, kcal: 469

1. Pellkartoffeln pellen, vierteln, in Stücke schneiden und in eine große Salatschüssel geben.
2. Für die Marinade die Brühe mit Zitronensaft und Kräutern verrühren. Das Olivenöl unterschlagen, mit Salz und Pfeffer würzen, zu den Kartoffelstücken geben und gut untermischen. Die Bohnen unterheben. Den Pellkartoffelsalat etwa 5 Minuten durchziehen lassen.
3. In der Zwischenzeit Zwiebeln abziehen, erst in Scheiben schneiden, dann in Ringe teilen. Tomaten abspülen, abtrocknen und die Stängelansätze herausschneiden. Tomaten in Stücke schneiden.
4. Salami in kleine Würfel schneiden. Zwiebelringe, Tomatenstücke und Salamiwürfel unter den Salat heben. Den Pellkartoffelsalat anschließend mit Salz, Pfeffer und Zitronensaft abschmecken.

*Tipp:* Sie können auch fertig gekauften Kartoffelsalat im Handumdrehen in diesen leckeren, italienisch angehauchten Salat verwandeln. Dafür etwa 800 g Kartoffelsalat mit Essig-Öl-Dressing (aus dem Kühlregal) mit den abgetropften Bohnen und den TK-Kräutern oder 2 Esslöffeln Pesto (aus dem Glas) vermischen. Die Zwiebelringe, Tomatenstücke und Salamiwürfel unterheben. Den Salat nochmals abschmecken.

Tomaten-Sellerie-Salat mit Tripmadam

Zucchini-Kichererbsen-Salat mit Minz-Joghurt

## Tomaten-Sellerie-Salat mit Tripmadam

4 Portionen

*Zubereitungszeit:* 20 Minuten

400 g Staudensellerie
1 Handvoll Tripmadam (Felsen-Fetthenne, Würzkraut)
4 EL Orangensaft
4 EL weißer Balsamico-Essig
8 EL Olivenöl
Salz, gem. Pfeffer
Zucker
40 g geröstete Cashew- oder Walnusskerne
20 Cocktailtomaten
1 EL Zucker

*Pro Portion:*
E: 4 g, F: 25 g, Kh: 16 g,
kJ: 1272, kcal: 304

**1.** Den Staudensellerie putzen und die harten Außenfäden abziehen. Die Selleriestangen abspülen, trocken tupfen und in sehr feine Scheiben schneiden. Tripmadam abspülen und trocken tupfen. Die Nadeln von den Stängeln zupfen. Nadeln sehr fein schneiden.
**2.** Orangensaft mit Essig verrühren. 4 Esslöffel Olivenöl unterschlagen, mit Salz. Pfeffer und Zucker würzen.
**3.** Selleriescheiben in eine Schale legen und mit der Vinaigrette übergießen. Cashew- oder Walnusskerne und Tripmadam daraufstreuen.
**4.** Die Tomaten abspülen, trocken tupfen und evtl. die Stängelansätze herausschneiden. Restliches Olivenöl in einer Pfanne erhitzen.
**5.** Die Tomaten darin unter Wenden kurz anbraten. Zucker daraufstreuen und kurz karamellisieren, mit Salz und Pfeffer würzen. Den Salat vermischen und auf 4 Tellern anrichten. Tomaten darauf verteilen.

## Zucchini-Kichererbsen-Salat mit Minz-Joghurt

4 Portionen

*Zubereitungszeit:* 30 Minuten

500 g abgetropfte Kichererbsen (aus der Dose)
1 Bund Radieschen
1 Zucchini
1/2 Blattsalat, z. B. Eichblatt-, Frisée-, Kopfsalat

**Für den Minz-Joghurt:**
3 Stängel Melisse
150 g Joghurt (1,5 % Fett)
2 EL Zitronensaft
1 gestr. TL Harissa (afrikanische Gewürzpaste)
Salz, gem. Pfeffer
1 Prise Zucker

*Pro Portion:*
E: 13 g, F: 4 g, Kh: 28 g,
kJ: 864, kcal: 207

**1.** Die Kichererbsen kurz mit kaltem Wasser abspülen und gut abtropfen lassen.
**2.** Radieschen putzen, abspülen, abtropfen lassen und in dünne Scheiben schneiden. Zucchini abspülen, abtrocknen und die Enden abschneiden. Zucchini grob raspeln.
**3.** Blattsalat putzen, waschen und gut abtropfen lassen oder trocken schleudern. Blattsalat in mundgerechte Stücke zupfen.
**4.** Blattsalat mit Kichererbsen, Radieschenscheiben und Zucchiniraspeln in eine Salatschüssel geben und vermischen.
**5.** Für den Dip Minze abspülen, trocken tupfen und die Blättchen von den Stängeln zupfen. Blättchen in Streifen schneiden. Den Joghurt mit 1 Esslöffel Minzestreifen, Zitronensaft und Harissa verrühren. Dip mit Salz, Pfeffer und Zucker abschmecken. Die Salatzutaten mit dem Minz-Dip vermischen oder separat dazureichen.

***Tipps:*** Radieschen gibt es vorwiegend in den wärmeren Monaten. In der kälteren Jahreszeit nehmen Sie statt Radieschen 200 g Cocktailtomaten. Tomaten abspülen, abtrocknen, je nach Größe halbieren oder vierteln und die Stängelansätze herausschneiden. Harissa ist eine Gewürzpaste aus roten Chilischoten. Sie schmeckt feurig-scharf – setzen Sie sie deshalb vorsichtig ein.

## Apfel-Käse-Salat

5 Portionen

*Zubereitungszeit:* 20 Minuten

2 kleine Äpfel, z. B. Jonagold
1–2 rote Zwiebeln
250 g Radieschen
250 g Bergkäse
100 g Emmentaler
1 kleines Bund Schnittlauch
Salz, gem. Pfeffer
2 EL Weißweinessig
1 EL mittelscharfer Senf
3 EL Olivenöl
1 Prise Zucker
30 g frischer Meerrettich

*Pro Portion:*
E: 18 g, F: 26 g, Kh: 6 g,
kJ: 1390, kcal: 332

**1.** Die Äpfel waschen und abtrocknen. Äpfel nach Belieben schälen. Äpfel halbieren und entkernen. Die Apfelhälften auf einem Gemüsehobel in feine Scheiben hobeln.
**2.** Zwiebeln abziehen und in feine Scheiben schneiden. Radieschen putzen, abspülen, abtropfen lassen und ebenfalls in feine Scheiben schneiden.
**3.** Die beiden Käsesorten in kleine Würfel schneiden. Schnittlauch abspülen, trocken tupfen und in Röllchen schneiden. Die vorbereiteten Zutaten in eine Salatschüssel geben, mit Salz und Pfeffer bestreuen und vermischen.
**4.** Essig mit Senf verrühren, Olivenöl unterschlagen, mit Salz und Zucker abschmecken. Den Meerrettich schälen, fein reiben und unter die Marinade rühren. Die Marinade unter den Salat heben. Den Salat mit Salz und Pfeffer abschmecken.

## Löwenzahn-Spinat-Salat mit Schafskäse und Cocktailtomaten

4 Portionen

*Zubereitungszeit:* 15 Minuten

150 g Löwenzahnblätter
150 g junger Blattspinat
200 g Cocktailtomaten

**Für die Salatsauce:**
2 EL weißer Balsamico- oder Weißweinessig
1 TL mittelscharfer Senf
1 EL flüssiger Honig
4 EL Olivenöl
Salz, gem. Pfeffer
200 g Schafskäse
Löwenzahnblütenblätter (von 2 Blüten)

*Pro Portion:*
E: 11 g, F: 20 g, Kh: 9 g,
kJ: 1096, kcal: 261

**1.** Löwenzahnblätter und Blattspinat gründlich abspülen, abtropfen lassen und mit Küchenpapier trocken tupfen.
**2.** Tomaten abspülen, trocken tupfen, halbieren und die Stängelansätze herausschneiden.
**3.** Für die Sauce Essig mit Senf und Honig verrühren. Das Olivenöl unterschlagen und die Sauce mit Salz und Pfeffer würzen.
**4.** Löwenzahnblätter und Blattspinat in eine Schüssel geben, mit der Salatsauce gut vermischen. Den Salat auf 4 Tellern oder einer Platte anrichten.
**5.** Schafskäse in Würfel schneiden. Den Löwenzahn-Spinat-Salat mit den Tomatenhälften und Schafskäsewürfeln garnieren.
**6.** Löwenzahnblütenblätter gründlich abspülen, trocken tupfen und auf dem Löwenzahn-Spinat-Salat verteilen.

***Tipps:*** Die Salatsauce zusätzlich mit 2 Esslöffeln Walnussöl verfeinern. Den Salat mit gebratenen Wachteleiern belegen. Statt Löwenzahn schmeckt auch Rucola.

Apfel-Käse-Salat

Löwenzahn-Spinat-Salat mit Schafskäse und Cocktailtomaten

## Putensalat

4 Portionen

*Zubereitungszeit:* 30 Minuten

**Für die Salatsauce:**

Saft von 1 Zitrone
1 EL flüssiger Honig
1 Msp. Cayennepfeffer
2 EL Sojasauce
4 EL Sojaöl

**Für den Salat:**

2 kleine, feste Birnen
200 g Möhren
200 g Chinakohl
250 g Putenbrustaufschnitt

1 TL Butter
2 EL Sesamsamen

*Pro Portion:*
E: 17 g, F: 15 g, Kh: 14 g,
kJ: 1096, kcal: 261

**1.** Für die Sauce Zitronensaft mit Honig, Cayennepfeffer und Sojasauce in einer Schüssel verrühren. Sojaöl unterschlagen.
**2.** Für den Salat die Birnen heiß abwaschen, abtrocknen, nach Belieben schälen, halbieren, entkernen und klein schneiden. Birnenstücke unter die Sauce rühren.
**3.** Die Möhren putzen, schälen, abspülen und abtropfen lassen. Möhren grob raspeln. Chinakohl putzen, vierteln und den Strunk herausschneiden. Chinakohl abspülen, abtropfen lassen, in feine Streifen schneiden.
**4.** Putenbrustaufschnitt ebenfalls in feine Streifen schneiden. Möhrenraspel, Chinakohlstreifen und die Putenbruststreifen ebenfalls unter die Sauce rühren.
**5.** Die Butter in einer Pfanne zerlassen. Sesamsamen hinzufügen und darin anrösten. Sesamsamen sofort zu dem Salat geben und unterheben. Den Putensalat sofort servieren.

***Tipp:*** Eine weitere kleine Birne heiß abwaschen, abtrocknen, halbieren, entkernen und in Spalten schneiden. Den Putensalat mit Birnenspalten garnieren.

## Chinesischer Spaghettisalat

2 Portionen

*Zubereitungszeit:* 15 Minuten, ohne Durchziehzeit

2 l Wasser
2 gestr. TL Salz
200 g Spaghetti
1 Bund Frühlingszwiebeln
1 EL Soja- oder Olivenöl
3–4 EL Sojasauce
1–2 TL China-Gewürzmischung
Salz
gem. Pfeffer
1 Prise Zucker

*Pro Portion:*
E: 17 g, F: 8 g, Kh: 83 g,
kJ: 1992, kcal: 477

**1.** Wasser in einem großen Topf zugedeckt zum Kochen bringen. Dann Salz und Spaghetti zugeben. Die Nudeln im geöffneten Topf bei mittlerer Hitze nach Packungsanleitung bissfest kochen, dabei gelegentlich umrühren. Anschließend die Nudeln in ein Sieb geben, mit kaltem Wasser abspülen und gut abtropfen lassen. Nudeln nach Belieben mit einer Küchenschere mehrmals in Stücke schneiden, kurz abkühlen lassen.
**2.** In der Zwischenzeit Frühlingszwiebeln putzen, abspülen, abtropfen lassen und in feine Scheiben schneiden. In einer kleinen Schüssel das Öl mit 3 Esslöffeln Sojasauce, China-Gewürz, Salz, Pfeffer und Zucker gut verrühren.
**3.** Die Nudeln mit den Frühlingszwiebelscheiben und der Sauce gut vermischen. Den Salat zugedeckt im Kühlschrank gut durchziehen lassen.
**4.** Den Salat vor dem Servieren nochmals mit der restlichen Sojasauce und den Gewürzen abschmecken.

Putensalat

Chinesischer Spaghettisalat

**Tipp:** Wenn Sie den Salat 1–2 Stunden durchziehen lassen, schmeckt er besonders gut.

## Rote-Bohnen-Mais-Salat

4 Portionen (ohne Foto)

*Zubereitungszeit:* 10 Minuten, ohne Durchziehzeit

425 g abgetropfte Kidneybohnen (aus der Dose)
570 g abgetropfter Gemüsemais (aus der Dose)
1 Bund Frühlingszwiebeln
200 g Edamer

**Für die Sauce:**
4 EL Weißweinessig
1 TL scharfer Senf
Salz, gem. Pfeffer
Zucker
80 ml Speiseöl, z. B. Sonnenblumenöl

*Pro Portion:*
E: 26 g, F: 35 g, Kh: 40 g, kJ: 2434, kcal: 582

**1.** Kidneybohnen und Mais in einem Sieb mit kaltem Wasser abspülen und gut abtropfen lassen. Frühlingszwiebeln putzen, abspülen, abtropfen lassen und in feine Scheiben schneiden. Edamer entrinden und würfeln. Die vorbereiteten Zutaten in eine Salatschüssel geben.
**2.** Für die Sauce Essig mit Senf, Salz, Pfeffer und Zucker verrühren. Öl unterschlagen. Die Salatzutaten mit der Sauce vermengen und den Salat gut durchziehen lassen.
**3.** Den Salat vor dem Servieren nochmals mit Salz, Pfeffer und etwas Essig abschmecken.

**Tipp:** Den Salat als Partysalat, mit Brot, als kleine Mahlzeit oder mit Parmaschinken und Oliven als Vorspeise servieren.

Glasnudel-Möhren-Salat

## Glasnudel-Möhren-Salat

2 Portionen

*Zubereitungszeit:* 20 Minuten, ohne Durchziehzeit

125 g Glasnudeln
3 Möhren
1 1/2 EL Speiseöl, z. B. Soja-, Erdnuss- oder Rapsöl
1–2 Knoblauchzehen
140 g abgetropfter Gemüsemais (aus der Dose)
3–4 EL Sojasauce
gem. Pfeffer
etwa 1/4 TL gem. Ingwer

*Pro Portion:*
E: 6 g, F: 10 g, Kh: 71 g, kJ: 1673, kcal: 399

**1.** Glasnudeln nach Packungsanleitung zubereiten. Anschließend in ein Sieb geben, mit kaltem Wasser abspülen und gut abtropfen lassen. Die Glasnudeln nach Belieben mit einer Küchenschere mehrmals in Stücke schneiden.
**2.** Die Möhren putzen, schälen, abspülen und abtropfen lassen. Möhren in dünne Stifte (etwa 5 cm lang) schneiden. Das Öl in einer großen Pfanne oder einem Wok erhitzen. Die Möhrenstifte darin bei mittlerer bis starker Hitze in 2–3 Minuten anbraten, dabei gelegentlich umrühren. Knoblauch abziehen und durch eine Knoblauchpresse zu den Möhren in die Pfanne drücken. Knoblauch etwa 2 Minuten mit anbraten, dabei ab und zu umrühren.
**3.** Den Gemüsemais in eine Schüssel geben. Das Möhrengemüse mit den Glasnudeln hinzufügen, die Zutaten gut vermischen. Glasnudel-Möhren-Salat mit 3 Esslöffeln Sojasauce sowie Pfeffer und Ingwer abschmecken. Den Salat zugedeckt im Kühlschrank gut durchziehen lassen.
**4.** Glasnudel-Möhren-Salat vor dem Servieren nochmals mit der Sojasauce und den Gewürzen abschmecken.

**Tipp:** Der Glasnudelsalat schmeckt auch lauwarm prima. Dann die Glasnudeln mit heißem Wasser abspülen. Glasnudeln mit dem warmen Möhrengemüse vermischen und abschmecken.

Bulgur-Kräuter-Salat

Pesto-Nudelsalat

## Bulgur-Kräuter-Salat

4 Portionen

*Zubereitungszeit:* 20 Minuten, ohne Durchziehzeit

200 g Bulgur
etwa 400 ml Gemüsebrühe
500 g Tomaten
1 kleines Bund Frühlingszwiebeln
1/2 Salatgurke

**Für die Salatsauce:**
4–6 EL Zitronensaft
2 EL Olivenöl
Salz, gem. Pfeffer
1 Msp. gem. Kreuzkümmel (Cumin)

je 1 Bund Petersilie und Minze

*Pro Portion:*
E: 7 g, F: 6 g, Kh: 41 g,
kJ: 1055, kcal: 252

**1.** Bulgur mit der Gemüsebrühe nach Packungsanleitung zubereiten. Den garen Bulgur in eine Salatschüssel geben und abkühlen lassen.
**2.** In der Zwischenzeit die Tomaten kreuzweise einschneiden und mit kochendem Wasser übergießen. Nach 1–2 Minuten herausnehmen und mit kaltem Wasser abschrecken. Tomaten enthäuten, halbieren und die Stängelansätze herausschneiden. Dann die Tomaten entkernen und das Fruchtfleisch klein schneiden.
**3.** Frühlingszwiebeln putzen, abspülen, abtropfen lassen und in feine Scheiben schneiden. Die Salatgurke abspülen, abtrocknen und das Ende abschneiden. Die Gurke längs halbieren, entkernen und in kleine Würfel schneiden.
**4.** Den beiseitegestellten Bulgur mit 2 Gabeln etwas auflockern. Tomatenstücke, Frühlingszwiebelscheiben und Gurkenwürfel unterheben.
**5.** Für die Sauce 4 Esslöffel Zitronensaft mit dem Olivenöl verschlagen, mit Salz, Pfeffer und Kreuzkümmel würzen. Die Sauce mit den Salatzutaten vermengen, zugedeckt und kalt gestellt gut durchziehen lassen.
**6.** Zum Servieren die Petersilie und Minze abspülen, trocken tupfen und die Blättchen von den Stängeln zupfen. Die Blättchen fein hacken und unter den Salat heben.
**7.** Den Salat nochmals mit 1–2 Esslöffeln Zitronensaft und den Gewürzen abschmecken und servieren.

***Tipps:*** Statt in Gemüsebrühe lässt sich Bulgur auch einfach in kochendem Salzwasser garen. Je nach Packungsanleitung variiert die Menge der Gemüsebrühe bzw. des Salzwassers. Wer es etwas herzhafter mag, gibt zusätzlich 1 Knoblauchzehe und 1 Zwiebel (beides abgezogen und fein gehackt) mit dem Gemüse zum Bulgur. Für eine Party können Sie den Salat auch am Vormittag zubereiten. Er schmeckt am besten, wenn er gut durchziehen kann.

## Pesto-Nudelsalat

2 Portionen

*Zubereitungszeit:* 15 Minuten, ohne Durchziehzeit

1 1/2 l Wasser
1 gestr. TL Salz
150 g Nudeln, z. B. Farfalle
etwa 100 g Basilikumpesto (aus dem Glas)
200 g Cocktailtomaten
1–2 EL Olivenöl
Salz, gem. Pfeffer

*Pro Portion:*
E: 13 g, F: 28 g, Kh: 58 g,
kJ: 2245, kcal: 538

**1.** Wasser in einem großen Topf zugedeckt zum Kochen bringen. Dann Salz und Nudeln zugeben. Die Nudeln im geöffneten Topf bei mittlerer Hitze

nach Packungsanleitung bissfest kochen, dabei gelegentlich umrühren.
**2.** Anschließend die Nudeln in ein Sieb geben, mit heißem Wasser abspülen und abtropfen lassen. Die Nudeln noch heiß mit dem Pesto vermischen und alles durchziehen lassen.
**3.** Tomaten abspülen und abtrocknen, evtl. halbieren.
**4.** Vor dem Servieren Olivenöl unter die Nudel-Pesto-Mischung rühren. Den Salat mit Salz und Pfeffer würzen. Die Tomaten unterheben.

***Tipp:*** Geben Sie zusätzlich noch einige Schafskäsewürfel und/oder Oliven in den Salat.

## Sommerlicher Bulgursalat

4 Portionen

*Zubereitungszeit:* 25 Minuten

1 reife Wassermelone (etwa 700 g)
1 Salatgurke (etwa 400 g)
2–3 EL Zitronensaft
1–2 EL Obstessig
1 TL flüssiger Blütenhonig
4 EL Olivenöl
gegarter Bulgur aus 250 g rohem Bulgur
Salz, gem. Pfeffer
1 Msp. gem. Koriander
Cayennepfeffer
125 g Rucola (Rauke)
300 g Schafskäse

*Pro Portion:*
E: 20 g, F: 25 g, Kh: 54 g,
kJ: 2201, kcal: 526

**1.** Wassermelone halbieren und die Kerne mit einem Löffel herauskratzen. Melonenhälften schälen. Das Fruchtfleisch in etwa 1 1/2 cm große Würfel schneiden.
**2.** Die Salatgurke abspülen, trocken tupfen und die Enden abschneiden. Gurke der Länge nach halbieren. Die Kerne mit einem Löffel herauskratzen. Gurkenhälften nochmals der Länge nach durchschneiden, dann quer in dünne Scheiben schneiden.
**3.** Melonenwürfel, Gurkenscheiben, Zitronensaft, Obstessig, Honig und Olivenöl unter den Bulgur rühren. Mit Salz, Pfeffer, Koriander und Cayennepfeffer würzen. Salat etwa 10 Minuten stehen lassen.
**4.** In der Zwischenzeit Rucola abspülen und trocken tupfen. Die dicken Stiele entfernen. Rucola in mundgerechte Stücke zupfen. Schafskäse mit Küchenpapier trocken tupfen und in schmale Scheiben schneiden.
**5.** Den Rucola unter den Bulgursalat heben. Den Salat mit Salz und Pfeffer abschmecken. Bulgursalat mit dem Schafskäse anrichten.

## Krautsalat, verfeinerter

4 Portionen

*Zubereitungszeit:* 15 Minuten

30 g Sonnenblumenkerne
2 Äpfel, z. B. Elstar
400 g frischer Krautsalat mit Paprika und Zwiebeln (aus dem Kühlregal)
1 Bund Schnittlauch
Salz
gem. Pfeffer
1 Prise Zucker

*Pro Portion:*
E: 4 g, F: 6 g, Kh: 29 g,
kJ: 943, kcal: 224

**1.** Die Sonnenblumenkerne in einer Pfanne ohne Fett unter Wenden goldbraun rösten und auf einen Teller geben.
**2.** Äpfel abspülen und abtrocknen. Von den Äpfeln rundherum schmale Scheiben abschneiden, sodass nur noch das Kerngehäuse übrig bleibt.
**3.** Die Apfelscheiben in schmale Streifen schneiden und sofort unter den Krautsalat heben.
**4.** Schnittlauch abspülen, trocken tupfen und in feine Röllchen schneiden. Die Schnittlauchröllchen unter den Salat heben. Krautsalat mit Salz, Pfeffer und Zucker abschmecken.

Sommerlicher Bulgursalat

Krautsalat, verfeinerter

## Reissalat

4 Portionen

*Zubereitungszeit:* 15 Minuten, ohne Durchziehzeit

400 ml Wasser
1/2 TL Salz
200 g 8-Minuten-Langkornreis
280 g abgetropfte Erbsen (aus der Dose)
400 g Farmersalat (aus der Tüte)
70 ml Apfelsaft
1 Kästchen Kresse
Salz, gem. Pfeffer
Zucker

*Pro Portion:*
E: 9 g, F: 25 g, Kh: 54 g,
kJ: 1996, kcal: 477

**1.** Wasser in einem Topf zugedeckt zum Kochen bringen. Salz und Langkornreis dazugeben und aufkochen lassen. Den Reis bei schwacher Hitze zugedeckt nach Packungsanleitung garen.
**2.** Reis kurz abkühlen lassen, dabei gelegentlich umrühren. Inzwischen die Erbsen in einem Sieb mit kaltem Wasser abspülen und gut abtropfen lassen. Farmersalat evtl. abspülen und trocken tupfen. Dann mit Erbsen, Reis und Apfelsaft mischen.
**3.** Die Kresse abspülen und gut abtropfen lassen. Zwei Drittel der Kresse mit einer Küchenschere vom Beet schneiden und unterheben.
**4.** Reissalat mit Salz, Pfeffer und Zucker abschmecken, zugedeckt kalt stellen und gut durchziehen lassen.
**5.** Den Reissalat mit der restlichen Kresse garniert gleich portionsgerecht in Trinkbechern anrichten.

***Tipps:*** Der Salat schmeckt auch mit Naturreis (Vollkornreis) anstelle von Langkornreis. Dann den Reis nach Packungsanleitung zubereiten. Anstelle von Farmersalat können Sie auch Waldorfsalat verwenden und anstelle von Kresse 1/2 Bund Schnittlauch abspülen, trocken tupfen und in Röllchen schneiden.

## Glasnudel-Rohkost

1 Portion

*Zubereitungszeit:* 20 Minuten

1 EL ungeschälte Sesamsamen
10 g frischer Ingwer
Saft von 1/2 rosa oder weißen Grapefruit (50 ml)
1 EL dunkles Sesamöl, gem. Meersalz
75 g Mango (ohne Stein gewogen)
1/2 rote Paprikaschote (etwa 100 g)
1 Möhre (etwa 100 g)
50 g Glasnudeln
etwas Koriandergrün oder Minze

*Pro Portion:*
E: 6 g, F: 19 g, Kh: 66 g,
kJ: 1947, kcal: 463

**1.** Den Sesam in einer Pfanne ohne Fett unter Rühren rösten, herausnehmen und auf einem Teller erkalten lassen. Den Ingwer schälen und in sehr kleine Würfel schneiden.
**2.** Grapefruitsaft mit Ingwerwürfeln in einer Schüssel verrühren. Das Sesamöl unterschlagen, mit Meersalz würzen.
**3.** Die Mango halbieren und den Stein herausnehmen. Mangohälften schälen und in feine Streifen schneiden. Paprikaschotenhälfte entstielen, entkernen und die weißen Scheidewände entfernen. Schotenhälfte abspülen, abtropfen lassen und in feine Streifen schneiden. Möhre putzen, schälen, abspülen, abtropfen lassen und in feine Streifen hobeln oder raffeln. Mango-, Paprika- und Möhrenstreifen oder -raffel zu der Vinaigrette in die Schüssel geben und gut untermischen.
**4.** Glasnudeln in einer Schüssel mit reichlich kochendem Wasser übergießen und in 4–5 Minuten weich werden lassen. Glasnudeln in ein Sieb geben, mit kaltem Wasser abspülen, abtropfen lassen und mit der Küchenschere kürzer schneiden.
**5.** Die Glasnudeln unter den Salat mischen. Koriandergrün oder Minze abspülen und trocken tupfen. Blättchen von den Stängeln zupfen. Blättchen in Streifen schneiden. Glasnudel-Rohkost mit dem gerösteten Sesam und den Kräuterstreifen bestreuen.

Reissalat

Glasnudel-Rohkost

Rote-Linsen-Salat

Süßkartoffel-Couscous-Salat

## Rote-Linsen-Salat

2 Portionen

*Zubereitungszeit:* 25 Minuten

150 g Zuckerschoten
200 ml Gemüsebrühe
100 g rote Linsen
2 Frühlingszwiebeln
130 g abgetropfte Aprikosenhälften (aus der Dose)
10 g frischer Ingwer
oder 1/2 TL gem. Ingwer
1–2 EL Himbeeressig
Salz, gem. Pfeffer
1 EL Sonnenblumenöl
1 1/2 EL Nussöl

*Pro Portion:*
E: 17 g, F: 14 g, Kh: 48 g,
kJ: 1613, kcal: 385

**1.** Von den Zuckerschoten die Enden abschneiden. Schoten evtl. abfädeln, abspülen und abtropfen lassen.
**2.** Brühe in einem kleinen Topf zum Kochen bringen. Die Zuckerschoten darin kurz blanchieren und mit einer Schaumkelle herausnehmen. Schoten mit kaltem Wasser abschrecken, abtropfen lassen und halbieren.
**3.** Die Linsen in die Brühe geben, das Ganze wieder zum Kochen bringen und bei schwacher Hitze etwa 8 Minuten köcheln lassen, bis die Gemüsebrühe aufgesogen ist.
**4.** Frühlingszwiebeln putzen, abspülen, abtropfen lassen und schräg in Scheiben schneiden. Frühlingszwiebelscheiben unter die heißen Linsen heben. Die Linsen-Zwiebel-Mischung abkühlen lassen.
**5.** Die Aprikosen in dünne Spalten schneiden. Frischen Ingwer schälen und fein reiben. Essig mit Salz, Pfeffer und Ingwer verrühren. Sonnenblumen- und Nussöl unterschlagen. Die Salatsauce mit der Linsen-Zwiebel-Mischung vermengen. Aprikosenspalten und Zuckerschoten unterheben. Den Rote-Linsen-Salat nochmals abschmecken und sofort servieren.

## Süßkartoffel-Couscous-Salat

4 Portionen

*Zubereitungszeit:* 20 Minuten, ohne Durchziehzeit

75 g Couscous (Instant)
knapp 300 ml Gemüsebrühe
1 Schalotte
1/2 Salatgurke
750 g gegarte, mittelgroße Süßkartoffeln (Bataten, als Pellkartoffeln zubereitet)
40 g abgetropfte, grüne Oliven ohne Stein (etwa 18 Stück)
3 geh. TL abgetropfte Kapern
4–5 EL Limettensaft
2 EL Olivenöl
Salz
gem. Pfeffer
Chilipulver (ersatzweise Chiliflocken)
5 Stängel Petersilie

*Pro Portion:*
E: 6 g, F: 8 g, Kh: 54 g,
kJ: 1329, kcal: 316

**1.** Couscous mit der Gemüsebrühe nach Packungsanleitung zubereiten. Den garen Couscous in eine Salatschüssel geben und abkühlen lassen.
**2.** In der Zwischenzeit die Schalotte abziehen, halbieren und fein würfeln. Die Salatgurke abspülen, abtrocknen und das Ende abschneiden. Gurke längs halbieren, entkernen und in Streifen schneiden.
**3.** Süßkartoffeln pellen und in mundgerechte Stücke schneiden. Oliven halbieren, mit den Kapern mischen und beiseitestellen.
**4.** Für die Sauce 4 Esslöffel Limettensaft mit dem Olivenöl verschlagen, mit Salz, Pfeffer und Chilipulver (Chiliflocken) würzen.
**5.** Den beiseitegestellten Couscous mit 2 Gabeln etwas auflockern. Die Schalottenwürfel, Gurkenstreifen, Kartoffelstücke und die Oliven-Kapern-Mischung hinzufügen und unterheben. Die Limettensauce mit den Salatzutaten vermengen. Den Salat kalt gestellt etwas durchziehen lassen.
**6.** Zum Servieren die Petersilie abspülen, gut trocken tupfen und die Blättchen von den Stängeln zupfen. Die Blättchen fein hacken. Die Petersilienblätter unter den Salat mischen. Den Salat mit Limettensaft, Salz, Pfeffer und Chili säuerlich-scharf abschmecken und servieren.

***Tipp:*** Die Süßkartoffeln am Vortag als Pellkartoffeln garen. Dafür die Süßkartoffeln abspülen und in Salzwasser in 15–20 Minuten zugedeckt gar kochen. Kartoffeln abgießen und kalt stellen.

Apfel-Möhren-Salat mit Sirup-Sesam-Dressing

## Apfel-Möhren-Salat mit Sirup-Sesam-Dressing

4 Portionen

*Zubereitungszeit:* 20 Minuten

1 Bio-Zitrone
(unbehandelt, ungewachst)
1 Orange
2–3 TL Ahornsirup
1 Prise gem. Zimt
1–2 EL Sesam- oder Rapsöl
2 Äpfel
500 g Möhren
3 Sesam-Krokant-Riegel
(je 25 g, aus dem Reformhaus, Naturkostladen oder Drogerie-Markt)

*Pro Portion:*
E: 3 g, F: 10 g, Kh: 25 g,
kJ: 856, kcal: 205

**1.** Die Zitrone heiß abwaschen, abtrocknen und die Schale abreiben. Von der Zitronenschale 1 Teelöffel abmessen. Zitrone und Orange halbieren und jeweils den Saft auspressen. Zitronen- und Orangensaft in eine Schüssel geben. 1 Teelöffel Zitronenschale, Sirup und Zimt hinzufügen, mit einem Schneebesen gut verrühren. Das Sesam- oder Rapsöl unterschlagen.
**2.** Äpfel heiß abwaschen, abtrocknen, vierteln, entkernen und mit der Schale in dünne Streifen schneiden. Apfelstreifen zu dem Dressing in die Schüssel geben.
**3.** Möhren putzen, schälen, abspülen, abtropfen lassen, in dünne Streifen schneiden, zu den Apfelstreifen geben und gut untermischen.
**4.** Den Salat in eine Salatschüssel geben. Krokant-Riegel zerbröseln und kurz vor dem Servieren auf den Salat streuen.

## Eiersalat in Basilikum-Vinaigrette

4 Portionen (ohne Foto)

*Zubereitungszeit:* 30 Minuten

6 hart gekochte Eier
100 g Radieschen
100 g rosa Champignons
3 Tomaten
50 g Shrimps
(gegart, entdarmt, ohne Schale)
1 EL Cashewkerne
150 g abgetropfter Gemüsemais
(aus der Dose)

**Für die Salatsauce:**
3 EL Kräuteressig
1 EL Sherry
1 EL Zitronensaft
4 EL Olivenöl
Salz, grob gem. Pfeffer
Zucker
etwa 100 g Basilikum

*Pro Portion:*
E: 17 g, F: 22 g, Kh: 10 g,
kJ: 1293, kcal: 309

**1.** Eier pellen und in Scheiben schneiden. Radieschen putzen, waschen, gut trocken tupfen und in Scheiben schneiden. Champignons putzen, evtl. kurz abspülen und gut trocken tupfen. Champignons in Scheiben schneiden.
**2.** Tomaten abspülen, abtrocknen, vierteln, entkernen und die Stängelansätze herausschneiden. Tomaten in Stücke schneiden.
**3.** Die vorbereiteten Salatzutaten in eine Schüssel geben, mit Shrimps, Cashewkernen und Mais vermischen.
**4.** Für die Salatsauce Essig mit Sherry und Zitronensaft verrühren, Olivenöl unterschlagen. Die Sauce mit Salz, Pfeffer und Zucker abschmecken.
**5.** Basilikum abspülen, trocken tupfen und die Blättchen von den Stängeln zupfen. Blättchen klein schneiden und unter die Sauce rühren. Die Sauce zu den Salatzutaten geben und vorsichtig untermischen.

## Lollo rosso mit gedünstetem Gemüse

4 Portionen

*Zubereitungszeit:* 30 Minuten

1 Gemüsezwiebel
1 Zucchini
1 Aubergine
4–5 EL Olivenöl
1 Lollo rosso
2 EL kalte Gemüsebrühe
1 1/2 EL Zitronensaft
1/2–1 EL Apfelessig
(ersatzweise Weißweinessig)
1 TL Dijon-Senf

2–3 TL abgetropfte, rote Pfefferkörner (in Lake)
Salz
evtl. gem. schwarzer Pfeffer
1 Prise Zucker

*Pro Portion:*
E: 3, F: 12 g, Kh: 7 g,
kJ: 627, kcal: 150

**1.** Die Gemüsezwiebel abziehen, halbieren und in dünne Ringe schneiden.
**2.** Zucchini und Aubergine abspülen, abtrocknen und die beiden Enden abschneiden. Zucchini und Aubergine in dünne Scheiben schneiden.
**3.** In einer großen Pfanne 1 Esslöffel von dem Olivenöl erhitzen. Die Hälfte der Zwiebelringe und der Zucchinischeiben darin bei mittlerer bis starker Hitze in etwa 5 Minuten unter gelegentlichem Rühren goldbraun anbraten und herausnehmen.
**4.** Einen weiteren Esslöffel Olivenöl in der Pfanne erhitzen. Die restlichen Zwiebelringe und Zucchinischeiben darin ebenso anbraten und herausnehmen.
**5.** Je die Hälfte der Auberginenscheiben in je 1 Esslöffel Olivenöl bei mittlerer bis starker Hitze in je 5 Minuten braun anbraten, dabei die Auberginenscheiben einmal wenden. Das Gemüse herausnehmen und zum Abkühlen beiseitestellen.
**6.** In der Zwischenzeit Lollo rosso putzen, abspülen und abtropfen lassen oder trocken schleudern. Salat in mundgerechte Stücke zupfen.
**7.** Das restliche Olivenöl mit der Gemüsebrühe, dem Zitronensaft und dem Essig in einer Schüssel verrühren. Den Senf und die abgetropften Pfefferkörner unterrühren. Die Marinade mit Salz, nach Belieben mit etwas Pfeffer sowie mit Zucker abschmecken.
**8.** Den Lollo rosso auf 4 Tellern verteilen. Das angedünstete, etwas abgekühlte Gemüse darauf verteilen. Die Marinade über den Salat träufeln. Den Lollo rosso mit gedünstetem Gemüse sofort servieren.

## Indischer Hirsesalat

4 Portionen

*Zubereitungszeit:* 20 Minuten, ohne Durchziehzeit

1 Schalotte
1 EL Speiseöl, z. B. Sonnenblumenöl
200 g Hirse
etwa 500 ml Gemüsebrühe
200 g Zuckerschoten
Salz
1/2 kleiner Chinakohl
1 Kohlrabi
50 ml aufgebrühter, abgekühlter grüner Tee
2 EL Weizenkeimöl
1 1/2–2 EL Obstessig
4–5 EL Zitronensaft
etwa 1/2 TL Currypulver
etwa 1 TL gem. Ingwer
gem. schwarzer Pfeffer

*Pro Portion:*
E: 9 g, F: 10 g, Kh: 43 g,
kJ: 1266, kcal: 302

**1.** Die Schalotte abziehen, halbieren und fein hacken. Speiseöl in einem Topf erhitzen. Die Schalottenwürfel darin andünsten. Die Hirse mit etwa 450 ml Gemüsebrühe hinzugeben und nach Packungsanleitung garen. Die gegarte Hirse in eine Salatschüssel geben und abkühlen lassen.
**2.** Von den Zuckerschoten inzwischen die Enden abschneiden, die Schoten evtl. abfädeln. Zuckerschoten abspülen und abtropfen lassen. Zuckerschoten in kochendem Salzwasser in etwa 2 Minuten bissfest garen, abgießen, mit kaltem Wasser abschrecken und abtropfen lassen. Die Zuckerschoten nach Belieben schräg in Stücke schneiden.
**3.** Chinakohl putzen, halbieren und den Strunk herausschneiden. Chinakohl abspülen, abtropfen lassen und in feine Streifen schneiden. Kohlrabi schälen, abspülen und abtropfen lassen. Den Kohlrabi grob raspeln.
**4.** Beiseitegestellte Hirse mit 2 Gabeln etwas auflockern. Zuckerschoten, Chinakohlstreifen und Kohlrabiraspel unterheben.
**5.** Den Tee mit der restlichen Gemüsebrühe, dem Weizenkeimöl, dem Obstessig, 3 Esslöffeln Zitronensaft, Currypulver und Ingwer verrühren. Sauce mit Salz und Pfeffer würzen. Die Sauce zu den Salatzutaten geben und alles gut vermischen. Den Hirsesalat zugedeckt und kalt gestellt etwas durchziehen lassen.
**6.** Vor dem Servieren den Salat nochmals mit Zitronensaft, Currypulver und etwas Ingwer frisch-säuerlich abschmecken.

Lollo rosso mit gedünstetem Gemüse

Indischer Hirsesalat

## Brennnesselsalat

4 Portionen

*Zubereitungszeit:* 25 Minuten

400 g junge, zarte Brennnesseln
1 Knoblauchzehe
2–3 EL Zitronensaft
Salz, gem. Pfeffer
etwas Apfeldicksaft
(erhältlich im Reformhaus)
3 EL Sonnenblumenöl
1 kleine Möhre

*Pro Portion:*
E: 6 g, F: 8 g, Kh: 7 g,
kJ: 530, kcal: 126

**1.** Brennnesseln verlesen, vorsichtig abspülen, gut abtropfen lassen, evtl. in kleine Stücke zupfen.
**2.** Für die Sauce Knoblauch abziehen und durch eine Knoblauchpresse drücken. Den Zitronensaft mit Salz, Pfeffer, Apfeldicksaft und Knoblauch verrühren. Öl unterschlagen.
**3.** Die Sauce vorsichtig mit den Brennnesseln vermischen und auf 4 Tellern anrichten. Möhre putzen, schälen, abspülen, abtropfen lassen, grob reiben und auf dem Salat verteilen.

## Brotsalat „Italia"

4 Portionen

*Zubereitungszeit:* 30 Minuten

200 g Kasten-Weißbrot,
in Scheiben geschnitten,
ohne Rinde
1 kleines Bund Frühlingszwiebeln
1 grüne Paprikaschote
2 EL Rotweinessig
2 EL Balsamico-Essig
600 g Tomaten
1 Knoblauchzehe
3–4 TL abgetropfte Kapern
4 EL Olivenöl
Salz
gem. schwarzer Pfeffer
1 EL TK-Petersilie

*Pro Portion:*
E: 6 g, F: 11 g, Kh: 33 g,
kJ: 1081, kcal: 258

**1.** Die Brotscheiben in etwa 2 cm große Würfel schneiden. Die Brotwürfel in einer großen, heißen Pfanne ohne Fett bei mittlerer bis starker Hitze unter gelegentlichem Rühren in 8–10 Minuten hellbraun rösten.
**2.** In der Zwischenzeit die Frühlingszwiebeln putzen, abspülen, abtropfen lassen und in sehr feine Scheiben schneiden. Die Paprikaschote halbieren, entstielen, entkernen und die weißen Scheidewände entfernen. Schotenhälften abspülen, abtropfen lassen und in kleine Würfel schneiden.
**3.** Die Brotwürfel in einer Schüssel mit den beiden Essigsorten beträufeln und etwa 15 Minuten durchziehen lassen.
**4.** In der Zwischenzeit die Tomaten abspülen, abtrocknen, halbieren und die Stängelansätze herausschneiden. Je nach Größe die Tomaten vierteln oder achteln und entkernen. Das Fruchtfleisch in Stücke schneiden. Knoblauch abziehen und durch eine Knoblauchpresse drücken.
**5.** Frühlingszwiebelscheiben, Paprikawürfel, Knoblauch, Kapern und Olivenöl zu den eingeweichten Brotwürfeln geben. Die Zutaten gut vermischen, mit Salz und Pfeffer würzen. Tomatenstücke und Petersilie zuletzt unter den Salat mischen, nochmals mit Salz und Pfeffer abschmecken. Den Brotsalat möglichst frisch servieren.

**Tipp:** Der Salat schmeckt intensiver, wenn Sie die Kapern fein hacken.

Brennnesselsalat

Brotsalat „Italia"

## Mango-Papaya-Salat mit Garnelen

2 Portionen

*Zubereitungszeit:* 30 Minuten

1 reife Mango
1 reife Papaya
1 Bio-Limette
(unbehandelt, ungewachst)
Salz
gem. Pfeffer
10 Riesengarnelen (ohne Kopf und Schale, entdarmt, je etwa 30 g)
2 EL Sesamöl
2 EL süße Sojasauce
2–3 Stängel Thai-Basilikum

*Pro Portion:*
E: 33 g, F: 5 g, Kh: 26 g,
kJ: 1232, kcal: 295

**1.** Das Fruchtfleisch der Mango vom Stein schneiden. Fruchtfleisch schälen. Papaya längs halbieren und mit einem Teelöffel vorsichtig die Kerne herausschaben. Papaya schälen. Das Fruchtfleisch der Mango und der Papaya in etwa 2 cm große Würfel schneiden.
**2.** Limette heiß abwaschen, abtrocknen und etwas Schale abreiben. Die Limette halbieren und den Saft auspressen. Mango- und Papayawürfel vorsichtig mit dem Limettensaft und der abgeriebenen Limettenschale vermischen. Salat mit Salz und Pfeffer würzen.
**3.** Die Riesengarnelen unter fließendem kalten Wasser abspülen und trocken tupfen. Das Sesamöl in einer großen Pfanne erhitzen. Die Garnelen darin von jeder Seite etwa 3 Minuten braten. Garnelen mit Salz, Pfeffer und Sojasauce würzen.
**4.** Basilikum abspülen, trocken tupfen und die Blättchen von den Stängeln zupfen. Die Garnelen auf dem Mango-Papaya-Salat anrichten und mit Basilikumblättchen garnieren.

## Zartweizensalat

4 Portionen

*Zubereitungszeit:* 25 Minuten

250 g Zartweizen
4 mittelgroße Tomaten
8 abgetropfte, getrocknete Tomaten in Öl
4 Frühlingszwiebeln
10 Stängel Basilikum
4 EL kleine, rotbraune Oliven ohne Stein
6 EL Olivenöl
Salz, gem. Pfeffer
8 Scheiben Südtiroler Speck oder Frühstücksspeck (etwa 55 g)

*Pro Portion:*
E: 15 g, F: 19 g, Kh: 55 g,
kJ: 1887, kcal: 451

**1.** Zartweizen nach Packungsanleitung zubereiten und erkalten lassen.
**2.** Tomaten abspülen, abtrocknen, vierteln und die Stängelansätze herausschneiden. Tomaten entkernen. Das Fruchtfleisch würfeln. Getrocknete Tomaten in feine Streifen schneiden.
**3.** Frühlingszwiebeln putzen, abspülen, abtropfen lassen und in Scheiben schneiden. Basilikum abspülen, trocken tupfen und die Blättchen von den Stängeln zupfen. Einige Blättchen zum Garnieren beiseitelegen. Die restlichen Basilikumblättchen fein schneiden.
**4.** Den Zartweizen mit Tomatenwürfeln, getrockneten Tomatenstreifen, Frühlingszwiebelscheiben, fein geschnittenen Basilikumblättchen, Oliven und 2 Esslöffeln von dem Olivenöl vermischen. Den Salat mit Salz und Pfeffer abschmecken.
**5.** Das restliche Olivenöl in einer kleinen Pfanne erhitzen. Die Speckscheiben darin kross braten, dann aus der Pfanne nehmen und kurz auf Küchenpapier legen.
**6.** Den Salat mit Speckscheiben und den beiseitegelegten Basilikumblättchen anrichten.

***Tipps:*** Statt des Olivenöls können Sie auch das Öl von den getrockneten Tomaten verwenden. Zartweizen wird aus Hartweizen hergestellt. Durch seine schonende Verarbeitung bleiben Ballaststoffe, Vitamine und Mineralstoffe erhalten. Statt mit Zartweizen schmeckt der Salat auch mit Langkornreis sehr gut.

Toskana-Kartoffel-Salat

Kartoffelsalat „Texicana“

## Toskana-Kartoffel-Salat

4 Portionen

*Zubereitungszeit:* 20 Minuten

**Für die Sauce:**
175 ml heiße Gemüsebrühe
3–3 1/2 EL Zitronensaft
2–3 EL Olivenöl
Salz, gem. Pfeffer
1 Prise Zucker

750 g gegarte, mittelgroße Pellkartoffeln, z. B. vom Vortag
300 g abgetropfte, gemischte Antipasti, z. B. Paprika, Tomaten, Zucchini, Zwiebeln (aus dem Kühlregal oder aus der Kühltheke)
etwa 6 Stängel Basilikum
40 g Parmesan (am Stück)

*Pro Portion:*
E: 8 g, F: 14 g, Kh: 29 g,
kJ: 1169, kcal: 281

**1.** Für die Sauce Brühe mit Zitronensaft in einer großen Salatschüssel verrühren. Das Olivenöl unterschlagen. Die Sauce mit Salz, Pfeffer und Zucker würzen.
**2.** Die Pellkartoffeln pellen, in Spalten schneiden und unter die Sauce mischen. Den Salat etwa 5 Minuten durchziehen lassen, dabei gelegentlich umrühren.
**3.** Das Antipasti-Gemüse inzwischen evtl. etwas kleiner schneiden und unter den Salat heben. Den Salat mit Salz und Pfeffer abschmecken.
**4.** Basilikum abspülen, trocken tupfen und die Blättchen von den Stängeln zupfen. Blättchen evtl. in grobe Streifen schneiden. Parmesan grob raspeln. Den Salat mit Parmesan und Basilikum bestreuen.

***Tipp:*** Wer es besonders eilig hat, kann auch vorgegarte Kartoffeln (aus dem Kühlregal) verwenden.

## Kartoffelsalat „Texicana“

4 Portionen

*Zubereitungszeit:* 25 Minuten

280 g abgetropfter Mais-Bohnen-Mix mit Paprikastückchen (aus der Dose)
250 g abgetropfte Kidneybohnen (aus der Dose)

**Für die Sauce:**
125 ml heiße Gemüsebrühe
100 g Schmand (Sauerrahm)
3 EL Speiseöl, z. B. Rapsöl
Salz
gem. Pfeffer
1 Prise Zucker
1 EL Barbecue-Gewürzmischung

750 g gegarte Pellkartoffeln, z. B. vom Vortag
1 Bund Schnittlauch
250 g abgetropfte Mini-Würstchen (aus dem Glas)
3 EL Röstzwiebeln

*Pro Portion:*
E: 22 g, F: 34 g, Kh: 48 g,
kJ: 2160, kcal: 581

**1.** Mais-Bohnen-Mix und Kidneybohnen in einem Sieb mit kaltem Wasser abspülen, abtropfen lassen.
**2.** Für die Sauce Brühe mit Schmand in einer großen Salatschüssel glatt rühren. Das Speiseöl unterschlagen. Die Sauce mit Salz, Pfeffer, Zucker und Barbecue-Gewürzmischung abschmecken.
**3.** Pellkartoffeln pellen und in Scheiben schneiden. Die Kartoffelscheiben mit dem Mais-Bohnen-Mix und den Kidneybohnen unter die Sauce mischen.
**4.** Den Kartoffelsalat etwa 5 Minuten durchziehen lassen, dabei gelegentlich umrühren.
**5.** Den Schnittlauch abspülen und trocken tupfen. Schnittlauch in Röllchen schneiden. Mini-Würstchen und Schnittlauchröllchen unter den Kartoffelsalat heben. Den Kartoffelsalat nochmals mit Salz, Pfeffer und Barbecue-Gewürzmischung abschmecken und mit Röstzwiebeln bestreut servieren.

**Tipp:** Wer keine Barbecue-Gewürzmischung zur Hand hat, kann auch Cayennepfeffer verwenden und schmeckt den Salat feurig ab.

## Kartoffelsalat mit Ei

2 Portionen

*Zubereitungszeit:* 15 Minuten, ohne Durchziehzeit

375 g gegarte Pellkartoffeln, z. B. vom Vortag
2 abgetropfte Gewürzgurken (aus dem Glas)
200 g fertiger Fleischsalat (aus dem Kühlregal)
etwas Gurkenflüssigkeit
Salz
gem. Pfeffer
1 Prise Zucker
2 hart gekochte Eier

*Pro Portion:*
E: 15 g, F: 41 g, Kh: 32 g,
kJ: 2390, kcal: 567

**1.** Die Kartoffeln pellen, in Würfel schneiden und in eine große Schüssel geben. Gurken in dünne Scheiben schneiden und zu den Kartoffelwürfeln geben.
**2.** Fleischsalat mit etwas Gurkenflüssigkeit verrühren und untermischen. Den Kartoffelsalat mit Salz, Pfeffer und Zucker abschmecken.
**3.** Dann die Eier pellen und in Achtel schneiden. Einige Achtel zum Garnieren beiseitelegen. Die restlichen Eierachtel vorsichtig unter den Salat heben. Den Salat zugedeckt im Kühlschrank etwas durchziehen lassen.
**4.** Den Salat evtl. nochmals mit Salz, Pfeffer, Zucker und etwas Gurkenflüssigkeit abschmecken und mit den beiseitegelegten Eierachteln garniert servieren.

## Nudelsalat mit Currysauce

4 Portionen

*Zubereitungszeit:* 25 Minuten

3 l Wasser
3 gestr. TL Salz
300 g kleine Muschelnudeln
je 1 rote und grüne Paprikaschote

**Für die Sauce:**
200 g Schmand (Sauerrahm)
1 EL Sesamöl
Salz
gem. weißer Pfeffer
2 TL Currypulver
3–4 EL Kochflüssigkeit (von den Nudeln)
285 g abgetropfter Gemüsemais (aus der Dose)
2 hart gekochte Eier

*Pro Portion:*
E: 18 g, F: 21 g, Kh: 67 g,
kJ: 2220, kcal: 530

**1.** Wasser in einem großen Topf zugedeckt zum Kochen bringen. Dann Salz und Nudeln zugeben. Die Nudeln im geöffneten Topf bei mittlerer Hitze nach Packungsanleitung bissfest kochen, dabei gelegentlich umrühren.
**2.** In der Zwischenzeit Paprikaschoten halbieren, entstielen, entkernen und die weißen Scheidewände entfernen. Schoten abspülen, abtropfen lassen und klein schneiden.
**3.** Für die Sauce Schmand mit Sesamöl in einer großen Schüssel verrühren. Die Sauce mit Salz, Pfeffer und Curry kräftig würzen.
**4.** Gare Nudeln in ein Sieb geben, die Kochflüssigkeit dabei auffangen und 3–4 Esslöffel abmessen. Nudeln mit kaltem Wasser abspülen und abtropfen lassen.
**5.** Die abgemessene Kochflüssigkeit unter die Schmandmasse rühren. Die Nudeln untermischen. Mais und Paprikastücke unterheben. Den Salat nochmals mit Salz, Pfeffer und Curry abschmecken.
**6.** Eier pellen und in Spalten schneiden. Salat mit Eierspalten garnieren und mit Curry bestäubt servieren.

**Tipp:** Schneller geht es, wenn Sie statt Mais und Paprika einen Mais-Gemüse-Mix mit Erbsen (aus der Dose) nehmen.

Kartoffelsalat mit Ei

Nudelsalat mit Currysauce

## Hähnchen-Nudel-Salat
4 Portionen

*Zubereitungszeit:* 20 Minuten, ohne Durchziehzeit

2 1/2 l Wasser
2 1/2 gestr. TL Salz
250 g Nudeln, z. B. Mini-Penne

**Für das Dressing:**
4 EL Weißweinessig
4 EL heiße Gemüsebrühe
1 Msp. Chiliflocken
2–3 EL Sojasauce
6 EL Sojaöl
1 Knoblauchzehe
1/2 TL gem. Ingwer
3 Frühlingszwiebeln

200 g abgetropfte Kürbisstücke (aus dem Glas)
200 g gebratene Hähnchenfiletstreifen (aus dem Kühlregal)
Salz, gem. Pfeffer
2 EL gehackte, geröstete Erdnusskerne

*Pro Portion:*
E: 23 g, F: 20 g, Kh: 49 g,
kJ: 1981, kcal: 473

**1.** Das Wasser in einem großen Topf zugedeckt zum Kochen bringen. Dann Salz und Nudeln zugeben. Nudeln im geöffneten Topf bei mittlerer Hitze nach Packungsanleitung bissfest kochen, dabei gelegentlich umrühren.
**2.** Für das Dressing in der Zwischenzeit Essig mit Brühe, Chiliflocken und Sojasauce in einer großen Salatschüssel verrühren. Sojaöl unterschlagen. Knoblauch abziehen und durch eine Knoblauchpresse drücken. Knoblauch mit Ingwer unter das Dressing rühren.
**3.** Frühlingszwiebeln putzen, abspülen, abtropfen lassen, in feine Scheiben schneiden und unterrühren.
**4.** Dann die garen Nudeln in ein Sieb geben, mit kaltem Wasser abspülen und abtropfen lassen. Die Nudeln mit dem Dressing vermischen. Salat etwa 5 Minuten durchziehen lassen.
**5.** Kürbisstücke und Hähnchenfiletstreifen unter den Nudelsalat heben.
**6.** Den Nudelsalat mit Salz und Pfeffer abschmecken, mit Erdnusskernen bestreuen.

## Dänischer Salat
3–4 Portionen

*Zubereitungszeit:* 20 Minuten

300 g TK-Erbsen
4 hart gekochte Eier
200 g Kochschinken in Scheiben
1 roter Apfel
150 g Joghurt (3,5 % Fett)
Currypulver
400 g Nudelsalat mit Fleischbrät, Ei und Erbsen (aus dem Kühlregal)
265 g abgetropfte Spargelköpfe (aus dem Glas)
Salz, gem. Pfeffer

*Pro Portion:*
E: 34 g, F: 30 g, Kh: 41 g,
kJ: 2427, kcal: 580

**1.** Etwas Wasser in einem Topf zum Kochen bringen. Die Erbsen darin zugedeckt etwa 3 Minuten dünsten. Erbsen in ein Sieb geben, mit eiskaltem Wasser abschrecken und abtropfen lassen.
**2.** Eier pellen und in Stücke schneiden. Schinken in Streifen schneiden.
**3.** Apfel heiß abwaschen, abtrocknen, vierteln und entkernen. Die Apfelviertel in feine Spalten schneiden.
**4.** Den Joghurt mit Currypulver in einer Salatschüssel glatt rühren. Den Nudelsalat unterrühren. Erbsen, Eier, Schinken, Spargelköpfe und die Apfelspalten untermischen. Den Salat mit Salz und Pfeffer abschmecken.

***Tipp:*** Wenn Sie den Salat nicht mit einem fertigen Nudelsalat zubereiten möchten, dann garen Sie 200 g Gabelspaghetti nach Packungsanleitung. Die garen Nudeln mit kaltem Wasser abspülen, abtropfen und etwas abkühlen lassen. Für die Sauce 3 Esslöffel Salatmayonnaise mit 150 g Joghurt verrühren, mit Salz, Pfeffer, Zucker und Curry würzen. Die Nudeln und die restlichen Salatzutaten mit der Sauce vermengen.

Hähnchen-Nudel-Salat

Dänischer Salat

Obstsalat mit Mandeln

Reis-Schafskäse-Salat

## Obstsalat mit Mandeln

4 Portionen

*Zubereitungszeit:* 30 Minuten

50 g gehobelte Mandeln
2 Orangen
1–2 EL Zitronensaft
3 EL Orangensaft
20–30 g Zucker
1 kleine Mango
3 Pflaumen
2 Äpfel
2 Kiwis
250 g Erdbeeren

*Pro Portion:*
E: 5 g, F: 8 g, Kh: 37 g,
kJ: 1020, kcal: 244

**1.** Mandeln in einer Pfanne ohne Fett unter Wenden goldbraun rösten, dann auf einen Teller geben.
**2.** Die Orangen so schälen, dass die weiße Haut vollständig entfernt wird. Die Orangenfilets über einer Schüssel herausschneiden, den Saft dabei auffangen. Zitronen-, Orangensaft und Zucker verrühren.
**3.** Das Fruchtfleisch der Mango an beiden Seiten vom Stein schneiden und die Mango schälen. Pflaumen abspülen, abtrocknen und den Stein entfernen. Äpfel schälen, vierteln und entkernen. Kiwis schälen. Erdbeeren abspülen, gut abtropfen lassen und entstielen.
**4.** Das vorbereitete Obst in feine Spalten oder Stücke schneiden. Das Obst mit dem Saft-Orangenfilet-Gemisch vermengen. Den Obstsalat in eine Schüssel geben und mit Mandeln bestreuen.

## Reis-Schafskäse-Salat

4 Portionen

*Zubereitungszeit:* 25 Minuten

250 g Express-Langkorn- und-Wildreis
1 rote Paprikaschote
2 Frühlingszwiebeln
140 g abgetropfter Gemüsemais (aus der Dose)
140 g abgetropfte Erbsen (aus der Dose)

**Für die Sauce:**
1/2–1 gestr. TL Sambal Oelek
1/2–1 gestr. TL Salz
1 gestr. TL Paprikapulver edelsüß
2 EL Weißweinessig
3 EL Olivenöl
40 g Tomatenmark
75 g Schlagsahne

200 g Schafskäse

*Pro Portion:*
E: 14 g, F: 27 g, Kh: 32 g,
kJ: 1805, kcal: 430

**1.** Den Reis nach Packungsanleitung zubereiten. Anschließend in eine große Schüssel geben und abkühlen lassen, dabei gelegentlich umrühren.
**2.** Inzwischen die Paprikaschote halbieren, entstielen, entkernen und die weißen Scheidewände entfernen. Die Schote abspülen, abtropfen lassen, vierteln und in dünne Streifen schneiden. Frühlingszwiebeln putzen, abspülen, abtropfen lassen und schräg in feine Scheiben schneiden.
**3.** Mais und Erbsen zum Reis in die Schüssel geben. Paprika und Frühlingszwiebeln ebenfalls untermischen.
**4.** Für die Sauce Sambal Oelek mit Salz, Paprikapulver und Essig verrühren. Das Olivenöl unterschlagen. Tomatenmark und Sahne unterrühren.
**5.** Vor dem Servieren den Schafskäse in Würfel schneiden oder in kleine Stücke zerbröseln. Gut zwei Drittel davon unter den Salat heben. Den Salat in Gläsern anrichten und die Sauce daraufgeben. Die restlichen Schafskäsewürfel oder -stücke auf dem Salat verteilen.

***Tipps:*** Der Salat schmeckt intensiver, wenn Sie ihn mit der Sauce gut vermischen und 2–3 Stunden zugedeckt im Kühlschrank durchziehen lassen. Probieren Sie diesen Salat statt mit der Langkorn-Wildreis-Mischung mit Naturreis oder mit Zartweizen und der Schafskäse kann auch durch Mozzarella ausgetauscht werden.

Trauben-Apfel-Salat mit Kapern

Basilikumsauce

## Trauben-Apfel-Salat mit Kapern

2 Portionen

*Zubereitungszeit:* 10 Minuten, ohne Durchziehzeit

600 g kernlose, grüne Weintrauben
2 EL abgetropfte Kapern
2 große, süßliche Äpfel, z. B. Red Delicious oder Royal Gala
2 EL geröstete Sonnenblumenkerne
2 EL Sonnenblumen- oder Traubenkernöl
1 EL Apfelessig
Salz, gem. Pfeffer
1 Prise Zucker

*Pro Portion:*
E: 7 g, F: 15 g, Kh: 68 g,
kJ: 1860, kcal: 446

**1.** Weintrauben abspülen, abtropfen lassen und evtl. mit Küchenpapier trocken tupfen. Die Weintrauben je nach Größe längs halbieren oder vierteln und mit den Kapern in einer Schüssel mischen.
**2.** Äpfel heiß abwaschen, abtrocknen, vierteln und entkernen. Apfelviertel erst in Spalten, dann quer in Stücke schneiden. Die Apfelstücke und die Sonnenblumenkerne mit den Trauben und Kapern vorsichtig vermischen.
**3.** Öl mit Essig, Salz, Pfeffer und Zucker zu einer Marinade verrühren und über den Salat gießen. Salat etwas durchziehen lassen. Dann nochmals mit den Gewürzen abschmecken.

## Basilikumsauce

4 Portionen

*Zubereitungszeit:* 15 Minuten

2 Tomaten (etwa 250 g)
2 Bund Basilikum
200 g Joghurt-Salatcreme
4 EL Schlagsahne
gem. Pfeffer

*Pro Portion:*
E: 2 g, F: 18 g, Kh: 9 g,
kJ: 867, kcal: 207

**1.** Tomaten kreuzweise einschneiden und mit kochendem Wasser übergießen. Nach 1–2 Minuten herausnehmen und mit kaltem Wasser abschrecken. Die Tomaten enthäuten, halbieren, entkernen und die Stängelansätze herausschneiden. Tomatenhälften pürieren.
**2.** Basilikum abspülen und trocken tupfen. Die Blättchen von den Stängeln zupfen. Einige Blättchen zum Bestreuen beiseitelegen. Restliche Blättchen sehr klein schneiden.
**3.** Die Salatcreme mit Tomatenpüree, Basilikum und Sahne verrühren, mit Pfeffer würzen. Die Sauce in einer Schüssel anrichten und mit den beiseitegelegten Basilikumblättchen garnieren.

***Tipp:*** Die Basilikumsauce mit Schnittlauchröllchen bestreuen.

## Chinakohlsalat mit Frischkäse

4 Portionen (ohne Foto)

*Zubereitungszeit:* 25 Minuten

600 g Chinakohl
175 g abgetropfte Mandarinen (aus der Dose)
100 g Kochschinken

**Für die Sauce:**
100 g Kräuter-Frischkäse
4 EL Schlagsahne
4 EL Mandarinensaft (aus der Dose)
1–2 EL Weißweinessig
Salz
gem. Pfeffer
Zucker

*Pro Portion:*
E: 9 g, F: 10 g, Kh: 13 g,
kJ: 777, kcal: 186

**1.** Von dem Chinakohl die äußeren, welken Blätter entfernen, den Kohl halbieren, den Strunk herausschneiden. Kohl in schmale Streifen schneiden, abspülen, in einem Sieb gut abtropfen lassen, evtl. trocken tupfen.
**2.** Mandarinen in einem Sieb gut abtropfen lassen, dabei den Saft auffangen und beiseitestellen. Schinken in Streifen schneiden.
**3.** Für die Sauce den Frischkäse mit Sahne und Mandarinensaft verrühren, mit Essig, Salz, Pfeffer und Zucker würzen. Sauce mit den Salatzutaten vermengen und den Salat sofort servieren.

## Mittelmeer-Salat

4 Portionen

*Zubereitungszeit:* 20 Minuten, ohne Durchziehzeit

200 g Bulgur
400 ml Gemüsebrühe
3 Fleischtomaten
1 Zucchini
3 gelbe Spitzpaprika

**Für die Salatsauce:**
1 rote Peperoni
4–6 EL Zitronensaft
2 EL Olivenöl
Salz, gem. Pfeffer
Paprikapulver rosenscharf

je 1 kleines Bund Petersilie und Thymian

*Pro Portion:*
E: 9 g, F: 6 g, Kh: 45 g,
kJ: 1185, kcal: 282

**1.** Bulgur mit der Gemüsebrühe nach Packungsanleitung zubereiten. Den garen Bulgur in eine Salatschüssel geben und abkühlen lassen.
**2.** Die Fleischtomaten inzwischen kreuzweise einschneiden und mit kochendem Wasser übergießen. Nach 1–2 Minuten herausnehmen und mit kaltem Wasser abschrecken. Die Tomaten enthäuten, halbieren und die Stängelansätze herausschneiden. Tomaten entkernen und das Fruchtfleisch in kleine Stücke schneiden.
**3.** Die Zucchini abspülen, abtrocknen und die Enden abschneiden. Die Zucchini in kleine Würfel schneiden. Spitzpaprika halbieren, entstielen, entkernen und die weißen Scheidewände entfernen. Schotenhälften abspülen, abtropfen lassen und in Stücke schneiden.
**4.** Den beiseitegestellten Bulgur mit 2 Gabeln etwas auflockern. Tomatenstücke, Zucchiniwürfel und Paprikastücke unterheben.
**5.** Für die Salatsauce die Peperoni längs aufschneiden, entkernen und die Scheidewände herausschneiden. Schotenhälften abspülen, trocken tupfen und in Streifen schneiden.
**6.** Die Peperonistreifen mit 4 Esslöffeln Zitronensaft verrühren, das Olivenöl unterschlagen. Die Zutaten mit Salz, Pfeffer und Paprikapulver würzen.
**7.** Die Sauce mit den Salatzutaten vermengen und zugedeckt und kalt gestellt etwas durchziehen lassen.
**8.** Zum Servieren Petersilie und Thymian abspülen, trocken tupfen und die Blättchen von den Stängeln zupfen. Blättchen fein hacken und unter den Salat geben.
**9.** Den Salat nochmals mit Zitronensaft und den Gewürzen abschmecken und servieren.

Mittelmeer-Salat

## Griechischer Bauernsalat

4 Portionen

*Zubereitungszeit:* 25 Minuten

1 Salatgurke
6 Tomaten
1 kleine Gemüsezwiebel
200 g Fetakäse
75 g abgetropfte, schwarze Oliven ohne Stein

**Für die Salatsauce:**
2–3 EL Weißweinessig
Salz
gem. Pfeffer
Zucker
6 EL Olivenöl

*Pro Portion:*
E: 11 g, F: 32 g, Kh: 9 g,
kJ: 1542, kcal: 367

**1.** Für den Salat von der Gurke die Enden abschneiden. Gurke schälen, der Länge nach halbieren, evtl. entkernen und in Scheiben schneiden. Tomaten abspülen, trocken tupfen und in Viertel schneiden. Stängelansätze herausschneiden. Tomaten in Stücke schneiden.
**2.** Gemüsezwiebel abziehen und in dünne Scheiben schneiden. Käse in dünne Scheiben schneiden oder etwas zerbröckeln.
**3.** Gurkenscheiben, Tomatenstücke, Zwiebelscheiben und Oliven in einer Schüssel vermischen.
**4.** Für die Sauce Essig mit Salz, Pfeffer und Zucker verrühren. Olivenöl unterschlagen und die Sauce mit den Salatzutaten vermengen.
**5.** Salat auf einer Platte anrichten. Den Käse daraufgeben.

## Zweierlei-Bohnen-Salat

4 Portionen

*Zubereitungszeit:* 10 Minuten, ohne Durchziehzeit

250 g abgetropfte Kidneybohnen (aus der Dose)
250 g abgetropfte, weiße Bohnen (aus der Dose)
140 g abgetropfter Gemüsemais (aus der Dose)
2 kleine, grüne Paprikaschoten (je etwa 150 g)
3 kleine Tomaten
1 rote Zwiebel
100 g Frischkäse mit Joghurt (13 % Fett)
100 ml Milch (3,5 % Fett)
2–3 EL Limetten- oder Zitronensaft
Salz, gem. Pfeffer

**Außerdem:**
einige Blätter Eisbergsalat zum Auslegen der Schüssel

*Pro Portion:*
E: 17 g, F: 6 g, Kh: 31 g,
kJ: 1047, kcal: 250

**1.** Kidneybohnen, weiße Bohnen und Gemüsemais in einem Sieb mit kaltem Wasser abspülen und gut abtropfen lassen. Die Paprikaschoten halbieren, entstielen, entkernen und die weißen Scheidewände entfernen. Die Schotenhälften abspülen, abtropfen lassen und in feine Würfel schneiden.
**2.** Die Tomaten abspülen, abtrocknen, halbieren und die Stängelansätze herausschneiden. Tomaten in dünne Scheiben schneiden. Zwiebel abziehen, halbieren und in feine Ringe schneiden.
**3.** Den Frischkäse mit der Milch und 1 1/2 Esslöffeln von dem Limetten- oder Zitronensaft in einen hohen Rührbecher geben und mit einem Mixer (Rührstäbe) verrühren. Die Sauce mit Salz, Pfeffer und nach Belieben mit etwas Limetten- oder Zitronensaft würzen.
**4.** Sauce mit der Bohnen-Paprika-Mischung vermischen. Anschließend den Salat zugedeckt etwas durchziehen lassen.

Griechischer Bauernsalat

Zweierlei-Bohnen-Salat

Rucola mit Parmesan

Mini-Nudel-Salat

5. Die Salatblätter abspülen, gut abtropfen lassen oder trocken tupfen und eine Schüssel damit auslegen. Den Bohnensalat nochmals mit Limetten- oder Zitronensaft, Salz und Pfeffer abschmecken und in einer Schüssel anrichten.

## Rucola mit Parmesan

4 Portionen

*Zubereitungszeit:* 25 Minuten

125 g Rucola (Rauke)
200 g Cocktailtomaten
30 g Parmesan

**Für die Sauce:**
2–3 EL Balsamico-Essig
1/2 TL flüssiger Honig
Salz, gem. Pfeffer
5 EL Olivenöl

30 g geröstete Pinienkerne

*Pro Portion:*
E: 5 g, F: 19 g, Kh: 3 g,
kJ: 849, kcal: 203

1. Rucola verlesen, dicke Stängel abschneiden. Rucola abspülen, gut abtropfen lassen oder trocken schleudern und evtl. etwas kleiner zupfen. Cocktailtomaten abspülen, abtrocknen, halbieren oder vierteln. Parmesan hobeln.

2. Für die Sauce Essig mit Honig, Salz und Pfeffer verrühren. Öl unterschlagen. Rucola auf einer Platte anrichten. Tomaten darauf verteilen, mit der Salatsauce beträufeln. Pinienkerne und Parmesan darüberstreuen.

***Tipps:*** Den Salat als Vorspeise, als Beilage zu Grillgerichten, zu kurz gebratenem Fleisch oder zu Risotto servieren. Anstelle der Pinienkerne können Sie auch geröstete gestiftelte Mandeln oder geröstete gehackte Walnusskerne verwenden.

## Mini-Nudel-Salat

6 Portionen

*Zubereitungszeit:* 30 Minuten

5 l Wasser
5 gestr. TL Salz
500 g Mini-Nudeln, z. B. Penne

200 getrocknete Tomaten in Öl
200 g abgetropfte, schwarze Oliven ohne Stein
2 Knoblauchzehen
2 EL Tomatenmark
4 EL kaltes Wasser
1–2 EL Balsamico-Essig
Salz
gem. Pfeffer
6 EL Olivenöl
5 Stängel Basilikum
120 g Parmesan (am Stück)

*Pro Portion:*
E: 21 g, F: 33 g, Kh: 70 g,
kJ: 2767, kcal: 662

1. Wasser in einem großen Topf zugedeckt zum Kochen bringen. Dann Salz und Nudeln zugeben. Nudeln im geöffneten Topf bei mittlerer Hitze nach Packungsanleitung bissfest kochen, dabei gelegentlich umrühren.
2. Die Tomaten inzwischen in feine Streifen und die Oliven in Scheiben schneiden.
3. Die Nudeln in ein Sieb geben, mit kaltem Wasser abspülen und abtropfen lassen. Die Tomatenstreifen und Olivenscheiben unter die Nudeln mischen.
4. Knoblauch abziehen, durch eine Knoblauchpresse drücken, mit Tomatenmark, Wasser und Essig verrühren, mit Salz und Pfeffer würzen. Das Olivenöl unterrühren. Anschließend die Salatsauce unter die Nudeln heben.
5. Basilikum abspülen, trocken tupfen und Blättchen von den Stängeln zupfen. Blättchen fein schneiden. Käse raspeln. Salat mit Basilikum und Käse bestreut servieren.

***Tipp:*** Wenn Sie Tortellini mögen, dann machen Sie einen Tortellini-Salat daraus. Dafür statt der Nudeln Tortellini (aus dem Kühlregal) nach Packungsanleitung zubereiten, etwas abkühlen lassen und mit der Sauce vermischen.

Couscous-Limetten-Salat

Rotkohl-Rohkost-Salat

## Couscous-Limetten-Salat

4 Portionen

*Zubereitungszeit:* 20 Minuten, ohne Durchziehzeit

200 g Couscous (Instant)
etwa 800 ml Gemüsebrühe
1 Staudensellerie
250 g Cocktailtomaten
400 g mittelgroße Möhren
1 Knoblauchzehe
1 rote Zwiebel
2 Bio-Limetten
(unbehandelt, ungewachst)
3 EL Olivenöl
Salz, gem. Pfeffer
Cayennepfeffer
1 Bund Schnittlauch

*Pro Portion:*
E: 9 g, F: 8 g, Kh: 48 g,
kJ: 1275, kcal: 305

1. Couscous mit der Gemüsebrühe nach Packungsanleitung zubereiten. Den gegarten Couscous in eine Salatschüssel geben und zum Abkühlen beiseitestellen.
2. In der Zwischenzeit Staudensellerie putzen und die harten Außenfäden abziehen. Den Sellerie abspülen, abtropfen lassen und in dünne Scheiben schneiden
3. Die Cocktailtomaten abspülen, abtrocknen, vierteln und die Stängelansätze herausschneiden. Die Möhren putzen, schälen, gut abspülen und abtropfen lassen. Die Möhren grob raspeln. Knoblauch abziehen und durch eine Knoblauchpresse drücken. Die Zwiebel abziehen und fein würfeln.
4. Den Couscous mit 2 Gabeln etwas auflockern. 1 Limette heiß abwaschen, abtrocknen und die Schale fein abreiben. Beide Limetten halbieren und den Saft auspressen.
5. Etwa 1 Teelöffel abgeriebene Limettenschale und 3–4 Esslöffel Limettensaft zum Couscous geben und mit 2 Gabeln locker verrühren.
6. Die Selleriescheiben, Tomatenstücke, Möhrenraspel, Knoblauch- und Zwiebelwürfel hinzugeben und unterheben.
7. Für die Sauce 3 Esslöffel Limettensaft mit dem Olivenöl verschlagen, mit Salz, Pfeffer und Cayennepfeffer würzen. Die Sauce mit den Salatzutaten vermengen und kalt gestellt gut durchziehen lassen.
8. Zum Servieren Schnittlauch abspülen und trocken tupfen. Schnittlauch in feine Röllchen schneiden und unter den Salat mischen. Den Salat nochmals mit Limettenschale, -saft und Gewürzen abschmecken und servieren.

***Tipp:*** Den Salat mit etwas Selleriegrün und heiß abgespülten, trocken getupften Bio-Limettenscheiben anrichten.

## Rotkohl-Rohkost-Salat

4 Portionen

*Zubereitungszeit:* 30 Minuten

600 g Rotkohl
2 Orangen

**Für die Sauce:**
1 Banane
300 g Joghurt (1,5 % Fett)
1 EL Nussöl
2 EL Schnittlauchröllchen
Salz, gem. Pfeffer

1– EL Pinienkerne

*Pro Portion:*
E: 6 g, F: 6 g, Kh: 17 g,
kJ: 643, kcal: 154

1. Rotkohl putzen, vierteln und den Strunk herausschneiden. Rotkohl auf einem Gemüsehobel hobeln. Die Orangen so schälen, dass die weiße Haut vollständig entfernt wird. Die Orangen filetieren, dabei den Saft auffangen.
2. Für die Sauce die Banane schälen, in Stücke schneiden und mit Joghurt und Nussöl in einen hohen Rührbecher geben. Die Zutaten mit einem Pürierstab fein pürieren. Sauce mit dem aufgefangenen Orangensaft und den Schnittlauchröllchen verrühren, mit Salz und Pfeffer würzen.
3. Den Rotkohl mit den Orangen mischen, die Sauce daraufgeben und den Salat mit Pinienkernen bestreut servieren.

***Tipp:*** Die Pinienkerne schmecken intensiver, wenn Sie sie vorher in einer Pfanne ohne Fett unter Wenden goldbraun rösten.

## Rucola-Zuckerschoten-Salat mit Kartoffel-Dressing

4 Portionen

*Zubereitungszeit:* 30 Minuten

200 g Zuckerschoten
Salz
1 Kohlrabi
1 gelbe Paprikaschote
1/2 Salatgurke
1 dickes Bund Radieschen
125 g Rucola (Rauke)

**Für das Kartoffel-Dressing:**
150 g gegarte Pellkartoffeln, z.B. vom Vortag
etwa 200 ml Gemüsebrühe
2 EL Olivenöl
1/2–1 TL mittelscharfer Senf
1/2–1 TL flüssiger Honig
2 EL Zitronensaft
1 EL Balsamico-Essig
gem. Pfeffer
1 TL gehackte TK-Petersilie

*Pro Portion:*
E: 6 g, F: 6 g, Kh: 19 g,
kJ: 649, kcal: 155

1. Von den Zuckerschoten die Enden abschneiden. Die Schoten evtl. abfädeln. Zuckerschoten abspülen und in kochendem Salzwasser etwa 2 Minuten blanchieren. Danach mit kaltem Wasser abschrecken und abtropfen lassen. Zuckerschoten evtl. quer halbieren und abkühlen lassen.
2. Inzwischen Kohlrabi schälen, abspülen und abtropfen lassen. Kohlrabi in feine Stifte schneiden. Paprikaschote halbieren, entstielen, entkernen und die weißen Scheidewände entfernen. Schotenhälften abspülen, abtropfen lassen und in kleine Würfel schneiden.
3. Salatgurke abspülen, abtrocknen und das Ende abschneiden. Gurke längs halbieren, entkernen und in dünne Scheiben schneiden. Die Radieschen putzen. Die Blätter und Stiele entfernen. Radieschen waschen, abtropfen lassen und in dünne Scheiben schneiden.
4. Rucola verlesen und dicke Stängel abschneiden. Rucola abspülen, gut abtropfen lassen und evtl. etwas kleiner zupfen.
5. Für das Dressing die Pellkartoffeln pellen und in Stücke schneiden. Die Kartoffelstücke mit der Brühe in einen hohen Rührbecher geben und mit einem Pürierstab so fein pürieren, dass ein cremiges Dressing entsteht.
6. Anschließend das Olivenöl, den Senf und den Honig unterrühren.
7. Dressing mit Zitronensaft, Balsamico-Essig, Salz und Pfeffer abschmecken. Zuletzt die Petersilie unterrühren.
8. Vor dem Servieren Zuckerschoten, Kohlrabistifte, Paprikawürfel, Gurken- und Radieschenscheiben mit Rucola vermischen und auf Tellern verteilen. Das Kartoffel-Dressing über den Salat träufeln.

***Tipps:*** Wer es noch etwas würziger mag, rührt jeweils noch 1/2 Esslöffel mehr Zitronensaft und Balsamico-Essig mit unter das Kartoffel-Dressing. Wenn Sie keine frischen Zuckerschoten bekommen, können Sie auch tiefgekühlte Zuckerschoten verwenden. Diese nach Packungsanleitung garen, mit kaltem Wasser abschrecken und abtropfen lassen. Wenn Sie keinen Rucola mögen, ersetzen Sie ihn durch Kopfsalat.

Rucola-Zuckerschoten-Salat mit Kartoffel-Dressing

## Sprossen-Avocado-Salat

4 Portionen

*Zubereitungszeit:* 30 Minuten

150 g Feldsalat
250 g Tomaten
1 reife Avocado
150 g Soja-, Radieschen- oder Erbsensprossen

**Für die Sauce:**
2–3 EL Essig, z. B. Kräuteressig
2 EL Wasser
Salz, gem. Pfeffer
1 Prise Zucker
1 TL mittelscharfer Senf
4 EL Speiseöl, z. B. Walnussöl

*Pro Portion:*
E: 4 g, F: 24 g, Kh: 4 g,
kJ: 1045, kcal: 249

**1.** Vom Feldsalat die Wurzelenden abschneiden, schlechte Blätter entfernen. Den Salat gründlich waschen und trocken schleudern oder gut abtropfen lassen.
**2.** Tomaten abspülen, abtrocknen und dann die Stängelansätze herausschneiden. Die Tomaten in Spalten schneiden. Avocado längs halbieren, den Stein herauslösen. Avocado schälen und das Fruchtfleisch längs in Spalten schneiden. Sprossen abspülen und trocken tupfen.
**3.** Für die Sauce Essig mit Wasser, Salz, Pfeffer, Zucker und Senf verrühren. Öl unterschlagen. Die vorbereiteten Salatzutaten auf einer Platte anrichten und die Sauce darübergeben. Die Sprossen auf dem Salat verteilen.

## Friséesalat mit Jakobsmuscheln und Himbeeren

4 Portionen

*Zubereitungszeit:* 30 Minuten

1 kleiner Friséesalat

**Für die Marinade:**
2 EL Himbeeressig
1 EL flüssiger Honig
3–4 EL mildes Olivenöl
Salz, gem. Pfeffer
125 g Himbeeren

**Für den Salat:**
8 küchenfertige, große Jakobsmuschelkerne mit Rogen (je etwa 25 g)
1–2 EL Olivenöl, 1 EL Butter
1 Bio-Zitrone (unbehandelt, ungewachst)

*Pro Portion:*
E: 7 g, F: 10 g, Kh: 8 g,
kJ: 649, kcal: 155

**1.** Den Salat putzen, abspülen, sehr gut abtropfen lassen oder trocken schleudern.
**2.** Für die Marinade Essig mit Honig gut verrühren, Olivenöl unterschlagen. Mit Salz und Pfeffer würzen.
**3.** Die Himbeeren verlesen, evtl. kurz abspülen und sehr gut abtropfen lassen. Die Hälfte der Himbeeren mit einem Schneebesen unter die Marinade rühren.
**4.** Für den Salat Rogen vorsichtig von den Muschelkernen separieren (absondern).
**5.** Das Olivenöl in einer Pfanne erhitzen. Die Jakobsmuschelkerne darin unter mehrmaligem Wenden etwa 3 Minuten scharf anbraten.
**6.** Anschließend die Butter und den Rogen hinzugeben und etwa 2 Minuten mitbraten lassen. Die Zutaten mit Salz und Pfeffer würzen.
**7.** Die Zitrone heiß abwaschen und abtrocknen. Schale fein abreiben.
**8.** Den Friséesalat mit der Marinade gut vermischen und auf einer großen Platte oder 4 Portionstellern anrichten. Muschelkerne und Rogen dekorativ um den Salat verteilen. Den Salat mit den restlichen Himbeeren und der abgeriebenen Zitronenschale garniert servieren.

Sprossen-Avocado-Salat

Friséesalat mit Jakobsmuscheln und Himbeeren

## Salat mit Hähnchenstreifen und grünem Dressing

4 Portionen

*Zubereitungszeit:* 30 Minuten

**Für das grüne Dressing:**
15 g gestiftelte Mandeln
2 Bund Basilikum
1 Bund glatte Petersilie
2–3 EL Olivenöl
75–100 ml Gemüsebrühe
2–3 EL Zitronensaft
Salz
gem. Pfeffer
Zucker

**Für die Hähnchenstreifen:**
700 g Hähnchenbrustfilet
2 EL Olivenöl

**Für den Salat:**
175 g Cocktailtomaten
175 g Champignons
2 Frühlingszwiebeln
150 g Rucola (Rauke)

*Pro Portion:*
E: 45 g, F: 15 g, Kh: 5 g,
kJ: 1393, kcal: 333

**1.** Für das grüne Dressing Mandeln in einer Pfanne ohne Fett unter Wenden goldbraun rösten und auf einen Teller geben. Kräuter abspülen, trocken tupfen und die Blättchen von den Stängeln zupfen. Kräuterblättchen und Mandeln in einen hohen Rührbecher geben, Olivenöl und etwa die Hälfte der Brühe hinzufügen und das Ganze fein pürieren.
**2.** Nach und nach noch so viel Brühe hinzugießen und untermischen, dass ein cremiges Dressing entsteht. Das Dressing mit Zitronensaft, Salz, Pfeffer und Zucker abschmecken.
**3.** Für die Hähnchenstreifen Hähnchenbrustfilet unter fließendem kalten Wasser abspülen, trocken tupfen und in Streifen schneiden. Die Hähnchenstreifen mit Salz und Pfeffer bestreuen.
**4.** Olivenöl in einer großen Pfanne erhitzen und die Hähnchenstreifen darin unter Wenden etwa 5 Minuten braten. Die Hähnchenstreifen in eine Schüssel geben und mit der Hälfte von dem Dressing vermischen, etwas abkühlen lassen.
**5.** Für den Salat inzwischen die Tomaten abspülen, abtrocknen und halbieren. Stängelansätze evtl. herausschneiden. Champignons putzen, evtl. kurz abspülen und trocken tupfen. Champignons in Scheiben schneiden. Die Frühlingszwiebeln putzen, abspülen, abtropfen lassen und in dünne Scheiben schneiden.
**6.** Rucola verlesen, die Stängel abschneiden. Den Rucola waschen und trocken tupfen oder trocken schleudern, dann in mundgerechte Stücke zupfen. Rucola mit Champignon-, Frühlingszwiebelscheiben und Tomatenhälften auf einer großen Platte anrichten. Hähnchenstreifen darauf verteilen und restliches Dressing auf den Salat träufeln.

***Tipps:*** Dieser Salat schmeckt auch mit dem roten Dressing (auf dieser Seite) sehr gut. Statt Hähnchenbrust schmeckt auch Schweinefilet.

## Rotes Dressing

4 Portionen

*Zubereitungszeit:* 15 Minuten

15 g gestiftelte Mandeln
1/2–1 kleine rote Chilischote
60 g abgetropfte, getrocknete Tomaten in Öl
2 Stängel glatte Petersilie
120 ml Gemüsebrühe
2–3 Esslöffel Zitronensaft
2 Esslöffel Olivenöl
Salz
gem. Pfeffer
1 Prise Zucker

*Pro Portion:*
E: 2 g, F: 8 g, Kh: 5 g,
kJ: 432, kcal: 103

Salat mit Hähnchenstreifen und grünem Dressing / Rotes Dressing

**1.** Mandeln in einer Pfanne ohne Fett unter Wenden goldbraun rösten und auf einen Teller geben.
**2.** Chilischote evtl. längs halbieren, entstielen und entkernen. Schote abspülen, abtropfen lassen und fein hacken. Getrocknete Tomaten etwas kleiner schneiden. Petersilie abspülen, trocken tupfen und die Blättchen von den Stängeln zupfen.
**3.** Mandeln, Chilischoten- und Tomatenstücke, Petersilienblättchen und etwa die Hälfte der Gemüsebrühe in einen hohen Rührbecher geben und fein pürieren.
**4.** Restliche Gemüsebrühe nach und nach untermischen, sodass ein cremiges Dressing entsteht. Zitronensaft und Olivenöl unterschlagen und mit Salz, Pfeffer und Zucker abschmecken.

## Melonensalat

4 Portionen

*Zubereitungszeit:* 30 Minuten

1 Ogen-Melone
(etwa 250 g Fruchtfleisch)
1 Friséesalat (etwa 300 g)
150 g Feldsalat

**Für die Sauce:**
Saft von 1 Zitrone
Salz, gem. weißer Pfeffer
1 TL Zucker
2–3 EL Sonnenblumenöl

*Pro Portion:*
E: 3 g, F: 7 g, Kh: 11 g,
kJ: 475, kcal: 114

**1.** Die Melone halbieren und entkernen. Aus dem Fruchtfleisch kleine Kugeln ausstechen oder das Fruchtfleisch in Würfel schneiden.

**2.** Von dem Friséesalat die äußeren, welken Blätter entfernen, die anderen vom Strunk lösen. Von dem Feldsalat die Wurzelenden abschneiden und welke Blätter entfernen. Alle Salatblätter abspülen, gut abtropfen lassen oder trocken schleudern. Friséesalat in mundgerechte Stücke zupfen.

**3.** Die beiden Salate vorsichtig miteinander vermischen und in eine Schüssel geben. Melonenkugeln oder -würfel daraufgeben.

**4.** Für die Sauce Zitronensaft mit Salz, Pfeffer und Zucker verrühren. Das Sonnenblumenöl unterschlagen. Die Sauce evtl. nochmals abschmecken und anschließend über den Salat träufeln.

***Tipp:*** Ogen-Melonen gehören zu den Kantalup-Melonen. Sie haben eine grünliche, glatte Schale und gelbgrünliches Fruchtfleisch.

## Harzer-Käse-Salat mit Curry-Vinaigrette

4 Portionen

*Zubereitungszeit:* 20 Minuten

**Für die Curry-Vinaigrette:**
3 EL Sherry-Essig
1 Prise Zucker
1/4 TL Currypulver
2 EL Kürbiskernöl
3–4 EL Distel- oder Sonnenblumenöl
Salz
gem. Pfeffer

**Für den Salat:**
400 g Harzer Käse
1 Bund Radieschen
2 rote Zwiebeln
4 Tomaten
1 kleiner Friséesalat
50 g Radieschensprossen

*Pro Portion:*
E: 32 g, F: 15 g, Kh: 5 g,
kJ: 1209, kcal: 289

**1.** Für die Vinaigrette den Essig mit Zucker und Currypulver verrühren. Beide Ölsorten unterschlagen, mit Salz und Pfeffer abschmecken.
**2.** Käse in Scheiben schneiden. Radieschen putzen, abspülen, abtropfen lassen und in Scheiben schneiden. Zwiebeln abziehen, halbieren und in feine Ringe schneiden. Tomaten abspülen, abtrocknen, halbieren und die Stängelansätze herausschneiden. Die Tomaten in Spalten schneiden.
**3.** Salat putzen und evtl. welke, äußere Blätter entfernen. Salat abspülen, abtropfen lassen oder trocken schleudern und in mundgerechte Stücke zupfen. Die Sprossen verlesen, abspülen und abtropfen lassen.
**4.** Radieschenscheiben, Tomatenspalten, Zwiebelringe und Salat mischen und auf Tellern verteilen. Die Käsescheiben und Sprossen darauf anrichten. Die Vinaigrette zum Salat reichen.

## Nudelsalat süßsauer

4 Portionen

*Zubereitungszeit:* 30 Minuten

2 1/2 l Wasser
2 1/2 gestr. TL Salz
250 g Gabelspaghetti
2 Zwiebeln
2 Zucchini
145 g abgetropfte Ananasstücke, natursüß (aus der Dose)
300 ml Asia-Sauce Sweet-Chili
400 g Hähnchenbrustfilet
1–2 EL Speiseöl, z. B. Rapsöl
Salz, gem. Pfeffer
1 Bund Schnittlauch

*Pro Portion:*
E: 35 g, F: 6 g, Kh: 73 g,
kJ: 2330, kcal: 558

**1.** Wasser in einem großen Topf zugedeckt zum Kochen bringen. Dann Salz und Nudeln hinzugeben. Die Nudeln im geöffneten Topf bei mittlerer Hitze nach Packungsanleitung bissfest kochen, dabei gelegentlich umrühren.
**2.** In der Zwischenzeit die Zwiebeln abziehen, halbieren und klein würfeln. Zucchini abspülen, abtrocknen und die Enden abschneiden. Zucchini der Länge nach halbieren und in Scheiben schneiden.
**3.** Die garen Nudeln in ein Sieb geben, mit kaltem Wasser abspülen und abtropfen lassen. Die Nudeln mit den Ananasstücken in eine große Salatschüssel geben. Asia-Sauce untermischen. Den Salat kurz durchziehen lassen.
**4.** In der Zwischenzeit Hähnchenbrustfilet unter fließendem kalten Wasser abspülen, trocken tupfen und in Würfel schneiden. Das Speiseöl in einer Pfanne erhitzen. Fleischwürfel darin von allen Seiten 5–8 Minuten braten, mit Salz und Pfeffer würzen. Zwiebelwürfel und Zucchinischeiben etwa 2 Minuten vor Ende der Bratzeit dazugeben und mitbraten lassen.
**5.** Schnittlauch abspülen, trocken tupfen und in Röllchen schneiden. Die Hähnchenfleisch-Gemüse-Masse nochmals mit Salz und Pfeffer abschmecken, mit den Schnittlauchröllchen unter den Salat geben.

Harzer-Käse-Salat mit Curry-Vinaigrette

Nudelsalat süßsauer

## Blumenkohlsalat
4 Portionen

*Zubereitungszeit:* 30 Minuten, ohne Durchziehzeit

1 Blumenkohl (etwa 750 g)
Salz

**Für die Remouladensauce:**
2 hart gekochte Eier
1 frisches Eigelb (Größe M)
125 ml Speiseöl
2 EL Essig oder Zitronensaft
1 TL mittelscharfer Senf
2 EL gehackte Kräuter, z. B. Kerbel, Schnittlauch
etwas Zucker

*Pro Portion:*
E: 6 g, F: 36 g, Kh: 3 g,
kJ: 1498, kcal: 358

**1.** Vom Blumenkohl die Blätter entfernen und den Strunk abschneiden. Den Blumenkohl in Röschen teilen, abspülen und abtropfen lassen.
**2.** Blumenkohlröschen in kochendem Salzwasser 8–10 garen. Anschließend in ein Sieb abgießen, mit kaltem Wasser abspülen und abtropfen lassen.
**3.** Für die Sauce die Eier pellen und in Eigelb und Eiweiß trennen. Gekochtes Eigelb durch ein Sieb streichen, mit rohem Eigelb und 1 Prise Salz verrühren. Etwa die Hälfte des Speiseöls zuerst tropfenweise, dann in einem dünnen Strahl unterschlagen, bis eine dickliche Masse entstanden ist.
**4.** Essig oder Zitronensaft und Senf unterrühren. Das restliche Speiseöl unterrühren.
**5.** Das hart gekochte Eiweiß in kleine Würfel schneiden, mit den Kräutern unter die Sauce rühren und mit Salz und Zucker abschmecken.
**6.** Die Blumenkohlröschen in eine Schüssel geben. Die Sauce vorsichtig unterheben, vermengen und den Salat nach Möglichkeit noch etwas durchziehen lassen.
**7.** Den Salat vor dem Servieren evtl. noch mit Zucker abschmecken.

## Ingwer-Curry-Dressing
4 Portionen

*Zubereitungszeit:* 10 Minuten

150 g Joghurt (3,5 % Fett)
2 gestr. TL gem. Ingwer
1 gestr. TL Currypulver
1/2 gestr. TL gem. Koriander
1 TL flüssiger Honig
1 TL Dijon-Senf
1 EL Ingwerkonfitüre
gem. Zimt
Salz

*Pro Portion:*
E: 2 g, F: 2 g, Kh: 10 g,
kJ: 266, kcal: 64

**1.** Joghurt evtl. abtropfen lassen. Den Joghurt mit Ingwer, Curry, Koriander, Honig, Senf und Konfitüre verrühren. Das Dressing mit Zimt und Salz abschmecken.

***Tipp:*** Zu Salaten, gegrilltem Fleisch oder Fondue reichen.

## Salat mit Hähnchenbrust
4 Portionen

*Zubereitungszeit:* 30 Minuten

2 Hähnchenbrustfilets
3 EL Sojasauce
1 TL flüssiger Honig
gem. Pfeffer

2 Möhren
2 Frühlingszwiebeln
250 g Cocktailtomaten
500 g verschiedene Salate, z. B. Frisée, Rucola, Radicchio

**Für das Salatdressing:**
2–3 EL Weißweinessig
Salz

Blumenkohlsalat

Ingwer-Curry-Dressing

Salat mit Hähnchenbrust

1 Prise Zucker
1–2 EL gemischte, gehackte TK-Kräuter, z. B. Petersilie, Kerbel, Schnittlauch
4 EL Olivenöl

1/2–1 EL Speiseöl, z. B. Olivenöl

*Pro Portion:*
E: 27 g, F: 13 g, Kh: 9 g,
kJ: 1094, kcal: 261

**1.** Die Hähnchenbrustfilets unter fließendem kalten Wasser gut abspülen, trocken tupfen und in mundgerechte Stücke schneiden. Sojasauce mit Honig verrühren. Die Sauce mit den Hähnchenstücken vermischen, mit Pfeffer würzen und zugedeckt in den Kühlschrank stellen.
**2.** Möhren putzen, schälen, abspülen, abtropfen lassen und zuerst längs in dünne Scheiben, dann in kleine Stifte schneiden.
**3.** Die Frühlingszwiebeln putzen, abspülen, abtropfen lassen und in dünne Scheiben schneiden. Cocktailtomaten abspülen, abtrocknen, halbieren und evtl. die Stängelansätze herausschneiden.
**4.** Von den Salatsorten die äußeren, welken Blätter entfernen. Rucola verlesen und die dicken Stängel abschneiden. Salate abspülen, trocken tupfen oder trocken schleudern und in mundgerechte Stücke zupfen.
**5.** Für das Salatdressing Essig mit Salz, Pfeffer, Zucker und Kräutern verrühren. Olivenöl unterschlagen.
**6.** Möhrenstifte mit Frühlingszwiebelscheiben, Tomatenhälften, Salaten und dem Salatdressing mischen.
**7.** Das Speiseöl in einer großen Pfanne erhitzen. Die Hähnchenstücke darin unter Rühren etwa 5 Minuten braten, mit Salz würzen und auf dem Salat anrichten.

## Schwedischer Sommersalat

Schwedischer Sommersalat

4 Portionen

*Zubereitungszeit:* 30 Minuten, ohne Abkühlzeit

150 g 8-Minuten-Langkornreis
Salz
3 kleine Hähnchenbrustfilets
gem. schwarzer Pfeffer
3 EL Olivenöl
1 Grapefruit
1 TL abgetropfte, grüne Pfefferkörner (in Lake)
2 EL Himbeeressig (ersatzweise Obstessig)
Chilipulver

250 g frische Erdbeeren

*Pro Portion:*
E: 28 g, F: 8 g, Kh: 37 g,
kJ: 1433, kcal: 343

**1.** Den Reis nach Packungsanleitung in Salzwasser garen.
**2.** In der Zwischenzeit die Hähnchenbrustfilets unter fließendem kalten Wasser abspülen, trocken tupfen, mit Salz und Pfeffer bestreuen.
**3.** Einen Esslöffel Olivenöl in einer Pfanne erhitzen. Die Hähnchenfilets darin rundherum gut anbraten, dann bei mittlerer bis starker Hitze etwa 10 Minuten garen, dabei 1–2-mal wenden. Inzwischen den garen Reis in einem Sieb gut abtropfen lassen und abkühlen lassen. Dann Hähnchenbrustfilets aus der Pfanne nehmen und abkühlen lassen.
**4.** Inzwischen die Grapefruit so schälen, dass die weiße Haut vollständig entfernt wird. Grapefruit filetieren, dabei den Saft auffangen. Die Trennhäute ausdrücken und davon ebenfalls den Saft auffangen. Grapefruitspalten in Stücke schneiden.
**5.** Die Pfefferkörner mit einem großen Messer fein hacken. Die Pfefferkörner mit Essig, Salz, Chilipulver, 5 Esslöffeln Grapefruitsaft und restlichem Olivenöl gut verrühren.
**6.** Die abgekühlten Hähnchenbrustfilets erst längs halbieren, dann quer in kleine Stücke schneiden. Reis mit den Hähnchen- und Grapefruitstücken und der Marinade vermischen.
**7.** Den Salat mit 2–3 Esslöffeln Grapefruitsaft sowie Chilipulver und evtl. etwas Salz abschmecken.
**8.** Erdbeeren abspülen, abtropfen lassen, entstielen, der Länge nach in Scheiben schneiden und kreisförmig auf eine große Platte legen. In die Mitte den Reissalat geben.

Kapitel **02**

Rezepte 101–200

# Suppen & Eintöpfe

Häschensuppe

## Häschensuppe

8–10 Portionen

*Zubereitungszeit:* 25 Minuten

1 mittelgroße Zwiebel
500 g Möhren
40 g Butter
2 EL Speiseöl
2 EL Weizenmehl
1,2 l Gemüsefond oder -brühe
200 g Schlagsahne
Salz, gem. weißer Pfeffer
1 Kästchen Kresse

*Pro Portion:*
E: 4 g, F: 14 g, Kh: 5 g,
kJ: 683, kcal: 163

**1.** Zwiebel abziehen und klein würfeln. Möhren putzen, schälen, abspülen, abtropfen lassen und in kleine Stücke schneiden.
**2.** Butter in einem Topf zerlassen. Speiseöl miterhitzen. Zwiebelwürfel und Möhrenstücke darin unter Rühren andünsten. Gemüse mit Mehl bestäuben und unterrühren. Fond oder Brühe hinzugießen, zum Kochen bringen und etwa 15 Minuten bei schwacher Hitze kochen lassen, dabei ab und zu umrühren.
**3.** Die Suppe mit einem Pürierstab pürieren. Sahne hinzugießen, unter Rühren nochmals kurz aufkochen lassen. Die Suppe mit Salz und Pfeffer würzen. Kresse abspülen, trocken tupfen und abschneiden. Die Suppe mit Kresse bestreut servieren.

***Tipp:*** Die Suppe kann gut bereits am Vortag zubereitet werden.

***Dekotipp:*** Einige Möhren putzen, schälen, abspülen, trocken tupfen und längs in dünne Scheiben schneiden (evtl. mit einem Sparschäler). Aus den Möhrenstreifen mithilfe von Plätzchenausstechern Häschen ausstechen. Die Tellerränder mit den Möhrenhäschen garnieren.

## Fischsuppe mit Fenchel

6 Portionen (ohne Foto)

*Zubereitungszeit:* 30 Minuten

1 l heißer Fischfond oder heiße Gemüsebrühe
200 g Lachsfilet
200 g Kabeljaufilet
2 Frühlingszwiebeln
2 kleine Fenchelknollen
2 rote Paprikaschoten
30 g Butter
30 g Weizenmehl

200 ml Weißwein
200 ml trockener, weißer Wermut
200 g Muschelfleisch
200 g Shrimps
Salz
gem. Pfeffer
Zitronensaft
250 g Schlagsahne
150 g Crème fraîche

*Pro Portion:*
E: 27 g, F: 31 g, Kh: 17 g,
kJ: 2126, kcal: 509

**1.** Den heißen Fond oder die heiße Brühe in einen Topf geben. Fischfilets kurz unter fließendem kalten Wasser abspülen, trocken tupfen, in Würfel schneiden. Fischwürfel etwa 3 Minuten in dem Fischfond oder in der Brühe ziehen lassen, dann herausnehmen. Fischwürfel und Fond oder Brühe beiseitestellen.
**2.** Frühlingszwiebeln putzen, abspülen, abtropfen lassen und in Scheiben schneiden. Fenchel putzen, abspülen, abtropfen lassen (Fenchelgrün beiseitelegen) und in Streifen schneiden. Paprikaschoten halbieren, entstielen, entkernen und die weißen Scheidewände entfernen. Schoten abspülen, abtropfen lassen und ebenfalls in Streifen schneiden
**3.** Butter in einem Topf zerlassen. Vorbereitetes Gemüse darin unter Rühren andünsten, mit Mehl bestäuben. Weißwein, Wermut und beiseitegestellten Fischfond oder die Brühe hinzugießen, umrühren, zum Kochen bringen und etwa 10 Minuten einkochen lassen.
**4.** In der Zwischenzeit Muschelfleisch und Shrimps kurz unter fließendem kalten Wasser abspülen und trocken tupfen. Beiseitegelegtes Fenchelgrün klein schneiden.
**5.** Die Suppe mit Salz, Pfeffer und Zitronensaft abschmecken, Sahne und Crème fraîche unterrühren.
**6.** Die beiseitegestellten Fischwürfel, Muschelfleisch und Shrimps in der Suppe erhitzen. Die Fischsuppe mit dem Fenchelgrün bestreut servieren.

## Brennnesselsuppe mit Rahm und Parmesankräckern

4 Portionen

*Zubereitungszeit: 30 Minuten*

2 mittelgroße Zwiebeln
2 Knoblauchzehen
2 Kartoffeln (etwa 250 g)
20 g Butter
750 ml heiße Gemüsebrühe
300 g Brennnesselspitzen
Salz, gem. Pfeffer

**Für die Parmesankräcker:**
100 g ger. Parmesan
100 g Schlagsahne

*Pro Portion:*
E: 14 g, F: 22 g, Kh: 14 g,
kJ: 1289, kcal: 308

**1.** Zwiebeln und Knoblauch abziehen, in sehr kleine Würfel schneiden. Kartoffeln schälen, abspülen, abtropfen lassen und ebenfalls klein würfeln.
**2.** Die Butter in einem Topf zerlassen. Zwiebel- und Knoblauchwürfel darin andünsten. Kartoffelwürfel hinzugeben und mitdünsten lassen. Heiße Brühe hinzugießen und zum Kochen bringen. Kartoffelwürfel zugedeckt 12–15 Minuten garen.
**3.** In der Zwischenzeit Brennnesselspitzen verlesen (am besten mit Einweghandschuhen), gut abspülen und trocken tupfen oder trocken schleudern. Brennnesselspitzen zu den gegarten Kartoffelwürfeln in die Brühe geben und mit einem Pürierstab gut pürieren. Mit Salz und Pfeffer würzen. Die Suppe nach Belieben durch ein Sieb passieren. Suppe warm stellen, jedoch nicht mehr kochen lassen, da sie sonst grau wird.
**4.** Den Backofen vorheizen.
*Ober-/Unterhitze: etwa 160 °C*
*Heißluft: etwa 140 °C*
**5.** Für die Parmesankräcker 4 kleine runde Platten (Ø 5–6 cm) auf Backpapier zeichnen und auf ein Backblech legen. Die vorgezeichneten Platten mit Parmesan ausstreuen. Das Backblech in den vorgeheizten Backofen schieben. Parmesankräcker 10–12 Minuten backen, bis der Käse zerlaufen ist und die Parmesankräcker goldgelb knusprig gebacken sind.
**6.** Die Kräcker mit dem Backpapier vom Backblech auf einen Rost ziehen. Kräcker erkalten lassen.
**7.** Die Sahne mit einem Mixer (Rührstäbe) cremig aufschlagen und unter die warm gestellte Brennnesselsuppe ziehen. Die Suppe mit den Parmesankräckern anrichten und sofort servieren.

Brennnesselsuppe mit Rahm und Parmesankräckern

## Chinakohleintopf

4 Portionen

*Zubereitungszeit: 30 Minuten*

4 Zwiebeln (etwa 200 g)
1–2 Knoblauchzehen
800 g Kartoffeln
1 EL Speiseöl, z. B. Rapsöl
500 g Tatar (Schabefleisch)
Salz
gem. Pfeffer
2 gestr. TL Instant-Gemüsebrühe
200 ml heißes Wasser
1 1/4 kg Chinakohl
800 g stückige Tomaten
(aus dem Tetra-Pak®)
1/2 Bund Schnittlauch

*Pro Portion:*
E: 37 g, F: 8 g, Kh: 35 g,
kJ: 1511, kcal: 361

**1.** Die Zwiebeln und den Knoblauch abziehen, klein würfeln. Kartoffeln schälen, abspülen, abtropfen lassen und in etwa 1 1/2 cm große Würfel schneiden.
**2.** Speiseöl in einem Topf erhitzen. Zwiebel-, Knoblauch und Kartoffelwürfel darin evtl. portionsweise unter Rühren anbraten.
**3.** Tatar hinzufügen und unter Rühren mit anbraten. Dabei die Fleischklümpchen mit einer Gabel etwas zerdrücken. Mit Salz, Pfeffer und Brühe würzen.
**4.** Wasser hinzugießen. Die Zutaten unter Rühren zum Kochen bringen und etwa 5 Minuten kochen lassen.
**5.** In der Zwischenzeit Chinakohl putzen, vierteln und den Strunk herausschneiden. Chinakohl abspülen, abtropfen lassen und in feine Streifen schneiden.
**6.** Tomaten unter die Kartoffel-Tatar-Mischung rühren und wieder zum Kochen bringen. Chinakohlstreifen hinzugeben. Den Eintopf etwa 8 Minuten unter gelegentlichem Rühren kochen lassen.
**7.** Schnittlauch abspülen, trocken tupfen und in Röllchen schneiden. Den Eintopf nochmals abschmecken, in Suppentassen füllen und mit den Schnittlauchröllchen bestreut servieren.

Chinakohleintopf

## Fadennudelsuppe

4 Portionen

*Zubereitungszeit: 25 Minuten*

300 g Möhren
1 Kohlrabi
1 1/2 l Gemüsebrühe
50 g TK-Suppengrün
100 g Fadennudeln
200 g Kochschinken,
in dicken Scheiben
1 Bund Schnittlauch
Salz, gem. Pfeffer, ger. Muskatnuss

*Pro Portion:*
E: 15 g, F: 7 g, Kh: 44 g,
kJ: 1176, kcal: 279

**1.** Möhren und den Kohlrabi putzen, schälen, abspülen, abtropfen lassen und auf der groben Seite der Haushaltsreibe raspeln.
**2.** Die Gemüsebrühe in einem Wok aufkochen lassen. Gefrorenes Suppengrün, Fadennudeln und Gemüseraspel hinzufügen, wieder zum Kochen bringen und etwa 5 Minuten kochen lassen.
**3.** In der Zwischenzeit den Schinken in kurze Streifen schneiden. Schnittlauch abspülen, trocken tupfen und in Röllchen schneiden.
**4.** Schinkenstreifen in die Suppe geben und erhitzen. Die Suppe mit Salz, Pfeffer und Muskat abschmecken. Mit Schnittlauchröllchen bestreut servieren.

***Tipp:*** Zusätzlich 100 g abgespülte und trocken getupfte Zuckerschoten hinzufügen. Dann Zuckerschoten in schmale Streifen schneiden und zusammen mit den Gemüseraspeln in die Brühe geben.

## Bohnensuppe mit Lammfleisch

12 Portionen (ohne Foto)

*Zubereitungszeit: 30 Minuten*

4 EL Speiseöl
300 g geräucherte Speckwürfel
(aus dem Kühlregal)
400 g Lammfleisch
(ohne Knochen)
5 mittelgroße Zwiebeln
1 Zucchini (etwa 250 g)
300 g TK-Möhrenwürfel
100 g TK-Grüne Bohnen
2 l heiße Gemüsebrühe
1 TL gerebeltes Bohnenkraut
1 TL gerebelter Majoran
1 kleine Peperoni
Salz

Fadennudelsuppe

Altdeutsche Kartoffelsuppe

gem. Pfeffer
ger. Muskatnuss
150 g Crème fraîche
Schnittlauchröllchen

*Pro Portion:*
E: 10 g, F: 30 g, Kh: 3 g,
kJ: 1412, kcal: 337

1. Speiseöl in einem Topf erhitzen. Speckwürfel darin anbraten, herausnehmen und beiseitestellen.
2. Das Lammfleisch mit Küchenpapier trocken tupfen, in kleine Würfel schneiden und in dem Speckfett unter mehrmaligem Wenden anbraten. Fleischwürfel aus dem Topf nehmen und warm stellen.
3. Zwiebeln abziehen, klein würfeln. Zucchini abspülen, abtrocknen und die Enden abschneiden. Zucchini in Würfel schneiden.
4. Zwiebelwürfel in dem verbliebenen Bratfett unter Rühren leicht bräunen. Möhrenwürfel, Bohnen und Zucchiniwürfel zu den Zwiebelwürfeln in den Topf geben und unter Rühren etwa 5 Minuten dünsten. Beiseitegestellte Speckwürfel und warm gestellte Fleischwürfel hinzugeben.
5. Heiße Brühe hinzugießen und zum Kochen bringen. Die Suppe zugedeckt etwa 20 Minuten garen.
6. Bohnenkraut und Majoran unter die Suppe rühren. Peperoni halbieren, entstielen, entkernen, abspülen, trocken tupfen, klein schneiden und unterrühren.
7. Die Suppe mit Salz, Pfeffer und Muskat abschmecken. Crème fraîche unterheben. Die Bohnensuppe in Tellern verteilen und mit Schnittlauchröllchen bestreut servieren.

## Altdeutsche Kartoffelsuppe

4 Portionen

*Zubereitungszeit: 30 Minuten*

**Für die Suppe:**
700 g dicke, mehligkochende Kartoffeln
1 Zwiebel
1 Lorbeerblatt
1 Gewürznelke
40 g Butter
450 g TK-Suppengemüse
1 1/2 l heiße Gemüsebrühe
125 g Schlagsahne oder
150 g Crème fraîche
Salz
gem. Pfeffer
gerebelter Majoran
ger. Muskatnuss

**Für die Einlage:**
1 Zwiebel
25 g Butter
200 g abgetropfte Pfifferlinge (aus dem Glas)
2 EL gehackte Kräuter, z. B. Kerbel, Schnittlauch, glatte Petersilie

*Pro Portion:*
E: 8 g, F: 25 g, Kh: 30 g,
kJ: 1610, kcal: 385

1. Für die Suppe Kartoffeln schälen, abspülen, abtropfen lassen und klein würfeln. Zwiebel abziehen, mit Lorbeerblatt und Gewürznelke spicken.
2. Butter in einem Topf zerlassen. Kartoffelwürfel darin andünsten. Gefrorenes Suppengemüse, gespickte Zwiebel und Gemüsebrühe hinzugeben, zum Kochen bringen und zugedeckt etwa 15 Minuten bei mittlerer Hitze garen.
3. Die gespickte Zwiebel entfernen. Etwa ein Drittel der Kartoffel-Mischung aus der Suppe nehmen. Restliche Suppe pürieren, Sahne oder Crème fraîche unterrühren. Herausgenommene Kartoffel-Gemüse-Mischung wieder in die pürierte Suppe geben. Die Suppe erhitzen, mit Salz, Pfeffer, Majoran und Muskat würzen.
4. Für die Einlage Zwiebel abziehen und in kleine Würfel schneiden. Butter in einer Pfanne zerlassen. Die Zwiebelwürfel darin andünsten. Pfifferlinge hinzugeben und etwa 5 Minuten unter Rühren dünsten.
5. Die Pfifferlinge in die Suppe geben und etwa 5 Minuten ziehen lassen. Die Kartoffelsuppe mit den Kräutern bestreut servieren.

**Tipp:** Nach Belieben zusätzlich Wiener Würstchen in der Suppe erwärmen.

Exotisches Currysüppchen aus dem Wok

Spargeleintopf

## Exotisches Currysüppchen aus dem Wok

4 Portionen

*Zubereitungszeit:* 25 Minuten

**Für die Suppe:**
2 Schalotten
2 Knoblauchzehen
2 Stängel Zitronengras
(erhältlich im Asialaden)
2 grüne Chilischoten
1/2 Bund Koriander
2–3 EL Speiseöl
4 TL grüne Currypaste
(erhältlich im Asialaden)
250 ml ungesüßte Kokosmilch
750 ml heiße Hühnerbrühe
Salz

**Für die Einlage:**
1 rote Chilischote
1 kleiner, roter Apfel
Saft von 1 Limette
1/2 kleine Mango

*Pro Portion:*
E: 3 g, F: 19 g, Kh: 14 g,
kJ: 1007, kcal: 243

1. Für die Suppe die Schalotten und den Knoblauch abziehen, in kleine Würfel schneiden. Zitronengras abspülen, trocken tupfen und in etwa 3 cm lange Stücke schneiden.
2. Die Chilischoten längs halbieren, entstielen, entkernen, abspülen, abtropfen lassen und klein würfeln.
3. Koriander abspülen und trocken tupfen. Einige Stängel zum Garnieren beiseitelegen. Von den restlichen Stängeln die Blättchen abzupfen. Blättchen klein schneiden.
4. Speiseöl in einem Wok erhitzen. Zitronengrasstücke, Schalotten-, Knoblauch- und Chiliwürfel darin andünsten. Die Currypaste hinzugeben und kurz mit andünsten.
5. Kokosmilch und Hühnerbrühe hinzugießen. Geschnittenen Koriander unterrühren. Mit Salz würzen, zum Kochen bringen und etwa 5 Minuten bei schwacher Hitze kochen lassen.
6. Für die Einlage in der Zwischenzeit die Chilischote längs halbieren, entstielen und entkernen. Schote abspülen, abtropfen lassen und klein würfeln. Apfel waschen, abtrocknen, halbieren und entkernen. Apfelhälften mit der Schale in kleine Würfel schneiden und mit Limettensaft beträufeln. Die Mangohälfte schälen und ebenfalls klein würfeln.
7. Zitronengrasstücke aus der Suppe nehmen. Die Suppe nochmals mit den Gewürzen abschmecken. Heiße Suppe in 4 Schalen oder Teller geben. Chiliwürfel, Apfel- und Mangowürfel in den Schalen oder Tellern verteilen. Die Suppe mit den beiseitegelegten Korianderstängeln garnieren.

## Spargeleintopf

4–6 Portionen

*Zubereitungszeit:* 30 Minuten

800 g weißer Spargel
300 g grüner Spargel
Salz, 1 TL Zucker, gem. Pfeffer
500 g neue Kartoffeln
Spargelfond
(von den Spargelschalen)
2 Zwiebeln
2 Knoblauchzehen
30 g frischer Ingwer
25 g Butter
250 g Möhren
1 kleiner Kohlrabi (etwa 200 g)
100 g Zuckerschoten
Salz
1 Bund Petersilie

*Pro Portion:*
E: 7 g, F: 9 g, Kh: 25 g,
kJ: 886, kcal: 211

1. Den weißen Spargel von oben nach unten schälen. Darauf achten, dass die Schalen vollständig entfernt, die Köpfe aber nicht verletzt werden. Die unteren Enden abschneiden (holzige Stellen vollkommen entfernen). Von dem grünen Spargel nur das untere Drittel schälen und die unteren Enden abschneiden. Spargelstangen, -schalen und -enden abspülen und abtropfen lassen.

2. Spargelschalen und -enden in einen Topf geben, mit Wasser bedeckt zum Kochen bringen. Mit Salz, Zucker und Pfeffer würzen. Zugedeckt etwa 10 Minuten bei schwacher Hitze leicht kochen lassen. Anschließend in ein Sieb geben, dabei den Spargelfond auffangen.
3. Kartoffeln schälen, abspülen, abtropfen lassen, klein würfeln. Kartoffelwürfel in den Spargelfond geben, wieder zum Kochen bringen, zugedeckt etwa 6 Minuten bei schwacher Hitze kochen lassen.
4. In der Zwischenzeit Zwiebeln und Knoblauch abziehen, klein würfeln. Den Ingwer schälen, in kleine Würfel schneiden.
5. Butter in einem großen Topf zerlassen. Zwiebel-, Knoblauch- und Ingwerwürfel darin unter Rühren andünsten. Spargelfond mit den gegarten Kartoffelwürfeln hinzugeben, wieder zum Kochen bringen.
6. Möhren putzen, schälen, abspülen, abtropfen lassen, in Scheiben schneiden.
7. Den Kohlrabi schälen, abspülen, abtropfen lassen. Kohlrabi zuerst in Scheiben, danach in feine Würfel schneiden.
8. Die weißen Spargelstangen in 2–3 cm lange Stücke schneiden. Die Möhrenscheiben, Kohlrabiwürfel und Spargelstücke zum Spargelfond in den Topf geben, wieder zum Kochen bringen und zugedeckt etwa 8 Minuten kochen lassen.
9. Grüne Spargelstangen in 2–3 cm lange Stücke schneiden, in den Eintopf geben, zugedeckt weitere etwa 5 Minuten kochen lassen.
10. Von den Zuckerschoten die Enden abschneiden, evtl. abfädeln. Zuckerschoten abspülen, abtropfen lassen, halbieren, in den Eintopf geben und etwa 1 Minute mitkochen lassen. Den Eintopf mit Salz und Pfeffer abschmecken.
11. Petersilie abspülen und trocken tupfen. Die Blättchen von den Stängeln zupfen. Blättchen klein schneiden. Den Eintopf mit Petersilie bestreuen und servieren.

## Wirsingsuppe mit Kräuterpesto

4 Portionen

*Zubereitungszeit: 30 Minuten*

1,3 l heißes Wasser
2 EL körnige Instant-Brühe
1 Lorbeerblatt
je 2 Gewürznelken und Pimentkörner
1 Zwiebel
1 1/2 gestr. TL Salz
gem. Pfeffer
1 Hähnchenbrust (mit Knochen, etwa 500 g)
1 mittelgroßer Kohlrabi (etwa 450 g)
3 Möhren (etwa 300 g)
1 kleiner Wirsing (etwa 500 g)
125 g Suppennudeln

**Für das Pesto:**
1 großes Bund glatte Petersilie
6 EL Olivenöl
2 EL Brühe (von der Suppe)
1 TL abgeriebene Schale von 1 Bio-Zitrone (unbehandelt, ungewachst)
2 EL ger. Parmesan
Salz

*Pro Portion:*
E: 39 g, F: 21 g, Kh: 34 g, kJ: 2003, kcal: 478

1. Für die Suppe heißes Wasser, Brühe, Lorbeerblatt, Gewürznelken und Pimentkörner in einem Topf zum Kochen bringen. Zwiebel abziehen, in Spalten schneiden und hinzugeben. Mit Salz und Pfeffer würzen.
2. Hähnchenbrust kurz unter fließendem kalten Wasser abspülen, abtropfen lassen und in die kochende Brühe geben. Die Hähnchenbrust etwa 20 Minuten bei schwacher Hitze kochen lassen.
3. In der Zwischenzeit Kohlrabi schälen, abspülen und abtropfen lassen. Möhren putzen, schälen, abspülen und abtropfen lassen. Kohlrabi und Möhren in kleine Stücke schneiden. Wirsing putzen, halbieren und den Strunk herausschneiden. Kohlhälften abspülen, abtropfen lassen und in grobe Streifen schneiden.
4. Kohlrabi- und Möhrenstücke nach etwa 10 Minuten Garzeit der Hähnchenbrust in die Brühe geben und mitgaren lassen.
5. Kohlstreifen und Nudeln nach Ende der Garzeit in die Suppe geben, wieder zum Kochen bringen und weitere etwa 8 Minuten mitgaren lassen.
6. Die Hähnchenbrust mit einer Schaumkelle aus der Brühe nehmen und kurz abkühlen lassen. Das Fleisch von den Knochen lösen und die Haut entfernen. Das Fleisch in Scheiben schneiden, in die Suppe geben und nochmals kurz erhitzen. Von der Brühe etwa 2 Esslöffel abnehmen.
7. Für das Pesto Petersilie abspülen und trocken tupfen. Die groben Stiele abschneiden. Petersilie, Olivenöl, Brühe und Zitronenschale in einen hohen Rührbecher geben und pürieren. Parmesan unterrühren. Pesto mit Salz und Pfeffer würzen.
8. Die Suppe mit den Fleischscheiben in tiefen Tellern anrichten. Das Kräuterpesto nach Geschmack daraufgeben oder dazureichen.

Wirsingsuppe mit Kräuterpesto

## Würzige Kartoffel-Bohnen-Suppe

4 Portionen

*Zubereitungszeit: 30 Minuten*

300 g Kartoffeln
2 Zwiebeln (etwa 150 g)
500 g weiße Bohnenkerne (aus der Dose)
4 Salbeiblättchen
2 EL Speiseöl, 1 l Gemüsebrühe
Salz, gem. Pfeffer
200–300 g Pfifferlinge
150 g frische Steinpilze
100 g Cabanossi
evtl. 1 EL Speiseöl

*Pro Portion:*
E: 14 g, F: 15 g, Kh: 30 g,
kJ: 1330, kcal: 317

1. Kartoffeln schälen, abspülen, abtropfen lassen und in Würfel schneiden. Die Zwiebeln abziehen und klein würfeln. Die Bohnen in ein Sieb geben, mit kaltem Wasser abspülen und abtropfen lassen. Salbeiblättchen abspülen und trocken tupfen.
2. Speiseöl in einem großen Topf erhitzen. Zwiebel- und Kartoffelwürfel darin andünsten. Die Bohnen und Salbeiblättchen hinzugeben, unter Rühren kurz mit andünsten.
3. Die Brühe hinzugießen. Mit Salz und Pfeffer würzen. Die Zutaten zum Kochen bringen und zugedeckt etwa 30 Minuten bei schwacher Hitze kochen lassen.
4. In der Zwischenzeit Pfifferlinge und Steinpilze putzen, evtl. kurz abspülen und trocken tupfen. Große Pfifferlinge und Steinpilze halbieren.
5. Cabanossi in Scheiben schneiden, in einer Pfanne ohne Fett von beiden Seiten knusprig anbraten und herausnehmen. Pfifferlinge und Steinpilze in dem verbliebenen Bratfett (evtl. 1 Esslöffel Speiseöl hinzufügen) unter Rühren kräftig anbraten. Mit Salz und Pfeffer würzen.
6. Pilze und Cabanossischeiben in die Suppe geben und kurz mitkochen lassen. Die Suppe mit Salz und Pfeffer abschmecken und servieren.

## Tomatensuppe „Frutti di mare"

4 Portionen (ohne Foto)

*Zubereitungszeit: 30 Minuten*

300 g TK-Frutti di mare
50 g Mie-Nudeln (asiatische Instant-Nudeln)
1 kg Fleischtomaten
1 Bund Suppengrün (Sellerie, Möhren, Porree)
3 Frühlingszwiebeln
4 EL Speiseöl
2 EL Tomatenmark
Salz, gem. Pfeffer
gerebeltes Basilikum
500 ml Gemüsebrühe
vorbereitete Basilikumblättchen

*Pro Portion:*
E: 17 g, F: 12 g, Kh: 24 g,
kJ: 1152, kcal: 274

1. Frutti di mare nach Packungsanleitung auftauen lassen.
2. In der Zwischenzeit Mie-Nudeln nach Packungsanleitung zubereiten. Die Nudeln in ein Sieb geben, kurz abspülen und abtropfen lassen.
3. Tomaten abspülen, trocken tupfen, halbieren und die Stängelansätze herausschneiden. Tomaten in Würfel schneiden.
4. Suppengrün putzen, abspülen, abtropfen lassen und in kleine Stücke schneiden. Frühlingszwiebeln putzen, abspülen, abtropfen lassen und ebenfalls klein schneiden.
5. Speiseöl in einem Topf erhitzen. Suppengrün- und Frühlingszwiebelstücke darin unter Rühren andünsten, Tomatenmark unterrühren und kurz mit andünsten. Tomatenwürfel hinzufügen und ebenfalls mitdünsten lassen. Mit Salz, Pfeffer und Basilikum würzen.
6. Brühe hinzugießen, zum Kochen bringen und zugedeckt etwa 15 Minuten kochen lassen.
7. In der Zwischenzeit aufgetaute Frutti di mare in kochendem Wasser etwa 2 Minuten blanchieren, in ein Sieb geben, mit kaltem Wasser übergießen und abtropfen lassen. Basilikumblättchen fein schneiden.
8. Die gare Suppe mit einem Pürierstab pürieren und mit den Gewürzen kräftig abschmecken.
9. Frutti di mare und Nudeln in die Suppe geben, nochmals erhitzen und mit den Gewürzen abschmecken.
10. Die Tomatensuppe mit Basilikumblättchen bestreut servieren.

Würzige Kartoffel-Bohnen-Suppe

Süßsaure Caponata

Spinateintopf mit Eiern

## Süßsaure Caponata

6 Portionen

*Zubereitungszeit:* 30 Minuten

2 rote Zwiebeln
2 Knoblauchzehen
2 Auberginen (je etwa 200 g)
1 große Zucchini (etwa 200 g)
je 1 rote und gelbe Paprikaschote
4 EL Olivenöl
Salz, gem. Pfeffer
4 EL Weißweinessig
2 l Tomatensaft
100 g Rosinen
etwa 250 g Rispentomaten
evtl. Zucker
1 Bund Basilikum
100 g geröstete Pinienkerne

*Pro Portion:*
E: 7 g, F: 16 g, Kh: 28 g,
kJ: 1324, kcal: 316

**1.** Zwiebeln und Knoblauch abziehen und jeweils in kleine Würfel schneiden. Auberginen und Zucchini abspülen, abtrocknen und die Stängelansätze bzw. Enden abschneiden. Auberginen und Zucchini in etwa 1 cm große Würfel schneiden. Die Paprikaschoten halbieren, entstielen, entkernen und die weißen Scheidewände entfernen. Schoten ebenfalls in etwa 1 cm große Würfel schneiden.
**2.** Olivenöl in einem Topf erhitzen. Zwiebel- und Knoblauchwürfel darin andünsten. Vorbereitete Gemüsewürfel portionsweise hinzugeben und mit andünsten. Mit Salz und Pfeffer würzen. Mit Essig ablöschen, den Tomatensaft hinzugießen. Rosinen unterrühren. Die Zutaten zum Kochen bringen und etwa 15 Minuten bei mittlerer Hitze kochen lassen.
**3.** In der Zwischenzeit die Tomaten abspülen, trocken tupfen, in den Eintopf geben und miterhitzen. Mit Salz, Pfeffer und evtl. etwas Zucker abschmecken. Basilikum abspülen und trocken tupfen. Die Blättchen von den Stängeln zupfen. Blättchen in Streifen schneiden. Caponata mit Pinienkernen und Basilikumstreifen bestreut servieren.

***Beilage:*** Ofenfrisches Baguette.

***Tipp:*** Für Fleischesser gebratene Salciccia (italienische Bratwurst) dazureichen.

## Spinateintopf mit Eiern

4 Portionen

*Zubereitungszeit:* 30 Minuten

1 kg Blattspinat
1 große Zwiebel
6 mittelgroße Kartoffeln
4 EL Olivenöl
Salz, gem. Pfeffer
gem. Safran
1 l kochende Gemüsebrühe
2 Knoblauchzehen
4 Eier (Größe M)
4 Scheiben Vollkorn-Toastbrot
4 EL Butter

*Pro Portion:*
E: 21 g, F: 31 g, Kh: 45 g,
kJ: 2360, kcal: 563

**1.** Spinat verlesen, gründlich waschen und tropfnass in einen Topf geben. Spinat so lange erhitzen, bis die Blätter zusammenfallen. Spinat in ein Sieb geben, abtropfen lassen.
**2.** Zwiebel abziehen und in kleine Würfel schneiden. Kartoffeln schälen, abspülen, abtropfen lassen und in Scheiben schneiden.
**3.** Olivenöl in einem Topf erhitzen. Zwiebelwürfel darin glasig dünsten. Spinat hinzufügen und unter Rühren so lange dünsten, bis die Flüssigkeit verdampft ist.
**4.** Kartoffelscheiben hinzugeben. Mit Salz, Pfeffer und Safran würzen. Brühe hinzugießen. Knoblauch abziehen, in kleine Würfel schneiden und unterrühren. Den Eintopf zugedeckt etwa 15 Minuten bei schwacher Hitze kochen lassen.
**5.** Die Eier einzeln in einer Tasse oder Kelle aufschlagen, vorsichtig in die Suppe gleiten und stocken lassen (Eier sollen getrennt voneinander stocken).
**6.** Die Toastbrotscheiben in Würfel schneiden. Die Butter in einer Pfanne zerlassen. Die Toastbrotwürfel darin von allen Seiten goldbraun rösten. Den Eintopf mit Brotwürfeln bestreut servieren.

Staudenselleriecremesuppe

Räucherfisch-Rahmsuppe

## Staudensellerie-cremesuppe

4 Portionen

*Zubereitungszeit:* 25 Minuten

30 g Butter
30 g Weizenmehl
1 l Fleischbrühe
100 g Crème fraîche
1 Stange Staudensellerie
Salz
gem. weißer Pfeffer

*Pro Portion:*
E: 9 g, F: 21 g, Kh: 10 g,
kJ: 1148, kcal: 275

**1.** Butter in einem Topf zerlassen. Mehl darin unter Rühren so lange erhitzen, bis es hellgelb ist. Brühe und Crème fraîche hinzufügen und mit einem Schneebesen durchschlagen. Dabei darauf achten, dass keine Klümpchen entstehen. Die Suppe zum Kochen bringen und etwa 5 Minuten unter gelegentlichem Rühren kochen lassen.
**2.** Staudensellerie putzen und die harten Außenfäden abziehen. Selleriestange abspülen, abtropfen lassen und in sehr dünne Scheiben schneiden. Sellerieschieben in die Suppe geben.
**3.** Die Suppe wieder zum Kochen bringen und etwa 1 Minute kochen lassen. Mit Salz und Pfeffer würzen.

## Räucherfisch-Rahmsuppe

8–10 Portionen

*Zubereitungszeit:* 25 Minuten

300 g Knollensellerie
2 Zwiebeln
60 g Butter oder Margarine
3 EL Weizenmehl
1,6 l heiße Gemüsebrühe
550 g rote Bohnen
(aus der Dose)
400 ml Fischfond
(aus dem Glas)
400 g Schlagsahne
je 150 g Räucheraalfilet und
geräuchertes Forellenfilet
Salz
gem. Pfeffer

*Pro Portion:*
E: 26 g, F: 30 g, Kh: 24 g,
kJ: 2057, kcal: 491

**1.** Den Sellerie putzen, schälen, abspülen, abtropfen lassen und in Würfel schneiden. Zwiebeln abziehen, ebenfalls klein würfeln.
**2.** Butter oder Margarine in einem großen Topf zerlassen. Zwiebel- und Selleriewürfel darin andünsten. Mehl darüberstäuben und unterrühren.
**3.** Die heiße Gemüsebrühe nach und nach unter Rühren hinzugießen und unter Rühren aufkochen lassen. Dabei darauf achten, dass keine Klümpchen entstehen. Die Zutaten etwa 5 Minuten kochen lassen.
**4.** Die Bohnen in ein Sieb geben, mit kaltem Wasser abspülen und abtropfen lassen.
**5.** Bohnen, Fischfond und Sahne zur Suppe in den Topf geben. Wieder zum Kochen bringen und weitere etwa 6 Minuten bei schwacher Hitze kochen lassen.
**6.** In der Zwischenzeit den Fisch in Stücke schneiden, in die Suppe geben und kurz miterhitzen. Die Suppe mit Salz und Pfeffer würzen.

***Tipp:*** Sie können zusätzlich einige Kartoffelwürfel mitgaren und die Suppe mit gehackten Dillspitzen und Kerbelblättchen verfeinern.

## Porree-Käse- Suppe

6 Portionen (ohne Foto)

*Zubereitungszeit:* 30 Minuten

1 kg Porree (Lauch)
3 EL Speiseöl
500 g Gehacktes (halb Rind-, halb Schweinefleisch)
Salz
gem. Pfeffer
1 l Fleischbrühe
315 g Champignonscheiben
(aus dem Glas)
200 g Sahne- oder Kräuter-Schmelzkäse

*Pro Portion:*
E: 23 g, F: 29 g, Kh: 7 g,
kJ: 1589, kcal: 380

1. Porree putzen, die Stangen längs halbieren, gründlich waschen, abtropfen lassen und in feine Streifen schneiden.
2. Speiseöl in einem großen Topf erhitzen. Gehacktes darin unter Rühren anbraten. Dabei die Fleischklümpchen mit einer Gabel zerdrücken. Gehacktes mit Salz und Pfeffer würzen. Die Porreestreifen hinzufügen und kurz mit andünsten.
3. Die Fleischbrühe hinzugießen, zum Kochen bringen und zugedeckt etwa 15 Minuten bei mittlerer Hitze garen.
4. Die Champignonscheiben in einem Sieb abtropfen lassen und in die Suppe geben. Den Schmelzkäse unterrühren und in der heißen Suppe unter Rühren schmelzen lassen (nicht mehr kochen). Die Porree-Käse-Suppe mit Salz und Pfeffer abschmecken.

***Tipp:*** Die Suppe lässt sich gut vorbereiten, etwa für eine Party. Den Käse dann erst kurz vor dem Servieren unterrühren.

## Schwäbische Wurstsuppe

4 Portionen

*Zubereitungszeit: 25 Minuten*

1 l Fleischbrühe
250 g Kartoffeln
gerebelter Majoran
2–3 EL TK-Zwiebelwürfel
250 g verschiedene Wurstsorten, z. B. Blutwurst, Fleischwurst, Schinkenwurst
Salz, gem. Pfeffer
1–2 EL klein geschnittene Petersilie

*Pro Portion:*
E: 19 g, F: 24 g, Kh: 14 g,
kJ: 1526, kcal: 365

1. Brühe in einem Topf zum Kochen bringen. In der Zwischenzeit Kartoffeln schälen, abspülen, abtropfen lassen und in kleine Würfel schneiden. Kartoffelwürfel, Majoran und Zwiebelwürfel in die Brühe geben, zum Kochen bringen und in etwa 15 Minuten garen.
2. Wurst in Scheiben oder kleine Stücke schneiden, in die Suppe geben, kurz miterhitzen. Wurstsuppe mit Salz und Pfeffer abschmecken.
3. Wurstsuppe in Tellern verteilen und mit Petersilie bestreuen.

## Krebsschwanzsuppe „Royal"

6 Portionen

*Zubereitungszeit: 20 Minuten*

75 g Butter
30 g Weizenmehl
1 l Fischfond oder -brühe
Salz
gem. Pfeffer
Paprikapulver edelsüß
ger. Muskatnuss
Krebssuppen-Extrakt
1 Prise Zucker
250 g abgetropftes Krebsfleisch (aus der Dose)
3 EL Crème fraîche
einige Dillspitzen

*Pro Portion:*
E: 7 g, F: 12 g, Kh: 5 g,
kJ: 688, kcal: 164

1. Butter in einem Topf zerlassen. Mehl hinzufügen und unter Rühren so lange erhitzen, bis es hellgelb ist. Fischfond oder -brühe gut unterrühren. Darauf achten, dass keine Klümpchen entstehen.
2. Fischfond oder -brühe unter Rühren zum Kochen bringen und etwa 5 Minuten kochen lassen. Mit Salz, Pfeffer, Paprika und Muskat abschmecken. Die Suppe durch ein feines Sieb in einen Topf gießen, wieder zum Kochen bringen.
3. Suppe mit Krebssuppen-Extrakt und Zucker abschmecken. Das Krebsfleisch in die Suppe geben und miterhitzen.
4. Die Suppe in 6 vorgewärmten Suppentellern anrichten. Jeweils 1/2 Esslöffel Crème fraîche und je 1 abgespülte und trocken getupfte Dillspitze in jeden Suppenteller geben.

Schwäbische Wurstsuppe

Krebsschwanzsuppe „Royal"

## Kräutersuppe
4 Portionen

*Zubereitungszeit:* 25 Minuten

4 Bund verschiedene Kräuter,
z. B. Kerbel, Dill, Petersilie
100 g Blattspinat
oder 50 g gehackter TK-Spinat
1 Kästchen Kresse
300 g Kartoffeln
1 Bund Frühlingszwiebeln (etwa 200 g)
10 g Butter
Salz, gem. Pfeffer
800 ml Gemüsebrühe
125 g Crème légère
ger. Muskatnuss

*Pro Portion:*
Ɛ: 5 g, F: 7 g, Kh: 17 g,
kJ: 648, kcal: 155

**1.** Die Kräuter abspülen und trocken tupfen. Die Blättchen bzw. Spitzen von den Stängeln zupfen. Kräuterstängel fein hacken. Spinat gründlich waschen und trocken tupfen (TK-Spinat auftauen lassen).
**2.** Kresse abspülen, trocken tupfen und bis auf einen kleinen Rest zum Garnieren mit einer Schere abschneiden. Kartoffeln schälen, abspülen, abtropfen lassen und in kleine Würfel schneiden. Frühlingszwiebeln putzen, abspülen, abtropfen lassen und in sehr feine Scheiben schneiden.

Kräutersuppe

**3.** Butter in einem Topf zerlassen. Gehackte Kräuterstängel, Frühlingszwiebelscheiben und Kartoffelwürfel darin unter Rühren dünsten, mit Salz und Pfeffer würzen. Die Brühe hinzugießen, zum Kochen bringen und etwa 15 Minuten bei schwacher Hitze leicht kochen lassen.
**4.** In der Zwischenzeit die abgezupften Kräuterblättchen, -spitzen und den Spinat fein hacken. Kräuter und Spinat in die Suppe geben. Die Suppe mit einem Pürierstab gut pürieren. Crème légère unterrühren und kurz erwärmen (nicht mehr kochen).
**5.** Die Suppe mit Salz, Pfeffer und Muskat abschmecken. Restliche Kresse abschneiden. Die Suppe in Suppentassen füllen und mit der Kresse bestreut servieren.

## Kartoffelsuppe mit Porree und Garnelen

4 Portionen

*Zubereitungszeit:* 25 Minuten

1 kg vorwiegend festkochende Kartoffeln
2 Stangen Porree (Lauch, etwa 400 g)
1 Zwiebel (etwa 65 g)
20 g Butter
750 ml Gemüsebrühe

Kartoffelsuppe mit Porree und Garnelen

4 Stängel Majoran oder
1 Msp. gerebelter Majoran
250 ml Milch (3,5 % Fett)
100 g abgetropfte Garnelen
(in Lake, aus dem Kühlregal)
Salz
gem. Pfeffer
5–7 Tropfen Worcestersauce

*Pro Portion:*
Ɛ: 13 g, F: 7 g, Kh: 36 g,
kJ: 1135, kcal: 271

**1.** Die Kartoffeln schälen, abspülen, abtropfen lassen und in kleine Würfel schneiden. Porree putzen. Die Stangen längs halbieren, gründlich waschen und abtropfen lassen. Porree in schmale Streifen schneiden. Zwiebel abziehen und klein würfeln.
**2.** Butter in einem Topf zerlassen. Zwiebelwürfel darin andünsten. Kartoffelwürfel und Porreestreifen hinzufügen, unter Rühren kurz mitdünsten lassen.
**3.** Gemüsebrühe hinzugießen und zum Kochen bringen. Die Kartoffelwürfel zugedeckt 12–15 Minuten weich kochen lassen.
**4.** In der Zwischenzeit Majoran abspülen, trocken tupfen. Die Blättchen von den Stängeln zupfen.
**5.** Etwa ein Drittel der Kartoffel-Gemüse-Mischung mit einer Schaumkelle aus der Suppe nehmen und auf einen Teller geben. Die restliche Suppe fein pürieren.
**6.** Milch unter Rühren in die Suppe geben. Garnelen unterrühren. Die Kartoffelsuppe nochmals kurz erwärmen, beiseitegelegte Kartoffel-Porree-Mischung wieder unterrühren.
**7.** Die Suppe mit Salz, Pfeffer und Worcestersauce abschmecken, mit Majoran bestreut servieren.

*Rezeptvariante:* **Kartoffelsuppe mit Schinken.** Wer keine Garnelen mag, kann stattdessen 200 g mageren Kochschinken in kleine Würfel schneiden. Die Schinkenwürfel dann zuletzt unter die Suppe rühren und kurz miterwärmen (pro Portion: Ɛ: 20 g, F: 9 g, Kh: 36 g, kJ: 1291, kcal: 308).

Karibischer Kokos-Fisch-Topf

Knoblauchsuppe

## Karibischer Kokos-Fisch-Topf

4 Portionen

*Zubereitungszeit:* 30 Minuten

1 Bund Frühlingszwiebeln
2 Knoblauchzehen
2 grüne Chilischoten
1 walnussgroßes Stück frischer Ingwer
2 feste Kochbananen
1 Mini-Ananas
1 rote Paprikaschote
2 EL Erdnussöl
1 TL Kurkuma (Gelbwurz)
600 ml Kokosmilch
200 ml Gemüsebrühe
12 Garnelenschwänze (mit Schale)
600 g Red-Snapper-Fischfilet
1 Bund Koriander oder Minze

*Pro Portion:*
E: 42 g, F: 34 g, Kh: 27 g,
kJ: 2477, kcal: 597

1. Die Frühlingszwiebeln putzen, abspülen und abtropfen lassen. Das zarte Grün in feine Scheiben schneiden. Die weißen Zwiebeln in Stücke schneiden. Knoblauch abziehen und in kleine Würfel schneiden.
2. Chilischoten halbieren, entstielen und entkernen. Schoten abspülen, trocken tupfen und in sehr kleine Würfel schneiden.
3. Ingwer schälen und fein reiben. Die Bananen schälen, in etwa 2 cm dicke Scheiben schneiden. Von der Ananas Blatt- und Strunkende entfernen. Ananas vierteln und den mittleren Strunk herausschneiden. Das Ananasfruchtfleisch in mundgerechte Stücke schneiden.
4. Paprikaschote halbieren, entstielen, entkernen und den Stängelansatz entfernen. Die Schote abspülen, abtropfen lassen und in mundgerechte Stücke schneiden.
5. Erdnussöl in einem Topf erhitzen. Frühlingszwiebelscheiben, -stücke, Knoblauch-, Chiliwürfel und Ingwer darin andünsten. Mit Kurkuma bestreuen und kurz mitdünsten lassen. Kokosmilch und Brühe hinzugießen. Bananenscheiben, Ananas- und Paprikastücke hinzugeben, zum Kochen bringen, zugedeckt etwa 5 Minuten bei schwacher Hitze kochen lassen.
6. Garnelenschwänze und Fischfilet kurz unter fließendem kalten Wasser abspülen und trocken tupfen. Fischfilet in Stücke schneiden.
7. Die Garnelenschwänze in den Eintopf geben und etwa 3 Minuten ziehen lassen. Anschließend die Fischfiletstücke hinzugeben und weitere etwa 3 Minuten ziehen lassen.
8. Koriander oder Minze abspülen und trocken tupfen. Die Blättchen von den Stängeln zupfen und klein schneiden. Den Fischtopf mit Koriander oder Minze bestreut servieren.

## Knoblauchsuppe

4 Portionen

*Zubereitungszeit:* 15 Minuten

8 Knoblauchzehen
6 EL Olivenöl
1/2 Stangenweißbrot (vom Vortag)
1 TL Paprikapulver edelsüß
750 ml Gemüsebrühe
Salz
gem. Pfeffer
1 Bund Schnittlauch

*Pro Portion:*
E: 3 g, F: 18 g, Kh: 19 g,
kJ: 1104, kcal: 264

1. Knoblauch abziehen. Olivenöl in einem Topf erhitzen. Knoblauch darin kurz goldgelb dünsten.
2. Stangenweißbrot in hauchdünne Scheiben schneiden, in das Knoblauchfett geben und von beiden Seiten goldgelb rösten. Mit Paprika bestäuben, Brühe hinzugießen. Die Suppe 6–8 Minuten bei mittlerer Hitze kochen lassen. Mit Salz und Pfeffer kräftig würzen.
3. Vor dem Servieren den Knoblauch aus der Suppe nehmen.
4. Schnittlauch abspülen, trocken tupfen und in feine Röllchen schneiden. Die Suppe in Tellern verteilen und mit Schnittlauchröllchen bestreut servieren.

Amerikanischer Bohneneintopf mit Erdnüssen

## Amerikanischer Bohneneintopf mit Erdnüssen

4 Portionen

*Zubereitungszeit:* 30 Minuten

150 g Erdnusskerne
1 Bund Frühlingszwiebeln
4 Stangen Staudensellerie (etwa 250 g)
2 mittelgroße Kartoffeln (etwa 200 g)
150 ml Erdnussöl
500 g passierte Tomaten (aus dem Tetra-Pak®)
125 ml Gemüsebrühe
1 TL gerebelter Thymian
1 TL gerebeltes Bohnenkraut
etwa 800 g abgetropfte Kidneybohnen (aus Dosen)
Salz
gem. Pfeffer
5 Tropfen Tabascosauce
1/2 Bund glatte Petersilie

*Pro Portion:*
E: 45 g, F: 58 g, Kh: 83 g,
kJ: 4522, kcal: 1081

1. Die Hälfte der Erdnusskerne fein mahlen. Restliche Erdnusskerne in einer Pfanne ohne Fett unter Rühren leicht rösten.
2. Frühlingszwiebeln und Staudensellerie putzen, abspülen, abtropfen lassen und in etwa 1 cm breite Scheiben schneiden. Kartoffeln schälen, abspülen, abtropfen lassen und in Würfel schneiden.
3. Erdnussöl in einem Topf erhitzen. Frühlingszwiebel-, Sellerieschieben und Kartoffelwürfel darin unter Rühren andünsten. Mit den gemahlenen Erdnusskernen bestreuen.
4. Tomaten und Brühe hinzugießen, unter Rühren kurz aufkochen lassen. Mit Thymian und Bohnenkraut würzen. Den Eintopf etwa 15 Minuten bei schwacher Hitze kochen lassen.
5. Kidneybohnen hinzugeben und etwa 5 Minuten miterhitzen. Den Eintopf mit Salz, Pfeffer und Tabascosauce abschmecken.
6. In der Zwischenzeit die Petersilie abspülen und trocken tupfen. Die Blättchen von den Stängeln zupfen. Blättchen klein schneiden.
7. Petersilie und die gerösteten Erdnusskerne auf den Eintopf streuen.

## Amerikanische Maiscremesuppe

4 Portionen (ohne Foto)

*Zubereitungszeit:* 25 Minuten

2 mittelgroße Zwiebeln
2 rote Paprikaschoten
2 EL Butter oder Margarine
570 g abgetropfter Gemüsemais (aus Dosen)
2 TL Weizenmehl
500 ml Gemüsebrühe
500 g Schlagsahne
Salz, gem. Pfeffer
Currypulver

*Pro Portion:*
E: 9 g, F: 49 g, Kh: 31 g,
kJ: 2597, kcal: 621

1. Zwiebeln abziehen und in kleine Würfel schneiden. Paprikaschoten halbieren, entstielen, entkernen und die weißen Scheidewände entfernen. Schoten abspülen, trocken tupfen und klein würfeln.
2. Die Butter oder Margarine in einem Topf zerlassen. Die Zwiebel- und Paprikawürfel darin unter Rühren andünsten. Den Mais hinzugeben und kurz mitdünsten lassen. Das angedünstete Gemüse mit Mehl bestäuben, weitere etwa 2 Minuten unter gelegentlichem Rühren dünsten.
3. Gemüsebrühe und Sahne hinzugießen. Die Zutaten zum Kochen bringen und zugedeckt 8–10 Minuten bei schwacher Hitze kochen lassen. Die Maiscremesuppe mit Salz, Pfeffer und Curry abschmecken.

***Tipps:*** Die Maiscremesuppe vor dem Servieren mit 2–3 Esslöffeln gehackten Cashewkernen oder klein geschnittener Petersilie bestreuen. Als Einlage können Sie auch je 4 Esslöffel Krabben- oder Flusskrebsfleisch oder Putenbruststreifen (Fertigprodukte aus dem Kühlregal) hinzufügen.
Die Zutaten 2–3 Minuten vor Ende der Garzeit in die Suppe geben und miterwärmen.

## Blumenkohl-Frischkäse-Suppe

6 Portionen

*Zubereitungszeit:* 25 Minuten

1 Blumenkohl (1–1,2 kg)
1 l Gemüsebrühe
250 ml Milch (3,5 % Fett)
100 g Doppelrahm-Frischkäse
1–2 EL Zitronensaft
Salz, ger. Muskatnuss

4 Scheiben Weißbrot
50 ml Traubenkernöl
2–3 Stängel Kerbel

*Pro Portion:*
E: 8 g, F: 17 g, Kh: 18 g,
kJ: 1128, kcal: 269

1. Vom Blumenkohl die Blätter und schlechten Stellen entfernen. Den Strunk abschneiden. Blumenkohl in kleine Röschen teilen, abspülen und abtropfen lassen.
2. Gemüsebrühe in einem Topf zum Kochen bringen. Blumenkohlröschen und Milch hinzugeben, zum Kochen bringen und zugedeckt 10–12 Minuten bei schwacher Hitze kochen lassen.
3. Blumenkohlröschen mit der Kochflüssigkeit pürieren. Frischkäse, Zitronensaft, Salz und Muskat hinzufügen, nochmals kurz pürieren. Die Suppe erhitzen.
4. Weißbrot in kleine Würfel schneiden. Traubenkernöl in einer Pfanne erhitzen. Weißbrotwürfel darin von allen Seiten goldbraun rösten. Kerbel abspülen und trocken tupfen. Die Blättchen von den Stängeln zupfen.
5. Die Suppe in Tellern verteilen, mit Brotwürfeln und Kerbelblättchen garniert servieren.

## Curry-Rahmsuppe

4 Portionen

*Zubereitungszeit:* 30 Minuten

375 g Schweineschnitzel
375 g Zwiebeln
250 g Äpfel
3–4 EL Speiseöl
Salz, gem. Pfeffer
1 EL Weizenmehl
750 ml Fleischbrühe
Zucker
1 TL Paprikapulver edelsüß
2 TL Currypulver
25 g Rosinen
150 g Crème fraîche
gehobelte, gebräunte Mandeln

*Pro Portion:*
E: 26 g, F: 27 g, Kh: 22 g,
kJ: 1803, kcal: 432

1. Schnitzel mit Küchenpapier trocken tupfen, in Streifen schneiden.
2. Zwiebeln abziehen und in Scheiben schneiden. Äpfel schälen, vierteln, entkernen und in Stücke schneiden.
3. Speiseöl in einem Topf erhitzen. Die Fleischstreifen darin von allen Seiten gut anbraten. Mit Salz und Pfeffer würzen, mit Mehl bestäuben und kurz mitdünsten lassen. Brühe hinzugießen und erhitzen.
4. Zwiebelscheiben und Apfelstücke hinzufügen, mit Salz, Zucker, Paprika und Curry würzen. Suppe etwa 15 Minuten garen. Rosinen 5 Minuten vor Ende der Garzeit in die Suppe geben.
5. Crème fraîche unter die Suppe rühren, mit Salz, Pfeffer und Curry abschmecken. Suppe in Tellern verteilen und mit Mandeln bestreuen.

Blumenkohl-Frischkäse-Suppe

Curry-Rahmsuppe

## Griechische Kartoffelcremesuppe

4 Portionen

*Zubereitungszeit: 30 Minuten*

**Für die Klößchen:**
2 Knoblauchzehen
400 g Gehacktes (halb Rind-, halb Schweinefleisch)
1 Ei (Größe M)
3 EL Semmelbrösel
Salz
gem. Pfeffer
1 Prise gem. Zimt
1 Prise gem. Kreuzkümmel (Cumin)
1 EL Olivenöl

**Für die Suppe:**
250 g Gemüsezwiebeln
700 g mehligkochende Kartoffeln
1 Lorbeerblatt
1 l heiße Gemüsebrühe
3–4 EL Zitronensaft
100 g Cocktailtomaten
125 g milder Fetakäse
1/2 Bund Basilikum
2 Stängel frische Minze
4 EL abgetropfte, schwarze Oliven in Ringen (aus dem Glas)

*Pro Portion:*
E: 32 g, F: 30 g, Kh: 36 g,
kJ: 2301, kcal: 549

1. Für die Klößchen Knoblauch abziehen. 1 Knoblauchzehe durch eine Knoblauchpresse in eine Schüssel drücken. Das Gehackte, Ei, Semmelbrösel, Salz, Pfeffer, Zimt und Kreuzkümmel hinzufügen. Die Zutaten gut verkneten. Aus der Hackfleischmasse mit angefeuchteten Händen kleine Klößchen formen. Olivenöl in einem Topf erhitzen. Die Klößchen darin von allen Seiten anbraten, herausnehmen und warm stellen.
2. Für die Suppe die Zwiebeln abziehen, halbieren und in kleine Würfel schneiden. Kartoffeln schälen, abspülen, abtropfen lassen und ebenfalls klein würfeln. Restliche Knoblauchzehe in Scheiben schneiden.
3. Die Zwiebelwürfel und Knoblauchscheiben in dem Topf im verbliebenen Bratfett kräftig anbraten. Kartoffelwürfel und Lorbeerblatt hinzugeben, kurz mit andünsten. Mit Salz und Pfeffer würzen. Die heiße Gemüsebrühe zum Kochen bringen. Die Kartoffelwürfel etwa 12 Minuten bei mittlerer Hitze kochen lassen, bis sie zerfallen. Zitronensaft unterrühren.
4. In der Zwischenzeit Tomaten abspülen, abtrocknen, vierteln, evtl. die Stängelansätze herausschneiden. Fetakäse zerbröseln. Basilikum und Minze abspülen, trocken tupfen. Die Blättchen von den Stängeln zupfen. Blättchen klein schneiden.
5. Lorbeerblatt aus der Suppe entfernen. Kartoffelsuppe mit einem Schneebesen gut durchrühren. Warm gestellte Klößchen hinzugeben und in der Suppe kurz erhitzen. Mit den Gewürzen abschmecken. Die Suppe mit Tomatenvierteln, Käsebröseln und Olivenringen garnieren und sofort servieren.

Griechische Kartoffelcremesuppe

***Tipps:*** Anstelle des frischen Basilikums können Sie auch 3 Esslöffel TK-Basilikum verwenden. Frische Minze kann durch 1/2–1 Teelöffel getrocknete Minze ersetzt werden. Wer es sich einfacher machen möchte, brät das Hackfleisch im Topf krümelig an und würzt es dann. Mit Kartoffeln, Zwiebeln, Gemüsebrühe und restlichen Zutaten als Eintopf kochen und servieren.

## Linsencremesuppe mit Ziegenkäsenocken

4 Portionen

*Zubereitungszeit: 25 Minuten*

**Für die Suppe:**
1 mittelgroße Zwiebel
1 Knoblauchzehe
3 EL Olivenöl
400 g TK-Suppengemüse
175 g rote Linsen
1 l heiße Gemüsebrühe
200 g passierte Tomaten (aus der Dose)
1 Lorbeerblatt
Salz
gem. Pfeffer
75 g abgetropfte, getrocknete Tomaten in Öl
4–5 Stängel Basilikum
200 g Schlagsahne

**Für die Nocken:**
200 g Ziegenfrischkäse

**Zum Beträufeln:**
etwa 4 EL milder, dunkler Balsamico-Essig

*Pro Portion:*
E: 21 g, F: 39 g, Kh: 43 g,
kJ: 2550, kcal: 609

1. Für die Suppe Zwiebel und Knoblauch abziehen, grob würfeln. Olivenöl in einem Topf erhitzen, Zwiebel- und Knoblauchwürfel darin andünsten.
2. Gefrorenes Suppengemüse und Linsen zur Zwiebel-Knoblauch-Mischung geben. Die heiße Brühe hinzugießen, zum Kochen bringen und etwa 8 Minuten unter gelegentlichem Rühren kochen lassen.
3. Passierte Tomaten unterrühren. Lorbeerblatt hinzugeben. Die Suppe mit Salz und Pfeffer würzen, wieder zum Kochen bringen und etwa 5 Minuten bei mittlerer Hitze kochen lassen, bis die Linsen leicht zerfallen.
4. In der Zwischenzeit Tomaten in Streifen schneiden. Einige Tomatenstreifen zum Garnieren beiseitelegen. Basilikum abspülen und trocken tupfen. Die Blättchen von den Stängeln zupfen. Blättchen klein schneiden.
5. Das Lorbeerblatt aus der Suppe entfernen. Die Suppe pürieren, evtl. durch ein Sieb streichen. Sahne hinzugießen, nochmals unter Rühren kurz aufkochen. Die Suppe mit Salz und Pfeffer abschmecken und in tiefen Tellern oder Suppentassen verteilen.
6. Für die Nocken mithilfe von 2 Teelöffeln Nocken aus dem Ziegenfrischkäse formen und jeweils 1 Nocke in die Suppe geben. Je 1 Esslöffel Balsamico-Essig daraufträufeln. Die Suppe mit Tomaten- und Basilikumstreifen garnieren, sofort servieren.

***Tipps:*** Wenn Sie die Teller oder Suppentassen vorwärmen, bleibt die Suppe länger heiß. Mögen Sie keinen Ziegenfrischkäse, ersetzen Sie ihn durch Kräuter- oder Paprika-Frischkäse. Das Öl der getrockneten Tomaten kann sehr gut für mediterrane Salate oder Antipasti verwendet werden.

## Fischbrühe

4 Portionen

*Zubereitungszeit:* 30 Minuten

1 Bund Suppengrün
(Sellerie, Möhren, Porree)
1 kg Fischreste bzw. -gräten,
z. B. kleine Abschnitte von Tilapia, Pangasius, Seehecht
1 Zwiebel
2 EL Speiseöl
2 l Wasser
Salz
1 kleines Lorbeerblatt
1 Gewürznelke
5 Pfefferkörner
gem. Pfeffer
evtl. 0,2 g Safran (aus dem Döschen)

*Pro Portion:*
E: 9 g, F: 7 g, Kh: 4 g,
kJ: 485, kcal: 115

1. Suppengrün abspülen, abtropfen lassen und in Stücke schneiden. Fischreste bzw. -gräten so lange unter fließendem kalten Wasser abspülen, bis das Wasser klar abläuft. Zwiebel abziehen und vierteln.
2. Das Speiseöl in einem großen Topf erhitzen. Vorbereitetes Suppengrün darin unter Rühren andünsten. Wasser, 2 Teelöffel Salz und Fischreste hinzugeben. Die Zwiebelviertel mit Lorbeerblatt, Gewürznelke und Pfefferkörnern in die Brühe geben. Die Zutaten zum Kochen bringen und ohne Deckel etwa 20 Minuten bei mittlerer Hitze kochen lassen.
3. Fischbrühe durch ein Sieb gießen, mit Salz, Pfeffer und evtl. Safran abschmecken.

***Tipps:*** Für einen Fischfond die Brühe nochmals um die Hälfte einkochen lassen. Sie können die Fischbrühe als Grundlage für Fischsuppen (Foto) oder -saucen verwenden. Die Fischbrühe ist gefriergeeignet.

Radieschensuppe

## Radieschensuppe

4 Portionen

*Zubereitungszeit:* 25 Minuten

4 Schalotten
1 kg Radieschen
1 EL Butter
1 l Gemüsebrühe
Salz, gem. weißer Pfeffer
2–4 EL frisch gepresster Zitronensaft
einige Tropfen Worcestersauce

*Pro Portion:*
E: 3 g, F: 3 g, Kh: 5 g,
kJ: 246, kcal: 59

1. Schalotten abziehen und in kleine Würfel schneiden. Von den Radieschen die Wurzelenden und das Grün entfernen. Radieschen abspülen, trocken tupfen und in kleine Würfel schneiden (etwas Radieschengrün und einige Radieschenscheiben zum Garnieren beiseitelegen).
2. Butter in einem Topf zerlassen. Die Schalottenwürfel darin goldgelb andünsten. Radieschenwürfel hinzufügen und kurz mitdünsten lassen. Gemüsebrühe hinzugießen und zum Kochen bringen. Die Zutaten zugedeckt etwa 15 Minuten kochen lassen, dabei gelegentlich umrühren. Anschließend die Suppe mit einem Pürierstab fein pürieren.
3. Das beiseitegelegte Radieschengrün abspülen, trocken tupfen und in feine Streifen schneiden. Die Suppe evtl. nochmals erwärmen. Mit Salz, Pfeffer, Zitronensaft und Worcestersauce abschmecken.
4. Radieschensuppe mit den beiseitegelegten Radieschenscheiben und Radieschengrünstreifen garnieren und heiß servieren.

**Tipps:** Als Einlage können Sie zusätzlich ½–1 Esslöffel gehackte Kräuter (z. B. Petersilie, Schnittlauch, Basilikum) in die Suppe geben. Die Suppe mit jeweils 1 Scheibe ofenfrischem Baguette servieren.

## Roquefort-Rahmsuppe mit Krebsschwänzen

4 Portionen (ohne Foto)

*Zubereitungszeit:* 30 Minuten

1 Schalotte
1 Zweig Dill
2 Zweige Petersilie
1 Lorbeerblatt
einige Pfefferkörner
100 ml trockener Weißwein
300 ml Wasser
150 g Feldsalat
1 kleine Zwiebel
50 g Butter
250 ml Fischfond (aus dem Glas)
125 g Schlagsahne
50 g Roquefort
Salz, gem. Pfeffer
ger. Muskatnuss
170 g abgetropfte Flusskrebsschwänze (in Lake)

*Pro Portion:*
E: 9 g, F: 26 g, Kh: 6 g,
kJ: 1328, kcal: 318

1. Schalotte abziehen und halbieren. Kräuterzweige abspülen und trocken tupfen. Kräuterzweige mit Schalottenhälften, Lorbeerblatt, Pfefferkörnern, Wein und Wasser in einem Topf zum Kochen bringen, etwa 20 Minuten einkochen lassen. Den Sud durch ein Sieb geben und 250 ml abmessen.
2. In der Zwischenzeit Feldsalat putzen, gründlich waschen und gut abtropfen lassen. Zwiebel abziehen und klein würfeln. Butter in einem Topf zerlassen. Zwiebelwürfel darin andünsten. Feldsalat (einige Blättchen zum Garnieren beiseitelegen) hinzufügen und etwa 5 Minuten mitdünsten lassen. Fischfond und Sahne hinzugießen, unter Rühren zum Kochen bringen und etwas abkühlen lassen. Die Suppe anschließend pürieren. Den Roquefort zerbröseln und in die Suppe geben.
3. Die Rahmsuppe wieder zum Kochen bringen, mit Salz, Pfeffer und Muskat abschmecken. Krebsschwänze hineingeben und kurz erhitzen. Die Suppe mit beiseitegelegten Feldsalatblättchen garniert servieren.

## Pürierte Erbsensuppe mit Lachs

4 Portionen

*Zubereitungszeit:* 25 Minuten

300 g junge TK-Erbsen
1 gestr. TL Zucker
1 l heiße Gemüsebrühe
400 g TK-Lachsfilet (am Stück)
2 EL frisch gepresster Zitronensaft
2 EL Crème fraîche
2–3 Stängel Dill

*Pro Portion:*
E: 26 g, F: 16 g, Kh: 12 g,
kJ: 1236, kcal: 296

1. Für die Suppe die gefrorenen Erbsen mit Zucker in einen Topf geben. Die heiße Brühe hinzugießen und zum Kochen bringen. Erbsen zugedeckt etwa 15 Minuten bei schwacher Hitze kochen lassen.
2. In der Zwischenzeit Lachsfilet kurz unter fließendem kalten Wasser abspülen und trocken tupfen. Fischfilet mit Zitronensaft würzen, in etwa 1 1/2 cm große Würfel schneiden und zugedeckt beiseitestellen, damit der Fisch antaut.
3. Die Crème fraîche in die gegarte Suppe geben. Die Suppe mit einem Pürierstab fein pürieren. Die Lachswürfel in die Suppe geben und etwa 5 Minuten bei schwacher Hitze gar ziehen lassen. Dill abspülen und trocken tupfen. Die Spitzen von den Stängeln zupfen. 4 Dillspitzen zum Garnieren beiseitelegen. Restliche Spitzen klein schneiden.
4. Die Erbsensuppe mit Lachs in tiefen Tellern oder Suppentassen verteilen. Die Suppe mit den beiseitegelegten Dillspitzen garnieren und sofort servieren.

***Tipps:*** Statt Dill passt auch gut Petersilie oder Schnittlauch zur Erbsensuppe mit Lachs. Wenn es noch schneller gehen soll, die Suppe statt mit Lachsfilet mit 250 g in Streifen geschnittenem Räucherlachs oder etwa 200 g Krabben zubereiten. Beides jeweils kurz vor dem Servieren in die Suppe geben. Mögen Sie es eher deftig, ersetzen Sie die Lachswürfel durch etwa 200 g Salamistreifen, die Sie in einer kleinen Pfanne ohne Fett mit 2 Esslöffeln Zwiebelwürfel anbraten. Dann den Dill durch Petersilie ersetzen.

## Roter Linseneintopf mit Kreuzkümmel

4 Portionen

*Zubereitungszeit:* 25 Minuten

1 Zwiebel
1 Knoblauchzehe
1 Chilischote
2 EL Olivenöl
1 TL Currypulver
250 g rote Linsen
1 TL gem. Kreuzkümmel (Cumin)
1 1/2 l Gemüsebrühe
1 Bio-Zitrone (unbehandelt, ungewachst)
1 Bund Koriander
200 g abgetropfte Kichererbsen (aus der Dose)
Salz
gem. Pfeffer

*Pro Portion:*
E: 22 g, F: 8 g, Kh: 44 g,
kJ: 1423, kcal: 340

1. Zwiebel und Knoblauch abziehen. Die Zwiebel in kleine Würfel schneiden. Knoblauch durch eine Knoblauchpresse drücken. Chilischote abspülen, trocken tupfen und in feine Ringe schneiden, dabei die Kerne entfernen.
2. Das Olivenöl in einem Topf erhitzen. Zwiebelwürfel, Curry, Knoblauch und Chiliringe darin andünsten. Die Linsen hinzufügen und mit Kreuzkümmel bestreuen. Gemüsebrühe hinzugießen. Die Zutaten zum Kochen bringen und zugedeckt etwa 15 Minuten bei schwacher Hitze leicht kochen lassen.
3. In der Zwischenzeit Zitrone heiß abwaschen, abtrocknen und die Schale abreiben. Die Zitrone halbieren und den Saft auspressen. Den Koriander abspülen und trocken tupfen. Die Blättchen von den Stängeln zupfen, Blättchen grob zerkleinern.
4. Etwa die Hälfte der Linsen mit einer Schaumkelle aus dem Eintopf nehmen. Den restlichen Eintopf mit einem Pürierstab fein pürieren.
5. Die abgeschöpften Linsen und Kichererbsen in den pürierten Eintopf geben und miterhitzen. Mit Salz, Pfeffer, Zitronenschale und -saft abschmecken. Den Linseneintopf mit Koriander bestreut servieren.

Pürierte Erbsensuppe mit Lachs

Roter Linseneintopf mit Kreuzkümmel

## Rote Linsensuppe

10 Portionen

*Zubereitungszeit: 30 Minuten*

1 Bund Suppengrün
(Sellerie, Möhren, Porree)
2 Zwiebeln
3 EL Speiseöl
je 1 TL Kreuzkümmel, Koriander,
Ingwer (alles gem.)
3 l heiße Gemüsebrühe
Salz, Zucker
200 g rote Linsen
400 ml Kokosmilch
10 Kaffirblätter (Limettenblätter)
3 EL Sesamöl

*Pro Portion:*
E: 8 g, F: 14 g, Kh: 15 g,
kJ: 896, kcal: 214

1. Das Suppengrün putzen, schälen, abspülen, abtropfen lassen und in kleine Stücke schneiden. Die Zwiebeln abziehen und grob würfeln.
2. Das Speiseöl in einem großen Topf erhitzen. Die Gewürze hinzugeben und unter Rühren aufschäumen lassen. Das vorbereitete Suppengrün und die Zwiebelwürfel hinzugeben, unter Rühren andünsten.
3. Die heiße Gemüsebrühe hinzugießen und zum Kochen bringen. Mit Salz und 1 Prise Zucker würzen. Das Gemüse in etwa 10 Minuten bei schwacher Hitze weich kochen.
4. Die Hälfte der roten Linsen und Kokosmilch hinzugeben, wieder zum Kochen bringen und weitere etwa 10 Minuten kochen lassen.
5. In der Zwischenzeit Wasser in einem Topf zum Kochen bringen. Die restlichen roten Linsen darin etwa 2 Minuten bissfest kochen. Linsen in ein Sieb geben, mit kaltem Wasser abspülen und abtropfen lassen
6. Den Topf mit der Suppe von der Kochstelle nehmen. Die Suppe mit einem Pürierstab fein pürieren. Die Linsen hinzugeben.
7. Die Kaffirblätter abspülen, trocken tupfen und in die Suppe geben. Mit Salz und 1 Prise Zucker abschmecken. Die Suppe evtl. nochmals kurz erwärmen, mit Sesamöl beträufeln und servieren.

Rote Linsensuppe

## Scharfe Tomatensuppe mit Käsetoasts

4 Portionen

*Zubereitungszeit: 30 Minuten*

**Für die Suppe:**
1 kg Tomaten
1 kleine, rote Paprikaschote
1 kleine, rote Chilischote
2 Zwiebeln
4 EL Olivenöl
2 EL Tomatenmark
500 ml Gemüsebrühe
150 g Doppelrahm-Frischkäse
mit französischen Kräutern
Sojasauce
Tabasco
Salz
gem. Pfeffer
1 EL gehackte Basilikumblättchen

**Für die Käsetoasts:**
2 Scheiben Vollkorn-Toastbrot
50 g Doppelrahm-Frischkäse mit
französischen Kräutern
2 EL Schlagsahne

2 EL steif geschlagene Schlagsahne
einige vorbereitete Basilikumblättchen

*Pro Portion:*
E: 11 g, F: 25 g, Kh: 24 g,
kJ: 1581, kcal: 378

1. Für die Suppe Tomaten kreuzweise einschneiden und mit kochendem Wasser übergießen. Nach 1–2 Minuten herausnehmen und mit kaltem Wasser abschrecken. Tomaten häuten, halbieren, entkernen und die Stängelansätze herausschneiden. Tomaten in Würfel schneiden.
2. Die Paprikaschote halbieren, entstielen, entkernen und die weißen Scheidewände entfernen. Schote abspülen, abtropfen lassen und in kleine Würfel schneiden. Chilischote abspülen, trocken tupfen, halbieren, entstielen, entkernen und in Streifen schneiden. Zwiebeln abziehen und klein würfeln.
3. Olivenöl in einem Topf erhitzen. Zwiebelwürfel darin glasig dünsten. Tomaten-, Paprikawürfel, Chilistreifen und Tomatenmark hinzufügen, kurz mit andünsten. Gemüsebrühe hinzugießen, zum Kochen bringen und zugedeckt etwa 15 Minuten bei mittlerer Hitze garen.
4. Die Tomatensuppe mit einem Pürierstab pürieren und durch ein Sieb streichen. Frischkäse in die Suppe rühren, mit Sojasauce, Tabasco, Salz und Pfeffer würzen. Das Basilikum unterrühren.

Scharfe Tomatensuppe mit Käsetoasts

5. Für die Käsetoasts Toastbrotscheiben toasten und anschließend diagonal halbieren.
6. Frischkäse mit Sahne verrühren. Die Toastbrotscheiben mit dem Sahne-Frischkäse bestreichen und unter dem vorgeheizten Grill etwa 1 Minute gratinieren.
7. Die Suppe in Tellern verteilen und je 1 Sahnetuff daraufsetzen. Mit Basilikumblättchen garnieren.

Tomaten-Kokos-Suppe mit Koriander

## Sächsische Bohnensuppe

4 Portionen (ohne Foto)

*Zubereitungszeit: 30 Minuten*

300 ml heiße Rinderbrühe
100 g Kartoffelwürfel (von etwa 1 Kartoffel)
400 g TK-Grüne Bohnen
1 TL Speiseöl
40 g Speckwürfel (aus dem Kühlregal)
40 g TK-Zwiebelwürfel
Bohnenkraut
Salz, gem. Pfeffer
60 g Crème fraîche
60 g Rinder-Saftschinken
40 g abgetropfte Champignonscheiben (aus dem Glas)
2 EL glatte Petersilie, in Streifen geschnitten

*Pro Portion:*
E: 9 g, F: 9 g, Kh: 11 g,
kJ: 690, kcal: 165

1. Die heiße Rinderbrühe in einen Topf geben. Kartoffelwürfel und die gefrorenen Bohnen hinzugeben, zum Kochen bringen und 15–20 Minuten garen.
2. Nach 8–10 Minuten Garzeit die Hälfte der Bohnen mit einer Schaumkelle herausnehmen und beiseitestellen. Speiseöl in einer Pfanne erhitzen. Die Speckwürfel darin leicht anbraten, Zwiebelwürfel hinzugeben und mit andünsten. Die Speck-Zwiebel-Mischung herausnehmen und in die Suppe geben.
3. Die Suppe pürieren, mit Bohnenkraut, Salz und Pfeffer würzen, die Crème fraîche unterrühren.
4. Schinken in Streifen schneiden, in einer Pfanne ohne Fett kurz anbraten, Champignonscheiben kurz mitdünsten lassen. Schinkenstreifen, Champignonscheiben und die beiseitegestellten Bohnen in die Suppe geben, kurz erhitzen. Die Suppe in Tellern anrichten und mit Petersilie bestreuen.

## Tomaten-Kokos-Suppe mit Koriander

4 Portionen

*Zubereitungszeit: 25 Minuten*

2 walnussgroße Stücke frischer Ingwer
2 EL Speiseöl
2 gestr. TL rote Currypaste (erhältlich im Asialaden)
480 g abgetropfte, geschälte Tomaten (aus der Dose)
800 ml Kokosmilch
2 TL gekörnte Gemüse- oder Geflügelbrühe
1/2 TL gem. Kreuzkümmel (Cumin)
1 Bio-Limette (unbehandelt, ungewachst)
1 Msp. Chilipulver
Zucker
150 g Crème légère
1 Handvoll frisch gehackte Korianderblättchen

*Pro Portion:*
E: 6 g, F: 45 g, Kh: 10 g,
kJ: 1979, kcal: 479

1. Den Ingwer schälen und auf einer Haushaltsreibe fein reiben.
2. Speiseöl in einem Topf erhitzen. Ingwer und Currypaste darin kurz unter Rühren andünsten. Tomaten, Kokosmilch, gekörnte Brühe und Cumin hinzugeben. Die Zutaten unter Rühren aufkochen lassen. Den Topf von der Kochstelle nehmen.
3. Tomaten-Kokos-Masse pürieren und nochmals 8–10 Minuten unter gelegentlichem Rühren bei schwacher Hitze kochen lassen.
4. Die Limette heiß abwaschen, abtrocknen und die Schale abreiben. Limette halbieren und den Saft auspressen.
5. Tomaten-Kokos-Suppe mit Chili, Limettenschale, -saft und 1 Prise Zucker abschmecken. Die Suppe in 4 Suppentellern verteilen. Mit je 1 Teelöffel Crème légère und etwas gehacktem Koriander anrichten.

Tomatensuppe „Farfalle"

Zucchini-Kokos-Suppe

## Tomatensuppe „Farfalle"

4 Portionen

*Zubereitungszeit: 25 Minuten*

1 l Wasser
1 gestr. TL Salz
100 g Farfalle (Schmetterlingsnudeln)

800 g geschälte Tomaten (aus der Dose)
200 g Hähnchenbrustfilet
1 Knoblauchzehe
75 g magerer Speck
2 EL Speiseöl
125 ml Fleischbrühe
150 g Crème fraîche
Salz, Tabasco
einige Basilikumblättchen

*Pro Portion:*
E: 20 g, F: 35 g, Kh: 23 g,
kJ: 2138, kcal: 510

1. Wasser in einem großen Topf zugedeckt zum Kochen bringen. Dann Salz und Nudeln hinzugeben. Die Nudeln im geöffneten Topf bei mittlerer Hitze nach Packungsanleitung bissfest kochen, dabei gelegentlich umrühren. Anschließend die Nudeln in ein Sieb geben, mit heißem Wasser abspülen und abtropfen lassen.
2. Die Tomaten mit dem Saft pürieren und anschließend durch ein Sieb geben. Hähnchenbrustfilet kurz unter fließendem kalten Wasser abspülen, trocken tupfen und in feine Streifen schneiden. Knoblauch abziehen und klein würfeln. Den Speck ebenfalls in kleine Würfel schneiden.
3. Speiseöl in einem Topf erhitzen. Speckwürfel darin auslassen, herausnehmen, beiseitelegen. Knoblauchwürfel im dem Speckfett andünsten. Hähnchenbrustfiletstreifen hinzugeben und kurz von beiden Seiten anbraten. Dann Tomatenpüree und Brühe hinzugießen. Die Suppe zum Kochen bringen und etwa 5 Minuten kochen lassen.
4. Die Hälfte der Crème fraîche unter die Suppe rühren (Suppe nicht mehr kochen lassen). Nudeln und beiseitegelegte Speckwürfel in der Suppe erhitzen. Mit Salz und Tabasco abschmecken.
5. Basilikumblättchen abspülen und trocken tupfen. Die Blättchen von den Stängeln zupfen. Blättchen in Streifen schneiden.
6. Die Suppe in 4 Tellern verteilen. Jeweils einen Klecks von der restlichen Crème fraîche in die Mitte geben. Mit Basilikumstreifen bestreut servieren.

## Zucchini-Kokos-Suppe

4 Personen

*Zubereitungszeit: 25 Minuten*

3–4 Knoblauchzehen
2 Zwiebeln
800 g Zucchini
2 EL Speiseöl
600 ml Gemüsebrühe
400 ml Kokosmilch (ungesüßt)
100 g Schafskäse
1 Bund Schnittlauch
gem. Zitronengras
Salz
gem. Pfeffer

*Pro Portion:*
E: 10 g, F: 28 g, Kh: 8 g,
kJ: 1319, kcal: 317

1. Knoblauch und Zwiebeln abziehen, jeweils in kleine Würfel schneiden. Zucchini abspülen, abtrocknen und die Enden abschneiden. Zucchini ebenfalls klein würfeln.
2. Jeweils etwas Speiseöl in einem großen Topf erhitzen. Die Knoblauch- und Zwiebelwürfel darin unter gelegentlichem Rühren andünsten. Die Zucchiniwürfel portionsweise hinzugeben, kurz mitdünsten lassen.
3. Gemüsebrühe und Kokosmilch hinzugießen, unter gelegentlichem Rüh-

ren zum Kochen bringen und zugedeckt etwa 5 Minuten bei schwacher Hitze kochen lassen.

**4.** In der Zwischenzeit Schafskäse in kleine Würfel schneiden. Schnittlauch abspülen, trocken tupfen und in Röllchen schneiden. Schafskäsewürfel, Schnittlauchröllchen und etwas Zitronengras kurz in der Suppe erhitzen.

**5.** Die Suppe mit Salz, Pfeffer und evtl. Zitronengras pikant abschmecken. Die Suppe in Suppentassen füllen und heiß servieren.

***Tipp:*** Zitronengras sollte stets etwas mitgekocht werden. So entfaltet sich das asiatische Gewürz besser.

## Rosenkohleintopf

4 Portionen

*Zubereitungszeit:* 30 Minuten

1 kg Rosenkohl
500 g Kartoffeln
40 g Butter
250 ml heiße Gemüsebrühe
125 ml Milch (3,5 % Fett)
Salz, gem. Pfeffer
ger. Muskatnuss
150 g Crème fraîche
75 g Speckwürfel
(aus dem Kühlregal)
2 Zwiebeln

*Pro Portion:*
E: 16 g, F: 27 g, Kh: 27 g,
kJ: 1753, kcal: 420

**1.** Rosenkohl putzen, abspülen, abtropfen lassen und halbieren. Kartoffeln schälen, abspülen, abtropfen lassen und in Würfel schneiden.

**2.** Butter in einem Topf zerlassen. Rosenkohl darin unter Rühren andünsten, Kartoffelwürfel hinzugeben und kurz mit andünsten.

**3.** Heiße Brühe und Milch hinzugießen, mit Salz, Pfeffer und Muskat würzen. Die Suppe etwa 20 Minuten kochen lassen. Crème fraîche unterrühren. Die Suppe nochmals mit den Gewürzen abschmecken.

**4.** Speckwürfel in einer Pfanne auslassen. Zwiebeln abziehen, klein würfeln, zu den Speckwürfeln geben und glasig dünsten. Die Rosenkohlsuppe anrichten und mit den Speck-Zwiebel-Würfeln bestreuen.

## Tomatensuppe

4 Portionen

*Zubereitungszeit:* 20 Minuten

1 1/2 kg Fleischtomaten
2 Zwiebeln
2 Knoblauchzehen
2 EL Olivenöl
500 ml Gemüse- oder Geflügelfond
1 Lorbeerblatt
1 Prise Zucker
Salz
gem. Pfeffer
Cayennepfeffer
gerebelter Oregano
einige Basilikumblättchen

*Pro Portion:*
E: 5 g, F: 6 g, Kh: 13 g,
kJ: 535, kcal: 126

**1.** Tomaten abspülen, abtropfen lassen, vierteln und die Stängelansätze herausschneiden. Tomaten in Würfel schneiden. Zwiebeln und Knoblauch abziehen und anschließend in kleine Würfel schneiden.

**2.** Das Olivenöl in einem Topf erhitzen. Zwiebel- und Knoblauchwürfel darin andünsten. Tomatenwürfel, Fond und Lorbeerblatt hinzufügen. Mit Zucker, Salz, Pfeffer, Cayennepfeffer und Oregano würzen.

**3.** Die Zutaten zum Kochen bringen und zugedeckt etwa 15 Minuten bei schwacher Hitze kochen lassen.

**4.** Das Lorbeerblatt entfernen. Die Suppe pürieren und durch ein Sieb streichen.

**5.** Die Tomatensuppe nochmals aufkochen lassen und mit den Gewürzen abschmecken.

**6.** Die Basilikumblättchen abspülen und trocken tupfen. Die Tomatensuppe mit den Basilikumblättchen bestreut servieren.

Rosenkohleintopf

Tomatensuppe

## Rosenkohlcremesuppe

4 Portionen (ohne Foto)

*Zubereitungszeit:* 25 Minuten

500 g Rosenkohl
250 ml kochendes Salzwasser
500 ml heiße Gemüsebrühe
1 Eigelb (Größe M)
1 EL Crème fraîche
Salz
1 Prise Zucker
Cayennepfeffer

*Pro Portion:*
E: 6 g, F: 4 g, Kh: 7 g,
kJ: 363, kcal: 87

**1.** Rosenkohl putzen, einige schöne Blättchen lösen und beiseitelegen. Die Röschen am Strunk kreuzförmig einschneiden. Rosenkohl abspülen, abtropfen lassen und in kochendem Salzwasser 10–15 Minuten kochen lassen.
**2.** Rosenkohlröschen in der Garflüssigkeit pürieren. Heiße Brühe hinzugießen und unter Rühren zum Kochen bringen. Eigelb mit Crème fraîche verrühren, unter die Rosenkohlsuppe schlagen und erhitzen (nicht mehr kochen lassen).
**3.** Die Suppe mit Salz, Zucker und Cayennepfeffer abschmecken. Die Suppe in Tellern anrichten, mit den beiseitegelegten, abgespülten und trocken getupften Rosenkohlblättchen garniert servieren.

## Rosenkohl-Pfifferling-Suppe mit roten Linsen

4 Portionen

*Zubereitungszeit:* 25 Minuten

**Für die Suppe:**
1 Zwiebel
300 g festkochende Kartoffeln
300 g Putenbrust
3 EL neutrales Speiseöl, z. B. Rapsöl
250 g abgetropfte Pfifferlinge (aus der Dose)
400 g TK-Rosenkohl
Salz, gem. Pfeffer
ger. Muskatnuss
1 Prise grob geschroteter Chili
1 l heiße Geflügelbrühe
80 g rote Linsen

**Zum Bestreuen:**
2 EL gehackte Petersilie

Rosenkohl-Pfifferling-Suppe mit roten Linsen

*Pro Portion:*
E: 32 g, F: 10 g, Kh: 26 g,
kJ: 1353, kcal: 323

**1.** Für die Suppe Zwiebel abziehen und in etwa 1 cm große Spalten schneiden. Die Kartoffeln schälen, abspülen, abtropfen lassen und in etwa 1 cm große Würfel oder Spalten schneiden. Putenbrust kurz unter fließendem kalten Wasser abspülen, gut trocken tupfen und in Streifen schneiden.
**2.** Das Speiseöl in einem großen Topf erhitzen. Putenbruststreifen darin unter Wenden anbraten, herausnehmen und beiseitestellen. Die Pfifferlinge in dem verbliebenen Bratfett unter Rühren kräftig anbraten, herausnehmen und beiseitestellen.
**3.** Anschließend Zwiebelspalten und Kartoffelwürfel oder -spalten in den Topf geben und andünsten. Gefrorenen Rosenkohl hinzugeben, mit Salz, Pfeffer, Muskat und Chili würzen. Brühe hinzugießen. Die Zutaten zum Kochen bringen und zugedeckt etwa 4 Minuten bei mittlerer Hitze kochen lassen.
**4.** Rote Linsen und Pfifferlinge in die Suppe geben, wieder zum Kochen bringen und zugedeckt weitere etwa 8 Minuten kochen lassen. Die Suppe mit Salz und Pfeffer abschmecken.
**5.** Putenbruststreifen kurz vor dem Servieren in die Suppe geben und erhitzen.
**6.** Die Rosenkohl-Pfifferling-Suppe mit roten Linsen in tiefen Tellern oder Suppentassen verteilen. Mit gehackter Petersilie bestreuen und heiß servieren.

***Beilage:*** Würziges Bauernbrot.

***Tipps:*** Vor dem Anrichten einen kleinen Klecks saure Sahne in die Suppe geben und mit Paprikapulver edelsüß bestreut anrichten. Wer es gern scharf mag, nimmt stattdessen Chiliflocken. Möchten Sie frischen Rosenkohl verwenden, verarbeiten Sie ihn nach dem Putzen wie den gefrorenen. Zubereitungs- und Garzeit verlängern sich entsprechend. Die Suppe schmeckt auch mit Blumenkohl oder Brokkoli sehr gut. Brokkoli insgesamt etwa 5 Minuten garen. Statt der Pfifferlinge können Sie auch Mischpilze (aus dem Glas) verwenden. Wer sich das Anbraten der frischen Putenbruststreifen ersparen möchte, kann geräucherte Putenbrust (aus dem Kühlregal oder der Fleischtheke) verwenden. Diese in Streifen oder Würfel schneiden und kurz in der Suppe miterhitzen. Kinder lieben feine Geflügel-Würstchen in dieser Suppe.

Möhrensuppe mit roten Linsen und Minze

Möhrensuppe mit Kichererbsen

## Möhrensuppe mit roten Linsen und Minze

4 Portionen

*Zubereitungszeit:* 25 Minuten

750 g Möhren
10 g frischer Ingwer
1 rote Peperoni
1 1/2 EL Speiseöl
90 g rote Linsen
gem. Pfeffer
1 Msp. gem. Kardamom
650 ml Gemüsebrühe
6 Minzeblättchen
Salz, ger. Muskatnuss

*Pro Portion:*
E: 7 g, F: 4 g, Kh: 16 g,
kJ: 567, kcal: 135

1. Möhren putzen, schälen, abspülen, abtropfen lassen, in kleine Würfel schneiden. Ingwer schälen und klein würfeln. Peperoni längs aufschneiden, entkernen, abspülen, trocken tupfen und in feine Streifen schneiden.
2. Speiseöl in einem Topf erhitzen. Möhren-, Ingwerwürfel und Peperonistreifen darin portionsweise andünsten und etwa 5 Minuten unter gelegentlichem Rühren dünsten.
3. Linsen, Pfeffer und Kardamom hinzufügen, etwa 2 Minuten mit andünsten. Brühe hinzugießen. Die Zutaten zum Kochen bringen, zugedeckt 8–10 Minuten bei schwacher Hitze leicht kochen lassen.
4. In der Zwischenzeit die Minzeblättchen waschen, trocken tupfen und in feine Streifen schneiden. Die Suppe mit Salz und Muskat abschmecken.
5. Die Suppe in Suppentassen füllen und mit Minzeblättchen garniert servieren.

## Möhrensuppe mit Kichererbsen

4 Portionen

*Zubereitungszeit:* 30 Minuten

600 g Möhren
1 Fenchelknolle (etwa 250 g)
1 Zwiebel (etwa 65 g)
1 walnussgroßes Stück frischer Ingwer
1 Stängel Zitronengras
40 g Butter
1–2 TL Currypulver
Salz
800 ml Geflügelfond (aus dem Glas) oder Instant-Geflügelbrühe
250 ml Orangensaft
265 g abgetropfte Kichererbsen (aus der Dose)
4 EL Joghurt (3,5 % Fett)
1 TL Chiliflocken

*Pro Portion:*
E: 11 g, F: 12 g, Kh: 27 g,
kJ: 1114, kcal: 266

1. Die Möhren putzen, schälen, abspülen, abtropfen lassen und in kleine Stücke schneiden. Fenchelknolle putzen, abspülen, abtropfen lassen, halbieren und in kleine Stücke schneiden.
2. Zwiebel abziehen. Ingwer schälen. Zwiebel und Ingwer klein würfeln. Von dem Zitronengrasstängel die äußeren Blätter ablösen. Den Zitronengrasstängel abspülen, abtropfen lassen, in 2–3 Stücke schneiden und etwas flach klopfen.
3. Butter in einem Topf zerlassen. Zitronengrasstücke darin andünsten. Zwiebel-, Ingwerwürfel, Möhren- und Fenchelstücke portionsweise hinzugeben und mitdünsten lassen. Das Gemüse mit etwas Curry und 1 Teelöffel Salz würzen. Geflügelfond oder -brühe und Orangensaft hinzugießen, zum Kochen bringen und 10–15 Minuten kochen lassen.
4. Die Zitronengrasstücke aus der Suppe entfernen. Die Hälfte der Kichererbsen unterrühren. Die Suppe pürieren und nochmals mit den Gewürzen abschmecken.
5. Restliche Kichererbsen in die Suppe geben und kurz miterhitzen.
6. Die Möhrensuppe in 4 Suppentassen verteilen und jeweils 1 Esslöffel Joghurt unterrühren. Die Suppe mit Chiliflocken bestreut servieren.

Möhreneintopf

Kalte Gurkensuppe

## Möhreneintopf

4 Portionen

*Zubereitungszeit:* 30 Minuten

750 g Kartoffeln
2 Zwiebeln
75 g Butter
750 g TK-Möhrenscheiben
375–500 ml Gemüsebrühe
4 Rauchenden (Mettwürstchen)
Salz
gem. Pfeffer
2 EL gehackte, glatte Petersilie

*Pro Portion:*
E: 28 g, F: 25 g, Kh: 38 g,
kJ: 2154, kcal: 514

1. Kartoffeln schälen, abspülen, abtropfen lassen und in Würfel schneiden. Zwiebeln abziehen und klein würfeln.
2. Butter in einem Topf zerlassen. Die Zwiebelwürfel darin andünsten. Möhrenscheiben hinzufügen und unter Rühren mit andünsten. Kartoffelwürfel hinzugeben und kurz mitdünsten lassen. Gemüsebrühe hinzugießen, zum Kochen bringen und etwa 10 Minuten garen.
3. Die Rauchenden auf den Eintopf legen und den Möhreneintopf noch weitere etwa 10 Minuten garen.
4. Den Eintopf mit Salz und Pfeffer würzen. Petersilie hinzugeben. Die Rauchenden nach Belieben in Scheiben schneiden und unter den Eintopf rühren.

## Kalte Gurkensuppe

4 Portionen

*Zubereitungszeit:* 10 Minuten

1 Salatgurke (500 g)
Salz
gem. Pfeffer
1 Knoblauchzehe
500 g Joghurt (1,5 % Fett)
1–2 EL Olivenöl mit Basilikum
evtl. Wassereiswürfel
(aus dem Gefrierfach)

*Pro Portion:*
E: 4 g, F: 5 g, Kh: 7 g,
kJ: 433, kcal: 104

1. Gurke schälen und die Enden abschneiden. Gurke in kleine Stücke schneiden und mit einem Pürierstab pürieren. Gurkenpüree mit Salz und Pfeffer würzen.
2. Knoblauchzehe abziehen, durch eine Knoblauchpresse drücken und unterrühren.
3. Joghurt unter das Gurkenpüree rühren, mit Salz, Pfeffer und Olivenöl abschmecken.
4. Die Suppe sehr kalt, nach Belieben mit Wassereiswürfeln servieren.

*Tipps:* Die Suppe in einer Schüssel anrichten und mit einigen schwarzen Oliven garnieren. Den Schüsselrand mit Gurkenscheiben belegen.

## Möhren-Orangen-Suppe mit Riesengarnelen

2 Portionen

*Zubereitungszeit:* 25 Minuten

500 g Möhren
500 ml heiße Gemüsebrühe
4 TK-Garnelenschwänze
(je etwa 25 g)
1 EL Sonnenblumenöl
Salz, gem. Pfeffer
Saft von 2 kleinen Orangen
(etwa 150 ml)
1 EL Schlagsahne oder Crème fraîche
1 Prise Zucker
1–2 Stängel Kerbel
1 TL geröstete, gehobelte
Mandeln

*Pro Portion:*
E: 13 g, F: 7 g, Kh: 23 g,
kJ: 901, kcal: 215

1. Möhren putzen, schälen, abspülen, abtropfen lassen und in kleine Stücke schneiden. Möhrenstücke mit der heißen Gemüsebrühe in einem Topf zum Kochen bringen und zugedeckt 15–20 Minuten bei mittlerer Hitze garen.
2. In der Zwischenzeit Garnelen nach Packungsanleitung auftauen. Anschließend kurz unter fließendem kalten Wasser abspülen und trocken tupfen. Sonnenblumenöl in einer kleinen Pfanne erhitzen. Die Garnelen darin von beiden Seiten anbraten. Mit Salz und Pfeffer würzen.
3. Den Orangensaft mit Sahne oder Crème fraîche zu den Möhren in die Suppe geben. Alles mit einem Pürierstab fein pürieren. Die Suppe nochmals leicht erwärmen (nicht mehr kochen lassen), mit Salz, Pfeffer und Zucker abschmecken.
4. Kerbel abspülen und trocken tupfen. Die Blättchen von den Stängeln zupfen. Einige Blättchen zum Garnieren beiseitelegen. Restliche Blättchen klein schneiden und unter die Suppe rühren.
5. Die Suppe mit den Garnelen in einer Schale anrichten. Mit den beiseitegelegten Kerbelblättchen und den Mandeln garnieren.

**Tipps:** Wer es noch pikanter mag, schmeckt die Möhren-Orangen-Suppe zusätzlich mit 1–2 Prisen gemahlenem Ingwer ab. Sie können für dieses Rezept statt Kerbel auch Dill verwenden.

## Kaisersuppe
4 Portionen

*Zubereitungszeit:* 20 Minuten

2 Hähnchenbrustfilets
(je etwa 150 g)
1 l Geflügelfond oder -brühe
1 EL Speisestärke
Salz
gem. Pfeffer
ger. Muskatnuss
120 g gegarter Reis
(etwa 30 g Rohgewicht)
120 g gegarte Zuckerschoten,
in Streifen geschnitten
1 Eigelb
50 g Schlagsahne
einige Kerbel- oder Petersilienblättchen

*Pro Portion:*
E: 73 g, F: 16 g, Kh: 45 g,
kJ: 2618, kcal: 625

1. Hähnchenbrustfilets kurz unter fließendem kalten Wasser abspülen und trocken tupfen. Geflügelfond oder -brühe in einem Topf erhitzen. Hähnchenbrustfilets in den Fond oder die Brühe geben und etwa 10 Minuten garen, mit einer Schaumkelle herausnehmen und beiseitestellen.
2. Speisestärke mit etwas kaltem Wasser anrühren, in den Fond oder in die Brühe rühren, unter Rühren aufkochen lassen. Mit Salz, Pfeffer und Muskat würzen.
3. Beiseitegestellte Hähnchenbrustfilets in dünne Scheiben schneiden, mit dem gegarten Reis und den Zuckerschoten in die Suppe geben.
4. Eigelb und Sahne verschlagen. Die Suppe damit abziehen (nicht mehr kochen lassen). Kerbel- oder Petersilienblättchen abspülen und trocken tupfen. Die Suppe in Tellern verteilen und mit Kerbel- oder Petersilienblättchen garniert servieren.

Möhren-Orangen-Suppe mit Riesengarnelen

Kaisersuppe

## Tomatensuppe mit Mozzarellaklößchen

4 Portionen

*Zubereitungszeit: 30 Minuten*

1 1/2 kg Fleischtomaten
2 Zwiebeln
1 Knoblauchzehe
1 EL Speiseöl, z. B. Olivenöl
500 ml Gemüse- oder Geflügelfond
1 Prise Zucker
Salz
gem. Pfeffer
1/4 TL Cayennepfeffer
1 Lorbeerblatt
gerebelter Oregano
1 Bund Basilikum
200 g abgetropfter Mozzarella

*Pro Portion:*
E: 14 g, F: 14 g, Kh: 13 g,
kJ: 990, kcal: 235

**1.** Tomaten abspülen, abtrocknen, halbieren und die Stängelansätze herausschneiden. Die Tomaten in Würfel schneiden. Zwiebeln und Knoblauch abziehen, klein würfeln.
**2.** Das Speiseöl in einem Topf erhitzen. Zwiebel- und Knoblauchwürfel darin andünsten. Tomatenwürfel, Fond, Zucker, Salz, Pfeffer, Cayennepfeffer, Lorbeerblatt und Oregano hinzufügen. Die Zutaten zum Kochen bringen und zugedeckt etwa 15 Minuten bei schwacher Hitze kochen lassen.
**3.** In der Zwischenzeit das Basilikum abspülen und trocken tupfen. Die Blättchen von den Stängeln zupfen. Einige Blättchen zum Garnieren beiseitelegen. Restliche Blättchen sehr klein schneiden. Mozzarella grob zerkleinern und mit dem Pürierstab pürieren.
**4.** Basilikum unter die Mozzarellamasse kneten, mit Salz und Pfeffer würzen. Aus der Mozzarellamasse 16–24 Klößchen formen und diese in 4 tiefen Tellern oder Suppentassen verteilen.
**5.** Das Lorbeerblatt aus der Suppe nehmen. Die Suppe mit einem Pürierstab pürieren oder durch ein Sieb streichen.
**6.** Die Suppe aufkochen, nochmals mit den Gewürzen gut abschmecken, dann über die Mozzarellaklößchen in die Teller oder Suppentassen geben. Die Tomatensuppe mit beiseitegelegten Basilikumblättchen bestreut servieren.

Tomatensuppe mit Mozzarellaklößchen

Schwedische Kartoffel-Köttbullar-Suppe

## Schwedische Kartoffel-Köttbullar-Suppe

4 Portionen

*Zubereitungszeit: 25 Minuten*

**Für die Suppe:**
1 Zwiebel
700 g mehligkochende Kartoffeln
2 EL neutrales Speiseöl, z. B. Rapsöl
125 g TK-Suppengemüse
125 g TK-Erbsen
1 Lorbeerblatt
1 l heiße Gemüsebrühe
Salz, gem. Pfeffer
ger. Muskatnuss
1 EL gehackter Dill (frisch oder TK)

1 EL Butter oder Margarine
350 g gebratene Fleischklößchen (aus dem Kühlregal, ersatzweise 3 feine, frische Bratwürste, etwa 300 g)
200 g Porree (Lauch)
175 g Doppelrahm-Frischkäse
1 EL gehackter Dill (frisch oder TK)

*Pro Portion:*
E: 20 g, F: 32 g, Kh: 37 g,
kJ: 2176, kcal: 523

**1.** Für die Suppe Zwiebel abziehen und klein würfeln. Kartoffeln schälen, abspülen, abtropfen lassen und in etwa 1 cm große Würfel schneiden.
**2.** Speiseöl in einem großen Topf erhitzen. Gefrorenes Suppengemüse und Zwiebelwürfel darin unter Rühren andünsten. Kartoffelwürfel, gefrorene Erbsen und Lorbeerblatt hinzugeben, kurz mitdünsten lassen. Gemüsebrühe hinzugießen und zum Kochen bringen. Mit Salz, Pfeffer und Muskat würzen. Dill hinzugeben. Die Zutaten zugedeckt etwa 12 Minuten bei mittlerer Hitze kochen lassen.
**3.** In der Zwischenzeit Butter oder Margarine in einer Pfanne zerlassen. Fleischklößchen darin von allen Seiten anbraten (bei Verwendung von TK-Klößchen auf die Herstellerangabe achten; Bratwurstbrät in kleinen

Klößchen direkt aus der Haut drücken, etwa 3 Minuten braten).
4. Porree putzen, die Stange längs halbieren, gründlich waschen und abtropfen lassen. Den Porree in feine Streifen schneiden und zu den Fleischklößchen in die Pfanne geben. Die Zutaten weitere etwa 4 Minuten braten. Mit Salz, Pfeffer und Muskat würzen.
5. Lorbeerblatt entfernen. Kartoffeln in der Suppe mit einem Kartoffelstampfer zerdrücken, sodass noch kleine Stückchen erkennbar sind. Anschließend den Frischkäse unterrühren. Die Suppe mit Salz, Pfeffer und Muskat abschmecken und in tiefen Tellern oder Suppentassen verteilen. Köttbullar-Porree-Mischung mit einem Löffel hineingeben. Mit gehacktem Dill garnieren.

## Krabbensuppe

4 Portionen

*Zubereitungszeit:* 20 Minuten

3 Schalotten
50 g Knollensellerie
1 Möhre
1/2 gelbe Paprikaschote
40 g Butter
1 EL Olivenöl
600 ml Fischfond oder -brühe
200 g Nordsee-Krabben (ohne Schale)
Salz, grob gem. bunter Pfeffer
20 g Krebssuppenpaste
einige Dillspitzen

*Pro Portion:*
E: 14 g, F: 13 g, Kh: 7 g,
kJ: 881, kcal: 210

1. Schalotten abziehen und in kleine Würfel schneiden. Sellerie und Möhre putzen, schälen, abspülen, abtropfen lassen und in Würfel schneiden. Paprikahälfte entstielen, entkernen und die weißen Scheidenwände entfernen. Paprikahälfte ebenfalls würfeln.

Krabbensuppe

2. Butter in einem Topf zerlassen. Olivenöl miterhitzen. Die vorbereiten Gemüsewürfel darin unter Rühren andünsten. Fond oder Brühe hinzugießen, zum Kochen bringen und etwa 10 Minuten kochen lassen. Die Krabben hinzufügen und kurz miterhitzen.
3. Die Suppe mit Salz und Pfeffer würzen, mit der Krebssuppenpaste binden. Die Suppe in Tellern verteilen und mit abgespülten, trocken getupften Dillspitzen garnieren.

## Tomatensuppe mit Brokkoli

4 Portionen

*Zubereitungszeit:* 25 Minuten

1 große Zwiebel
1 EL Olivenöl
2 Knoblauchzehen
600 g Fleischtomaten
500 ml Gemüsebrühe
300 g Brokkoli
Selleriesalz
gem. Pfeffer
italienische Kräutermischung
150 g saure Sahne

Tomatensuppe mit Brokkoli

*Pro Portion:*
E: 5 g, F: 8 g, Kh: 8 g,
kJ: 542, kcal: 130

1. Zwiebel abziehen und in kleine Würfel schneiden. Olivenöl in einem Topf erhitzen. Zwiebelwürfel darin andünsten. Knoblauch abziehen, zerdrücken und hinzugeben.
2. Tomaten kreuzweise einschneiden und mit kochendem Wasser übergießen. Nach 1–2 Minuten herausnehmen und mit kaltem Wasser abschrecken. Tomaten häuten, halbieren, entkernen und die Stängelansätze herausschneiden. Die Tomaten mit einem Pürierstab pürieren und zu den Zwiebelwürfeln geben. Die Brühe hinzugießen, zum Kochen bringen und etwa 5 Minuten kochen lassen.
3. In der Zwischenzeit von dem Brokkoli die Blätter entfernen, die Stängel am Strunk schälen, bis kurz vor den Röschen kreuzförmig einschneiden. Brokkoli abspülen, abtropfen lassen und in kochendem Salzwasser 5–7 Minuten garen. Brokkoliröschen in einem Sieb abtropfen lassen und in die Suppe geben.
4. Die Tomatensuppe mit Selleriesalz, Pfeffer und Kräutern würzen. Saure Sahne kurz vor dem Servieren unter die Suppe rühren.

Minestrone mit Ricotta-Nocken

## Minestrone mit Ricotta-Nocken

4 Portionen

*Zubereitungszeit: 30 Minuten*

**Für die Nocken:**
250 g Ricotta (ital. Frischkäse; ersatzweise Doppelrahm-Frischkäse)
35 g Hartweizengrieß
1 Ei (Größe M)
30 g ger. Pecorino oder Parmesan
gem. Pfeffer
Salz
ger. Muskatnuss
2 l heißes Salzwasser

**Für die Suppe:**
1 Zwiebel
1 Knoblauchzehe
180 g Staudensellerie
350 g Fenchelknolle
150 g Möhren
500 g Mangold
3 EL Olivenöl
1 Lorbeerblatt
1 TL Fenchelsamen
1 l heiße Gemüsebrühe
200 g Cocktailtomaten

*Pro Portion:*
E: 15 g, F: 21 g, Kh: 17 g,
kJ: 1335, kcal: 319

1. Für die Nocken Ricotta, Grieß, Ei, Pecorino oder Parmesan, Pfeffer, etwas Salz und Muskat in eine Schüssel geben und mit einem Schneebesen verrühren. Masse zugedeckt etwa 10 Minuten quellen lassen.
2. In der Zwischenzeit für die Suppe Zwiebel und Knoblauch abziehen, klein würfeln.
3. Staudensellerie putzen und die harten Außenfäden abziehen. Sellerie abspülen, abtropfen lassen und in Scheiben schneiden. Fenchelknolle putzen, abspülen, abtropfen lassen, halbieren und in Streifen schneiden. Möhren putzen, schälen, abspülen, abtropfen lassen und in Scheiben schneiden. Mangold gründlich abspülen, abtropfen lassen und die Stiele von den Blättern schneiden. Mangoldstiele und -blätter getrennt in feine Streifen schneiden.
4. Olivenöl in einem Topf erhitzen. Zwiebel- und Knoblauchwürfel darin glasig dünsten. Die Selleriescheiben, Fenchelstreifen, Möhrenscheiben und Mangoldstielstreifen portionsweise hinzugeben und unter Rühren mit andünsten. Mit Salz, Pfeffer, Muskat, Lorbeerblatt und Fenchelsamen würzen. Gemüsebrühe hinzugießen. Die Zutaten zum Kochen bringen und zugedeckt etwa 5 Minuten bei mittlerer Hitze kochen lassen.
5. Für die Nocken in der Zwischenzeit Salzwasser in einem weiten Topf zum Kochen bringen, dann die Temperatur reduzieren. Aus der Ricottamasse mit 2 Esslöffeln Nocken ausstechen und ins siedende Salzwasser geben. Die Nocken bei schwacher Hitze etwa 10 Minuten ziehen lassen (nicht mehr kochen, da die Nocken sonst zerfallen).
6. Mangoldblattstreifen in die Suppe geben und die Suppe weitere etwa 10 Minuten kochen lassen.
7. Tomaten abspülen, abtrocknen, halbieren und die Stängelansätze herausschneiden. Tomatenhälften in die Suppe geben und etwa 2 Minuten miterhitzen. Die Suppe nochmals mit den Gewürzen abschmecken. Minestrone in tiefen Tellern verteilen. Die Nocken in die Suppe geben und sofort servieren.

## Orientalische Möhren-Sesam-Suppe

4 Portionen

*Zubereitungszeit: 30 Minuten*

50 g Bulgur (Hartweizengrütze)
125 ml heiße Gemüsebrühe

**Für die Suppe:**
2 Knoblauchzehen
3 EL Olivenöl
2 EL TK-Zwiebelwürfel
2 EL geschälte Sesamsamen
1 Lorbeerblatt
je 3 Gewürznelken und Pimentkörner
je 1 Prise gem. Koriander und Kreuzkümmel (Cumin)
1 Prise grob geschrotete Chiliflocken
750 g TK-Möhrenscheiben
750 ml heiße Gemüsebrühe
Salz, gem. Pfeffer

**Für die Bifteki:**
400 g Rindergehacktes
1 Ei (Größe M)
1 Prise grob geschroteter Chili
1 Prise gem. Zimt
40 g Rosinen
200 g passierte Tomaten (aus der Dose)
480 g abgetropfte, abgespülte Kichererbsen (aus Dosen)

**Außerdem:**
4–8 Holzspieße
(etwa 10 cm lang)

*Pro Portion:*
E: 37 g, F: 31 g, Kh: 54 g,
kJ: 2695, kcal: 643

1. Zum Vorbereiten Bulgur und Brühe in einem Topf etwa 8 Minuten bei schwacher Hitze kochen. Bulgurmasse herausnehmen, in eine Schüssel geben und etwas abkühlen lassen.
2. Für die Suppe in der Zwischenzeit Knoblauch abziehen, klein würfeln. 2 Esslöffel des Olivenöls in einem Topf erhitzen. Die Zwiebelwürfel, die Hälfte der Knoblauchwürfel und den Sesam darin andünsten. Gewürze und TK-Möhrenscheiben hinzugeben, kurz unter Rühren mitdünsten lassen. Brühe hinzugießen, zum Kochen bringen. Mit Salz und Pfeffer würzen. Die Zutaten etwa 10 Minuten garen.
3. In der Zwischenzeit für die Bifteki Gehacktes, Ei, Salz, Pfeffer, Chili und Zimt zur Bulgurmasse in die Schüssel geben und zu einem glatten Teig verkneten. Rosinen unterarbeiten. Aus der Masse mit angefeuchteten Händen kleine Röllchen oder Bällchen formen. Restliches Olivenöl in einer Pfanne erhitzen. Die Hackfleischröllchen oder -bällchen darin von allen Seiten braun braten.
4. Lorbeerblatt, Nelken und Piment aus der Suppe entfernen. Etwa zwei Drittel der Möhrenscheiben mit einem Schaumlöffel aus der Suppe nehmen und beiseitestellen. Passierte Tomaten zu den Möhren in den Topf geben und zum Kochen bringen. Die Suppe pürieren und mit den Gewürzen abschmecken. Kichererbsen und beiseitegestellte Möhrenscheiben hinzugeben, zum Kochen bringen und unter Rühren nochmals etwa 3 Minuten kochen. Die Bifteki auf Holzspieße stecken. Die Suppe in Tellern verteilen. Die Bifteki-Spieße an den Tellerrand legen.

***Tipp:*** Servieren Sie zu der Suppe ofenfrisches Fladenbrot.

## Munkmarscher Muscheleintopf

4 Portionen

*Zubereitungszeit: 30 Minuten*

2 kg Sylter Miesmuscheln
2 Tomaten
1 Stange Porree (Lauch)
2 Möhren
2 Stangen Staudensellerie
1 kleine Fenchelknolle
2–3 EL Olivenöl
0,2 g Safranfäden
(aus dem Döschen)
200 ml trockener Weißwein
1 l Fischfond
Salz, gem. Pfeffer
1 Bund Petersilie
1 Bund Schnittlauch

*Pro Portion:*
E: 14 g, F: 8 g, Kh: 11 g,
kJ: 898, kcal: 214

1. Muscheln in reichlich kaltem Wasser gründlich waschen. Muscheln einzeln abbürsten, bis sie nicht mehr sandig sind (Muscheln, die sich beim Waschen öffnen, sind ungenießbar). Evtl. die Fäden (Bartbüschel) entfernen.
2. Die Tomaten abspülen, abtropfen lassen, vierteln, entkernen und die Stängelansätze herausschneiden. Porree putzen, die Stange längs halbieren, gründlich waschen, abtropfen lassen und in sehr kleine Stücke schneiden.
3. Möhren putzen, schälen, abspülen und abtropfen lassen. Staudensellerie putzen und die harten Außenfäden abziehen. Selleriestangen abspülen und abtropfen lassen.
4. Fenchelknolle putzen, abspülen, abtropfen lassen, halbieren. Möhren, Sellerie und Fenchelknolle in etwa 1 cm große Würfel schneiden.
5. Olivenöl in einem hohen Topf erhitzen. Die vorbereiteten Gemüsezutaten darin unter Rühren andünsten. Muscheln und Safranfäden hinzugeben. Mit dem Wein ablöschen. Die Miesmuscheln zugedeckt zum Kochen bringen und unter Rütteln des Topfes etwa 5 Minuten garen.
6. Die Muscheln mit einer Schaumkelle aus der Kochflüssigkeit nehmen (Muscheln, die sich nach dem Garen nicht öffnen, sind ungenießbar). Den Sud durch ein Sieb gießen und in einen kleineren Topf geben. Den Fischfond hinzugeben, zum Kochen bringen und etwas einkochen lassen.
7. In der Zwischenzeit das Muschelfleisch aus den Schalen pulen (lösen). Das Muschelfleisch mit dem Gemüse in den Muschelfond geben. Mit etwas Salz (vorsichtig, da die Muscheln schon salzig sind) und Pfeffer abschmecken.
8. Die Petersilie abspülen und trocken tupfen. Die Blättchen von den Stängeln zupfen. Blättchen klein schneiden. Schnittlauch abspülen, trocken tupfen und in Röllchen schneiden. Petersilie und Schnittlauchröllchen unter den Muscheleintopf heben und sofort servieren.

Orientalische Möhren-Sesam-Suppe

Munkmarscher Muscheleintopf

# Kürbissuppe mit Haselnussklößchen

4 Portionen

*Zubereitungszeit:* 30 Minuten

**Für die Kürbissuppe:**
750 g vorbereitetes Hokkaido-Kürbisfruchtfleisch
2 Zwiebeln
50 g Butter
500 ml heiße Gemüsebrühe

**Für die Haselnussklößchen:**
125 g Schlagsahne
Salz
5 EL gem. Haselnusskerne
3 EL Hartweizengrieß
1 Ei (Größe M)

150 g Crème fraîche
gem. Pfeffer
1 Bund Dill

Pro Portion:
E: 10 g, F: 44 g, Kh: 19 g,
kJ: 2192, kcal: 522

1. Für die Kürbissuppe das Kürbisfleisch in Würfel schneiden. Zwiebeln abziehen und in kleine Würfel schneiden.
2. Butter in einem Topf zerlassen. Zwiebelwürfel darin andünsten. Kürbiswürfel hinzufügen und unter Rühren mitdünsten lassen. Heiße Brühe hinzugeben, zum Kochen bringen und etwa 10 Minuten kochen lassen.
3. In der Zwischenzeit für die Haselnussklößchen die Sahne mit 1 Prise Salz in einem Topf zum Kochen bringen. 3 Esslöffel von den Haselnusskernen mit Weizengrieß mischen und in die kochende Sahne rühren. So lange rühren, bis sich die Masse als Kloß vom Topfboden löst, etwas abkühlen lassen. Ei und restliche Haselnusskerne unterrühren.
4. Von der Haselnuss-Sahne-Masse mit 2 Teelöffeln Klößchen abstechen, in kochendes Salzwasser geben und etwa 5 Minuten bei schwacher Hitze gar ziehen lassen. Die Haselnussklößchen mit einer Schaumkelle herausnehmen.
5. Die Kürbissuppe mit einem Pürierstab pürieren, anschließend Crème fraîche unterrühren. Mit Salz und Pfeffer abschmecken.
6. Dill abspülen und trocken tupfen. Die Spitzen von den Stängeln zupfen. Spitzen klein schneiden.
7. Die Kürbissuppe in Suppentassen füllen. Die Haselnussklößchen in den Suppentassen verteilen. Die Kürbissuppe mit Dill bestreut servieren.

# Hühnersuppe

4 Portionen

*Zubereitungszeit:* 25 Minuten

750 ml heiße Hühnerbrühe
75 g Langkornreis
1 Lorbeerblatt
1 kleines Stück frischer Ingwer
300 g Hähnchenbrustfilet
2 Zwiebeln
1 kleine Stange Porree (Lauch)
75 g TK-Suppengrün
Salz, gem. Pfeffer
1 Bund Petersilie

*Pro Portion:*
E: 21 g, F: 1 g, Kh: 18 g,
kJ: 709, kcal: 170

1. Die heiße Hühnerbrühe mit Reis und Lorbeerblatt in einem Topf zugedeckt zum Kochen bringen. Ingwer schälen und hinzufügen.
2. Hähnchenbrustfilet kurz unter fließendem kalten Wasser abspülen, gut trocken tupfen, in etwa 1 1/2 cm große Würfel schneiden. Hähnchenbrustfiletwürfel in den Topf geben.
3. Zwiebeln abziehen und klein würfeln. Porree putzen, die Stange längs halbieren, gründlich waschen und abtropfen lassen. Porree in Streifen schneiden.

Kürbissuppe mit Haselnussklößchen

Hühnersuppe

4. Zwiebelwürfel und Porreestreifen in die Suppe geben und etwa 15 Minuten bei schwacher Hitze kochen lassen.
5. Gefrorenes Suppengrün in den Topf geben. Die Suppe wieder zum Kochen bringen und weitere etwa 8 Minuten kochen lassen. Suppe mit Salz und Pfeffer abschmecken.
6. In der Zwischenzeit die Petersilie abspülen und trocken tupfen. Die Blättchen von den Stängeln zupfen. Blättchen klein schneiden.
7. Die Hühnersuppe in tiefen Tellern oder Suppentassen verteilen und mit Petersilie bestreut servieren.

## Hasensuppe mit Champignons

4 Portionen

*Zubereitungszeit:* 25 Minuten

400 g Hasenrückenfilet
2 Zwiebeln
400 g Champignons
4 EL Olivenöl
Salz, gem. Pfeffer
1 TL Paprikapulver edelsüß
1 EL Tomatenmark
1 geh. EL Weizenmehl
400 ml Wildfond
200 g Schlagsahne
6 Wacholderbeeren
4 Gewürznelken
4 Pimentkörner
1 Lorbeerblatt

*Pro Portion:*
E: 27 g, F: 30 g, Kh: 8 g,
kJ: 1696, kcal: 405

1. Hasenrückenfilet mit Küchenpapier trocken tupfen, in etwa 2 cm große Würfel schneiden.
2. Zwiebeln abziehen und klein würfeln. Champignons putzen, evtl. kurz abspülen, abtropfen lassen und in Scheiben schneiden.
3. Das Olivenöl in einer großen Pfanne erhitzen. Die Fleischwürfel darin

Hasensuppe mit Champignons

von allen Seiten gut anbraten. Mit Salz und Pfeffer würzen. Die Zwiebelwürfel und Champignonscheiben hinzugeben, unter Rühren mit anbraten. Paprika und Tomatenmark unterrühren.
4. Die Fleisch-Champignon-Masse mit Mehl bestäuben und unter Rühren kurz andünsten. Wildfond und Sahne hinzugießen, unter Rühren zum Kochen bringen.
5. Wacholderbeeren, Nelken, Piment und Lorbeerblatt fein hacken oder in einem Mörser zerstoßen. Die Gewürze unter die Suppe rühren. Die Suppe evtl. mit Salz abschmecken.

## Hirsetopf mit Rosenkohl

4 Portionen

*Zubereitungszeit:* 25 Minuten

3 mittelgroße Möhren (etwa 300 g)
1 mittelgroßer Knollensellerie (350–400 g)
2 EL Butter oder Margarine
300 g TK-Rosenkohl
100 g Hirse
750 ml Gemüsebrühe
Salz, gem. Pfeffer

**Für das Kräuterpesto:**
1 kleines Bund Petersilie
30 g Parmesan
1/2–1 Knoblauchzehe
1 1/2 EL Olivenöl

Hirsetopf mit Rosenkohl

*Pro Portion:*
E: 11 g, F: 12 g, Kh: 26 g,
kJ: 1087, kcal: 260

1. Die Möhren putzen, schälen, abspülen, abtropfen lassen und in dünne Scheiben schneiden. Sellerie putzen, schälen, abspülen, abtropfen lassen, halbieren, klein würfeln.
2. Butter oder Margarine in einem Topf zerlassen. Möhrenscheiben und Selleriewürfel darin etwa 2 Minuten unter gelegentlichem Rühren bei mittlerer Hitze andünsten.
3. Rosenkohl und Hirse hinzufügen. Die Gemüsebrühe hinzugießen, mit etwas Salz und Pfeffer würzen.
4. Die Zutaten zum Kochen bringen und zugedeckt 7–10 Minuten bei schwacher Hitze leicht kochen lassen, bis das Gemüse und die Hirse gar sind.
5. Für das Pesto in der Zwischenzeit Petersilie abspülen und trocken tupfen. Die Blättchen von den Stängeln zupfen. Blättchen grob zerschneiden.
6. Parmesan grob raspeln. Knoblauch abziehen, durch eine Knoblauchpresse drücken oder sehr fein hacken. Petersilie, Parmesan und Knoblauch mit dem Pürierstab fein pürieren.
7. Das Petersilienpüree in eine kleine Schüssel geben, Olivenöl unterschlagen. Das Kräuterpesto nach Belieben mit Salz und Pfeffer würzen.
8. Den Hirsetopf mit Salz und Pfeffer abschmecken. Das Kräuterpesto in den Hirsetopf rühren oder getrennt dazureichen.

Hackfleisch-Tandoori-Suppe

Helgoländer Fischertopf

## Hackfleisch-Tandoori-Suppe

4 Portionen

*Zubereitungszeit:* 25 Minuten

1 EL Olivenöl
300 g Rindergehacktes
1 Knoblauchzehe
1 TL Tomatenmark
Salz, gem. Pfeffer
1–2 TL Tandoori-Gewürz
(Pulver oder Paste, aus dem Glas)
800 ml heiße Gemüsebrühe
500 g vorbereitetes Kürbisfruchtfleisch, z. B. Butternut, Hokkaido
250 g TK-Blumenkohlröschen
1 Bund Frühlingszwiebeln
200 g Schlagsahne
4 TL Crème fraîche

*Pro Portion:*
E: 21 g, F: 32 g, Kh: 15 g,
kJ: 1793, kcal: 429

1. Olivenöl in einem Topf erhitzen. Das Rindergehackte hinzugeben und unter Rühren anbraten, dabei die Fleischklümpchen mit einer Gabel zerdrücken.
2. Den Knoblauch abziehen, in kleine Würfel schneiden und hinzugeben. Tomatenmark unterrühren und mit anbraten. Die Hackfleischmasse mit Salz, Pfeffer und Tandoori-Gewürz würzen. Heiße Brühe hinzugießen und zum Kochen bringen.
3. Kürbisfruchtfleisch in 1–2 cm große Würfel schneiden. Kürbiswürfel und die gefrorenen Blumenkohlröschen in die Suppe geben, wieder zum Kochen bringen. Die Zutaten bei schwacher Hitze etwa 10 Minuten kochen lassen.
4. In der Zwischenzeit Frühlingszwiebeln putzen, abspülen, abtropfen lassen und in Scheiben schneiden. Frühlingszwiebelscheiben und Sahne in die Suppe geben und unterrühren. Die Suppe wieder zum Kochen bringen und weitere etwa 5 Minuten kochen lassen. Mit Salz und Pfeffer abschmecken.
5. Die Hackfleisch-Tandoori-Suppe in tiefen Tellern oder Suppentassen verteilen und mit je 1 Teelöffel Crème fraîche garnieren.

## Helgoländer Fischertopf

4 Portionen

*Zubereitungszeit:* 30 Minuten

4 Schalotten
1 kg festkochende Kartoffeln
2 EL Butter
2 l Wasser
Krebspaste für 2 l Flüssigkeit
1 Salatgurke
200 g Lachswürfel
200 g Miesmuschelfleisch
200 g Nordseekrabbenfleisch
evtl. Weinbrand
Salz, gem. Pfeffer
125 g Crème fraîche
1 Bund Dill

*Pro Portion:*
E: 30 g, F: 28 g, Kh: 39 g,
kJ: 2220, kcal: 532

1. Schalotten abziehen, zuerst in Scheiben schneiden, dann in Ringe teilen. Die Kartoffeln schälen, abspülen, abtropfen lassen und in etwa 2 cm große Würfel schneiden.
2. Die Butter in einem Topf zerlassen. Schalottenringe darin glasig dünsten. Kartoffelwürfel hinzugeben und kurz unter Rühren mit andünsten. Das Wasser hinzugießen und zum Kochen bringen. Krebspaste unterrühren. Die Flüssigkeit damit leicht binden. Die Kartoffelwürfel zugedeckt etwa 20 Minuten garen.
3. In der Zwischenzeit Salatgurke schälen, längs halbieren und mit einem Teelöffel die Kerne herauskratzen. Die Gurkenhälften in mundgerechte Stücke schneiden und kurz vor Ende der Garzeit in den Eintopf geben.
4. Lachswürfel, Miesmuschel- und Nordseekrabbenfleisch in den Eintopf geben (den Eintopf nicht mehr kochen lassen, die Krabben werden sonst hart).
5. Den Eintopf erhitzen, dabei möglichst wenig umrühren. Den Eintopf nach Belieben mit etwas Weinbrand, Salz und Pfeffer abschmecken.
6. Crème fraîche mit Salz und Pfeffer glatt rühren. Dill abspülen und trocken tupfen. Die Spitzen von den Stängeln zupfen. Die Spitzen klein schneiden. Den Eintopf mit Dill bestreut servieren. Die Crème fraîche dazureichen.

**Beilage:** Geröstetes Brot und ein frisch gezapftes Bier (Pils).

**Tipp:** Leichter wird die Suppe, wenn Sie die Crème fraîche durch saure Sahne ersetzen.

## Gazpacho (Kalte Gemüsesuppe)

4 Portionen

*Zubereitungszeit:* 20 Minuten

**Für die Suppe:**
1 kg Tomaten
1 Salatgurke
1 grüne Paprikaschote
1 Knoblauchzehe
2 Scheiben Toastbrot
Salz
75 ml Olivenöl
Balsamico-Essig
1 l Eiswasser
gem. Pfeffer
Zucker

evtl. einige gelbe Paprikawürfel
evtl. einige einige Tomaten- und Zwiebelwürfel

*Pro Portion:*
E: 4 g, F: 20 g, Kh: 17 g,
kJ: 1108, kcal: 264

**1.** Für die Suppe Tomaten kreuzweise einschneiden und mit kochendem Wasser übergießen. Nach 1–2 Minuten herausnehmen und mit kaltem Wasser abschrecken. Tomaten häuten, halbieren, entkernen und die Stängelansätze herausschneiden. Tomaten in Stücke schneiden. Gurke abspülen, abtrocknen und die Enden abschneiden. Gurke schälen, ebenfalls in Stücke schneiden.
**2.** Paprikaschote halbieren, entstielen, entkernen und die weißen Scheidewände entfernen. Schote abspülen, abtropfen lassen und in Stücke schneiden. Knoblauch abziehen. Tomaten-, Gurken-, Paprikastücke und Knoblauch in eine Schüssel geben.
**3.** Brotscheiben in Stücke teilen, mit 1 Teelöffel Salz, Olivenöl und etwas Essig zu den Gemüsestücken in die Schüssel geben.
**4.** Die Zutaten gut vermischen und portionsweise im Mixer oder mit einem Pürierstab zu einem feinen Püree verarbeiten.
**5.** Gazpacho in eine große Schüssel geben. Nach und nach 1 Liter Eiswasser unterrühren. Gazpacho mit Salz, Pfeffer und Zucker abschmecken und in den Kühlschrank stellen.
**6.** Gazpacho in 4 Tellern verteilen. Nach Belieben mit Paprika-, Tomaten- und Zwiebelwürfeln bestreut servieren.

## Fischsuppe

4 Portionen

*Zubereitungszeit:* 25 Minuten

1 Stange Staudensellerie (etwa 75 g)
1 l Gemüsebrühe
400 g Lachsfilet oder angetautes TK-Lachsfilet
400 g Schollenfilet oder angetautes TK-Schollenfilet
Salz
gem. Pfeffer
100 g TK-Suppengrün
1/2 Bund Kerbel

*Pro Portion:*
E: 38 g, F: 9 g, Kh: 2 g,
kJ: 988, kcal: 237

**1.** Staudensellerie putzen und die harten Außenfäden abziehen. Sellerie abspülen, abtropfen lassen und in sehr dünne Scheiben schneiden. Gemüsebrühe und Selleriescheiben zugedeckt in einem Topf zum Kochen bringen.
**2.** In der Zwischenzeit die Fischfilets kurz unter fließendem kalten Wasser abspülen, trocken tupfen und in mundgerechte Stücke schneiden. Die Fischstücke mit Salz und Pfeffer würzen.
**3.** Fischstücke mit dem gefrorenen Suppengrün in die Brühe geben und bei schwacher Hitze in etwa 5 Minuten gar ziehen lassen.
**4.** In der Zwischenzeit den Kerbel abspülen und trocken tupfen. Die Blättchen von den Stängeln zupfen. Blättchen grob zerkleinern, in die Suppe geben und servieren.

***Tipp:*** Servieren Sie die Fischsuppe nach Belieben mit geröstetem Baguette. (250 g in Scheiben geschnitten, zusätzlich pro Portion: E: 5 g, F: 1 g, Kh: 32 g, kJ: 649, kcal: 155).

***Ernährungstipp:*** Fisch sollte mindestens 1-mal pro Woche auf dem Speiseplan stehen. Fisch liefert uns leicht verwertbares Eiweiß und ernährungsphysiologisch wichtiges Jod.

Gazpacho

Fischsuppe

## Feuriger Hot Pot (Thai Style)

4 Portionen

*Zubereitungszeit: 30 Minuten*

2 l kräftige Hühnerbrühe
2 EL rote Currypaste (erhältlich im Asialaden)
1 walnussgroßes Stück frischer Ingwer
100 g Zuckerschoten
100 g Maiskölbchen
100 g Thai-Spargel
100 g Shiitakepilze
4 Frühlingszwiebeln
1 Bund kleine Möhren
2 Hähnchenbrustfilets (etwa 300 g)
2 EL Sesamöl
100 g Sojasprossen
4 rote Chilischoten
1 Bund Koriander

*Pro Portion:*
E: 25 g, F: 8 g, Kh: 20 g,
kJ: 1069, kcal: 256

1. Die Brühe in einem Topf zum Kochen bringen, Currypaste unterrühren. Ingwer schälen, fein reiben und in die Brühe geben. Brühe beiseitestellen.
2. Von den Zuckerschoten die Enden abschneiden, evtl. abfädeln. Maiskölbchen und Spargel putzen. Die unteren Enden abschneiden. Spargel und Maiskölbchen abspülen und abtropfen lassen. Die Shiitakepilze putzen, evtl. kurz abspülen und trocken tupfen. Frühlingszwiebeln putzen, abspülen und abtropfen lassen. Möhren putzen, schälen, abspülen, abtropfen lassen. Das vorbereitete Gemüse in mundgerechte Stücke schneiden.
3. Die Hähnchenbrustfilets kurz unter fließendem kalten Wasser abspülen, trocken tupfen und in Scheiben schneiden. Das Sesamöl in einem Topf erhitzen. Die Hähnchenfleischscheiben darin kurz von beiden Seiten anbraten und herausnehmen. Vorbereitete Gemüsestücke in 2 Portionen in dem verbliebenen Bratfett unter Wenden andünsten. Danach die Hähnchenfleischscheiben mit dem angedünsteten Gemüse wieder in den Topf geben. Beiseitegestellte Brühe hinzugießen. Die Zutaten zum Kochen bringen und etwa 10 Minuten bei mittlerer Hitze kochen lassen.
4. Die Sojasprossen abspülen, abtropfen lassen und in den Fleisch-Gemüse-Topf geben. Chilischoten abspülen, trocken tupfen und in Ringe schneiden. Koriander abspülen und trocken tupfen. Die Blättchen von den Stängeln zupfen.
5. Hot Pot in großen Schalen anrichten. Mit Chiliringen und Korianderblättchen bestreut servieren.

Feuriger Hot Pot

Bohnensuppe mit Mettwurst

## Bohnensuppe mit Mettwurst

4 Portionen

*Zubereitungszeit: 30 Minuten*

375 g Kartoffeln
150 g Kasseler (ohne Knochen)
150 g geräucherte Mettwurst (Rauchenden)
75 g TK-Suppengrün
425 g weiße Bohnen (aus der Dose)
einige Stängel Bohnenkraut
Salz
gem. Pfeffer
2 EL gehackte Petersilie

*Pro Portion:*
E: 22 g, F: 13 g, Kh: 24 g,
kJ: 1264, kcal: 301

1. Kartoffeln schälen, abspülen, abtropfen lassen und in etwa 1 cm kleine Würfel schneiden.
2. Kartoffelwürfel knapp mit Wasser bedeckt in einen Topf geben. Kasseler und Mettwurst darauflegen, zum Kochen bringen. Die Kartoffelwürfel mit dem Fleisch etwa 15 Minuten bei schwacher Hitze kochen lassen.
3. Das Fleisch aus dem Topf nehmen und beiseitestellen.
4. Suppengrün, weiße Bohnen (mit der Flüssigkeit) und abgespülte, trocken getupfte Bohnenkrautstängel auf die Kartoffelwürfel geben. Die Zutaten wieder zum Kochen bringen und weitere etwa 10 Minuten bei schwacher Hitze kochen.
5. In der Zwischenzeit das Fleisch in Würfel und die Mettwurst in Scheiben schneiden.
6. Die Bohnenkrautstängel aus der Suppe entfernen. Die Fleischwürfel und Mettwurstscheiben wieder in die Suppe geben. Die Suppe mit Salz und Pfeffer würzen.
7. Die Bohnensuppe in tiefen Tellern oder Suppentassen verteilen. Die Bohnensuppe mit Petersilie bestreuen und servieren.

## Mediterraner Fischeintopf

6 Portionen

*Zubereitungszeit:* 30 Minuten

500 g kleine TK-Tintenfische
225 g TK-Shrimps
300 g TK-Tilapia- oder Rotbarbenfilet
3 Fleischtomaten
2 mittelgroße Zucchini (etwa 400 g)
6 EL Olivenöl
800 ml Fischfond oder Gemüsebrühe
3 Knoblauchzehen
25 g TK-Kräuter der Provence
Salz, gem. Pfeffer
120 g abgetropfte Miesmuscheln (aus dem Glas)
1 Bund Zitronenthymian

*Pro Portion:*
E: 34 g, F: 13 g, Kh: 7 g,
kJ: 1177, kcal: 280

1. TK-Meeresfrüchte und Fischfilet nach Packungsanleitung auftauen.
2. In der Zwischenzeit die Tomaten kreuzweise einschneiden und mit kochendem Wasser übergießen. Nach 1–2 Minuten herausnehmen und mit kaltem Wasser abschrecken. Tomaten häuten, halbieren, entkernen und die Stängelansätze herausschneiden. Tomaten in Würfel schneiden und beiseitelegen.
3. Die Zucchini abspülen, abtrocknen und die Enden abschneiden. Zucchini längs halbieren und in dicke Scheiben schneiden.
4. Aufgetaute Meeresfrüchte und Fischfilet kurz unter fließendem kalten Wasser abspülen und trocken tupfen. Fischfilet in Stücke schneiden, dabei evtl. Gräten entfernen.
5. Jeweils etwas Olivenöl in einem großen Topf erhitzen. Meeresfrüchte und Fischstücke darin portionsweise andünsten. Die Zucchinischeiben hinzufügen. Fischfond oder Gemüsebrühe hinzugießen. Knoblauch abziehen, durch eine Knoblauchpresse drücken und mit den gefrorenen Kräutern unter den Eintopf rühren. Mit Salz und Pfeffer würzen.
6. Den Eintopf zum Kochen bringen. Die Zutaten etwa 10 Minuten bei schwacher Hitze gar ziehen lassen. Beiseitegelegte Tomatenwürfel und Muscheln unterrühren, kurz miterhitzen.
7. Den Zitronenthymian abspülen und trocken tupfen. Einige Stängel beiseitelegen. Blättchen von den restlichen Stängeln zupfen. Blättchen klein schneiden und unter den Fischeintopf rühren.
8. Den Eintopf mit den beiseitegelegten Thymianzweigen garniert servieren.

Mediterraner Fischeintopf

Sauerkrautsuppe mit Croûtons

## Sauerkrautsuppe mit Croûtons

8–10 Portionen

*Zubereitungszeit:* 30 Minuten

**Für die Suppe:**
3 mittelgroße Zwiebeln
3 EL Butter oder Margarine
750 g Sauerkraut
600 ml Weißwein
1 1/2 l Gemüsebrühe

**Für die Croûtons:**
8 Scheiben Weißbrot
80–100 g Butter
75 g Weizenmehl
375 g Schlagsahne
Salz, gem. Pfeffer
etwas Zucker

*Pro Portion:*
E: 5 g, F: 27 g, Kh: 22 g,
kJ: 1716, kcal: 409

1. Für die Suppe Zwiebeln abziehen und in kleine Würfel schneiden. Butter oder Margarine in einem großen Topf zerlassen. Die Zwiebelwürfel darin andünsten. Sauerkraut auseinanderzupfen, hinzufügen und mitdünsten lassen.
2. Weißwein und Gemüsebrühe hinzugießen, zum Kochen bringen und etwa 25 Minuten kochen lassen.
3. In der Zwischenzeit für die Croûtons Weißbrot entrinden und in kleine Würfel schneiden. Jeweils die Hälfte der Butter in einer Pfanne zerlassen. Die Weißbrotwürfel darin in 2 Portionen von allen Seiten goldbraun braten und herausnehmen.
4. Das Mehl mit Sahne anrühren, in die gare Sauerkrautsuppe rühren und unter Rühren zum Kochen bringen. Die Suppe 4–5 Minuten bei schwacher Hitze kochen lassen, dabei ab und zu umrühren. Mit Salz, Pfeffer und Zucker abschmecken.
5. Die Sauerkrautsuppe in vorgewärmte Suppentassen oder -teller füllen. Die Croûtons darauf verteilen und sofort servieren.

# Japanischer Tofu-Eintopf

4 Portionen

*Zubereitungszeit: 30 Minuten*

etwa 1 l Wasser
4 EL Weißweinessig
300 g Schwarzwurzeln
200 g Möhren
200 g vorwiegend festkochende Kartoffeln
200 g weißer Rettich (ersatzweise Knollensellerie oder Petersilienwurzel)
800 ml Gemüsebrühe
1 Bund Frühlingszwiebeln
300 g Shiitakepilze
400 g Tofu
2 EL Sesamöl
2 EL Sojasauce
Cayennepfeffer
evtl. einige Schnittlauchröllchen

*Pro Portion:*
E: 21 g, F: 15 g, Kh: 23 g,
kJ: 1248, kcal: 298

1. Wasser und Essig in einer Schüssel verrühren. Die Schwarzwurzeln unter fließendem kalten Wasser gründlich abbürsten, dünn schälen, abspülen und abtropfen lassen. Schwarzwurzeln zuerst in etwa 3 cm lange Stücke, dann in dünne Stifte schneiden. Schwarzwurzeln sofort in das Essigwasser legen, damit sie weiß bleiben.
2. Möhren putzen, schälen, abspülen und abtropfen lassen. Kartoffeln schälen, abspülen und abtropfen lassen. Rettich (Sellerie bzw. Petersilienwurzel) putzen, schälen, abspülen und gut abtropfen lassen. Möhren, Kartoffeln und Rettich zuerst längs vierteln, dann in dünne Scheiben schneiden. Schwarzwurzeln in ein Sieb geben und abtropfen lassen.
3. Gemüsebrühe in einem Topf zum Kochen bringen. Vorbereitetes Gemüse hinzugeben und wieder zum Kochen bringen. Den Eintopf zugedeckt etwa 5 Minuten bei schwacher Hitze kochen lassen.
4. In der Zwischenzeit die Frühlingszwiebeln putzen, abspülen, abtropfen lassen und in etwa 1 cm dicke Scheiben schneiden. Shiitakepilze evtl. kurz abspülen und trocken tupfen. Von den Pilzen die Stiele herausdrehen oder abschneiden. Die Pilzköpfe in feine Streifen schneiden. Tofu in Würfel schneiden.
5. Die Frühlingszwiebelscheiben, Pilzstreifen und Tofuwürfel in den Eintopf geben und kurz aufkochen lassen. Den Eintopf mit Sesamöl, Sojasauce und Cayennepfeffer abschmecken. Den Eintopf in 4 Suppentassen füllen, nach Belieben mit Schnittlauchröllchen bestreuen und sofort servieren.

**Tipps:** Shiitakepilze wachsen zwar ganzjährig, sind aber nicht immer im Handel erhältlich. Sie können ersatzweise auch Champignons verwenden. Frische Schwarzwurzeln werden nur von Oktober bis März angeboten. Sie können auch abgetropfte Schwarzwurzeln aus dem Glas verwenden. Dann Schwarzwurzeln je nach Größe quer durchschneiden, mit den Gemüsezutaten in die kochende Brühe geben und mitgaren lassen.

Japanischer Tofu-Eintopf

# Würzige Möhrensuppe

4 Portionen

*Zubereitungszeit: 25 Minuten*

**Für die Suppe:**
1 Zwiebel
1 rote Chilischote
600 g Möhren
1 kleine Stange Porree (Lauch)
3 EL Olivenöl
400 ml Gemüsebrühe
400 ml Möhrensaft
1 Stängel Zitronenthymian
Salz

**Für die Croûtons:**
1 Baguettebrötchen (etwa 100 g)
25 g Butter
4 Scheiben Bacon (Frühstücksspeck, etwa 100 g)

100 g Schlagsahne
1 EL Zitronensaft
gem. Pfeffer
1 TL Butter

einige Thymianblättchen und Estragonstängel

*Pro Portion:*
E: 10 g, F: 24 g, Kh: 24 g,
kJ: 1502, kcal: 359

1. Für die Suppe die Zwiebel abziehen und in kleine Würfel schneiden. Chilischote längs halbieren, entstielen und entkernen. Schotenhälften abspülen, trocken tupfen und klein schneiden. Die Möhren putzen, schälen, abspülen, abtropfen lassen und in etwa 1 cm große Würfel schneiden. Porree putzen. Die Stange längs halbieren, gründlich waschen, abtropfen lassen und in dünne Streifen schneiden.
2. Olivenöl in einem großen Topf erhitzen. Zwiebelwürfel, Chili, Möhrenwürfel und Porreestreifen darin unter Rühren gut andünsten. Brühe und Möhrensaft hinzugießen. Thymian abspülen, trocken tupfen und hinzufügen. Mit Salz würzen. Die Zutaten zum Kochen bringen und zugedeckt etwa 15 Minuten bei schwacher Hitze kochen lassen.
3. Für die Croûtons in der Zwischenzeit Baguettebrötchen in etwa 1 cm kleine Würfel schneiden. Die Butter in einer Pfanne zerlassen. Brötchenwürfel hinzugeben und von allen Seiten goldbraun rösten. Brötchenwürfel herausnehmen und auf einen Teller legen. Die Frühstücksspeckscheiben in breite Streifen schneiden und in der erhitzten Pfanne ohne Fett goldbraun braten. Frühstücksspeckstreifen herausnehmen.
4. Den Thymianstängel aus der garen Suppe nehmen. Die Suppe mit einem Pürierstab grob pürieren. Sahne und Zitronensaft unterrühren, unter Rühren kurz aufkochen lassen. Die Suppe mit Salz und Pfeffer abschmecken. Butter kurz unterrühren.
5. Die Suppe in Tellern verteilen. Mit den Croûtons und Frühstücksspeckstreifen servieren. Die Suppe mit abgespülten, trocken getupften Thymianblättchen und Estragonstängeln garnieren.

## Joghurtsuppe mit gebratenen Knoblauch-Artischocken

4 Portionen

*Zubereitungszeit:* 15 Minuten

1 Salatgurke
700 g Joghurt (3,5 % Fett)
300 ml kalte Gemüsebrühe
Salz, gem. Pfeffer
1–2 EL Zitronensaft
1 Prise brauner Zucker
4 EL Olivenöl
1 Knoblauchzehe
480 g gut abgetropfte Artischockenherzen (aus Dosen)
je 4–5 Stängel frischer Dill, Minze und etwas Borretsch (ersatzweise 2–3 EL TK-Gemischte Kräuter)
2 Tomaten

*Pro Portion:*
E: 11 g, F: 17 g, Kh: 14 g,
kJ: 1089, kcal: 260

1. Die Salatgurke schälen und die Enden abschneiden. Die Gurke grob würfeln, in einen hohen Rührbecher geben und mit einem Pürierstab fein pürieren.
2. Gurkenpüree in eine hohe Schüssel geben. Zunächst Joghurt unterrühren und glatt rühren. Anschließend Brühe hinzugießen und mit einem Schneebesen sorgfältig verrühren. Joghurtsuppe mit Salz, Pfeffer, Zitronensaft, Zucker und 2 Esslöffeln Olivenöl abschmecken. Die Suppe zugedeckt in den Kühlschrank stellen.
3. Knoblauch abziehen und in feine Scheiben schneiden. Artischockenherzen halbieren.
4. Restliches Olivenöl in einer Pfanne erhitzen. Artischockenhälften und Knoblauchscheiben darin unter Wenden kräftig anbraten. Mit Salz und Pfeffer würzen, beiseitestellen.
5. Kräuter abspülen und trocken tupfen. Blättchen von den Stängeln zupfen. Blättchen klein schneiden. Tomaten abspülen, abtrocknen und die Stängelansätze herausschneiden. Tomaten halbieren und in etwa 1/2 cm große Würfel scheiden. Tomatenwürfel beiseitestellen.
6. Kräuter in die Suppe geben und unterrühren. Die Suppe mit Salz und Pfeffer abschmecken.
7. Die Joghurtsuppe in tiefen Tellern verteilen.
8. Lauwarme Artischockenherzen und die Tomatenwürfel in die Suppe geben und servieren.

Würzige Möhrensuppe

Joghurtsuppe mit gebratenen Knoblauch-Artischocken

## Sauerscharfe Asiasuppe

4 Portionen

*Zubereitungszeit: 25 Minuten*

20 g frischer Ingwer
1 Knoblauchzehe
2 Stängel Zitronengras
2 Kaffirblätter (Limettenblätter) (erhältlich im Asialaden)
2 mittelgroße Möhren (etwa 200 g)
1 l heiße Gemüsebrühe
1–2 kleine, rote Chilischoten
1 Bund Frühlingszwiebeln
150 g Shiitakepilze (ersatzweise rosé Champignons)
150 g Zuckerschoten
300 g abgetropfter Tofu, natur
1–2 Limetten
Sojasauce

*Pro Portion:*
E: 16 g, F: 5 g, Kh: 19 g,
kJ: 773, kcal: 184

**1.** Ingwer schälen, Knoblauch abziehen, beides in feine Scheiben schneiden. Zitronengras putzen, äußere Blätter entfernen. Zitronengrasstängel abspülen, abtropfen lassen und in grobe Stücke schneiden. Zitronengrasstücke etwas aufklopfen. Kaffirblätter abspülen und abtropfen lassen. Möhren putzen, schälen, abspülen, abtropfen lassen und in feine Stifte schneiden.
**2.** Die heiße Gemüsebrühe in einem Topf zum Kochen bringen. Möhrenstifte, Ingwer-, Knoblauchscheiben, Zitronengrasstücke und Kaffirblätter hinzugeben, wieder zum Kochen bringen.
**3.** In der Zwischenzeit Chilischoten abspülen, abtropfen lassen, entstielen, halbieren und entkernen. Schotenhälften in die Suppe geben. (Anschließend unbedingt gründlich die Hände waschen, damit nichts versehentlich in die Augen gerät!) Die Suppe zugedeckt etwa 10 Minuten bei schwacher Hitze kochen lassen.
**4.** In der Zwischenzeit die Frühlingszwiebeln putzen, abspülen, abtropfen lassen und schräg in Scheiben schneiden. Pilze putzen, evtl. kurz abspülen, trocken tupfen und ebenfalls in Scheiben schneiden. Von den Zuckerschoten die Enden abschneiden, evtl. abfädeln. Zuckerschoten abspülen, abtropfen lassen und schräg halbieren. Tofu in etwa 2 cm große Würfel schneiden. Limetten halbieren und den Saft auspressen.
**5.** Suppe mit Sojasauce und Limettensaft würzen. Frühlingszwiebel-, Pilzscheiben, Zuckerschoten und Tofuwürfel hinzugeben, wieder zum Kochen bringen und etwa 7 Minuten bei schwacher Hitze gar kochen lassen. Die Suppe mit Sojasauce abschmecken und in Suppentassen verteilen.

Sauerscharfe Asiasuppe

Süßkartoffelcremesuppe

## Süßkartoffelcremesuppe

4 Portionen

*Zubereitungszeit: 25 Minuten*

700 g orangefleischige Süßkartoffeln
2 Zwiebeln
1 rote Chilischote
2 EL Olivenöl
1 l Gemüse- oder Geflügelbrühe
100 ml Kokosmilch (ungesüßt)
Salz
gem. Pfeffer
ger. Muskatnuss
Kardamom- oder Currypulver
Zucker
1 Bund Schnittlauch

*Pro Portion:*
E: 4 g, F: 6 g, Kh: 38 g,
kJ: 961, kcal: 229

**1.** Süßkartoffeln schälen, abspülen, abtropfen lassen und in grobe Stücke schneiden. Zwiebeln abziehen und grob würfeln. Die Chilischote halbieren, entstielen, entkernen, abspülen, trocken tupfen und in Stücke schneiden.
**2.** Das Olivenöl in einem Topf erhitzen. Kartoffel- und Zwiebelwürfel darin unter Rühren andünsten. Brühe hinzugießen und Chilischotenstücke hinzugeben. Die Zutaten zum Kochen bringen und zugedeckt etwa 20 Minuten garen.
**3.** Die Suppe mit einem Pürierstab pürieren. Kokosmilch unterrühren. Die Suppe mit Salz, Pfeffer, Muskat, Kardamom oder Curry und etwas Zucker abschmecken.
**4.** Schnittlauch abspülen, trocken tupfen und in Röllchen schneiden. Die Suppe in 4 Suppentassen füllen und mit Schnittlauchröllchen bestreut servieren.

***Beilage:*** Ofenfrisches Baguette oder Fladenbrot.

## Spargelsuppe

4 Portionen

*Zubereitungszeit:* 20 Minuten

250 g geschälter, weißer Spargel
500 ml Salzwasser
1 gestr. TL Zucker
10 g Butter
20 g Butter oder Margarine
15 g Weizenmehl
250 ml Milch (3,5 % Fett)
500 ml Spargelwasser
Salz, Zucker
1 Eigelb (Größe M)
2 EL Schlagsahne

*Pro Portion:*
E: 4 g, F: 12 g, Kh: 11 g,
kJ: 730, kcal: 174

1. Spargelstangen abspülen, abtropfen lassen und in etwa 3 cm lange Stücke schneiden. Salzwasser, Zucker und Butter in einem Topf zum Kochen bringen. Die Spargelstücke darin zugedeckt etwa 10 Minuten kochen lassen.
2. Die Spargelstücke in einem Sieb abtropfen lassen, dabei das Spargelwasser auffangen und 500 ml abmessen, evtl. mit Wasser auffüllen.
3. Butter oder Margarine in einem Topf zerlassen. Mehl darin unter Rühren so lange erhitzen, bis es hellgelb ist. Milch und Spargelwasser nach und nach hinzugießen, mit einem Schneebesen durchschlagen. Dabei darauf achten, dass keine Klümpchen entstehen. Die Suppe zum Kochen bringen und etwa 10 Minuten kochen lassen, mit Salz und Zucker abschmecken.
4. Eigelb mit Sahne verschlagen, die Suppe damit abziehen (nicht mehr kochen lassen). Die Spargelstückchen in die Suppe geben.

## Tomatensuppe mit Crème fraîche

4 Portionen

*Zubereitungszeit:* 25 Minuten

1 kg Tomaten
2 mittelgroße Zwiebeln
50 g fetter Speck
20 g Butter oder Margarine
20 g Weizenmehl
2 EL Tomatenmark
750 ml Gemüsebrühe
Salz, 1 Prise Zucker
gem. Pfeffer
Paprikapulver edelsüß
gehacktes Basilikum
gehackter Thymian
Tabascosauce
1–2 Frühlingszwiebeln
150 g Crème fraîche

*Pro Portion:*
E: 5 g, F: 27 g, Kh: 15 g,
kJ: 1422, kcal: 340

1. Tomaten kreuzweise einschneiden und mit kochendem Wasser übergießen. Nach 1–2 Minuten herausnehmen und mit kaltem Wasser abschrecken. Tomaten häuten, halbieren, entkernen und die Stängelansätze herausschneiden. Tomaten in Würfel schneiden. Zwiebeln abziehen. Zwiebeln in Würfel schneiden. Speck ebenfalls würfeln.
2. Butter oder Margarine in einem Topf zerlassen. Zwiebel- und Speckwürfel darin glasig dünsten. Tomatenwürfel hinzufügen und kurz mitdünsten lassen. Mit Mehl bestäuben, Tomatenmark unterrühren. Brühe hinzugießen, zum Kochen bringen und etwa 10 Minuten kochen lassen.
3. Die Suppe mit einem Pürierstab pürieren und erhitzen. Mit Salz, Zucker, Pfeffer, Paprika, Basilikum, Thymian und Tabasco abschmecken.
4. Die Frühlingszwiebeln putzen, abspülen, trocken tupfen und in Scheiben schneiden. Die Suppe in Tellern verteilen und je einen Klecks Crème fraîche daraufsetzen. Mit Frühlingszwiebelscheiben garniert servieren.

Tofu-Möhren-Suppe

## Tofu-Möhren-Suppe
4 Portionen

*Zubereitungszeit: 30 Minuten*

1 Zwiebel
600 g Möhren (6 Möhren)
2 EL Speiseöl, z. B. Sonnenblumenöl
750 ml heiße Gemüsebrühe
2 Lorbeerblätter
1 Stange Porree (Lauch, etwa 200 g)
175 g geräucherter Tofu
(aus dem Kühlregal)
1 Bio-Zitrone
(unbehandelt, ungewachst)
1–2 TL Sojasauce
1 Prise Zucker
Salz, gem. Pfeffer
1 EL TK-Petersilie

*Pro Portion:*
E: 9 g, F. 9 g, Kh: 12 g,
kJ: 704, kcal: 168

**1.** Die Zwiebel abziehen, in kleine Würfel schneiden. Die Möhren putzen, schälen, abspülen und abtropfen lassen. 5 Möhren in Scheiben schneiden.
**2.** Die Hälfte des Speiseöls in einem Topf erhitzen. Zwiebelwürfel darin etwa 2 Minuten unter Rühren bei mittlerer Hitze andünsten. Die Möhrenscheiben hinzugeben und unter Rühren kurz mitdünsten. Heiße Gemüsebrühe und Lorbeerblätter hinzugeben, zum Kochen bringen und

Süßkartoffelsuppe mit Backobst und Bacon

zugedeckt etwa 15 Minuten bei mittlerer Hitze kochen lassen, bis die Möhrenscheiben weich sind.
**3.** In der Zwischenzeit den Porree putzen, die Stange längs halbieren, gründlich waschen und abtropfen lassen. Den Porree in schmale Streifen schneiden. Die beiseitegelegte Möhre in kleine Würfel schneiden.
**4.** Den Tofu in größere, mundgerechte Würfel schneiden. Das restliche Speiseöl in einer großen Pfanne erhitzen. Die Porreestreifen, Möhren- und Tofuwürfel darin von allen Seiten in 5–6 Minuten unter gelegentlichem Rühren bei mittlerer Hitze anbraten. Das Gemüse beiseitestellen.
**5.** Die Zitrone heiß abwaschen und abtrocknen. Die Hälfte der Schale abreiben. Zitrone halbieren und von einer Hälfte den Saft auspressen.
**6.** Die Lorbeerblätter aus der Suppe nehmen. Die Zitronenschale in die Suppe geben. Die Suppe mit den Möhrenscheiben mit einem Pürierstab pürieren und nochmals kurz aufkochen lassen.
**7.** Das angebratene Gemüse mit den Tofuwürfeln in die Suppe geben und noch etwa 3 Minuten bei schwacher Hitze gar ziehen lassen. Die Suppe mit 1 1/2–2 Esslöffeln Zitronensaft, Sojasauce, Zucker, Salz und Pfeffer abschmecken.
**8.** Die Tofu-Möhren-Suppe in Suppentassen verteilen und mit Petersilie bestreut sofort servieren.

## Süßkartoffelsuppe mit Backobst und Bacon

4 Portionen

*Zubereitungszeit: 30 Minuten*

100 g Zwiebeln
20 g frischer Ingwer
300 g Süßkartoffeln
8 Pimentkörner
5 Wacholderbeeren
30 g Butter
150 ml Möhrensaft
100 ml Orangensaft
500 ml Geflügelbrühe
Salz
40 g Meerrettichwurzel
1/2 Bund Schnittlauch
50 g gemischtes Backobst
(Trockenobst)
4 Scheiben Bacon (Frühstücksspeck)
je 1 TL fein abgeriebene Schale von
1 Bio-Orange und Bio-Zitrone
(unbehandelt, ungewachst)

*Pro Portion:*
E: 5 g, F: 8 g, Kh: 30 g,
kJ: 912, kcal: 218

**1.** Zwiebeln abziehen. Ingwer schälen. Zwiebeln und Ingwer in kleine Würfel schneiden.
**2.** Die Süßkartoffeln dick schälen, abspülen, abtropfen lassen und in grobe Würfel schneiden. Pimentkörner und Wacholderbeeren grob zerstoßen.
**3.** Butter in einem Topf zerlassen. Die vorbereiteten Zutaten darin kräftig unter Rühren andünsten. Möhren-, Orangensaft und Brühe hinzugießen, mit Salz würzen.
**4.** Die Zutaten zum Kochen bringen und etwa 20 Minuten ohne Deckel kochen lassen.
**5.** Den Meerrettich schälen, abspülen und abtropfen lassen. Schnittlauch abspülen, trocken tupfen, in feine Röllchen schneiden. Backobst in kleine Würfel schneiden.
**6.** Die Baconscheiben nebeneinander in einer Pfanne ohne Fett von beiden Seiten knusprig ausbraten, heraus-

nehmen und auf Küchenpapier abtropfen lassen.
7. Die Suppe fein pürieren, durch ein feines Sieb in einen Topf geben. Die Rückstände im Sieb gut ausdrücken. Orangen- und Zitronenschale unterrühren. Die Suppe evtl. nochmals mit Salz abschmecken.
8. Die Suppe nochmals erhitzen. Backobstwürfel hineingeben und miterwärmen. Die Suppe in Suppentassen anrichten. Meerrettich daraufreiben und mit Schnittlauchröllchen bestreuen. Baconscheiben dazureichen.

## Milchsuppe mit Schneeklößchen

4 Portionen

*Zubereitungszeit:* 20 Minuten

**Für die Suppe:**
1 Pck. Dr. Oetker Pudding-Pulver Vanille-, Mandel- oder Sahne-Geschmack
60 g Zucker, 1 Prise Salz
1 l Milch (3,5 % Fett)
1 Eigelb (Größe M)
1/2 Bio-Zitrone (unbehandelt, ungewachst)

**Für die Schneeklößchen:**
1 Eiweiß (Größe M)
1 schwach geh. TL Zucker

*Pro Portion:*
E: 9 g, F: 9 g, Kh: 34 g,
kJ: 1174, kcal: 281

1. Für die Suppe Pudding-Pulver mit Zucker und Salz mischen. Mit mindestens 6 Esslöffeln von der Milch anrühren. Eigelb unterrühren.
2. Die Zitronenhälfte heiß abwaschen, abtrocknen und die Schale dünn abschälen. Restliche Milch mit der Zitronenschale in einem großen Topf zum Kochen bringen.
3. Angerührtes Pudding-Pulver in die von der Kochstelle genommene Milch rühren und unter Rühren kurz aufkochen lassen. Anschließend die Zitronenschale entfernen.
4. Für die Schneeklößchen Eiweiß mit Zucker sehr steif schlagen. Mit Teelöffeln kleine Klößchen abstechen und auf die Suppe setzen. Die Klößchen zugedeckt etwa 5 Minuten in der Suppe gar ziehen lassen (Flüssigkeit muss sich leicht bewegen).

## Gemüsecremesuppe

4 Portionen

*Zubereitungszeit:* 25 Minuten

2 mittelgroße Zwiebeln
40 g Butter oder Margarine
500 ml heiße Gemüsebrühe
250 g Schlagsahne
750 g vorbereitetes Gemüse, z. B. Porree, Möhren, Kohlrabi, Staudensellerie
Salz, gem. Pfeffer
ger. Muskatnuss
2 Eigelb (Größe M)
4 EL Sherry
1–2 EL klein geschnittene Petersilie

*Pro Portion:*
E: 7 g, F: 32 g, Kh: 12 g,
kJ: 1574, kcal: 377

1. Zwiebeln abziehen und in kleine Würfel schneiden. Butter oder Margarine in einem Topf zerlassen, Zwiebelwürfel darin andünsten. Heiße Brühe und Sahne hinzugießen, zum Kochen bringen. Vorbereitetes Gemüse in Stücke schneiden und hinzugeben. Mit Salz, Pfeffer und Muskat würzen. Die Zutaten zum Kochen bringen. Gemüsestücke 15–20 Minuten garen.
2. Die Suppe mit einem Pürierstab pürieren und wieder erhitzen.
3. Eigelb mit Sherry verschlagen. Die Suppe damit abziehen (nicht mehr kochen lassen).
4. Die Gemüsecremesuppe in Suppentassen verteilen und mit Petersilie bestreut servieren.

**Tipps:** Nach Belieben jeweils einen Klecks Crème fraîche vor dem Servieren in die Suppe geben. Wenn Kinder mitessen, ersetzen Sie den Sherry durch einige Tropfen Worcestersauce.

Milchsuppe mit Schneeklößchen

Gemüsecremesuppe

## Kartoffelsuppe

2 Portionen

*Zubereitungszeit: 30 Minuten*

4 mehligkochende Kartoffeln
(etwa 600 g)
1 Stange Porree (Lauch, etwa 200 g)
400 ml Hühner- oder Gemüsebrühe
50 g Crème fraîche
Salz
gem. Pfeffer
2 EL Schnittlauchröllchen

*Pro Portion:*
E: 7 g, F: 8 g, Kh: 41 g,
kJ: 1133, kcal: 271

1. Die Kartoffeln schälen, abspülen, abtropfen lassen und in haselnussgroße Würfel schneiden. Den Porree putzen, die Stange längs halbieren, gründlich waschen, abtropfen lassen und in möglichst schmale Streifen schneiden (dann lässt sich die Suppe später glatter pürieren). Dabei die weißen und grünen Porreestreifen trennen.
2. Kartoffelwürfel mit der Brühe und den weißen Porreestreifen in einem Topf zum Kochen bringen und zugedeckt etwa 15 Minuten kochen lassen. Crème fraîche mit den grünen Porreestreifen hinzugeben und weitere etwa 8 Minuten garen. Anschließend die Suppe mit einem Pürierstab pürieren, bis eine feine, samtige und glatte Konsistenz entstanden ist.
3. Die Kartoffelsuppe mit Salz und Pfeffer abschmecken, in Suppentellern anrichten und mit Schnittlauchröllchen bestreuen.

Kartoffelsuppe

## Amerikanische Pfeffersuppe

4 Portionen

*Zubereitungszeit: 30 Minuten*

1 Gemüsezwiebel
1 Stange Staudensellerie
1 Stange Porree (Lauch)
2 grüne Paprikaschoten
100 g Butter
1 l heiße Rinderbrühe
200 g Kochschinken
100 g gegarte Spätzle
(aus dem Kühlregal)
2 EL grüne Pfefferkörner
2 EL gehackte Petersilie
Salz, ger. Muskatnuss

*Pro Portion:*
E: 22 g, F: 34 g, Kh: 16 g,
kJ: 2007, kcal: 480

Amerikanische Pfeffersuppe

1. Gemüsezwiebel abziehen, halbieren. Staudensellerie putzen und die harten Außenfäden abziehen. Selleriestange abspülen und abtropfen lassen. Porree putzen, die Stange längs halbieren, gründlich waschen und abtropfen lassen. Paprikaschoten halbieren, entstielen, entkernen und die weißen Scheidewände entfernen. Schoten abspülen, abtropfen lassen. Das vorbereitete Gemüse in feine Streifen schneiden.
2. Butter in einem Topf zerlassen. Gemüsestreifen darin portionsweise unter Rühren kurz andünsten. Heiße Rinderbrühe hinzugießen, zum Kochen bringen und etwa 15 Minuten bei schwacher Hitze leicht kochen lassen.
3. Kochschinken in feine Streifen schneiden, mit Spätzle kurz vor Ende der Garzeit in die Suppe geben und erhitzen.
4. Suppe mit Pfefferkörnern, Petersilie, Salz und Muskat abschmecken.

## Sommerliches Ratatouille

4 Portionen

*Zubereitungszeit: 30 Minuten*

**Für die Suppe:**
300 g Porree (Lauch)
300 g Fenchelknollen
250 g Möhren
2 Stangen Staudensellerie
1 TL Fenchelsamen
3 EL Olivenöl
2 EL TK-Zwiebelwürfel
1 TL Kräuter der Provence
100 g Perlgraupen (mittel)
1 l heiße Gemüsebrühe
1 Lorbeerblatt
Salz
gem. Pfeffer
einige Stängel Thymian
450 g stückige Tomaten
(aus der Dose)
400 g TK-Rosenkohl
Kräutersalz

Sommerliches Ratatouille

Kartoffelschaumsuppe mit Krabben

*Pro Portion:*
E: 13 g, F: 9 g, Kh: 34 g,
kJ: 1161, kcal: 276

**1.** Für die Suppe Porree putzen, die Stangen längs halbieren, gründlich waschen und abtropfen lassen. Den Porree in feine Streifen schneiden und beiseitelegen.
**2.** Fenchelknollen putzen, abspülen, abtropfen lassen, halbieren und in Würfel schneiden. Möhren putzen, schälen, abspülen, abtropfen und in Scheiben schneiden. Staudensellerie putzen und die harten Außenfäden abziehen. Selleriestangen abspülen, abtropfen lassen und in Scheiben schneiden. Fenchelsamen in einem Mörser zerdrücken.
**3.** Olivenöl in einem großen Topf erhitzen. Zwiebelwürfel darin hellgelb andünsten. Fenchelsamen, Kräuter der Provence, Fenchelwürfel, Möhren- und Staudenselleriescheiben hinzugeben, unter Rühren mitdünsten lassen. Perlgraupen, Gemüsebrühe und Lorbeerblatt hinzugeben, zum Kochen bringen. Mit Salz und Pfeffer würzen. Die Zutaten zugedeckt etwa 8 Minuten bei mittlerer Hitze kochen lassen.
**4.** Thymian abspülen und trocken tupfen. Die Blättchen von den Stängeln zupfen. Blättchen beiseitelegen.
**5.** Stückige Tomaten, beiseitegelegte Porreestreifen und Rosenkohl in die Suppe geben. Die Suppe wieder zum Kochen bringen und zugedeckt weitere etwa 10 Minuten kochen lassen. Die Suppe mit Kräutersalz und Pfeffer würzen. Sommerliches Ratatouille in tiefen Tellern oder Suppentassen verteilen, mit Thymianblättchen bestreut servieren.

## Kartoffelschaumsuppe mit Krabben

4 Portionen

*Zubereitungszeit: 30 Minuten*

150 g Zwiebeln
600 g mehligkochende Kartoffeln
1 1/2 EL Butter oder Margarine
100 ml trockener Weißwein (ersatzweise Buttermilch)
200 g Buttermilch
750 ml Gemüsebrühe
Salz, gem. Pfeffer
2 hart gekochte Eier
1 TL gerebelter Rosmarin
1 TL gerebelter Thymian
1/2 TL gerebeltes Basilikum
125 g Schlagsahne (mind. 30 % Fett)

100 g Krabbenfleisch (aus dem Kühlregal)

*Pro Portion:*
E: 14 g, F: 20 g, Kh: 23 g,
kJ: 1490, kcal: 356

**1.** Die Zwiebeln abziehen und in kleine Würfel schneiden. Die Kartoffeln schälen, abspülen, abtropfen lassen und in kleine Würfel schneiden. Die Butter oder Margarine in einem Topf zerlassen. Die Zwiebel- und Kartoffelwürfel darin etwa 5 Minuten unter gelegentlichem Rühren andünsten.
**2.** Weißwein, Buttermilch und die Brühe hinzugießen. Mit Salz und Pfeffer würzen. Die Zutaten zum Kochen bringen und zugedeckt etwa 20 Minuten bei schwacher Hitze leicht kochen lassen.
**3.** In der Zwischenzeit die Eier pellen, in kleine Würfel schneiden und beiseitestellen. Etwa 5 Minuten vor Ende der Garzeit Rosmarin, Thymian und Basilikum in die Suppe geben. Sahne steif schlagen und dann in den Kühlschrank stellen.
**4.** Die Suppeneinlage (Kartoffeln) in der Suppe mit dem Kartoffelstampfer etwas zerdrücken, bis die Suppe sämig wird (ein Teil der Kartoffelwürfel kann erhalten bleiben). Die Sahne vorsichtig unter die Suppe rühren. Suppe evtl. nochmals abschmecken.
**5.** Die Suppe in Tellern anrichten. Die beiseitegestellten Eierwürfel und Krabben darauf verteilen. Die Suppe sofort servieren.

**Tipp:** Die Kartoffelsuppe mit dem Kartoffelstampfer und nicht mit dem Pürierstab pürieren – sie wird sonst nicht sämig.

Sellerie-Apfel-Suppe mit Wasabi

Gemüsesuppe mit Lachsschinken

## Sellerie-Apfel-Suppe mit Wasabi

4 Portionen

*Zubereitungszeit: 30 Minuten*

500 g junger Knollensellerie
350 g mehligkochende Kartoffeln
180 g Staudensellerie
1 Zwiebel
250 g säuerliche Äpfel
(etwa 2 Stück)
2 EL Butter oder Margarine
Salz
gem. Pfeffer
1 l heiße Gemüsebrühe
250 g geräuchertes Fischfilet,
z. B. Forelle, Lachsforelle oder Lachs
150 g Schlagsahne
4–5 gestr. TL Wasabi-Pulver
(ersatzweise Meerrettich
aus dem Glas)
2–3 EL Zitronensaft

*Pro Portion:*
E: 19 g, F: 25 g, Kh: 26 g,
kJ: 1689, kcal: 404

1. Knollensellerie und Kartoffeln schälen, abspülen, abtropfen lassen und in etwa 1 cm große Würfel schneiden. Staudensellerie putzen und die harten Außenfäden abziehen. Das zarte Grün beiseitelegen. Selleriestangen abspülen, abtropfen lassen und in feine Scheiben schneiden. Zwiebel abziehen und in kleine Würfel schneiden.
2. Äpfel heiß abwaschen, abtropfen lassen, halbieren und entkernen. Stängelansätze und Blüten entfernen. Die Hälfte der Äpfel in feine Spalten schneiden. Butter oder Margarine in einem Topf zerlassen. Apfelspalten darin anbraten, herausnehmen und beiseitestellen.
3. Knollensellerie-, Kartoffelwürfel, Staudensellerieescheiben und Zwiebelwürfel im verbliebenen Bratfett unter Rühren etwa 4 Minuten andünsten. Mit Salz und Pfeffer würzen. Gemüsebrühe hinzugießen, zum Kochen bringen und etwa 12 Minuten bei schwacher Hitze kochen.
4. Restliche Apfelhälften in Stücke schneiden, in die Suppe geben und weitere etwa 3 Minuten bei schwacher Hitze kochen lassen.
5. In der Zwischenzeit Fischfilet in mundgerechte Stücke zupfen oder in Streifen schneiden und beiseitestellen.
6. Die Suppe mit einem Pürierstab pürieren. Sahne hinzugießen und kurz aufkochen. Wasabi-Pulver mit etwas Wasser glatt rühren. Suppe mit Salz, Pfeffer, angerührtem Wasabi-Pulver und Zitronensaft abschmecken.
7. Beiseitegelegtes Selleriegrün abspülen, trocken tupfen und klein schneiden. Die Suppe mit Fischfilet, angebratenen Apfelspalten und Selleriegrün anrichten.

## Gemüsesuppe mit Lachsschinken

4 Portionen

*Zubereitungszeit: 25 Minuten*

400 g Möhren
600 g Kohlrabi
800 g festkochende Kartoffeln
2 EL Speiseöl, z. B. Olivenöl
knapp 1 1/4 l Gemüsebrühe
200 g Lachsschinken (ohne Fettrand)
2 TL geschälte Sesamsamen
Salz
gem. Pfeffer
2 Msp. ger. Muskatnuss
100 g Crème légère

*Pro Portion:*
E: 18 g, F: 13 g, Kh: 34 g,
kJ: 1373, kcal: 328

1. Möhren und Kohlrabi putzen. Kartoffeln, Möhren und Kohlrabi schälen, abspülen, abtropfen lassen und in gleich große Stücke schneiden.
2. Speiseöl in einem Topf erhitzen. Die Gemüsestücke darin portionsweise unter Rühren andünsten. Die Brühe hinzugießen und zum Kochen bringen. Gemüse zugedeckt etwa 15 Minuten kochen.
3. In der Zwischenzeit Schinken in Streifen schneiden. Sesam in einer Pfanne ohne Fett unter Rühren anrösten.

4. Die Gemüsesuppe pürieren. Die Suppe mit Salz, Pfeffer und Muskat abschmecken und in 4 Suppenschalen verteilen. Crème légère unterrühren. Die Suppe mit Schinkenstreifen und Sesam bestreut sofort servieren.

## Französische Zwiebelsuppe

8 Portionen

*Zubereitungszeit: 30 Minuten*

1 kg Zwiebeln
100 g Butter
1 1/2 l Fleischbrühe
250 ml trockener Weißwein
Salz
gem. Pfeffer

60 g Butter
4 Scheiben Weißbrot, in Würfel geschnitten
100 g ger. Parmesan

*Pro Portion:*
E: 7 g, F: 21 g, Kh: 13 g,
kJ: 1235, kcal: 295

1. Die Zwiebeln abziehen, zuerst in Scheiben schneiden, dann in Ringe teilen. Butter in einem Topf zerlassen. Zwiebelringe darin evtl. in 2 Portionen unter Rühren andünsten.
2. Brühe hinzugießen und zum Kochen bringen. Die Zwiebeln zugedeckt etwa 20 Minuten garen. Wein hinzugießen, die Suppe nochmals aufkochen lassen, mit Salz und Pfeffer abschmecken.
3. Den Backofengrill vorheizen.
4. Butter in einer Pfanne zerlassen. Weißbrotwürfel hinzufügen und von allen Seiten anrösten.
5. Die Suppe in feuerfeste Tassen füllen, Weißbrotwürfel daraufgeben und mit Parmesan bestreut auf dem Rost unter dem vorgeheizten Grill (oder bei Ober-/ Unterhitze: etwa 220°C) im Backofen überbacken, bis der Käse zerlaufen ist.

## Ratatouille-Suppe

4 Portionen

*Zubereitungszeit: 30 Minuten*

100 g rote Zwiebeln
1–2 Knoblauchzehen
je 1 rote und gelbe Paprikaschote (je etwa 200 g)
200 g Auberginen
200 g Zucchini
2 EL Olivenöl
1 EL Tomatenmark
1 l Gemüsebrühe
Salz, Cayennepfeffer
150 g Cocktailtomaten
je 2 Stängel Minze, Basilikum und Petersilie
30 g schwarze Oliven ohne Stein
etwas abgeriebene Schale von 1 Bio-Zitrone (unbehandelt, ungewachst)
50 g geraspelter Parmesan

*Pro Portion:*
E: 8 g, F: 13 g, Kh: 10 g,
kJ: 805, kcal: 192

1. Zwiebeln und Knoblauch abziehen, in kleine Würfel schneiden. Paprikaschoten halbieren, entstielen, entkernen und die weißen Scheidewände entfernen. Schoten abspülen und abtropfen lassen.
2. Auberginen und Zucchini abspülen, abtrocknen und die Stängelansätze bzw. Enden abschneiden. Die Gemüsezutaten in etwa 1 cm große Stücke schneiden.
3. Olivenöl in einem Topf erhitzen. Zwiebel-, Knoblauchwürfel, Auberginen- und Paprikastücke darin portionsweise kräftig unter Rühren andünsten. Tomatenmark unterrühren und kurz mitrösten. Brühe hinzugießen, zum Kochen bringen, mit Salz und Cayennepfeffer würzen. Das Gemüse etwa 12 Minuten ohne Deckel kochen lassen.
4. In der Zwischenzeit Tomaten abspülen, abtropfen lassen und die Stängelansätze herausschneiden. Tomaten vierteln. Kräuterstängel abspülen und trocken tupfen. Die Blättchen von den Stängeln zupfen. Blättchen grob zerschneiden.
5. Zucchinistücke, Tomatenviertel und Oliven nach etwa 9 Minuten Garzeit in die Suppe geben und mitgaren lassen. Zuletzt Zitronenschale und Kräuter hinzugeben. Den Topf von der Kochstelle nehmen.
6. Ratatouille-Suppe anrichten und Parmesan dazureichen.

Französische Zwiebelsuppe

Ratatouille-Suppe

## Pikante orientalische Tomaten-Zwiebel-Suppe

4 Portionen

*Zubereitungszeit: 30 Minuten*

**Für den Couscous:**
500 ml heiße Gemüsebrühe
200 g Couscous

**Für die Suppe:**
2 Knoblauchzehen
300 g Gemüsezwiebeln
400 g Putenmedaillons
3 EL Olivenöl
Salz
gem. Pfeffer
je 1 Prise gem. Kreuzkümmel (Cumin) und Koriander
grob geschroteter Chili
je 3 Gewürznelken und Pimentkörner
2 Lorbeerblätter
100 ml trockener Rotwein
600 ml Gemüsebrühe
400 g stückige Tomaten (aus der Dose)
125 g getrocknete Pflaumen ohne Stein
265 g abgetropfte, abgespülte Kichererbsen (aus der Dose)

1–2 Stängel Minze

*Pro Portion:*
E: 39 g, F: 12 g, Kh: 66 g,
kJ: 2315, kcal: 551

1. Für den Couscous Brühe in einem Topf zum Kochen bringen. Couscous einstreuen und auf der ausgeschalteten Kochstelle zugedeckt etwa 10 Minuten quellen lassen.
2. Für die Suppe in der Zwischenzeit Knoblauch und Zwiebeln abziehen. Knoblauch klein würfeln. Zwiebeln zuerst in Scheiben schneiden, dann in Ringe teilen. Putenmedaillons kurz unter fließendem kalten Wasser abspülen und gut trocken tupfen.
3. Olivenöl in einem Topf erhitzen. Putenmedaillons darin von beiden Seiten anbraten, herausnehmen und zugedeckt warm stellen.
4. Knoblauchwürfel und Zwiebelringe in dem verbliebenen Bratfett andünsten. Mit Salz, Pfeffer, Cumin, Koriander und Chili würzen. Gewürznelken, Pimentkörner und Lorbeerblätter hinzugeben. Rotwein hinzugießen und bei starker Hitze etwas einkochen lassen. Gemüsebrühe und Tomaten hinzugeben. Die Zutaten wieder zum Kochen bringen und bei schwacher Hitze etwa 10 Minuten kochen lassen.
5. In der Zwischenzeit die Pflaumen in feine Würfel schneiden. Kichererbsen, Pflaumenwürfel und Putenmedaillons in die Suppe geben, weitere etwa 5 Minuten kochen lassen. Suppe mit Salz und Pfeffer abschmecken.
6. Couscous in tiefen Tellern verteilen. Die Suppe daraufgeben und mit abgespülter und trocken getupfter Minze garnieren.

Pikante orientalische Tomaten-Zwiebel-Suppe

Gemüsetopf „Sterntaler"

## Gemüsetopf „Sterntaler"

4 Portionen

*Zubereitungszeit: 25 Minuten*

1 kleiner Blumenkohl (etwa 500 g)
2 Möhren (etwa 200 g)
1 Petersilienwurzel
1 EL Sonnenblumenöl
1 Lorbeerblatt
1 1/2 l Gemüsebrühe
200 g TK-Erbsen
50 g Sternchennudeln
Salz
ger. Muskatnuss
4 kleine Geflügel-Wiener-Würstchen (je 50 g)
einige Stängel Petersilie

*Pro Portion:*
E: 16 g, F: 15 g, Kh: 22 g,
kJ: 1227, kcal: 294

1. Vom Blumenkohl die Blätter entfernen und den Strunk abschneiden. Den Blumenkohl in Röschen teilen, abspülen und abtropfen lassen.
2. Möhren putzen, schälen, abspülen, abtropfen lassen und in dünne Scheiben schneiden. Petersilienwurzel putzen, schälen, abspülen, abtropfen lassen und in kleine Würfel schneiden.
3. Sonnenblumenöl in einem Topf erhitzen. Das vorbereitete Gemüse und das Lorbeerblatt darin kurz andünsten. Gemüsebrühe hinzugießen und zum Kochen bringen. Das Gemüse etwa 10 Minuten kochen.
4. Gefrorene Erbsen und Nudeln hinzufügen, wieder zum Kochen bringen und weitere 5–7 Minuten kochen. Den Gemüsetopf mit Salz und Muskat kräftig würzen.
5. Die Würstchen in Scheiben schneiden, hinzufügen und etwa 2 Minuten miterhitzen. Petersilie abspülen und trocken tupfen. Die Blättchen von den Stängeln zupfen. Blättchen klein schneiden und in den Gemüsetopf geben.

## Paprika-Chili-Suppe mit Käse-Crostini

4 Portionen

*Zubereitungszeit:* 20 Minuten

**Für die Suppe:**
500 g rote Paprikaschoten
1 große Zwiebel
1 Knoblauchzehe
40 g Butter
30 g brauner Zucker
400 g passierte Tomaten (aus der Dose)
300 ml Apfelsaft
400 ml heiße Gemüsebrühe
Salz
gem. Pfeffer
1/2 gestr. TL mildes Currypulver
1–2 Prisen grob geschroteter Chili

**Für die Käse-Crostini:**
100–200 g weicher Edelpilzkäse ohne Rinde, z. B. Gorgonzola
1–2 Msp. abgeriebene Schale von 1 Bio-Zitrone (unbehandelt, ungewachst)

150 g Crème fraîche
4–6 Scheiben Vollkorn-Toast oder Weizenmischbrot

*Pro Portion:*
E: 14 g, F: 33 g, Kh: 38 g,
kJ: 2121, kcal: 512

1. Paprikaschoten halbieren, entstielen, entkernen und die weißen Scheidewände entfernen. Die Schoten abspülen, abtropfen lassen und nach Belieben mit einem Sparschäler schälen. Schotenhälften grob würfeln. Zwiebel und Knoblauch abziehen, in kleine Würfel schneiden.
2. Butter in einem Topf zerlassen. Zwiebel- und Knoblauchwürfel darin glasig dünsten. Zucker daraufstreuen und karamellisieren lassen.
3. Paprikawürfel hinzugeben, etwa 2 Minuten unter Rühren mit andünsten. Tomaten, Apfelsaft und Brühe hinzugießen, zum Kochen bringen. Mit Salz, Pfeffer, Curry und Chili würzen. Die Zutaten etwa 10 Minuten bei schwacher Hitze kochen lassen.
4. In der Zwischenzeit für die Käse-Crostini den Käse in eine kleine Schüssel geben. Mit einer Gabel zerdrücken, Pfeffer und Zitronenschale unterarbeiten, beiseitestellen.
5. Die Paprika-Chili-Suppe mit einem Pürierstab pürieren, mit Crème fraîche verfeinern und nochmals mit den Gewürzen abschmecken.
6. Die Brotscheiben im Toaster goldbraun rösten. Brotscheiben sofort 2-mal diagonal durchschneiden und mit der beiseitegestellten Käsemasse bestreichen. Paprika-Chili-Suppe in tiefen Tellern verteilen und die Käse-Crostini auf die Suppe oder an den Rand des Tellers legen.

Paprika-Chili-Suppe mit Käse-Crostinis

Brokkolicremesuppe mit Mandeln

## Brokkolicremesuppe mit Mandeln

4 Portionen

*Zubereitungszeit:* 20 Minuten

1 Zwiebel
500 g Brokkoli
1–2 EL Butter
500 ml Gemüsebrühe
gerebelter Estragon
Salz
gem. Pfeffer
ger. Muskatnuss
Currypulver
Zucker
3 EL Crème fraîche
2 EL gehobelte, geröstete Mandeln
1–2 EL gehackte Petersilie

*Pro Portion:*
E: 5 g, F: 14 g, Kh: 7 g,
kJ: 770, kcal: 184

1. Die Zwiebel abziehen und in kleine Würfel schneiden. Von dem Brokkoli die Blätter entfernen und die Stängel am Strunk schälen. Brokkoli abspülen, abtropfen lassen und in Röschen teilen. Die Stängel klein schneiden.
2. Butter in einem Topf zerlassen. Zwiebelwürfel darin glasig dünsten. Brokkoliröschen und -stücke hinzugeben, mitdünsten lassen. Gemüsebrühe hinzugießen. Mit Estragon, Salz, Pfeffer, Muskat, Curry und Zucker würzen. Zutaten zum Kochen bringen und etwa 10 Minuten kochen lassen. Den Topf von der Kochstelle nehmen.
3. Die Suppe mit einem Pürierstab pürieren, Crème fraîche unterrühren. Die Suppe nochmals erhitzen und mit den Gewürzen abschmecken.
4. Die Suppe in Suppentassen anrichten. Mit Mandeln und Petersilie bestreut servieren.

***Tipp:*** Die Suppe zusätzlich mit je 1 Teelöffel Crème fraîche garnieren.

Pikante Sommersuppe mit Salsa und Knusperschinken

Grüne Spargelsuppe

## Pikante Sommersuppe mit Salsa und Knusperschinken

4 Portionen

*Zubereitungszeit:* 25 Minuten

**Zum Vorbereiten:**
100 g Schinken in dünnen Scheiben, z. B. Schwarzwälder oder Parmaschinken

**Für die Suppe:**
500 g Joghurt (3,5 % Fett), gut gekühlt
250 ml kräftige Brühe, gut gekühlt
2 EL Olivenöl
Salz
gem. Pfeffer
1–2 EL Zitronensaft
1 Prise feiner, brauner Zucker

**Für die Salsa:**
120 g Tomaten
je 2–3 Stängel Minze und glatte Petersilie
2 reife Pfirsiche oder Nektarinen (etwa 280 g)
1 Prise grob geschroteter Chili

*Pro Portion:*
E: 10 g, F: 11 g, Kh: 13 g,
kJ: 826, kcal: 197

1. Den Backofen vorheizen.
*Ober-/Unterhitze:* etwa 220 °C
*Heißluft:* etwa 200 °C
2. Zum Vorbereiten Schinkenscheiben auf einem Backblech (mit Backpapier belegt) verteilen. Das Backblech in den vorgeheizten Backofen schieben. Schinkenscheiben etwa 10 Minuten knusprig rösten.
3. Das Backblech auf einen Kuchenrost stellen. Schinkenscheiben vorsichtig vom Backblech nehmen und auf Küchenpapier abtropfen lassen.
4. In der Zwischenzeit für die Suppe Joghurt mit Brühe, Olivenöl, Salz und Pfeffer in einer Rührschüssel verschlagen. Joghurtsuppe mit Zitronensaft und Zucker würzen.
5. Für die Salsa Tomaten abspülen, abtrocknen, halbieren und die Stängelansätze herausschneiden. Die Tomatenhälften klein würfeln. Kräuter abspülen und trocken tupfen. Die Blättchen von den Stängeln zupfen. Blättchen klein schneiden.
6. Pfirsiche oder Nektarinen abspülen, abtrocknen, halbieren und entsteinen. Pfirsich- oder Nektarinenhälften klein würfeln. Tomatenwürfel und Kräuter unterheben. Mit Chili würzen. Salsa in 4 tiefen Tellern verteilen, Joghurtsuppe hinzugießen. Die Schinkenscheiben daranlegen.

**Beilage:** Ofenfrisches Baguette.

## Grüne Spargelsuppe

4 Portionen

*Zubereitungszeit:* 25 Minuten

500 g grüner Spargel
750 ml heiße Gemüsebrühe
1–2 EL gehobelte Mandeln
Salz
gem. Pfeffer
1 Prise Zucker
100 g Schlagsahne
4 TL Crème fraîche
4 EL Schnittlauchröllchen
4 dünne Scheiben Stangenweißbrot, getoastet

*Pro Portion:*
E: 5 g, F: 13 g, Kh: 5 g,
kJ: 644, kcal: 154

1. Vom Spargel das untere Drittel schälen und die unteren Enden abschneiden. Spargel abspülen, abtropfen lassen und in etwa 3 cm lange Stücke schneiden.
2. Die heiße Brühe in einem Topf zum Kochen bringen. Die Spargelstücke hinzugeben und etwa 15 Minuten bei schwacher Hitze kochen.
3. In der Zwischenzeit die Mandeln in einer Pfanne ohne Fett bei schwacher Hitze unter Rühren rösten. Mandeln aus der Pfanne nehmen und auf einen Teller geben.

**4.** Die Spargelstücke in der Brühe mit einem Pürierstab fein pürieren. Die Suppe mit Salz, Pfeffer und Zucker abschmecken. Sahne unterrühren. Die Suppe in tiefen Tellern oder Suppentassen verteilen.
**5.** Zum Garnieren je 1 Teelöffel Crème fraîche in die Suppe geben, mit Mandeln und Schnittlauchröllchen bestreuen und heiß servieren. Jeweils eine Scheibe Brot an den Rand des Tellers oder der Suppentasse legen.

## Gemüsesuppe mit Sprossen

2 Portionen

*Zubereitungszeit:* 25 Minuten

1 rote Paprikaschote
1 Knoblauchzehe
1 EL Speiseöl
5–6 EL gegarte, weiße Bohnen
400 ml Fleischbrühe
1 TL Paprikapulver edelsüß
100 g Sprossenkeimlinge

*Pro Portion:*
E: 13 g, F: 11 g, Kh: 18 g,
kJ: 1029, kcal: 247

**1.** Paprikaschote halbieren, entstielen, entkernen und die weißen Scheidewände entfernen. Schote abspülen, abtropfen lassen und in kleine Würfel schneiden. Knoblauch abziehen. Speiseöl in einem Topf erhitzen. Knoblauch darin kurz andünsten. Paprikawürfel hinzufügen und kurz mitdünsten lassen.
**2.** Bohnen, Brühe und Paprika hinzufügen. Die Suppe zum Kochen bringen und zugedeckt etwa 10 Minuten bei schwacher Hitze garen.
**3.** In der Zwischenzeit Sprossen in ein Sieb geben, mit kaltem Wasser abspülen und abtropfen lassen.
**4.** Die Sprossen in die Gemüsesuppe geben, einmal aufkochen lassen und nochmals abschmecken.

## Gemüsetopf mit Brätbällchen

2 Portionen

*Zubereitungszeit:* 25 Minuten

800 ml Fleischbrühe
1 feine, frische Bratwurst (etwa 150 g)
3 Frühlingszwiebeln
1 dicke Möhre (etwa 150 g)
1 große Kartoffel (etwa 200 g)
1 Kohlrabi
2 EL Speiseöl, z. B. Olivenöl
Salz, gem. Pfeffer

*Pro Portion:*
E: 15 g, F: 30 g, Kh: 23 g,
kJ: 1740, kcal: 416

**1.** Fleischbrühe in einem Topf zum Kochen bringen. Den Topf von der Kochstelle nehmen.
**2.** Die Bratwurstmasse aus der Haut drücken, kleine Klößchen formen und in die heiße Brühe geben. Oder direkt aus der Bratwurst kleine Klöße in die heiße Brühe drücken. Die Klößchen in der Brühe gar ziehen lassen.
**3.** In der Zwischenzeit Frühlingszwiebeln putzen, abspülen und abtropfen lassen. Das dunkle Grün abschneiden und beiseitelegen. Die restlichen Stücke in etwa 1 cm dicke Scheiben schneiden.
**4.** Möhre und Kohlrabi putzen. Kartoffel, Möhre und Kohlrabi schälen, abspülen, abtropfen lassen und in etwa 1 cm große Würfel schneiden.
**5.** Speiseöl in einem Topf erhitzen. Die Gemüsewürfel darin unter Rühren andünsten. Die Fleischbrühe mit den Klößchen hinzugeben und zum Kochen bringen.
**6.** Das Ganze zugedeckt etwa 15 Minuten bei mittlerer Hitze kochen.
**7.** Gemüsetopf mit Salz und Pfeffer abschmecken. Das beiseitegelegte Frühlingszwiebelgrün in feine Scheiben schneiden. Den Gemüsetopf mit den Frühlingszwiebelscheiben bestreuen und servieren.

Gemüsesuppe mit Sprossen

Gemüsetopf mit Brätbällchen

## Gemüse-Nudel-Suppe

4 Portionen

*Zubereitungszeit: 25 Minuten*

120 g Möhren
100 g Zucchini
100 g Staudensellerie
40 g Butter
750 ml Gemüsebrühe
50 g Muschelnudeln
gem. Pfeffer
ger. Muskatnuss
3–4 Stängel Basilikum

*Pro Portion:*
E: 4 g, F: 10 g, Kh: 12 g,
kJ: 662, kcal: 158

**1.** Möhren putzen, schälen, abspülen und abtropfen lassen. Zucchini abspülen, abtrocknen und die Enden abschneiden. Sellerie putzen und die harten Außenfäden abziehen. Sellerie abspülen und abtropfen lassen. Möhren, Zucchini und Sellerie in feine Streifen schneiden.
**2.** Butter in einem Topf zerlassen. Die Gemüsestreifen darin unter Rühren andünsten. Brühe hinzugießen und aufkochen lassen.
**3.** Nudeln hinzugeben. Die Suppe wieder zum Kochen bringen und etwa 8 Minuten unter gelegentlichem Rühren kochen lassen. Mit Pfeffer und Muskat abschmecken.
**4.** Basilikum abspülen und trocken tupfen. Die Blättchen von den Stängeln zupfen. Blättchen klein schneiden und in die Suppe geben.

***Tipps:*** Sie können je nach Saison auch andere Gemüsesorten, z. B. Spargel, Blumenkohl oder Kohlrabi, für die Suppe verwenden. Sehr gut schmeckt die Suppe auch mit Hühnerbrühe statt mit Gemüsebrühe.

## Misosuppe mit Zuckerschoten

4 Portionen

*Zubereitungszeit: 20 Minuten*

1 Bund Frühlingszwiebeln (etwa 200 g)
200 g Zuckerschoten
1 l Hühnerbrühe
2 EL Miso (etwa 40 g, chinesische Würzpaste, erhältlich im Asialaden)
50 g Wok-Nudeln (Instant-Nudeln)
180 g abgetropfte Bambusschösslinge in Streifen (aus dem Glas)
1 EL Sesamöl
2 EL Sojasauce
1–1 1/2 EL Weißweinessig
evtl. Salz
gem. Pfeffer

*Pro Portion:*
E: 8 g, F: 4 g, Kh: 21 g,
kJ: 659, kcal: 157

**1.** Frühlingszwiebeln putzen, abspülen, abtropfen lassen und in feine Scheiben schneiden. Von den Zuckerschoten die Enden abschneiden, evtl. abfädeln. Die Schoten abspülen, abtropfen lassen und schräg in Stücke schneiden.
**2.** Die Hühnerbrühe mit Miso in einem Topf bei starker Hitze unter gelegentlichem Rühren zum Kochen bringen. Nudeln hinzufügen und zugedeckt etwa 3 Minuten bei mittlerer Hitze kochen lassen.
**3.** Bambusschösslinge, Frühlingszwiebelscheiben und Zuckerschotenstücke hinzufügen. Die Zutaten wieder zum Kochen bringen und zugedeckt bei schwacher bis mittlerer Hitze weitere etwa 2 Minuten garen, bis das Gemüse und die Nudeln bissfest sind. Den Topf von der Kochstelle nehmen.
**4.** Die Suppe mit Sesamöl, Sojasauce, Essig, evtl. Salz und Pfeffer pikant abschmecken. Die Suppe in Schälchen servieren.

Gemüse-Nudel-Suppe

Misosuppe mit Zuckerschoten

Apfelsuppe mit Kiwis

Curry-Kokos-Topf mit Pute und Mango-Chutney

*Tipp:* Sehr lecker schmeckt dazu Rührei in der Suppe (Foto). Dafür 2 Eier (Größe M) und 2 Esslöffel Milch (1,5 % Fett) mit einer Gabel verschlagen. 2 Esslöffel Speiseöl in einer kleinen Pfanne erhitzen. Die Eiermilch hineingeben und zum Rührei braten. Das Rührei mit 2 Gabeln zerpflücken und in die heiße Suppe geben (zusätzlich pro Portion: E: 4 g, F: 8 g, Kh: 1 g, kJ: 354, kcal: 85).

## Apfelsuppe mit Kiwis

4–6 Portionen

*Zubereitungszeit: 20 Minuten*

500 g Äpfel
500 ml Apfelsaft
1 EL Speisestärke
3 EL Wasser
50 g Zucker
Saft von 1 Zitrone
4 Kiwis

*Pro Portion:*
E: 1 g, F: 1 g, Kh: 35 g,
kJ: 665, kcal: 159

1. Die Äpfel schälen, vierteln und entkernen. Die Apfelstücke mit Apfelsaft in einem Topf zugedeckt bei mittlerer Hitze weich dünsten.
2. Die gedünsteten Äpfel durch ein feines Sieb streichen und 1 Liter Apfelmus abmessen, evtl. mit Apfelsaft auffüllen. Die Apfelsuppe zum Kochen bringen.
3. Die Speisestärke mit Wasser anrühren, in die kochende Suppe rühren und unter Rühren aufkochen lassen. Dabei darauf achten, dass keine Klümpchen entstehen. Den Topf von der Kochstelle nehmen.
4. Die Apfelsuppe mit Zucker und Zitronensaft abschmecken.
5. Kiwis schälen und in Scheiben schneiden. Die Suppe in Tellern anrichten. Kiwischeiben in den Tellern verteilen.

## Curry-Kokos-Topf mit Pute und Mango-Chutney

4 Portionen

*Zubereitungszeit: 30 Minuten*

600 g Putenbrustfilet
Salz
4 Schalotten
1–2 EL Sesamöl
2 EL Currypulver
200 ml Hühnerbrühe
400 ml Kokosmilch
225 g fruchtig-scharfes Mango-Chutney
1 rote Paprikaschote
125 g Zuckerschoten
125 g Mini-Maiskölbchen
200 g gekochter Reis (etwa 70 g Rohgewicht)
1 Bio-Limette (unbehandelt, ungewachst)
1 Bund Zitronenmelisse

*Pro Portion:*
E: 42 g, F: 23 g, Kh: 42 g,
kJ: 2307, kcal: 554

1. Putenbrustfilet kurz unter fließendem kalten Wasser abspülen, trocken tupfen und in etwa 3 cm große Würfel schneiden. Mit Salz würzen. Schalotten abziehen und vierteln.
2. Sesamöl in einem Topf erhitzen. Die Fleischwürfel darin von allen Seiten leicht anbraten. Schalottenviertel hinzufügen und mit andünsten. Mit Curry bestäuben, kurz mitdünsten lassen. Brühe und Kokosmilch hinzugießen. Mango-Chutney unterrühren. Die Zutaten zum Kochen bringen und etwa 10 Minuten bei schwacher Hitze kochen lassen.
3. Paprikaschote halbieren, entstielen, entkernen und die weißen Scheidewände entfernen. Schote abspülen, abtropfen lassen und klein schneiden. Von den Zuckerschoten die Enden abschneiden, evtl. abfädeln. Zuckerschoten und Maiskölbchen abspülen und abtropfen lassen.
4. Paprikastücke, Zuckerschoten und Maiskölbchen in den Topf geben, wieder zum Kochen bringen, weitere etwa 5 Minuten kochen lassen. Den Reis hinzugeben und miterhitzen.
5. Die Limette heiß abwaschen, abtrocknen und die Schale abreiben. Zitronenmelisse abspülen und trocken tupfen. Die Blättchen von den Stängeln zupfen. Den Curry-Kokos-Topf mit Limettenschale bestreuen und mit Zitronenmelisseblättchen garniert servieren.

Kapitel 03

Rezepte 201–300

Fleisch

Florentiner Medaillons

## Florentiner Medaillons

4 Portionen

*Zubereitungszeit:* 30 Minuten

2 kleine Schweinefilets
(je etwa 300 g)
gem. schwarzer Pfeffer
6 dünne Scheiben gepökeltes, gekochtes Bauchfleisch
24 Salbeiblättchen
12 dünne Scheiben durchwachsener, geräucherter Speck
20 gefüllte Oliven
3 EL Olivenöl

**Außerdem:**
4 Holzspieße oder Schaschlikspieße

*Pro Portion:*
E: 45 g, F: 30 g, Kh: 1 g,
kJ: 1883, kcal: 449

**1.** Schweinefilets mit Küchenpapier trocken tupfen. evtl. entfetten und enthäuten. Schweinefilets in insgesamt 12 etwa 2 cm dicke Scheiben schneiden. Mit Pfeffer würzen.
**2.** Bauchfleischscheiben quer halbieren. Salbeiblättchen abspülen und trocken tupfen. Die Medaillons zuerst mit je 2 Salbeiblättchen, dann mit jeweils 1 halbierten Bauchfleischscheibe belegen.
**3.** Die belegten Medaillons mit je 1 Scheibe Speck umwickeln, abwechselnd mit Oliven auf 4 Holz- oder Schaschlikspieße stecken und mit Olivenöl bestreichen.
**4.** Die Spieße auf den heißen Grillrost legen und etwa 15 Minuten unter mehrmaligem Wenden grillen.

***Beilage:*** Möhrengemüse und Zuckerschoten.

***Tipp:*** Sie können die Florentiner Medaillons auch mit Olivenöl in einer Pfanne etwa 10 Minuten knusprig braun braten.

## Geflügel-Gemüse-Pfanne

4 Portionen

*Zubereitungszeit:* 30 Minuten

500 g Hähnchenbrustfilet

4 EL dunkle Sojasauce
100 g Mini-Maiskolben (frisch oder abgetropfte Mini-Maiskolben aus der Dose)
150 g Champignons
200 g Zuckerschoten
2 rote Paprikaschoten (je etwa 200 g)
2 Knoblauchzehen
4 Frühlingszwiebeln
5 EL Speiseöl, z. B. Sesamöl
2 Msp. Chiliflocken
200 ml Gemüsebrühe
4 EL dunkle Sojasauce
15 g Speisestärke
Salz
gem. Pfeffer
1 Prise Zucker

*Pro Portion:*
E: 37 g, F: 14 g, Kh: 22 g,
kJ: 1524, kcal: 364

**1.** Hähnchenbrustfilet kurz unter fließendem kalten Wasser abspülen, trocken tupfen und in Streifen schneiden. Die Hähnchenstreifen in einer Schüssel mit Sojasauce vermischen, zugedeckt im Kühlschrank etwa 15 Minuten durchziehen lassen.
**2.** In der Zwischenzeit Maiskolben putzen, abspülen, abtropfen lassen und halbieren. Champignons putzen, evtl. kurz abspülen, trocken tupfen und halbieren. Von den Zuckerschoten die Enden abschneiden, evtl. abfädeln. Zuckerschoten abspülen und abtropfen lassen.
**3.** Paprikaschoten halbieren, entstielen, entkernen und die weißen Scheidewände entfernen. Schoten abspülen, abtropfen lassen und in Streifen schneiden. Knoblauch abziehen, klein würfeln. Frühlingszwiebeln putzen, abspülen, abtropfen lassen und in Stücke schneiden.
**4.** Die Fleischstreifen aus der Marinade nehmen und etwas abtropfen lassen. 2 Esslöffel des Speiseöls in einer großen Pfanne erhitzen. Die Fleischstreifen darin von beiden Seiten 3–4 Minuten knusprig braun braten. Die Fleischstreifen aus der Pfanne nehmen und warm stellen.
**5.** Restliches Speiseöl zum Bratensatz in die Pfanne geben. Die Knoblauchwürfel darin andünsten. Vorbereitetes Gemüse in die Pfanne geben und unter Rühren etwa 3 Minuten braten. Mit Chiliflocken würzen.
**6.** Brühe und Sojasauce unterrühren, zum Kochen bringen. Speisestärke mit etwas Wasser anrühren, unter das Gemüse rühren und unter Rühren kurz aufkochen lassen. Fleischstreifen wieder hinzufügen und kurz miterwärmen. Gemüsepfanne mit Salz, Pfeffer und Zucker abschmecken.

***Tipps:*** Servieren Sie nach Belieben noch Basmatireis dazu. Das Fleisch wird noch zarter, wenn Sie es mindestens 30 Minuten marinieren.

Geflügel-Gemüse-Pfanne

## Hackbällchen auf Gemüsestreifen

(Zubereitung im Bambusdämpfer, Ø etwa 26 cm)

4 Portionen

*Zubereitungszeit:* 30 Minuten

2 Scheiben Toastbrot
1 rote Zwiebel
2 Knoblauchzehen
1 Topf Majoran
500 g Rindergehacktes
1 Ei (Größe M)
1 EL körniger Senf
Salz, gem. Pfeffer
2 dicke Möhren
1 Stange Porree (Lauch)
1 EL Butter
2 EL Sonnenblumenkerne

**Außerdem:**
20 kleine Pergamentpapierstücke

*Pro Portion:*
E: 30 g, F: 28 g, Kh: 10 g,
kJ: 1716, kcal: 410

**1.** Toastbrotscheiben in kaltem Wasser einweichen. Zwiebel und Knoblauch abziehen, klein würfeln. Majoran abspülen und trocken tupfen. Einige Stängel zum Garnieren beiseitelegen. Von den restlichen Stängeln die Blättchen abzupfen. Blättchen klein schneiden. Abgezupfte Stängel beiseitelegen.
**2.** Gehacktes in eine Schüssel geben. Toastbrotscheiben ausdrücken, mit Ei, Senf, Zwiebel-, Knoblauchwürfeln und der Hälfte des Majorans zum Gehackten geben und gut verkneten. Mit Salz und Pfeffer würzen.
**3.** Aus der Gehacktesmasse mit angefeuchteten Händen etwa 20 gleich große Bällchen formen. Diese in dem restlichen Majoran wälzen.
**4.** Von den Hackbällchen jeweils 10 Stück auf den Pergamentpapierstücken in je einen Dämpfeinsatz legen. Einsätze aufeinanderstellen und mit dem Deckel verschließen.
**5.** Eine große Pfanne oder einen Wok etwa 3 cm hoch mit Wasser füllen, die abgezupften Majoranstängel hinzufügen, das Wasser zum Kochen bringen. Bambusdämpfer hineinsetzen. Hackbällchen etwa 15 Minuten dämpfen.
**6.** In der Zwischenzeit Möhren putzen, schälen, abspülen und in dünne Streifen schneiden. Porree putzen. Stange längs halbieren, gründlich waschen, abtropfen lassen, ebenfalls in dünne Streifen schneiden.
**7.** Butter in einer Pfanne zerlassen. Die Gemüsestreifen darin andünsten, evtl. etwas Wasser hinzufügen. Das Gemüse etwa 5 Minuten dünsten, dann mit Salz und Pfeffer würzen.
**8.** In der Zwischenzeit Sonnenblumenkerne in einer Pfanne ohne Fett hellbraun rösten und unter die Gemüsestreifen rühren. Die Hackbällchen auf dem Gemüse anrichten und mit den beiseitegelegten Majoranstängeln garniert servieren.

## Gyros-Geschnetzeltes mit Spätzle

4 Portionen

*Zubereitungszeit:* 30 Minuten

3 EL Speiseöl, z. B. Sonnenblumenöl
500 g Geschnetzeltes nach Gyros-Art
1 Zwiebel
470 g abgetropfte Champignonscheiben (aus der Dose)
Salz
gem. Pfeffer
500 g frische Spätzle (aus dem Kühlregal)
200 g Schmand (Sauerrahm)
2 TL Paprikapulver edelsüß

Hackbällchen auf Gemüsestreifen

Gyros-Geschnetzeltes mit Spätzle

*Pro Portion:*
E: 39 g, F: 42 g, Kh: 37 g,
kJ: 2830, kcal: 676

**1.** Einen Esslöffel des Speiseöls in einer Pfanne erhitzen. Gyrosfleisch darin unter Rühren kräftig anbraten, herausnehmen, auf einen Teller geben und beiseitestellen.
**2.** Die Zwiebel abziehen und in Würfel schneiden. Die Zwiebelwürfel in dem verbliebenen Bratfett andünsten.
**3.** Champignonscheiben hinzugeben und kurz mitdünsten lassen. Mit Salz und Pfeffer würzen. Champignonscheiben zugedeckt 4–5 Minuten dünsten.
**4.** In der Zwischenzeit restliches Speiseöl in einer weiteren Pfanne erhitzen. Die Spätzle hinzugeben und nach Packungsanleitung leicht anbraten.
**5.** Gyrosfleisch, Schmand und nach Belieben etwas Wasser zu den Champignonscheiben in die Pfanne geben und erhitzen. Mit Paprika, Salz und Pfeffer würzen.
**6.** Gyrosgeschnetzeltes mit Spätzle auf Tellern anrichten und servieren.

***Tipp:*** Die Gyrospfanne mit Sherry abschmecken.

Hähnchenflügel, ungarisch

## Hähnchenflügel, ungarisch

4 Portionen

*Zubereitungszeit:* 30 Minuten

800 g Hähnchenflügel
Salz, gem. Pfeffer
2 TL Paprikapulver edelsüß

800 g bunte Paprikaschoten, z. B. rote, gelbe, orange
1 Zwiebel (etwa 100 g)
2 EL Speiseöl
200 ml Gemüse- oder Geflügelbrühe
200 g Schlagsahne
2 EL Schmand (Sauerrahm)
1 EL Zitronensaft

*Pro Portion:*
E: 21 g, F: 41 g, Kh: 9 g,
kJ: 2024, kcal: 484

**1.** Die Hähnchenflügel kurz unter fließendem kalten Wasser abspülen, trocken tupfen, mit Salz, Pfeffer und 1 Teelöffel Paprika würzen.
**2.** Die Paprikaschoten halbieren, entstielen, entkernen und die weißen Scheidewände entfernen. Die Schoten abspülen, abtropfen lassen und in grobe Würfel schneiden. Zwiebel abziehen und in Scheiben schneiden.
**3.** Speiseöl in einer großen Pfanne erhitzen. Hähnchenflügel darin evtl. portionsweise von allen Seiten gut anbraten.
**4.** Paprikawürfel und Zwiebelscheiben hinzugeben und mitbraten lassen. Mit restlichem Paprika bestäuben und unterrühren. Das Gemüse mit Salz und Pfeffer würzen.
**5.** Brühe und Sahne unterrühren, zum Kochen bringen. Die Hähnchenflügel 10–15 Minuten bei schwacher Hitze garen. Die Sauce sollte dabei eine leicht cremige Konsistenz bekommen. Zum Schluss noch Schmand und Zitronensaft unterrühren.

***Tipps:*** Statt Hähnchenflügel können Sie auch in Streifen geschnittene Hähnchenbrustfilets verwenden, ohne dass sich die Garzeit verlängert. Penne sind dazu sehr lecker.

***Rezeptvariante:*** Für **Gebratene Hähnchenflügel mit Knoblauch-Dip** 20 Hähnchenflügel kurz unter fließendem kalten Wasser abspülen, trocken tupfen, mit Salz und Pfeffer würzen. 50 g Butterschmalz oder 5 Esslöffel Olivenöl in einer Pfanne erhitzen. Die Hähnchenflügel darin portionsweise von allen Seiten anbraten und zugedeckt bei mittlerer Hitze etwa 20 Minuten garen. Für den Dip 150 g saure Sahne mit 150 g Joghurt (3,5 % Fett) und 2 Esslöffeln Crème fraîche verrühren. Dip mit Salz, gemahlenem Pfeffer und 2 abgezogenen, zerdrückten Knoblauchzehen abschmecken.

Kalbfleisch-Gemüse-Pfanne mit Sesam

Jägerschnitzel

## Kalbfleisch-Gemüse-Pfanne mit Sesam

2–3 Portionen

*Zubereitungszeit:* 30 Minuten

60 g Sesamsamen
480 g Kalbsfilet oder -rücken
2 EL Sesamöl
250 g TK-Grüne Brechbohnen
250 ml Gemüsebrühe
je 250 g abgetropfte, rote und weiße Bohnen (aus Dosen)
Salz
gem. Pfeffer
Saft von 1 Limette

*Pro Portion:*
E: 60 g, F: 28 g, Kh: 32 g,
kJ: 2563, kcal: 612

**1.** Sesam in einer Pfanne ohne Fett unter Rühren leicht rösten, herausnehmen und auf einen Teller geben.
**2.** Kalbsfilet oder -rücken mit Küchenpapier trocken tupfen und in mundgerechte Würfel schneiden.
**3.** Das Sesamöl in einer großen Pfanne erhitzen. Die Fleischwürfel darin kurz von allen Seiten anbraten. Die gefrorenen Bohnen hinzugeben und die Brühe hinzugießen, zum Kochen bringen und etwa 5 Minuten kochen lassen. Rote und weiße Bohnen hinzugeben und unterrühren. Das Kalbfleisch mit dem Gemüse wieder zum Kochen bringen und weitere 5–10 Minuten garen.
**4.** Kalbfleisch-Gemüse-Pfanne mit Salz, Pfeffer und Limettensaft abschmecken. Mit Sesam bestreuen und servieren.

***Tipps:*** Sie können die Pfanne noch mit frischen Kräutern, z. B. Bohnenkraut, garniert servieren. Das Gericht schmeckt auch mit Geflügelfleisch, z. B. Hähnchen, Poularde oder Pute, sehr gut.

## Jägerschnitzel

4 Portionen

*Zubereitungszeit:* 30 Minuten

1 Zwiebel
250 g Champignons
4 Schweineschnitzel (je etwa 200 g)
Salz
gem. Pfeffer
Paprikapulver edelsüß
40 g Weizenmehl
5 EL Speiseöl, z. B. Sonnenblumenöl
150 g Crème fraîche
1 EL gehackte Petersilie

*Pro Portion:*
E: 49 g, F: 26 g, Kh: 6 g,
kJ: 1905, kcal: 457

**1.** Zwiebel abziehen und würfeln. Champignons putzen, evtl. kurz abspülen und gut abtropfen lassen. Champignons in Scheiben schneiden.
**2.** Die Schweineschnitzel mit Küchenpapier trocken tupfen, mit Salz, Pfeffer und Paprika würzen. Schnitzel in Mehl wenden. Nicht anhaftendes Mehl abschütteln.
**3.** Speiseöl in einer großen Pfanne erhitzen. Die Schnitzel darin bei mittlerer Hitze 10–12 Minuten (je nach Dicke der Schnitzel) von beiden Seiten goldbraun braten, dabei gelegentlich wenden. Die Schnitzel aus der Pfanne nehmen und warm stellen.
**4.** Die Zwiebelwürfel in dem verbliebenen Bratfett unter Rühren andünsten. Champignonscheiben hinzugeben und mitdünsten lassen. Crème fraîche unterrühren, mit Salz und Pfeffer würzen. Die Sauce 2–3 Minuten bei schwacher Hitze kochen lassen. Die Petersilie unterrühren. Die Sauce zu den Schnitzeln reichen.

***Beilage:*** Pommes frites oder Salzkartoffeln und Blattsalat.

***Rezeptvariante:*** Für **Zigeunerschnitzel** die Schnitzel wie unter Punkt 2 und 3 beschrieben zubereiten. Dann 500 g Zigeunersauce (aus dem Glas) in den Bratensatz geben, erhitzen und zu den Schnitzeln reichen.

## Rehgeschnetzeltes

2 Portionen

*Zubereitungszeit:* 25 Minuten

300 g Rehfilet
30 g Butterschmalz
Salz, gem. Pfeffer
2 EL Weinbrand
1 Zwiebel
1 Möhre
1 Stange Porree (Lauch)
125 ml Rotwein
125 g Schlagsahne
1 TL Tomatenmark
1 EL Johannisbeergelee
1 EL gehackte Petersilie

*Pro Portion:*
E: 36 g, F: 37 g, Kh: 19 g,
kJ: 2583, kcal: 617

**1.** Rehfilet mit Küchenpapier trocken tupfen, evtl. enthäuten und in Streifen schneiden. Butterschmalz in einer Pfanne zerlassen. Die Fleischstreifen darin kurz von beiden Seiten anbraten, mit Salz und Pfeffer würzen, mit Weinbrand beträufeln.
**2.** Die Filetstreifen aus der Pfanne nehmen und zugedeckt warm stellen.
**3.** Zwiebel abziehen und klein würfeln. Möhre putzen, schälen, abspülen, abtropfen lassen und in Streifen schneiden. Porree putzen, die Stange längs halbieren, gründlich waschen, abtropfen lassen und in schmale Streifen schneiden. Zwiebelwürfel, Möhren- und Porreestreifen in der Pfanne in dem verbliebenen Bratfett andünsten, mit Salz und Pfeffer würzen. Rotwein und Sahne hinzugießen und unterrühren. Warm gestellte Filetstreifen wieder hinzugeben.
**4.** Tomatenmark und Gelee unterrühren, evtl. etwas einkochen lassen. Geschnetzeltes nochmals mit den Gewürzen abschmecken und mit Petersilie bestreut servieren.

***Beilage:*** Spätzle und mit Preiselbeeren gefüllte Birnenhälften.

## Kalbsleber mit Zwiebeln und Tomaten

4 Portionen

*Zubereitungszeit:* 30 Minuten

4 Scheiben Kalbsleber
(je etwa 125 g)
1 EL Weizenmehl
2 große Zwiebeln
4 EL Speiseöl, z. B. Olivenöl
Salz
gerebelter Salbei
gerebelter Majoran
2 große Tomaten
200 g Schlagsahne

*Pro Portion:*
E: 26 g, F: 31 g, Kh: 11 g,
kJ: 1808, kcal: 432

**1.** Leber mit Küchenpapier trocken tupfen, evtl. von Haut, Sehnen und Röhren befreien. Leber in Streifen schneiden und mit Mehl bestäuben.
**2.** Die Zwiebeln abziehen und in Würfel schneiden. Etwas von dem Speiseöl in einer Pfanne erhitzen. Zwiebelwürfel darin anbraten, herausnehmen und beiseitestellen.
**3.** Das restliche Speiseöl in der Pfanne erhitzen. Die Leberstreifen darin in 2 Portionen unter mehrmaligem Wenden anbraten. Leber mit Salz, Salbei und Majoran würzen. Beiseitegestellte Zwiebelwürfel wieder in die Pfanne geben.
**4.** Tomaten kreuzweise einschneiden und mit kochendem Wasser übergießen. Nach 1–2 Minuten herausnehmen und mit kaltem Wasser abschrecken. Tomaten häuten, halbieren und die Stängelansätze herausschneiden. Tomaten in Würfel schneiden und zu den Leberstreifen geben.
**5.** Sahne hinzugießen. Die Zutaten unter Rühren einmal aufkochen lassen, mit Salz, Salbei und Majoran abschmecken und sofort servieren.

***Beilage:*** Risotto mit Erbsen und gehackter Petersilie.

Rehgeschnetzeltes

Kalbsleber mit Zwiebeln und Tomaten

## Putenröllchen mit Brokkoli-Nudeln

4 Portionen

*Zubereitungszeit:* 30 Minuten

4 dünne Putenschnitzel
(je etwa 125 g)
Salz
gem. Pfeffer
4 EL Tomatenmark
etwa 16 Basilikumblättchen
1 EL Speiseöl, z. B. Olivenöl
2 EL TK-Zwiebeln
3 Lorbeerblätter
400 ml heiße Gemüsebrühe
220 g passierte Tomaten
(aus der Dose)

2 l Wasser
300 g Brokkoli
2 gestr. TL Salz
200 g Hartweizennudeln, z. B. Spirelli

**Außerdem:**
4 Rouladennadeln oder
Holzstäbchen

*Pro Portion:*
E: 40 g, F: 4 g, Kh: 42 g,
kJ: 1567, kcal: 375

**1.** Die Putenschnitzel kurz unter fließendem kalten Wasser abspülen und trocken tupfen. Mit Salz und Pfeffer würzen. Die Schnitzel dünn mit etwas Tomatenmark bestreichen und mit je 3 abgespülten, trocken getupften Basilikumblättchen belegen. Schnitzel von der schmalen Seite her aufrollen und mit Rouladennadeln oder Holzstäbchen feststecken.
**2.** Speiseöl in einer Pfanne erhitzen. Putenröllchen darin von allen Seiten knusprig anbraten. Zwiebeln mit den Lorbeerblättern zu den Putenröllchen in die Pfanne geben und unter Rühren kurz mitbraten lassen. Heiße Brühe hinzugießen. Passierte Tomaten und restliches Tomatenmark unterrühren, zum Kochen bringen und zugedeckt etwa 6 Minuten kochen lassen.
**3.** In der Zwischenzeit für die Nudeln das Wasser in einem Topf zum Kochen bringen.
**4.** Den Brokkoli putzen, in Röschen teilen, abspülen und abtropfen lassen. Brokkoliröschen in kochendem Salzwasser etwa 5 Minuten garen.
**5.** Salz und Nudeln ins kochende Wasser geben. Die Nudeln im geöffneten Topf bei mittlerer Hitze nach Packungsanleitung bissfest kochen, dabei gelegentlich umrühren.
**6.** Den garen Brokkoliröschen in einem Sieb abtropfen lassen. Anschließend die garen Nudeln in ein Sieb geben, mit heißem Wasser abspülen und abtropfen lassen.
**7.** Die Nudeln mit den Brokkoliröschen vermischen und evtl. warm stellen.
**8.** Die Putenröllchen und Lorbeerblätter aus der Sauce nehmen. Die Sauce mit Salz und Pfeffer gut abschmecken.
**9.** Putenröllchen mit den Brokkoli-Nudeln und der Sauce anrichten, mit den restlichen abgespülten und trocken getupften Basilikumblättchen garniert servieren.

## Putenpfanne mit Mandeln

2 Portionen

*Zubereitungszeit:* 25 Minuten

2 Putenschnitzel (je etwa 150 g)
2 Bio-Zitronen
(unbehandelt, ungewachst)
2 mittelgroße, rote Zwiebeln
8 Stängel Zitronenthymian
2 EL abgezogene, ganze Mandeln
4 EL Speiseöl, z. B. Olivenöl
Salz
gem. Pfeffer

*Pro Portion:*
E: 41 g, F: 30 g, Kh: 5 g,
kJ: 1917, kcal: 458

**1.** Putenschnitzel kurz unter fließendem kalten Wasser abspülen, trocken tupfen und in fingerdicke Streifen schneiden.
**2.** Die Zitronen heiß abwaschen und abtrocknen. Von 1 Zitrone die Schale zur Hälfte fein abreiben. Die restliche Schale mit einem scharfen Mes-

Putenröllchen mit Brokkoli-Nudeln

Putenpfanne mit Mandeln

Putensteaks mit gegrillter Ananas

ser so abschneiden, dass die weiße Haut mitentfernt wird. Zitronenfilets herausschneiden. Abgeriebene Zitronenschale und -filets beiseitelegen.
**3.** Die Zwiebeln abziehen, halbieren und in Spalten schneiden. Thymian abspülen und trocken tupfen. Einige Thymianstängel zum Garnieren beiseitelegen. Von den restlichen Stängeln die Blättchen abzupfen.
**4.** Die Mandeln im Wok oder in einer beschichteten Pfanne ohne Fett unter Rühren leicht bräunen, herausnehmen und auf einem Teller erkalten lassen.
**5.** Die zweite Zitrone mit Schale vierteln und in Stücke schneiden. Speiseöl in dem Wok oder der Pfanne erhitzen. Zitronenstücke darin bei mittlerer Hitze anbraten, bis sie gut gebräunt sind. Die Zitronenstücke mit dem Öl in ein Sieb geben, dabei das Öl auffangen.
**6.** Das Zitronenöl wieder in den Wok oder in die Pfanne geben und erhitzen. Die Fleischstreifen darin unter Rühren bei mittlerer Hitze anbraten. Mit Salz und Pfeffer würzen. Die Zwiebelspalten hinzufügen und unter Rühren kurz mitdünsten lassen.
**7.** Gebräunte Mandeln mit 1 Messerspitze von der beiseitegelegten Zitronenschale und den Thymianblättchen zu den Fleischstreifen geben und unterrühren. Danach mit Salz, Pfeffer und etwas Zitronenschale abschmecken.
**8.** Putenstreifen mit den Zwiebelspalten und Mandeln auf Tellern anrichten. Mit den beiseitegelegten Zitronenfilets und Thymianstängeln garnieren.

***Tipp:*** Dazu Vollkornbaguette servieren.

## Putensteaks mit gegrillter Ananas

4 Portionen

*Zubereitungszeit:* 30 Minuten

**Für die Marinade:**
2 EL Sojasauce
1 gestr. TL brauner Zucker
2 EL Rapsöl

4 Putensteaks (je etwa 150 g)
4 Scheiben frische Ananas (je etwa 80 g)
gem. grober, bunter Pfeffer

*Pro Portion:*
E: 37 g, F: 5 g, Kh: 12 g,
kJ: 1007, kcal: 241

**1.** Für die Marinade Sojasauce mit Zucker und Rapsöl so lange verrühren, bis der Zucker aufgelöst ist.
**2.** Putensteaks kurz unter fließendem kalten Wasser abspülen und trocken tupfen. Putensteaks und Ananasscheiben in eine flache Schale legen und anschließend mit Pfeffer bestreuen.
**3.** Die Marinade mit einem Pinsel gleichmäßig daraufstreichen. Die Putensteaks und Ananasscheiben mit Frischhaltefolie zugedeckt im Kühlschrank etwa 15 Minuten durchziehen lassen.
**4.** Die Putensteaks und Ananasscheiben auf den heißen Grill legen und 10–15 Minuten unter mehrmaligem Wenden grillen.

***Beilage:*** Curry-Reis-Salat.

***Tipps:*** Für ein besonders intensives Aroma die Putensteaks über Nacht zugedeckt im Kühlschrank marinieren. Gut schmeckt es auch, wenn Sie die frische Ananas durch abgetropfte Pfirsichhälften ersetzen.

Schweinenackensteaks, eingelegt in Soja-Marinade

Schweinefilet mit Gemüsestreifen und Zuckerschoten

## Schweinenacken-steaks, eingelegt in Soja-Marinade

8 Portionen

*Zubereitungszeit:* 30 Minuten

8 Schweinenackensteaks
(je etwa 180 g)

**Für die Marinade:**
4 EL Sojasauce
2 TL Steak- und Grill-Gewürzsalz
1 TL Currypulver
etwas Cayennepfeffer
8 EL Olivenöl

*Pro Portion:*
E: 35 g, F: 27 g, Kh: 0 g,
kJ: 1592, kcal: 381

**1.** Die Nackensteaks kurz unter fließendem kalten Wasser abspülen, trocken tupfen und in einen tiefen Teller legen.
**2.** Dann für die Marinade Sojasauce, Steak- und Grill-Gewürzsalz, Curry und Cayennepfeffer verrühren. Olivenöl unterschlagen. Die Nackensteaks mit der Marinade bestreichen und mit einem zweiten tiefen Teller zudecken. Die Steaks im Kühlschrank etwa 15 Minuten durchziehen lassen.
**3.** Die Steaks aus der Marinade nehmen, abtropfen lassen und auf den heißen Grillrost legen. Die Steaks unter gelegentlichem Wenden grillen. Die Nackensteaks während des Grillens mit der Marinade bestreichen.

***Tipps:*** Die Steaks können auch in einer großen Pfanne portionsweise in etwas erhitztem Speiseöl gebraten werden. Besonders zart und aromatisch werden die Nackensteaks, wenn Sie sie mehrere Stunden oder über Nacht durchziehen lassen.

## Schweinefilet mit Gemüsestreifen und Zuckerschoten

4 Portionen

*Zubereitungszeit:* 30 Minuten

600 g Schweinefilet
1 TL gem. Zitronengras
1 TL Currypulver
1 TL Salz
1 TL Speisestärke

200 g Zuckerschoten
200 g Möhren
250 g Champignons
1 Stange Porree (Lauch, etwa 200 g)
2–3 EL Speiseöl, z. B. Erdnussöl
gem. Pfeffer
etwa 2 EL Sojasauce

*Pro Portion:*
E: 39 g, F: 10 g, Kh: 11 g,
kJ: 1197, kcal: 286

**1.** Das Schweinefilet mit Küchenpapier trocken tupfen, evtl. Sehnen und Fett abschneiden. Das Filet zunächst der Länge nach halbieren und dann in dünne Scheiben schneiden. Das Fleisch mit Zitronengras, Curry, Salz und Speisestärke vermischen.
**2.** Von den Zuckerschoten die Enden abschneiden, evtl. abfädeln. Schoten abspülen und abtropfen lassen. Möhren putzen, schälen, abspülen und abtropfen lassen. Die Möhren zunächst längs in dünne Scheiben, dann in feine Stifte schneiden.
**3.** Champignons putzen, evtl. kurz abspülen und trocken tupfen. Die Champignons in Scheiben schneiden. Porree putzen, die Stange längs halbieren, gründlich waschen und abtropfen lassen. Porree in feine Streifen schneiden.
**4.** Das Speiseöl in einem Wok oder in einer großen Pfanne erhitzen. Die Fleischscheiben darin von beiden Seiten anbraten. Die Möhrenstifte, Champignonscheiben und Zuckerschoten hinzufügen und unter Rühren anbraten, Porreestreifen unterheben.
**5.** Anschließend das Gericht mit Salz, Pfeffer und Sojasauce abschmecken und sofort servieren.

## Kalbsschnitzel mit Sesampanade

4 Portionen

*Zubereitungszeit:* 20 Minuten

**Für die Panade:**
75 g Grissini (ital. Brotstangen)
1 TL gerösteter Sesam

4 Kalbsschnitzel (je etwa 150 g)
Salz, gem. Pfeffer
Paprikapulver edelsüß
3 Eier (Größe M)
etwas Weizenmehl
6 EL Speiseöl

*Pro Portion:*
E: 36 g, F: 18 g, Kh: 14 g,
kJ: 1516, kcal: 363

**1.** Für die Panade Grissini fein mahlen oder Grissini in Stücke brechen, in einen Gefrierbeutel geben, Beutel fest verschließen. Grissini mit einer Teigrolle sehr fein zerbröseln. Grissinibrösel mit Sesam vermischen.
**2.** Kalbsschnitzel mit Küchenpapier trocken tupfen. Mit Salz, Pfeffer und Paprika würzen. Die Eier in einem Teller verschlagen. Kalbsschnitzel zuerst in Mehl wenden, dann durch die verschlagenen Eier ziehen, am Tellerrand abstreifen. Kalbschnitzel zuletzt in der Grissini-Sesam-Mischung wenden. Die Panade leicht andrücken. Nicht anhaftende Semmelbrösel leicht abschütteln.
**3.** Speiseöl in einer großen Pfanne erhitzen. Die Kalbsschnitzel darin von beiden Seiten 4–6 Minuten bei mittlerer Hitze goldbraun braten.

***Beilage:*** Erbsen-Kartoffel-Püree.

***Tipp:*** Ersetzen Sie die Grissini durch die gleiche Menge Salzstangen. Salzstangen ebenfalls zerbröseln.

## Schaschlik

4 Stück

*Zubereitungszeit:* 25 Minuten

etwa 600 g Schweineschulter
je 1 rote und gelbe Paprikaschote
1 Gemüsezwiebel
125 g durchwachsener Speck
etwas Speiseöl,
z. B. Olivenöl
Schaschlikgewürz
oder Pfeffer
Salz
Paprikapulver edelsüß

**Außerdem:**
4 Schaschlikspieße

*Pro Stück:*
E: 38 g, F: 25 g, Kh: 8 g,
kJ: 1704, kcal: 408

**1.** Den Backofengrill auf etwa 240 °C vorheizen.
**2.** Schweineschulter mit Küchenpapier trocken tupfen und in etwa 3 cm große Würfel schneiden.
**3.** Paprikaschoten halbieren, entstielen, entkernen und die weißen Scheidewände entfernen. Schoten abspülen, trocken tupfen und in Stücke schneiden.
**4.** Zwiebel abziehen und in Stücke schneiden. Speck in etwa 2 cm dicke Scheiben schneiden.
**5.** Die vorbereiteten Zutaten abwechselnd auf geölte Schaschlikspieße stecken. Schaschliks rundherum mit Speiseöl bestreichen.
**6.** Schaschlikspieße auf dem Rost (mit Alufolie belegt) unter dem vorgeheizten Backofengrill etwa 8 Minuten unter mehrmaligem Wenden grillen.
**7.** Schaschliks mit Schaschlikgewürz oder Pfeffer, Salz und Paprika würzen und servieren.

***Abwandlung:*** Probieren Sie die Schaschlikspieße mit Leber. Dazu etwa die Hälfte der Schweineschulter durch 4 Scheiben Schweineleber (etwa 250 g, nicht zu dick geschnitten) ersetzen. Die Leberscheiben in Stücke schneiden und mit auf die Spieße stecken. Zusätzlich die Schaschliks mit frisch gehacktem Rosmarin würzen. Schaschlik mit Tomatenketchup servieren.

Kalbsschnitzel mit Sesampanade

Schaschlik

## Kalbsmedaillons in Gorgonzola

6 Portionen

*Zubereitungszeit:* 30 Minuten

**Für die Kalbsmedaillons:**
800 g Kalbsfilet
Salz, gem. Pfeffer
frisch gehackte Oregano- oder Majoranblättchen
2 EL Butterschmalz

**Für die Gorgonzola-Sauce:**
320 g Gorgonzola
500 g Schlagsahne
gem. weißer Pfeffer

*Pro Portion:*
E: 38 g, F: 53 g, Kh: 3 g,
kJ: 2717, kcal: 653

**1.** Für die Medaillons Kalbsfilet von Haut und Sehnen befreien. Kalbsfilet mit Küchenpapier trocken tupfen und in 2–3 cm dicke Scheiben (Medaillons) schneiden. Medaillons mit Salz und Pfeffer würzen, mit Oregano- oder Majoranblättchen bestreuen.
**2.** Butterschmalz in einer Pfanne erhitzen. Kalbsmedaillons darin von beiden Seiten 4–6 Minuten braten. Medaillons herausnehmen, auf vorgewärmten Tellern anrichten und warm stellen.
**3.** Für die Sauce Gorgonzola zerbröseln und zum Bratensatz in die Pfanne geben. Sahne hinzugießen und unter Rühren zum Kochen bringen. Die Sauce bei schwacher Hitze cremig einkochen lassen. Mit Salz und Pfeffer abschmecken.
**4.** Die Kalbsmedaillons mit der Gorgonzola-Sauce übergießen und sofort servieren.

***Beilage:*** Brokkoli, Romanesco, Stangenspargel, Salzkartoffeln oder Butternudeln.

***Tipp:*** Die gebratenen Kalbsmedaillons in die fertig zubereitete Sauce legen und noch einige Minuten ziehen lassen.

## Florentiner Beefsteak

4 Portionen

*Zubereitungszeit:* 25 Minuten

4 Scheiben Roastbeef
(je etwa 300 g, etwa 2 1/2 cm dick)
125 ml Olivenöl
gem. Pfeffer
1 Bio-Zitrone
(unbehandelt, ungewachst)
Salz

*Pro Portion:*
E: 67 g, F: 17 g, Kh: 2 g,
kJ: 1833, kcal: 436

**1.** Roastbeefscheiben mit Küchenpapier trocken tupfen und in eine flache Schale legen. Olivenöl mit Pfeffer verrühren und auf den Roastbeefscheiben verteilen. Roastbeefscheiben etwa 15 Minuten marinieren, dabei gelegentlich wenden.
**2.** In der Zwischenzeit den Backofengrill vorheizen.
**3.** Zitrone heiß abwaschen, abtrocknen und in Spalten schneiden.

Kalbsmedaillons in Gorgonzola

Florentiner Beefsteak

Gefüllte Paprikaschnitzel

**4.** Die Roastbeefscheiben aus der Marinade nehmen und anschließend auf dem Rost unter den vorgeheizten Grill schieben.
**5.** Die Roastbeefscheiben „englisch" (halbgar) oder medium grillen, dabei einmal wenden. Die Roastbeefscheiben mit Salz bestreuen.
**6.** Florentiner Beefsteak mit Zitronenspalten garniert sofort servieren.

***Tipp:*** Sie können die Roastbeefscheiben auch gut in einer Pfanne braten.

## Gefüllte Paprikaschnitzel

4 Portionen

*Zubereitungszeit:* 30 Minuten

500 g mehligkochende Kartoffeln
Salz
1 kleine, rote Paprikaschote
4 dünne Schweineschnitzel (je etwa 80 g)
gem. Pfeffer
1 kleine Zwiebel
2 EL Olivenöl
1 EL Butter
200 ml Bratenfond (aus dem Glas)
2 EL Crème fraîche
3 Stängel Salbei
etwa 125 ml heiße Milch (3,5 % Fett)
25 g Butter
ger. Muskatnuss
1–2 EL gehackte Petersilie

**Außerdem:**
4 Holzstäbchen

*Pro Portion:*
E: 44 g, F: 42 g, Kh: 39 g,
kJ: 3014, kcal: 721

**1.** Kartoffeln schälen, abspülen, abtropfen lassen und in kleine Stücke schneiden. Kartoffelstücke in einen Topf geben. So viel Wasser hinzugießen, dass die Kartoffeln knapp bedeckt sind. Die Kartoffelstücke zugedeckt zum Kochen bringen. Salz hinzufügen, Kartoffelstücke in etwa 15 Minuten gar kochen.
**2.** In der Zwischenzeit Paprikaschote halbieren, entstielen, entkernen und die weißen Scheidewände entfernen. Schote abspülen, abtropfen lassen und in feine Streifen schneiden.
**3.** Die Schnitzel mit Küchenpapier trocken tupfen, mit Salz und Pfeffer würzen. Die Schnitzel je zur Hälfte mit den Paprikastreifen belegen. Die nicht belegte Schnitzelhälfte jeweils daraufklappen und mit Holzstäbchen feststecken.
**4.** Die Zwiebel abziehen und klein würfeln. Olivenöl in einer Pfanne erhitzen. Die Schnitzel darin von jeder Seite etwa 3 Minuten braten, aus der Pfanne nehmen und zugedeckt warm stellen.
**5.** Butter zum verbliebenen Bratfett in die Pfanne geben und zerlassen. Die Zwiebelwürfel darin andünsten. Bratenfond unterrühren, zum Kochen bringen und um etwa die Hälfte einkochen lassen. Crème fraîche unterrühren. Die Sauce mit Salz und Pfeffer abschmecken.
**6.** Salbei abspülen und trocken tupfen. Die Blättchen von den Stängeln zupfen. Einige Blättchen zum Garnieren beiseitelegen. Die restlichen Blättchen klein schneiden und unter die Sauce rühren.
**7.** Die garen Kartoffelstücke abgießen und sofort mit einem Kartoffelstampfer zerdrücken oder durch eine Kartoffelpresse drücken. Die heiße Milch nach und nach unter die Kartoffelmasse rühren (je nach Beschaffenheit der Kartoffeln kann die Milchmenge etwas variieren).
**8.** Püree bei schwacher Hitze mit einem Schneebesen oder Kochlöffel so lange rühren, bis eine lockere, einheitliche Masse entstanden ist. Butter unterrühren. Das Püree mit etwas Salz und Muskat abschmecken, Petersilie unterrühren.
**9.** Die Paprikaschnitzel mit Sauce, Kartoffelpüree und den beiseitegelegten Salbeiblättchen garniert servieren.

## Filetsteaks mit Tomaten-Bohnen-Gemüse

4 Portionen

*Zubereitungszeit:* 30 Minuten

600 g TK-Grüne Bohnen
1 TL gerebeltes Bohnenkraut
Salz
4 Tomaten (etwa 400 g)
4 Rinderfiletsteaks (je etwa 125 g)
2 EL Olivenöl
gem. Pfeffer
1 leicht geh. TL Kräuterbutter
gerebelter Majoran

4 Scheiben Vollkorntoast
(etwa 100 g)

*Pro Portion:*
E: 33 g, F: 12 g, Kh: 18 g,
kJ: 1344, kcal: 320

**1.** Bohnen mit Bohnenkraut in etwas Salzwasser nach Packungsanleitung gar dünsten. Die Bohnen in einem Sieb abtropfen lassen und zugedeckt warm stellen.
**2.** In der Zwischenzeit Tomaten abspülen, abtrocknen, halbieren und die Stängelansätze herausschneiden. Tomaten in Achtel schneiden.
**3.** Die Filetsteaks mit Küchenpapier trocken tupfen. Das Olivenöl in einer großen, beschichteten Pfanne erhitzen. Filetsteaks darin von jeder Seite etwa 3 Minuten braten, mit Salz und Pfeffer würzen. Die Filetsteaks aus der Pfanne nehmen und zugedeckt warm stellen.
**4.** Kräuterbutter in der Pfanne im verbliebenen Bratfett zerlassen. Die Tomatenachtel und Bohnen in die Pfanne geben, in der Butter schwenken, mit Salz, Pfeffer und Majoran würzen.
**5.** Toastbrotscheiben rösten, mit den Filetsteaks und dem Tomaten-Bohnen-Gemüse anrichten und servieren.

## Filetsteaks mit Kräuterfüllung

4 Portionen

*Zubereitungszeit:* 30 Minuten

4 Rinderfiletsteaks (je etwa 125 g)
1/2 Zwiebel
2 TL Speiseöl
3 EL fein gehackte Kräuter,
z. B. Basilikum oder Petersilie
1 leicht geh. TL mittelscharfer Senf
1 leicht geh. TL ger. Meerrettich
(aus dem Glas)
1 EL fettarmer Frischkäse
mit Joghurt (16 % Fett)
200 g Champignons oder Steinpilze
1 leicht geh. TL Butter
Salz, gem. Pfeffer

*Pro Portion:*
E: 29 g, F: 9 g, Kh: 1 g,
kJ: 851, kcal: 203

**1.** Filetsteaks mit Küchenpapier trocken tupfen. In jedes Steak von der Seite aus mit einem scharfen Messer eine Tasche einschneiden.
**2.** Die Zwiebelhälfte abziehen und in kleine Würfel schneiden. 1 Teelöffel des Speiseöls in einer Pfanne erhitzen. Die Zwiebelwürfel darin kurz andünsten.
**3.** Basilikum oder Petersilie abspülen und trocken tupfen. Die Blättchen von den Stängeln zupfen. Blättchen klein schneiden. Senf mit Meerrettich, Frischkäse, Kräutern und den Zwiebelwürfeln mischen. Die Frischkäse-Kräuter-Masse vierteln, in den Fleischeinschnitten (Taschen) verteilen und darin verstreichen.
**4.** Pilze putzen, evtl. kurz abspülen, trocken tupfen und in Scheiben schneiden. Butter in einem Topf zerlassen. Die Pilzscheiben darin unter gelegentlichem Wenden andünsten, mit Salz und Pfeffer würzen. Die Pilzscheiben herausnehmen und warm stellen.
**5.** Restliches Speiseöl in der Pfanne erhitzen. Die Steaks darin etwa 3 Minuten von jeder Seite braten, aus der Pfanne nehmen und zugedeckt etwa 5 Minuten ruhen lassen. Steaks und Pilzscheiben auf Tellern anrichten und sofort servieren.

## Fleisch-Gemüse-Pfanne

2 Portionen

*Zubereitungszeit:* 30 Minuten

250 g mageres Schweinefleisch (aus dem Rücken)

**Für die Marinade:**
2 TL Speisestärke
2 EL Sojasauce
1 EL Sherry

je 1 kleine, grüne und rote Paprikaschote
2 Knoblauchzehen
3 EL Speiseöl
5 EL Wasser
2 EL Zucker
1–2 EL Sojasauce
1–2 EL Weißweinessig
75 g abgetropfte Ananasstücke (aus der Dose)
Salz
1 TL flüssiger Honig oder Zucker
gem. Pfeffer
1 TL dunkles Sesamöl

*Pro Portion:*
E: 31 g, F: 25 g, Kh: 36 g,
kJ: 2085, kcal: 498

**1.** Schweinefleisch mit Küchenpapier trocken tupfen und in Würfel schneiden.
**2.** Für die Marinade Speisestärke mit Sojasauce und Sherry verrühren, mit den Fleischwürfeln vermischen und mindestens 15 Minuten marinieren.
**3.** In der Zwischenzeit die Paprikaschoten halbieren, entstielen, entkernen und die weißen Scheidewände entfernen. Schoten abspülen, abtropfen lassen und in Würfel schneiden. Knoblauch abziehen und klein würfeln.
**4.** Zwei Esslöffel des Speiseöls in einem Wok erhitzen. Die Fleischwürfel darin in etwa 2 Minuten von allen Seiten anbraten, herausnehmen und auf Küchenpapier abtropfen lassen.
**5.** Restliches Speiseöl zu dem Bratfett in den Wok geben und erhitzen.
**6.** Knoblauchwürfel und Paprikastücke darin kurz unter Rühren andünsten. Wasser, Zucker, Sojasauce und Essig hinzufügen.
**7.** Das Gemüse zugedeckt etwa 5 Minuten bei mittlerer Hitze garen.
**8.** Ananastücke in etwas kleinere Stücke schneiden, mit den Fleischwürfeln zum Gemüse in den Wok geben und erhitzen.
**9.** Die Fleisch-Gemüse-Pfanne mit Salz, Honig oder Zucker, Pfeffer und Sesamöl abschmecken.

***Beilage:*** Reis oder dünne Bandnudeln.

***Tipp:*** Das Fleisch wird noch zarter, wenn Sie die Fleischwürfel mindestens 30 Minuten marinieren.

## Bratwurst

4 Portionen

*Zubereitungszeit:* 15 Minuten

4 vorgebrühte oder frische Bratwürste (je etwa 120 g)
2 EL Speiseöl, z. B. Sonnenblumenöl

Pro Portion:
E: 15 g, F: 32 g, Kh: 0 g,
kJ: 1427, kcal: 341

**1.** Die Bratwürste mit Küchenpapier trocken tupfen. Frische Bratwürste rundherum mehrmals mit einer Gabel einstechen.
**2.** Speiseöl in einer Pfanne erhitzen. Die Bratwürste darin ohne Deckel unter gelegentlichem Wenden von beiden Seiten etwa 10 Minuten bei mittlerer Hitze braun braten.

***Beilage:*** Kartoffelpüree und Möhren-Kohlrabi-Gemüse.

Fleisch-Gemüse-Pfanne

Bratwurst

## Bunte Chinapfanne

1–2 Portionen

*Zubereitungszeit:* 30 Minuten

20 g getrocknete, chinesische Pilze, z. B. Mu-err- oder Shiitakepilze
heißes Wasser
etwa 300 g Putenbrustfilet
je 1 rote und grüne Paprikaschote
1 Stange Porree (Lauch, etwa 150 g)
2–3 EL Sojaöl oder Speiseöl
314 g abgetropfte Bambusschösslinge (aus der Dose)
350 g abgetropfte Sojabohnenkeimlinge (aus der Dose)
1–2 EL Sojasauce
etwa 1/2 TL China-Gewürz

*Pro Portion:*
E: 70 g, F: 23 g, Kh: 30 g,
kJ: 2522, kcal: 603

**1.** Die Pilze in heißem Wasser nach Packungsanleitung einweichen.
**2.** In der Zwischenzeit Putenbrustfilet kurz unter fließendem kalten Wasser abspülen, trocken tupfen und anschließend in sehr feine Scheiben schneiden.
**3.** Die Paprikaschoten halbieren, entstielen, entkernen und die weißen Scheidewände entfernen. Schoten abspülen, abtropfen lassen und in Streifen schneiden. Den Porree putzen, die Stange längs halbieren, gründlich waschen, abtropfen lassen und in Streifen schneiden. Eingeweichte Pilze abtropfen lassen und in Stücke schneiden.
**4.** Soja- oder Speiseöl in einer beschichteten Pfanne oder einem Wok erhitzen. Die Fleischscheiben darin von beiden Seiten anbraten. Dann Paprika-, Porreestreifen, Pilzstücke, Bambusschösslinge und Sojabohnenkeimlinge hinzugeben. Die Zutaten etwa 3 Minuten unter Rühren mit andünsten.
**5.** Die Chinapfanne mit Sojasauce und China-Gewürz abschmecken und sofort servieren.

***Beilage:*** Basmatireis.

Bunte Chinapfanne

## Asiatisches Lammfleisch

4 Portionen

*Zubereitungszeit:* 30 Minuten

500 g Lammrücken (ohne Knochen)
1 Sternanis
2 TL Szechuan-Pfeffer
3 getrocknete Chilischoten oder 1/2 TL Chiliflocken
1 TL Koriandersamen
2 TL Speisestärke
2 Knoblauchzehen
100 g Zwiebeln
400 g Zucchini
300 g Auberginen
250 g Tomaten
10 EL Sojaöl
Salz

*Pro Portion:*
E: 27 g, F: 44 g, Kh: 11 g,
kJ: 2271, kcal: 542

**1.** Lammrücken mit Küchenpapier trocken tupfen und in dünne Scheiben schneiden. Sternanis, Szechuan-Pfeffer, Chili und Koriander in einem Mörser zerstoßen. Die Gewürzmischung mit den Fleischscheiben vermengen. Die Speisestärke ebenfalls untermischen.
**2.** Knoblauch und Zwiebeln abziehen, in kleine Würfel schneiden. Zucchini, Auberginen und Tomaten abspülen, abtrocknen. Von der Zucchini und den Auberginen die Enden bzw. die Stängelansätze abschneiden. Das Gemüse in etwa 1 cm große Würfel schneiden. Die Tomaten halbieren und die Stängelansätze herausschneiden. Tomaten klein schneiden.
**3.** Etwa 4 Esslöffel des Sojaöls in einem Wok erhitzen. Die Fleischscheiben darin unter Wenden anbraten und herausnehmen. Nach und nach restliches Sojaöl hinzufügen. Zuerst Zwiebel- und Knoblauchwürfel, dann die Auberginenwürfel darin unter Rühren kurz anbraten. Zucchiniwürfel hinzufügen und mitbraten lassen.

Asiatisches Lammfleisch

Asia-Geschnetzeltes

**4.** Die Tomatenwürfel kurz unterrühren. Die Fleischscheiben ebenfalls untermischen, nochmals kurz erhitzen. Mit Salz abschmecken und sofort servieren.

## Asia-Geschnetzeltes

4 Portionen

*Zubereitungszeit:* 30 Minuten

1/2 Spitzkohl (etwa 500 g)
1 rote Paprikaschote (etwa 200 g)
150 g frische Sprossen
130 g abgetropfte Aprikosenhälften (aus der Dose)
400 g Rinderfilet, in dünne Scheiben geschnitten
2 1/2 EL Sesamöl
Salz
gem. Pfeffer
200 g 8-Minuten-Reis
400 ml Gemüsebrühe
2 EL Weißweinessig
3 EL Aprikosensaft (aus der Dose)
4–5 EL Zitronensaft
3 EL Sojasauce
1 TL Sambal Oelek
1 EL Speisestärke

*Pro Portion:*
E: 30 g, F: 12 g, Kh: 55 g,
kJ: 1904, kcal: 455

**1.** Von dem Spitzkohl die äußeren Blätter entfernen. Den Kohl halbieren und den Strunk herausschneiden. Spitzkohl abspülen, abtropfen lassen und in feine Streifen schneiden. Paprikaschote halbieren, entstielen, entkernen und die weißen Scheidewände entfernen. Schote abspülen, abtropfen lassen und ebenfalls in feine Streifen schneiden.

**2.** Die Sprossen verlesen, in ein Sieb geben, abspülen und gut abtropfen lassen. Von den Aprikosenhälften den Saft auffangen, davon 3 Esslöffel Saft abmessen und beiseitestellen. Die Aprikosenhälften in dünne Spalten schneiden.

**3.** Das Rinderfilet mit Küchenpapier trocken tupfen, evtl. entfetten und in dünne Streifen schneiden. Von dem Sesamöl 1 Esslöffel in einem Wok oder in einer großen Pfanne erhitzen. Die Filetstreifen darin unter gelegentlichem Rühren bei mittlerer bis starker Hitze in 8–10 Minuten braun anbraten. Filetstreifen mit Salz und Pfeffer würzen und herausnehmen.

**4.** In der Zwischenzeit den Reis in einem Topf mit der Gemüsebrühe nach Packungsanleitung garen. Den Reis evtl. abgießen.

**5.** Inzwischen 1 weiteren Esslöffel Sesamöl zu dem verbliebenen Bratfett in den Wok bzw. in die Pfanne geben und erhitzen. Spitzkohl- und Paprikastreifen hinzufügen und unter gelegentlichem Rühren bei mittlerer bis starker Hitze in etwa 4 Minuten bissfest garen.

**6.** Die Sprossen und Aprikosenspalten hinzufügen und alles 2–3 Minuten unter gelegentlichem Rühren weitergaren.

**7.** Den Weißweinessig mit je 3 Esslöffeln Aprikosen-, Zitronensaft und Sojasauce sowie Sambal Oelek und Speisestärke glatt rühren. Die angerührte Flüssigkeit zum Gemüse hinzugießen. Die Zutaten kurz unter Rühren aufkochen lassen, mit Sesamöl, Zitronensaft und Salz abschmecken. Das Geschnetzelte mit in den Wok bzw. die Pfanne geben, unterrühren und kurz miterwärmen. Das Geschnetzelte mit dem Reis anrichten.

***Tipps:*** Statt Spitzkohl können Sie auch die gleiche Menge Chinakohl für dieses Rezept verwenden. Der Reis kann auch in Salzwasser (ohne Gemüsebrühe) gegart werden. Dabei für die Flüssigkeitsmenge stets die Packungsanleitung beachten. Noch mehr Schärfe bekommt das Asia-Geschnetzelte wenn Sie die Sambal-Oelek-Menge erhöhen. Seien Sie bei der Dosierung jedoch sehr vorsichtig: Sambal Oelek ist eine sehr scharfe Würzpaste. Das Asia-Gemüse kann zusätzlich mit 1–2 Esslöffeln Sherry abgeschmeckt werden.

Filetpfanne

Entenbrust in würziger Sauce

## Filetpfanne

2 Portionen

*Zubereitungszeit:* 25 Minuten

4 Schweinemedaillons
(je etwa 75 g)
Salz, gem. Pfeffer
4 gekochte Pellkartoffeln
4 Frühlingszwiebeln
2 Schalotten
2 Knoblauchzehen
4 mittelgroße Tomaten
2 Stängel Rosmarin
4 EL Olivenöl

*Pro Portion:*
E: 40 g, F: 24 g, Kh: 42 g,
kJ: 2288, kcal: 545

**1.** Schweinemedaillons mit Küchenpapier trocken tupfen, evtl. entsehnen und entfetten. Schweinemedaillons etwas flach drücken. Mit Salz und Pfeffer würzen.
**2.** Kartoffeln pellen und in Spalten schneiden. Frühlingszwiebeln putzen, abspülen und trocken tupfen. Schalotten und Knoblauch abziehen. Schalotten halbieren und Knoblauch vierteln.
**3.** Tomaten abspülen, trocken tupfen und die Stängelansätze herausschneiden. Die Tomaten an der Spitze kreuzweise einschneiden.
**4.** Rosmarin abspülen und trocken tupfen. Die Nadeln von den Stängeln zupfen.
**5.** Olivenöl in einer Pfanne erhitzen. Die Medaillons mit den vorbereiteten Zutaten hineingeben und unter gelegentlichem Wenden 8–10 Minuten braten. Mit Salz und Pfeffer gut abschmecken.

## Entenbrust in würziger Sauce

4 Portionen

*Zubereitungszeit:* 30 Minuten

etwa 15 g getrocknete Mu-err-Pilze
heißes Wasser

700 g Entenbrustfilet
2 TL Sambal Manis (süßlich-scharfe indonesische Chilipaste)
500 g rote, grüne und gelbe Spitzpaprikaschoten
2 Stangen Porree (Lauch)
6 EL Sojaöl
80 g abgezogene, ganze Mandeln
100 ml Reiswein
150 ml Hühnerbrühe
1–2 EL Sojabohnenpaste
2 EL Sambal Sauce (feurig-scharf)
1 TL brauner Zucker oder Honig
2 TL Speisestärke
1 EL kaltes Wasser
420 g gegarte Glasnudeln
(etwa 100 g Rohgewicht)

*Pro Portion:*
E: 42 g, F: 35 g, Kh: 37 g,
kJ: 2693, kcal: 643

**1.** Mu-err-Pilze in heißem Wasser nach Packungsanleitung einweichen.
**2.** In der Zwischenzeit von den Entenbrustfilets Haut, Fett und Sehnen abschneiden. Filets kurz unter fließendem kalten Wasser abspülen, trocken tupfen und in dünne Scheiben schneiden. Filetscheiben mit Sambal Manis vermischen.
**3.** Paprikaschoten halbieren, entstielen, entkernen und die weißen Scheidewände entfernen. Schoten abspülen, abtropfen lassen und in schmale Streifen schneiden.
**4.** Porree putzen, die Stangen längs halbieren, gründlich waschen, abtropfen lassen und in etwa 1 cm lange Stücke schneiden. Mu-err-Pilze abtropfen lassen, evtl. harte Stellen abschneiden. Pilze in kleine Stücke schneiden.
**5.** Etwas von dem Sojaöl in einem Wok erhitzen. Die Mandeln darin anbraten und herausnehmen. Das restliche Sojaöl in dem Wok erhitzen. Die Filetscheiben darin portionsweise

unter Rühren anbraten, dann von der Wokmitte aus an den Rand schieben.

**6.** Die Paprikastreifen, Porreestücke und Mu-err-Pilze in die Mitte des Woks geben und unter Rühren anbraten. Reiswein und Brühe hinzugießen, Sojabohnenpaste unterrühren, mit Sambal Sauce und Zucker oder Honig würzen.

**7.** Speisestärke mit kaltem Wasser anrühren, unter das Gemüse rühren und unter Rühren kurz aufkochen lassen. Die gegarten Glasnudeln mit einer Küchenschere in mundgerechte Stücke schneiden, mit den Mandeln unterheben und kurz erwärmen. Die Entenbrust in würziger Sauce sofort servieren.

## Bunte Rindfleisch-Gemüse-Pfanne

4 Portionen

*Zubereitungszeit:* 30 Minuten

2 Scheiben Rindfleisch (Rouladenfleisch, etwa 400 g)
1 Knoblauchzehe
1 gestr. TL Speisestärke
gem. Pfeffer
4 EL Sojasauce
1/2 Spitzkohl
1 Zwiebel
je 1 gelbe und rote Paprikaschote
100 g Keniabohnen
150 g Zuckerschoten
150 g Shiitakepilze
6 EL Sesamöl
Salz
Zucker
Fünf-Gewürze-Pulver
125 ml Gemüsebrühe
100 ml Sojasauce
100 g Mungobohnenkeimlinge

*Pro Portion:*
E: 30 g, F: 20 g, Kh: 22 g,
kJ: 1626, kcal: 388

**1.** Die Rindfleischscheiben mit Küchenpapier trocken tupfen und in Streifen schneiden. Den Knoblauch abziehen und klein würfeln. Fleischstreifen mit Speisestärke bestäuben, mit Pfeffer und Knoblauch würzen, mit Sojasauce beträufeln und etwa 15 Minuten marinieren.

**2.** In der Zwischenzeit den Spitzkohl putzen und den Strunk herausschneiden. Spitzkohl abspülen und abtropfen lassen. Zwiebel abziehen. Paprikaschoten halbieren, entstielen, entkernen und die weißen Scheidewände entfernen. Schoten abspülen und abtropfen lassen. Spitzkohl, Zwiebel und die Paprikahälften in feine Streifen schneiden. Von den Bohnen und Zuckerschoten die Enden abschneiden, evtl. abfädeln. Bohnen und Zuckerschoten abspülen und abtropfen lassen. Zuckerschoten halbieren. Pilze putzen, evtl. kurz abspülen und trocken tupfen. Große Shiitakepilze halbieren.

**3.** Vier Esslöffel des Sesamöls in einem Wok erhitzen. Die Fleischstreifen darin etwa 5 Minuten von allen Seiten braten und herausnehmen. Restliches Sesamöl in dem Wok erhitzen. Vorbereitetes Gemüse nach und nach hinzugeben (zuerst Spitzkohl, dann Zwiebel und Bohnen, zuletzt Paprikastreifen, Zuckerschoten und Pilze). Das Gemüse 5–10 Minuten unter gelegentlichem Rühren anbraten bzw. dünsten.

**4.** Gemüse mit Salz, Pfeffer, Zucker und Fünf-Gewürze-Pulver würzen. Brühe und Sojasauce hinzugießen. Mungobohnenkeimlinge abspülen, abtropfen lassen, mit den Fleischstreifen in den Wok geben, 2–3 Minuten gut erhitzen.

***Tipp:*** Das Fleisch wird noch zarter, wenn Sie die Rindfleischscheiben etwa 30 Minuten marinieren.

Bunte Rindfleisch-Gemüse-Pfanne

## Deutsches Hacksteak

4 Portionen

*Zubereitungszeit:* 30 Minuten

500 g Gehacktes (halb Rind-, halb Schweinefleisch)
1 Ei (Größe M)
1 TL Paprikapulver edelsüß
1 TL mittelscharfer Senf
Salz
gem. Pfeffer
Knoblauchpfeffer
40 g Margarine
4 mittelgroße Zwiebeln

*Pro Portion:*
E: 27 g, F: 30 g, Kh: 4 g,
kJ: 1638, kcal: 391

**1.** Gehacktes in eine Schüssel geben, mit Ei, Paprika und Senf verkneten, mit Salz, Pfeffer und Knoblauchpfeffer würzen.
**2.** Aus der Gehacktesmasse mit angefeuchteten Händen 8 runde Bällchen formen, diese etwas flach drücken und mit einem Messer gitterförmig einkerben.
**3.** Margarine in einer Pfanne zerlassen. Die Fleischbällchen darin etwa 10 Minuten von beiden Seiten braun braten.
**4.** In der Zwischenzeit Zwiebeln abziehen, halbieren und in Scheiben schneiden.
**5.** Die Hacksteaks aus der Pfanne nehmen, auf einer vorgewärmten Platte anrichten und warm stellen.
**6.** Dann die Zwiebelscheiben in dem verbliebenen Bratfett unter Wenden bräunen, mit Salz und Pfeffer würzen. Die Zwiebelscheiben auf den Hacksteaks verteilen und sofort servieren.

***Beilage:*** Spiegeleier oder knusprige Bratkartoffeln.

***Tipp:*** Hacksteaks mit Petersilie, Radieschenscheiben und Salatblättern garniert servieren.

## Filetsteaks mit Pfeffer

4 Portionen

*Zubereitungszeit:* 15 Minuten

4 Rinderfiletsteaks (je etwa 150 g)
4 EL Speiseöl, z. B. Sonnenblumenöl
Salz
2 TL bunte Pfefferkörner

*Pro Portion:*
E: 32 g, F: 16 g, Kh: 1 g,
kJ: 1148, kcal: 274

**1.** Rinderfiletsteaks mit Küchenpapier trocken tupfen. Speiseöl in einer Pfanne erhitzen. Die Steaks darin 2–4 Minuten braten. Nachdem die untere Seite gebräunt ist, das Fleisch wenden und mit Salz würzen.
**2.** Pfefferkörner etwas zerdrücken, auf den Steaks verteilen und mit einem Löffel etwas andrücken. Die Steaks weitere 2–4 Minuten braten, dabei häufig mit dem Bratfett begießen.
**3.** Die Steaks auf einer vorgewärmten Platte anrichten. Das Bratfett auf den Steaks verteilen.

***Beilage:*** Gemischter Blattsalat, geröstetes Baguette mit Kräuterquark.

***Tipps:*** Für perfekte Steaks (Garzeit für etwa 2 cm dicke Steaks): Roh (raw): dünne braune Kruste, innen stark blutig. 1–2 Minuten von jeder Seite bei starker Hitze. Kerntemperatur beträgt 45–47 °C. Blutig (rare): braune Kruste, innen rosa, blutiger Kern. 2–3 Minuten von jeder Seite bei starker Hitze. Kerntemperatur beträgt 50–52 °C. Rosa (medium): außen braun, innen rosa. Etwa 1 Minute von jeder Seite bei starker Hitze, dann etwa 3 Minuten von jeder Seite bei mittlerer Hitze. Kerntemperatur beträgt 60 °C. Durchgebraten (well done): innen völlig grau. Etwa 1 Minute von jeder Seite bei starker Hitze, dann wenden, weitere etwa 5 Minuten von jeder Seite. Kerntemperatur beträgt 70–85 °C.

Deutsches Hacksteak

Filetsteaks mit Pfeffer

Lammkoteletts in Zitronenmarinade

Frikadellen

## Lammkoteletts in Zitronenmarinade

4 Portionen

*Zubereitungszeit:* 30 Minuten

16 Lammkoteletts (aus der Krone)
2 Knoblauchzehen
4 EL Olivenöl
2 EL Zitronensaft
Schale von 1 Bio-Zitrone (unbehandelt, ungewachst) oder 1 Pck. Dr. Oetker Finesse Geriebene Zitronenschale

**Außerdem:**
Alufolie

*Pro Portion:*
E: 31 g, F: 21 g, Kh: 1 g,
kJ: 1331, kcal: 318

**1.** Lammkoteletts kurz unter fließendem kalten Wasser abspülen, trocken tupfen und in eine flache Schale oder Auflaufform legen.
**2.** Knoblauch abziehen und durch eine Knoblauchpresse drücken oder sehr fein hacken. Knoblauch mit Olivenöl, Zitronensaft und -schale gut verrühren.
**3.** Die Lammkoteletts mit der Zitronenmarinade bestreichen und zugedeckt im Kühlschrank etwa 15 Minuten marinieren.
**4.** Die Lammkoteletts auf Alufolie (dünn mit Speiseöl bestrichen) auf den heißen Grill legen und von beiden Seiten insgesamt etwa 12 Minuten unter mehrmaligem Wenden grillen.

***Tipps:*** Das Fleisch wird noch zarter, wenn Sie die Lammkoteletts mindestens 30 Minuten marinieren. Die Zitronenmarinade schmeckt auch mit anderen Fleischsorten. Sie eignet sich gut für Lammkarrees, -filets, für Fischfilets, Hähnchenbrust- oder Putenbrustfilets. Zu den Lammkoteletts passen Zaziki, Fladenbrot und ein gemischter Salat mit Schafskäse.

## Frikadellen

4 Portionen

*Zubereitungszeit:* 25 Minuten

1 Brötchen (Semmel) vom Vortag
2 Zwiebeln
600 g Gehacktes (halb Rind-, halb Schweinefleisch)
1 Ei (Größe M)
2–3 EL Mozzarella- oder Paprikawürfel
Salz
gem. Pfeffer
Paprikapulver edelsüß
2 EL Speiseöl, z. B. Olivenöl

*Pro Portion:*
E: 31 g, F: 31 g, Kh: 8 g,
kJ: 1806, kcal: 431

**1.** Brötchen in kaltem Wasser einweichen und gut ausdrücken. Zwiebeln abziehen und klein würfeln.
**2.** Gehacktes in eine Schüssel geben. Brötchen, Zwiebelwürfel, Ei und die Mozzarella- oder Paprikawürfel gut unterkneten. Mit Salz, Pfeffer und Paprika würzen.
**3.** Aus der Fleischmasse mit angefeuchteten Händen 8 Frikadellen formen.
**4.** Speiseöl in einer großen Pfanne erhitzen. Die Frikadellen darin unter gelegentlichem Wenden von beiden Seiten etwa 10 Minuten bei mittlerer Hitze braun und gar braten.

***Beilage:*** Kartoffelpüree und Möhrengemüse.

***Abwandlungen:*** Wer mag, knetet unter die Fleischmasse gehackte Oliven oder gehackte Kräuter (Schnittlauch, Petersilie). Für **Hamburger** die Frikadellen aus Rindergehacktem zubereiten, etwas flacher drücken und von jeder Seite etwa 5 Minuten braten. 8 Hamburger-Brötchen waagerecht durchschneiden. Auf die untere Brötchenhälfte je 1 abgespültes, trocken getupftes Salatblatt legen und je 1 Frikadelle drauflegen. 2 abgespülte, trocken getupfte Tomaten und 2 Gewürzgurken in Scheiben schneiden, mit Senf und Ketchup auf den Frikadellen verteilen. Die oberen Brötchenhälften jeweils drauflegen und servieren.

Pfeffer würzen. Lammkoteletts zugedeckt etwa 5 Minuten ruhen lassen.
**6.** Zum Servieren die Pinienkerne unter die Curry-Rübchen heben und mit den Lammkoteletts servieren.

***Tipp:*** Mairübchen und Teltower Rübchen gehören zu den zarten Speiserüben. Dabei zeichnen sich die Mairübchen durch ihre kleinen, kugeligen, weißfleischigen Wurzelrübchen aus. Teltower Rübchen gelten als besondere Delikatesse. Diese Zwergrübchen schmecken süßlich-mild.

Lammkoteletts mit Curry-Rübchen

## Lammkoteletts mit Curry-Rübchen

4 Portionen

*Zubereitungszeit:* 30 Minuten

1 Knoblauchzehe
1 TL Anissamen
2 EL Rapsöl
12 Stielkoteletts vom Lamm (je etwa 60 g)
50 g Pinienkerne
2 Bund Mairübchen oder Teltower Rübchen (je etwa 400 g)
2 EL Rapsöl
1 EL Currypulver
100 ml heiße Gemüsebrühe
2 EL Rosinen
Salz
gem. Pfeffer

*Pro Portion:*
E: 33 g, F: 35 g, Kh: 21 g,
kJ: 2200, kcal: 526

**1.** Knoblauch abziehen und in Scheiben schneiden. Anissamen im Mörser grob zerstoßen. Knoblauch und Anis mit dem Rapsöl vermischen.
**2.** Die Lammkoteletts kurz unter fließendem kalten Wasser abspülen und mit Küchenpapier trocken tupfen. Die Lammkoteletts rundherum mit der Marinade bestreichen und zugedeckt bis zur Weiterverarbeitung bei Zimmertemperatur etwas durchziehen lassen.
**3.** Die Pinienkerne in einer Pfanne ohne Fett unter Wenden anrösten, herausnehmen und auf einen Teller geben.
**4.** Die Rübchen putzen, evtl. etwas Grün an den Knollen stehen lassen. Die Knollen schälen, abspülen, abtropfen lassen und vierteln. Das Rapsöl in einer Pfanne erhitzen. Die Rübchenviertel darin andünsten und mit Curry bestäuben. Die heiße Gemüsebrühe hinzugießen und die Rosinen unterrühren. Das Gemüse mit Salz würzen, zum Kochen bringen und in etwa 8 Minuten bissfest dünsten.
**5.** In der Zwischenzeit die Lammkoteletts mit Salz würzen und in einer erhitzen Pfanne portionsweise jeweils 3 Minuten pro Seite bei starker Hitze braten. Dann die Kochstelle ausschalten, alle Lammkoteletts wieder in die Pfanne legen und mit

## Geflügel-Wurst-Pfanne

4 Portionen

*Zubereitungszeit:* 30 Minuten

1 Gemüsezwiebel (etwa 300 g)
1–2 Knoblauchzehen
250 g Hähnchenbrustfilet
250 g Geflügel-Fleischwurst
3 EL Speiseöl
Salz, gem. Pfeffer
600 g TK-Rahm-Königsgemüse
250 ml Wasser
1 Bund Petersilie
Paprikapulver rosenscharf

*Pro Portion:*
E: 29 g, F: 29 g, Kh: 15 g,
kJ: 1832, kcal: 438

**1.** Gemüsezwiebel und Knoblauch abziehen. Zwiebel halbieren und in Würfel schneiden. Hähnchenbrustfilet kurz unter fließendem kalten Wasser abspülen, trocken tupfen und in Würfel schneiden. Von der Fleischwurst die Pelle abziehen. Fleischwurst ebenfalls würfeln.
**2.** Das Speiseöl in einem Wok erhitzen. Fleisch- und Wurstwürfel darin etwa 5 Minuten unter Rühren braten. Anschließend mit einer Schaumkelle herausnehmen. Mit Salz und Pfeffer würzen.
**3.** Zwiebel- und Knoblauchwürfel in dem verbliebenen Bratfett kurz an-

braten. Das gefrorene Königsgemüse und Wasser hinzufügen, zum Kochen bringen. Das Gemüse 5–6 Minuten bei schwacher Hitze unter gelegentlichem Rühren kochen lassen.

**4.** In der Zwischenzeit Petersilie abspülen und trocken tupfen. Einige Stängel zum Garnieren beiseitelegen. Restliche Blättchen von den Stängeln zupfen, Blättchen klein schneiden.

**5.** Fleisch-, Wurstwürfel und Petersilie zum Gemüse in den Wok geben und erhitzen. Mit Salz, Pfeffer und Paprika abschmecken.

**6.** Die Geflügel-Wurst-Pfanne mit der beiseitegelegten Petersilie garniert servieren.

***Beilage:*** Reis.

***Tipp:*** TK-Rahm-Königsgemüse besteht aus Brokkoli, Möhren, Blumenkohl und Sahne.

***Abwandlung:*** Sie können nach Belieben auch 500 g anderes TK-Gemüse verwenden. Die Garzeit richtet sich nach der Packungsanleitung. Geben Sie dann zusammen mit dem Wasser 100 g Schlagsahne oder 100 g Crème fraîche hinzu und würzen Sie das Gemüse mit Salz und Pfeffer.

## Lammfilet mit Pilz-Gemüse-Mischung

4 Portionen

*Zubereitungszeit:* 30 Minuten

1 Stück frischer Ingwer
1 Knoblauchzehe
1 Stange Porree (Lauch)
150 g Möhren
200 g Shiitakepilze
200 g Champignons
100 g Austernpilze
100 g Zuckerschoten
300 g Lammfilet (ausgelöster Rücken)
1–2 EL Speiseöl, z. B. Sonnenblumenöl
Sojasauce
2 EL dunkles Sesamöl
2–3 EL Limettensaft
1/2–1 TL Sambal Oelek

*Pro Portion:*
E: 20 g, F: 12 g, Kh: 12 g, kJ: 954, kcal: 228

**1.** Ingwer schälen und auf einer Küchenreibe fein reiben. Knoblauch abziehen und in sehr kleine Würfel schneiden. Den Porree putzen, die Stange längs halbieren, gründlich waschen, abtropfen lassen und in feine Streifen schneiden. Die Möhren putzen, schälen, abspülen, abtropfen lassen und klein schneiden.

**2.** Pilze putzen, evtl. kurz abspülen, trocken tupfen und in Streifen oder Scheiben schneiden. Von den Zuckerschoten die Enden abschneiden, evtl. abfädeln. Zuckerschoten abspülen und abtropfen lassen.

**3.** Lammfilet mit Küchenpapier trocken tupfen und in feine Scheiben schneiden.

**4.** Speiseöl in einem Wok oder einer großen Pfanne erhitzen. Die Fleischscheiben darin von beiden Seiten kurz und kräftig anbraten und herausnehmen. Ingwer, Knoblauchwürfel, Porreestreifen, Möhrenstücke, Zuckerschoten und Pilzstreifen oder -scheiben in dem verbliebenen Bratfett etwa 5 Minuten bei starker Hitze unter Rühren braten. Mit Sojasauce würzen.

**5.** Die Gemüse-Pilz-Pfanne mit Sesamöl, Limettensaft und Sambal Oelek würzig abschmecken. Fleischscheiben wieder hinzugeben und kurz erhitzen.

***Beilage:*** Basmatireis.

Geflügel-Wurst-Pfanne

Lammfilet mit Pilz-Gemüse-Mischung

## Lammpfanne mit Auberginen und Kichererbsen

2–3 Portionen

*Zubereitungszeit:* 25 Minuten

500 g Lammrückenfilet
2 Auberginen (etwa 400 g)
1 Bund glatte Petersilie
3 Knoblauchzehen
2 EL Speiseöl, z. B. Olivenöl
220 g abgetropfte Kichererbsen (aus der Dose)
Salz
gem. Pfeffer
ger. Muskatnuss
300 ml Gemüsebrühe oder -fond

*Pro Portion:*
E: 48 g, F: 17 g, Kh: 20 g,
kJ: 1801, kcal: 430

**1.** Lammrückenfilet mit Küchenpapier trocken tupfen und in Würfel oder Streifen schneiden.
**2.** Auberginen abspülen, abtrocknen und die Stängelansätze entfernen. Auberginen zunächst längs vierteln, dann in etwa 1 cm dicke Scheiben schneiden.
**3.** Petersilie abspülen und trocken tupfen. Blättchen von den Stängeln zupfen. Die Blättchen klein schneiden, 1–2 Teelöffel zum Garnieren beiseitelegen. Knoblauch abziehen und in kleine Würfel schneiden.
**4.** Das Speiseöl in einer großen Pfanne erhitzen. Die Fleischwürfel oder -streifen darin von allen Seiten anbraten. Die Auberginenscheiben hinzugeben und etwa 5 Minuten mitbraten.
**5.** Kichererbsen, Petersilie und die Knoblauchwürfel hinzufügen. Das Ganze mit Salz, Pfeffer und Muskat kräftig würzen.
**6.** Brühe oder Fond hinzugießen, zum Kochen bringen und in 3–6 Minuten um etwa 3/4 einkochen lassen. Die Lammpfanne mit beiseitegelegter Petersilie bestreut servieren.

## Linsen-Dal mit Putenwürstchen

4 Portionen

*Zubereitungszeit:* 25 Minuten

etwa 250 g Knollensellerie
2 große Möhren
1 EL Butter oder Margarine
1 TL Garam Masala (indische Gewürzmischung, erhältlich im Asialaden) oder Currypulver
Saft von 1 Limette
1 EL flüssiger Honig
etwa 500 ml Gemüsebrühe
250 g rote Linsen
200 g Joghurt (3,5 % Fett)
2–3 EL Mango Chutney (aus dem Glas)
evtl. 3–5 Stängel frischer Koriander
1 EL Speiseöl, z. B. Sonnenblumenöl
4–6 Putenbratwürstchen (je etwa 60 g)
Salz, gem. Pfeffer
1 reife Mango

*Pro Portion:*
E: 32 g, F: 20 g, Kh: 55 g,
kJ: 2243, kcal: 536

**1.** Sellerie und Möhren putzen, schälen, abspülen, abtropfen lassen und in sehr feine Würfel schneiden. Butter oder Margarine in einem Topf zerlassen. Sellerie- und Möhrenwürfel darin unter Rühren andünsten. Mit Garam Masala oder Curry würzen. Limettensaft mit Honig verrühren, zu dem angedünsteten Gemüse in den Topf geben und gut unterrühren.
**2.** Brühe und Linsen hinzugeben, zum Kochen bringen und etwa 15 Minuten bei schwacher Hitze kochen lassen, dabei ab und zu vorsichtig umrühren.
**3.** In der Zwischenzeit Joghurt und Mango Chutney glatt rühren. Nach Belieben Koriander abspülen und trocken tupfen. Die Blättchen von den Stängeln zupfen (einige Blättchen zum Garnieren beiseitelegen). Blättchen klein schneiden und unter die Joghurt-Mango-Creme rühren.
**4.** Speiseöl in einer Pfanne erhitzen. Die Würstchen darin von allen Seiten braun braten.
**5.** Linsen-Dal mit Salz und Pfeffer abschmecken.

Lammpfanne mit Auberginen und Kichererbsen

Linsen-Dal mit Putenwürstchen

6. Mango längs halbieren und den Stein herauslösen. Mangohälften schälen und in Spalten schneiden.
7. Linsen-Dal mit der Joghurt-Mango-Creme, den Putenbratwürstchen, Mangospalten und beiseitegelegten Korianderblättchen anrichten.

***Tipps:*** Dal ist ein Linsen-Gericht aus der indischen Küche. Ihren Geschmack bekommen die feinen, nur kurz gegarten Hülsenfrüchte aus den vielfältigen Gewürz-Aromen von Kreuzkümmel, Kardamom, Zimt, Chili, Kurkuma und mehr. Wer nicht alle Gewürzsorten vorrätig hat, kann auch eine fertige Gewürzmischung (erhältlich in Feinkostabteilungen der Supermärkte) oder Currypulver verwenden.

## Mediterranes Hähnchenbrustfilet

10 Stück

*Zubereitungszeit:* 30 Minuten

1 kleiner Topf frisches Basilikum
90 g abgetropfte, grüne Oliven ohne Stein
6 Sardellenfilets in Öl
1 kleine, getrocknete Peperoni
6 EL Olivenöl
10 Hähnchenbrustfilets (je 130–150 g)
1–2 TL Speiseöl, z. B. Olivenöl
gem. bunter Pfeffer

*Pro Stück:*
E: 34 g, F: 8 g, Kh: 0 g,
kJ: 897, kcal: 215

1. Basilikum abspülen und trocken tupfen. Die Blättchen von den Stängeln zupfen. Blättchen evtl. etwas kleiner schneiden.
2. Die Oliven, Sardellenfilets und Peperoni fein hacken und in eine Schüssel geben. Olivenöl und Basilikum hinzufügen. Die Zutaten gut verrühren.
3. Hähnchenbrustfilets kurz unter fließendem kalten Wasser abspülen und trocken tupfen. Die Hähnchenbrustfilets dünn mit Speiseöl bestreichen, auf den heißen Grill (gefettet) legen und von beiden Seiten insgesamt 10–15 Minuten grillen.
4. Die Hähnchenbrustfilets mit Pfeffer bestreuen und mit der Marinade bestreichen.

## Lammsteaks mit Harissa

4 Portionen

*Zubereitungszeit:* 15 Minuten, ohne Marinierzeit

4 Lammsteaks (aus der Keule, je etwa 180 g)

**Für die Marinade:**
90 g Harissa (afrikanische Gewürzpaste)
1 EL Sesamöl
3 EL Olivenöl
gem. Pfeffer
einige Stängel Rosmarin

*Pro Portion:*
E: 37 g, F: 12 g, Kh: 1 g,
kJ: 1071, kcal: 255

1. Lammsteaks mit Küchenpapier trocken tupfen und waagerecht einmal durchschneiden. Lammsteaks in einen tiefen Teller legen.
2. Für die Marinade Harissa mit Sesam- und Olivenöl verrühren, mit Pfeffer würzen. Rosmarin abspülen und trocken tupfen. Die Nadeln von den Stängeln zupfen. Einige Nadeln zum Garnieren beiseitelegen. Restliche Nadeln unter die Marinade rühren.
3. Lammsteaks mit der Marinade bestreichen und zugedeckt 15–20 Minuten im Kühlschrank durchziehen lassen.
4. In der Zwischenzeit den Backofengrill vorheizen.
5. Die Lammsteaks aus der Marinade nehmen und unter dem vorgeheizten Grill etwa 12 Minuten unter mehrmaligem Wenden grillen.
6. Lammsteaks mit den beiseitegelegten Rosmarinnadeln garnieren und servieren.

***Beilage:*** Couscous.

***Tipp:*** Besonders zart werden die Lammsteaks und bekommen ein intensiveres Aroma, wenn Sie sie einige Stunden oder über Nacht zugedeckt im Kühlschrank marinieren.

Nackenkoteletts

## Nackenkoteletts
4 Portionen

*Zubereitungszeit:* 25 Minuten

4 dünne Schweinenackenkoteletts (je etwa 180 g)
2 Zwiebeln
1–2 Knoblauchzehen
1–2 EL mittelscharfer Senf
gem. Pfeffer
3–4 EL Olivenöl
Salz

**Außerdem:**
evtl. Alufolie

*Pro Portion:*
E: 30 g, F: 23 g, Kh: 2 g,
kJ: 1411, kcal: 337

**1.** Die Nackenkoteletts kurz unter fließendem kalten Wasser abspülen und trocken tupfen.
**2.** Zwiebeln und Knoblauch abziehen. Zwiebeln zuerst in Scheiben schneiden, dann in Ringe teilen. Knoblauch durch eine Knoblauchpresse drücken oder sehr fein hacken.
**3.** Den Senf mit dem Knoblauch in einer Schüssel verrühren. Die Nackenkoteletts von beiden Seiten dick mit der Senfmarinade bestreichen und mit Pfeffer bestreuen. Nackenkoteletts in eine flache Schale oder Auflaufform legen und mit Zwiebelringen belegen. Olivenöl auf die Nackenkoteletts träufeln. Die Nackenkoteletts zugedeckt im Kühlschrank etwa 15 Minuten marinieren.
**4.** Die Nackenkoteletts aus der Marinade nehmen, die Zwiebelringe abstreifen. Die Nackenkoteletts auf den heißen Grill (gefettet) legen und von jeder Seite etwa 5 Minuten grillen. Nackenkoteletts mit Salz bestreuen. Die Zwiebelringe nach Belieben ebenfalls grillen. Den Grillrost dazu mit Alufolie (dünn mit Speiseöl bestrichen) belegen. Die gegrillten Zwiebelringe mit den Nackenkoteletts servieren.

***Tipps:*** Dazu passen ein gemischter Salat und ein **fruchtiges Zwiebel-Knoblauch-Chutney:** 250 g vorbereitetes Pfirsichfruchtfleisch pürieren. Pfirsichpüree mit 250 g Zwiebelwürfeln, 60 g Frühlingszwiebeln (in feine Scheiben geschnitten), 25 g fein gehacktem Knoblauch, 10 g Senfkörnern und 60 ml Apfelessig in einem Topf unter Rühren etwa 5 Minuten dünsten. 125 g Extra Gelier Zucker (2 : 1) gut unterrühren. Die Zutaten unter Rühren zum Kochen bringen und etwa 5 Minuten unter ständigem Rühren kochen lassen. Das Chutney mit Salz und Pfeffer abschmecken, nochmals unter Rühren aufkochen lassen. Den Topf von der Kochstelle nehmen. Chutney sofort randvoll in vorbereitete Gläser mit Twist-off-Deckeln® füllen, verschließen, umdrehen und etwa 5 Minuten auf den Deckeln stehen lassen. Das Fleisch wird noch saftiger, wenn Sie die Nackenkoteletts etwa 1 Stunde marinieren.

## Puten-Pilz-Ragout
2 Portionen (ohne Foto)

*Zubereitungszeit:* 20 Minuten

300 g Putenbrustfilet
1 Zwiebel
250 g Champignons
1 TL grüne Pfefferkörner (in Lake)
1–2 EL Speiseöl
1–2 EL Crème fraîche
einige Spritzer Zitronensaft
1 TL gerebelter Thymian
Salz

*Pro Portion:*
E: 40 g, F: 15 g, Kh: 4 g,
kJ: 1297, kcal: 311

**1.** Putenbrustfilet kurz unter fließendem kalten Wasser abspülen, trocken tupfen und in feine Streifen schneiden. Zwiebel abziehen und in kleine Würfel schneiden.
**2.** Champignons putzen, evtl. kurz abspülen und trocken tupfen. Die Champignons je nach Größe vierteln oder sechsteln. Die Pfefferkörner abspülen, abtropfen lassen und zerdrücken.
**3.** Das Speiseöl in einer Pfanne erhitzen. Die Putenstreifen darin von allen Seiten kräftig anbraten. Zwiebelwürfel hinzufügen und kurz mitbraten. Die Champignonstücke hinzugeben und unterrühren, bei starker Hitze unter ständigem Wenden etwa 2 Minuten braten lassen.
**4.** Crème fraîche unterrühren. Das Ragout mit Zitronensaft, zerdrückten Pfefferkörnern, Thymian und etwas Salz abschmecken.

***Tipp:*** Kurz in Butter geschwenkte Spätzle oder Schupfnudeln dazureichen.

## Paprika-Rindfleisch-Pfanne mit Bandnudeln

4 Portionen

*Zubereitungszeit:* 25 Minuten

3 l Wasser
3 gestr. TL Salz
300 g Bandnudeln

450 g Rinderfilet
500 g gelbe Paprikaschoten
2 Zwiebeln
3 Knoblauchzehen
80 g frischer Ingwer
3 EL Speiseöl
einige Stängel Koriander
Salz
gem. Pfeffer
Sojasauce

*Pro Portion:*
E: 36 g, F: 13 g, Kh: 65 g,
kJ: 2231, kcal: 532

**1.** Wasser in einem großen Topf zugedeckt zum Kochen bringen. Dann Salz und Nudeln hinzugeben. Die Nudeln im geöffneten Topf bei mittlerer Hitze nach Packungsanleitung bissfest kochen, dabei gelegentlich umrühren.
**2.** In der Zwischenzeit das Rinderfilet mit Küchenpapier trocken tupfen und in Streifen schneiden. Paprikaschoten halbieren, entstielen, entkernen und die weißen Scheidewände entfernen. Schoten abspülen, abtropfen lassen und in grobe Würfel schneiden.
**3.** Zwiebeln und Knoblauch abziehen, in kleine Würfel schneiden. Ingwer schälen, ebenfalls klein würfeln.
**4.** Das Speiseöl in einer großen Pfanne erhitzen. Die Fleischstreifen darin von allen Seiten knusprig braun braten. Zwiebel-, Knoblauch- und Ingwerwürfel hinzugeben, mit andünsten. Paprikawürfel hinzufügen und kurz mitdünsten lassen.
**5.** Koriander abspülen und trocken tupfen. Blättchen von den Stängeln zupfen. Blättchen grob zerschneiden. Paprika-Rindfleisch-Pfanne mit Salz, Pfeffer und Sojasauce würzen, mit Koriander bestreuen.
**6.** Gare Nudeln in ein Sieb geben, mit heißem Wasser abspülen und abtropfen lassen.
**7.** Die Paprika-Rindfleisch-Pfanne mit Bandnudeln servieren.

## Rinderfilet-Reis-Pfanne

4 Portionen

*Zubereitungszeit:* 20 Minuten

200 g 8-Minuten-Reis
400 g Rinderfilet
1 TL gem. Ingwer
gem. Pfeffer
300 g Zuckerschoten
2 Bund Frühlingszwiebeln
12 Cocktailtomaten
4 EL Speiseöl, z. B. Erdnussöl
Salz
1 EL Currypulver

*Pro Portion:*
E: 28 g, F: 15 g, Kh: 51 g,
kJ: 1905, kcal: 453

**1.** Reis nach Packungsanleitung zubereiten, in ein Sieb geben, abtropfen lassen und warm stellen.
**2.** Inzwischen Rinderfilet mit Küchenpapier trocken tupfen und in 1–2 cm große Würfel schneiden. Filetwürfel mit Ingwer und Pfeffer würzen.
**3.** Von den Zuckerschoten die Enden abschneiden, evtl. abfädeln. Zuckerschoten abspülen und abtropfen lassen. Frühlingszwiebeln putzen, abspülen, abtropfen lassen und in etwa 1 cm lange Stücke schneiden. Die Tomaten abspülen, abtropfen lassen und evtl. die Stängelansätze herausschneiden.
**4.** Speiseöl in einem Wok erhitzen. Filetwürfel darin unter Rühren anbraten, mit Salz würzen. Die Zuckerschoten und Frühlingszwiebelstücke hinzufügen, unter Rühren mitdünsten lassen.
**5.** Den Reis in den Wok geben, mit dem Curry unter die Filet-Gemüse-Mischung rühren und weitere etwa 2 Minuten erhitzen. Die Reispfanne mit Salz und Pfeffer abschmecken. Cocktailtomaten unterheben und kurz erwärmen. Die Reispfanne anrichten und servieren.

Paprika-Rindfleisch-Pfanne mit Bandnudeln

Rinderfilet-Reis-Pfanne

## Rinderfilet mit Gemüse in Austernsauce

4 Portionen

*Zubereitungszeit:* 30 Minuten

500 g Rinderfilet
2 EL Austernsauce
2 EL Sojasauce
1 EL Speisestärke
400 g Champignons
1 rote Paprikaschote
1 große Zwiebel
1 Knoblauchzehe
350 g frischer Blattspinat
Salz
10 EL Sojaöl

*Pro Portion:*
E: 34 g, F: 30 g, Kh: 9 g,
kJ: 1856, kcal: 443

**1.** Rinderfilet mit Küchenpapier trocken tupfen und in dünne Scheiben (etwa 2 x 3 cm) schneiden. Die Filetscheiben mit Austernsauce, Sojasauce und Speisestärke vermischen.
**2.** Die Champignons putzen, evtl. kurz abspülen und trocken tupfen. Champignons in Scheiben schneiden. Paprikaschote halbieren, entstielen, entkernen und die weißen Scheidewände entfernen. Schote abspülen, abtropfen lassen und in kleine Würfel oder Rauten schneiden.
**3.** Zwiebel und Knoblauch abziehen. Zwiebel halbieren, zuerst in halbe Scheiben schneiden, dann in halbe Ringe teilen. Knoblauch in kleine Würfel schneiden.
**4.** Spinat verlesen und die Stiele abschneiden. Spinatblätter mehrmals gründlich abspülen, abtropfen lassen und in kochendem Salzwasser etwa 30 Sekunden blanchieren. Spinatblätter mit einer Schaumkelle herausnehmen, mit kaltem Wasser abschrecken und gut abtropfen lassen.
**5.** Etwa 4 Esslöffel des Sojaöls in einem Wok erhitzen. Die Filetscheiben darin in 2 Portionen von beiden Seiten anbraten und herausnehmen. Restliches Sojaöl in dem Wok erhitzen. Die Champignonscheiben darin unter Rühren anbraten.
**6.** Zwiebelringe, Knoblauchwürfel und Paprikastücke hinzufügen, kurz mit anbraten. Die Filetscheiben wieder in den Wok geben und mit dem Gemüse vermischen. Spinatblätter kurz unterheben. Die Filetpfanne mit Salz abschmecken, in Schalen anrichten und sofort servieren.

Rinderfilet mit Gemüse in Austernsauce

## Schweinefilet auf Tomaten-Thymian-Reis

4 Portionen

*Zubereitungszeit:* 25 Minuten

1 Zwiebel
2 1/2 EL Speiseöl,
z. B. Sonnenblumenöl
200 g Langkornreis
etwa 650 ml Gemüsebrühe
450 g Schweinefilet
Salz, gem. Pfeffer
250 g Cocktailtomaten
1 TL gerebelter Thymian
4 EL saure Sahne
2 TL abgetropfte, grüne Pfefferkörner (in Lake, etwa 10 g)
2 geh. EL heller Saucenbinder

*Pro Portion:*
E: 31 g, F: 13 g, Kh: 47 g,
kJ: 1807, kcal: 432

**1.** Die Zwiebel abziehen und in kleine Würfel schneiden. 1 Esslöffel des Speiseöls in einem Topf erhitzen. Die Zwiebelwürfel und den Reis hinzufügen, unter Rühren bei mittlerer Hitze kurz andünsten. Etwa 400 ml von der Gemüsebrühe hinzugießen und unter gelegentlichem Rühren zum Kochen bringen. Reis bei schwacher Hitze zugedeckt etwa 15 Minuten nach Packungsanleitung ausquellen lassen.
**2.** In der Zwischenzeit Schweinefilet mit Küchenpapier trocken tupfen, evtl. entfetten und enthäuten. Filet in 12 dünne Scheiben schneiden.
**3.** Das restliche Speiseöl in einer großen Pfanne erhitzen. Die Filetscheiben darin bei mittlerer bis großer Hitze von jeder Seite etwa 4 Minuten braun anbraten. Mit Salz und Pfeffer würzen. Filetscheiben aus der Pfanne nehmen.
**4.** In der Zwischenzeit Tomaten abspülen, abtrocknen, halbieren und die Stängelansätze herausschneiden. Die Tomatenhälften mit dem Thymian etwa 5 Minuten vor Ende der Garzeit zum Reis geben, unterheben und den Reis fertig garen.

Schweinefilet auf Tomaten-Thymian-Reis

Schmorpfanne mit Leberkäse und Gurken

**5.** Den Tomaten-Thymian-Reis nach Belieben mit etwas Salz und Pfeffer würzen.
**6.** Die restliche Gemüsebrühe zum Bratensatz in die Pfanne gießen und aufkochen lassen. Saure Sahne und Pfefferkörner hinzugeben und unterrühren. Die Sauce mit dem Saucenbinder nach Packungsanleitung binden. Die Pfeffersauce mit etwas Salz und Pfeffer abschmecken.
**7.** Die Filetscheiben mit dem evtl. ausgetretenen Bratensaft hinzugeben und kurz in der Pfeffersauce erwärmen.
**8.** Die Schweinefilets mit Pfeffersauce und Tomaten-Reis anrichten.

***Tipps:*** Die Pfefferkörnersauce harmoniert sehr gut zum Tomaten-Reis. Gibt es eine andere Beilage, z. B. nur Salat, so reduzieren Sie die Menge der Pfefferkörner auf etwa 1 Teelöffel, weil die Sauce evtl. zu scharf schmeckt. Essen Kinder mit, so lassen Sie die Pfefferkörner weg und schmecken die Sauce mit Salz und Pfeffer ab. Tomaten-Thymian-Reis schmeckt ebenso gut mit frischem Thymian. Dafür 1 kleines Bund Thymian abspülen und trocken tupfen. Blättchen von den Stängeln zupfen. Blättchen klein schneiden und mit den Tomaten unterrühren.

## Schmorpfanne mit Leberkäse und Gurken

4 Portionen

*Zubereitungszeit:* 20 Minuten

4 Scheiben Leberkäse (je etwa 125 g)
2 rote Zwiebeln (etwa 320 g)
2 Schmorgurken oder Salatgurken (etwa 500 g)
1/2 Bund glatte Petersilie
2 EL Speiseöl
Salz, gem. Pfeffer

*Pro Portion:*
E: 23 g, F: 33 g, Kh: 6 g,
kJ: 1731, kcal: 414

**1.** Die Leberkäsescheiben halbieren und in etwa fingerdicke Streifen schneiden. Zwiebeln abziehen, halbieren und in Spalten schneiden.
**2.** Gurken schälen, längs halbieren und die Kerne mit einem Löffel herausschaben. Anschließend die Gurkenhälften in etwa 1 cm dicke Scheiben schneiden.
**3.** Die Petersilie abspülen und trocken tupfen. Die Blättchen von den Stängeln zupfen. Blättchen grob zerkleinern.
**4.** Speiseöl in einer großen Pfanne erhitzen. Zunächst die Zwiebelspalten darin anbraten. Dann die Gurkenscheiben hinzugeben und kurz unter Rühren mitbraten. Zuletzt die Leberkäsestreifen in die Pfanne geben und unter Wenden ebenfalls kurz mitbraten lassen.
**5.** Die Schmorpfanne mit etwas Salz und Pfeffer würzen. Petersilie unterheben.

***Tipps:*** Eine besondere Würze und eine leichte Schärfe bekommt die Schmorpfanne, wenn Sie sie vor dem Servieren mit frisch geriebenem Meerrettich bestreuen. Servieren Sie nach Belieben Laugengebäck dazu.

Schweinesteaks mit Tomaten-Oliven-Gemüse

## Schweinesteaks mit Tomaten-Oliven-Gemüse

4 Portionen

*Zubereitungszeit:* 30 Minuten

4 kleine Schweinesteaks
(je etwa 125 g, Minuten- oder Schmetterlingssteaks)
1 Knoblauchzehe
1 1/2 EL Zitronensaft
2 geh. TL scharfer Senf
Salz, gem. Pfeffer
2 EL Sonnenblumenöl
3 Zwiebeln (etwa 150 g)
4 Tomaten (etwa 400 g)
530 g gut abgetropfte Kichererbsen (aus Dosen)
6 Stängel glatte Petersilie
75 g schwarze, entsteinte Oliven, trocken eingelegt
etwa 1 EL Zitronensaft

*Pro Portion:*
E: 39 g, F: 22 g, Kh: 29 g,
kJ: 1987, kcal: 475

**1.** Schweinesteaks mit Küchenpapier trocken tupfen. Knoblauch abziehen und durch eine Knoblauchpresse drücken. Zitronensaft mit Senf und Knoblauch verrühren, mit Salz und Pfeffer würzen. Steaks von beiden Seiten mit der Senfmarinade bestreichen.
**2.** Sonnenblumenöl in einer großen Pfanne erhitzen. Die Steaks darin von jeder Seite 4–5 Minuten bei mittlerer bis starker Hitze braten. Die Steaks aus der Pfanne nehmen.
**3.** In der Zwischenzeit Zwiebeln abziehen, halbieren und in dünne Spalten schneiden. Tomaten abspülen, abtrocknen, halbieren und die Stängelansätze herausschneiden. Tomaten in Spalten schneiden.
**4.** Die Zwiebelspalten in dem verbliebenen Bratfett bei mittlerer Hitze 2–3 Minuten unter gelegentlichem Rühren andünsten. Tomatenspalten und Kichererbsen hinzufügen, mit Salz und Pfeffer würzen. Das Gemüse zugedeckt bei mittlerer Hitze etwa 10 Minuten garen, dabei ab und zu umrühren.
**5.** In der Zwischenzeit die Petersilie abspülen und trocken tupfen. Die Blättchen von den Stängeln zupfen (einige Blättchen zum Garnieren beiseitelegen). Petersilie klein schneiden. Oliven mit der Petersilie zum Gemüse geben und unterrühren. Das Gemüse mit Salz, Pfeffer und etwas Zitronensaft abschmecken.
**6.** Angebratene Steaks auf das Gemüse legen und zugedeckt bei mittlerer Hitze noch 4–5 Minuten miterwärmen.
**7.** Die Schweinesteaks mit dem Gemüse anrichten, mit den beiseitegelegten Petersilienblättchen garnieren und servieren.

## Spitzkohl-Rosinen-Pfanne mit Hackfleisch

4 Portionen (ohne Foto)

*Zubereitungszeit:* 30 Minuten

1 kg Spitzkohl
1 Gemüsezwiebel
1 EL Speiseöl
500 g Gehacktes (halb Rind-, halb Schweinefleisch)
Salz
gem. Pfeffer
Currypulver
Paprikapulver edelsüß
250 ml Fleischbrühe
1/2 TL Kümmelsamen
75 g Rosinen

*Pro Portion:*
E: 29 g, F: 24 g, Kh: 22 g,
kJ: 1764, kcal: 421

**1.** Spitzkohl putzen, vierteln und den Strunk herausschneiden. Kohlviertel in Streifen schneiden, abspülen und abtropfen lassen. Die Gemüsezwiebel abziehen und würfeln.
**2.** Speiseöl in einer großen Pfanne erhitzen. Zwiebelwürfel darin unter Rühren andünsten. Das Gehackte hinzugeben und unter Rühren anbraten. Dabei die Fleischklümpchen mit einer Gabel zerdrücken. Gehacktes mit Salz, Pfeffer, Curry und Paprika würzen.

3. Nach und nach Spitzkohl hinzugeben, unter gelegentlichem Rühren mit anbraten. Nach und nach etwas von der Fleischbrühe hinzugießen.
4. Kümmelsamen und Rosinen unterrühren. Restliche Brühe hinzugießen.
5. Das Ganze zugedeckt etwa 15 Minuten garen. Dann die Pfanne nochmals mit den Gewürzen abschmecken und servieren.

## Blitzgulasch

4 Portionen

*Zubereitungszeit:* 30 Minuten

500 g Roastbeef
4 EL Olivenöl
Salz, gem. Pfeffer
150 g kleine Champignons
40 g Butter
185 g gut abgetropfte Perlzwiebeln (aus dem Glas)
100 ml Rotwein
200 ml Rinderfond oder Fleischbrühe
1 TL Speisestärke
etwas Rotwein

*Pro Portion:*
E: 30 g, F: 26 g, Kh: 4 g,
kJ: 1638, kcal: 391

1. Roastbeef mit Küchenpapier trocken tupfen und in Würfel schneiden.
2. Olivenöl in einer weiten, großen Pfanne erhitzen. Die Fleischwürfel darin von allen Seiten anbraten, herausnehmen, mit Salz und Pfeffer würzen. Die Fleischwürfel aus der Pfanne nehmen und warm stellen.
3. Champignons putzen, evtl. kurz abspülen und gut abtropfen lassen.
4. Butter in der Pfanne zerlassen. Champignons und Perlzwiebeln darin anbraten. Rotwein und Fond oder Brühe hinzugießen, zum Kochen bringen und etwa um die Hälfte einkochen lassen.
5. Speisestärke mit Rotwein anrühren und unter den Bratfond rühren. Die Sauce unter Rühren kurz aufkochen lassen, evtl. nochmals abschmecken.
6. Die warm gestellten Fleischwürfel wieder in die Sauce geben und nochmals kurz miterhitzen.

## Züricher Geschnetzeltes

4 Portionen

*Zubereitungszeit:* 30 Minuten

2 mittelgroße Zwiebeln
500 g Kalbfleisch (aus der Keule)
2 EL Weizenmehl
3 EL Butter oder Margarine
125 ml Weißwein
250 g Schlagsahne
Salz, gem. Pfeffer
1 Prise Zucker

*Pro Portion:*
E: 29 g, F: 35 g, Kh: 9 g,
kJ: 2052, kcal: 491

1. Zwiebeln abziehen und in Würfel schneiden. Das Fleisch mit Küchenpapier trocken tupfen, in hauchdünne Scheiben schneiden und mit Mehl bestäuben.
2. Einen Esslöffel Butter oder Margarine in einer beschichteten Pfanne zerlassen. Ein Viertel der Zwiebelwürfel und die Hälfte der Fleischscheiben darin etwa 2 Minuten unter gelegentlichem Rühren leicht anbraten (Fleisch darf nicht braun werden!) und aus der Pfanne nehmen. Danach Fleischscheiben in einer Schüssel warm stellen, mit einem Teller zudecken.
3. Wieder 1 Esslöffel Butter oder Margarine in der Pfanne zerlassen. Restliche Fleischscheiben und wieder ein Viertel der Zwiebelwürfel hineingeben und auf die gleiche Weise zubereiten.
4. Restliche Butter oder Margarine zerlassen. Die restlichen Zwiebelwürfel darin etwa 3 Minuten dünsten, mit Wein ablöschen.
5. Sahne und die leicht angebratenen Fleischscheiben hinzufügen, mit Salz, Pfeffer und Zucker würzen. Das Geschnetzelte etwa 5 Minuten erhitzen und sofort servieren.

***Beilage:*** Berner Rösti, Spätzle oder Reis und Salat.

Blitzgulasch

Züricher Geschnetzeltes

## Schweinefilet auf asiatischem Gemüse

4 Portionen

*Zubereitungszeit:* 30 Minuten

450 g Schweinefilet
1–2 Knoblauchzehen
1 gestr. EL flüssiger Honig
1 Msp. gem. Ingwer
5–6 EL dunkle Sojasauce
1/2 großer Chinakohl (etwa 600 g)
2 rote Paprikaschoten
(je etwa 200 g)
etwa 150 g frische Sprossen
2 EL Soja- oder Erdnussöl
Salz, gem. schwarzer Pfeffer
2–3 EL Gemüsebrühe
1–2 EL Zitronensaft
evtl. 3–4 Stängel Koriander

*Pro Portion:*
E: 31 g, F. 4 g, Kh: 13 g,
kJ: 922, kcal: 220

**1.** Das Schweinefilet mit Küchenpapier trocken tupfen, evtl. entfetten und enthäuten. Das Filet in 12 dünne Scheiben schneiden.
**2.** Knoblauch abziehen und durch eine Knoblauchpresse drücken oder sehr fein hacken. Honig mit Knoblauch, Ingwer und 4 Esslöffeln von der Sojasauce verrühren. Die Filetscheiben darin etwa 10 Minuten marinieren, dabei zwischendurch die Filetscheiben 1–2-mal wenden.
**3.** In der Zwischenzeit den Chinakohl putzen, je nach Größe halbieren oder vierteln und den Strunk herausschneiden. Chinakohl abspülen, abtropfen lassen und in feine Streifen schneiden.
**4.** Paprikaschoten halbieren, entstielen, entkernen und die weißen Scheidewände entfernen. Die Schoten abspülen, abtropfen lassen und in schmale Streifen schneiden. Die Sprossen verlesen, in ein Sieb geben, abspülen und gut abtropfen lassen.
**5.** Das Soja- oder Erdnussöl in einem Wok oder einer großen Pfanne erhitzen. Die Filetscheiben mit der Marinade darin von jeder Seite 3–4 Minuten bei starker Hitze braun anbraten. Fleisch mit Salz und Pfeffer würzen, herausnehmen und beiseitestellen.
**6.** Die Chinakohlstreifen und die Paprikastreifen in die Pfanne geben, im verbliebenen, heißen Bratfett unter gelegentlichem Rühren bei mittlerer bis starker Hitze in etwa 4 Minuten bissfest garen.
**7.** Sprossen ebenfalls hinzufügen und unterrühren. Das Gemüse 2–3 Minuten weitergaren lassen.
**8.** Die Gemüsebrühe hinzugießen. Die Zutaten einmal aufkochen lassen und etwa 2 Minuten garen, bis die Flüssigkeit fast verdampft ist. Das Asia-Gemüse mit Pfeffer, Zitronensaft und der restlichen Sojasauce abschmecken. Die Filetscheiben auf das Gemüse legen und kurz miterwärmen.
**9.** Nach Belieben vor dem Servieren Koriander abspülen und trocken tupfen. Die Blättchen von den Stängeln zupfen. Einige Blättchen zum Garnieren beiseitelegen. Restliche Blättchen grob zerschneiden und unter das Gemüse mischen.
**10.** Das Schweinefilet mit dem asiatischen Gemüse und den beiseitegelegten Korianderblättchen garniert servieren.

***Beilage:*** Langkornreis.

***Tipps:*** Besonders zart wird das Fleisch und erhält ein intensiveres Aroma, wenn Sie die Filetscheiben mindestens 20 Minuten marinieren. Wer wenig Zeit hat, kann das Fleisch am Vorabend marinieren und zugedeckt in den Kühlschrank stellen. Wenn Sie keine frischen Sprossen bekommen, können Sie diese durch 160 g abgetropfte, abgespülte Sojabohnen-Keimlinge (aus dem Glas) ersetzen.

Schweinefilet auf asiatischem Gemüse

Bunte Hähnchenpfanne

Chili con Carne

## Bunte Hähnchenpfanne

3 Portionen

*Zubereitungszeit:* 25 Minuten

2 rote Paprikaschoten (etwa 400 g)
1 Bund Frühlingszwiebeln
400 g Hähnchenbrustfilet
Salz, gem. Pfeffer
2 TL Currypulver
1 EL Speiseöl, z. B. Rapsöl
200 g süßsaure Sauce (Fertigprodukt)

*Pro Portion:*
E: 34 g, F: 5 g, Kh: 32 g,
kJ: 1566, kcal: 375

**1.** Paprikaschoten halbieren, entstielen, entkernen und die weißen Scheidewände entfernen. Schoten abspülen, abtropfen lassen und in Stücke schneiden. Frühlingszwiebeln putzen, abspülen, abtropfen lassen und in etwa 2 cm lange Stücke schneiden.
**2.** Hähnchenbrustfilet kurz unter fließendem kalten Wasser abspülen, trocken tupfen und in etwa 2 cm große Würfel schneiden. Hähnchenwürfel mit Salz, Pfeffer und Curry würzen.
**3.** Speiseöl in einer Pfanne erhitzen. Die Hähnchenwürfel darin bei mittlerer Hitze von allen Seiten braun anbraten.
**4.** Paprika- und Frühlingszwiebelstücke zu den Hähnchenwürfeln geben und etwa 5 Minuten unter gelegentlichem Rühren bei mittlerer Hitze dünsten.
**5.** Die Sauce hinzugießen, unter die Hähnchenpfanne rühren, zum Kochen bringen und 2–3 Minuten kochen lassen.

## Chili con Carne

4–6 Portionen

*Zubereitungszeit:* 30 Minuten

400 g Tomaten oder 400 g geschälte Tomaten (aus der Dose)
2 Zwiebeln
2 Knoblauchzehen
75 g durchwachsener Speck
je 1 rote und grüne Paprikaschote (je etwa 150 g)
1–2 EL Speiseöl, z. B. Sonnenblumenöl
400 g Rindergehacktes
Salz
gem. Pfeffer
250 ml Gemüsebrühe
500 g Kidneybohnen (aus Dosen)
Chilipulver
1–2 TL Paprikapulver edelsüß
1 TL gerebelter Oregano

*Pro Portion:*
E: 29 g, F: 19 g, Kh: 22 g,
kJ: 1589, kcal: 379

**1.** Tomaten kreuzweise einschneiden und mit kochendem Wasser übergießen. Nach 1–2 Minuten herausnehmen und mit kaltem Wasser abschrecken. Tomaten häuten, halbieren und die Stängelansätze herausschneiden. Tomaten würfeln oder Dosentomaten in der Dose zerkleinern.
**2.** Zwiebeln und Knoblauch abziehen, klein würfeln. Speck ebenfalls in Würfel schneiden. Paprikaschoten halbieren, entstielen, entkernen und die weißen Scheidewände entfernen. Schoten abspülen, abtropfen lassen und in Streifen schneiden.
**3.** Speiseöl in einer großen Pfanne erhitzen. Zwiebel-, Knoblauch- und Speckwürfel darin andünsten. Das Gehackte hinzugeben und unter Rühren braun und gar braten. Dabei die Fleischklümpchen mit einer Gabel zerdrücken. Mit Salz und Pfeffer würzen.
**4.** Paprikastreifen und Gemüsebrühe hinzufügen, zum Kochen bringen und zugedeckt etwa 5 Minuten bei mittlerer Hitze schmoren.
**5.** Bohnen in ein Sieb geben, kalt abspülen und abtropfen lassen. Tomatenwürfel (Dosentomaten mit dem Saft) und Bohnen unter die Hackfleisch-Gemüse-Masse rühren. Mit Chili, Paprika und Oregano würzen. Chili con Carne zugedeckt noch etwa 10 Minuten bei schwacher Hitze garen. Mit Salz und Pfeffer würzig abschmecken.

***Beilage:*** Warmes Fladenbrot, Roggenbrötchen oder Reis.

***Tipp:*** Das Chili ist gefriergeeignet.

Gegrillte Kalbskoteletts mit Trüffelbutter

## Gegrillte Kalbskoteletts mit Trüffelbutter

2 Portionen

*Zubereitungszeit:* 25 Minuten

2 Kalbskoteletts (je etwa 400 g, etwa 6 cm dick)
1 EL Olivenöl
Meersalz
frisch gestoßener, grober Pfeffer
100 g Butter (zimmerwarm)
2 EL gehackte Petersilie
2 EL Trüffelpaste
1 Trüffel (etwa 15 g)

*Pro Portion:*
E: 61 g, F: 72 g, Kh: 2 g,
kJ: 3745, kcal: 894

**1.** Den Backofengrill vorheizen.
**2.** Koteletts kurz unter fließendem kalten Wasser abspülen, trocken tupfen und von beiden Seiten dünn mit Olivenöl bestreichen. Mit Salz würzen.
**3.** Die Koteletts unter dem vorgeheizten Grill 6–8 Minuten von beiden Seiten garen. Mit Pfeffer bestreuen.
**4.** In der Zwischenzeit die Butter geschmeidig rühren. Mit Salz, Petersilie und Trüffelpaste abschmecken.
**5.** Die Trüffelbutter auf den gegrillten Koteletts verteilen. Trüffel mit einem Trüffelhobel hauchdünn darüberhobeln.

**Beilage:** Ofenkartoffeln und grüner Salat.

Filetsteaks mit Austernpilzen

## Filetsteaks mit Austernpilzen

4 Portionen

*Zubereitungszeit:* 25 Minuten

4 Filetsteaks (je etwa 175 g)
3 EL Speiseöl
250 g Austernpilze oder Champignons
2 Schalotten
1 Knoblauchzehe
Salz, gem. Pfeffer
6 EL Weinbrand
1 EL Butter
150 g Crème fraîche
1 TL abgetropfte, zerdrückte, grüne Pfefferkörner (in Lake)
Pilz-Sojasauce

*Pro Portion:*
E: 41 g, F: 30 g, Kh: 3 g,
kJ: 1937, kcal: 464

**1.** Filetsteaks mit Küchenpapier trocken tupfen. Speiseöl in einer Pfanne erhitzen. Die Filetsteaks darin von jeder Seite 4–5 Minuten anbraten.
**2.** In der Zwischenzeit Pilze putzen, evtl. kurz abspülen, trocken tupfen und Austernpilze in Streifen schneiden. Schalotten und Knoblauch abziehen, klein würfeln.
**3.** Die gebratenen Filetsteaks mit Salz und Pfeffer würzen, mit Weinbrand ablöschen. Die Filetsteaks aus der Pfanne nehmen und auf einen vorgewärmten tiefen Teller legen. Mit einem zweiten tiefen Teller zudecken und warm stellen.
**4.** Den Bratensatz in ein Töpfchen geben und warm stellen. Butter in der Pfanne zerlassen.
**5.** Die Schalotten- und Knoblauchwürfel darin andünsten.
**6.** Danach die Pilze hinzugeben und 4–5 Minuten mitdünsten lassen. Mit Salz und Pfeffer würzen.
**7.** Den warm gestellten Bratensatz mit Crème fraîche und den Pfefferkörnern zu den Pilzen geben und miterhitzen. Das Ganze mit Sojasauce abschmecken.
**8.** Die Filetsteaks mit den Pilzen auf vorgewärmten Tellern anrichten und sofort servieren.

## Kalbsleber in Balsamico-Oregano-Sauce

4 Portionen

*Zubereitungszeit:* 25 Minuten

500 g Kalbsleber in Scheiben
2 Frühlingszwiebeln (etwa 130 g)
1 kleines Bund Oregano
2 EL Olivenöl
Salz
gem. Pfeffer
20 g Butter
2 EL dunkler Balsamico-Essig
200 ml Rindfleischfond oder -brühe
4 EL Crema di Balsamico
einige Oreganoblättchen

*Pro Portion:*
E: 26 g, F: 15 g, Kh: 17 g,
kJ: 1293, kcal: 309

**1.** Leberscheiben kurz unter fließendem kalten Wasser abspülen, trocken tupfen und in kleine Stücke oder Streifen schneiden.
**2.** Die Frühlingszwiebeln putzen, abspülen, abtropfen lassen und in Scheiben schneiden. Oregano abspülen und trocken tupfen. Blättchen von den Stängeln zupfen. Blättchen grob zerkleinern.
**3.** Olivenöl in einer Pfanne erhitzen. Leberstücke oder -streifen darin von allen Seiten anbraten, herausnehmen, mit Salz und Pfeffer würzen. Leberstücke oder -streifen auf einen vorgewärmten Teller legen und warm halten.
**4.** Die Butter in die Pfanne geben und in dem verbliebenen Bratfett zerlassen. Frühlingszwiebelscheiben und Oregano darin andünsten. Mit Balsamico-Essig und Fond oder Brühe ablöschen. Die Sauce zum Kochen bringen und um die Hälfte einkochen lassen. Mit Salz, Pfeffer und Crema di Balsamico abschmecken.
**5.** Warm gestellte Leberstücke oder -streifen nochmals in der Sauce erhitzen.
**6.** Kalbsleber mit abgespülten und trocken getupften Oreganoblättchen bestreut servieren.

***Beilage:*** Frische oder TK-Rösti oder Sahnepüree.

***Tipp:*** Wem die Sauce zu dünn erscheint, kann sie mit etwas braunem Saucenbinder andicken.

## Cevapcici-Spieße

8–10 Stück

*Zubereitungszeit:* 30 Minuten

3 EL Sonnenblumenöl
1 fein gewürfelte Zwiebel
2 fein gewürfelte Knoblauchzehen
2–3 EL TK-Petersilie
1 gelbe Paprikaschote
1 rote Zwiebel
500 g Gehacktes vom Schwein
1 EL Weizen- oder Dinkelmehl
Salz, gem. Pfeffer
1 TL Paprikapulver edelsüß
1 rote Peperoni, entkernt
und fein gehackt
2 fein gewürfelte Knoblauchzehen
3 EL Olivenöl
evtl. geschrotete rosa Pfefferbeeren

**Außerdem:**
8–10 Holz- oder Metallspieße

*Pro Stück:*
E: 11 g, F: 17 g, Kh: 3 g,
kJ: 860, kcal: 206

**1.** Das Sonnenblumenöl in einer Pfanne erhitzen. Die Zwiebelwürfel darin glasig dünsten. Knoblauchwürfel hinzugeben, kurz mitdünsten, Petersilie unterrühren. Die Zwiebel-Knoblauch-Mischung auf einen Teller geben.
**2.** Die Paprikaschote halbieren, entstielen, entkernen und die weißen Scheidewände entfernen. Schote abspülen, abtropfen lassen und in größere Stücke schneiden. Die rote Zwiebel abziehen, vierteln und in einzelne Schichten teilen.
**3.** Gehacktes in eine Schüssel geben, mit Mehl, Salz, Pfeffer und Paprika gut vermengen. Die Zwiebel-Knoblauch-Mischung und die Peperoni unterkneten. Aus der Fleischmasse mit angefeuchteten Händen daumenlange Röllchen formen. Fleischröllchen mit Paprikastücken und Zwiebeln auf Spieße stecken. Die Fleischspieße in eine flache Schale oder Auflaufform legen.
**4.** Knoblauch mit Olivenöl in einer Schüssel verrühren. Die Fleischröllchen damit bestreichen und zugedeckt im Kühlschrank etwa 15 Minuten marinieren.
**5.** Die Spieße evtl. mit Pfefferbeeren bestreuen und auf dem heißen Grillrost (gefettet) etwa 5 Minuten grillen, wenden, nochmals mit dem Knoblauchöl bestreichen und weitere etwa 5 Minuten grillen.

Kalbsleber in Balsamico-Oregano-Sauce

Cevapcici-Spieße

## Kalbskoteletts „Mailand“

6 Portionen

*Zubereitungszeit:* 25 Minuten

6 Kalbskoteletts (je etwa 160 g)
3 Eier (Größe M)
6 EL Olivenöl
80 g ger. Parmesan
80 g Semmelbrösel
30 g Butter
1 Bio-Zitrone
(unbehandelt, ungewachst)

*Pro Portion:*
E: 30 g, F: 26 g, Kh: 8 g,
kJ: 1612, kcal: 384

**1.** Kalbskoteletts kurz unter fließendem kalten Wasser abspülen, trocken tupfen und leicht klopfen. Die Koteletts evtl. am Rand einschneiden.
**2.** Die Eier mit 1 Teelöffel Olivenöl in einer flachen Schüssel verschlagen.
**3.** Parmesan und Semmelbrösel in einem flachen Teller vermischen.
**4.** Die Koteletts zuerst durch die verschlagenen Eier ziehen, am Schüsselrand etwas abstreifen und dann in der Käse-Brösel-Mischung wenden. Panade leicht andrücken.
**5.** Restliches Olivenöl in einer großen Pfanne erhitzen, Butter darin zerlassen. Die Koteletts darin von beiden Seiten goldgelb braten, herausnehmen und auf einer vorgewärmten Platte anrichten.
**6.** Zitrone heiß abwaschen, abtrocknen und in Spalten schneiden.
**7.** Die Koteletts mit den Zitronenspalten garniert servieren.

***Beilage:*** Kartoffelkroketten oder Rösti.

## Hähnchenspieße mit Pflaumen-Sesam-Dip

4 Portionen

*Zubereitungszeit:* 30 Minuten

12 Hähnchen-Innenbrustfilet-Streifen (etwa 600 g)
Salz, gem. Pfeffer
7 EL Sojasauce
2 Stangen Porree
(Lauch, je etwa 200 g)
30 g frischer Ingwer
3 EL Sesamöl
4–5 EL Orangensaft
2 EL Pflaumenmus
2 gestr. TL Sesamsamen

**Außerdem:**
16 Schaschlikspieße

*Pro Portion:*
E: 38 g, F: 5 g, Kh: 13 g,
kJ: 1068, kcal: 255

**1.** Das Hähnchenfleisch kurz unter fließendem kalten Wasser abspülen, trocken tupfen, mit etwas Salz und Pfeffer würzen. Die Hähnchenstreifen in jeweils 4 Stücke teilen und in einer Schüssel mit 6 Esslöffeln der Sojasauce verrühren. Das Hähnchenfleisch darin etwa 10 Minuten marinieren, dabei einmal wenden.
**2.** In der Zwischenzeit Porree putzen, die Stangen längs halbieren, gründlich waschen und abtropfen lassen. Den Porree in etwa 5 cm breite Stücke schneiden. Die Porreestücke in einzelne Schichten zerlegen. Den Ingwer schälen und in dünne Scheiben schneiden.
**3.** Die Hähnchenstücke aus der Marinade nehmen und abwechselnd mit den Porreestücken und den Ingwerscheiben auf 16 Schaschlikspieße stecken.
**4.** Das Sesamöl in einer großen Pfanne erhitzen. Die Hähnchenspieße portionsweise darin von allen Seiten etwa 8 Minuten bei mittlerer bis starker Hitze goldbraun braten. Die

Kalbskoteletts „Mailand“

Hähnchenspieße mit Pflaumen-Sesam-Dip

Schweinefilet mit Zuckerschotengemüse

gegarten Hähnchenspieße herausnehmen und warm halten.

**5.** In der Zwischenzeit den Orangensaft mit der restlichen Sojasauce und dem Pflaumenmus glatt rühren. Den Sesam unterrühren.

**6.** Die Hähnchenspieße auf Tellern anrichten. Etwas von dem Pflaumen-Sesam-Dip auf die Spieße geben. Den restlichen Dip getrennt dazureichen.

***Beilage:*** Baguette oder Basmatireis.

***Tipp:*** Das Fleisch wird noch zarter, wenn Sie die Hähnchenstücke etwa 30 Minuten marinieren und dabei 2–3-mal wenden.

## Schweinefilet mit Zuckerschotengemüse

4 Portionen

*Zubereitungszeit:* 30 Minuten

800 g festkochende Kartoffeln
1 gestr. TL Salz
450 g Schweinefilet
Salz
gem. Pfeffer
10 g Butterschmalz
25 g Tomatenmark
250 ml Gemüsebrühe
200 g Zuckerschoten
10 g Halbfett-Butter
140 g abgetropfter Gemüsemais (aus der Dose)
3 gestr. EL dunkler Saucenbinder
1 TL Sojasauce
evtl. 2–3 Stängel Kerbel

*Pro Portion:*
E: 32 g, F: 7 g, Kh: 38 g,
kJ: 1442, kcal: 344

**1.** Die Kartoffeln schälen, evtl. halbieren, abspülen, abtropfen lassen. Kartoffeln knapp mit Wasser bedeckt in einem Topf zum Kochen bringen, das Salz hinzugeben. Die Kartoffeln zugedeckt in etwa 20 Minuten gar kochen.

**2.** In der Zwischenzeit das Schweinefilet mit Küchenpapier trocken tupfen, evtl. entfetten und enthäuten. Filet halbieren, mit Salz und Pfeffer würzen.

**3.** Butterschmalz in einer großen Pfanne erhitzen. Die Filetstücke darin von allen Seiten gut anbraten. Tomatenmark mit der Gemüsebrühe unter Rühren hinzugeben und kurz aufkochen lassen. Filetstücke zugedeckt etwa 10 Minuten bei schwacher Hitze garen (dabei nach der Hälfte der Garzeit die Filetstücke wenden).

**4.** Zuckerschoten abspülen, gut abtropfen lassen und die Enden abschneiden, evtl. abfädeln. Zuckerschoten in kochendem Salzwasser zugedeckt etwa 4 Minuten garen.

**5.** Zuckerschoten mit einer Schaumkelle aus dem Topf nehmen, mit kaltem Wasser abspülen und gut abtropfen lassen. Butter in einem Topf zerlassen. Die Zuckerschoten mit dem Mais darin schwenken, mit Salz und Pfeffer würzen. Das Gemüse zugedeckt warm stellen.

**6.** Die Filetstücke aus der Pfanne nehmen und ebenfalls zugedeckt warm stellen. Für die Sauce die Bratenflüssigkeit in der Pfanne aufkochen lassen und mit Saucenbinder nach Packungsanleitung binden. Sauce mit Salz, Pfeffer und Sojasauce abschmecken.

**7.** Nach Belieben Kerbel abspülen und trocken tupfen. Die Blättchen von den Stängeln zupfen. Die Hälfte der Blättchen klein schneiden.

**8.** Filetstücke in Scheiben schneiden. Filetscheiben mit Sauce, Kartoffeln und Zuckerschotengemüse auf Tellern anrichten, mit klein geschnittenem Kerbel und Kerbelblättchen garniert servieren.

***Tipps:*** Kerbel können Sie auch durch glatte Petersilie ersetzen. Statt frischen Zuckerschoten können Sie auch die gleiche Menge TK-Zuckererbsen verwenden. Dafür die Zuckererbsen nach Packungsanweisung garen. Gemüse gut abtropfen lassen und mit dem Mais in der Butter erwärmen. Wer mag, rührt noch 2 Esslöffel Crème fraîche unter die Sauce.

Tandoori-Spieße mit Knoblauch-Dip

Schweinefilet mit bunten Spaghetti

## Tandoori-Spieße mit Knoblauch-Dip

12 Stück

*Zubereitungszeit:* 30 Minuten

3 Hähnchenbrustfilets (etwa 500 g)
150 g Joghurt (3,5 % Fett)
etwa 2 EL Tandoori-Gewürzmischung

**Für den Knoblauch-Dip:**
1–2 Knoblauchzehen
300 g Joghurt (3,5 % Fett)
2 EL Zitronensaft
Salz, gem. Pfeffer

**Außerdem:**
12 Holzspieße
Alu-Grillschalen

*Pro Stück:*
E: 11 g, F: 1 g, Kh: 2 g,
kJ: 295, kcal: 71

**1.** Die Hähnchenbrustfilets kurz unter fließendem kalten Wasser abspülen, trocken tupfen und in dünne Streifen schneiden. Die Fleischstreifen wellenförmig auf die Holzspieße stecken.
**2.** Joghurt mit der Gewürzmischung in einer Schüssel verrühren. Fleisch in eine flache Schale oder Auflaufform legen, mit der Joghurt-Tandoori-Mischung bestreichen und zugedeckt im Kühlschrank etwa 15 Minuten marinieren.
**3.** In der Zwischenzeit für den Knoblauch-Dip Knoblauch abziehen und durch eine Knoblauchpresse drücken oder sehr fein hacken. Knoblauch unter den Joghurt rühren. Den Knoblauch-Dip mit Zitronensaft, Salz und Pfeffer würzen.
**4.** Die Spieße etwas abtropfen lassen und am besten in Alu-Grillschalen auf den heißen Grillrost legen. Die Tandoori-Spieße etwa 5 Minuten grillen, dabei gelegentlich wenden.
**5.** Die Spieße mit dem Knoblauch-Dip servieren.

***Tipps:*** Die Holzspieße evtl. in kaltem Wasser einweichen, damit sie aufquellen und nicht splittern. Das Fleisch lässt sich besonders gut schneiden, wenn man es vorher etwa 2 Stunden in das Gefrierfach legt. Schneller geht's, wenn man die Spieße bereits am Vorabend mit der Joghurt-Gewürz-Mischung bestreicht und zugedeckt in den Kühlschrank stellt. Anstelle der Tandoori-Gewürzmischung kann man auch je 1 Teelöffel Knoblauchpulver, Paprikapulver edelsüß, Cayennepfeffer, gemahlenen Ingwer und 1 Messerspitze gemahlenen Koriander verwenden. Das Fleisch wird noch zarter, wenn Sie die Fleischstreifen mindestens 30 Minuten marinieren.

## Schweinefilet mit bunten Spaghetti

4 Portionen

*Zubereitungszeit:* 30 Minuten

12 Schweinemedaillons
(je etwa 60 g)
3–4 Zweige Majoran
120 g Doppelrahm-Frischkäse
Salz
gem. Pfeffer
12 Scheiben magerer Schinkenspeck
(etwa 120 g)
2 EL Speiseöl

5 l Wasser
5 gestr. TL Salz
500 g bunte Spaghetti
(rot, grün, gelb)
Knoblauchpulver
2 EL Olivenöl

einige vorbereitete Zweige Majoran und -blättchen

**Außerdem:**
Bindfaden

*Pro Portion:*
E: 65 g, F: 25 g, Kh: 89 g,
kJ: 3550, kcal: 848

**1.** Medaillons mit Küchenpapier trocken tupfen. In jedes Medaillon von

der Seite her eine kleine Tasche einschneiden.
**2.** Den Backofen vorheizen.
*Ober-/Unterhitze:* etwa 180 °C
*Heißluft:* etwa 160 °C
**3.** Majoran abspülen und trocken tupfen. Die Blättchen von den Stängeln zupfen und klein schneiden.
**4.** Frischkäse in einer Schüssel verrühren. Majoran unterrühren. Mit Salz und Pfeffer würzen. Die Masse in einen Spritzbeutel ohne Lochtülle füllen und jeweils in die Medaillons spritzen.
**5.** Je 1 Speckscheibe um die Medaillons wickeln und mit je einem Bindfaden zusammenhalten. Medaillons mit wenig Salz und Pfeffer würzen.
**6.** Speiseöl in einer Pfanne erhitzen. Die Medaillons darin von jeder Seite etwa 2 Minuten anbraten, herausnehmen und auf eine vorgewärmte, hitzebeständige Platte legen. Die Platte auf dem Rost in den vorgeheizten Backofen schieben. Die Medaillons etwa 15 Minuten garen.
**7.** In der Zwischenzeit Wasser in einem großen Topf zugedeckt zum Kochen bringen. Dann Salz und Spaghetti hinzugeben. Die Spaghetti im geöffneten Topf bei mittlerer Hitze nach Packungsanleitung kochen lassen, dabei gelegentlich umrühren.
**8.** Spaghetti mit Salz, Pfeffer und Knoblauch würzen. Mit Olivenöl beträufeln.
**9.** Medaillons mit den Spaghetti auf einem runden Teller anrichten. Mit einem Majoranzweig und -blättchen garniert servieren.

## Saltimbocca vom Schwein mit Salat

4 Portionen

*Zubereitungszeit:* 30 Minuten

400 g Schweinefilet
Salz, gem. Pfeffer
8 frische Salbeiblättchen
8 Scheiben Parmaschinken

600 g Zwiebeln
200 g Feldsalat
100 g Cocktailtomaten
200 g Champignons
4–6 EL Apfelessig
1 TL flüssiger Honig
1 TL körniger Senf
2 EL Speiseöl, z. B. Olivenöl
200 ml heiße Gemüsebrühe

**Außerdem:**
evtl. 8 Holzstäbchen

*Pro Portion:*
E: 32 g, F: 8 g, Kh: 40 g,
kJ: 1569, kcal: 375

**1.** Schweinefilet mit Küchenpapier trocken tupfen, entfetten und evtl. entsehnen. Schweinefilet in 8 gleich große Scheiben schneiden. Fleischscheiben flach klopfen, mit etwas Salz und Pfeffer würzen. Mit je 1 abgespülten, trocken getupften Salbeiblatt belegen und mit je 1 Schinkenscheibe umwickeln, evtl. mit Holzstäbchen feststecken.
**2.** Die Zwiebeln abziehen. Die Hälfte der Zwiebeln zuerst in Scheiben schneiden, dann in Ringe teilen. Die restlichen Zwiebeln in kleine Würfel schneiden. Salat putzen, abspülen und gut abtropfen lassen. Die Tomaten abspülen, abtrocknen und halbieren. Champignons putzen, evtl. kurz abspülen, gut abtropfen lassen und in Scheiben schneiden.
**3.** Essig mit Honig, Senf und Zwiebelwürfeln verrühren, mit Salz und Pfeffer würzen. 1 Esslöffel des Speiseöls unterschlagen. Feldsalat, Tomatenhälften und Champignonscheiben mit der Salatsauce vermischen.
**4.** Restliches Speiseöl in einer Pfanne erhitzen. Filetscheiben darin von jeder Seite 3–4 Minuten braten, herausnehmen und zugedeckt warm stellen. Zwiebelringe in die Pfanne geben, unter Rühren etwa 3 Minuten braten. Heiße Brühe hinzugießen und kurz aufkochen lassen, mit Salz und Pfeffer würzen.
**5.** Saltimbocca mit dem Zwiebelgemüse und Salat anrichten.

***Beilage:*** Salzkartoffeln.

***Tipp:*** Nach Belieben das Gericht mit Salbeiblättchen garniert servieren.

Saltimbocca vom Schwein mit Salat

## Steaks mit grüner Pfeffersauce

2 Portionen

*Zubereitungszeit:* 15 Minuten

300 g Rinderfilet
Salz, gem. Pfeffer
1 EL grüner Pfeffer (in Lake)
2 EL Olivenöl
50 ml Fleischbrühe
1–2 EL Crème fraîche

*Pro Portion:*
E: 33 g, F: 22 g, Kh: 1 g,
kJ: 1372, kcal: 328

**1.** Das Rinderfilet mit Küchenpapier trocken tupfen und in 2 gleich große Scheiben schneiden. Die Filetscheiben leicht flach drücken, mit Salz und Pfeffer würzen. Den grünen Pfeffer in einem kleinen Sieb unter fließendem Wasser abspülen.
**2.** Das Olivenöl in einer Pfanne erhitzen. Die Fleischscheiben in die Pfanne geben und von jeder Seite etwa 3 Minuten braten.
**3.** Die Steaks aus der Pfanne nehmen, auf einen vorgewärmten, tiefen Teller legen, mit einem zweiten vorgewärmten Teller zudecken und warm stellen.
**4.** Den Bratensatz mit Brühe ablöschen. Dann Crème fraîche unterrühren. Die Sauce mit Salz und Pfeffer abschmecken. Grünen Pfeffer hinzufügen. Die Sauce erhitzen und zu den Steaks servieren.

## Putenmedaillons auf Birnen-Möhren-Salat

4 Portionen

*Zubereitungszeit:* 30 Minuten

4 EL gehobelte Mandeln
100 g getrocknete Aprikosen
3 süße Birnen, z. B. Forelle
1–2 EL Zitronensaft
2 Bund Möhren (etwa 800 g)

**Für das Dressing:**
2 EL Obstessig
Salz, gem. Pfeffer
1–2 TL flüssiger Honig
6 EL Traubenkernöl

12 Putenmedaillons (je etwa 50 g)
2 EL Rapsöl
1 Kästchen Kresse

*Pro Portion:*
E: 43 g, F: 27 g, Kh: 40 g,
kJ: 2437, kcal: 582

**1.** Die Mandeln in einer Pfanne ohne Fett unter Wenden anrösten, herausnehmen und auf einen Teller geben. Danach Aprikosen in feine Streifen schneiden.
**2.** Birnen abwaschen, abtrocknen, jeweils den Stiel und Blütenansatz entfernen. Die Birnen bis auf das Kerngehäuse grob raspeln oder in feine Streifen schneiden. Die Birnenraspel oder -streifen mit dem Zitronensaft vermischen.
**3.** Möhren putzen, schälen, abspülen, abtropfen lassen und ebenfalls grob raspeln oder in feine Streifen schneiden. Möhren, Aprikosen und Birnen vermischen.
**4.** Für das Dressing Obstessig mit 1 Prise Salz verrühren, Pfeffer und Honig unterrühren. Das Traubenkernöl mit einem Schneebesen unterschlagen. Das Dressing mit den Salatzutaten vermischen.
**5.** Die Putenmedaillons kurz unter fließendem kalten Wasser abspülen und mit Küchenpapier trocken tupfen. Das Rapsöl in einer Pfanne erhitzen. Die Putenmedaillons darin von beiden Seiten anbraten und bei mittlerer Hitze unter mehrmaligem Wenden fertig braten. Die Medaillons mit Salz und Pfeffer würzen.
**6.** Kresse abspülen, trocken tupfen und vom Beet schneiden. Zum Servieren den Salat auf eine Platte geben und die Medaillons darauf anrichten. Die Kresse mit den Mandelblättchen daraufstreuen.

Steaks mit grüner Pfeffersauce

Putenmedaillons auf Birnen-Möhren-Salat

Schweinekoteletts mit Bier-Kümmel-Sauce

Pilzfrikadellen „Ungarische Art"

## Schweinekoteletts mit Bier-Kümmel-Sauce

4 Portionen

*Zubereitungszeit:* 30 Minuten

2 Knoblauchzehen
4 Schweinekoteletts mit Fettrand (je etwa 200 g)
Salz, gem. Pfeffer
1/4 TL Kümmelsamen
4 EL Speiseöl, z. B. Rapsöl
200 ml dunkles Bier
250 ml Fleischfond
50 g kalte Butter
2–3 Stängel Thymian

*Pro Portion:*
E: 35 g, F: 29 g, Kh: 2 g,
kJ: 1753, kcal: 418

**1.** Knoblauch abziehen und zerdrücken. Koteletts kurz unter fließendem kalten Wasser abspülen und trocken tupfen. Mit Salz, Pfeffer und Kümmel würzen.
**2.** Speiseöl in einer großen Pfanne erhitzen, Knoblauch hinzufügen. Die Schweinekoteletts darin von jeder Seite etwa 8 Minuten braten.
**3.** Die fertigen Koteletts herausnehmen, in Folie wickeln und warm stellen. Den Bratenfond mit Bier ablöschen und einkochen lassen. Fleischfond hinzugießen und bei starker Hitze unter ständigem Rühren etwas einkochen lassen. Anschließend die Sauce durch ein feines Sieb in einen Topf gießen. Die Sauce mit Salz und Pfeffer abschmecken.
**4.** Butter in Würfel schneiden und unter die Sauce rühren. Thymian abspülen und trocken tupfen. Die Blättchen von den Stängeln zupfen. Schweinekoteletts mit der Sauce und den Thymianblättchen garniert servieren.

***Beilage:*** Kartoffelpüree oder Brot.

## Pilzfrikadellen „Ungarische Art"

4 Portionen

*Zubereitungszeit:* 30 Minuten

250 g Champignons
500 g Gehacktes (halb Rind-, halb Schweinefleisch)
1 Knoblauchzehe
1 Zwiebel
einige Stängel Petersilie oder Kerbel
1 Ei (Größe M)
1 EL Semmelbrösel
Salz
2 gestr. TL Paprikapulver edelsüß
1/2 TL Paprikapulver rosenscharf
2–3 EL Sonnenblumenöl

*Pro Portion:*
E: 27 g, F: 29 g, Kh: 4 g,
kJ: 1601, kcal: 382

**1.** Champignons putzen, mit Küchenpapier abreiben, evtl. kurz abspülen, gut abtropfen lassen und in kleine Stücke schneiden. Gehacktes in eine Schüssel geben und mit den Pilzstücken vermengen.
**2.** Knoblauch und Zwiebel abziehen, in kleine Würfel schneiden. Petersilie oder Kerbel abspülen und trocken tupfen. Die Blättchen von den Stängeln zupfen. Einige Blättchen zum Garnieren beiseitelegen. Restliche Blättchen klein schneiden. Ei, Semmelbrösel, Knoblauch-, Zwiebelwürfel und Kräuter zur Gehacktes-Pilz-Masse geben und gut unterarbeiten. Masse mit Salz und Paprika edelsüß und rosenscharf würzen.
**3.** Aus der Gehacktes-Pilz-Masse mit angefeuchteten Händen 8 Frikadellen formen. Sonnenblumenöl in einer Pfanne erhitzen. Die Frikadellen darin von beiden Seiten unter gelegentlichem Wenden bei mittlerer Hitze in 10–15 Minuten braun und gar braten. Zum Servieren die Frikadellen mit den beiseitegelegten Kräuterblättchen garnieren.

***Beilage:*** Mixed Pickles und Bauernbrot.

***Tipps:*** Statt Champignons können auch Austern- oder Wildpilze verwendet werden. Nach Belieben mit Kerbelblättchen garnieren. Die Pilzfrikadellen schmecken auch kalt sehr gut.

Putencurry „Indische Art"

## Putencurry „Indische Art"

4–6 Portionen

*Zubereitungszeit:* 25 Minuten

500 g Putenschnitzel
1 Zwiebel
1 Knoblauchzehe
250 g Pak Choi
1 rote Paprikaschote
1 grüne Chilischote
2 EL Sesam- oder Erdnussöl
etwa 1 1/2 TL Currypulver
Salz
gem. Pfeffer
1 Msp. gem. Kardamom
1/2 TL gem. Kreuzkümmel (Cumin)
1/2 TL Schwarzkümmel (Kalonji)
1 Msp. gem. Ingwer
1 TL Tamarindenpaste
400 ml Kokosmilch (ungesüßt)
3 Limettenblätter
2 Stängel Zitronengras
evtl. Curryblätter
100 g Cashewkerne
gehackte Korianderblätter

*Pro Portion:*
E: 30 g, F: 28 g, Kh: 12 g,
kJ: 1746, kcal: 420

**1.** Putenschnitzel kurz unter fließendem kalten Wasser abspülen, trocken tupfen und in etwa 1/2 cm dicke Streifen schneiden. Zwiebel und Knoblauch abziehen und klein würfeln.
**2.** Pak Choi putzen, abspülen, abtropfen lassen und den Strunk entfernen. Pak Choi in grobe Stücke schneiden. Paprikaschote halbieren, entstielen, entkernen und die weißen Scheidewände entfernen. Die Schote abspülen, abtropfen lassen und würfeln. Chilischote entstielen, längs aufschneiden, entkernen, abspülen, abtropfen lassen und in Ringe schneiden.
**3.** Sesam- oder Erdnussöl in einem Wok oder einer beschichteten Pfanne erhitzen. Putenstreifen darin von allen Seiten kräftig anbraten. Zwiebel-, Knoblauch-, Paprikawürfel und Chiliringe hinzufügen, unter Rühren kurz mitbraten lassen. Mit Curry, Salz, Pfeffer, Kardamom, Kreuzkümmel, Schwarzkümmel, Ingwer und Tamarindenpaste würzen. Die Kokosmilch hinzugießen.
**4.** Limettenblätter, Zitronengras und evtl. Curryblätter abspülen, trocken tupfen und hinzugeben. Putencurry wieder zum Kochen bringen und weitere etwa 5 Minuten garen. Kurz vor Ende der Garzeit Cashewkerne, Pak Choi und Koriander hinzugeben. Putencurry etwa 2 Minuten unter Rühren erhitzen, nochmals mit den Gewürzen abschmecken. Zitronengras, Limettenblätter und evtl. Curryblätter entfernen.

***Tipps:*** Die exotischen Gewürze erhalten Sie im Asialaden. Nach Belieben können Sie die Cashewkerne vorher in einer Pfanne ohne Fett anrösten und den Pak Choi durch Mangold ersetzen.

## Zigeuner-Hackklößchen

6 Portionen

*Zubereitungszeit:* 30 Minuten

**Für die Hackklößchen:**
750 g Gehacktes (halb Rind-, halb Schweinefleisch)
1 Zwiebel
1 Ei (Größe M)
80 g Semmelbrösel
Salz
gem. Pfeffer
Paprikapulver edelsüß
2 EL Speiseöl, z. B. Sonnenblumenöl

**Für das Gemüse:**
1/2 Gemüsezwiebel
1 rote Paprikaschote
2 gelbe Paprikaschoten
1–2 EL Speiseöl,
z. B. Sonnenblumenöl
125 ml Gemüsebrühe
1 EL Tomatenmark
3 EL Tomatenketchup
1 gestr. TL Speisestärke

*Pro Portion:*
E: 28 g, F: 28 g, Kh: 20 g,
kJ: 1845, kcal: 440

**1.** Für die Klößchen Gehacktes in eine Schüssel geben. Die Zwiebel abziehen und klein würfeln. Zwiebelwür-

fel, Ei und Semmelbrösel hinzugeben und gut verkneten. Mit Salz, Pfeffer und Paprika würzen. Aus der Fleischmasse mit angefeuchteten Händen 24–30 Klößchen formen.
**2.** Sonnenblumenöl in einer großen Pfanne erhitzen. Die Klößchen darin etwa 10 Minuten bei mittlerer Hitze braun und gar braten.
**3.** In der Zwischenzeit für das Gemüse die Zwiebelhälfte abziehen und in Streifen schneiden. Die Paprikaschoten halbieren, entstielen, entkernen und die weißen Scheidewände entfernen. Schoten abspülen, abtropfen lassen und in Stücke schneiden.
**4.** Speiseöl in einem Topf erhitzen. Die Zwiebelstreifen und Paprikastücke darin unter Rühren andünsten. Gemüsebrühe hinzugießen und zum Kochen bringen. Das Gemüse etwa 5 Minuten garen.
**5.** Tomatenmark und -ketchup unterrühren. Das Gemüse mit Salz, Pfeffer und Paprika würzen.
**6.** Speisestärke mit Wasser anrühren und unter das Gemüse rühren. Das Gemüse nochmals unter Rühren kurz aufkochen lassen.
**7.** Zigeuner-Hackklößchen mit dem Gemüse anrichten und servieren.

***Tipps:*** Rühren Sie nach Belieben noch 1–2 Esslöffel gehackte Petersilie unter die Zigeuner-Hackklößchen und garnieren Sie das Gericht mit einigen Petersilienblättchen.

## Kubanisches Rumhühnchen mit Currykraut

4 Portionen

*Zubereitungszeit:* 25 Minuten

4 Hühnerbrustfilets
(je etwa 160 g)

**Für die Marinade:**
2 Zweige Currykraut
1 Bio-Limette
(unbehandelt, ungewachst)
3 EL Rum
3 EL Sojasauce
3 TL Rohrzucker (brauner Zucker)
2 EL Olivenöl
Salz
gem. Pfeffer

3 EL Olivenöl
evtl. einige Scheiben
von 1 Bio-Limette
(unbehandelt, ungewachst)

*Pro Portion:*
E: 39 g, F: 6 g, Kh: 5 g,
kJ: 1067, kcal: 255

**1.** Die Hühnerbrustfilets kurz unter fließendem kalten Wasser abspülen, trocken tupfen und in eine Schale legen.
**2.** Für die Marinade Currykraut abspülen und trocken tupfen. Die Nadeln von den Stängeln zupfen. Nadeln grob hacken. Limette heiß abwaschen, abtrocknen und die Schale abreiben. Limette halbieren und den Saft auspressen.
**3.** Rum mit Sojasauce, Rohrzucker, Zitronenschale, -saft und Currykraut gut verrühren. Olivenöl unterschlagen. Mit Salz und Pfeffer würzen.
**4.** Die Marinade auf den Hühnerbrustfilets verteilen, zugedeckt und kalt gestellt etwa 15 Minuten durchziehen lassen, dabei einmal wenden.
**5.** Die Hühnerbrustfilets aus der Marinade nehmen und gut abtropfen lassen oder mit Küchenpapier trocken tupfen.
**6.** Olivenöl in einer großen Pfanne erhitzen. Hühnerbrustfilets darin von beiden Seiten hellbraun anbraten und in weiteren 5–6 Minuten bei schwacher bis mittlerer Hitze fertig braten. Dabei ab und zu mit der restlichen Marinade bestreichen.
**7.** Hühnerbrustfilets aus der Pfanne nehmen und anrichten. Nach Belieben mit Limettenscheiben garnieren.

***Beilage:*** Frischer Blattsalat mit Mangowürfeln.

***Tipps:*** Die Hühnerbrustfilets auf Reis oder gebratenen Süßkartoffeln anrichten und servieren. Das Fleisch wird noch zarter, wenn Sie die Hühnerbrustfilets etwa 1 Stunde unter mehrmaligem Wenden in der Marinade durchziehen lassen.

Zigeuner-Hackklößchen

Kubanisches Rumhühnchen mit Currykraut

## Saltimbocca alla romana

4 Portionen

*Zubereitungszeit:* 25 Minuten

4 dünne Scheiben Kalbfleisch (aus der Keule, je etwa 100 g)
4 Salbeiblätter
4 Scheiben Parmaschinken
Salz, gem. Pfeffer
20 g Weizenmehl
2–3 EL Speiseöl, z. B. Sonnenblumenöl

**Für die Sauce:**
125 ml Weißwein oder Wermut
125 g Crème double
Zucker

**Außerdem:**
4 Holzstäbchen

*Pro Portion:*
E: 25 g, F: 22 g, Kh: 3 g,
kJ: 1385, kcal: 333

**1.** Das Kalbfleisch mit Küchenpapier trocken tupfen. Salbeiblätter abspülen und trocken tupfen. Kalbfleischscheiben mit je 1 Scheibe Parmaschinken und 1 Salbeiblatt belegen, zusammenklappen, mit Holzstäbchen feststecken. Das Fleisch mit Salz und Pfeffer würzen, in Mehl wenden.

**2.** Das Speiseöl in einer Pfanne erhitzen. Das Fleisch darin von jeder Seite 3–4 Minuten braten. Das Fleisch aus der Pfanne nehmen, auf eine vorgewärmte Platte legen und zugedeckt warm stellen.

**3.** Für die Sauce den Bratensatz mit Weißwein oder Wermut loskochen und etwas einkochen lassen (reduzieren). Crème double unterrühren. Die Sauce erhitzen, mit Salz, Pfeffer und Zucker abschmecken.

**4.** Den aus dem Fleisch ausgetretenen Fleischsaft unter die Sauce rühren. Die Sauce auf dem Fleisch verteilen.

***Beilage:*** Reis oder Baguette und Steinpilze.

## Rosinen-Spitzkohl-Pfanne mit Schweinefilet

4 Portionen

*Zubereitungszeit:* 25 Minuten

750 g Schweinefilet
1 Spitzkohl (etwa 600 g)
1 Fleischtomate
2 EL Olivenöl
50 g Schinkenwürfel (aus dem Kühlregal)
100 g Rosinen
40 g Butter
Salz, gem. Pfeffer

*Pro Portion:*
E: 48 g, F: 19 g, Kh: 21 g,
kJ: 1910, kcal: 456

**1.** Schweinefilet mit Küchenpapier trocken tupfen, evtl. entsehnen und entfetten. Schweinefilet längs halbieren, in dünne Scheiben schneiden.

**2.** Spitzkohl putzen, vierteln und den Strunk herausschneiden. Kohlviertel in Streifen schneiden, abspülen und abtropfen lassen. Die Tomate abspülen, trocken tupfen, halbieren, entkernen und den Stängelansatz herausschneiden. Tomate in Würfel schneiden.

**3.** Olivenöl in einer großen Pfanne erhitzen. Die Filetscheiben darin von beiden Seiten gut anbraten. Die Spitzkohlstreifen und Schinkenwürfel hinzugeben, etwa 10 Minuten unter gelegentlichem Rühren mitbraten. Rosinen und Butter unterrühren, kurz miterhitzen.

**4.** Die Rosinen-Spitzkohl-Pfanne mit Salz und Pfeffer kräftig würzen, anrichten und mit den Tomatenwürfeln bestreut servieren.

***Tipp:*** Probieren Sie die Pfanne statt mit Rosinen mit getrockneten Cranberrys.

Saltimbocca alla romana

Rosinen-Spitzkohl-Pfanne mit Schweinefilet

Pfannengerührtes Lamm mit Knoblauch

Medaillons auf Bohnen-Tomaten-Gemüse

## Pfannengerührtes Lamm mit Knoblauch

2 Portionen

*Zubereitungszeit:* 30 Minuten

375 g Lammfleisch (ohne Knochen)
4 TL Sojasauce
1 TL Sesamöl
2 Frühlingszwiebeln
3 Knoblauchzehen
1 Stück frischer Ingwer
2 EL Speiseöl

*Pro Portion:*
E: 38 g, F: 25 g, Kh: 4 g,
kJ: 1636, kcal: 391

**1.** Das Lammfleisch mit Küchenpapier trocken tupfen und in dünne Scheiben schneiden. Sojasauce und Sesamöl in einer Schüssel verrühren. Die Fleischscheiben hineinlegen und zugedeckt im Kühlschrank 15–20 Minuten marinieren.
**2.** In der Zwischenzeit Frühlingszwiebeln putzen, abspülen, abtropfen lassen und schräg in Stücke schneiden. Knoblauch abziehen und in Scheiben schneiden. Ingwer schälen, ebenfalls in dünne Scheiben schneiden oder würfeln.
**3.** Fleischscheiben aus der Schüssel nehmen und mit Küchenpapier trocken tupfen. Die Marinade beiseitestellen.
**4.** Speiseöl in einem Wok erhitzen. Die Fleischscheiben darin etwa 1 Minute unter Rühren anbraten. Dann die Marinade hinzugießen. Fleischscheiben etwa 1 weitere Minute unter Rühren braten.
**5.** Frühlingszwiebelstücke, Knoblauch- und Ingwerscheiben oder -würfel hinzugeben, wieder zum Kochen bringen und in etwa 4 Minuten unter Rühren fertig garen. Lammpfanne sofort servieren.

## Medaillons auf Bohnen-Tomaten-Gemüse

2 Portionen

*Zubereitungszeit:* 30 Minuten

3 Stängel Thymian
150 ml Gemüsebrühe
300 g TK-Grüne Bohnen
1 Lorbeerblatt
2 Schalotten
1 Knoblauchzehe
4–5 Tomaten (etwa 250 g)
300 g Schweinefilet
Salz
gem. Pfeffer
1 TL Olivenöl

*Pro Portion:*
E: 39 g, F: 6 g, Kh: 10 g,
kJ: 1048, kcal: 250

**1.** Die Thymianstängel abspülen und trocken tupfen. Die Gemüsebrühe in einem Topf zum Kochen bringen. Bohnen, Lorbeerblatt und Thymianstängel hinzufügen. Die Bohnen etwa 10 Minuten garen.
**2.** In der Zwischenzeit Schalotten und Knoblauch abziehen und klein würfeln. Tomaten abspülen, abtrocknen, vierteln und die Stängelansätze herausschneiden.
**3.** Schweinefilet mit Küchenpapier trocken tupfen, evtl. entsehnen und entfetten, in 4 Scheiben schneiden. Filetscheiben mit Salz und Pfeffer würzen.
**4.** Olivenöl in einer beschichteten Pfanne erhitzen. Die Filetscheiben darin von jeder Seite etwa 5 Minuten anbraten, herausnehmen und zugedeckt warm stellen.
**5.** Schalotten- und Knoblauchwürfel im verbliebenen Bratensatz anbraten. Tomatenviertel hinzufügen und kurz mitbraten lassen. Die garen Bohnen mit der Brühe hinzufügen und unterrühren. Bohnen-Tomaten-Gemüse einmal kurz aufkochen lassen, mit Salz und Pfeffer abschmecken.
**6.** Medaillons auf Bohnen-Tomaten-Gemüse anrichten und servieren.

***Tipps:*** Wer möchte, schmeckt das Tomaten-Bohnen-Gemüse zusätzlich mit etwas Bohnenkraut ab, das leicht pfeffrig schmeckt. Dazu Naturreis als Beilage servieren.

Wiener Schnitzel

## Wiener Schnitzel

4 Portionen

*Zubereitungszeit:* 30 Minuten

4 Kalbsschnitzel
(je etwa 120 g, aus der Oberschale)
oder 8 kleine Schnitzel (je etwa 60 g)
Salz
gem. Pfeffer
2 Eier (Größe M)
50 g Weizenmehl
150 g Semmelbrösel

200 g Butterschmalz oder Margarine

4 Scheiben von 1 Bio-Zitrone
(unbehandelt, ungewachst)

*Pro Portion:*
E: 30 g, F: 17 g, Kh: 24 g,
kJ: 1546, kcal: 369

**1.** Die Schnitzel mit Küchenpapier trocken tupfen. Die Schnitzel etwas dünner klopfen, mit Salz und Pfeffer würzen.

**2.** Die Eier in einem tiefen Teller verschlagen. Schnitzel zunächst in Mehl wenden, dann durch die verschlagenen Eier ziehen und zuletzt in Semmelbröseln wenden. Panade leicht andrücken, nicht anhaftende Semmelbrösel etwas abschütteln.

**3.** Butterschmalz oder Margarine evtl. portionsweise in einer großen Pfanne gut erhitzen. Die Schnitzel darin leicht schwimmend von jeder Seite je nach Größe 2–3 Minuten braten. Anschließend die Schnitzel herausnehmen und auf Küchenpapier abtropfen lassen.

**4.** Die Schnitzel mit Zitronenscheiben anrichten.

***Beilage:*** Bratkartoffeln oder Kartoffelsalat und grüner Blattsalat.

***Tipps:*** Die Panade nicht zu fest andrücken, damit sie schön locker wird und sich beim Braten leicht wellt. Für panierte Schweineschnitzel das Kalbsschnitzel durch Schweineschnitzel ersetzen.

## Hackfleischröllchen mit Minze

8 Stück

*Zubereitungszeit:* 25 Minuten

3 Stängel Minze
1 Schalotte
1 Knoblauchzehe
300 g Gehacktes (halb Rind-, halb Schweinefleisch)
4 EL Semmelbrösel
1 Ei (Größe M)
Salz
gem. Pfeffer
Paprikapulver rosenscharf
4 EL Olivenöl

*Pro Stück:*
E: 9 g, F: 9 g, Kh: 6 g,
kJ: 580, kcal: 138

**1.** Minze abspülen und trocken tupfen. Die Blättchen von den Stängeln zupfen (einige Blättchen beiseitelegen). Blättchen klein schneiden.

**2.** Schalotte und Knoblauch abziehen. Schalotte grob hacken und Knoblauch durch eine Knoblauchpresse drücken. Das Gehackte in eine Schüssel geben. Schalottenwürfel, Knoblauch, 2 Esslöffel der Semmelbrösel, Ei und Minze hinzufügen. Mit Salz, Pfeffer und Paprika würzen. Die Zutaten zu einem Teig verkneten und mit den Gewürzen abschmecken.
**3.** Fleischteig in 8 Portionen teilen. Jede Fleischportion mit angefeuchteten Händen zu einer etwa 10 cm langen Rolle mit spitzen Enden formen. Die Fleischröllchen in den restlichen Semmelbröseln wenden und andrücken.
**4.** Olivenöl in einer Pfanne erhitzen. Die Hackfleischröllchen darin unter mehrmaligem Wenden etwa 10 Minuten bei mittlerer Hitze braten. Hackfleischröllchen mit einem Pfannenwender herausnehmen und auf Küchenpapier abtropfen lassen.
**5.** Die Hackfleischröllchen auf einer Platte anrichten und mit den beiseitegelegten Minzeblättchen garnieren. Heiß oder kalt servieren.

***Beilage:*** **Knoblauch-Mayonnaise.** Dafür 1–2 Knoblauchzehen abziehen und mit etwas grobem Meersalz im Mörser oder mit dem Messerrücken fein zerreiben. 1 sehr frisches Eigelb (nicht älter als 5 Tage), einige Spritzer Zitronensaft und den Knoblauch in einen hohen Rührbecher geben und mit einem Mixer (Rührstäbe) verrühren. 125 ml Olivenöl zuerst tropfenweise, dann in einem sehr dünnen Strahl unter Rühren hinzugeben. Die Mayonnaise mit Salz und Zitronensaft abschmecken. Mayonnaise bis zum Verzehr in den Kühlschrank stellen.

## Schwedische Köttbullar

4 Portionen

*Zubereitungszeit:* 30 Minuten

100 g Semmelbrösel
250 ml Milch (3,5 % Fett)
1 Zwiebel
600 g Rindergehacktes
etwa 1/2 TL Salz
gem. Pfeffer
1 Ei (Größe M)
3 EL Speiseöl, z. B. Sonnenblumenöl
3 abgetropfte Gewürzgurken
etwa 150 g Schlagsahne
1–2 EL Gurkensud (aus dem Glas)

*Pro Portion:*
E: 37 g, F: 44 g, Kh: 25 g,
kJ: 2705, kcal: 646

**1.** Semmelbrösel mit Milch in einer Schüssel gut verrühren und etwa 10 Minuten quellen lassen.
**2.** In der Zwischenzeit Zwiebel abziehen und auf der Haushaltsreibe fein reiben oder sehr fein hacken. Gehacktes in eine Schüssel geben. Die Semmelbröselmasse, geriebene Zwiebel, Salz, Pfeffer und Ei hinzugeben. Zutaten zu einem geschmeidigen Teig verkneten.
**3.** Aus der Gehacktesmasse mit angefeuchteten Händen walnussgroße Bällchen formen.
**4.** Speiseöl in einer großen Pfanne erhitzen. Köttbullar evtl. portionsweise darin von allen Seiten 8–10 Minuten bei mittlerer Hitze braten. Die Köttbullar aus der Pfanne nehmen und zugedeckt warm stellen.
**5.** Gurken in kleine Würfel schneiden, mit Sahne und dem Gurkensud zum restlichen Bratfett in die Pfanne geben, aufkochen und etwa 2 Minuten einkochen lassen. Die Sauce mit Salz und Pfeffer würzen.
**6.** Köttbullar wieder in die Sauce geben und kurz erwärmen.

***Beilage:*** Salzkartoffeln oder Reis mit Blattsalat.

***Tipps:*** Statt eingelegter Gurken Perlzwiebeln oder Senffrüchte verwenden. Noch preiswerter wird es, wenn Sie statt Rindergehacktes ersatzweise halb Rind-, halb Schweinegehacktes für die Köttbullar nehmen.

Hackfleischröllchen mit Minze

Schwedische Köttbullar

## Lammchops mit Estragon-Crème-fraîche

8 Portionen

*Zubereitungszeit:* 25 Minuten

1 kg Lammrücken (ohne Knochen, aber mit einem dünnen Fettrand)
evtl. 6–7 Scheiben durchwachsener Speck
Salz
gem. Pfeffer
etwas Speiseöl
2–3 Knoblauchzehen
250 g Crème fraîche
fein gehackte Estragonblättchen
evtl. einige Zweige Estragon

**Außerdem:**
Küchengarn

*Pro Portion:*
E: 24 g, F: 29 g, Kh: 1 g,
kJ: 1499, kcal: 359

**1.** Lammrücken mit Küchenpapier trocken tupfen, in 3–4 cm dicke Scheiben schneiden, evtl. mit je 1 Speckstreifen umlegen (wenn das Fleisch nicht genügend Fettrand hat), mit Küchengarn umwickeln, sodass eine runde Form entsteht. Das Fleisch mit Salz und Pfeffer würzen, mit Speiseöl bestreichen.
**2.** Die Lammchops auf den heißen Grillrost legen und von jeder Seite 4–5 Minuten grillen.
**3.** Knoblauch abziehen und durch eine Knoblauchpresse drücken. Die Crème fraîche mit gehacktem Estragon und Knoblauch verrühren.
**4.** Die Lammchops auf einem Teller anrichten. Nach Belieben mit abgespülten und trocken getupften Estragonzweigen garnieren.
**5.** Die Estragon-Crème-fraîche-Sauce dazureichen.

***Belage:*** Ofenkartoffeln und Blattsalat.

Lammchops mit Estragon-Crème-fraîche

## Schweinenackensteaks in Malzbier-Kräuter-Marinade

4–5 Portionen (ohne Foto)

*Zubereitungszeit:* 30 Minuten

100 ml Malzbier
1 EL mittelscharfer Senf
6 EL Speiseöl, z. B. Sonnenblumenöl
25 g gemischte TK-Kräuter
10 Schweinenackensteaks (je etwa 150 g)
grob gem. bunter Pfeffer
Salz

*Pro Portion:*
E: 69 g, F: 43 g, Kh: 3 g,
kJ: 2831, kcal: 677

**1.** Malzbier, Senf und Speiseöl in einer Schüssel gut verrühren. Die gemischten Kräuter unterrühren.
**2.** Die Schweinenackensteaks mit Küchenpapier trocken tupfen. Die Schweinenackensteaks von beiden Seiten mit Pfeffer bestreuen und in eine flache Schale oder Auflaufform legen.
**3.** Die Schweinenackensteaks mit der Malzbier-Kräuter-Marinade bestreichen und zugedeckt im Kühlschrank 12–15 Minuten marinieren.
**4.** Schweinenackensteaks etwas abtropfen lassen, auf den heißen Grill (gefettet) legen und etwa 15 Minuten unter gelegentlichem Wenden grillen. Die Schweinenackensteaks mit Salz bestreuen.

***Beilage:*** Kartoffelspalten oder -rösti.

***Tipp:*** Dazu passt Barbecue-Sauce.

## Kleine Steaks auf Röstbrot

2 Portionen

*Zubereitungszeit:* 25 Minuten

2 EL Olivenöl
4 Scheiben Ciabatta oder Baguette
1 Knoblauchzehe
2 kleine Zwiebeln
1 EL Olivenöl
Salz, gem. Pfeffer
etwa 30 g Rucola (Rauke)
4 kleine Rinderfiletmedaillons (je etwa 60 g)
oder 2 Hüftsteaks (je etwa 120 g)
2 EL Olivenöl
2 Eier (Größe M)

*Pro Portion:*
E: 36 g, F: 33 g, Kh: 23 g,
kJ: 2229, kcal: 532

Kleine Steaks auf Röstbrot

Hähnchenbrustfilet mit glasierten Möhren und Couscous

**1.** Olivenöl in einer Pfanne erhitzen. Die Brotscheiben darin von beiden Seiten goldgelb rösten und aus der Pfanne nehmen. Die Knoblauchzehe halbieren und mit der Schnittfläche die Brotscheiben abreiben.
**2.** Die Zwiebeln abziehen, zuerst in nicht zu dünne Scheiben schneiden, dann in Ringe teilen. Olivenöl in der Pfanne erhitzen. Die Zwiebelringe darin unter Rühren anbraten, mit Salz und Pfeffer würzen. Dann die Zwiebelringe aus der Pfanne nehmen und warm stellen.
**3.** Rucola verlesen und die dicken Stängel abschneiden. Rucola abspülen und trocken tupfen oder trocken schleudern.
**4.** Medaillons oder Hüftsteaks mit Küchenpapier trocken tupfen, mit Pfeffer würzen. 1 Esslöffel Olivenöl in der Pfanne erhitzen. Die Medaillons oder Hüftsteaks darin jeweils etwa 3 Minuten von jeder Seite braten, mit Salz würzen.
**5.** Gleichzeitig in einer zweiten Pfanne restliches Olivenöl erhitzen. Die Eier darin braten. Spiegeleier mit Salz und Pfeffer würzen.
**6.** Je 2 Brotscheiben auf einen Teller geben. Zuerst die Steaks, dann die Zwiebelringe und zuletzt den Rucola darauf verteilen. Die Spiegeleier dazureichen.

## Hähnchenbrustfilet mit glasierten Möhren und Couscous

2 Portionen

*Zubereitungszeit:* 30 Minuten

2 Hähnchenbrustfilets (je etwa 150 g)
Salz
gem. Pfeffer
2 EL Olivenöl
1 Bund junge Möhren (etwa 500 g)
1 EL Butter
2 TL Zucker
150–200 ml Wasser
100 g Couscous (Instant)
1 Bio-Limette (unbehandelt, ungewachst)
1 EL Butter
4 Stängel Pfefferminze

*Pro Portion:*
E: 42 g, F: 21 g, Kh: 50 g, kJ: 2379, kcal: 569

**1.** Die Hähnchenbrustfilets kurz unter fließendem kalten Wasser abspülen, trocken tupfen, mit Salz und Pfeffer würzen.
**2.** Olivenöl in einer Pfanne erhitzen. Die Hähnchenbrustfilets darin kurz anbraten und dann von jeder Seite etwa 5 Minuten bei mittlerer Hitze fertig braten.
**3.** In der Zwischenzeit Möhren putzen, das Grün bis auf 2 cm abschneiden. Möhren schälen, abspülen und abtropfen lassen. Butter in einer großen Pfanne zerlassen. Zucker hinzufügen, unter Rühren schmelzen.
**4.** Die Möhren in die Pfanne geben, kurz durchschwenken, sodass die Möhren mit der Butter-Zucker-Mischung überzogen sind. Die Möhren mit Salz würzen, Wasser hinzugießen, zugedeckt etwa 5 Minuten garen.
**5.** Couscous nach Packungsanleitung zubereiten. Limette heiß abwaschen, abtrocknen und halbieren. Etwas Limettenschale abreiben. Von 1 Limettenhälfte den Saft auspressen. Die zweite Hälfte in Scheiben schneiden, zum Garnieren beiseitelegen.
**6.** Die Butter unter den Couscous rühren. Couscous mit Salz, Limettensaft und -schale abschmecken.
**7.** Pfefferminze abspülen und trocken tupfen. Von 2 Stängeln die Blättchen zupfen. Die Blättchen klein schneiden und unter den Couscous geben.
**8.** Hähnchenbrustfilets mit glasierten Möhren und Couscous anrichten. Mit restlichen Pfefferminzestängeln und den beiseitegelegten Limettenscheiben garniert servieren.

Currywurst de luxe

Gefüllte Putenröllchen

## Currywurst de luxe
2 Portionen

*Zubereitungszeit:* 20 Minuten

1 Frühlingszwiebel
1 kleine, rote Chilischote
1 EL Speiseöl, z. B. Sonnenblumenöl
4 Rostbratwürste
4 küchenfertige Riesengarnelen
300 ml Currysauce (Fertigprodukt)
Currypulver

*Pro Portion:*
E: 51 g, F: 96 g, Kh: 27 g,
kJ: 4912, kcal: 1175

**1.** Frühlingszwiebel putzen, abspülen, abtropfen lassen und in Scheiben schneiden. Chilischote abspülen, trocken tupfen, entstielen und in Ringe schneiden.
**2.** Speiseöl in einem Wok oder einer Pfanne erhitzen. Bratwürste darin von beiden Seiten bei mittlerer bis starker Hitze anbraten.
**3.** Garnelen kurz unter fließendem kalten Wasser abspülen und trocken tupfen.
**4.** Die Garnelen, Frühlingszwiebelscheiben und Chiliringe zu den Bratwürsten in die Pfanne geben und unter Wenden kurz mitbraten lassen. Die Hitze reduzieren. Bratwürste herausnehmen, in Scheiben schneiden und wieder in die Pfanne geben. Currysauce hinzugießen.
**5.** Die Currywurst de luxe in Portionsschalen oder auf einer Platte anrichten. Mit Curry bestäuben.

***Tipp:*** Statt Riesengarnelen schmecken auch Shrimps oder Flusskrebsschwänze.

## Gefüllte Putenröllchen
8 Stück

*Zubereitungszeit:* 30 Minuten

1 Knoblauchzehe
100 g geröstete, gesalzene Erdnusskerne
50 g Erdnussbutter (Erdnusscreme, crunchy)
1 TL Sambal Oelek
2 TL brauner Zucker
1–2 TL Sojasauce
3 EL Wasser
Salz
3 Frühlingszwiebeln (etwa 100 g)
8 sehr dünne Putenschnitzel (je etwa 100 g)
1–2 EL Speiseöl, z. B. Rapsöl

**Außerdem:**
8 kleine Holzstäbchen

*Pro Stück:*
E: 29 g, F: 12 g, Kh: 4 g,
kJ: 1017, kcal: 243

**1.** Den Knoblauch abziehen, mit den Erdnusskernen grob hacken und in einen hohen Rührbecher geben. Erdnussbutter, 1/2 Teelöffel Sambal Oelek, braunen Zucker, Sojasauce und Wasser hinzugeben. Die Zutaten pürieren. Die Erdnusspaste mit Salz und restlichem Sambal Oelek abschmecken.
**2.** Frühlingszwiebeln putzen, abspülen, abtropfen lassen und in sehr dünne Scheiben schneiden.
**3.** Die Putenschnitzel kurz unter fließendem kalten Wasser abspülen und trocken tupfen. Putenschnitzel mit etwas Salz bestreuen und mit der Erdnusspaste bestreichen. Die Frühlingszwiebelscheiben darauf verteilen. Die Putenschnitzel aufrollen und mit Holzstäbchen feststecken.
**4.** Die Putenröllchen vor dem Grillen rundherum dünn mit Speiseöl bestreichen und bei mittlerer Hitze oder am Rand des Grillrosts (gefettet) etwa 15 Minuten grillen. Dabei die Röllchen immer wieder wenden.

***Tipps:*** Putenröllchen warm oder kalt mit süßscharfer Sauce, z. B. Currysauce, oder einfach mit etwas Sojasauce servieren. Die Röllchen lassen sich auch gut mit dünnen Schweineschnitzeln zubereiten. Noch bunter werden die Röllchen, wenn man zusätzlich eine kleine, in dünne Streifen geschnittene, gelbe Paprikaschote mit einrollt.

## Kalbsleber, venezianisch

4 Portionen

*Zubereitungszeit:* 25 Minuten

500 g Zwiebeln
60 ml Speiseöl, z. B. Olivenöl
600 g Kalbsleber
20 g Weizenmehl
Salz
gem. Pfeffer

*Pro Portion:*
E: 32 g, F: 17 g, Kh: 16 g,
kJ: 1439, kcal: 344

**1.** Die Zwiebeln abziehen und in sehr dünne Scheiben schneiden. Etwas Speiseöl in einer Pfanne erhitzen. Zwiebelscheiben darin unter Rühren etwa 10 Minuten goldbraun dünsten. Zwiebelscheiben herausnehmen und warm stellen.
**2.** Leber mit Küchenpapier trocken tupfen, evtl. von Haut, Sehnen und Röhren befreien. Leber in Streifen schneiden und mit Mehl bestäuben.
**3.** Zwei Esslöffel des restlichen Speiseöls in der Pfanne erhitzen. Die Hälfte der Leberstreifen darin unter Rühren 1–2 Minuten braten, mit Salz und Pfeffer würzen, herausnehmen und warm stellen. Restliche Leberstreifen mit dem restlichen Speiseöl auf die gleiche Weise zubereiten.
**4.** Die Leberstreifen mit den Zwiebelscheiben servieren.

***Beilage:*** Reis, Baguette oder Kartoffelpüree.

## Cordon bleu

4 Portionen

*Zubereitungszeit:* 30 Minuten

8 Kalbsschnitzel (je etwa 75 g)
Salz
gem. Pfeffer
4 Scheiben Käse, z. B. Gouda (in Größe der Fleischscheiben, je etwa 40 g)
4 Scheiben Kochschinken (in Größe der Fleischscheiben, je etwa 50 g)
2 Eier (Größe M)
60 g Semmelbrösel
60 g Margarine oder 5 EL Speiseöl
etwas Petersilie

**Außerdem:**
4 Holzstäbchen

*Pro Portion:*
E: 56 g, F: 32 g, Kh: 11 g,
kJ: 2338, kcal: 558

**1.** Kalbsschnitzel mit Küchenpapier trocken tupfen. Die Schnitzel leicht klopfen, mit Salz und Pfeffer würzen.
**2.** Vier Schnitzel mit jeweils 1 Scheibe Käse und 1 Scheibe Schinken belegen, je ein zweites Schnitzel darauflegen und mit Holzstäbchen feststecken.
**3.** Die Eier in einem tiefen Teller verschlagen. Die gefüllten Schnitzel zunächst durch die verschlagenen Eier ziehen und am Tellerrand abstreifen, dann in Semmelbröseln wenden.
**4.** Margarine oder Speiseöl in einer großen Pfanne erhitzen. Die Schnitzel darin von beiden Seiten etwa 10 Minuten braten.
**5.** Schnitzel auf einer Platte anrichten. Mit abgespülter und trocken getupfter Petersilie garniert servieren.

***Beilage:*** Paprikareis mit Erbsen.

***Tipp:*** Damit die in Semmelbröseln gewendeten Fleischscheiben für das Cordon bleu nicht zu schnell bräunen, sollten die nicht festhaftenden Semmelbrösel vor dem Braten leicht abgeschüttelt werden.

Kalbsleber, venezianisch

Cordon bleu

## Gundermannbuletten

4 Portionen

*Zubereitungszeit:* 30 Minuten, ohne Abkühlzeit

1 Brötchen (Semmel) vom Vortag
2 Zwiebeln
2 Knoblauchzehen
1 Möhre
2 EL Olivenöl
3 Blätter Gundermann
500 g Lammgehacktes
1 Ei (Größe M)
1 EL Joghurt (3,5 % Fett)
1 Msp. Chilipulver
Salz, gem. Pfeffer
5 EL Olivenöl

*Pro Portion:*
E: 35 g, F: 27 g, Kh: 14 g, kJ: 1849, kcal: 442

**1.** Brötchen in kaltem Wasser einweichen. Zwiebeln und Knoblauch abziehen, in kleine Würfel schneiden. Möhre putzen, schälen, abspülen, abtropfen lassen und ebenfalls klein würfeln. Olivenöl in einer Pfanne erhitzen. Zwiebel-, Knoblauch- und Möhrenwürfel darin unter Rühren 2–3 Minuten glasig dünsten.
**2.** Die Gundermannblätter abspülen, trocken tupfen, in feine Streifen schneiden und hinzugeben. Pfanne von der Kochstelle nehmen. Zwiebel-Möhren-Masse erkalten lassen.
**3.** Eingeweichtes Brötchen gut ausdrücken. Das Lammgehackte in eine Schüssel geben. Die Zwiebel-Möhren-Masse mit Ei, Joghurt, Chili und dem Brötchen zum Gehackten geben und gut vermengen. Mit Salz und Pfeffer würzen.
**4.** Aus der Hackfleischmasse mit angefeuchteten Händen 8 Buletten formen.
**5.** Olivenöl in einer Pfanne erhitzen. Die Buletten darin von beiden Seiten unter gelegentlichem Wenden etwa 10 Minuten bei mittlerer Hitze gar und braun braten.

***Beilage:*** Frisch aufgebackenes Fladenbrot und Kräuterquark.

## Hähnchenbrustfilet mit Frischkäsefüllung

2 Portionen

*Zubereitungszeit:* 30 Minuten

2 Hähnchenbrustfilets (je etwa 160 g)
100 g Doppelrahm-Frischkäse
4 EL Milch (3,5 % Fett)
125 g abgetropfter Gemüsemais (aus der Dose)
Salz
gem. Pfeffer
Paprikapulver edelsüß
2 EL Olivenöl
4 Zweige Rosmarin
250 g Gnocchi (aus dem Kühlregal)
1 EL grünes Pesto

Gundermannbuletten

Hähnchenbrustfilet mit Frischkäsefüllung

**Außerdem:**
4 Holzstäbchen

*Pro Portion:*
E: 50 g, F: 28 g, Kh: 55 g,
kJ: 2838, kcal: 678

**1.** Den Backofen vorheizen.
*Ober-/Unterhitze:* etwa 160 °C
Heißluft: etwa 140 °C
**2.** Hähnchenbrustfilets kurz unter fließendem kalten Wasser abspülen und trocken tupfen. Mit einem langen, spitzen Messer jeweils in die dicke Seite der Filets eine tiefe Tasche schneiden.
**3.** Frischkäse mit Milch geschmeidig rühren. Mais unterrühren, mit Salz, Pfeffer und Paprika würzen. Die Frischkäse-Mais-Masse mit einem Teelöffel in die Taschen der Filets füllen. Die Öffnung jeweils mit Holzstäbchen verschließen. Die Filets mit Salz, Pfeffer und Paprika würzen.
**4.** Olivenöl in einer hitzebeständigen Pfanne erhitzen. Die Filets darin von allen Seiten gut anbraten. Rosmarinzweige abspülen und trocken tupfen. 2 Rosmarinzweige in die Pfanne geben.
**5.** Die Pfanne auf dem Rost in den vorgeheizten Backofen schieben. Die Filets etwa 12 Minuten garen.
**6.** In der Zwischenzeit die Gnocchi nach Packungsanleitung zubereiten. Dann das Pesto unter die Gnocchi rühren.
**7.** Die Hähnchenbrustfilets mit den Gnocchi anrichten und mit den restlichen Rosmarinzweigen garniert servieren.

## Kleine Hähnchen-Saltimbocca mit Salbei

2 Portionen

*Zubereitungszeit:* 20 Minuten

2 Hähnchenbrustfilets
(je etwa 175 g)
8 Scheiben Coppa
(ital. roher Schinken)
8 schöne Salbeiblättchen
Salz
gem. Pfeffer
1 TL Fenchelsamen
2 EL Olivenöl

1 EL Orangenzesten (-streifen)
von 1 Bio-Orange (unbehandelt, ungewachst)
1 EL Balsamico-Essig

Kleine Hähnchen-Saltimbocca mit Salbei

**Außerdem:**
8 Holzstäbchen

*Pro Portion:*
E: 56 g, F: 8 g, Kh: 4 g,
kJ: 1341, kcal: 321

**1.** Hähnchenbrustfilets kurz unter fließendem kalten Wasser abspülen, trocken tupfen und der Länge nach in je 4 dünne Scheiben schneiden.
**2.** Zuerst die Schinkenscheiben, dann abgespülte und trocken getupfte Salbeiblättchen auf die Hähnchenschnitzel legen. Mit je 1 Holzstäbchen feststecken. Mit Salz, Pfeffer und Fenchelsamen bestreuen.
**3.** Olivenöl in einer großen Pfanne erhitzen. Die Hähnchenschnitzel mit der belegten Seite nach unten in die Pfanne legen und 3–4 Minuten bei mittlerer Hitze braten. Schnitzel wenden und weitere 1–2 Minuten braten.
**4.** Zuletzt die Orangenzesten oder -streifen hinzugeben. Mit Balsamico-Essig beträufeln und einmal durchschwenken.

***Tipp:*** Können Sie keinen Coppa bekommen, verwenden Sie stattdessen italienischen Parma- oder Lachsschinken.

Kalbsschnitzel „Pizzaiola" mit Rosmarinkartoffeln

Leberkäse mit Gemüse

## Kalbsschnitzel „Pizzaiola" mit Rosmarinkartoffeln

4 Portionen

*Zubereitungszeit:* 30 Minuten

4 Fleischtomaten
8 kleine Kalbsschnitzel (je etwa 70 g)
3 EL Olivenöl
4 EL gehackte, schwarze Oliven
2 EL kleine Kapern
Salz
gem. Pfeffer
evtl. Knoblauchpulver
4 EL Butter
400 g gekochte Kartoffelwürfel
1 EL Rosmarinnadeln

*Pro Portion:*
E: 33 g, F: 34 g, Kh: 19 g,
kJ: 2193, kcal: 523

**1.** Tomaten kreuzweise einschneiden und mit kochendem Wasser übergießen. Nach 1–2 Minuten herausnehmen und mit kaltem Wasser abschrecken. Tomaten häuten, halbieren und die Stängelansätze herausschneiden. Tomaten in Würfel schneiden.
**2.** Die Kalbsschnitzel mit Küchenpapier trocken tupfen. Olivenöl in einer Pfanne erhitzen. Kalbsschnitzel darin von beiden Seiten etwa 4 Minuten braten, herausnehmen und warm stellen.
**3.** Tomatenwürfel in dem verbliebenen Bratfett andünsten. Die Olivenstückchen und Kapern mit andünsten. Alles mit Salz, Pfeffer und nach Belieben mit Knoblauch würzen.
**4.** Butter in einer weiteren Pfanne zerlassen. Die Kartoffelwürfel unter mehrmaligem Wenden darin braun braten. Anschließend mit Salz, Pfeffer und Rosmarinnadeln würzen.
**5.** Die Kalbsschnitzel mit den Rosmarinkartoffeln und dem Tomatengemüse anrichten.

## Leberkäse mit Gemüse

4 Portionen

*Zubereitungszeit:* 25 Minuten

500 g Möhren
1 Zwiebel
600 g Leberkäse, in dicken Scheiben
300 g Äpfel
500 g weiße Riesenbohnen
(aus Dosen)
4 EL Speiseöl, z. B. Sonnenblumenöl
125 ml Gemüsebrühe
einige Stängel Basilikum
Salz
gem. Pfeffer

*Pro Portion:*
E: 26 g, F: 52 g, Kh: 37 g,
kJ: 3001, kcal: 716

**1.** Möhren putzen, schälen, abspülen und abtropfen lassen. Möhren der Länge nach halbieren und schräg in Scheiben schneiden. Die Zwiebel abziehen, halbieren und in Streifen schneiden. Leberkäsescheiben in kurze Streifen schneiden. Äpfel heiß abspülen, trocken tupfen, vierteln und entkernen. Apfelviertel mit der Schale quer in Scheiben schneiden. Bohnen in ein Sieb geben, mit kaltem Wasser abspülen und abtropfen lassen.
**2.** Zwei Esslöffel des Speiseöls in einem Wok oder einer großen, beschichteten Pfanne erhitzen. Die Leberkäsestreifen darin von allen Seiten kräftig anbraten und herausnehmen.
**3.** Restliches Speiseöl in dem Wok oder der Pfanne erhitzen. Zwiebelstreifen und Möhrenscheiben darin unter Rühren anbraten. Apfelscheiben hinzugeben und mitdünsten lassen. Anschließend Brühe, Bohnen und Leberkäsestreifen hinzufügen. Die Zutaten etwa 5 Minuten bei schwacher Hitze unter gelegentlichem Rühren kochen lassen.
**4.** Basilikum abspülen und trocken tupfen. Die Blättchen von den Stän-

geln zupfen. Die Basilikumblättchen unter die Leberkäse-Gemüse-Pfanne heben. Mit Salz und Pfeffer abschmecken.

## Lammsteaks mit Pfifferlingen

4 Portionen

*Zubereitungszeit:* 30 Minuten

400 g Lammfilet
2 EL Distelöl
300 g frische Pfifferlinge
2 Schalotten
Salz, gem. weißer Pfeffer
2 EL Butter
75 g Crème fraîche
1 EL Schnittlauchröllchen
einige Schnittlauchhalme

*Pro Portion:*
E: 21 g, F: 20 g, Kh: 1 g,
kJ: 1128, kcal: 270

**1.** Das Lammfilet mit Küchenpapier trocken tupfen. Lammfilet in eine Schale legen, mit Distelöl übergießen und zugedeckt etwa 20 Minuten durchziehen lassen.
**2.** In der Zwischenzeit Pfifferlinge putzen, evtl. kurz abspülen und auf Küchenpapier abtropfen lassen. Die größeren Pfifferlinge halbieren. Die Schalotten abziehen und in kleine Würfel schneiden.
**3.** Lammfilet aus der Schale nehmen, mit Küchenpapier trocken tupfen und in fingerdicke Scheiben schneiden. Die Lammsteaks mit Salz und Pfeffer würzen.
**4.** Etwas Butter in einer Pfanne zerlassen. Die Lammsteaks darin von jeder Seite etwa 1 Minute braten, herausnehmen und zugedeckt warm stellen.
**5.** Restliche Butter in einer zweiten Pfanne zerlassen. Schalottenwürfel darin andünsten. Pfifferlinge hinzufügen, mit Salz und Pfeffer würzen. Die Pfifferlinge etwa 3 Minuten unter mehrmaligem Wenden dünsten. Die Crème fraîche unterrühren.
**6.** Die Lammsteaks mit Pfifferlingen anrichten. Mit Schnittlauchröllchen und -halmen garniert servieren.

***Beilage:*** Kartoffelgratin.

***Tipp:*** Die Lammsteaks bekommen ein intensiveres Aroma, wenn Sie die Lammsteaks über Nacht zugedeckt im Kühlschrank marinieren.

## Kasseler Koteletts

4 Portionen

*Zubereitungszeit:* 15 Minuten

4 Kasseler Koteletts
(je etwa 200 g)
1 TL mittelscharfer Senf
gem. Pfeffer
2 EL Sonnenblumenöl
1 Zwiebel
3 EL Orangensaft

*Pro Portion:*
E: 29 g, F: 16 g, Kh: 3 g,
kJ: 1142, kcal: 272

**1.** Kasseler Koteletts mit Küchenpapier trocken tupfen, mit Senf bestreichen und mit Pfeffer würzen.
**2.** Sonnenblumenöl in einer Pfanne erhitzen. Die Koteletts darin von beiden Seiten etwa 5 Minuten braten.
**3.** In der Zwischenzeit Zwiebel abziehen, fein reiben und mit Orangensaft verrühren. Die Koteletts nach der Hälfte der Garzeit mit der Hälfte der Zwiebel-Orangen-Mischung bestreichen. Die Koteletts wenden und mit der restlichen Mischung bestreichen.

***Beilage:*** Bratkartoffeln und Möhrengemüse.

Lammsteaks mit Pfifferlingen

Kasseler Koteletts

## Hähnchenbrustfilet in Joghurt-Marinade

8 Portionen

*Zubereitungszeit:* 30 Minuten

8 kleine Hähnchenbrustfilets (je etwa 100 g)

**Für die Joghurt-Marinade:**
150 g Joghurt (1,5 % Fett)
Salz
gem. Pfeffer
gem. Koriander
1 TL Currypulver
2 Knoblauchzehen
2 rote Chilischoten
1 EL Reiswein

**Außerdem:**
1 große Alu-Grillschale

*Pro Portion:*
E: 24 g, F: 1 g, Kh: 1 g,
kJ: 446, kcal: 107

**1.** Die Hähnchenbrustfilets kurz unter fließendem kalten Wasser abspülen und trocken tupfen. Hähnchenbrustfilets in eine flache Schale oder Auflaufform legen.
**2.** Für die Marinade Joghurt in eine Schüssel geben, mit Salz, Pfeffer, Koriander und Curry glatt rühren.
**3.** Den Knoblauch abziehen und durch eine Knoblauchpresse drücken oder sehr fein hacken. Chilischoten halbieren, entstielen, entkernen und die weißen Scheidewände entfernen. Chilischoten abspülen, abtropfen lassen und in sehr feine Streifen schneiden.
**4.** Knoblauch, Chilistreifen und Reiswein unter den Joghurt rühren.
**5.** Die Hähnchenbrustfilets mit der Marinade bestreichen und zugedeckt mindestens 10 Minuten in den Kühlschrank stellen.
**6.** Die Hähnchenbrustfilets in eine Grillschale legen. Die Grillschale auf den heißen Grillrost stellen. Die Hähnchenbrustfilets unter mehrmaligem Wenden 10–15 Minuten grillen.

***Tipp:*** Für ein besonders intensives Aroma die Hähnchenbrustfilets mindestens 1 Stunde oder besser über Nacht zugedeckt im Kühlschrank marinieren.

## Leberpfanne mit Salbei

4 Portionen

*Zubereitungszeit:* 25 Minuten

600 g Rinderleber
1 1/2 EL Weizenmehl
150 g Zwiebeln
250 g Champignons
75 g durchwachsener Speck
2 EL Olivenöl
10–15 Salbeiblättchen
Salz, gem. Pfeffer
Paprikapulver edelsüß
125 ml trockener Rotwein
1–2 EL Crème fraîche

*Pro Portion:*
E: 36 g, F: 19 g, Kh: 14 g,
kJ: 1639, kcal: 392

**1.** Die Leber mit Küchenpapier trocken tupfen, evtl. Sehnen und Röhren entfernen. Die Leber in Streifen schneiden und mit Mehl bestäuben.
**2.** Die Zwiebeln abziehen und würfeln. Champignons putzen, mit Küchenpapier abreiben, evtl. kurz abspülen und gut abtropfen lassen. Champignons in dünne Scheiben

Hähnchenbrustfilet in Joghurt-Marinade

Leberpfanne mit Salbei

Leber mit Zwiebeln

Leber „Berliner Art"

schneiden. Den Speck in kleine Würfel schneiden. Olivenöl in einer Pfanne erhitzen. Die Speckwürfel darin anbraten.

**3.** Salbeiblättchen abspülen, trocken tupfen, mit den Leberstreifen zu den Speckwürfeln geben und unter Rühren etwa 3 Minuten braten. Dann die Zwiebelwürfel hinzufügen und kurz mitbraten lassen. Mit Salz, Pfeffer und Paprika würzen.

**4.** Die Champignonscheiben und den Rotwein hinzugeben, kurz aufkochen und etwa 5 Minuten schmoren lassen. Crème fraîche unterrühren. Die Leberpfanne mit Salz, Pfeffer und Paprika abschmecken.

## Leber mit Zwiebeln

4 Portionen

*Zubereitungszeit:* 30 Minuten

5 Zwiebeln
4 Scheiben Leber (etwa 1/2 cm dick, je 100–120 g)
20 g Weizenmehl
etwa 50 g Margarine
oder 3 EL Speiseöl,
z. B. Sonnenblumen- oder Rapsöl
Salz, gem. Pfeffer
gerebelter Majoran

*Pro Portion:*
E: 23 g, F: 13 g, Kh: 9 g,
kJ: 1027, kcal: 246

**1.** Die Zwiebeln abziehen, zuerst in dünne Scheiben schneiden, dann in Ringe teilen. Leber mit Küchenpapier trocken tupfen und in Mehl wenden. Nicht anhaftendes Mehl leicht abschütteln.

**2.** Die Hälfte der Margarine oder des Speiseöls in einer Pfanne erhitzen. Leberscheiben portionsweise hineinlegen und von jeder Seite 2–3 Minuten braten. Leber nach dem Braten mit Salz, Pfeffer und Majoran würzen. Leber auf einer vorgewärmten Platte anrichten und warm stellen.

**3.** Restliche Margarine oder restliches Speiseöl in dem verbliebenen Bratfett erhitzen. Zwiebelringe hinzugeben und unter Rühren bei mittlerer Hitze etwa 2 Minuten bräunen. Die Zwiebelringe mit Salz und Pfeffer würzen und zu der Leber servieren.

## Leber „Berliner Art"

4 Portionen

*Zubereitungszeit:* 25 Minuten

4 Scheiben Schweineleber
(je 100–120 g)
20 g Weizenmehl
50 g Margarine
Salz, 2 Zwiebeln
evtl. etwas Hühnerbrühe
2 Äpfel
50 g Zucker
2 cl Calvados (Apfelbranntwein)

*Pro Portion:*
E: 22 g, F: 15 g, Kh: 28 g,
kJ: 1467, kcal: 351

**1.** Die Leber mit Küchenpapier trocken tupfen, evtl. Sehnen und Röhren entfernen. Leber in Mehl wenden.

**2.** Die Margarine in einer Pfanne erhitzen. Die Leber darin evtl. in 2 Portionen von jeder Seite 2–3 Minuten braten.

**3.** Anschließend die Leber mit Salz bestreuen, aus der Pfanne nehmen und warm stellen.

**4.** Die Zwiebeln abziehen, zuerst in feine Scheiben schneiden, dann in Ringe teilen. Zwiebelringe in dem verbliebenen Bratfett unter Wenden 8–10 Minuten bräunen lassen. Evtl. etwas Brühe hinzugeben.

**5.** In der Zwischenzeit die Äpfel schälen, achteln und entkernen. Zucker in einer Pfanne karamellisieren lassen (leicht bräunen). Apfelspalten hinzugeben, kurz durchschwenken und mit Calvados ablöschen.

**6.** Die Leber mit den Zwiebelringen und den Apfelspalten auf einer vorgewärmten Platte anrichten und servieren.

***Beilage:*** Kartoffelpüree und grüner Blattsalat.

***Tipp:*** Sie können die Apfelspalten vor dem Ablöschen mit 1 Esslöffel Madras-Currypulver bestäuben und nochmals durchschwenken.

Lammkarrees

Entenbrust mit Rote-Bete-Apfel-Salat

## Lammkarrees

4 Portionen

*Zubereitungszeit:* 30 Minuten

4 Lammkarrees (je etwa 150 g)
2 Knoblauchzehen
etwas frischer Thymian
4 EL Olivenöl
Salz
gem. Pfeffer

**Außerdem:**
Alufolie

*Pro Portion:*
E: 31 g, F: 15 g, Kh: 0 g,
kJ: 1086, kcal: 259

**1.** Die Lammkarrees kurz unter fließendem kalten Wasser abspülen, trocken tupfen und in eine flache Schale oder Auflaufform legen.
**2.** Knoblauchzehen abziehen und durch eine Knoblauchpresse drücken oder sehr fein hacken. Thymian abspülen und trocken tupfen. Blättchen von den Stängeln zupfen.
**3.** Olivenöl mit Knoblauch, Thymianblättchen, Salz und Pfeffer in einer Schüssel verrühren. Die Lammkarrees mit der Marinade bestreichen und zugedeckt im Kühlschrank etwa 15 Minuten marinieren.
**4.** Die Lammkarrees auf Alufolie (evtl. dünn mit Olivenöl bestrichen) auf den heißen Grillrost legen und von beiden Seiten insgesamt etwa 12 Minuten unter mehrmaligem Wenden grillen. Die Lammkarrees während des Grillens ab und zu mit der Marinade bestreichen.

***Beilage:*** Gegrillte Tomaten und Fladenbrot.

***Tipp:*** Das Fleisch wird noch zarter, wenn Sie die Lammkarrees mindestens 30 Minuten marinieren.

## Entenbrust mit Rote-Bete-Apfel-Salat

4 Portionen

*Zubereitungszeit:* 30 Minuten

3 Entenbrüste (je etwa 200 g)

**Für den Salat:**
2 EL Feigensenf
2 EL flüssiger Honig
4 EL Himbeeressig
4 EL Olivenöl
Salz
gem. Pfeffer
100 g Feldsalat
1 rotschaliger Apfel
500 g Rote Bete (vakuumverpackt)
1 Bund Schnittlauch

*Pro Portion:*
E: 32 g, F: 19 g, Kh: 22 g,
kJ: 1651, kcal: 394

**1.** Den Backofen vorheizen.
*Ober-/Unterhitze:* etwa 180 °C
*Heißluft:* etwa 160 °C
**2.** Entenbrüste kurz unter fließendem kalten Wasser abspülen und trocken tupfen. Eine ofenfeste Pfanne ohne Fett erwärmen. Die Haut der Entenbrüste vorsichtig mit einem scharfen Messer kreuzweise einschneiden. Die Entenbrüste mit der Hautseite nach unten nebeneinander in die erhitzte Pfanne legen, etwa 5 Minuten goldbraun braten.
**3.** Entenbrüste wenden. Die Pfanne auf dem Rost in den vorgeheizten Backofen (unteres Drittel) schieben. Die Entenbrüste etwa 10 Minuten garen.
**4.** In der Zwischenzeit für den Salat Feigensenf mit Honig und Himbeeressig verrühren. Olivenöl unterschlagen. Die Vinaigrette mit Salz und Pfeffer würzen.

**5.** Den Feldsalat verlesen, abspülen, in einem Sieb gut abtropfen lassen oder in einer Salatschleuder trocken schleudern. Die Wurzelenden vom Feldsalat abzupfen.
**6.** Apfel heiß abwaschen, abtrocknen, vierteln, entkernen und in dünne Spalten schneiden. Rote Bete halbieren, ebenfalls in dünne Spalten schneiden. Den Feldsalat mit Apfel-, Rote-Bete-Spalten und der Vinaigrette mischen.
**7.** Die Entenbrüste aus dem Backofen nehmen und zugedeckt kurz ruhen lassen. Schnittlauch abspülen, trocken tupfen und in Röllchen schneiden. Die Entenbrüste in dünne Scheiben schneiden, leicht salzen und auf dem Salat anrichten. Den Salat mit Schnittlauchröllchen bestreuen.

***Beilage:*** Nussbrot.

***Tipps:*** Statt Feigensenf können Sie auch 2 getrocknete, gewürfelte Feigen mit 1 Esslöffel mittelscharfen Senf vermischen. Wenn Sie keinen Himbeeressig zur Hand haben, dann können Sie auch einen anderen Obstessig (z. B. Apfelessig) verwenden.

## Lammfilet mit Fenchel und Pesto

4 Portionen

*Zubereitungszeit:* 20 Minuten

8 Lammfilets
3 EL Olivenöl
Salz, gem. Pfeffer
2 mittelgroße Fenchelknollen
2 Bio-Orangen (unbehandelt, ungewachst)
1 TL Fenchelsamen
130 g Pesto (aus dem Glas, z. B. Basilikumpesto)
2–3 EL Olivenöl

*Pro Portion:*
E: 44 g, F: 34 g, Kh: 13 g,
kJ: 2266, kcal: 533

**1.** Lammfilets mit Küchenpapier trocken tupfen und halbieren. 2 Esslöffel des Olivenöls in einem Wok erhitzen. Die Filets darin von beiden Seiten etwa 5 Minuten rosa braten. Filets mit Salz und Pfeffer würzen, herausnehmen und warm stellen.
**2.** Fenchel putzen, abspülen und abtropfen lassen. Das Fenchelgrün zum Garnieren beiseitelegen. Fenchelknollen quer in dünne Scheiben schneiden.
**3.** Die Orangen heiß abwaschen, abtrocknen und die Schale abreiben. Orangen halbieren und den Saft auspressen.
**4.** Restliches Olivenöl zum verbliebenen Bratfett in den Wok geben und erhitzen. Die Fenchelscheiben darin portionsweise anbraten. Anschließend Fenchelscheiben aus dem Wok nehmen. Fenchelsamen und Orangenschale in den heißen Wok geben, sofort Orangensaft hinzugießen und zum Kochen bringen. Den Orangensaft bis auf etwa 4 Esslöffel Sud einkochen lassen.
**5.** Die Fenchelscheiben auf 4 Tellern anrichten, mit dem Orangensud beträufeln, mit Salz und Pfeffer würzen. Die Lammfilets auf den Fenchelscheiben verteilen und mit dem beiseitegelegten Fenchelgrün garnieren. Pesto mit Olivenöl verrühren, dünn auf die Lammfilets träufeln.

***Tipps:*** Das Lammfilet mit Fenchel eignet sich sehr gut als Vorspeise. Richten Sie das Lammfilet zum Servieren mit Orangenfilets an.

Lammfilet mit Fenchel und Pesto

Kapitel **04**

Rezepte 301–400

# Fisch & Meeresfrüchte

Kräuterfisch mit Gurken und Dill

## Kräuterfisch mit Gurken und Dill

4 Portionen

*Zubereitungszeit: 30 Minuten*

4 Fischfilets, z. B. Kabeljau (je etwa 150 g)
etwas Zitronensaft
Salz, gem. Pfeffer
2 EL Weizenmehl
3 EL Speiseöl
25 g TK-Kräuter der Provence
2 kleine Salatgurken (je 400–500 g)
1 Zwiebel
20 g Butter
1 Knoblauchzehe
25 g TK-Dill

**Außerdem:**
Alufolie

*Pro Portion:*
E: 29 g, F: 13 g, Kh: 7 g,
kJ: 1109, kcal: 265

**1.** Den Backofen vorheizen.
*Ober-/Unterhitze:* etwa 140 °C
*Heißluft:* etwa 120 °C

**2.** Fischfilets kurz unter fließendem kalten Wasser abspülen und trocken tupfen. Mit Zitronensaft beträufeln, mit Salz und Pfeffer würzen, leicht mit Mehl bestäuben.

**3.** Speiseöl in einer großen Pfanne erhitzen. Die Fischfiletstücke darin von beiden Seiten anbraten. Kräuter der Provence auf die Oberseite der Filetstücke streuen, Fisch herausnehmen, auf eine vorgewärmte Platte legen und mit Alufolie zudecken. Die Platte auf dem Rost in den vorgeheizten Backofen schieben. Die Fischfiletstücke warm stellen.

**4.** In der Zwischenzeit Salatgurken schälen und die Enden abschneiden. Die Gurken längs halbieren und entkernen. Gurkenhälften in etwa 1 cm dicke Stücke schneiden. Die Zwiebel abziehen und in sehr kleine Würfel schneiden.

**5.** Butter in einer Pfanne zerlassen. Zwiebelwürfel und Gurkenstücke darin unter Rühren andünsten, mit Salz und Pfeffer würzen. Knoblauch abziehen, durch eine Knoblauchpresse drücken und mit dem Dill unter die Gurkenstücke rühren. Gurkengemüse etwa 5 Minuten garen.

**6.** Den Kräuterfisch auf dem Gurkengemüse anrichten. Mit der ausgetretenen Flüssigkeit (Kräuterfisch) beträufeln und sofort servieren.

***Beilage:*** Salzkartoffeln.

## Räucherfischpfanne

2–3 Portionen

*Zubereitungszeit:* 30 Minuten

600 g gekochte, festkochende Pellkartoffeln
200 g Cocktailtomaten (etwa 16 Tomaten)
1 Bund Frühlingszwiebeln
2 EL Speiseöl
400 g geräuchertes Forellenfilet (ohne Haut und Gräten)
1/2 Bund Dill
Salz
gem. Pfeffer
Saft von 1/2 Zitrone

*Pro Portion:*
E: 41 g, F: 14 g, Kh: 40 g,
kJ: 1930, kcal: 462

**1.** Die Kartoffeln pellen und in Scheiben schneiden. Tomaten abspülen, trocken tupfen, halbieren und die Stängelansätze herausschneiden.
**2.** Die Frühlingszwiebeln putzen, abspülen, abtropfen lassen und in etwa 2 cm lange Stücke schneiden.
**3.** Speiseöl in einer Pfanne erhitzen. Kartoffelscheiben darin unter Wenden braun anbraten. Frühlingszwiebelstücke hinzugeben. Die Zutaten unter gelegentlichem Rühren etwa 10 Minuten garen.
**4.** In der Zwischenzeit Forellenfilet in etwa 2 cm breite Stücke schneiden. Dill abspülen und trocken tupfen. Die Spitzen von den Stängeln zupfen. Spitzen klein schneiden.
**5.** Tomatenhälften unter die Kartoffel-Frühlingszwiebel-Mischung heben und kurz mitbraten lassen.
**6.** Dill unter das Gemüse rühren. Die Forellenfiletstücke vorsichtig unterheben und miterwärmen. Räucherfischpfanne mit Salz, Pfeffer und Zitronensaft pikant abschmecken.

***Tipp:*** Statt geräuchertem Forellenfilet können Sie auch Heilbuttfilet verwenden.

***Rezeptvariante:*** **Fischpfanne mit Stremellachs** (2 Portionen). 1 rote Paprikaschote halbieren, entstielen, entkernen und die weißen Scheidewände entfernen. Die Schote abspülen, abtropfen lassen und in Stücke schneiden. 1 Bund Frühlingszwiebeln putzen, abspülen, abtropfen lassen, in etwa 3 cm lange Stücke schneiden. 2 Knoblauchzehen abziehen und fein würfeln. 1 Esslöffel Speiseöl in einer beschichteten Pfanne erhitzen. Den Knoblauch in die Pfanne geben und andünsten. Die Frühlingszwiebel-, Paprikastücke und 245 g abgetropfte Mungobohnensprossen (aus dem Glas) hinzufügen, unter Rühren kurz anbraten. 1/4 Teelöffel gemahlenen Ingwer und 125 ml Gemüsebrühe unterrühren und alles etwa 3 Minuten garen. 360 g gegarten Naturreis (etwa 125 g Rohgewicht) unterrühren und kurz miterwärmen. 4 Esslöffel Chilisauce (Fertigprodukt) unterrühren. 300 g Stremellachs in Stücke schneiden, vorsichtig unterheben. Fischpfanne evtl. mit Salz und Pfeffer abschmecken, mit abgespülten, trocken getupften Korianderblättchen garniert servieren.

Räucherfischpfanne

# Pikante Fisch-Tomaten-Spieße

4–6 Portionen

*Zubereitungszeit:* 30 Minuten

**Für die Marinade:**
Saft von 1 Zitrone
je 1 TL mittelscharfer Senf, Tabasco oder Worcestersauce
Salz
gem. weißer Pfeffer
Paprikapulver edelsüß
3 EL Speiseöl
1–2 TL fein gehackter Dill

**Für die Spieße:**
300 g Lachsfilet
200 g Kabeljaufilet
200 g küchenfertige, große Scampi (geschält, entdarmt)
12 Cocktailtomaten
1/4 Salatgurke (etwa 200 g)

60 g Margarine
oder 4 EL Speiseöl
Spalten von 1 Bio-Zitrone (unbehandelt, ungewachst)

**Außerdem:**
4–6 Holz- oder Schaschlikspieße

*Pro Portion:*
E: 25 g, F: 8 g, Kh: 4 g,
kJ: 809, kcal: 193

**1.** Für die Marinade Zitronensaft mit Senf, Tabasco oder Worcestersauce verrühren. Mit Salz, Pfeffer und Paprika verrühren, Speiseöl unterschlagen. Dill unterrühren.
**2.** Für die Spieße Lachs- und Kabeljaufilet kurz unter fließendem kalten Wasser abspülen, trocken tupfen und in gleich große Würfel schneiden.
**3.** Scampi kurz unter fließendem kalten Wasser abspülen und trocken tupfen. Lachs-, Kabeljaufiletwürfel und Scampi in die Marinade legen und etwa 10 Minuten durchziehen lassen, dabei einmal wenden.
**4.** Lachs-, Kabeljaufiletwürfel und Scampi aus der Marinade nehmen und abtropfen lassen.
**5.** Tomaten abspülen, abtrocknen und evtl. die Stängelansätze entfernen. Salatgurke waschen, abtrocknen und mit der Schale in etwa 1/2 cm dicke Scheiben schneiden. Die fünf Zutaten abwechselnd auf 4–6 Spieße stecken.
**6.** Margarine oder Speiseöl in einer großen Pfanne erhitzen. Die Spieße darin von allen Seiten etwa 10 Minuten bei mittlerer Hitze braten. Mit Salz und Pfeffer würzen, mit Zitronenspalten garnieren.

***Tipp:*** Noch würziger schmeckt der Fisch, wenn Sie ihn zugedeckt etwa 30 Minuten im Kühlschrank marinieren, dabei ab und zu wenden.

# Knusprige Grillfische

4 Portionen

*Zubereitungszeit:* 30 Minuten

2 küchenfertige Forellen (je etwa 300 g)
2 küchenfertige Makrelen (je etwa 300 g)
Salz, gem. Pfeffer
1/2 Bio-Zitrone (unbehandelt, ungewachst)
4 Zweige Estragon
4 Stängel Petersilie
6 Lorbeerblätter
2 Knoblauchzehen
125 ml Speiseöl
Kräuter der Provence

**Außerdem:**
4 Grillkörbe

*Pro Portion:*
E: 76 g, F: 70 g, Kh: 2 g,
kJ: 4248, kcal: 1014

**1.** Forellen und Makrelen innen und außen kurz unter fließendem kalten Wasser abspülen und trocken tupfen. Forellen und Makrelen innen mit Salz und Pfeffer einreiben.
**2.** Zitrone heiß abwaschen, abtrocknen, in 4 dünne Spalten schneiden. Kräuter abspülen, trocken tupfen.
**3.** Fische jeweils mit 1 Zitronenspalte, 1 Estragonzweig, 1 Petersilien-

Pikante Garnelen aus dem Ofen

stängel und 1 Lorbeerblatt füllen und in Grillkörbe legen.

**4.** Knoblauch abziehen, sehr klein würfeln oder durch eine Knoblauchpresse drücken. Restliche Lorbeerblätter fein zerbröseln, mit Speiseöl verrühren. Knoblauch unterrühren, mit Kräutern der Provence kräftig abschmecken.

**5.** Die Fische mit der Ölmischung bestreichen, auf den heißen Grillrost legen und etwa 18 Minuten grillen, dabei zwischendurch wenden und mehrmals mit der Ölmischung bestreichen.

***Beilage:*** Herzhaftes Bauernbrot, bunte Salatplatte.

***Abwandlungen:*** Kräuterbutter auf ein genügend großes Stück Alufolie legen und verstreichen. Darauf in Weißwein gedünstete Zwiebelstreifen legen und dann die Fische darauflegen. Die Alufolie verschließen und die Fische etwa 15 Minuten grillen. Oder eine Mischung aus Tomaten, Zucchini und Paprika dünsten, mit Salz, Pfeffer und Knoblauchpulver würzen und auf ein Stück Alufolie legen. Fisch darauflegen und verschließen. Bei beiden Varianten werden die Fische aber nicht knusprig.

## Pikante Garnelen aus dem Ofen

2 Portionen

*Zubereitungszeit:* 30 Minuten

16 küchenfertige Riesengarnelen (geschält, entdarmt)
2 Knoblauchzehen
1 rote Zwiebel
10 Cocktailtomaten
4 Stängel Thymian
2 Stängel Petersilie
1–2 getrocknete Chilischoten
Meersalz
1 EL grob gem. schwarzer Pfeffer
2–3 EL Olivenöl

*Pro Portion:*
E: 43 g, F: 16 g, Kh: 12 g,
kJ: 1552, kcal: 371

**1.** Den Backofen vorheizen.
*Ober-/Unterhitze:* etwa 200 °C
*Heißluft:* etwa 180 °C

**2.** Die Garnelen kurz unter fließendem kalten Wasser abspülen und trocken tupfen.

**3.** Knoblauchzehen mit der Schale mit einem Löffel zerdrücken. Zwiebel abziehen, zuerst in dünne Scheiben schneiden, dann in Ringe teilen. Tomaten abspülen, trocken tupfen, waagerecht halbieren und evtl. die Stängelansätze herausschneiden.

**4.** Thymian und Petersilie abspülen, trocken tupfen. Die Blättchen von den Stängeln zupfen. Petersilienblättchen klein schneiden.

**5.** Garnelen in eine Schüssel geben. Die Knoblauchzehen mit der Schale, Zwiebelringe, Thymianblättchen, Petersilie und Tomatenhälften untermischen. Chilischoten darauf zerbröseln, mit Salz und Pfeffer kräftig würzen. Olivenöl unterheben.

**6.** Die Garnelenmischung in eine feuerfeste Form oder Auflaufform geben. Die Form auf dem Rost in den vorgeheizten Backofen schieben. Die Garnelen etwa 15 Minuten garen.

**7.** Die Garnelen während der Garzeit einmal umrühren und mit dem Fischfond begießen.

**8.** Die Form aus dem Backofen nehmen. Die Garnelen aus dem Ofen in der Form sofort servieren.

***Beilage:*** Ofenfrisches Baguette.

***Tipps:*** Den Fischfond mit dem Brot auftunken. Garnelen nach Möglichkeit bei Heißluft garen. Die Garnelen mit einem abgespülten, trocken getupften Thymianzweig garnieren.

Knusper-Fischstücke aus dem Ofen

## Knusper-Fischstücke aus dem Ofen

4 Portionen

*Zubereitungszeit:* 30 Minuten

500–600 g festes Fischfilet,
z. B. Seelachs, Lachs, Lachsforelle
2 EL Zitronensaft
1 Bund glatte Petersilie
1–2 Zweige frischer Thymian
oder Rosmarin
5 EL weiche Butter
6 EL Semmelbrösel,
z. B. Vollkornbrösel
2 EL milder Senf
Salz
gem. Pfeffer
1 TL Tomatenmark

*Pro Portion:*
E: 29 g, F: 25 g, Kh: 18 g,
kJ: 1749, kcal: 418

**1.** Fischfilet kurz unter fließendem kalten Wasser abspülen, trocken tupfen und evtl. vorhandene Gräten sorgfältig entfernen. Fischfilet mit Zitronensaft beträufeln und kurz durchziehen lassen.

**2.** Den Backofen vorheizen.
*Ober-/Unterhitze:* etwa 200 °C
*Heißluft:* etwa 180 °C

**3.** Petersilie und Thymian oder Rosmarin abspülen und trocken tupfen. Die Blättchen bzw. Nadeln von den Stängeln zupfen. Die Blättchen bzw. Nadeln sehr klein schneiden.

**4.** Butter in eine kleine Rührschüssel geben. Semmelbrösel, 1 Esslöffel Senf, 1/2 Teelöffel Salz und etwas Pfeffer hinzufügen und gut verkneten. Kräuter unterarbeiten.

**5.** Fischfilets in insgesamt 6–8 Portionsstücke teilen, nebeneinander in eine große Auflaufform (gefettet) legen. Mit Salz und Pfeffer würzen.

**6.** Den restlichen Senf mit Tomatenmark verrühren. Die Fischfiletstücke dünn damit bestreichen. Die Butter-Kräuter-Mischung darauf verteilen. Die Form auf dem Rost in den vorgeheizten Backofen schieben. Die Fischfilets 15–20 Minuten garen.

***Beilage:*** Kartoffelpüree und Gurkensalat mit Dill-Sahne-Dressing.

## Kabeljaufilet mit Bananen-Ragout

2 Portionen (ohne Foto)

*Zubereitungszeit:* 30 Minuten

300 g Kabeljaufilet
Salz
etwas Zitronensaft

**Für das Bananen-Ragout:**
3 mittelgroße Bananen
40 g Butter
1 TL Currypulver
2 EL Mango-Chutney
125 ml heiße Fleischbrühe
1 EL Speisestärke
100 ml Milch
(3,5 % Fett)
4 EL steif geschlagene
Schlagsahne

*Pro Portion:*
E: 32 g, F: 33 g, Kh: 46 g,
kJ: 2556, kcal: 612

**1.** Fischfilet kurz unter fließendem kalten Wasser abspülen und trocken tupfen. Mit Salz und Zitronensaft würzen.

**2.** Für das Ragout Bananen schälen, 2 davon in Scheiben schneiden. 10 g der Butter in einer kleinen Pfanne zerlassen. Die Bananenscheiben darin von beiden Seiten andünsten und mit Curry würzen. Restliche Banane in Scheiben schneiden. Wieder 10 g der Butter in einer kleinen Pfanne zerlassen. Die Bananenscheiben mit dem Chutney hinzugeben und unter Rühren andünsten. Die heiße Fleischbrühe hinzugießen und mit dem Schneebesen unterrühren.

**3.** Den Backofengrill vorheizen.

**4.** Speisestärke mit Milch anrühren, in die Sauce rühren, zum Kochen bringen und unter gelegentlichem Rühren etwa 5 Minuten kochen lassen. Die Sauce mit Salz und Zitronensaft würzen. Die angedünsteten Bananenscheiben hinzugeben und untermengen.

**5.** In der Zwischenzeit restliche Butter in einer Pfanne zerlassen. Das Fischfilet darin von beiden Seiten anbraten und in eine feuerfeste Form (gefettet) legen.

**6.** Die steif geschlagene Sahne unter die Sauce ziehen und auf dem Fischfilet verteilen.

**7.** Die Form auf dem Rost unter dem vorgeheizten Grill etwa 5 Minuten leicht bräunen.

## Goldbarschfilet „Hongkong"

4 Portionen

*Zubereitungszeit:* 25 Minuten

**Für die Marinade:**
3 EL Zitronensaft
3 EL Sojasauce
5 EL Sesamöl
1 EL Mango-Chutney
Salz, gem. Pfeffer
1/2 TL frisch ger. Ingwer
etwas flüssiger Honig

4 Goldbarschfilets (je etwa 180 g)

**Außerdem:**
Alu-Grillschale

*Pro Portion:*
E: 19 g, F: 13 g, Kh: 5 g,
kJ: 968, kcal: 231

**1.** Für die Marinade Zitronensaft mit Sojasauce verrühren, Sesamöl unterschlagen. Mit Mango-Chutney, Salz, Pfeffer und Ingwer würzen, mit Honig abschmecken.

**2.** Die Fischfilets kurz unter fließendem kalten Wasser abspülen, trocken tupfen und in eine flache Schale legen. Fischfilets mit der Marinade bestreichen, zugedeckt etwa 15 Minuten in den Kühlschrank stellen und durchziehen lassen. Die Fischfilets dabei zwischendurch wenden.

**3.** Die Fischfiletstücke aus der Marinade nehmen, etwas trocken tupfen und in eine Alu-Grillschale legen. Grillschale auf den heißen Grillrost stellen. Die Fischfilets von jeder Seite 6–8 Minuten grillen und zwischendurch mit der Marinade bestreichen.

***Tipp:*** Noch würziger und intensiver schmeckt der Fisch, wenn Sie den Fisch zugedeckt etwa 2 Stunden im Kühlschrank marinieren.

Goldbarschfilet „Hongkong"

## Garnelencurry

2 Portionen

*Zubereitungszeit:* 30 Minuten

350 g küchenfertige Riesengarnelen (ohne Kopf und Schale, entdarmt)
20 g frischer Ingwer
5 Knoblauchzehen
1 EL Sojasauce
1–2 EL Speisestärke
2 EL Currypulver
1 EL Garam Masala (indische Gewürzmischung)
150 g Möhren
150 g Zuckerschoten
1 Bund Frühlingszwiebeln
3 EL Sojaöl
150 ml Hühnerbrühe
100 ml Kokosmilch
Salz, gem. Pfeffer

*Pro Portion:*
E: 40 g, F: 29 g, Kh: 43 g,
kJ: 2481, kcal: 594

**1.** Garnelen kurz unter fließendem kalten Wasser abspülen und trocken tupfen. Ingwer schälen, Knoblauch abziehen. Ingwer und Knoblauch in kleine Würfel schneiden.
**2.** Garnelen mit Ingwer-, Knoblauchwürfeln, Sojasauce, Speisestärke, Curry und Garam Masala vermischen, bis zur weiteren Verwendung zugedeckt in den Kühlschrank stellen.
**3.** Möhren putzen, schälen, abspülen, abtropfen lassen, in Scheiben schneiden. Von den Zuckerschoten die Enden abschneiden, evtl. abfädeln. Die Zuckerschoten abspülen, abtropfen lassen und nach Belieben halbieren. Frühlingszwiebeln putzen, abspülen, abtropfen lassen und in etwa 2 cm große Stücke schneiden.
**4.** Sojaöl in einem Wok erhitzen. Die kalt gestellte Garnelenmischung darin unter Rühren von allen Seiten bei mittlerer Hitze anbraten. Die Garnelen mit einem Schaumlöffel herausnehmen.
**5.** Möhrenscheiben, Zuckerschoten und Frühlingszwiebelstücke in dem verbliebenen Bratfett unter Rühren kurz andünsten. Hühnerbrühe und Kokosmilch hinzugießen. Das Gemüse zugedeckt etwa 3 Minuten garen.
**6.** Die Garnelen zum Gemüse geben und erhitzen. Das Garnelencurry mit Salz und Pfeffer abschmecken.

***Tipps:*** Dazu passt Basmatireis und gemischtes, gedünstetes Gemüse oder ein Tomatensalat mit Koriander. Statt des frischen Ingwers kann auch eingelegter Ingwer verwendet werden. Zusätzlich können Sie noch 150 g halbierte Cocktailtomaten unter das Curry rühren. Wenn Sie die Garnelen nach dem Braten mit etwas Currypulver bestreuen, ist der Geschmack noch intensiver.

## Fischrouladen in Tomatensauce

4 Portionen

*Zubereitungszeit:* 30 Minuten

4 Scheiben Seelachsfilet (je etwa 150 g)
Saft von 1/2 Zitrone
Salz
4 gestr. TL mittelscharfer Senf
1 EL gehackte TK-Petersilie
4 kleine Scheiben Gouda (etwa 100 g)
4 kleine Gewürzgurken
20 g Butter
200 ml Gemüsebrühe

**Für die Sauce:**
400 g stückige Tomaten (aus der Dose)
gem. Pfeffer
1 TL gerebelter Oregano
1/2 TL Zucker

**Außerdem:**
8 Holzstäbchen oder Küchengarn

*Pro Portion:*
E: 36 g, F: 13 g, Kh: 4 g,
kJ: 1197, kcal: 285

**1.** Fischfilets kurz unter fließendem kalten Wasser abspülen, trocken tupfen, mit Zitronensaft beträufeln

Garnelencurry

Fischrouladen in Tomatensauce

Barbecue-Garnelen-Pfanne

und mit Salz würzen. Die Fischfilets (mit der silbrig glänzenden Seite nach unten) auf eine Arbeitsfläche legen und dünn mit Senf bestreichen. Die Petersilie daraufstreuen.

**2.** Käse und Gurken in schmale Streifen schneiden, gleichmäßig auf den Fischfilets verteilen. Die Fischfilets vorsichtig von der schmalen Seite aus aufrollen und mit je 2 Holzstäbchen feststecken oder mit Küchengarn umwickeln.

**3.** Die Butter in einer großen Pfanne zerlassen. Die Fischrouladen darin vorsichtig von allen Seiten anbraten. Gemüsebrühe hinzugießen und zum Kochen bringen. Die Fischrouladen bei schwacher Hitze in etwa 7 Minuten gar ziehen lassen, dabei die Fischrouladen einmal vorsichtig wenden.

**4.** Die garen Rouladen herausnehmen, auf eine vorgewärmte Platte legen und zugedeckt warm stellen.

**5.** Für die Sauce Fischsud 2–4 Minuten kochen lassen, sodass die Sauce um etwa die Hälfte einkocht. Die stückigen Tomaten unterrühren, kurz aufkochen. Die Sauce mit Salz, Pfeffer, Oregano und Zucker würzen, noch etwa 3 Minuten kochen lassen. Die Fischrouladen mit der Sauce servieren.

***Tipp:*** Servieren Sie noch Naturreis dazu.

## Barbecue-Garnelen-Pfanne

3 Portionen

*Zubereitungszeit: 30 Minuten*

300 g Garnelen (ohne Kopf und Schale, entdarmt)
350 g vorgegarte Kartoffeln (aus dem Kühlregal)
5 EL Speiseöl, z. B. Olivenöl
je 1/2 rote und gelbe Paprikaschote
150 g Zucchini
2 Knoblauchzehen
4 Eier (Größe M)
125 g Schlagsahne
Salz
50 g ger. Parmesan
2 Tomaten

evtl. Schnittlauchröllchen
evtl. Kerbelblättchen

*Pro Portion:*
E: 38 g, F: 44 g, Kh: 27 g,
kJ: 2737, kcal: 654

**1.** Die Garnelen kurz unter fließendem kalten Wasser abspülen und trocken tupfen.

**2.** Die Kartoffeln in Scheiben schneiden. 2 Esslöffel des Speiseöls in einer Pfanne erhitzen. Kartoffelscheiben darin unter Wenden anbraten, herausnehmen und warm stellen.

**3.** Paprikaschotenhälften entstielen, entkernen und die weißen Scheidewände entfernen. Die Schotenhälften abspülen, abtropfen lassen und in feine Streifen schneiden. Zucchini abspülen, abtrocknen und die Enden abschneiden. Zucchini in Scheiben schneiden. Das restliche Speiseöl in dem verbliebenen Bratfett in der Pfanne erhitzen. Paprikastreifen und Zucchinischeiben darin unter Rühren andünsten, herausnehmen und ebenfalls warm stellen.

**4.** Garnelen in die Pfanne geben und in dem verbliebenen Bratfett von beiden Seiten anbraten. Knoblauch abziehen, durch eine Knoblauchpresse drücken und zu den Garnelen geben. Die warm gestellten Kartoffelscheiben und das Gemüse hinzufügen.

**5.** Eier mit Sahne verschlagen, mit Salz würzen. Die Eiersahne auf die Kartoffel-Garnelen-Masse geben und mit Parmesan bestreuen.

**6.** Tomaten abspülen, abtrocknen, halbieren und die Stängelansätze herausschneiden. Tomatenhälften in Würfel schneiden und darauf verteilen. Die Garnelen-Pfanne zugedeckt etwa 10 Minuten bei schwacher Hitze stocken lassen.

**7.** Nach Belieben mit Schnittlauchröllchen und Kerbelblättchen (beides abgespült und trocken getupft) bestreut servieren.

Heilbutt-Auberginen-Rollen

## Heilbutt-Auberginen-Rollen

4 Portionen

*Zubereitungszeit: 30 Minuten*

1 Aubergine
Salz

**Für die Marinade:**
1/2 Bio-Limette
(unbehandelt, ungewachst)
3 EL Wermut (Noilly Prat)
2 EL Sojasauce
1 EL Anislikör
4 EL Sesamöl
gem. Pfeffer

4 Heilbuttkoteletts (je etwa 150 g)
etwas Zitronensaft
2 EL Weizenmehl

**Außerdem:**
Holzstäbchen
evtl. Alufolie

*Pro Portion:*
E: 33 g, F: 16 g, Kh: 7 g,
kJ: 1420, kcal: 339

**1.** Aubergine abspülen, abtrocknen und den Stängelansatz entfernen. Aubergine längs in dünne Scheiben schneiden, mit Salz bestreuen und etwa 5 Minuten ziehen lassen.
**2.** In der Zwischenzeit für die Marinade Limette heiß abwaschen, abtrocknen und die Schale abreiben. Wermut mit Sojasauce, Anislikör, Limettenschale und Sesamöl verrühren, mit Salz und Pfeffer würzen.
**3.** Heilbuttkoteletts kurz unter fließendem kalten Wasser abspülen, trocken tupfen und in eine Schale legen. Die Marinade darauf verteilen. Heilbuttkoteletts einige Minuten marinieren, dabei einmal wenden.
**4.** Die Auberginenscheiben zwischenzeitlich trocken tupfen und mit Zitronensaft beträufeln.
**5.** Die Heilbuttkoteletts aus der Marinade nehmen, trocken tupfen, mit den Auberginenscheiben umwickeln, mit Holzstäbchen feststecken und anschließend mit Mehl bestäuben.
**6.** Die Röllchen auf den heißen Grillrost (evtl. mit Alufolie belegt) legen und etwa 12 Minuten grillen. Dabei zwischendurch wenden und mehrmals mit der Marinade bestreichen.

***Tipp:*** Noch aromatischer und intensiver schmeckt der Heilbutt, wenn sie ihn zugedeckt einige Stunden in den Kühlschrank stellen.

## Asiapfanne

4 Portionen

*Zubereitungszeit: 30 Minuten*

500 g Seelachsfilet
Saft von 1/2 Zitrone
1 TL Austernsauce
1 Stange Porree (Lauch)
1 kleiner Spitzkohl (etwa 500 g)
1 rote Paprikaschote
2 Möhren
1 walnussgroßes Stück
frischer Ingwer
2 Knoblauchzehen
2 EL Sonnenblumenöl
125 ml Sojasauce
Fünf-Gewürze-Pulver

*Pro Portion:*
E: 31 g, F: 9 g, Kh: 13 g,
kJ: 1087, kcal: 260

**1.** Seelachsfilet kurz unter fließendem kalten Wasser abspülen, trocken tupfen und in Streifen schneiden. Die Fischstreifen mit Zitronensaft und Austernsauce beträufeln.
**2.** Porree putzen, die Stange längs halbieren, gründlich waschen, abtropfen lassen und in feine Streifen schneiden. Den Spitzkohl vierteln, den Strunk herausschneiden. Kohlviertel in Streifen schneiden. Die Paprikaschote halbieren, entstielen, entkernen und die weißen Scheidewände entfernen. Schote abspülen, abtropfen lassen und in feine Streifen schneiden. Möhren putzen, schälen, abspülen, abtropfen lassen und in dünne Stifte schneiden. Ingwer schälen. Den Knoblauch abziehen. Ingwer und Knoblauch in sehr kleine Stücke schneiden.
**3.** Jeweils die Hälfte des Sonnenblumenöls in einer großen Pfanne oder in einem Wok erhitzen. Das vorbe-

reitete Gemüse in 2 Portionen jeweils etwa 5 Minuten unter Rühren braten. Gemüse herausnehmen, mit Sojasauce und Fünf-Gewürz-Pulver würzen.

**4.** Die Fischstreifen in die Pfanne oder den Wok geben und unter vorsichtigem Rühren etwa 3 Minuten garen. Gemüse wieder hinzugeben und kurz erhitzen, evtl. nochmals mit den Gewürzen abschmecken.

***Beilage:*** Basmatireis.

## Backfisch auf Rahmgurken

4 Portionen

*Zubereitungszeit:* 30 Minuten

1 1/2 Salatgurken
150 g Crème fraîche
1 TL milder Senf
2 EL frisch gehackter Dill
Salz, gem. Pfeffer
80 g Weizenmehl (Type 1050)
20 g Speisestärke
1 Ei (Größe M)
125 ml Milch (3,5 % Fett)
1 EL Speiseöl,
z. B. Sonnenblumenöl
500–600 g festes Fischfilet,
z. B. Seelachs, Tilapia, Lachsforelle
1 l Speiseöl

*Pro Portion:*
E: 29 g, F: 30 g, Kh: 18 g,
kJ: 1917, kcal: 459

**1.** Gurken abspülen, abtrocknen, evtl. halbieren und die Kerne mit einem Löffel herausschaben (Gurken nach Belieben schälen). Die Gurken in feine Scheiben schneiden oder hobeln.

**2.** Crème fraîche mit Senf und Dill verrühren. Mit Salz und Pfeffer würzen. Die Gurkenscheiben untermischen. Rahmgurken kurz durchziehen lassen.

**3.** Mehl mit Speisestärke und 1 Teelöffel Salz in einer Rührschüssel vermischen. Ei, Milch und Speiseöl verschlagen, zu der Mehlmischung geben, mit einem Mixer (Rührstäbe) gut unterrühren. Den Teig kurz quellen lassen.

**4.** In der Zwischenzeit Fischfilet kurz unter fließendem kalten Wasser abspülen, trocken tupfen, in Streifen schneiden, evtl. vorhandene Gräten entfernen.

**5.** Speiseöl in einer Fritteuse oder tiefen Pfanne auf etwa 180 °C erhitzen.

**6.** Falls der Teig zu fest geworden ist, etwas Wasser unterrühren. Die Fischstreifen portionsweise mit einer Gabel durch den Teig ziehen, am Schüsselrand abstreifen und in dem heißen Fett unter mehrmaligem Wenden knusprig ausbacken.

**7.** Fischstreifen mit einer Schaumkelle herausnehmen, auf Küchenpapier legen und gut abtropfen lassen. Den Backfisch mit den Rahmgurken anrichten.

***Beilage:*** Kartoffelpüree, Pell- oder Salzkartoffeln.

***Tipps:*** Probieren Sie es aus: Mit diesem Gericht lassen sich auch kleine Fisch-Skeptiker mal von fertig gekauften Fischstäbchen abbringen. Wer mag, serviert dazu eine fertig gekaufte Remoulade.

Asiapfanne

Backfisch auf Rahmgurken

Kabeljau in Buttersauce

Kräutergarnelen

## Kabeljau in Buttersauce

4 Portionen

*Zubereitungszeit:* 30 Minuten

4 Scheiben Kabeljau
(je etwa 180 g)
etwas Zitronensaft
1 Zwiebel
400 g TK-Gemüsejulienne,
z. B. Möhren, Sellerie, Porree
100 ml heißer Fischfond
100 g kalte Butter
Salz
gem. Pfeffer
1–2 TL Saucenbinder

*Pro Portion:*
E: 33 g, F: 22 g, Kh: 4 g,
kJ: 1777, kcal: 425

**1.** Fischscheiben kurz unter fließendem kalten Wasser abspülen, trocken tupfen, mit Zitronensaft beträufeln.
**2.** Den Backofen vorheizen.
*Ober-/Unterhitze:* etwa 180 °C
*Heißluft:* etwa 160 °C
**3.** Zwiebel abziehen und in Streifen schneiden. Die Gemüsestreifen mit den Zwiebelstreifen in einer feuerfesten Form (gefettet) verteilen. Die Fischscheiben darauflegen, den heißen Fond hinzugießen. Die Form auf dem Rost in den vorgeheizten Backofen schieben. Den Fisch mit dem Gemüse 15–20 Minuten, je nach Dicke des Fisches garen.
**4.** Fischsud durch ein Sieb in einen Topf abgießen und etwas einkochen lassen. Butter in Flöckchen unterschlagen.
**5.** Die Sauce mit Salz, Pfeffer und Zitronensaft abschmecken, Saucenbinder unterrühren.
**6.** Den Fisch mit dem Gemüse und der Buttersauce anrichten und sofort servieren.

***Beilage:*** Reis oder Nudeln.

## Kräutergarnelen

4–5 Portionen

*Zubereitungszeit:* 25 Minuten

etwa 20 große, küchenfertige
Garnelenschwänze

**Für die Marinade:**
100 ml Olivenöl
1–2 EL Cognac
2 EL frische, gehackte Kräuter,
z. B. Estragon, Basilikum, Kerbel
oder glatte Petersilie
grobes Meersalz
gem. Pfeffer
Cayennepfeffer

**Außerdem:**
Alufolie

*Pro Portion:*
E: 12 g, F: 12 g, Kh: 1 g,
kJ: 691, kcal: 165

**1.** Die Garnelenschwänze kurz unter fließendem kalten Wasser abspülen, trocken tupfen und in eine große flache Schale legen.
**2.** Für die Marinade das Olivenöl mit Cognac, Kräutern, Meersalz, Pfeffer und Cayennepfeffer verrühren. Die Garnelen damit bestreichen und zugedeckt etwa 15 Minuten durchziehen lassen.
**3.** Garnelen aus der Schale nehmen und auf den heißen, mit Alufolie belegten Grillrost legen. Garnelen unter gelegentlichem Wenden 5–6 Minuten grillen. Garnelen während des Grillens mit der Marinade bestreichen.

***Beilage:*** Ofenfrische Baguettescheiben mit Kräuter- oder Knoblauchbutter bestrichen.

***Tipp:*** Noch würziger schmecken die Garnelen, wenn Sie sie zugedeckt im Kühlschrank etwa 1 Stunde marinieren.

## Heilbuttscheiben mit Sauce Tatare

4 Portionen

*Zubereitungszeit:* 30 Minuten

**Für die Sauce Tatare:**
1 Zwiebel
1 TL abgetropfte Kapern
3 EL Delikatessmayonnaise
1 EL gehackter Kerbel
1 EL gehackter Dill
1 EL gehackte Pimpinelle
Salz

4 Heilbuttscheiben (je etwa 200 g)
gem. Pfeffer
50 g ger. Parmesan
2 TL Paprikapulver edelsüß
4 EL Distelöl
evtl. einige Tomatenscheiben
evtl. einige Salatblätter

*Pro Portion:*
E: 46 g, F: 26 g, Kh: 3 g,
kJ: 1906, kcal: 455

**1.** Für die Sauce Tatare die Zwiebel abziehen und in kleine Würfel schneiden. Kapern sehr fein hacken.
**2.** Mayonnaise mit Kerbel, Dill, Pimpinelle, Zwiebelwürfeln und Kapern verrühren, mit Salz würzen.
**3.** Heilbuttscheiben kurz unter fließendem kalten Wasser abspülen, trocken tupfen, mit Salz und Pfeffer würzen.
**4.** Parmesan mit Paprika vermischen, die Heilbuttscheiben darin wenden und auf den heißen Grillrost legen. Die Heilbuttscheiben mit 2 Esslöffeln Distelöl bestreichen und von jeder Seite etwa 6 Minuten grillen.
**5.** Die Heilbuttscheiben nach dem Wenden mit restlichem Distelöl bestreichen.
**6.** Die Heilbuttscheiben mit der Sauce Tatare anrichten. Nach Belieben mit Tomatenscheiben und abgespülten, trocken getupften Salatblättern garnieren.

***Tipp:*** Baguette und Eisbergsalat dazu servieren.

***Abwandlungen:*** Heilbutt kann auch in Stücke geschnitten, mit Salz und Pfeffer gewürzt, mit etwas Weizenmehl bestäubt und dann in zerlassener Butter gebraten werden. Oder in einem Sud aus Wasser, Wein, Suppengrün, Zwiebel, Lorbeerblatt, Salz und Pfeffer gar ziehen. Dazu schmecken Kartoffelsalat oder Petersilienkartoffeln.

Heilbuttscheiben mit Sauce Tatare

## Kabeljaufilet mit Mandelkruste

2 Portionen (ohne Foto)

*Zubereitungszeit:* 30 Minuten

2 Kabeljaufilets (etwa 300 g)
Saft von 1/2 Zitrone
Salz, gem. Pfeffer
etwa 3 EL (45 g) Mango-Chutney
1 Ei (Größe M)
40 g Weizenmehl
100 g gehobelte Mandeln
60 g Butter

*Pro Portion:*
E: 42 g, F: 64 g, Kh: 27 g,
kJ: 3800, kcal: 907

**1.** Fischfilets kurz unter fließendem kalten Wasser abspülen und trocken tupfen.
**2.** Fischfilets mit Zitronensaft beträufeln, mit Salz und Pfeffer würzen. Die Fischfilets von beiden Seiten mit dem Chutney bestreichen.
**3.** Ei in einem tiefen Teller verschlagen. Fischfilets zuerst in Mehl wenden, dann durch das verschlagene Ei ziehen, am Tellerrand abstreifen und zuletzt in den Mandeln wenden. Die Mandeln gut andrücken.
**4.** Butter in einer Pfanne zerlassen. Die Fischfilets darin bei schwacher Hitze etwa 10 Minuten von beiden Seiten goldgelb braten.

***Tipp:*** Den Fisch bei nicht zu starker Hitze braten, da er sonst zu schnell braun wird.

## Lachswürfel auf Erbsenpüree

2 Portionen

*Zubereitungszeit:* 20 Minuten

400 g TK-Erbsen
Salz
1/2 Bund Minze
gem. Pfeffer

**Für die Lachswürfel:**
300 g Lachsfilet
1 Knoblauchzehe
1 EL Speiseöl,
z. B. Sonnenblumenöl
Saft von 1/2 Zitrone

*Pro Portion:*
E: 42 g, F: 13 g, Kh: 26 g,
kJ: 1632, kcal: 390

**1.** Erbsen in etwas kochendem Salzwasser nach Packungsanleitung garen, bis sie weich sind.
**2.** In der Zwischenzeit Minze abspülen und trocken tupfen. Einige Minzeblättchen zum Garnieren beiseitelegen. Restliche Blättchen von den Stängeln zupfen und in feine Streifen schneiden.
**3.** Die garen Erbsen abgießen, dabei etwa 2 Esslöffel des Kochwassers auffangen und 1 Esslöffel Erbsen zum Garnieren beiseitelegen. Restliche Erbsen mit dem aufgefangenen Kochwasser in einen hohen Rührbecher geben. Die Erbsen grob pürieren. Erbsenpüree mit Salz und Pfeffer würzen. Das Püree zugedeckt warm stellen.
**4.** Für die Lachswürfel das Lachsfilet kurz unter fließendem kalten Wasser abspülen, trocken tupfen und in etwa 2 cm große Würfel schneiden. Knoblauch abziehen und in Scheiben schneiden.
**5.** Speiseöl in einer beschichteten Pfanne erhitzen. Knoblauchscheiben darin anbraten, dann die Lachswürfel hinzugeben und unter mehrmaligem Wenden etwa 3 Minuten kräftig anbraten. Die Lachswürfel mit Salz und Pfeffer würzen, mit Zitronensaft beträufeln, herausnehmen und auf Küchenpapier gut abtropfen lassen.
**6.** Die Minzestreifen unter das warm gestellte Erbsenpüree rühren. Das Püree auf Tellern verteilen. Lachswürfel daraufsetzen, mit den beiseitegelegten Minzeblättchen und dem beiseitegelegten Esslöffel Erbsen garniert servieren.

***Tipps:*** Das Gericht eignet sich auch gut als Vorspeise für 4 Portionen. Besonders dekorativ sieht es dann aus, wenn Sie das Gericht mit gebratenen Chilischoten anrichten. Dafür 2 rote Chilischoten abspülen, abtrocknen und vorsichtig so längs halbieren, dass der Stiel mit dran bleibt. Dann die Chilihälften mit den Knoblauchscheiben im Speiseöl anbraten.

## Pangasiusfilet auf Tomaten-Kohl-Gemüse

4 Portionen

*Zubereitungszeit:* 30 Minuten

600 g Pangasiusfilet
2–3 TL China-Gewürzzubereitung
800 g Spitzkohl oder Wirsing
3 mittelgroße Tomaten
(etwa 300 g)
2 kleine Zwiebeln
2 Knoblauchzehen
20 g frischer Ingwer
4 EL Speiseöl,
z. B. Sonnenblumenöl
3 EL Tomatenmark
75 ml Gemüsebrühe
2 EL Weißweinessig
2 EL Sojasauce
1 TL Zucker
evtl. etwas gem. Ingwer

*Pro Portion:*
E: 28 g, F: 14 g, Kh: 11 g,
kJ: 1195, kcal: 286

Lachswürfel auf Erbsenpüree

Pangasiusfilet auf Tomaten-Kohl-Gemüse

**1.** Fischfilet kurz unter fließendem kalten Wasser abspülen, trocken tupfen und in etwa 3 x 4 cm große Stücke schneiden (evtl. vorhandene Gräten entfernen). Die Fischstücke mit 2–2 1/2 Teelöffeln der China-Gewürzzubereitung vorsichtig in einer großen Schüssel vermischen.
**2.** Spitzkohl oder Wirsing putzen, vierteln und den Strunk herausschneiden. Den Kohl abspülen, gut abtropfen lassen und in schmale Streifen schneiden.
**3.** Tomaten abspülen, trocken tupfen, vierteln, entkernen und die Stängelansätze herausschneiden. Tomatenviertel in Würfel schneiden.
**4.** Zwiebeln und Knoblauch abziehen, in kleine Würfel schneiden. Ingwer schälen und ebenfalls klein würfeln.
**5.** Die Hälfte des Speiseöls in einer großen Pfanne oder einem Wok erhitzen. Die Fischstücke darin bei mittlerer bis starker Hitze 8–10 Minuten anbraten, dabei gelegentlich wenden. Die Fischstücke aus der Pfanne bzw. dem Wok nehmen.
**6.** Das restliche Speiseöl zu dem verbliebenen Bratfett in die Pfanne bzw. den Wok geben. Kohlstreifen darin unter Rühren bei mittlerer bis starker Hitze 3–4 Minuten anbraten. Zwiebel-, Knoblauch- und Ingwerwürfel unterrühren und 1–2 Minuten mit andünsten.
**7.** Tomatenwürfel, Tomatenmark, Brühe und Essig hinzufügen. Die Zutaten unter Rühren kurz aufkochen lassen. Gemüse mit Sojasauce, Zucker und China-Gewürzzubereitung pikant abschmecken.
**8.** Fischstücke wieder in die Pfanne bzw. den Wok geben, kurz darin erwärmen, nach Belieben mit gemahlenem Ingwer fein-scharf abschmecken. Das Pangasiusfilet auf dem Tomaten-Kohl-Gemüse servieren.

***Tipp:*** Wenn Sie dem Gericht eine stärkere asiatische Note geben möchten, ersetzen Sie das Sonnenblumenöl durch die gleiche Menge Sesamöl und den Weißweinessig durch die gleiche Menge Reisessig.

Lachs mit Tatarensauce

## Lachs mit Tatarensauce

4 Portionen

*Zubereitungszeit:* 25 Minuten

4 Scheiben frischer Lachs
(je etwa 150 g)
Salz
gem. Pfeffer
50 g Butter (zimmerwarm)

**Für die Tatarensauce:**
150 g Crème fraîche
2 EL Salatmayonnaise
2 kalte, hart gekochte Eier
4 EL gehackte Kräuter,
z. B. Petersilie, Estragon, Kerbel,
Pimpinelle
3 Knoblauchzehen

*Pro Portion:*
E: 36 g, F: 48 g, Kh: 4 g,
kJ: 2613, kcal: 625

**1.** Lachs kurz unter fließendem kalten Wasser abspülen und trocken tupfen. Mit Salz und Pfeffer würzen und mit etwas von der Butter bestreichen.
**2.** Für die Tatarensauce die Crème fraîche und Mayonnaise verrühren. Eier pellen, in kleine Stücke hacken und mit den Kräuter unterrühren. Den Knoblauch abziehen, durch eine Knoblauchpresse drücken und hinzufügen. Die Sauce mit Salz und Pfeffer abschmecken.
**3.** Die Lachsscheiben in eine erhitzte Grillpfanne (gefettet) legen und von beiden Seiten etwa 5 Minuten grillen, dabei die Lachsscheiben zwischendurch mit der restlichen Butter bestreichen.
**4.** Lachsscheiben herausnehmen und auf vorgewärmten Tellern anrichten. Die Tatarensauce dazureichen.

***Beilage:*** Ofenfrisches Baguette und grüner Salat.

***Rezeptvariante:*** **Lachssteaks mit Senfsahne**: Lachsfilets oder -steaks mit Salz und Pfeffer würzen, mit etwas Weizenmehl bestäuben und in erhitztem Speiseöl in einer Pfanne von beiden Seiten etwa 8 Minuten braten, herausnehmen und warm stellen. Für die Senfsahne 400 g Schlagsahne zum Kochen bringen, sämig einkochen lassen. 3–4 Esslöffel Estragonsenf und 1 Esslöffel gehackten Estragon unter die Sauce rühren. Die Sauce mit Salz, Pfeffer und Zucker abschmecken.

Okra-Ragout mit Reis und Garnelen

## Okra-Ragout mit Reis und Garnelen

4 Portionen

*Zubereitungszeit:* 30 Minuten

200 g Langkornreis
Salz
400 g Okraschoten
2 EL Butter oder Margarine
2 kleine Zwiebeln
1 Knoblauchzehe
1 grüne Paprikaschote (etwa 200 g)
200 g Staudensellerie
1 EL Sonnenblumenöl
100 ml heiße Hühnerbrühe
gem. Pfeffer
2 Lorbeerblätter
125 g abgetropfte Garnelen
(aus dem Kühlregal)
3 EL Zitronensaft
2–3 Spritzer Tabasco

*Pro Portion:*
E: 12 g, F: 8 g, Kh: 44 g,
kJ: 1248, kcal: 298

**1.** Den Reis in kochendem Salzwasser nach Packungsanleitung garen.
**2.** In der Zwischenzeit Okraschoten putzen und die Stielansätze mit den Spitzen (Kappen) abschneiden. Die Okraschoten abspülen und abtropfen lassen.
**3.** Butter oder Margarine in einem breiten Topf zerlassen. Die Okraschoten hinzugeben und bei schwacher bis mittlerer Hitze 10–12 Minuten unter gelegentlichem Rühren bissfest dünsten, (dabei kann das Gemüse leichte Fäden ziehen).
**4.** In der Zwischenzeit Zwiebeln abziehen und in kleine Würfel schneiden. Knoblauch abziehen und durch eine Knoblauchpresse drücken oder sehr klein schneiden. Paprikaschote halbieren, entstielen, entkernen und die weißen Scheidewände entfernen. Schote abspülen, abtropfen lassen und in kleine Würfel schneiden.
**5.** Die Okraschoten auf einen Teller geben und beiseitestellen.
**6.** Staudensellerie putzen, die harten Außenfäden abziehen. Selleriestangen abspülen, abtropfen lassen und in dünne Scheiben schneiden.
**7.** Das Öl zum verbliebenen Bratfett in den Topf geben und erhitzen. Zwiebelwürfel, Knoblauch, Paprikawürfel und Selleriescheiben darin unter gelegentlichem Rühren etwa 2 Minuten bei mittlerer Hitze dünsten.
**8.** Die heiße Hühnerbrühe hinzugießen, das Gemüse aufkochen lassen. Die beiseitegestellten Okraschoten wieder zu dem Gemüse in den Topf geben. Mit Salz, Pfeffer und Lorbeerblättern würzen, dabei das Gemüse einmal vorsichtig umrühren. Das Okra-Ragout zugedeckt bei mittlerer Hitze etwa 5 Minuten weitergaren.
**9.** Garnelen kurz unter fließendem kalten Wasser abspülen und abtropfen lassen. Garnelen mit dem Reis zum Gemüse in den Topf geben, vorsichtig unterheben, kurz erwärmen.
**10.** Okra-Ragout kräftig mit Salz, Pfeffer, Zitronensaft und Tabasco abschmecken.
**11.** Vor dem Servieren die Lorbeerblätter entfernen. Das Okra-Ragout auf Tellern anrichten.

***Tipps:*** Garnieren Sie das Okra-Ragout mit dem Selleriegrün vom Staudensellerie. Sie können das Gericht auch sehr gut im Wok zubereiten.

***Warenkunde:*** Okraschoten sind etwa 10 cm lange, spitz zulaufende Schoten und ähneln im Geschmack unseren Bohnen. Das Gemüse ist nicht immer überall zu bekommen. Sie können es aber beispielsweise in türkischen Lebensmittelläden vorbestellen. Beim Kochen werden Okraschoten leicht klebrig. Achten Sie darauf, das Fruchtfleisch der Schoten beim Putzen nicht zu verletzen. Garen Sie sie nicht zu lange.

## Gegrilltes Tilapiafilet, in Curry mariniert

4 Portionen

*Zubereitungszeit:* 20 Minuten

4 Tilapiafilets (je etwa 150 g)
1 große, rote Chilischote
2 Knoblauchzehen
4 EL Limettenöl
2 EL Zitronen-Currypulver
(erhältlich im Asialaden)

**Außerdem:**
Alu-Grillschale

*Pro Portion:*
E: 28 g, F: 3 g, Kh: 2 g,
kJ: 632, kcal: 151

**1.** Tilapiafilets kurz unter fließendem Wasser abspülen und trocken tupfen.
**2.** Den Backofengrill vorheizen.
**3.** Die Chilischote abspülen, trocken tupfen, längs halbieren und entkernen. Chili klein schneiden. Knoblauch abziehen und klein schneiden.
**4.** Limettenöl mit Zitronen-Currypulver glatt rühren. Chili und Knoblauch unterrühren.
**5.** Die Tilapiafilets gleichmäßig von beiden Seiten mit der Marinade bestreichen, in eine Grillschale legen.
**6.** Die Grillschale auf den vorgeheizten Grill setzen. Die Tilapiafilets bei nicht zu starker Hitze von beiden Seiten etwa 3 Minuten grillen. Vorsicht, die Marinade brennt schnell an!

***Tipp:*** Tilapiafilets mit **asiatischem Gurkensalat** servieren. Dafür 1 Bio-Salatgurke abspülen, abtrocknen und die Enden abschneiden. Die Gurke mit der Schale auf einem Gemüsehobel in lange, breite Streifen hobeln. Für die Marinade 2 Esslöffel Limettenöl mit 1/2 gestrichenen Teelöffel Currypulver, 1–2 Teelöffeln Zitronensaft, 1 Prise Zucker, Salz und einigen Chilischotenscheiben verrühren. Abgespülte und trocken getupfte Korianderblättchen unterrühren. Mit Salz und Zucker abschmecken. Die Marinade mit den Gurkenstreifen mischen.

## Geschmorte Forellenfilets

4 Portionen

*Zubereitungszeit:* 30 Minuten

1 junger Kohlrabi (etwa 200 g)
2 Möhren (etwa 200 g)
4 neue Kartoffeln (etwa 250 g)
1 Bund Frühlingszwiebeln
(etwa 250 g)
200 ml heiße Gemüsebrühe
200 g Schlagsahne
Salz
gem. Pfeffer
2 EL gehackte Kräuter, z. B. Kerbel, Petersilie, Dill, Schnittlauch
4 Forellenfilets (je etwa 120 g, vom Fischhändler filetieren lassen)
etwas Weizenmehl
4 EL Speiseöl

*Pro Portion:*
E: 28 g, F: 30 g, Kh: 19 g,
kJ: 1998, kcal: 477

**1.** Kohlrabi, Möhren und Kartoffeln schälen, abspülen, trocken tupfen und in Stifte schneiden. Frühlingszwiebeln putzen, abspülen, trocken tupfen und in etwa 2 cm große Stücke schneiden.
**2.** Heiße Gemüsebrühe in einem Topf zum Kochen bringen. Vorbereitetes Gemüse hinzugeben und etwa 10 Minuten garen. Sahne hinzugießen, mit Salz und Pfeffer würzen und ohne Deckel etwas einkochen lassen, Kräuter unterrühren.
**3.** In der Zwischenzeit Forellenfilets kurz unter fließendem kalten Wasser abspülen, trocken tupfen, mit Salz und Pfeffer würzen und mit Mehl bestäuben.
**4.** Speiseöl in einer Pfanne erhitzen. Die Fischfilets darin kurz von beiden Seiten anbraten, herausnehmen, auf das Gemüse legen und zugedeckt etwa 5 Minuten garen.

***Beilage:*** Baguette oder Reis.

***Tipp:*** Sie können das Gericht auch etwa 10 Minuten in einer geschlossenen Form auf dem Rost im vorgeheizten Backofen garen (Ober-/Unterhitze: etwa 200 °C, Heißluft: etwa 180 °C).

Gegrilltes Tilapiafilet, in Curry mariniert

Geschmorte Forellenfilets

## Gurken-Minze-Pfanne mit Shrimps

2 Portionen

*Zubereitungszeit:* 30 Minuten

2 Salatgurken (etwa 750 g)
4 Tomaten (etwa 400 g)
1/2 Bund frische Minze
350 g Shrimps
(ohne Kopf und Schale, entdarmt)
2 EL Olivenöl
75 g Crème fraîche
Salz, gem. Pfeffer

*Pro Portion:*
E: 37 g, F: 25 g, Kh: 13 g,
kJ: 1786, kcal: 426

**1.** Gurken schälen und die Enden abschneiden. Gurken jeweils längs halbieren und die Kerne mit einem Löffel herausschaben. Gurkenhälften evtl. kurz abspülen, trocken tupfen und in Scheiben schneiden.
**2.** Tomaten abspülen, trocken tupfen, halbieren und die Stängelansätze herausschneiden. Tomaten grob würfeln.
**3.** Minze abspülen und trocken tupfen. Die Blättchen von den Stängeln zupfen. Einige Blättchen zum Garnieren beiseitelegen. Restliche Blättchen klein schneiden. Shrimps kurz unter fließendem kalten Wasser abspülen und trocken tupfen.
**4.** Olivenöl in einer großen Pfanne erhitzen. Die Gurkenscheiben darin von beiden Seiten leicht anbraten. Die Tomatenwürfel hinzufügen und 5–10 Minuten mitdünsten lassen. Shrimps und Minze unterheben. Die Crème fraîche unterrühren. Zutaten zum Kochen bringen und 3–5 Minuten bei schwacher Hitze leicht kochen lassen. Gurken-Minze-Pfanne mit Salz und Pfeffer würzen. Mit den beiseitegelegten Minzeblättchen garnieren.

***Beilage:*** Fladenbrot.

Gurken-Minze-Pfanne mit Shrimps

## Gebratenes Fischfilet mit Remouladensauce

4 Portionen

*Zubereitungszeit:* 30 Minuten

**Für die Remouladensauce:**
2 hart gekochte Eier
1 Eigelb (Größe M)
1–2 TL Weißweinessig
oder Zitronensaft
Salz
1/2–1 TL mittelscharfer Senf
125 ml Speiseöl,
z. B. Sonnenblumenöl
1 fein gewürfelte Gewürzgurke
2 EL gemischte, gehackte Kräuter,
z. B. Schnittlauch, Petersilie
1 TL abgetropfte, gehackte
Kapern
gem. Pfeffer
Zucker

4 Fischfilets, z. B. Kabeljau-,
Seelachs- oder Pangasiusfilet
(je etwa 200 g)
1 Ei (Größe M)
2 EL kaltes Wasser
40 g Weizenmehl
50–75 g Semmelbrösel
75 ml Speiseöl,
z. B. Sonnenblumenöl
etwa 8 Scheiben von
1 Bio-Zitrone
(unbehandelt, ungewachst)

*Pro Portion:*
E: 43 g, F: 57 g, Kh: 21 g,
kJ: 3213, kcal: 768

**1.** Für die Remouladensauce Eier pellen, Eigelb durch ein Sieb streichen und Eiweiß klein hacken. Das Eigelb mit dem rohen Eigelb verrühren, mit Essig oder Zitronensaft, Salz und Senf in einer Rührschüssel mit einem Mixer (Rührstäbe) zu einer dicklichen Masse aufschlagen.
**2.** Speiseöl in kleinen Mengen (jeweils 1–2 Esslöffel) nach und nach unterschlagen. Zuletzt Gurkenwürfel, Kräuter, Kapern und das gehackte Eiweiß unterrühren. Die Remoulade

Gebratenes Fischfilet mit Remouladensauce

Kabeljaupfanne mit Pak Choi

mit Salz, Pfeffer und Zucker gut abschmecken.

**3.** Fischfilets kurz unter fließendem kalten Wasser abspülen, gut trocken tupfen, in Portionsstücke schneiden. Mit Salz und Pfeffer würzen.

**4.** Ei und Wasser mit einer Gabel in einem tiefen Teller verschlagen. Die Fischfilets zunächst in Mehl, dann in dem Ei und zuletzt in Semmelbröseln wenden. Die Semmelbrösel gut andrücken, nicht anhaftende Brösel leicht abschütteln.

**5.** Speiseöl in einer großen Pfanne erhitzen. Fischfilets darin von jeder Seite etwa 5 Minuten bei mittlerer Hitze goldbraun braten, herausnehmen und auf Küchenpapier abtropfen lassen.

**6.** Fisch mit Remouladensauce und Zitronenscheiben garniert servieren.

***Hinweis:*** Für die Remouladensauce nur ganz frisches Eigelb verwenden, das nicht älter als 5 Tage ist (Legedatum beachten!)

***Beilage:*** Feiner Kartoffelsalat oder Petersilienkartoffeln.

***Tipps:*** Mischen Sie unter die Semmelbrösel 40 g geriebenen Parmesan. Oder wenden Sie die Fischfilets statt in Semmelbröseln nur in verschlagenem Ei und Sesamsamen.

## Kabeljaupfanne mit Pak Choi

4 Portionen

*Zubereitungszeit:* 30 Minuten

500 g Kabeljaufilet
1 EL China-Gewürzzubereitung
800 g Pak Choi
3 Schalotten
20 g frische Ingwer
100 g Shiitakepilze
250 g Mie-Nudeln (asiatische Instant-Nudeln)
6 EL Erdnussöl
1 EL klein geschnittene Korianderblättchen
2 EL Fischsauce
2 EL Austernsauce

*Pro Portion:*
E: 33 g, F: 18 g, Kh: 54 g, kJ: 2138, kcal: 509

**1.** Fischfilet kurz unter fließendem kalten Wasser abspülen, trocken tupfen, in etwa 2 cm große Stücke schneiden. Die Fischstücke mit der China-Gewürzzubereitung würzen.

**2.** Pak Choi putzen und in einzelne Blätter zupfen. Die Blätter gründlich abspülen und gut abtropfen lassen. Die Stängel von den Blättern schneiden. Stängel und Blätter jeweils getrennt in etwa 1 cm breite Streifen schneiden.

**3.** Schalotten abziehen. Ingwer schälen. Schalotten und Ingwer in kleine Würfel schneiden.

**4.** Shiitakepilze putzen, evtl. kurz abspülen und trocken tupfen. Von den Pilzen die dicken, unteren Stiele entfernen oder die Stiele ganz herausdrehen. Die Pilzköpfe und -stiele in Scheiben schneiden.

**5.** Mie-Nudeln nach Packungsanleitung zubereiten. Dann die Nudeln in ein Sieb geben, kurz abspülen und in einem Sieb abtropfen lassen.

**6.** Das Erdnussöl in einem Wok erhitzen. Die Fischstücke darin unter Rühren anbraten, aus dem Wok nehmen und warm stellen.

**7.** Pak-Choi-Stängel und die Pilzscheiben in den Wok geben, unter Rühren andünsten.

**8.** Schalotten- und Ingwerwürfel unterrühren, kurz mitdünsten lassen. Anschließend die Pak-Choi-Blätter unterrühren.

**9.** Das Gemüse mit Koriander, Fischsauce und Austernsauce würzen. Die Mie-Nudeln vorsichtig unterheben. Die Fischstücke wieder in den Wok geben. Die Kabeljaupfanne sofort servieren.

***Tipp:*** Statt Pak Choi kann auch Mangold verwendet werden.

Lachskoteletts vom Grill

Makrelen mit Dill-Tomaten-Sugo

## Lachskoteletts vom Grill

4 Portionen

*Zubereitungszeit:* 25 Minuten

4 Lachskoteletts (je etwa 180 g)
etwas Zitronensaft
6 EL Speiseöl, z. B. Olivenöl
Salz
gem. Pfeffer
8 mittelgroße Tomaten
100 g Kräuterbutter
1/2 Kästchen Kresse

**Außerdem:**
Alufolie

*Pro Portion:*
E: 32 g, F: 41 g, Kh: 5 g,
kJ: 2162, kcal: 519

**1.** Die Lachskoteletts kurz unter fließendem kalten Wasser abspülen und trocken tupfen. Lachskoteletts mit Zitronensaft beträufeln und mit Speiseöl bestreichen. Lachskoteletts mit Salz und Pfeffer würzen.
**2.** Die Lachskoteletts auf den heißen Grillrost (gefettet) legen und von jeder Seite etwa 7 Minuten grillen. Während des Grillens den Lachs ab und zu mit etwas Speiseöl bestreichen.
**3.** Die Tomaten abspülen, trocken tupfen und die Stängelansätze entfernen. Tomaten an der runden Seite kreuzweise einschneiden, mit Salz und Pfeffer würzen. Kräuterbutter in 16 Scheiben schneiden. Die Tomaten auf der eingeschnittenen Seite jeweils mit 1 Scheibe Kräuterbutter belegen. Jeweils 1 Tomate in einen Bogen Alufolie wickeln, mit auf den Grillrost legen und etwa 10 Minuten grillen.
**4.** Die Kresse abspülen, trocken tupfen und abschneiden. Die Lachskoteletts mit den restlichen Kräuterbutterscheiben und den ausgewickelten Tomaten servieren. Kresse zum Garnieren darüberstreuen.

***Tipps:*** Lachskoteletts evtl. in einer Alu-Grillschale oder auf einem Stück Alufolie (beides dünn mit Speiseöl bestrichen) grillen. Kräuterbutter-Tomaten nicht in Alufolie wickeln, sondern direkt auf dem Grillrost (gefettet) grillen. Die Tomaten dann jedoch nur 5 Minuten mitgrillen. Die Kräuterbutter erst nach dem Grillen auf die Tomaten geben.

## Makrelen mit Dill-Tomaten-Sugo

4 Portionen

*Zubereitungszeit:* 30 Minuten

4 küchenfertige Makrelen
(je etwa 275 g)
Salz
gem. Pfeffer
1 TL Paprikapulver edelsüß
2–3 Bio-Zitronen
(unbehandelt, ungewachst)
etwas Olivenöl

**Für den Dill-Tomaten-Sugo:**
1 Knoblauchzehe
1 kleine Zwiebel
3 Tomaten
1 kleine, rote Chilischote
4 EL Olivenöl
1 TL flüssiger Honig
4 EL Sherry- oder Balsamico-Essig
2 TL TK-Dill

**Außerdem:**
Alu-Grillschalen oder Alufolie

*Pro Portion:*
E: 43 g, F: 39 g, Kh: 8 g,
kJ: 2353, kcal: 561

**1.** Makrelen innen und außen kurz unter fließendem kalten Wasser abspülen und trocken tupfen. Die Makrelen von beiden Seiten 3–4-mal schräg bis zur Mittelgräte einschneiden. Die Makrelen von innen und außen mit Salz, Pfeffer und Paprika würzen.
**2.** Die Zitronen heiß abwaschen, abtrocknen und jeweils in 6–8 dünne Scheiben schneiden. Zitronenscheiben halbieren und in die Einschnitte der Makrelen stecken. Die Makrelen mit etwas Olivenöl bestreichen.
**3.** Die Makrelen in einer Grillschale oder auf einem Stück Alufolie (beides dünn mit Speiseöl bestrichen) auf den heißen Grill legen und von jeder Seite 8–10 Minuten grillen.
**4.** In der Zwischenzeit für den Sugo Knoblauch und Zwiebel abziehen, klein würfeln. Die Tomaten abspülen, abtrocknen, vierteln und die Stängelansätze herausschneiden. Tomatenviertel entkernen und in kleine Würfel schneiden. Die Chilischote kurz abspülen, abtrocknen, entstielen, halbieren und entkernen. Chilischote in feine Streifen schneiden.
**5.** Das Olivenöl in einem Topf erhitzen. Knoblauch- und Zwiebelwürfel darin glasig dünsten. Honig hinzugeben, unterrühren und leicht karamellisieren lassen.
**6.** Tomatenwürfel und Chilistreifen unterrühren, mit Essig ablöschen. Zutaten 1–2 Minuten weiterdünsten, dann den Dill kurz unterrühren. Den Sugo mit Salz und Pfeffer würzen.
**7.** Die Makrelen mit dem Dill-Tomaten-Sugo servieren.

***Tipps:*** Die Makrelen sind gar, wenn sich die Rückenflossen leicht herausziehen lassen. Makrelen vorsichtig wenden, damit die Zitronenscheiben nicht herausfallen. Die Makrelen bei mittlerer Hitze grillen. Dafür den Grillrost höher stellen oder die Makrelen am Rand des Grillrosts grillen. Dazu passt ofenfrisches Baguette.

## Schollen „Büsumer Art“

4 Portionen

*Zubereitungszeit:* 30 Minuten

4 küchenfertige Schollen
(je etwa 300 g)
Salz, gem. Pfeffer
40 g Weizenmehl
etwa 50 g magerer, durchwachsener Speck
3–4 EL Speiseöl
200 g küchenfertige Krabben
Spalten von 1 Bio-Zitrone
(unbehandelt, ungewachst)
einige vorbereitete Dillspitzen

*Pro Portion:*
E: 47 g, F: 10 g, Kh: 6 g,
kJ: 1301, kcal: 312

**1.** Schollen kurz unter fließendem kalten Wasser abspülen, trocken tupfen, mit Salz und Pfeffer einreiben. Schollen in Mehl wenden (überschüssiges Mehl abklopfen). Speck in kleine Würfel schneiden.
**2.** Speiseöl in einer großen Pfanne erhitzen. Speckwürfel darin auslassen, Krabben hinzugeben und kurz anbraten. Krabben-Speck-Mischung aus der Pfanne nehmen und warm stellen.
**3.** Die Schollen in 2 großen Pfannen in dem Speckfett von beiden Seiten etwa 10 Minuten braun braten, evtl. noch etwas Speiseöl hinzugeben. Die Schollen herausnehmen, auf einer vorgewärmten Platte anrichten.
**4.** Die Speckwürfel auf den Schollen verteilen. Die Schollen mit Zitronenspalten und Dillspitzen garniert servieren.

***Beilage:*** Salzkartoffeln und Feldsalat.

Schollen „Büsumer Art“

## Schollenfiletrouladen

6 Portionen

*Zubereitungszeit:* 30 Minuten

1–2 große Möhren
(etwa 250 g)
1 Zucchini (etwa 375 g)
Salz
12 Schollenfilets (etwa 1 kg)
gem. Pfeffer
50 g grünes Pesto (aus dem Glas)
200 ml trockener Weißwein

**Außerdem:**
24 Holzstäbchen,
z. B. Zahnstocher

*Pro Portion:*
E: 30 g, F: 9 g, Kh: 4 g,
kJ: 999, kcal: 239

**1.** Möhren putzen, schälen, abspülen und abtropfen lassen. Zucchini abspülen, abtrocknen und die Enden abschneiden. Möhren und Zucchini mit einer Aufschnittmaschine oder mit einem Messer jeweils längs in etwa 2 mm dicke Scheiben schneiden (wenn die Scheiben zu dick sind, lassen sie sich nicht einrollen).

**2.** Die Möhren- und Zucchinischeiben in kochendem Salzwasser vorsichtig blanchieren (nicht zu weich!). Die Möhren- und Zucchinischeiben in ein Sieb geben, mit eiskaltem Wasser abspülen, abtropfen lassen und gut trocken tupfen.

**3.** Den Backofen vorheizen.
*Ober-/Unterhitze:* etwa 160 °C
*Heißluft:* etwa 140 °C

**4.** Die Schollenfilets kurz unter fließendem kalten Wasser abspülen, trocken tupfen und längs halbieren. Filets von beiden Seiten mit Salz und Pfeffer würzen. Die Hautseite der Filets dünn mit Pesto bestreichen.

**5.** Zwölf Schollenfilets mit Möhrenscheiben und 12 Schollenfilets mit Zucchinischeiben belegen (evtl. die Gemüsescheiben in Breite der Filets schneiden). Die Filets fest aufrollen und mit Holzstäbchen feststecken.

**6.** Die Fischrouladen in eine Auflaufform (leicht gefettet) setzen, den Weißwein hinzugießen. Form auf dem Rost in den vorgeheizten Backofen schieben. Die Fischrouladen etwa 15 Minuten garen.

***Tipp:*** Die Schollenfiletrouladen mit knackigen Blattsalaten servieren.

## Shrimps mit buntem Bratreis und Eiern

4 Portionen

*Zubereitungszeit:* 30 Minuten

200 g 8-Minuten-Reis
Salz
1 mittelgroße Stange Porree (Lauch)
2 mittelgroße Möhren
evtl. 2 rote Pfefferschoten
1 walnussgroßes Stück
frischer Ingwer
1 Schalotte
2 EL Sonnenblumenöl
250 g TK-Shrimps
4–5 EL Sojasauce
mildes Currypulver
1 EL Butter oder Margarine
4 Eier (Größe M)
1 Bund Schnittlauch

*Pro Portion:*
E: 25 g, F: 17 g, Kh: 44 g,
kJ: 1806, kcal: 431

**1.** Den Reis in kochendem Salzwasser nach Packungsanleitung zubereiten.

**2.** In der Zwischenzeit Porree putzen, die Stange längs halbieren, gründlich

Schollenfiletrouladen

Shrimps mit buntem Bratreis und Eiern

Fischfilet mit Chorizo und Bohnen

waschen, abtropfen lassen und in Streifen schneiden. Möhren putzen, schälen, abspülen, abtropfen lassen und in dünne Scheiben schneiden. Pfefferschoten längs aufschneiden und entkernen. Schoten abspülen, trocken tupfen und in sehr dünne Streifen schneiden. Ingwer schälen. Die Schalotte abziehen. Ingwer und Schalotte sehr fein würfeln.

**3.** Das Sonnenblumenöl in einer großen Pfanne oder einem Wok erhitzen. Ingwer- und Schalottenwürfel darin anbraten. Möhrenscheiben, Porree- und Pfefferschotenstreifen hinzugeben und unter Rühren kurz anbraten. Gefrorene Shrimps unterheben und mit anbraten. Mit 3 Esslöffeln Wasser und Sojasauce ablöschen. Die Zutaten gut umrühren und unter Rühren etwa 4 Minuten braten.

**4.** Den garen Reis mit einer Gabel etwas auflockern, vorsichtig untermischen und weitere etwa 3 Minuten mitbraten lassen. Mit Curry und evtl. etwas Sojasauce würzen. Den bunten Bratreis kurz warm stellen.

**5.** Butter oder Margarine in einer Pfanne zerlassen. Die Eier vorsichtig aufschlagen und nebeneinander in das Fett gleiten lassen. Eiweiß mit Salz bestreuen. Die Eier etwa 5 Minuten bei mittlerer Hitze braten, bis das Eiweiß fest ist.

**6.** In der Zwischenzeit Schnittlauch abspülen, gut trocken tupfen und in Röllchen schneiden. Die Shrimps mit buntem Bratreis und Eiern anrichten, mit Schnittlauchröllchen bestreuen.

## Fischfilet mit Chorizo und Bohnen

2 Portionen

*Zubereitungszeit:* 30 Minuten

500 g festes Fischfilet
Salz, gem. Pfeffer
2 EL Semmelbrösel
1 EL Butter
1/2 weiche Chorizo (spanische Paprikawurst, etwa 200 g)
185 g abgetropfte, weiße Riesenbohnen (aus der Dose)
20 Oliven
100 ml trockener Weißwein
6 Stängel Thymian

*Pro Portion:*
E: 76 g, F: 61 g, Kh: 27 g,
kJ: 4165, kcal: 994

**1.** Den Backofen vorheizen.
*Ober-/Unterhitze:* etwa 200 °C
*Heißluft:* etwa 180 °C

**2.** Fischfilet kurz unter fließendem kalten Wasser abspülen, trocken tupfen, mit Salz und Pfeffer würzen. Fischfilet in eine große, feuerfeste Form oder Auflaufform (gefettet) legen. Mit Semmelbröseln bestreuen. Die Butter in Flöckchen darauf verteilen.

**3.** Die Haut der Paprikawurst mit einem kleinen Messer abziehen. Die Paprikawurst in etwa 1/2 cm dicke Scheiben schneiden.

**4.** Wurst, Bohnen und Oliven mischen, um das Fischfilet herum verteilen. Wein vorsichtig hinzugießen.

**5.** Thymian abspülen, trocken tupfen und auf das Fischfilet legen. Die Form auf dem Rost in den vorgeheizten Backofen schieben. Das Fischfilet mit Chorizo und Bohnen etwa 15 Minuten garen.

***Beilage:*** Risotto.

Tintenfischspieße

Tandoori-Garnelen mit Spinat

## Tintenfischspieße

4 Portionen (8 Stück)

*Zubereitungszeit:* 25 Minuten

600 g küchenfertiger Tintenfisch (unpanierte Tuben oder Ringe)
1 Knoblauchzehe
1 Bio-Zitrone (unbehandelt, ungewachst)
4 EL Olivenöl, 1 EL TK-Petersilie
1 TL gerebelter Rosmarin
2 Lorbeerblätter
gem. Pfeffer
je 1 rote, grüne und gelbe Paprikaschote
2 mittelgroße Zucchini
Salz

**Außerdem:**
8 Holz- oder Metallspieße

Pro Stück:
E: 13 g, F: 7 g, Kh: 6 g,
kJ: 623, kcal: 149

**1.** Die Tintenfischtuben oder -ringe kurz unter fließendem kalten Wasser abspülen, trocken tupfen und in eine Schüssel geben.
**2.** Knoblauch abziehen und in dünne Scheiben schneiden. Die Zitrone heiß abwaschen, abtrocknen und in Scheiben schneiden.
**3.** Olivenöl mit Petersilie, Rosmarin, Knoblauch, Lorbeerblättern, Pfeffer und Zitronenscheiben vermengen. Die Marinade auf den Tintenfischtuben oder -ringen verteilen und die Tunfischteile zugedeckt im Kühlschrank etwa 15 Minuten marinieren.
**4.** In der Zwischenzeit Paprikaschoten halbieren, entstielen, entkernen und die weißen Scheidewände entfernen. Schoten abspülen, abtropfen lassen und in mundgerechte Stücke schneiden. Zucchini abspülen, abtrocknen und die Enden abschneiden. Zucchini in etwa 1 cm dicke Scheiben schneiden.
**5.** Die Tintenfischtuben oder -ringe aus der Marinade nehmen und abtropfen lassen. Paprikastücke, Zucchinischeiben und Tintenfischteile abwechselnd auf 8 Spieße stecken. Die Tintenfischspieße mit der Marinade bestreichen, auf den heißen Grillrost (gefettet) legen und unter mehrmaligem Wenden etwa 10 Minuten grillen. Tintenfischspieße mit Salz und Pfeffer bestreuen.

***Tipps:*** Damit die Spieße nicht auf dem Grill festbrennen, sie am besten auf geölte Alufolie legen. Dazu schmeckt ein **Knoblauch-Dip:** 150 g Crème fraîche mit 200 g Joghurt (3,5 % Fett) und 2 Esslöffeln Zitronensaft verrühren. 1 klein gewürfelte Knoblauchzehe unterrühren. Den Knoblauch-Dip mit Salz und Pfeffer würzen. Noch aromatischer und intensiver schmeckt Tintenfisch, wenn Sie ihn etwa 30 Minuten marinieren.

## Tandoori-Garnelen mit Spinat

4 Portionen

*Zubereitungszeit:* 30 Minuten

500 g Garnelen (ohne Schale)
4 TL Tandoori-Paste (erhältlich im Asialaden oder Spezialitätenregal im Supermarkt)
100 g rote Zwiebeln
2 Knoblauchzehen
250 g frischer Blattspinat
Salz
4 EL Sojaöl
250 g Joghurt (10 % Fett)

*Pro Portion:*
E: 29 g, F: 19 g, Kh: 6 g,
kJ: 1302, kcal: 311

**1.** Garnelen kurz unter fließendem kalten Wasser abspülen, trocken

tupfen und evtl. entdarmen. Garnelen in einen tiefen Teller legen und mit der Tandoori-Paste vermischen.
**2.** Zwiebeln und Knoblauch abziehen, in kleine Würfel schneiden. Spinat verlesen und die dicken Stiele entfernen. Spinat gründlich waschen und in einem Sieb abtropfen lassen. Salzwasser in einem Topf zum Kochen bringen. Den Spinat darin etwa 30 Sekunden blanchieren. Dann den Spinat in ein Sieb geben, mit kaltem Wasser abschrecken und gut abtropfen lassen.
**3.** Das Sojaöl in einem Wok erhitzen. Die Garnelen darin etwa 2 Minuten unter Rühren anbraten. Die Zwiebel- und Knoblauchwürfel hinzufügen und kurz mit andünsten. Spinat hinzufügen und kurz unter Rühren erhitzen. Den Joghurt unterheben oder extra zu den Tandoori-Garnelen mit Spinat servieren.

***Beilage:*** Reisnudeln.

***Tipps:*** Wird Joghurt untergerührt, darf er nur leicht erwärmt werden. Es kann auch aufgetauter TK-Blattspinat verwendet werden, wenn Sie keinen frischen Blattspinat bekommen.

## Spargel-Krebsschwanz-Pfanne

2–3 Portionen

*Zubereitungszeit:* 30 Minuten

800 g grüner Spargel
2 kleine Orangen (etwa 300 g)
1 Grapefruit (etwa 150 g)
1 EL Olivenöl
60 g Butter
200 ml Gemüsebrühe
250 g Flusskrebsschwänze (gekocht und geschält)
Salz
gem. Pfeffer
2 EL Crema di Balsamico
knapp 1/4 TL Dr. Oetker Finesse Orangenschalen-Aroma

*Pro Portion:*
E: 26 g, F: 26 g, Kh: 25 g,
kJ: 1869, kcal: 448

**1.** Von dem Spargel das untere Drittel schälen und die unteren Enden abschneiden. Spargel abspülen, abtropfen lassen und schräg in dickere Stücke schneiden.
**2.** Orangen und Grapefruit so schälen, dass die weiße Haut vollständig entfernt wird. Orangen und Grapefruit zunächst vierteln, dann in etwas dickere Scheiben schneiden.
**3.** Olivenöl in einer großen Pfanne erhitzen. Butter hinzufügen und zerlassen. Die Spargelstücke darin unter mehrmaligem Wenden leicht anbraten. Die Gemüsebrühe hinzugießen, zum Kochen bringen und etwa 3 Minuten bei mittlerer Hitze leicht einkochen lassen.
**4.** Flusskrebsschwänze kurz unter fließendem kalten Wasser abspülen und trocken tupfen. Die Orangen-, Grapefruitscheiben und Flusskrebsschwänze unter die Spargelstücke rühren und miterhitzen.
**5.** Die Spargel-Krebsschwanz-Pfanne mit Salz, Pfeffer, Crema di Balsamico und Orangenschalen-Aroma abschmecken.

***Tipps:*** Wenn Sie frische Kräuter mögen, dann geben Sie doch noch einige Kräuterstängel (z. B. Kerbel oder Petersilie) in die Spargel-Krebsschwanz-Pfanne. Sie können den grünen Spargel auch durch weißen Spargel ersetzen. Dann die Spargelstücke 5–7 Minuten mitgaren lassen.

***Rezeptvariante:*** Für eine **Spargelpfanne mit Mandeln** (2–3 Portionen) 750 g dünnen, weißen Spargel von oben nach unten schälen. Darauf achten, dass die Schalen vollständig entfernt, die Köpfe aber nicht verletzt werden. Die unteren Enden abschneiden (holzige Stellen vollkommen entfernen). Den Spargel abspülen, abtropfen lassen und in dünne Scheiben schneiden. 2 Esslöffel Olivenöl in einer großen Pfanne erhitzen. Die Spargelscheiben darin unter Rühren etwa 5 Minuten braten, mit Salz und Pfeffer würzen. Spargel nach etwa 5 Minuten Bratzeit probieren, er sollte noch knackig sein, sonst noch weitere 2–3 Minuten braten. Spargel mit Salz und Pfeffer abschmecken. 2 Esslöffel Butter unterrühren. 4 Esslöffel gehobelte Mandeln und 1 Esslöffel gehackte Petersilie untermischen.

Spargel-Krebsschwanz-Pfanne

# Muscheltopf mit weißen Bohnen und Tomaten

2 Portionen

*Zubereitungszeit:* 30 Minuten

800 g Miesmuscheln
1 Zwiebel
1 Knoblauchzehe
1 gelbe Paprikaschote (etwa 200 g)
2 EL Olivenöl
8–10 Stängel Thymian
100 ml trockener Weißwein
225 g abgetropfte, weiße Bohnen (aus der Dose)
370 g stückige Tomaten (aus der Dose)
Salz
gem. Pfeffer

*Pro Portion:*
E: 18 g, F: 13 g, Kh: 30 g,
kJ: 1436, kcal: 342

**1.** Miesmuscheln in reichlich kaltem Wasser gründlich waschen und einzeln abbürsten, bis sie nicht mehr sandig sind. Muscheln, die sich beim Waschen geöffnet haben, aussortieren. Diese sind ungenießbar. Evtl. die Fäden (Bartbüschel) entfernen.

**2.** Die Zwiebel abziehen und in kleine Würfel schneiden. Knoblauch ebenfalls abziehen, durch eine Knoblauchpresse drücken oder sehr klein würfeln.

**3.** Die Paprikaschote halbieren, entstielen, entkernen und die weißen Scheidewände entfernen. Schoten abspülen, abtropfen lassen und in kleine Stücke schneiden.

**4.** Das Olivenöl in einem Topf erhitzen. Zwiebel-, Knoblauchwürfel und Paprikastücke darin andünsten. Thymian abspülen und trocken tupfen. 4 Thymianstängel zum Garnieren beiseitelegen.

**5.** Die Miesmuscheln und 2 der restlichen Thymianstängel in den Topf geben, den Weißwein hinzugießen. Die Bohnen kurz mit kaltem Wasser abspülen und abtropfen lassen.

**6.** Stückige Tomaten und Bohnen in den Topf geben und gut unterrühren. Das Ganze mit Salz und Pfeffer würzen, kurz aufkochen lassen und etwa 10 Minuten zugedeckt kochen lassen, bis sich die Muscheln geöffnet haben. Ungeöffnete Muscheln (diese sind ungenießbar) und die leeren Schalenhälften aussortieren.

**7.** Den Muscheltopf mit den beiseitegelegten Thymianstängeln garnieren und servieren.

Muscheltopf mit weißen Bohnen und Tomaten

# Zander nach Badischer Art

4 Portionen

*Zubereitungszeit:* 30 Minuten

600 g Zanderfilet (ohne Haut und Gräten)
2 Schalotten
2 EL Butter
100 ml Fisch- oder Gemüsefond
100 ml Weißwein
150 g Schlagsahne
Salz
gem. weißer Pfeffer
1 TL Speisestärke
8 große Champignons
2 EL steif geschlagene Schlagsahne
2 EL klein geschnittener Dill

*Pro Portion:*
E: 34 g, F: 23 g, Kh: 3 g,
kJ: 1592, kcal: 380

**1.** Zanderfilet kurz unter fließendem kalten Wasser abspülen, trocken tupfen, in 8 gleich große Stücke schneiden und in den Kühlschrank stellen.

**2.** Schalotten abziehen und in kleine Würfel schneiden. Butter in einem großen Topf zerlassen. Schalottenwürfel hinzugeben und glasig dünsten. Den Fond und Wein hinzugießen, zum Kochen bringen und etwa um ein Drittel einkochen lassen. Sahne unterrühren, wieder zum Kochen bringen und nochmals etwas einkochen lassen. Mit Salz und Pfeffer kräftig würzen.

**3.** Speisestärke mit etwas Wasser anrühren, in die Sauce rühren und unter Rühren kurz aufkochen lassen. Die Sauce sollte nur leicht gebunden sein.

**4.** Die kalt gestellten Zanderstücke in die Sauce legen und bei schwacher Hitze etwa 10 Minuten gar ziehen lassen.

**5.** In der Zwischenzeit Champignons putzen und die Stiele entfernen. Champignonköpfe evtl. kurz abspülen, trocken tupfen und in Würfel

Zander nach Badischer Art

Pangasiusfilet auf buntem Gemüse mit Buttersauce

schneiden. Die Champignonwürfel nach etwa 5 Minuten Garzeit zu den Zanderfiletstücken geben und mitgaren lassen.

**6.** Die Zanderfiletstücke aus der Sauce nehmen und auf einem großen, vorgewärmten Teller anrichten.

**7.** Die Sauce mit steif geschlagener Sahne und Dill verfeinern und auf den Zanderfiletstücken verteilen.

***Tipp:*** Dazu passen sehr gut Blattspinat und in Lorbeerwasser gekochte Salzkartoffeln.

## Pangasiusfilet auf buntem Gemüse mit Buttersauce

4 Portionen

*Zubereitungszeit:* 30 Minuten

**Für die Buttersauce:**
1 kleine Schalotte oder Zwiebel
80 ml trockener Weißwein
150 ml Fisch- oder Gemüsefond
1 kleine, rote Chilischote
1 Bund Schnittknoblauch
200 g Schlagsahne
100 g eiskalte Butter
Salz

4 Pangasiusfilets
(je 150–160 g)
2 Möhren
1/2 Knollensellerie
1 kleine Stange Porree (Lauch)
200 g Zuckerschoten
4 EL Olivenöl
gem. Pfeffer

*Pro Portion:*
E: 28 g, F: 50 g, Kh: 11 g,
kJ: 2610, kcal: 624

**1.** Für die Sauce die Schalotte oder Zwiebel abziehen, in kleine Würfel schneiden. Wein mit den Schalotten- oder Zwiebelwürfeln und dem Fond in einem weiten Topf zum Kochen bringen und auf ein Viertel einkochen lassen. Chilischote abspülen, trocken tupfen, halbieren und entkernen. Die Schotenhälften klein schneiden. Schnittknoblauch abspülen, trocken tupfen und ebenfalls klein schneiden.

**2.** Die eingekochte Sauce pürieren und durch ein Sieb passieren. Die Sauce wieder zurück in den Topf geben. Sahne hinzugießen, zum Kochen bringen und 3–4 Minuten kochen lassen. Eiskalte Butter in Würfel schneiden und unter die Sauce rühren. Mit Salz würzen. Schnittknoblauch- und Chilistücke unterrühren. Die Sauce warm stellen, aber nicht mehr kochen lassen.

**3.** In der Zwischenzeit Fischfilets kurz unter fließendem kalten Wasser abspülen und trocken tupfen. Möhren und Sellerie putzen, schälen, abspülen, abtropfen lassen, zuerst in dünne Scheiben, danach in sehr dünne Streifen (Julienne) schneiden. Porree putzen, die Stange längs halbieren, gründlich waschen, abtropfen lassen und ebenfalls in sehr dünne Streifen (Julienne) schneiden. Von den Zuckerschoten die Enden abschneiden, evtl. abfädeln. Schoten abspülen, abtropfen lassen und längs in sehr dünne Streifen (Julienne) schneiden.

**4.** Die Hälfte des Olivenöls in einer großen Pfanne erhitzen. Fischfilets darin von jeder Seite etwa 1 Minute braten. Mit Salz und Pfeffer würzen, herausnehmen und warm stellen.

**5.** Restliches Olivenöl in der Fischpfanne erhitzen. Die vorbereiteten Gemüsejulienne darin unter mehrmaligem Wenden etwa 2 Minuten dünsten. Mit Salz und Pfeffer würzen. Fischfilets mit Gemüsejulienne und der Buttersauce anrichten.

***Beilage:*** Reis.

***Tipp:*** Schnittknoblauch können Sie durch Schnittlauchröllchen ersetzen.

Kabeljau mit Spitzkohl-Möhren-Gemüse

Muscheln mit Knoblauch

## Kabeljau mit Spitzkohl-Möhren-Gemüse

4 Portionen

*Zubereitungszeit:* 30 Minuten

**Für den Spitzkohl:**
900 g Spitzkohl
Salz
200 g Möhren
1 Zwiebel
2 EL Speiseöl
125 ml heiße Gemüsebrühe
150 g Crème fraîche
50 g Schinkenwürfel
ger. Muskatnuss

600 g Kabeljaufilet
gem. Pfeffer
Saft von 1/2 Zitrone
6 EL Rapsöl
3 EL Weizenmehl
evtl. 1–2 EL gehackte Petersilie
Scheiben von 1 Bio-Zitrone (unbehandelt, ungewachst)

*Pro Portion:*
E: 40 g, F: 36 g, Kh: 45 g,
kJ: 2872, kcal: 688

**1.** Spitzkohl putzen, halbieren, den Strunk herausschneiden. Kohlhälften in etwa 2 cm große Stücke schneiden. Kohlstücke in kochendem Salzwasser etwa 2 Minuten blanchieren, anschließend in ein Sieb geben und abtropfen lassen.
**2.** Möhren putzen, schälen, abspülen, abtropfen lassen und in dünne Scheiben schneiden. Zwiebel abziehen und würfeln.
**3.** Speiseöl in einem Topf erhitzen. Zwiebelwürfel, Möhrenscheiben und Spitzkohlstücke darin unter Rühren andünsten. Heiße Brühe hinzugießen, zum Kochen bringen. Gemüse etwa 10 Minuten garen.
**4.** Crème fraîche und Schinkenwürfel hinzugeben, weitere 2–3 Minuten garen. Mit Salz und Muskat abschmecken.
**5.** In der Zwischenzeit Kabeljau kurz unter fließendem kalten Wasser abspülen, trocken tupfen, mit Salz, Pfeffer und Zitronensaft würzen. Rapsöl in einer großen Pfanne erhitzen. Kabeljau in Mehl wenden und überschüssiges Mehl abschütteln. Kabeljau in dem erhitzten Speiseöl von beiden Seiten etwa 10 Minuten braten.
**6.** Kabeljau mit dem Spitzkohl-Möhren-Gemüse anrichten. Das Gemüse nach Belieben mit Petersilie bestreuen, mit Zitronenscheiben garnieren.

***Beilage:*** Kartoffelpüree.

## Muscheln mit Knoblauch

4 Portionen

*Zubereitungszeit:* 30 Minuten

28 große Miesmuscheln
125 ml Wasser
125 ml Weißwein
1 klein gewürfelte Schalotte
1/2 TL gerebelte, gemischte Kräuter, z. B. Thymian, Estragon, Basilikum
Salz
3 Knoblauchzehen
125 g Butter (zimmerwarm)
3 EL gehackte, glatte Petersilie
1 Stängel Estragon

*Pro Portion:*
E: 6 g, F: 27 g, Kh: 2 g,
kJ: 1140, kcal: 273

**1.** Die Miesmuscheln in reichlich kaltem Wasser gründlich waschen. Die Muscheln einzeln abbürsten, bis sie nicht mehr sandig sind (Muscheln, die sich beim Waschen öffnen, sind ungenießbar).
**2.** Den Backofen vorheizen.
*Ober-/Unterhitze:* etwa 220 °C
*Heißluft:* etwa 200 °C
**3.** Wasser, Wein, Schalottenwürfel, Kräuter und Salz in einem hohen Topf

zum Kochen bringen. Muscheln hinzugeben, wieder zum Kochen bringen und zugedeckt 2–3 Minuten bei starker Hitze kochen lassen.

**4.** Die Muscheln mit einer Schaumkelle aus dem Sud nehmen und gut abtropfen lassen. Die leeren Schalen wegwerfen, ebenso Muscheln, die sich nach dem Garen nicht geöffnet haben, da sie ungenießbar sind.

**5.** Die Schalenhälften mit dem Muschelfleisch in eine feuerfeste Form (gefettet) legen. Knoblauch abziehen und durch eine Knoblauchpresse drücken. Butter geschmeidig rühren. Knoblauch und Petersilie unterrühren. Die Kräuterbutter auf den Muscheln verteilen.

**6.** Die Form auf dem Rost in den vorgeheizten Backofen schieben. Die Miesmuscheln etwa 3 Minuten überbacken.

**7.** Die Form aus dem Backofen nehmen. Die Muscheln in der Form mit einem abgespülten, trocken getupften Estragonstängel garniert sofort servieren.

***Beilage:*** Ofenfrisches Baguette.

## Jakobsmuscheln mit Brokkoli

2 Portionen

*Zubereitungszeit:* 25 Minuten

250 g Jakobsmuscheln (ohne Schale)
Salz
1 TL Speisestärke
1 kleine Möhre (etwa 80 g)
2 Knoblauchzehen
250 g Brokkoli
4 eingeweichte Mu-err-Pilze
2 EL Speiseöl
1 Msp. gem. Ingwer
6 EL Wasser
3–4 EL Tomatensaft
gem. Pfeffer
Cayennepfeffer

*Pro Portion:*
E: 18 g, F: 12 g, Kh: 19 g,
kJ: 1039, kcal: 248

**1.** Jakobsmuscheln kurz unter fließendem kalten Wasser abspülen und abtropfen lassen. Größere Muscheln klein schneiden. Die Jakobsmuscheln mit Salz und Speisestärke verrühren.

**2.** Die Möhre putzen, schälen, abspülen und abtropfen lassen. Möhre in Scheiben schneiden. Den Knoblauch abziehen und ebenfalls in Scheiben schneiden.

**3.** Brokkoli putzen, in kleine Röschen teilen, abspülen und abtropfen lassen. Brokkoliröschen in kochendem Salzwasser etwa 2 Minuten blanchieren, in kaltem Wasser abschrecken und abtropfen lassen. Pilze abtropfen lassen und klein schneiden.

**4.** Das Speiseöl in einem Wok erhitzen. Pilzstücke, Möhren-, Knoblauchscheiben und Ingwer hinzugeben, unter Rühren etwa 3 Minuten garen. Wasser und Brokkoliröschen hinzufügen, weitere etwa 3 Minuten garen.

**5.** Jakobsmuscheln und Tomatensaft hinzufügen und aufkochen lassen. Die Zutaten mit Salz, Pfeffer und Cayennepfeffer abschmecken.

***Tipp:*** Die beste Zeit für Jakobsmuscheln liegt zwischen Oktober und März.

Jakobsmuscheln mit Brokkoli

## Kabeljau in Senfsauce
4 Portionen

*Zubereitungszeit:* 25 Minuten

20 g Butter
1 Zwiebel
200 ml Fischfond oder -brühe
4 Kabeljaufilets (je etwa 150 g)
Salz, gem. Pfeffer
100 ml trockener Weißwein
1 EL körniger Senf
2 EL Crème fraîche
2 EL Schnittlauchröllchen

evtl. Tomatenspalten
evtl. einige Salatblätter
evtl. Schnittlauchhalme

*Pro Portion:*
E: 28 g, F: 9 g, Kh: 2 g,
kJ: 933, kcal: 224

**1.** Butter in einer großen Pfanne zerlassen. Zwiebel abziehen und klein würfeln. Zwiebelwürfel in die Pfanne geben und andünsten, mit Fischfond oder -brühe ablöschen.
**2.** Die Kabeljaufilets kurz unter fließendem kalten Wasser abspülen, trocken tupfen, mit Salz und Pfeffer würzen. Die Kabeljaufilets in den Fischfond oder die Brühe geben, zum Kochen bringen und zugedeckt bei schwacher Hitze etwa 10 Minuten garen. Kabeljaufilets aus der Pfanne nehmen und warm stellen.
**3.** Wein und Senf in den Fond oder in die Brühe rühren und etwas einkochen lassen. Crème fraîche unterrühren. Die Sauce mit Salz und Pfeffer würzen. Schnittlauchröllchen unterrühren.
**4.** Kabeljau mit der Senfsauce anrichten. Nach Belieben mit Tomatenspalten, abgespülten, trocken getupften Salatblättern und Schnittlauchhalmen garnieren.

***Beilage:*** Salzkartoffeln und Gurkensalat oder mit Safranfäden verfeinerter Blattsalat.

***Tipp:*** Geben Sie noch klein geschnittene, frische Champignons in die Sauce.

Kabeljau in Senfsauce

## Forellenfilets, fruchtig
4 Portionen (ohne Foto)

*Zubereitungszeit:* 20 Minuten

4 geräucherte Forellenfilets (je etwa 100 g)
125 g Meerrettichsahne
stückige Pflaumenkonfitüre (aus dem Glas)
Pflaumenspalten
Orangen- und Limettenfilets
abgeriebene Schale von je 1 Bio-Orange und Bio-Limette (jeweils unbehandelt, ungewachst)
Orangensaft

*Pro Portion:*
E: 33 g, F: 13 g, Kh: 10 g,
kJ: 1301, kcal: 311

**1.** Forellenfilets enthäuten, in mundgerechte Stücke schneiden, dabei die Gräten entfernen.
**2.** Meerrettichsahne in einen Spritzbeutel mit Sterntülle füllen und Tuffs auf die Forellenstücke spritzen.
**3.** Forellenstücke nach Belieben mit Pflaumenkonfitüre, Pflaumenspalten, Orangen- und Limettenfilets, Orangen- und Limettenschale garnieren, mit Orangensaft beträufeln.

***Tipp:*** Sie können auch geräucherten Lachs, Lachsforelle oder Saibling auf diese Weise anrichten.

## Forelle blau
4 Portionen

*Zubereitungszeit:* 30 Minuten

4 küchenfertige Forellen (je etwa 200 g)
1 Zwiebel
375 ml Weißwein
750 ml Salzwasser
5 EL Weißweinessig
1 Lorbeerblatt
5 Pfefferkörner
4–5 Wacholderbeeren
3–4 Stängel glatte Petersilie

Forelle blau

Jakobsmuscheln auf griechische Art

1–2 Bio-Zitronen
(unbehandelt, ungewachst)
1 EL Olivenöl

*Pro Portion:*
E: 28 g, F: 7 g, Kh: 1 g,
kJ: 747, kcal: 178

**1.** Die Forellen von innen und außen kurz unter fließendem kalten Wasser abspülen. Zwiebel abziehen und in Viertel schneiden.
**2.** Weißwein mit Salzwasser, Zwiebelvierteln, Essig, Lorbeerblatt, Pfefferkörnern und Wacholderbeeren in einem großen Topf zum Kochen bringen und 2–3 Minuten kochen lassen.
**3.** Die Forellen in den siedenden Sud geben, wieder zum Kochen bringen und zugedeckt in etwa 15 Minuten bei mittlerer Hitze gar ziehen lassen.
**4.** In der Zwischenzeit die Petersilie abspülen und trocken tupfen. Die Blättchen von den Stängeln zupfen. Die Zitrone bzw. Zitronen heiß abwaschen, abtrocknen und in dünne Scheiben schneiden.
**5.** Die garen Forellen aus dem Sud nehmen, abtropfen lassen und auf Tellern anrichten. Die Forellen mit etwas Olivenöl beträufeln und mit Petersilienblättchen und Zitronenscheiben garniert servieren.

***Beilage:*** Salzkartoffeln.

***Tipp:*** Während die Forellen gar ziehen, haben Sie noch Zeit, einen leckeren **Schnittlauchjoghurt** als Beilage zuzubereiten. Dafür 1 Bund Schnittlauch abspülen, trocken tupfen und in feine Röllchen schneiden. 300 g Joghurt (1,5 % Fett) mit den Schnittlauchröllchen verrühren. Den Schnittlauchjoghurt mit Salz und Pfeffer abschmecken.

## Jakobsmuscheln auf griechische Art

4 Portionen

*Zubereitungszeit: 25 Minuten*

1 Aubergine (etwa 300 g)
3 Tomaten
1 Paprikaschote
5 EL Olivenöl
1 Knoblauchzehe
2 EL Tomatenketchup
Salz
gem. Pfeffer
250 g Jakobsmuscheln
(ausgelöstes Muschelfleisch)
2 EL gehackter Dill

*Pro Portion:*
E: 6 g, F: 15 g, Kh: 7 g,
kJ: 842, kcal: 201

**1.** Aubergine abspülen, abtrocknen und den Stängelansatz entfernen. Tomaten abspülen, trocken tupfen, halbieren und die Stängelansätze herausschneiden. Tomaten entkernen. Paprikaschote halbieren, entstielen, entkernen und die weißen Scheidewände entfernen. Die Auberginen, Tomaten und Paprikaschote in grobe Stücke schneiden.
**2.** Das Olivenöl in einer großen Pfanne erhitzen. Die Gemüsestücke darin unter Rühren andünsten. Knoblauch abziehen, fein hacken, mit Tomatenketchup unter die Gemüsemasse heben. Mit Salz und Pfeffer würzen.
**3.** Das Muschelfleisch evtl. kurz unter fließendem kalten Wasser abspülen, trocken tupfen, etwas kleiner schneiden, zum Gemüse geben und 2–3 Minuten unter Rühren mitgaren.
**4.** Jakobsmuscheln auf griechische Art mit Dill bestreuen und in Muschelschalen servieren.

***Tipps:*** Zu den Jakobsmuscheln knusprig gebackenes Fladenbrot servieren. Sie können zusätzlich herzhaftes Zaziki dazureichen.

Fischrouladen

Fischpfanne mit Muscheln

## Fischrouladen

(Zubereitung im Bambusdämpfer, Ø etwa 26 cm)
4 Portionen

*Zubereitungszeit:* 30 Minuten

4 große, runde Reispapierblätter (je Ø 30 cm, je etwa 10 g)
1 gelbe Paprikaschote (etwa 200 g)
2 Tomaten
10 g Knoblauchbutter
450 g aufgetauter TK-Blattspinat
Salz
gem. Pfeffer
4 Seelachsfilets (je etwa 160 g)

**Außerdem:**
4 Stücke Backpapier in Größe der Fischrouladen

*Pro Portion:*
E: 36 g, F: 6 g, Kh: 11 g,
kJ: 1030, kcal: 247

**1.** Die Reispapierblätter einzeln zwischen feuchten Geschirrtüchern einweichen.
**2.** Die Paprikaschote halbieren, entstielen, entkernen und die weißen Scheidewände entfernen. Die Schote abspülen, abtropfen lassen und in kleine Würfel schneiden.
**3.** Die Tomaten abspülen, abtrocknen, vierteln und die Stängelansätze herausschneiden. Tomaten entkernen und ebenfalls in kleine Würfel schneiden.
**4.** Knoblauchbutter in einer Pfanne zerlassen. Den Blattspinat gut ausdrücken, in der Pfanne unter Rühren andünsten, mit Salz und Pfeffer würzen.
**5.** Fischfilets kurz unter fließendem kalten Wasser abspülen, trocken tupfen, mit Salz und Pfeffer würzen. Paprika- und Tomatenwürfel unter den Spinat rühren.
**6.** Die Reispapierblätter nebeneinander auf nasse Geschirrtücher legen.
**7.** Etwa die Hälfte der Spinatmasse mittig auf den Reisblättern verteilen und je 1 Fischfilet darauflegen. Die restliche Spinatmasse darauf verteilen. Die Reispapierblätter seitlich einschlagen, auf die Füllung klappen und zu Rouladen aufwickeln.
**8.** Die Fischrouladen mit der Naht nach unten und mit etwas Abstand auf die Backpapierstücke in den Dämpfeinsatz legen. Dabei darauf achten, dass nicht alle Dampfaustrittslöcher bedeckt sind.
**9.** In einer großen Pfanne oder einem Wok etwa 3 cm hoch Wasser zum Kochen bringen. Den Dämpfeinsatz mit dem Deckel verschließen und in die Pfanne oder den Wok setzen. Die Fischrouladen etwa 15 Minuten dämpfen.

***Tipps:*** Rühren Sie nur zwei Drittel der Tomatenwürfel unter den Blattspinat und stellen Sie die restlichen Tomatenwürfel zum Garnieren beiseite.

Servieren Sie dazu eine **schaumige Sauce** (Foto). Dafür 2 Eigelb (Größe M) in einer hitzebeständigen Schüssel im Wasserbad mit einem Schneebesen schaumig schlagen. 200 ml Gemüsebrühe in einem dünnen Stahl hinzugießen, dabei ständig weiterschlagen, bis eine cremig-schaumige Sauce entsteht. Die Sauce mit Salz, Pfeffer und 1 Esslöffel Sojasauce abschmecken. Bestreuen Sie die Rouladen mit abgespülten, trocken getupften Kerbelblättchen.

## Fischpfanne mit Muscheln

4 Portionen

*Zubereitungszeit:* 20 Minuten

500 g Seelachsfilet
2 Möhren (etwa 220 g)
2 Zucchini (etwa 420 g)
2 EL Speiseöl, z. B. Olivenöl
Salz, gem. Pfeffer
0,1 g Safran (aus dem Döschen)
200 ml Gemüsebrühe
200 g Schlagsahne
150 g abgetropftes Muschelfleisch (aus dem Glas)
40 g Butter

*Pro Portion:*
E: 30 g, F: 31 g, Kh: 7 g,
kJ: 1804, kcal: 431

**1.** Seelachsfilet kurz unter fließendem kalten Wasser abspülen und trocken tupfen. Seelachsfilet in etwa 3 cm große Würfel schneiden.
**2.** Möhren putzen, schälen, abspülen, abtropfen lassen, längs halbieren und in dünne Scheiben schneiden. Zucchini abspülen, abtrocknen und die Enden abschneiden. Zucchini ebenfalls längs halbieren und in Scheiben schneiden.
**3.** Speiseöl in einer Pfanne erhitzen. Die Möhrenscheiben darin unter vorsichtigem Rühren leicht anbraten. Zucchinischeiben hinzufügen, leicht mit anbraten, mit Salz, Pfeffer und Safran würzen.
**4.** Die Brühe und Sahne hinzugießen. Die Zutaten zum Kochen bringen und etwa 10 Minuten bei schwacher Hitze kochen lassen, sodass die Sauce eine leicht cremige Konsistenz bekommt.
**5.** Nach etwa 5 Minuten Garzeit das Muschelfleisch und die Seelachswürfel hinzugeben. Die Fischpfanne fertig garen und nochmals mit den Gewürzen abschmecken. Butter in kleine Stücke schneiden und untermischen.

***Beilage:*** Reis.

## Fischragout mit Fenchel

4 Portionen

*Zubereitungszeit:* 30 Minuten

2 kleine Fenchelknollen
1/2 Salatgurke
1 Zwiebel
1 rote Paprikaschote
85 g abgetropfte, schwarze Oliven ohne Stein (aus dem Glas)
400 g Seelachs- oder Kabeljaufilet
Salz
20 g Butterschmalz
100 ml Fischfond
4–5 EL Weißwein
1 Bund Dill
gem. Pfeffer

*Pro Portion:*
E: 22 g, F: 11 g, Kh: 9 g,
kJ: 972, kcal: 232

**1.** Die Fenchelknollen putzen (etwas Fenchelgrün beiseitelegen). Knollen abspülen, abtropfen lassen, halbieren und in Würfel schneiden.
**2.** Die Gurkenhälfte abspülen und trocken tupfen. Gurkenhälfte schälen, längs halbieren und die Kerne mit einem Löffel herausschaben. Gurkenhälften in Stücke schneiden. Zwiebel abziehen und klein würfeln. Die Paprikaschote halbieren, entstielen, entkernen und die weißen Scheidewände entfernen. Schote abspülen, abtropfen lassen und in Würfel schneiden. Oliven in Scheiben schneiden.
**3.** Fischfilet kurz unter fließendem kalten Wasser abspülen, trocken tupfen und in große Würfel schneiden. Mit Salz würzen.
**4.** Butterschmalz in einem Wok erhitzen. Das vorbereitete Gemüse und die Olivenscheiben darin kurz andünsten. Fischfond und Weißwein hinzugießen. Die Fischstücke auf das Gemüse legen. Fischstücke und das Gemüse zugedeckt etwa 10 Minuten bei mittlerer Hitze garen.
**5.** In der Zwischenzeit den Dill abspülen und trocken tupfen. Die Spitzen von den Stängeln zupfen. Beiseitegelegtes Fenchelgrün abspülen und trocken tupfen. Dill und Fenchelgrün klein schneiden.
**6.** Das Fischragout mit Salz und Pfeffer abschmecken. Mit Fenchel und Dill bestreuen.

Fischragout mit Fenchel

## Bratheringe mit Frühlingsgemüse

4 Portionen

*Zubereitungszeit: 30 Minuten*

90 g Butter
20 g Weizenmehl
200 ml heiße Gemüsebrühe
400 g TK-Erbsen
1 Bund Kerbel
1 EL mittelscharfer Senf
Salz, gem. Pfeffer
8 küchenfertige, grüne Heringe (je etwa 125 g)
20 g Weizenmehl
2 Bund Frühlingszwiebeln
einige Kerbelblättchen

*Pro Portion:*
E: 67 g, F: 68 g, Kh: 14 g,
kJ: 4225, kcal: 1011

**1.** 40 g der Butter in einem Topf zerlassen. Mehl hinzufügen und unter Rühren so lange erhitzen, bis es hellgelb ist. Heiße Brühe hinzugießen und mit einem Schneebesen durchschlagen. Dabei darauf achten, dass keine Klümpchen entstehen. Erbsen hinzugeben.
**2.** Kerbel abspülen und trocken tupfen. Die Blättchen von den Stängeln zupfen. Blättchen klein schneiden. Die Sauce mit Senf, Salz, Pfeffer und Kerbel würzen, zum Kochen bringen und 6–8 Minuten kochen lassen.
**3.** Den Backofen vorheizen.
*Ober-/Unterhitze: etwa 200 °C*
*Heißluft: etwa 180 °C*
**4.** In der Zwischenzeit Heringe innen und außen kurz unter fließendem kalten Wasser abspülen und trocken tupfen. Heringe innen und außen mit Salz und Pfeffer würzen und in Mehl wenden.
**5.** Restliche Butter in einer großen, hitzebeständigen Pfanne zerlassen. Die Heringe darin von beiden Seiten in 6–8 Minuten goldbraun braten.
**6.** Zwischenzeitlich Frühlingszwiebeln putzen, abspülen, abtropfen lassen, in grobe Stücke schneiden, zu den Bratheringen in die Pfanne geben und kurz mit anbraten.
**7.** Die Pfanne auf dem Rost in den vorgeheizten Backofen schieben. Die Bratheringe weitere etwa 8 Minuten garen.
**8.** Die Bratheringe mit Frühlingsgemüse mit abgespülten, trocken getupften Kerbelblättchen garnieren und mit den Erbsen servieren.

## Fischpfanne mit Blattspinat

4 Portionen (ohne Foto)

*Zubereitungszeit: 30 Minuten*

etwa 600 g TK-Rahm-Blattspinat
4 Fischfilets, z. B. Heilbuttfilets (je etwa 200 g)
Salz, gem. Pfeffer
ger. Muskatnuss

*Pro Portion:*
E: 46 g, F: 8 g, Kh: 5 g,
kJ: 1174, kcal: 282

**1.** Den TK-Rahmspinat in einer großen Pfanne nach Packungsanleitung zubereiten.
**2.** In der Zwischenzeit Fischfilets kurz unter fließendem kalten Wasser abspülen und trocken tupfen. Die Filets mit Salz, Pfeffer und etwas Muskat würzen.
**3.** Die Fischfilets nebeneinander auf den Spinat in die Pfanne legen und zugedeckt in etwa 10 Minuten gar ziehen lassen.

***Beilage:*** Kartoffelpüree oder Penne mit Sahnesauce.

Bratheringe mit Frühlingsgemüse

Fischfilet mit Sesam

Fisch-Gemüse-Pfanne

## Fischfilet mit Sesam

4 Portionen

*Zubereitungszeit:* 25 Minuten

4 Fischfilets, z. B. Seelachs- oder Pangasiusfilet (je etwa 150 g)
Salz, gem. Pfeffer
30 g Weizenmehl
1 Ei, 2 EL kaltes Wasser
125 g Sesamsamen
60 g Butter oder Margarine

*Pro Portion:*
E: 33 g, F: 27 g, Kh: 8 g,
kJ: 1728, kcal: 413

**1.** Fischfilets kurz unter fließendem kalten Wasser abspülen und trocken tupfen. Fischfilets mit Salz und Pfeffer würzen. Mehl in einen flachen Teller geben. Ei mit Wasser in einer kleinen Schüssel verschlagen.
**2.** Die Fischfilets zuerst in Mehl wenden, dann durch das verschlagene Ei ziehen. Fischfilets am Schüsselrand abstreifen und zuletzt in Sesam wenden. Panade gut andrücken.
**3.** Die Butter oder Margarine in einer Pfanne zerlassen. Fischfilets darin von beiden Seiten etwa 10 Minuten bei schwacher Hitze goldgelb braten.

## Fisch-Gemüse-Pfanne

4 Portionen

*Zubereitungszeit:* 30 Minuten

etwa 480 g Welsfilet (mit Haut)
4 dicke, festkochende Kartoffeln (etwa 400 g)
2 Möhren (etwa 300 g)
1 Kohlrabi (etwa 400 g)
2 EL Olivenöl
40 g Butter
Salz
grob gem. Pfeffer
Saft von 1 Limette
einige Thai-Basilikumblättchen

*Pro Portion:*
E: 22 g, F: 27 g, Kh: 18 g,
kJ: 1698, kcal: 406

**1.** Fischfilet kurz unter fließendem kalten Wasser abspülen, gut trocken tupfen und in etwa 3 cm große Würfel schneiden.
**2.** Kartoffeln schälen, Möhren putzen, schälen. Kohlrabi schälen. Kartoffeln, Möhren und Kohlrabi abspülen, abtropfen lassen, alles zuerst in Scheiben, dann in schmale Streifen schneiden.
**3.** Das Olivenöl in einer großen Pfanne erhitzen. Die Gemüse- und Kartoffelstreifen darin von allen Seiten leicht anbraten.
**4.** Fischwürfel hinzugeben, unter vorsichtigem Rühren 5–10 Minuten mitgaren lassen.
**5.** Butter unter die Fisch-Gemüse-Pfanne rühren. Die Fisch-Gemüse-Pfanne mit Salz, grob gemahlenem Pfeffer und Limettensaft würzen.
**6.** Die Fisch-Gemüse-Pfanne mit abgespülten und trocken getupften Basilikumblättchen garnieren.

***Tipp:*** Das Welsfilet kann durch Lachsfilet oder Heilbuttfilet ausgetauscht werden.

Asiatische Garnelen mit Aprikosensauce

Ausgebackener Fisch

## Asiatische Garnelen mit Aprikosensauce

4 Portionen

*Zubereitungszeit:* 20 Minuten

**Für die Aprikosensauce:**
180 g Zucker
250 ml Wasser
150 g Schalotten
1 Chilischote
80 g getrocknete Aprikosen
2 Lorbeerblätter
150 ml Apfelessig
Salz, gem. Pfeffer

500 g Speiseöl oder Pflanzenfett

**Für den Tempurateig:**
150 g Tempuramehl
(erhältlich im Asialaden)

12 Garnelen (ohne Kopf
und Schale, entdarmt)

*Pro Portion:*
E: 10 g, F: 9 g, Kh: 86 g,
kJ: 2008, kcal: 480

**1.** Für die Aprikosensauce den Zucker und Wasser in einem weiten Topf etwa 8 Minuten sirupartig einkochen lassen.

**2.** In der Zwischenzeit die Schalotten abziehen und in kleine Würfel schneiden. Die Chilischote längs halbieren, evtl. entkernen, abspülen, trocken tupfen und ebenfalls klein würfeln. Aprikosen in kleine Würfel schneiden. Lorbeerblätter etwas einschneiden.

**3.** Schalotten-, Chili-, Aprikosenwürfel und Lorbeerblätter in den Zuckersirup geben, Apfelessig unterrühren. Zutaten weitere 8–10 Minuten dicklich einkochen. Mit Salz und Pfeffer würzen.

**4.** Das Speiseöl in einer Pfanne mit hohem Rand oder in einer Fritteuse auf etwa 180 °C erhitzen.

**5.** Für den Tempurateig in der Zwischenzeit das Tempuramehl nach Packungsanleitung zubereiten.

**6.** Garnelen kurz unter fließendem kalten Wasser abspülen und trocken tupfen. Die Garnelen mit einer Gabel durch den Teig ziehen, am Schüsselrand abstreifen und portionsweise in dem siedenden Ausbackfett etwa 2 Minuten ausbacken.

**7.** Garnelen herausnehmen und auf Küchenpapier abtropfen lassen.

**8.** Die Garnelen mit der Sauce anrichten und servieren.

***Beilage:*** Warmes Toastbrot mit Kräuterbutter und ein trockener Sherry.

## Ausgebackener Fisch

4 Portionen

*Zubereitungszeit:* 30 Minuten

600 g Fischfilet, z. B. Tilapia-,
Pangasius- oder Seelachsfilet
Salz
gem. Pfeffer

1 l Speiseöl, z. B. Sonnenblumenöl

**Für den Ausbackteig:**
100 g Weizenmehl
1 Ei (Größe M)
125 ml Milch (3,5 % Fett)
1 EL Speiseöl, z. B. Sonnenblumenöl
oder zerlassene Butter

*Pro Portion:*
E: 27 g, F: 18 g, Kh: 10 g,
kJ: 1297, kcal: 309

**1.** Fischfilet kurz unter fließendem kalten Wasser abspülen, trocken tupfen und in Portionsstücke schneiden. Mit Salz und Pfeffer würzen.

**2.** Ausbackfett oder Speiseöl in einer Fritteuse oder hohen Pfanne auf etwa 180 °C erhitzen.

**3.** Für den Ausbackteig in der Zwischenzeit Mehl in eine Schüssel geben und in die Mitte eine Vertiefung drücken. Ei mit Salz und Milch verschlagen. Etwas von der Eiermilch in die Vertiefung geben. Von der Mitte aus Eiermilch und Mehl mit einem Schneebesen verrühren. Nach und nach die restliche Eiermilch und Speiseöl oder Butter hinzugeben. Darauf achten, dass keine Klümpchen entstehen.

**4.** Die Fischfiletstücke mit einer Gabel in den Ausbackteig tauchen, am Schüsselrand abstreifen und portionsweise schwimmend in dem siedenden Speiseöl etwa 10 Minuten braun und knusprig braten. Den Fisch mit einer Schaumkelle herausnehmen, auf Küchenpapier abtropfen lassen und bis zum Servieren warm stellen.

***Beilage:*** Kartoffelsalat oder Pommes frites.

***Rezeptvariante:*** Für **gebratenes Fischfilet** 4 Fischfilets (z. B. Tilapia- oder Pangasiusfilets, je etwa 200 g) kurz unter fließendem kalten Wasser abspülen, trocken tupfen, evtl. in Portionsstücke schneiden. Mit Salz und Pfeffer würzen. 1 Ei (Größe M) und 2 Esslöffel kaltes Wasser mit einer Gabel in einem tiefen Teller verschlagen. Die Fischfilets zunächst in 40 g Weizenmehl, dann in dem verschlagenen Ei und zuletzt in 50–75 g Semmelbröseln wenden. Semmelbrösel gut andrücken, nicht anhaftende Semmelbrösel leicht abschütteln. Etwa 75 ml Speiseöl in einer Pfanne erhitzen. Die Filets darin bei mittlerer Hitze etwa 5 Minuten von jeder Seite goldbraun braten, anschließend auf Küchenpapier abtropfen lassen. Nach Belieben 1 Bio-Zitrone (unbehandelt, ungewachst) abwaschen, trocken tupfen, in Scheiben schneiden und Fischfilets damit belegt servieren.

## Fischfilet auf mediterranem Gemüse

4 Portionen

*Zubereitungszeit:* 30 Minuten

250 g Cocktailtomaten
3 mittelgroße Zucchini (etwa 600 g)
240 g Artischockenherzen (aus der Dose)
2–3 EL Olivenöl
25 g TK-Italienische Kräuter
Salz, gem. Pfeffer
600 g Fischfilet, z. B. Tilapia- oder Pangasiusfilet
1 gestr. TL Chiliflocken

*Pro Portion:*
E: 27 g, F: 10 g, Kh: 6 g,
kJ: 940, kcal: 224

**1.** Tomaten abspülen, trocken tupfen, halbieren und evtl. die Stängelansätze herausschneiden. Zucchini abspülen, abtrocknen und die Enden abschneiden. Zucchini zuerst in Streifen, dann in kleine Würfel schneiden. Artischockenherzen vierteln.

**2.** Olivenöl in einer Pfanne erhitzen. Zucchiniwürfel darin etwa 2 Minuten unter Rühren andünsten. Tomatenhälften, Artischockenviertel und Kräuter hinzugeben, mit Salz und Pfeffer würzen.

**3.** Fischfilet kurz unter fließendem kalten Wasser abspülen, trocken tupfen und in 8 gleich große Stücke schneiden.

**4.** Fischfiletstücke nebeneinander auf das angedünstete Gemüse legen, mit Salz und Chiliflocken bestreuen. Die Pfanne mit dem Deckel verschließen. Fischfiletstücke mit dem Gemüse etwa 8 Minuten dünsten.

**5.** Fischfiletstücke vorsichtig aus der Pfanne nehmen. Das Gemüse mit den Gewürzen abschmecken.

**6.** Die Fischfilets mit dem Gemüse auf einer großen Platte anrichten und servieren.

***Beilage:*** Langkornreis.

***Tipp:*** Statt TK-Kräuter können Sie auch frische Kräuter verwenden, z. B. Oregano, Thymian, Rosmarin.

Fischfilet auf mediterranem Gemüse

## Wolfsbarsch auf getrockneten Tomaten

4 Portionen

*Zubereitungszeit:* 30 Minuten

150 g abgetropfte, getrocknete Tomaten in Öl
50 g Pinienkerne
60 g Semmelbrösel
3 EL Olivenöl
2 Bio-Limetten (unbehandelt, ungewachst)
1 Topf Basilikum
600 g Wolfsbarschfilet
Salz, gem. Pfeffer

*Pro Portion:*
E: 36 g, F: 20 g, Kh: 22 g, kJ: 1745, kcal: 418

**1.** Den Backofen vorheizen.
*Ober-/Unterhitze:* etwa 220 °C
*Heißluft:* etwa 200 °C
**2.** Tomaten in Streifen schneiden, mit Pinienkernen, Semmelbröseln und Olivenöl vermischen. Limetten heiß abwaschen, abtrocknen und in Stücke schneiden.
**3.** Basilikum abspülen und trocken tupfen. Die Blättchen von den Stängeln zupfen. Jeweils die Hälfte der Tomaten-Semmelbrösel-Mischung, der Limettenstücke und der Basilikumblättchen auf dem Boden einer Auflaufform (gefettet) verteilen.
**4.** Fischfilet kurz unter fließendem kalten Wasser abspülen, trocken tupfen, mit Salz und Pfeffer würzen. Fischfilets in die Auflaufform legen. Die restliche Tomaten- Semmelbrösel-Mischung und Limettenstücke darauf verteilen.
**5.** Die Form auf dem Rost in den vorgeheizten Backofen (unteres Drittel) schieben. Den Wolfsbarsch auf getrockneten Tomaten 15–20 Minuten garen.
**6.** Form aus dem Backofen nehmen. Das Gericht mit den restlichen Basilikumblättchen bestreut servieren.

***Beilage:*** Kartoffelpüree oder Risotto und Salat.

***Tipp:*** Die Pinienkerne schmecken besonders nussig, wenn Sie sie vor der Verwendung in einer Pfanne ohne Fett goldbraun rösten.

## Forellenröllchen mit Schmorgemüse

4 Portionen

*Zubereitungszeit:* 30 Minuten

8 Forellenfilets (je etwa 90 g)
etwas Zitronensaft
Salz
gem. Pfeffer
2 Tomaten (je etwa 100 g)
1 kleine Salatgurke (etwa 200 g)
1 Schalotte
1 Zweig Thymian
1/2 Bund Schnittlauch
100 ml trockener Weißwein
100 ml trockener Wermut
125 g Schlagsahne
50 g kalte Butter

**Außerdem:**
8 Holzstäbchen

*Pro Portion:*
E: 26 g, F: 62 g, Kh: 8 g, kJ: 3221, kcal: 769

**1.** Die Forellenfilets kurz unter fließendem kalten Wasser abspülen,

Wolfsbarsch auf getrockneten Tomaten

Forellenröllchen mit Schmorgemüse

Garnelen-Limetten-Spieße

trocken tupfen, mit Zitronensaft beträufeln, mit Salz und Pfeffer würzen. Forellenfilets von der schmalen Seite her aufrollen und mit Holzstäbchen feststecken.

**2.** Tomaten kreuzweise einschneiden und mit kochendem Wasser übergießen. Nach 1–2 Minuten herausnehmen und mit kaltem Wasser abschrecken. Tomaten häuten, halbieren und die Stängelansätze herausschneiden. Tomaten vierteln. Gurke schälen, halbieren und die Kerne mit einem Löffel herausschaben. Gurkenhälften in Stücke schneiden.

**3.** Schalotte abziehen und klein würfeln. Thymian abspülen und trocken tupfen. Die Blättchen von den Stängeln zupfen. Schnittlauch abspülen und in feine Röllchen schneiden.

**4.** Fischröllchen, Schalottenwürfel, Thymianblättchen und Schnittlauchröllchen in einen Bratentopf (gefettet) geben. Weißwein und Wermut hinzugießen, zum Kochen bringen. Fischröllchen bei schwacher Hitze etwa 6 Minuten ziehen lassen, herausnehmen und warm stellen.

**5.** Die Sahne, Tomatenviertel und Gurkenstücke zum Fond in den Topf geben, wieder zum Kochen bringen und etwas einkochen lassen. Mit Salz und Pfeffer abschmecken. Die Butter in Flöckchen unterschlagen. Fischröllchen mit dem Schmorgemüse anrichten.

## Garnelen-Limetten-Spieße

4 Portionen

*Zubereitungszeit:* 30 Minuten

20 küchenfertige Riesengarnelen (ohne Schale, entdarmt)

**Für die Marinade:**
1 kleiner Topf Basilikum
2 Knoblauchzehen
Saft von 1 Limette
Salz
gem. Pfeffer
3 EL Olivenöl

2 Bio-Limetten (unbehandelt, ungewachst)

**Außerdem:**
8 Holz- oder Metallspieße

*Pro Portion:*
E: 5 g, F: 2 g, Kh: 1 g,
kJ: 195, kcal: 46

**1.** Garnelen kurz unter fließendem kalten Wasser abspülen, trocken tupfen und anschließend in eine flache Schale legen.

**2.** Für die Marinade Basilikum abspülen und trocken tupfen. Die Blättchen von den Stängeln zupfen. Blättchen in feine Streifen schneiden. Knoblauch abziehen und durch eine Knoblauchpresse drücken.

**3.** Limettensaft mit Salz, Pfeffer, Olivenöl, Basilikum und Knoblauch gut verrühren.

**4.** Die Garnelen mit der Marinade übergießen und mit Frischhaltefolie zugedeckt etwa 20 Minuten im Kühlschrank durchziehen lassen.

**5.** Limetten heiß abwaschen, abtrocknen und in Scheiben schneiden. Limettenscheiben abwechselnd mit den Garnelen auf Holz- oder Metallspieße stecken.

**6.** Die Garnelen-Limetten-Spieße auf den heißen Grillrost legen und von jeder Seite etwa 3 Minuten grillen. Mit Pfeffer bestreut servieren.

***Beilage:*** Ciabatta.

***Tipp:*** Noch aromatischer und intensiver schmecken die Garnelen, wenn Sie diese zugedeckt 3–4 Stunden im Kühlschrank durchziehen lassen.

Seelachsrouladen in Tomatensauce

## Seelachsrouladen in Tomatensauce

4–6 Portionen

*Zubereitungszeit:* 30 Minuten

700 g Seelachsfilet
1 EL Zitronensaft
Salz
Selleriesalz
Paprikapulver edelsüß
1 EL mittelscharfer Senf

**Für die Tomatensauce:**
10 g Butter oder Margarine
etwa 65 g TK-Zwiebelwürfel
150 ml Gemüsebrühe
400 g stückige Tomaten (aus der Dose)
2 geh. EL Tomatenmark (etwa 25 g)
etwas Tabasco
1 Prise Zucker

**Außerdem:**
8–12 Holzstäbchen, z. B. Zahnstocher

*Pro Portion:*
E: 29 g, F: 5 g, Kh: 4 g, kJ: 757, kcal: 181

**1.** Seelachsfilet kurz unter fließendem kalten Wasser abspülen und trocken tupfen. Das Seelachsfilet mit Zitronensaft beträufeln und mit Salz, Selleriesalz und Paprika würzen. Das Filet in 4–6 gleich große Scheiben schneiden.
**2.** Die Seelachsscheiben (mit der silbrig glänzenden Seite nach unten) auf eine Arbeitsfläche legen und mit dem Senf bestreichen. Anschließend die Filets von der schmalen Seite aus aufrollen. Die Fischrouladen mit je 2 Holzstäbchen feststecken.
**3.** Für die Sauce die Butter oder Margarine in einem Topf zerlassen. Zwiebelwürfel darin andünsten. Gemüsebrühe mit den Tomaten hinzufügen, unter Rühren zum Kochen bringen. Tomatensauce unter Rühren etwas einkochen lassen. Das Tomatenmark unterrühren. Die Tomatensauce mit Salz, Selleriesalz, Paprika, Tabasco und Zucker abschmecken.
**4.** Die Tomatensauce nochmals zum Kochen bringen, dann die Fischrouladen hinzugeben und zugedeckt bei schwacher Hitze in etwa 15 Minuten gar ziehen lassen. Vor dem Servieren die Holzstäbchen entfernen.

***Beilage:*** Frisch getoastete Ciabattascheiben oder Bandnudeln.

## Seelachsfilet mit Ofentomaten

2 Portionen

*Zubereitungszeit:* 25 Minuten

**Für die Ofentomaten:**
200 g Cocktailtomaten
1 TL Olivenöl
Salz, gem. Pfeffer

2 Seelachsfilets (je etwa 150 g)
1 TL Olivenöl
2 Scheiben Pancetta (ital. Bauchspeck, etwa 20 g)
1 TL Butter
einige Stängel Basilikum

*Pro Portion:*
E: 32 g, F: 14 g, Kh: 3 g, kJ: 1101, kcal: 263

**1.** Den Backofen vorheizen.
*Ober-/Unterhitze:* etwa 160 °C
*Heißluft:* etwa 140 °C
**2.** Die Tomaten abspülen, abtropfen lassen, halbieren und evtl. die Stängelansätze herausschneiden. Die Tomatenhälften auf einem Backblech (gefettet) verteilen. Tomatenhälften mit Olivenöl beträufeln, mit Salz

und Pfeffer würzen. Backblech in den vorgeheizten Backofen schieben. Tomatenhälften 10–15 Minuten garen.

**3.** In der Zwischenzeit Fischfilets kurz unter fließendem kalten Wasser abspülen, trocken tupfen, mit Pfeffer und nur etwas Salz (da der Speck salzig ist) würzen.

**4.** Olivenöl in einer Pfanne erhitzen. Die Speckscheiben darin kross ausbraten, dann aus der Pfanne nehmen und auf Küchenpapier abtropfen lassen.

**5.** Butter zum Speckfett in die Pfanne geben. Die Fischfiletstücke darin von jeder Seite etwa 4 Minuten braten.

**6.** In der Zwischenzeit das Basilikum abspülen und trocken tupfen. Die Blättchen von den Stängeln zupfen.

**7.** Die Fischfilets mit den krossen Speckscheiben und den Ofentomaten auf vorgewärmten Tellern anrichten. Die Tomaten mit Basilikumblättchen bestreuen.

***Beilage:*** Frisch getoastete Scheiben Oliven-Ciabatta.

***Tipp:*** Nehmen Sie statt Cocktailtomaten kleine Strauchtomaten.

## Wolfsbarsch unter der Kräuterkruste

4 Portionen

*Zubereitungszeit:* 25 Minuten

4 Wolfsbarschfilets
(je etwa 200 g)
Salz
gem. Pfeffer
2 EL Dijon-Senf
je 1 Bund Schnittlauch, Dill, Kerbel
8 EL Semmelbrösel
4 EL Olivenöl
2 EL Butter

*Pro Portion:*
E: 41 g, F: 21 g, Kh: 23 g,
kJ: 1870, kcal: 447

**1.** Den Backofen vorheizen.
*Ober-/Unterhitze:* etwa 200 °C
*Heißluft:* etwa 180 °C

**2.** Fischfilets kurz unter fließendem kalten Wasser abspülen, gut trocken tupfen und mit Salz und Pfeffer würzen. Die Fischfilets auf ein Backblech (gefettet) legen und die Oberfläche mit Senf bestreichen.

**3.** Schnittlauch abspülen, trocken tupfen und in Röllchen schneiden. Dill und Kerbel abspülen. Die Spitzen bzw. Blättchen von den Stängeln zupfen. Dillspitzen und Kerbelblättchen getrennt klein schneiden.

**4.** Semmelbrösel mit Olivenöl zu einer zähflüssigen Paste verrühren. Schnittlauchröllchen, Dill und Kerbel unterrühren. Mit Salz und Pfeffer würzen.

**5.** Die Kräuterpaste mit einem Esslöffel auf den Fischfilets verteilen. Butterflöckchen daraufsetzen. Das Backblech in den vorgeheizten Backofen schieben. Die Fischfilets etwa 12 Minuten (je nach Dicke des Fischfilets) überbacken.

**6.** Falls die Kräuterkruste zu schnell dunkel wird, die Fischfilets mit Alufolie zudecken.

***Beilage:*** Bohnengemüse (klein geschnittene Stangenbohnen) mit Tomatensauce.

***Tipp:*** Sie können auch TK-Wolfsbarschfilets verwenden, dann die Filets vor der Zubereitung auftauen lassen.

Seelachsfilet mit Ofentomaten

Wolfsbarsch unter der Kräuterkruste

## Schollen „Finkenwerder Art"

4 Portionen

*Zubereitungszeit:* 30 Minuten

4 küchenfertige Schollen
(je etwa 300 g)
Salz
gem. Pfeffer
40 g Weizenmehl
3–4 EL Speiseöl,
z. B. Sonnenblumenöl
etwa 150 g Speckwürfel
(aus dem Kühlregal)

Achtel von 1 Bio-Zitrone
(unbehandelt, ungewachst)
einige Zweige Dill

*Pro Portion:*
E: 47 g, F: 10 g, Kh: 6 g,
kJ: 1301, kcal: 312

**1.** Schollen kurz unter fließendem kalten Wasser abspülen, trocken tupfen, mit Salz und Pfeffer würzen. Mehl in einen tiefen Teller geben. Die Schollen in dem Mehl wenden (überschüssiges Mehl abklopfen).
**2.** Speiseöl in einer großen Pfanne erhitzen. Die Speckwürfel darin ausbraten, aus der Pfanne nehmen und warm stellen.
**3.** Schollen nacheinander (je nach Größe der Pfanne) in dem Speckfett von beiden Seiten etwa 10 Minuten braun braten, evtl. noch etwas Speiseöl hinzugeben. Schollen herausnehmen, auf einer vorgewärmten Platte anrichten.
**4.** Speckwürfel auf den Schollen verteilen. Schollen mit Zitronenachteln und abgespülten, trocken getupften Dillzweigen garniert servieren.

**Beilage:** Bratkartoffeln oder Kartoffelsalat.

## Scampi mit Kräutern

4 Portionen

*Zubereitungszeit:* 30 Minuten

32 Scampi (ohne Kopf, mit Schale)
1 Bund Thymian
1 Bund Majoran
1 Bund Basilikum
2 Zwiebeln
2 Knoblauchzehen
4 mittelgroße Tomaten
4 EL Speiseöl
50 g Butter
Salz, gem. Pfeffer

**Außerdem:**
8 Holz- oder Metallspieße

*Pro Portion:*
E: 11 g, F: 21 g, Kh: 7 g,
kJ: 1108, kcal: 263

**1.** Die Scampi kurz unter fließendem kalten Wasser abspülen und trocken tupfen. Thymian, Majoran und Basilikum abspülen und trocken tupfen. Blättchen von den Stängeln zupfen. Blättchen klein schneiden. Zwiebeln und Knoblauch abziehen, in kleine Würfel schneiden. Tomaten abspülen, trocken tupfen und die Stängelansätze herausschneiden. Tomaten in dünne Spalten schneiden, abwechselnd mit den Scampi auf 8 Spieße stecken. Restliches Tomatenfleisch in kleine Würfel schneiden.
**2.** Speiseöl in einer großen Pfanne erhitzen. Scampispieße darin von jeder Seite etwa 2 Minuten braten, mit Salz und Pfeffer würzen. Scampispieße herausnehmen und warm stellen.
**3.** Butter zum verbliebenen Bratfett in die Pfanne geben und zerlassen. Zwiebel- und Knoblauchwürfel darin andünsten. Tomatenwürfel hinzufügen und in dem Fett schwenken. Vorbereiteten Kräuter unterrühren. Mit Salz und Pfeffer abschmecken. Die Tomaten-Kräuter-Masse über die Scampispieße geben und servieren.

**Beilage:** Frisches Baguette.

Schollen „Finkenwerder Art"

Scampi mit Kräutern

Rührei mit Gambas und Koriander

## Rührei mit Gambas und Koriander

2 Portionen

*Zubereitungszeit:* 15 Minuten

5 Gambas (ohne Kopf und Schale, entdarmt)
1 EL frische Korianderblättchen
5 Eier (Größe M)
4 EL Schlagsahne oder Crème fraîche
Salz
gem. Pfeffer
30 g Butter
einige Korianderblättchen

*Pro Portion:*
E: 31 g, F: 40 g, Kh: 3 g,
kJ: 2065, kcal: 494

**1.** Die Gambas kurz unter fließendem kalten Wasser abspülen und gut trocken tupfen. Gambas halbieren.
**2.** Korianderblättchen abspülen, trocken tupfen und klein schneiden. Eier mit Sahne oder Crème fraîche und Koriander in eine Schüssel geben und mit einem Schneebesen verschlagen. Kräftig mit Salz und Pfeffer würzen. Gambas hinzugeben.
**3.** Die Butter in einer Pfanne zerlassen. Eiersahne-Gambas-Mischung bei mittlerer Hitze unter gelegentlichem Rühren so lange braten, bis die Masse zu stocken beginnt. Rührei auf Tellern mit abgespülten und trocken getupften Korianderblättchen anrichten.

## Seelachsfilet auf Zwiebel-Apfel-Püree

2 Portionen (ohne Foto)

*Zubereitungszeit:* 30 Minuten

400 g Seelachsfilet
etwas Zitronensaft
Salz
gem. Pfeffer
Currypulver
2 große Zwiebeln
2 Tomaten
1 großer, säuerlicher Apfel (etwa 250 g)
2 EL Speiseöl
125 ml halbtrockener Weißwein
Paprikapulver edelsüß
1 Prise Zucker

*Pro Portion:*
E: 38 g, F: 14 g, Kh: 20 g,
kJ: 1780, kcal: 424

**1.** Fischfilet kurz unter fließendem kalten Wasser abspülen, trocken tupfen, evtl. vorhandene Gräten entfernen. Fischfilet mit Zitronensaft beträufeln, mit Salz, Pfeffer und Curry würzen.
**2.** Die Zwiebeln abziehen, halbieren und in Streifen schneiden. Tomaten kreuzweise einschneiden und mit kochendem Wasser übergießen. Nach 1–2 Minuten herausnehmen und mit kaltem Wasser abschrecken. Tomaten häuten, halbieren und die Stängelansätze herausschneiden. Tomaten grob würfeln. Den Apfel schälen, vierteln, entkernen und in große Würfel schneiden.
**3.** Speiseöl in einer großen Pfanne erhitzen. Die Zwiebelstreifen darin glasig dünsten. Apfelwürfel hinzugeben und kurz mit anbraten.
**4.** Tomatenwürfel und Wein hinzugeben, zum Kochen bringen und etwa 5 Minuten kochen lassen.
**5.** Das Fischfilet auf die Tomaten-Zwiebel-Apfel-Masse legen, etwa 10 Minuten mitgaren lassen. Fischfilet herausnehmen und warm stellen.
**6.** Die Gemüse-Apfel-Masse pürieren, mit Paprika, Pfeffer, Curry, Salz und Zucker abschmecken.
**7.** Seelachsfilet auf dem Zwiebel-Apfel-Püree anrichten und servieren.

## Forelle in Alufolie

2 Portionen

*Zubereitungszeit:* 30 Minuten

2 küchenfertige Forellen
(je etwa 200 g)
Saft von 2 Zitronen
Salz, gem. Pfeffer
je 2–3 Stängel Petersilie und Dill

**Außerdem:**
2 Bögen Alufolie

*Pro Portion:*
E: 37 g, F: 5 g, Kh: 2 g,
kJ: 959, kcal: 229

**1.** Den Backofen vorheizen.
*Ober-/Unterhitze:* etwa 200 °C
*Heißluft:* etwa 180 °C
**2.** Die Forellen innen und außen kurz unter fließendem kalten Wasser abspülen und trocken tupfen. Forellen mit Zitronensaft beträufeln.
**3.** Forellen nochmals trocken tupfen, innen und außen mit Salz und Pfeffer würzen.
**4.** Petersilie und Dill abspülen, trocken tupfen, in die Forellen legen.
**5.** Die Forellen fest in je einen Bogen Alufolie wickeln, sodass keine Flüssigkeit heraustreten kann. Die eingewickelten Forellen auf dem Rost in den vorgeheizten Backofen schieben. Die Forellen etwa 20 Minuten garen.

***Beilage:*** Salzkartoffeln und grüner Salat.

***Tipp:*** Die Forellen mit abgespülten, trocken getupften Dillspitzen und klein geschnittener Petersilie garnieren und in der Alufolie servieren.

## Saiblingpfanne

2 Portionen

*Zubereitungszeit:* 30 Minuten

2–4 Saiblingfilets (mit Haut, etwa 500 g)
1 Salatgurke (etwa 400 g)
2 EL Olivenöl
40 g Butter
1/2 Bund Dill
Salz, gem. Pfeffer
Saft von 1 Limette

*Pro Portion:*
E: 49 g, F: 32 g, Kh: 4 g,
kJ: 2121, kcal: 505

**1.** Saiblingfilets kurz unter fließendem kalten Wasser abspülen und trocken tupfen.
**2.** Salatgurke abspülen, trocken tupfen und die Enden abschneiden. Die Gurke längs halbieren und die Kerne mit einem Löffel herausschaben. Die Gurkenhälften in etwa 1 cm dicke Scheiben schneiden.
**3.** Olivenöl in einer großen Pfanne erhitzen. Die Fischfilets darin auf der Hautseite anbraten, herausnehmen und warm stellen.
**4.** Die Butter in die Pfanne geben und zerlassen. Die Gurkenscheiben darin etwa 5 Minuten unter Rühren garen.
**5.** In der Zwischenzeit Dill abspülen und trocken tupfen. Die Spitzen von den Stängeln zupfen. Einige Dillspitzen zum Garnieren beiseitelegen. Restliche Spitzen klein schneiden.
**6.** Den Dill unter das Gurkengemüse rühren, mit Salz, Pfeffer und Limettensaft abschmecken.
**7.** Die Fischfilets mit Salz und Pfeffer bestreuen und nebeneinander mit der Hautseite nach oben auf das Gurkengemüse setzen.
**8.** Die Saiblingpfanne weitere etwa 5 Minuten bei schwacher Hitze durchziehen lassen.
**9.** Die Saiblingpfanne mit den beiseitegelegten Dillspitzen garnieren.

***Tipp:*** Statt Saiblingfilets können Sie auch Forellen- oder Zanderfilets verwenden.

## Forelle „Müllerin"

4 Portionen

*Zubereitungszeit:* 25 Minuten

4 küchenfertige Forellen
(je etwa 200 g)
Salz
gem. Pfeffer
40 g Weizenmehl
3 EL Speiseöl, z. B. Sonnenblumenöl
40 g Butter
Scheiben von 1 Bio-Zitrone
(unbehandelt, ungewachst)

*Pro Portion:*
E: 40 g, F: 17 g, Kh: 8 g,
kJ: 1446, kcal: 345

**1.** Die Forellen innen und außen kurz unter fließendem kalten Wasser abspülen, trocken tupfen. Forellen von innen und außen mit Salz und Pfeffer einreiben. Anschließend in Mehl wenden, überschüssiges Mehl abklopfen.
**2.** Speiseöl in einer großen Pfanne erhitzen. Die Forellen darin von beiden Seiten bei mittlerer Hitze anbraten. Butter hinzufügen und zerlassen. Die Forellen von jeder Seite etwa 5 Minuten braten und herausnehmen.
**3.** Die Forellen mit Zitronenscheiben garniert servieren.

***Beilage:*** Petersilienkartoffeln und ein gemischter Blattsalat.

***Tipp:*** Für Mandelforellen können Sie 50–75 g gehobelte Mandeln in der Pfanne mitbräunen lassen und zum Servieren über die Forellen geben.

Forelle „Müllerin"

## Fischpfanne mit Paprika

4 Portionen (ohne Foto)

*Zubereitungszeit:* 30 Minuten

800 g Fischfilet, z. B. Seelachsfilet
Saft von 1 Zitrone
Salz
2 TL Paprikapulver edelsüß
1 Zwiebel
40 g Butter
50 g Schinkenwürfel
(aus dem Kühlregal)
2 Paprikaschoten (je etwa 250 g)
1 EL Tomatenmark
1 Msp. Knoblauchpulver
1–2 Gewürzgurken (etwa 150 g)
250 ml Gemüsebrühe
150 g saure Sahne
1 EL klein geschnittener Dill

*Pro Portion:*
E: 41 g, F: 18 g, Kh: 8 g,
kJ: 1503, kcal: 359

**1.** Fischfilet kurz unter fließendem kalten Wasser abspülen, trocken tupfen und in mundgerechte Stücke schneiden. Fischstücke mit Zitronensaft beträufeln, mit Salz und 1 Teelöffel Paprika würzen. Die Zwiebel abziehen und in kleine Würfel schneiden. Die Butter in einer großen Pfanne zerlassen. Die Schinken- und Zwiebelwürfel darin andünsten.
**2.** In der Zwischenzeit Paprikaschoten halbieren, entstielen, entkernen und die weißen Scheidewände entfernen. Schoten abspülen, abtropfen lassen und in Streifen schneiden. Paprika zu den Zwiebeln geben und unter Rühren kurz mit andünsten. Tomatenmark, restliches Paprikapulver und Knoblauch unterrühren.
**3.** Die Gurken in große Würfel schneiden, mit den Fischstücken auf die Paprikastreifen legen. Brühe hinzugießen, zum Kochen bringen und zugedeckt etwa 10 Minuten gar ziehen lassen. Saure Sahne und Dill unterrühren. Die Fischpfanne mit Salz und Paprika abschmecken.

## Zander im Papier
4 Portionen

*Zubereitungszeit:* 30 Minuten

4 Zanderfilets (je etwa 150 g)
1 Fenchelknolle (etwa 200 g)
20 g Butter
80 g Rosinen
1 TL Zucker
1 EL Balsamico-Essig
200 ml heiße Gemüsebrühe
Salz
gem. Pfeffer

**Außerdem:**
4 Bögen Backpapier

*Pro Portion:*
E: 30 g, F: 6 g, Kh: 17 g,
kJ: 1019, kcal: 243

**1.** Den Backofen vorheizen.
*Ober-/Unterhitze:* etwa 200 °C
*Heißluft:* etwa 180 °C
**2.** Die Zanderfilets kurz unter fließendem kalten Wasser abspülen und trocken tupfen.
**3.** Die Fenchelknolle putzen, abspülen, abtropfen lassen, halbieren und in kleine Würfel schneiden.
**4.** Butter in einer Pfanne zerlassen. Fenchelstücke und Rosinen darin unter Wenden andünsten. Zucker darüberstreuen und leicht karamellisieren lassen. Essig und heiße Brühe hinzugießen, zum Kochen bringen und um ein Viertel einkochen lassen.
**5.** Auf jeweils 1 Bogen Backpapier 1 Zanderfilet legen und mit Salz und Pfeffer würzen. Die Fenchel-Rosinen-Mischung darauf verteilen. Das Backpapier so zusammenfalten, dass keine Flüssigkeit auslaufen kann. Die Päckchen auf ein Backblech legen. Das Backblech in den vorgeheizten Backofen schieben. Die Zanderfilets etwa 15 Minuten garen.

## Speckschollen
4 Portionen

*Zubereitungszeit:* 30 Minuten

4 küchenfertige Schollen (je etwa 300 g)
Salz, gem. Pfeffer
etwa 150 g durchwachsener Speck
1 Bio-Zitrone (unbehandelt, ungewachst)
40 g Weizenmehl
evtl. 3–4 EL Speiseöl, z. B. Sonnenblumenöl
einige Stängel Dill

*Pro Portion:*
E: 47 g, F: 15 g, Kh: 6 g,
kJ: 1455, kcal: 349

**1.** Schollen kurz unter fließendem kalten Wasser abspülen, trocken tupfen, mit Salz und Pfeffer einreiben. Speck in Würfel schneiden. Die Zitrone heiß abwaschen, abtrocknen und achteln.
**2.** Schollen in Mehl wenden, überschüssiges Mehl leicht abschütteln.
**3.** Speiseöl in einer großen Pfanne erhitzen. Speckwürfel darin ausbraten, herausnehmen, warm stellen.
**4.** Die Schollen in 2 großen Pfannen in dem Speckfett etwa 8 Minuten von jeder Seite braun und gar braten, evtl. noch etwas Speiseöl hinzugeben. Schollen herausnehmen, auf einer vorgewärmten Platte anrichten.
**5.** Dill abspülen und trocken tupfen. Die Speckwürfel auf den Schollen verteilen. Die Schollen mit Zitronenspalten und Dillstängeln garniert servieren.

Zander im Papier

Speckschollen

Zander auf dem Fenchelbett

***Beilage:*** Salzkartoffeln und Feldsalat.

***Tipp:*** Zusätzlich 150–200 g küchenfertige Krabben in dem Speckfett anbraten und auf den Schollen verteilen.

## Zander auf dem Fenchelbett

4 Portionen

*Zubereitungszeit:* 30 Minuten

2 Fenchelknollen (je etwa 200 g)
200 g Cocktailtomaten
1 Zucchini (etwa 200 g)
8 Stängel Zitronenthymian
Salz, gem. Pfeffer
Saft von 1 Limette
evtl. etwas Knoblauchpulver oder 1 abgezogene Knoblauchzehe
4 kleine Zanderfilets (je etwa 130 g)
evtl. einige Spalten von 1 Bio-Limette (unbehandelt, ungewachst)

**Außerdem:**
4 Auflaufförmchen

*Pro Portion:*
E: 28 g, F: 2 g, Kh: 5 g,
kJ: 663, kcal: 158

**1.** Den Backofen vorheizen.
*Ober-/Unterhitze:* etwa 220 °C
*Heißluft:* etwa 200 °C
**2.** Die Fenchelknollen putzen, abspülen, abtropfen lassen, längs halbieren und anschließend quer in Streifen schneiden.
**3.** Die Tomaten abspülen, abtrocknen, halbieren und evtl. die Stängelansätze herausschneiden. Zucchini abspülen, abtrocknen und die Enden abschneiden. Zucchini längs vierteln, dann quer in schmale Stücke schneiden.
**4.** Zitronenthymian abspülen und trocken tupfen. Die Blättchen von den Stängeln zupfen. Etwa 4 Stängel zum Garnieren beiseitelegen.
**5.** Die Fenchelstreifen mit den Tomatenhälften und Zucchinistücken in einer Schüssel gut vermischen. Die Gemüsemischung mit den Thymianblättchen, Salz, Pfeffer und der Hälfte des Limettensaftes würzen.
**6.** Gemüse nach Belieben zusätzlich mit Knoblauchpulver oder 1 zerdrückten Knoblauchzehe würzen.
**7.** Die Zanderfilets kurz unter fließendem kalten Wasser abspülen und trocken tupfen.
**8.** Zanderfilets mit Salz und Pfeffer würzen, mit dem restlichen Limettensaft beträufeln.
**9.** Die Gemüsemischung in 4 feuerfeste Auflaufförmchen (gefettet) geben und dann die Zanderfilets darauflegen.
**10.** Auflaufförmchen auf dem Rost in den vorgeheizten Backofen schieben. Die Zanderfilets 15–20 Minuten garen.
**11.** Zanderfilets mit dem beiseitegelegten Fenchelgrün, den Thymianstängeln und evtl. den Limettenspalten garnieren.

***Beilage:*** Salzkartoffeln.

***Tipps:*** Wenn Sie keinen Zitronenthymian bekommen, können Sie ebenso gut Thymian verwenden. Sie können auch tiefgekühlte Zanderfilets verwenden. Diese müssen nur so lange angetaut werden, dass sie sich voneinander lösen lassen. Sie können das Gericht auch in einer großen Auflaufform zubereiten. Die Garzeit ändert sich dadurch nicht.

Pfeffermakrele auf russische Art

Schollenfilet in Zitronen-Kräuter-Panade

## Pfeffermakrele auf russische Art

4 Portionen

*Zubereitungszeit:* 20 Minuten

1 Apfel
1 EL mittelscharfer Senf
1 TL Senfpulver
1 EL ger. Meerrettich
300 g saure Sahne
Salz
gem. Pfeffer
2 geräucherte, in Pfeffer gewälzte Makrelenfilets (je etwa 125 g)
einige Kopfsalatblätter
300 g abgetropfte Rote-Bete-Kugeln, süßsauer (aus dem Glas)
300 g abgetropfte, gekochte Kartoffelkügelchen (aus dem Glas)
4 EL Schnittlauchröllchen

*Pro Portion:*
E: 19 g, F: 17 g, Kh: 21 g,
kJ: 1375, kcal: 328

**1.** Apfel schälen, halbieren, entkernen und auf einer Haushaltsreibe reiben, mit Senf, Senfpulver, Meerrettich und saurer Sahne cremig rühren, mit Salz und Pfeffer würzen.

**2.** Makrelenfilets auf eine Servierplatte legen. Abgespülte und trocken getupfte Kopfsalatblätter darumlegen. Rote-Bete-Kugeln und Kartoffelkügelchen auf den Salatblättern anrichten und mit Schnittlauchröllchen bestreuen. Die Apfel-Meerrettich-Sauce dazureichen.

## Schollenfilet in Zitronen-Kräuter-Panade

4 Portionen

*Zubereitungszeit:* 30 Minuten, ohne Abkühlzeit

**Für den Kartoffelsalat:**
1 kg gekochte, festkochende Pellkartoffeln
2 Zwiebeln
4 EL Speiseöl
150 ml heiße Gemüsebrühe
6 EL Weißweinessig
1 TL mittelscharfer Senf
Salz, gem. Pfeffer

**Für die Schollenfilets:**
4 Schollenfilets (etwa 500 g)
2 Bio-Zitronen (unbehandelt, ungewachst)
2 EL klein geschnittene Kräuter, z. B. Petersilie, Dill, Estragon, Thymian
4 EL Semmelbrösel
1 Ei
4 EL Weizenmehl
6 EL Rapsöl

1 Bund Schnittlauch

*Pro Portion:*
E: 30 g, F: 24 g, Kh: 45 g,
kJ: 2183, kcal: 522

**1.** Für den Salat die Kartoffeln heiß pellen, in Scheiben schneiden und in eine große Schüssel geben.
**2.** Zwiebeln abziehen und in kleine Würfel schneiden. Speiseöl in einem Topf erhitzen, Zwiebelwürfel darin glasig dünsten. Heiße Brühe, Essig und Senf hinzugeben und aufkochen lassen. Die Zwiebelmarinade zu den noch warmen Kartoffelscheiben geben und vorsichtig unterheben. Mit Salz und Pfeffer würzen, erkalten lassen.
**3.** Für die Schollenfilets die Schollenfilets kurz unter fließendem kalten Wasser abspülen und trocken tupfen. Die Zitronen heiß abwaschen, abtrocknen und die Schale mit einer feinen Reibe ringsherum abraspeln.

**4.** Die Zitronenschale mit Kräutern und Semmelbröseln vermischen. Das Ei in einem tiefen Teller verschlagen.
**5.** Die Schollenfilets mit Salz und Pfeffer würzen, zuerst in Mehl wenden (überschüssiges Mehl abklopfen), dann durch das verschlagene Ei ziehen, am Rand abstreifen und in der Zitronen-Kräuter-Panade wenden, etwas andrücken.
**6.** Rapsöl in einer großen Pfanne erhitzen. Die Schollenfilets darin von jeder Seite etwa 3 Minuten braten. Die Schollenfilets aus der Pfanne nehmen.
**7.** Schnittlauch abspülen, trocken tupfen und in feine Röllchen schneiden. Den Kartoffelsalat nochmals mit Salz und Pfeffer abschmecken, evtl. noch etwas Gemüsebrühe hinzugeben und Schnittlauchröllchen unterheben.
**8.** Die Schollenfilets mit dem Kartoffelsalat anrichten.

***Tipp:*** Sie können den Kartoffelsalat statt mit der Zwiebelmarinade auch mit 250 g Salatcreme zubereiten. Den Salat dann mit Salz, Pfeffer und etwas Zucker abschmecken.

## Variationen von Gambas

4 Portionen

*Zubereitungszeit:* 25 Minuten

500 g geschälte Garnelen
Saft von 1 Zitrone
50 ml Sherry
7–8 Knoblauchzehen
125 ml Olivenöl
1 Bund Petersilie
2 EL ger. Zitronenschale
Salz, gem. Pfeffer
12 küchenfertige Gambas
(ohne Kopf und Schale, entdarmt)
4–6 EL Olivenöl
etwas Zitronensaft

*Pro Portion:*
E: 30 g, F: 6 g, Kh: 3 g,
kJ: 817, kcal: 195

**1.** Garnelen in eine Schüssel geben, mit Zitronensaft und Sherry beträufeln, kurz marinieren. Knoblauch abziehen und fein hobeln. Olivenöl in einer Pfanne erhitzen. Zwei Drittel des Knoblauchs darin glasig dünsten.
**2.** Die Garnelen aus der Marinade nehmen, abtropfen lassen, zu den Knoblauchscheiben geben und unter Wenden 4–5 Minuten braten.
**3.** In der Zwischenzeit die Petersilie abspülen und trocken tupfen. Die Blättchen von den Stängeln zupfen. Blättchen klein schneiden. Petersilie und Zitronenschale zu den Garnelen geben, untermischen und kurz mitdünsten lassen. Die Garnelen mit Salz und Pfeffer würzen.
**4.** Gambas kurz unter fließendem kalten Wasser abspülen und trocken tupfen.
**5.** Olivenöl in einer großen Pfanne erhitzen. Restliche Knoblauchscheiben darin andünsten. Die Gambas hinzugeben und evtl. portionsweise etwa 2 Minuten von beiden Seiten braten. Gambas aus der Pfanne nehmen, mit Salz, Pfeffer und Zitronensaft würzen und auf Küchenpapier abtropfen lassen.
**6.** Die Garnelen und Gambas in einer Schale anrichten und servieren.

***Tipp:*** Lassen Sie die Garnelen in der Marinade zugedeckt im Kühlschrank etwa 2 Stunden durchziehen.

Variationen von Gambas

## Makrelenfilet in rosa Pfefferrahm

4 Portionen

*Zubereitungszeit:* 25 Minuten

8 Makrelenfilets (je etwa 100 g)
etwas Zitronensaft
Salz
1 TL zerstoßene, rosa Pfefferbeeren
6–8 EL Speiseöl
1 kleine Zwiebel
50 g Butter
100 ml trockener Roséwein
100 g Schlagsahne
1 EL rosa Pfefferbeeren

*Pro Portion:*
E: 38 g, F: 63 g, Kh: 2 g,
kJ: 3266, kcal: 780

**1.** Makrelenfilets kurz unter fließendem kalten Wasser abspülen, trocken tupfen und die Haut mehrmals schräg einritzen. Die Makrelenfilets mit Zitronensaft beträufeln, mit Salz und rosa Pfefferbeeren würzen.
**2.** Speiseöl in einer Pfanne erhitzen. Makrelenfilets darin von beiden Seiten etwa 5 Minuten knusprig braun braten. Die Makrelenfilets aus der Pfanne nehmen und warm stellen.
**3.** Das Bratfett abgießen. Zwiebel abziehen und klein würfeln. Butter in der Pfanne zerlassen, die Zwiebelwürfel darin andünsten.
**4.** Mit Wein und Sahne ablöschen und etwas einkochen. Den Pfefferrahm nochmals mit Salz und Pfeffer abschmecken. Rosa Pfefferbeeren unterrühren. Die Makrelenfilets mit dem rosa Pfefferrahm anrichten.

Makrelenfilet in rosa Pfefferrahm

## Makrelenfilet, überbacken

4 Portionen (ohne Foto)

*Zubereitungszeit:* 30 Minuten

50 g Butter
500 g TK-Blattspinat
Salz
gem. Pfeffer
ger. Muskatnuss

8 Makrelenfilets
(je etwa 125 g)
2 EL Zitronensaft
2 TL Worcestersauce
2 Schalotten
50 g Butter
100 g Schinkenspeckwürfel
(aus dem Kühlregal)
200 g Blauschimmelkäse

*Pro Portion:*
E: 32 g, F: 62 g, Kh: 5 g,
kJ: 3111, kcal: 744

**1.** Butter in einem Topf zerlassen. Den Spinat darin so lange dünsten, bis er zusammenfällt. Spinat mit Salz, Pfeffer und Muskat würzen.
**2.** Makrelenfilets kurz abspülen, trocken tupfen, mit Zitronensaft und Worcestersauce beträufeln, mit Salz und Pfeffer würzen. Makrelenfilets nochmals trocken tupfen.
**3.** Schalotten abziehen und klein würfeln. Die Butter in einer großen Pfanne zerlassen. Die Makrelenfilets darin etwa 5 Minuten von beiden Seiten braten, herausnehmen und warm stellen. Schalotten- und Speckwürfel in dem verbliebenen Bratfett andünsten.
**4.** Den Backofengrill vorheizen.
**5.** Den Spinat auf 4 feuerfesten Tellern anrichten. Je 2 Makrelenfilets darauflegen, die Speck- und Schalottenwürfel darauf verteilen. Käse in Scheiben schneiden und daraufgeben.
**6.** Die Makrelenfilets unter dem vorgeheizten Grill 5–8 Minuten überbacken.

Heringscreme-Topf

Makrelen in Alufolie

## Heringscreme-Topf
4 Portionen

*Zubereitungszeit:* 30 Minuten

6 Heringsfilets,
z. B. Bismarckheringe (je etwa 75 g)
1 rote Zwiebel
2 Äpfel
2 Gewürzgurken
250 g Salatcreme
250 g Joghurt (3,5 % Fett)
Salz, gem. Pfeffer
1 Prise Zucker
evtl. etwas Gurkenflüssigkeit
etwas Zitronensaft
einige Dillspitzen

*Pro Portion:*
E: 19 g, F: 37 g, Kh: 21 g,
kJ: 2101, kcal: 504

**1.** Heringsfilets in mundgerechte Stücke schneiden.
**2.** Zwiebel abziehen, zuerst in Scheiben schneiden, dann in Ringe teilen. Äpfel schälen, vierteln, entkernen und in dünne Scheiben schneiden. Gurken in Würfel schneiden.
**3.** Salatcreme mit Joghurt verrühren. Die Heringsfiletstücke, Zwiebelringe, Apfelscheiben und Gurkenwürfel vorsichtig unterheben.
**4.** Den Heringscreme-Topf mit Salz, Pfeffer, Zucker, evtl. etwas Gurkenflüssigkeit und Zitronensaft abschmecken. Den Heringscreme-Topf 15–20 Minuten in den Kühlschrank stellen und durchziehen lassen.
**5.** Den Heringscreme-Topf mit abgespülten, trocken getupften Dillspitzen garniert servieren.

***Beilage:*** Pellkartoffeln oder Vollkornbrot und Butter.

## Makrelen in Alufolie
4 Portionen

*Zubereitungszeit:* 30 Minuten

1 kleine Fenchelknolle
4 küchenfertige Makrelen
(je etwa 200 g)
Salz
gem. bunter Pfeffer
Saft von 1 Limette
1 Bund Dill
100 g TK-Möhrenscheiben
50 g TK-Champignonscheiben

**Außerdem:**
4 Stücke Alufolie

*Pro Portion:*
E: 26 g, F: 16 g, Kh: 3 g,
kJ: 1175, kcal: 281

**1.** Fenchel putzen, abspülen, abtropfen lassen, halbieren und in Scheiben schneiden.
**2.** Den Backofen vorheizen.
*Ober-/Unterhitze:* etwa 200 °C
*Heißluft:* etwa 180 °C
**3.** Makrelen innen und außen kurz unter fließendem kalten Wasser abspülen und trocken tupfen.
**4.** Die Ränder der Alufolienstücke so einrollen, dass ein fester Rand entsteht und keine Flüssigkeit heraustreten kann. Die Makrelen jeweils hineinlegen, innen und außen mit Salz und Pfeffer würzen, mit Limettensaft beträufeln. Dill abspülen und trocken tupfen. Die Spitzen von den Stängeln zupfen.
**5.** Gemüsescheiben und Dillspitzen gleichmäßig auf den Makrelen verteilen. Die Makrelen in der Alufolie auf ein Backblech legen. Das Backblech in den vorgeheizten Backofen schieben. Die Makrelen etwa 20 Minuten garen.
**6.** Die Makrelen vom Backblech nehmen und in der Folie mit dem Gemüse servieren.

***Beilage:*** Kartoffeln.

***Tipps:*** Die Makrelen mit Limettenscheiben garniert servieren. Sie können die Makrelen auch in einer flachen Auflaufform garen.

Matjes mit Apfelsalat

Miesmuscheln „Spanische Art"

## Matjes mit Apfelsalat

2 Portionen

*Zubereitungszeit:* 15 Minuten

4 Matjesfilets (etwa 300 g)
1 kleines, hart gekochtes Ei
2 große Gewürzgurken
(etwa 100 g)
2 kleine, säuerliche Äpfel
(etwa 250 g)
1 EL frisch gepresster Zitronensaft

**Für die Salatsauce:**
50 g Salatmayonnaise
1–2 EL Joghurt (3,5 % Fett)
1–2 EL Gurkenflüssigkeit
Salz
gem. Pfeffer
2 Stängel Dill

*Pro Portion:*
E: 32 g, F: 40 g, Kh: 16 g,
kJ: 2341, kcal: 558

**1.** Die Matjesfilets kurz unter fließendem kalten Wasser abspülen, trocken tupfen, evtl. noch vorhandene Gräten entfernen.
**2.** Ei pellen, halbieren und das Eigelb mit einem Löffel herauslösen. Eigelb hacken und beiseitestellen. Eiweiß und Gewürzgurken in kleine Würfel schneiden. Äpfel heiß abwaschen, abtrocknen, vierteln und entkernen. Apfelstücke mit der Schale fein würfeln und mit Zitronensaft beträufeln.
**3.** Für die Salatsauce die Salatmayonnaise mit Joghurt glatt rühren. Die Sauce mit Gurkenflüssigkeit, Salz und Pfeffer abschmecken, mit Eiweiß-, Gurken- und Apfelwürfeln verrühren.
**4.** Die Matjesfilets auf 2 Teller legen, den Salat daraufgeben und mit dem beiseitegelegten, gehackten Eigelb bestreuen. Dill abspülen und trocken tupfen. Die Spitzen von den Stängeln zupfen. Den Salat mit den Dillspitzen garniert servieren.

***Beilage:*** Frisches Baguette, Pellkartoffeln oder Bratkartoffeln.

***Tipps:*** Nach Belieben den Salat im Kühlschrank etwa 1 Stunde durchziehen lassen. Für Fisch-Liebhaber schmecken Matjes pur am besten. Dafür die Matjesfilets auf 2 gebutterte Vollkorn-Brotscheiben legen und mit einigen roten Zwiebelringen belegen.

## Miesmuscheln „Spanische Art"

4 Portionen

*Zubereitungszeit:* 30 Minuten

1 kg Miesmuscheln
1 mittelgroße Zwiebel
500 ml heißes Salzwasser
1/2 Lorbeerblatt

1 kleine Zwiebel
2 Knoblauchzehen
300 g Tomaten
2 EL Olivenöl
1/2 Chilischote
1 1/2 EL Semmelbrösel
75 ml Weißwein
2 TL Paprikapulver edelsüß
2 hart gekochte Eier
2 EL klein geschnittene Petersilie

*Pro Portion:*
E: 9 g, F: 9 g, Kh: 5 g,
kJ: 614, kcal: 147

**1.** Miesmuscheln in reichlich kaltem Wasser gründlich waschen und einzeln abbürsten, bis sie nicht mehr sandig sind (Muscheln, die sich beim

Waschen öffnen, sind ungenießbar). Evtl. die Fäden (Bartbüschel) entfernen.
**2.** Zwiebel abziehen und in Scheiben schneiden. Salzwasser in einem Topf zum Kochen bringen. Muscheln, Zwiebelscheiben und Lorbeerblatt hinzugeben. Die Muscheln zugedeckt etwa 10 Minuten kochen lassen.
**3.** In der Zwischenzeit Zwiebel und Knoblauch abziehen, klein würfeln. Tomaten abspülen, trocken tupfen, halbieren und die Stängelansätze entfernen. Tomatenhälften entkernen und in Würfel schneiden.
**4.** Muscheln mit einer Schaumkelle aus dem Kochsud nehmen. Das Muschelfleisch aus den Schalen lösen. Die unteren Schalenhälften in eine feuerfeste Form (gefettet) geben. Das Muschelfleisch in die Schalen legen (Muscheln, die sich nach dem Garen nicht öffnen, sind ungenießbar). Kochsud durch ein Geschirrtuch gießen und beiseitestellen.
**5.** Olivenöl in einem Topf erhitzen. Zwiebel- und Knoblauchwürfel darin andünsten. Tomatenstücke, abgespülte Chilischote, Semmelbrösel, Wein, Paprikapulver und den beiseitegestellten Kochsud hinzugeben. Die Zutaten bei starker Hitze um die Hälfte einkochen lassen.
**6.** Die Sauce durch ein Sieb gießen, abschmecken und auf dem Muschelfleisch verteilen. Eier pellen, in kleine Würfel schneiden und mit der Petersilie daraufstreuen. Die Form auf die Kochstelle stellen. Die Muscheln bei schwacher Hitze erhitzen und heiß servieren.

## Gebratene Garnelen

4 Portionen

*Zubereitungszeit:* 25 Minuten

400 g küchenfertige Garnelen (geschält, entdarmt)
je 100 g rote und gelbe Cocktailtomaten
1 Bund glatte Petersilie
4 Knoblauchzehen
2–3 EL Olivenöl
Salz
gem. Pfeffer

*Pro Portion:*
E: 19 g, F: 9 g, Kh: 3 g,
kJ: 715, kcal: 171

**1.** Die Garnelen kurz unter fließendem kalten Wasser abspülen und gut abtropfen lassen.
**2.** Die Tomaten abspülen, abtrocknen, vierteln, entkernen und die Stängelansätze herausschneiden. Die Petersilie abspülen und trocken tupfen. Die Blättchen von den Stängeln zupfen. Einige Blättchen zum Garnieren beiseitelegen. Die restlichen Blättchen klein schneiden.
**3.** Den Knoblauch abziehen und durch eine Knoblauchpresse drücken oder sehr fein hacken.
**4.** Das Olivenöl in einer Pfanne erhitzen. Die Knoblauchwürfel und Garnelen hinzugeben und unter Wenden anbraten.
**5.** Dann die Tomatenviertel und die klein geschnittene Petersilie unterrühren. Die Garnelen mit Salz und Pfeffer würzen.
**6.** Die gebratenen Garnelen mit den beiseitegelegten Petersilienblättchen bestreut servieren.

Gebratene Garnelen

## Gebratene grüne Heringe

4 Portionen

*Zubereitungszeit:* 25 Minuten

1 kg küchenfertige, grüne Heringe
2 EL Weizenmehl
Salz
gem. Pfeffer
5 EL Speiseöl

*Pro Portion:*
E: 46 g, F: 53 g, Kh: 4 g,
kJ: 3017, kcal: 720

**1.** Die Heringe innen und außen kurz unter fließendem kalten Wasser abspülen und trocken tupfen. Mehl mit Salz und Pfeffer vermischen. Die Heringe darin wenden.
**2.** Speiseöl in einer großen Pfanne erhitzen. Die Heringe darin von jeder Seite 3–4 Minuten braten.

***Beilage:*** Bratkartoffeln, Kartoffelsalat oder auch Pellkartoffeln und Kräuterschmand.

## Seelachsschnitzel in Cornflakes-Kruste

4 Portionen

*Zubereitungszeit:* 30 Minuten

600–700 g Fischfilet, z. B. Seelachs
etwas Zitronensaft
Salz
gem. Pfeffer
125 g Cornflakes
2 Eier (Größe M)
2 EL Weizenmehl

**Für den Salat:**
1/2 Eisbergsalat (etwa 125 g)
1/2 Lollo rosso (etwa 125 g)
1/2 Bund Radieschen (etwa 100 g)
1/2 Bund Schnittlauch
150 g Joghurt (3,5 % Fett)
Saft von 1/2 Zitrone
etwas Zucker

3 EL Speiseöl, z. B. Sonnenblumenöl

*Pro Portion:*
E: 36 g, F: 17 g, Kh: 23 g,
kJ: 1633, kcal: 389

**1.** Seelachsfilet kurz unter fließendem kalten Wasser abspülen, trocken tupfen, in 12 gleich große Stücke teilen. Dickere Fischstücke etwas flach drücken. Fischstücke mit Zitronensaft beträufeln. Mit Salz und Pfeffer würzen.
**2.** Cornflakes in einen Gefrierbeutel geben. Beutel fest verschließen. Cornflakes mit einer Teigrolle fein zerbröseln, in eine Schüssel geben. Eier in einer flachen Schüssel verschlagen. Die Fischstücke zuerst in Mehl wenden, dann durch die verschlagenen Eier ziehen, am Schüsselrand abstreifen und zuletzt in den Cornflakesbröseln wenden. Panade fest andrücken.
**3.** Für den Salat Eisbergsalat und Lollo rosso putzen, abspülen, gut abtropfen lassen oder trocken schleudern. Salat in Stücke zupfen. Radieschen putzen, abspülen, trocken tupfen und in Scheiben schneiden. Schnittlauch abspülen, trocken tupfen und in Röllchen schneiden.
**4.** Den Joghurt mit Zitronensaft verrühren. Mit Salz, Pfeffer und Zucker kräftig würzen. Den Salat mit der Jo-

Gebratene grüne Heringe

Seelachsschnitzel in Cornflakes-Kruste

ghurtsauce vermischen, mit Schnittlauchröllchen bestreuen.

**5.** Jeweils die Hälfte des Speiseöls in einer großen Pfanne erhitzen. Die Fischstücke darin in 2 Portionen etwa 6 Minuten von beiden Seiten goldbraun braten und herausnehmen. Die Seelachsschnitzel mit dem Salat servieren.

***Beilage:*** In Butter geschwenkte Salzkartoffeln mit gehackten Kräutern oder ein fertig gekaufter Kartoffelsalat mit Joghurt-Dressing.

***Tipps:*** Für dieses Gericht können Sie auch anderes festes Fischfilet verwenden, z. B. Kabeljau. Wenn Sie auf TK-Fischfilets zurückgreifen möchten, dann Fischfilets auftauen lassen, kurz unter fließendem kalten Wasser abspülen, trocken tupfen, mit Zitronensaft beträufeln. Dann wie im Rezept beschrieben weiter verarbeiten. Falls kleine Kinder mitessen, Filetstückchen zuvor gründlich auf kleine Gräten untersuchen. Denn die meisten Kinder empfinden es als äußerst unangenehm, Gräten im Mund zu haben und weigern sich, weiter zu essen. Dazu mit den Händen vorsichtig entgegen der Faser des Fischfleisches streichen, Gräten ggf. mit einer Pinzette herausziehen. Übrigens: Die unteren Schwanzstücke vom Seelachs sind zwar dünner, enthalten aber, sofern gut filetiert, in der Regel keine Gräten.

## Gebratene Makrelenfilets mit Dillbutter

4 Portionen

*Zubereitungszeit:* 25 Minuten

4 Makrelenfilets
(je etwa 125 g)
Salz
20 g Weizenmehl
4 EL Olivenöl

**Für die Dillbutter:**
100 g Butter (zimmerwarm)
1 EL klein geschnittener Dill
einige Tropfen Zitronensaft

*Pro Portion:*
E: 29 g, F: 44 g, Kh: 4 g,
kJ: 2189, kcal: 523

**1.** Die Makrelenfilets kurz unter fließendem kalten Wasser abspülen, trocken tupfen, mit Salz würzen. Die Makrelenfilets in Mehl wenden.

**2.** Olivenöl in einer großen Pfanne erhitzen. Die Makrelenfilets darin von jeder Seite etwa 3 Minuten goldbraun braten.

**3.** In der Zwischenzeit für die Dillbutter Butter in einer kleinen Schüssel mit dem Dill und Zitronensaft vermengen. Mit Salz abschmecken. Die Butter nach Belieben in Streifen schneiden.

**4.** Die Makrelenfilets aus der Pfanne nehmen und auf einem großen Teller anrichten. Die Dillbutter auf den Makrelenfilets verteilen, servieren.

***Beilage:*** Petersilienkartoffeln oder Bratkartoffen.

***Tipp:*** Makrelenfilets mit abgespülten, trocken getupften Dillspitzen garnieren.

Kräuterforellen

## Kräuterforellen

4 Portionen

*Zubereitungszeit:* 30 Minuten

4 küchenfertige, mittelgroße Forellen (je etwa 250 g)
Salz, gem. Pfeffer
Worcestersauce
etwas Zitronensaft
2 EL Weizenmehl
2 EL Speiseöl
80 g Butter
2 Zitronen
evtl. 2 EL gehackte Petersilie
evtl. je 1 EL gehackter Dill und Estragon
evtl. 1 EL rosa Pfefferkörner
evtl. 1 Zweig Kerbel

*Pro Portion:*
E: 43 g, F: 25 g, Kh: 8 g,
kJ: 1955, kcal: 467

**1.** Die Forellen innen und außen kurz unter fließendem kaltem Wasser abspülen, trocken tupfen, mit Salz, Pfeffer, Worcestersauce und Zitronensaft würzen. Die Forellen in Mehl wenden.
**2.** Das Speiseöl in einer großen, beschichteten Pfanne erhitzen, Butter hinzufügen und zerlassen. Die Forellen in die Pfanne legen und von jeder Seite etwa 8 Minuten braten.
**3.** In der Zwischenzeit Zitronen schälen und in 12 gleich große Scheiben schneiden.
**4.** Die gebratenen Forellen aus der Pfanne nehmen, auf einer Platte anrichten, mit je 3 Zitronenscheiben belegen und warm stellen.
**5.** Verbliebenes Bratfett nochmals erhitzen. Nach Belieben gehackte Kräuter unterrühren. Das Kräuterfett auf den angerichteten Forellen verteilen.
**6.** Die Forellen nach Belieben mit rosa Pfefferkörnern und dem abgespülten, trocken getupften Kerbelzweig garnieren.

***Beilage:*** Salzkartoffeln, gebratene Steinpilze.

## Kabeljau-Tomaten-Auflauf

2 Portionen (ohne Foto)

*Zubereitungszeit:* 25 Minuten

2 Kabeljaufilets (je etwa 150 g)
etwas Zitronensaft
gem. Pfeffer
Salz
250 g Tomaten
1 TL Speiseöl
1 TK-Zwiebel
2 EL gehackte Zitronenmelisse oder Petersilie
50 g ger. Käse, z. B. Gouda

*Pro Portion:*
E: 34 g, F: 13 g, Kh: 6 g,
kJ: 1243, kcal: 297

**1.** Fischfilets kurz unter fließendem kalten Wasser abspülen, trocken tupfen und mit Zitronensaft beträufeln. Fischfilets nochmals trocken tupfen, mit Pfeffer und etwas Salz würzen.
**2.** Den Backofen vorheizen.
*Ober-/Unterhitze: etwa 200 °C*
*Heißluft: etwa 180 °C*
**3.** Tomaten abspülen, trocken tupfen und die Stängelansätze herausschneiden. Tomaten in Scheiben schneiden. Tomatenscheiben schuppenförmig auf den Fischfilets verteilen.
**4.** Das Speiseöl in einer kleinen Pfanne erhitzen. Die Zwiebelwürfel darin goldgelb rösten. Mit Zitronensaft, Salz und Pfeffer würzen, die Kräuter unterrühren.
**5.** Die Zwiebelmasse auf den Tomatenscheiben verteilen und mit Käse bestreuen.
**6.** Die Form auf dem Rost in den vorgeheizten Backofen schieben. Den Auflauf etwa 20 Minuten garen.

## Herings-Quark-Topf
4 Portionen

*Zubereitungszeit:* 30 Minuten

6 Matjesfilets (je etwa 75 g)
1 rote Zwiebel
2 Äpfel
250 g Magerquark
125 g Schlagsahne
(mind. 30 % Fett)
Salz
gem. Pfeffer
etwas Zitronensaft
1 Zweig Dill

*Pro Portion:*
E: 28 g, F: 40 g, Kh: 10 g,
kJ: 2307, kcal: 551

**1.** Matjesfilets trocken tupfen und in mundgerechte Stücke schneiden.
**2.** Zwiebel abziehen, zuerst in Scheiben schneiden, dann in Ringe teilen. Äpfel schälen, vierteln, entkernen und in Scheiben schneiden.
**3.** Quark gut verrühren. Sahne steif schlagen, unter den Quark rühren.
**4.** Matjesstücke, Zwiebelringe und Apfelscheiben vorsichtig unter die Quark-Sahne-Masse heben. Mit Salz, Pfeffer und Zitronensaft würzen, bis zum Servieren in den Kühlschrank stellen.
**5.** In der Zwischenzeit Dill abspülen und trocken tupfen. Die Spitzen von dem Stängel zupfen. Den Herings-Quark-Topf mit Dillspitzen garniert servieren.

***Tipps:*** Dazu Pellkartoffeln, Vollkornbrot und Butter servieren. Nach Belieben den Herings-Quark-Topf mit Apfelscheiben (mit Zitronensaft beträufelt) anrichten.

## Meeresfrüchte-Risotto
4 Portionen

*Zubereitungszeit:* 30 Minuten

100 g Staudensellerie
1 Knoblauchzehe
4 EL Olivenöl
1 TK-Zwiebelwürfel
150 g TK-Porree (Lauch)
200 g 15-Minuten-Rundkornreis
500 ml heiße Gemüsebrühe
1 TL gehacktes Basilikum
1 TL gehackter Oregano
Salz
gem. Pfeffer
etwas Zitronensaft
Worcestersauce
2 Tomaten
100 g Shrimps
75 g abgetropftes Muschelfleisch
(aus dem Glas)
75 g Garnelen
2 EL gehackte Petersilie
50 g ger. Parmesan

*Pro Portion:*
E: 19 g, F: 16 g, Kh: 43 g,
kJ: 1655, kcal: 396

**1.** Sellerie putzen und die harten Außenfäden abziehen. Sellerie abspülen, abtropfen lassen, in feine Scheiben schneiden. Knoblauch abziehen und in kleine Würfel schneiden.
**2.** Olivenöl in einem Topf erhitzen. Zwiebelwürfel, Porreestücke, Selleriescheiben und Knoblauchwürfel darin andünsten. Reis hinzufügen und glasig dünsten. Heiße Brühe hinzugießen, zum Kochen bringen. Reis mit den Gemüsestreifen etwa 15 Minuten garen. Mit Basilikum, Oregano, Salz, Pfeffer, Zitronensaft und Worcestersauce würzen.
**3.** In der Zwischenzeit die Tomaten abspülen, trocken tupfen, halbieren und die Stängelansätze herausschneiden. Die Tomaten würfeln.
**4.** Tomatenwürfel, Shrimps, Muschelfleisch und die abgespülten, trocken getupften Garnelen unter den Reis heben. Mit Petersilie und Parmesan bestreut sofort servieren.

Herings-Quark-Topf

Meeresfrüchte-Risotto

## Red-Snapper-Filets mit Mango-Paprika-Salat

4 Portionen

*Zubereitungszeit:* 25 Minuten

1 reife Mango
(etwa 300 g Fruchtfleisch)
2 rote Paprikaschoten
(etwa 400 g)
10 g frischer Ingwer
Saft von 1/2 Limette
2 EL Fischsauce
(aus dem Glas)
1 EL flüssiger Honig
1–2 EL Olivenöl
2 EL Sweet Chilisauce
4 Red-Snapper-Filets
(je etwa 150 g)
2 EL Olivenöl
Salz
gem. Pfeffer
2 Kästchen Daikonkresse

*Pro Portion:*
E: 33 g, F: 9 g, Kh: 20 g,
kJ: 1290, kcal: 309

**1.** Mango halbieren und den Stein herauslösen. Mangohälften schälen und in etwa 1 cm große Würfel schneiden. Die Paprikaschoten grob schälen, halbieren, entstielen, entkernen und die weißen Scheidewände entfernen. Die Schoten abspülen, abtropfen lassen, ebenfalls würfeln. Ingwer schälen und fein reiben.
**2.** Mango-, Paprikawürfel und Ingwer in eine Schüssel geben. Limettensaft, Fischsauce, Honig, Olivenöl und Chilisauce untermischen.
**3.** Fischfilets kurz unter fließendem kalten Wasser abspülen und trocken tupfen. Das Olivenöl in einer großen Pfanne erhitzen. Fischfilets mit der Hautseite nach unten in die Pfanne legen und 2–3 Minuten braten, dann wenden und von der zweiten Seite nochmals 2–3 Minuten braten. Fischfilets von beiden Seiten mit Salz und Pfeffer würzen und herausnehmen.
**4.** Die Kresse abspülen, trocken tupfen und abschneiden. Die Blättchen evtl. etwas kleiner schneiden. Die Red-Snapper-Filets auf dem Mango-Paprika-Salat anrichten und mit Kresse bestreut servieren.

## Lachssteaks mit Zitronenschaum

4 Portionen

*Zubereitungszeit:* 30 Minuten

**Zum Vorbereiten:**
125 g Butter

4 Lachssteaks (je etwa 200 g)
Salz, 3 EL Speiseöl
20 g Butter oder Margarine

**Für den Zitronenschaum:**
3 Eigelb (Größe M)
5 EL Zitronensaft
2 TL mittelscharfer Senf
gem. Pfeffer
1 Prise Zucker
2 TL gehackter Dill

*Pro Portion:*
E: 39 g, F: 46 g, Kh: 1 g,
kJ: 2433, kcal: 582

**1.** Zum Vorbereiten Butter in einem Topf zerlassen und im kalten Wasserbad unter gelegentlichem Rüh-

Red-Snapper-Filets mit Mango-Paprika-Salat

Lachssteaks mit Zitronenschaum

Gegrillte Doraden mit Fenchel

ren abkühlen lassen. Darauf achten, dass die Butter flüssig bleibt.

**2.** Die Lachssteaks kurz unter fließendem kalten Wasser abspülen, trocken tupfen und mit Salz würzen.

**3.** Speiseöl in einer großen Pfanne erhitzen. Butter oder Margarine hinzufügen und zerlassen. Lachssteaks darin von jeder Seite 3–4 Minuten braten. Gebratene Lachssteaks aus der Pfanne nehmen, auf eine vorgewärmte Platte legen, warm stellen.

**4.** Für den Zitronenschaum Eigelb mit Zitronensaft in einem kleinen Topf mit einem Schneebesen verrühren. Bei schwacher Hitze so lange schlagen, bis eine schaumige Masse entstanden ist.

**5.** Topf sofort auf ein nasses, kaltes Tuch stellen. Abgekühlte, noch flüssige Butter langsam unter die Eigelbmasse rühren. Mit Senf, Salz, Pfeffer und Zucker abschmecken. Dill unterrühren. Den Zitronenschaum zu den Lachssteaks servieren.

***Tipp:*** Nach Belieben zusätzlich 2–3 Esslöffel steif geschlagene Schlagsahne unter den Zitronenschaum heben.

## Gegrillte Doraden mit Fenchel

4 Portionen

*Zubereitungszeit:* 30 Minuten

2 küchenfertige Doraden
(je etwa 600 g)
2 EL Zitronensaft
Salz, gem. Pfeffer
2 Fenchelknollen (etwa 500 g)
2 EL Speiseöl
150 ml heißer Pernod

*Pro Portion:*
E: 34 g, F: 10 g, Kh: 4 g,
kJ: 1458, kcal: 349

**1.** Die Doraden innen und außen kurz unter fließendem kalten Wasser abspülen und trocken tupfen. Doraden innen und außen mit Zitronensaft beträufeln, mit Salz und Pfeffer würzen.

**2.** Den Backofengrill vorheizen.

**3.** Die Fenchelknollen putzen, abspülen, abtropfen lassen, vierteln und in längliche Stücke schneiden.

**4.** Die Doraden auf ein Backblech (gefettet) legen. Doraden mit Speiseöl bestreichen. Fenchelstücke zu den Doraden auf das Backblech legen. Das Backblech unter den vorgeheizten Backofengrill schieben. Die Doraden 15–20 Minuten grillen, dabei zwischendurch mit Speiseöl bestreichen und einmal wenden.

**5.** Die Doraden mit dem heißen Pernod übergießen und flambieren.

***Tipp:*** Die Doraden können auch in einer Pfanne in erhitztem Speiseöl vorsichtig gebraten werden.

Roh gebratener Tunfisch mit schwarzem und weißem Sesam

## Roh gebratener Tunfisch mit schwarzem und weißem Sesam

2 Portionen

*Zubereitungszeit:* 30 Minuten

**Für den Möhren-Rettich-Salat:**
1 große Möhre
200 g frischer Rettich
Salz
1 Bund Koriander
1 EL Sesamöl
gem. Pfeffer

4 Tunfischmedaillons
(je etwa 80 g, etwa 3 cm dick)
2 EL weißer Sesamsamen
(erhältlich im Asialaden)
2 EL schwarzer Sesamsamen
(erhältlich im Asialaden)
2 EL Erdnussöl

**Außerdem:**
200 ml Sojasauce
1 EL Wasabipaste (grüner Meerrettich, erhältlich im Asialaden)

*Pro Portion:*
E: 51 g, F: 46 g, Kh: 15 g,
kJ: 2846, kcal: 680

**1.** Für den Salat Möhre und Rettich putzen, schälen, abspülen und abtropfen lassen. Möhre und Rettich auf einer Haushaltsreibe in lange, dünne Streifen hobeln. Die Möhren- und Rettichstreifen in eine Schüssel geben, mit Salz bestreuen und mit den Händen einmal kräftig durchkneten.
**2.** Koriander abspülen und trocken tupfen. Die Blättchen von den Stängeln zupfen. Den Möhren-Rettich-Salat mit Sesamöl und Pfeffer abschmecken. Korianderblättchen unterheben.
**3.** Tunfischmedaillons kurz unter fließendem kalten Wasser abspülen und trocken tupfen. Je 2 Medaillons in weißen und schwarzen Sesamsamen wenden und andrücken.
**4.** Erdnussöl in einer Pfanne erhitzen. Die Tunfischmedaillons hinzufügen und von jeder Seite 45 Sekunden bis 1 1/2 Minuten (die Medaillons sollten in der Mitte unbedingt roh bleiben) anbraten. Die Tunfischmedaillons mit Salz und Pfeffer würzen.
**5.** Den Möhren-Rettich-Salat auf 2 Tellern verteilen und mit jeweils 1 weißen und schwarzen Tunfischmedaillon belegen. Mit Sojasauce und Wasabipaste servieren.

***Tipp:*** Tunfisch hat sehr festes Fleisch, das sich gut zum Braten und Grillen eignet. Es darf jedoch nicht zu lange gegart werden, da es sonst zu hart wird.

## Grüne Heringe in Kräuterbutter

4 Portionen (ohne Foto)

*Zubereitungszeit:* 25 Minuten

4 küchenfertige, grüne Heringe
(je etwa 125 g)
4 EL Zitronensaft
Salz
100 g Kräuterbutter

*Pro Portion:*
E: 32 g, F: 44 g, Kh: 3 g,
kJ: 2398, kcal: 574

**1.** Den Backofengrill vorheizen.
**2.** Heringe innen und außen kurz unter fließendem kalten Wasser abspülen, trocken tupfen und mit Zitronensaft beträufeln.
**3.** Die Heringe innen und außen mit Salz einreiben. Die Hälfte der Kräuterbutter zerlassen. Die Heringe innen und außen damit bestreichen.
**4.** Die Heringe auf den Rost (mit Alufolie belegt) legen und unter dem vorgeheizten Grill 10–15 Minuten grillen, dabei die Heringe nach der Hälfte der Grillzeit einmal wenden.
**5.** Die restliche Kräuterbutter zerlassen. Die Heringe vor dem Servieren damit begießen.

***Beilage:*** Folienkartoffeln oder Reis mit buntem Blattsalat.

## Tintenfische, frittiert

4 Portionen

*Zubereitungszeit:* 30 Minuten

1 1/2 kg küchenfertige Tintenfische
60 g Weizenmehl
1 1/2–2 l Olivenöl
Salz
Spalten von 1 Bio-Zitrone (unbehandelt, ungewachst)
einige Basilikumblättchen

*Pro Portion:*
E: 61 g, F: 14 g, Kh: 16 g,
kJ: 1809, kcal: 431

**1.** Tintenfische kurz unter fließendem kalten Wasser abspülen, trocken tupfen und in Ringe schneiden (kleine Tintenfische ganz lassen). Mehl in einen flachen Teller geben. Tintenfischringe darin wenden. Das überflüssige Mehl abschütteln.
**2.** Olivenöl in einer Fritteuse oder in einem weiten Topf mit hohem Rand auf etwa 180 °C erhitzen. Die Tintenfischringe portionsweise in dem siedenden Fett knusprig frittieren, dabei ab und zu wenden.
**3.** Tintenfischringe mit einer Schaumkelle herausnehmen und auf Küchenpapier abtropfen lassen. Mit Salz bestreuen.
**4.** Die Tintenfischringe mit Zitronenspalten und abgespülten, trocken getupften Basilikumblättchen garniert servieren.

***Tipp:*** Die Tintenfischringe mit einer Cocktailsauce servieren.

## Schollenfilets in Orangensauce

4 Portionen (ohne Foto)

*Zubereitungszeit:* 30 Minuten

8 Schollenfilets (je etwa 90 g)
Salz
gem. Pfeffer
2 mittelgroße Orangen
2 Schalotten
30 g Butter
125 ml trockener Cidre (Apfelwein)
125 ml Orangensaft
125 g Crème double
1 TL Weizenmehl
Zucker
etwas Zitronensaft
einige Dillzweige

*Pro Portion:*
E: 34 g, F: 22 g, Kh: 14 g,
kJ: 1698, kcal: 407

**1.** Schollenfilets kurz unter fließendem kalten Wasser abspülen, trocken tupfen, mit Salz und Pfeffer würzen.
**2.** Die Orangen so schälen, dass die weiße Haut mitentfernt wird. Orangen in Scheiben schneiden. Schalotten abziehen und in kleine Würfel schneiden.
**3.** Butter in einer großen Pfanne zerlassen. Schalottenwürfel darin andünsten, Cidre hinzugießen und zum Kochen bringen.
**4.** Die Schollenfilets und Orangenscheiben hinzufügen, zugedeckt etwa 5 Minuten bei schwacher Hitze gar ziehen lassen. Orangenscheiben und Schollenfilets herausnehmen, auf eine große vorgewärmte Platte legen und warm stellen.
**5.** Orangensaft zum Apfelwein in die Pfanne geben. Crème double mit Mehl gut verrühren, in die Orangen-Apfelwein-Flüssigkeit geben, zum Kochen bringen, bis zur gewünschten Konsistenz einkochen lassen. Die Sauce mit Salz, Pfeffer, Zucker und Zitronensaft abschmecken.
**6.** Je 2 Orangenscheiben auf einen Teller legen, jeweils 2 Schollenfilets darauflegen. Etwas von der Orangensauce daraufgeben. Schollenfilets mit abgespülten, trocken getupften Dillzweigen garniert servieren.

Tintenfische, frittiert

## Seelachs in Schnittlauchbutter

4 Portionen

*Zubereitungszeit:* 30 Minuten

4 Seelachsfilets
(je etwa 150 g)
2 EL Zitronensaft
2 Schalotten
2 Bund Schnittlauch
200 g kalte Butter
100 ml trockener Weißwein
100 ml Wermut (Noilly Prat)
Salz
gem. Pfeffer
evtl. einige Schnittlauchhalme

*Pro Portion:*
E: 28 g, F: 42 g, Kh: 5 g,
kJ: 2414, kcal: 577

**1.** Die Seelachsfilets kurz unter fließendem kaltem Wasser abspülen, trocken tupfen und mit Zitronensaft beträufeln.
**2.** Schalotten abziehen und klein würfeln. Schnittlauch abspülen, trocken tupfen, in Röllchen schneiden.
**3.** 50 g der Butter in einer großen Pfanne zerlassen. Schalottenwürfel darin glasig dünsten. Schnittlauchröllchen (einige Röllchen beiseitelegen) hinzugeben. Seelachsfilets in die Pfanne legen. Wein und Wermut hinzugießen, zum Kochen bringen. Seelachsfilets 6–8 Minuten garen, herausnehmen und warm stellen.
**4.** Sud etwas einkochen. Restliche Butter in Flöckchen unterschlagen, Sauce mit Salz und Pfeffer abschmecken. Beiseitegelegte Schnittlauchröllchen unterrühren. Seelachsfilets mit der Sauce anrichten und nach Belieben mit abgespülten, trocken getupften Schnittlauchhalmen garniert servieren.

***Beilage:*** Salzkartoffeln.

***Tipp:*** Sollte die Sauce zu dünn sein, geben Sie 1–2 Teelöffel hellen Saucenbinder hinzu.

## Spanisches Makrelenfilet

4 Portionen (ohne Foto)

*Zubereitungszeit:* 20 Minuten

1 TL abgetropfte Kapern
2 Frühlingszwiebeln
1–2 Stängel Basilikum
1 EL Dijon-Senf
4 geräucherte, enthäutete Makrelenfilets (je etwa 100 g)
2 kalte, hart gekochte Eier
2 EL Schnittlauchröllchen

*Pro Portion:*
E: 32 g, F: 21 g, Kh: 3 g,
kJ: 1499, kcal: 358

**1.** Kapern grob hacken. Frühlingszwiebeln putzen, abspülen, abtropfen lassen und in sehr feine Scheiben schneiden.
**2.** Basilikum abspülen und trocken tupfen. Die Blättchen von den Stängeln zupfen. Blättchen in feine Strei-

Seelachs in Schnittlauchbutter

Gebackene Tintenfischringe

fen schneiden. Die vorbereiteten Zutaten mit Senf verrühren und auf den Makrelenfilets verteilen.
**3.** Eier pellen, in Scheiben schneiden und auf die Makrelenfilets legen. Die Filets jeweils mit Schnittlauchröllchen bestreuen. Makrelenfilets jeweils in 3 Portionsstücke schneiden.

## Gebackene Tintenfischringe

4 Portionen

*Zubereitungszeit:* 30 Minuten

800 g küchenfertige, blanchierte Tintenfischringe
Saft von 1 Zitrone
Salz, gem. Pfeffer

**Für den Bierteig:**
200 g Weizenmehl
250 ml helles Bier
2 Eier (Größe M)

1 1/2–2 l Olivenöl

*Pro Portion:*
E: 44 g, F: 26 g, Kh: 34 g,
kJ: 2330, kcal: 556

**1.** Tintenfischringe kurz unter fließendem kalten Wasser abspülen und trocken tupfen. Tintenfischringe mit Zitronensaft beträufeln, mit Salz und Pfeffer würzen.
**2.** Für den Teig Mehl in eine Schüssel geben und mit dem Bier glatt rühren. Eier trennen, Eigelb gut unterrühren. Den Teig leicht salzen. Anschließend das Eiweiß steif schlagen und vorsichtig unterheben.
**3.** Olivenöl in einem weiten Topf mit hohem Rand oder in einer Fritteuse auf etwa 180 °C erhitzen.
**4.** Die Tintenfischringe durch den Teig ziehen, am Schüsselrand abstreifen und portionsweise schwimmend in dem siedenden Olivenöl goldgelb ausbacken, dabei einmal wenden.
**5.** Die Tintenfischringe mit einem Schaumlöffel herausnehmen, auf Küchenpapier abtropfen lassen und servieren.

***Tipps:*** Die Tintenfischringe mit Zitronenspalten und abgespülten, trocken getupften Petersilienzweigen garniert servieren. Tintenfischringe mit einem Knoblauch-Dip servieren. Der Bierteig kann auch sehr gut mit einem alkoholfreien Bier zubereitet werden.

Kapitel 05

Rezepte 401–500

# Vegetarische Gerichte

Pfannengemüse „Querbeet"

## Pfannengemüse „Querbeet"

4 Portionen

*Zubereitungszeit:* 30 Minuten

2 Zwiebeln
1–2 Knoblauchzehen
2 rote Paprikaschoten (etwa 400 g)
1–2 rote Chilischoten
200 g Porree (Lauch)
285 g abgetropfter Gemüsemais (aus der Dose)
1–2 EL Speiseöl
150 g TK-Grüne Bohnen
150 ml heiße Gemüsebrühe
100 g Sojasprossen
1/2 Bund Petersilie
Salz, gem. Pfeffer
Paprikapulver rosenscharf

*Pro Portion:*
E: 7 g, F: 6 g, Kh: 20 g,
kJ: 684, kcal: 164

**1.** Zwiebeln und Knoblauch abziehen. Die Zwiebeln grob würfeln. Den Knoblauch in Scheiben schneiden.
**2.** Die Paprikaschoten halbieren, entstielen, entkernen und die weißen Scheidewände entfernen. Schoten abspülen, abtropfen lassen und in feine Streifen schneiden.
**3.** Die Chilischoten abspülen, abtrocknen, längs aufschneiden, entkernen und die weißen Scheidewände entfernen. Die Schoten abspülen, trocken tupfen und in feine Streifen schneiden.
**4.** Porree putzen, die Stangen längs halbieren, gründlich waschen und abtropfen lassen. Porree in feine Streifen schneiden. Mais mit kaltem Wasser abspülen und gut abtropfen lassen.
**5.** Das Speiseöl in einer großen Pfanne oder einem Wok erhitzen. Zwiebelwürfel, Knoblauchscheiben und gefrorene Bohnen darin kurz unter Rühren anbraten.
**6.** Porree-, Paprika-, Chilistreifen und die heiße Brühe hinzufügen. Das Gemüse zum Kochen bringen und zugedeckt bei mittlerer Hitze etwa 10 Minuten garen.
**7.** In der Zwischenzeit Sojasprossen mit kaltem Wasser abspülen und gut abtropfen lassen. Petersilie abspülen und trocken tupfen. Blättchen von den Stängeln zupfen. Einige Blättchen zum Garnieren beiseitelegen. Restliche Blättchen in feine Streifen schneiden. Die Sprossen in die Pfanne oder den Wok geben und ohne Deckel noch etwa 2 Minuten mitkochen lassen.
**8.** Das Gemüse mit Salz, Pfeffer und Paprika würzen. Die Petersilienstreifen unterheben. Das Pfannengemüse mit den beiseitegelegten Petersilienblättchen garniert servieren.

## Kartoffel-Knoblauch-Pfanne

4 Portionen

*Zubereitungszeit:* 30 Minuten

1 kg kleine, neue Kartoffeln
Salz
2 Bund Frühlingszwiebeln
10 junge Knoblauchzehen
4 EL Olivenöl
gem. Pfeffer
einige Stängel Thymian

*Pro Portion:*
E: 6 g, F: 11 g, Kh: 47 g,
kJ: 1319, kcal: 315

**1.** Die Kartoffeln gründlich unter fließendem kalten Wasser abbürsten. Kartoffeln in kochendem Salzwasser etwa 20 Minuten kochen.
**2.** In der Zwischenzeit die Frühlingszwiebeln putzen, abspülen, abtropfen lassen und in etwa 2 cm lange Stücke schneiden. Knoblauch abziehen.
**3.** Die garen Kartoffeln abgießen.
**4.** Olivenöl in einer großen Pfanne oder in einem Bräter erhitzen. Frühlingszwiebelstücke und Knoblauchzehen darin andünsten. Kartoffeln hinzugeben und kurz mitdünsten lassen. Mit Salz und Pfeffer würzen.
**5.** Thymian abspülen und trocken tupfen. Die Blättchen von den Stängeln zupfen. Thymianblättchen unter die Kartoffel-Knoblauch-Pfanne rühren.

## Nudel-Gemüse-Pfanne mit Champignons

4 Portionen

*Zubereitungszeit:* 25 Minuten

4 l Wasser
1 Zwiebel
je 1 rote und grüne Paprikaschote
4 gestr. TL Salz
400 g Nudeln, z. B. Penne
3 EL Olivenöl
250 g gut abgetropfte Champignonscheiben (aus der Dose)
150 g Crème fraîche
150 ml Milch (3,5 % Fett)
Salz
gem. Pfeffer
mildes Currypulver
2 EL TK-Schnittlauchröllchen

*Pro Portion:*
E: 19 g, F: 22 g, Kh: 78 g,
kJ: 2489, kcal: 597

**1.** Wasser in einem großen Topf zugedeckt zum Kochen bringen. In der Zwischenzeit Zwiebel abziehen und in kleine Würfel schneiden. Paprikaschoten halbieren, entstielen, entkernen und die weißen Scheidewände entfernen. Schoten abspülen, abtropfen lassen und klein würfeln.
**2.** Salz und Nudeln ins kochende Wasser geben. Die Nudeln im geöffneten Topf bei mittlerer Hitze nach Packungsanleitung kochen lassen, dabei gelegentlich umrühren.
**3.** In der Zwischenzeit Olivenöl in einer Pfanne erhitzen. Zwiebelwürfel darin andünsten. Paprikawürfel hinzufügen und unter Rühren kurz mit andünsten. Champignonscheiben hinzufügen und bei starker Hitze unter Rühren etwa 3 Minuten anbraten.
**4.** Die garen Nudeln in ein Sieb geben, mit heißem Wasser abspülen und abtropfen lassen. Crème fraîche mit Milch verschlagen, zu dem Gemüse in die Pfanne geben, untermischen und leicht erhitzen. Dann Nudeln hinzugeben und nochmals kurz erhitzen.
**5.** Nudel-Gemüse-Pfanne mit Salz, Pfeffer und 1 Prise Curry abschmecken. Mit Schnittlauchröllchen bestreuen und anrichten.

***Tipp:*** Statt Champignons aus der Dose können Sie auch frische Champignons verwenden.

## Kartoffelgulasch mit Paprika und Zwiebeln

4 Portionen

*Zubereitungszeit:* 30 Minuten

800 g gegarte, kleine bis mittelgroße, möglichst festkochende Pellkartoffeln, z. B. vom Vortag
4 rote Zwiebeln
1 rote Chilischote
je 1 rote und gelbe Paprikaschote (je etwa 200 g)
600 g Tomaten
1 EL Speiseöl, z. B. Sonnenblumenöl
Salz, gem. Pfeffer

**Für die Paste:**
1 TL Kümmelsamen
1–2 Knoblauchzehen
1 EL Butter (zimmerwarm)
1 1/2–2 TL Dr. Oetker Finesse Geriebene Zitronenschale
3 EL TK-Petersilie

*Pro Portion:*
E: 7 g, F: 6 g, Kh: 47 g,
kJ: 1139, kcal: 273

**1.** Die Pellkartoffeln pellen und in Viertel schneiden. Zwiebeln abziehen und in kleine Würfel schneiden.
**2.** Die Chilischote längs aufschneiden, entkernen und die Scheidewände entfernen. Die Schote abspülen, trocken tupfen und klein würfeln.
**3.** Die Paprikaschoten halbieren, entstielen, entkernen und die weißen Scheidewände entfernen. Die Schoten abspülen, abtropfen lassen und in Stücke schneiden.
**4.** Die Tomaten abspülen, abtrocknen, halbieren und die Stängelansätze herausschneiden. Die Tomaten in Würfel schneiden.
**5.** Speiseöl in einer großen, hohen Pfanne erhitzen. Zwiebel- und Chiliwürfel darin kurz andünsten. Die Paprikastücke und Tomatenwürfel evtl. in 2 Portionen hinzugeben und 2–3 Minuten unter Rühren mitdünsten lassen.
**6.** Anschließend die Kartoffelviertel hinzugeben und mit Salz und Pfeffer würzen. Die Zutaten zugedeckt 8–10 Minuten bei mittlerer bis starker Hitze garen, dabei gelegentlich umrühren.
**7.** Für die Paste in der Zwischenzeit den Kümmelsamen fein hacken. Knoblauch abziehen und durch eine Knoblauchpresse drücken oder sehr klein schneiden. Die Butter mit Kümmel, Knoblauch, Zitronenschale und Petersilie in eine Schüssel geben. Die Zutaten zu einer Paste vermengen.
**8.** Die Butterpaste zu dem Kartoffelgulasch geben und in 2–3 Minuten unter gelegentlichem Rühren auflösen.
**9.** Das Kartoffelgulasch evtl. nochmals mit Salz und Pfeffer abschmecken und servieren.

## Grüne Bohnen in Estragoncreme

4 Portionen

*Zubereitungszeit:* 30 Minuten

750 g TK-Grüne Bohnen
Salz

**Für die Estragoncreme:**
150 g Crème fraîche
1/2 kleine, geschälte, entkernte Salatgurke
2 Knoblauchzehen
1–2 EL gehackte Estragonblättchen
1 EL gehackte Petersilie
Kräutersalz, gem. Pfeffer

*Pro Portion:*
E: 6 g, F: 12 g, Kh: 12 g,
kJ: 735, kcal: 178

**1.** Die Bohnen in kochendem Salzwasser nach Packungsanleitung garen, dann abtropfen lassen.
**2.** Für die Estragoncreme in der Zwischenzeit Crème fraîche in einem Topf erhitzen. Salatgurke raspeln. Knoblauch abziehen, durch eine Knoblauchpresse drücken, mit Estragon, Gurkenraspeln und Petersilie zu der Crème-fraîche-Masse geben und gut verrühren. Mit Salz und Pfeffer abschmecken.
**3.** Bohnen hinzufügen, durchschwenken und erhitzen, sofort servieren.

Kartoffelgulasch mit Paprika und Zwiebeln

Grüne Bohnen in Estragoncreme

Kartoffelecken mit Kräutern und Cocktailtomaten

Grüner Spargel mit Dijon-Senfsauce

## Kartoffelecken mit Kräutern und Cocktailtomaten

4 Portionen

*Zubereitungszeit:* 30 Minuten

1 1/2 kg sehr kleine, festkochende Kartoffeln (Drillinge)
je 1 Stängel Rosmarin und Thymian
6 EL Olivenöl
1 EL grobes Meersalz
gem. Pfeffer
200 g Cocktailtomaten

*Pro Portion:*
E: 8 g, F: 15 g, Kh: 60 g,
kJ: 1745, kcal: 415

**1.** Kartoffeln unter fließendem kalten Wasser gründlich abbürsten und abtrocknen.
**2.** Den Backofen vorheizen.
*Ober-/Unterhitze:* etwa 200 °C
*Heißluft:* etwa 180 °C
**3.** Kartoffeln zuerst längs halbieren, dann vierteln. Rosmarin und Thymian abspülen und trocken tupfen. Die Nadeln bzw. Blättchen von den Stängeln zupfen.
**4.** Die Kartoffelviertel, Rosmarinnadeln und Thymianblättchen in einer Schüssel mischen. 5 Esslöffel des Olivenöls hinzufügen. Das Ganze mit Salz und Pfeffer würzen.
**5.** Die Kartoffelmischung auf einem Backblech (mit Backpapier belegt) verteilen. Das Backblech in den vorgeheizten Backofen schieben. Die Kartoffeln etwa 20 Minuten garen.
**6.** In der Zwischenzeit Tomaten abspülen, abtrocknen und evtl. die Stängelansätze herausschneiden.
**7.** Die Tomaten mit dem restlichen Olivenöl beträufeln. Nach etwa 15 Minuten Garzeit zu den Kartoffelecken auf das Backblech geben und mitgaren lassen. Die Kartoffelecken sollen goldgelb und knusprig sein.

***Beilage:*** Quarkdip

## Grüner Spargel mit Dijon-Senfsauce

4 Portionen

*Zubereitungszeit:* 25 Minuten

1,2 kg grüner Spargel
1 l Wasser
2 gestr. TL Salz

**Für die Sauce:**
2 Schalotten
40 g Butter
2 EL ungeschälte Sesamsamen
2 geh. EL Weizenmehl
500 ml Spargelfond (von dem Spargel)
2 EL Dijon-Senf
125 g Crème fraîche
Salz, gem. Pfeffer
1 gelbe Paprikaschote

*Pro Portion:*
E: 10 g, F: 23 g, Kh: 16 g,
kJ: 1287, kcal: 308

**1.** Vom Spargel das untere Drittel schälen und die unteren Enden abschneiden. Spargel abspülen, abtropfen lassen und in kochendem Salzwasser 3–5 Minuten kochen lassen. Spargel in einem Sieb abtropfen lassen, den Spargelfond dabei auffangen und 500 ml abmessen. Spargel warm stellen.
**2.** Für die Sauce in der Zwischenzeit Schalotten abziehen und in kleine Würfel schneiden. Butter in einem Topf zerlassen. Schalottenwürfel darin glasig dünsten. Sesam hinzugeben und mit andünsten. Mehl hinzufügen und unter Rühren so lange erhitzen, bis es hellgelb ist. Spargelfond nach und nach hinzugießen, mit einem Schneebesen durchschlagen. Darauf achten, dass keine Klümpchen entstehen.
**3.** Sauce zum Kochen bringen. Senf unterrühren, etwa 5 Minuten leicht kochen lassen. Crème fraîche unterrühren. Mit Salz und Pfeffer würzen.
**4.** Paprikaschote halbieren, entstielen, entkernen und die weißen Scheidewände entfernen. Schote abspülen, trocken tupfen, klein würfeln, in der Sauce kurz erwärmen. Spargel auf einer vorgewärmten Platte anrichten und mit der Sauce servieren.

***Tipp:*** Sie können das Gericht auch mit weißem Spargel zubereiten.

Champignongemüse mit Rucola

Mexikanische Rühreier

## Champignongemüse mit Rucola

4 Portionen

*Zubereitungszeit:* 30 Minuten

4 Zwiebeln
1–2 Knoblauchzehen
500 g braune Champignons
300 g weiße Champignons
2 EL Olivenöl
1 TL Weizenmehl
200 g Schlagsahne
1 Bund Rucola (40 g, Rauke)
Salz, gem. Pfeffer

*Pro Portion:*
E: 10 g, F: 22 g, Kh: 7 g,
kJ: 1053, kcal: 252

**1.** Zwiebeln und Knoblauch abziehen, Zwiebeln in Spalten und Knoblauch in dünne Scheiben schneiden. Beide Champignonsorten putzen, evtl. kurz abspülen, trocken tupfen und je nach Größe halbieren oder vierteln.
**2.** Olivenöl in einer großen Pfanne erhitzen. Zwiebelspalten und Knoblauchscheiben darin hellgelb andünsten. Die Champignons in 2 Portionen hinzugeben und mitdünsten lassen.
**3.** Alle Champignons in die Pfanne geben, mit Mehl bestäuben und kurz mitdünsten. Sahne hinzugießen und unterrühren. Die Champignons etwa 5 Minuten garen.
**4.** In der Zwischenzeit Rucola putzen und die dicken Stiele entfernen. Rucola abspülen, trocken tupfen und klein schneiden.
**5.** Das Champignongemüse mit Salz und Pfeffer abschmecken. Rucola unterheben. Das Champignongemüse sofort servieren.

## Mexikanische Rühreier

4 Portionen

*Zubereitungszeit:* 25 Minuten

3 Knoblauchzehen, 1 Zwiebel
4 mittelgroße Tomaten
2 rote Paprikaschoten
2 rote Chilischoten
3 EL Olivenöl
8 Eier (Größe M)
Salz, gem. Pfeffer
1 Bund glatte Petersilie

*Pro Portion:*
E: 15 g, F: 18 g, Kh: 10 g,
kJ: 1118, kcal: 267

**1.** Knoblauch und Zwiebel abziehen, in kleine Würfel schneiden. Tomaten kreuzweise einschneiden und mit kochendem Wasser übergießen. Nach 1–2 Minuten herausnehmen und mit kaltem Wasser abschrecken. Tomaten häuten, halbieren, entkernen und die Stängelansätze herausschneiden. Tomaten in Würfel schneiden.
**2.** Die Paprika- und Chilischoten halbieren, entstielen, entkernen und die weißen Scheidewände entfernen. Paprika- und Chilischoten abspülen, abtropfen lassen und in kleine Würfel schneiden.
**3.** Olivenöl in einer großen Pfanne erhitzen. Die Knoblauch- und Zwiebelwürfel darin andünsten. Die Chili- und Paprikawürfel hinzugeben, etwa 5 Minuten bei schwacher Hitze unter Rühren mitdünsten lassen.
**4.** Die Eier verschlagen, mit Salz und Pfeffer würzen. Die Tomatenwürfel hinzugeben. Die Eier-Tomaten-Masse in die Pfanne geben, durchrühren und zugedeckt 6–10 Minuten stocken lassen.
**5.** Petersilie abspülen und trocken tupfen. Blättchen von den Stängeln zupfen. Blättchen klein schneiden.
**6.** Mexikanische Rühreier mit Petersilie bestreut servieren.

## Marinierter Spargel mit Kerbel

4 Portionen

*Zubereitungszeit:* 25 Minuten, ohne Marinierzeit

1 kg weißer Spargel
Salz
1 TL Margarine
1 Prise Zucker

**Für die Marinade:**
1 rote Zwiebel, 1 Bund Kerbel
2 TL Weißweinessig oder Zitronensaft
4 EL Spargelfond (von dem Spargel)
4 EL Olivenöl
1/2 gestr. TL Salz
gem. Pfeffer
1/2 TL Zucker

*Pro Portion:*
E: 4 g, F: 10 g, Kh: 5 g,
kJ: 534, kcal: 126

**1.** Den Spargel von oben nach unten schälen. Darauf achten, dass die Schalen vollständig entfernt und die Köpfe nicht verletzt werden. Die unteren Enden abschneiden (holzige Stellen vollkommen entfernen). Spargel abspülen, abtropfen lassen.
**2.** Salzwasser, Margarine und Zucker in einem hohen Topf zum Kochen bringen. Den Spargel hinzufügen, zum Kochen bringen und zugedeckt in 8–10 Minuten bissfest oder in 12–15 Minuten weich kochen.
**3.** Den garen Spargel in einem Sieb abtropfen lassen, dabei den Spargelfond auffangen und 4 Esslöffel abnehmen. Spargel warm stellen.
**4.** Für die Marinade in der Zwischenzeit Zwiebel abziehen und in kleine Würfel schneiden. Kerbel abspülen und trocken tupfen. Die Blättchen von den Stängeln zupfen. Blättchen klein schneiden.
**5.** Essig oder Zitronensaft mit dem Spargelfond verrühren. Olivenöl unterschlagen. Mit Salz, Pfeffer und Zucker würzen. Die Zwiebelwürfel und Kerbelblättchen unterrühren.
**6.** Die Marinade auf den warmen Spargelstangen verteilen. Den Spargel etwa 15 Minuten marinieren.

## Erbsen-Paprika-Gemüse mit Hirse

4 Portionen

*Zubereitungszeit:* 30 Minuten

250 g Hirse
500 ml Wasser
1/2 gestr. TL Salz
250 ml Wasser
1/2 gestr. TL Salz
600 g TK-Erbsen
1 Zwiebel (etwa 65 g)
2 rote Paprikaschoten (je etwa 200 g)
1 Bund Frühlingszwiebeln (etwa 250 g)
1 EL Speiseöl, z. B. Rapsöl
3–4 EL Kochflüssigkeit (von den Erbsen)
1–1 1/2 EL Zitronensaft
1 Msp. Currypulver
Cayennepfeffer
1 EL TK-Petersilie

*Pro Portion:*
E: 19 g, F: 6 g, Kh: 72 g,
kJ: 1785, kcal: 427

**1.** Die Hirse mit Wasser in einem Topf zugedeckt zum Kochen bringen. Salz hinzugeben. Hirse etwa 5 Minuten bei mittlerer Hitze kochen lassen. Anschließend bei schwacher Hitze etwa 10 Minuten ausquellen lassen.
**2.** In der Zwischenzeit in einem zweiten Topf Wasser zum Kochen bringen. Salz und die Erbsen hinzugeben, wieder zum Kochen bringen. Die Erbsen zugedeckt etwa 3 Minuten bei mittlerer Hitze garen. Dabei gelegentlich umrühren. Die Erbsen in ein Sieb geben, dabei etwas Kochflüssigkeit auffangen. Die Erbsen mit kaltem Wasser abschrecken und abtropfen lassen.
**3.** Die Zwiebel abziehen und klein würfeln. Die Paprikaschoten halbieren, entstielen, entkernen und die weißen Scheidewände entfernen. Schoten abspülen, abtropfen lassen und in kleine Stücke schneiden. Die Frühlingszwiebeln putzen, abspülen, abtropfen lassen und in 4–5 cm lange Stücke schneiden.
**4.** Speiseöl in einer großen Pfanne erhitzen. Zwiebelwürfel, Paprika- und Frühlingszwiebelstücke darin bei mittlerer Hitze etwa 3 Minuten unter gelegentlichem Rühren andünsten. Erbsen und aufgefangene Kochflüssigkeit unterrühren. Gemüse zugedeckt etwa 2 Minuten bei mittlerer Hitze garen.
**5.** Paprika-Erbsen-Gemüse mit Zitronensaft, Curry und Cayennepfeffer abschmecken, etwas Petersilie unterrühren. Das Gemüse mit Hirse anrichten. Restliche Petersilie auf die Hirse streuen.

Marinierter Spargel mit Kerbel

Erbsen-Paprika-Gemüse mit Hirse

## Champignon-Frikadellen

2 Portionen

*Zubereitungszeit:* 30 Minuten, ohne Abkühlzeit

400 g Champignons
2 Schalotten
3–4 EL Speiseöl, z. B. Sonnenblumenöl
1 Brötchen (Semmel) vom Vortag
1 Knoblauchzehe
1 Ei (Größe M)
Salz
gem. Pfeffer
1/2 TL frisch gehackte Majoranblättchen oder 1 Msp. gerebelter Majoran
3–4 EL Semmelbrösel

evtl. einige Majoranblättchen
evtl. einige Gewürzgurkenscheiben

*Pro Portion:*
E: 17 g, F: 19 g, Kh: 36 g,
kJ: 1596, kcal: 381

**1.** Champignons putzen, evtl. kurz abspülen, trocken tupfen und in kleine Würfel schneiden.
**2.** Schalotten abziehen und klein würfeln. 1 Esslöffel Speiseöl in einer großen Pfanne erhitzen. Schalottenwürfel darin glasig dünsten. Champignonwürfel hinzufügen und unter gelegentlichem Rühren bei mittlerer Hitze so lange dünsten, bis die Flüssigkeit verdampft ist (etwa 5 Minuten). Die Champignonmasse herausnehmen, in eine Schüssel geben und etwas abkühlen lassen.
**3.** In der Zwischenzeit das Brötchen in kaltem Wasser einweichen. Knoblauch abziehen und klein schneiden. Eingeweichtes Brötchen gut ausdrücken, mit dem Knoblauch und Ei zu der Champignonmasse geben. Mit Salz, Pfeffer und Majoran würzen. Die Zutaten gut vermengen.
**4.** Semmelbrösel in einen tiefen Teller geben. Aus der Champignonmasse 6 flache Frikadellen formen und in den Semmelbröseln wenden.
**5.** Restliches Speiseöl in der Pfanne erhitzen. Die Frikadellen darin etwa 4 Minuten von jeder Seite bei mittlerer Hitze knusprig braun braten. Champignon-Frikadellen herausnehmen und auf einem Teller anrichten. Nach Belieben mit abgespülten und trocken getupften Majoranblättchen und Gurkenscheiben garnieren.

***Beilage:*** Kartoffelsalat und Gewürzgurken.

***Tipps:*** Am besten lassen sich die Champignon-Frikadellen mit einem Pfannenwender in den Semmelbröseln wenden, da die Pilzmasse sehr weich ist. Zu den Champignon-Frikadellen einen **Kräuterdip** reichen. Dafür je 75 g Joghurt (3,5 % Fett) und Crème fraîche verrühren. 2 Esslöffel gehackte Kräuter (frisch oder TK, z. B. Schnittlauch oder Petersilie) unterrühren. Dip mit Salz und Pfeffer abschmecken.

Champignon-Frikadellen

## Paprikacremesuppe

4–6 Portionen (ohne Foto)

*Zubereitungszeit:* 30 Minuten

2 mittelgroße Zwiebeln
800 g rote Paprikaschoten
4 EL Olivenöl
750 ml heiße Gemüsebrühe
125 g Schlagsahne
etwa 1 EL Weißweinessig
Salz
gem. Pfeffer
Paprikapulver edelsüß
1 Prise Zucker

*Pro Portion:*
E: 3 g, F: 19 g, Kh: 6 g,
kJ: 889, kcal: 212

**1.** Zwiebeln abziehen und in kleine Würfel schneiden. Paprikaschoten halbieren, entstielen, entkernen und die weißen Scheidewände entfernen. Schoten abspülen, abtropfen lassen und in Stücke schneiden.
**2.** Olivenöl in einem Topf erhitzen. Die Zwiebelwürfel darin andünsten. Paprikastücke evtl. portionsweise hinzugeben und kurz unter Rühren mitdünsten lassen. Heiße Brühe hinzugießen und zum Kochen bringen. Paprikastücke etwa 10 Minuten kochen lassen.
**3.** Die Suppe pürieren und anschließend durch ein Sieb passieren. Sahne unterrühren, die Suppe nochmals erhitzen. Mit Essig, Salz, Pfeffer, Paprika und Zucker abschmecken.

Kartoffelsalat

Kichererbsen-Sambal

## Kartoffelsalat
4 Portionen

*Zubereitungszeit:* 30 Minuten

400 g festkochende Kartoffeln
400 g mehligkochende Kartoffeln
1 l heiße Gemüsebrühe
1 mittelgroße, rote Zwiebel
1/2 Salatgurke
250 g Cocktailtomaten
Tomaten-Gewürzsalz
125 g Salatmayonnaise (aus dem Glas)
75 g Joghurt (3,5 % Fett)
1 TL Balsamico-Essig
Salz
2 EL gemischte Kräuter, z. B. Rucola, Schnittlauch

*Pro Portion:*
E: 6 g, F: 17 g, Kh: 34 g,
kJ: 1338, kcal: 319

**1.** Kartoffeln gründlich waschen, abtropfen lassen und in der heißen Brühe zum Kochen bringen. Kartoffeln etwa 20 Minuten garen.
**2.** In der Zwischenzeit Zwiebel abziehen und in kleine Würfel schneiden. Von der Gurke das Ende abschneiden. Gurke abspülen, abtrocknen und mit der Schale in kleine Würfel schneiden. Tomaten abspülen, trocken tupfen, vierteln und evtl. die Stängelansätze entfernen. Die Tomatenviertel mit Gewürzsalz bestreuen. Vorbereitete Salatzutaten beiseitestellen.
**3.** Die garen Kartoffeln abgießen, abdämpfen und heiß pellen. Kartoffeln in Scheiben schneiden und in eine Schüssel geben. Mit den beiseitegestellten Salatzutaten vermengen.
**4.** Mayonnaise mit Joghurt, Essig, Salz und Kräutern verrühren, unter den Salat heben. Den Kartoffelsalat zugedeckt kurz durchziehen lassen, evtl. nochmals abschmecken und lauwarm servieren.

## Kichererbsen-Sambal
4 Portionen

*Zubereitungszeit:* 30 Minuten

530 g Kichererbsen (aus Dosen)
8 getrocknete Aprikosen
2 rote Zwiebeln
200 g junger Spinat
300 g Cocktailtomaten
2 EL Speiseöl, z. B. Olivenöl
1–2 EL mildes Currypulver
1–2 TL Sambal Oelek
1–2 EL brauner Zucker
500 ml Gemüsebrühe
Salz
1 EL Speisestärke
10 Minzeblättchen
1–2 EL Limettensaft

*Pro Portion:*
E: 14 g, F: 9 g, Kh: 46 g,
kJ: 1391, kcal: 332

**1.** Kichererbsen in ein Sieb geben, mit kaltem Wasser abspülen und abtropfen lassen. Aprikosen in kleine Stücke schneiden. Zwiebeln abziehen, halbieren und in etwa 1/2 cm breite Streifen schneiden.
**2.** Spinat putzen, gründlich waschen und gut abtropfen lassen. Die Tomaten abspülen, abtropfen lassen und halbieren. Stängelansätze herausschneiden.
**3.** Speiseöl in einem Topf erhitzen. Zwiebelstreifen darin unter Rühren andünsten, mit Curry, Sambal Oelek und Zucker würzen.
**4.** Kichererbsen, Aprikosenstücke, Tomatenhälften und Spinat untermischen. Brühe hinzugießen, mit Salz würzen.
**5.** Die Zutaten zum Kochen bringen und 2–3 Minuten kochen lassen. Die Speisestärke mit etwas Wasser anrühren, unter das Gemüse rühren und kurz aufkochen lassen.
**6.** Die Minzeblättchen abspülen, gut trocken tupfen, grob zerschneiden und unterrühren.
**7.** Das Kichererbsen-Sambal mit Limettensaft und den Gewürzen nochmals abschmecken.

***Beilage:*** Basmatireis.

Champignon-Reis-Salat / Gemüseschnitzel / Kräuterquark

## Champignon-Reis-Salat

2 Portionen

*Zubereitungszeit:* 30 Minuten

50 g Schnellkochreis
150 ml heiße Gemüsebrühe
1 Frühlingszwiebel
50 g Joghurt (3,5 % Fett)
25 g Joghurt-Salatcreme
Salz
gem. Pfeffer
Zucker
Cayennepfeffer
50 g Champignons
1 EL Speiseöl
100 g Möhren
1/2 gelbe Paprikaschote
einige Kerbelblättchen

*Pro Portion:*
E: 5 g, F: 10 g, Kh: 28 g,
kJ: 954, kcal: 227

**1.** Reis mit der heißen Brühe in einem Topf zum Kochen bringen und zugedeckt nach Packungsanleitung garen.
**2.** Den garen Reis in einem Sieb abtropfen und abkühlen lassen.
**3.** In der Zwischenzeit die Frühlingszwiebel putzen, abspülen, abtropfen lassen und in feine Scheiben schneiden. Joghurt mit Salatcreme verrühren, mit Salz, Pfeffer, Zucker und etwas Cayennepfeffer würzen. Die Creme mit den Frühlingszwiebelscheiben unter den Reis heben. Den Salat mit Frischhaltefolie zugedeckt etwa 15 Minuten in den Kühlschrank stellen.
**4.** In der Zwischenzeit Champignons putzen, evtl. kurz abspülen, trocken tupfen, halbieren oder in Scheiben schneiden. Speiseöl in einer kleinen Pfanne erhitzen. Die Champignons darin etwa 2 Minuten unter Rühren braten. Mit Salz und Pfeffer würzen, abkühlen lassen.
**5.** Möhren putzen, schälen, abspülen, abtropfen lassen und in feine Stifte schneiden. Paprikaschotenhälfte entstielen, entkernen, weiße Scheidewände entfernen. Schotenhälfte abspülen, abtrocknen, klein würfeln. Pilze, Möhren und Paprika unter den kalt gestellten Reissalat mischen.
**6.** Den Champignon-Reis-Salat mit abgespülten, trocken getupften und klein geschnittenen Kerbelblättchen bestreuen.

## Kräuterquark

2 Portionen

*Zubereitungszeit:* 5 Minuten

2 kleine Zwiebeln
200 g Magerquark
2 EL Milch
2 EL Crème fraîche
Salz
gem. Pfeffer
4 EL gemischte, klein geschnittene Kräuter, z. B. Schnittlauch, glatte Petersilie, Kerbel, Dill

*Pro Portion:*
E: 15 g, F: 8 g, Kh: 7 g,
kJ: 696, kcal: 168

**1.** Zwiebeln abziehen und klein würfeln. Quark mit Milch, Crème fraîche und Zwiebelwürfeln verrühren. Mit Salz und Pfeffer würzen. Die Kräuter unterrühren.

## Gemüseschnitzel

2 Portionen

*Zubereitungszeit:* 30 Minuten

400 g Gemüse, z. B. Knollensellerie, Zucchini, Steckrübe, Süßkartoffel, Rote Bete
Salz, gem. Pfeffer
4 EL Weizenmehl
8 EL Semmelbrösel
2 Eier (Größe S)
3 EL Speiseöl, z. B. Rapsöl
30 g Butter
einige Kerbelblättchen

*Pro Portion:*
E: 12 g, F: 21 g, Kh: 51 g,
kJ: 1851, kcal: 442

**1.** Gemüse putzen, schälen, abspülen und abtropfen lassen. Das Gemüse in etwa 1/2 cm dicke Scheiben schneiden und in kochendem Salzwasser 3–5 Minuten garen. Gemüsescheiben in einem Sieb gut abtropfen lassen. Mit Salz und Pfeffer würzen.

**2.** Mehl, Semmelbrösel und Eier in je einen tiefen Teller geben. Eier verschlagen. Die Gemüsescheiben zunächst in Mehl wenden, dann durch die verschlagenen Eier ziehen, am Tellerrand abstreifen und zuletzt in Semmelbröseln wenden. Panade leicht andrücken.
**3.** Speiseöl in einer großen Pfanne erhitzen. Gemüsescheiben darin von jeder Seite etwa 2 Minuten goldgelb braten. Kurz vor Ende der Bratzeit die Butter zu den Gemüsescheiben in die Pfanne geben und zerlassen. Gemüsescheiben herausnehmen, auf einem Teller anrichten und mit abgespülten, trocken getupften Kerbelblättchen garnieren.

## Mandel-Safran-Reis
4 Portionen

*Zubereitungszeit:* 30 Minuten

300 g Möhren
1 Stange Porree (Lauch)
2 Zwiebeln
3 EL Speiseöl
220 g Langkornreis
500 ml heiße Gemüsebrühe
125 g getrocknete Aprikosen
70 g Rosinen
100 g abgezogene, ganze Mandeln
2 Döschen Safran (je 0,2 g)
gem. Kreuzkümmel (Cumin)
Salz

*Pro Portion:*
E: 14 g, F: 22 g, Kh: 78 g,
kJ: 2393, kcal: 571

**1.** Möhren putzen, schälen, abspülen, abtropfen lassen und in dicke Scheiben schneiden. Porree putzen, die Stange längs halbieren, gründlich waschen, abtropfen lassen und in Streifen schneiden. Zwiebeln abziehen und in kleine Würfel schneiden.
**2.** Speiseöl in einer Pfanne erhitzen. Zwiebelwürfel darin andünsten. Den Reis hinzugeben, ebenfalls kurz mitdünsten lassen, heiße Brühe hinzugießen. Die Aprikosen, Rosinen, Möhrenscheiben, Mandeln und Porreestreifen zum Reis in die Pfanne geben, mit Safran, Kreuzkümmel und Salz würzen. Die Zutaten zum Kochen bringen und zugedeckt etwa 20 Minuten bei schwacher Hitze garen.
**3.** Den Mandel-Safran-Reis sofort servieren.

***Tipp:*** Eine frische Note bekommt der Reis, wenn Sie ihn nach dem Kochen mit etwas Zitronen- oder Limettensaft abschmecken und einige abgespülte, trocken getupfte Minzestreifen untermischen.

## Omeletts mit Schnittknoblauch und Schafskäse
2 Portionen

*Zubereitungszeit:* 20 Minuten

4 Eier (Größe M)
Salz, gem. Pfeffer
1 kleines Bund Schnittknoblauch
200 g Schafskäse
40 g Butter

*Pro Portion:*
E: 32 g, F: 48 g, Kh: 1 g,
kJ: 2340, kcal: 558

**1.** Die Eier in einer Rührschüssel verschlagen und mit Salz und Pfeffer würzen. Schnittknoblauch abspülen, trocken tupfen und in feine Ringe schneiden. Den Schafskäse in etwa 1 1/2 cm große Würfel schneiden. Die Schnittknoblauchringe und Schafskäsewürfel unter die Eier rühren.
**2.** Die Hälfte der Butter in einer Pfanne (Ø 22–24 cm) zerlassen. Die Hälfte der Eiermasse hineingeben und zugedeckt bei schwacher Hitze 4–5 Minuten stocken lassen.
**3.** Omelett vorsichtig wenden, von der zweiten Seite kurz anbraten, herausnehmen und warm stellen. Das zweite Omelett genauso zubereiten.

Mandel-Safran-Reis

Omeletts mit Schnittknoblauch und Schafskäse

## Einfacher Eiersalat
2 Portionen

*Zubereitungszeit:* 10 Minuten

3 hart gekochte Eier
100 g Gouda
3–4 abgetropfte Gewürzgurken (aus dem Glas)
1 kleine, rote Paprikaschote

**Für die Sauce:**
75 g Crème légère
1 1/2 EL Milch
1/2 TL mittelscharfer Senf
Salz
gem. Pfeffer
Worcestersauce

1 EL Schnittlauchröllchen
evtl. 2–3 EL abgetropfter Gemüsemais (aus der Dose)

*Pro Portion:*
E: 24 g, F: 30 g, Kh: 10 g,
kJ: 1699, kcal: 407

**1.** Eier pellen und in Scheiben schneiden. Käse in kleine Würfel, Gurken in Scheiben schneiden. Paprikaschote halbieren, entstielen, entkernen und die weißen Scheidewände entfernen. Schote abspülen, abtropfen lassen und in feine Streifen oder Würfel schneiden.
**2.** Eierscheiben, Käsewürfel und Paprikastreifen oder -würfel in einer Schüssel vermengen.
**3.** Für die Sauce Crème légère mit Milch und Senf verrühren. Mit Salz, Pfeffer und etwas Worcestersauce würzen. Die Sauce unter die Salatzutaten heben und mit 1 Esslöffel Schnittlauchröllchen bestreuen. Nach Belieben zusätzlich Mais unter den Eiersalat heben.

## Auberginen „Lido"
2 Portionen

*Zubereitungszeit:* 25 Minuten, ohne Ziehzeit

400 g Auberginen, Salz
6–8 EL Speiseöl, z. B. Sonnenblumenöl
2 Knoblauchzehen
400 g stückige Tomaten (aus der Dose)
gem. Pfeffer
1 Msp. gerebelter Majoran
1–2 Stängel Basilikum
2 Spalten von 1 Bio-Zitrone (unbehandelt, ungewachst)

*Pro Portion:*
E: 4 g, F: 31 g, Kh: 10 g,
kJ: 1402, kcal: 334

**1.** Auberginen abspülen, abtrocknen und die Stängelansätze entfernen. Auberginen in etwa 2 cm große Würfel schneiden, mit Salz bestreuen und etwa 20 Minuten ziehen lassen. Anschließend die Auberginenwürfel mit Küchenpapier trocken tupfen.
**2.** Jeweils etwas Speiseöl in einer Pfanne erhitzen. Die Auberginenwürfel darin portionsweise von allen Seiten bei mittlerer bis starker Hitze anbraten und herausnehmen. Auberginenwürfel auf Küchenpapier abtropfen lassen.
**3.** Knoblauch abziehen, klein schneiden und in dem verbliebenen Bratfett andünsten. Tomatenstücke hinzugeben und aufkochen lassen.
**4.** Die Tomatensauce mit Salz, Pfeffer und Majoran abschmecken. Die Auberginenwürfel hinzugeben und unter Rühren kurz erwärmen.
**5.** Basilikum abspülen und trocken tupfen. Blättchen von den Stängeln zupfen.
**6.** Auberginen nach Belieben in Gläsern anrichten. Anschließend mit Basilikumblättchen und Zitronenspalten servieren.

Einfacher Eiersalat / Auberginen „Lido"

Okras in Curry-Tomaten-Sauce

## Okras in Curry-Tomaten-Sauce

4 Portionen

*Zubereitungszeit:* 30 Minuten

**Für die Sauce:**
75 g Schalotten
75 g Frühlingszwiebeln
650 g Rispentomaten
1/2–1 rote Chilischote
2 getrocknete Curryblätter
je 2 Stängel Koriander, Thai-Basilikum und Minze
1 Bio-Limette (unbehandelt, ungewachst)
75 g Margarine
1 TL gem. Ingwer
1 EL mildes Currypulver
¼ TL gem. Gewürznelken

etwa 1 l Speiseöl
1 kg frische Okraschoten
Salz

*Pro Portion:*
E: 7 g, F: 20 g, Kh: 13 g,
kJ: 1107, kcal: 265

**1.** Schalotten abziehen und in kleine Würfel schneiden. Frühlingszwiebeln putzen, abspülen, abtropfen lassen und in etwa 1 cm breite Scheiben schneiden.
**2.** Tomaten abspülen, abtrocknen, halbieren und die Stängelansätze herausschneiden. Tomaten in kleine Stücke schneiden.
**3.** Chilischote abspülen, trocken tupfen, entstielen und mit den Kernen fein würfeln.
**4.** Curryblätter fein zerreiben. Koriander, Thai-Basilikum und Minze abspülen, trocken tupfen. Die Blättchen von den Stängeln zupfen. Die Limette heiß abwaschen, abtrocknen und in kleine Stücke oder Ecken schneiden.
**5.** Margarine in einer Pfanne zerlassen. Schalottenwürfel und Frühlingszwiebelscheiben darin bei mittlerer Hitze unter Rühren kräftig andünsten. Chili, Curryblätter, Ingwer, Curry und Nelken untermischen. Die Gewürze kurz mit anrösten. Tomatenstücke unterrühren und zum Kochen bringen. Sauce etwa 5 Minuten bei mittlerer Hitze stark kochen lassen.
**6.** In der Zwischenzeit Speiseöl in einem hohen Topf oder in einer Fritteuse auf etwa 180 °C erhitzen.
**7.** Okraschoten putzen und die Stielansätze mit den Spitzen (Kappen) abschneiden. Okraschoten abspülen und trocken tupfen.
**8.** Okraschoten im heißen Frittierfett in 2–3 Portionen 3–4 Minuten frittieren, dabei die Schoten jeweils einmal wenden. Die Okraschoten mit einer Schaumkelle herausnehmen und auf Küchenpapier abtropfen lassen.
**9.** Okraschoten in der heißen Curry-Tomaten-Sauce schwenken, mit Salz würzen und auf Tellern anrichten. Mit den Kräuterblättchen bestreuen und mit Limettenstücken oder -ecken servieren. Nach Belieben den Saft der Limettenstücke oder -ecken auf die Okraschoten träufeln.

***Beilage:*** **Basmatireis** (4 Portionen). Dafür 300 g Basmatireis in ein Sieb geben, mit kaltem Wasser abspülen, bis das Wasser fast klar abläuft. Reis gut abtropfen lassen. 100 g Zwiebeln abziehen und in kleine Würfel schneiden. 4 Esslöffel Sonnenblumenöl in einem weiten Topf zerlassen, Zwiebelwürfel darin kräftig andünsten. Reis hinzugeben (nun nicht mehr rühren) und 450 ml kaltes Wasser hinzugießen. Mit etwas Salz würzen. Den Reis ohne Deckel bei mittlerer Hitze kochen lassen, bis das Wasser den Reis nicht mehr bedeckt. Den Topf mit einem Deckel verschließen. Den Reis etwa 10 Minuten auf niedrigster Stufe quellen lassen.

Rahmspinat mit gebackenem Ei

Pikante Gemüsepfanne mit Sesam

## Rahmspinat mit gebackenem Ei

4 Portionen

*Zubereitungszeit:* 30 Minuten

2 Schalotten
40 g Butter
40 g Weizenmehl
400 ml Milch (3,5 % Fett)
1 EL ger. Meerrettich (aus dem Glas)
Salz, ger. Muskatnuss
400 g TK-Spinat, gehackt
10 Eier (Größe M)
200–400 g Pflanzenfett
zum Frittieren (je nach Topfgröße)
120 g Semmelbrösel
1 EL ger. Parmesan
etwas Weizenmehl
1 EL Crème fraîche

*Pro Portion:*
E: 29 g, F: 57 g, Kh: 42 g,
kJ: 3325, kcal: 796

**1.** Schalotten abziehen und in kleine Würfel schneiden. Butter in einem Topf zerlassen. Schalottenwürfel darin andünsten. Mehl hinzufügen und unter Rühren so lange erhitzen, bis es hellgelb ist. Nach und nach die Milch hinzugießen, mit einem Schneebesen durchschlagen. Darauf achten, dass keine Klümpchen entstehen. Sauce unter ständigem Rühren einmal aufkochen lassen. Meerrettich unterrühren. Mit Salz und Muskat kräftig abschmecken. Den gefrorenen Spinat unterrühren, erhitzen, anschließend warm stellen.
**2.** Acht Eier in kochendes Wasser legen und 3–4 Minuten kochen lassen (Eigelb sollte noch weich sein). Eier in kaltem Wasser abschrecken, abkühlen lassen und vorsichtig pellen.
**3.** In der Zwischenzeit Pflanzenfett in einem Topf oder in einer Fritteuse auf etwa 180 °C erhitzen.
**4.** Restliche Eier in einem Teller verschlagen. Semmelbrösel mit Parmesan mischen. Eier zuerst in Mehl wenden, dann durch die verschlagenen Eier ziehen und zuletzt in der Semmelbrösel-Käse-Mischung wenden. Eier nochmals wie zuvor beschrieben durch die verschlagenen Eier ziehen und in der Semmelbrösel-Käse-Mischung wenden. Die Panade gut andrücken.
**5.** Die Eier in dem siedenden Pflanzenfett in 2 Portionen goldbraun ausbacken, dabei einmal wenden. Eier mit einer Schaumkelle herausnehmen.
**6.** Crème fraîche unter den warm gestellten Spinat rühren. Spinat auf Tellern anrichten. Die ausgebackenen Eier daraufsetzen und sofort servieren.

## Pikante Gemüsepfanne mit Sesam

4 Portionen

*Zubereitungszeit:* 30 Minuten

1 EL geschälte Sesamsamen
335 g abgetropfte Ananasstücke (aus der Dose)
190 g abgetropfte Mini-Maiskölbchen (aus dem Glas)
150 g Zuckerschoten
etwa 700 g Chinakohl
1 rote Paprikaschote (etwa 200 g)
1–2 EL Speiseöl, z. B. Sonnenblumen- oder Erdnussöl
1 kleines Stück frischer Ingwer
Ananassaft (aus der Dose)
1 TL Speisestärke
2 Msp. Fünf-Gewürze-Pulver
Salz
gem. Pfeffer
evtl. einige Zitronenmelisseblättchen

*Pro Portion:*
E: 5 g, F: 6 g, Kh: 31 g,
kJ: 870, kcal: 207

**1.** Den Sesam in einem Wok oder einer großen Pfanne ohne Fett goldbraun rösten, herausnehmen und auf einen Teller geben.

**2.** Von den Ananasstücken den Saft auffangen und beiseitestellen. Die Mini-Maiskölbchen in kleine Stücke schneiden.
**3.** Von den Zuckerschoten die Enden abschneiden, evtl. abfädeln. Zuckerschoten abspülen und abtropfen lassen. Chinakohl putzen, halbieren und den Strunk herausschneiden. Chinakohl abspülen, abtropfen lassen und in Streifen schneiden.
**4.** Die Paprikaschote halbieren, entstielen, entkernen und die weißen Scheidewände entfernen. Schote abspülen, abtropfen lassen und in grobe Stücke schneiden.
**5.** Das Speiseöl in dem Wok oder der Pfanne erhitzen. Chinakohlstreifen, Zuckerschoten und Paprikastücke darin unter Rühren bei starker Hitze etwa 5 Minuten braten.
**6.** Den Ingwer schälen, abspülen, trocken tupfen und sehr fein würfeln oder auf einer Küchenreibe fein reiben. Ingwer mit dem aufgefangenen Ananassaft und der Speisestärke gut verrühren.
**7.** Die Ananasstücke und die Maiskölbchen unter das Gemüse rühren. Das Gemüse mit dem Fünf-Gewürze-Pulver, Salz und Pfeffer würzen. Angerührte Speisestärke unterrühren. Das Gemüse unter Rühren bei starker Hitze kurz aufkochen lassen.
**8.** Das Gemüse nochmals mit den Gewürzen abschmecken und mit dem gerösteten Sesam bestreuen. Nach Belieben die Gemüsepfanne mit abgespülten, trocken getupften Zitronenmelisseblättchen garnieren. Die Gemüsepfanne sofort servieren.

## Ratatouille

2–3 Portionen

*Zubereitungszeit:* 25 Minuten

1 Tomate (etwa 100 g)
1 gelbe Paprikaschote (etwa 200 g)
1 Zucchini (etwa 150 g)
1 kleine Aubergine (etwa 150 g)
1 Zweig Rosmarin
4–5 EL Olivenöl
2 Knoblauchzehen
Salz
gem. Pfeffer
etwas Balsamico-Essig

*Pro Portion:*
E: 3 g, F: 18 g, Kh: 7 g,
kJ: 851, kcal: 203

**1.** Die Tomate abspülen, trocken tupfen, vierteln, entkernen und den Stängelansatz herausschneiden. Die Tomatenviertel nochmals quer oder längs halbieren. Die Paprikaschote mit einem Sparschäler grob schälen, vierteln, entkernen und die weißen Scheidewände entfernen. Schotenviertel abspülen, trocken tupfen, in Größe der Tomatenstücke schneiden.
**2.** Zucchini und Aubergine abspülen, trocken tupfen und die Enden bzw. den Stängelansatz abschneiden. Die Zucchini in etwa 5 mm dicke Scheiben schneiden. Aubergine der Länge nach vierteln und in etwa 5 mm dicke Stücke schneiden. Rosmarin abspülen und trocken tupfen. Die Nadeln von dem Stängel zupfen.
**3.** Die vorbereiteten Tomatenstücke in eine große Schüssel geben (sie werden nicht angebraten, sondern sollen durch das daraufgegebene, angebratene Gemüse nur etwas Hitze abbekommen).
**4.** Einen Esslöffel des Olivenöls in einer Pfanne erhitzen. Paprikastücke darin mit einer nicht geschälten, angedrückten Knoblauchzehe etwa 1 Minute scharf anbraten. Mit Salz und Pfeffer würzen und anschließend mit 1 Spritzer Balsamico-Essig ablöschen. Die Paprikastücke zusammen mit der Knoblauchzehe auf den Tomatenstücken in der Schüssel verteilen.
**5.** Wieder 1 Esslöffel des Olivenöls in der Pfanne erhitzen. Zucchinischeiben darin mit der restlichen, nicht geschälten, angedrückten Knoblauchzehe etwa 1 Minute scharf anbraten. Mit Salz, Pfeffer und Balsamico-Essig würzen. Zucchinischeiben und die Knoblauchzehe herausnehmen, auf die Paprikastücke geben.
**6.** Restliches Olivenöl in der Pfanne erhitzen. Auberginenstücke darin 3–4 Minuten anbraten. Mit Salz, Pfeffer und Balsamico-Essig würzen. Rosmarinnadeln unterrühren. Die Auberginenstücke auf die Zucchinischeiben geben.
**7.** Zum Schluss das angebratene, geschichtete Gemüse vermischen. Mit Salz, Pfeffer und Balsamico-Essig abschmecken. Ratatouille noch warm servieren.

Ratatouille

## Ratatouille mit Vollkornnudeln

2 Portionen

*Zubereitungszeit:* 30 Minuten

1 Aubergine (etwa 300 g)
1 Zucchini (etwa 200 g)
je 1/2 rote und grüne Paprikaschote (etwa 200 g)
2 Tomaten (etwa 150 g)
100 g Champignons
2 Zwiebeln
2 Knoblauchzehen

1 l Wasser
1 gestr. TL Salz
100 g Vollkorn-Spiralnudeln

1–2 EL Olivenöl
4 Stängel Thymian
4 Stängel Rosmarin
gem. Pfeffer

*Pro Portion:*
E: 13 g, F: 10 g, Kh: 49 g,
kJ: 1421, kcal: 337

**1.** Aubergine und Zucchini abspülen, abtrocknen und den Stängelansatz bzw. die Enden abschneiden. Paprikahälften entstielen, entkernen und die weißen Scheidewände entfernen. Paprika und Tomaten abspülen, abtropfen lassen. Die Tomaten halbieren. Stängelansätze herausschneiden. Vorbereitetes Gemüse in grobe Stücke schneiden.
**2.** Champignons putzen, evtl. kurz abspülen, abtropfen lassen und in Scheiben schneiden. Zwiebeln und Knoblauch abziehen, klein würfeln.
**3.** Wasser in einem Topf zugedeckt zum Kochen bringen. Dann Salz und Nudeln hinzufügen. Die Nudeln im geöffneten Topf bei mittlerer Hitze nach Packungsanleitung kochen lassen, dabei gelegentlich umrühren.
**4.** In der Zwischenzeit das Olivenöl in einer großen Pfanne erhitzen. Die Zwiebel- und Knoblauchwürfel darin andünsten. Danach nacheinander Champignonscheiben, Zucchini-, Auberginen- und Paprikastücke unter Rühren kurz anbraten. Die Tomatenstücke hinzufügen. Das Ratatouille 5–10 Minuten garen.
**5.** Dann die garen Nudeln in ein Sieb geben, mit heißem Wasser abspülen und abtropfen lassen.
**6.** Kräuterstängel abspülen und trocken tupfen. Die Blättchen bzw. Nadeln von den Stängeln zupfen. Das Ratatouille mit Salz, Pfeffer und den Kräutern würzen.
**7.** Das Ratatouille mit den Vollkornnudeln sofort servieren.

Ratatouille mit Vollkornnudeln

## Zucchini-Käse-Suppe

4 Portionen (ohne Foto)

*Zubereitungszeit:* 25 Minuten

500 g Zucchini
40 g Butter oder Margarine
2 Knoblauchzehen
2–3 EL Weizenmehl
800 ml Gemüsebrühe
200 ml Weißwein
80 g Gouda
100 g Schmelzkäse, z. B. mit Sahne- oder Kräutergeschmack
1 Bund Dill
Salz
gem. Pfeffer

*Pro Portion:*
E: 12 g, F: 20 g, Kh: 10 g,
kJ: 1270, kcal: 304

**1.** Zucchini abspülen, abtrocknen und die Enden abschneiden. Zucchini grob raspeln. Butter oder Margarine in einem Topf zerlassen, Zucchiniraspel darin unter Rühren andünsten. Knoblauch abziehen, durch eine Knoblauchpresse drücken und zu den Zucchiniraspeln geben. Weizenmehl darüberstäuben, unterrühren und kurz mitdünsten.
**2.** Gemüsebrühe und Weißwein unter Rühren hinzugießen. Dabei darauf achten, dass keine Klümpchen entstehen. Suppe zum Kochen bringen und etwa 5 Minuten kochen lassen.
**3.** Gouda grob reiben, mit Schmelzkäse in die Suppe geben und unter Rühren schmelzen lassen (die Suppe nicht mehr kochen lassen).

Salicorne als Gemüse mit Petersilie

Rosmarin-Paprika-Pfanne

**4.** Dill abspülen und trocken tupfen. Die Spitzen von den Stängeln zupfen. Spitzen klein schneiden und in die Suppe geben. Die Suppe mit Salz und Pfeffer abschmecken.

## Salicorne als Gemüse mit Petersilie

4 Portionen

*Zubereitungszeit:* 10 Minuten

400 g Salicorne
2 Schalotten oder 1 kleine Zwiebel
1 Bund Petersilie
30 g Butter
gem. Pfeffer

*Pro Portion:*
E: 5 g, F: 7 g, Kh: 2 g,
kJ: 376, kcal: 90

**1.** Salicorne putzen, unter fließendem kalten Wasser abspülen, gut abtropfen lassen und in kochendem Wasser etwa 10 Sekunden blanchieren. Salicorne mit einer Schaumkelle herausnehmen und sofort in Eiswasser abschrecken. Salicorne in einem Sieb abtropfen lassen.
**2.** Die Schalotten oder Zwiebel abziehen, in sehr kleine Würfel schneiden. Petersilie abspülen und trocken tupfen. Blättchen von den Stängeln zupfen. Blättchen klein schneiden.
**3.** Butter in einer Pfanne zerlassen. Schalotten- oder Zwiebelwürfel darin kurz andünsten. Salicorne und Petersilie hinzugeben, kurz durchschwenken. Mit Pfeffer abschmecken.

***Tipp:*** Salicorne soll nicht gesalzen werden, da er einen zarten Meersalzgeschmack hat.

## Rosmarin-Paprika-Pfanne

4 Portionen

*Zubereitungszeit:* 30 Minuten

600 g kleine, festkochende Kartoffeln
250 g kleine Schalotten
2 EL Olivenöl
Salz, gem. Pfeffer
1 kg bunte Paprikaschoten (rot, grün, gelb)
4 Zweige Rosmarin
4 Knoblauchzehen
250 ml heiße Gemüsebrühe
Saft von 1/2 Zitrone

*Pro Portion:*
E: 6 g, F: 6 g, Kh: 27 g,
kJ: 805, kcal: 192

**1.** Kartoffeln kurz unter fließendem kalten Wasser gründlich abbürsten und gut abtropfen lassen. Kartoffeln mit Schale längs halbieren. Schalotten abziehen und evtl. halbieren.
**2.** Olivenöl in einer großen Pfanne erhitzen. Die Kartoffelhälften und Schalotten darin etwa 15 Minuten bei nicht zu starker Hitze unter mehrmaligem Wenden goldbraun braten, mit Salz und Pfeffer würzen.
**3.** In der Zwischenzeit Paprikaschoten halbieren, entstielen, entkernen und die weißen Scheidewände entfernen. Schoten abspülen, abtropfen lassen und grob würfeln. Rosmarin abspülen und trocken tupfen. Die Nadeln von den Stängeln zupfen. Den Knoblauch abziehen und längs halbieren.
**4.** Die Paprikawürfel zu den Kartoffelhälften in die Pfanne geben und kurz unter Rühren mitbraten. Knoblauch und Rosmarin hinzugeben und unterrühren. Etwas von der heißen Brühe hinzugießen.
**5.** Das Ganze weitere etwa 10 Minuten unter gelegentlichem Rühren leicht braten lassen.
**6.** Die restliche heiße Brühe hinzugießen, zum Kochen bringen und etwas einkochen lassen. Rosmarin-Paprika-Pfanne mit Salz, Pfeffer und Zitronensaft abschmecken.

***Beilage:*** Zaziki.

Pfannengemüse mit kaltem Orangen-Couscous

Steinpilzpfanne

## Pfannengemüse mit kaltem Orangen-Couscous

2 Portionen

*Zubereitungszeit:* 25 Minuten

175 ml Orangensaft
100 g Couscous
1 gelbe Paprikaschote (etwa 150 g)
100 g Staudensellerie
2 rote Zwiebeln
1 1/2 EL Olivenöl
1 Msp. getrocknete Chiliflocken
300 g Zucchini
250 g Cocktailtomaten
4 Zweige Zitronenverbene oder 3 Zweige Zitronenthymian
Salz, gem. Pfeffer
evtl. einige Zweige Zitronenverbene oder -thymian
100 g Joghurt (1,5 % Fett)

*Pro Portion:*
E: 14 g, F: 10 g, Kh: 57 g,
kJ: 1617, kcal: 387

**1.** Den Orangensaft erhitzen (nicht kochen) und in eine Schüssel geben. Den Couscous unter Rühren einstreuen und zugedeckt etwa 10 Minuten quellen lassen.
**2.** In der Zwischenzeit die Paprikaschote vierteln, entstielen, entkernen und die weißen Scheidewände entfernen. Schote abspülen, trocken tupfen und längs in schmale Streifen schneiden.
**3.** Staudensellerie putzen und die harten Außenfäden abziehen. Selleriestangen abspülen, abtropfen lassen und in feine Scheiben schneiden. Zwiebeln abziehen, halbieren und in schmale Spalten schneiden.
**4.** Olivenöl in einer großen Pfanne oder einem Wok erhitzen. Zwiebelspalten, Selleriescheiben und Paprikastreifen darin unter Rühren andünsten, mit Chiliflocken würzen. Gemüse etwa 10 Minuten bei mittlerer Hitze unter Rühren dünsten.
**5.** In der Zwischenzeit Zucchini abspülen, abtrocknen und die Enden abschneiden. Zucchini in Scheiben schneiden. Tomaten abspülen, abtropfen lassen, halbieren und evtl. die Stängelansätze herausschneiden. Zitronenverbene oder -thymian abspülen und trocken tupfen. Die Blättchen von den Stängeln zupfen. Zitronenverbeneblättchen evtl. kleiner schneiden.
**6.** Tomatenhälften, Zucchinischeiben und Kräuter zu dem Gemüse in die Pfanne oder den Wok geben und etwa 3 Minuten mitdünsten lassen.
**7.** Orangen-Couscous mit Salz abschmecken. Das Gemüse mit Salz und Pfeffer abschmecken und anrichten. Nach Belieben mit abgespülten und trocken getupften Zitronenverbene- oder -thymianzweigen garnieren. Orangen-Couscous und Joghurt zum Pfannengemüse servieren.

## Steinpilzpfanne

2 Portionen

*Zubereitungszeit:* 20 Minuten

500 g Steinpilze
1 Knoblauchzehe
150 g Tomaten
5 EL Olivenöl
Salz
gem. Pfeffer
1 EL gehackte Petersilie

*Pro Portion:*
E: 8 g, F: 26 g, Kh: 4 g,
kJ: 1148, kcal: 274

**1.** Pilze putzen, evtl. kurz abspülen und trocken tupfen. Pilze in Scheiben schneiden. Knoblauch abziehen und klein würfeln. Tomaten kreuzweise einschneiden und mit kochendem Wasser übergießen. Nach 1–2 Minuten herausnehmen, mit kaltem Wasser abschrecken. Tomaten häuten, halbieren, entkernen und die Stängelansätze herausschneiden. Die Tomaten in Würfel schneiden.
**2.** Das Olivenöl in einer großen Pfanne erhitzen. Die Pilzscheiben darin 5–7 Minuten bei mittlerer Hitze braten, mit Salz und Pfeffer würzen. Die Pilzscheiben herausnehmen und warm stellen.
**3.** Die Knoblauchwürfel in dem verbliebenen Bratfett in der Pfanne andünsten. Tomatenwürfel in die Pfanne geben und erhitzen.

**4.** Petersilie und Steinpilze unterrühren. Die Steinpilze mit Salz und Pfeffer abschmecken.

## Tortilla

4 Portionen

*Zubereitungszeit:* 30 Minuten

750 g Kartoffeln
6 EL Olivenöl
6 Eier (Größe M)
Salz, gem. Pfeffer
1 EL klein geschnittene Petersilie

*Pro Portion:*
E: 13 g, F: 23 g, Kh: 25 g,
kJ: 1491, kcal: 356

**1.** Kartoffeln schälen, abspülen, abtropfen lassen und in kleine Stücke schneiden. Olivenöl in einer großen Pfanne erhitzen. Die Kartoffelstücke darin zugedeckt unter gelegentlichem Rühren etwa 15 Minuten bei mittlerer Hitze garen, bis sie weich, aber nicht braun sind. Anschließend die Kartoffelstücke in ein Sieb geben und abtropfen lassen, das Olivenöl dabei auffangen.
**2.** Eier in einer Schüssel verschlagen. Mit Salz und Pfeffer würzen. Petersilie unterrühren. Die abgetropften Kartoffelstücke hinzugeben und gut vermischen.
**3.** Das aufgefangene Olivenöl in der Pfanne erhitzen. Die Kartoffel-Eier-Masse hinzugeben. Die Tortilla zugedeckt bei mittlerer Hitze backen. Sobald die Tortillaoberfläche gestockt ist, die Tortilla vorsichtig wenden und die zweite Seite goldbraun braten.

***Tipp:*** Wer die Tortilla herzhafter mag, kann 1 in Würfel geschnittene Zwiebel und etwas Knoblauch unter die Kartoffel-Eier-Masse geben.

## Süßkartoffelpfanne

4 Portionen

*Zubereitungszeit:* 25 Minuten

650 g rotfleischige Süßkartoffeln
2 Knoblauchzehen
1–2 rote Chilischoten
1 große Zwiebel
3 EL Speiseöl, z. B. Erdnussöl
Salz
1/2 Bund Koriander

*Pro Portion:*
E: 2 g, F: 8 g, Kh: 33 g,
kJ: 902, kcal: 216

**1.** Süßkartoffeln schälen, abspülen, abtropfen lassen und in kleine Würfel schneiden. Knoblauch abziehen und halbieren. Die Chilischoten halbieren, entstielen, entkernen, abspülen, trocken tupfen und in feine Streifen schneiden. Zwiebel abziehen und in Scheiben schneiden.
**2.** Speiseöl in einem Wok oder einer beschichteten Pfanne erhitzen. Kartoffelwürfel darin unter Wenden bei schwacher Hitze anbraten.
**3.** Nach etwa 8 Minuten Bratzeit Knoblauchhälften, Chilistreifen und Zwiebelscheiben hinzufügen. Mit etwas Salz würzen, weitere 6–8 Minuten unter gelegentlichem Rühren braten.
**4.** Koriander abspülen und trocken tupfen. Die Blättchen von den Stängeln zupfen. Blättchen klein schneiden. Die Knoblauchhälften aus dem Wok oder der Pfanne nehmen.
**5.** Den Koriander unter die Süßkartoffelpfanne heben und servieren.

***Tipp:*** Dazu einen Kräuter-Dip aus dem Kühlregal servieren.

Tortilla

Süßkartoffelpfanne

## Tomatenreis mit Auberginen

4 Portionen

*Zubereitungszeit:* 25 Minuten

150 g 8-Minuten-Reis
Salz
1 Aubergine (etwa 350 g)
1 Knoblauchzehe
2 EL Olivenöl
2 EL Tomatenmark
1 Zwiebel
1 Stange Porree
(Lauch, etwa 200 g)
400 g stückige Tomaten
(aus der Dose)
gem. Pfeffer
1 TL gerebelter Thymian
1/2 Bund Petersilie

*Pro Portion:*
E: 6 g, F: 6 g, Kh: 35 g,
kJ: 915, kcal: 216

**1.** Reis in kochendem Salzwasser nach Packungsanleitung quellen lassen.
**2.** In der Zwischenzeit Aubergine abspülen, abtrocknen und den Stängelansatz abschneiden. Aubergine in kleine Würfel schneiden, mit 1 Teelöffel Salz bestreuen und einige Minuten ziehen lassen.
**3.** In der Zwischenzeit Knoblauch abziehen, in kleine Würfel schneiden und mit etwas Salz bestreuen. Olivenöl in einem Topf erhitzen. Vorbereiteten Knoblauch und Tomatenmark darin andünsten. Auberginenwürfel hinzugeben und mitdünsten lassen.
**4.** Zwiebel abziehen und in kleine Würfel schneiden. Den Porree putzen, die Stange längs halbieren, gründlich waschen, abtropfen lassen und in feine Streifen schneiden. Zwiebelwürfel und Porreestreifen zu den Auberginenwürfeln geben und mit andünsten.
**5.** Stückige Tomaten zu dem Gemüse in den Topf geben und kurz mitdünsten.
**6.** Den garen Reis unterheben. Mit Salz, Pfeffer und Thymian kräftig würzen. Tomatenreis zugedeckt bei schwacher Hitze 4–5 Minuten ziehen lassen.
**7.** Den Tomatenreis mit den Gewürzen abschmecken, mit abgespülter, trocken getupfter, klein geschnittener Petersilie bestreut servieren.

***Tipps:*** Der Tomatenreis schmeckt sowohl heiß als auch kalt sehr gut. Wenn Sie das Gericht mit frischem Zitronensaft abschmecken, ist es eine leckere Beilage zu gegrilltem Fleisch, Geflügel oder Fisch.

## Lauchkuchen

4 Portionen

*Zubereitungszeit* (inklusive *Backzeit*): 50 Minuten, ohne *Auftauzeit*

200 g TK-Blätterteig
2 Schalotten oder kleine Zwiebeln
1 Stange Porree (Lauch)
50 g Butter
1/2 TL ganze Kümmelsamen
1/2 TL Koriandersamen
1/2 TL rote Pfefferbeeren
1/2 TL Fenchelsamen
Salz, gem. Pfeffer
125 g Schlagsahne
2 Eier (Größe M)

*Pro Portion:*
E: 8 g, F: 36 g, Kh: 23 g,
kJ: 1876, kcal: 449

**1.** Blätterteigplatten zugedeckt nach Packungsanleitung auftauen lassen.
**2.** In der Zwischenzeit die Schalotten oder Zwiebeln abziehen, zuerst in Scheiben schneiden, dann in Ringe teilen. Porree putzen, die Stange längs halbieren, gründlich waschen, gut abtropfen lassen und danach in dünne Streifen schneiden.
**3.** Den Backofen vorheizen.
*Ober-/Unterhitze:* etwa 200 °C
*Heißluft:* etwa 180 °C

Tomatenreis mit Auberginen

Lauchkuchen

**4.** Die Butter in einer Pfanne zerlassen. Schalotten- oder Zwiebelwürfel und Porreestreifen darin andünsten. Kümmel, Koriander, Pfefferbeeren und Fenchelsamen hinzufügen. Mit Salz und Pfeffer würzen. Sahne mit den Eiern verschlagen und untermischen. Die Masse bei schwacher Hitze leicht stocken lassen.

**5.** Blätterteigplatten aufeinanderlegen, auf einer leicht bemehlten Arbeitsfläche zu einer runden Platte (Ø etwa 30 cm) ausrollen und in eine Springform (Ø 28 cm, gefettet) legen, dabei den Rand andrücken.

**6.** Die Eier-Sahne-Masse auf dem Teig verteilen. Die Form auf dem Rost in den vorgeheizten Backofen schieben. Den Lauchkuchen etwa 20 Minuten backen.

**7.** Die Form auf einen Kuchenrost stellen. Den Lauchkuchen etwas abkühlen lassen, aus der Form lösen, auf einer Platte warm servieren.

Paprika-Sauerkraut-Suppe

## Paprika-Sauerkraut-Suppe

4 Portionen

*Zubereitungszeit:* 30 Minuten

400 g rote Paprikaschoten
200 g Zwiebeln
200 g Sauerkraut
2 EL Speiseöl
1 l heiße Gemüsebrühe
1 gestr. EL Speisestärke
125 g Schlagsahne
Salz, 1–2 EL Weißwein

*Pro Portion:*
E: 10 g, F: 22 g, Kh: 11 g,
kJ: 1283, kcal: 307

**1.** Paprikaschoten halbieren, entstielen, entkernen und die weißen Scheidewände entfernen. Schoten abspülen, abtropfen lassen und in Streifen schneiden. Zwiebeln abziehen, klein würfeln. Sauerkraut auseinanderzupfen und klein schneiden.

**2.** Speiseöl in einem Topf erhitzen. Die Zwiebelwürfel darin glasig dünsten. Paprikastreifen und Sauerkraut hinzufügen, kurz miterhitzen. Heiße Brühe hinzugießen, zum Kochen bringen und etwa 20 Minuten kochen lassen.

**3.** Speisestärke mit Sahne anrühren, in die Suppe rühren und unter Rühren aufkochen lassen. Die Suppe mit Salz und Weißwein abschmecken.

## Mangoldeintopf

4 Portionen (ohne Foto)

*Zubereitungszeit:* 30 Minuten

500 g Mangold
1 Zwiebel
1 EL Sonnenblumenöl
1 l heiße Gemüsebrühe
300 g Süßkartoffeln
2 Möhren
4 kleine Tomaten
Salz, gem. Pfeffer

*Pro Portion:*
E: 5 g, F: 4 g, Kh: 20 g,
kJ: 557, kcal: 133

**1.** Mangold putzen, gründlich abspülen und abtropfen lassen. Blattrippen herausschneiden, Stiele in feine Streifen schneiden. Die Blätter ebenfalls in Streifen schneiden. Zwiebel abziehen und klein würfeln.

**2.** Sonnenblumenöl in einem Topf erhitzen. Zwiebelwürfel darin glasig dünsten. Heiße Gemüsebrühe hinzugeben und zum Kochen bringen.

**3.** In der Zwischenzeit die Kartoffeln schälen, abspülen, abtropfen lassen und in kleine Würfel schneiden. Die Möhren putzen, schälen, abspülen und abtropfen lassen. Die Möhren in Stifte schneiden. Die Kartoffelwürfel und Möhrenstifte in die Brühe geben und zugedeckt etwa 10 Minuten bei schwacher Hitze kochen lassen.

**4.** In der Zwischenzeit die Tomaten kreuzweise einschneiden und mit kochendem Wasser übergießen. Nach 1–2 Minuten herausnehmen und mit kaltem Wasser abschrecken. Tomaten häuten, vierteln, entkernen und die Stängelansätze herausschneiden. Tomatenviertel und die vorbereiteten Mangoldstreifen (Stiele und Blätter) in die Brühe geben und weitere etwa 5 Minuten garen. Eintopf mit Salz und Pfeffer abschmecken.

Andalusische Pilzpfanne

## Andalusische Pilzpfanne

2 Portionen

*Zubereitungszeit:* 30 Minuten, ohne Marinierzeit

je 250 g möglichst kleine Champignons, Austernpilze und Shiitakepilze
Saft von 1/2 Zitrone
2 Knoblauchzehen
1/2 Bund Petersilie
5 EL Olivenöl
Salz, gem. Pfeffer

*Pro Portion:*
E: 10 g, F: 25 g, Kh: 14 g,
kJ: 1280, kcal: 306

**1.** Die Pilze putzen, evtl. kurz abspülen und trocken tupfen. Austernpilze in Streifen schneiden. Von den Shiitakepilzen die Stängel abschneiden. Shiitakepilzköpfe halbieren oder vierteln.
**2.** Die vorbereiteten Pilze in eine Schüssel geben, mit Zitronensaft beträufeln und etwa 10 Minuten marinieren.
**3.** In der Zwischenzeit Knoblauch abziehen und klein schneiden. Petersilie abspülen und trocken tupfen. Die Blättchen von den Stängeln zupfen. Blättchen klein schneiden.
**4.** Olivenöl in einer großen Pfanne erhitzen. Knoblauch darin glasig dünsten.
**5.** Die marinierten Pilze hinzugeben und 5–6 Minuten bei mittlerer Hitze dünsten, dabei ab und zu umrühren. Anschließend die Pilze bei starker Hitze kurz anbraten.
**6.** Die Pilzpfanne mit Salz und Pfeffer kräftig würzen. Die Petersilie unterrühren. Die Pilzpfanne sofort heiß servieren.

***Beilage:*** Baguette- oder Fladenbrot.

***Tipps:*** Wer es gerne würzig-säuerlich mag, kann die Pilzpfanne zusätzlich mit 1–2 Teelöffeln frisch gepresstem Zitronensaft abschmecken. Zuchtpilze, die es im Supermarkt zu kaufen gibt, sind in der Regel kaum verschmutzt. Da sich Pilze schnell mit Wasser vollsaugen, ist es am besten, sie nur mit Küchenpapier von Erd- oder Substratresten zu reinigen oder allenfalls ganz kurz unter fließendem Wasser abzuspülen und gut mit Küchenpapier trocken zu tupfen. Vertrocknete oder verschmutzte Enden der Pilzstiele schneiden Sie einfach ab. Die Pilzhüte oder -kappen müssen nicht geschält werden.

## Champignon-Käse-Suppe

4 Portionen (ohne Foto)

*Zubereitungszeit:* 25 Minuten

600 g Champignons
4 Zwiebeln
50 g Butter oder Margarine
1 l Gemüsebrühe
125 g Schmelzkäse, z. B. Sahneschmelzkäse
Salz, gem. Pfeffer
evtl. 6 EL trockener Weißwein
2 EL klein geschnittene Petersilie

*Pro Portion:*
E: 11 g, F: 21 g, Kh: 4 g,
kJ: 1028, kcal: 1028

**1.** Champignons putzen, evtl. kurz abspülen, trocken tupfen und in Scheiben schneiden. Zwiebeln abziehen und klein würfeln. Butter oder Margarine in einem Topf zerlassen. Champignonscheiben und Zwiebeln darin unter Rühren andünsten.
**2.** Die Gemüsebrühe hinzugießen, zum Kochen bringen und zugedeckt 8–10 Minuten bei mittlerer Hitze kochen lassen. Schmelzkäse unterrühren und schmelzen lassen (die Suppe nicht mehr kochen).

**3.** Suppe mit Salz, Pfeffer und nach Belieben mit Weißwein abschmecken. Die Suppe in Suppentassen anrichten und mit Petersilie bestreut servieren.

## Asiatisches Pfannengemüse

4 Portionen

*Zubereitungszeit:* 25 Minuten

300 g Zuckerschoten
300 g Sojabohnensprossen
4 Möhren (etwa 350 g)
1 Stange Porree (Lauch)
1 Bund Schnittknoblauch oder Schnittlauch
4 EL Speiseöl, z. B. Sesamöl
300 g abgetropfte Bambussprossen in Streifen (aus der Dose)
100 ml heiße Gemüsebrühe
Salz, gem. Pfeffer
etwa 250 ml süßsaure Asia-Sauce
50 g geschälte, geröstete Sesamsamen

*Pro Portion:*
E: 13 g, F: 18 g, Kh: 35 g,
kJ: 1728, kcal: 412

**1.** Von den Zuckerschoten die Enden abschneiden, evtl. abfädeln. Zuckerschoten abspülen und abtropfen lassen. Sojabohnensprossen verlesen, in ein Sieb geben, abspülen und abtropfen lassen.
**2.** Die Möhren putzen, schälen, abspülen, abtropfen lassen, zuerst längs in dünne Scheiben, dann in feine Stifte schneiden.
**3.** Porree putzen. Die Stange längs halbieren, gründlich waschen, abtropfen lassen und längs in feine Streifen schneiden.
**4.** Schnittknoblauch oder Schnittlauch abspülen und trocken tupfen. Einige Halme zum Garnieren beiseitelegen. Die restlichen Halme in etwa 3 cm lange Stücke schneiden.
**5.** Speiseöl in einem Wok erhitzen. Vorbereitetes Gemüse, Schnittlauchstücke und Bambussprossen darin etwa 5 Minuten unter Rühren andünsten. Heiße Brühe hinzugießen, zum Kochen bringen und etwas einkochen lassen. Mit Salz und Pfeffer würzen. Süßsaure Asia-Sauce unter das Gemüse rühren.
**6.** Das Pfannengemüse mit Sesam bestreuen und mit den beiseitegelegten Schnittknoblauch- oder Schnittlauchhalmen garnieren.

## Quarkdip

4 Portionen

*Zubereitungszeit:* 15 Minuten

150 g Magerquark
4 EL Buttermilch
1 kleine Tomate
2 Oliven
2 TL Zwiebelwürfel
Salz, gem. Pfeffer
gehackte Kräuter,
z. B. Thymian, Pimpinelle

*Pro Portion:*
E: 15 g, F: 5 g, Kh: 2 g,
kJ: 486, kcal: 116

**1.** Quark mit Buttermilch verrühren. Tomate kreuzweise einschneiden und mit kochendem Wasser übergießen. Nach 1–2 Minuten herausnehmen und mit kaltem Wasser abschrecken. Tomate häuten, halbieren, entkernen und den Stängelansatz herausschneiden. Tomate in kleine Würfel schneiden.
**2.** Die Oliven sehr klein schneiden, mit den Zwiebelwürfeln unter die Quark-Buttermilch-Masse rühren. Den Quarkdip mit Salz, Pfeffer und Kräutern würzen.

Asiatisches Pfannengemüse

Quarkdip

## Reis mit gebratenem Gemüse

4 Portionen

*Zubereitungszeit:* 30 Minuten

**Für die Gemüsepfanne:**
200 g Zuckerschoten
200 g Möhren
1 Stange Staudensellerie
je 1 grüne und gelbe Zucchini
(etwa 200 g)
je 1/2 rote und gelbe Paprikaschote
(etwa 100 g)
3–4 Cocktailtomaten
250 g Champignons
1–2 EL Olivenöl
200 ml heiße Gemüsebrühe
2–3 EL helle Sojasauce
2–3 EL Sherry
100 g Sojabohnensprossen
1 TL Speisestärke
1 EL Wasser
Salz, gem. Pfeffer
gem. Koriander

560 g gegarter Basmatireis
(etwa 200 g Rohgewicht)

*Pro Portion:*
E: 14 g, F: 5 g, Kh: 55 g,
kJ: 1396, kcal: 334

**1.** Für die Gemüsepfanne von den Zuckerschoten die Enden abschneiden, evtl. abfädeln. Zuckerschoten abspülen, abtropfen lassen und schräg halbieren. Die Möhren putzen, schälen, abspülen, abtropfen lassen und in dünne Scheiben schneiden.
**2.** Die Staudenselleriestange putzen und die harten Außenfäden abziehen. Selleriestange abspülen, abtropfen lassen und in Scheiben schneiden. Zucchini abspülen, abtrocknen und die Enden abschneiden. Die Zucchini längs halbieren und in dünne Scheiben schneiden.
**3.** Paprikaschotenhälften entstielen, entkernen und die weißen Scheidewände entfernen. Paprika abspülen, abtropfen lassen und in Stücke schneiden. Tomaten abspülen, abtrocknen, halbieren und evtl. die Stängelansätze herausschneiden.
**4.** Champignons putzen, evtl. kurz abspülen und trocken tupfen. Champignons in Scheiben schneiden.
**5.** Das Olivenöl in einem Wok oder in einer großen Pfanne erhitzen. Die Champignons darin etwa 2 Minuten unter Rühren braten, herausnehmen und auf einen Teller geben. Nach und nach Möhren-, Staudensellerie-, Zucchinischeiben, Zuckerschoten- und Paprikastücke darin kurz unter Rühren anbraten. Heiße Brühe, Sojasauce und Sherry unterrühren.
**6.** Das Gemüse zum Kochen bringen und zugedeckt 3–5 Minuten bei schwacher Hitze garen.
**7.** In der Zwischenzeit die Sojabohnensprossen in ein Sieb geben, abspülen und abtropfen lassen.
**8.** Die Champignons wieder zum Gemüse geben und unterrühren.
**9.** Speisestärke mit Wasser verrühren, unter das Gemüse rühren und unter Rühren kurz aufkochen lassen.
**10.** Anschließend die Sojabohnensprossen und die Tomatenhälften unter das Gemüse rühren, mit Salz, Pfeffer und Koriander abschmecken. Zuletzt den Reis hinzugeben, unterrühren und etwa 5 Minuten erhitzen.

Reis mit gebratenem Gemüse

## Basilikum-Reis-Bällchen auf Tomaten-Porree

2 Portionen (6 Bällchen)

*Zubereitungszeit:* 30 Minuten

**Für die Basilikum-Reis-Bällchen:**
350 g gegarter Naturreis
(etwa 125 g Rohgewicht)
etwa 25 g Magerquark
1 Ei (Größe M)
40 g ger. Parmesan
30 g Semmelbrösel
1/2 Bund Basilikum
Salz
gem. Pfeffer
etwa 1 l Speiseöl,
z. B. Sonnenblumenöl

**Für das Gemüse:**
1 Stange Porree (Lauch)
400 g Tomaten
1 Knoblauchzehe
1 1/2 EL Speiseöl,
z. B. Sonnenblumenöl
50 ml Gemüsebrühe

**Für den Dip:**
75 g Crème fraîche
75 g Joghurt (3,5 % Fett)

Basilikum-Reis-Bällchen auf Tomaten-Porree

Tortilla mit Oliven

*Pro Portion:*
E: 23 g, F: 48 g, Kh: 70 g,
kJ: 3401, kcal: 814

**1.** Für die Reis-Bällchen Reis mit Quark, Ei, Parmesan und Semmelbröseln in einer Schüssel gut verkneten.
**2.** Basilikum abspülen und trocken tupfen. Die Blättchen von den Stängeln zupfen. Blättchen in Streifen schneiden. Die Hälfte davon unter die Reismasse kneten. Mit Salz und Pfeffer abschmecken.
**3.** Das Speiseöl in einem hohen Topf oder in der Fritteuse auf etwa 180 °C erhitzen. (Das Speiseöl hat die richtige Temperatur, wenn sich an einem ins Fett gehaltenen Holzlöffel kleine Bläschen bilden.)
**4.** In der Zwischenzeit aus der Basilikum-Reis-Masse mit angefeuchteten Händen etwa 6 gleich große Bällchen formen. Die Reisbällchen portionsweise in dem erhitzten Speiseöl 3–4 Minuten goldbraun braten, dabei evtl. wenden. Die Bällchen mit einer Schaumkelle herausnehmen, auf Küchenpapier abtropfen lassen und warm stellen.
**5.** Für das Gemüse Porree putzen, die Stange längs halbieren, gründlich waschen und abtropfen lassen. Porree in Streifen schneiden. Tomaten kreuzweise einschneiden und mit kochendem Wasser übergießen. Nach 1–2 Minuten herausnehmen und mit kaltem Wasser abschrecken. Die Tomaten häuten, halbieren, entkernen und die Stängelansätze herausschneiden. Tomaten in Spalten schneiden. Knoblauch abziehen und klein würfeln.
**6.** Speiseöl in einem Topf erhitzen. Knoblauchwürfel darin andünsten. Die Porreestreifen hinzufügen und kurz mitdünsten lassen. Brühe hinzugießen und zum Kochen bringen. Das Gemüse zugedeckt etwa 5 Minuten bei schwacher Hitze garen. Tomatenspalten hinzufügen, weitere 3–4 Minuten garen. Mit Salz und Pfeffer würzen. Die restlichen Basilikumstreifen unterrühren.
**7.** Für den Dip in der Zwischenzeit Crème fraîche mit Joghurt glatt rühren, mit Salz und Pfeffer würzen.
**8.** Basilikum-Reis-Bällchen mit dem Tomaten-Porree und dem Dip servieren.

## Tortilla mit Oliven

4 Portionen

*Zubereitungszeit:* 30 Minuten

1 kg Kartoffeln
2 Knoblauchzehen
je 1 rote und grüne Paprikaschote
1 Bund Frühlingszwiebeln
5 EL Olivenöl
Salz, gem. Pfeffer
100 g geraspelter Manchego (spanischer Schafskäse)
15 grüne Oliven ohne Stein
8 Eier (Größe M)
Cayennepfeffer

*Pro Portion:*
E: 26 g, F: 33 g, Kh: 41 g,
kJ: 2400, kcal: 573

**1.** Die Kartoffeln schälen, abspülen, abtropfen lassen und in etwa 2 cm große Würfel schneiden. Knoblauch abziehen und sehr klein schneiden.
**2.** Paprikaschoten halbieren, entstielen, entkernen und die weißen Scheidewände entfernen. Schoten abspülen, abtropfen lassen und in Würfel schneiden. Frühlingszwiebeln putzen, abspülen, abtropfen lassen und in etwa 1/2 cm große Stücke schneiden.
**3.** Das Olivenöl in einer großen Pfanne erhitzen. Die Kartoffelwürfel darin etwa 5 Minuten bei starker Hitze von allen Seiten anbraten, kräftig mit Salz und Pfeffer würzen. Die Kartoffelwürfel zugedeckt etwa 8 Minuten bei mittlerer Hitze braten.
**4.** Knoblauch und Paprikawürfel unterrühren, kurz mit anbraten. Frühlingszwiebelstücke, Manchego und Oliven hinzugeben und erhitzen.
**5.** Eier mit Salz und Cayennepfeffer verschlagen, auf der Kartoffel-Gemüse-Masse verteilen und zugedeckt etwa 6 Minuten bei schwacher Hitze stocken lassen.
**6.** Die Tortilla mit Oliven in der Pfanne servieren.

Spitzkohlauflauf mit Pilzen und Möhren

## Spitzkohlauflauf mit Pilzen und Möhren

4 Portionen

*Zubereitungszeit:* 30 Minuten

etwa 1 kg Spitzkohl
300 g Pilze,
z. B. braune Champignons
300 g Möhren
3 EL Sesamöl
Salz, gem. Pfeffer
50 ml Gemüsebrühe
200 g Frischkäse (Rahmstufe)
100 ml Milch
ger. Muskatnuss
1 Msp. gem. Kreuzkümmel (Cumin)
2 1/2 EL Sesamsamen
einige Stängel Petersilie
oder Kerbel

*Pro Portion:*
E: 17 g, F: 26 g, Kh: 14 g,
kJ: 1500, kcal: 359

**1.** Spitzkohl putzen, halbieren und in 8 Spalten schneiden. Den Strunk so herausschneiden, dass die Stücke nicht auseinanderfallen. Kohlstücke kurz abspülen und abtropfen lassen.

**2.** Die Pilze putzen, evtl. kurz abspülen und trocken tupfen. Pilze halbieren oder vierteln. Möhren putzen, schälen, abspülen, abtropfen lassen und schräg in Scheiben schneiden.

**3.** Den Backofen vorheizen.
*Ober-/Unterhitze:* etwa 180 °C
*Heißluft:* etwa 160 °C

**4.** Etwas Sesamöl in einer Pfanne erhitzen. Jeweils die Hälfte der Spitzkohlstücke, Pilze und Möhrenscheiben darin nacheinander anbraten. Mit Salz und Pfeffer würzen, Brühe hinzugießen. Das Gemüse zugedeckt etwa 5 Minuten bei schwacher Hitze dünsten, in einer großen, flachen Auflaufform (gefettet) verteilen. Die Brühe auffangen und kurz beiseitestellen.

**5.** Danach das restliche Gemüse ebenso anbraten, würzen und in der beiseitegestellten Brühe dünsten. Gemüse ebenfalls in die Form geben.

**6.** Frischkäse mit Milch verrühren, mit Salz, Pfeffer, Muskat und Kreuzkümmel würzen. Die Frischkäsemasse auf dem Gemüse in der Form verteilen. Sesam daraufstreuen. Die Form mit Alufolie zudecken.

**7.** Die Form auf dem Rost in den vorgeheizten Backofen (unteres Drittel) schieben. Den Auflauf zugedeckt etwa 15 Minuten garen.

**8.** Die Form aus dem Backofen nehmen. Die Alufolie entfernen. Den Spitzkohlauflauf wieder in den heißen Backofen schieben und bei gleicher Backofentemperatur weitere etwa 5 Minuten garen.

**9.** Petersilie oder Kerbel abspülen und trocken tupfen. Die Blättchen von den Stängeln zupfen. Den Spitzkohlauflauf mit den Kräuterblättchen bestreut servieren.

## Risotto mit Shiitakepilzen

4 Portionen (ohne Foto)

*Zubereitungszeit:* 25 Minuten

2 Zwiebeln
2 EL Speiseöl
300 g Risotto-Reis
750 ml heiße Gemüsebrühe
1 Bund glatte Petersilie
200 g frische Shiitakepilze
oder 20 g getrocknete Shiitakepilze
20 g Butter
100 g ger. Parmesan

*Pro Portion:*
E: 15 g, F: 18 g, Kh: 66 g,
kJ: 2046, kcal: 487

**1.** Zwiebeln abziehen und in kleine Würfel schneiden. Speiseöl in einem Topf erhitzen. Zwiebelwürfel darin andünsten. Reis hinzugeben und kurz mitdünsten lassen.

**2.** Die heiße Gemüsebrühe hinzugießen und zum Kochen bringen. Den Reis zugedeckt etwa 20 Minuten bei schwacher Hitze garen, dabei ab und zu umrühren.

**3.** In der Zwischenzeit die Petersilie abspülen und trocken tupfen. Die Blättchen von den Stängeln zupfen. Blättchen klein schneiden. Frische Pilze putzen, evtl. kurz abspülen und gut trocken tupfen. Große Pilze halbieren. Oder getrocknete Shiitakepilze nach Packungsanleitung einweichen, abgießen, evtl. halbieren oder vierteln.

**4.** Die Pilze etwa 5 Minuten vor Ende der Garzeit unter den Reis mischen. Das Risotto mit Petersilie und Butter vermengen. Die Hälfte des Parmesan unterrühren.

**5.** Den Reis anrichten und mit dem restlichen Käse bestreuen.

## Raffiniertes Tomatengemüse

4 Portionen

*Zubereitungszeit:* 20 Minuten

500 g Cocktailtomaten
1 Zwiebel
20 g Butter
Tomaten-Gewürzsalz
2 TL Balsamico-Essig
2 geh. EL Basilikumblättchen

*Pro Portion:*
E: 1 g, F: 4 g, Kh: 4 g,
kJ: 278, kcal: 67

**1.** Tomaten abspülen, trocken tupfen, halbieren und evtl. die Stängelansätze entfernen. Zwiebel abziehen und in kleine Würfel schneiden.

**2.** Butter in einem Topf zerlassen. Zwiebelwürfel darin andünsten. Die Tomatenhälften hinzugeben und mit Tomaten-Gewürzsalz würzen. Balsamico-Essig hinzugeben. Die Tomatenhälften 5–10 Minuten bei mittlerer Hitze dünsten.

**3.** Tomatengemüse anrichten und mit Basilikum bestreut servieren.

## Pizza-Risotto mit Mozzarella- und Tomatenstückchen

4 Portionen

*Zubereitungszeit:* 30 Minuten

1 Knoblauchzehe
1 Zwiebel
2 EL Butter oder Margarine
1–2 TL Pizzagewürz (fertige Gewürzmischung aus dem Supermarkt) oder je 1 Prise gerebelter Oregano, Thymian und Rosmarin
300 g Risotto-Reis
etwa 1 l heiße Gemüsebrühe
125 g Mozzarella
2 mittelgroße Tomaten
50 g ger. Parmesan
Salz, gem. Pfeffer
einige vorbereitete Basilikumblättchen

*Pro Portion:*
E: 17 g, F: 20 g, Kh: 61 g,
kJ: 2072, kcal: 495

**1.** Knoblauch und Zwiebel abziehen, in sehr kleine Würfel schneiden. Butter oder Margarine in einem Topf zerlassen. Zwiebel- und Knoblauchwürfel darin glasig dünsten. Pizzagewürz- oder Kräuter hinzufügen und kurz mit andünsten.

**2.** Reis hinzugeben und unter Rühren glasig dünsten. Etwas von der heißen Brühe hinzugießen. Die Brühe unter Rühren von dem Reis aufnehmen lassen. Nach und nach die gesamte heiße Brühe hinzugießen, sodass der Reis stets gerade mit der Brühe bedeckt ist. Reis etwa 20 Minuten bei schwacher Hitze ausquellen lassen.

**3.** In der Zwischenzeit Mozzarella abtropfen lassen und in kleine Würfel schneiden.

**4.** Tomaten abspülen, trocken tupfen, halbieren und die Stängelansätze herausschneiden. Tomaten in kleine Würfel schneiden.

**5.** Zwei Esslöffel des Parmesans, die Tomaten- und Mozzarellawürfel unter den Risotto-Reis heben. Risotto-Reis mit Salz, Pfeffer, evtl. noch etwas Pizzagewürz abschmecken.

**6.** Pizza-Risotto mit restlichem Parmesan und den Basilikumblättchen anrichten.

Raffiniertes Tomatengemüse

Pizza-Risotto mit Mozzarella- und Tomatenstückchen

## Porree in Tomatensauce

4–6 Portionen

*Zubereitungszeit:* 25 Minuten

1 1/2 kg Porree (Lauch)
3 EL Olivenöl
2 EL Tomatenmark
500 g passierte Tomaten (Tetra-Pak®)
1–2 TL gerebelter Thymian
Salz, gem. Pfeffer

*Pro Portion:*
E: 5 g, F: 7 g, Kh: 12 g,
kJ: 549, kcal: 132

**1.** Porree putzen, die Stangen längs halbieren, gründlich waschen, abtropfen lassen und in 2–3 cm lange Stücke schneiden.
**2.** Olivenöl in einer großen Pfanne erhitzen. Tomatenmark darin dünsten. Porreestücke hinzugeben, von allen Seiten kräftig mitdünsten lassen. Tomaten hinzufügen, mit Thymian, Salz und Pfeffer würzen. Die Zutaten zum Kochen bringen, bei schwacher Hitze etwa 10 Minuten dünsten, bis der Porree gar ist, aber noch Biss hat.
**3.** Den Porree in Tomatensauce heiß oder lauwarm servieren.

***Tipp:*** Bestreuen Sie den Porree in Tomatensauce mit zerbröseltem Schafskäse oder frisch gehobeltem Parmesan.

## Pikanter Körnerschmarren

5 Portionen

*Zubereitungszeit:* 30 Minuten

1 Bund Frühlingszwiebeln
1 Fenchelknolle
250 g Weizenkeimlinge
250 g Hirsekeimlinge
350 g Magerquark
200 g Vollkorn-Weizenmehl
250 ml Wasser
1 gestr. TL Meersalz
gem. Pfeffer
ger. Muskatnuss
50 g Sonnenblumenkerne
etwa 50 g Butter
100 g ger. Emmentaler

*Pro Portion:*
E: 26 g, F: 21 g, Kh: 44 g,
kJ: 2069, kcal: 494

**1.** Die Frühlingszwiebeln putzen, abspülen, abtropfen lassen und in Scheiben schneiden. Die Fenchelknolle putzen, abspülen, abtropfen lassen, halbieren und in kleine Würfel schneiden.
**2.** Die Weizen- und Hirsekeimlinge in ein Sieb geben, unter fließendem kaltem Wasser abspülen und abtropfen lassen.
**3.** Quark mit Mehl, Wasser, Salz, Pfeffer und Muskat verrühren, die Sonnenblumenkerne untermischen. Frühlingszwiebelscheiben, Fenchelwürfel und die Keimlinge unterheben.
**4.** Die Hälfte der Butter in einer großen Pfanne erhitzen. Die Hälfte des Teiges hineingeben, etwa 5 Minuten backen lassen, bis sich eine Kruste gebildet hat, wenden. Die zweite Seite ebenfalls knusprig backen. Den Schmarren mit 2 Gabeln in mehrere Stücke zerteilen und unter Wenden weitere etwa 2 Minuten braun braten. Mit der Hälfte des Emmentalers bestreuen.
**5.** Mit der restlichen Masse ebenso verfahren. Den Körnerschmarren heiß servieren.

## Gemischte Pilzpfanne

2 Portionen

*Zubereitungszeit:* 20 Minuten

500 g gemischte Pilze, z. B. Champignons, Pfifferlinge, Steinpilze, Austernpilze
4–5 Frühlingszwiebeln
1/2 Bund glatte Petersilie
2 EL Speiseöl
Salz
gem. Pfeffer

*Pro Portion:*
E: 8 g, F: 10 g, Kh: 8 g,
kJ: 666, kcal: 160

Porree in Tomatensauce

Pikanter Körnerschmarren

Gemischte Pilzpfanne

Kohlrabi-Möhren-Gemüse mit Grießnocken

**1.** Die Pilze putzen, evtl. kurz abspülen und trocken tupfen. Große Pilze halbieren oder vierteln. Frühlingszwiebeln putzen, abspülen, abtropfen lassen und in feine Scheiben schneiden. Petersilie abspülen und trocken tupfen. Blättchen von den Stängeln zupfen, klein schneiden.
**2.** Speiseöl in einer großen Pfanne oder einem Wok erhitzen. Die Pilze und Frühlingszwiebelscheiben darin evtl. portionsweise kräftig unter Rühren anbraten. Mit Salz und Pfeffer würzen, weitere 2–3 Minuten dünsten.
**3.** Petersilie unter die Pilzpfanne heben und sofort servieren.

## Kohlrabi-Möhren-Gemüse mit Grießnocken

2 Portionen

*Zubereitungszeit:* 30 Minuten

**Für die Sesam-Grießnocken:**
5 g geschälte Sesamsamen
100 ml heiße Gemüsebrühe
15 g Butter oder Margarine
60 g Dinkelgrieß
1 Ei (Größe M)
Salz

**Für das Gemüse:**
1 Kohlrabi (etwa 300 g)
300 g Möhren
1 Bund Frühlingszwiebeln (etwa 150 g)
1 TL Speiseöl
100 ml heiße Gemüsebrühe
1/2 Bund Koriander
gem. Pfeffer
ger. Muskatnuss
1–2 TL Zitronensaft

*Pro Portion:*
E: 13 g, F: 13 g, Kh: 37 g,
kJ: 1360, kcal: 325

**1.** Für die Grießnocken Sesam in einer Pfanne ohne Fett unter Rühren goldbraun rösten, herausnehmen und auf einem Teller erkalten lassen.
**2.** Die heiße Brühe und Butter oder Margarine in einem Topf zum Kochen bringen. Den Grieß unter Rühren einstreuen. So lange mit einem Kochlöffel weiterrühren, bis sich die Masse als Kloß vom Topfboden löst. Grießmasse in eine Rührschüssel geben. Zuerst Sesam, dann das Ei unterrühren. Die Grießmasse mit Salz würzen und etwas abkühlen lassen.
**3.** Für das Gemüse Kohlrabi und Möhren putzen, schälen, abspülen, abtropfen lassen, in dünne, etwa 4 cm lange Stifte schneiden. Die Frühlingszwiebeln putzen, abspülen, abtropfen lassen und schräg in etwa 2 cm lange Stücke schneiden.
**4.** In einem Topf etwa 2 1/2 Liter Wasser zum Kochen bringen und 1–2 Teelöffel Salz hinzufügen. Von der Grießmasse mit 2 kalt abgespülten Esslöffeln 12 Nocken abstechen und in das siedende Wasser (Wasser darf sich nur leicht bewegen) geben. Nocken etwa 10 Minuten ohne Deckel gar ziehen lassen.
**5.** Inzwischen Speiseöl in einem Topf erhitzen. Kohlrabi- und Möhrenstifte darin unter Rühren andünsten. Heiße Brühe hinzugießen, zum Kochen bringen. Gemüse etwa 8 Minuten bei schwacher Hitze dünsten.
**6.** In der Zwischenzeit Koriander abspülen und trocken tupfen. Die Blättchen von den Stängeln zupfen.
**7.** Frühlingszwiebelstücke zu dem Gemüse in den Topf geben und etwa 3 Minuten bei schwacher Hitze mitgaren. Das Gemüse mit Salz, Pfeffer, Muskat und Zitronensaft würzen. Zwei Drittel der Korianderblättchen unterheben. Das Gemüse auf einer Platte anrichten.
**8.** Die Nocken mit einer Schaumkelle aus dem Salzwasser nehmen, abtropfen lassen und auf dem Gemüse verteilen. Mit restlichen Korianderblättchen bestreuen.

Gekochte Eier mit grüner Sauce und Blattspinat

## Gekochte Eier mit grüner Sauce und Blattspinat

2 Portionen

*Zubereitungszeit:* 30 Minuten

500 g Kartoffeln
1 gestr. TL Salz
4 Eier (Größe M)
350 g junge Spinatblätter
1 Schalotte
1 EL Butter
Salz, gem. Pfeffer
ger. Muskatnuss
2 EL Salatmayonnaise
4 EL Crème légère
1 Bund gemischte Kräuter, z. B. Borretsch, Kerbel, Schnittlauch, Sauerampfer, Dill

*Pro Portion:*
E: 24 g, F: 42 g, Kh: 36 g, kJ: 2615, kcal: 625

**1.** Kartoffeln schälen, abspülen und abtropfen lassen. Größere Kartoffeln ein- oder zweimal durchschneiden.
**2.** Kartoffeln in einen Topf geben und so viel Wasser hinzugießen, dass die Kartoffeln knapp bedeckt sind. Die Kartoffeln zugedeckt zum Kochen bringen, Salz hinzufügen. Die Kartoffeln in 15–20 Minuten gar kochen.
**3.** In der Zwischenzeit Eier am dicken runden Ende mit einer Nadel oder einem Eierpick anstechen, damit sie beim Kochen nicht platzen. Die Eier in kochendem Wasser in etwa 5 Minuten wachsweich kochen. Danach die Eier mit kaltem Wasser gründlich abschrecken.
**4.** Spinat verlesen, putzen, gründlich waschen und gut abtropfen lassen. Schalotte abziehen und klein würfeln. Butter in einer Pfanne zerlassen. Schalottenwürfel darin andünsten.
**5.** Spinat hinzugeben und zugedeckt bei schwacher Hitze 5–10 Minuten garen, bis er zusammengefallen ist. Spinat vorsichtig umrühren, mit Salz, Pfeffer und Muskat würzen.
**6.** Salatmayonnaise mit Crème légère glatt rühren. Kräuter abspülen und trocken tupfen. Die Blättchen von den Stängeln zupfen. Einige Kräuterblättchen zum Garnieren beiseitelegen. Die restlichen Blättchen klein schneiden und unter die Sauce rühren. Sauce mit Salz und Pfeffer abschmecken.
**7.** Kartoffeln abgießen. Kartoffeln im offenen Topf unter leichtem Schütteln abdämpfen. Die Eier pellen, halbieren, mit der grünen Sauce und dem Spinat anrichten, mit den beiseitegelegten Kräuterblättchen garnieren.

## Erbsengratin

4 Portionen (ohne Foto)

*Zubereitungszeit:* 30 Minuten

600 g TK-Erbsen
250 g gekochte Kartoffeln
1 EL gehackte Petersilie
1 EL gehackte Minzeblättchen
Salz, 2 Schalotten
40 g Butter oder Margarine
30 g Vollkorn-Weizenmehl
250 ml heiße Gemüsebrühe
250 ml heiße Milch (3,5 % Fett)
ger. Muskatnuss
50 g ger. Emmentaler

*Pro Portion:*
E: 16 g, F: 15 g, Kh: 42 g, kJ: 1598, kcal: 381

**1.** Erbsen unaufgetaut in eine Auflaufform (gefettet) geben. Kartoffeln in kleine Würfel schneiden, mit Petersilie, Minze und Salz würzen. Die Zutaten gut vermischen und zu den Erbsen in die Auflaufform geben.
**2.** Den Backofen vorheizen.
*Ober-/Unterhitze:* etwa 200 °C
*Heißluft:* etwa 180 °C
**3.** Schalotten abziehen und klein würfeln. Butter oder Margarine in einem Topf zerlassen, Schalottenwürfel darin glasig dünsten. Mehl hinzugeben und unter Rühren so lange erhitzen, bis es hellgelb ist.
**4.** Brühe und Milch hinzugießen, mit einem Schneebesen durchschlagen. Darauf achten, dass keine Klümpchen entstehen. Die Sauce zum Kochen bringen und etwa 3 Minuten kochen lassen, mit Salz und Muskat würzen.
**5.** Die Sauce auf den Erbsen und Kartoffelwürfeln verteilen. Mit Käse bestreuen. Die Form auf dem Rost in den vorgeheizten Backofen schieben. Erbsengratin 20–25 Minuten garen.

**Tipp:** Bereiten Sie das Erbsengratin mit frischen Erbsen zu. Dafür etwa 1 1/2 kg ungepalte Erbsen (mit Hülsen) palen, abspülen, abtropfen lassen und in die Auflaufform geben.

## Gemüsecurry mit Koriander

2 Portionen

*Zubereitungszeit:* 30 Minuten

1 rote Paprikaschote
100 g frische Shiitakepilze
2 Frühlingszwiebeln
100 g Zuckerschoten
1–2 Knoblauchzehen
1/2 rote Chilischote (etwa 20 g)
20 g frischer Ingwer
1 EL Speiseöl
200 ml Gemüsebrühe
200 ml Kokosmilch
1 Bio-Limette
(unbehandelt, ungewachst)
Salz
1 TL Speisestärke
3–4 Stängel Koriander

*Pro Portion:*
E: 5 g, F: 23 g, Kh: 21 g,
kJ: 1280, kcal: 309

**1.** Die Paprikaschote halbieren, entstielen, entkernen und die weißen Scheidewände entfernen. Die Schote abspülen, abtropfen lassen und in sehr feine Streifen schneiden.
**2.** Pilze putzen, dabei die Stiele abschneiden. Pilze evtl. kurz abspülen, trocken tupfen und in sehr dünne Scheiben schneiden.
**3.** Frühlingszwiebeln putzen, abspülen und abtropfen lassen. Frühlingszwiebeln mit dem hellen Grün schräg in Scheiben schneiden.
**4.** Von den Zuckerschoten die Enden abschneiden, evtl. abfädeln. Zuckerschoten abspülen, abtropfen lassen und längs durchschneiden. Knoblauch abziehen und in sehr kleine Würfel schneiden.
**5.** Die Chilischote abspülen, trocken tupfen, entstielen und mit den Kernen in dünne Streifen schneiden. Den Ingwer schälen und fein reiben.
**6.** Das Speiseöl in einem Wok erhitzen. Zuerst Zuckerschotenhälften, Paprikastreifen und Pilzscheiben darin etwa 1 Minute unter Wenden stark andünsten. Dann Frühlingszwiebelscheiben, Chilistreifen, Knoblauchwürfel und Ingwer hinzugeben, kurz mitdünsten lassen. Die Brühe und Kokosmilch hinzugießen, zum Kochen bringen und etwa 2 Minuten kochen lassen.
**7.** Limette heiß abwaschen, abtrocknen und die Schale fein abreiben. Limette halbieren und den Saft auspressen. Die Limettenschale und 2 Esslöffel des Limettensaftes unter das Gemüsecurry rühren. Mit Salz würzen.
**8.** Speisestärke mit etwas Wasser anrühren, in das Curry rühren und unter Rühren aufkochen lassen.
**9.** Koriander abspülen und trocken tupfen. Blättchen von den Stängeln zupfen. Blättchen grob zerschneiden und vorsichtig unter das Gemüsecurry mischen.

## Buchweizenfrittata mit Keimlingen

4 Portionen

*Zubereitungszeit:* 25 Minuten

4 Eier (Größe M)
200 g Speisequark (20 % Fett)
Meersalz
gem. Pfeffer
2 EL Buchweizenmehl
2 EL Sonnenblumenöl
125 g Kürbiskernkeimlinge
125 g Sonnenblumenkernkeimlinge
2 EL ger. Käse, z. B. Gouda
oder Emmentaler

*Pro Portion:*
E: 18 g, F: 19 g, Kh: 16 g,
kJ: 1357, kcal: 324

**1.** Eier mit Quark, Salz und Pfeffer verrühren. Buchweizenmehl unterrühren.
**2.** Sonnenblumenöl in einer großen Pfanne erhitzen. Den Teig hineingeben, mit Kürbis- und Sonnenblumenkernkeimlingen bestreuen und zugedeckt etwa 8 Minuten bei mittlerer Hitze backen, bis das Omelett gestockt ist. Mit geriebenem Käse bestreuen, Käse schmelzen lassen.
**3.** Frittata auf eine Platte gleiten lassen, wie eine Torte in Stücke schneiden und warm oder kalt servieren.

Gemüsecurry mit Koriander

Buchweizenfrittata mit Keimlingen

## Apfel-Waldpilz-Kaiserschmarren

2 Portionen

*Zubereitungszeit:* 30 Minuten

2 Eigelb (Größe M)
100 ml Weißwein (lieblich)
100 ml Milch
120 g Weizenmehl
1 Msp. Dr. Oetker Backin
Salz
ger. Muskatnuss
Zucker
150 g gemischte Pilze,
z. B. Pfifferlinge, Steinpilze
oder Maronen
1 Schalotte
1 Stängel Thymian
1 großer Apfel
1 TL Butter
gem. Pfeffer
2 Eiweiß (Größe M)
4 Stängel glatte Petersilie
1 EL Butter

*Pro Portion:*
E: 17 g, F: 20 g, Kh: 61 g,
kJ: 2228, kcal: 533

**1.** Eigelb mit Wein und Milch in einer Rührschüssel gut verrühren. Mehl mit Backpulver mischen und hinzugeben. Die Zutaten mit einem Schneebesen zu einem glatten Teig verrühren. Mit Salz, Muskat und Zucker würzen.

**2.** Den Backofen vorheizen.
*Ober-/Unterhitze:* etwa 180 °C
*Heißluft:* etwa 160 °C

**3.** Pilze putzen, evtl. kurz abspülen, trocken tupfen und in Stücke schneiden. Schalotte abziehen und in kleine Würfel schneiden. Den Thymian abspülen und trocken tupfen. Die Blättchen von dem Stängel zupfen.

**4.** Apfel schälen, trocken tupfen, vierteln und entkernen. Apfelviertel in kleine Würfel schneiden.

**5.** Butter in einer feuerfesten Pfanne zerlassen. Die Pilzstücke darin unter mehrmaligem Wenden andünsten. Die Schalottenwürfel hinzufügen und mitdünsten lassen. Die Apfelwürfel und Thymianblättchen zu der Pilzmasse geben und unterheben. Mit Salz und Pfeffer leicht würzen.

**6.** Eiweiß steif schlagen und unter den Teig heben. Den Teig auf der Waldpilz-Apfel-Masse verteilen. Die Pfanne auf dem Rost in den vorgeheizten Backofen schieben. Den Kaiserschmarren 5–8 Minuten backen.

**7.** In der Zwischenzeit Petersilie abspülen und trocken tupfen. Die Blättchen von den Stängeln zupfen. Blättchen grob zerschneiden.

**8.** Den Kaiserschmarren aus der Pfanne nehmen, mit 2 Pfannenwendern in kleine Stücke reißen. Butter in der Pfanne zerlassen. Die Kaiserschmarrenstücke hinzufügen und in der Butter schwenken, mit der Petersilie bestreut servieren.

## Blumenkohlcurry mit Reis

4 Portionen

*Zubereitungszeit:* 30 Minuten

800 g Blumenkohl
200 g Porree (Lauch)
2 Möhren (etwa 200 g)
1 Schalotte
1 rote Pfefferschote
20 g Joghurt-Butter
1/2 gestr. TL Salz
2 gestr. TL Currypulver
1 TL gem. Piment
Saft von 1 Zitrone (50–60 ml)
6 EL Wasser
1–2 TL flüssiger Honig
300 g Joghurt (1,5 % Fett)

4 hart gekochte Eier
350 g gegarter Naturreis
(etwa 125 g Rohgewicht)

*Pro Portion:*
E: 16 g, F: 12 g, Kh: 38 g,
kJ: 1373, kcal: 333

**1.** Von dem Blumenkohl die Blätter entfernen und den Strunk abschneiden. Blumenkohl in kleine Röschen teilen, abspülen, abtropfen lassen.

**2.** Porree putzen, die Stangen längs halbieren, gründlich waschen, abtropfen lassen und in dünne Streifen schneiden. Möhren putzen, schälen,

Apfel-Waldpilz-Kaiserschmarren

Blumenkohlcurry mit Reis

Curry-Gemüse-Pfanne mit Tomatensauce

Radieschenquark

abspülen, abtropfen lassen und in dünne Scheiben schneiden.
**3.** Schalotte abziehen und klein würfeln. Pfefferschote halbieren, entstielen, entkernen und die Scheidewände entfernen. Schote abspülen, abtropfen lassen und in feine Streifen schneiden.
**4.** Joghurt-Butter in einem großen Topf zerlassen. Schalottenwürfel und Pfefferschotenstreifen darin andünsten. Gemüsestreifen und -scheiben hinzufügen und unter Rühren ebenfalls kurz andünsten, Blumenkohlröschen hinzugeben. Mit Salz, Curry und Piment würzen. Zitronensaft, Wasser und Honig hinzufügen. Blumenkohlcurry etwa 10 Minuten unter gelegentlichem Rühren dünsten.
**5.** Joghurt unter das Blumenkohlcurry rühren (das Curry nicht mehr kochen lassen) und evtl. nochmals mit den Gewürzen abschmecken.
**6.** Eier pellen und vierteln. Blumenkohlcurry mit den Eiervierteln garnieren. Den Reis dazureichen.

## Curry-Gemüse-Pfanne mit Tomatensauce

4 Portionen

*Zubereitungszeit:* 30 Minuten

2 Zucchini (etwa 500 g)
1–2 Gemüsezwiebel (etwa 300 g)
2 Knoblauchzehen
je 1 rote, gelbe und grüne Paprikaschote (je etwa 200 g)
1 rote Chilischote
1 grüne Spitzpaprika (etwa 150 g)
3 EL Olivenöl
Salz, gem. Pfeffer
1–2 TL Currypulver
2 große Möhren
400 g stückige Tomaten (aus der Dose)
einige Stängel glatte Petersilie oder Koriander

*Pro Portion:*
E: 6 g, F: 9 g, Kh: 17 g,
kJ: 748, kcal: 178

**1.** Zucchini abspülen, abtrocknen und die Enden abschneiden. Zucchini längs halbieren und in dünne Scheiben schneiden. Gemüsezwiebeln und Knoblauch abziehen. Gemüsezwiebeln halbieren und in Würfel schneiden. Knoblauch klein würfeln.
**2.** Paprikaschoten und Chilischote halbieren, entstielen, entkernen und weiße Scheidewände entfernen. Schoten abspülen, abtropfen lassen und in große Stücke schneiden. Chilischote in dünne Streifen schneiden.
**3.** Spitzpaprika entstielen, entkernen und evtl. die weißen Scheidewände entfernen. Paprika abspülen, abtropfen lassen, in Ringe schneiden.
**4.** Olivenöl in einem Wok oder einer großen Pfanne erhitzen. Vorbereitetes Gemüse darin nacheinander in 2 Portionen andünsten, mit Salz, Pfeffer und Curry würzen. Das Gemüse zugedeckt etwa 10 Minuten garen.
**5.** Inzwischen die Möhren putzen, schälen, abspülen, abtropfen lassen, grob reiben, mit den stückigen Tomaten zum Gemüse geben, vorsichtig unterrühren und kurz erhitzen.
**6.** Kräuter abspülen und trocken tupfen. Die Blättchen von den Stängeln zupfen. Blättchen klein schneiden. Das Curry-Gemüse nochmals mit den Gewürzen abschmecken und mit den Kräutern bestreuen.

## Radieschenquark

4 Portionen

*Zubereitungszeit:* 15 Minuten

500 g Magerquark
150 g Crème fraîche
Salz, gem. Pfeffer
3 Bund Radieschen
1 EL gehackter Dill
1 EL gehackte Basilikumblättchen
1–2 TL abgetropfte, grüne Pfefferkörner (in Lake)
einige Dillspitzen

*Pro Portion:*
E: 18 g, F: 12 g, Kh: 8 g,
kJ: 929, kcal: 222

**1.** Quark mit Crème fraîche verrühren, mit Salz und Pfeffer würzen.
**2.** Radieschen putzen, abspülen, trocken tupfen und in Scheiben schneiden. Einige Radieschenscheiben zum Garnieren beiseitelegen. Restliche Radieschenscheiben mit Dill, Basilikum und Pfefferkörnern unter die Quarkcreme rühren.
**3.** Den Radieschenquark mit Salz und Pfeffer abschmecken und anrichten. Mit den beiseitegelegten Radieschenscheiben und abgespülten, trocken getupften Dillspitzen garnieren.

Wokgemüse mit Reis

Tofu-Pilz-Pfanne

## Wokgemüse mit Reis
4 Portionen

*Zubereitungszeit:* 25 Minuten

je 1 rote, gelbe und grüne Paprikaschote (etwa 460 g)
3 Zwiebeln
1 EL Sonnenblumenöl
100 g Sojabohnenkeimlinge
100 g saure Sahne (10 % Fett)
500 g gegarter Langkornreis (etwa 175 g Rohgewicht)
Salz
gem. Pfeffer
1 TL Paprikapulver rosenscharf

*Pro Portion:*
E: 7 g, F: 6 g, Kh: 45 g,
kJ: 1124, kcal: 269

**1.** Die Paprikaschoten halbieren, entstielen, entkernen und die weißen Scheidewände entfernen. Die Schoten abspülen, abtropfen lassen und in Streifen schneiden. Die Zwiebeln abziehen, zunächst in Scheiben schneiden, dann in Ringe teilen.
**2.** Das Sonnenblumenöl in einem Wok erhitzen. Die Zwiebelringe darin glasig dünsten. Paprikastreifen hinzufügen. Das Gemüse zugedeckt bei mittlerer Hitze 5–8 Minuten dünsten.
**3.** In der Zwischenzeit die Sojabohnenkeimlinge verlesen, abspülen und gut abtropfen lassen. Die Sojabohnenkeimlinge zum Gemüse geben. Saure Sahne unterrühren. Das Wokgemüse nochmals erhitzen. Zuletzt den Reis unter das Gemüse heben und erwärmen.
**4.** Das Wokgemüse kräftig mit Salz, Pfeffer und Paprika abschmecken und servieren.

## Tofu-Pilz-Pfanne
2 Portionen

*Zubereitungszeit:* 30 Minuten

200 g Tofu
2 EL Sojasauce
100 g Zuckerschoten
125 ml Gemüsebrühe
200 g Sojabohnensprossen
200 g Shiitakepilze
1 rote Chilischote
30 g Butter
3 EL Sesamöl
2 Knoblauchzehen
Salz
gem. Pfeffer

*Pro Portion:*
E: 26 g, F: 34 g, Kh: 24 g,
kJ: 2065, kcal: 493

**1.** Den Tofu in etwa 1 1/2 cm große Würfel schneiden, in eine Schüssel geben und mit der Sojasauce vermengen.
**2.** Von den Zuckerschoten die Enden abschneiden, evtl. abfädeln. Die Zuckerschoten abspülen und abtropfen lassen. Brühe in einem Topf erhitzen. Die Zuckerschoten darin etwa 2 Minuten garen. Zuckerschoten in einem Sieb abtropfen lassen, dabei die Brühe auffangen.
**3.** Die Sojabohnensprossen verlesen, abspülen und abtropfen lassen. Pilze putzen, evtl. kurz abspülen und trocken tupfen. Von den Pilzstielen die dicken, unteren Enden abschneiden. Pilze in Streifen schneiden. Die Chilischote abspülen, abtropfen lassen, halbieren und entkernen. Schotenhälften in Streifen schneiden.
**4.** Die Butter in einem Wok oder einer großen, beschichteten Pfanne zerlassen, Sesamöl hinzugeben und miterhitzen. Die Pilzstreifen darin unter Rühren andünsten.
**5.** Knoblauch abziehen, durch eine Knoblauchpresse drücken und zu den Pilzstreifen geben. Mit Salz und Pfeffer würzen. Chilistreifen, Zuckerschoten, Sojabohnensprossen und die aufgefangene Brühe hinzugeben, gut verrühren, zum Kochen bringen und etwa 5 Minuten garen.
**6.** Tofuwürfel mit der Sojasauce hinzufügen, kurz miterhitzen und nochmals mit den Gewürzen und der Sojasauce abschmecken.

## Spargel-Risotto „Milano“

4 Portionen (ohne Foto)

*Zubereitungszeit:* 30 Minuten

2 Frühlingszwiebeln
500 g grüner Spargel
2 EL Olivenöl
250 g italienischer Risotto-Reis
1 abgezogene Knoblauchzehe
750 ml heiße Gemüsebrühe
1 Bund Basilikum
2 EL Butter
50 g ger. Parmesan
gem. Pfeffer

*Pro Portion:*
E: 13 g, F: 19 g, Kh: 12 g,
kJ: 1206, kcal: 288

**1.** Frühlingszwiebeln putzen, abspülen, abtropfen lassen und in Scheiben schneiden. Von dem Spargel nur das untere Drittel schälen und die Enden abschneiden. Spargel abspülen, abtropfen lassen und in Stücke schneiden.
**2.** Olivenöl in einem Topf erhitzen. Den Reis, Frühlingszwiebelscheiben und durch eine Knoblauchpresse gedrückte Knoblauchzehe hinzugeben, etwa 1 Minute unter Rühren dünsten. Heiße Brühe hinzugießen und den Spargel hinzugeben. Die Zutaten zum Kochen bringen und einmal umrühren. Den Reis etwa 20 Minuten bei schwacher Hitze ausquellen lassen.
**3.** In der Zwischenzeit Basilikum abspülen und trocken tupfen. Die Blättchen von den Stängeln zupfen. Blättchen klein schneiden.
**4.** Butter und Parmesan unter den gegarten Reis mischen und mit Pfeffer würzen. Risotto anrichten, mit Basilikum bestreut servieren.

## Tofu mit Champignons auf Spinatbett

2 Portionen

*Zubereitungszeit:* 30 Minuten

300 g Tofu
120 g Champignons
4 EL Speiseöl,
z. B. Sonnenblumenöl
200 g TK-Blattspinat (aufgetaut)
Salz, 1 Prise Zucker
1 1/2 EL Sha-Cha-Jiang-Sauce
(erhältlich im Asialaden)
250 ml Gemüsebrühe
1 geh. TL Speisestärke
2 EL Wasser
2 EL süße Sojasauce
1 EL Zucker
1/2 gestr. TL Salz
3 TL Sesamöl

*Pro Portion:*
E: 30 g, F: 35 g, Kh: 22 g,
kJ: 2210, kcal: 528

**1.** Den Tofu in etwa 2 cm große Würfel schneiden. Die Champignons putzen, evtl. kurz abspülen und trocken tupfen. Champignons klein schneiden.
**2.** Zwei Esslöffel des Speiseöls in einem Wok oder einer beschichteten Pfanne erhitzen. Aufgetauten Spinat hinzugeben, unter Rühren andünsten. Mit Salz und Zucker würzen. Spinat etwa 1 Minute garen, herausnehmen und warm stellen.
**3.** Restliches Speiseöl in dem Wok oder der Pfanne erhitzen. Sha-Cha-Jiang-Sauce hinzugeben, mit Brühe ablöschen. Tofuwürfel und Champignonstücke hinzufügen und 5–6 Minuten bei schwacher Hitze garen. Speisestärke mit Wasser anrühren, mit Sojasauce, Zucker und Salz unter die Tofu-Champignon-Masse rühren und kurz unter Rühren aufkochen lassen.
**4.** Den warm gestellten Spinat auf Tellern anrichten. Die Tofu-Champignon-Mischung mit Sesamöl beträufeln, auf dem Spinatbett anrichten und servieren.

***Beilage:*** Basmatireis.

***Tipp:*** Das Gericht nach Belieben mit Zucchinistreifen, Endivienblättern und Radieschen garnieren.

Tofu mit Champignons auf Spinatbett

## Kräuterquark mit Pellkartoffeln

4 Portionen

*Zubereitungszeit:* 30 Minuten

1 kg Kartoffeln
Salz

**Für den Kräuterquark:**
500 g Speisequark (20 % Fett)
125 g Schlagsahne
1 Bund Schnittlauch
1 Bund Petersilie
gem. Pfeffer

*Pro Portion:*
E: 21 g, F: 17 g, Kh: 42 g,
kJ: 1727, kcal: 413

**1.** Kartoffeln gründlich unter fließendem kalten Wasser abbürsten, in einem Topf knapp mit Salzwasser bedeckt zum Kochen bringen und in 20–25 Minuten gar kochen.
**2.** Für den Kräuterquark in der Zwischenzeit Quark mit Sahne in einer Schüssel verrühren.
**3.** Schnittlauch und Petersilie abspülen, trocken tupfen. Den Schnittlauch in feine Röllchen schneiden. Von der Petersilie die Blättchen von den Stängeln zupfen. Blättchen klein schneiden.
**4.** Die Kräuter unter den Quark rühren. Mit Salz und Pfeffer würzen. Den Kräuterquark cremig aufschlagen.
**5.** Gare Kartoffeln abgießen und abdämpfen. Kartoffeln mit 2 Gabeln aufbrechen. Je 1 Esslöffel Kräuterquark hineingeben, sofort servieren.

## Mozzarellapfanne

2–3 Portionen

*Zubereitungszeit:* 30 Minuten

4 große Kartoffeln (etwa 600 g)
1 Zwiebel
3 EL Olivenöl
Salz
gem. Pfeffer
einige Stängel Thymian
etwa 350 g Zucchini
1 1/2 abgetropfte Mozzarella-Kugeln (je Kugel 125 g) oder
200 g abgetropfte Mini-Mozzarella-Kugeln
200 g Cocktailtomaten

*Pro Portion:*
E: 21 g, F: 27 g, Kh: 34 g,
kJ: 1997, kcal: 477

**1.** Kartoffeln schälen, abspülen und abtropfen lassen. Die Kartoffeln in Scheiben oder Spalten schneiden.
**2.** Zwiebel abziehen, zuerst in Scheiben schneiden, dann in Ringe teilen.
**3.** Olivenöl in einer großen Pfanne erhitzen. Kartoffelscheiben oder -spalten mit den Zwiebelwürfeln hinzugeben und unter Wenden anbraten. Mit Salz und Pfeffer würzen.
**4.** Thymianstängel abspülen und trocken tupfen. Den Thymianstängel mit etwa 8 Esslöffeln Wasser zu den Kartoffelscheiben oder -spalten geben und zugedeckt etwa 10 Minuten bei mittlerer Hitze garen. Dabei die Kartoffelscheiben oder -spalten gelegentlich wenden, evtl. noch etwas Wasser hinzufügen.
**5.** Die Zucchini abspülen, abtrocknen und die Enden abschneiden. Die Zucchini in Scheiben schneiden, zu den Kartoffelscheiben oder -spalten geben und weitere etwa 5 Minuten ohne Deckel unter Wenden braten.
**6.** Die Mozzarella-Kugeln in kleine Stücke schneiden oder die Mini-Mozzarella-Kugeln halbieren.
**7.** Tomaten abspülen, trocken tupfen, evtl. halbieren und die Stängelansätze herausschneiden. Tomaten und Mozzarellastücke auf die Kartoffeln in die Pfanne setzen. Den Deckel darauflegen.
**8.** Die Mozzarellapfanne noch etwa 3 Minuten bei ausgeschalteter Kochstelle ziehen lassen. Nochmals mit Salz und Pfeffer abschmecken.

Kräuterquark mit Pellkartoffeln

Mozzarellapfanne

Farfalle mit Tomaten-Pesto-Ragout

Kartoffel-Ei-Curry mit Erbsen

## Farfalle mit Tomaten-Pesto-Ragout

4 Portionen

*Zubereitungszeit:* 30 Minuten

2 1/2 l Wasser
2 1/2 gestr. TL Salz
250 g Farfalle (Schleifchennudeln)

1/2 Bund Frühlingszwiebeln
6 kleine Fleischtomaten
1 mittelgroße Aubergine
2 EL Olivenöl
Salz, gem. Pfeffer
1 Prise Zucker
3 EL Basilikumpesto (aus dem Glas)
125 g abgetropfter Mozzarella
4–5 EL ger. Parmesan

*Pro Portion:*
E: 42 g, F: 26 g, Kh: 57 g,
kJ: 2700, kcal: 644

**1.** Das Wasser in einem großen Topf zugedeckt zum Kochen bringen. Dann Salz und Nudeln hinzugeben. Die Nudeln im geöffneten Topf bei mittlerer Hitze nach Packungsanleitung kochen lassen, dabei gelegentlich umrühren.
**2.** Anschließend die Nudeln in ein Sieb geben, mit heißem Wasser abspülen und abtropfen lassen.
**3.** In der Zwischenzeit die Frühlingszwiebeln putzen, abspülen, abtropfen lassen und in Scheiben schneiden. Die Tomaten abspülen, trocken tupfen, halbieren und die Stängelansätze herausschneiden. Tomaten in grobe Stücke schneiden. Die Aubergine abspülen, abtrocknen und den Stängelansatz entfernen. Aubergine in Würfel schneiden.
**4.** Den Backofen vorheizen.
*Ober-/Unterhitze:* etwa 180 °C
*Heißluft:* etwa 160 °C
**5.** Einen Esslöffel des Olivenöls in einer Pfanne erhitzen. Frühlingszwiebelscheiben darin unter Rühren kräftig anbraten und herausnehmen.
**6.** Das restliche Olivenöl in die Pfanne geben und erhitzen. Auberginenwürfel darin kräftig anbraten.
**7.** Die Tomatenstücke hinzugeben, mit den Auberginenwürfeln etwa 4 Minuten unter Rühren dünsten. Mit Salz, Pfeffer und Zucker würzen. Basilikumpesto unterrühren.
**8.** Die Nudeln mit den Frühlingszwiebelscheiben und dem Tomaten-Ragout in eine Auflaufform (gefettet) geben und gut vermischen.
**9.** Den Mozzarella in feine Scheiben schneiden und darauf verteilen. Mit Parmesan bestreuen.
**10.** Die Form auf dem Rost in den vorgeheizten Backofen schieben. Den Auflauf etwa 15 Minuten überbacken.

## Kartoffel-Ei-Curry mit Erbsen

4 Portionen

*Zubereitungszeit:* 30 Minuten

600 g kleine Kartoffeln (Drillinge)
1 Zwiebel
25 g Butter oder Margarine
25 g Weizenmehl
mildes Currypulver nach Geschmack
300 ml Gemüsebrühe
250 ml Milch
Salz, gem. Pfeffer
300 g abgetropfte Möhren-Erbsen-Mischung (aus der Dose)
4–6 hart gekochte Eier
evtl. einige Petersilien- oder Kerbelblättchen

*Pro Portion:*
E: 18 g, F: 16 g, Kh: 36 g,
kJ: 1507, kcal: 359

**1.** Die Kartoffeln gründlich waschen, in einem Topf knapp mit Wasser bedeckt zum Kochen bringen und zugedeckt 15–18 Minuten garen. Die Kartoffeln abgießen, abdämpfen, heiß pellen und leicht abkühlen lassen. Kartoffeln halbieren.
**2.** In der Zwischenzeit die Zwiebel abziehen und in kleine Würfel schneiden. Butter oder Margarine in einem Topf zerlassen. Zwiebelwürfel darin glasig dünsten. Mehl hinzufügen und unter Rühren so lange erhitzen, bis es hellgelb ist, Curry unterrühren.
**3.** Brühe und Milch hinzugießen, mit einem Schneebesen durchschlagen. Dabei darauf achten, dass keine Klümpchen entstehen. Sauce mit Salz, Pfeffer und evtl. noch etwas Curry abschmecken.
**4.** Kartoffelhälften und die Möhren-Erbsen-Mischung unter die Sauce rühren und etwa 4 Minuten miterhitzen.
**5.** Eier pellen und waagerecht halbieren. Kartoffelcurry mit den Eierhälften anrichten. Nach Belieben mit abgespülten, trocken getupften Petersilien- oder Kerbelblättchen bestreut servieren.

Kürbiscurry

## Kürbiscurry

4 Portionen

*Zubereitungszeit:* 30 Minuten

1 kleiner Kürbis, z. B. Hokkaido (etwa 1 1/2 kg)
2 Zwiebeln, 2 Knoblauchzehen
20 g frischer Ingwer
400 g festkochende Kartoffeln
1 rote Paprikaschote (etwa 200 g)
2 EL Erdnussöl
2 EL Currypulver
450 ml heiße Gemüsebrühe
200 ml Orangensaft
einige Korianderblättchen
1 Apfel (etwa 150 g)
50 g Rosinen
Salz

*Pro Portion:*
E: 7 g, F: 6 g, Kh: 48 g,
kJ: 1194, kcal: 283

**1.** Kürbis abspülen, trocken tupfen, halbieren, in Spalten schneiden und entkernen. Das Kürbisfruchtfleisch in schmale Spalten schneiden. Zwiebeln und Knoblauch abziehen. Ingwer schälen. Zwiebeln, Knoblauch und Ingwer in kleine Würfel schneiden.

**2.** Kartoffeln schälen, abspülen, abtropfen lassen und in etwa 2 cm große Würfel schneiden. Paprikaschote halbieren, entstielen, entkernen und die weißen Scheidewände entfernen. Schote abspülen, abtropfen lassen und in Streifen schneiden.

**3.** Das Erdnussöl in einem Wok erhitzen. Die Kartoffelwürfel darin etwa 5 Minuten unter Rühren anbraten. Dann die Kartoffelwürfel aus der Wokmitte an den Rand schieben. Die Kürbisspalten in die Mitte des Woks geben und unter Rühren anbraten.

**4.** Zwiebel-, Knoblauch- und Ingwerwürfel sowie die Paprikastreifen hinzufügen und andünsten. Curry unterrühren.

**5.** Heiße Gemüsebrühe und Orangensaft unterrühren. Die Zutaten zum Kochen bringen und zugedeckt etwa 10 Minuten kochen lassen. Korianderblättchen abspülen und trocken tupfen.

**6.** Apfel schälen, vierteln, entkernen und in kleine Würfel schneiden. Die Apfelwürfel mit den Rosinen zum Kürbiscurry in den Wok geben und unterrühren. Das Kürbiscurry mit Salz abschmecken, mit Korianderblättchen bestreut servieren.

## Herzhaft überbackene Rösti

2 Portionen

*Zubereitungszeit:* 30 Minuten

2 Tomaten
100 g kleine Champignons
1 Zwiebel
1/2 Bund Petersilie
2 EL Speiseöl, z. B. Sonnenblumenöl
6 TK-Kartoffelrösti-Ecken (etwa 375 g)
Salz, gem. Pfeffer
2 Scheiben junger Gouda

*Pro Portion:*
E: 15 g, F: 35 g, Kh: 50 g,
kJ: 2407, kcal: 575

**1.** Den Backofen vorheizen.
*Ober-/Unterhitze:* etwa 180 °C
*Heißluft:* etwa 160 °C

**2.** Tomaten abspülen, abtropfen lassen, halbieren und die Stängelansätze herausschneiden. Tomaten in Scheiben schneiden. Champignons putzen, evtl. kurz abspülen, trocken tupfen und in Scheiben schneiden. Zwiebel abziehen und klein würfeln.

**3.** Petersilie abspülen und trocken tupfen. 2 Stängel zum Garnieren beiseitelegen. Von den restlichen Petersilienstängeln die Blättchen abzupfen. Blättchen klein schneiden.

**4.** Einen Esslöffel Speiseöl in einer großen Pfanne erhitzen. Die Rösti darin von beiden Seiten nach Packungsanleitung jeweils etwa 4 Minuten bei mittlerer Hitze braten. Gebratene Rösti in Dreiergruppen auf ein Backblech (mit Backpapier belegt) legen, mit Salz und Pfeffer bestreuen.

**5.** Je eine Dreiergruppe Rösti zuerst mit Tomatenscheiben, dann mit Käsescheiben belegen und nach Belieben nochmals mit etwas Pfeffer bestreuen. Das Backblech in den vorgeheizten Backofen schieben. Die Rösti etwa 5 Minuten überbacken.

**6.** In der Zwischenzeit das restliche Speiseöl in der Pfanne erhitzen. Die

Zwiebelwürfel darin anbraten. Die Champignonscheiben hinzufügen, unter Rühren bei mittlerer Hitze mitbraten lassen. Champignonscheiben mit Salz und Pfeffer würzen.
**7.** Die überbackenen Rösti mit den gebratenen Champignonscheiben anrichten. Rösti mit Petersilie bestreuen und mit den beiseitegelegten Petersilienstängeln garnieren.

## Tomaten mit Kräuterbröseln

4 Portionen (ohne Foto)

*Zubereitungszeit:* 20 Minuten

4 Fleischtomaten
4 Vollkorn-Zwiebäcke
100 g ger. alter Gouda
je 1 EL klein geschnittene Petersilie oder Basilikum
1 EL Schnittlauchröllchen
Salz, gem. Pfeffer

*Pro Portion:*
E: 9 g, F: 7 g, Kh: 11 g,
kJ: 617, kcal: 146

**1.** Tomaten abspülen, trocken tupfen und quer halbieren. Die Tomatenhälften mit einem Löffel aushöhlen. Die Kerne vom Fruchtfleisch entfernen. Fruchtfleisch klein schneiden.
**2.** Den Backofen vorheizen.
*Ober-/Unterhitze:* etwa 200 °C
*Heißluft:* etwa 180 °C
**3.** Zwiebäcke in einen Gefrierbeutel geben, den Beutel fest verschließen. Zwiebäcke mit einer Teigrolle fein zerbröseln. Tomatenfruchtfleisch mit den Zwiebackbröseln, Käse und klein geschnittenen Kräuter verrühren. Mit Salz und Pfeffer würzen. Die Masse in die ausgehöhlten Tomaten füllen.
**4.** Tomaten auf ein Backblech (mit Backpapier belegt) setzen. Backblech in den vorgeheizten Backofen schieben. Die Tomaten etwa 10 Minuten backen.

## Gratinierter Brokkoli-Kartoffel-Auflauf

4 Portionen

*Zubereitungszeit:* 30 Minuten

1 1/4 kg Brokkoli
1 Bio-Zitrone (unbehandelt, ungewachst)
150 ml heiße Gemüsebrühe
Salz
gem. Pfeffer
2 Msp. ger. Muskatnuss
4 Tomaten (etwa 250 g)
1 kg kleine, gegarte Kartoffeln
80 g Schmand (Sauerrahm)
4 Scheiben Vollkorn-Knäckebrot (je etwa 20 g)
30 g ger. Parmesan

*Pro Portion:*
E: 18 g, F: 9 g, Kh: 60 g,
kJ: 1632, kcal: 387

**1.** Von dem Brokkoli die Blätter entfernen. Brokkoli in Röschen teilen. Die Stängel schälen, klein schneiden. Brokkoliröschen und klein geschnittene Stängel abspülen und abtropfen lassen. Die Zitrone heiß abwaschen, abtrocknen und gut die Hälfte der Schale abreiben. Zitrone halbieren und den Saft auspressen.
**2.** Die heiße Brühe mit Zitronensaft, Salz, Pfeffer und Muskat in einem Topf verrühren und zum Kochen bringen. Den Brokkoli hinzufügen, wieder zum Kochen bringen und etwa 5 Minuten kochen lassen.
**3.** Den Backofen vorheizen.
*Ober-/Unterhitze:* etwa 200 °C
*Heißluft:* etwa 180 °C
**4.** Den Brokkoli in einem Sieb abtropfen lassen, dabei die Brühe auffangen. Tomaten abspülen, abtrocknen, vierteln und die Stängelansätze herausschneiden. Die Kartoffeln, den Brokkoli und die Tomatenviertel in eine Auflaufform (gefettet) geben. Aufgefangene Brühe mit Schmand verrühren und darauftr äufeln.
**5.** Knäckebrotscheiben in einen Gefrierbeutel geben. Beutel fest verschließen. Knäckebrot mit einer Teigrolle fein zerbröseln. Knäckebrotbrösel mit Zitronenschale und Parmesan vermischen. Die Gemüsemischung damit bestreuen.
**6.** Die Form auf dem Rost in den vorgeheizten Backofen schieben. Den Auflauf etwa 15 Minuten gratinieren.

**Tipp:** Probieren Sie statt Vollkorn- auch einmal Sesam-Knäckebrot.

Herzhaft überbackene Rösti

Gratinierter Brokkoli-Kartoffel-Auflauf

## Gnocchi in Basilikumsahne

4 Portionen

*Zubereitungszeit:* 25 Minuten

1 Zwiebel
500 g Champignons
300 g Zucchini
40 g abgetropfte, getrocknete Tomaten in Öl
3 EL Speiseöl
Salz, gem. Pfeffer
750 g Gnocchi (aus dem Kühlregal)
125 ml heiße Gemüsebrühe
100 g Schlagsahne
1 TL heller Saucenbinder
1 Topf Basilikum
1–2 EL Weißwein

*Pro Portion:*
E: 15 g, F: 17 g, Kh: 76 g,
kJ: 2187, kcal: 523

**1.** Zwiebel abziehen und in kleine Würfel schneiden. Champignons putzen, evtl. kurz abspülen, abtropfen lassen und je nach Größe halbieren oder vierteln.
**2.** Zucchini abspülen, abtrocknen und die Enden abschneiden. Zucchini der Länge nach halbieren, in Scheiben schneiden. Tomaten trocken tupfen und in Streifen schneiden.
**3.** Speiseöl in einer großen Pfanne oder in einem Topf erhitzen. Zwiebelwürfel, Champignons und Zucchinischeiben darin portionsweise unter Rühren andünsten. Mit Salz und Pfeffer würzen. Tomatenstreifen unterrühren.
**4.** Gnocchi, heiße Brühe und Sahne hinzugeben, zum Kochen bringen und etwa 4 Minuten garen. Anschließend Saucenbinder einstreuen und unter Rühren aufkochen lassen.
**5.** Basilikum abspülen und trocken tupfen. Die Blättchen von den Stängeln zupfen, in Streifen schneiden.
**6.** Die Gnocchi mit Salz, Pfeffer und Weißwein würzen. Basilikumstreifen unterheben. Die Sauce mit den Gewürzen abschmecken.

## Gemüseplatte mit Käsesauce

4 Portionen

*Zubereitungszeit:* 30 Minuten

800 g vorwiegend festkochende Kartoffeln
Salz
8 Möhren (etwa 800 g)
1 Bund Frühlingszwiebeln (etwa 250 g)
500 g Brokkoli
2 EL Sonnenblumenöl
500 ml heiße Gemüsebrühe
250 ml Milch
150 g Schmelzkäsezubereitung (kalorienreduziert, 10 % Fett)
2 geh. EL heller Saucenbinder
gem. Pfeffer, ger. Muskatnuss
1/2 EL TK-Petersilie

*Pro Portion:*
E: 17 g, F: 12 g, Kh: 48 g,
kJ: 1579, kcal: 376

**1.** Kartoffeln schälen, abspülen, abtropfen lassen, knapp mit Wasser bedeckt zum Kochen bringen, Salz hinzufügen. Die Kartoffeln zugedeckt in 20–25 Minuten gar kochen.
**2.** In der Zwischenzeit die Möhren putzen, schälen, abspülen, gut abtropfen lassen und schräg in dünne Scheiben schneiden. Frühlingszwiebeln putzen, abspülen, abtropfen lassen, in etwa 5 cm lange Stücke schneiden. Von dem Brokkoli die Blätter entfernen und die Röschen abschneiden. Die Röschen abspülen und abtropfen lassen.
**3.** Das Sonnenblumenöl in einer großen Pfanne erhitzen. Möhrenscheiben und Frühlingszwiebelstücke darin bei mittlerer Hitze 3–4 Minuten unter gelegentlichem Rühren andünsten. Brokkoliröschen hinzugeben. Heiße Gemüsebrühe hinzugießen, zum Kochen bringen und zugedeckt etwa 10 Minuten bei mittlerer Hitze garen.
**4.** Gemüse mit der Schaumkelle aus dem Gemüsesud nehmen und warm stellen.

Gnocchi in Basilikumsahne

Gemüseplatte mit Käsesauce

Farmergemüse

Gebratene Möhren-Gurken-Pfanne

5. Milch in den Gemüsesud rühren. Schmelzkäse hinzugeben und unter Rühren schmelzen lassen. Die Sauce kurz aufkochen und mit Saucenbinder binden. Die Käsesauce mit Salz, Pfeffer und Muskat abschmecken. Petersilie unterrühren.
6. Die garen Kartoffeln abgießen und in eine Schüssel geben.
7. Das Gemüse auf einer vorgewärmten Platte anrichten. Etwas Käsesauce darauf verteilen. Restliche Käsesauce und die Kartoffeln dazureichen.

## Farmergemüse

4 Portionen

*Zubereitungszeit:* 25 Minuten

300 g Kartoffeln
2–3 EL Sonnenblumenöl
1 Bund Möhren
2 mittelgroße, rote Zwiebeln
1 Bund Schnittlauch
200 g TK-Brechbohnen
285 g abgetropfter Gemüsemais (aus der Dose)
Salz, gem. Pfeffer
Paprikapulver edelsüß
50 g Kräuterbutter

*Pro Portion:*
E: 7 g, F: 15 g, Kh: 29 g,
kJ: 1193, kcal: 286

1. Kartoffeln schälen, abspülen, abtropfen lassen und in etwa 1 cm große Würfel schneiden. Sonnenblumenöl in einem Wok erhitzen. Die Kartoffelwürfel darin von allen Seiten 8–10 Minuten bei mittlerer Hitze braten.
2. In der Zwischenzeit Möhren putzen, schälen, abspülen, abtropfen lassen und in Scheiben schneiden. Zwiebeln abziehen und in schmale Spalten schneiden. Schnittlauch abspülen, trocken tupfen und in Röllchen schneiden.
3. Die Kartoffelwürfel aus dem Wok nehmen und beiseitestellen. Möhrenscheiben und Zwiebelspalten darin bei starker Hitze unter Rühren anbraten. Die gefrorenen Bohnen hinzugeben und nach Packungsanleitung garen.
4. Beiseitegestellte Kartoffelwürfel und den Mais hinzugeben. Gemüse mit Salz, Pfeffer und Paprika würzen. Schnittlauchröllchen und Kräuterbutter unterrühren.

## Gebratene Möhren-Gurken-Pfanne

4 Portionen

*Zubereitungszeit:* 25 Minuten

1 kg Möhren, 1 Salatgurke
2 Stangen Porree (Lauch)
20 g frischer Ingwer
1 Bund glatte Petersilie
50 g Sonnenblumenkerne
6 EL Sojaöl
200 ml heiße Gemüsebrühe
1 TL Speisestärke
1 EL kaltes Wasser
1 EL brauner Zucker
Salz
2 EL helle Sojasauce

*Pro Portion:*
E: 9 g, F: 23 g, Kh: 20 g,
kJ: 1372, kcal: 328

1. Möhren putzen, schälen, abspülen, abtropfen lassen und in dünne Scheiben hobeln. Gurke abspülen, abtrocknen und die Enden abschneiden. Die Gurke längs vierteln, entkernen und in kleine dreieckige Stücke schneiden.
2. Porree putzen, die Stangen längs halbieren, gründlich waschen und abtropfen lassen. Den Porree in etwa 1 cm breite Stücke schneiden. Ingwer schälen, in kleine Würfel schneiden.
3. Petersilie abspülen und trocken tupfen. Die Blättchen von den Stängeln zupfen.
4. Die Sonnenblumenkerne in einem Wok ohne Fett unter Rühren goldbraun rösten und herausnehmen.
5. Das Sojaöl in dem Wok erhitzen. Die Möhrenscheiben darin etwa 2 Minuten unter Rühren anbraten. Gurkenstücke und Ingwerwürfel hinzugeben, weitere etwa 2 Minuten unter Rühren braten.
6. Porreestücke unterheben. Heiße Gemüsebrühe hinzugießen. Die Zutaten kurz aufkochen lassen.
7. Speisestärke mit kaltem Wasser anrühren und unter das Gemüse rühren. Möhren-Gurken-Pfanne unter Rühren aufkochen lassen, mit Zucker, Salz und Sojasauce abschmecken und mit Sonnenblumenkernen und Petersilie bestreut servieren.

***Tipp:*** Gut schmeckt die Pfanne auch mit Zucchini. Dafür Zucchini abspülen und die Enden abschneiden. Die Zucchini in Stücke schneiden.

## Eier in Gemüse

4 Portionen

*Zubereitungszeit:* 30 Minuten

2 Zwiebeln
2 Knoblauchzehen
3 Fleischtomaten
je 1 rote, gelbe und grüne Paprikaschote
2 Möhren
3 EL Olivenöl
2 EL Tomatenketchup
1 EL Harissa (afrikanische Gewürzpaste)
Salz, gem. Pfeffer
gerebelter Thymian
8 Eier (Größe M)

*Pro Portion:*
E: 18 g, F: 23 g, Kh: 9 g,
kJ: 1388, kcal: 332

**1.** Zwiebeln und Knoblauch abziehen, in kleine Würfel schneiden. Tomaten abspülen, abtropfen lassen, halbieren und die Stängelansätze herausschneiden. Tomaten grob würfeln.
**2.** Paprikaschoten halbieren, entstielen, entkernen und die weißen Scheidewände entfernen. Paprika abspülen, abtropfen lassen und in Würfel schneiden. Möhren putzen, schälen, abspülen, abtropfen lassen und in Scheiben schneiden.

**3.** Den Backofen vorheizen.
*Ober-/Unterhitze:* etwa 200 °C
*Heißluft:* etwa 180 °C
**4.** Olivenöl in einer hitzebeständigen Pfanne erhitzen. Zuerst Knoblauch-, dann Zwiebelwürfel darin andünsten. Tomaten-, Paprikawürfel und Möhrenscheiben hinzugeben, bei mittlerer Hitze etwa 15 Minuten unter gelegentlichem Rühren dünsten. Das Gemüse mit Ketchup, Harissa, Salz, Pfeffer und Thymian würzen.
**5.** Eier vorsichtig aufschlagen und auf das Gemüse setzen. Die Pfanne auf dem Rost in den vorgeheizten Backofen schieben. Die Eier in Gemüse etwa 12 Minuten überbacken.

## Currykartoffeln

2 Portionen

*Zubereitungszeit:* 30 Minuten

500 g festkochende Kartoffeln
4 EL Speiseöl,
z. B. Sonnenblumenöl
Salz
2 Zwiebeln
1–2 Knoblauchzehen
1 kleines Stück frischer Ingwer
3 TL Currypulver
200 ml Wasser
2–4 EL Sesamsamen

*Pro Portion:*
E: 9 g, F: 32 g, Kh: 38 g,
kJ: 2008, kcal: 479

**1.** Die Kartoffeln schälen, abspülen, abtropfen lassen und in grobe Würfel schneiden. Das Speiseöl in einer Pfanne erhitzen. Kartoffelwürfel hinzufügen, mit Salz würzen und unter gelegentlichem Wenden 10–12 Minuten bei mittlerer Hitze goldbraun braten.
**2.** In der Zwischenzeit Zwiebeln und Knoblauch abziehen, in kleine Würfel schneiden. Ingwer schälen, abspülen, abtropfen lassen und sehr fein hacken (etwa 2 Teelöffel).
**3.** Die Zwiebel- und Knoblauchwürfel mit dem gehackten Ingwer zu den Kartoffelwürfeln in die Pfanne geben und weitere etwa 5 Minuten unter gelegentlichem Wenden braten.
**4.** Curry hinzufügen. Wasser hinzugießen. Currykartoffeln zugedeckt etwa 12 Minuten unter gelegentlichem Wenden bei mittlerer Hitze garen.
**5.** Currykartoffeln mit Salz und Curry abschmecken, mit Sesam bestreuen.

## Buntes Tofu-Gemüse

4 Portionen

*Zubereitungszeit:* 30 Minuten

400 g geräucherter Tofu (aus dem Kühlregal)
1 Bund Frühlingszwiebeln (etwa 200 g)
750 g Möhren
2 Zucchini (je etwa 250 g)
1 EL Sesamöl
1 1/2 EL Sojaöl
2–3 EL Gemüsebrühe
1–2 Stängel Zitronengras
1–2 EL Sojasauce
1–2 EL Zitronensaft
Salz, gem. Pfeffer

*Pro Portion:*
E: 17 g, F: 14 g, Kh: 22 g,
kJ: 1187, kcal: 284

**1.** Den Tofu in etwa 2 cm große Würfel schneiden. Frühlingszwiebeln putzen, abspülen, abtropfen lassen und schräg in dünne Scheiben schneiden. Möhren putzen, schälen, abspülen und abtropfen lassen. Zucchini abspülen, abtrocknen und die Enden abschneiden. Möhren und Zucchini in schmale Streifen schneiden.
**2.** Sesamöl in einem Wok oder einer großen Pfanne erhitzen. Tofuwürfel darin von allen Seiten bei mittlerer bis starker Hitze in etwa 4 Minuten goldbraun anbraten, herausnehmen und warm stellen.
**3.** Frühlingszwiebelscheiben, Möhren- und Zucchinistreifen in 3 Portionen in den Wok oder in die Pfanne geben und im verbliebenen Bratfett mit je 1/2 Esslöffel Sojaöl unter gelegentlichem Rühren bei mittlerer bis starker Hitze 2–4 Minuten bissfest garen.
**4.** Das gesamte Gemüse zurück in die Pfanne geben. Die Gemüsebrühe hinzugießen, wieder zum Kochen bringen und etwa 4 Minuten unter gelegentlichem Rühren garen, bis die Flüssigkeit fast verdampft ist.
**5.** In der Zwischenzeit das Zitronengras abspülen und trocken tupfen. Das untere Ende knapp abschneiden und anschließend den dickeren unteren Stängel klein hacken.
**6.** Das Asia-Gemüse mit 1–2 Teelöffeln gehacktem Zitronengras, Sojasauce, Zitronensaft, Salz und Pfeffer abschmecken. Die warm gestellten Tofuwürfel unterrühren und kurz erwärmen. Das Tofu-Gemüse in Schalen anrichten und servieren.

## Gebackene Käsewürfel auf Kohlrabi-Ragout

2 Portionen

*Zubereitungszeit:* 30 Minuten

etwa 400 g Kohlrabi
1 kleine Zwiebel
25 g Butter
1 Msp. gerebelter Majoran
Salz, gem. Pfeffer
50 ml Gemüsebrühe

**Für die gebackenen Käsewürfel:**
200 g Gouda oder Edamer (am Stück)
1 Ei (Größe M)
2 EL Semmelbrösel
etwa 80 g Butterschmalz
1/2 EL frisch gehackte Petersilie

*Pro Portion:*
E: 33 g, F: 51 g, Kh: 17 g,
kJ: 2761, kcal: 660

**1.** Von dem Kohlrabi die Blätter entfernen. Die zarten Blätter abspülen, trocken tupfen, in feine Streifen schneiden und zum Garnieren beiseitelegen. Kohlrabi schälen, abspülen, abtropfen lassen und in etwa 1 cm große Würfel schneiden.
**2.** Zwiebel abziehen und klein würfeln. Die Butter in einem Topf zerlassen. Die Zwiebelwürfel darin glasig dünsten. Kohlrabiwürfel, Majoran, Salz und Pfeffer hinzufügen, unter Rühren kurz mitdünsten lassen. Die Brühe hinzugießen und zum Kochen bringen. Kohlrabi-Ragout zugedeckt bei schwacher Hitze etwa 10 Minuten unter gelegentlichem Rühren dünsten.
**3.** Für die Käsewürfel in der Zwischenzeit den Käse in etwa 2 cm große Würfel schneiden. Ei in einem tiefen Teller verschlagen. Semmelbrösel ebenfalls in einen tiefen Teller geben.
**4.** Die Käsewürfel zunächst durch das verschlagene Ei ziehen, am Tellerrand abstreifen und dann in den Semmelbröseln wenden. Panade leicht andrücken.
**5.** Jeweils die Hälfte des Butterschmalzes in einer großen Pfanne erhitzen. Käsewürfel darin in 2 Portionen von allen Seiten bei mittlerer Hitze goldgelb braten. Käsewürfel herausnehmen und auf Küchenpapier abtropfen lassen.
**6.** Das Kohlrabi-Ragout auf einer Platte anrichten. Mit Petersilie und beiseitegelegten Kohlrabiblattstreifen garnieren. Die gebackenen Käsewürfel auf dem Kohlrabi-Ragout verteilen und servieren.

Buntes Tofu-Gemüse

Gebackene Käsewürfel auf Kohlrabi-Ragout

## Gemüse-Cousous
4 Portionen

*Zubereitungszeit:* 30 Minuten

1 Aubergine, Salz
1 Knoblauchzehe
100 g Zwiebeln
1 rote Paprikaschote
350 g Möhren
400 g Zucchini
2 EL Olivenöl
1 TL Tomatenmark
1 Lorbeerblatt
2 Schalenstreifen von 1 Bio-Orange (unbehandelt, ungewachst)
1 Msp. gem. Kreuzkümmel (Cumin)
20 g Rosinen
500 ml heißes Wasser
gem. Pfeffer

**Für den Couscous:**
350 ml heißes Wasser
1 kleine Zimtstange
1 Kapsel Safranfäden
250 g Couscous
1 EL klein geschnittene Petersilie

250 g Joghurt (1,5 % Fett)
2 EL Milch
1/2 TL abgeriebene Schale von 1 Bio-Zitrone (unbehandelt, ungewachst)
2 EL klein geschnittene Minze
1 TL Chiliwürfel

*Pro Portion:*
E: 14 g, F: 9 g, Kh: 65 g,
kJ: 1675, kcal: 397

**1.** Aubergine abspülen, abtrocknen und die Stängelansätze entfernen. Aubergine in Stücke schneiden, mit Salz bestreuen und etwa 5 Minuten stehen lassen.
**2.** In der Zwischenzeit Knoblauch und Zwiebeln abziehen, in kleine Würfel schneiden. Paprikaschote halbieren, entstielen, entkernen und die weißen Scheidewände entfernen. Schote abspülen, abtropfen lassen und in grobe Würfel schneiden. Möhren putzen, schälen, abspülen, abtropfen lassen und in Stücke schneiden. Zucchini abspülen, abtrocknen und die Enden abschneiden. Zucchini in Stücke schneiden.
**3.** Olivenöl in einer Pfanne erhitzen. Trocken getupfte Auberginenstücke darin anbraten. Vorbereitetes Gemüse portionsweise hinzugeben und mit andünsten. Tomatenmark, Lorbeerblatt, Orangenschale, Kreuzkümmel und Rosinen hinzugeben, heißes Wasser hinzugießen, mit Salz und Pfeffer würzen. Das Gemüse zum Kochen bringen und 12–15 Minuten garen.
**4.** Für den Couscous inzwischen heißes Wasser mit Salz, Zimt und Safran in einem Topf aufkochen lassen. Den Couscous einrühren und zugedeckt etwa 10 Minuten quellen lassen. Petersilie unterrühren.
**5.** In der Zwischenzeit Joghurt mit Milch, Zitronenschale, Minze und Chili verrühren. Couscous mit dem Gemüse und dem Joghurt anrichten und servieren.

Gemüse-Cousous

## Gnocchi im Spinatbett
4 Portionen (ohne Foto)

*Zubereitungszeit:* 30 Minuten

1 kg Blattspinat
1 Zwiebel
1 Knoblauchzehe
40 g Butter oder Margarine
Salz, gem. Pfeffer
ger. Muskatnuss
500 g Gnocchi (aus dem Kühlregal)
200 g Doppelrahm-Frischkäse mit Kräutern
125 g Schlagsahne

*Pro Portion:*
E: 15 g, F: 35 g, Kh: 51 g,
kJ: 2419, kcal: 581

**1.** Spinat verlesen und dicke Stiele entfernen. Spinat gründlich waschen und in einem Sieb abtropfen lassen. Zwiebel und Knoblauch abziehen, klein würfeln.
**2.** Den Backofen vorheizen.
*Ober-/Unterhitze:* etwa 200 °C
*Heißluft:* etwa 180 °C
**3.** Butter oder Margarine in einem Topf zerlassen. Zwiebel- und Knoblauchwürfel darin andünsten. Spinat hinzufügen und 3–4 Minuten dünsten, bis er zusammenfällt. Spinat mit Salz, Pfeffer und Muskat würzen.
**4.** Spinat in einer großen Auflaufform (gefettet) verteilen. Gnocchi darauf verteilen und in den Spinat drücken.
**5.** Frischkäse mit Sahne verrühren und auf der Gnocchi-Spinat-Masse verteilen. Die Form auf dem Rost in den vorgeheizten Backofen schieben. Gnocchi im Spinatbett etwa 15 Minuten garen.

Eier mit Senfsauce

Yufkarollen mit
Gemüse-Feta-Füllung

## Eier mit Senfsauce

4 Portionen

*Zubereitungszeit:* 25 Minuten

8 Eier (Größe M)

**Für die Senfsauce:**
30 g Butter oder Margarine
20 g Weizenmehl
375 ml heiße Gemüsebrühe
1 EL mittelscharfer Senf
1 EL körniger Senf
Salz, gem. Pfeffer
2 EL Crème fraîche

*Pro Portion:*
E: 16 g, F: 23 g, Kh: 6 g,
kJ: 1219, kcal: 291

**1.** Eier am dicken runden Ende mit einer Nadel oder einem Eierpick anstechen. Wasser in einem Topf zum Kochen bringen.
**2.** Eier vorsichtig in das kochende Wasser gleiten lassen (die Eier sollten mit Wasser bedeckt sein). Das Wasser wieder zum Kochen bringen. Die Eier im offenen Topf bei mittlerer Hitze etwa 10 Minuten kochen.
**3.** Die Eier herausnehmen und unter kaltem Wasser abschrecken.
**4.** Für die Sauce in der Zwischenzeit Butter oder Margarine in einem Topf zerlassen. Mehl darin unter Rühren so lange erhitzen, bis es hellgelb ist.
**5.** Heiße Brühe nach und nach unterrühren und mit einem Schneebesen durchschlagen. Dabei darauf achten, dass keine Klümpchen entstehen. Die Sauce zum Kochen bringen und etwa 10 Minuten unter gelegentlichem Rühren kochen lassen.
**6.** Beide Senfsorten unterrühren. Die Sauce mit Salz und Pfeffer abschmecken. Crème fraîche unterrühren.
**7.** Eier pellen, nach Belieben halbieren und kurz vor dem Servieren in die Sauce geben.

## Yufkarollen mit Gemüse-Feta-Füllung

4 Portionen

*Zubereitungszeit:* 25 Minuten

2 Knoblauchzehen
2 kleine Tomaten
450 g abgetropfte, geröstete Paprikahälften (aus dem Glas)
1/2 Bund glatte Petersilie
200 g Fetakäse
1/2 TL fein abgeriebene Schale von 1 Bio-Zitrone (unbehandelt, ungewachst)
gem. Pfeffer
evtl. etwas gem. Kreuzkümmel (Cumin)
8–12 große, runde Yufka-Teigblätter (erhältlich in türkischen Lebensmittelläden)
etwa 250 ml Speiseöl, z. B. Sonnenblumenöl

*Pro Portion:*
E: 22 g, F: 34 g, Kh: 96 g,
kJ: 3311, kcal: 791

**1.** Den Knoblauch abziehen und sehr fein würfeln.
**2.** Tomaten abspülen, abtropfen lassen, halbieren und die Stängelansätze herausschneiden. Tomaten in sehr kleine Würfel schneiden. Paprikahälften mit Küchenpapier trocken tupfen, nach Belieben längs in feine Streifen schneiden. Petersilie abspülen und trocken tupfen. Blättchen von den Stängeln zupfen. Blättchen grob zerschneiden.
**3.** Fetakäse fein zerbröseln und in eine Schüssel geben. Petersilie und Zitronenschale untermischen. Mit Pfeffer und nach Belieben mit Kreuzkümmel würzen.
**4.** Die Yufka-Teigblätter auf einer Arbeitsfläche ausbreiten und dünn mit Speiseöl bestreichen. Jeweils 2 Teigblätter übereinanderlegen. Mit einem scharfen Messer in Viertel schneiden. Vorbereitete Gemüsezutaten und die Fetakäse-Petersilien-Mischung auf den runden Seiten der einzelnen Teigstücke verteilen, dabei die Teigränder jeweils etwas frei lassen. Die Seiten etwas einklappen. Die Teigdreiecke je zur Spitze hin aufrollen. Die Ränder leicht andrücken.
**5.** Jeweils etwas Speiseöl in einer großen Pfanne erhitzen. Die Teigrollen darin portionsweise schwimmend etwa 2 Minuten von allen Seiten knusprig braun braten.
**6.** Anschließend die Yufkarollen mit einem Schaumlöffel herausnehmen, auf Küchenpapier legen und abtropfen lassen.

Frankfurter Grüne Sauce

Gebackene Tomaten mit Käseschaum

## Frankfurter Grüne Sauce

4 Portionen

*Zubereitungszeit:* 20 Minuten

etwa 150 g frische Kräuter für Frankfurter Grüne Sauce
150 g Crème fraîche oder saure Sahne
1 kleine Zwiebel
150 g Joghurt (3,5 % Fett)
1–2 EL Olivenöl
1 TL mittelscharfer Senf
1 Spritzer Zitronensaft
1/2 TL Zucker
Salz, gem. Pfeffer

*Pro Portion:*
E: 4 g, F: 13 g, Kh: 7 g,
kJ: 677, kcal: 162

**1.** Kräuter abspülen und trocken tupfen. Blättchen von den Stängeln zupfen. Blättchen grob zerkleinern und mit 2 Esslöffeln Crème fraîche oder saurer Sahne in einer Rührschüssel pürieren. Oder die Kräuter sehr fein schneiden und mit Crème fraîche oder saurer Sahne verrühren. Zwiebel abziehen und fein würfeln.
**2.** Die restliche Crème fraîche oder saure Sahne, Joghurt, Zwiebelwürfel, Olivenöl und Senf mit der Kräuter-Crème-fraîche-Masse verrühren. Die Sauce mit Zitronensaft, Zucker, Salz und Pfeffer würzen und bis zum Servieren in den Kühlschrank stellen.

**Tipps:** In die „echte" Frankfurter Grüne Sauce gehören 7 frische Kräuter. Je nach Jahreszeit kann die Zusammenstellung variiert werden. Es gibt abgepackte Kräutermischungen für die Sauce zu kaufen (etwa 150 g). Sie können auch 1 Bund gemischte Kräuter, z. B. Petersilie, Schnittlauch, Kerbel, Pimpinelle, Borretsch, Zitronenmelisse und Kresse oder Sauerampfer, verwenden. Die Frankfurter Grüne Sauce zu neuen Kartoffeln mit hart gekochten Eiern reichen.

## Gebackene Tomaten mit Käseschaum

4 Portionen

*Zubereitungszeit:* 30 Minuten

8 mittelgroße Tomaten
100 g Blauschimmelkäse
125 ml heiße Milch (3,5 % Fett)
2 TL Speisestärke
2 EL Wasser
2 Eigelb (Größe M)
2 Eiweiß (Größe M)
Salz, gem. Pfeffer
1 EL gehackte Estragonblättchen

*Pro Portion:*
E: 11 g, F: 11 g, Kh: 7 g,
kJ: 771, kcal: 184

**1.** Tomaten abspülen und trocken tupfen. Von den Tomaten jeweils einen Deckel abschneiden. Fruchtfleisch mit einem Teelöffel vorsichtig aushöhlen. Tomaten umdrehen und auf Küchenpapier abtropfen lassen.
**2.** Den Käse zerbröseln und in der heißen Milch unter Rühren auflösen. Speisestärke mit Wasser anrühren, in die Käsemilch rühren und unter Rühren kurz aufkochen lassen. Die Käsemilch etwas abkühlen lassen.
**3.** Den Backofen vorheizen.
*Ober-/Unterhitze:* etwa 220 °C
*Heißluft:* etwa 200 °C
**4.** Eigelb verschlagen, unterrühren. Eiweiß steif schlagen (der Eischnee muss so fest sein, dass ein Messerschnitt sichtbar bleibt) und unter die Käsemilch heben. Mit Salz und Pfeffer würzen, Estragon unterrühren.
**5.** Die Masse in die ausgehöhlten Tomaten füllen und die Deckel darauflegen. Die Tomaten in eine feuerfeste, flache Form (gefettet) setzen. Die Form auf dem Rost in den vorgeheizten Backofen schieben. Die Tomaten etwa 15 Minuten überbacken.

## Gnocchi in Salbeibutter

2–3 Portionen

*Zubereitungszeit:* 30 Minuten

**Für den Teig:**
500 g mehligkochende Kartoffeln
100 g Weizenmehl
2 Eigelb (Größe M)
1 Ei (Größe M)
Salz, gem. Pfeffer
ger. Muskatnuss
60 g Butter
3 EL Tomatenwürfel (von gehäuteten, entkernten Tomaten)
2 EL in Streifen geschnittene Salbeiblätter

*Pro Portion:*
E: 13 g, F: 28 g, Kh: 56 g,
kJ: 2251, kcal: 538

**1.** Für den Teig Kartoffeln schälen, abspülen, knapp mit Wasser bedeckt zum Kochen bringen und zugedeckt in etwa 20 Minuten gar kochen. Die Kartoffeln abgießen, abdämpfen und sofort durch eine Kartoffelpresse in eine Schüssel drücken. Mehl, Eigelb und Ei unterarbeiten. Mit Salz, Pfeffer und Muskat würzen.
**2.** Den Teig auf einer leicht bemehlten Arbeitsfläche zu länglichen Rollen formen und in etwa 2 cm lange Stücke schneiden. Mit einer Gabel ein Muster eindrücken.
**3.** Gnocchi in kochendem Salzwasser etwa 5 Minuten kochen lassen, bis sie an der Oberfläche schwimmen. Gnocchi mit einem Schaumlöffel herausnehmen und abtropfen lassen.
**4.** Butter in einer Pfanne zerlassen. Tomatenwürfel und Salbeistreifen darin andünsten. Gnocchi hinzufügen und kurz durchschwenken.

***Tipps:*** Sie können die Gnocchi auch in einer fruchtigen Tomatensauce servieren. Noch schneller geht es, wenn Sie Gnocchi aus dem Kühlregal verwenden.

## Eierfrikassee

4 Portionen

*Zubereitungszeit:* 25 Minuten

200 g abgetropfte Champignonscheiben (aus dem Glas)
175 g abgetropfte Spargelstücke (aus dem Glas)
6 hart gekochte Eier
20 g Butter oder Margarine
25 g Weizenmehl
375 ml Champignon- und Spargelflüssigkeit (aus den Gläsern)
1 Eigelb
3 EL Weißwein
Salz
etwas Zitronensaft
1 EL gehackte Petersilie

*Pro Portion:*
E: 15 g, F: 16 g, Kh: 7 g,
kJ: 1050, kcal: 251

**1.** Von den Champignonscheiben und Spargelstücken jeweils die Flüssigkeit auffangen und insgesamt 375 ml abmessen (evtl. mit Wasser auffüllen). Eier pellen und in dickere Scheiben schneiden.
**2.** Butter oder Margarine in einem Topf zerlassen. Mehl darin unter Rühren so lange erhitzen, bis es hellgelb ist. Die abgemessene Flüssigkeit hinzugießen und mit einem Schneebesen durchschlagen. Dabei darauf achten, dass keine Klümpchen entstehen. Die Sauce zum Kochen bringen und etwa 10 Minuten kochen lassen.
**3.** Champignonscheiben und Spargelstücke in die Sauce geben und bei schwacher Hitze erwärmen. Eigelb mit Weißwein verschlagen, das Frikassee damit abziehen (nicht mehr kochen lassen). Mit Salz und Zitronensaft abschmecken und mit Petersilie bestreuen. Eierscheiben vorsichtig unterheben.

Gnocchi in Salbeibutter

Eierfrikassee

## Gemüsecurry mit Brokkoli und Minz-Joghurt

4 Portionen

*Zubereitungszeit:* 30 Minuten

**Für den Reis:**
200 g Basmatireis
2 Kapseln grüner Kardamom
1 EL schwarze Sesamsamen (erhältlich im Asialaden)

**Für den Minz-Joghurt:**
4 Stängel Minze
250 g Joghurt (3,5 % Fett)
Salz
1 Msp. gem. Koriander

**Für das Gemüsecurry:**
3 Zwiebeln (etwa 150 g)
2 Knoblauchzehen
300 g TK-Brechbohnen
500 g TK-Brokkoli
20 g Butterschmalz
80 g gelbe Linsen
1–2 EL Currypulver, z. B. Madras-Curry
400 ml Kokosmilch
125 ml Wasser

*Pro Portion:*
E: 18 g, F: 28 g, Kh: 60 g, kJ: 2418, kcal: 581

**1.** Für den Reis den Reis 2–3-mal waschen und in einem Sieb abtropfen lassen. Reis nach Packungsanleitung mit kaltem Wasser und Kardamom in einem Topf zum Kochen bringen und bei schwacher Hitze garen. Den Reis warm stellen.
**2.** In der Zwischenzeit Sesam in einer Pfanne ohne Fett rösten, bis er duftet. Sesam herausnehmen und auf einem Teller abkühlen lassen.
**3.** Für den Minz-Joghurt die Minze abspülen und trocken tupfen. Die Blättchen von den Stängeln zupfen (einige Blättchen zum Garnieren beiseitelegen). Blättchen in feine Streifen schneiden.
**4.** Minzestreifen mit dem Joghurt verrühren. Mit Salz und Koriander würzen. Den Minz-Joghurt zugedeckt in den Kühlschrank stellen.
**5.** Für das Curry die Zwiebeln abziehen, halbieren und in feine Spalten schneiden. Knoblauch abziehen und in dünne Streifen schneiden.
**6.** Gefrorene Bohnen in kochendem Salzwasser etwa 7 Minuten, Brokkoli in kochendem Salzwasser etwa 3 Minuten kochen.
**7.** In der Zwischenzeit Butterschmalz in einem Topf erhitzen. Zwiebelspalten und Knoblauchstreifen darin andünsten.
**8.** Gelbe Linsen und Curry hinzugeben, kurz mit andünsten. Kokosmilch und Wasser hinzugießen, zum Kochen bringen. Linsen etwa 15 Minuten bei schwacher Hitze garen.
**9.** Gegarte Bohnen und Brokkoli in je ein Sieb geben, mit eiskaltem Wasser abspülen und abtropfen lassen.
**10.** Bohnen und Brokkoli zum Linsen-Gemüse geben. Gemüse unter Rühren aufkochen. Mit Salz abschmecken.
**11.** Die Hälfte des gerösteten Sesams unter den Reis rühren. Den Reis mit Salz abschmecken.
**12.** Gemüsecurry mit Reis und Minze-Joghurt anrichten. Den Reis mit restlichem Sesam bestreuen. Gemüsecurry mit den beiseitegelegten Minzeblättchen garnieren.

## Kartoffel-Pastinaken-Stampf mit weiß-grünem Gemüse

4 Portionen

*Zubereitungszeit:* 30 Minuten

**Für den Stampf:**
300 g Pastinaken
1 kg mehligkochende Kartoffeln
250 ml heiße Gemüsebrühe

**Für das Gemüse:**
1 kleiner Blumenkohl (etwa 800 g)
1 Bund Frühlingszwiebeln (etwa 200 g)
250 g Zuckerschoten
125 ml heiße Gemüsebrühe
20 g Kürbiskerne, 100 ml heiße Milch
20 g Butter
Salz, gem. Pfeffer
ger. Muskatnuss
2 EL Kürbiskernöl

*Pro Portion:*
E: 13 g, F: 13 g, Kh: 52 g, kJ: 1635, kcal: 391

**1.** Für den Stampf die Pastinaken putzen, schälen, abspülen, abtropfen lassen und in etwa 1/2 cm dicke Scheiben schneiden. Die Kartoffeln schälen, abspülen, abtropfen lassen und vierteln.

Gemüsecurry mit Brokkoli und Minz-Joghurt

Kartoffel-Pastinaken-Stampf mit weiß-grünem Gemüse

Kartoffelpuffer mit dreierlei Blitz-Salsa

**2.** Heiße Brühe, Kartoffelstücke und Pastinakenscheiben in einem Topf zum Kochen bringen und zugedeckt etwa 20 Minuten bei schwacher Hitze dünsten.
**3.** Für das Gemüse in der Zwischenzeit von dem Blumenkohl die Blätter und schlechten Stellen entfernen. Blumenkohl in kleine Röschen teilen, abspülen, abtropfen lassen. Frühlingszwiebeln putzen, abspülen, abtropfen lassen und schräg in etwa 1 cm breite Stücke schneiden. Von den Zuckerschoten die Enden abschneiden, evtl. abfädeln. Zuckerschoten abspülen, abtropfen lassen und 1–2-mal schräg durchschneiden.
**4.** Heiße Brühe in einem breiten Topf zum Kochen bringen. Blumenkohlröschen hinzugeben und zugedeckt etwa 5 Minuten bei mittlerer Hitze dünsten.
**5.** In der Zwischenzeit Kürbiskerne in einer Pfanne ohne Fett unter Rühren hellbraun rösten, bis sie aufspringen. Kürbiskerne herausnehmen und auf einem Teller abkühlen lassen.
**6.** Frühlingszwiebel- und Zuckerschotenstücke zum Blumenkohl in den Topf geben und etwa 3 Minuten mitgaren lassen.
**7.** Gare Kartoffelstücke und Pastinakenscheiben in der verbliebenen Brühe mit einem Kartoffelstampfer zerdrücken. Heiße Milch und Butter unter das Püree rühren. Mit Salz, Pfeffer und Muskat abschmecken.
**8.** Das Gemüse mit Salz und Pfeffer würzen und mit dem Kartoffel-Pastinaken-Stampf anrichten. Das Gemüse mit den Kürbiskernen bestreuen und mit Kürbiskernöl beträufeln.

## Kartoffelpuffer mit dreierlei Blitz-Salsa

4 Portionen

*Zubereitungszeit:* 30 Minuten

10–12 TK-Kartoffelpuffer

**Für die Tomatensalsa:**
1 große Fleischtomate (etwa 250 g)
2 EL Speiseöl
Salz, gem. Pfeffer
1 Schalotte
4 Stängel Basilikum
1 TL flüssiger Honig

**Für den Schnittlauch-Eier-Dip:**
2 hart gekochte Eier
1/2 Bund Schnittlauch
2 EL mittelscharfer Senf
1 EL saure Sahne

**Für die Feta-Tomaten-Salsa:**
3 Frühlingszwiebeln
100 g Fetakäse
Tomatenwürfel
(von der Tomatensalsa)
Zucker

*Pro Portion:*
E: 11 g, F: 14 g, Kh: 38 g,
kJ: 1357, kcal: 324

**1.** Den Backofen vorheizen.
*Ober-/Unterhitze:* etwa 200 °C
*Heißluft:* etwa 180 °C
**2.** Die gefrorenen Kartoffelpuffer auf einem Backblech (mit Backpapier belegt) verteilen. Das Backblech in den vorgeheizten Backofen schieben. Die Kartoffelpuffer nach Packungsanleitung 15–18 Minuten knusprig braun backen.
**3.** In der Zwischenzeit für die Tomatensalsa Tomate abspülen, trocken tupfen, halbieren und den Stängelansatz herausschneiden. Tomate in sehr kleine Würfel schneiden. Die Hälfte der Tomatenwürfel in eine kleine Schüssel geben, Speiseöl untermischen. Mit Salz und Pfeffer würzen. Die restlichen Tomatenwürfel beiseitestellen.
**4.** Schalotte abziehen und in kleine Würfel schneiden. Das Basilikum abspülen und trocken tupfen. Die Blättchen von den Stängeln zupfen. Blättchen klein schneiden. Schalottenwürfel und Basilikum zu den Tomatenwürfeln geben und untermischen. Salsa mit Honig, Salz und Pfeffer abschmecken.
**5.** Für den Schnittlauch-Eier-Dip Eier pellen und in kleine Würfel schneiden. Schnittlauch abspülen, trocken tupfen und in Röllchen schneiden. Senf mit der sauren Sahne verrühren. Mit Salz und Pfeffer würzen. Eierwürfel und Schnittlauchröllchen unterrühren.
**6.** Für die Feta-Tomaten-Salsa die Frühlingszwiebeln putzen, abspülen, abtropfen lassen und in sehr kleine Stücke schneiden. Fetakäse in kleine Würfel schneiden. Beiseitegestellte Tomatenwürfel mit den Käsewürfeln und Frühlingszwiebelstücken mischen. Mit Zucker und evtl. noch etwas Salz und Pfeffer abschmecken.
**7.** Kartoffelpuffer aus dem Backofen nehmen und anrichten. Tomatensalsa, Schnittlauch-Eier-Dip und die Feta-Tomaten-Salsa dazureichen.

Eisberg-Camembert-Salat mit Joghurt-Senf-Dressing / Reis-Gemüse-Auflauf

## Reis-Gemüse-Auflauf

2 Portionen

*Zubereitungszeit:* 30 Minuten

1 EL Speiseöl,
z. B. Sonnenblumenöl
125 g 8-Minuten-Reis
1 EL Currypulver
250 ml heiße Gemüsebrühe
150 g Möhren
20 g Butter oder Margarine
150 g TK-Erbsen
Salz
gem. Pfeffer
1 Prise Zucker
1 Ei (Größe M)
100 g Schlagsahne
ger. Muskatnuss
75 g mittelalter Gouda

*Pro Portion:*
E: 25 g, F: 47 g, Kh: 67 g,
kJ: 3331, kcal: 796

**1.** Speiseöl in einem Topf erhitzen. Reis hinzugeben und unter Rühren glasig dünsten. Mit Curry bestäuben und kurz mit andünsten. Heiße Brühe hinzugießen und zum Kochen bringen. Den Reis zugedeckt bei schwacher Hitze ausquellen lassen.
**2.** Den Backofen vorheizen.
*Ober-/Unterhitze:* etwa 180 °C
*Heißluft:* etwa 160 °C
**3.** In der Zwischenzeit Möhren putzen, schälen, abspülen, abtropfen lassen, in kleine Würfel schneiden.
**4.** Butter oder Margarine in einem Topf zerlassen. Die Möhrenwürfel darin 2–3 Minuten unter Rühren andünsten. Gefrorene Erbsen hinzugeben und 2–3 Minuten mitdünsten lassen. Mit Salz, Pfeffer und Zucker würzen.
**5.** Ei mit Sahne verschlagen, mit Salz, Pfeffer und Muskat würzen. Gouda fein reiben und unter die Eiersahne rühren.
**6.** Den garen Reis mit dem Gemüse vermengen und in eine flache Auflaufform (gefettet) geben. Eier-Käse-Sahne darauf verteilen. Die Form auf dem Rost in den vorgeheizten Backofen schieben. Den Reis-Gemüse-Auflauf 15–20 Minuten garen.

## Eisberg-Camembert-Salat mit Joghurt-Senf-Dressing

2 Portionen

*Zubereitungszeit:* 20 Minuten

1 EL gehackte Haselnusskerne

**Für das Dressing:**
75 g Joghurt (3,5 % Fett)
1 EL frisch gepresster Zitronensaft
1/2–1 TL milder Senf
1/2–1 EL Walnussöl
Salz
gem. Pfeffer

1/2 Kopf Eisbergsalat
1 mittelgroße Möhre
4 Champignons
150 g Camembert
1/2 Kästchen Kresse

*Pro Portion:*
E: 21 g, F: 27 g, Kh: 7 g,
kJ: 1493, kcal: 357

**1.** Gehackte Haselnusskerne in einer Pfanne ohne Fett rösten, herausnehmen und auf einem Teller erkalten lassen.
**2.** Für das Dressing den Joghurt mit Zitronensaft und Senf verrühren. Walnussöl unterschlagen. Mit Salz und Pfeffer würzen.
**3.** Von dem Salat die äußeren, welken Blätter entfernen. Den Salat in mundgerechte Stücke schneiden, abspülen und trocken tupfen. Möhre putzen, schälen, abspülen, abtropfen lassen, in feine Streifen schneiden. Die Champignons putzen, evtl. kurz abspülen, trocken tupfen und in Scheiben schneiden. Camembert halbieren und in Scheiben schneiden. Kresse abspülen, trocken tupfen und abschneiden.
**4.** Den Eisbergsalat vorsichtig mit Möhrenstreifen, Champignon- und Camembertscheiben vermengen. Joghurt-Senf-Dressing darauf verteilen. Salat mit den Haselnusskernen und der Kresse bestreut servieren.

## Griechische Kartoffelpfanne

4 Portionen

*Zubereitungszeit:* 25 Minuten

1 rote Paprikaschote (etwa 150 g)
6 Stängel Oregano
4 Knoblauchzehen
800 g gekochte Pellkartoffeln
60 g Butterschmalz
Salz, gem. Pfeffer
400 g Fetakäse
je 100 g grüne und schwarze Oliven ohne Stein

*Pro Portion:*
E: 20 g, F: 45 g, Kh: 33 g,
kJ: 2609, kcal: 622

**1.** Die Paprikaschote halbieren, entstielen, entkernen und die weißen Scheidewände entfernen. Schote abspülen, abtropfen lassen und in Würfel schneiden. Oregano abspülen und trocken tupfen. Die Blättchen von den Stängeln zupfen. Knoblauch abziehen und sehr klein schneiden. Kartoffeln pellen und in Scheiben schneiden.
**2.** Etwa 40 g des Butterschmalzes in einer großen Pfanne erhitzen. Die Kartoffelscheiben darin unter mehrmaligem Wenden goldbraun braten. Mit Salz und Pfeffer würzen. Kartoffelscheiben aus der Pfanne nehmen. Fetakäse in Würfel schneiden.
**3.** Das restliche Butterschmalz in dem verbliebenen Bratfett erhitzen. Knoblauch und Paprikawürfel darin etwa 5 Minuten unter Rühren dünsten, mit Salz und Pfeffer würzen.
**4.** Die gebratenen Kartoffelscheiben, Fetakäsewürfel, Oreganoblättchen und Oliven in die Pfanne geben, vermengen und nochmals erhitzen.

## Kohlrabi-Kartoffel-Zuckerschoten mit pochiertem Ei

4 Portionen

*Zubereitungszeit:* 30 Minuten

2 mittelgroße Kohlrabi
4 mittelgroße Kartoffeln
250 g Zuckerschoten
2 EL Butter oder Margarine
1 TL flüssiger Honig
1 EL Zitronensaft
Salz, gem. Pfeffer
ger. Muskatnuss
100 ml Wasser
200 g Schlagsahne
evtl. 1 Bund Kerbel
1 l Wasser
3 EL Weißweinessig
4 Eier (Größe M)

*Pro Portion:*
E: 14 g, F: 30 g, Kh: 27 g,
kJ: 1869, kcal: 446

**1.** Die Kohlrabi putzen, schälen, abspülen, abtropfen lassen und in kleine Würfel schneiden. Die Kartoffeln schälen, abspülen, abtropfen lassen und ebenfalls klein würfeln. Von den Zuckerschoten die Enden abschneiden, evtl. abfädeln. Zuckerschoten abspülen, trocken tupfen, halbieren.
**2.** Butter oder Margarine in einem weiten Topf zerlassen. Kohlrabi- und Kartoffelwürfel darin unter Rühren andünsten. Flüssigen Honig, Zitronensaft, Salz, Pfeffer und Muskat hinzugeben. Kohlrabi- und Kartoffelwürfel zugedeckt etwa 7 Minuten dünsten. Zuckerschotenhälften und Wasser hinzugeben, zum Kochen bringen und zugedeckt weitere etwa 5 Minuten garen.
**3.** Sahne unterrühren und etwas einkochen lassen. Nach Belieben Kerbel abspülen und trocken tupfen. Die Blättchen von den Stängeln zupfen. Blättchen klein schneiden und zu den Kohlrabi-Kartoffel-Zuckerschoten geben. Das Ganze nochmals mit den Gewürzen abschmecken.
**4.** Wasser mit Essig und 1 Esslöffel Salz in einem Topf aufkochen lassen. Die Temperatur reduzieren, sodass das Wasser sich nur leicht bewegt. Die Eier einzeln in einer Tasse oder Suppenkelle aufschlagen und vorsichtig in das siedende Wasser gleiten lassen. Eier nach etwa 4 Minuten mit einer Schaumkelle aus dem Salzwasser heben und mit den Kohlrabi-Kartoffel-Zuckerschoten servieren.

Griechische Kartoffelpfanne

Kohlrabi-Kartoffel-Zuckerschoten mit pochiertem Ei

## Gnocchi-Champignon-Pfanne

4 Portionen

*Zubereitungszeit:* 25 Minuten

100 g Kräuter, z. B. Brunnenkresse oder Basilikum
800 g Gnocchi (aus dem Kühlregal)
Salz
300 g braune, kleine Champignons
4 Roma- oder Fleischtomaten (etwa 400 g)
2 Knoblauchzehen
40 g Butter
2 EL Olivenöl
gem. bunter Pfeffer

*Pro Portion:*
E: 12 g, F: 15 g, Kh: 78 g,
kJ: 2062, kcal: 492

**1.** Die Kräuter abspülen und trocken tupfen. Die Blättchen von den Stängel abschneiden bzw. zupfen. Blättchen klein schneiden.
**2.** Gnocchi in kochendem Salzwasser nach Packungsanleitung etwa 2 Minuten garen, anschließend in einem Sieb abtropfen lassen.
**3.** Die Champignons putzen, evtl. kurz abspülen, trocken tupfen und in Scheiben schneiden. Tomaten abspülen, trocken tupfen, halbieren, entkernen und die Stängelansätze herausschneiden. Tomaten in Würfel schneiden. Knoblauch abziehen und durch eine Knoblauchpresse drücken oder in kleine Würfel schneiden.
**4.** Die Butter in einer Pfanne zerlassen, Olivenöl miterhitzen. Zuerst Champignonscheiben, dann Kräuter und zuletzt Gnocchi darin unter Rühren leicht anbraten. Mit Salz, Pfeffer und Knoblauch würzen. Tomatenwürfel unterheben.

## Gnocchi, überbacken mit Rucola

4 Portionen (ohne Foto)

*Zubereitungszeit:* 30 Minuten

500 g Gnocchi (aus dem Kühlregal)
Salz
2 Knoblauchzehen
2 Zwiebeln
2 Bund Rucola (Rauke, etwa 150 g)
1 Topf Basilikum
3 EL Olivenöl
gem. Pfeffer
150 g ger. Provolone

*Pro Portion:*
E: 16 g, F: 21 g, Kh: 49 g,
kJ: 1856, kcal: 444

**1.** Gnocchi in kochendem Salzwasser nach Packungsanleitung garen. Anschließend in einem Sieb abtropfen lassen.
**2.** Knoblauch und Zwiebeln abziehen, klein würfeln. Rucola putzen und die harten Stängel abschneiden. Rucola und Basilikum abspülen und trocken tupfen. Die Basilikumblättchen von den Stängeln zupfen. Einige Blättchen zum Garnieren beiseitelegen. Restliche Blättchen in Streifen schneiden. Rucola evtl. etwas kleiner zupfen.
**3.** Den Backofen vorheizen.
*Ober-/Unterhitze:* etwa 220 °C
*Heißluft:* etwa 200 °C
**4.** Olivenöl in einem Topf erhitzen. Knoblauch- und Zwiebelwürfel darin andünsten. Gnocchi hinzufügen und etwa 3 Minuten unter Rühren mitdünsten lassen.
**5.** Rucola und Basilikumstreifen unterheben. Mit Salz und Pfeffer abschmecken.
**6.** Die Gnocchimasse in eine feuerfeste Form (gefettet) füllen, Käse darauf verteilen und mit Pfeffer würzen. Die Form auf dem Rost in den vorgeheizten Backofen schieben. Die Gnocchi anschließend etwa 5 Minuten überbacken.
**7.** Die Gnocchi mit den beiseitegelegten Basilikumblättchen garnieren und sofort servieren.

Gnocchi-Champignon-Pfanne

Blattspinat mit Rosinen und Pinienkernen

Chinakohl, gebratener

## Blattspinat mit Rosinen und Pinienkernen

2 Portionen

*Zubereitungszeit:* 25 Minuten

2 EL Rosinen (etwa 30 g)
warmes Wasser
1 kg frischer Blattspinat
1 EL Pinienkerne
2 Knoblauchzehen
1 Zwiebel
2 EL Olivenöl
Salz
gem. Pfeffer

*Pro Portion:*
E: 13 g, F: 14 g, Kh: 15 g,
kJ: 1033, kcal: 248

**1.** Rosinen in warmem Wasser einweichen. In der Zwischenzeit Spinat verlesen, evtl. noch vorhandene Wurzelenden und dicke Stängel entfernen. Spinat gründlich waschen und leicht abtropfen lassen.
**2.** Die Pinienkerne in einem Wok oder einer Pfanne ohne Fett unter Rühren leicht bräunen, herausnehmen und auf einen Teller geben.
**3.** Knoblauch und Zwiebel abziehen. Knoblauch in dünne Scheiben schneiden und die Zwiebel klein würfeln.
**4.** Olivenöl im Wok oder in der Pfanne erhitzen. Knoblauchscheiben und Zwiebelwürfel darin anbraten.
**5.** Den tropfnassen Spinat hinzufügen, unter Rühren zusammenfallen lassen und etwa 5 Minuten garen. Anschließend den Spinat mit Salz und Pfeffer würzen.
**6.** Rosinen abgießen und zusammen mit den Pinienkernen unter den Spinat geben. Den Blattspinat auf 2 Teller geben und servieren.

## Chinakohl, gebratener

4 Portionen

*Zubereitungszeit:* 25 Minuten

1 Chinakohl (etwa 1,3 kg)
1 Bund Frühlingszwiebeln (etwa 200 g)
2 Knoblauchzehen
2 rote Paprikaschoten (je etwa 200 g)
7–8 EL Sherry (etwa 80 ml)
2 EL Weißweinessig
75 ml Orangensaft
3 EL Sojasauce
1 TL Sambal Oelek
1 EL Speisestärke
3 EL Erdnussöl
1/2–1 EL dunkles Sesamöl
Salz

*Pro Portion:*
E: 5 g, F: 2 g, Kh: 15 g,
kJ: 898, kcal: 216

**1.** Von dem Chinakohl die äußeren, welken Blätter entfernen. Den Chinakohl vierteln und den Strunk herausschneiden. Chinakohl abspülen, gut abtropfen lassen und in schmale Streifen schneiden.
**2.** Frühlingszwiebeln putzen, abspülen, abtropfen lassen und schräg in etwa 2 cm lange Stücke schneiden. Knoblauch abziehen, klein würfeln.
**3.** Paprikaschoten halbieren, entstielen, entkernen und die weißen Scheidewände entfernen. Die Schoten abspülen, abtropfen lassen und in Streifen schneiden.
**4.** Sherry mit Essig, Orangensaft, Sojasauce, Sambal Oelek und Speisestärke verrühren.
**5.** Das Erdnussöl in einem Wok oder einer großen Pfanne erhitzen. Die Chinakohlstreifen darin unter Rühren etwa 3 Minuten anbraten. Frühlingszwiebelstücke, Knoblauchwürfel und Paprikastreifen unterrühren, etwa 2 Minuten mitbraten lassen.
**6.** Die Sherrymischung hinzugießen und kurz aufkochen lassen. Das Gericht mit Sesamöl und Salz abschmecken, sofort servieren.

***Beilage:*** Natur- oder Basmatireis.

Kapitel 06

Rezepte 501–600

# Pasta

Krautfleckerl

## Krautfleckerl

4–6 Portionen

*Zubereitungszeit:* 30 Minuten

30 g Schweineschmalz
50 g Zucker
150 g Zwiebeln
600 g Weißkohl
125 ml heiße Geflügelbrühe
Salz, gem. Pfeffer
5 l Wasser
5 gestr. TL Salz
500 g Farfalle (Schmetterlingsnudeln)
60 g Butter

*Pro Portion:*
E: 16 g, F: 19 g, Kh: 82 g, kJ: 2493, kcal: 595

**1.** Das Schweineschmalz in einem Topf zerlassen. Zucker hinzufügen und unter Rühren bei mittlerer Hitze karamellisieren. Zwiebeln abziehen, in kleine Würfel schneiden, in den Topf geben und in dem Karamell andünsten.

**2.** Weißkohl putzen, vierteln und den Strunk herausschneiden. Kohlviertel abspülen, abtropfen lassen und in etwa 5 cm große Würfel schneiden. Kohlwürfel zu den Zwiebelwürfeln geben und unter Rühren kurz mitdünsten lassen. Heiße Brühe hinzugießen, mit Salz und Pfeffer würzen. Die Zutaten zum Kochen bringen und etwa 20 Minuten garen, dabei zwischendurch umrühren.

**3.** In der Zwischenzeit Wasser in einem großen Topf zugedeckt zum Kochen bringen. Dann Salz und Nudeln hinzugeben. Die Nudeln im geöffneten Topf bei mittlerer Hitze nach Packungsanleitung kochen lassen, dabei gelegentlich umrühren.

**4.** Anschließend die Nudeln in ein Sieb geben, mit heißem Wasser abspülen und abtropfen lassen.

**5.** Butter in einer Pfanne zerlassen. Die Nudeln darin schwenken, zu dem gegarten Kohl geben, untermischen. Mit Salz und Pfeffer abschmecken.

## Bandnudeln mit Lachs und Tomate

2 Portionen

*Zubereitungszeit:* 25 Minuten

**Für die Sauce:**
2 Tomaten
100 g geräucherter Lachs in Scheiben
1 Knoblauchzehe
10 schwarze Oliven ohne Stein
2 EL Olivenöl
100 g Schlagsahne
Salz
gem. Pfeffer
2 Msp. gerebelter Estragon

420 g gegarte, dünne, grüne Bandnudeln (etwa 175 g Rohgewicht)
evtl. einige Lachsstreifen
evtl. schwarze Oliven
evtl. 2 Stängel vorbereiteter Estragon

*Pro Portion:*
E: 23 g, F: 40 g, Kh: 66 g,
kJ: 3056, kcal: 730

**1.** Tomaten kreuzweise einschneiden und mit kochendem Wasser übergießen. Nach 1–2 Minuten herausnehmen und mit kaltem Wasser abschrecken. Die Tomaten häuten, halbieren, entkernen und die Stängelansätze herausschneiden. Tomaten in Spalten schneiden.
**2.** Die Lachsscheiben in etwa 1 cm schmale Streifen schneiden. Knoblauch abziehen. Anschließend den Knoblauch und die Oliven in kleine Würfel schneiden.
**3.** Olivenöl in einer Pfanne erhitzen. Die Knoblauchwürfel darin hellgelb dünsten. Lachsstreifen und Olivenwürfel vorsichtig unterrühren.
**4.** Sahne und die Tomatenspalten hinzufügen. Die Zutaten vorsichtig bei schwacher Hitze unter gelegentlichem Rühren erwärmen.
**5.** Die Sauce mit Salz, Pfeffer und Estragon würzen und warm halten.
**6.** Die Bandnudeln evtl. nochmals erhitzen, in eine Schüssel geben und mit der Sauce vermengen. Nach Belieben mit zusätzlichen Lachsstreifen, Oliven und Estragonstängeln garnieren. Sofort servieren.

## Grüne Bandnudeln à la Marietta

4 Portionen

*Zubereitungszeit: 25 Minuten*

3 l Wasser
3 gestr. TL Salz
300 g grüne Bandnudeln

**Für die Sauce:**
1 Knoblauchzehe
40 g Butter
2 mittelgroße Zwiebeln
125 ml Tomatenketchup
125 ml Fleischbrühe
125 g Schlagsahne
Salz, gem. schwarzer Pfeffer
gerebeltes Basilikum

3 EL Butter
4 Eier (Größe M)
150 g frisch ger. alter Gouda

*Pro Portion:*
E: 27 g, F: 46 g, Kh: 65 g,
kJ: 3439, kcal: 822

**1.** Wasser in einem großen Topf zugedeckt zum Kochen bringen. Salz und Nudeln hinzugeben. Nudeln im geöffneten Topf bei mittlerer Hitze nach Packungsanleitung kochen lassen, dabei gelegentlich umrühren.
**2.** In der Zwischenzeit für die Sauce Knoblauch abziehen und eine Pfanne damit ausreiben. Die Butter hinzufügen und zerlassen. Zwiebeln abziehen, klein würfeln und in der Butter goldgelb dünsten. Tomatenketchup, Brühe und Sahne hinzugießen. Mit Salz, Pfeffer und Basilikum würzen. Die Zutaten zum Kochen bringen, gut durchkochen lassen, evtl. nochmals mit den Gewürzen abschmecken.
**3.** Gare Nudeln in ein Sieb geben, mit heißem Wasser abspülen und abtropfen lassen. Die Nudeln in eine vorgewärmte Schüssel geben. Einen Deckel darauflegen und warm stellen.
**4.** Butter in einer Pfanne zerlassen. Eier nacheinander aufschlagen und in der Butter braten. Mit Salz bestreuen.
**5.** Die Nudeln mit der Sauce und den Spiegeleiern auf Tellern anrichten. Käse dazureichen.

Bandnudeln mit Lachs und Tomate

Grüne Bandnudeln à la Marietta

## Käse-Kräuter-Nudeln mit Spinat und Champignons

3 Portionen

*Zubereitungszeit:* 30 Minuten

2 1/2 l Wasser
2 1/2 gestr. TL Salz
250 g Spätzle oder Penne (Röhrennudeln)
100 g Blattspinat
100 g Champignons
80 g Kräuterbutter
Salz, gem. Pfeffer
1 abgezogene, zerdrückte Knoblauchzehe
80 g ger. Gouda

*Pro Portion:*
E: 11 g, F: 29 g, Kh: 12 g,
kJ: 1538, kcal: 367

1. Wasser in einem großen Topf zugedeckt zum Kochen bringen. Dann Salz und Nudeln hinzugeben. Die Nudeln im geöffneten Topf bei mittlerer Hitze nach Packungsanleitung kochen lassen, dabei gelegentlich umrühren.
2. In der Zwischenzeit Blattspinat verlesen und dicke Stiele entfernen. Spinat gründlich waschen, abtropfen lassen, in kochendem Wasser etwa 1 Minute blanchieren, mit kaltem Wasser abschrecken und in einem Sieb abtropfen lassen.
3. Champignons putzen, evtl. kurz abspülen, trocken tupfen und in Scheiben schneiden.
4. Die garen Nudeln in ein Sieb geben, mit heißem Wasser abspülen und abtropfen lassen.
5. Den Backofengrill vorheizen.
6. Die Kräuterbutter in einer großen Pfanne erhitzen. Dann Champignonscheiben, Nudeln und Blattspinat darin unter mehrmaligem Wenden andünsten. Mit Salz, Pfeffer und Knoblauch würzen.
7. Käse-Kräuter-Nudeln auf einer feuerfesten Platte oder auf feuerfesten Tellern anrichten, mit Käse bestreuen und unter dem vorgeheizten Backofengrill kurz überbacken, bis der Käse anfängt zu zerlaufen.

Käse-Kräuter-Nudeln mit Spinat und Champignons

## Grüne Bandnudeln mit Putenbrust und Aprikosen

4 Portionen

*Zubereitungszeit:* 30 Minuten

2 kleine Putenbrustfilets (je etwa 300 g)
200 g Austernpilze
240 g abgetropfte Aprikosenhälften (aus der Dose)
1 Stange Porree (Lauch)
4 EL Speiseöl
Salz, gem. Pfeffer
einige frische Rosmarinnadeln
2 EL Sojasauce
125 ml Aprikosensaft (aus der Dose)
200 g Schlagsahne

5 l Wasser
5 gestr. TL Salz
500 g grüne Bandnudeln

*Pro Portion:*
E: 40 g, F: 29 g, Kh: 19 g,
kJ: 2310, kcal: 552

1. Putenbrustfilets kurz unter fließendem kalten Wasser abspülen, trocken tupfen und quer zur Faser in etwa 1 cm dicke Scheiben schneiden, evtl. nochmals halbieren.
2. Austernpilze putzen, evtl. kurz abspülen und trocken tupfen. Größere Pilze halbieren.
3. Von den Aprikosenhälften den Saft auffangen und 125 ml abmessen. Aprikosen nochmals halbieren.
4. Porree putzen, die Stange längs halbieren, gründlich waschen, abtropfen lassen und in etwa 1 cm breite Streifen schneiden.
5. Speiseöl in einer Pfanne erhitzen, Putenfleischstücke darin portionsweise von allen Seiten gut anbraten, mit Salz und Pfeffer würzen. Angebratene Fleischstücke an den Rand der Pfanne schieben. Die Austernpilze in die Mitte der Pfanne geben und mit anbraten. Aprikosenviertel und Porreestreifen hinzugeben, kurz mit andünsten.
6. Mit Salz und Pfeffer kräftig würzen, Rosmarinnadeln und Sojasauce unterrühren. Mit dem aufgefangenen Aprikosensaft ablöschen, Sahne hinzugießen. Die Zutaten unter Rühren zum Kochen bringen und etwa 5 Minuten garen. Evtl. nochmals mit den Gewürzen abschmecken.
7. In der Zwischenzeit das Wasser in einem großen Topf zugedeckt zum Kochen bringen. Dann Salz und Nudeln hinzugeben. Die Nudeln im geöffneten Topf bei mittlerer Hitze nach Packungsanleitung kochen lassen, dabei gelegentlich umrühren.

Grüne Bandnudeln mit Putenbrust und Aprikosen

8. Anschließend die Nudeln in ein Sieb geben, mit heißem Wasser abspülen und abtropfen lassen.
9. Die grünen Nudeln mit der Putenbrust und den Aprikosen anrichten und servieren.

## Makkaroni mit Paprika-Feigen-Sauce

4–5 Portionen

*Zubereitungszeit:* 30 Minuten

**Für die Paprika-Feigen-Sauce:**
1 kg gemischte Paprikaschoten (rot, grün, gelb)
4 EL Olivenöl
400 g gewürfelte Tomaten mit Kräutern (aus Dosen)
Salz
gem. Pfeffer
etwas Zucker
3 reife Feigen

5 l Wasser
5 gestr. TL Salz
500 g Makkaroni
evtl. Basilikumblättchen

*Pro Portion:*
E: 13 g, F: 7 g, Kh: 65 g,
kJ: 1689, kcal: 403

1. Für die Sauce Paprikaschoten halbieren, entstielen, entkernen und die weißen Scheidewände entfernen. Schoten abspülen, abtropfen lassen und in kleine Würfel schneiden.
2. Olivenöl in einem großen Topf erhitzen. Die Paprikawürfel darin evtl. in 2 Portionen unter Rühren andünsten. Tomatenwürfel aus der Dose unterrühren. Mit Salz, Pfeffer und Zucker würzen. Die Zutaten zum Kochen bringen und etwa 10 Minuten unter gelegentlichem Rühren garen.
3. In der Zwischenzeit Feigen abspülen, trocken tupfen, entstielen und evtl. schälen. Feigen in Streifen oder Stücke schneiden. Nach etwa 10 Minuten Garzeit die Feigenstreifen oder -stücke unter die Sauce rühren und erwärmen. Die Sauce warm stellen.
4. Wasser in einem großen Topf zugedeckt zum Kochen bringen. Dann Salz und Makkaroni hinzugeben. Die Makkaroni im geöffneten Topf bei mittlerer Hitze nach Packungsanleitung kochen lassen, dabei gelegentlich umrühren.
5. Anschließend die Makkaroni in ein Sieb geben, mit heißem Wasser abspülen und abtropfen lassen.
6. Die Makkaroni mit der Paprika-Feigen-Sauce auf Tellern anrichten. Nach Belieben mit abgespülten und trocken getupften Basilikumblättchen garnieren.

Makkaroni mit Paprika-Feigen-Sauce

Mie-Nudeln mit süßsaurer Sauce

## Mie-Nudeln mit süßsaurer Sauce

4 Portionen

*Zubereitungszeit:* 25 Minuten

200 g Möhren
240 g abgetropfte Pfirsichhälften (aus der Dose)
150 g abgetropfte saure Gurken (aus dem Glas)
125 ml Pfirsichsaft (aus der Dose)
125 ml Gurkensud (aus dem Glas)
200 ml Tomatenketchup
1 Stange Porree (Lauch)
1 EL Zucker
Salz, Chilipulver
400 g Mie-Nudeln (asiatische Instant-Nudeln)
evtl. einige abgetropfte Pfirsichspalten

*Pro Portion:*
E: 14 g, F: 2 g, Kh: 105 g,
kJ: 2108, kcal: 499

1. Möhren putzen, schälen, abspülen, abtropfen lassen und in kleine Würfel schneiden. Von den Pfirsichhälften und Gurken getrennt jeweils den Saft bzw. Sud auffangen und je 125 ml abmessen. Pfirsichhälften und Gurken klein würfeln.
2. Pfirsichsaft und Gurkensud in einen Topf geben. Möhren-, Pfirsich- und Gurkenwürfel hinzufügen, gut aufkochen lassen. Ketchup unterrühren und unter Rühren nochmals aufkochen lassen.
3. Porree putzen, die Stange längs halbieren, gründlich waschen, abtropfen lassen und in feine Streifen schneiden. Porreestreifen kurz in der Sauce mitkochen lassen. Die Sauce mit Zucker, Salz und Chili würzen. Sauce warm stellen.
4. Mie-Nudeln nach Packungsanleitung zubereiten. Anschließend in einem Sieb abtropfen lassen.
5. Mie-Nudeln mit der süßsauren Sauce in Schüsseln anrichten. Süßsaure Sauce nach Belieben mit Pfirsichspalten garnieren.

## Pasta mit Gorgonzola-Möhren-Sauce

4 Portionen (im Foto Mitte)

*Zubereitungszeit:* 25 Minuten

5 l Wasser
5 gestr. TL Salz
500 g Nudeln, z. B. Spirelli

1 Knoblauchzehe
1 Zwiebel
300 g Möhren
1 EL Speiseöl
Salz, gem. Pfeffer
1/2 TL gerebelter Thymian
1/2 TL Instant-Gemüsebrühe
200 g Schlagsahne
oder 200 ml Milch (3,5 % Fett)
150 g passierte Tomaten
(aus der Dose)
150 g milder Gorgonzola
1/2 Bund frisches Basilikum

*Pro Portion:*
E: 24 g, F: 23 g, Kh: 86 g,
kJ: 2771, kcal: 665

**1.** Wasser in einem großen Topf zugedeckt zum Kochen bringen. Dann Salz und Nudeln hinzugeben. Die Nudeln im geöffneten Topf bei mittlerer Hitze nach Packungsanleitung bissfest kochen, dabei gelegentlich umrühren.

**2.** In der Zwischenzeit Knoblauch und Zwiebel abziehen und klein würfeln. Möhren putzen, schälen, abspülen, abtropfen lassen und in Würfel schneiden. Speiseöl in einem Topf erhitzen. Knoblauch- und Zwiebelwürfel darin glasig dünsten. Möhrenwürfel hinzugeben und mitdünsten lassen. Mit Salz, Pfeffer, Thymian und Brühe würzen. Sahne oder Milch hinzugießen, zum Kochen bringen und zugedeckt etwa 10 Minuten bei schwacher Hitze kochen lassen. Die Tomaten hinzugeben, weitere etwa 5 Minuten kochen, dabei gelegentlich umrühren.

**3.** Gorgonzola mit einer Gabel zerdrücken. Basilikum abspülen und trocken tupfen. Die Blättchen von den Stängeln zupfen (einige Blättchen beiseitelegen). Blättchen in Streifen schneiden, zu der Möhren-Tomaten-Masse geben und pürieren (Achtung, kann spritzen!). Käsewür-

Pasta mit Paprika-Röstzwiebel-Sauce / Pasta mit Gorgonzola-Möhren-Sauce / Pasta mit Paprika-Tunfisch-Sauce und Schafskäse

fel darin unter Rühren schmelzen. Sauce nicht mehr kochen lassen. Mit Salz und Pfeffer abschmecken.

**4.** Die garen Nudeln in ein Sieb geben, mit heißem Wasser abspülen und abtropfen lassen.

**5.** Die Nudeln mit der Sauce vermischen, evtl. etwas Nudel-Kochwasser unterrühren, unter vorsichtigem Rühren nochmals kurz erhitzen. Mit den beiseitegelegten Basilikumblättchen anrichten.

## Pasta mit Paprika-Röstzwiebel-Sauce

4 Portionen (im Foto hinten)

*Zubereitungszeit:* 30 Minuten

5 l Wasser
5 gestr. TL Salz
500 g Nudeln, z. B. Spirelli, Rigatoni, Penne

etwa 750 g gelbe und rote Paprikaschoten
1 Knoblauchzehe
1 Zwiebel
2 Stängel frischer Thymian
200 g Schlagsahne
Salz
gem. Pfeffer
1 Prise brauner Zucker
4–6 EL Röstzwiebeln (Fertigprodukt)
evtl. ger. Parmesan

*Pro Portion:*
E: 18 g, F: 23 g, Kh: 95 g, kJ: 2814, kcal: 673

**1.** Den Backofen vorheizen.
*Ober-/Unterhitze:* etwa 220 °C
*Heißluft:* etwa 200 °C

**2.** Wasser in einem großen Topf zugedeckt zum Kochen bringen. Dann Salz und Nudeln hinzugeben. Die Nudeln im geöffneten Topf bei mittlerer Hitze nach Packungsanleitung bissfest kochen, dabei gelegentlich umrühren.

**3.** In der Zwischenzeit Paprikaschoten halbieren, entstielen, entkernen und die weißen Scheidewände entfernen. Schoten abspülen, trocken tupfen und mit der Hautseite nach oben auf einem Backblech (mit Backpapier belegt) verteilen. Das Backblech in den vorgeheizten Backofen schieben. Paprikaschoten etwa 12 Minuten rösten, bis die Haut Blasen wirft.

**4.** Paprikaschoten mit einem feuchten Tuch belegen und etwas abkühlen lassen.

**5.** Knoblauch und Zwiebel abziehen, klein würfeln. Thymian abspülen und trocken tupfen. Sahne mit Knoblauch-, Zwiebelwürfeln und Thymian in einem Topf zum Kochen bringen. Die Sahne bei starker Hitze um die Hälfte einkochen lassen. Thymian entfernen.

**6.** Die Haut der Paprikaschoten abziehen. Paprikaschoten grob würfeln und mit der Sahne fein pürieren. Mit Salz, Pfeffer und 1 Prise Zucker abschmecken.

**7.** Die garen Nudeln in ein Sieb geben, mit heißem Wasser abspülen und abtropfen lassen.

**8.** Die Nudeln vorsichtig mit der Sauce vermischen, kurz erhitzen und auf Tellern anrichten. Mit Röstzwiebeln bestreuen. Nach Belieben Parmesan dazureichen.

## Pasta mit Paprika-Tunfisch-Sauce und Schafskäse

4 Portionen (im Foto vorne)

*Zubereitungszeit:* 20 Minuten

5 l Wasser
5 gestr. TL Salz
500 g Nudeln, z. B. Spirelli

1 große, rote Paprikaschote
1 Zwiebel
1 Knoblauchzehe
1 EL Olivenöl
185 g abgetropfter Tunfisch naturell (aus der Dose)
2–3 EL Zitronensaft
60 ml heiße Gemüsebrühe
3–4 EL Crème fraîche
Salz
gem. Pfeffer
1/2 Bund glatte Petersilie
100 g milder Schafskäse

*Pro Portion:*
E: 30 g, F: 22 g, Kh: 84 g, kJ: 2760, kcal: 661

**1.** Wasser in einem großen Topf zugedeckt zum Kochen bringen. Dann Salz und Nudeln hinzugeben. Die Nudeln im geöffneten Topf bei mittlerer Hitze nach Packungsanleitung bissfest kochen, dabei gelegentlich umrühren.

**2.** In der Zwischenzeit Paprikaschote halbieren, entstielen, entkernen und die weißen Scheidewände entfernen. Schote abspülen, trocken tupfen und klein würfeln.

**3.** Zwiebel und Knoblauch abziehen, ebenfalls klein würfeln. Olivenöl in einer Pfanne erhitzen. Zwiebel- und Knoblauchwürfel darin andünsten. Paprikawürfel hinzugeben und in 3–4 Minuten weich dünsten.

**4.** Tunfisch mit einer Gabel fein zerzupfen und in einen hohen Rührbecher geben. Zitronensaft und Brühe hinzugeben. Die Zutaten fein pürieren. Crème fraîche unterrühren. Mit Salz und Pfeffer abschmecken.

**5.** Petersilie abspülen und trocken tupfen. Die Blättchen von den Stängeln zupfen und die Blättchen klein schneiden.

**6.** Die garen Nudeln in ein Sieb geben, mit heißem Wasser abspülen und abtropfen lassen.

**7.** Die Nudeln zu den Paprikawürfeln in die Pfanne geben. Die Tunfischsauce hinzugeben, gut durchschwenken und nochmals kurz erhitzen. Mit Petersilie bestreuen.

**8.** Die Nudeln auf Tellern anrichten. Schafskäse fein zerbröseln, auf den Nudeln verteilen und die Nudeln sofort servieren.

## Spaghetti mit Ajvar-Zucchini-Sauce

4 Portionen

*Zubereitungszeit:* 25 Minuten

4 l Wasser
4 gestr. TL Salz
400 g Spaghetti

**Für die Sauce:**
300 g Zucchini
1 Zwiebel
2 Knoblauchzehen
2 EL Olivenöl
4 geh. TL Ajvar (Paprikazubereitung)
100 g Schlagsahne
125 ml Gemüsebrühe
Salz, gem. Pfeffer

80 g gehobelter Parmesan

*Pro Portion:*
E: 21 g, F: 21 g, Kh: 74 g,
kJ: 2398, kcal: 574

**1.** Wasser in einem großen Topf zugedeckt zum Kochen bringen. Dann Salz und Spaghetti hinzugeben. Die Spaghetti im geöffneten Topf bei mittlerer Hitze nach Packungsanleitung bissfest kochen, dabei gelegentlich umrühren.
**2.** In der Zwischenzeit für die Sauce Zucchini abspülen, abtrocknen und die Enden abschneiden. Zucchini auf einer Haushaltsreibe grob raspeln. Zwiebel und Knoblauch abziehen, klein würfeln.
**3.** Olivenöl in einer Pfanne erhitzen. Zwiebelwürfel darin glasig dünsten. Zucchiniraspel hinzugeben und unter Rühren mit andünsten. Knoblauchwürfel und Ajvar hinzufügen. Sahne und Brühe hinzugießen. Die Sauce aufkochen lassen. Mit Salz und Pfeffer würzen.
**4.** Die garen Spaghetti in ein Sieb geben, mit heißem Wasser abspülen und abtropfen lassen.
**5.** Spaghetti in eine vorgewärmte Schüssel geben, mit der Sauce und dem Käse servieren.

## Nudeln mit Shrimps-Senf-Sauce

4–6 Portionen

*Zubereitungszeit:* 25 Minuten

5 l Wasser
5 gestr. TL Salz
500 g Nudeln, z. B. Spirelli
1 Zwiebel
40 g Butter
250 g Dijon-Creme mit Dijon-Senf
150 g Schlagsahne
100 ml Gemüsebrühe
1 Bund Frühlingszwiebeln
250 g TK-Shrimps, aufgetaut
Salz, gem. Pfeffer
1 Bund Schnittlauch

*Pro Portion:*
E: 25 g, F: 35 g, Kh: 79 g,
kJ: 3098, kcal: 741

**1.** Wasser in einem großen Topf zugedeckt zum Kochen bringen. Dann Salz und Nudeln hinzugeben. Die Nudeln im geöffneten Topf bei mittlerer Hitze nach Packungsanleitung kochen lassen, dabei gelegentlich umrühren.
**2.** In der Zwischenzeit Zwiebel abziehen und in kleine Würfel schneiden. Butter in einem Topf zerlassen. Die Zwiebelwürfel darin glasig dünsten. Dijon-Creme mit Sahne und Brühe hinzugeben. Die Zutaten unter Rühren aufkochen lassen.
**3.** Frühlingszwiebeln putzen, abspülen, abtropfen lassen, in etwa 1 cm lange Stücke schneiden. Shrimps kurz unter fließendem kalten Wasser abspülen und trocken tupfen.
**4.** Frühlingszwiebeln und Shrimps in die Sauce geben. Die Sauce nochmals kurz erhitzen. Mit Salz und Pfeffer abschmecken. Schnittlauch abspülen und trocken tupfen. Zwei Drittel der Schnittlauchhalme in feine Röllchen schneiden.
**5.** Die garen Nudeln in ein Sieb geben, mit heißem Wasser abspülen und abtropfen lassen.
**6.** Die Spiralnudeln mit der Sauce vermischen und auf Tellern anrichten, mit Schnittlauchröllchen bestreuen und mit Schnittlauchhalmen garnieren.

Spaghetti mit Ajvar-Zucchini-Sauce

Nudeln mit Shrimps-Senf-Sauce

Nudelpfanne mit Putenbrust

Muschelnudeln mit Paprika-Zwiebel-Sauce

## Nudelpfanne mit Putenbrust

4 Portionen

*Zubereitungszeit:* 25 Minuten

2 1/2 l Wasser
2 1/2 gestr. TL Salz
250 g Spirelli (Spiralnudeln)
400 g Putenbrustfilet
3 EL Speiseöl
Salz, gem. Pfeffer
300 g TK-Erbsen-Möhren-Mischung
5–6 EL Wasser
125 g Schlagsahne
1 EL gehackte Petersilie

*Pro Portion:*
E: 34 g, F: 22 g, Kh: 49 g,
kJ: 2215, kcal: 530

**1.** Wasser in einem großen Topf zugedeckt zum Kochen bringen. Dann Salz und Nudeln hinzugeben. Die Nudeln im geöffneten Topf bei mittlerer Hitze nach Packungsanleitung kochen lassen, dabei gelegentlich umrühren.
**2.** In der Zwischenzeit Putenbrustfilet kurz unter fließendem kalten Wasser abspülen, trocken tupfen und in Streifen schneiden. Speiseöl in einer großen Pfanne erhitzen. Putenbruststreifen darin von allen Seiten anbraten, mit Salz und Pfeffer würzen. Putenbruststreifen aus der Pfanne nehmen und warm stellen.
**3.** Gefrorene Erbsen und Möhren zum verbliebenen Bratfett in die Pfanne geben. Wasser und Sahne unterrühren, zum Kochen bringen. Das Gemüse zugedeckt bei schwacher Hitze nach Packungsanleitung bissfest garen.
**4.** Die garen Nudeln in ein Sieb geben, mit heißem Wasser abspülen und abtropfen lassen.
**5.** Die warm gestellten Fleischstreifen und Nudeln unter das Gemüse rühren und unter Rühren 3–4 Minuten erhitzen. Die Nudelpfanne nochmals mit Salz und Pfeffer abschmecken. Mit Petersilie bestreut servieren.

## Muschelnudeln mit Paprika-Zwiebel-Sauce

4 Portionen

*Zubereitungszeit:* 25 Minuten

**Für die Paprika-Zwiebel-Sauce:**
5 rote Paprikaschoten (etwa 800 g)
3 Knoblauchzehen
2 Zwiebeln
4–5 EL Sonnenblumenöl
Salz, gem. Pfeffer
1 Prise Zucker
3 EL Rotweinessig
5 l Wasser
5 gestr. TL Salz
500 g Muschelnudeln
1 Bund glatte Petersilie

*Pro Portion:*
E: 18 g, F: 16 g, Kh: 98 g,
kJ: 2557, kcal: 611

**1.** Für die Sauce Paprikaschoten halbieren, entstielen, entkernen und die weißen Scheidewände entfernen. Schoten abspülen, abtropfen lassen, zuerst in Streifen, dann in kleine Würfel schneiden. Dann Knoblauch und Zwiebeln abziehen, in kleine Würfel schneiden.
**2.** Sonnenblumenöl in einem Topf erhitzen. Zwiebel- und Knoblauchwürfel darin andünsten. Paprikawürfel hinzugeben, mit Salz, Pfeffer, Zucker und Essig würzen. Die Zutaten zum Kochen bringen und zugedeckt bei schwacher Hitze 15–20 Minuten kochen lassen.
**3.** In der Zwischenzeit Wasser in einem großen Topf zugedeckt zum Kochen bringen. Dann Salz und Nudeln hinzugeben. Die Nudeln im geöffneten Topf bei mittlerer Hitze nach Packungsanleitung kochen lassen, dabei gelegentlich umrühren.
**4.** Anschließend die Nudeln in ein Sieb geben, mit heißem Wasser abspülen und abtropfen lassen.
**5.** Die Sauce nochmals mit den Gewürzen abschmecken.
**6.** Petersilie abspülen und trocken tupfen. Die Blättchen von den Stängeln zupfen. Blättchen klein schneiden. Die Paprika-Zwiebel-Sauce damit bestreuen und mit den Muschelnudeln sofort servieren.

Nudeln in Kürbisrahm

Spaghetti carbonara mit Crème fraîche

## Nudeln in Kürbisrahm

2–3 Portionen

*Zubereitungszeit:* 20 Minuten

2 1/2 l Wasser
2 1/2 gestr. TL Salz
250 g Bandnudeln
150 g abgetropfter, eingelegter Kürbis, süßsauer (aus dem Glas)
20 kleine Salbeiblättchen
2 EL Butter
40 g grüne Kürbiskerne
2 EL Korinthen
125 g Schlagsahne

*Pro Portion:*
E: 12 g, F: 20 g, Kh: 52 g,
kJ: 1922, kcal: 459

**1.** Wasser in einem großen Topf zugedeckt zum Kochen bringen. Dann Salz und Nudeln hinzugeben. Die Nudeln im geöffneten Topf bei mittlerer Hitze nach Packungsanleitung kochen, dabei gelegentlich umrühren.
**2.** In der Zwischenzeit Kürbis in kleine Würfel schneiden. Salbeiblättchen abspülen und trocken tupfen.
**3.** Butter in einer Pfanne zerlassen. Die Kürbiskerne und Salbeiblättchen darin unter Rühren anbraten, Kürbiswürfel und Korinthen hinzufügen. Die Zutaten 4–5 Minuten dünsten. Sahne hinzugießen und kurz einkochen lassen.
**4.** Die garen Nudeln in ein Sieb geben, mit heißem Wasser abspülen und abtropfen lassen.
**5.** Die Nudeln mit dem Kürbisrahm in einer Schüssel anrichten und sofort servieren.

## Spaghetti carbonara mit Crème fraîche

4–6 Portionen

*Zubereitungszeit:* 30 Minuten

100 g Parmesan
300 g Crème fraîche
4 Eier (Größe M)
1 EL gehacktes Basilikum
Salz
etwas Tabasco

5 l Wasser
5 gestr. TL Salz
500 g Spaghetti oder dünne, grüne Bandnudeln

75 g geräucherter, durchwachsener Speck
1 EL Olivenöl
einige vorbereitete Basilikumblättchen

*Pro Portion:*
E: 29 g, F: 38 g, Kh: 72 g,
kJ: 3108, kcal: 743

**1.** Den Käse auf einer Haushaltsreibe reiben, mit Crème fraîche, Eiern und Basilikum verrühren. Mit Salz und Tabasco abschmecken.
**2.** Wasser in einem großen Topf zugedeckt zum Kochen bringen. Dann Salz und Nudeln hinzugeben. Die Nudeln im geöffneten Topf bei mittlerer Hitze nach Packungsanleitung kochen lassen, dabei gelegentlich umrühren.
**3.** In der Zwischenzeit Speck in feine Streifen schneiden. Olivenöl in einer großen Pfanne erhitzen, Speckwürfel darin anbraten.
**4.** Die garen Nudeln in ein Sieb geben, mit heißem Wasser abspülen und abtropfen lassen.
**5.** Die Nudeln und die Käse-Crème-fraîche-Sauce unter die Speckwürfel rühren, unter Rühren erhitzen, bis die Sauce gebunden ist (nicht kochen lassen, da sie sonst gerinnt).
**6.** Spaghetti carbonara auf Tellern anrichten und mit Basilikumblättchen garnieren.

## Spaghetti carbonara

4–6 Portionen (ohne Foto)

*Zubereitungszeit:* 25 Minuten

5 l Wasser
5 gestr. TL Salz
500 g Spaghetti

300 g Kochschinken
5 Eier (Größe M)
250 g Schlagsahne
Salz, gem. weißer Pfeffer
3 EL Speiseöl
50 g ger. Gouda

*Pro Portion:*
E: 38 g, F: 43 g, Kh: 69 g,
kJ: 3598, kcal: 859

**1.** Wasser in einem großen Topf zugedeckt zum Kochen bringen. Dann Salz und Spaghetti hinzugeben. Spaghetti im geöffneten Topf bei mittlerer Hitze nach Packungsanleitung bissfest kochen, dabei gelegentlich umrühren. Anschließend die Spaghetti in ein Sieb geben, mit heißem Wasser abspülen und abtropfen lassen.

**2.** In der Zwischenzeit Schinken in Würfel schneiden. Eier mit Sahne verschlagen, mit Salz und Pfeffer würzen.
**3.** Speiseöl in einem Topf erhitzen. Die Schinkenwürfel darin kurz unter Rühren anbraten. Die Spaghetti hinzufügen und die Eiersahne darauf verteilen. Die Eiersahne unter Rühren bei schwacher Hitze stocken lassen.
**4.** Spaghetti carbonara in eine vorgewärmte Schüssel geben und mit Käse bestreut servieren.

## Spätzle-Schätzle

4 Portionen

*Zubereitungszeit:* 25 Minuten

400 g grüner Spargel
1 kleine Zwiebel
125 g abgetropfter Mozzarella
40 g Butter oder Margarine
380 g frische Spätzle
(aus dem Kühlregal)
Salz
gem. Pfeffer
1/2 Bund glatte Petersilie

*Pro Portion:*
E: 20 g, F: 23 g, Kh: 40 g,
kJ: 1889, kcal: 451

**1.** Spargel im unteren Drittel schälen und die Enden abschneiden. Den Spargel in kochendem Wasser etwa 10 Minuten garen, herausnehmen, etwas abkühlen lassen und in etwa 3 cm lange Stücke schneiden.
**2.** In der Zwischenzeit den Backofen vorheizen.
*Ober-/Unterhitze:* etwa 220 °C
*Heißluft:* etwa 200 °C
**3.** Zwiebel abziehen und in kleine Würfel schneiden. Mozzarella in Scheiben schneiden.
**4.** Butter oder Margarine in einer feuerfesten, tiefen Pfanne oder einem flachen Topf zerlassen. Die Zwiebelwürfel darin glasig dünsten.
**5.** Spätzle und Spargelstücke hinzugeben, mit Salz und Pfeffer würzen. Mozzarellascheiben darauf verteilen. Die Pfanne (den Topf) auf dem Rost in den vorgeheizten Backofen schieben. Die Spätzle 8–10 Minuten überbacken, bis der Käse geschmolzen ist.
**6.** Petersilie abspülen und trocken tupfen. Die Blättchen von den Stängeln zupfen. Blättchen klein schneiden. Spätzle vor dem Servieren mit Petersilie bestreuen.

## Spaghetti mit kalter Paprikasauce

4 Portionen

*Zubereitungszeit:* 30 Minuten

**Für die Paprikasauce:**
500 g grüne Paprikaschoten
3 EL kalt gepresstes Olivenöl
3 EL Weißweinessig
Salz, gem. schwarzer Pfeffer
Cayennepfeffer
1–2 TL Zitronensaft

4 l Wasser
4 gestr. TL Salz
400 g Spaghetti

100 g Butter

*Pro Portion:*
E: 15 g, F: 36 g, Kh: 71 g,
kJ: 2905, kcal: 693

**1.** Für die Paprikasauce Paprikaschoten halbieren, entstielen, entkernen und die weißen Scheidewände entfernen. Schoten abspülen, trocken tupfen und grob zerkleinern.
**2.** Paprikastücke im Mixer oder mit dem Pürierstab pürieren. Olivenöl und Essig unterschlagen.
**3.** Die Sauce mit Salz, Pfeffer, Cayennepfeffer und Zitronensaft abschmecken und in den Kühlschrank stellen.
**4.** Wasser in einem großen Topf zugedeckt zum Kochen bringen. Dann Salz und Spaghetti hinzugeben. Die Spaghetti im geöffneten Topf bei mittlerer Hitze nach Packungsanleitung bissfest kochen, dabei gelegentlich umrühren. Die Spaghetti in ein Sieb geben, mit heißem Wasser abspülen und abtropfen lassen.
**5.** Butter zerlassen, mit den Spaghetti vermischen und in eine vorgewärmte Schüssel füllen. Die heißen Spaghetti mit der kalten Paprikasauce servieren.

**Tipp:** Wer rohe Paprikaschoten nicht gut verträgt, sollte die Schoten vor dem Pürieren häuten. Dann sind sie besser verdaulich.

Spätzle-Schätzle

Spaghetti mit kalter Paprikasauce

## Nudelräder mit Tomatensauce

4–5 Portionen

*Zubereitungszeit:* 20 Minuten

5 l Wasser
5 gestr. TL Salz
500 g Nudelräder
400 g abgetropfte, geschälte Tomaten (aus der Dose)
1/2 Bund Frühlingszwiebeln
60–70 g abgetropfter Mozzarella
2–3 EL Olivenöl
evtl. etwas Olivenöl
1/2 Bund Basilikum
Salz, gem. Pfeffer

*Pro Portion:*
E: 18 g, F: 13 g, Kh: 77 g,
kJ: 2191, kcal: 523

**1.** Wasser in einem großen Topf zugedeckt zum Kochen bringen. Dann Salz und Nudeln hinzugeben. Die Nudeln im geöffneten Topf bei mittlerer Hitze nach Packungsanleitung kochen, dabei gelegentlich umrühren.
**2.** In der Zwischenzeit Tomaten in grobe Würfel schneiden. Frühlingszwiebeln putzen, abspülen, abtropfen lassen und in feine Scheiben schneiden. Mozzarella fein würfeln.
**3.** Das Olivenöl in einer Pfanne oder einem Topf erhitzen, Frühlingszwiebelscheiben darin andünsten. Tomatenwürfel hinzufügen, zum Kochen bringen und etwa 15 Minuten bei schwacher Hitze kochen lassen.
**4.** Die garen Nudelräder in ein Sieb geben, mit heißem Wasser abspülen und abtropfen lassen. Die Nudeln in eine Schüssel geben, nach Belieben mit Olivenöl beträufeln und warm stellen.
**5.** Basilikum abspülen und trocken tupfen. Die Blättchen von den Stängeln zupfen. Blättchen klein schneiden (einige Blättchen zum Garnieren beiseitelegen). Die Tomatensauce mit Salz und Pfeffer würzen. Basilikum hinzufügen. Mozzarellawürfel unter die Sauce rühren.
**6.** Die Nudeln mit der Sauce auf Tellern anrichten und mit den beiseitegelegten Basilikumblättchen garnieren.

## Pappardelle mit Tintenfischringen

4 Portionen

*Zubereitungszeit:* 25 Minuten

5 l Wasser
5 gestr. TL Salz
500 g Pappardelle (breite, gewellte Bandnudeln)
500 g geputzte Tintenfischtuben (ausgenommene Tintenfischkörper)
2 Knoblauchzehen
1 rote Chilischote
1 Bio-Zitrone (unbehandelt, ungewachst)
1 Bund Petersilie
2–3 EL Olivenöl
Salz, gem. Pfeffer

*Pro Portion:*
E: 36 g, F: 9 g, Kh: 90 g,
kJ: 2481, kcal: 593

**1.** Wasser in einem großen Topf zugedeckt zum Kochen bringen. Dann Salz und Nudeln hinzugeben. Die Nudeln im geöffneten Topf bei mittlerer Hitze nach Packungsanleitung kochen, dabei gelegentlich umrühren.
**2.** In der Zwischenzeit die Tintenfischtuben kurz unter fließendem kalten Wasser abspülen, mit Küchenpapier trocken tupfen und in Ringe schneiden.
**3.** Knoblauch abziehen und in Scheiben schneiden. Chilischote längs aufschneiden, entstielen, entkernen und die weißen Scheidewände entfernen. Schote in feine Ringe schneiden. Zitrone heiß abwaschen, abtrocknen und die Schale abreiben. Zitrone halbieren und den Saft auspressen. Petersilie abspülen und trocken tupfen. Blättchen von den Stängeln zupfen, klein schneiden.
**4.** Die garen Nudeln in ein Sieb geben, mit heißem Wasser abspülen, abtropfen lassen und in einer großen Schüssel warm halten.
**5.** Je die Hälfte des Olivenöls in einem Wok erhitzen. Knoblauch-

Nudelräder mit Tomatensauce

Pappardelle mit Tintenfischringen

scheiben, Chili- und Tintenfischringe darin in 2 Portionen jeweils 1–2 Minuten braten (nicht zu lange, Tintenfischringe werden sonst zäh).
**6.** Nun die Tintenfischringe mit Salz, Pfeffer, Zitronenschale und -saft abschmecken. Tintenfischringe mit der Petersilie sofort unter die heißen Bandnudeln rühren.

Penne all'arrabbiata

Penne mit Vier-Käse-Sauce

## Penne all'arrabbiata

4 Portionen

*Zubereitungszeit:* 25 Minuten

2 1/2 l Wasser
2 1/2 gestr. TL Salz
250 g Penne (Röhrennudeln)

**Für die Sauce:**
4 Schalotten (etwa 100 g)
2 Knoblauchzehen
2 rote Chilischoten
30–40 g Butter
1 TL Tomatenmark
500 ml Tomatensaft
Salz, gem. Pfeffer

40 g frisch ger. Parmesan
1 EL grob geschnittene Basilikumblättchen

*Pro Portion:*
E: 13 g, F: 11 g, Kh: 49 g,
kJ: 1481, kcal: 354

**1.** Das Wasser in einem großen Topf zugedeckt zum Kochen bringen. Dann Salz und Nudeln hinzugeben. Die Nudeln im geöffneten Topf bei mittlerer Hitze nach Packungsanleitung bissfest kochen, dabei gelegentlich umrühren.
**2.** Für die Sauce in der Zwischenzeit Schalotten und Knoblauch abziehen. Schalotten und Knoblauch in kleine Würfel schneiden. Die Chilischoten abspülen, trocken tupfen, halbieren, entkernen und sehr klein würfeln.
**3.** Butter in einem Topf zerlassen. Schalotten- und Knoblauchwürfel darin glasig dünsten. Tomatenmark und die Chiliwürfel hinzufügen, kurz mit anrösten. Dann den Tomatensaft hinzugießen, zum Kochen bringen und auf ein Drittel einkochen lassen. Die Sauce durch ein feines Sieb streichen, mit Salz und Pfeffer abschmecken.
**4.** Die garen Nudeln in ein Sieb geben, mit heißem Wasser abspülen und abtropfen lassen.
**5.** Die Nudeln in die heiße Tomatensauce geben, gut unterrühren und in Schalen oder auf Tellern anrichten. Die Nudeln mit Parmesan und Basilikum bestreut servieren.

## Penne mit Vier-Käse-Sauce

4 Portionen

*Zubereitungszeit:* 25 Minuten

4–5 l Wasser
4–5 gestr. TL Salz
400–500 g Penne (Röhrennudeln)
2–3 Stängel Oregano oder Majoran
250 ml Milch (3,5 % Fett)
175 g Gorgonzola
100 g Mascarpone (ital. Frischkäse) oder Doppelrahm-Frischkäse
75 g ger. Parmesan
125 g ger. Schnittkäse, z. B. Taleggio oder mittelalter Gouda
gem. bunter Pfeffer
evtl. Salz
evtl. einige Stängel Majoran

*Pro Portion:*
E: 39 g, F: 43 g, Kh: 83 g,
kJ: 3675, kcal: 878

**1.** Wasser in einem großen Topf zugedeckt zum Kochen bringen. Dann Salz und Nudeln hinzugeben. Die Nudeln im geöffneten Topf bei mittlerer Hitze nach Packungsanleitung bissfest kochen, dabei gelegentlich umrühren. Anschließend die Nudeln in ein Sieb geben, mit heißem Wasser abspülen und abtropfen lassen.
**2.** In der Zwischenzeit Oregano oder Majoran abspülen und trocken tupfen. Milch mit den Oregano- oder Majoranstängeln in einem Topf erhitzen.
**3.** Gorgonzola evtl. entrinden und grob würfeln. Den Mascarpone oder Frischkäse und Gorgonzolawürfel in der heißen Milch unter Rühren schmelzen. Dann 50 g des geriebenen Parmesans und den geriebenen Schnittkäse hinzugeben, bei schwacher Hitze unter Rühren schmelzen (nicht kochen lassen, da sie sonst gerinnt). Die Sauce mit Pfeffer und evtl. noch etwas Salz abschmecken.
**4.** Die garen Nudeln in ein Sieb geben und mit heißem Wasser abspülen, tropfnass mit der Käsesauce vermengen und nochmals kurz erhitzen.
**5.** Penne mit Vier-Käse-Sauce auf Tellern anrichten. Mit restlichem Parmesan und buntem Pfeffer bestreuen. Nach Belieben mit abgespülten und trocken getupften Majoranstängeln garnieren, sofort servieren.

Penne mit Kürbis und Kapern

Spaghetti „Surprise“

## Penne mit Kürbis und Kapern

3 Portionen

*Zubereitungszeit:* 25 Minuten

3 l Wasser
3 gestr. TL Salz
300 g Penne (Röhrennudeln)

2 Schalotten
2 Fleischtomaten (etwa 300 g)
3 EL Olivenöl
100 g abgetropfte, eingelegte Kürbisstückchen (aus dem Glas)
25 g abgetropfte Kapern (aus dem Röhrchen)
einige Stängel Minze
Salz, gem. Pfeffer
ger. Muskatnuss

*Pro Portion:*
E: 14 g, F: 12 g, Kh: 75 g,
kJ: 1947, kcal: 465

**1.** Wasser in einem großen Topf zugedeckt zum Kochen bringen. Dann Salz und Nudeln hinzugeben. Die Nudeln im geöffneten Topf bei mittlerer Hitze nach Packungsanleitung kochen, dabei gelegentlich umrühren.
**2.** In der Zwischenzeit Schalotten abziehen und in Scheiben schneiden. Tomaten abspülen, trocken tupfen, halbieren und die Stängelansätze herausschneiden. Tomaten in Stücke schneiden.
**3.** Olivenöl in einem Topf erhitzen. Schalottenscheiben darin andünsten. Kürbisstückchen, Kapern und Tomatenstücke hinzufügen, unter Rühren mit andünsten.
**4.** Minze abspülen und trocken tupfen. Die Blättchen von den Stängeln zupfen (einige Blättchen zum Garnieren beiseitelegen). Blättchen in Streifen schneiden.
**5.** Die garen Nudeln in ein Sieb geben, mit heißem Wasser abspülen und abtropfen lassen.
**6.** Die Nudeln mit dem angedünsteten Gemüse vermengen und nochmals kurz erhitzen. Mit Salz, Pfeffer und Muskat würzen. Minzestreifen unterheben.
**7.** Penne mit den beiseitegelegten Minzeblättchen garniert servieren.

## Spaghetti „Surprise“

4 Portionen

*Zubereitungszeit:* 30 Minuten

1 Zwiebel
1 Knoblauchzehe
300 g Möhren
2 grüne Paprikaschoten (etwa 350 g)
1–2 EL Speiseöl
Salz, gem. Pfeffer
340 g abgetropfte Ananasstücke (aus der Dose)
125 ml Ananassaft (aus der Dose)

4 l Wasser
4 gestr. TL Salz
400 g Spaghetti

500 g passierte Tomaten (Tetra-Pak®)
175 g gewürfelter Kochschinken
Cayennepfeffer
evtl. etwas heller Saucenbinder

*Pro Portion:*
E: 27 g, F: 8 g, Kh: 103 g,
kJ: 2563, kcal: 612

**1.** Die Zwiebel und den Knoblauch abziehen, klein würfeln. Möhren putzen, schälen, abspülen, abtropfen lassen und in Scheiben schneiden. Die Paprikaschoten halbieren, entstielen, entkernen und die weißen Scheidewände entfernen. Schoten abspülen, abtropfen lassen und in Stücke schneiden.
**2.** Speiseöl in einem Topf erhitzen. Zwiebel- und Knoblauchwürfel darin andünsten. Möhrenscheiben und Paprikastücke hinzugeben, unter Rühren mitdünsten lassen. Mit Salz und Pfeffer würzen.
**3.** Von den Ananasstücken den Saft auffangen, 125 ml abmessen und zu dem angedünsteten Gemüse geben. Das Gemüse zum Kochen bringen und zugedeckt etwa 10 Minuten dünsten.
**4.** In der Zwischenzeit das Wasser in einem großen Topf zugedeckt zum Kochen bringen. Dann Salz und Nudeln hinzugeben. Die Nudeln im geöffneten Topf bei mittlerer Hitze nach Packungsanleitung bissfest kochen, dabei gelegentlich umrühren. Anschließend die Nudeln in ein Sieb geben, mit heißem Wasser abspülen und abtropfen lassen.
**5.** Ananasstücke, passierte Tomaten und Schinkenwürfel zu dem Gemüse geben, mit Salz, Pfeffer und Cayennepfeffer kräftig würzen und miterhitzen. Die Sauce nach Belieben mit Saucenbinder nach Packungsanleitung binden.
**6.** Die Spaghetti mit der Gemüse-Schinken-Sauce auf Tellern anrichten und servieren.

## Spaghettipfanne „Bella Italia"

4 Portionen

*Zubereitungszeit:* 25 Minuten

3 l Wasser
3 gestr. TL Salz
300 g Spaghetti
2 Knoblauchzehen
250 g Cocktailtomaten
75 g Rucola (Rauke)
2 EL Olivenöl
frisch geschroteter Pfeffer
etwas Salz

*Pro Portion:*
E: 10 g, F: 6 g, Kh: 55 g,
kJ: 1345, kcal: 322

**1.** Das Wasser in einem großen Topf zugedeckt zum Kochen bringen. Dann Salz und Spaghetti hinzugeben. Spaghetti im geöffneten Topf bei mittlerer Hitze nach Packungsanleitung kochen lassen, dabei gelegentlich umrühren.
**2.** In der Zwischenzeit Knoblauch abziehen, die Zehen jeweils halbieren. Tomaten abspülen, trocken tupfen, halbieren und die Stängelansätze herausschneiden. Rucola putzen und die dicken Stiele entfernen. Rucola abspülen, trocken tupfen und in mundgerechte Stücke zupfen.
**3.** Die garen Spaghetti in ein Sieb geben, mit heißem Wasser abspülen und abtropfen lassen.
**4.** Olivenöl in einer großen Pfanne erhitzen. Die Knoblauchstücke hinzugeben und bei mittlerer Hitze etwa 4 Minuten dünsten. Knoblauchstücke aus der Pfanne nehmen.
**5.** Spaghetti in das Knoblauchöl geben, unter Rühren wieder erhitzen. Zunächst die Tomatenhälften hinzugeben und miterhitzen (die Tomaten sollen nicht gegart werden, sondern nur erwärmt, das schont die Vitamine und sorgt für festen Biss). Den Rucola hinzugeben und unterheben. Die Spaghettipfanne mit Salz und Pfeffer abschmecken, sofort servieren.

***Tipp:*** Mögen Sie den nussigen Geschmack von Rucola nicht, ersetzen Sie ihn durch Mini-Romana-Salat. In diesem Fall schmecken Sie das Gericht mit 2 Esslöffeln Balsamico bianco und 1 Prise Zucker ab.

## Tagliatelle verdi mit Lachs

4 Portionen

*Zubereitungszeit:* 25 Minuten

250 g geräucherter, milder Lachs
2 Schalotten
1 EL Butter
200 ml Weißwein
125 g Crème double
Salz, gem. Pfeffer
5 l Wasser
5 gestr. TL Salz
500 g Tagliatelle verdi
(grüne Bandnudeln)
3 Stängel Basilikum

*Pro Portion:*
E: 26 g, F: 23 g, Kh: 89 g,
kJ: 2946, kcal: 705

**1.** Den Lachs in Streifen schneiden. Schalotten abziehen und in kleine Würfel schneiden. Butter in einem Topf zerlassen, Schalottenwürfel darin andünsten. Wein hinzugießen, zum Kochen bringen und auf ein Drittel einkochen lassen. Crème double unterrühren, mit Salz und Pfeffer würzen. Sauce warm stellen.
**2.** In der Zwischenzeit Wasser in einem großen Topf zugedeckt zum Kochen bringen. Dann Salz und Nudeln hinzugeben. Die Nudeln im geöffneten Topf bei mittlerer Hitze nach Packungsanleitung kochen lassen, dabei gelegentlich umrühren.
**3.** Anschließend die Nudeln in ein Sieb geben, mit heißem Wasser abspülen und abtropfen lassen.
**4.** Die Nudeln sofort mit der warm gestellten Sauce vermengen und auf vorgewärmte Teller geben. Lachsstreifen darauf verteilen.
**5.** Basilikum abspülen und trocken tupfen. Die Blättchen von den Stängeln zupfen, in Streifen schneiden.
**6.** Tagliatelle mit Lachs mit den Basilikumstreifen bestreuen und sofort servieren.

Spaghettipfanne „Bella Italia"

Tagliatelle verdi mit Lachs

## Tomatentopf mit Nudeln

4 Portionen

*Zubereitungszeit:* 25 Minuten

1 mittelgroße Zwiebel
1 Knoblauchzehe
150 g Brokkoliröschen
1 EL Butter
60 g Suppennudeln, z. B. Hörnchen
250 ml Tomatensaft
125 ml Gemüsebrühe
600 g Tomaten
125 g Kochschinken
Salz, gem. weißer Pfeffer
Cayennepfeffer
1 Prise Zucker
1 TL gehackter Oregano
1 TL gehackte Basilikumblättchen
75 g Schlagsahne
2 TL gehackte Basilikumblättchen

*Pro Portion:*
E: 13 g, F: 13 g, Kh: 19 g,
kJ: 1093, kcal: 261

**1.** Zwiebel und Knoblauch abziehen, in kleine Würfel schneiden. Die Brokkoliröschen abspülen, abtropfen lassen. Die Brokkoliröschen am Strunk kreuzförmig einschneiden.
**2.** Butter in einem Topf zerlassen. Zwiebel- und Knoblauchwürfel darin andünsten. Brokkoliröschen hinzugeben und mit andünsten. Nudeln, Tomatensaft und Brühe hinzugeben, zum Kochen bringen und etwa 5 Minuten kochen lassen.
**3.** Tomaten kreuzweise einschneiden und mit kochendem Wasser übergießen. Nach 1–2 Minuten herausnehmen und mit kaltem Wasser abschrecken. Tomaten häuten, halbieren, entkernen und die Stängelansätze herausschneiden. Tomaten grob würfeln. Schinken ebenfalls würfeln.
**4.** Die Tomaten- und Schinkenwürfel in die Tomaten-Brokkoli-Brühe geben. Mit Salz, Pfeffer, Cayennepfeffer und Zucker würzen. Oregano und Basilikum unterrühren. Die Zutaten wieder zum Kochen bringen. Den Tomatentopf weitere 2–3 Minuten kochen lassen. Die Sahne unterrühren, nochmals mit den Gewürzen abschmecken. Den Tomatentopf mit Basilikum bestreut servieren.

## Überbackene Nudelspieße

2 Portionen (8 Spieße)

*Zubereitungszeit:* 30 Minuten

250 g Cocktailtomaten
200 g Zucchini
200 g kleine Champignons
500 g Tortelloni Formaggia (aus dem Kühlregal)
400 g stückige Tomaten (aus der Dose)
3–4 EL Tomatenketchup
Salz, gem. Pfeffer
2 EL Olivenöl
100 g ger. Pecorino
etwa 4 Stängel Basilikum

**Außerdem:**
8 Holzspieße

*Pro Portion:*
E: 53 g, F: 53 g, Kh: 130 g,
kJ: 5120, kcal: 1217

**1.** Tomaten abspülen und abtropfen lassen, evtl. Stängelansätze herausschneiden. Zucchini abspülen, abtrocknen und die Enden abschneiden. Zucchini in etwa 1 cm dicke Scheiben schneiden. Champignons putzen, evtl. kurz abspülen und trocken tupfen.
**2.** Abwechselnd Tortelloni mit Tomaten, Zucchinischeiben und Champignons auf die Holzspieße stecken (auf jeden Spieß 4–5 Tortelloni).
**3.** Den Backofen vorheizen.
*Ober-/Unterhitze:* etwa 200 °C
*Heißluft:* etwa 180 °C
**4.** Stückige Tomaten mit Ketchup verrühren und in einer großen Auflaufform (gefettet) verteilen. Die Sauce mit Salz und Pfeffer würzen. Die Nudelspieße hineinlegen. Die restlichen Tomaten, Zucchinischeiben und Champignons zwischen den Spießen verteilen. Nudelspieße mit Salz und Pfeffer würzen, mit Olivenöl beträufeln. Mit Käse bestreuen.
**5.** Die Form auf dem Rost in den vorgeheizten Backofen schieben. Die Nudelspieße etwa 10 Minuten garen.
**6.** Nach etwa 10 Minuten Garzeit die Backofentemperatur auf Ober-/Unterhitze: etwa 180 °C, Heißluft: etwa 160 °C herunterschalten. Nudelspieße weitere etwa 12 Minuten garen.
**7.** In der Zwischenzeit Basilikum abspülen und trocken tupfen. Die Blättchen von den Stängeln zupfen, Blättchen klein schneiden. Die Nudelspieße mit Basilikum bestreut servieren.

Asiatische Nudelpfanne

Bandnudeln mit Tomatenpesto

## Asiatische Nudelpfanne

4 Portionen

*Zubereitungszeit: 30 Minuten*

600 g Putenschnitzel
1 TL Sambal Oelek
5–6 EL Austernsauce
2 TL Fünf-Gewürze-Pulver
500 g Porree (Lauch)
400 g Blumenkohl
4 Möhren (je etwa 100 g)
1 rote Pfefferschote
2 EL Speiseöl, z. B. Olivenöl
Salz

100 g Glasnudeln

*Pro Portion:*
E: 42 g, F: 7 g, Kh: 35 g,
kJ: 1574, kcal: 375

**1.** Putenschnitzel kurz unter fließendem kalten Wasser abspülen, trocken tupfen und in feine Streifen schneiden. Sambal Oelek mit Austernsauce und Fünf-Gewürze-Pulver verrühren und mit den Fleischstreifen vermischen, kurz durchziehen lassen.
**2.** In der Zwischenzeit von dem Porree die Außenblätter entfernen. Die Wurzelenden und dunkles Grün abschneiden, die Stangen seitlich einschneiden. Von dem Blumenkohl die Blätter und die schlechten Stellen entfernen. Den Strunk abschneiden. Blumenkohl in Röschen teilen.
**3.** Möhren putzen und schälen. Pfefferschote halbieren, entstielen und entkernen. Das vorbereitete Gemüse abspülen, abtropfen lassen und in feine Streifen schneiden.
**4.** Das Speiseöl in einem Wok oder in einer großen Pfanne erhitzen. Zuerst die Fleischstreifen mit der Gewürzmarinade darin unter Rühren etwa 2 Minuten braten und anschließend herausnehmen.
**5.** Gemüsestreifen in den Wok oder die Pfanne geben, im verbliebenen Bratfett unter Rühren etwa 1 Minute braten. Anschließend die Fleischstreifen wieder hinzugeben, alles etwa 2 Minuten unter Rühren garen und mit Salz würzen.
**6.** In der Zwischenzeit die Glasnudeln nach Packungsanleitung zubereiten und in die Fleisch-Gemüse-Mischung rühren.

## Bandnudeln mit Tomatenpesto

4 Portionen

*Zubereitungszeit: 20 Minuten*

5 l Wasser
5 gestr. TL Salz
500 g dünne Bandnudeln

**Für das Tomatenpesto:**
3 Knoblauchzehen
1 Bund Basilikum
20 g Parmesan
150 g abgetropfte, getrocknete Tomaten in Öl
30 g gehobelte Mandeln
100 ml Olivenöl
Salz, gem. Pfeffer

*Pro Portion:*
E: 22 g, F: 37 g, Kh: 95 g,
kJ: 3377, kcal: 806

**1.** Wasser in einem großen Topf zugedeckt zum Kochen bringen. Dann Salz und Nudeln hinzugeben. Die Nudeln im geöffneten Topf bei mittlerer Hitze nach Packungsanleitung kochen lassen, dabei gelegentlich umrühren.
**2.** In der Zwischenzeit für das Tomatenpesto den Knoblauch abziehen und durch eine Knoblauchpresse drücken. Basilikum abspülen und trocken tupfen. Die Blättchen von den Stängeln zupfen. Parmesan fein reiben.
**3.** Tomaten, Mandeln und Basilikumblättchen sehr fein hacken, evtl. in einem Mörser zerdrücken und in eine Schüssel geben. Knoblauch, Parmesan und Olivenöl hinzufügen und untermengen. Pesto mit Salz und Pfeffer würzen.
**4.** Die garen Nudeln in ein Sieb geben, mit heißem Wasser abspülen und abtropfen lassen.
**5.** Die Bandnudeln mit dem Tomatenpesto vermischen und auf Tellern anrichten. Oder Pesto zu den Bandnudeln reichen.

Basilikumnudeln mit Pinienkernen

Eiernudeln mit Hähnchenfleisch und Garnelen

## Basilikumnudeln mit Pinienkernen

2 Portionen

*Zubereitungszeit:* 20 Minuten

2 Bund Basilikum
3 Knoblauchzehen
6 EL kalt gepresstes Olivenöl
60 g ger. Parmesan
60 g ger. Gruyère-Käse
Salz
2 l Wasser
2 gestr. TL Salz
200 g dünne Bandnudeln
30 g Pinienkerne

*Pro Portion:*
E: 38 g, F: 63 g, Kh: 74 g,
kJ: 4443, kcal: 1061

**1.** Das Basilikum abspülen und trocken tupfen. Die Blättchen von den Stängeln zupfen (einige Basilikumblättchen zum Garnieren beiseitelegen). Knoblauch abziehen. Olivenöl, Basilikumblättchen und Knoblauch in einen hohen Rührbecher geben und mit einem Pürierstab pürieren. Beide Käsesorten hinzufügen und alles zu einer Paste verrühren. Mit Salz würzen.
**2.** Wasser in einem großen Topf zugedeckt zum Kochen bringen. Dann Salz und Nudeln hinzugeben. Die Nudeln im geöffneten Topf bei mittlerer Hitze nach Packungsanleitung kochen lassen, dabei gelegentlich umrühren.
**3.** Die Nudeln in ein Sieb geben, mit heißem Wasser abspülen, abtropfen lassen und warm stellen.
**4.** Pinienkerne in einer Pfanne ohne Fett unter Rühren goldbraun rösten und herausnehmen.
**5.** Die Nudeln in eine vorgewärmte Schüssel geben und mit der Basilikumpaste verrühren. Basilikumnudeln mit Pinienkernen bestreuen, mit den beiseitegelegten Basilikumblättchen garnieren, sofort servieren.

## Eiernudeln mit Hähnchenfleisch und Garnelen

4 Portionen

*Zubereitungszeit:* 30 Minuten

350 g Hähnchenbrustfilet
2 TL Sambal Oelek
2 EL Sojasauce
1 TL Speisestärke
150 g kleine Garnelen (ohne Schale)
250 g Champignons
1 Zwiebel
1 Knoblauchzehe
1 gelbe Paprikaschote
6 EL Sojaöl
2 EL Currypulver
280 g abgetropfte Bambussprossen in Scheiben (aus der Dose)
570 g gegarte Eiernudeln (etwa 200 g Rohgewicht)
evtl. Salz

*Pro Portion:*
E: 40 g, F: 18 g, Kh: 42 g,
kJ: 2084, kcal: 498

**1.** Hähnchenbrustfilet kurz unter fließendem kalten Wasser abspülen, trocken tupfen und in feine Streifen schneiden. Die Hähnchenstreifen mit Sambal Oelek, Sojasauce und Speisestärke vermischen.
**2.** Garnelen kurz unter fließendem kalten Wasser abspülen und auf Küchenpapier gut abtropfen lassen.
**3.** Champignons putzen, evtl. kurz abspülen, trocken tupfen und in Scheiben schneiden. Zwiebel und Knoblauch abziehen, klein würfeln.
**4.** Paprikaschote halbieren, entstielen, entkernen und die weißen Scheidewände entfernen. Schote abspülen, abtropfen lassen und in sehr feine Streifen schneiden.
**5.** Sojaöl in einem Wok erhitzen. Die Hähnchenstreifen darin von allen Seiten anbraten. Champignonscheiben und Paprikastreifen hinzugeben, ebenfalls anbraten.
**6.** Die Zwiebel-, Knoblauchwürfel und Garnelen unterrühren, kurz mitgaren lassen. Curry unterrühren. Bambussprossen und Eiernudeln unterheben und kurz erwärmen. Evtl. mit Salz abschmecken und sofort servieren.

## Bunte Nudel-Eier-Pfanne

2 Portionen

*Zubereitungszeit:* 20 Minuten

je 1 rote und grüne Paprikaschote
2 Eier (Größe M)
4 EL Milch (3,5 % Fett)
Salz, gem. Pfeffer
Paprikapulver edelsüß
2 EL Speiseöl
460 g gegarte, bunte Nudeln,
z. B. Spirelli
(etwa 200 g Rohgewicht)

*Pro Portion:*
E: 22 g, F: 18 g, Kh: 81 g,
kJ: 2422, kcal: 579

1. Paprikaschoten halbieren, entstielen, entkernen und die weißen Scheidewände entfernen. Schoten abspülen, abtropfen lassen und in dünne Streifen schneiden. Eier mit Milch verschlagen. Mit Salz, Pfeffer und Paprika würzen.
2. Speiseöl in einer beschichteten Pfanne erhitzen. Paprikastreifen darin unter Rühren etwa 3 Minuten dünsten. Nudeln hinzufügen und unterrühren. Die Eiermilch darauf verteilen. Die Nudel-Eier-Pfanne bei schwacher Hitze einige Minuten stocken lassen und sofort servieren.

## Bandnudeln mit Zitronensauce

4–6 Portionen

*Zubereitungszeit:* 25 Minuten

4 l Wasser
4 gestr. TL Salz
400 g Bandnudeln

**Für die Sauce:**
1 Bio-Zitrone
(unbehandelt, ungewachst)
500 g Schlagsahne
evtl. 3–4 EL Aquavit
Saft von 1 Zitrone
Salz, gem. Pfeffer
Zucker
60 g ger. Parmesan

*Pro Portion:*
E: 16 g, F: 37 g, Kh: 60 g,
kJ: 2828, kcal: 676

1. Wasser in einem großen Topf zugedeckt zum Kochen bringen. Dann Salz und Nudeln hinzugeben. Die Nudeln im geöffneten Topf bei mittlerer Hitze nach Packungsanleitung kochen lassen, dabei gelegentlich umrühren.
2. In der Zwischenzeit für die Sauce die Zitrone heiß abwaschen, abtrocknen und die Schale mit einer Haushaltsreibe abreiben. Zitronenschale beiseitelegen. Die Zitrone so schälen, dass die weiße Haut vollständig entfernt wird. Zitrone filetieren. Zitronenfilets klein würfeln und in einen kleinen Topf geben.
3. Sahne und nach Belieben Aquavit hinzugießen, zum Kochen bringen und etwa 5 Minuten kochen lassen. Zitronensaft unterrühren, wieder zum Kochen bringen und weitere etwa 5 Minuten kochen lassen. Die Sauce mit Salz, Pfeffer und Zucker abschmecken.
4. Die garen Nudeln in ein Sieb geben, mit heißem Wasser abspülen, abtropfen lassen und in eine Schüssel geben.
5. Die Sauce und den Parmesan zu den Bandnudeln geben und gut untermengen.
6. Die Bandnudeln mit der Zitronensauce in einer flachen Schüssel anrichten und mit der beiseitegelegten Zitronenschale bestreuen.

Bunte Nudel-Eier-Pfanne

Bandnudeln mit Zitronensauce

## Gefüllte Champignons auf Salbeinudeln

4 Portionen

*Zubereitungszeit:* 30 Minuten

12–16 große Champignons
1 Schalotte
30 g Butter
2 EL Semmelbrösel
125 g ger. Käse,
z. B. Emmentaler
Salz, gem. Pfeffer
1 Bund glatte Petersilie
125 ml Gemüsebrühe
2 l Wasser
2 gestr. TL Salz
250 g Bandnudeln
einige Salbeiblättchen
20 g Butter

*Pro Portion:*
E: 22 g, F: 23 g, Kh: 46 g,
kJ: 2114, kcal: 504

**1.** Den Backofen vorheizen.
*Ober-/Unterhitze:* etwa 220 °C
*Heißluft:* etwa 200 °C

**2.** Champignons putzen, evtl. kurz abspülen und trocken tupfen. Von den Champignons die Stiele aus den Köpfen lösen und klein schneiden. Schalotte abziehen, klein würfeln.

**3.** Die Butter in einer Pfanne zerlassen. Pilzstücke und Schalottenwürfel darin andünsten. Semmelbrösel unterrühren, mit Käse vermengen, mit Salz und Pfeffer würzen. Petersilie abspülen und trocken tupfen. Die Blättchen von den Stängeln zupfen. Blättchen klein schneiden. Petersilie unter die Pilz-Käse-Masse rühren. Champignons mit der Masse füllen.

**4.** Die gefüllten Champignonköpfe nebeneinander in eine große Auflaufform (gefettet) setzen. Brühe hinzugießen. Die Form auf dem Rost in den vorgeheizten Backofen schieben. Die Champignonköpfe etwa 15 Minuten garen.

**5.** Für die Nudeln in der Zwischenzeit Wasser in einem großen Topf zugedeckt zum Kochen bringen. Dann Salz und Nudeln hinzugeben. Die Nudeln im geöffneten Topf bei mittlerer Hitze nach Packungsanleitung bissfest kochen, dabei gelegentlich umrühren.

**6.** Anschließend die Nudeln in ein Sieb geben, mit heißem Wasser abspülen und abtropfen lassen.

**7.** Salbeiblättchen abspülen, abtropfen lassen und in grobe Streifen schneiden. Butter in einer Pfanne zerlassen. Salbeistreifen und die Nudeln darin schwenken. Salbeinudeln mit den Champignons anrichten.

Gefüllte Champignons auf Salbeinudeln

## Farfalle mit Basilikumpesto

4 Portionen

*Zubereitungszeit:* 30 Minuten

5 l Wasser
60 g Pinienkerne
5 gestr. TL Salz
500 g Farfalle
(Schmetterlingsnudeln)
4 Knoblauchzehen
2 Bund Basilikum
100 ml Olivenöl
120 g frisch ger. Parmesan oder
Pecorino
Salz
gem. Pfeffer
evtl. einige Basilikumblättchen
evtl. grob geschrotete, getrocknete
Chiliflocken

*Pro Portion:*
E: 29 g, F: 43 g, Kh: 90 g,
kJ: 3624, kcal: 866

**1.** Wasser in einem großen Topf zugedeckt zum Kochen bringen. In der Zwischenzeit Pinienkerne in einer Pfanne ohne Fett unter Rühren leicht bräunen, herausnehmen und auf einem Teller verteilt kurz abkühlen lassen.

**2.** Salz und Nudeln ins kochende Wasser geben. Die Nudeln im geöffneten Topf bei mittlerer Hitze nach Packungsanleitung bissfest garen, dabei gelegentlich umrühren.

**3.** In der Zwischenzeit Knoblauch abziehen und grob würfeln. Basilikum abspülen und trocken tupfen. Die Blättchen von den Stängeln zupfen. Blättchen grob zerschneiden. Basilikum, Pinienkerne und Knoblauch mit einem Blitzhacker oder in einem hohen Rührbecher mit dem Pürierstab fein zerkleinern und zu einer Paste mixen. Dabei nach und nach das Olivenöl hinzugießen. Die Hälfte des Parmesans oder Pecorinos hinzugeben und nochmals durchmixen. Das Pesto mit etwas Salz und Pfeffer abschmecken.

Farfalle mit Basilikumpesto

Gratinierte Ricotta-Spinat-Ravioli mit Daikonkresse

**4.** Die garen Nudeln in ein Sieb geben, mit heißem Wasser abspülen und abtropfen lassen.
**5.** Farfalle mit Basilikumpesto auf Tellern anrichten und mit dem restlichen Parmesan oder Pecorino bestreuen. Nach Belieben mit abgespülten und trocken getupften Basilikumblättchen und Chiliflocken garnieren und sofort servieren.

## Gratinierte Nudelnester

4 Portionen (ohne Foto)

*Zubereitungszeit:* 30 Minuten

4 l Wasser
4 gestr. TL Salz
400 g lange Spaghetti
200 g Gouda
200 g Kochschinken
1 EL gehackte Petersilie
1 EL gehackter Dill
1 EL Schnittlauchröllchen

*Pro Portion:*
E: 36 g, F: 24 g, Kh: 68 g,
kJ: 2791, kcal: 666

**1.** Wasser in einem großen Topf zugedeckt zum Kochen bringen. Dann Salz und Spaghetti hinzugeben. Die Spaghetti im geöffneten Topf bei mittlerer Hitze nach Packungsanleitung kochen lassen, dabei gelegentlich umrühren.
**2.** Den Backofen vorheizen.
*Ober-/Unterhitze:* etwa 200 °C
*Heißluft:* etwa 180 °C
**3.** In der Zwischenzeit den Käse und Schinken klein würfeln und in eine Schüssel geben. Petersilie, Dill und Schnittlauchröllchen hinzufügen. Die Zutaten gut vermischen.
**4.** Die garen Spaghetti in ein Sieb geben, mit heißem Wasser abspülen und abtropfen lassen.
**5.** Aus den Spaghetti 12 Nester formen und diese auf ein Backblech (mit Backpapier belegt) setzen. Die Käse-Schinken-Mischung bergartig in die Mitte der Nester füllen. Das Backblech in den vorgeheizten Backofen schieben. Die Nudelnester etwa 10 Minuten überbacken.
**6.** Die Nudelnester vom Backblech nehmen und auf 4 vorgewärmte Teller setzen. Sofort servieren.

## Gratinierte Ricotta-Spinat-Ravioli mit Daikonkresse

4 Portionen

*Zubereitungszeit:* 30 Minuten

500 g Ravioli mit Ricotta-Spinat-Füllung (aus dem Kühlregal)
Salz
2 Fleischtomaten
20 g Butter
1 Ei (Größe M)
150 g Schlagsahne
gem. Pfeffer
75 g frisch ger. Parmesan oder Pecorino
2 Schalen Daikonkresse

*Pro Portion:*
E: 17 g, F: 33 g, Kh: 42 g,
kJ: 2258, kcal: 540

**1.** Ravioli in kochendem Salzwasser nach Packungsanleitung al dente kochen. Ravioli in ein Sieb geben, kurz mit kaltem Wasser abspülen und gut abtropfen lassen.
**2.** Tomaten abspülen, trocken tupfen, halbieren, entkernen und die Stängelansätze entfernen. Tomaten in Würfel schneiden.
**3.** Den Backofen vorheizen.
*Ober-/Unterhitze:* etwa 200 °C
*Heißluft:* etwa 180 °C
**4.** Ravioli in eine Auflaufform (etwa 20 x 30 cm, mit Olivenöl gefettet) schichten. Dabei jeweils die einzelnen Schichten mit einigen Butterflöckchen belegen.
**5.** Ei mit Sahne verschlagen. Die Ravioli damit übergießen. Tomatenwürfel darauf verteilen. Mit Salz und Pfeffer würzen und mit geriebenem Käse bestreuen.
**6.** Die Form auf dem Rost in den vorgeheizten Backofen schieben. Die Ricotta-Spinat-Ravioli etwa 20 Minuten backen.
**7.** In der Zwischenzeit Daikonkresse abspülen, trocken tupfen und abschneiden.
**8.** Ravioli mit Daikonkresse bestreut servieren.

## Bandnudeln mit Geflügelleber in Rahmsauce

4 Portionen

*Zubereitungszeit: 25 Minuten*

1 kleines Bund frischer Salbei
3 EL Speiseöl
4 l Wasser
4 gestr. TL Salz
400 g Bandnudeln

**Für die Sauce:**
2 Zwiebeln
150 ml Milch (3,5 % Fett)
200 ml Gemüsebrühe
100 g Schlagsahne
Salz, gem. Pfeffer
1 TL Tomatenmark

400 g Geflügelleber,
z. B. Hähnchen oder Pute
2 Tomaten

*Pro Portion:*
E: 34 g, F: 25 g, Kh: 78 g,
kJ: 2819, kcal: 672

**1.** Salbei abspülen und trocken tupfen. Die Blättchen von den Stängeln zupfen. 2 Esslöffel des Speiseöls in einer Pfanne erhitzen. Die Salbeiblättchen darin knusprig braten, herausnehmen und auf Küchenpapier abtropfen lassen. Die Pfanne mit dem Bratfett beiseitestellen.
**2.** Wasser in einem großen Topf zugedeckt zum Kochen bringen. Dann Salz und Nudeln hinzugeben. Die Nudeln im geöffneten Topf bei mittlerer Hitze nach Packungsanleitung kochen, dabei gelegentlich umrühren.
**3.** In der Zwischenzeit für die Sauce Zwiebeln abziehen, klein würfeln und in der beiseitegestellten Pfanne im verbliebenen Bratfett glasig dünsten. Milch, Brühe und Sahne hinzugießen, zum Kochen bringen. Mit Salz, Pfeffer und Tomatenmark würzen. Die Sauce zum Kochen bringen und etwa 2 Minuten bei schwacher Hitze kochen lassen.
**4.** Leber kurz unter fließendem kalten Wasser abspülen, trocken tupfen, evtl. Fett und Sehnen entfernen. Leber in Stücke schneiden. Das restliche Speiseöl in einer Pfanne erhitzen. Leberstücke darin von allen Seiten braun anbraten. Mit Salz und Pfeffer würzen.
**5.** Die garen Nudeln in ein Sieb geben, mit heißem Wasser abspülen und abtropfen lassen.
**6.** Nudeln mit der Sauce vermischen und nochmals kurz zum Kochen bringen. Die Bandnudeln in Rahmsauce mit den Leberstücken und Salbeiblättchen auf Tellern anrichten.
**7.** Die Tomaten abspülen, trocken tupfen, halbieren und die Stängelansätze herausschneiden. Tomaten in kleine Würfel schneiden und auf den Bandnudeln verteilen.

## Grüne Bandnudeln mit Meeresfrüchten und Tomaten

4 Portionen

*Zubereitungszeit: 30 Minuten*

2 1/2 l Wasser
2 1/2 gestr. TL Salz
250 g grüne Bandnudeln

2 Knoblauchzehen
1 Zwiebel
4 EL Olivenöl
100 g Möhren
150 g Porree (Lauch)
4 EL Weißwein
800 g geschälte Tomaten (aus der Dose)
Salz
gem. Pfeffer
gerebelter Oregano
8 gefüllte, grüne Oliven
150 g Kabeljaufilet
100 g Shrimps
2 EL Zitronensaft
75 g abgetropftes Muschelfleisch (aus der Dose)
100 TK-Tintenfischringe, gegart

40 g Butter
40 g ger. Parmesan
1 EL klein geschnittene Petersilie

*Pro Portion:*
E: 32 g, F: 41 g, Kh: 58 g,
kJ: 3155, kcal: 753

**1.** Wasser in einem großen Topf zugedeckt zum Kochen bringen. Dann Salz und Nudeln hinzugeben. Die Nudeln im geöffneten Topf bei mittlerer Hitze nach Packungsanleitung bissfest kochen, dabei gelegentlich umrühren.

**2.** In der Zwischenzeit Knoblauch und Zwiebel abziehen, klein würfeln. Olivenöl in einem Topf erhitzen. Knoblauch- und Zwiebelwürfel darin andünsten. Möhren und Porree putzen. Möhren schälen, abspülen, abtropfen lassen und in Streifen schneiden. Porreestange längs halbieren, gründlich waschen, abtropfen lassen und ebenfalls in Streifen schneiden. Möhren- und Porreestreifen zu der Zwiebel-Knoblauch-Mischung geben und mitdünsten lassen.
**3.** Mit Weißwein ablöschen. Tomaten mit der Flüssigkeit hinzufügen, mit Salz, Pfeffer und Oregano würzen. Die Tomatensauce etwa 5 Minuten kochen lassen. Oliven in Scheiben schneiden und hinzufügen.
**4.** Kabeljaufilet und Shrimps kurz unter fließendem kalten Wasser abspülen, trocken tupfen. Kabeljaufilet in Stücke schneiden. Mit Salz und Pfeffer würzen, mit Zitronensaft beträufeln und auf die Tomatensauce legen. Muschelfleisch, Tintenfischringe und Shrimps ebenfalls hinzufügen und zugedeckt etwa 5 Minuten dünsten.
**5.** Die garen Bandnudeln in ein Sieb geben, mit heißem Wasser abspülen und abtropfen lassen. Die Nudeln in zerlassener Butter schwenken.
**6.** Tomaten-Meeresfrüchte-Sauce gut umrühren, evtl. nochmals abschmecken, Nudeln unterheben. Mit Parmesan und Petersilie bestreuen und sofort servieren.

## Chinesische Nudeln mit Gemüse

4 Portionen

*Zubereitungszeit:* 30 Minuten

200 g chinesische Eiernudeln (Instant-Nudeln)

**Für die Würzsauce:**
2 EL helle Sojasauce
Saft von 1 Limette
2 EL Kokosmilch
1 TL Currypulver

**Für das Gemüse:**
2 Möhren
1 Zucchini
2 gelbe Paprikaschoten
2 Chilischoten
1 Knoblauchzehe
1 kleines Stück frischer Ingwer
1–2 Stängel Basilikum
4 EL Speiseöl, z. B. Sojaöl
Salz, Zucker

*Pro Portion:*
E: 9 g, F: 13 g, Kh: 44 g,
kJ: 1418, kcal: 337

**1.** Die Eiernudeln nach Packungsanleitung zubereiten, in ein Sieb abgießen und abtropfen lassen.
**2.** In der Zwischenzeit für die Würzsauce Sojasauce, Limettensaft, Kokosmilch und Curry in einer Schüssel verrühren.
**3.** Für das Gemüse Möhren putzen, schälen, abspülen, abtropfen lassen und schräg in dünne Scheiben schneiden. Zucchini abspülen, abtrocknen und die Enden abschneiden. Zucchini längs halbieren und evtl. entkernen. Zucchini in dünne Scheiben schneiden.
**4.** Die Paprikaschoten halbieren, entstielen, entkernen und die weißen Scheidewände entfernen. Schoten abspülen, abtropfen lassen und in Streifen schneiden. Chilischoten entstielen, vorsichtig entkernen, abspülen, abtropfen lassen und schräg in dünne Ringe schneiden.
**5.** Knoblauch abziehen, Ingwer schälen. Knoblauch und Ingwer in kleine Würfel schneiden. Basilikum abspülen und trocken tupfen. Die Blättchen von den Stängeln zupfen. Blättchen in Streifen schneiden.
**6.** Speiseöl in einem Wok erhitzen. Knoblauch- und Ingwerwürfel darin kurz anbraten. Möhrenscheiben, Paprikastreifen und Zucchinischeiben hinzufügen, unter ständigem Rühren etwa 3 Minuten braten. Chiliringe zum Gemüse geben, noch etwa 2 Minuten unter Rühren weiterbraten.
**7.** Die Würzsauce unterrühren und zum Kochen bringen. Das Gemüse bissfest garen. Mit Salz und Zucker abschmecken. Basilikumstreifen und die Eiernudeln unterheben. Die chinesischen Nudeln mit Gemüse in Schälchen anrichten und sofort servieren.

Grüne Bandnudeln mit Meeresfrüchten und Tomaten

Chinesische Nudeln mit Gemüse

## Nudel-Hähnchen-Pfanne

4 Portionen

*Zubereitungszeit:* 25 Minuten

500 g Hähnchenbrustfilet
4 EL Speiseöl
Salz
gem. Pfeffer
1 große Stange Porree (Lauch)
400 g Tomatenstücke mit Kräutern (aus der Dose)
400 ml Wasser
150 g Gabelspaghetti

*Pro Portion:*
E: 36 g, F: 14 g, Kh: 28 g,
kJ: 1657, kcal: 396

**1.** Hähnchenbrustfilet kurz unter fließendem kalten Wasser abspülen, trocken tupfen und in dicke Streifen schneiden.
**2.** Die Hälfte des Speiseöls in einer Pfanne erhitzen. Die Fleischstreifen darin von allen Seiten kräftig anbraten, mit Salz und Pfeffer würzen. Die Fleischstreifen aus der Pfanne nehmen und beiseitestellen.
**3.** Porree putzen, die Stange längs halbieren, gründlich waschen, abtropfen lassen, in Streifen schneiden.
**4.** Restliches Speiseöl zum verbliebenen Bratfett in die Pfanne geben und erhitzen. Porreestreifen darin andünsten. Die Tomatenstücke hinzufügen, Wasser hinzugießen. Gabelspaghetti unterrühren.
**5.** Die Zutaten zum Kochen bringen und zugedeckt etwa 10 Minuten unter gelegentlichem Rühren garen. Dann die beiseitegestellten Fleischstreifen hinzugeben, unterheben und erhitzen. Die Nudel-Hähnchen-Pfanne mit Salz und Pfeffer abschmecken.

Nudel-Hähnchen-Pfanne

## Makkaroni in Tunfischsauce

4 Portionen

*Zubereitungszeit:* 25 Minuten

2 Zwiebeln
4 Knoblauchzehen
350 g Zucchini
3 EL Speiseöl
1 gelbe Paprikaschote
1 Chilischote
150 g Crème fraîche
370 g abgetropfter Tunfisch naturell (aus Dosen)
Salz, gem. Pfeffer
gerebelter Oregano
gerebelter Thymian

4 l Wasser
4 gestr. TL Salz
400 g Makkaroni

etwas frischer Thymian

*Pro Portion:*
E: 34 g, F: 25 g, Kh: 69 g,
kJ: 2765, kcal: 660

Makkaroni in Tunfischsauce

**1.** Zwiebeln und Knoblauch abziehen, in kleine Würfel schneiden. Die Zucchini abspülen, abtrocknen und die Enden abschneiden. Zucchini in kleine Würfel schneiden. Speiseöl in einem Topf erhitzen. Zwiebel- und Knoblauchwürfel darin andünsten. Zucchiniwürfel hinzugeben und mitdünsten lassen.
**2.** Paprika- und Chilischote längs halbieren, entstielen, entkernen und die weißen Scheidewände entfernen. Schoten abspülen, abtropfen lassen und in kleine Würfel schneiden. Paprika- und Chiliwürfel zu den Zucchiniwürfeln geben, die Crème fraîche unterrühren.
**3.** Den Tunfisch mit einer Gabel in Stücke zupfen und zu den Gemüsewürfeln in den Topf geben. Mit Salz, Pfeffer, Oregano und Thymian würzen. Sauce zugedeckt etwa 10 Minuten bei schwacher Hitze kochen lassen, dabei ab und zu umrühren.
**4.** In der Zwischenzeit Wasser in einem großen Topf zugedeckt zum Kochen bringen. Dann Salz und Makkaroni hinzugeben. Die Makkaroni im geöffneten Topf bei mittlerer Hitze nach Packungsanleitung kochen lassen, dabei gelegentlich umrühren.
**5.** Anschließend die Makkaroni in ein Sieb geben, mit heißem Wasser abspülen und abtropfen lassen.
**6.** Thymian abspülen und trocken tupfen. Die Blättchen von den Stängeln zupfen, klein schneiden.
**7.** Makkaroni mit der Tunfischsauce auf vorgewärmten Tellern verteilen, mit Thymian bestreuen und sofort servieren.

Nudel-Gemüse-Pfanne

Pasta mit Zucchinisauce

## Nudel-Gemüse-Pfanne

4 Portionen

*Zubereitungszeit:* 30 Minuten

2 1/2 l Wasser
2 1/2 gestr. TL Salz
250 g Bandnudeln
250 g Möhren
250 g Rettich
1–2 Knoblauchzehen
1 Bund Frühlingszwiebeln (etwa 250 g)
1–2 EL geschälte Sesamsamen
2 EL Speiseöl
1–2 EL dunkles Sesamöl
Salz, gem. Pfeffer
4–5 EL Sojasauce

*Pro Portion:*
E: 13 g, F: 16 g, Kh: 51 g,
kJ: 1737, kcal: 415

**1.** Wasser in einem großen Topf zugedeckt zum Kochen bringen. Dann Salz und Nudeln hinzugeben. Die Nudeln im geöffneten Topf bei mittlerer Hitze nach Packungsanleitung kochen, dabei gelegentlich umrühren.
**2.** Möhren putzen, schälen, abspülen, abtropfen lassen und auf einem Gemüsehobel in dünne Streifen (Julienne) schneiden. Rettich schälen, abspülen, abtropfen lassen, längs halbieren und in dünne Scheiben schneiden.
**3.** Knoblauch abziehen und in Scheiben schneiden. Frühlingszwiebeln putzen, abspülen, abtropfen lassen und in Scheiben schneiden. Sesam in einem Wok ohne Fett unter Rühren goldbraun rösten, herausnehmen und abkühlen lassen.
**4.** Die garen Bandnudeln in ein Sieb geben, mit heißem Wasser abspülen und abtropfen lassen.
**5.** Speiseöl in dem Wok erhitzen. Die Möhrenstreifen darin etwa 2 Minuten unter Rühren anbraten. Rettich- und Knoblauchscheiben hinzufügen, unter Rühren weitere 3–4 Minuten braten. Die Nudeln mit einer Schere mehrmals durchschneiden, zu dem Gemüse in den Wok geben und mit anbraten.
**6.** Frühlingszwiebelscheiben, Sesamöl und den gerösteten Sesam hinzugeben, kurz mitbraten lassen. Die Nudel-Gemüse-Pfanne mit Salz, Pfeffer und Sojasauce würzen.

## Pasta mit Zucchinisauce

4 Portionen

*Zubereitungszeit:* 25 Minuten

4 l Wasser
4 gestr. TL Salz
400 g dreifarbige Spaghetti
1 Zwiebel
2 Knoblauchzehen
500 g kleine Zucchini
4 EL Speiseöl
125 g Schlagsahne
Salz, gem. Pfeffer
2 EL gemischte, gehackte Kräuter, z. B. Estragon, Kerbel, Schnittlauch
1 Fleischtomate

*Pro Portion:*
E: 17 g, F: 25 g, Kh: 73 g,
kJ: 2553, kcal: 610

**1.** Wasser in einem großen Topf zugedeckt zum Kochen bringen. Dann Salz und Nudeln hinzugeben. Die Nudeln im geöffneten Topf bei mittlerer Hitze nach Packungsanleitung bissfest kochen, dabei gelegentlich umrühren.
**2.** In der Zwischenzeit Zwiebel und Knoblauch abziehen, in kleine Würfel schneiden.
**3.** Zucchini abspülen, abtrocknen und die Enden abschneiden. Zucchini in Stifte schneiden.
**4.** Die garen Nudeln in ein Sieb geben, mit heißem Wasser abspülen und abtropfen lassen.
**5.** Das Speiseöl in einem Topf erhitzen. Zwiebel- und Knoblauchwürfel darin andünsten. Zucchinistifte hinzugeben und etwa 5 Minuten unter gelegentlichem Rühren mitdünsten lassen.
**6.** Sahne hinzugießen, mit Salz und Pfeffer würzen. Die Sauce unter Rühren aufkochen lassen, Kräuter unterrühren.
**7.** Tomate kreuzweise einschneiden und mit kochendem Wasser übergießen. Nach 1–2 Minuten herausnehmen und mit kaltem Wasser abschrecken. Tomate häuten, halbieren, entkernen und den Stängelansatz herausschneiden. Tomate in Würfel schneiden, in die Zucchinisauce geben und miterhitzen.
**8.** Spaghetti mit der Sauce anrichten und servieren.

Rigatoni in Tomatensauce

Bunte Single-Pfanne

## Rigatoni in Tomatensauce

2 Portionen

*Zubereitungszeit:* 25 Minuten

**Für die Tomatensauce:**
50 g Sojagranulat
1 mittelgroße Zwiebel
1–2 Knoblauchzehen
2 EL kalt gepresstes Speiseöl

2 l Wasser
2 gestr. TL Salz
200 g Rigatoni (Röhrennudeln)

1 Zweig Thymian
400 g abgetropfte, geschälte Tomaten (aus der Dose)
Salz
gem. Pfeffer
1/2 TL Apfelsaftkonzentrat (aus dem Reformhaus)
5 EL Schlagsahne

*Pro Portion:*
E: 28 g, F: 25 g, Kh: 87 g, kJ: 2890, kcal: 692

**1.** Für die Sauce das Sojagranulat in Wasser nach Packungsanleitung einweichen. Zwiebel abziehen und in kleine Würfel schneiden. Knoblauch abziehen und ebenfalls klein würfeln.
**2.** Speiseöl in einem Topf erhitzen. Zwiebelwürfel mit dem gut ausgedrückten Sojagranulat darin unter Rühren andünsten, Knoblauchwürfel unterrühren, etwas Wasser hinzugießen. Die Zutaten zum Kochen bringen und zugedeckt 15–20 Minuten dünsten.
**3.** In der Zwischenzeit Wasser in einem großen Topf zugedeckt zum Kochen bringen. Dann Salz und Nudeln hinzugeben. Die Nudeln im geöffneten Topf bei mittlerer Hitze nach Packungsanleitung kochen lassen, dabei gelegentlich umrühren.
**4.** Thymian abspülen und trocken tupfen, mit den Tomaten zu dem Sojagranulat in den Topf geben und etwa 5 Minuten mitdünsten lassen, dabei gelegentlich umrühren. Mit Salz, Pfeffer und Apfelsaftkonzentrat würzen. Sahne unterrühren.
**5.** Die garen Rigatoni in ein Sieb geben, mit heißem Wasser abspülen und abtropfen lassen.
**6.** Die Nudeln mit der Sauce auf Tellern anrichten.

## Bunte Single-Pfanne

1 Portion

*Zubereitungszeit:* 30 Minuten

1 l Wasser
1 gestr. TL Salz
60 g Bandnudeln

125 g Putenbrustfilet
20 g Butter
1/2 rote Paprikaschote (etwa 100 g)
150 g Zucchini
1–2 EL Wasser
Salz, gem. Pfeffer
1 Msp. gerebeltes Basilikum
30 g ger. mittelalter Gouda
einige Basilikumblättchen

*Pro Portion:*
E: 48 g, F: 29 g, Kh: 46 g, kJ: 2832, kcal: 677

**1.** Wasser in einem großen Topf zugedeckt zum Kochen bringen. Dann Salz und Nudeln hinzugeben. Die Nudeln im geöffneten Topf bei mittlerer Hitze nach Packungsanleitung kochen lassen, dabei gelegentlich umrühren.
**2.** In der Zwischenzeit Putenbrustfilet kurz unter fließendem kalten Wasser abspülen, trocken tupfen und in feine Streifen schneiden. Butter in einer Pfanne zerlassen. Die Putenbruststreifen darin von allen Seiten anbraten und herausnehmen.
**3.** Den Backofengrill vorheizen.
**4.** Paprikaschote halbieren, entstielen, entkernen und die weißen Scheidewände entfernen. Schotenhälfte abspülen, abtropfen lassen und in feine Streifen schneiden. Zucchini abspülen, abtrocknen und die Enden abschneiden. Zucchini ebenfalls in feine Streifen schneiden. Gemüsestreifen zum Bratfett in die Pfanne geben und etwa 5 Minuten unter mehrmaligem Wenden dünsten. Putenbruststreifen wieder hinzugeben. Wasser hinzugießen. Mit Salz, Pfeffer und Basilikum würzen.
**5.** Die garen Nudeln in ein Sieb geben, mit heißem Wasser abspülen und abtropfen lassen.

**6.** Nudeln auf feuerfesten Tellern anrichten und mit Käse bestreuen. Nudeln 4–5 Minuten unter dem vorgeheizten Grill überbacken, bis der Käse goldbraun zerlaufen ist. Gemüse-Fleisch-Mischung auf den Nudeln verteilen und mit abgespülten, trocken getupften Basilikumblättchen garnieren. Sofort servieren.

## Penne mit Fenchel-Gorgonzola-Sauce

4–6 Portionen

*Zubereitungszeit:* 30 Minuten

500 g Fenchelknollen
1 Zwiebel, 3 EL Rapsöl
150 ml trockener Wermut
250 g Crème fraîche
5 l Wasser
5 gestr. TL Salz
500 g Penne (Röhrennudeln)
1 Apfel
Salz, gem. Pfeffer
100 g Gorgonzola
50 g Sonnenblumenkerne

*Pro Portion:*
E: 23 g, F: 34 g, Kh: 83 g,
kJ: 3162, kcal: 759

**1.** Fenchelknollen putzen, abspülen, abtropfen lassen, vierteln und quer in etwa 1 cm breite Streifen schneiden. Fenchelgrün beiseitelegen.
**2.** Zwiebel abziehen und klein würfeln. Das Rapsöl in einem Topf erhitzen, Zwiebelwürfel darin andünsten. Fenchelstreifen hinzugeben und unter Rühren mit andünsten. Dann Wermut und Crème fraîche unterrühren. Die Sauce unter Rühren zum Kochen bringen und etwa 15 Minuten bei schwacher Hitze unter gelegentlichem Rühren kochen lassen.
**3.** In der Zwischenzeit Wasser in einem großen Topf zugedeckt zum Kochen bringen. Dann Salz und Nudeln hinzugeben. Die Nudeln im geöffneten Topf bei mittlerer Hitze nach Packungsanleitung kochen lassen, dabei gelegentlich umrühren.
**4.** Apfel heiß abwaschen, abtrocknen, vierteln, entkernen und mit der Schale in sehr kleine Würfel schneiden. Apfelwürfel nach etwa 15 Minuten Garzeit in die Sauce geben und etwa 5 Minuten mitdünsten lassen. Sauce mit Salz und Pfeffer würzen.
**5.** Gorgonzola mit einer Gabel zerdrücken, in die Sauce geben und unter Rühren schmelzen lassen. Die Sauce warm stellen.
**6.** Die garen Nudeln in ein Sieb geben, mit heißem Wasser abspülen und abtropfen lassen.
**7.** In der Zwischenzeit Sonnenblumenkerne in einer Pfanne ohne Fett leicht bräunen und herausnehmen.
**8.** Die Sauce in einer flachen Schüssel anrichten, mit Sonnenblumenkernen und dem klein geschnittenen Fenchelgrün bestreuen. Die Penne mit der Sauce sofort servieren.

## Salbeinudeln

2–3 Portionen

*Zubereitungszeit:* 25 Minuten

2 l Wasser
2 gestr. TL Salz
200 g Bandnudeln
10 frische Salbeiblättchen
50 g Butter
150 g ger. alter Gouda
gem. grober Pfeffer

*Pro Portion:*
E: 22 g, F: 40 g, Kh: 57 g,
kJ: 2854, kcal: 682

**1.** Wasser in einem großen Topf zugedeckt zum Kochen bringen. Dann Salz und Nudeln hinzugeben. Die Nudeln im geöffneten Topf bei mittlerer Hitze nach Packungsanleitung kochen, dabei gelegentlich umrühren.
**2.** Anschließend die Nudeln in ein Sieb geben, mit heißem Wasser abspülen und abtropfen lassen.
**3.** Salbeiblättchen abspülen, trocken tupfen, in feine Streifen schneiden.
**4.** Butter in einem Topf zerlassen, Salbeistreifen darin andünsten. Nudeln hinzugeben und kurz erhitzen.
**5.** Die Nudeln in eine vorgewärmte Schüssel geben, mit Gouda vermengen und mit grobem Pfeffer bestreut servieren.

***Tipp:*** Pikanter schmecken die Salbeinudeln, wenn Sie den Gouda durch Parmesan ersetzen.

Penne mit Fenchel-Gorgonzola-Sauce

Salbeinudeln

## Pesto-Spaghetti mit Schafskäse

2 Portionen

*Zubereitungszeit: 30 Minuten*

2 l Wasser
2 gestr. TL Salz
160–200 g Spaghetti

**Für das Gemüse:**
1 Möhre
1 kleiner Kohlrabi
1 Stange Staudensellerie
1/2 kleine Stange Porree (Lauch)
1 EL Butter
Salz, gem. Pfeffer
2–3 EL Wasser

**Für den Schafskäse:**
1–1 1/2 EL Olivenöl
200 g Schafskäse
1 EL Weizenmehl

200 g Basilikumpesto
(aus dem Glas)
1 EL ger. Parmesan

*Pro Portion:*
E: 39 g, F: 82 g, Kh: 84 g,
kJ: 5136, kcal: 1234

**1.** Wasser in einem großen Topf zugedeckt zum Kochen bringen. Dann Salz und Spaghetti hinzugeben. Die Spaghetti im geöffneten Topf bei mittlerer Hitze nach Packungsanleitung bissfest kochen, dabei gelegentlich umrühren.
**2.** In der Zwischenzeit für das Gemüse Möhre putzen, schälen, abspülen und abtropfen lassen. Möhre schräg in etwa 1 cm dicke Scheiben schneiden. Kohlrabi schälen, abspülen und abtropfen lassen. Kohlrabi in Stücke schneiden. Staudensellerie putzen und die harten Außenfäden abziehen. Sellerie abspülen und abtropfen lassen. Porree putzen, die Stange längs halbieren, gründlich waschen und abtropfen lassen. Sellerie und Porree in schräge Stücke schneiden.
**3.** Die garen Spaghetti in ein Sieb geben, mit heißem Wasser abspülen und abtropfen lassen. Spaghetti warm stellen.
**4.** Butter in einem Topf zerlassen. Möhrenscheiben, Kohlrabi-, Sellerie- und Porreestücke darin bei mittlerer Hitze etwa 2 Minuten unter gelegentlichem Rühren dünsten. Mit Salz und Pfeffer würzen, 2–3 Esslöffel Wasser hinzugeben. Das Gemüse zugedeckt etwa 5 Minuten bei mittlerer Hitze garen.
**5.** Für den Schafskäse in der Zwischenzeit Olivenöl in einer Pfanne erhitzen. Den Schafskäse waagerecht halbieren und in Mehl wenden. Den Käse darin von jeder Seite etwa 3 Minuten bei mittlerer bis starker Hitze goldbraun braten. Der Käse läuft beim Braten etwas auseinander, deshalb für das Wenden einen Pfannenwender benutzen.
**6.** Pesto in einem Topf erwärmen, die warm gestellten Spaghetti hinzugeben und vorsichtig untermengen. Spaghetti portionsweise mit einer Fleischgabel aufdrehen und auf 2 Teller geben. Mit dem Schafskäse und dem Gemüse anrichten, mit Parmesan bestreut servieren.

Pesto-Spaghetti mit Schafskäse

## Rigatoni mit Erbsenpesto

4 Portionen

*Zubereitungszeit: 30 Minuten*

7 EL Olivenöl
75 g Pinienkerne
2 Knoblauchzehen

4 l Wasser
4 gestr. TL Salz
400 g Rigatoni (Röhrennudeln)

450 g TK-Erbsen
Salz
6 Stängel Basilikum
grob gem. schwarzer Pfeffer
50 g getrocknete Tomaten
100 ml Wasser
50 g Rucola (Rauke)
60 g ger. Parmesan

*Pro Portion:*
E: 31 g, F: 34 g, Kh: 90 g,
kJ: 3297, kcal: 788

**1.** Einen Esslöffel Olivenöl in einer Pfanne erhitzen. Die Pinienkerne darin unter Rühren goldbraun rösten. Den Knoblauch abziehen, durch eine Knoblauchpresse drücken und unter die Pinienkerne rühren.
**2.** Das Wasser in einem großen Topf zugedeckt zum Kochen bringen. Dann Salz und Nudeln hinzugeben. Die Nudeln im geöffneten Topf bei mittlerer Hitze nach Packungsanleitung kochen lassen, dabei gelegentlich umrühren.
**3.** In der Zwischenzeit die gefrorenen Erbsen in kochendem Salzwasser

Rigatoni mit Erbsenpesto

Gemüse-Lachsragout zu Pasta

etwa 3 Minuten bei starker Hitze kochen lassen. Anschließend die Erbsen kurz in Eiswasser abschrecken und in einem Sieb gut abtropfen lassen.
4. Basilikum abspülen und trocken tupfen. Von 4 Stängeln die Blättchen abzupfen. Restliche Basilikumstängel beiseitelegen.
5. Die Erbsen mit den Basilikumblättchen, Pinienkernen und dem restlichen Olivenöl in eine Küchenmaschine mit Schneidmesser geben und grob pürieren. Oder mit einem Pürierstab grob pürieren. Püree mit Salz und grob gemahlenem Pfeffer würzen.
6. Tomaten in kleine Stücke schneiden, mit Wasser in einem kleinen Topf zum Kochen bringen und bei mittlerer Hitze einkochen lassen, bis fast keine Flüssigkeit mehr vorhanden ist.
7. Die garen Nudeln in ein Sieb geben, mit heißem Wasser abspülen und abtropfen lassen.
8. Rucola putzen, abspülen, trocken tupfen und die groben Stiele abschneiden.
9. Von den beiseitegelegten Basilikumstängeln die Blättchen abzupfen. Blättchen grob zerschneiden.
10. Die Nudeln mit dem Erbsenpesto mischen und auf vorgewärmten Tellern anrichten. Mit Basilikum, Rucola und Parmesan bestreuen und sofort servieren.

## Gemüse-Lachsragout zu Pasta

4 Portionen

*Zubereitungszeit:* 25 Minuten

3 1/2 l Wasser
3 1/2 gestr. TL Salz
350 g feine Bandnudeln,
z. B. Tagliatelle

500 g Lachsfilet (ohne Haut)
2 EL Zitronensaft
3 Frühlingszwiebeln
175 g rosé Champignons
1 EL Butter oder Margarine
Salz, gem. Pfeffer
150 g stückige Tomaten
(aus der Dose)
1/2 TL Zucker oder flüssiger Honig
150 g Crème fraîche oder Crème légère
1/2 Bund Basilikum

*Pro Portion:*
E: 37 g, F: 22 g, Kh: 67 g,
kJ: 2585, kcal: 619

1. Wasser in einem großen Topf zugedeckt zum Kochen bringen. Dann Salz und Nudeln hinzugeben. Die Nudeln im geöffneten Topf bei mittlerer Hitze nach Packungsanleitung kochen lassen, dabei gelegentlich umrühren.
2. In der Zwischenzeit Lachsfilet kurz unter fließendem kalten Wasser abspülen, trocken tupfen und in etwa 3 cm große Würfel schneiden. Lachswürfel mit Zitronensaft beträufeln.
3. Frühlingszwiebeln putzen, abspülen, abtropfen lassen und in feine Scheiben schneiden. Champignons putzen, mit Küchenpapier abreiben, evtl. kurz abspülen und trocken tupfen. Champignons halbieren.
4. Butter oder Margarine in einer Pfanne zerlassen. Lachswürfel mit Küchenpapier trocken tupfen, in die Pfanne geben und kurz von allen Seiten knusprig anbraten. Lachswürfel mit Salz und Pfeffer würzen, aus der Pfanne nehmen. Frühlingszwiebelscheiben und Champignonhälften in dem verbliebenen Bratfett etwa 4 Minuten unter Wenden andünsten. Tomatenstücke unterrühren. Mit Salz, Pfeffer und Zucker oder Honig würzen. Die Sauce etwa 5 Minuten bei mittlerer Hitze einkochen lassen.
5. Die garen Nudeln in ein Sieb geben, mit heißem Wasser abspülen und abtropfen lassen.
6. Crème fraîche oder Crème légère unter die Sauce rühren. Mit Salz und Pfeffer abschmecken. Lachswürfel in die Sauce geben und erhitzen.
7. Basilikum abspülen und trocken tupfen. Die Blättchen von den Stängeln zupfen. Das Lachsragout mit den Nudeln und Basilikum anrichten.

Spaghetti aglio olio mit Petersilie

Spaghetti mit Gemüse-Bolognese

## Spaghetti aglio olio mit Petersilie

4–6 Portionen

*Zubereitungszeit:* 20 Minuten

5 l Wasser
5 gestr. TL Salz
500 g Spaghetti

3 Knoblauchzehen
1 Bund Petersilie
60 ml Olivenöl
Salz
gem. Pfeffer

etwa 150 g frisch ger. Parmesan

*Pro Portion:*
E: 21 g, F: 24 g, Kh: 69 g,
kJ: 2390, kcal: 571

1. Wasser in einem großen Topf zugedeckt zum Kochen bringen. Dann Salz und Spaghetti hinzugeben. Die Spaghetti im geöffneten Topf bei mittlerer Hitze nach Packungsanleitung kochen lassen, dabei gelegentlich umrühren.
2. Anschließend die Spaghetti in ein Sieb geben, mit heißem Wasser abspülen und abtropfen lassen.
3. In der Zwischenzeit den Knoblauch abziehen, in dünne Scheiben schneiden. Petersilie abspülen und trocken tupfen. Blättchen von den Stängeln zupfen. Blättchen klein schneiden.
4. Das Olivenöl in einer großen Pfanne erhitzen. Die Knoblauchscheiben darin glasig bis hellbraun dünsten. Spaghetti und Petersilie in das heiße Knoblauchöl geben und gut vermischen. Mit Salz und Pfeffer würzen.
5. Spaghetti aglio olio am besten in einer vorgewärmten Schüssel oder auf Tellern anrichten. Mit Parmesan bestreuen.

## Spaghetti mit Gemüse-Bolognese

4 Portionen

*Zubereitungszeit:* 30 Minuten

1 kleine Zwiebel
1 Knoblauchzehe
1 mittelgroße Möhre
1 Stange Staudensellerie
2 Zucchini
2 Tomaten
6 EL Olivenöl
100 ml Rotwein
200 g passierte Tomaten (Tetra-Pak®)
1 geh. TL gehackter oder gerebelter Majoran oder Oregano
5 l Wasser
5 gestr. TL Salz
500 g Spaghetti
gem. Pfeffer
50 g ger. Parmesan

*Pro Portion:*
E: 23 g, F: 21 g, Kh: 96 g,
kJ: 2859, kcal: 683

1. Zwiebel und Knoblauch abziehen, klein würfeln. Möhre putzen, schälen, Sellerie putzen und die harten Außenfäden abziehen. Möhre und Sellerie abspülen, abtropfen lassen und ebenfalls in kleine Würfel schneiden.
2. Zucchini abspülen, abtrocknen und die Enden abschneiden. Zucchini in sehr kleine Würfel schneiden. Tomaten abspülen, trocken tupfen, vierteln, entkernen und die Stängelansätze herausschneiden. Tomaten ebenfalls klein würfeln.
3. Olivenöl in einer Pfanne erhitzen. Zwiebel- und Knoblauchwürfel darin glasig dünsten. Möhren- und Selleriewürfel hinzugeben, 3–4 Minuten mitdünsten lassen. Zucchini- und Tomatenwürfel kurz mit andünsten, Rotwein hinzugießen.
4. Tomaten und Kräuter hinzugeben, zum Kochen bringen, bei schwacher Hitze etwa 15 Minuten kochen lassen, bis das Gemüse weich ist.
5. In der Zwischenzeit Wasser in einem großen Topf zugedeckt zum Kochen bringen. Dann Salz und Nudeln hinzugeben. Die Nudeln im geöffneten Topf bei mittlerer Hitze nach Packungsanleitung bissfest kochen, dabei gelegentlich umrühren. Anschließend die Nudeln in ein Sieb geben, mit heißem Wasser abspülen und abtropfen lassen.

**6.** Die Gemüsesauce mit Salz und Pfeffer abschmecken, mit den Spaghetti in tiefen Tellern oder in einer Schüssel anrichten. Mit Parmesan bestreut servieren.

## Spaghetti mit kalter Kapernsauce

4 Portionen

*Zubereitungszeit:* 25 Minuten

120 g kleine Kapern
6 Sardellenfilets
3 Knoblauchzehen
8–10 EL Olivenöl
5–6 EL Zitronensaft
4 l Wasser
4 gestr. TL Salz
400 g Spaghetti
einige Kapern

*Pro Portion:*
E: 15 g, F: 24 g, Kh: 72 g,
kJ: 2372, kcal: 567

**1.** Kapern in ein Sieb geben, mit kaltem Wasser gut abspülen und abtropfen lassen. Sardellenfilets abspülen und trocken tupfen.
**2.** Knoblauch abziehen und grob zerkleinern. Kapern mit Sardellenfilets und Knoblauch in einen hohen Rührbecher geben und mit einem Pürierstab pürieren.
**3.** Die Püreemasse mit Olivenöl zu einer cremigen Sauce verrühren. Nach und nach Zitronensaft unterrühren.
**4.** Wasser in einem großen Topf zugedeckt zum Kochen bringen. Dann Salz und Spaghetti hinzugeben. Die Spaghetti im geöffneten Topf bei mittlerer Hitze nach Packungsanleitung kochen lassen, dabei gelegentlich umrühren.
**5.** Anschließend die Spaghetti in ein Sieb geben, mit heißem Wasser abspülen und abtropfen lassen.
**6.** Spaghetti in eine vorgewärmte Schüssel geben. Kapernsauce darauf verteilen und mit Kapern garnieren.

## Spaghetti al tonno

4 Portionen

*Zubereitungszeit:* 25 Minuten

2 1/2–3 l Wasser
2 1/2–3 gestr. TL Salz
250 g Vollkornspaghetti

**Für die Tunfischsauce:**
2 Zwiebeln
1 EL Speiseöl
200 g Tunfisch in Öl
(aus der Dose)
125 ml Fleischbrühe
70 g Tomatenmark
(aus der Dose)
100 ml Tomatenketchup
Salz, gem. Pfeffer
1 EL Currypulver
1 EL Paprikapulver edelsüß
gerebelter Majoran
1 Bund Petersilie

*Pro Portion:*
E: 19 g, F: 20 g, Kh: 56 g,
kJ: 2038, kcal: 484

**1.** Wasser in einem großen Topf zugedeckt zum Kochen bringen. Dann Salz und Spaghetti hinzugeben. Die Spaghetti im geöffneten Topf bei mittlerer Hitze nach Packungsanleitung kochen lassen, dabei gelegentlich umrühren.
**2.** In der Zwischenzeit für die Sauce Zwiebeln abziehen und in kleine Würfel schneiden. Speiseöl in einem Topf erhitzen und die Zwiebelwürfel darin andünsten. Tunfisch zerpflücken und mit dem Öl hinzugeben.
**3.** Brühe hinzugießen, Tomatenmark und Ketchup unterrühren. Mit Salz, Pfeffer, Curry, Paprika und Majoran würzen. Die Sauce zum Kochen bringen und bei mittlerer Hitze etwas einkochen lassen. Petersilie abspülen und trocken tupfen. Die Blättchen von den Stängeln zupfen. Blättchen klein schneiden und unter die Sauce rühren. Sauce warm stellen.
**4.** Die garen Spaghetti in ein Sieb geben, mit heißem Wasser abspülen und abtropfen lassen.
**5.** Die Spaghetti mit der Sauce vermengen und servieren.

Spaghetti mit kalter Kapernsauce

Spaghetti al tonno

## Bunte Tortellini

4 Portionen (ohne Foto)

*Zubereitungszeit: 25 Minuten*

400 g getrocknete, dreifarbige Tortellini
Salz
1 kleine Zwiebel oder Schalotte
100 g Champignons
2 Fleischtomaten
200 g Kochschinken
50 g Butter
250 g Schlagsahne
2 Knoblauchzehen
gem. weißer Pfeffer
gerebelter Oregano
100 g ger. Parmesan

*Pro Portion:*
E: 38 g, F: 56 g, Kh: 62 g,
kJ: 3879, kcal: 927

**1.** Tortellini in kochendem Salzwasser nach Packungsanleitung gar kochen.
**2.** In der Zwischenzeit Zwiebel oder Schalotte abziehen, klein würfeln. Die Champignons putzen, evtl. kurz abspülen, abtropfen lassen und in dünne Scheiben schneiden.
**3.** Tomaten kreuzweise einschneiden und mit kochendem Wasser übergießen. Nach 1–2 Minuten herausnehmen und mit kaltem Wasser abschrecken. Tomaten häuten, halbieren, entkernen und die Stängelansätze herausschneiden. Tomaten würfeln. Schinken in kurze Streifen schneiden.
**4.** Butter in einem Topf zerlassen, Zwiebelwürfel darin andünsten. Zuerst Champignonscheiben, dann Tomatenwürfel und zuletzt Schinkenstreifen darin kurz andünsten. Sahne hinzugießen, zum Kochen bringen und etwas einkochen lassen.
**5.** Die garen Tortellini in ein Sieb geben, mit heißem Wasser abspülen und gut abtropfen lassen.
**6.** Knoblauch abziehen, durch eine Knoblauchpresse drücken und in die Sauce geben. Die Sauce mit Salz, Pfeffer und Oregano würzen.
**7.** Die Tortellini mit der Sauce vermengen, anrichten, mit frisch geriebenem Parmesan bestreuen und sofort servieren.

## Bandnudeln mit Rindfleisch

4 Portionen

*Zubereitungszeit: 25 Minuten*

3 l Wasser
3 gestr. TL Salz
300 g Bandnudeln
250 g Zucchini
200 g Möhren
400 g Rinderfilet oder Rumpsteak
4 EL Olivenöl
3 EL Sojasauce
3 Zwiebeln
3 Knoblauchzehen
12 abgetropfte, schwarze Oliven ohne Stein
Salz, gem. Pfeffer
1 Bund Oregano

*Pro Portion:*
E: 33 g, F: 20 g, Kh: 54 g,
kJ: 2320, kcal: 554

Bandnudeln mit Rindfleisch

**1.** Wasser in einem großen Topf zugedeckt zum Kochen bringen. Dann Salz und Nudeln hinzugeben. Die Nudeln im geöffneten Topf bei mittlerer Hitze nach Packungsanleitung bissfest kochen, dabei gelegentlich umrühren.
**2.** In der Zwischenzeit Zucchini abspülen, trocken tupfen und die Enden abschneiden. Zucchini in Streifen schneiden. Möhren putzen, schälen, abspülen, abtropfen lassen und in Streifen schneiden, beiseitestellen.
**3.** Rinderfilet oder Rumpsteak mit Küchenpapier trocken tupfen und in Streifen schneiden. Die Hälfte des Olivenöls in einer Pfanne erhitzen, die Fleischstreifen darin kross anbraten. Sojasauce unterrühren, die Fleischstreifen herausnehmen und warm stellen.
**4.** Zwiebeln und Knoblauch abziehen, klein würfeln. Restliches Olivenöl in die Pfanne geben und erhitzen. Die Zwiebel- und Knoblauchwürfel darin andünsten. Beiseitegestellte Zucchini- und Möhrenstreifen hinzufügen und mitdünsten lassen, dabei evtl. etwas Wasser hinzufügen.
**5.** Die Oliven in Streifen schneiden und mit den warm gestellten Fleischstreifen zu dem gedünsteten Gemüse geben, gut unterrühren. Mit Salz und Pfeffer würzen.
**6.** Oregano abspülen und trocken tupfen. Die Blättchen von den Stängeln zupfen. Blättchen klein schneiden und zu dem Gemüse und Fleisch geben.
**7.** Die garen Bandnudeln in ein Sieb geben, mit heißem Wasser abspülen und abtropfen lassen.
**8.** Die Nudeln mit dem Fleisch und dem Gemüse vermengen und sofort servieren.

Tortellini in Gorgonzolasauce

Breite Bandnudeln mit Pilz-Sahne-Sauce

## Tortellini in Gorgonzolasauce

4 Portionen

*Zubereitungszeit:* 25 Minuten

4–5 l Wasser
50 g Walnusskernhälften
4 gestr. TL Salz
400 g getrocknete Tortellini oder 500 g frische Tortellini mit Käse- oder Spinatfüllung (aus dem Kühlregal)
150 g Schlagsahne
100 ml Milch (3,5 % Fett)
200 g Gorgonzola
gem. Pfeffer
Salz
2 EL Schnittlauchröllchen
grob geschrotete Chilis

*Pro Portion:*
E: 26 g, F: 46 g, Kh: 66 g,
kJ: 3286, kcal: 785

**1.** Wasser in einem großen Topf zugedeckt zum Kochen bringen.
**2.** In der Zwischenzeit Walnusskernhälften grob hacken und in einer Pfanne ohne Fett unter Rühren rösten, bis sie anfangen zu duften, herausnehmen und auf einem Teller kurz abkühlen lassen.
**3.** Salz und Tortellini ins kochende Wasser geben. Getrocknete Tortellini im geöffneten Topf bei mittlerer Hitze nach Packungsanleitung bissfest kochen, dabei gelegentlich umrühren. Frische Tortellini nach Packungsanleitung erhitzen.
**4.** Sahne und Milch in einem Topf erhitzen. Gorgonzola evtl. entrinden, grob zerbröseln und in der Sahnemilch unter Rühren schmelzen (nicht kochen lassen, da sie sonst gerinnt). Die Sauce mit Pfeffer und evtl. noch etwas Salz abschmecken.
**5.** Die garen Tortellini in ein Sieb geben, mit heißem Wasser abspülen und abtropfen lassen. Tortellini in die Gorgonzolasauce geben und unter vorsichtigem Rühren nochmals kurz erhitzen.
**6.** Die Tortellini in Gorgonzolasauce auf Tellern anrichten. Mit Walnusskernen, Schnittlauchröllchen und Chili bestreut servieren.

## Breite Bandnudeln mit Pilz-Sahne-Sauce

4 Portionen

*Zubereitungszeit:* 25 Minuten

4–5 l Wasser
4–5 gestr. TL Salz
400–500 g breite Bandnudeln
750 g Champignons, z. B. rosé Champignons
1 Knoblauchzehe
3–4 EL Olivenöl
2 EL Zwiebelwürfel
Salz, gem. Pfeffer
150 g Crème fraîche
125 g Schlagsahne
50 g ger. Parmesan
2 EL Schnittlauchröllchen

*Pro Portion:*
E: 26 g, F: 35 g, Kh: 83 g,
kJ: 3177, kcal: 761

**1.** Wasser in einem großen Topf zugedeckt zum Kochen bringen. Dann Salz und Nudeln hinzugeben. Die Nudeln im geöffneten Topf bei mittlerer Hitze nach Packungsanleitung bissfest garen, dabei gelegentlich umrühren.
**2.** In der Zwischenzeit Champignons putzen, evtl. kurz abspülen, trocken tupfen und in Scheiben schneiden. Knoblauch abziehen.
**3.** Olivenöl in einem Topf erhitzen. Die Zwiebelwürfel darin andünsten. Knoblauch durch eine Knoblauchpresse drücken, hinzugeben und mitdünsten lassen. Champignonscheiben hinzufügen und unter Rühren bei starker Hitze braten, bis die Flüssigkeit fast verdampft ist. Mit Salz und Pfeffer würzen.
**4.** Crème fraîche mit Sahne und Parmesan verrühren, zu den Champignonscheiben in den Topf geben und unter Rühren aufkochen lassen. Die Sauce mit Salz und Pfeffer würzen.
**5.** Die garen Nudeln in ein Sieb geben, mit heißem Wasser abspülen und abtropfen lassen. Die Nudeln mit der Sauce vermengen und kurz erhitzen. Mit Schnittlauchröllchen garnieren und sofort servieren.

Fleischtomaten mit Sahne-Spaghetti

Gebratene Nudeln mit Brokkoli

## Fleischtomaten mit Sahne-Spaghetti

4 Portionen

*Zubereitungszeit: 30 Minuten*

50 g Spaghetti
500 ml Wasser
1/2 gestr. TL Salz
4 große Fleischtomaten
Salz, gem. Pfeffer
1 EL getrocknete Salatkräuter
3 Eier (Größe M)
100 g Schlagsahne
25 g Speisestärke
100 g gewürfelter Kochschinken
100 g geraspelter Käse, z. B. Gouda

*Pro Portion:*
E: 22 g, F: 24 g, Kh: 79 g,
kJ: 1677, kcal: 401

**1.** Die Spaghetti in kleine Stücke brechen. Wasser in einem Topf zugedeckt zum Kochen bringen. Dann Salz und Spaghetti hinzugeben. Die Spaghetti im geöffneten Topf bei mittlerer Hitze nach Packungsanleitung bissfest kochen, dabei gelegentlich umrühren.
**2.** In der Zwischenzeit Tomaten abspülen und trocken tupfen. Von den Tomaten jeweils einen Deckel abschneiden. Die Tomaten mit einem Teelöffel aushöhlen. Das Tomatenfruchtfleisch mit Salz und Pfeffer würzen, die Salatkräuter unterrühren. Das Tomatenfruchtfleisch in eine flache Auflaufform (gefettet) geben, die ausgehöhlten Tomaten daraufsetzen und innen mit Salz und Pfeffer bestreuen.
**3.** Den Backofen vorheizen.
*Ober-/Unterhitze:* etwa 180 °C
*Heißluft:* etwa 160 °C
**4.** Anschließend die garen Spaghetti in ein Sieb geben, mit heißem Wasser abspülen und abtropfen lassen.
**5.** Die Eier mit der Sahne und Speisestärke verschlagen. Schinkenwürfel und Spaghetti unterheben. Die Masse in die Tomaten füllen und mit Käse bestreuen. Die Tomatendeckel mit in die Form legen. Die Form auf dem Rost in den vorgeheizten Backofen schieben. Die gefüllten Fleischtomaten 15–20 Minuten garen.

## Gebratene Nudeln mit Brokkoli

4 Portionen

*Zubereitungszeit: 30 Minuten*

4 l Wasser
4 gestr. TL Salz
400 g Penne (Röhrennudeln)
500 g Brokkoli
Salz
2 Frühlingszwiebeln
2 EL Olivenöl
100 g Oliven, mit Paprika gefüllt
1 EL Kräuter der Provence
gem. Pfeffer
1 abgezogene, zerdrückte Knoblauchzehe
50 g Pinienkerne
2 EL Semmelbrösel
60 g Butter

*Pro Portion:*
E: 19 g, F: 29 g, Kh: 79 g,
kJ: 2759, kcal: 659

**1.** Wasser in einem großen Topf zugedeckt zum Kochen bringen. Dann Salz und Nudeln hinzugeben. Die Nudeln im geöffneten Topf bei mittlerer Hitze nach Packungsanleitung kochen lassen, dabei gelegentlich umrühren.
**2.** In der Zwischenzeit von dem Brokkoli die Blätter entfernen. Brokkoli in Röschen teilen, abspülen, abtropfen lassen und in kochendem Salzwasser 6–8 Minuten garen. Brokkoliröschen mit kaltem Wasser abschrecken und in einem Sieb abtropfen lassen. Frühlingszwiebeln putzen, abspülen, abtropfen lassen und in Scheiben schneiden.
**3.** Den Backofen vorheizen.
*Ober-/Unterhitze:* etwa 240 °C
*Heißluft:* etwa 220 °C
**4.** Die garen Nudeln in ein Sieb geben, mit heißem Wasser abspülen und abtropfen lassen.
**5.** Olivenöl in einem großen Topf erhitzen. Nudeln, Brokkoliröschen, Frühlingszwiebelscheiben und die Oliven darin 3–4 Minuten unter häufigem Schwenken anbraten. Mit Kräutern der Provence, Salz, Pfeffer und Knoblauch würzen.
**6.** Die Nudel-Gemüse-Mischung in eine hitzebeständige, rechteckige Form (gefettet) geben. Mit Pinienkernen und Semmelbröseln bestreuen. Die Butter in Flöckchen daraufsetzen.
**7.** Die Form auf dem Rost in den vorgeheizten Backofen schieben. Die gebratenen Nudeln etwa 10 Minuten hellbraun überbacken.

## Gemüsenudeln mit Käsesauce

4 Portionen (ohne Foto)

*Zubereitungszeit:* 30 Minuten

250 g Möhren
250 g Zucchini
4 l Wasser
4 gestr. TL Salz
400 g Bandnudeln
1 Zwiebel
2 Knoblauchzehen
1 EL Olivenöl
1 EL Weizenmehl
200 ml heiße Gemüsebrühe
200 g Doppelrahm-Frischkäse
Salz, gem. Pfeffer
1 Prise Zucker
1 Bund Basilikum

*Pro Portion:*
E: 21 g, F: 12 g, Kh: 76 g,
kJ: 2178, kcal: 520

**1.** Möhren putzen, schälen, abspülen, abtropfen lassen und in Scheiben schneiden. Zucchini abspülen, trocken tupfen, Enden abschneiden, Zucchini in Scheiben schneiden.
**2.** Wasser in einem großen Topf zugedeckt zum Kochen bringen. Dann Salz und Nudeln hinzugeben. Die Nudeln im geöffneten Topf bei mittlerer Hitze nach Packungsanleitung bissfest kochen, dabei gelegentlich umrühren.
**3.** Etwa 5 Minuten vor Ende der Garzeit die Möhren- und Zucchinischeiben zu den Nudeln geben und mitgaren lassen.
**4.** In der Zwischenzeit Zwiebel und Knoblauch abziehen, in kleine Würfel schneiden. Olivenöl in einer Pfanne erhitzen. Zwiebel- und Knoblauchwürfel darin andünsten. Mit Mehl bestäuben und goldgelb andünsten. Die heiße Brühe nach und nach unterrühren und unter Rühren kurz aufkochen lassen. Frischkäse hinzugeben und unter Rühren in der Sauce schmelzen lassen. Sauce mit Salz, Pfeffer und Zucker abschmecken.
**5.** Basilikum abspülen und trocken tupfen. Blättchen von den Stängeln zupfen. Blättchen in Streifen schneiden und unter die Sauce heben.
**6.** Die garen Gemüsenudeln in ein Sieb geben, mit heißem Wasser abspülen, abtropfen lassen, auf vorgewärmten Tellern anrichten und mit der Käsesauce übergießen.

## Gemüse-Spaghetti-Nester

4 Portionen

*Zubereitungszeit:* 30 Minuten

2 1/2 l Wasser
2 1/2 gestr. TL Salz
250 g lange Spaghetti
1 große Zucchini (etwa 250 g)
2 große Möhren (etwa 300 g)
2 EL Sojaöl
Salz, gem. Pfeffer

**Für die Sauce:**
1/2 Bund Estragon
1/2 Bund Petersilie
1/2 Bund Dill
3 EL Sojaöl
2 EL Weißweinessig
1 TL mittelscharfer Senf
250 ml heiße Gemüsebrühe
200 g Gorgonzola

*Pro Portion:*
E: 21 g, F: 32 g, Kh: 48 g,
kJ: 2473, kcal: 591

**1.** Wasser in einem großen Topf zugedeckt zum Kochen bringen. Dann Salz und Spaghetti hinzugeben. Die Spaghetti im geöffneten Topf bei mittlerer Hitze nach Packungsanleitung kochen lassen, dabei gelegentlich umrühren.
**2.** In der Zwischenzeit Zucchini abspülen, abtrocknen und die Enden abschneiden. Möhren putzen, schälen, abspülen und abtropfen lassen. Zucchini und Möhren in feine Streifen schneiden.
**3.** Sojaöl in einer großen Pfanne erhitzen. Die Zucchini- und Möhrenstreifen darin unter Rühren andünsten. Mit Salz und Pfeffer würzen.
**4.** Die garen Spaghetti in ein Sieb geben, mit heißem Wasser abspülen und abtropfen lassen.
**5.** Die Spaghetti zu den Zucchini- und Möhrenstreifen geben, vermischen und mithilfe einer Gabel zu Nestern aufrollen. Nester auf eine Platte legen und warm stellen.
**6.** Für die Sauce Estragon, Petersilie und Dill abspülen, trocken tupfen. Die Blättchen bzw. Spitzen von den Stängeln zupfen. Die Blättchen bzw. Spitzen klein schneiden.
**7.** Sojaöl in einem Topf erhitzen. Topf von der Kochstelle nehmen. Essig, Senf und heiße Gemüsebrühe hinzugeben, zum Kochen bringen. Käse in Würfel schneiden und mit den Kräutern in die Brühe geben. Die Sauce mit Salz und Pfeffer würzen.
**8.** Gemüse-Spaghetti-Nester mit der Sauce auf Tellern anrichten und servieren.

Gemüse-Spaghetti-Nester

## Grüne Bandnudeln mit Lachs und Spinat

4–6 Portionen

*Zubereitungszeit:* 25 Minuten

5 l Wasser
5 gestr. TL Salz
500 g grüne Bandnudeln
2 EL Butter
1 Knoblauchzehe
2 EL Zwiebelwürfel (frisch oder TK)
450 g TK-Blattspinat
Salz
gem. Pfeffer
ger. Muskatnuss
100 ml halbtrockener Weißwein, oder eine Mischung aus 3 EL Zitronensaft und 80 ml Gemüsebrühe
250 g Schlagsahne
200 g geräucherter, milder Lachs in Scheiben
1 TL fein abgeriebene Schale von 1 Bio-Zitrone (unbehandelt, ungewachst)

*Pro Portion:*
E: 23 g, F: 29 g, Kh: 72 g, kJ: 2751, kcal: 658

**1.** Wasser in einem großen Topf zugedeckt zum Kochen bringen. Dann Salz und Nudeln hinzugeben. Die Nudeln im geöffneten Topf bei mittlerer Hitze nach Packungsanleitung bissfest kochen, dabei gelegentlich umrühren.
**2.** In der Zwischenzeit 1 1/2 Esslöffel Butter in einem Topf zerlassen. Knoblauch abziehen und durch eine Knoblauchpresse in den Topf drücken. Die Hälfte der Zwiebelwürfel hinzugeben und glasig dünsten, dann den gefrorenen Spinat hinzufügen. Mit Salz, Pfeffer und Muskat würzen. Den Spinat zugedeckt 8–10 Minuten bei mittlerer Hitze unter gelegentlichem Rühren dünsten.
**3.** In der Zwischenzeit die restliche Butter in einem Topf zerlassen. Restliche Zwiebelwürfel darin andünsten. Wein oder Gemüse-Zitronensaft-Mischung hinzugießen, zum Kochen bringen und auf ein Drittel einkochen lassen. Sahne unterrühren, mit Salz und Pfeffer würzen und wieder zum Kochen bringen. Die Sauce um knapp die Hälfte einkochen lassen.
**4.** Die Nudeln in ein Sieb geben, mit heißem Wasser abspülen und abtropfen lassen.
**5.** Lachsscheiben in breite Streifen schneiden. Die Nudeln sofort mit der Sahnesauce vermengen und nochmals kurz erhitzen. Mit Salz, Pfeffer und Zitronenschale abschmecken.
**6.** Die Nudeln mit Spinat und Lachsstreifen auf vorgewärmten Tellern anrichten und sofort servieren.

Grüne Bandnudeln mit Lachs und Spinat

Penne mit Walnusssauce

## Penne mit Walnusssauce

4 Portionen

*Zubereitungszeit:* 25 Minuten

125 g Walnusskerne
2 EL Walnussöl
2 Schalotten
150 ml Milch (3,5 % Fett)
250 g Schlagsahne
5 l Wasser
5 gestr. TL Salz
500 g Penne (Röhrennudeln)
1 Bund Schnittlauch
70 g ger. Parmesan
Salz, gem. Pfeffer
ger. Muskatnuss
evtl. Schnittlauchhalme

*Pro Portion:*
E: 30 g, F: 54 g, Kh: 95 g, kJ: 4357, kcal: 1040

**1.** Die Walnusskerne fein hacken. Walnussöl bei mittlerer Hitze in einer Pfanne erhitzen. Walnusskerne darin unter Rühren anrösten.
**2.** Schalotten abziehen, in kleine Würfel schneiden, zu den Walnusskernen geben und mit andünsten. Milch und Sahne hinzugießen, zum Kochen bringen und etwa 5 Minuten ohne Deckel kochen lassen.
**3.** In der Zwischenzeit Wasser in einem großen Topf zugedeckt zum Kochen bringen. Dann Salz und Nudeln hinzugeben. Die Nudeln im geöffneten Topf bei mittlerer Hitze nach Packungsanleitung kochen lassen, dabei gelegentlich umrühren.
**4.** Schnittlauch abspülen, abtropfen lassen und in Röllchen schneiden. Schnittlauchröllchen und Parmesan unter die Walnusssauce rühren. Mit Salz, Pfeffer und Muskat würzen.
**5.** Die garen Nudeln in ein Sieb geben, mit heißem Wasser abspülen und abtropfen lassen.
**6.** Die Nudeln mit der Sauce auf Tellern anrichten. Nach Belieben mit abgespülten und trocken getupften Schnittlauchhalmen garnieren.

Ravioli mit Salbeibutter

Spaghetti mit Sardellen

## Ravioli mit Salbeibutter

4 Portionen

*Zubereitungszeit:* 20 Minuten

5 l Wasser
1 Bund frischer Salbei
125 g Butter
4 gestr. TL Salz
500 g frische Ravioli
(aus dem Kühlregal, z. B. mit Käse- oder Spinatfüllung)
30–50 g frisch gehobelter Parmesan oder Pecorino
evtl. grob zerstoßene, rosa Pfefferbeeren

*Pro Portion:*
E: 15 g, F: 40 g, Kh: 37 g,
kJ: 2377, kcal: 568

**1.** Wasser in einem großen Topf zugedeckt zum Kochen bringen.
**2.** In der Zwischenzeit den Salbei abspülen und gut trocken tupfen. Die Blättchen von den Stängeln zupfen. Butter in einer Pfanne zerlassen und leicht bräunen. Salbeiblättchen in der Butter kurz knusprig rösten, herausnehmen und auf Küchenpapier abtropfen lassen. Die Pfanne mit der Salbeibutter beiseitestellen.
**3.** Salz und Ravioli ins kochende Wasser geben. Die Ravioli nach Packungsanleitung erhitzen. Ravioli in einem Sieb gut abtropfen lassen, in die beiseitegestellte Pfanne geben und in der Salbeibutter kurz durchschwenken.
**4.** Ravioli auf Tellern anrichten. Mit den gerösteten Salbeiblättchen, gehobeltem Parmesan oder Pecorino und nach Belieben mit Pfefferbeeren bestreut servieren.

## Spaghetti mit Sardellen

4 Portionen

*Zubereitungszeit:* 30 Minuten

1 kg reife Tomaten
2 Knoblauchzehen
4 EL Olivenöl

4 l Wasser
4 gestr. TL Salz
400 g Spaghetti

4 Sardellen
150 g ungefüllte, grüne Oliven ohne Stein
2 EL abgetropfte Kapern
Salz
1 EL gehackte Petersilie

*Pro Portion:*
E: 17 g, F: 17 g, Kh: 77 g,
kJ: 2246, kcal: 536

**1.** Tomaten kreuzweise einschneiden und mit kochendem Wasser übergießen. Nach 1–2 Minuten herausnehmen und mit kaltem Wasser abschrecken. Tomaten häuten, halbieren, entkernen und die Stängelansätze herausschneiden. Tomaten in Würfel schneiden. Knoblauch abziehen.
**2.** Das Olivenöl in einem Topf erhitzen, Knoblauchzehen darin bei mittlerer Hitze goldgelb anbraten. Tomatenwürfel hinzugeben und in dem Knoblauchöl unter gelegentlichem Rühren bei schwacher Hitze gar dünsten.
**3.** In der Zwischenzeit Wasser in einem großen Topf zugedeckt zum Kochen bringen. Dann Salz und Spaghetti hinzugeben. Die Spaghetti im geöffneten Topf bei mittlerer Hitze nach Packungsanleitung kochen lassen, dabei gelegentlich umrühren.
**4.** Anschließend die Spaghetti in ein Sieb geben, mit heißem Wasser abspülen und abtropfen lassen.
**5.** Sardellen abspülen, trocken tupfen und in kleine Stückchen schneiden. Sardellen, Oliven und Kapern unter die Tomatensauce rühren. Vorsichtig mit Salz abschmecken.
**6.** Spaghetti mit der Sardellen-Tomaten-Sauce anrichten und mit Petersilie bestreut servieren.

***Tipp:*** Wer keine Kapern mag, nimmt stattdessen 1 Esslöffel Zitronensaft.

Spaghetti-Pizza

Bandnudelpfanne mit Muscheln

## Spaghetti-Pizza

4–6 Portionen

*Zubereitungszeit:* 30 Minuten

300 g Spaghetti
3 l Wasser
3 gestr. TL Salz
1 rote Paprikaschote
40 g Butter
15 g Weizenmehl
250 g Schlagsahne
250 ml Milch (3,5 % Fett)
62,5 g Schmelzkäse (1 Ecke)
2 Eier (Größe M)
200 g Kochschinken
Salz, gem. Pfeffer
Paprikapulver edelsüß
5 mittelgroße Tomaten
gerebelter Oregano
80 g geraspelter Gratin-Käse
einige Basilikumblättchen

*Pro Portion:*
E: 30 g, F: 44 g, Kh: 50 g,
kJ: 3153, kcal: 753

**1.** Spaghetti einmal durchbrechen. Wasser in einem großen Topf zugedeckt zum Kochen bringen. Dann Salz und Spaghetti hinzugeben. Die Nudeln im geöffneten Topf bei mittlerer Hitze nach Packungsanleitung kochen, dabei gelegentlich umrühren.
**2.** In der Zwischenzeit Paprikaschote halbieren, entstielen, entkernen und die weißen Scheidewände entfernen. Schote abspülen, abtropfen lassen und in Streifen schneiden.
**3.** Den Backofen vorheizen.
*Ober-/Unterhitze:* etwa 200 °C
*Heißluft:* etwa 180 °C
**4.** Butter in einem Topf zerlassen. Mehl darin unter Rühren so lange erhitzen, bis es hellgelb ist. Sahne und Milch hinzugießen, mit einem Schneebesen gut durchschlagen. Dabei darauf achten, dass keine Klümpchen entstehen. Die Sauce unter Rühren zum Kochen bringen. Paprikastreifen hinzufügen, wieder zum Kochen bringen und bei schwacher Hitze etwa 5 Minuten kochen lassen.
**5.** Die garen Spaghetti in ein Sieb geben, mit heißem Wasser abspülen und abtropfen lassen.
**6.** Schmelzkäse unter die Sauce rühren. Spaghetti unterheben und Eier unterrühren. Schinken in Streifen schneiden und ebenfalls unterheben. Mit Salz, Pfeffer und Paprika würzen.
**7.** Die Spaghettimasse in eine Gratinform (Ø 30 cm, gefettet) geben.
**8.** Tomaten abspülen, trocken tupfen, halbieren und die Stängelansätze herausschneiden. Tomaten in Scheiben schneiden und auf der Spaghettimasse verteilen. Mit Salz, Pfeffer und Oregano würzen. Mit Käse bestreuen. Form auf dem Rost in den vorgeheizten Backofen schieben. Die Spaghetti-Pizza 15–20 Minuten garen.
**9.** In der Zwischenzeit Basilikumblättchen abspülen, trocken tupfen. Die Spaghetti-Pizza mit Basilikumblättchen garniert sofort servieren.

## Bandnudelpfanne mit Muscheln

4 Portionen

*Zubereitungszeit:* 30 Minuten

500 g gelbe Linguine (Bandnudeln, aus dem Kühlregal)
60 g milde, grüne und rote Chilischoten
2 Schalotten (etwa 120 g)
1 Bund Kerbel
300 g TK–Venusmuscheln (Vongole, ohne Schale, aufgetaut)
2 EL Olivenöl
200 ml trockener Weißwein
Salz, gem. Pfeffer

*Pro Portion:*
E: 17 g, F: 10 g, Kh: 38 g,
kJ: 1434, kcal: 343

**1.** Bandnudeln in ein Sieb geben, mit kaltem Wasser abspülen (um ein Zusammenkleben zu verhindern) und abtropfen lassen.
**2.** Chilischoten längs halbieren, entstielen, entkernen und evtl. die weißen Scheidewände entfernen. Schotenhälften kurz abspülen, abtropfen lassen und in kleine Stücke schneiden. Die Schalotten abziehen und in Scheiben schneiden.
**3.** Kerbel abspülen, trocken tupfen. Blättchen von den Stängeln zupfen.
**4.** Venusmuscheln kurz unter fließendem kalten Wasser abspülen und abtropfen lassen.

**5.** Olivenöl in einer großen Pfanne erhitzen. Schalottenscheiben und Chilistücke darin andünsten.
**6.** Venusmuscheln und Bandnudeln hinzugeben und 3–4 Minuten unter mehrmaligem Wenden dünsten.
**7.** Weißwein und Kerbel zu der Muschel-Bandnudel-Mischung geben und unterrühren. Die Bandnudelpfanne mit Salz und Pfeffer würzen und servieren.

## Spirelli-Topf mit Rauchenden

4 Portionen

*Zubereitungszeit:* 25 Minuten

2 Zwiebeln
20 g Butter
1 EL Tomatenmark
350 g Spirelli (Spiralnudeln)
750 ml Gemüsebrühe
250 ml Tomaten- oder Gemüsesaft (aus Tetra-Pak® oder Flasche)
4 Rauchenden (Mettwürstchen)
Salz
gem. Pfeffer
1 Prise Zucker

*Pro Portion:*
E: 26 g, F: 37 g, Kh: 66 g,
kJ: 2933, kcal: 701

**1.** Zwiebeln abziehen und in kleine Würfel schneiden. Butter in einem Topf oder einer hohen Pfanne zerlassen. Zwiebelwürfel darin andünsten. Tomatenmark unterrühren und kurz mitdünsten lassen. Nudeln hinzufügen.
**2.** Brühe und den Tomaten- oder Gemüsesaft hinzugießen, unter Rühren zum Kochen bringen und etwa 10 Minuten bei mittlerer Hitze unter gelegentlichem Rühren kochen lassen.
**3.** In der Zwischenzeit die Rauchenden in Scheiben schneiden und unter den Spirelli-Topf rühren. Mit Salz, Pfeffer und Zucker abschmecken. Spirelli-Topf noch etwa 5 Minuten ziehen lassen.

## Ravioli-Tunfisch-Pfanne mit Oliven

4 Portionen

*Zubereitungszeit:* 25 Minuten

4 Fleischtomaten (etwa 400 g)
160 g abgetropfte, grüne Oliven ohne Stein (aus dem Glas)
400 g Ravioli Formaggio (Nudeltaschen mit Käsefüllung, aus dem Kühlregal)
560 g abgetropfter Tunfisch im eigenen Saft (aus Dosen)
2 EL Olivenöl
40 g Butter
einige Stängel Basilikum
Salz
gem. Pfeffer

*Pro Portion:*
E: 41 g, F: 48 g, Kh: 33 g,
kJ: 3069, kcal: 733

**1.** Tomaten abspülen, trocken tupfen, halbieren und die Stängelansätze herausschneiden. Tomaten in grobe Würfel schneiden. Die Oliven halbieren.
**2.** Ravioli in ein Sieb geben, mit kaltem Wasser abspülen (um ein Zusammenkleben zu verhindern) und abtropfen lassen. Den Tunfisch evtl. in etwas kleinere Stücke teilen.
**3.** Olivenöl in einer großen Pfanne erhitzen. Tomatenwürfel, Olivenhälften und Tunfischstücke darin unter vorsichtigem Rühren kräftig andünsten. Butter und Ravioli hinzufügen, vorsichtig unterheben. Die Zutaten weitere 5–10 Minuten dünsten.
**4.** In der Zwischenzeit das Basilikum abspülen und trocken tupfen. Die Blättchen von den Stängeln zupfen. Blättchen klein schneiden.
**5.** Die Ravioli-Tunfisch-Pfanne mit Salz und Pfeffer herzhaft würzen. Basilikum unterheben und die Ravioli-Tunfisch-Pfanne mit Oliven sofort servieren.

Spirelli-Topf mit Rauchenden

Ravioli-Tunfisch-Pfanne mit Oliven

## Makkaroni „Gärtnerinnen Art“

4–6 Portionen

*Zubereitungszeit:* 30 Minuten

100 g Schinkenspeck
2 mittelgroße Zwiebeln
1 Stange Porree (Lauch)
1/2 Knollensellerie
2 Möhren
40 g Butter
2 EL Wasser
Salz
gem. Pfeffer

3 l Wasser
3 gestr. TL Salz
300 g Makkaroni

200 g Fleischwurst
2 TL Weizenmehl
250 ml heiße Fleischbrühe
100 g Gouda
1 Bund Petersilie
20 g Butter

*Pro Portion:*
E: 23 g, F: 30 g, Kh: 49 g,
kJ: 2338, kcal: 559

**1.** Schinkenspeck in kleine Würfel schneiden. Zwiebeln abziehen, halbieren und in Scheiben schneiden. Porree putzen, die Stange längs halbieren, gründlich waschen, abtropfen lassen, in Streifen schneiden. Sellerie und Möhren putzen, schälen, abspülen, abtropfen lassen und in kleine Würfel schneiden.

**2.** Butter in einem Topf zerlassen, Speckwürfel darin anbraten. Speckwürfel, Zwiebelscheiben, Porreestreifen, Sellerie-, Möhrenwürfel und Wasser zu den Speckwürfeln in den Topf geben und etwa 10 Minuten dünsten. Mit Salz und Pfeffer würzen.

**3.** In der Zwischenzeit das Wasser in einem großen Topf zugedeckt zum Kochen bringen. Dann Salz und Nudeln hinzugeben. Die Nudeln im geöffneten Topf bei mittlerer Hitze nach Packungsanleitung bissfest kochen, dabei gelegentlich umrühren.

**4.** Von der Fleischwurst die Pelle abziehen. Fleischwurst in Streifen schneiden, zu dem angedünsteten Gemüse geben und miterhitzen. Mehl darüberstäuben und unter Rühren durchdünsten lassen.

**5.** Die heiße Fleischbrühe hinzugießen, zum Kochen bringen und etwa 2 Minuten kochen lassen. Den Käse in kleine Würfel schneiden. Petersilie abspülen und trocken tupfen. Die Blättchen von den Stängeln zupfen. Die Blättchen klein schneiden. Käsewürfel und Petersilie unter das Gemüse-Ragout heben.

**6.** Die garen Makkaroni in ein Sieb geben, mit heißem Wasser abspülen und abtropfen lassen.

**7.** Butter zerlassen, die Makkaroni darin schwenken und mit dem Gemüse-Ragout auf Tellern anrichten.

## Nudel-Porree-Topf

6 Portionen

*Zubereitungszeit:* 25 Minuten

5 l Wasser
5 gestr. TL Salz
500 g Bandnudeln
1 kg Porree (Lauch)
100 ml Fleischbrühe
100 ml Weißwein
200–250 g Schlagsahne
200 g Schmand (Sauerrahm)
Salz, gem. Pfeffer
ger. Muskatnuss
300 g Kochschinken

*Pro Portion:*
E: 25 g, F: 22 g, Kh: 65 g,
kJ: 2453, kcal: 587

**1.** Wasser in einem großen Topf zugedeckt zum Kochen bringen. Dann Salz und Nudeln hinzugeben. Die Nudeln im geöffneten Topf bei mittlerer Hitze nach Packungsanleitung bissfest kochen, dabei gelegentlich umrühren.

**2.** In der Zwischenzeit Porree putzen, die Stangen längs halbieren, gründlich waschen, abtropfen lassen und in Streifen schneiden. Die Brühe mit Weißwein in einen Topf geben, Porreestreifen hinzufügen, zum Kochen bringen und etwa 8 Minuten garen. Nach etwa 3 Minuten Garzeit Sahne und Schmand unterrühren. Mit Salz, Pfeffer und Muskat würzen.

Makkaroni „Gärtnerinnen Art“

Nudel-Porree-Topf

Penne mit Gorgonzola

Grüne Bandnudeln mit Lachs-Sahne-Sauce

**3.** Anschließend die garen Nudeln in ein Sieb geben, mit heißem Wasser abspülen und abtropfen lassen.
**4.** Schinken in Streifen schneiden, mit den Nudeln unter die Sahne-Porree-Sauce heben.

## Penne mit Gorgonzola

4 Portionen

*Zubereitungszeit:* 20 Minuten

**Für die Sauce:**
250 g Gorgonzola
200 g Schlagsahne
Salz, gem. Pfeffer
5 l Wasser
5 gestr. TL Salz
500 g Penne (Röhrennudeln)
60 g Butter
40 g frisch gehobelter Parmesan

*Pro Portion:*
E: 32 g, F: 52 g, Kh: 90 g,
kJ: 4056, kcal: 975

**1.** Für die Sauce Gorgonzola in eine Rührschüssel geben und mit einer Gabel zerdrücken. Sahne hinzufügen und zu einer geschmeidigen Masse verrühren. Mit Salz und Pfeffer abschmecken.
**2.** Wasser in einem großen Topf zugedeckt zum Kochen bringen. Dann Salz und Nudeln hinzugeben. Die Nudeln im geöffneten Topf bei mittlerer Hitze nach Packungsanleitung kochen lassen, dabei gelegentlich umrühren.
**3.** Anschließend die Nudeln in ein Sieb geben, mit heißem Wasser abspülen, abtropfen lassen und in eine vorgewärmte Schüssel geben. Butter zerlassen und mit den Nudeln vermischen.
**4.** Die Gorgonzolasauce und den Parmesan auf den Nudeln verteilen und gut untermischen.

## Grüne Bandnudeln mit Lachs-Sahne-Sauce

4 Portionen

*Zubereitungszeit:* 25 Minuten

3 l Wasser
3 gestr. TL Salz
300 g grüne Bandnudeln

**Für die Sauce:**
2 Stangen Porree (Lauch)
40 g Butter
1 EL Weizenmehl
125 ml Gemüsebrühe
200 g Schlagsahne

300 g frisches Lachsfilet
etwas Zitronensaft
Salz, gem. Pfeffer

*Pro Portion:*
E: 27 g, F: 27 g, Kh: 56 g,
kJ: 2913, kcal: 696

**1.** Wasser in einem großen Topf zugedeckt zum Kochen bringen. Dann Salz und Nudeln hinzugeben. Die Nudeln im geöffneten Topf bei mittlerer Hitze nach Packungsanleitung kochen lassen, dabei gelegentlich umrühren.
**2.** Für die Sauce in der Zwischenzeit Porree putzen, die Stangen längs halbieren, gründlich waschen, abtropfen lassen, in Streifen schneiden.
**3.** Butter in einem Topf zerlassen. Die Porreestreifen darin andünsten, mit Mehl bestäuben und unter Rühren goldgelb dünsten. Brühe und Sahne hinzugießen, unter Rühren zum Kochen bringen und etwa 5 Minuten kochen lassen.
**4.** Gare Nudeln in ein Sieb geben, mit heißem Wasser abspülen und abtropfen lassen.
**5.** Lachsfilet kurz unter fließendem kalten Wasser abspülen und trocken tupfen. Lachsfilet in Würfel schneiden, mit Zitronensaft beträufeln, mit Salz und Pfeffer würzen. Lachsfiletwürfel in die Sauce geben und etwa 5 Minuten bei schwacher Hitze garen.
**6.** Die Nudeln vorsichtig unterheben und sofort servieren.

***Tipp:*** Statt grüne Bandnudeln bunte Spirelli (Spiralnudeln) verwenden.

Spinatnudeln

Spaghetti bolognese

## Spinatnudeln

3 Portionen

*Zubereitungszeit: 30 Minuten*

250 g Spaghetti
2 1/2 l Wasser
2 1/2 gestr. TL Salz
40 g Pinienkerne
1–2 rote Peperoni
2 Zwiebeln
4 EL Olivenöl
450 g TK-Blattspinat
Salz, gem. Pfeffer
40 g gehobelter Parmesan

*Pro Portion:*
E: 22 g, F: 26 g, Kh: 63 g,
kJ: 2435, kcal: 581

**1.** Spaghetti zweimal durchbrechen. Wasser in einem großen Topf zugedeckt zum Kochen bringen. Dann Salz und Spaghetti hinzugeben. Nudeln im geöffneten Topf bei mittlerer Hitze nach Packungsanleitung kochen, dabei gelegentlich umrühren.
**2.** In der Zwischenzeit Pinienkerne in einer Pfanne ohne Fett unter Rühren goldbraun rösten, herausnehmen und auf einem Teller erkalten lassen.
**3.** Die Peperoni der Länge nach aufschneiden, entkernen und die weißen Scheidewände entfernen. Peperoni abspülen, abtropfen lassen und in Ringe schneiden. Zwiebeln abziehen und in kleine Würfel schneiden.
**4.** Die garen Spaghetti in ein Sieb geben, mit heißem Wasser abspülen und gut abtropfen lassen.
**5.** Die Hälfte des Olivenöls in der Pfanne erhitzen. Zwiebelwürfel darin andünsten. Den gefrorenen Blattspinat hinzugeben. Den Spinat zugedeckt etwa 10 Minuten garen. Anschließend den Deckel abnehmen und den Spinat weitergaren, bis die Flüssigkeit verdampft ist. Spinat aus der Pfanne nehmen.
**6.** Restliches Olivenöl in der Pfanne erhitzen. Die Spaghetti darin unter Rühren anbraten. Peperoniringe hinzufügen und kurz mit anbraten. Anschließend den Spinat und die Pinienkerne unter die Spaghetti heben und erhitzen.
**7.** Die Spinatnudeln mit Salz und Pfeffer abschmecken. Vor dem Servieren mit Parmesan bestreuen.

## Spaghetti bolognese

4 Portionen

*Zubereitungszeit: 25 Minuten*

**Für die Sauce:**
2 Zwiebeln
1–2 Knoblauchzehen
2 EL Olivenöl
250 g Gehacktes (halb Rind-, halb Schweinefleisch)
Salz, gem. Pfeffer
Paprikapulver edelsüß
400 g geschälte Tomaten (aus der Dose)
70 g Tomatenmark (aus der Dose)
125 ml Rotwein oder Wasser
1 TL Thymianblättchen
1 TL klein geschnittene Basilikumblättchen

4 l Wasser
4 gestr. TL Salz
400 g Spaghetti

evtl. frisch ger. Parmesan

*Pro Portion:*
E: 27 g, F: 27 g, Kh: 72 g,
kJ: 2916, kcal: 696

**1.** Für die Sauce Zwiebeln und Knoblauch abziehen und in kleine Würfel schneiden. Olivenöl in einer Pfanne erhitzen. Zwiebel- und Knoblauchwürfel darin andünsten.
**2.** Gehacktes hinzufügen und etwa 5 Minuten unter ständigem Rühren anbraten. Dabei die Fleischklümpchen mit einer Gabel zerdrücken, mit Salz, Pfeffer und Paprika würzen.
**3.** Tomaten mit dem Saft hinzufügen. Tomaten mit einem Löffel etwas zerkleinern. Tomatenmark und Rotwein oder Wasser hinzugeben, gut verrühren und zum Kochen bringen. Die Sauce etwa 10 Minuten kochen lassen. Thymian- und Basilikumblättchen unterrühren.
**4.** In der Zwischenzeit das Wasser in einem großen Topf zugedeckt zum Kochen bringen. Dann Salz und Spaghetti hinzugeben. Die Spaghetti im geöffneten Topf bei mittlerer Hitze nach Packungsanleitung bissfest kochen, dabei gelegentlich umrühren. Anschließend die Spaghetti in ein Sieb geben, mit heißem Wasser abspülen und abtropfen lassen.
**5.** Spaghetti bolognese auf Tellern anrichten und nach Belieben mit Parmesan bestreut servieren.

***Tipp:*** Wenn Kinder mitessen, die Bolognese-Sauce nur mit Wasser statt mit Rotwein zubereiten.

## Spaghetti Genua
4 Portionen

*Zubereitungszeit:* 25 Minuten

1 Bund Basilikum
3–4 EL klein geschnittene Petersilie
5 abgezogene Knoblauchzehen
1 gestr. TL Salz
50 g frisch ger. Parmesan
70 g frisch ger. Pecorino
125 ml Olivenöl
4 l Wasser
4 gestr. TL Salz
400 g Spaghetti

*Pro Portion:*
E: 23 g, F: 40 g, Kh: 72 g,
kJ: 3081, kcal: 736

**1.** Basilikum abspülen und trocken tupfen. Basilikumblättchen mit Petersilie, Knoblauch und Salz in einem Mörser fein zerdrücken (oder ganz fein hacken).
**2.** Parmesan- und Pecorino hinzugeben und gut untermischen. Das Olivenöl esslöffelweise unterrühren, bis eine cremige Masse entsteht (oder Olivenöl in den Mixer geben und mit den Kräutern und dem Käse zu einer cremigen Masse verrühren).
**3.** Wasser in einem großen Topf zugedeckt zum Kochen bringen. Dann Salz und Spaghetti hinzugeben. Die Spaghetti im geöffneten Topf bei mittlerer Hitze nach Packungsanleitung kochen lassen, dabei gelegentlich umrühren.
**4.** Anschließend die Spaghetti in ein Sieb geben, mit heißem Wasser abspülen und abtropfen lassen.
**5.** Spaghetti in eine vorgewärmte Schüssel geben und mit der Kräuter-Käse-Sauce gut mischen, sofort servieren.

## Gemüse-Spaghetti
4 Portionen

*Zubereitungszeit:* 30 Minuten

2 1/2 l Wasser
2 1/2 gestr. TL Salz
250 g Spaghetti
400 g Porree (Lauch)
4 Möhren (je etwa 100 g)
200 g Champignons
1 Zwiebel
2 Knoblauchzehen
1 EL Speiseöl, z. B. Olivenöl
Salz
gem. Pfeffer
4 Tomaten (etwa 200 g)
60 g Crème légère
2 EL gehackte Basilikumblättchen
30 g ger. Parmesan

*Pro Portion:*
E: 16 g, F: 8 g, Kh: 53 g,
kJ: 1471, kcal: 352

**1.** Das Wasser in einem großen Topf zugedeckt zum Kochen bringen. Dann Salz und Spaghetti hinzugeben. Die Spaghetti im geöffneten Topf bei mittlerer Hitze nach Packungsanleitung bissfest kochen, dabei gelegentlich umrühren.
**2.** In der Zwischenzeit Porree putzen, die Stangen längs halbieren, gründlich waschen, abtropfen lassen und in feine Streifen schneiden. Möhren putzen, schälen, abspülen, abtropfen lassen und ebenfalls in feine Streifen schneiden. Champignons putzen, evtl. kurz abspülen, gut abtropfen lassen und in Scheiben schneiden.
**3.** Zwiebel und Knoblauch abziehen, klein würfeln. Speiseöl in einer Pfanne erhitzen. Zwiebel- und Knoblauchwürfel darin unter Rühren andünsten. Möhrenstreifen hinzugeben und etwa 2 Minuten mitdünsten. Porreestreifen und Pilzscheiben hinzufügen, mit Salz und Pfeffer würzen. Gemüse zugedeckt bei schwacher Hitze etwa 4 Minuten unter gelegentlichem Rühren dünsten.
**4.** Die garen Spaghetti in ein Sieb geben, mit heißem Wasser abspülen und abtropfen lassen. Spaghetti warm stellen.
**5.** Tomaten abspülen, trocken tupfen, halbieren und die Stängelansätze herausschneiden. Tomaten klein schneiden, mit Crème légère verrühren, mit Salz und Pfeffer abschmecken. Basilikum unterrühren.
**6.** Die Spaghetti mit dem gedünsteten Gemüse vermischen und auf 4 Tellern anrichten. Die Tomatenmischung daraufgeben oder mit Parmesan dazu servieren.

Spaghetti Genua

Gemüse-Spaghetti

## Spaghetti mit Garnelen und Thai-Basilikum

2 Portionen

*Zubereitungszeit:* 30 Minuten

1 Bio-Orange
(unbehandelt, ungewachst)
1 EL Sambal Oelek
1/2 TL Currypulver
1 Bio-Limette
(unbehandelt, ungewachst)
2 l Wasser
2 gestr. TL Salz
200 g Spaghetti
200 ml Kokosmilch
20 g frischer Ingwer
Salz
2 EL Olivenöl
10 TK-Garnelen, küchenfertig
(je etwa 20 g)
2 Stängel Thai-Basilikum

*Pro Portion:*
E: 32 g, F: 30 g, Kh: 86 g,
kJ: 3145, kcal: 755

1. Orange heiß abwaschen, abtrocknen und die Schale dünn abschälen. Die Orangenschale in feine Streifen schneiden. Orange halbieren und den Saft auspressen.
2. Orangenschale mit -saft, Sambal Oelek und Curry vermischen.
3. Limette heiß abwaschen, abtrocknen und die Schale fein abreiben. Limette halbieren, den Saft auspressen und 3 Esslöffel abmessen.
4. Wasser in einem Topf zugedeckt zum Kochen bringen. Dann Salz und Spaghetti hinzugeben. Die Spaghetti im geöffneten Topf bei mittlerer Hitze nach Packungsanleitung kochen lassen, dabei gelegentlich umrühren.
5. In der Zwischenzeit die Kokosmilch in einem Topf zum Kochen bringen und etwa 5 Minuten bei mittlerer Hitze ohne Deckel einkochen lassen. Ingwer schälen, fein reiben und hinzugeben. Limettenschale und den abgemessenen Limettensaft unterrühren. Mit Salz würzen.
6. Olivenöl in einer Pfanne erhitzen. Die gefrorenen Garnelen darin von jeder Seite etwa 1 Minute bei mittlerer Hitze anbraten, mit Salz würzen, mit dem Sambal-Orangen-Gemisch ablöschen und etwa 1 Minute einkochen lassen.
7. Die garen Spaghetti in ein Sieb geben, mit heißem Wasser abspülen und abtropfen lassen.
8. Basilikum abspülen und trocken tupfen. Die Blättchen von den Stängeln zupfen. Die Blättchen grob zerschneiden. Die Spaghetti mit der heißen Kokosmilch mischen und anrichten. Die Garnelen darauf verteilen. Mit Basilikum bestreuen.

## Tagliatelle mit Spargel

4–6 Portionen

*Zubereitungszeit:* 25 Minuten

700 g grüner Spargel
5 l Wasser
5 gestr. TL Salz
500 g Tagliatelle (Bandnudeln)
1 Zwiebel
2 Knoblauchzehen
5 EL Olivenöl
60 g abgetropfte, getrocknete Tomaten in Öl
30 g Pinienkerne
1 Bund Basilikum
Salz, gem. Pfeffer
80 g ger. Parmesan

*Pro Portion:*
E: 22 g, F: 22 g, Kh: 75 g,
kJ: 2439, kcal: 583

1. Von dem Spargel das untere Drittel schälen und die Enden abschneiden. Spargel in etwa 3 cm lange Stücke schneiden.
2. Wasser in einem großen Topf zugedeckt zum Kochen bringen. Salz und Nudeln hinzugeben. Nudeln im geöffneten Topf bei mittlerer Hitze nach Packungsanleitung kochen lassen, dabei gelegentlich umrühren.
3. In der Zwischenzeit Zwiebel und Knoblauch abziehen, in kleine Würfel schneiden.
4. Olivenöl in einer großen Pfanne erhitzen. Knoblauch- und Zwiebelwürfel darin glasig dünsten. Spargelstücke hinzugeben und unter Rühren etwa 3 Minuten mit anbraten.
5. Tomaten in Streifen schneiden. Zusammen mit den Pinienkernen unter die Spargelstücke rühren. Basilikum abspülen und trocken tupfen. Die Blättchen von den Stängeln zupfen. Blättchen klein schneiden und vorsichtig unter das Spargel-Tomaten-Gemüse rühren, mit Salz und Pfeffer würzen.
6. Die garen Tagliatelle in ein Sieb geben, mit heißem Wasser abspülen und abtropfen lassen.
7. Die Nudeln auf Tellern anrichten. Das Spargel-Tomaten-Gemüse darauf verteilen und mit Parmesan bestreut servieren.

Spaghetti mit Garnelen und Thai-Basilikum

Tagliatelle mit Spargel

## Pennini mit Tomatensauce „Primavera"

4 Portionen

*Zubereitungszeit:* 30 Minuten

1 rote Paprikaschote (etwa 150 g)
2 Zucchini (etwa 400 g)
200 g Zuckerschoten
3 Frühlingszwiebeln (etwa 100 g)
2 EL Olivenöl
400 g stückige Tomaten (aus der Dose)
Salz
gem. Pfeffer
Paprikapulver edelsüß
gerebelter Oregano
3 l Wasser
3 gestr. TL Salz
300 g Pennini (kleine Röhrennudeln)
2 EL gehackte Petersilie

*Pro Portion:*
E: 15 g, F: 7 g, Kh: 67 g,
kJ: 1646, kcal: 393

1. Paprikaschote halbieren, entstielen, entkernen und die weißen Scheidewände entfernen. Schote abspülen, abtropfen lassen und in Streifen schneiden.
2. Zucchini abspülen, abtrocknen und die Enden abschneiden. Zucchini längs halbieren, vierteln und in Scheiben schneiden.
3. Von den Zuckerschoten die Enden abschneiden, evtl. abfädeln. Schoten abspülen, abtropfen lassen und evtl. halbieren. Frühlingszwiebeln putzen, abspülen, abtropfen lassen und in Scheiben schneiden.
4. Olivenöl in einem großen Topf erhitzen. Paprikastreifen hinzufügen und etwa 2 Minuten unter Rühren andünsten. Zucchinischeiben, Zuckerschoten und Frühlingszwiebelscheiben hinzugeben, unter Rühren weitere etwa 5 Minuten dünsten.
5. Tomaten unterrühren. Mit Salz, Pfeffer, Paprika und Oregano würzen. Die Tomatensauce etwa 5 Minuten bei schwacher Hitze leicht kochen lassen.
6. In der Zwischenzeit Wasser in einem großen Topf zugedeckt zum Kochen bringen. Dann Salz und Nudeln hinzugeben. Die Nudeln im geöffneten Topf bei mittlerer Hitze nach Packungsanleitung bissfest kochen, dabei gelegentlich umrühren.
7. Anschließend die Nudeln in ein Sieb geben, mit heißem Wasser abspülen und abtropfen lassen.
8. Die Tomatensauce mit den Nudeln vermischen, auf Tellern anrichten und mit Petersilie bestreut servieren.

Pennini mit Tomatensauce „Primavera"

## Bandnudeln mit Meeresfrüchten

4 Portionen

*Zubereitungszeit:* 30 Minuten

4 l Wasser
4 gestr. TL Salz
400 g Bandnudeln

**Für den Muschelsud:**
1 Zwiebel
1 Knoblauchzehe
1 EL Speiseöl
125 ml Weißwein
1 Lorbeerblatt
Salz
gem. Pfeffer
300 g TK-Herzmuscheln

2–3 EL Butter
500 g Tomaten
250 g abgetropfte Miesmuscheln (aus dem Glas, naturell)
100 g TK-Shrimps
1 EL Kapern
gehackte Petersilie

*Pro Portion:*
E: 39 g, F: 27 g, Kh: 102 g,
kJ: 3696, kcal: 882

1. Wasser in einem großen Topf zugedeckt zum Kochen bringen. Dann Salz und Nudeln hinzugeben. Die Nudeln im geöffneten Topf bei mittlerer Hitze nach Packungsanleitung ko-

Bandnudeln mit Meeresfrüchten

Spaghetti mit Meeresfrüchten

chen lassen, dabei gelegentlich umrühren.

2. Für den Muschelsud in der Zwischenzeit Zwiebel und Knoblauch abziehen, klein würfeln. Speiseöl in einem großen Topf erhitzen. Zwiebelwürfel darin andünsten. Knoblauchwürfel hinzugeben und kurz miterhitzen. Weißwein und Lorbeerblatt hinzugeben. Mit Salz und Pfeffer würzen.

3. Die Herzmuscheln in den Sud geben und unter Rühren etwa 5 Minuten garen, bis sie sich öffnen (Muscheln, die sich nicht öffnen, sind ungenießbar). Die Herzmuscheln mit einer Schaumkelle herausnehmen und etwas abkühlen lassen. Das Muschelfleisch aus den Schalen lösen.

4. Gare Nudeln in ein Sieb geben, mit heißem Wasser abspülen und abtropfen lassen. Butter zerlassen. Die Nudeln darin schwenken und warm stellen.

5. Tomaten kreuzweise einschneiden und mit kochendem Wasser übergießen. Nach 1–2 Minuten herausnehmen und mit kaltem Wasser abschrecken. Tomaten häuten, halbieren, entkernen und die Stängelansätze herausschneiden. Tomaten würfeln.

6. Tomatenwürfel, Miesmuscheln, Shrimps, Herzmuschelfleisch und Kapern zum Muschelsud in den Topf geben und vorsichtig unterrühren, zum Kochen bringen und etwa 2 Minuten leicht kochen lassen.

7. Die warm gestellten Bandnudeln und die Petersilie hinzufügen, vorsichtig untermischen und servieren.

## Spaghetti mit Meeresfrüchten

4 Portionen

*Zubereitungszeit:* 30 Minuten

4 l Wasser
4 gestr. TL Salz
400 g Spaghetti
200 g Muscheln (mit Schalen)
200 g küchenfertige, kleine Tintenfische
100 g Lachsfilet
2 EL Olivenöl
2 EL Zwiebelwürfel
2 abgezogene, gewürfelte Knoblauchzehen
150 g Tomatenwürfel
Salz, grob gem. bunter Pfeffer
einige Basilikumblättchen

*Pro Portion:*
E: 27 g, F: 8 g, Kh: 73 g,
kJ: 2018, kcal: 482

1. Wasser in einem großen Topf zugedeckt zum Kochen bringen. Dann Salz und Spaghetti hinzugeben. Nudeln im geöffneten Topf bei mittlerer Hitze nach Packungsanleitung kochen, dabei gelegentlich umrühren.

2. In der Zwischenzeit Muscheln in reichlich kaltem Wasser gründlich waschen und einzeln abbürsten, bis sie nicht mehr sandig sind (Muscheln, die sich beim Waschen öffnen, sind ungenießbar). Evtl. die Fäden (Bartbüschel) entfernen. Tintenfische und Lachsfilet kurz unter fließendem kalten Wasser abspülen und trocken tupfen. Anschließend das Lachsfilet in Würfel schneiden.

3. Olivenöl in einem Topf erhitzen. Zwiebel- und Knoblauchwürfel darin andünsten. Tintenfische, Muscheln und Lachswürfel hinzufügen und mit andünsten. (Muscheln, die sich nach dem Dünsten nicht geöffnet haben, sind ungenießbar und müssen entfernt werden). Die Tomatenwürfel unterrühren. Meeresfrüchte mit Salz und Pfeffer würzen.

4. Die garen Spaghetti in ein Sieb geben, mit heißem Wasser abspülen und abtropfen lassen.

5. Spaghetti mit den Meeresfrüchten auf Tellern anrichten und mit abgespülten, trocken getupften Basilikumblättchen garnieren.

Spaghetti mit Mozzarella und Tomate

Spaghetti mit Pilzsauce

## Spaghetti mit Mozzarella und Tomate

2 Portionen

*Zubereitungszeit:* 25 Minuten

2 l Wasser
2 gestr. TL Salz
200 g Spaghetti
600 g Tomaten
etwa 120 g abgetropfter Mozzarella
1 Knoblauchzehe
2 EL Olivenöl
Salz, gem. Pfeffer
Zucker
6–8 Stängel Basilikum

*Pro Portion:*
E: 26 g, F: 24 g, Kh: 79 g,
kJ: 2680, kcal: 640

**1.** Wasser in einem großen Topf zugedeckt zum Kochen bringen. Dann Salz und Spaghetti hinzugeben. Die Spaghetti im geöffneten Topf bei mittlerer Hitze nach Packungsanleitung bissfest kochen, dabei gelegentlich umrühren.
**2.** In der Zwischenzeit die Tomaten kreuzweise einschneiden und mit kochendem Wasser übergießen. Nach 1–2 Minuten herausnehmen und mit kaltem Wasser abschrecken. Tomaten häuten, halbieren, entkernen und dann die Stängelansätze herausschneiden. Tomaten in kleine Stücke schneiden. Mozzarella in sehr kleine Würfel schneiden.
**3.** Knoblauch abziehen und in kleine Würfel schneiden. 1/2 Esslöffel des Olivenöls in einem Topf erhitzen. Knoblauchwürfel darin andünsten. Tomatenstücke mit den Mozzarellawürfeln hinzufügen und unter gelegentlichem Rühren 3–4 Minuten mitdünsten lassen. Tomaten-Mozzarella-Sauce mit Salz, Pfeffer und Zucker würzen, warm stellen.
**4.** Die garen Spaghetti in ein Sieb geben, mit heißem Wasser abspülen und abtropfen lassen.
**5.** Basilikum abspülen und trocken tupfen. Die Blättchen von den Stängeln zupfen. Blättchen (6–8 kleine Blättchen beiseitelegen) in Streifen schneiden.
**6.** Spaghetti in dem restlichen Olivenöl schwenken und in eine große Schüssel geben. Tomaten-Mozzarella-Sauce mit den Basilikumstreifen unter die Spaghetti mischen. Mit den beiseitegelegten Basilikumblättchen sofort servieren.

## Spaghetti mit Pilzsauce

4 Portionen

*Zubereitungszeit:* 30 Minuten

4 l Wasser
750 g Champignons
100 g Schinkenspeck
1 Zwiebel
1 Knoblauchzehe
4 gestr. TL Salz
400 g Spaghetti
3–4 EL Olivenöl
Salz, gem. Pfeffer
150 g Crème fraîche
125 g Schlagsahne
80 g ger. Parmesan
1–2 EL Butter
2 EL Schnittlauchröllchen
2 EL gehackte, glatte Petersilie
einige gehackte Basilikumblättchen
evtl. Schnittlauchröllchen
evtl. etwas gehackte, glatte Petersilie
evtl. einige gehackte Basilikumblättchen

*Pro Portion:*
E: 29 g, F: 46 g, Kh: 74 g,
kJ: 3498, kcal: 836

**1.** Wasser in einem großen Topf zugedeckt zum Kochen bringen.
**2.** In der Zwischenzeit für die Sauce Champignons putzen, evtl. kurz abspülen, trocken tupfen und in Scheiben schneiden. Den Schinkenspeck in Streifen schneiden. Zwiebel und Knoblauch abziehen, klein würfeln.
**3.** Salz und Spaghetti ins kochende Wasser geben. Die Spaghetti im geöffneten Topf bei mittlerer Hitze nach Packungsanleitung kochen lassen, dabei gelegentlich umrühren.
**4.** Das Olivenöl in einem Topf erhitzen. Speckstreifen, Zwiebel- und Knoblauchwürfel darin andünsten. Die Champignonscheiben hinzufügen und unter Rühren so lange dünsten, bis die Flüssigkeit fast verdampft ist. Mit Salz und Pfeffer würzen.
**5.** Crème fraîche mit Sahne und Käse verrühren, zu den Champignonscheiben in den Topf geben und unter Rühren aufkochen lassen.
**6.** Die garen Spaghetti in ein Sieb geben, mit heißem Wasser abspülen und abtropfen lassen. Butter zerlassen. Spaghetti darin schwenken.
**7.** Die Schnittlauchröllchen, Petersilie und Basilikumblättchen unter die Sauce rühren. Die Sauce mit Salz und Pfeffer abschmecken.
**8.** Die Spaghetti mit der Pilzsauce servieren. Oder Spaghetti mit der Pilzsauce vermengen.
**9.** Nach Belieben mit Schnittlauchröllchen, Petersilie und Basilikumblättchen garnieren.

# Spaghetti mit Roquefort

4 Portionen

*Zubereitungszeit:* 15 Minuten

5 l Wasser
5 gestr. TL Salz
500 g Spaghetti
200 g Roquefort
200 g Crème fraîche
3 EL trockener Weißwein
gem. Pfeffer
2 EL geröstete, geschälte Sonnenblumenkerne
1 EL in Streifen geschnittene Basilikumblättchen

*Pro Portion:*
E: 30 g, F: 34 g, Kh: 93 g,
kJ: 3361, kcal: 806

**1.** Wasser in einem großen Topf zugedeckt zum Kochen bringen. Dann Salz und Spaghetti hinzugeben. Die Spaghetti im geöffneten Topf bei mittlerer Hitze nach Packungsanleitung bissfest kochen, dabei gelegentlich umrühren.
**2.** In der Zwischenzeit Roquefort mit Crème fraîche und Weißwein in einem hohen Rührbecher pürieren und mit Pfeffer würzen.
**3.** Anschließend die Spaghetti in ein Sieb geben, mit heißem Wasser abspülen und abtropfen lassen.
**4.** Roquefortsahne mit den Spaghetti vermengen, etwa 1 Minute ziehen lassen und auf vorgewärmten Tellern verteilen.
**5.** Spaghetti mit Roquefort mit Sonnenblumenkernen und Basilikumstreifen bestreut servieren.

***Tipps:*** Milder wird die Sauce, wenn Sie den Roquefort durch Gorgonzola ersetzen. Statt Spaghetti können Sie für dieses Gericht auch Makkaroni verwenden. Oder probieren Sie anstelle der Sonnenblumenkerne doch einmal Kürbiskerne. Diese in einer Pfanne ohne Fett unter Wenden anrösten.

# Spaghetti mit Möhren-Tomaten-Sauce

4 Portionen

*Zubereitungszeit:* 30 Minuten

2 Zwiebeln
1 Knoblauchzehe
750 g Möhren
3 EL Speiseöl
Salz
gem. Pfeffer
gerebelter Majoran
150 ml Gemüsebrühe
5 l Wasser
5 gestr. TL Salz
500 g Spaghetti
400 g stückige Tomaten (aus der Dose)
100 g Schlagsahne
2 EL gehacktes Basilikum (frisch oder TK)
ger. Parmesan
einige Basilikumblättchen

*Pro Portion:*
E: 19 g, F: 17 g, Kh: 100 g,
kJ: 2694, kcal: 644

**1.** Zwiebeln und Knoblauch abziehen, in kleine Würfel schneiden. Möhren putzen, schälen, abspülen, abtropfen lassen und in sehr kleine Stücke schneiden. Speiseöl in einem Topf erhitzen. Zwiebel-, Knoblauchwürfel und Möhrenstücke darin unter Rühren andünsten. Mit Salz, Pfeffer und Majoran würzen.
**2.** Brühe hinzugießen, zum Kochen bringen und zugedeckt bei schwacher Hitze etwa 8 Minuten kochen lassen.
**3.** In der Zwischenzeit Wasser in einem großen Topf zugedeckt zum Kochen bringen. Dann Salz und Spaghetti hinzugeben. Die Spaghetti im geöffneten Topf bei mittlerer Hitze nach Packungsanleitung kochen lassen, dabei gelegentlich umrühren.
**4.** Anschließend die Spaghetti in ein Sieb geben, mit heißem Wasser abspülen und abtropfen lassen. Spaghetti warm stellen.
**5.** Stückige Tomaten zu den vorgegarten Möhrenstücken geben. Nochmals mit Salz, Pfeffer und Majoran würzen, wieder zum Kochen bringen und weitere etwa 5 Minuten kochen lassen.
**6.** Die Möhren-Tomaten-Masse fein pürieren, Sahne unterrühren. Basilikum hinzufügen. Die Sauce nochmals mit den Gewürzen abschmecken.
**7.** Spaghetti auf Tellern verteilen. Die Möhren-Tomaten-Sauce daraufgeben. Mit Parmesan bestreuen und mit abgespülten, trocken getupften Basilikumblättchen garnieren.

Spaghetti mit Roquefort

Spaghetti mit Möhren-Tomaten-Sauce

## Spätzle-Spitzkohl-Fleischwurst-Pfanne

4 Portionen

*Zubereitungszeit:* 20 Minuten

1 Knoblauchzehe, 1 große Zwiebel
1 kleiner Spitzkohl (etwa 700 g)
3 EL Speiseöl
125 ml Fleischbrühe
125 g Schlagsahne
Salz, gem. Pfeffer
evtl. Kümmelsamen
etwa 400 g Fleischwurst
380 g frische Spätzle
(aus dem Kühlregal)

*Pro Portion:*
E: 25 g, F: 48 g, Kh: 16 g,
kJ: 2633, kcal: 629

**1.** Knoblauch und Zwiebel abziehen, in kleine Würfel schneiden. Spitzkohl putzen, sechsteln und den Strunk herausschneiden. Kohlstücke abspülen und abtropfen lassen.
**2.** Das Speiseöl in einem großen Topf erhitzen. Knoblauch- und Zwiebelwürfel darin andünsten. Kohlstücke hinzugeben und mitdünsten lassen. Brühe und Sahne hinzugießen, zum Kochen bringen.
**3.** Kohlstücke zugedeckt 10–15 Minuten bissfest garen. Mit Salz, Pfeffer und evtl. Kümmel würzen.
**4.** Von der Fleischwurst die Pelle abziehen. Fleischwurst in grobe Streifen schneiden. Spätzle und Fleischwurststreifen zu den Kohlstücken geben und erhitzen, evtl. nochmals mit den Gewürzen abschmecken.

Spätzle-Spitzkohl-Fleischwurst-Pfanne

## Spaghetti mit Schinken-Creme-Sauce

4 Portionen

*Zubereitungszeit:* 25 Minuten

**Für die Schinken-Creme-Sauce:**
30 g Butter
1 EL Weizenmehl
200 ml Hühnerbrühe
250 g Crème fraîche

5 l Wasser
5 gestr. TL Salz
500 g Spaghetti

150 g TK-Erbsen
200 g Kochschinken
1 Bund Frühlingszwiebeln
Salz
gem. Pfeffer
Worcestersauce

*Pro Portion:*
E: 32 g, F: 29 g, Kh: 102 g,
kJ: 3368, kcal: 808

Spaghetti mit Schinken-Creme-Sauce

**1.** Für die Sauce Butter in einem Topf zerlassen. Mehl darin unter Rühren so lange erhitzen, bis es hellgelb ist. Hühnerbrühe hinzugießen, mit einem Schneebesen gut durchschlagen. Dabei darauf achten, dass keine Klümpchen entstehen. Die Sauce zum Kochen bringen, Crème fraîche unterrühren und etwa 10 Minuten bei schwacher Hitze kochen lassen, dabei gelegentlich umrühren.
**2.** In der Zwischenzeit Wasser in einem großen Topf zugedeckt zum Kochen bringen. Dann Salz und Spaghetti hinzugeben. Die Spaghetti im geöffneten Topf bei mittlerer Hitze nach Packungsanleitung kochen lassen, dabei gelegentlich umrühren.
**3.** Anschließend die Spaghetti in ein Sieb geben, mit heißem Wasser abspülen und abtropfen lassen.
**4.** Die gefrorenen Erbsen unter die Sauce rühren. Den Schinken in sehr feine Streifen schneiden (einige Streifen beiseitelegen) und ebenfalls hinzugeben. Die Sauce weitere etwa 5 Minuten kochen lassen.
**5.** Frühlingszwiebeln putzen, abspülen, abtropfen lassen, in feine Scheiben schneiden, in die Sauce geben und kurz mitkochen lassen.
**6.** Die Sauce mit Salz, Pfeffer und Worcestersauce abschmecken.
**7.** Die Spaghetti mit der Schinken-Creme-Sauce mit den beiseitegelegten Schinkenstreifen bestreuen und servieren.

## Spirelli bolognese

4–6 Portionen

*Zubereitungszeit:* 25 Minuten

5 l Wasser, 1 EL Olivenöl
3 EL Zwiebelwürfel (frisch oder TK)
2 Knoblauchzehen
400 g Gehacktes (halb Rind-, halb Schweinefleisch)
100 g TK-Suppengrün
400 g Pizza-Tomaten (aus der Dose)
200 g pürierte Tomaten
(aus dem Tetra-Pak®)

Spirelli bolognese

Spirelli mit Brokkoli-Schinken-Sauce

1/2 gestr. EL Salz
1 EL Zucker
gem. Pfeffer
1 TL gerebelter Thymian
1 TL gerebelter Oregano
5 gestr. TL Salz
500 g Spirelli (Spiralnudeln)
2 EL Schnittlauchröllchen (frisch oder TK)
50 g frisch gehobelter Parmesan

*Pro Portion:*
E: 33 g, F: 20 g, Kh: 79 g,
kJ: 2644, kcal: 631

**1.** Wasser in einem großen Topf zugedeckt zum Kochen bringen.
**2.** In der Zwischenzeit das Olivenöl in einem weiten Topf erhitzen. Zwiebelwürfel darin andünsten. Knoblauch abziehen, durch eine Knoblauchpresse in den Topf drücken. Gehacktes hinzufügen und unter ständigem Rühren etwa 3 Minuten krümelig anbraten. Dabei die Fleischklümpchen mit einer Gabel zerdrücken. Gefrorenes Suppengrün hinzugeben und kurz mitbraten lassen.
**3.** Pizza-Tomaten und pürierte Tomaten unterrühren, unter Rühren aufkochen lassen. Mit Salz, Zucker, Pfeffer, Thymian und Oregano würzen. Sauce ohne Deckel etwa 15 Minuten bei schwacher Hitze kochen lassen.
**4.** Salz und Nudeln ins kochende Wasser geben. Die Nudeln im geöffneten Topf bei mittlerer Hitze nach Packungsanleitung bissfest garen, dabei gelegentlich umrühren.
**5.** Anschließend die Nudeln in ein Sieb geben, mit heißem Wasser abspülen und gut abtropfen lassen. Die Nudeln in eine Schüssel geben. Die Sauce darauf verteilen und mit den Nudeln vermengen.
**6.** Spirelli bolognese auf Tellern anrichten. Mit Schnittlauchröllchen und gehobeltem Parmesan bestreut sofort servieren.

## Spirelli mit Brokkoli-Schinken-Sauce

4 Portionen

*Zubereitungszeit:* 25 Minuten

500 g Brokkoli
1 Zwiebel
300 ml heiße Gemüsebrühe
5 l Wasser
5 gestr. TL Salz
500 g Spiralnudeln, z. B. Spirelli
120 g ger. Greyerzer Käse
150 g Crème fraîche
100 g Knochenschinkenwürfel (aus dem Kühlregal)
Salz
ger. Muskatnuss

*Pro Portion:*
E: 33 g, F: 24 g, Kh: 93 g,
kJ: 3036, kcal: 727

**1.** Von dem Brokkoli die Blätter entfernen. Brokkoli abspülen und abtropfen lassen Die Röschen vom Stiel abschneiden. Röschen evtl. zerkleinern. Stiele schälen, klein würfeln.
**2.** Zwiebel abziehen, klein würfeln. Die heiße Brühe mit den Zwiebelwürfeln in einem Topf zum Kochen bringen. Die Brokkoliröschen hinzugeben und etwa 5 Minuten garen.
**3.** Die Brokkoliröschen mit einer Schaumkelle aus der Brühe nehmen und in einem Sieb gut abtropfen lassen. Brokkoliwürfel (von den Stielen) in der Brühe etwa 6 Minuten garen.
**4.** In der Zwischenzeit Wasser in einem großen Topf zugedeckt zum Kochen bringen. Salz und Nudeln hinzugeben. Die Nudeln im geöffneten Topf bei mittlerer Hitze nach Packungsanleitung kochen lassen, dabei gelegentlich umrühren.
**5.** Den Topf mit der Brühe und den Brokkoliwürfeln von der Kochstelle nehmen. Die Hälfte der Brokkoliröschen hinzugeben und mit einem Pürierstab pürieren. Die Sauce wieder erhitzen.
**6.** Den geriebenen Käse und Crème fraîche unterrühren. Schinkenwürfel und die restlichen Brokkoliröschen hinzugeben. Die Sauce nochmals erwärmen. Mit Salz und Muskat würzen.
**7.** Die garen Nudeln in ein Sieb geben, mit heißem Wasser abspülen und abtropfen lassen.
**8.** Die Spiralnudeln mit der Brokkoli-Schinken-Sauce servieren.

Spirelli-Pfanne mit Putenbrust und Pilzen

Spirelli mit Schafskäse-Zucchini-Sauce

## Spirelli-Pfanne mit Putenbrust und Pilzen

4 Portionen

*Zubereitungszeit:* 30 Minuten

15 g Trockenpilze, z. B. Mu-err-Pilze

2 1/2 l Wasser
2 1/2 gestr. TL Salz
250 g Spirelli (Spiralnudeln)

400 g Putenbrustfilet
3 EL Speiseöl
300 g TK-Erbsen-Möhren-Mischung
Salz
gem. Pfeffer
125 g Schlagsahne
1 EL gehackte Petersilie

*Pro Portion:*
E: 36 g, F: 27 g, Kh: 50 g,
kJ: 2589, kcal: 618

**1.** Trockenpilze nach Packungsanleitung einweichen. Wasser in einem großen Topf zugedeckt zum Kochen bringen. Salz und Nudeln hinzugeben. Die Nudeln im geöffneten Topf bei mittlerer Hitze nach Packungsanleitung kochen lassen, dabei gelegentlich umrühren.
**2.** Putenbrustfilet kurz unter fließendem kalten Wasser abspülen, trocken tupfen und in Streifen schneiden. Eingeweichte Pilze in einem Sieb abtropfen lassen und anschließend in Stücke schneiden.
**3.** Speiseöl in einer Pfanne erhitzen. Putenbrustfiletstreifen, Pilzstücke und das gefrorene Gemüse darin portionsweise unter mehrmaligem Wenden anbraten, mit Salz und Pfeffer würzen, herausnehmen und warm stellen.
**4.** Die garen Spiralnudeln in ein Sieb geben, mit heißem Wasser abspülen und abtropfen lassen.
**5.** Die Nudeln zum Bratensatz in die Pfanne geben, etwa 5 Minuten unter vorsichtigem Wenden braten. Warm gestellte Fleisch-Gemüse-Mischung und Sahne hinzufügen und 3–4 Minuten erhitzen. Die Nudelpfanne nochmals mit Salz und Pfeffer abschmecken, mit Petersilie bestreut servieren.

## Spirelli mit Schafskäse-Zucchini-Sauce

4 Portionen

*Zubereitungszeit:* 30 Minuten

4 l Wasser
4 gestr. TL Salz
400 g Spirelli (Spiralnudeln)

600 g Tomaten
600 g Zucchini
1 Zwiebel
1 Knoblauchzehe
3 EL Olivenöl
Salz
gem. Pfeffer
Cayennepfeffer
vorbereitete, frische Thymianblättchen
250 g Schlagsahne
200 g Fetakäse

*Pro Portion:*
E: 27 g, F: 40 g, Kh: 78 g,
kJ: 3435, kcal: 821

**1.** Wasser in einem großen Topf zugedeckt zum Kochen bringen. Dann Salz und Nudeln hinzugeben. Die Nudeln im geöffneten Topf bei mittlerer Hitze nach Packungsanleitung kochen lassen, dabei gelegentlich umrühren.
**2.** In der Zwischenzeit die Tomaten kreuzweise einschneiden und mit kochendem Wasser übergießen. Nach 1–2 Minuten herausnehmen und mit kaltem Wasser abschrecken. Tomaten häuten, halbieren, entkernen und die Stängelansätze herausschneiden. Tomaten in grobe Stücke schneiden.
**3.** Zucchini abspülen, abtrocknen und die Enden abschneiden. Zucchini zuerst längs in Scheiben, dann in Stifte schneiden. Zwiebel und Knoblauch abziehen, in kleine Würfel schneiden.
**4.** Das Olivenöl in einem Topf erhitzen. Zwiebel- und Knoblauchwürfel darin andünsten. Zucchinistifte hinzufügen und 3–5 Minuten mitdünsten lassen. Mit Salz, Pfeffer, Cayennepfeffer und Thymianblättchen würzen.
**5.** Die garen Nudeln in ein Sieb geben, mit heißem Wasser abspülen und abtropfen lassen.
**6.** Sahne und Tomatenstücke zu den Zucchinistiften in den Topf geben. Die Sauce unter vorsichtigem Rühren 2–3 Minuten garen.
**7.** Den Fetakäse in Würfel schneiden und in der Sauce erwärmen (nicht mehr kochen lassen). Die Sauce zu den Nudeln servieren. Oder die Nudeln mit der Sauce vermischen und auf Tellern, in einer flachen Schüssel oder Auflaufform anrichten.

## Tortellini in Tomaten-Käse-Sauce

4 Portionen

*Zubereitungszeit:* 30 Minuten

400 g getrocknete, bunte Tortellini mit Käsefüllung
Salz
2 Zwiebeln
1 Knoblauchzehe
1 EL Olivenöl
400 g geschälte Tomaten (aus der Dose)
gem. Pfeffer
gerebelter Oregano
1 EL Weizenmehl
100 g Schlagsahne
100 g Gorgonzola
evtl. etwas ger. Parmesan

*Pro Portion:*
E: 22 g, F: 30 g, Kh: 66 g,
kJ: 2610, kcal: 621

1. Tortellini in kochendem Salzwasser nach Packungsanleitung garen.
2. In der Zwischenzeit für die Sauce Zwiebeln und Knoblauch abziehen, in kleine Würfel schneiden. Olivenöl in einem Topf erhitzen. Zwiebel- und Knoblauchwürfel darin andünsten.
3. Die Tomaten hinzufügen, mit Salz, Pfeffer und Oregano würzen. Die Zutaten zum Kochen bringen und etwa 5 Minuten kochen lassen. Tomaten mit einem Pürierstab pürieren.
4. Das Mehl mit Sahne anrühren, in die Sauce rühren und unter Rühren 1–2 Minuten kochen lassen.
5. Gorgonzola mit einer Gabel zerdrücken und unter die Sauce rühren. Sauce nochmals mit den Gewürzen abschmecken.
6. Die garen Tortellini in einem Sieb abtropfen lassen. Die Tortellini mit der Sauce auf Tellern anrichten. Nach Belieben mit Parmesan bestreuen und servieren.

Tortellini in Tomaten-Käse-Sauce

## Farfalle mit Paprikasauce

1–2 Portionen

*Zubereitungszeit:* 30 Minuten

1 kleine Zwiebel
1 milde Peperoni
je 1/2 kleine rote, grüne und gelbe Paprikaschote (je etwa 100 g)
1 Frühlingszwiebel
1 EL Olivenöl
2 EL Tomatenstücke (Tetra-Pak®)
2–3 EL Tomatensaft
Salz
gem. Pfeffer
1/2 Msp. Sambal Oelek
2 l Wasser
2 gestr. TL Salz
200 g Farfalle (Schmetterlingsnudeln)

*Pro Portion:*
E: 30 g, F: 14 g, Kh: 160 g,
kJ: 3751, kcal: 897

1. Für die Sauce Zwiebel abziehen, zuerst in Scheiben schneiden, dann in Ringe teilen. Peperoni und Paprikaschotenhälften entstielen, entkernen und die weißen Scheidewände entfernen. Schotenhälften abspülen und abtropfen lassen. Peperoni in kleine, Paprikahälften in etwas größere Würfel schneiden. Frühlingszwiebel putzen, abspülen, abtropfen lassen, in feine Scheiben schneiden und beiseitelegen.
2. Olivenöl in einer Pfanne erhitzen. Zwiebelringe, Peperoni-, Paprikawürfel und Tomatenstücke hinzugeben, 2–3 Minuten unter Rühren andünsten. Tomatensaft unterrühren. Die Zutaten zum Kochen bringen und etwa 8 Minuten bei schwacher Hitze kochen lassen.
3. Frühlingszwiebelscheiben (1 Teelöffel davon beiseitelegen) kurz vor dem Servieren in die Sauce geben. Die Sauce mit Salz, Pfeffer und Sambal Oelek abschmecken.
4. In der Zwischenzeit Wasser in einem großen Topf zugedeckt zum Kochen bringen. Dann Salz und Nudeln hinzugeben. Die Nudeln im geöffneten Topf bei mittlerer Hitze nach Packungsanleitung kochen lassen, dabei gelegentlich umrühren.
5. Anschließend die Nudeln in ein Sieb geben, mit heißem Wasser abspülen und abtropfen lassen.
6. Die Paprikasauce mit den Gewürzen abschmecken und zu den Nudeln reichen. Mit den beiseitegelegten Frühlingszwiebelscheiben bestreuen.

Farfalle mit Paprikasauce

Linguine mit scharfer Rinderhüfte

## Linguine mit scharfer Rinderhüfte

4–6 Portionen

*Zubereitungszeit:* 25 Minuten

400 g Rinderhüftsteaks (gut abgehangen)
2 große, rote Chilischoten
2 große, rote Zwiebeln
2 Knoblauchzehen
100 g ungesalzene Cashewkerne
8 Minzeblättchen
2–3 EL Olivenöl
Salz, gem. Pfeffer
4 EL süße Sojasauce
2 EL Sojasauce
1,2 kg gegarte Linguine (dünne Bandnudeln, etwa 500 g Rohgewicht)

*Pro Portion:*
E: 36 g, F: 18 g, Kh: 84 g,
kJ: 2690, kcal: 642

1. Steaks mit Küchenpapier trocken tupfen und in Streifen schneiden.
2. Die Chilischoten abspülen, trocken tupfen, entstielen und in Ringe schneiden. Die Zwiebeln abziehen, zuerst in Scheiben schneiden, dann in Ringe teilen.
3. Knoblauch abziehen und durch eine Knoblauchpresse drücken. Die Cashewkerne grob hacken. Minzeblättchen abspülen, trocken tupfen und in Streifen schneiden.
4. Jeweils etwas Olivenöl in einem Wok erhitzen. Die Fleischstreifen darin portionsweise scharf braten, herausnehmen, mit Salz und Pfeffer würzen, beiseitestellen.
5. Zwiebelringe, Knoblauch und Chiliringe in den Wok geben und im verbliebenen Bratfett unter Rühren anbraten.
6. Süße und salzige Sojasauce hinzugeben. Anschließend die Nudeln unterheben und erhitzen. Die Fleischstreifen ebenfalls unterheben.
7. Das Gericht auf Tellern anrichten, mit Cashewkernen und Minzestreifen bestreut servieren.

## Nudeln mit Sahne-Kräuter-Sauce

4 Portionen (ohne Foto)

*Zubereitungszeit:* 25 Minuten

2 1/2 l Wasser
2 1/2 gestr. TL Salz
250 g Spaghetti

**Für die Sahne-Kräuter-Sauce:**
1 Schalotte
2 EL Speiseöl
200 g Schlagsahne
150 g Crème fraîche
1 Bund gemischte Kräuter, z. B. Basilikum, Petersilie, Schnittlauch, Kresse
2 Eigelb (Größe M)
50 g ger. Parmesan
Salz
gem. Pfeffer
Zitronensaft

4 EL geröstete Sesamsamen

*Pro Portion:*
E: 19 g, F: 46 g, Kh: 48 g,
kJ: 2964, kcal: 708

1. Wasser in einem großen Topf zugedeckt zum Kochen bringen. Dann Salz und Spaghetti hinzugeben. Die Spaghetti im geöffneten Topf bei mittlerer Hitze nach Packungsanleitung kochen lassen, dabei gelegentlich umrühren.
2. Für die Sauce in der Zwischenzeit Schalotte abziehen und klein würfeln. Speiseöl in einem Topf erhitzen. Schalottenwürfel darin andünsten. Sahne hinzugießen, Crème fraîche unterrühren.
3. Kräuter abspülen und trocken tupfen. Die Blättchen von den Stängeln zupfen (einige Blättchen beiseitelegen). Blättchen grob zerschneiden und unter die Sauce rühren. Die Sauce pürieren. Eigelb und Käse unterziehen (Sauce nicht mehr kochen lassen, da sie sonst gerinnt). Mit Salz, Pfeffer und Zitronensaft gut würzen.
4. Die garen Spaghetti in ein Sieb geben, mit heißem Wasser abspülen und abtropfen lassen.
5. Die Sauce über die Spaghetti geben. Mit den beiseitegelegten Kräutern und Sesam bestreuen. Sofort servieren.

Kapitel 07

Rezepte 601–700

# Snacks & Kleinigkeiten

Gefüllte Pitabrote

## Gefüllte Pitabrote

6 Stück

*Zubereitungszeit:* 25 Minuten

3 große Blätter Eisbergsalat
1/2 Gemüsezwiebel
1/2 Salatgurke
3 Tomaten
200 g Schafskäse
Salz
gem. Pfeffer
gerebelter Oregano

2 Knoblauchzehen
250 g Joghurt (3,5 % Fett)
2 EL Olivenöl
6 Pitabrot-Taschen (frisch oder abgepackt)

*Pro Stück:*
E: 14 g, F: 12 g, Kh: 39 g,
kJ: 1348, kcal: 322

**1.** Salatblätter abspülen, trocken tupfen, halbieren und in schmale Streifen schneiden. Gemüsezwiebel abziehen und in dünne Ringe oder Streifen schneiden. Die Gurke abspülen, abtrocknen und das Ende abschneiden. Nach Belieben schälen und in Scheiben schneiden.

**2.** Tomaten abspülen, abtrocknen und die Stängelansätze herausschneiden. Die Tomaten in dünne Scheiben schneiden. Den Käse ebenfalls in möglichst dünne Scheiben schneiden. Tomaten- und Käsescheiben mit Salz, Pfeffer und Oregano würzen.

**3.** Für die Sauce die Knoblauchzehen abziehen und durch eine Knoblauchpresse drücken oder sehr fein hacken. Joghurt mit Olivenöl und Knoblauch verrühren, mit Salz und Pfeffer abschmecken.

**4.** Abgepackte Pitabrote im Toaster nach Packungsanleitung nacheinander toasten. Die frischen oder getoasteten Pitabrote mit dem vorbereiteten Salat und den Zwiebel-, Gurken-, Tomaten- und Käsescheiben füllen. Pitabrote mit der Joghurtsauce servieren.

***Tipps:*** Frisches Pitabrot bekommen Sie in türkischen Lebensmittelläden. Anstelle der selbst gemachten Joghurtsauce Zaziki (etwa 300 g, aus dem Kühlregal) nehmen.

## Gefüllte Baguettebrötchen

2 Stück

*Zubereitungszeit:* 10 Minuten

1 Tomate
75 g Salatgurke
50 g Kochschinken
100 g Camembert
einige Salatblätter
einige Kräuterblättchen, z. B. Basilikum, Petersilie
2 Baguettebrötchen (je etwa 80 g)
20 g Butter

*Pro Stück:*
E: 23 g, F: 22 g, Kh: 42 g, kJ: 1928, kcal: 461

**1.** Tomate abspülen, abtrocknen, halbieren und den Stängelansatz herausschneiden. Gurke abspülen, abtrocknen und die Enden abschneiden. Tomate und Gurke in dünne Scheiben schneiden.
**2.** Kochschinken in Streifen, Camembert in Scheiben schneiden. Die Salatblätter und Kräuterblättchen abspülen und trocken tupfen.
**3.** Baguettebrötchen waagerecht halbieren, mit Butter bestreichen. Die unteren Hälften nacheinander mit Salatblättern, Tomaten-, Gurken-, Camembertscheiben, Schinkenstreifen und Kräuterblättchen belegen, mit den oberen Brötchenhälften belegen.

**Tipp:** Die Gurken- und Tomatenscheiben noch mit etwas Pfeffer bestreuen.

## Gemüsesticks mit Dips

4 Portionen

*Zubereitungszeit:* 30 Minuten

800 g Gemüse, z. B. Staudensellerie, Möhren, Salatgurke, Paprikaschoten, Kohlrabi

**Für den Ziegenfrischkäse-Dip:**
100 g Ziegenfrischkäse
125 g Kräuter-Crème-fraîche
1 Chilischote
etwas Tabascosauce
Salz
gem. Pfeffer

**Für den Knoblauch-Dip:**
2 Knoblauchzehen
1 EL abgetropfte Kapern (aus dem Glas)
2 EL gehackte Petersilie
2 EL Schnittlauchröllchen
100 g Doppelrahm-Frischkäse
75 g Joghurt (3,5 % Fett)

**Für den Honig-Senf-Dip:**
150 g Crème fraîche oder Crème légère
1 EL mittelscharfer Senf
1 EL flüssiger Honig
Kurkuma (Gelbwurz)

*Pro Portion (mit Dips):*
E: 9 g, F: 33 g, Kh: 15 g, kJ: 1630, kcal: 393

**1.** Das Gemüse putzen, waschen, abtropfen lassen, in Stifte schneiden und z. B. in Gläsern anrichten.
**2.** Für den Ziegenfrischkäse-Dip den Ziegenfrischkäse mit Crème fraîche verrühren. Die Chilischote halbieren, entstielen, entkernen und die weißen Scheidewände entfernen. Die Schote abspülen, abtropfen lassen, in feine Streifen schneiden und unterrühren. Den Dip mit Tabascosauce, Salz und Pfeffer würzen.
**3.** Für den Knoblauch-Dip den Knoblauch abziehen und durch eine Knoblauchpresse drücken oder sehr fein hacken. Die Kapern ebenfalls fein hacken. Knoblauch und Kapern mit Petersilie, Schnittlauch, Frischkäse und Joghurt verrühren. Knoblauch-Dip mit Salz und Pfeffer würzen.
**4.** Für den Honig-Senf-Dip Crème fraîche oder Crème légère mit Senf und Honig verrühren, mit Kurkuma, Salz und Pfeffer würzen. Die Gemüsesticks mit den Dips servieren.

Gefüllte Baguettebrötchen

Gemüsesticks mit Dips

## Hüttenkäse mit Tripmadam

2–4 Portionen (etwa 450 g)

*Zubereitungszeit:* 15 Minuten

200 g Hüttenkäse
(körniger Frischkäse)
2 Äpfel, z. B. Cox Orange
100 g getrocknete Aprikosen
1 TL körniger Senf,
z. B. Pommery-Senf
1 EL Olivenöl
Salz, gem. Pfeffer
einige Stängel Tripmadam
(Felsen-Fetthenne, Würzkraut)

*Pro Portion:*
E: 11 g, F: 7 g, Kh: 27 g,
kJ: 930, kcal: 222

**1.** Hüttenkäse in eine Rührschüssel geben. Die Äpfel schälen, vierteln, entkernen und auf einer Haushaltsreibe raspeln. Aprikosen in kleine Würfel schneiden. Apfelraspel, Aprikosenwürfel, Senf und Olivenöl zu dem Hüttenkäse geben und gut vermischen, mit Salz und Pfeffer würzen.
**2.** Tripmadam abspülen und gut trocken tupfen. Die Nadeln von den Stängeln zupfen. Nadeln sehr fein schneiden und unter die Hüttekäse-Mischung rühren.

**Tipp:** Hüttenkäse kann auch durch Magerquark ersetzt werden.

## Vollkorn-Stulle

2 Portionen

*Zubereitungszeit:* 15 Minuten

1 EL gehobelte Haselnusskerne
3 getrocknete Soft-Feigen
4 schöne Basilikumblättchen
2 Scheiben Vollkorn-Schwarzbrot
50 g fettreduzierter
Ziegenfrischkäse
gem. schwarzer Pfeffer
1 Stück Birne (etwa 50 g)
1 TL Zitronensaft

*Pro Portion:*
E: 7 g, F: 5 g, Kh: 30 g,
kJ: 837, kcal: 199

**1.** Haselnusskerne in einer Pfanne ohne Fett unter Wenden goldbraun rösten und auf einen Teller geben.
**2.** Die Feigen in dünne Scheibchen schneiden. Die Basilikumblättchen abspülen, trocken tupfen und grob zerschneiden.
**3.** Die Schwarzbrotscheiben mit Frischkäse bestreichen und mit Pfeffer bestreuen. Birne heiß abwaschen, trocken tupfen, halbieren und entkernen. Birnenstück mit Schale in Streifen schneiden und mit Zitronensaft beträufeln.
**4.** Die Birnenstreifen mit den Feigenscheiben, Haselnusskernen und dem Basilikum auf einer bestrichenen Brotscheibe verteilen. Die Brotscheiben aufeinanderlegen, andrücken und in 4 Streifen schneiden.

## Pochierte Eier

8 Stück

*Zubereitungszeit:* 20 Minuten

1 l Wasser
3 EL Essig, z. B. Weißweinessig
8 Eier (Größe M)
evtl. 1 EL gehackte Kräuter,
z. B. Schnittlauch, Petersilie

*Pro Stück:*
E: 7 g, F: 5 g, Kh: 1 g,
kJ: 315, kcal: 75

**1.** Wasser mit Essig in einem Topf zum Kochen bringen. Die Eier einzeln in einer Kelle aufschlagen, vorsichtig in das siedende (nicht sprudelnd kochende) Wasser gleiten lassen. Eiweiß sofort mit 2 Esslöffeln an das Eigelb schieben. Die Eier bei schwacher Hitze 3–4 Minuten ohne Deckel gar ziehen lassen (maximal 4 Eier auf einmal garen).
**2.** Die gegarten Eier mit einem Schaumlöffel herausnehmen, kurz in kaltes Wasser tauchen, gut abtropfen lassen und die Ränder glatt schneiden. Eier auf Tellern anrichten und nach Belieben mit gehackten Kräutern bestreuen.

**Tipps:** Servieren Sie die Eier auf gerösteten Baguettescheiben. Schneiden Sie dafür etwa 150 g Baguette in Scheiben. Die Baguettescheiben in einer Pfanne in 1–2 Esslöffeln Olivenöl anrösten und die pochierten Eier darauf anrichten. Auch ein gemischter Salat passt dazu. Verwenden Sie möglichst frische Eier. Das Eiweiß zieht sich dann besser um das Eigelb herum zusammen.

## Senfaufstrich mit saurer Sahne

8 Portionen (etwa 500 g)

*Zubereitungszeit:* 15 Minuten

200 g saure Sahne
200 g Magerquark
75 g süßer Senf
je 1 Bund Dill, Kerbel und Petersilie
Salz, gem. Pfeffer

*Pro Portion:*
E: 5 g, F: 3 g, Kh: 5 g,
kJ: 272, kcal: 65

**1.** Saure Sahne mit Quark und Senf in eine Schüssel geben.
**2.** Dill, Kerbel und Petersilie abspülen, trocken tupfen. Die Spitzen bzw. Blättchen von den Stängeln zupfen, klein schneiden und unterrühren.
**3.** Senfaufstrich mit Salz und Pfeffer abschmecken, in ein verschließbares Gefäß füllen und in den Kühlschrank stellen.

***Tipps:*** Der Aufstrich schmeckt lecker auf frischem Holzofenbrot, belegt mit Räucherlachs. Der Aufstrich hält sich im Kühlschrank 3–4 Tage.

## Roter Frischkäse-Pesto-Aufstrich mit Basilikum

8 Portionen (etwa 500 g)

*Zubereitungszeit:* 20 Minuten, ohne Abkühlzeit

30 g Pinienkerne
50 g abgetropfte, getrocknete Tomaten in Öl
1/2 Bund Basilikum
200 g Doppelrahm-Frischkäse
200 g Ziegenfrischkäse
etwa 50 g rotes Pesto (aus dem Glas)
Salz
gem. Pfeffer

*Pro Portion:*
E: 6 g, F: 18 g, Kh: 3 g,
kJ: 810, kcal: 195

**1.** Pinienkerne in einer Pfanne ohne Fett unter Wenden goldbraun rösten und auf einen Teller geben. Tomaten in kleine Stücke schneiden.
**2.** Basilikum abspülen, trocken tupfen und die Blättchen von den Stängeln zupfen. Die Blättchen in feine Streifen schneiden. Pinienkerne fein hacken.
**3.** Beide Frischkäsesorten mit dem Pesto glatt rühren. Die Pinienkerne, Tomatenstücke und Basilikumstreifen unterrühren. Den Aufstrich mit Salz und Pfeffer würzen, in ein verschließbares Gefäß füllen und in den Kühlschrank stellen.

***Tipp:*** Servieren Sie den Aufstrich auf ofenfrischem Baguette, bestreut mit Pinienkernen und abgespülten, trocken getupften Basilikumblättchen.

Senfaufstrich mit saurer Sahne

Roter Frischkäse-Pesto-Aufstrich mit Basilikum

## Rohkost mit zweierlei Dips

2 Portionen

*Zubereitungszeit:* 25 Minuten

1 Möhre, 6 Cocktailtomaten
6 Radieschen
4 Stangen Staudensellerie
1 kleiner Kohlrabi (etwa 150 g)
1 kleine Fenchelknolle (etwa 150 g)
100 g Salatgurke

**Für die Dips:**
250 g Quark (20 % Fett)
200 g Schmand (Sauerrahm)
1 EL Tomaten-Chili-Sauce
Salz, gem. Pfeffer
1/4 TL gem. Chili
2 EL TK-Italienische Kräuter

*Pro Portion:*
E: 24 g, F: 32 g, Kh: 23 g,
kJ: 2021, kcal: 481

**1.** Möhre putzen, schälen, abspülen, abtropfen lassen und in längere Stücke schneiden. Tomaten abspülen, abtrocknen, halbieren und evtl. die Stängelansätze herausschneiden. Radieschen putzen, abspülen, abtropfen lassen, halbieren oder in Scheiben schneiden.
**2.** Staudensellerie putzen und die harten Außenfäden abziehen. Sellerie abspülen und abtropfen lassen. Sellerie in etwa 5 cm lange Stücke schneiden. Kohlrabi schälen, abspülen, abtropfen lassen und in dickere Stifte schneiden.
**3.** Die Fenchelknolle putzen, abspülen, abtropfen lassen und in Achtel schneiden. Salatgurke nach Belieben schälen. Dann abspülen, abtrocknen und in dünne Scheiben schneiden. Das vorbereitete Gemüse in Schälchen oder auf Tellern anrichten.
**4.** Für die Dips Quark mit Schmand in einer Schüssel glatt rühren. Den Quarkschmand in 2 gleich große Portionen teilen. Unter eine Hälfte die Tomaten-Chili-Sauce rühren, mit Salz, Pfeffer und Chili pikant abschmecken. Unter die andere Hälfte die Kräuter mischen, mit Salz und Pfeffer abschmecken. Beide Dips zu dem Gemüse servieren.

## Eier in Näpfchen

4 Portionen

*Zubereitungszeit:* 25 Minuten

125 g Lachsfilet
Salz
1 EL Wasser
1 EL Weißwein oder Zitronensaft
100 g Schlagsahne
8 Blättchen vom Selleriegrün
gem. Pfeffer
4 Eier (Größe M)
etwas Dill, Petersilie und Selleriegrün
4 Scheiben Toastbrot

**Außerdem:**
4 Souffléförmchen

*Pro Portion:*
E: 15 g, F: 19 g, Kh: 13 g,
kJ: 1195, kcal: 286

**1.** Lachsfilet kurz unter fließendem kalten Wasser abspülen und trocken tupfen. Lachsfilet mit 1 Prise Salz, Wasser und Weißwein oder Zitronensaft in einem kleinen Topf kurz aufkochen lassen. Topf von der Kochstelle nehmen und mit dem Deckel verschließen. Lachsfilet etwa 5 Minuten ziehen lassen (pochieren).
**2.** Lachsfilet aus dem Sud nehmen und etwas abkühlen lassen.
**3.** Inzwischen eine Fettpfanne oder ein tiefes Backblech knapp zur Hälfte mit Wasser füllen und in den Backofen schieben. Den Backofen vorheizen.
*Ober-/Unterhitze:* etwa 150 °C
**4.** Sahne in einem Topf zum Kochen bringen und um die Hälfte einkochen lassen. Selleriegrünblättchen abspülen, trocken tupfen und in feine Streifen schneiden. Lachsfilet in Stücke zupfen, dabei evtl. Gräten

Rohkost mit zweierlei Dips

Eier in Näpfchen

mitentfernen. Lachsstückchen und Selleriegrünstreifen unter die Sahne rühren, mit Salz und Pfeffer würzen.
**5.** Souffléförmchen (gefettet) leicht mit Salz und Pfeffer ausstreuen. Je 1 Ei in die Förmchen schlagen. Die Förmchen in die knapp zur Hälfte mit Wasser gefüllte Fettpfanne stellen. Die Eier 5–6 Minuten stocken lassen.
**6.** Inzwischen Dillspitzen, Petersilienblättchen und klein geschnittenes Selleriegrün abspülen und trocken tupfen. Die Brotscheiben toasten.
**7.** Die Förmchen aus dem Backofen nehmen. Die Lachs-Selleriegrün-Creme auf den Eiern verteilen, mit Dill, Petersilie und Selleriegrün garnieren und mit den Toastbrotscheiben servieren.

Lachsbrot mit Gurke / Forellenfilet in Vollkornbrot

## Lachsbrot mit Gurke

2 Portionen

*Zubereitungszeit:* 10 Minuten

1 kleiner, rotschaliger Apfel
100 g Salatgurke
4 Salatblätter,
z. B. Kopf- oder Eichblattsalat
4 Scheiben Vollkornbrot
2 geh. TL ger. Meerrettich
(aus dem Glas)
150 g Räucherlachs in Scheiben
1–2 Stängel Dill
gem. Pfeffer

*Pro Portion:*
E: 22 g, F: 7 g, Kh: 44 g,
kJ: 1389, kcal: 332

**1.** Apfel, Gurke und Salatblätter abspülen und trocken tupfen. Apfel vierteln, entkernen und in dünne Spalten schneiden. Gurke in dünne Scheiben schneiden.
**2.** Die Brotscheiben mit Meerrettich bestreichen. 2 bestrichene Brotscheiben mit Salatblättern, Lachsscheiben, Apfelspalten und Gurkenscheiben belegen.
**3.** Dill abspülen, trocken tupfen und die Spitzen von den Stängeln zupfen, grob hacken. Brote mit Dill und Pfeffer bestreuen, mit den restlichen Brotscheiben belegen.

***Tipp:*** Wer den typischen scharfen Meerrettichgeschmack nicht mag, kann die Brote mit 2 gehäuften Teelöffeln Joghurt-Salat-Creme bestreichen.

## Forellenfilet in Vollkornbrot

2 Portionen

*Zubereitungszeit:* 5 Minuten

2 Salatblätter,
z. B. Kopf- oder Römersalat
2 geräucherte Forellenfilets
2 große Gewürzgurken
4 Scheiben Vollkornbrot
2 geh. TL ger. Meerrettich
(aus dem Glas)
gem. Pfeffer

*Pro Portion:*
E: 21 g, F: 4 g, Kh: 37 g,
kJ: 1155, kcal: 276

**1.** Salatblätter waschen und trocken tupfen. Die Forellenfilets in Stücke teilen. Die Gewürzgurken längs in 3–4 Scheiben schneiden.
**2.** Brotscheiben dünn mit Meerrettich bestreichen. 2 bestrichene Brotscheiben mit Salatblättern, Fischfiletstücken und Gurkenscheiben belegen. Alles mit Pfeffer bestreuen und mit den restlichen Brotscheiben belegen.

***Tipp:*** Vollkornbrot ist durch seinen hohen Ballast- und Mineralstoffgehalt gesünder als Weißbrot.

***Rezeptvariante:*** Für **Makrelenfilet in Vollkornbrot** statt geräuchertem Forellenfilet die gleiche Menge geräucherte Makrele verwenden. Makrelenfilet ist zwar fetter als Forelle, enthält dafür aber mehr ungesättigte Fettsäuren.

## Eier mit Tomatenquarkfüllung

8 Stück

*Zubereitungszeit:* 25 Minuten

4 hart gekochte Eier
2 schwach geh. EL Speisequark (40 % Fett)
1–2 TL Tomatenmark
1 TL abgetropfte Kapern (aus dem Glas)
Salz, gem. Pfeffer
1 Prise Zucker
einige Salatblätter
50 g Kochschinken
einige abgetropfte Kapern (aus dem Glas)

*Pro Stück:*
E: 5 g, F: 3 g, Kh: 1 g,
kJ: 239, kcal: 57

**1.** Die Eier pellen, längs halbieren, das Eigelb herauslösen und durch ein feines Sieb streichen. Das Eigelb mit Quark und Tomatenmark zu einer geschmeidigen Masse verrühren. Die Kapern fein hacken und unterrühren. Die Eigelbmasse mit Salz, Pfeffer und Zucker würzen, in einen Spritzbeutel mit großer Sterntülle füllen und in die Eihälften spritzen.
**2.** Die Salatblätter abspülen und trocken tupfen oder schleudern. Kochschinken in feine Streifen schneiden. Die Eihälften auf den Salatblättern anrichten, mit den Schinkenstreifen und den Kapern garnieren.

## Eier mit Kräuterquarkfüllung

8 Stück

*Zubereitungszeit:* 25 Minuten

4 hart gekochte Eier
1 schwach geh. EL Kräuter-Crème-fraîche
1 schwach geh. TL Kräuterquark
Salz
1 Prise Zucker
evtl. einige Salatblätter
100 g Paprika (rot, grün und gelb)

*Pro Stück:*
E: 4 g, F: 4 g, Kh: 2 g,
kJ: 221, kcal: 53

**1.** Die Eier pellen, längs halbieren, das Eigelb herauslösen und durch ein feines Sieb streichen. Das Eigelb mit Kräuter-Crème-fraîche und Kräuterquark zu einer geschmeidigen Masse verrühren. Die Eigelbmasse mit Salz und Zucker würzen, in einen Spritzbeutel mit großer Sterntülle füllen und in die Eihälften spritzen.
**2.** Evtl. die Salatblätter abspülen und trocken tupfen. Paprika abspülen, entstielen, entkernen und die weißen Scheidewände entfernen. Paprika in feine Streifen schneiden.
**3.** Die Eihälften nach Belieben auf den Salatblättern anrichten, mit den Paprikastreifen garnieren.

Gefüllte Senfeier / Eier mit Tomatenquarkfüllung / Eier mit Kräuterquarkfüllung

## Gefüllte Senfeier

8 Stück

*Zubereitungszeit:* 25 Minuten

4 hart gekochte Eier
1 schwach geh. EL Mayonnaise
1 schwach geh. TL Senf
Salz, gem. Pfeffer
1 Prise Zucker
einige Salatblätter
8 abgetropfte Sardellenfilets in Öl
etwa 3 Cornichons
einige Cocktailtomaten
grob gehackter Dill

*Pro Stück:*
E: 5 g, F: 6 g, Kh: 1 g,
kJ: 328, kcal: 78

**1.** Die Eier pellen, längs halbieren, das Eigelb herauslösen und durch ein feines Sieb streichen. Das Eigelb mit Mayonnaise und dem Senf zu einer geschmeidigen Masse verrühren. Die Eigelbmasse mit Salz, Pfeffer und

Zucker würzen, in einen Spritzbeutel mit großer Sterntülle füllen und in die Eihälften spritzen.
**2.** Salatblätter abspülen und trocken tupfen oder schleudern. Die Sardellenfilets gut trocken tupfen. Die Cornichons in feine Streifen schneiden. Cocktailtomaten abspülen, abtrocknen und evtl. die Stängelansätze herausschneiden. Tomaten in Scheiben schneiden.
**3.** Die Eihälften auf den Salatblättern anrichten, mit Sardellenfilets, Cornichonstreifen und Tomatenscheiben garnieren. Die Eier mit Dill bestreut servieren.

***Tipps:*** Die gefüllten Eier zu Salatplatten, auf einem Buffet oder als Vorspeise mit Toast oder Baguette servieren. Die Eihälften vor dem Füllen in Schnittlauchröllchen oder gehackten Erdnusskernen wälzen.

## Roquefort-Toast aus der Mikrowelle

4 Portionen (ohne Foto)

*Zubereitungszeit:* 15 Minuten

4 Scheiben Toastbrot
30 g Butter (zimmerwarm)
4 Scheiben Kochschinken
230 g abgetropfte Birnenhälften (aus der Dose)
4 TL Wild-Preiselbeeren
100 g Roquefort

*Pro Portion:*
E: 19 g, F: 17 g, Kh: 29 g,
kJ: 1435, kcal: 343

**1.** Toastbrotscheiben toasten und mit Butter bestreichen. Jede Toastscheibe zuerst mit 1 Scheibe Schinken und danach mit 1 Birnenhälfte (Rundung nach unten) belegen.
**2.** Das Preiselbeerkompott auf den Birnenhälften verteilen. Roquefort in dünne Scheiben schneiden und auf die Birnenhälften legen.
**3.** Die Toastscheiben in eine flache mikrowellengeeignete Form legen, in die Mikrowelle stellen und bei 300–360 Watt etwa 5 Minuten überbacken. Roquefort-Toast in der ausgeschalteten Mikrowelle etwa 2 Minuten stehen lassen.

## Rucola-Nuss-Aufstrich

4 Portionen (etwa 375 g)

*Zubereitungszeit:* 10 Minuten

125 g Rucola (Rauke)
2 EL Olivenöl
200 g Doppelrahm-Frischkäse
Salz, gem. Pfeffer
1 Prise Zucker
1 EL geröstete, gehackte Walnusskerne
1 EL ger. Parmesan
1–2 EL abgetropfte, schwarze Oliven mit Stein (aus dem Glas)

*Pro Portion:*
E: 8 g, F: 27 g, Kh: 3 g,
kJ: 1165, kcal: 278

**1.** Rucola verlesen und die dicken Stiele abschneiden. Rucola abspülen, gut abtropfen lassen und etwas kleiner zupfen.
**2.** Rucola mit Olivenöl in einem Mixer oder Universalzerkleinerer zu einer Paste verarbeiten. Paste mit Frischkäse verrühren, mit Salz, Pfeffer und Zucker abschmecken. Walnusskerne und Parmesan unterrühren.
**3.** Oliven entsteinen, grob hacken und ebenfalls unterrühren. Aufstrich in ein verschließbares Gefäß füllen und in den Kühlschrank stellen.

Rucola-Nuss-Aufstrich

## Vollkorn-Super-frisch-saftig-Sandwich

4 Stück

*Zubereitungszeit:* 15 Minuten, ohne Durchziehzeit

1 geh. EL Sesamsamen
100 g Möhren
100 g Fenchelknolle
2 EL Olivenöl
2 Clementinen (etwa 200 g)
2 Blätter Radicchio
8 Scheiben Vollkorn-Sandwichtoast
400 g körniger Frischkäse
1/4 Kästchen Kresse

*Pro Stück:*
E: 20 g, F: 14 g, Kh: 40 g, kJ: 1541, kcal: 366

**1.** Den Sesam in einer Pfanne ohne Fett unter Wenden goldbraun rösten und auf einen Teller geben.

**2.** Möhren putzen, schälen, abspülen, abtropfen lassen. Fenchel putzen, abspülen, abtropfen lassen. Möhren und Fenchel auf der groben Seite einer Haushaltsreibe raffeln, mit Olivenöl vermischen.

**3.** Die Clementinen pellen, in dünne Scheiben schneiden. Die Scheiben jeweils einmal halbieren. Radicchioblätter abspülen, abtropfen lassen und in feine Streifen schneiden.

**4.** Die Brotscheiben mit dem Frischkäse bestreichen und mit dem Sesam bestreuen. 4 der Brotscheiben zuerst mit der Möhren-Fenchel-Mischung, dann mit den Clementinenscheiben und zuletzt mit den Radicchiostreifen gleichmäßig belegen.

**5.** Kresse abspülen, trocken tupfen, vom Beet schneiden und darauf streuen. Die restlichen Brotscheiben darauflegen und leicht andrücken.

**6.** Die Brote einzeln sehr fest in Frischhaltefolie wickeln und im Kühlschrank etwas durchziehen lassen.

Vollkorn-Super-frisch-saftig-Sandwich / Vollkorn-Tahini-Gurken-Sandwich

## Vollkorn-Tahini-Gurken-Sandwich

4 Stück

*Zubereitungszeit:* 10 Minuten, ohne Durchziehzeit

225 g Frischkäse (Doppelrahmstufe oder fettreduziert)
1 TL gem. Kreuzkümmel (Cumin)
2 EL Tahini-Paste (Sesampaste)
Salz
50 g Cocktailtomaten
150 g Salatgurke
2 Stängel glatte Petersilie
1 Stängel Minze
8 Scheiben Vollkorn-Sandwichtoast

*Pro Stück:*
E: 13 g, F: 16 g, Kh: 36 g, kJ: 1441, kcal: 345

**1.** Den Frischkäse mit Kreuzkümmel und Tahini-Paste verrühren, mit Salz abschmecken.

**2.** Cocktailtomaten abspülen, abtrocknen, halbieren und die Stängelansätze herausschneiden. Tomaten klein schneiden.

**3.** Salatgurke abspülen, abtrocknen und die Enden abschneiden. Salatgurke längs halbieren und die Kerne mit einem Löffel herausschaben. Salatgurke fein würfeln.

**4.** Kräuterstängel abspülen, trocken tupfen und die Blättchen von den Stängeln zupfen. Die Blättchen fein hacken, mit angerührtem Frischkäse, Gurkenwürfeln und Tomatenstücken verrühren.

**5.** Die Hälfte der Sandwichscheiben mit der Frischkäsemischung bestreichen und die restlichen Sandwichscheiben darauflegen.

**6.** Die Sandwichbrote einzeln sehr fest in Frischhaltefolie wickeln und im Kühlschrank etwas durchziehen lassen.

***Tipp:*** Die Brote können Sie gut am Abend zubereiten. Lassen Sie sie im Kühlschrank über Nacht durchziehen und nehmen Sie sie mit ins Büro.

Käse-Schinken-Wraps

Gemüseteller mit Schnittlauch-Dip

## Käse-Schinken-Wraps

4 Portionen

*Zubereitungszeit:* 15 Minuten

16 Blätter Kopfsalat
1/2 Salatgurke
1 Kästchen Kresse
8 EL Joghurt (3,5 % Fett)
4 EL körniger Senf
1–2 EL flüssiger Honig
4 Wraps (Tortilla-Weizenmehl-Fladen, Ø je etwa 30 cm)
4 Scheiben Kochschinken (etwa 250 g)
8 Scheiben Gouda (etwa 200 g)

*Pro Portion:*
E: 34 g, F: 20 g, Kh: 35 g,
kJ: 1960, kcal: 468

**1.** Die Salatblätter abspülen und trocken tupfen. Die Gurke abspülen, abtrocknen und grob raspeln. Kresse abspülen, trocken tupfen und vom Beet schneiden.
**2.** Den Joghurt mit dem Senf und Honig glatt rühren. Die Wraps mit dem Honig-Senf-Joghurt gleichmäßig bestreichen. Schinken, Käse, Salatblätter und Gurkenraspel darauf verteilen. Die Kresse daraufstreuen.
**3.** Wraps fest aufrollen, mit einem scharfen Messer schräg halbieren und zugedeckt bis zum Servieren in den Kühlschrank stellen.

***Tipp:*** Die Wraps mit einer Serviette umwickeln.

## Gemüseteller mit Schnittlauch-Dip

2 Portionen

*Zubereitungszeit:* 20 Minuten

2 kleine Kohlrabi
1/2 Salatgurke
5 Möhren
je 1 rote und grüne Paprikaschote

**Für den Dip:**
250 g Joghurt (3,5 % Fett)
100 g Magerquark
1 TL mittelscharfer Senf
Salz, gem. Pfeffer
1 Bund Schnittlauch

**Außerdem:**
2 Roggenbrötchen

*Pro Portion:*
E: 22 g, F: 7 g, Kh: 59 g,
kJ: 1657, kcal: 396

**1.** Kohlrabi schälen, abspülen und abtropfen lassen. Gurke abspülen, abtrocknen und das Ende abschneiden. Kohlrabi und Gurke in Scheiben schneiden. Möhren putzen, schälen, abspülen und abtropfen lassen. Dickere Möhren längs vierteln.
**2.** Paprikaschoten halbieren, entstielen, entkernen und die weißen Scheidewände entfernen. Schotenhälften abspülen, abtropfen lassen und in Streifen schneiden. Klein geschnittenes Gemüse dekorativ anrichten.
**3.** Für den Dip Joghurt mit Quark und Senf verrühren, mit Salz und Pfeffer abschmecken.
**4.** Schnittlauch abspülen, trocken tupfen und in sehr kleine Röllchen schneiden. Schnittlauchröllchen unter den Dip rühren.
**5.** Gemüse mit dem Dip und den Brötchen servieren.

Möhrenaufstrich / Sprossenaufstrich

Mango mit Basilikum in Serrano-Schinken

## Möhrenaufstrich

10–12 Portionen (etwa 480 g)

*Zubereitungszeit:* 30 Minuten

220 g Möhren
200 g Magerquark
Saft von 1 Orange
1 EL flüssiger Honig
2 EL Hefeflocken
2 EL Haferflocken
2 EL Rosinen
Salz

*Pro Portion:*
E: 3 g, F: 0 g, Kh: 7 g,
kJ: 189, kcal: 45

**1.** Möhren putzen, schälen, abspülen, abtropfen lassen und fein raspeln. Den Quark mit Orangensaft und Honig verrühren. Möhrenraspel, Hefe-, Haferflocken und Rosinen unterrühren.
**2.** Den Aufstrich mit Salz abschmecken und in 2 gründlich gereinigte, gespülte und getrocknete Gläser füllen. Die Gläser mit Deckeln fest verschließen und in den Kühlschrank stellen.

***Tipps:*** Auf Kürbiskern-, Sonnenblumenkernbrot oder -brötchen schmeckt der Aufstrich besonders gut. Würzen Sie den Aufstrich mit fein gehacktem Kerbel oder Koriander. Gut gekühlt und verschlossen ist der Aufstrich 3–4 Tage haltbar.

## Sprossenaufstrich

10 Portionen (etwa 500 g)

*Zubereitungszeit:* 15 Minuten

200 g frische gemischte Sprossen, z. B. Mungobohnen- und Sojasprossen
1 Bund glatte Petersilie
160 g Joghurt-Salatcreme
80 g Speisequark (20 % Fett)
3 EL Weizenkeime (Granulat)
Salz, gem. Pfeffer, Zucker

*Pro Portion:*
E: 3 g, F: 6 g, Kh: 5 g,
kJ: 396, kcal: 86

**1.** Die Sprossen in einem Sieb unter fließendem kalten Wasser abspülen und gut abtropfen lassen (evtl. auf Küchenpapier legen). Sprossen je nach Größe kleiner schneiden.
**2.** Petersilie abspülen, trocken tupfen und die Blättchen von den Stängeln zupfen. Blättchen fein hacken. Salatcreme mit Quark verrühren. Die Sprossen, Petersilie und Weizenkeime unterrühren.
**3.** Den Sprossenaufstrich mit Salz, Pfeffer und Zucker abschmecken und in 2 gründlich gereinigte, gespülte und getrocknete Gläser füllen. Die Gläser mit Deckeln fest verschließen und in den Kühlschrank stellen.

***Tipp:*** Im Kühlschrank hält sich der Aufstrich gut verschlossen 3–4 Tage.

## Mango mit Basilikum in Serrano-Schinken

2 Portionen

*Zubereitungszeit:* 10 Minuten

1 Mango, nicht zu reif
4 Scheiben Serrano-Schinken
8 schöne Basilikumblättchen
2 EL Olivenöl, grob gem. Pfeffer
1 EL frische Rosmarinnadeln

**Außerdem:**
8 Holzstäbchen

*Pro Portion:*
E: 8 g, F: 12 g, Kh: 18 g,
kJ: 912, kcal: 218

**1.** Mango halbieren und den Stein herauslösen. Die Mangohälften in 8 Spalten schneiden und schälen.
**2.** Schinkenscheiben längs halbieren. Basilikumblättchen abspülen und trocken tupfen.
**3.** Die Mangospalten zunächst mit jeweils 1 Basilikumblättchen belegen, dann mit 1 halbierten Schinkenscheibe umwickeln, mit Holzstäbchen feststecken.
**4.** Olivenöl in einer Pfanne erhitzen. Die umwickelten Mangospalten darin bei mittlerer Hitze von allen Seiten goldbraun braten. Etwas grob gemahlenen Pfeffer und Rosmarinnadeln hinzugeben und in dem Olivenöl anrösten. Spalten darin schwenken.

## Tomaten-Mozzarella-Baguette

4 Stück

*Zubereitungszeit:* 15 Minuten

4 Baguettebrötchen
8 EL Olivenöl
4 Salatblätter
4 Fleischtomaten
250 g Mozzarella
1 Topf Basilikum
Salz, gem. Pfeffer

*Pro Stück:*
E: 19 g, F: 34 g, Kh: 36 g,
kJ: 2183, kcal: 521

**1.** Die Brötchen waagerecht durchschneiden und mit dem Olivenöl beträufeln. Salatblätter abspülen und trocken tupfen. Die unteren Hälften mit je 1 Salatblatt belegen.
**2.** Fleischtomaten abspülen, trocken tupfen und die Stängelansätze herausschneiden. Tomaten in Scheiben schneiden. Mozzarella abtropfen lassen und ebenfalls in Scheiben schneiden.
**3.** Tomaten- und Mozzarellascheiben dachziegelartig auf den Salat legen. Basilikum abspülen und trocken tupfen. Die Blättchen von den Stängeln zupfen. Blättchen in Streifen schneiden und auf dem Belag verteilen.
**4.** Alles mit Salz und Pfeffer würzen und mit dem restlichen Olivenöl beträufeln. Die oberen Brötchenhälften darauflegen.

## Champignon-Rührei mit Lachs

2 Portionen

*Zubereitungszeit:* 15 Minuten

200 g Champignons
2 Tomaten
75 g Räucherlachs
2 Eier (Größe M)
3 EL Mineralwasser
Salz, gem. Pfeffer
15 g Joghurt-Butter
(65 % Fett)
2 Scheiben Vollkornbrot
1 EL Schnittlauchröllchen

*Pro Portion:*
E: 20 g, F: 15 g, Kh: 19 g,
kJ: 1251, kcal: 298

**1.** Champignons putzen, evtl. kurz abspülen und trocken tupfen. Die Champignons in Scheiben schneiden. Tomaten abspülen, abtrocknen, vierteln und die Stängelansätze herausschneiden. Den Lachs in Streifen schneiden.
**2.** Die Eier mit Wasser verschlagen, mit Salz und Pfeffer würzen. Knapp die Hälfte der Butter in einer kleinen Pfanne zerlassen. Champignons darin kurz anbraten. Verschlagene Eier unter Rühren hinzufügen und stocken lassen.
**3.** Die Brotscheiben mit der restlichen Butter bestreichen, mit Rührei und Lachsstreifen belegen und mit Schnittlauchröllchen bestreuen. Dazu die Tomatenviertel reichen.

***Tipps:*** Zusätzlich die Brotscheiben mit Schnittlauchhalmen garnieren. Zum Mitnehmen das Rührei erkalten lassen und die Zutaten getrennt verpacken. Die Tomaten im Ganzen mitnehmen.

Tomatenkörbchen / Gurkenschiffchen

## Tomatenkörbchen
4 Portionen

*Zubereitungszeit:* 20 Minuten, ohne Abkühlzeit

20 g Butter
200 g TK-Erbsen-und-Möhren
Salz, gem. Pfeffer
Zucker
etwa 100 ml Wasser
etwas gehackte TK-Petersilie
8 Tomaten
evtl. einige vorbereitete Kerbel- oder Petersilienblättchen

*Pro Portion:*
E: 3 g, F: 5 g, Kh: 8 g,
kJ: 362, kcal: 86

**1.** Butter in einem Topf zerlassen. Erbsen und Möhren hinzufügen und kurz andünsten, mit Salz, Pfeffer und Zucker würzen. Wasser hinzugießen. Das Gemüse zum Kochen bringen und zugedeckt etwa 8 Minuten bei schwacher Hitze garen. Gemüse mit Petersilie bestreuen und etwas abkühlen lassen.
**2.** In der Zwischenzeit Tomaten abspülen, abtrocknen und jeweils einen Deckel abschneiden. Die Tomaten vorsichtig mit einem kleinen Löffel aushöhlen, evtl. auf der Unterseite etwas flach schneiden und auf einer Platte anrichten.
**3.** Das Gemüse in die Tomaten geben. Die Tomatenkörbchen nach Belieben mit Kerbel- oder Petersilienblättchen garniert servieren.

***Tipp:*** Schneiden Sie die Tomatendeckel in Stückchen und mischen Sie sie unter das Gemüse.

## Gurkenschiffchen
8 Stück

*Zubereitungszeit:* 30 Minuten

150 g 8-Minuten-Langkornreis
Salz
1 Scheibe Kochschinken (etwa 50 g)
je 125 g kernlose, grüne und blaue Weintrauben
1 Banane
2 EL abgetropfte Mandarinen (aus der Dose)

**Für die Sauce:**
1 EL Salatmayonnaise
2 EL Joghurt (3,5 % Fett)
1 EL Mandarinensaft (aus der Dose)
gem. Pfeffer
etwas Zitronensaft

1 Salatgurke (etwa 500 g)

**Außerdem:**
Alufolie
8 Salzstangen

*Pro Stück:*
E: 4 g, F: 2 g, Kh: 25 g,
kJ: 588, kcal: 141

**1.** Reis in Salzwasser nach Packungsanleitung garen.
**2.** In der Zwischenzeit Kochschinken in sehr kleine Würfel schneiden. Weintrauben abspülen, trocken tupfen, halbieren und in kleine Stücke schneiden. Banane schälen und in Scheiben schneiden. Von den Mandarinen 1 Esslöffel Saft abmessen und beiseitestellen. Die Mandarinen halbieren.
**3.** Den gut abgetropften Reis mit den Schinkenwürfeln, Weintrauben- und Mandarinenstücken und Bananenscheiben in eine Schüssel geben und vorsichtig vermengen.
**4.** Für die Sauce Mayonnaise mit Joghurt und Mandarinensaft verrühren, mit Salz, Pfeffer und Zitronensaft abschmecken. Die Sauce zu der Reismischung geben und vorsichtig unterheben.
**5.** Gurke abwaschen, abtrocknen und längs halbieren. Gurkenhälften in 4 Stücke schneiden und diese so aushöhlen, dass an beiden Seiten ein etwa 1/2 cm hoher Rand stehen bleibt. Die Gurkenstücke mit dem Salat füllen.
**6.** Zum Garnieren aus Alufolie kleine Segel schneiden, um Salzstangen wickeln und kurz vor dem Servieren in die Füllung stecken.

## Katalanisches Tomatengrillbrot

4 Portionen

*Zubereitungszeit:* 15 Minuten

4 Knoblauchzehen
220 g Tomaten
4 EL Olivenöl
8 Scheiben Baguette, schön lang geschnitten (je etwa 20 g)
etwas grobes Meersalz
gem. Pfeffer

*Pro Portion:*
E: 5 g, F: 11 g, Kh: 24 g,
kJ: 896, kcal: 214

**1.** Den Knoblauch abziehen. Tomaten abspülen, abtrocknen, halbieren und die Stängelansätze herausschneiden.
**2.** Eine Grillpfanne mit etwa 1/2 Teelöffel von dem Olivenöl auspinseln und erhitzen.
**3.** Baguettescheiben in der heißen Grillpfanne von jeder Seite kurz goldgelb rösten.
**4.** Die Baguettescheiben aus der Pfanne nehmen und sofort mit dem abgezogenen Knoblauch einreiben. So lange reiben, bis nichts mehr von dem Knoblauch übrig ist.
**5.** Anschließend die Baguettescheiben mit den angeschnittenen Seiten der Tomatenhälften einreiben und vorsichtig mit dem restlichen Olivenöl beträufeln.
**6.** Das katalanische Tomatengrillbrot mit Meersalz und Pfeffer bestreuen und sofort servieren.

***Tipps:*** Die Brotscheiben zusätzlich mit 20 g frisch gehobeltem Parmesan und 50 g vorbereitetem Rucola (Rauke, Foto) bestreuen. Sie können die Baguettescheiben auch auf dem Grillrost grillen. Die Tomatenhälften nach dem Abreiben auf den heißen Grillrost (leicht gefettet) legen, mit Salz und Pfeffer würzen und genießen.

## Snackbrötchen mit Pute und Sprossen

2 Stück (ohne Foto)

*Zubereitungszeit:* 10 Minuten

1/4 gelbe Paprikaschote
50 g Sprossen, z. B. Radieschen- oder Sojabohnensprossen
2 Sonnenblumenkernbrötchen (je etwa 60 g)
20 g Butter
100 g Putenbrustaufschnitt
gem. Pfeffer

*Pro Stück:*
E: 19 g, F: 12 g, Kh: 33,
kJ: 1303, kcal: 311

**1.** Paprikaschote evtl. entstielen, entkernen, abspülen, abtropfen lassen und in dünne Streifen schneiden. Sprossen verlesen, abspülen und gut abtropfen lassen.
**2.** Die Brötchen waagerecht halbieren und mit Butter bestreichen. Die unteren Hälften mit Aufschnitt belegen und mit Pfeffer bestreuen. Dann die Paprikastreifen und Sprossen darauf verteilen und mit den oberen Brötchenhälften belegen.

Katalanisches Tomatengrillbrot

## Mango-Minze-Chutney

4 Portionen (etwa 400 g)

*Zubereitungszeit:* 30 Minuten

1 reife Mango (etwa 400 g)
2–3 Stängel Minze
1 Stängel Currykraut
150 g Zucker
100 ml Wasser
1 TL rosa Pfefferbeeren
gem. Koriander
Salz, gem. Pfeffer

*Pro Portion:*
E: 0 g, F: 0 g, Kh: 46 g,
kJ: 802, kcal: 192

**1.** Mango in der Mitte längs durchschneiden und den Stein herausnehmen. Die Mangohälften schälen und das Fruchtfleisch in große Würfel schneiden.
**2.** Minzezweige und Currykraut abspülen, trocken tupfen. Blättchen von den Stängeln zupfen. Blättchen jeweils klein schneiden.
**3.** Zucker mit Wasser in einem Topf zum Kochen bringen. Mangowürfel, Minze und Currykraut hinzufügen, mit Pfefferbeeren, Koriander, Salz und Pfeffer würzen.
**4.** Die Zutaten zum Kochen bringen. Das Chutney etwa 10 Minuten bei mittlerer Hitze kochen lassen.

## Lachscremeschnittchen

10 Stück (ohne Foto)

*Zubereitungszeit:* 30 Minuten

200 g Räucherlachs
100 g fettreduzierter Frischkäse
1 EL Zitronensaft
2 EL Mineralwasser mit Kohlensäure
7 Scheiben Toastbrot
etwas Basilikum
etwas Schnittlauch
30 g gehackte Walnusskerne

*Pro Stück:*
E: 6 g, F: 5 g, Kh: 8 g,
kJ: 451, kcal: 108

**1.** Den Lachs in kleine Würfel schneiden und in einen Rührbecher geben. Frischkäse, Zitronensaft und Mineralwasser hinzugeben. Die Zutaten mit einem Pürierstab pürieren.
**2.** Die Brotscheiben entrinden und mit dem Lachspüree bestreichen. Die Brotscheiben diagonal halbieren.
**3.** Zum Garnieren Basilikum und Schnittlauch abspülen, trocken tupfen. Von den Basilikumstängeln die Blättchen abzupfen. Den Schnittlauch in feine Röllchen schneiden.
**4.** Die Hälfte der Lachscremeschnittchen mit Basilikumblättchen und Walnusskernen, die restlichen mit Schnittlauchröllchen bestreuen.

## Gebratene Mandeln und Oliven

4–6 Portionen

*Zubereitungszeit:* 15 Minuten

1 Knoblauchzehe
1 Stängel Rosmarin
1 getrocknete Chilischote
2 EL Olivenöl
200 g nicht abgezogene, ganze Mandeln
200 g abgetropfte, gemischte Oliven ohne Stein
Salz
1 Bio-Zitrone (unbehandelt, ungewachst)

*Pro Portion:*
E: 8 g, F: 31 g, Kh: 3 g,
kJ: 1369, kcal: 327

**1.** Knoblauch abziehen und durch eine Knoblauchpresse drücken oder sehr fein hacken. Rosmarin abspülen und trocken tupfen. Die Chilischote zerbröseln.
**2.** Das Olivenöl in einer Pfanne erhitzen. Knoblauch, Rosmarin und die Chilibrösel darin andünsten. Die Mandeln und Oliven hinzugeben. Die Zutaten unter Rütteln der Pfanne etwa 5 Minuten braten. Die Mandel-Oliven-Mischung mit Salz bestreuen.

Mango-Minze-Chutney

Gebratene Mandeln und Oliven

Vollkornbrot „rot-grün“

Riesengarnelen-Spieße

**3.** Die Zitrone heiß abwaschen und abtrocknen. Die Schale fein abreiben und unter die Mandel-Oliven-Mischung heben.

***Tipp:*** Gebratene Mandeln und Oliven schmecken gut als Antipasti oder zu Wein.

## Vollkornbrot „rot-grün“

2 Portionen

*Zubereitungszeit:* 10 Minuten

4 Scheiben Vollkornbrot mit Sonnenblumenkernen
2 EL Frischkäse mit Joghurt (13 % Fett)
2 große Salatblätter
2 Möhren

*Pro Portion:*
E: 9 g, F: 5 g, Kh: 38 g,
kJ: 1006, kcal: 241

**1.** Die Brote mit Frischkäse bestreichen. Die Salatblätter waschen, trocken tupfen und auf je 1 Frischkäsebrot legen.
**2.** Möhren putzen, schälen, abspülen, abtropfen lassen und der Länge nach in dünne Scheiben schneiden. Möhrenscheiben auf den Salatblättern anrichten und mit den restlichen bestrichenen Brotscheiben belegen.

***Tipp:*** Die Möhren lassen sich am besten mit einem Sparschäler in dünne Scheiben schneiden.

## Riesengarnelen-Spieße

4 Portionen

*Zubereitungszeit:* 30 Minuten

200 g aufgetaute TK-Riesengarnelen (geschält, entdarmt)
16 Cocktailtomaten
je 1/2 gelbe und rote Paprikaschote
6 Knoblauchzehen
8 kleine Champignons
30 g Butter oder Margarine
1 EL Zitronensaft
Salz
gem. Pfeffer
1 Prise Zucker

einige vorbereitete Basilikumblättchen

**Außerdem:**
8 Holz- oder Schaschlikspieße

*Pro Portion:*
E: 13 g, F: 5 g, Kh: 7 g,
kJ: 508, kcal: 121

**1.** Riesengarnelen unter fließendem kalten Wasser abspülen und trocken tupfen.
**2.** Die Cocktailtomaten abspülen, abtrocknen, evtl. halbieren und die Stängelansätze herausschneiden. Paprikaschotenhälften entstielen, entkernen und die weißen Scheidewände entfernen. Die Schoten abspülen, abtropfen lassen und in größere Stücke schneiden. 4 Knoblauchzehen abziehen und halbieren.
**3.** Die Champignons putzen, evtl. kurz abspülen und trocken tupfen. Champignons in Scheiben schneiden. Vorbereitete Zutaten abwechselnd auf Holz- oder Schaschlikspieße stecken.
**4.** Restliche Knoblauchzehen abziehen, halbieren, durch eine Knoblauchpresse drücken oder sehr fein hacken.
**5.** Butter oder Margarine zerlassen. Knoblauch, Zitronensaft, Salz, Pfeffer und Zucker hinzufügen und verrühren. Spieße damit bestreichen.
**6.** Eine beschichtete Pfanne ohne Fett erhitzen (nicht zu heiß werden lassen). Spieße hineinlegen und darin etwa 2 Minuten von jeder Seite braten. Die Spieße mit Basilikumblättchen garniert servieren.

***Tipp:*** Sie können die Spieße auch unter dem Backofengrill (etwa 240 °C) auf Alufolie in etwa 5 Minuten grillen.

Hähnchen-Wraps / Hot-Taco-Wraps / Mozzarella-Tomaten-Wraps

## Hähnchen-Wraps

3 Stück

*Zubereitungszeit:* 15 Minuten

3 Blätter Eisbergsalat
150 g Möhren
3 Wraps (Tortilla-Weizenmehl-Fladen)
3 EL Crème légère mit frischen Kräutern
Salz
gem. Pfeffer
6 abgetropfte Aprikosenhälften (aus der Dose)
Currypulver
6 Scheiben Hähnchenaufschnitt

*Pro Stück:*
E: 10 g, F: 4 g, Kh: 32 g,
kJ: 879, kcal: 210

**1.** Salatblätter abspülen und trocken tupfen. Möhren putzen, schälen, abspülen, trocken tupfen und grob raspeln. Die Wraps auf der Arbeitsfläche auslegen. Jeden Fladen mit 1 Esslöffel Crème légère bestreichen, mit Salz und Pfeffer bestreuen.

**2.** Aprikosen fein würfeln. Die Wraps jeweils mit etwas Curry bestreuen. Jeweils 1 Salatblatt, den Hähnchenaufschnitt, die Aprikosen und Möhrenraspel darauf verteilen. Die Wraps fest aufrollen, evtl. schräg halbieren und fest in Butterbrotpapier wickeln.

## Hot-Taco-Wraps

3 Stück

*Zubereitungszeit:* 15 Minuten

3 Blätter Eisbergsalat
150 g Möhren
3 Wraps (Tortilla-Weizenmehl-Fladen)
3 EL Crème légère mit frischen Kräutern
Salz, gem. Pfeffer
1 gelbe Paprikaschote
3 EL Taco-Sauce (Fertigprodukt, etwa 40 g)
3 dünne Scheiben Kochschinken (etwa 150 g)

*Pro Stück:*
E: 17 g, F: 5 g, Kh: 29 g,
kJ: 979, kcal: 234

**1.** Salatblätter abspülen und trocken tupfen. Die Möhren putzen, schälen, abspülen, trocken tupfen und grob raspeln.

**2.** Die Wraps auf der Arbeitsfläche auslegen. Jeden Fladen mit 1 Esslöffel Crème légère bestreichen, mit Salz und Pfeffer bestreuen.

**3.** Paprika halbieren, entstielen, entkernen und die weißen Scheidewände herausschneiden. Schotenhälften abspülen, trocken tupfen und in feine Streifen schneiden. Die Wraps mit der Taco-Sauce bestreichen und mit je 1 Salatblatt, Schinken, Paprika und Möhrenraspeln belegen.

**4.** Die Wraps fest aufrollen, evtl. schräg halbieren und fest in Butterbrotpapier wickeln.

## Mozzarella-Tomaten-Wraps

2 Stück

*Zubereitungszeit:* 15 Minuten

2 Blätter Eisbergsalat
2 Wraps (Tortilla-Weizenmehl-Fladen)
2 EL Crème légère mit frischen Kräutern
Salz, gem. Pfeffer
2 Tomaten (etwa 100 g)
125 g Mozzarella

*Pro Stück:*
E: 16 g, F: 15 g, Kh: 24 g,
kJ: 1284, kcal: 307

**1.** Salatblätter abspülen und trocken tupfen. Wraps auf der Arbeitsfläche auslegen. Jeden Fladen mit 1 Esslöffel Crème légère bestreichen, mit Salz und Pfeffer bestreuen.
**2.** Tomaten abspülen, abtrocknen, halbieren und die Stängelansätze herausschneiden. Die Tomaten entkernen. Das Fruchtfleisch in Würfel schneiden. Mozzarella abtropfen lassen, in dünne Scheiben schneiden. Die Wraps mit je 1 Salatblatt, Tomatenwürfeln und Mozzarellascheiben belegen.
**3.** Die Wraps fest aufrollen, evtl. schräg halbieren und fest in Butterbrotpapier wickeln.

## Beefsteak-Röllchen mit Dip

4 Portionen

*Zubereitungszeit:* 30 Minuten

1 Salatgurke
2 Kohlrabi
1/2 Rettich
250 g Cocktailtomaten
Salz, gem. Pfeffer
1 Schalotte
500 g Rindertatar
1 geh. EL Magerquark
Paprikapulver rosenscharf
2 EL Speiseöl, z. B. Sonnenblumenöl

**Für den Petersilien-Dip:**
1 Bund Petersilie
300 g Joghurt (1,5 % Fett)
2–3 TL körniger Senf

*Pro Portion:*
E: 35 g, F: 9 g, Kh: 11 g,
kJ: 1120, kcal: 268

**1.** Die Salatgurke gut abspülen, abtrocknen und die Enden abschneiden. Gurke längs halbieren, entkernen und in Streifen schneiden. Die Kohlrabi schälen, abspülen und abtropfen lassen. Kohlrabi in Scheiben schneiden, diese je nach Größe nochmals halbieren.
**2.** Den Rettich putzen, schälen, abspülen und abtropfen lassen. Rettich ebenso in Scheiben schneiden. Die Tomaten abspülen, abtrocknen, halbieren oder vierteln und die Stängelansätze herausschneiden. Tomatenstücke nach Belieben etwas salzen und pfeffern.
**3.** Schalotte abziehen, fein hacken. Das Rindertatar mit dem Quark und der fein gehackten Schalotte in eine Rührschüssel geben. Die Zutaten mit Salz, Pfeffer und Paprikapulver kräftig würzen. Alles mit einem Mixer (Knethaken) zu einer geschmeidigen Gehacktesmasse verkneten.
**4.** Aus der Gehacktesmasse mit den Händen 12 längliche, dünne Röllchen formen.
**5.** Das Speiseöl in einer großen Pfanne erhitzen. Die Beefsteak-Röllchen darin unter gelegentlichem Wenden bei mittlerer bis großer Hitze in etwa 10 Minuten braun anbraten und garen.
**6.** Für den Dip in der Zwischenzeit Petersilie abspülen, trocken tupfen und die Blättchen von den Stängeln zupfen. Blättchen fein hacken. Joghurt mit 2 Teelöffeln Senf und der fein gehackten Petersilie in einer Schüssel glatt rühren. Den Dip mit Salz und Pfeffer abschmecken und nach Belieben mit etwas Senf nachwürzen.
**7.** Die Beefsteak-Röllchen mit der Gemüse-Rohkost und dem Dip anrichten.

Beefsteak-Röllchen mit Dip

## Harzer Käse zum Streichen

10 Portionen (etwa 480 g)

*Zubereitungszeit:* 20 Minuten

200 g Harzer Käse
3 Frühlingszwiebeln
200 g griechischer Sahnejoghurt (10 % Fett)
2 EL Rotweinessig
1 TL mittelscharfer Senf
1 EL Speiseöl, z. B. Olivenöl
1 TL Kümmelsamen
gem. Pfeffer

*Pro Portion:*
E: 7 g, F: 3 g, Kh: 2 g,
kJ: 266, kcal: 64

**1.** Käse klein würfeln. Frühlingszwiebeln putzen, waschen, abtropfen lassen, in feine Scheiben schneiden.
**2.** Joghurt mit Essig und Senf verrühren, Öl unterschlagen. Kümmelsamen, Frühlingszwiebelscheiben und Käsewürfel unterrühren. Den Aufstrich mit Pfeffer abschmecken, dann in 2 gründlich gereinigte, gespülte und getrocknete Gläser füllen, diese mit Deckeln fest verschließen und in den Kühlschrank stellen.

**Tipp:** Der Aufstrich hält sich im Kühlschrank 3–4 Tage.

Harzer Käse zum Streichen

## Crostini mit rohem Schinken

24 Stück

*Zubereitungszeit:* 30 Minuten

600 g Fleischtomaten
1 Zwiebelbaguette oder Ciabatta oder Bauernbrot (24 Scheiben)
6–8 EL Olivenöl
2 Knoblauchzehen
360 g Parma- oder Serrano-Schinken in Scheiben
Salz, gem. Pfeffer
1 kleines Bund Basilikum

*Pro Stück:*
E: 5 g, F: 4 g, Kh: 11 g,
kJ: 400, kcal: 95

**1.** Tomaten kreuzweise einschneiden und mit kochendem Wasser übergießen. Nach 1–2 Minuten herausnehmen und mit kaltem Wasser abschrecken. Tomaten enthäuten, halbieren und die Stängelansätze herausschneiden. Tomaten klein würfeln.
**2.** Brot in dünne Scheiben schneiden. Etwas Olivenöl in einer Pfanne erhitzen. Die Brotscheiben darin portionsweise von beiden Seiten hellbraun rösten und herausnehmen.
**3.** Knoblauch abziehen, in dünne Scheiben schneiden und in dem verbliebenen Olivenöl andünsten. Die Schinkenscheiben in je 3 gleich große Stücke schneiden. Die gerösteten Brotscheiben damit belegen, Tomatenwürfel darauf verteilen, mit Salz und Pfeffer bestreuen. Crostini auf einer Platte anrichten.
**4.** Das Basilikum abspülen, trocken tupfen und die Blättchen von den Stängeln zupfen. Die Crostini mit Knoblauchscheiben und Basilikumblättchen garniert servieren.

Crostini mit rohem Schinken

## Französisches Landbrot mit Lachstatar

10 Stück

*Zubereitungszeit:* 20 Minuten

5 Scheiben französisches Landbrot
8 EL Olivenöl
2 Frühlingszwiebeln
250 g Räucherlachs
1 EL Olivenöl
einige Tropfen Zitronensaft
gem. Pfeffer
100 g Doppelrahm-Frischkäse
1–2 EL Milch
1–2 Stängel Dill

*Pro Stück:*
E: 8 g, F: 14 g, Kh: 12 g,
kJ: 859, kcal: 205

Französisches Landbrot mit Lachstatar

Mustard-Relish

Pikanter Erdnussaufstrich

**1.** Die Landbrotscheiben halbieren. Olivenöl in einer großen Pfanne erhitzen. Die Brotscheiben darin portionsweise von beiden Seiten knusprig braten.
**2.** Frühlingszwiebeln putzen, abspülen, abtropfen lassen und in feine Scheiben schneiden. Lachs in kleine Würfel schneiden.
**3.** Die Lachswürfel mit den Frühlingszwiebelscheiben mischen. Olivenöl unterrühren. Die Mischung mit Zitronensaft und Pfeffer abschmecken.
**4.** Lachstatar auf den Brotscheiben verteilen und mit einer Gabel etwas andrücken. Frischkäse mit Milch verrühren und in kleinen Klecksen auf die Schnittchen setzen.
**5.** Dill abspülen, trocken tupfen und Stängel kleiner zupfen. Die Schnittchen damit garnieren.

## Mustard-Relish

6 Portionen (etwa 400 ml)

*Zubereitungszeit:* 30 Minuten

1–2 EL gelbes Senfpulver
2 EL scharfer Senf
150 g saure Sahne
2 EL Salatmayonnaise
2 hart gekochte Eier
2 abgetropfte Senfgurken (aus dem Glas)
3 abgetropfte Cornichons (aus dem Glas)
2 abgetropfte, rote Paprikaschoten (Piri-Piri, aus dem Glas)
1 EL abgetropfte Kapern (aus dem Glas)
2–3 abgetropfte Perlzwiebeln (aus dem Glas)
Salz, gem. Pfeffer

*Pro Portion:*
E: 5 g, F: 10 g, Kh: 4 g,
kJ: 528, kcal: 126

**1.** Senfpulver mit Senf verrühren. Saure Sahne und Salatmayonnaise unterrühren.
**2.** Die Eier pellen. Eier, Gurken, Cornichons, Paprikaschoten, Kapern und Zwiebeln sehr fein hacken, dann unter die Sahne-Mayonnaise-Creme rühren. Mustard-Relish mit Salz und Pfeffer abschmecken.

***Tipps:*** Mustard-Relish passt zu Aufschnitt, kaltem Braten, Fisch, Eiern und Schweinemedaillons. Es ist gut gekühlt 3–4 Tage haltbar.

## Pikanter Erdnussaufstrich

4 Portionen (etwa 350 g)

*Zubereitungszeit:* 20 Minuten, ohne Abkühlzeit

140 g Hähnchenbrustfilet
Salz
gem. Pfeffer
1 1/2 EL Rapsöl
1 kleine Zwiebel
1 Knoblauchzehe
50 g Erdnusscreme
1/2 TL Sambal Oelek
125 g griechischer Sahnejoghurt (10 % Fett)

*Pro Portion:*
E: 12 g, F: 14 g, Kh: 7 g,
kJ: 819, kcal: 197

**1.** Hähnchenbrustfilet unter fließendem kalten Wasser abspülen, trocken tupfen und in kleine Würfel schneiden. Die Hähnchenbrustwürfel mit Salz und Pfeffer würzen.
**2.** Öl in einer Pfanne erhitzen und die Hähnchenbrustwürfel darin unter Wenden knusprig anbraten, dann noch 3–4 Minuten braten.
**3.** Zwiebel und Knoblauch abziehen, in feine Würfel schneiden und in der Pfanne mitbraten.
**4.** Die Pfanne von der Kochstelle nehmen. Erdnusscreme, Sambal Oelek und Joghurt in die Pfanne geben und mit den Hähnchenwürfeln verrühren.
**5.** Die Pfanne wieder auf die Kochstelle stellen und alles einmal unter Rühren kurz aufkochen lassen.
**6.** Den Erdnussaufstrich erkalten lassen und in 1–2 gründlich gereinigte, getrocknete Gläser füllen.
**7.** Die Gläser mit Deckeln fest verschließen und in den Kühlschrank stellen.

***Tipp:*** Im Kühlschrank ist der pikante Erdnussaufstrich etwa 5 Tage haltbar.

Aufschnitt in Radieschen-Vinaigrette

Sommerliches Butterbrot

## Aufschnitt in Radieschen-Vinaigrette

4 Portionen

*Zubereitungszeit:* 30 Minuten

**Für die Vinaigrette:**
1 Bund Radieschen
(etwa 200 g)
2 Kästchen Kresse
1 EL mittelscharfer Senf
3 EL milder Weißweinessig
8 EL Olivenöl
Salz
gem. Pfeffer
1 Bund Schnittlauch
250 g Rinderbratenaufschnitt
250 g Schweinebraten-aufschnitt

*Pro Portion:*
E: 36 g, F: 32 g, Kh: 1 g,
kJ: 1841, kcal: 439

**1.** Für die Vinaigrette von den Radieschen Grün, Wurzelenden und Spitzen abschneiden. Radieschen waschen, abtropfen lassen, fein hacken und in eine Schüssel geben.
**2.** Kresse abspülen, abschneiden und trocken tupfen. Senf mit Essig und Kresse verrühren, Olivenöl unterschlagen und unter die gehackten Radieschen rühren. Vinaigrette mit Salz und Pfeffer abschmecken.
**3.** Schnittlauch abspülen, trocken tupfen, in kleine Röllchen schneiden.
**4.** Bratenaufschnitt auf einer großen Platte anrichten, mit der Radieschen-Vinaigrette beträufeln und mit den Schnittlauchröllchen bestreuen.

## Sommerliches Butterbrot

6 Stück

*Zubereitungszeit:* 30 Minuten

2 Kopfsalatherzen
1/2 Kopf Lollo rosso
80 g Rucola (Rauke)
1 Bund Radieschen
1 Bund Petersilie oder Kerbel
1 Bund Schnittlauch

**Für die Vinaigrette:**
2 EL Essig, z. B. Sherry-Essig
1 TL mittelscharfer Senf
4 EL Olivenöl
Salz, gem. Pfeffer

100 g Butter
6 dickere Scheiben Mischbrot
100 g gehobelter Parmesan

*Pro Stück:*
E: 10 g, F: 27 g, Kh: 21 g,
kJ: 1531, kcal: 366

**1.** Von den Kopfsalatherzen und dem Lollo rosso äußere Blätter entfernen. Rucola verlesen und dicke Stängel abschneiden. Alle Salatsorten abspülen, gut abtropfen lassen oder trocken schleudern und in mundgerechte Stücke zupfen.
**2.** Radieschen putzen, die Wurzelenden abschneiden. Radieschen abwaschen, abtrocknen und in dünne Scheiben schneiden.
**3.** Petersilie oder Kerbel und Schnittlauch abspülen und trocken tupfen. Von der Petersilie oder dem Kerbel die Blättchen von den Stängeln zupfen. Schnittlauch in feine Röllchen schneiden.
**4.** Für die Vinaigrette Essig mit Senf verrühren, Olivenöl unterrühren, mit Salz und Pfeffer abschmecken.
**5.** Vorbereitete Salatblätter und Radieschenscheiben in einer Schüssel mischen, die Vinaigrette unterheben. Butter in einer großen Pfanne zerlassen. Die Brotscheiben darin von beiden Seiten rösten, dann auf Teller legen. Jede Brotscheibe mit etwas Salat belegen. Die Butterbrote mit dem Käse und den Kräutern bestreut servieren.

## Erdbeeren mit Cashewcreme

40 Stück

*Zubereitungszeit:* 20 Minuten

100 g ungesalzene Cashewkerne
30 g Rosinen
125 g Doppelrahm-Frischkäse
1–2 EL Zitronensaft
2 EL Milch
etwa 20 mittelgroße Erdbeeren

*Pro Stück:*
E: 9 g, F: 27 g, Kh: 17 g,
kJ: 1280, kcal: 307

**1.** Cashewkerne mit Rosinen, Frischkäse, Zitronensaft und Milch fein pürieren.
**2.** Erdbeeren abspülen, gut abtropfen lassen, Stielansatz nach Belieben herausschneiden oder daran lassen. Die Erdbeeren halbieren.
**3.** Die Cashewcreme in einen Spritzbeutel mit großer Stern- oder Lochtülle füllen und die Creme auf die halbierten Erdbeeren spritzen.

***Tipps:*** Statt der Cashewkerne können auch Walnusskerne verwendet werden. Cashewkerne schmecken noch intensiver, wenn sie in einer Pfanne ohne Fett angeröstet werden.

## Süßkartoffel-Erdbeer-Aufstrich

5 Portionen (etwa 280 g)

*Zubereitungszeit:* 20 Minuten, ohne Abkühlzeit

**Zum Vorbereiten:**
1 TL Pinienkerne

150 g Süßkartoffel
Salz
100 g Erdbeeren
1/2 Bio-Limette (unbehandelt, ungewachst, etwa 30 g)
1 TL Ricotta (ital. Frischkäse)
1/2 Pck. Dr. Oetker Vanillin-Zucker
1 Msp. gem. Zimt

*Pro Portion:*
E: 1 g, F: 1 g, Kh: 8 g,
kJ: 218, kcal: 52

**1.** Zum Vorbereiten die Pinienkerne in einer Pfanne ohne Fett unter Wenden goldbraun rösten und auf einen Teller geben.
**2.** Süßkartoffel schälen, abspülen, abtropfen lassen, in kleine Stücke schneiden. Salzwasser in einem kleinen Topf zum Kochen bringen und die Kartoffelstücke darin in etwa 10 Minuten gar kochen.
**3.** In der Zwischenzeit die Erdbeeren entstielen, abspülen und gut abtropfen lassen. Etwa zwei Drittel davon halbieren. Die restlichen Erdbeeren in kleine Stücke schneiden und beiseitestellen. Die Limette heiß abwaschen, abtrocknen, die Schale fein abreiben und den Saft auspressen.
**4.** Die halbierten Erdbeeren mit dem Limettensaft und der -schale in einen Topf geben und weich kochen. Die heißen Erdbeeren mit einem Pürierstab pürieren und nochmals unter ständigem Rühren bei mittlerer Hitze in etwa 5 Minuten dicklich einkochen.
**5.** Die garen Süßkartoffelstücke abgießen und gut abdampfen lassen. Kartoffelstücke mit einem Kartoffelstampfer zerstampfen oder mit einer Gabel zerdrücken.
**6.** Die Kartoffelmasse und die Erdbeersauce etwas abkühlen lassen. Anschließend zusammen mit Ricotta, Vanillin-Zucker und Zimt verrühren. Pinienkerne und beiseitegelegte Erdbeerstückchen unterrühren. Den Aufstrich in ein verschließbares Gefäß füllen, erkalten lassen, verschließen und in den Kühlschrank stellen.

***Tipps:*** Der Aufstrich passt gut zu Hefebrötchen. Im Kühlschrank hält er sich 1–2 Tage.

Erdbeeren mit Cashewcreme

Süßkartoffel-Erdbeer-Aufstrich

## Puten-Saté-Spieße mit scharfer Ananassauce

4 Portionen

*Zubereitungszeit:* 25 Minuten, ohne Marinierzeit

4 dünne Putenschnitzel
(je etwa 150 g)
4 EL Limettensaft
3 EL Sesamöl
2 EL Sojasauce
Salz
gem. schwarzer Pfeffer

**Für die Ananassauce:**
340 g abgetropfte Ananasstücke
(aus der Dose)
je 1 grüne und rote Peperoni
3 EL Reisessig
1 Prise Zucker
Sambal Oelek

**Außerdem:**
12 Holzspieße

*Pro Portion:*
E: 37 g, F: 5 g, Kh: 15 g,
kJ: 1083, kcal: 259

**1.** Die Putenschnitzel unter fließendem kalten Wasser abspülen und trocken tupfen. Putenfleisch längs in je 3 Streifen schneiden. Jeden Putenstreifen ziehharmonikaförmig auf je 1 Holzspieß ziehen. Die Putenspieße nebeneinander auf eine große Platte legen.
**2.** Limettensaft mit 1/2 Esslöffel Sesamöl und der Sojasauce glatt rühren. Putenspieße damit bestreichen und kurz marinieren lassen. Dabei zwischendurch 2–3-mal wenden.
**3.** Restliches Sesamöl in 2 Portionen in einer großen Pfanne erhitzen. Die Putenspieße abtropfen lassen, von beiden Seiten salzen und pfeffern. Putenspieße in 2 Portionen in dem heißem Öl in etwa 8 Minuten bei mittlerer bis starker Hitze braun anbraten, dabei zwischendurch einmal wenden. Die fertigen Putenspieße warm halten.
**4.** In der Zwischenzeit für die Sauce die Ananasstücke in kleine Würfel schneiden.
**5.** Die Peperoni längs aufschneiden, entkernen und die Scheidewände herausschneiden. Schotenhälften abspülen, trocken tupfen und fein hacken. Die fein gehackten Peperoni mit den Ananaswürfeln verrühren. Reisessig, Salz, Zucker und Sambal Oelek unterrühren. Anschließend die Ananassauce mit den Gewürzen abschmecken.
**6.** Die Putenspieße mit der Ananassauce servieren.

Puten-Saté-Spieße mit scharfer Ananassauce / Mandarinen-Reis

## Mandarinen-Reis

4 Portionen

*Zubereitungszeit:* 20 Minuten

200 g Langkornreis
Salz
150 g Frühlingszwiebeln
1 EL Speiseöl
175 g abgetropfte Mandarinen
(aus der Dose)

*Pro Portion:*
E: 4 g, F: 3 g, Kh: 50 g,
kJ: 1038, kcal: 248

**1.** Den Reis nach Packungsanleitung in Salzwasser zubereiten.
**2.** In der Zwischenzeit Frühlingszwiebeln putzen, abspülen, abtropfen lassen und dann in feine Scheiben schneiden.
**3.** Speiseöl in einem Topf erhitzen. Die Frühlingszwiebeln darin andünsten. Den gegarten, evtl. abgetropften Reis kurz mitdünsten.
**4.** Mandarinen vorsichtig unterheben und die Reismischung mit etwas Salz abschmecken.

Käsebrötchen mit Apfeltatar

Gyros-Pilz-Taschen

## Käsebrötchen mit Apfeltatar

4 Stück

*Zubereitungszeit:* 15 Minuten

4 Salatblätter, z. B. Römer- oder Kopfsalat
2 rotschalige Äpfel
200 g Salatgurke
2 TL Zitronensaft
gem. Pfeffer
2 TL Olivenöl
4 Mohnbrötchen
4 TL Halbfett-Margarine
4 Schnittkäsescheiben, z. B. Gouda

*Pro Stück:*
E: 16 g, F: 17 g, Kh: 36 g,
kJ: 1518, kcal: 363

**1.** Salatblätter abspülen und trocken tupfen. Die Äpfel heiß abspülen, abtrocknen, vierteln und entkernen. Die Gurke abspülen, abtrocknen und nach Belieben schälen. Die Äpfel und Gurke in feine Würfel schneiden.
**2.** Die Apfel- und Gurkenwürfel in einer Schüssel mischen, mit Zitronensaft und Pfeffer abschmecken. Das Olivenöl unterrühren.
**3.** Die Mohnbrötchen waagerecht aufschneiden und mit Margarine bestreichen.
**4.** Jeweils 1 Salatblatt und 1 Käsescheibe auf die unteren Brötchenhälften legen. Das Apfeltatar in Häufchen daraufsetzen und vorsichtig mit den oberen Brötchenhälften bedecken.

## Gyros-Pilz-Taschen

4 Portionen

*Zubereitungszeit:* 30 Minuten

300 g Pilze, z. B. Pfifferlinge oder Champignons
1 rote Paprikaschote
1 Stange Porree (Lauch)
200 g Schweinefilet
2 EL Olivenöl
Salz
gem. Pfeffer
Gyros-Gewürzmischung

**Für die Sauce:**
1/2 Bund Petersilie
150 g saure Sahne
2 EL Milch (1,5 % Fett)
1 Prise Zucker

4 Pitabrot-Taschen

*Pro Portion:*
E: 21 g, F: 11 g, Kh: 40 g,
kJ: 1427, kcal: 341

**1.** Pilze putzen, evtl. kurz abspülen und gut abtropfen lassen. Pilze in Scheiben oder Stücke schneiden. Paprika halbieren, entstielen, entkernen, weiße Scheidewände entfernen. Paprika abspülen, abtropfen lassen, in feine Streifen schneiden.
**2.** Porree putzen, die Stange längs halbieren, gründlich waschen, gut abtropfen lassen und in dünne Streifen schneiden. Filet mit Küchenpapier trocken tupfen, evtl. entfetten und enthäuten. Filet in feine Streifen schneiden.
**3.** Von dem Öl 1 Esslöffel in einer Pfanne erhitzen. Filetstreifen darin anbraten, mit Salz, Pfeffer und Gyros-Gewürz würzen und herausnehmen.
**4.** Restliches Öl in die Pfanne geben. Die Pilze darin anbraten. Paprika und Porree dazugeben. Alles würzen und unter Wenden 3–5 Minuten braten. Gemüse mit Gyros-Gewürz abschmecken. Fleisch wieder dazugeben und untermischen.
**5.** Für die Sauce Petersilie abspülen, trocken tupfen, die Blättchen von den Stängeln zupfen und fein hacken. Saure Sahne mit Milch verrühren, Kräuter unterrühren. Sauce mit Salz, Pfeffer und Zucker abschmecken.
**6.** Pitabrot-Taschen nach Packungsanleitung toasten. Die Gyros-Pilz-Mischung einfüllen und mit der Sauce anrichten.

Picandou mit Pinien-Pfeffer-Kruste

7. Das Chutney zusammen mit den Picandou-Talern anrichten. Daneben dekorativ je eine kleine „Straße" aus fein gemahlenem Pfeffer, Koriander und Piment bilden.

***Beilage:*** Frisches Nussbrot.

## Picandou mit Pinien-Pfeffer-Kruste

6 Stück

*Zubereitungszeit:* 20 Minuten, ohne Abkühlzeit

**Für das Aprikosen-Chutney:**
30 g getrocknete Aprikosen
50 g Zwiebeln
1 1/2 EL Speiseöl
2 EL Weißweinessig
150 g Orangenmarmelade
Salz
gem. schwarzer Pfeffer
1 TL frische, gehackte Thymianblättchen

25 g Pinienkerne
1 1/2 EL Orangeat
1 TL flüssiger Honig
1 EL rosa Pfefferbeeren
6 Picandou-Taler (Ziegenweichkäse-Taler, je etwa 40 g)
6 kleine Stängel Thymian
1/2 TL gem. Koriander
1 1/2 TL gem. Piment (Nelkenpfeffer)

*Pro Stück:*
E: 8 g, F: 12 g, Kh: 23 g,
kJ: 1017, kcal: 243

1. Für das Chutney die Aprikosen in kleine Stückchen schneiden. Zwiebeln abziehen, halbieren und fein würfeln.
2. Speiseöl in einer Pfanne erhitzen. Die Zwiebeln darin bei schwacher Hitze langsam glasig dünsten. Die Zwiebeln mit dem Essig ablöschen. Orangenmarmelade und Aprikosen unterrühren.
3. Aprikosen-Zwiebel-Mischung mit Salz und Pfeffer würzen, etwa 2 Minuten köcheln lassen. Die Pfanne von der Kochstelle nehmen. Thymian untermischen und das Chutney erkalten lassen.
4. Pinienkerne inzwischen in einer Pfanne ohne Fett unter Wenden goldbraun rösten und erkalten lassen. Die Pinienkerne in grobe und das Orangeat in sehr kleine Stücke hacken. Pinienkerne und Orangeat gut mit Honig und rosa Pfefferbeeren mischen.
5. Die Picandou-Taler portionsweise auf kleinen Tellern oder einer Servierplatte anrichten. Die Pinien-Pfeffer-Mischung kurz vor dem Servieren darauf verteilen.
6. Die Thymianstängel abspülen und trocken tupfen. Jeden Käsetaler mit 1 Thymianstängel garnieren.

## Pizza-Toasts

10 Stück

*Zubereitungszeit:* 15 Minuten

10 Scheiben Vollkorn-Toast
2–3 Fleischtomaten (400–500 g)
1 EL TK-Knoblauch-Kräuter-Mischung oder 1/2–1 TL Pizza-Gewürz-Mischung
1 EL Olivenöl
Salz, gem. Pfeffer
5 Scheiben Kochschinken
250 g Mozzarella

*Pro Stück:*
E: 10 g, F: 8 g, Kh: 12 g,
kJ: 668, kcal: 159

1. Den Backofen vorheizen.
*Ober-/Unterhitze: etwa 200 °C*
*Heißluft: etwa 180 °C*
2. Die Toastscheiben im Toaster leicht rösten, abkühlen lassen und auf einem Backblech (mit Backpapier belegt) verteilen.
3. Tomaten abspülen, abtrocknen, halbieren und die Stängelansätze entfernen. Die Tomatenhälften in kleine Würfel schneiden, in ein Sieb geben und abtropfen lassen.
4. Tomatenwürfel mit der Kräuter- oder Gewürz-Mischung und Olivenöl verrühren. Mit Salz und Pfeffer würzen. Tomatenwürfel auf den Toastbrotscheiben verteilen.
5. Die Schinkenscheiben halbieren und auf die Tomatenwürfel legen. Den Käse abtropfen lassen, in feine Scheiben schneiden und darauf verteilen. Das Backblech in den vorgeheizten Backofen schieben. Die Pizza-Toasts in etwa 10 Minuten goldbraun überbacken.

***Rezeptvariante:*** Für **vegetarische Champignon-Toasts** 100 g Champignons putzen, mit Küchenpapier abreiben, evtl. abspülen, gut trocken tupfen und in Scheiben schneiden. Champignons mit Tomatenwürfeln mischen und auf den Toastscheiben verteilen.

## Pikant gefüllte Tomaten

(Zubereitung im Tischdampfgarer)
4 Portionen

*Zubereitungszeit:* 30 Minuten

8 große Tomaten
Salz, gem. Pfeffer
1 Zwiebel
1 Knoblauchzehe
1 kleine Zucchini (100–150 g)
1 gelbe Paprikaschote
1 rote Chilischote
etwa 7 abgetropfte, schwarze Oliven ohne Stein
1 EL Olivenöl
1 EL abgetropfte Kapern (aus dem Glas)
2 EL Semmelbrösel
1 EL italienische Kräuter

*Pro Portion:*
E: 4 g, F: 4 g, Kh: 13 g,
kJ: 443, kcal: 105

**1.** Tomaten abspülen, abtrocknen und einen Deckel abschneiden. Tomaten vorsichtig mithilfe eines Teelöffels entkernen. Nach Belieben die Tomaten innen mit etwas Salz und Pfeffer bestreuen, beiseitestellen.
**2.** Zwiebel und Knoblauch abziehen, beides in feine Würfel schneiden. Die Zucchini abspülen, abtrocknen und die Enden abschneiden. Zucchini in kleine Würfel schneiden.
**3.** Die Paprika- und Chilischote halbieren, entstielen, entkernen und die weißen Scheidewände entfernen. Schotenhälften abspülen, abtropfen lassen und in kleine Stücke schneiden. Die Oliven in dünne Scheiben schneiden.
**4.** Das Olivenöl in einer großen Pfanne erhitzen. Die Zwiebel- und Knoblauchwürfel darin etwa 2 Minuten andünsten. Zucchiniwürfel, Paprika- und Chilistücke hinzufügen und bei mittlerer Hitze etwa 3 Minuten mitbraten, dabei gelegentlich umrühren.
**5.** Das angebratene Gemüse mit den Kapern, Olivenscheiben, Semmelbröseln und den Kräutern in eine Schüssel geben und gut vermischen. Die Gemüsemischung mit Salz und Pfeffer abschmecken.
**6.** Die Gemüsemasse in die beiseitegestellten Tomaten füllen, dabei die Masse evtl. etwas andrücken und nach Belieben die Tomatendeckel daraufsetzen.
**7.** Entsprechend der Bedienungsanleitung des Dampfgarers Wasser bis zur maximalen Einfüllgrenze in den Wasserbehälter füllen. Auffangschale auf den Wasserbehälter setzen und darauf eine hohe Dampfschale setzen. Die Tomaten nebeneinander hineinsetzen und den Dampfgarer mit dem Deckel verschließen.
**8.** Den Dampfgarer einschalten. Sobald der Dampfgarer Dampf erzeugt, die gefüllten Tomaten 10–12 Minuten dämpfen.

***Tipp:*** Wenn Sie keinen Tischdampfgarer haben, können Sie die gefüllten Tomaten auch im Topf mit Dämpfeinsatz (Ø etwa 24 cm) garen. Dafür den Topf etwa 3 cm hoch mit Wasser füllen und zum Kochen bringen. Die gefüllten Tomaten in den Dämpfeinsatz des Topfes legen. Den Einsatz in den Topf hängen und die Tomaten bei schwacher bis mittlerer Hitze etwa 10 Minuten dämpfen.

Pizza-Toasts

Pikant gefüllte Tomaten

## Sandwiches „Italienische Art"

5 Stück (10 diagonale Toasts)

*Zubereitungszeit:* 30 Minuten

60 g Rucola (Rauke)
50 g abgetropfte, getrocknete Tomaten in Öl
1 kleine, rote Zwiebel
150 g Ziegenfrischkäse
10 Scheiben Sandwichtoast

*Pro Stück:*
E: 4 g, F: 4 g, Kh: 20 g,
kJ: 539, kcal: 129

**1.** Rucola abspülen, gut abtropfen lassen und in grobe Stücke zupfen. Tomaten in kleine Würfel schneiden. Zwiebel abziehen, halbieren und in dünne Scheiben schneiden.
**2.** Die Rucola- und Tomatenstücke mit dem Frischkäse verrühren, die Hälfte der Toastscheiben damit bestreichen. Zwiebelscheiben gleichmäßig darauf verteilen und mit den restlichen Toastscheiben belegen, leicht andrücken.
**3.** Die Toasts diagonal halbieren und servieren oder nacheinander in den vorgeheizten Sandwichtoaster (gefettet) geben und jeweils etwa 5 Minuten toasten. Anschließend diagonal halbieren und warm servieren.

***Tipps:*** Statt der roten Zwiebeln können Sie auch Frühlingszwiebeln verwenden. Wer keinen Ziegenfrischkäse mag, kann diesen durch Mascarpone (ital. Frischkäse) oder Doppelrahm-Frischkäse ersetzen.

Sandwiches „Italienische Art"/
Schinken-Pfefferbeißer-Sandwiches /
Tunfisch-Sandwiches

## Schinken-Pfefferbeißer-Sandwiches

5 Stück (10 diagonale Toasts)

*Zubereitungszeit:* 20 Minuten

125 g Schinken-Pfefferbeißer
etwa 12 schwarze Oliven ohne Stein
100 g Gouda
10 Scheiben Vollkorn-Sandwichtoast
100 g Doppelrahm-Frischkäse mit getrockneten Tomaten (aus dem Kühlregal)

*Pro Stück:*
E: 8 g, F: 13 g, Kh: 19 g,
kJ: 941, kcal: 226

**1.** Schinken-Pfefferbeißer in kleine Stücke, Oliven in dünne Scheiben und Gouda in Streifen schneiden.
**2.** Die Toastscheiben mit Frischkäse bestreichen. Die Hälfte der Toastscheiben mit den Schinken-Pfefferbeißerstücken, Olivenscheiben und Käsestreifen belegen. Die restlichen Toastscheiben darauflegen, leicht andrücken. Die Sandwiches halbieren und servieren oder nacheinander in den vorgeheizten Sandwichtoaster (gefettet) geben und etwa 5 Minuten toasten. Anschließend die Toasts diagonal halbieren, warm servieren.

## Tunfisch-Sandwiches

5 Stück (10 diagonale Toasts)

*Zubereitungszeit:* 30 Minuten

150 g abgetropfter Tunfisch in Öl (aus der Dose)
1 kleine Zwiebel
1 Knoblauchzehe
1/2 rote Paprikaschote
einige Stängel glatte Petersilie
2 hart gekochte Eier
100 g Emmentaler
1 TL abgetropfte Kapern (aus dem Glas)
1 TL mittelscharfer Senf
1–2 EL Salatmayonnaise
Salz
gem. Pfeffer
10 Scheiben Sandwichtoast

*Pro Stück:*
E: 11 g, F: 10 g, Kh: 19 g,
kJ: 873, kcal: 208

**1.** Tunfisch in einer Schüssel mithilfe einer Gabel zerkleinern. Zwiebel und Knoblauch abziehen, beides fein hacken.
**2.** Paprikaschote entstielen, entkernen und die weißen Scheidewände entfernen. Schote abspülen, abtropfen lassen und klein würfeln. Petersilie abspülen, trocken tupfen und die Blättchen von den Stängeln zupfen. Blättchen fein hacken.
**3.** Eier pellen und in kleine Würfel schneiden. Den Käse ebenfalls fein würfeln.
**4.** Tunfisch mit Zwiebeln, Knoblauch, Paprika-, Käse- und Eierwürfeln, Petersilie, Kapern, Senf und Mayonnaise vermengen, mit Salz und Pfeffer würzen.
**5.** Die Tunfischmasse gleichmäßig auf 5 Toastscheiben verteilen, mit jeweils 1 Toastscheibe belegen und leicht andrücken. Die Toasts diagonal halbieren und sofort servieren oder nacheinander in den vorgeheizten Sandwichtoaster (gefettet) legen und jeweils etwa 5 Minuten toasten. Anschließend diagonal halbieren und sofort servieren.

Steaksandwich mit Rucola

## Steaksandwich mit Rucola

2 Portionen

*Zubereitungszeit:* 15 Minuten

1 Ciabatta oder 1 kleines Baguette
1 Rumpsteak (etwa 300 g)
3–4 EL Olivenöl
2 Zweige Rosmarin
Salz, gem. Pfeffer
Saft von 1 Zitrone
2 EL Dijon-Senf
etwas Rucola (Rauke)

*Pro Portion:*
E: 48 g, F: 18 g, Kh: 67 g,
kJ: 2620, kcal: 621

**1.** Den Backofen vorheizen.
*Ober-/Unterhitze:* etwa 100 °C
*Heißluft:* etwa 80 °C
**2.** Ciabatta oder Baguette im vorgeheizten Backofen etwa 10 Minuten erwärmen.
**3.** In der Zwischenzeit das Rumpsteak mit Küchenpapier trocken tupfen und waagerecht durchschneiden. Die Fleischscheiben mit einem Fleischklopfer so lange bearbeiten, bis die Scheiben etwa 1 cm dick sind. Die plattierten Fleischscheiben mit etwa 1 Esslöffel von dem Olivenöl einreiben.
**4.** Rosmarin abspülen und trocken tupfen. Die Nadeln von den Stängeln zupfen. Die Fleischscheiben mit den Rosmarinnadeln bestreuen, kräftig mit Salz und Pfeffer würzen.
**5.** Etwa 1 Esslöffel des restlichen Olivenöls in einer Pfanne erhitzen. Die Fleischscheiben darin etwa 1 Minute von jeder Seite braten, sodass die Fleischscheiben innen noch leicht rosa sind (die Garzeit kann je nach Geschmack verkürzt bzw. verlängert werden). Die Fleischscheiben aus der Pfanne nehmen, mit etwas Zitronensaft beträufeln und kurz ruhen lassen.
**6.** In der Zwischenzeit das erwärmte Ciabatta oder Baguette waagerecht durchschneiden. Die Brotscheiben von einer Seite mit dem restlichen Olivenöl und Senf bestreichen.
**7.** Rucola putzen und die dicken Stiele abschneiden. Rucola abspülen, trocken tupfen und auf den Brotscheiben verteilen. Die Steaks darauflegen und mit dem entstandenen Bratensaft beträufeln.

## Kapernsauce

4 Portionen (ohne Foto)

*Zubereitungszeit:* 15 Minuten, ohne Abkühlzeit

1 Zwiebel
1 Knoblauchzehe
1–2 EL Olivenöl
4–6 EL abgetropfte Kapern (aus dem Glas)
8 EL Wasser
3 EL Weißweinessig
2 EL Olivenöl
2 EL TK-Petersilie
Salz
gem. Pfeffer

*Pro Portion:*
E: 1 g, F: 9 g, Kh: 1 g,
kJ: 372, kcal: 89

**1.** Zwiebel und Knoblauchzehe abziehen, beides fein hacken. Olivenöl in einem Topf erhitzen, Zwiebel- und Knoblauchwürfel darin andünsten. Kapern fein hacken, mit Wasser und Essig hinzufügen. Die Zutaten einmal aufkochen lassen, dann bei kleiner Hitze 3–4 Minuten einköcheln lassen. Den Topf von der Kochstelle nehmen.
**2.** Olivenöl und Petersilie unterrühren. Sauce etwas abkühlen lassen, dann mit Salz und Pfeffer würzen und über das vorbereitete Gemüse geben.

**Tipp:** Die Kapernsauce schmeckt als Dip zu Gemüserohkost.

## Bunte Champignonspieße vom Grill

2 Portionen

*Zubereitungszeit:* 15 Minuten

3 Thüringer Bratwürste
420 g abgetropfte Champignonköpfe (aus dem Glas)
225 g geräucherter, durchwachsener Speck
2 EL Zitronensaft
5 EL Speiseöl, z. B. Sonnenblumenöl
Salz, gem. Pfeffer
Paprikapulver edelsüß

**Außerdem:**
6 Holzspieße
etwas Alufolie

*Pro Portion:*
E: 27 g, F: 35 g, Kh: 2 g,
kJ: 1920, kcal: 459

**1.** Die Bratwürste in etwa 2 cm dicke Scheiben schneiden. Champignons in einem Sieb abtropfen lassen. Speck in Scheiben schneiden. Wurst-, Speckscheiben und Champignons abwechselnd auf die Holzspieße stecken.
**2.** Zitronensaft mit Öl, Salz, Pfeffer und Paprikapulver verrühren. Spieße damit bestreichen. Spieße auf den heißen Grill (mit Alufolie belegt und mit Öl bestrichen) legen und unter mehrmaligem Wenden 5–8 Minuten grillen, dabei zwischendurch wenden.

## Champignonbutter

6–8 Portionen

*Zubereitungszeit:* 10 Minuten, ohne Abkühlzeit

3 Champignons
3 Zwiebeln
150 g Butter
2–3 TL Zitronensaft
Salz, gem. Pfeffer

*Pro Portion:*
E: 1 g, F: 18 g, Kh: 1 g,
kJ: 699, kcal: 167

**1.** Champignons putzen, evtl. kurz abspülen und trocken tupfen, Zwiebeln abziehen. Beides in feine Würfel schneiden.
**2.** Etwas von 150 g Butter in einer Pfanne oder einem Topf zerlassen, Champignon- und Zwiebelwürfel darin andünsten und anschließend erkalten lassen.
**3.** Die Champignon- und Zwiebelwürfel mit 2–3 Teelöffeln Zitronensaft beträufeln, die restliche Butter mit der Masse vermischen. Champignonbutter mit Salz und Pfeffer abschmecken.

**Tipps:** Aromatisieren Sie die Butter mit etwas Thymian, den Sie unter die Champignon-Zwiebel-Mischung rühren. Richtig edel wird die Butter, wenn Sie Pfifferlinge oder Steinpilze verwenden.

## Erdbeeren im Schokomantel

4 Portionen

*Zubereitungszeit:* 25 Minuten

1 EL Kokosfett
2 EL Orangenlikör
125 g Puderzucker
2 EL gesiebter Kakao
250 g Erdbeeren
1 EL Kokosraspel

*Pro Portion:*
E: 2 g, F: 6 g, Kh: 38 g,
kJ: 955, kcal: 229

**1.** Kokosfett in kleine Stücke schneiden und in einem Topf im Wasserbad bei schwacher Hitze unter Rühren schmelzen.
**2.** Den Likör erwärmen, mit Puderzucker und Kakao glatt rühren. Das flüssige Kokosfett unterrühren.
**3.** Erdbeeren sorgfältig abspülen und trocken tupfen. Die Stiele nicht abschneiden. Erdbeeren in die vorbereitete Glasur tauchen und auf einen Teller oder eine kalte Marmorplatte legen.
**4.** Die noch feuchten Früchte mit Kokosraspeln bestreuen. Glasur trocknen lassen.

## Käsebrot aus dem Ofen

4 Stück

*Zubereitungszeit:* 20 Minuten

125 g Gruyère (am Stück)
1 Ei (Größe S oder M)
1 EL trockener Weißwein
oder Gemüsebrühe
1/2 Knoblauchzehe
ger. Muskatnuss
gem. Pfeffer
4 Scheiben Bauernbrot
evtl. Paprikapulver edelsüß
oder rosenscharf
evtl. abgespülte, trocken getupfte
Schnittlauchhalme

*Pro Stück:*
E: 13 g, F: 12 g, Kh: 21 g,
kJ: 1019, kcal: 244

**1.** Den Backofen vorheizen.
*Ober-/Unterhitze:* etwa 220 °C
*Heißluft:* etwa 200 °C
**2.** Den Käse fein in eine Schüssel reiben. Ei, Wein oder Gemüsebrühe hinzufügen. Die Zutaten gut verrühren. Knoblauch abziehen, fein hacken und hinzufügen. Die Käsemasse mit Muskatnuss und Pfeffer würzen.
**3.** Die Brotscheiben mit der Käsemasse dick bestreichen und auf einen Backofenrost (mit Backpapier belegt) legen. Rost in den vorgeheizten Backofen (Mitte) schieben. Die Brote etwa 7 Minuten überbacken.
**4.** Die Käsebrote nach Belieben mit etwas Paprikapulver bestäuben, mit Schnittlauchhalmen garnieren und anschließend sofort genießen.

***Tipps:*** Noch schneller gelingen die Brote, wenn Sie 150 g fertig geriebenen Gouda- oder Pizzakäse statt Gruyère verwenden. Die Käsebrote schmecken dann allerdings nicht so kräftig-würzig. Dazu passt gemischte Rohkost wie klein geschnittene Radieschen, Tomaten, Salatgurke oder Paprika.

Erdbeeren im Schokomantel

Käsebrot aus dem Ofen

## Vegi-Wraps

4 Portionen

*Zubereitungszeit:* 15 Minuten

175 g Joghurt-Salatcreme
100 g Joghurt (3,5 % Fett)
Salz, gem. Pfeffer
evtl. 1 Prise Currypulver
140 g abgetropfter Gemüsemais (aus der Dose)

1/2 Eisbergsalat
2 mittelgroße Möhren
1 gelbe Paprikaschote
6–8 Wraps (Tortilla-Weizenmehl-Fladen)
150 g ger. Käse, z. B. mittelalter Gouda oder Emmentaler

*Pro Portion:*
E: 19 g, F: 34 g, Kh: 56 g,
kJ: 2534, kcal: 606

**1.** Salatcreme mit Joghurt in einer Schüssel verrühren, mit Salz, Pfeffer und evtl. 1 Prise Curry würzen. Den Mais untermischen.
**2.** Salat putzen, abspülen, abtropfen lassen, trocken tupfen und in feine Streifen schneiden. Möhren putzen, schälen, abspülen, abtropfen lassen und grob raspeln.
**3.** Paprikaschote halbieren, entstielen, entkernen und die weißen Scheidewände entfernen. Schotenhälften abspülen, abtropfen lassen und in feine, lange Streifen schneiden.
**4.** Wraps in einer heißen Pfanne ohne Fett nach Packungsanleitung kurz erhitzen, herausnehmen und erkalten lassen. Die Tortilla-Fladen mit den Salatstreifen, Möhrenraspeln und Paprikastreifen belegen. Mais-Joghurt-Salatcreme-Mischung daraufträufeln, mit Käse bestreuen.
**5.** Zwei Seiten der Wraps zur Mitte hin leicht einklappen. Wraps fest aufrollen und nach Belieben in Gläsern servieren.

## Edelstulle

2 Portionen

*Zubereitungszeit:* 15 Minuten

1/2 Bund Schnittlauch
60 g stichfeste saure Sahne
Salz
2 dünne Scheiben Graubrot
10 g Butter
2 Wachteleier
2 TL deutscher Kaviar (Seehasenrogen)

*Pro Portion:*
E: 8 g, F: 8 g, Kh: 22 g,
kJ: 791, kcal: 189

**1.** Schnittlauch abspülen, trocken tupfen und in feine Röllchen schneiden. Einige Schnittlauchröllchen beiseitelegen. Restliche Schnittlauchröllchen mit der sauren Sahne und etwas Salz verrühren.
**2.** Brotscheiben im Toaster rösten. Gleichzeitig Butter in einer Pfanne zerlassen. Eier vorsichtig aufschlagen und nebeneinander in das Fett gleiten lassen. Eier etwa 5 Minuten bei mittlerer Hitze braten, bis das Eiweiß fest geworden ist. Eier mit Salz bestreuen und aus der Pfanne nehmen.
**3.** Die Brotscheiben mit den Wachteleiern, mit der sauren Sahne und Kaviar garnieren. Beiseitegelegte Schnittlauchröllchen daraufstreuen und sofort servieren.

## Eier-Sandwich-streifen

4–6 Stück

*Zubereitungszeit:* 15 Minuten

2 Scheiben Bauernbrot
10 g Butter
1/4 Bund Schnittlauch
etwa 75 g Eisbergsalatblätter
1 EL Salatmayonnaise

Vegi-Wraps

Edelstulle

Eier-Sandwichstreifen

Garnelenspieße auf Zitronengras

Salz, gem. Pfeffer
1 mittelgroße Tomate
1 hart gekochtes Ei
1 kleines Stück Salatgurke

**Außerdem:**
4–6 Zahnstocher

*Pro Stück:*
E: 3 g, F: 6 g, Kh: 11 g,
kJ: 447, kcal: 107

**1.** Die Brotscheiben mit Butter bestreichen. Schnittlauch abspülen, trocken tupfen und in feine Röllchen schneiden. Eisbergsalatblätter abspülen, gut abtropfen lassen und in feine Streifen schneiden. Die Salatstreifen mit der Mayonnaise und den Schnittlauchröllchen verrühren. Die Salat-Mayonnaise-Mischung mit Salz und Pfeffer würzen.
**2.** Die Tomaten abspülen, abtrocknen, halbieren und die Stängelansätze herausschneiden. Die Tomaten in Scheiben schneiden. Die Eier pellen und mit einem Eierschneider in Scheiben schneiden.
**3.** Die Salat-Mayonnaise-Mischung auf 1 Brotscheibe verteilen. Darauf zuerst die Eierscheiben, dann abwechselnd die Gurken- und Tomatenscheiben verteilen.
**4.** Die andere Brotscheibe mit der Butterseite nach unten darauflegen. Das Sandwich vorsichtig in etwa 2 cm breite Streifen schneiden. Die Eier-Sandwichstreifen mit Zahnstochern fixieren.

## Garnelenspieße auf Zitronengras

2 Portionen

*Zubereitungszeit:* 15 Minuten

2 dicke Stängel Zitronengras (je 10–15 g)
12 küchenfertige Garnelen (je etwa 20 g)
8 Kaffirblätter (Limettenblätter)
Salz
Cayennepfeffer
2 EL Olivenöl
1 EL Limettensaft
evtl. 20 g klein gehackte, geröstete und gesalzene Cashewkerne

*Pro Portion:*
E: 26 g, F: 8 g, Kh: 4 g,
kJ: 815, kcal: 195

**1.** Die Zitronengrasstängel der Länge nach halbieren. Garnelen kurz unter fließendem kalten Wasser abspülen und trocken tupfen, evtl. entdarmen. Kaffirblätter evtl. kurz abspülen und trocken tupfen.
**2.** Jeweils 3 Garnelen und 2 Kaffirblätter auf jeweils 1 Zitronengrasstängel spießen, mit Salz und Cayennepfeffer würzen.
**3.** Olivenöl in einer weiten Pfanne erhitzen. Die Garnelenspieße darin von jeder Seite etwa 2 Minuten bei mittlerer Hitze braten. Die Garnelenspieße aus der Pfanne nehmen und mit Limettensaft beträufeln.
**4.** Die Spieße nach Belieben in einer flachen Schale anrichten und mit Cashewkernen bestreut servieren.

# Müsli mit frischen Früchten

2 Portionen

*Zubereitungszeit:* 5 Minuten

3 EL Haferflocken
3 EL Cornflakes
20 g Rosinen
je 60 g kernlose, blaue und grüne Weintrauben
1 Apfel
2 Kiwis
100 g Banane
400 ml Milch (1,5 % Fett)

*Pro Portion:*
E: 12 g, F: 5 g, Kh: 67 g,
kJ: 1541, kcal: 368

**1.** Haferflocken mit Cornflakes und Rosinen mischen, in 2 Schalen verteilen.
**2.** Weintrauben abspülen, entstielen und gut abtropfen lassen.
**3.** Apfel heiß abwaschen, abtrocknen, halbieren, entkernen und in dünne Spalten schneiden. Die Kiwis und die Banane schälen und dann in Scheiben schneiden.
**4.** Das Obst zu der Müslimischung in die Schalen geben. Das Müsli mit Milch übergießen.

***Tipp:*** Sie können statt Haferflocken, Cornflakes und Rosinen die gleiche Menge einer fertigen, fettarmen und ungezuckerten Müslimischung verwenden.

# Forellencreme-Häppchen

5–6 Stück

*Zubereitungszeit:* 15 Minuten

2 geräucherte Forellenfilets (ohne Haut, etwa 125 g)
1 kleine Zwiebel
50 g Butter (zimmerwarm)
2 EL gehackte Petersilie
Salz, gem. Pfeffer
5–6 Scheiben Ciabatta oder Baguette

*Pro Stück:*
E: 7 g, F: 9 g, Kh: 13 g,
kJ: 667, kcal: 159

**1.** Die Forellenfilets evtl. entgräten, grob zupfen und in eine Schüssel geben. Zwiebel abziehen, halbieren und in kleine Würfel schneiden. Butter, Petersilie und Zwiebelwürfel zu den Forellenfilets geben. Zutaten gut vermengen und mit Salz und Pfeffer würzen.
**2.** Forellencreme in ein verschließbares Gefäß füllen und in den Kühlschrank stellen.
**3.** Zum Anrichten die Forellencreme auf die Ciabatta- oder Baguettescheiben streichen.

***Tipps:*** Jedes Forellencreme-Häppchen in ein Papierbackförmchen legen und mit glatter Petersilie garnieren. Die Creme ist im Kühlschrank 1–2 Tage haltbar.

# Doppeldecker-Sandwiches

2 Stück (4 Hälften)

*Zubereitungszeit:* 10 Minuten

2 Tomaten
2–3 Blätter Eisbergsalat
1/2 Kästchen Kresse
6 Scheiben Vollkorn-Sandwichbrot (ersatzweise Vollkorn-Toastbrot)
4 EL Crème légère
4 Scheiben Scheibletten-Käse (25 % Fett)
4–6 dünne Scheiben Puten-Lachsfleisch
2 TL Tomatenketchup

*Pro Stück:*
E: 26 g, F: 14 g, Kh: 55 g,
kJ: 1902, kcal: 455

**1.** Tomaten abspülen, abtrocknen, vierteln und die Stängelansätze herausschneiden. Tomaten entkernen und in Stücke schneiden.
**2.** Salatblätter abspülen, trocken tupfen und in feine Streifen schneiden. Kresse abspülen, trocken tupfen und vom Beet scheiden.
**3.** Die Sandwichscheiben jeweils auf einer Seite mit Crème légère bestreichen. 4 der Scheiben mit jeweils einigen Salatstreifen, Tomatenstücken, Käse und Lachsfleisch belegen und mit Kresse bestreuen.
**4.** Jeweils 2 belegte Sandwichscheiben aufeinandersetzen. Die restlichen beiden Sandwichscheiben noch

mit Ketchup bestreichen und mit der Ketchupseite nach unten auf die belegten Scheiben legen.

**5.** Die Sandwichscheiben leicht zusammendrücken, nach Belieben diagonal durchschneiden und in Papierservietten anrichten.

## Bratapfelaufstrich

10 Portionen (etwa 500 g)

*Zubereitungszeit:* 25 Minuten

2 große Äpfel
Saft von 1 Zitrone
2 EL Apfelkraut (Brotaufstrich)
40 g Korinthen
3 EL Weizenkeime
3 EL zarte Haferflocken
1 Pck. Dr. Oetker Vanillin-Zucker
1 gestr. TL Dr. Oetker Finesse Orangenschalen-Aroma
5 Tropfen Bittermandel-Aroma
1 gestr. TL Spekulatius-Gewürz-Mischung
1/4 gestr. TL gem. Zimt

*Pro Portion:*
E: 2 g, F: 1 g, Kh: 15 g,
kJ: 332, kcal: 79

**1.** Äpfel abwaschen, abtrocknen, schälen, vierteln und entkernen. Apfelviertel fein raspeln und mit Zitronensaft vermischen. Das Apfelkraut unterrühren.

**2.** Korinthen, Weizenkeime, Haferflocken, Vanillin-Zucker, Aromen, Spekulatius-Gewürz-Mischung und Zimt unterrühren. Den Aufstrich in 2 gründlich gereinigte, gespülte und getrocknete Gläser füllen. Gläser mit Deckeln fest verschließen und kalt stellen.

***Tipps:*** Genießen Sie den Aufstrich mit Rosinenstuten, Brötchen oder Hörnchen. Im Kühlschrank bleibt er gut verschlossen etwa 5 Tage frisch.

## Austernpilztoast

2 Portionen

*Zubereitungszeit:* 30 Minuten

1 kleine Zwiebel
100 g Austernpilze
1/2 rote Paprikaschote (etwa 150 g)
1/2 Bund Schnittlauch
2 Stängel Basilikum
1 EL Sonnenblumenöl
Salz, gem. Pfeffer
50 g Frischkäse mit Kräutern (8 % Fett)
2 Scheiben Vollkorn-Toastbrot

*Pro Portion:*
E: 9 g, F: 7 g, Kh: 19 g,
kJ: 731, kcal: 175

**1.** Zwiebel abziehen und klein würfeln. Austernpilze putzen, evtl. kurz abspülen, gut trocken tupfen und in dünne Streifen schneiden.

**2.** Paprikahälfte entstielen, entkernen und die weißen Scheidewände entfernen. Die Paprikahälfte abspülen, abtropfen lassen und in Streifen schneiden.

**3.** Den Backofen vorheizen.
*Ober-/Unterhitze:* etwa 200 °C
*Heißluft:* etwa 180 °C

**4.** Schnittlauch und Basilikum abspülen, trocken tupfen. Schnittlauch in Röllchen schneiden. Basilikumblättchen von den Stängeln zupfen, Blättchen klein schneiden.

**5.** Sonnenblumenöl in einer Pfanne erhitzen. Die Zwiebelwürfel darin glasig dünsten. Die Paprikastreifen hinzufügen und unter gelegentlichem Rühren 2–3 Minuten bei mittlerer Hitze mitdünsten. Dann die Austernpilzstreifen hinzugeben. Das Gemüse unter gelegentlichem Rühren weitere etwa 4 Minuten dünsten. Die Kräuter untermengen, mit Salz und Pfeffer würzen, den Frischkäse unterrühren.

**6.** Toastbrotscheiben toasten und diagonal halbieren. Die Pilz-Gemüse-Mischung darauf verteilen. Die Toastdreiecke auf ein Backblech (mit Backpapier belegt) legen. Das Backblech in den vorgeheizten Backofen schieben. Die Austernpilztoasts etwa 10 Minuten überbacken.

***Tipp:*** Sie können auch andere Pilze wie Champignons oder Pfifferlinge für diesen Toast verwenden.

Bratapfelaufstrich

Austernpilztoast

## Bauarbeiterbrötchen
2 Stück

*Zubereitungszeit:* 20 Minuten

1 Möhre
3–4 Radieschen
2–3 Blätter Eisbergsalat
1/2 Bund Rucola
4 Scheiben Bacon (Frühstücksspeck)
2 EL Olivenöl
2 Eier (Größe M)
Salz
2 Brötchen
40 g Butter
gem. Pfeffer

*Pro Stück:*
E: 13 g, F: 27 g, Kh: 20 g,
kJ: 1558, kcal: 372

**1.** Möhre putzen, schälen, abspülen und raspeln. Radieschen abwaschen, putzen und in Scheiben schneiden. Eisbergsalat putzen und in dünne Streifen schneiden. Genau wie den Rucola waschen und gut abtropfen lassen.
**2.** Eine Pfanne ohne Fett erhitzen. Bacon darin knusprig braten, dann herausnehmen und auf Küchenpapier legen.
**3.** Das Öl in der Pfanne erhitzen. Eier vorsichtig aufschlagen und nebeneinander in die Pfanne gleiten lassen. Eiweiß mit Salz bestreuen und dann etwa 4 Minuten bei mittlerer Hitze braten, bis die Ränder leicht braun sind. Spiegeleier wenden und noch mal 2 Minuten braten.
**4.** Brötchen durchschneiden, die Hälften mit etwas Butter bestreichen. Die unteren Hälften mit Eisbergsalatstreifen belegen. Dann die gebratenen Eier und den Bacon darauflegen. Zuletzt mit Möhrenraspeln, Radieschenscheiben und Rucola belegen, mit Pfeffer bestreuen. Brötchen zuklappen und etwas zusammendrücken.

## Gemüse-Gyros im Pitabrot

2 Stück

*Zubereitungszeit:* 25 Minuten

je 1 kleine, rote und grüne Paprikaschote
1 Zwiebel
1 Knoblauchzehe
1 TL Olivenöl
evtl. 1 EL heißes Wasser
etwa 1/2 TL Gyros-Gewürzmischung
evtl. Salz
evtl. gem. Pfeffer
2 Tomaten
2 Pitabrot-Taschen
200 g Zaziki (aus dem Kühlregal)
einige Scheiben Salatgurke

*Pro Stück:*
E: 10 g, F: 13 g, Kh: 49 g,
kJ: 1497, kcal: 359

**1.** Paprikaschoten halbieren, entstielen, entkernen und die weißen Scheidewände entfernen. Schotenhälften abspülen, abtropfen lassen und in kleine Würfel schneiden.
**2.** Zwiebel und Knoblauch abziehen. Zwiebel erst in Scheiben schneiden, dann in Ringe teilen. Knoblauch fein würfeln.
**3.** Das Öl in einer Pfanne erhitzen. Die Knoblauchwürfel und die Hälfte der Zwiebelringe darin anbraten. Die Paprikawürfel zugeben und kurz unter Rühren anbraten, evtl. noch 1 Esslöffel heißes Wasser zufügen. Paprikagemüse mit Gyros-Gewürzmischung und evtl. mit Salz und Pfeffer abschmecken.
**4.** Tomaten abspülen, abtrocknen, halbieren und die Stängelansätze herausschneiden. Tomaten in Scheiben schneiden.
**5.** Pitabrot-Taschen im Toaster nach Packungsanleitung toasten. Brottaschen mit Zaziki, Paprikagemüse, Tomaten- und Gurkenscheiben sowie den restlichen Zwiebelringen füllen. Die gefüllten Brottaschen sofort servieren.

Bauarbeiterbrötchen

Gemüse-Gyros im Pitabrot

Gemüse-Baguette

Frühstücksbrötchen

Bunte Vollkornschnitte

## Gemüse-Baguette

2 Portionen

*Zubereitungszeit:* 20 Minuten

je 1 rote und gelbe Paprikaschote
4 EL Olivenöl
2 Stängel Thymian
Salz
gem. Pfeffer
etwas Balsamico-Essig
2 Baguettebrötchen
1 Knoblauchzehe

*Pro Portion:*
E: 6 g, F: 21 g, Kh: 40 g,
kJ: 1586, kcal: 379

**1.** Paprika halbieren, entstielen, entkernen und die weißen Scheidewände entfernen. Schoten abspülen, abtropfen lassen und vierteln. 2 Esslöffel von dem Öl in einer Pfanne erhitzen und die Paprika darin anbraten.
**2.** Thymian abspülen, trocken tupfen, die Blättchen von den Stängeln zupfen und fein hacken. Gehackten Thymian zu der Paprika geben, mit Salz, Pfeffer und etwas Essig abschmecken. Paprika aus der Pfanne nehmen und etwas abkühlen lassen.
**3.** Nochmals 1 Esslöffel von dem Öl in einer Pfanne erhitzen. Die Brötchen halbieren und die Schnittflächen im Öl goldbraun rösten. Knoblauch abziehen und die noch heißen Schnittflächen der Brötchen mit Knoblauch abreiben.
**4.** Das Paprikagemüse auf den unteren Brötchenhälften verteilen, das restliche Olivenöl darüberträufeln. Die obere Brötchenhälfte darauflegen und leicht andrücken.

***Tipp:*** Nachdem man die unteren Brötchenhälften mit Paprika belegt hat, etwas in Würfel geschnittenen Schafkäse darauf verteilen.

## Frühstücksbrötchen

4 Portionen

*Zubereitungszeit:* 15 Minuten

4 Eier (Größe M)
4 Roggenbrötchen
1 EL Butter
2 TL mittelscharfer Senf
4 kleine Gewürzgurken
50 g Lachsschinken
Salz

*Pro Portion:*
E: 14 g, F: 12 g, Kh: 29 g,
kJ: 1180, kcal: 282

**1.** Die Eier in kochendem Wasser etwa 6 Minuten kochen, mit kaltem Wasser abschrecken und schälen.
**2.** Die Brötchen aufschneiden, je eine Hälfte mit Butter und eine mit Senf bestreichen. Gurken in dünne Scheiben schneiden. Brötchenhälften mit Lachsschinken und Gewürzgurken belegen. Eier halbieren und dazureichen.

## Bunte Vollkornschnitte

4 Portionen

*Zubereitungszeit:* 10 Minuten

4 Scheiben Vollkornbrot
2 TL mittelscharfer Senf
4 Scheiben Rindfleischsülze
oder Corned Beef
2 Möhren
200 g abgetropfte Gewürzgurken
(aus dem Glas)

*Pro Portion:*
E: 9 g, F: 2 g, Kh: 21 g,
kJ: 580, kcal: 138

**1.** Die Brotscheiben dünn mit Senf bestreichen und mit Sülzescheiben oder Corned Beef belegen.
**2.** Möhren putzen, schälen, abspülen und abtropfen lassen. Möhren längs in dünne Streifen schneiden.
**3.** Gurken in Fächer schneiden und mit den Möhrenstreifen auf den Brotscheiben anrichten.

Makrelenfiletaufstrich

Hafer-Pfannkuchen-Röllchen

## Makrelenfiletaufstrich

4 Portionen (etwa 250 g)

*Zubereitungszeit:* 15 Minuten

225 g geräuchertes Makrelenfilet
1 Frühlingszwiebel
40 g Mayonnaise
Saft von 1/2 Zitrone
gem. Pfeffer
1–2 Tropfen Tabasco

*Pro Portion:*
E: 12 g, F: 15 g, Kh: 1 g,
kJ: 785, kcal: 187

**1.** Das Makrelenfilet enthäuten und evtl. vorhandene Gräten entfernen. Das Filet in Stücke schneiden und mit einer Gabel etwas zerdrücken.
**2.** Die Frühlingszwiebel putzen, abspülen, gut abtropfen lassen und in feine Scheiben schneiden.
**3.** Mayonnaise mit Zitronensaft verrühren und mit den Frühlingszwiebelscheiben unter das Makrelenfilet rühren. Den Aufstrich mit Pfeffer und Tabasco abschmecken.
**4.** Den Aufstrich in 1–2 gründlich gereinigte, gespülte und getrocknete Gläser füllen. Die Gläser mit Deckeln fest verschließen und in den Kühlschrank stellen.

***Tipp:*** Im Kühlschrank ist der Makrelenfiletaufstrich gut verschlossen etwa 5 Tage haltbar.

## Hafer-Pfannkuchen-Röllchen

2 Portionen

*Zubereitungszeit:* 30 Minuten

55 g Weizenmehl
15 g Haferkleieflocken
2 Eier (Größe M)
125 ml Wasser
1/4 TL Salz
gem. Pfeffer

200 g Tomaten
100 g Rucola (Rauke)
1 EL Olivenöl (10 g)
50 g geraspelter Schafskäse (8 % Fett)

*Pro Portion:*
E: 19 g, F: 15 g, Kh: 27 g,
kJ: 1350, kcal: 322

**1.** Mehl in eine Rührschüssel geben, Kleieflocken unterrühren. Eier mit Wasser verschlagen, mit Salz und Pfeffer würzen. Die Eiermischung nach und nach unter das Mehl rühren. Dabei darauf achten, dass keine Klümpchen entstehen. Den Teig etwa 10 Minuten quellen lassen.
**2.** Inzwischen die Tomaten abspülen, abtrocknen, vierteln und die Stängelansätze herausschneiden. Die Tomaten in kleine Würfel schneiden. Rucola verlesen, dicke Stängel abschneiden, Rucola waschen, trocken schleudern und in mundgerechte Stücke schneiden.
**3.** Eine Pfanne (Ø 24 cm) mit Öl auspinseln und nicht zu stark erhitzen. Aus dem Teig nacheinander 4 dünne Pfannkuchen backen und warm stellen.
**4.** Die Pfannkuchen mit den Käseraspeln, Tomaten und Rucola belegen, mit Salz und Pfeffer bestreuen. Pfannkuchen aufrollen und heiß oder kalt servieren.

***Tipp:*** Die Pfannkuchen lassen sich auch gut vorbacken und ungefüllt mit ins Büro nehmen. Erst kurz vor dem Genießen mit vorbereiteten Zutaten füllen und aufrollen.

## Toast mit Schweinefilet

5 Stück

*Zubereitungszeit:* 30 Minuten

1/2 reife Mango (etwa 150 g)
100 g Zuckerschoten
250 g Schweinefilet
Salz
gem. Pfeffer
1–2 EL Olivenöl (10–20 g)
5 Scheiben Vollkorn- oder Dreikorntoast (je etwa 20 g)
etwa 60 ml Hot-Chili-Sauce
100 g Gorgonzola

*Pro Stück:*
E: 18 g, F: 8 g, Kh: 16 g,
kJ: 874, kcal: 209

**1.** Von der Mango das Fruchtfleisch vom Stein lösen, schälen und in dünne Scheiben schneiden.
**2.** Von den Zuckerschoten die Enden abschneiden. Zuckerschoten abspülen und abtropfen lassen. Wasser in einem Topf zugedeckt zum Kochen bringen. Die Zuckerschoten darin 1–2 Minuten blanchieren, dann in ein Sieb geben und mit kaltem Wasser abschrecken. Zuckerschoten abtropfen lassen.
**3.** Den Backofen vorheizen.
*Ober-/Unterhitze:* etwa 200 °C
*Heißluft:* etwa 180 °C
**4.** Das Schweinefilet mit Küchenpapier trocken tupfen und in 5 gleich große Stücke schneiden. Filetstücke etwas flach drücken, mit Salz und Pfeffer bestreuen. Das Olivenöl in einer Pfanne erhitzen. Die Filetstücke darin 6–8 Minuten von beiden Seiten braten.
**5.** Während der Bratzeit die Toastbrotscheiben toasten, dann auf ein Backblech (mit Backpapier belegt) legen. Jede Toastscheibe mit 1 Esslöffel Hot-Chili-Sauce bestreichen. Das Schweinefilet aus der Pfanne nehmen. Die Toastscheiben mit Mangoscheiben und Zuckerschoten belegen.
**6.** Den Käse in 5 Scheiben schneiden. Die vorbereiteten Toasts mit je 1 Stück Schweinefilet und 1 Scheibe Käse belegen. Das Backblech in den vorgeheizten Backofen schieben. Die Toasts 6–8 Minuten überbacken.
**7.** Die Toasts auf Tellern anrichten, sofort servieren.

## Italienisches Baguette
2 Stück

*Zubereitungszeit:* 10 Minuten

2 Salatblätter, z. B. Kopfsalat- oder Römersalat
4 Tomaten
2 Baguettebrötchen
4 TL Pesto (Fertigprodukt)
70 g Truthahnbraten- oder Puten-Lachsschinken-Aufschnitt

*Pro Stück:*
E: 18 g, F: 8 g, Kh: 50 g,
kJ: 1425, kcal: 341

**1.** Salatblätter waschen und trocken tupfen. Tomaten abspülen, abtrocknen, halbieren und die Stängelansätze herausschneiden. Tomaten in Scheiben schneiden.
**2.** Anschließend die Baguettebrötchen längs so aufschneiden, dass sie noch zusammenhängen.
**3.** Brötchen mit Pesto bestreichen, mit Salatblättern, Tomatenscheiben und Aufschnitt belegen. Brötchen zusammenklappen.

## Bananenaufstrich
5–6 Portionen (etwa 300 g)

*Zubereitungszeit:* 15 Minuten

1 Banane (etwa 150 g)
Saft von 1/2 Zitrone
125 g Magerquark
1 EL Kokosraspel
20 g Korinthen
1/2–1 EL Zucker

*Pro Portion:*
E: 4 g, F: 2 g, Kh: 9 g,
kJ: 270, kcal: 64

**1.** Die Banane schälen, der Länge nach vierteln und in kleine Würfel schneiden. Die Bananenwürfel mit dem Zitronensaft verrühren.
**2.** Den Quark mit Kokosraspeln, Korinthen und Zucker verrühren, die Bananenwürfel untermischen. Den Aufstrich in ein verschließbares Gefäß füllen und in den Kühlschrank stellen.

**Tipp:** Der Bananenaufstrich hält sich im Kühlschrank 3–4 Tage.

Toast mit Schweinefilet

Italienisches Baguette

Bananenaufstrich

Mayonnaise / Remouladensauce / Kalte Currysauce

## Mayonnaise
4 Portionen

*Zubereitungszeit:* 10 Minuten

1 Eigelb (Größe M)
1–2 TL Weißweinessig
oder Zitronensaft
Salz
1/2–1 TL mittelscharfer Senf
125 ml Speiseöl,
z. B. Sonnenblumenöl

*Pro Portion:*
E: 1 g, F: 33 g, Kh: 0 g,
kJ: 1234, kcal: 295

**1.** Das Eigelb mit Essig oder Zitronensaft, Salz und Senf in einer Schüssel mit einem Rührbesen zu einer schaumigen Masse aufschlagen.
**2.** Öl in dünnem Strahl zulaufen lassen, nach und nach unterschlagen. Es ist nicht notwendig, das Öl tropfenweise zuzugeben, die mit dem Eigelb verrührten Gewürze verhindern eine Gerinnung.

***Hinweis:*** Nur ganz frische Eier verwenden, die nicht älter als 5 Tage sind (Legedatum beachten!). Die fertige Mayonnaise im Kühlschrank aufbewahren und innerhalb von 24 Stunden verzehren.

## Kalte Currysauce
4–6 Portionen

*Zubereitungszeit:* 10 Minuten

1 Eigelb (Größe M)
1–2 TL Weißweinessig
oder Zitronensaft
Salz
1/2–1 TL mittelscharfer Senf
125 ml Speiseöl, z. B. Sonnenblumenöl
1–2 TL Currypulver
150 g Joghurt (3,5 % Fett)

*Pro Portion:*
E: 2 g, F: 28 g, Kh: 2 g,
kJ: 1088, kcal: 260

**1.** Eigelb mit Essig oder Zitronensaft, Salz und Senf in einer Schüssel mit einem Rührbesen zu einer schaumigen Masse aufschlagen.
**2.** Öl in dünnem Strahl zulaufen lassen, nach und nach unterschlagen. Es ist nicht notwendig, das Öl tropfenweise zuzugeben, die mit dem Eigelb verrührten Gewürze verhindern eine Gerinnung. Zuletzt das Currypulver und den Joghurt vorsichtig unterrühren.

***Hinweis:*** Nur ganz frische Eier verwenden, die nicht älter als 5 Tage sind (Legedatum beachten!). Die fertige Sauce im Kühlschrank aufbewahren, innerhalb von 24 Stunden verzehren.

## Remouladensauce
4–6 Portionen

*Zubereitungszeit:* 15 Minuten

2 hart gekochte Eier
1 Eigelb (Größe M)
1–2 TL Weißweinessig
oder Zitronensaft
Salz
1/2–1 TL mittelscharfer Senf
125 ml Speiseöl,
z. B. Sonnenblumenöl
1 abgetropfte Gewürzgurke
(aus dem Glas)
1 TL abgetropfte Kapern
(aus dem Glas)
2 EL fein gehackte Kräuter,
z. B. Petersilie, Schnittlauch, Dill,
Kerbel, Kresse
gem. Pfeffer, Zucker

*Pro Portion:*
E: 4 g, F: 28 g, Kh: 1 g,
kJ: 1135, kcal: 271

**1.** Eier pellen und in Eiweiß und Eigelb trennen. Hart gekochtes Eigelb durch ein Sieb streichen, das Eiweiß hacken. Das hart gekochte Eigelb mit dem rohen Eigelb verrühren. Eigelbmasse mit Essig oder Zitronensaft, Salz und Senf in einer Schüssel mit einem Rührbesen zu einer schaumigen Masse aufschlagen.
**2.** Öl in dünnem Strahl zulaufen lassen, nach und nach unterschlagen. Es ist nicht notwendig, das Öl tropfenweise zuzugeben, die mit dem Eigelb verrührten Gewürze verhindern eine Gerinnung.
**3.** Gurke und Kapern in kleine Würfel schneiden. Gurken-, Kapernwürfel, Kräuter und das gehackte Eiweiß unterrühren. Die Remouladensauce mit Salz, Pfeffer und Zucker abschmecken.

***Hinweis:*** Nur ganz frische Eier verwenden, die nicht älter als 5 Tage sind (Legedatum beachten!). Die fertige Remouladensauce im Kühlschrank aufbewahren und innerhalb von 24 Stunden verzehren.

## Käse-Crostini
10 Stück

*Zubereitungszeit:* 20 Minuten

50 g kräftiger Blauschimmelkäse, z. B. Roquefort
50 g milder Blauschimmelkäse, z. B. Bavaria Blue
50 g Crème fraîche
10 Scheiben Baguette
1–2 EL flüssiger Honig
rosa Pfefferbeeren

*Pro Stück:*
E: 4 g, F: 5 g, Kh: 13 g,
kJ: 455, kcal: 109

**1.** Den Backofengrill vorheizen.
**2.** Beide Käsesorten in kleine Stücke schneiden, mit Crème fraîche in eine Schüssel geben und mit einem Mixer (Rührstäbe) verrühren.
**3.** Die Baguettescheiben auf ein Backblech legen und unter dem vorgeheizten Backofengrill von beiden Seiten goldbraun rösten. Dann etwas abkühlen lassen.
**4.** Die Baguettescheiben mit der Käsemasse bestreichen und mit Honig beträufeln. Die Pfefferbeeren zerdrücken, die Käse-Crostini damit bestreuen.

## Tomatensandwiches
5 Stück

*Zubereitungszeit:* 30 Minuten

15 quadratische Scheiben Schwarz- oder Vollkornbrot
60 g Butter (zimmerwarm)
2– 2 1/2 TL Tomatenmark
300 g Salatgurke
frische Kräuter, z. B. Petersilie, Dill, Schnittlauch
125 g Doppelrahm-Frischkäse
Salz, gem. Pfeffer
2–3 Tomaten
2–3 große Scheiben Kochschinken

*Pro Stück:*
E: 17 g, F: 23 g, Kh: 39 g,
kJ: 1909, kcal: 456

**1.** Aus den Brotscheiben mithilfe eines Ausstechförmchens (Glas oder Tasse) je eine möglichst große runde Platte ausstechen. Butter mit Tomatenmark verrühren und alle Brotplatten dünn damit bestreichen.
**2.** Gurke abwaschen, abtrocknen, die Enden abschneiden, Gurke halbieren und mithilfe eines Löffels entkernen. Fruchtfleisch fein würfeln.
**3.** Kräuter abspülen, trocken tupfen und fein hacken. Kräuter und Gurkenwürfel unter den Frischkäse rühren, salzen und pfeffern.
**4.** Tomaten abwaschen, abtrocknen, Stängelansätze herausschneiden. Tomaten in Scheiben schneiden.
**5.** Schinkenscheiben halbieren und 5 Brotplatten damit belegen. 5 weitere Scheiben mit der Frischkäsemasse bestreichen, mit den Tomatenscheiben belegen, mit Pfeffer würzen und auf die mit Schinken belegten Brotscheiben legen. Jeweils eine nur mit Tomatenmark-Butter bestrichene Brotscheibe mit der bestrichenen Seite nach unten darauflegen.

***Tipps:*** Nach Belieben zusätzlich einige gewaschene Salatblätter mit einschichten und die Tomatensandwiches mit Kresse garnieren. Zur Verwertung der Brotreste diese zerkrümeln, in einer Pfanne mit etwas Butter und Zucker rösten und erkalten lassen. Die Krümel auf Quark- oder Joghurtspeisen streuen.

Käse-Crostini

Tomatensandwiches

## Schinken-Mango-Aufstrich

10–12 Portionen (etwa 500 g)

*Zubereitungszeit:* 20 Minuten

1 kleine Stange Porree (Lauch)
1 reife Mango
(160 g Mangofruchtfleisch)
70 g Kochschinken
50 g Knochenschinken
200 g Frischkäse (17 % Fett)
Salz
gem. Pfeffer
knapp 1/4 TL Tabasco
etwas Zucker

*Pro Portion:*
E: 4 g, F: 4 g, Kh: 3 g,
kJ: 252, kcal: 61

**1.** Porree putzen, die Stange längs halbieren, gründlich waschen und abtropfen lassen. Porree in feine Streifen schneiden.
**2.** Die Mango halbieren. Das Fruchtfleisch vom Stein schneiden. Fruchtfleisch schälen und fein würfeln. Beide Schinkensorten in kleine Würfel schneiden.
**3.** Frischkäse glatt rühren. Schinken-, Mangowürfel und Porreestreifen unterrühren. Den Aufstrich mit Salz, Pfeffer, Tabasco und Zucker abschmecken, dann in 2 gründlich gereinigte, gespülte und getrocknete Gläser füllen. Die Gläser mit Deckeln fest verschließen und in den Kühlschrank stellen.

**Tipp:** Gut gekühlt und verschlossen ist der Aufstrich 3–4 Tage haltbar.

## Pitabrote mit Schafskäse und Tomaten

4 Stück

*Zubereitungszeit:* 20 Minuten

200 g Schafskäse
Salz
gem. Pfeffer
1/2 TL gerebelter Thymian
1 Prise gem. Piment (Nelkenpfeffer)
16 Cocktailtomaten
2 Zwiebeln
200 g Joghurt (3,5 % Fett)
1 Knoblauchzehe
1 EL Olivenöl
4 Pitabrote (Fertigprodukt)
vorbereitete Salatblätter,
z. B. Lollo rosso
evtl. etwas Paprikapulver
rosenscharf

*Pro Stück:*
E: 17 g, F: 17 g, Kh: 42 g,
kJ: 1662, kcal: 397

**1.** Schafskäse in schmale Streifen schneiden, mit Salz, Pfeffer, Thymian und Piment würzen.
**2.** Tomaten abspülen, abtrocknen, evtl. Stängelansätze herausschneiden und die Tomaten in Scheiben schneiden (sehr kleine Tomaten evtl. nur halbieren).
**3.** Zwiebeln abziehen, erst in Scheiben schneiden, dann in Ringe teilen. Joghurt mit 1/2 gestrichenen Teelöffel Salz und Pfeffer verrühren. Knoblauch abziehen, durch eine Knoblauchpresse dazudrücken und unterrühren. Zuletzt das Olivenöl unterrühren.
**4.** Pitabrote nach Packungsanleitung im Toaster toasten, dann waagerecht durchschneiden. Die unteren Brothälften mit Salatblättern belegen. Schafskäse, Tomatenscheiben und Zwiebelringe daraufgeben. Die Joghurtsauce darübergeben. Die Brote nach Belieben mit Paprikapulver bestreuen. Die obere Brothälfte darauflegen.

**Tipp:** Der Snack lässt sich gut für ein Picknick vorbereiten. Zum Mitnehmen einfach in Frischhaltefolie wickeln.

## Kürbis-Dip

4 Portionen

*Zubereitungszeit:* 15 Minuten

30 g Kürbiskerne
1 Bio-Orange
(unbehandelt, ungewachst)
3 TL Kürbiskernöl
150 g Crème fraîche oder
Schmand (Sauerrahm)
50 g Sahnejoghurt
Salz, gem. Pfeffer

*Pro Portion:*
E: 4 g, F: 18 g, Kh: 8 g,
kJ: 862, kcal: 207

**1.** Kürbiskerne in einer Pfanne ohne Fett unter Wenden goldbraun rösten und auf einen Teller geben. Die Orange heiß abwaschen, abtrocknen und die Schale fein abreiben. Die Orange halbieren und den Saft auspressen.
**2.** Etwa ein Viertel der Kürbiskerne zum Garnieren beiseitelegen, restliche Kürbiskerne sehr klein hacken. Orangenschale und -saft mit Kürbiskernöl, gehackten Kürbiskernen, Crème fraîche oder Schmand und Joghurt glatt rühren. Kürbis-Dip mit Salz und Pfeffer abschmecken, mit den beiseitegelegten Kürbiskernen garnieren.

## Grüner-Pfefferschoten-Dip

4 Portionen

*Zubereitungszeit:* 15 Minuten, ohne Ruhezeit

20 g grüne Pfefferschoten
2 Knoblauchzehen
1/2 Bund Koriander
2 EL Limettensaft
150 g Crème fraîche oder
Schmand (Sauerrahm)
1/2 TL Salz

*Pro Portion:*
E: 1 g, F: 10 g, Kh: 2 g,
kJ: 439, kcal: 106

**1.** Den Backofengrill vorheizen.
**2.** Die Pfefferschoten abspülen, trocken tupfen, entstielen, längs halbieren und entkernen. Die Schotenhälften (mit der Hautseite nach oben) und die Knoblauchzehen auf einem Backblech verteilen.
**3.** Anschließend das Backblech unter den heißen Backofengrill schieben. Die Schotenhälften und den Knoblauch 3–5 Minuten rösten, bis die Haut schwarze Blasen wirft. Den Knoblauch während des Röstens mehrmals wenden.
**4.** Schotenhälften und Knoblauch in eine Schüssel geben, mit Frischhaltefolie zudecken und etwa 10 Minuten stehen lassen.
**5.** Schotenhälften und Knoblauch abziehen und grob hacken. Koriander abspülen, trocken tupfen und die Blättchen von den Stängeln zupfen. Blättchen klein schneiden. Pfefferschoten, Knoblauch und Koriander mit Limettensaft, Crème fraîche oder Schmand und Salz in einen hohen Rührbecher geben. Die Zutaten fein pürieren.

Kürbis-Dip / Grüner-Pfefferschoten-Dip

## Schlemmerbaguette

2 Portionen

*Zubereitungszeit:* 20 Minuten

einige Blätter Eisbergsalat
2 Tomaten
150 g Salatgurke
10 Radieschen
1/2 grüne Paprikaschote
2 Zwiebeln
2 hart gekochte Eier
1 kleines Baguette
(etwa 25 cm lang)
40 g Butter
2 Scheiben Kochschinken

*Pro Portion:*
E: 24 g, F: 24 g, Kh: 47 g,
kJ: 2131, kcal: 507

**1.** Die Salatblätter abspülen und trocken tupfen. Tomaten abspülen, abtrocknen und die Stängelansätze herausschneiden. Tomaten in Scheiben schneiden. Gurke abwaschen, abtrocknen und in dünne Scheiben hobeln. Radieschen putzen, Wurzelenden abschneiden. Radieschen abspülen, abtrocknen und in dünne Scheiben schneiden.
**2.** Paprikaschote entstielen, entkernen und die weißen Scheidewände entfernen. Schote abspülen, abtropfen lassen und in feine Streifen schneiden. Zwiebeln abziehen, zuerst in Scheiben schneiden, dann in Ringe teilen. Eier pellen und in Viertel schneiden.
**3.** Baguette längs halbieren. Die Schnittflächen mit Butter bestreichen. Die untere Hälfte des Baguettes mit Eisbergsalatblättern belegen. Schinken-, Tomaten-, Gurken- und Radieschenscheiben sowie Paprikastreifen, Zwiebelringe und Eiviertel darauflegen. Die obere Hälfte des Baguettes darauflegen. Baguette halbieren und servieren.

## Guacamole (Avocadocreme)

4 Portionen

*Zubereitungszeit:* 25 Minuten

3 Bund Koriander
(ersatzweise glatte Petersilie)
2 Schalotten oder kleine Zwiebeln
1–2 Knoblauchzehen
2 EL Speiseöl, z. B. Sonnenblumenöl
2 reife Avocados
3 EL Limettensaft
Salz
Cayennepfeffer

*Pro Portion:*
E: 3 g, F: 7 g, Kh: 2 g,
kJ: 1250, kcal: 298

**1.** Koriander abspülen, trocken tupfen und die Blättchen von den Stängeln zupfen. Blättchen grob hacken.
**2.** Schalotten oder Zwiebeln und den Knoblauch abziehen und fein hacken.
**3.** Koriander, Schalotten oder Zwiebeln, Knoblauch und Speiseöl in einen hohen Rührbecher geben und mit einem Pürierstab pürieren.
**4.** Avocados halbieren und die Steine entfernen. Das Avocadofleisch mit einem Esslöffel herauslösen. Avocadofleisch mit dem Limettensaft zu der Koriander-Schalotten-Masse geben und mit dem Pürierstab zu einer glatten Masse pürieren.
**5.** Die Guacamole mit Salz und Cayennepfeffer kräftig abschmecken.

***Tipp:*** Schneiden Sie 1 mittelgroße Tomate kreuzweise ein. Dann mit kochendem Wasser übergießen, nach 1–2 Minuten herausnehmen und mit kaltem Wasser abschrecken. Die Tomate enthäuten, halbieren, den Stängelansatz herausschneiden, entkernen und würfeln. Tomatenwürfel unter die Guacamole heben.

Schlemmerbaguette

Guacamole

Tunfischcocktail

Gefüllte Cocktailtomaten

## Tunfischcocktail

4 Portionen

*Zubereitungszeit:* 20 Minuten

300 g abgetropfter Tunfisch
in eigenem Saft (aus der Dose)
3 Schalotten

**Für die Cocktailsauce:**
150 g Crème fraîche
1 EL mittelscharfer Senf
2 EL Tomatenketchup
1 EL Weinbrand
1 Knoblauchzehe
Worcestersauce
Salz, 1 Prise Zucker
1 EL gehackter Dill

einige Salatblätter, z. B. Eisbergsalat
1 EL abgetropfte Kapern
(aus dem Glas)

*Pro Portion:*
E: 18 g, F: 23 g, Kh: 6 g,
kJ: 1294, kcal: 311

**1.** Den Tunfisch mit einer Gabel zerpflücken. Die Schalotten abziehen, evtl. halbieren und in sehr feine Würfel schneiden.
**2.** Für die Sauce Crème fraîche mit Senf, Tomatenketchup und Weinbrand verrühren. Knoblauch abziehen, durch eine Knoblauchpresse drücken oder sehr fein hacken. Knoblauch unter die Crème-fraîche-Masse rühren, mit Worcestersauce, Salz und Zucker würzen. Den Dill zuletzt unter die Cocktailsauce rühren.
**3.** Zum Garnieren die Salatblätter abspülen, trocken tupfen oder schleudern und auf flachen Desserttellern oder in Cocktailgläsern anrichten. Den vorbereiteten Tunfisch daraufgeben, mit Schalottenwürfeln und Kapern bestreuen. Den Tunfisch mit der Cocktailsauce begießen.

***Tipp:*** Servieren Sie den Tunfischcocktail als Vorspeise mit frischem Baguette oder Fladenbrot und Kräuterbutter.

## Gefüllte Cocktailtomaten

24 Stück

*Zubereitungszeit:* 30 Minuten

**Für das Dressing:**
4 EL weißer Balsamico-Essig
Salz, 1 Prise Zucker
gem. Pfeffer
2 Schalotten
2 Knoblauchzehen
5 EL Olivenöl

24 Cocktailtomaten
200 g Ziegenfrischkäse
1 Bund Basilikum

*Pro Stück:*
E: 2 g, F: 4 g, Kh: 2 g,
kJ: 242, kcal: 58

**1.** Für das Dressing Essig, Salz, Zucker und Pfeffer gut verrühren. Schalotten und Knoblauchzehen abziehen, fein hacken und mit dem Essig verrühren. Das Olivenöl gut unterschlagen.
**2.** Von den Cocktailtomaten die Stängel abzupfen. Tomaten abwaschen, trocken tupfen und das obere Drittel abschneiden. Fruchtfleisch vorsichtig mit einem Teelöffel entfernen.
**3.** Den Deckel fein würfeln und zum Dressing geben. Tomaten mit Ziegenfrischkäse füllen und auf eine Servierplatte setzen.
**4.** Basilikum abspülen und trocken tupfen. Die Blättchen von den Stängeln zupfen und fein schneiden.
**5.** Die Tomaten mit dem Dressing beträufeln und mit Basilikum bestreut servieren.

***Abwandlung:*** 150 g TK-Spinat auftauen lassen, mit fein gehackter Zwiebel und Knoblauchzehe in etwas Olivenöl andünsten. 100 g Fetakäse mit einer Gabel zerdrücken und hinzufügen. Mit Salz, Pfeffer, Muskatnuss und Zitronensaft abschmecken. Nach Belieben noch Oregano oder Thymian hinzufügen und die Masse in die Tomaten füllen.

Sahnequark mit Beilagen

Harzer Brote mit Gurkensalat

## Sahnequark mit Beilagen

6 Portionen

*Zubereitungszeit:* 25 Minuten

750 g Magerquark
250 g Schlagsahne (mind. 30 % Fett)

je 25 g Walnuss-, Haselnuss-, Paranuss-, Pinienkerne und gehackte Mandeln
2 EL flüssiger Honig
1 EL Orangenmarmelade oder Aprikosenkonfitüre
1 EL Kirschkonfitüre
1 EL Kümmelsamen
1 große Zwiebel
1–2 Gewürzgurken
1 kleine, grüne Paprikaschote
1/4 Bio-Salatgurke
1 Bund Schnittlauch
1 TL abgetropfte Kapern (aus dem Glas)

1–2 schöne, große Salatblätter, z. B. Kopf- oder Eisbergsalat

*Pro Portion:*
E: 22 g, F: 26 g, Kh: 21 g,
kJ: 1719, kcal: 411

**1.** Quark in einer Schüssel glatt rühren. Sahne steif schlagen und unter den Quark heben. Sahnequark zugedeckt in den Kühlschrank stellen.
**2.** Walnuss-, Haselnuss-, Paranuss- und Pinienkerne grob hacken, mit den Mandeln vermengen und in ein Schälchen geben.
**3.** Honig, Orangenmarmelade oder Aprikosenkonfitüre, Kirschkonfitüre und Kümmelsamen jeweils in kleine Schälchen füllen.
**4.** Zwiebel abziehen, halbieren und in feine Würfel schneiden. Gewürzgurken ebenfalls fein würfeln.
**5.** Paprikaschote halbieren, entstielen, entkernen und die weißen Scheidewände entfernen. Schoten abspülen, abtropfen lassen und in feine Würfel schneiden.
**6.** Die Salatgurke abspülen, halbieren, entkernen und ebenfalls fein würfeln.
**7.** Schnittlauch abspülen, trocken tupfen und in Röllchen schneiden.
**8.** Zwiebel-, Gewürzgurken-, Paprika- und Salatgurkenwürfel sowie Schnittlauchröllchen und Kapern jeweils in kleine Schälchen füllen.
**9.** Zum Anrichten die Salatblätter abspülen und trocken tupfen. Die Salatblätter in die Mitte einer großen Servierplatte legen, den Sahnequark dekorativ daraufgeben. Die Schälchen mit den verschieden Zutaten darumstellen.

***Tipp:*** Stellen Sie Salz, Pfeffer und Zucker für Ihre Gäste bereit. Servieren Sie dazu verschiedene Brot- und Brötchensorten.

## Harzer Brote mit Gurkensalat

4 Portionen

*Zubereitungszeit:* 25 Minuten

4 Scheiben Vollkornbrot
20 g Butter
200 g Harzer Käse

**Für den Gurkensalat:**
1 Salatgurke (etwa 800 g)
1 Bund Dill
4 EL Speiseöl
3 EL Zitronensaft
Salz, gem. Pfeffer

4 Salatblätter
4 Radieschen

*Pro Portion:*
E: 19 g, F: 15 g, Kh: 22 g,
kJ: 1268, kcal: 303

**1.** Vollkornbrot mit Butter bestreichen. Käse in 12 Scheiben schneiden. Auf jeder Brotscheibe jeweils 3 Scheiben anrichten.
**2.** Für den Gurkensalat die Salatgurke gründlich abwaschen, abtrocknen und in dünne Scheiben schneiden. Dill abspülen, trocken tupfen und die Spitzen von den Stängeln zupfen.
**3.** Öl mit Zitronensaft, Salz und Pfeffer verrühren, Dill unterrühren und mit den Gurkenscheiben vermengen.

4. Die Salatblätter abspülen, trocken tupfen und eine Schüssel damit auslegen. Den Gurkensalat auf den Salatblättern verteilen.
5. Radieschen waschen, putzen und mehrmals kreuzweise einschneiden. Jede Brotscheibe mit 1 Radieschen garnieren.

## Hähnchenbrust-Häppchen

10 Stück

*Zubereitungszeit:* 20 Minuten

5 Scheiben Weißbrot
300 g Hähnchenbrustfilet
2 EL Speiseöl
4 EL Salatmayonnaise
1 gestr. TL Currypulver
Salz
gem. Pfeffer
etwas Zitronensaft
2 Stängel glatte Petersilie

*Pro Stück:*
E: 2 g, F: 4 g, Kh: 2 g,
kJ: 242, kcal: 58

1. Die Brotscheiben halbieren und toasten. Hähnchenbrustfilet unter fließendem kalten Wasser abspülen, mit Küchenpapier trocken tupfen.
2. Speiseöl in einer Pfanne erhitzen. Hähnchenbrustfilet darin von beiden Seiten etwa 10 Minuten goldbraun braten. Anschließend auf Küchenpapier abtropfen lassen und in Scheiben schneiden.
3. Inzwischen Mayonnaise mit Curry, Salz, Pfeffer und Zitronensaft verrühren. Die Curry-Mayonnaise auf die Brotscheiben streichen.
4. Jede Brotscheibe mit 2 Scheiben Hähnchenbrustfilet belegen. Petersilie abspülen, trocken tupfen und die Blättchen von den Stängeln zupfen. Die Häppchen mit Petersilienblättchen garniert servieren.

## Fit-Brötchen

4 Stück

*Zubereitungszeit:* 30 Minuten

1 kleine Zwiebel
300 g Gehacktes (halb Rind-, halb Schweinefleisch)
1 Ei (Größe M)
2 EL zarte Haferflocken
1 EL Semmelbrösel
1 gestr. TL Salz
gem. Pfeffer
1 TL mittelscharfer Senf
1 EL Speiseöl, z. B. Rapsöl
1 große Fleischtomate
4 Blätter Eisbergsalat
4 Hafer-Vollkorn-Baguettebrötchen
8 TL Joghurt-Salatcreme
4 TL Tomatenketchup
8 dünne Scheiben Salatgurke

*Pro Stück:*
E: 23 g, F: 22 g, Kh: 42 g,
kJ: 1923, kcal: 459

1. Zwiebel abziehen, halbieren und fein würfeln. Zwiebelwürfel mit Gehacktem, Ei, Haferflocken und Semmelbröseln in eine Schüssel geben. Die Zutaten mit Salz, Pfeffer und Senf würzen und zu einem glatten Teig verkneten.
2. Hackfleischteig in 4 Portionen teilen und daraus mit leicht angefeuchteten Händen flache, glatte Burger formen. Speiseöl in einer großen Pfanne erhitzen. Die Burger darin bei mittlerer Hitze etwa 4 Minuten braten. Dann die Burger wenden und weitere etwa 3 Minuten bei niedrigster Stufe fertig braten. Die Burger aus der Pfanne nehmen und etwas abkühlen lassen.
3. In der Zwischenzeit die Tomate abspülen, abtrocknen und den Stängelansatz herausschneiden. Die Tomate in 8 dünne Scheiben schneiden. Salatblätter abspülen und mit Küchenpapier trocken tupfen. Die Brötchen waagerecht aufschneiden. Die oberen Brötchenhälften jeweils mit 2 Teelöffeln Salatcreme bestreichen. Dann den Ketchup auf die Brötchenunterhälften streichen.
4. Den Salat auf den Brötchenunterhälften verteilen und je 1 Burger darauflegen. Tomaten- und Gurkenscheiben darauflegen und mit den oberen Brötchenhälften belegen.

Hähnchenbrust-Häppchen

Fit-Brötchen

Brownies mit Nusskaramell

## Brownies mit Nusskaramell

16 Stück

*Zubereitungszeit (inklusive Backzeit):* 50 Minuten, ohne Abkühlzeit

**Für den Nusskaramell:**
100 g Zucker
150 g gehackte Cashewkerne

**Für den Teig:**
350 g Zartbitter-Schokolade (etwa 50 % Kakaoanteil)
100 g Butter
4 Eier (Größe L)
160 g Zucker
1 Prise Salz
1 Prise gem. Zimt
150 g Weizenmehl

**Zum Bestäuben:**
1 EL Kakaopulver

*Pro Stück:*
E: 6 g, F: 18 g, Kh: 35 g, kJ: 1376, kcal: 328

**1.** Zucker gleichmäßig in eine Edelstahlpfanne streuen und bei mittlerer Hitze karamellisieren lassen. Cashewkerne zugeben und mit dem Karamell vermischen. Karamell auf einem Bogen Backpapier verteilen, abkühlen lassen und grob hacken.
**2.** Den Backofen vorheizen.
*Ober-/Unterhitze:* etwa 180 °C
*Heißluft:* etwa 160 °C
**3.** Die Schokolade in kleine Stücke brechen. Zwei Drittel davon mit der Butter in einem Topf im Wasserbad bei schwacher Hitze unter Rühren schmelzen. Den Topf aus dem Wasserbad nehmen, restliche Schokolade darin unter Rühren schmelzen.
**4.** Eier, Zucker und Salz in einer Rührschüssel mit einem Mixer (Rührstäbe) schaumig schlagen. Zimt, Mehl, Cashew-Karamell und geschmolzene Schokolade unter die Eiermasse ziehen.
**5.** Einen Backrahmen (25 x 25 cm) auf ein Backblech (mit Backpapier belegt) stellen. Die Ränder des Backrahmens mit Backpapier auskleiden. Den Teig auf dem Backblech glatt streichen. Das Backblech in den vorgeheizten Backofen schieben. Den Brownie-Kuchen etwa 25 Minuten backen.
**6.** Das Backblech auf einen Kuchenrost stellen. Den Kuchen abkühlen lassen, dann in Quadrate schneiden und mit Kakaopulver bestäuben.

## Salzburger Nockerln
3–4 Portionen

*Zubereitungszeit (inklusive Backzeit):* 30 Minuten

4 sehr frische Eigelb (Größe M)
2 EL Weizenmehl
1 Msp. Speisestärke
1 Prise Salz
3 Tropfen Butter-Vanille-Aroma
4 sehr frische Eiweiß (Größe M)
2 EL feiner Zucker
2 EL Puderzucker

*Pro Portion:*
E: 9 g, F: 9 g, Kh: 21 g,
kJ: 827, kcal: 197

**1.** Den Backofen vorheizen.
*Ober-/Unterhitze:* etwa 200 °C
*Heißluft:* etwa 180 °C
**2.** Eigelb mit Mehl, Speisestärke, Salz und Aroma verrühren. Das Eiweiß mit einem Mixer (Rührstäbe) auf höchster Stufe nur so steif schlagen, dass der Schnee noch cremig ist. Nach und nach den Zucker unterschlagen.
**3.** Einen Esslöffel Eischnee mit der Eigelbmasse verrühren, dann die Eigelbmasse unter den Schnee ziehen.
**4.** Die Masse in 3 Hügeln in eine flache Auflaufform (gefettet) geben. Die Form auf dem Rost in den vorgeheizten Backofen (Mitte) schieben. Die Nockerln etwa 10 Minuten backen, die Spitzen sollten leicht gebräunt sein.
**5.** Die Salzburger Nockerln mit Puderzucker bestäuben und sofort servieren.

***Hinweis:*** Nur ganz frische Eier verwenden, die nicht älter als 5 Tage sind (Legedatum beachten!).

***Tipps:*** Dazu schmeckt eine selbst gemachte **Himbeersauce**: 300 g Himbeeren mit 30– 50 g Zucker und etwas Zitronensaft pürieren und evtl. durch ein Sieb streichen. Nockerln fallen schnell zusammen, da sie nur außen gebräunt sind, innen aber noch feucht und weich sein sollen.

## Nussecken
60 Stück

*Zubereitungszeit (inklusive Backzeit):* 55 Minuten, ohne Abkühlzeit

**Für den Rührteig:**
100 g Butter oder Margarine (zimmerwarm)
80 g Zucker, 1 Prise Salz
2–3 Tropfen Bittermandel-Aroma
1 Eigelb (Größe M)
150 g Weizenmehl
1/2 TL Dr. Oetker Backin
50 g gem. Haselnusskerne
2 EL kaltes Wasser

**Für den Belag:**
200 g Aprikosenkonfitüre
1 Pck. Dr. Oetker Vanillin-Zucker
2 EL Schlagsahne
200 g gehobelte Haselnusskerne

*Pro Stück:*
E: 1 g, F: 4 g, Kh: 6 g,
kJ: 271, kcal: 65

**1.** Den Backofen vorheizen.
*Ober-/Unterhitze:* etwa 200 °C
*Heißluft:* etwa 180 °C
**2.** Für den Teig die Butter oder Margarine mit einem Mixer (Rührstäbe) auf höchster Stufe geschmeidig rühren. Nach und nach Zucker, Salz und Aroma unterrühren. So lange rühren, bis eine gebundene Masse entstanden ist. Das Eigelb unterrühren.
**3.** Mehl mit Backpulver mischen und auf mittlerer Stufe kurz unterrühren. Gemahlene Nusskerne und Wasser kurz unterrühren.
**4.** Den Teig auf ein Backblech (30 x 40 cm, gefettet, mit Backpapier belegt) geben und verstreichen bzw. mit bemehlten Händen gleichmäßig zu einem Boden andrücken. Das Backblech in den vorgeheizten Backofen schieben. Den Teig etwa 10 Minuten vorbacken.
**5.** Für den Belag währenddessen die Konfitüre in einem Topf aufkochen lassen und von der Kochstelle nehmen. Vanillin-Zucker, Sahne und gehobelte Nusskerne unterrühren.
**6.** Das Backblech auf einen Kuchenrost stellen. Die Nussmasse sofort auf dem vorgebackenen Teig verteilen und mit einer Teigkarte verstreichen. Das Backblech bei gleicher Backofentemperatur wieder in den heißen Backofen schieben. Das Gebäck in 10–15 Minuten fertig backen.
**7.** Das Backblech auf einen Kuchenrost stellen. Das Gebäck erkalten lassen, dann in 30 Quadrate (etwa 6 x 6 cm) schneiden. Die Quadrate diagonal halbieren.

Salzburger Nockerln

Nussecken

## Sonnenblumen-Kürbiskern-Knusperchen

48 Stück

*Zubereitungszeit (inklusive Backzeit):* 32 Minuten, ohne Abkühlzeit

**Für die Körnermasse:**
40 g Butter
1 Bio-Zitrone (unbehandelt, ungewachst)
170 g Sonnenblumenkerne
100 g Kürbiskerne
120 g Zucker
20 g Weizenmehl
1 Eigelb (Größe M)

*Pro Stück:*
E: 1 g, F: 4 g, Kh: 4 g,
kJ: 216, kcal: 52

**1.** Für die Körnermasse die Butter zerlassen und abkühlen lassen. Zitrone heiß abwaschen, abtrocknen und die Schale fein abreiben. Die Zitrone halbieren und den Saft auspressen.
**2.** Den Backofen vorheizen.
*Ober-/Unterhitze:* etwa 200 °C
*Heißluft:* etwa 180 °C
**3.** Sonnenblumenkerne mit Kürbiskernen, Zitronenschale, Zucker und Mehl mischen. Die zerlassene Butter, 2–3 Esslöffel Zitronensaft und das Eigelb unterrühren.
**4.** Die Körnermasse auf ein Backblech (30 x 40 cm, gefettet, mit Backpapier belegt) geben und mit einem Löffel gleichmäßig verstreichen. Das Backblech in den vorgeheizten Backofen schieben. Die Körnerplatte etwa 12 Minuten backen.
**5.** Das Backblech auf einen Kuchenrost stellen. Die Körnerplatte etwas abkühlen lassen, anschließend noch warm mit einem Sägemesser in Quadrate (etwa 5 x 5 cm) schneiden und erkalten lassen.

***Tipp:*** Das lauwarme Gebäck mit Raspelschokolade oder gehackter, weißer Schokolade (Foto) bestreuen.

## Dinkel-Butterkekse

40 Stück

*Zubereitungszeit (inklusive Backzeit für 1 Backblech):* 40 Minuten, ohne Abkühlzeit

**Für den All-in-Teig:**
150 g Butter
200 g Dinkelmehl (Type 630)
1/2 TL Dr. Oetker Backin
1 Prise Salz
100 g brauner Zucker
1 Pck. Dr. Oetker Bourbon-Vanille-Zucker
1 Eiweiß (Größe M)
2 EL Milch

**Zum Bestreichen:**
1 Eigelb
1 EL Milch

*Pro Stück:*
E: 1 g, F: 3 g, Kh: 6 g,
kJ: 243, kcal: 58

**1.** Für den Teig 100 g Butter zerlassen und leicht bräunen lassen. Den Topf von der Kochstelle nehmen. Butter etwas abkühlen lassen. Restliche Butter unterrühren.
**2.** Den Backofen vorheizen.
*Ober-/Unterhitze:* etwa 180 °C
*Heißluft:* etwa 160 °C
**3.** Das Mehl mit Backpulver in einer Rührschüssel mischen. Salz, Zucker, Vanille-Zucker, Eiweiß, Milch und die Butter hinzufügen. Zutaten mit einem Mixer (Rührstäbe) zunächst kurz auf niedrigster, dann auf höchster Stufe zu einem glatten Teig verarbeiten.
**4.** Den Teig mit 2 Teelöffeln in walnussgroßen Häufchen mit etwas Abstand auf Backbleche (gefettet, mit Backpapier belegt) setzen.
**5.** Zum Bestreichen Eigelb mit Milch verschlagen. Die Teighäufchen damit bestreichen. Die Backbleche nacheinander (bei Heißluft zusammen) in den vorgeheizten Backofen schieben. Die Kekse etwa 15 Minuten je Backblech backen.
**6.** Die Kekse mit dem Backpapier auf Kuchenrosten erkalten lassen.

Sonnenblumen-Kürbiskern-Knusperchen

Dinkel-Butterkekse

Gegrillte Bananen mit Crème-fraîche-Sauce

Teilchen mit Marzipanfüllung

## Gegrillte Bananen mit Crème-fraîche-Sauce

2 Portionen

*Zubereitungszeit:* 15 Minuten

**Für die Crème-fraîche-Sauce:**
150 g Crème fraîche
1 TL Dr. Oetker Vanillin-Zucker
2 EL Schlagsahne

**Für die Bananen:**
2 Bananen
2 EL Zitronensaft
2 EL Zucker
1/2 gestr. TL gem. Zimt
30 g zerlassene Butter

2 TL Preiselbeerkonfitüre

*Pro Portion:*
E: 4 g, F: 39 g, Kh: 51 g,
kJ: 2411, kcal: 580

**1.** Für die Sauce Crème fraîche mit Vanillin-Zucker und Sahne verrühren. Die Sauce zugedeckt in den Kühlschrank stellen. Den Backofengrill vorheizen.
**2.** Die Bananen schälen und längs halbieren. Bananenhälften mit dem Zitronensaft beträufeln.
**3.** Zucker mit Zimt mischen. Die Bananen in dem Zimt-Zucker-Gemisch wenden und in eine Auflaufform legen. Die Bananen mit der Butter bestreichen. Auflaufform unter den vorgeheizten Backofengrill schieben. Bananen 3–5 Minuten grillen.
**4.** Die Bananen mit der Crème-fraîche-Sauce und der Preiselbeerkonfitüre auf Tellern anrichten und servieren.

## Teilchen mit Marzipanfüllung

10 Stück

*Zubereitungszeit (inklusive Backzeit):* 40 Minuten

450 g TK-Blätterteig
(10 quadratische Platten)

**Für die Marzipanfüllung:**
200 g Marzipan-Rohmasse
50 g Puderzucker
1 Pck. Dr. Oetker Finesse Orangenschalen-Aroma
1 Ei (Größe M)

**Zum Bestreichen:**
1 Ei

**Zum Bestreuen:**
einige gehobelte Mandeln

*Pro Stück:*
E: 7 g, F: 20 g, Kh: 30 g,
kJ: 1360, kcal: 325

**1.** Blätterteigplatten nebeneinander auf die Arbeitsfläche legen und nach Packungsanleitung auftauen lassen.
**2.** In der Zwischenzeit den Backofen vorheizen.
*Ober-/Unterhitze:* etwa 200 °C
*Heißluft:* etwa 180 °C
**3.** Für die Füllung inzwischen Marzipan klein schneiden und in eine Rührschüssel geben. Puderzucker und Aroma dazugeben und mit einem Mixer (Rührstäbe) auf niedrigster Stufe kurz verrühren. Das Ei verquirlen und auf höchster Stufe nach und nach dazugeben, bis eine geschmeidige Masse entsteht.
**4.** Marzipanmasse mit 2 Teelöffeln auf jeweils eine Seite der 10 Teigquadrate verteilen. Die Teigränder mit etwas verquirltem Ei bestreichen und eine Teighälfte so überschlagen, dass ein Rechteck entsteht. Die Teigränder gut andrücken.
**5.** Die lange Teigkante mehrmals mit einem Messer einschneiden (1 cm lange Schnitte) und die Teilchen auf ein Backblech (mit Backpapier belegt) legen. Die Teilchen mit etwas von dem restlichen Ei bestreichen und die Mandeln daraufstreuen.
**6.** Das Backblech in den vorgeheizten Backofen schieben. Teilchen etwa 15 Minuten backen.
**7.** Die Blätterteigteilchen mit dem Backpapier vom Backblech auf einen Kuchenrost ziehen. Die Blätterteigteilchen erkalten lassen.

Himbeer-Brownies

Blackberry-Cupcakes

## Himbeer-Brownies
20 Stück

*Zubereitungszeit (inklusive Backzeit):* 60 Minuten, ohne Abkühlzeit

300 g Zartbitter-Kuvertüre
200 g Butter
100 g weiße Schokolade
550–600 g Himbeeren

**Für den Biskuitteig:**
6 Eier (Größe M)
200 g brauner Rohrzucker
1 Pck. Dr. Oetker Bourbon-Vanille-Zucker
200 g Weizenmehl
1 gestr. TL Dr. Oetker Backin

**Für den Guss:**
150 g Zartbitter-Schokolade (mindestens 50 % Kakaoanteil)
50 g Schlagsahne

*Pro Stück:*
E: 7 g, F: 17 g, Kh: 24 g,
kJ: 1183, kcal: 283

**1.** Die Kuvertüre in Stücke hacken. Zwei Drittel davon mit der Butter in einem Topf im Wasserbad bei schwacher Hitze unter Rühren schmelzen. Den Topf aus dem Wasserbad nehmen und die restliche Kuvertüre darin unter Rühren schmelzen, abkühlen lassen.
**2.** Inzwischen weiße Schokolade in etwa 1/2 cm große Würfel schneiden, Himbeeren verlesen, kurz abspülen, trocken tupfen und ggf. entstielen. Den Backofen vorheizen.
*Ober-/Unterhitze:* etwa 180 °C
*Heißluft:* etwa 160 °C
**3.** Für den Teig Eier mit einem Mixer (Rührstäbe) auf höchster Stufe in etwa 1 Minute schaumig schlagen. Zucker mit Vanille-Zucker mischen, in etwa 1 Minute einstreuen, dann noch etwa 2 Minuten schlagen. Mehl mit Backpulver mischen und kurz auf niedrigster Stufe unterrühren.
**4.** Kuvertüremasse, Schokoladenstückchen und 400 g Himbeeren vorsichtig unterheben. Einen Backrahmen auf ein Backblech (30 x 40 cm, mit Backpapier belegt) stellen. Den Teig vorsichtig auf dem Backblech verstreichen. Das Backblech in den vorgeheizten Backofen schieben. Den Kuchen etwa 35 Minuten backen.
**5.** Das Backblech auf einen Kuchenrost stellen. Den Kuchen erkalten lassen.
**6.** Für den Guss Schokolade in Stücke brechen und mit der Sahne wie unter Punkt 1 beschrieben im heißen Wasserbad schmelzen.
**7.** Die restlichen Himbeeren auf dem Kuchen verteilen. Geschmolzene Schokolade in einen Gefrierbeutel geben und eine kleine Ecke abschneiden. Die Schokolade auf die Himbeeren und den Kuchen spritzen. Schokolade fest werden lassen. Backrahmen lösen und entfernen. Den Kuchen in kleine Brownie-Stücke schneiden.

## Blackberry-Cupcakes
12 Stück

*Zubereitungszeit (inklusive Backzeit):* 55 Minuten, ohne Abkühlzeit

**Für den Teig:**
270 ml Milch (1,5 % Fett)
120 g Butter oder Margarine (zimmerwarm)
1 Prise Salz
140 g Zucker
150 g gem. Mohn
3 Eier (Größe M)
180 g gem. Haselnüsse
1 1/2 gestr. TL Dr. Oetker Backin
1 gestr. TL gem. Zimt

**Für das Topping:**
150 g Crème fraîche
1 EL Puderzucker
12 Brombeeren

**Außerdem:**
12 Muffin-Papierbackförmchen

*Pro Stück:*
E: 8 g, F: 29 g, Kh: 16 g,
kJ: 1473, kcal: 353

**1.** Für den Teig Milch mit Butter oder Margarine, Salz und Zucker in einen Topf geben. Die Zutaten zum Kochen bringen. Den Mohn hinzufügen und unter Rühren bei mittlerer Hitze etwa 1 Minute kochen lassen. Den Topf von der Kochstelle nehmen und die Mohnmasse etwas abkühlen lassen.
**2.** Den Backofen vorheizen.
*Ober-/Unterhitze:* etwa 180 °C
*Heißluft:* etwa 160 °C
**3.** Die Eier nach und nach mit einem Schneebesen unter die lauwarme Mohnmasse rühren. Haselnüsse mit Backpulver und Zimt gut vermischen. Die Nuss-Zimt-Mischung unter die Mohn-Eier-Masse heben.
**4.** Teig gleichmäßig in einer Muffinform (für 12 Muffins, mit Papierbackförmchen ausgelegt) verteilen. Die Muffinform auf dem Rost in den vorgeheizten Backofen schieben. Die Cupcakes 20–25 Minuten backen.

**5.** Muffinform auf einen Kuchenrost stellen. Cupcakes nach etwa 5 Minuten aus der Form lösen und auf dem Kuchenrost erkalten lassen.
**6.** Für das Topping die Crème fraîche mit Puderzucker mit einem Mixer (Rührstäbe) auf mittlerer Stufe steif schlagen. Mithilfe von 2 Teelöffeln auf jeden Cupcake einen Klecks Crème fraîche geben und mit abgespülten, trocken getupften Brombeeren garnieren.

## Aprikosenkompott mit Lavendel

4 Portionen

*Zubereitungszeit:* 25 Minuten

6 Zweige Lavendel mit Blüten
etwa 350 g reife Aprikosen
etwas Zitronensaft
1 TL weißer Balsamico-Essig
2 TL brauner Zucker
200 g Schlagsahne
2 TL Puderzucker

*Pro Portion:*
E: 2 g, F: 16 g, Kh: 13 g,
kJ: 866, kcal: 207

**1.** Die Lavendelzweige abspülen und trocken tupfen. 4 Lavendelzweige zum Garnieren beiseitelegen. Von den restlichen Zweigen die Blüten abzupfen.
**2.** Aprikosen abspülen, abtrocknen, evtl. entstielen, dann halbieren und entsteinen. Aprikosenhälften mit einem Spritzer Zitronensaft, Essig und Zucker in einem Topf zum Kochen bringen und 10–15 Minuten bei schwacher Hitze kochen lassen.
**3.** In der Zwischenzeit Sahne mit Puderzucker cremig schlagen. 1 Spritzer Zitronensaft unterschlagen. Sahne cremig schlagen und zugedeckt in den Kühlschrank stellen.
**4.** Den Topf von der Kochstelle nehmen, Lavendelblüten unter das Kompott rühren. Aprikosenkompott etwas abkühlen lassen und lauwarm in Gläser füllen. Dann mit der Sahne verzieren, den Lavendelzweigen garnieren und sofort servieren.

## Früchtestreifen mit Honig-Mandel-Kruste

30 Stück

*Zubereitungszeit (inklusive Backzeit):* 45 Minuten, ohne Abkühlzeit

**Für den Belag:**
150 g Butter, 80 g Zucker
40 g flüssiger Honig
100 g Crème fraîche
125 g getrocknete Cranberrys
125 g getrocknete Beerenmischung
200 g gestiftelte Mandeln

**Für den Quark-Öl-Teig:**
300 g Weizenmehl
3 gestr. TL Dr. Oetker Backin
150 g Magerquark
100 ml Milch (3,5 % Fett)
100 ml Sonnenblumenöl
75 g Zucker
1 Pck. Dr. Oetker Vanillin-Zucker
1 Prise Salz

*Pro Stück:*
E: 4 g, F: 13 g, Kh: 20 g,
kJ: 874, kcal: 209

Aprikosenkompott mit Lavendel

**1.** Für den Belag Butter, Zucker, Honig und Crème fraîche in einem Topf unter Rühren zerlassen. Cranberrys, Beerenmischung und Mandeln unterrühren. Die Masse etwas abkühlen lassen.
**2.** In der Zwischenzeit den Backofen vorheizen.
*Ober-/Unterhitze:* etwa 180 °C
*Heißluft:* etwa 160 °C
**3.** Für den Teig Mehl mit Backpulver in einer Rührschüssel mischen.
**4.** Quark, Milch, Öl, Zucker, Vanillin-Zucker und Salz hinzufügen. Die Zutaten mit einem Mixer (Knethaken) auf niedrigster, dann auf höchster Stufe in etwa 1 Minute zu einem glatten Teig verarbeiten (nicht zu lange kneten, der Teig klebt sonst).
**5.** Den Teig auf einem Backblech (30 x 40 cm, gefettet) ausrollen. Die Beeren-Mandel-Mischung daraufgeben und verstreichen. Das Backblech in den vorgeheizten Backofen schieben. Den Kuchen etwa 25 Minuten backen.
**6.** Das Backblech auf einen Kuchenrost stellen. Den Kuchen erkalten lassen und in 30 längliche Stücke schneiden.

***Tipps:*** Die Kuchenstücke mit geschmolzener, dunkler Schokolade besprenkeln. Oder die Gebäckenden in die Schokolade tauchen, auf Backpapier legen und die Schokolade fest werden lassen (Foto).

Früchtestreifen mit Honig-Mandel-Kruste

Kaffeewaffeln

## Kaffeewaffeln
9 Stück

*Zubereitungszeit (inklusive Backzeit):* 35 Minuten, ohne Abkühlzeit

**Für den Schüttelteig:**
250 g Weizenmehl
1 gestr. TL Dr. Oetker Backin
125 g Zucker
je 1 Msp. gem. Nelken und gem. Zimt
3 Eier (Größe M)
150 g zerlassene, abgekühlte Butter
100 ml kalter Instant-Kaffee

evtl. 200 g Schlagsahne (mind. 30 % Fett)
evtl. 1 Pck. Sahnesteif
evtl. 1 TL Zucker
evtl. 1 gestr. TL gesiebtes Kakaopulver oder 1–2 EL Rum

*Pro Stück:*
E: 5 g, F: 17 g, Kh: 34 g,
kJ: 1290, kcal: 308

**1.** Für den Teig Weizenmehl mit Backpulver mischen, in eine verschließbare Schüssel (etwa 3 l) geben, mit Zucker, Nelken und Zimt mischen. Eier, Butter und Kaffee hinzufügen und die Schüssel mit dem Deckel fest verschließen. Schüssel mehrmals kräftig schütteln (insgesamt 15–30 Sekunden), so dass alle Zutaten gut vermischt sind.
**2.** Alles mit einem Schneebesen nochmals sorgfältig durchrühren, damit vor allem trockene Zutaten vom Rand mit untergerührt werden.

Grießsuppe

**3.** Jeweils 2–3 Esslöffel Teig in ein gut erhitztes, gefettetes Waffeleisen füllen und verstreichen. Die Waffeln goldbraun backen, mit einer Gabel oder einem Pfannenwender herausnehmen und einzeln auf einem Kuchenrost erkalten lassen.
**4.** Nach Belieben die Sahne mit Sahnesteif und Zucker steif schlagen, Kakaopulver oder Rum unterrühren. Die Kakao- oder Rumsahne zu den Waffeln reichen.

## Grießsuppe
4 Portionen

*Zubereitungszeit:* 15 Minuten

1 l Milch (1,5 % Fett)
1/2 Pck. Dr. Oetker Finesse Geriebene Zitronenschale
60 g Weichweizengrieß
60 g Zucker

*Pro Portion:*
E: 10 g, F: 4 g, Kh: 38 g,
kJ: 967, kcal: 231

**1.** Die Milch mit der Zitronenschale in einen Topf geben und zum Kochen bringen.
**2.** Den Grieß mit dem Zucker vermischen und unter Rühren in die kochende Milch einstreuen. Grieß etwa 5 Minuten ohne Deckel bei schwacher Hitze ausquellen lassen, dabei gelegentlich umrühren.
**3.** Die Suppe anrichten und warm servieren.

Ananas-Schoko-Herzen

***Tipp:*** Garnieren Sie die Suppe mit einigen Streifen Bio-Zitronenschale (unbehandelt, ungewachst).

## Ananas-Schoko-Herzen
8 Stück

*Zubereitungszeit (inklusive Backzeit):* 45 Minuten

**Für den Teig:**
278 g abgetropfte Ananasraspel (aus der Dose)
250 g Weizenmehl
3 gestr. TL Dr. Oetker Backin
150 g feinster Zucker
3 Eier (Größe M)
100 ml Speiseöl, z. B. Sonnenblumenöl
200 ml Buttermilch
50 g Raspelschokolade

**Zum Bestäuben:**
etwas Puderzucker

*Pro Stück:*
E: 8 g, F: 17 g, Kh: 53 g,
kJ: 1694, kcal: 405

**1.** Die abgetropften Ananasraspel mit Küchenpapier trocken tupfen.
**2.** Den Backofen vorheizen.
*Ober-/Unterhitze:* etwa 180 °C
*Heißluft:* etwa 160 °C
**3.** Für den Teig Mehl mit Backpulver in einer Rührschüssel mischen. Zucker, Eier, Öl und Buttermilch hinzugeben. Die Zutaten mit einem Mixer (Rührstäbe) erst kurz auf niedrigs-

ter, dann auf höchster Stufe in etwa 1 Minute zu einem glatten Teig verarbeiten. Ananas- und Schokoraspel unterrühren.

**4.** Den Teig in 8 Herzbackförmchen (je etwa 200 ml Inhalt, gefettet, bemehlt) geben und glatt streichen. Die Förmchen auf dem Rost in den vorgeheizten Backofen schieben. Die Ananas-Schoko-Herzen etwa 25 Minuten backen.

**5.** Die Ananas-Schoko-Herzen auf einen mit Backpapier belegten Kuchenrost stürzen, erkalten lassen und anschließend mit Puderzucker bestäuben.

## Erdbeer-Rhabarber-Kompott

4 Portionen

*Zubereitungszeit:* 15 Minuten, ohne Abkühlzeit

250 g Erdbeeren
500 g Rhabarber
250 ml Wasser
3–4 EL Zucker
1 Pck. Dr. Oetker Pudding-Pulver Vanille-Geschmack

*Pro Portion:*
E: 1 g, F: 0 g, Kh: 29 g,
kJ: 551, kcal: 132

**1.** Erdbeeren abspülen, abtropfen lassen, entstielen und halbieren. Rhabarber putzen, abspülen, abtropfen lassen und in fingerdicke Stücke schneiden.

**2.** Erdbeerhälften und Rhabarberstücke in einem Topf vermischen. Wasser hinzugießen, zum Kochen bringen und etwa 4 Minuten bei schwacher Hitze kochen lassen. Zucker unterrühren und abschmecken. Pudding-Pulver mit 4 Esslöffeln Wasser anrühren, unter das Kompott rühren und unter Rühren kurz aufkochen lassen. Kompott in eine Schüssel füllen und erkalten lassen.

## Quarkkeulchen

4 Portionen

*Zubereitungszeit:* 40 Minuten, ohne Abkühlzeit

500 g mehligkochende Kartoffeln
375 g Magerquark
150 g Weizenmehl
50 g Zucker
1 Pck. Dr. Oetker Vanillin-Zucker
2 Eier (Größe M)
abgeriebene Schale von 1/2 Bio-Zitrone (unbehandelt, ungewachst)
abgeriebene Schale von 1/2 Bio-Orange (unbehandelt, ungewachst)
1 Msp. gem. Zimt
Salz
50 g Rum-Rosinen

etwas Weizenmehl
3–4 EL Butterschmalz oder Speiseöl, z. B. Sonnenblumenöl
1 EL Puderzucker

*Pro Portion:*
E: 22 g, F: 21 g, Kh: 76 g,
kJ: 2475, kcal: 591

**1.** Die Kartoffeln unter fließendem Wasser abbürsten, knapp mit Wasser bedeckt, zugedeckt zum Kochen bringen und in etwa 20 Minuten gar kochen. Kartoffeln abgießen, mit kaltem Wasser abschrecken, abtropfen lassen. Kartoffeln noch warm pellen, sofort durch eine Kartoffelpresse geben oder mit einem Kartoffelstampfer zerdrücken. Die Kartoffelmasse abkühlen lassen.

**2.** Die Kartoffelmasse mit Quark, Mehl, Zucker, Vanillin-Zucker, Eiern, Zitronen- und Orangenschale, Zimt und 1 Prise Salz mit einem Mixer (Rührstäbe) zu einem glatten Teig verarbeiten. Zuletzt die Rum-Rosinen vorsichtig unterrühren.

**3.** Den Teig auf einer leicht bemehlten Arbeitsfläche zu einer 6–8 cm langen Rolle formen. Die Teigrolle in 1 1/2–2 cm dicke Scheiben schneiden. Die Teigscheiben in etwas Mehl wenden.

**4.** Jeweils etwas Butterschmalz oder Speiseöl in einer großen Pfanne erhitzen. Die Teigscheiben darin portionsweise bei mittlerer Hitze von beiden Seiten goldbraun backen.

**5.** Die Keulchen auf einer vorgewärmten Platte anrichten und mit Puderzucker bestäuben.

***Tipp:*** Dazu schmeckt ein Erdbeer-Rhabarber-Kompott.

Quarkkeulchen / Erdbeer-Rhabarber-Kompott

## Apfelmusgrieß mit Mandelsplittern

4 Portionen

*Zubereitungszeit:* 20 Minuten

500 ml Milch (1,5 % Fett)
1 Prise Salz
1 EL Zucker
1 Prise gem. Zimt
50 g Hartweizengrieß
1 frisches Eiweiß (Größe M)
360 g Apfelmus
(aus dem Glas)
1 geh. EL gestiftelte Mandeln

*Pro Portion:*
E: 7, F: 4 g, Kh: 35 g,
kJ: 866, kcal: 207

**1.** Milch mit Salz, Zucker und Zimt in einem Topf unter Rühren zum Kochen bringen. Topf von der Kochstelle nehmen. Den Grieß einstreuen und unter Rühren bei schwacher Hitze nach Packungsanleitung in 5–10 Minuten ausquellen lassen.
**2.** Topf von der Kochstelle nehmen. Eiweiß steif schlagen und unter den heißen Grießbrei heben. Apfelmus unter den Grieß ziehen.
**3.** Den Apfelmusgrieß auf 4 Desserttellern anrichten. Mandeln in einer Pfanne ohne Fett leicht bräunen, über den Grieß streuen. Den Apfelmusgrieß sofort servieren.

***Hinweis:*** Für den Apfelmusgrieß nur ganz frische Eier verwenden, die nicht älter als 5 Tage sind (Legedatum beachten!). Das Dessert im Kühlschrank aufbewahren und innerhalb von 24 Stunden verzehren.

## Rum-Raisin-Scones

12 Stück

*Zubereitungszeit (inklusive Backzeit):* 60 Minuten

**Für den Teig:**
350 g Weizenmehl
90 g Zucker
50 g gem. Mandeln
1 1/2 gestr. TL Dr. Oetker Backin
1/2 gestr. TL Natron
Salz
200 g Schlagsahne
2 EL Zuckerrübensirup (Rübenkraut)
1 Ei (Größe M)
125 g Rum-Rosinen

*Pro Stück:*
E: 5 g, F: 8 g, Kh: 38 g,
kJ: 1052, kcal: 251

**1.** Den Backofen vorheizen.
*Ober-/Unterhitze:* etwa 180 °C
*Heißluft:* etwa 160 °C
**2.** Für den Teig Mehl mit Zucker, Mandeln, Backpulver, Natron und Salz in einer Rührschüssel mischen. Sahne, Zuckerrübensirup und Ei dazugeben. Die Zutaten mit einem Mixer (Knethaken) zu einem glatten Teig verkneten. Zuletzt die Rum-Rosinen unterkneten.
**3.** Den Teig auf einer leicht mit Mehl bestäubten Arbeitsfläche etwa 2 cm dick ausrollen. Aus der Teigplatte mit einer runden Ausstechform (Ø etwa 7 cm) Kreise ausstechen. Restlichen Teig wieder zusammenkneten, erneut ausrollen und weitere Kreise ausstechen, bis der Teig aufgebraucht ist.
**4.** Die Teigkreise mit etwas Abstand auf ein Backblech (mit Backpapier belegt) legen. Das Backblech in den vorgeheizten Backofen schieben. Die Scones etwa 25 Minuten backen.

## Grüne Grütze

6 Portionen (ohne Foto)

*Zubereitungszeit:* 20 Minuten, ohne Kühlzeit

500 g Stachelbeeren
250 g Kiwis
250 g kernlose, grüne Weintrauben
20 g Speisestärke
150 g Zucker
375 ml heller Traubensaft

*Pro Portion:*
E: 2 g, F: 1 g, Kh: 53 g,
kJ: 975, kcal: 233

Apfelmusgrieß mit Mandelsplittern

Rum-Raisin-Scones

Apfelmus-Rosinen-Muffins

Apfelreis

**1.** Die Stachelbeeren waschen und gut abtropfen lassen. Blüten- und Stängelansätze entfernen. Kiwis schälen, halbieren und in Stücke schneiden. Weintrauben abspülen, abtropfen lassen, entstielen und große Trauben halbieren.
**2.** Die Speisestärke mit dem Zucker mischen. 4 Esslöffel von dem Traubensaft abnehmen und mit der Stärke-Zucker-Mischung verrühren.
**3.** Restlichen Traubensaft zum Kochen bringen. Die angerührte Stärke unterrühren. Den Saft aufkochen lassen, dann die Stachelbeeren und Weintrauben unterrühren, einmal kurz aufkochen lassen. Den Topf von der Kochstelle nehmen und die Kiwis unterrühren. Die Grütze in eine Schale füllen und zugedeckt in den Kühlschrank stellen.

## Apfelmus-Rosinen-Muffins

12 Stück

*Zubereitungszeit (inklusive Backzeit):* 55 Minuten, ohne Abkühlzeit

**Für den Teig:**
170 g Weizenmehl
30 g Weichweizengrieß
3 gestr. TL Dr. Oetker Backin
1 Prise Salz, 120 g Zucker
1 Pck. Dr. Oetker Vanillin-Zucker
250 g Apfelmus (aus dem Glas)
50 ml Buttermilch
100 ml Speiseöl, z. B. Sonnenblumenöl
1 Ei (Größe M)
70 g Rosinen
150 g Schmand (Sauerrahm)
20 g Apfelchips
(erhältlich in Bioläden)
1 EL Puderzucker

*Pro Stück:*
E: 3 g, F: 13 g, Kh: 33 g,
kJ: 1093, kcal: 261

**1.** Den Backofen vorheizen.
*Ober-/Unterhitze:* etwa 180 °C
*Heißluft:* etwa 160 °C
**2.** Für den Teig das Mehl, Grieß, Backpulver, Salz, Zucker und Vanillin-Zucker in einer Rührschüssel mit einem Schneebesen verrühren.
**3.** Apfelmus mit Buttermilch, Öl und Ei in einem Rührbecher mit dem Schneebesen gut verrühren. Die flüssigen Zutaten zu der Mehl-Grieß-Mischung in die Rührschüssel geben und zu einem glatten Teig verrühren. Rosinen unterrühren.
**4.** Den Teig in eine Muffinform (für 12 Muffins, gefettet, bemehlt) geben. Die Form auf dem Rost in den vorgeheizten Backofen schieben. Die Muffins etwa 30 Minuten backen.
**5.** Die Form auf einen Kuchenrost stellen. Muffins etwa 5 Minuten in der Form abkühlen lassen, dann aus der Form lösen und auf dem Kuchenrost erkalten lassen.
**6.** Für den Belag Schmand verrühren und mit einem Teelöffel als breiten Klecks auf die erkalteten Muffins geben. Apfelchips in grobe Stücke brechen und in den Schmand stecken. Muffins mit Puderzucker bestäuben und sofort servieren.

## Apfelreis

2 Portionen

*Zubereitungszeit:* 30 Minuten

750 ml Wasser
1 Prise Salz
50 g Zucker
1 Pck. Dr. Oetker Finesse
Geriebene Zitronenschale
450 g Äpfel
1 TL Zitronensaft
150 g Milchreis (Rundkornreis)
etwas Zucker

einige Minzeblättchen
1 EL Zimt-Zucker

*Pro Portion:*
E: 6 g, F: 1 g, Kh: 113 g,
kJ: 2070, kcal: 494

**1.** Wasser mit Salz, 25 g Zucker und Zitronenschale in einem Topf zum Kochen bringen.
**2.** Äpfel schälen, vierteln und entkernen. Ein Apfelviertel mit Zitronensaft beträufeln und zum Garnieren beiseitelegen.
**3.** Restliche Apfelviertel in Stücke schneiden und mit dem Reis ins kochende Wasser geben, unter Rühren wieder zum Kochen bringen und zugedeckt etwa 25 Minuten bei schwacher Hitze quellen lassen. Apfelreis mit Zucker abschmecken.
**4.** Beiseitegelegtes Apfelviertel in dünne Scheiben schneiden.
**5.** Den Apfelreis mit Apfelscheiben und abgespülten, trocken getupften Minzeblättchen anrichten und mit Zimt-Zucker bestreuen.

Franzbrötchen mit Trockenfrüchten

## Franzbrötchen mit Trockenfrüchten

10 Stück

*Zubereitungszeit (inklusive Backzeit):* 45 Minuten, ohne Abkühlzeit

**Für den Streuselteig:**
100 g Weizenmehl
25 g Zucker
1 Pck. Dr. Oetker Vanillin-Zucker
1 Prise Salz
70 g Butter oder Margarine (zimmerwarm)

**Für den Hefeteig:**
275 g Weizenmehl
1 Pck. Hefeteig Garant
100 g Schlagsahne
50 g Zucker
1 Pck. Dr. Oetker Vanillin-Zucker
1 Prise Salz
1 Ei (Größe M)

**Zum Bestreichen und Bestreuen:**
1 Eiweiß
100 g fein gehackte Trockenfrüchte, z. B. getrocknete Aprikosen, Datteln, Zitronat
3 EL Zucker
1/2 TL gem. Zimt
100 g Butter oder Margarine (zimmerwarm)
1 Eigelb
1–2 EL Wasser

*Pro Stück:*
E: 6 g, F: 19 g, Kh: 49 g,
kJ: 1674, kcal: 400

**1.** Für den Streuselteig Mehl in eine Rührschüssel geben. Die restlichen Zutaten hinzufügen und mit einem Mixer (Rührstäbe) zunächst kurz auf niedrigster, dann auf höchster Stufe zu feinen Streuseln verarbeiten.
**2.** Den Backofen vorheizen.
*Ober-/Unterhitze:* etwa 200 °C
*Heißluft:* etwa 180 °C
**3.** Für den Hefeteig das Mehl mit Hefeteig Garant in einer Rührschüssel sorgfältig vermischen. Restliche Zutaten dazugeben und mit dem Mixer (Knethaken) zunächst auf niedrigster, dann auf höchster Stufe in etwa 2 Minuten zu einem glatten Teig verarbeiten.
**4.** Den Hefeteig auf einer leicht bemehlten Arbeitsfläche kurz durchkneten und mit den Händen flach drücken. Streusel daraufstreuen und alles kurz, aber gründlich zu einem glatten Teig verkneten. Den Teig auf der leicht bemehlten Arbeitsfläche zu einem Rechteck (etwa 20 x 40 cm) ausrollen.
**5.** Das Teigrechteck mit verschlagenem Eiweiß bestreichen und mit den gehackten Früchten bestreuen. Zucker und Zimt mischen, daraufstreuen. Die Butter oder Margarine in kleinen Stückchen auf dem Teig verteilen.
**6.** Die Teigplatte von der Längsseite aus aufrollen und in etwa 4 cm breite Stücke schneiden. Die Teigstücke mit etwas Abstand auf ein Backblech (mit Backpapier belegt) setzen.
**7.** Mit einem bemehlten Kochlöffelstiel oder der bemehlten Handkante die Stücke zwischen den Schnittkanten in der Mitte herunterdrücken und etwas flach drücken, sodass sich die Schnittkanten stark hochwölben. Das Eigelb mit etwas Wasser verquirlen, die Brötchen damit bestreichen. Das Backblech in den vorgeheizten Backofen schieben. Die Franzbrötchen etwa 20 Minuten backen.
**8.** Die Franzbrötchen mit dem Backpapier vom Backblech auf einen Kuchenrost ziehen und erkalten lassen.

## Espresso-Marzipan-Cakes

12 Stück

*Zubereitungszeit (inklusive Backzeit):* 60 Minuten, ohne Abkühlzeit

**Für den Teig:**
100 g Marzipan-Rohmasse
2 Eiweiß (Größe M)
1 Prise Salz
120 g Zucker
2 Eigelb (Größe M)
120 g Butter oder Margarine
1 Ei (Größe M)
2 TL Instant-Espresso-Pulver
75 g saure Sahne
130 g Weizenmehl
1 gestr. TL Dr. Oetker Backin
1 Msp. Natron

**Für das Topping:**
3–4 TL Instant-Espresso-Pulver
2 EL lauwarmes Wasser
400 g Mascarpone (ital. Frischkäse)
100 ml kalte Milch
100 g Puderzucker
1 Pck. Sahnesteif
12 schokolierte Kaffee- oder feine Mocca-Bohnen

**Außerdem:**
12 Muffin-Papierbackförmchen

*Pro Stück:*
E: 6 g, F: 28 g, Kh: 33 g,
kJ: 1724, kcal: 412

**1.** Den Backofen vorheizen.
*Ober-/Unterhitze:* etwa 180 °C
*Heißluft:* etwa 160 °C
**2.** Für den Teig Marzipan in hauchdünne Scheiben schneiden. Das Eiweiß mit Salz steif schlagen. Den Eischnee etwa 3 Minuten weiterschlagen, dabei nach und nach die Hälfte des Zuckers dazugeben.
**3.** In einer anderen Schüssel Marzipanscheiben, restlichen Zucker, Eigelb und Butter oder Margarine schaumig rühren. Nacheinander Ei, Espresso-Pulver und saure Sahne unterrühren.
**4.** Mehl mit Backpulver und Natron mischen und auf niedrigster Stufe kurz unterrühren. Eischnee in 2 Portionen kurz unterrühren.
**5.** Teig gleichmäßig in einer Muffinform (für 12 Muffins, mit Papierbackförmchen ausgelegt) verteilen. Die Muffinform auf dem Rost in den vorgeheizten Backofen schieben. Die Cakes etwa 30 Minuten backen.
**6.** Die Muffinform auf einen Kuchenrost stellen. Cupcakes nach etwa 5 Minuten aus der Form lösen und anschließend auf dem Kuchenrost erkalten lassen.
**7.** Für das Topping Espresso-Pulver im Wasser auflösen und kalt stellen. Mascarpone mit Milch in einer Schüssel mit Mixer (Rührstäbe) glatt rühren und kurz cremig aufschlagen. Puderzucker mit Sahnesteif mischen und unter die Mascarponemasse rühren. Erkalteten Espresso unterrühren.
**8.** Die Creme in einen Spritzbeutel mit Lochtülle (Ø etwa 1 1/2 cm) füllen. Auf jeden Cupcake einen dicken Tupfen Creme spritzen und mit einer schokolierten Kaffee- oder einer Mocca-Bohne garnieren. Die Cupcakes etwa 15 Minuten in den Kühlschrank stellen.

## Stachelbeer-Cupcakes
12 Stück

*Zubereitungszeit (inklusive Backzeit):* 60 Minuten, ohne Abkühlzeit

**Für den Teig:**
150 g Butter oder Margarine (zimmerwarm)
120 g Zucker
1 Pck. Dr. Oetker Bourbon-Vanille-Zucker
1 Prise Salz
3 Eier (Größe M)
120 g Weizenmehl
80 g abgezogene, gem. Mandeln
1 1/2 gestr. TL Dr. Oetker Backin
250 g abgetropfte Stachelbeeren (aus dem Glas)

**Für das Topping:**
200 g Schlagsahne (mind. 30 % Fett)
1 TL Zucker
1 Pck. Sahnesteif
etwa 18 Baiserwellen (etwa 100 g, fertig gekauft)
100 g abgetropfte Stachelbeeren (aus dem Glas)
einige frische Pfefferminzblätter

**Außerdem:**
12 Muffin-Papierbackförmchen

*Pro Stück:*
E: 5 g, F: 21 g, Kh: 33 g,
kJ: 1419, kcal: 339

**1.** Den Backofen vorheizen.
*Ober-/Unterhitze:* etwa 180 °C
*Heißluft:* etwa 160 °C
**2.** Für den Teig Butter mit Zucker, Vanille-Zucker und Salz in einer Rührschüssel mit einem Mixer (Rührstäbe) zunächst kurz auf niedrigster, dann auf höchster Stufe etwa 4 Minuten schaumig schlagen. Eier nach und nach unterrühren (jedes Ei etwa 1/2 Minute).
**3.** Mehl mit Mandeln und Backpulver gut vermischen. Die Mehlmischung unter die Eier-Fett-Masse rühren. Die Stachelbeeren mit einem Teigschaber unter den Teig heben.
**4.** Den Teig gleichmäßig in einer Muffinform (für 12 Muffins, mit Papierbackförmchen ausgelegt) verteilen. Die Muffinform auf dem Rost in den vorgeheizten Backofen schieben. Die Cupcakes 25–30 Minuten backen.
**5.** Die Muffinform auf einen Kuchenrost stellen. Cupcakes nach etwa 5 Minuten aus der Form lösen und auf dem Kuchenrost erkalten lassen.
**6.** Für das Topping die Sahne mit dem Zucker und dem Sahnesteif steif schlagen. Die Sahne in einen Spritzbeutel mit mittlerer Lochtülle geben. 6 von den Baiserwellen halbieren. Die Cupcakes mit der Schlagsahne verzieren und mit je 1 1/2 Baiserwellen belegen. Die Cupcakes mit Stachelbeeren und abgespülten, trocken getupften Pfefferminzblättchen garnieren.

Espresso-Marzipan-Cakes

Stachelbeer-Cupcakes

## Fruchtig gefüllte Blätterteigkissen

5 Stück

*Zubereitungszeit (inklusive Backzeit):* 30 Minuten

1 Pck. frischer Blätterteig (275 g, rechteckig, etwa 40 x 25 cm, aus dem Kühlregal, )

**Für die Füllung:**
125 g Marzipan-Rohmasse
100 g Fruchtaufstrich Kirsche oder Kirschkonfitüre

**Zum Bestreichen und Bestreuen:**
1 verschlagenes Eiweiß
1 Eigelb, 1 EL Milch (3,5 % Fett)
25 g gehobelte Mandeln

*Pro Stück:*
E: 10 g, F: 26 g, Kh: 39 g,
kJ: 1772, kcal: 423

**1.** Den Backofen vorheizen.
*Ober-/Unterhitze:* etwa 200 °C
*Heißluft:* etwa 180 °C
**2.** Die Blätterteigplatte mit dem Backpapier auf der Arbeitsfläche entrollen. Den Teig in 10 gleich große Rechtecke (je etwa 8 x 12 cm) schneiden.
**3.** Das Marzipan grob raspeln, mit dem Fruchtaufstrich oder der Konfitüre gut vermischen. Die Marzipan-Fruchtmasse mit einem Teelöffel jeweils in die Mitte von 5 Blätterteigrechtecken setzen.
**4.** Die Teigränder der belegten Blätterteigrechtecke mit dem Eiweiß bestreichen. Restliche Teigrechtecke jeweils über die Füllungen legen, die Seiten rundherum gut andrücken. Die Teigkissen auf einem Backblech (mit Backpapier belegt) verteilen. Eigelb und Milch verquirlen. Die Teigkissen damit bestreichen, mit Mandeln bestreuen. Das Backblech in den vorgeheizten Backofen schieben. Die Teilchen etwa 20 Minuten backen.
**5.** Die Blätterteigkissen mit dem Backpapier auf einen Kuchenrost ziehen und erkalten lassen.

## Waldmeistertörtchen

12 Stück

*Zubereitungszeit (inklusive Backzeit):* 30 Minuten, ohne Abkühlzeit

**Für den All-in-Teig:**
65 g Weizenmehl
1 TL Dr. Oetker Backin
60 g Zucker
1/2 Pck. Dr. Oetker Vanillin-Zucker
2 Eier (Größe M)
1 1/2 EL Speiseöl
knapp 1 EL Obstessig

20 g Haselnuss-Krokant

**Für die Creme:**
200 g Schlagsahne (mind. 30 % Fett)
1 Pck. Sahnesteif
1/2 TL Zucker
1/2 Pck. Dr. Oetker Vanillin-Zucker
125 g Götterspeise Waldmeister-Geschmack (aus dem Kühlregal)

**Außerdem:**
12 Muffin-Papierbackförmchen

*Pro Stück:*
E: 2 g, F: 8 g, Kh: 14 g,
kJ: 568, kcal: 136

**1.** Den Backofen vorheizen.
*Ober-/Unterhitze:* etwa 180 °C
*Heißluft:* etwa 160 °C
**2.** Für den Teig Mehl mit Backpulver in einer Rührschüssel mischen. Zucker, Vanillin-Zucker, Eier, Speiseöl und Obstessig hinzufügen und alles mit einem Mixer (Rührstäbe) erst kurz auf niedrigster, dann auf höchster Stufe in etwa 2 Minuten zu einem glatten Teig verarbeiten.
**3.** Teig gleichmäßig in einer Muffinform (für 12 Muffins, mit Papierbackförmchen ausgelegt) verteilen, etwas glatt streichen und mit Haselnuss-Krokant bestreuen. Die Form auf dem Rost in den vorgeheizten Backofen schieben. Die Törtchen etwa 15 Minuten backen.
**4.** Die Form auf einen Kuchenrost stellen. Törtchen etwas abkühlen lassen, aus der Form nehmen und auf dem Kuchenrost erkalten lassen.
**5.** Für die Creme Sahne mit Sahnesteif, Zucker und Vanillin-Zucker steif schlagen. Die Götterspeise mit einem Löffel in dem Becher zerkleinern und unter die Sahne heben. Die Creme auf den Törtchen verteilen.

Fruchtig gefüllte Blätterteigkissen

Waldmeistertörtchen

## Fruchtquarkmuffins
12 Stück

*Zubereitungszeit (inklusive Backzeit):* 45 Minuten, ohne Abkühlzeit

**Für den All-in-Teig:**
50 g Weizenmehl
50 g gem. Mandeln
1/2 TL Dr. Oetker Backin
75 g Zucker, 1 Prise Salz
1 Ei (Größe M)
1 Eigelb (Größe M)
60 g Butter oder Margarine (zimmerwarm)

**Für den Belag:**
1 Eiweiß (Größe M)
400 g Fruchtquark, z. B. Aprikose
2 gestr. EL Zucker
1 gestr. EL Hartweizengrieß

3 EL rote Konfitüre, z. B. Sauerkirschkonfitüre
etwas Vollmilch-Schokolade
einige Minzeblätter

*Pro Stück:*
E: 5 g, F: 11 g, Kh: 23 g, kJ: 874, kcal: 209

**1.** Den Backofen vorheizen.
*Ober-/Unterhitze:* etwa 200 °C
*Heißluft:* etwa 180 °C
**2.** Für den Teig das Mehl mit Mandeln und Backpulver in einer Rührschüssel mischen. Restliche Zutaten hinzufügen und mit einem Mixer (Rührstäbe) erst kurz auf niedrigster, dann auf höchster Stufe in etwa 2 Minuten zu einem glatten Teig verarbeiten.
**3.** Den Teig in eine Muffinform (für 12 Muffins, gefettet und bemehlt) füllen. Die Form auf dem Rost in den vorgeheizten Backofen schieben. Die Muffins etwa 10 Minuten vorbacken.
**4.** Für den Belag das Eiweiß steif schlagen. Quark, Zucker und Grieß dazugeben und kurz unterrühren. Die Quarkmasse auf die vorgebackenen Muffins geben. Die Backofentemperatur um etwa 20 °C herunterschalten.

Fruchtquarkmuffins

**5.** Form wieder auf dem Rost in den heißen Backofen schieben. Die Muffins in 10–15 Minuten fertig backen.
**6.** Die Muffinform auf einen Kuchenrost stellen. Die Muffins in der Form etwa 10 Minuten abkühlen lassen. Anschließend vorsichtig aus der Form lösen und auf dem Kuchenrost erkalten lassen.
**7.** Auf jeden Muffin vor dem Servieren einen Klecks Konfitüre geben. Von der Schokolade mit einem Sparschäler einige Flocken abhobeln und auf den Muffins verteilen. Muffins mit abgespülten, trocken getupften Minzeblättchen garnieren.

## Bananenmuffins
10 Stück

*Zubereitungszeit (inklusive Backzeit):* 55 Minuten, ohne Abkühlzeit

**Für den Teig:**
300 g Weizenmehl
2 1/2 gestr. TL Dr. Oetker Backin
1/2 gestr. TL Natron
2 Bananen, 250 ml Buttermilch
80 ml Speiseöl
170 g brauner Zucker
1 Pck. Dr. Oetker Bourbon-Vanille-Zucker
1 Ei (Größe M)
40 g gehackte Walnüsse

Bananenmuffins

**Zum Bestäuben:**
50 g Puderzucker

**Außerdem:**
10 Stücke Backpapier (je 19 x 19 cm)

*Pro Stück:*
E: 5 g, F: 12 g, Kh: 50 g, kJ: 1359, kcal: 325

**1.** Den Backofen vorheizen.
*Ober-/Unterhitze:* etwa 180 °C
*Heißluft:* etwa 160 °C
**2.** Für den Teig Mehl mit Backpulver und Natron in einer Rührschüssel mischen. Die Bananen schälen und mit einer Gabel grob zerdrücken. Buttermilch, Speiseöl, Zucker, Vanille-Zucker und Ei in einer anderen Rührschüssel geben mit einem Mixer (Rührstäbe) verrühren. Das Mehlgemisch, die Walnüsse und das Bananenmus unterrühren.
**3.** Die Backpapierstücke in 10 Mulden einer Muffinform drücken. Den Rand dabei zusammenfalten, sodass die Papierspitzen hochstehen. Den Teig darin verteilen. Die Form auf dem Rost in den vorgeheizten Backofen schieben. Die Bananenmuffins etwa 35 Minuten backen.
**4.** Die Form auf einen Kuchenrost stellen. Die Bananenmuffins etwa 5 Minuten abkühlen lassen, dann aus der Form lösen und auf dem Kuchenrost erkalten lassen. Die Bananenmuffins mit Puderzucker bestäuben.

Florentiner Türmchen

Palatschinken mit Mousse au Chocolat

## Florentiner Türmchen

4–5 Portionen

*Zubereitungszeit:* 25 Minuten

200–250 g Himbeeren
4–5 EL Puderzucker
180 g Mascarpone (ital. Frischkäse)
4–5 EL Maracujanektar
(aus der Flasche)
24–30 Mini-Florentiner (entspricht etwa 2 Packungen je 100 g)

etwas Puderzucker

*Pro Portion:*
E: 6 g, F: 26 g, Kh: 37 g,
kJ: 1691, kcal: 404

**1.** Die Himbeeren verlesen, nicht waschen. Die Hälfte der Himbeeren in einen hohen Rührbecher geben und pürieren. Die pürierte Masse durch ein feines Sieb streichen, um die Kerne zu entfernen. Himbeermark mit 1 1/2 Esslöffeln Puderzucker verrühren. Nach Belieben noch etwas Puderzucker unterrühren. Restliche Himbeeren beiseitestellen.
**2.** Mascarpone in einer Rührschüssel mit einem Mixer (Rührstäbe) kurz aufschlagen. Maracujanektar und 2 Esslöffel Puderzucker hinzugeben und kurz verrühren. Nach Belieben die Mascarponecreme mit Puderzucker abschmecken.
**3.** Jeweils 2 Mini-Florentiner mit etwas Mascarponecreme zusammensetzen. Pro Portion 3 Florentiner-Türmchen auf die Teller setzen. Himbeerpüree und restliche Himbeeren auf den Tellern verteilen und mit etwas Puderzucker bestäuben.

## Palatschinken mit Mousse au Chocolat

2 große Portionen

*Zubereitungszeit:* 30 Minuten

**Für den Palatschinkenteig:**
60 g Weizenmehl
1 Ei (Größe M)
70 ml Milch
35 ml Mineralwasser
1/2 TL Zucker
1 Prise Salz

1 kleine Dose Aprikosenhälften mit Saft (Abtropfgewicht 130 g)
1–2 EL Speiseöl,
z. B. Sonnenblumenöl
75 g Mousse auch Chocolat
(aus dem Kühlregal)
einige vorbereitete Melisseblättchen

*Pro Portion:*
E: 10 g, F: 15 g, Kh: 54 g,
kJ: 1659, kcal: 396

**1.** Für den Teig das Mehl in eine Rührschüssel geben. Ei mit Milch, Mineralwasser, Zucker und Salz verschlagen. Die Flüssigkeit unter Rühren zu dem Mehl geben, dabei darauf achten, dass keine Klümpchen entstehen. Teig 20 Minuten ruhen lassen.
**2.** In der Zwischenzeit die Aprikosenhälften mit dem Saft in einen hohen Becher geben und fein pürieren.
**3.** Etwas Speiseöl in einer Pfanne (Ø 28 cm) erhitzen. Den Teig gut durchrühren und eine dünne Teiglage mit einer drehenden Bewegung auf dem Boden der Pfanne verteilen. Palatschinken von beiden Seiten etwa 2 Minuten goldbraun backen, warm stellen. Bevor der Palatschinken gewendet wird, etwas Öl in die Pfanne geben. Aus dem weiteren Teig noch einen Palatschinken zubereiten.
**4.** Beide Palatschinken jeweils zur Hälfte mit Mousse au Chocolat bestreichen, die unbelegte Seite darüberschlagen. Die gefüllten Palatschinken mit der Aprikosensauce und Melisseblättchen servieren.

***Tipp:*** Sehr schön sieht es aus, wenn Sie jeweils einen Becher mit einem Palatschinken auslegen. Die Mousse au Chocolat in einen Spritzbeutel mit Sterntülle füllen und daraufspritzen. Die Mousse mit vorbereiteten Himbeeren garnieren und mit Puderzucker bestäuben (Foto).

## Cranberry-Waffeln
9–10 Stück

*Zubereitungszeit:* 25 Minuten

**Für den All-in-Teig:**
225 g Weizenmehl
50 g Speisestärke
75 g Zucker
1 Pck. Dr. Oetker Vanillin Zucker
3 Eier (Größe M)
100 g Butter (zimmerwarm)
300 g Vanillejoghurt
75 ml Milch
125 g getrocknete Cranberrys
etwa 40 g Hagelzucker

*Pro Stück:*
E: 6 g, F: 13 g, Kh: 50 g,
kJ: 1442, kcal: 344

**1.** Für den Teig Mehl mit Speisestärke in einer Rührschüssel mischen. Zucker, Vanillin-Zucker, Eier, Butter, Joghurt und Milch hinzufügen. Die Zutaten mit einem Mixer (Rührstäbe) zunächst kurz auf niedrigster, dann auf höchster Stufe in etwa 2 Minuten zu einem glatten Teig verarbeiten. Die Cranberrys unterheben.
**2.** Jeweils 2–3 Esslöffel Teig in ein gut erhitztes, gefettetes Waffeleisen füllen, verstreichen und mit je 1 Teelöffel Hagelzucker bestreuen. Die Waffeln goldbraun backen, mit einer Gabel oder einem Pfannenwender herausnehmen und einzeln auf einem Kuchenrost erkalten lassen.

## Himbeerschälchen
4 Portionen

*Zubereitungszeit:* 20 Minuten, ohne Abkühlzeit

1–1 1/2 EL Butter
75 g zarte Haferflocken
20 g Zucker
400 g Himbeeren
Schale von 1/2 Bio-Limette (unbehandelt, ungewachst)
35 g Zucker
125 g Schlagsahne (mind. 30 % Fett)
1 Pck. Dr. Oetker Bourbon-Vanille-Zucker
125 g Crème fraîche

*Pro Portion:*
E: 5 g, F: 26 g, Kh: 33 g,
kJ: 1663, kcal: 398

**1.** Butter in einer Pfanne zerlassen. Die Haferflocken hinzufügen und darin unter ständigem Rühren goldgelb rösten. Haferflocken mit Zucker bestreuen, noch etwa 1 Minute weiterrösten, dann auf einem Teller erkalten lassen.
**2.** In der Zwischenzeit Himbeeren verlesen, aber nicht abspülen. Die Limettenschale mit dem Zucker mischen und vorsichtig unter die Himbeeren heben.
**3.** Die Sahne mit Vanille-Zucker steif schlagen, Crème fraîche kurz unterschlagen.
**4.** Die Haferflocken mit den Himbeeren in Schälchen anrichten. Jeweils einen Klecks Sahnecreme daraufgeben und servieren.

## Quarkschmarren
4 Portionen

*Zubereitungszeit:* 20 Minuten

3 Eiweiß (Größe M)
400 g Speisequark
3 Eigelb (Größe M)
4 EL Weizenmehl
1/2 gestr. TL Salz
2 EL Butter
etwas Puderzucker

*Pro Portion:*
E: 19 g, F: 18 g, Kh: 16 g,
kJ: 1299, kcal: 310

**1.** Eiweiß steif schlagen. In einer anderen Schüssel den Quark mit Eigelb, Mehl und Salz gut verrühren. Den Eischnee unter die Quarkmasse heben.
**2.** Butter in einer Pfanne zerlassen. Die Quarkmasse jeweils 1 cm dick hineingeben und von beiden Seiten goldgelb backen. Den Eierkuchen mit einem Pfannenwender oder 2 Gabeln in kleine Stücke zerreißen und diese unter Wenden gut bräunen, dabei evtl. noch etwas Butter hinzufügen.
**3.** Den Quarkschmarren mit Puderzucker bestäuben und sofort servieren.

Cranberry-Waffeln

Himbeerschälchen

Quarkschmarren

## Crumble-Cookies
25 Stück

*Zubereitungszeit (inklusive Backzeit für 1 Backblech):* 40 Minuten

300 g Weizenmehl
1 gestr. TL Dr. Oetker Backin
250 g kalte, klein gewürfelte Butter
200 g brauner Zucker
100 g weißer Zucker
1 Pck. Dr. Oetker Bourbon-Vanille-Zucker
1 Prise Salz
2 Eigelb (Größe M)
100 g gehackte Walnusskerne
100 g kernige Haferflocken
2 gestr. TL gem. Kardamom

*Pro Stück:*
E: 3 g, F: 12 g, Kh: 23 g,
kJ: 881, kcal: 210

**1.** Den Backofen vorheizen.
*Ober-/Unterhitze:* etwa 180 °C
*Heißluft:* etwa 160 °C
**2.** Für den Teig Mehl mit Backpulver in einer Rührschüssel mischen. Die restlichen Zutaten hinzufügen und mit einem Mixer (Knethaken) zunächst kurz auf niedrigster, dann auf höchster Stufe zu groben Streuseln verarbeiten.
**3.** Eine runde Ausstechform (Ø 7 cm) auf ein Backblech (gefettet, mit Backpapier belegt) stellen. 1–2 gehäufte Esslöffel Streuselteig hineingeben und nur leicht festdrücken. Die Ausstechform abheben. Aus dem restlichen Streuselteig auf die gleiche Weise Streuseltaler formen, dafür evtl. noch ein zweites Backblech verwenden.
**4.** Die Backbleche nacheinander (bei Heißluft zusammen) in den vorgeheizten Backofen schieben. Die Cookies etwa 20 Minuten je Backblech backen.
**5.** Die Cookies mit dem Backpapier von den Backblechen auf Kuchenroste ziehen und erkalten lassen.

## Apfeltörtchen
4 Stück

*Zubereitungszeit (inklusive Backzeit):* 47 Minuten, ohne Abkühlzeit

2 TK-Blätterteigplatten
(je etwa 75 g)

**Für den Belag:**
400 g Äpfel, z. B. Boskop
1/2 Vanilleschote
50 ml Weißwein
50 g Zucker
1 kleiner Apfel, z. B. Boskop
20 g Butter
1 EL Puderzucker

*Pro Stück:*
E: 2 g, F: 12 g, Kh: 40 g,
kJ: 1183, kcal: 283

**1.** Die Blätterteigplatten nebeneinander nach Packungsanleitung auftauen lassen.
**2.** In der Zwischenzeit Äpfel schälen, vierteln und entkernen. Apfelviertel in Stücke schneiden. Vanilleschote längs aufschneiden und das Mark mit einem Messerrücken herausschaben.
**3.** Wein mit Zucker, Vanilleschote und -mark in einem Topf zum Kochen bringen. Die Apfelstücke hinzugeben und bei mittlerer Hitze weich kochen. Das Apfelkompott etwas abkühlen lassen.
**4.** In der Zwischenzeit den Backofen vorheizen.
*Ober-/Unterhitze:* etwa 200 °C
*Heißluft:* etwa 180 °C
**5.** Jede Blätterteigplatte auf einer leicht bemehlten Arbeitsfläche zu einem Rechteck (etwa 11 x 22 cm) ausrollen. Aus jedem Teigrechteck 2 runde Platten (Ø etwa 11 cm) ausschneiden. Die Teigkreise auf ein Backblech (mit Backpapier belegt) legen.
**6.** Das Apfelkompott bergartig in die Mitte der einzelnen Teigkreise geben, dabei einen etwa 2 cm breiten Rand frei lassen.
**7.** Den Apfel schälen, vierteln und entkernen. Die Apfelviertel in dünne Spalten schneiden und dachziegelartig auf das Apfelkompott legen, sodass eine Kuppel entsteht.
**8.** Die Butter zerlassen. Die Apfelspalten damit beträufeln und mit etwas Puderzucker bestäuben. Das

Crumble-Cookies

Apfeltörtchen

Macadamia-Cookies

Heidelbeer-Mohn-Muffins

Backblech in den vorgeheizten Backofen schieben. Die Apfeltörtchen etwa 12 Minuten backen.

**9.** Die Apfeltörtchen mit dem Backpapier vom Backblech auf einen Kuchenrost ziehen und erkalten lassen. Apfeltörtchen mit dem restlichen Puderzucker bestäubt servieren.

## Macadamia-Cookies

20 Stück

*Zubereitungszeit (inklusive Backzeit für 1 Backblech):* 40 Minuten

200 g Vollmilch-Schokolade (etwa 30 % Kakaoanteil)
250 g ungesalzene Macadamianusskerne
275 g Butter (zimmerwarm)
150 g brauner Zucker
Salz
2 Pck. Dr. Oetker Bourbon-Vanille-Zucker
1 Ei (Größe M)
350 g Weizenmehl
1 TL Dr. Oetker Backin

*Pro Stück:*
E: 4 g, F: 25 g, Kh: 26 g,
kJ: 1429, kcal: 342

**1.** Die Schokolade hacken. Macadamianüsse grob hacken oder mit einem breiten Messer zerdrücken.

**2.** Den Backofen vorheizen.
*Ober-/Unterhitze:* etwa 180 °C
*Heißluft:* etwa 160 °C

**3.** Butter in eine Rührschüssel geben und mit einem Mixer (Rührstäbe) etwa 2 Minuten schaumig schlagen. Zucker, Salz und Vanille-Zucker unterrühren. Das Ei zugeben und etwa 1 Minute unterschlagen. Mehl mit Backpulver mischen. Das Mehlgemisch unterrühren. Die vorbereitete Schokolade und die Macadamianüsse mit einem Holzlöffel unterrühren.

**4.** Mit einem Esslöffel insgesamt 20 Teighäufchen auf zwei Backbleche (mit Backpapier belegt) setzen. Die Backbleche nacheinander (bei Heißluft zusammen) in den vorgeheizten Backofen schieben. Die Cookies etwa 15 Minuten je Backblech backen.

**5.** Die Cookies mit dem Backpapier vom Backblech auf einen Kuchenrost ziehen und erkalten lassen.

***Tipp:*** Gesalzene Macadamianüsse können mit warmem Wasser abgespült, mit Küchenpapier trocken getupft und dann wie angegeben verarbeitet werden.

## Heidelbeer-Mohn-Muffins

12 Stück

*Zubereitungszeit (inklusive Backzeit):* 50 Minuten

260 g Weizenmehl
150 g brauner Zucker
1 1/2 TL Dr. Oetker Backin
1/2 TL Natron
1 Bio-Orange (unbehandelt, ungewachst, etwa 150 g)
1 Ei (Größe M)
80 ml Speiseöl, z. B. Sonnenblumenöl
200 ml Buttermilch
125 g Mohn-Back (backfertige Mohnfüllung)
250 g Heidelbeeren

**Außerdem:**
12 Muffin-Papierbackförmchen

*Pro Stück:*
E: 4 g, F: 9 g, Kh: 35 g,
kJ: 991, kcal: 237

**1.** Den Backofen vorheizen.
*Ober-/Unterhitze:* etwa 180 °C
*Heißluft:* etwa 160 °C

**2.** Mehl mit Zucker, Backpulver und Natron in einer Rührschüssel vermischen. Die Orange heiß abwaschen, abtrocknen und die Schale über der Schüssel fein abreiben.

**3.** In einer anderen Schüssel das Ei, mit dem Speiseöl und der Buttermilch mit einem Schneebesen verquirlen. Die Eiermilch auf die Mehlmischung gießen und mit einem Mixer (Knethaken) gut verkneten, Mohn-Back unterrühren.

**4.** Die Heidelbeeren abspülen und sehr gut abtropfen lassen, evtl. mit Küchenpapier trocken tupfen. Heidelbeeren vorsichtig unter den Teig heben.

**5.** Den Teig in eine Muffinform (für 12 Muffins, mit Papierbackförmchen ausgelegt) füllen. Die Muffinform auf dem Rost in den vorgeheizten Backofen schieben. Die Heidelbeer-Mohn-Muffins etwa 25 Minuten backen.

**6.** Die Muffinform auf einen Kuchenrost stellen. Die Muffins etwas abkühlen lassen, dann aus der Form lösen und auf dem Kuchenrost erkalten lassen.

Fruchtgrütze

Haferbrei

## Fruchtgrütze
4 Portionen

*Zubereitungszeit:* 30 Minuten

300 g Pfirsiche
250 g Himbeeren
15 g Speisestärke
400 ml schwarzer Johannisbeersaft
1/2 Zimtstange
1 Gewürznelke

*Pro Portion:*
E: 3 g, F: 0 g, Kh: 19 g,
kJ: 440, kcal: 104

**1.** Die Pfirsiche abwaschen, abtrocknen, halbieren, entsteinen und in kleine Stücke schneiden. Himbeeren verlesen, evtl. kurz abspülen und gut abtropfen lassen.
**2.** Die Speisestärke mit 2–3 Esslöffeln von dem Johannisbeersaft glatt rühren. Restlichen Saft mit den Gewürzen in einen Topf geben und zum Kochen bringen. Angerührte Speisestärke in den von der Kochstelle genommenen Saft rühren. Den Saft anschließend unter Rühren nochmals aufkochen lassen.
**3.** Den Topf von der Kochstelle nehmen, die Zimtstange und die Nelke entfernen. Die vorbereiteten Früchte unter den angedickten Saft rühren. Die Fruchtgrütze abkühlen lassen und bis zum Verzehr zugedeckt in den Kühlschrank stellen.

**Tipps:** Wenn Sie die Pfirsiche ohne Schale verarbeiten möchten, schneiden Sie diese kreuzweise ein und übergießen sie mit kochendem Wasser. Nach 1–2 Minuten mit kaltem Wasser abschrecken. Die Pfirsiche enthäuten und wie unter Punkt 1 beschrieben weiterverarbeiten. Verwenden Sie möglichst reife Früchte, sodass Sie keinen zusätzlichen Zucker benötigen. Falls Ihnen die Grütze nicht süß genug ist, schmecken Sie sie zusätzlich mit etwa 1–2 Teelöffeln Zucker ab. Je nach Geschmack und Jahreszeit können die Obstsorten nach Belieben variiert werden.

## Eierlikörwaffeln
10 Stück (ohne Foto)

*Zubereitungszeit:* 20 Minuten, *ohne Abkühlzeit*

3 Eier (Größe M)
150 g Puderzucker
1 Pck. Dr. Oetker Vanillin-Zucker
150 ml Speiseöl
150 ml Eierlikör
75 g Weizenmehl
75 g Speisestärke
2 gestr. TL Dr. Oetker Backin
etwas Puderzucker

*Pro Stück:*
E: 4 g, F: 18 g, Kh: 34 g,
kJ: 1357, kcal: 323

**1.** Eier mit Puderzucker und Vanillin-Zucker mit einem Mixer (Rührstäbe) auf höchster Stufe in etwa 1 Minute schaumig rühren. Öl und Eierlikör kurz unterrühren. Mehl mit Speisestärke und Backpulver mischen und ebenfalls kurz unterrühren.
**2.** Jeweils 2 Esslöffel Teig in ein gut erhitztes, gefettetes Waffeleisen füllen und verstreichen. Die Waffeln goldgelb backen, mit einer Gabel oder einem Pfannenwender herausnehmen und einzeln auf einem Kuchenrost erkalten lassen.
**3.** Zum Servieren die Waffeln mit Puderzucker bestäuben.

## Haferbrei
4 Portionen

*Zubereitungszeit:* 15 Minuten

1 l Milch (0,3 % oder 1,5 % Fett)
1 Stück Schale von 1 Bio-Zitrone (unbehandelt, ungewachst, etwa 8 cm lang)
100 g zarte Haferflocken
1 Prise Salz
30 g Zucker
1 Pck. Dr. Oetker Vanillin-Zucker

*Pro Portion:*
E: 13 g, F: 2 g, Kh: 37 g,
kJ: 947, kcal: 226

**1.** Die Milch mit dem heiß abgewaschenen und trocken getupften Stück Zitronenschale in einem Topf zum Kochen bringen. Haferflocken und Salz unterrühren.
**2.** Zutaten einmal kurz aufkochen lassen und ohne Deckel etwa 10 Minuten bei schwacher Hitze quellen lassen, dabei gelegentlich umrühren.
**3.** Die Zitronenschale entfernen. Zucker und Vanillin-Zucker unter den Haferbrei rühren.

## Jumbo-Hafer-Nuss-Taler

14 Stück

*Zubereitungszeit (inklusive Backzeit für 1 Backblech): 45 Minuten*

**Für den Teig:**
125 g weiche Butter
1 TL gem. Ingwer
150 g Zucker
1 Pck. Dr. Oetker Bourbon-Vanille-Zucker
2 Eier (Größe S) oder 1 1/2 Eier (Größe M)
100 g Weizenmehl
50 g Vollkorn-Weizenmehl
1/2 gestr. TL Salz
1 TL Natron
je 50 g klein gehackte Cashewkerne, Haselnusskerne und Mandeln
150 g zarte Haferflocken

*Pro Stück:*
E: 5 g, F: 15 g, Kh: 27 g, kJ: 1100, kcal: 263

**1.** Den Backofen vorheizen.
*Ober-/Unterhitze:* etwa 180 °C
*Heißluft:* etwa 160 °C
**2.** Für den Teig Butter, Ingwer, Zucker und Vanille-Zucker mit einem Mixer (Rührstäbe) in 6–8 Minuten weißschaumig schlagen. Eier unterrühren, den Teig noch weitere etwa 2 Minuten schlagen.
**3.** Beide Mehlsorten mit Salz und Natron mischen, auf den Butter-Eier-Schaum geben und mit einem Löffel unterrühren. Cashewkerne mit Haselnusskernen, Mandeln und Haferflocken mischen und unter den Teig heben.
**4.** Den Teig mit einem Esslöffel in 14 gleich großen Häufchen auf Backbleche (gefettet, mit Backpapier belegt) setzen. Dabei viel Abstand zwischen den Häufchen lassen. Die Teighäufchen mit einem Esslöffel flach drücken und evtl. etwas nachformen.
**5.** Die Backbleche nacheinander (bei Heißluft zusammen) in den vorgeheizten Backofen schieben. Die Hafer-Nuss-Taler 13–15 Minuten je Backblech backen.
**6.** Die Taler mit dem Backpapier von den Backblechen auf Kuchenroste ziehen und erkalten lassen.

***Tipp:*** In gut schließenden Dosen können Sie die Hafer-Nuss-Taler etwa 3 Wochen aufbewahren.

## Kirsch-Mandel-Muffins

12 Stück

*Zubereitungszeit (inklusive Backzeit):* 45 Minuten, ohne Abkühlzeit

**Für den Teig:**
170 g Weizenmehl
100 g gem. Mandeln
3 gestr. TL Dr. Oetker Backin
1 Prise Salz
120 g brauner Zucker
150 ml Milch (3,5 % Fett)
1 Ei (Größe M)
80 ml Speiseöl, z. B. Maiskeimöl
350 g abgetropfte Sauerkirschen (aus dem Glas)

80 g weiße Schokolade

*Pro Stück:*
E: 5 g, F: 15 g, Kh: 31 g, kJ: 1175, kcal: 281

**1.** Den Backofen vorheizen.
*Ober-/Unterhitze:* etwa 180 °C
*Heißluft:* etwa 160 °C
**2.** Für den Teig Mehl, Mandeln, Backpulver, Salz und Zucker in einer Rührschüssel mit einem Schneebesen verrühren.
**3.** Milch, Ei und Speiseöl in einem Rührbecher mit dem Schneebesen verrühren. Die flüssigen Zutaten zu der Mehl-Mandel-Mischung in die Rührschüssel geben und zu einem glatten Teig verrühren.
**4.** Die Hälfte des Teiges in eine Muffinform (für 12 Muffins, gefettet, bemehlt) geben. Die Hälfte der Sauerkirschen darauflegen. Restlichen Teig darauf verteilen und die restlichen Kirschen daraufgeben. Die Form auf dem Rost in den vorgeheizten Backofen schieben. Muffins etwa 25 Minuten backen.
**5.** Die Form auf einen Kuchenrost stellen. Muffins etwa 5 Minuten in der Form abkühlen lassen. Dann die Schokolade in kleine Stücke schneiden. Die Muffins aus der Form lösen, auf den Kuchenrost setzen und mit den Schokoladenstückchen belegen. Muffins auf dem Kuchenrost erkalten lassen.

Jumbo-Hafer-Nuss-Taler

Kirsch-Mandel-Muffins

## Knusperpäckchen
6 Stück

*Zubereitungszeit (inklusive Backzeit):* 50 Minuten

540 g abgetropfte Aprikosenhälften (aus der Dose)
1/2 Bio-Zitrone (unbehandelt, ungewachst)
1 Prise gem. Zimt
1 Pck. Dr. Oetker Vanillin-Zucker
evtl. 3–4 EL flüssiger Honig
12 kleine, runde Blätter Filoteig (Fertigprodukt aus dem Kühlregal)
3–4 EL zerlassene Butter
250 g Magerquark
1 Ei (Größe M)
2 gestr. EL Dr. Oetker Pudding-Pulver Vanille-Geschmack
2 EL gehackte Pistazienkerne

*Pro Stück:*
E: 10 g, F: 14 g, Kh: 30 g,
kJ: 1222, kcal: 291

**1.** Von den Aprikosenhälften 8 Stück in kleine Würfel schneiden und in eine Schüssel geben. Zitrone heiß abwaschen, abtrocknen, die Schale fein abreiben, den Saft auspressen. 2 Esslöffel Zitronensaft und Zimt unter die Aprikosenwürfeln mischen.
**2.** Restliche Aprikosenhälften mit Vanillin-Zucker und restlichem Zitronensaft in einem hohen Rührbecher fein pürieren, evtl. mit Honig abschmecken.
**3.** Den Backofen vorheizen.
*Ober-/Unterhitze:* etwa 180 °C
*Heißluft:* etwa 160 °C
**4.** Die Hälfte der Filoteigblätter auf einer leicht bemehlten Arbeitsfläche ausbreiten. Die Filoteigblätter dünn mit etwas von der Butter bestreichen und jeweils mit einem zweiten Filoteigblatt belegen. Dieses ebenfalls dünn mit Butter bestreichen.
**5.** Die doppelt aufeinanderliegenden Filoteigblätter in die Vertiefungen einer Muffinform (für 6 Muffins, gefettet) legen, dabei jeweils den Rand und Boden leicht andrücken. Überstehenden Teig abschneiden.
**6.** Aprikosenwürfel in einem Sieb abtropfen lassen, dabei den Saft auffangen. Aprikosensaft mit Zitronenschale, Quark, restlichem Honig, Ei, Pudding-Pulver und 1 Esslöffel Pistazien glatt rühren. Aprikosenwürfel unterheben. Die Quark-Aprikosen-Masse in die mit Filoteigblättern ausgelegten Mulden geben und mit den restlichen Pistazien bestreuen.
**7.** Die Form auf dem Rost in den vorgeheizten Backofen schieben. Knusperpäckchen 25–30 Minuten backen. Die Knusperpäckchen evtl. kurz vor Ende der Backzeit mit Backpapier bedecken, damit der Teig nicht zu stark bräunt.
**8.** Die Form auf einen Kuchenrost stellen. Knusperpäckchen kurz in der Form ruhen lassen. Dann vorsichtig aus den Mulden lösen, mit dem Aprikosenpüree sofort servieren.

Knusperpäckchen

French Toast

## French Toast
4 Stück

*Zubereitungszeit:* 20 Minuten

**Für das Aprikosenkompott:**
500 g frische Aprikosen
100 g Zucker
1 Zimtstange
2 Sternanis
100 ml Wasser

**Für den Toast:**
4 Scheiben Weißbrot
50 ml Milch
4 Eier (Größe M)
100 g Schlagsahne
50 g Butter
3 EL Speiseöl

50 g Zucker
1 gestr. TL gem. Zimt

*Pro Stück:*
E: 9 g, F: 16 g, Kh: 63 g,
kJ: 1817, kcal: 435

**1.** Für das Kompott die Aprikosen waschen, halbieren und die Kerne entfernen. Restliche Zutaten für das Kompott mit den Aprikosen in einen Topf geben und etwa 2 Minuten köcheln lassen, bis sie weich sind. Aprikosenkompott abkühlen lassen.
**2.** Für den Toast inzwischen Weißbrotscheiben entrinden. Die Milch in einen tiefen Teller gießen. Eier mit Sahne in einer Rührschüssel verschlagen.
**3.** Butter und Öl in einer großen Pfanne bei mittlerer Hitze erhitzen. Das Weißbrot von beiden Seiten kurz in die Milch tauchen. Danach die Scheiben von beiden Seiten in die Eier-Sahne tauchen und sofort in das heiße Fett legen.
**4.** Das Weißbrot von beiden Seiten goldbraun braten. Den Toast auf Küchenpapier legen und das Fett abtropfen lassen.
**5.** Zucker mit Zimt in einem tiefen Teller mischen. Die Brotscheiben darin wälzen und mit dem Aprikosenkompott servieren.

Nuss-Nougat-Muffins

Chardonnay-Kringel

## Nuss-Nougat-Muffins

12 Stück

*Zubereitungszeit (inklusive Backzeit):* 50 Minuten

250 g Weizenmehl
2 gestr. TL Dr. Oetker Backin
1/2 gestr. TL Natron
2 TL Instant-Kaffeepulver
1 Prise Salz
240 g Zucker
1 Pck. Dr. Oetker Bourbon-Vanille-Zucker
100 g gem. Haselnüsse
100 g Raspelschokolade
125 g Butter (zimmerwarm)
2 Eier (Größe M)
200 ml Buttermilch
125 g Nuss-Nougat

**Außerdem:**
12 Muffin-Papierbackförmchen

*Pro Stück:*
E: 6 g, F: 19 g, Kh: 48 g,
kJ: 1646, kcal: 393

**1.** Backofen vorheizen.
*Ober-/Unterhitze:* etwa 180 °C
*Heißluft:* etwa 160 °C

**2.** Das Mehl mit Backpulver, Natron, Kaffeepulver, Salz, Zucker, Vanille-Zucker, Nüssen und Raspelschokolade in einer Rührschüssel mischen.

**3.** In einer anderen Rührschüssel Butter und Eier mit einem Mixer (Rührstäbe) verrühren. Die Buttermilch und die Mehlmischung hinzugeben. Die Zutaten zu einem glatten Teig verrühren.

**4.** Den Nuss-Nougat in kleine Würfel schneiden und unter den Teig rühren. Den Teig in einer Muffinform (für 12 Muffins, mit Papierbackförmchen ausgelegt) verteilen. Form auf dem Rost in den vorgeheizten Backofen schieben. Die Muffins etwa 25 Minuten backen.

**5.** Die Form auf einen Kuchenrost stellen. Die Muffins etwa 5 Minuten abkühlen lassen. Dann aus der Form lösen und auf dem Kuchenrost erkalten lassen.

## Chardonnay-Kringel

30 Stück

*Zubereitungszeit (inklusive Backzeit für 1 Backblech):* 40 Minuten, ohne Abkühlzeit

**Für den Rührteig:**
120 g Butter oder Margarine (zimmerwarm)
120 g Puderzucker
1 Prise Salz
1 Eigelb (Größe M)
180 g Weizenmehl
30 g Speisestärke
4 EL Chardonnay (Weißwein)

**Für die Füllung:**
70 g Butter (zimmerwarm)
120 g Puderzucker
1 EL Chardonnay (Weißwein)

*Pro Stück:*
E: 1 g, F: 6 g, Kh: 13 g,
kJ: 447, kcal: 107

**1.** Den Backofen vorheizen.
*Ober-/Unterhitze:* etwa 160 °C
*Heißluft:* etwa 140 °C

**2.** Für den Teig Butter oder Margarine mit einem Mixer (Rührstäbe) auf höchster Stufe geschmeidig rühren. Nach und nach Puderzucker und Salz unterrühren. So lange rühren, bis eine gebundene Masse entstanden ist. Eigelb unterrühren.

**3.** Mehl mit Speisestärke mischen, abwechselnd mit dem Wein in 2 Portionen auf mittlerer Stufe kurz unterrühren. Jeweils die Hälfte des Teiges in einen Spritzbeutel mit Sterntülle (Ø etwa 8 mm) füllen. Kreise (Ø etwa 4 cm) mit Abstand auf Backbleche (gefettet, mit Backpapier belegt) spritzen (insgesamt etwa 60 Kreise).

**4.** Die Backbleche nacheinander (bei Heißluft zusammen) in den vorgeheizten Backofen schieben. Die Kringel etwa 20 Minuten je Backblech backen.

**5.** Die Kringel mit dem Backpapier von den Backblechen auf Kuchenroste ziehen und anschließend erkalten lassen.

**6.** Für die Füllung die Butter schaumig rühren. Puderzucker nach und nach unterschlagen. Den Wein kurz unterrühren. Die Creme in einen Gefrierbeutel füllen und eine kleine Ecke abschneiden.

**7.** Die Hälfte der Kringel auf der Unterseite mit der Creme bespritzen und mit den restlichen Kringeln belegen. Dabei die Kringel mit der Unterseite nach unten auf die Creme legen und leicht andrücken.

Muffins mit Schokosplittern

Coco Choco

## Muffins mit Schokosplittern

12 Stück

*Zubereitungszeit (inklusive Backzeit):* 45 Minuten

100 g Zartbitter-Schokolade (etwa 50 % Kakaoanteil)
200 g Weizenmehl
1 Pck. Dr. Oetker Pudding-Pulver Vanille-Geschmack
3 gestr. TL Dr. Oetker Backin
150 g Zucker
1 Pck. Dr. Oetker Vanillin-Zucker
200 g Butter oder Margarine (zimmerwarm)
3 Eier (Größe M)
100 ml Milch

**Außerdem:**
12 Muffin-Papierbackförmchen

*Pro Stück:*
E: 4 g, F: 19 g, Kh: 32 g,
kJ: 1311, kcal: 313

**1.** Die Schokolade in kleine Stücke hacken. Den Backofen vorheizen.
*Ober-/Unterhitze:* etwa 180 °C
*Heißluft:* etwa 160 °C
**2.** Mehl mit Pudding-Pulver und Backpulver in einer Rührschüssel mischen. Restliche Zutaten (außer die Schokoladenstücke) hinzufügen und mit einem Mixer (Rührstäbe) erst kurz auf niedrigster, dann auf höchster Stufe in etwa 2 Minuten zu einem glatten Teig verarbeiten. Etwa zwei Drittel der Schokoladenstücke kurz unterrühren.
**3.** Den Teig in eine Muffinform (für 12 Muffins, mit Papierbackförmchen ausgelegt) verteilen und mit der restlichen Schokolade bestreuen. Die Form auf dem Rost in den vorgeheizten Backofen schieben. Die Muffins etwa 25 Minuten backen.
**4.** Die Muffins mit den Papierbackförmchen aus der Form nehmen, auf einem Kuchenrost erkalten lassen.

## Coco Choco

12 Stück

*Zubereitungszeit (inklusive Backzeit):* 60 Minuten, ohne Abkühlzeit

**Für den Teig:**
150 g Weizenmehl
2 gestr. TL Dr. Oetker Backin
100 g Kokosraspel
3 Eier (Größe M)
1 Prise Salz
160 g Puderzucker
125 ml Speiseöl
125 ml Buttermilch

**Für das Topping:**
1 Pck. CHOCLAIT CHIPS® Classic (147 g)
250 ml kalte Milch
1 Pck. Paradiescreme Schokoladen-Geschmack (Dessertpulver)

**Außerdem:**
12 Muffin-Papierbackförmchen

*Pro Stück:*
E: 6 g, F: 22 g, Kh: 36 g,
kJ: 1509, kcal: 360

**1.** Den Backofen vorheizen.
*Ober-/Unterhitze:* etwa 180 °C
*Heißluft:* etwa 160 °C
**2.** Für den Teig Mehl mit Backpulver und den Kokosraspeln in einer Rührschüssel mischen. Restliche Zutaten hinzufügen und mit einem Mixer (Rührstäbe) auf höchster Stufe mindestens 1 Minute schaumig schlagen. Zwischendurch die Teigmasse vom Schüsselrand lösen.
**3.** Den dickflüssigen Teig gleichmäßig in einer Muffinform (für 12 Muffins, mit Papierbackförmchen ausgelegt) verteilen. Die Muffinform auf dem Rost in den vorgeheizten Backofen schieben. Die Cakes etwa 30 Minuten backen.
**4.** Die Muffinform auf einen Kuchenrost stellen. Die Cupcakes nach etwa 5 Minuten aus der Form lösen und anschließend auf dem Kuchenrost erkalten lassen.
**5.** Für das Topping 12 Chips zum Garnieren beiseitelegen. Restliche Chips fein hacken. Die Milch in einen hohen Rührbecher geben, Dessertpulver hinzufügen und auf niedrigster Stufe verrühren. Die Creme auf höchster Stufe etwa 3 Minuten aufschlagen.
**6.** Die gehackten Knusperpralinen kurz unter die Creme heben. Die Creme auf den Cupcakes verteilen und verstreichen. Cupcakes etwa 10 Minuten in den Kühlschrank stellen, dann mit den restlichen Chips garnieren.

***Tipp:*** Mal etwas Besonderes – verwenden Sie statt Papierbackförmchen Pergamentpapier (Foto). Dafür 12 Quadrate (je 19 x 19 cm) schneiden und diese sorgfältig in die gut gefetteten Mulden der Muffinform drücken.

## Dinkel-Nuss-Muffins

12 Stück

*Zubereitungszeit (inklusive Backzeit):* 45 Minuten, ohne Abkühlzeit

170 g Dinkelmehl (Type 630)
100 g gem. Haselnusskerne
3 gestr. TL Dr. Oetker Backin
1 Prise Salz
130 g Zucker
1 Pck. Dr. Oetker Vanillin-Zucker
200 ml Buttermilch
70 ml Speiseöl, z. B. Sonnenblumenöl
2 Eier (Größe M)
200 g Nuss-Nougat-Creme

*Pro Stück:*
E: 5 g, F: 18 g, Kh: 33 g,
kJ: 1325, kcal: 317

**1.** Den Backofen vorheizen.
*Ober-/Unterhitze:* etwa 180 °C
*Heißluft:* etwa 160 °C
**2.** Das Dinkelmehl, Haselnusskerne, Backpulver, Salz, Zucker und Vanillin-Zucker in eine Rührschüssel geben und mit einem Schneebesen verrühren.
**3.** Buttermilch, Speiseöl und Eier in einem Rührbecher mit dem Schneebesen verrühren. Die flüssigen Zutaten zu der Nuss-Mehl-Mischung in die Rührschüssel geben und zu einem glatten Teig verrühren.
**4.** Den Teig in eine Muffinform (für 12 Muffins, gefettet, bemehlt) geben. Die Form auf dem Rost in den vorgeheizten Backofen schieben. Die Muffins etwa 25 Minuten backen.
**5.** Die Form auf einen Kuchenrost stellen. Muffins etwa 5 Minuten in der Form abkühlen lassen, dann vorsichtig aus der Form lösen und auf dem Kuchenrost erkalten lassen.
**6.** Zum Verzieren mit einem Teelöffel je einen dicken Klecks Nuss-Nougat-Creme auf die Muffins geben.

***Tipp:*** Nach Belieben die einzelnen Muffinförmchen vor dem Einfüllen des Teiges mit Backpapier-Quadraten auslegen (Foto).

## Korinthen-Mandel-Muffins

12 Stück

*Zubereitungszeit (inklusive Backzeit):* 40 Minuten, ohne Abkühlzeit

120 g Weizenmehl
50 g zarte Haferflocken
100 g nicht abgezogene, gem. Mandeln
3 gestr. TL Dr. Oetker Backin
1 Prise Salz
100 g brauner Zucker
1 Pck. Dr. Oetker Finesse Geriebene Zitronenschale
150 g saure Sahne
75 ml Wasser
1 Ei (Größe M)
100 ml Speiseöl, z. B. Sonnenblumenöl
100 g Korinthen
evtl. Puderzucker

*Pro Stück:*
E: 4 g, F: 16 g, Kh: 25 g,
kJ: 1086, kcal: 259

**1.** Den Backofen vorheizen.
*Ober-/Unterhitze:* etwa 180 °C
*Heißluft:* etwa 160 °C
**2.** Mehl, Haferflocken, Mandeln, Backpulver, Salz, Zucker und Zitronenschale in einer Rührschüssel mit einem Schneebesen verrühren.
**3.** Saure Sahne, Wasser, Ei und Speiseöl in einem Rührbecher mit dem Schneebesen glatt rühren. Die flüssigen Zutaten zu der Mehl-Mandel-Mischung in die Rührschüssel geben und zu einem glatten Teig verrühren. Korinthen unterheben.
**4.** Den Teig in eine Muffinform (für 12 Muffins, gefettet, bemehlt) geben und glatt streichen. Die Form auf dem Rost in den vorgeheizten Backofen schieben. Muffins etwa 25 Minuten backen.
**5.** Die Form auf einen Kuchenrost stellen. Muffins etwa 5 Minuten in der Form abkühlen lassen, dann aus der Form lösen und auf dem Kuchenrost erkalten lassen.
**6.** Die Muffins nach Belieben mit Puderzucker bestäuben.

Dinkel-Nuss-Muffins

Korinthen-Mandel-Muffins

## Türkische Eierpfannkuchen

2 große Portionen

*Zubereitungszeit:* 30 Minuten

**Für den Teig:**
85 g Weizenmehl
125 ml Milch
1 Eigelb (Größe M)
1 Prise Salz
1 Prise gem. Ingwer
1 TL Zucker
1 Eiweiß (Größe M)

**Für den Erdbeerjoghurt:**
125 g Erdbeeren
1/2–1 EL Zucker
1 EL Weinbrand
2 EL (70 g) Joghurt
1 EL gestiftelte Mandeln
1 EL gehackte Haselnusskerne
1–2 TL gehackte Pistazienkerne

1–2 EL Sonnenblumenöl

*Pro Portion:*
E: 14 g, F: 25 g, Kh: 48 g,
kJ: 2075, kcal: 496

**1.** Für den Teig das Mehl in eine Rührschüssel geben, mit Milch, Eigelb, Salz, Ingwer und Zucker zu einem glatten Teig verrühren, dabei darauf achten, dass keine Klümpchen entstehen. Den Teig etwas ruhen lassen.
**2.** Für den Erdbeerjoghurt inzwischen Erdbeeren abspülen, gut abtropfen lassen, entstielen. Erdbeeren halbieren oder in Scheiben schneiden.
**3.** Erdbeeren mit Zucker bestreuen und mit Weinbrand beträufeln. Zugedeckt im Kühlschrank etwa 10 Minuten durchziehen lassen.
**4.** Das Eiweiß kurz vor dem Backen steif schlagen und unter den Teig heben. Etwas Fett in einer beschichteten Pfanne (Ø 24–28 cm) erhitzen und die Hälfte des Teiges mit einer Kelle hineingeben. Die Pfanne leicht schwenken, damit sich der Teig gleichmäßig auf dem Boden der Pfanne verteilen kann. Sobald die Ränder goldgelb sind, den Pfannkuchen vorsichtig mit einem Pfannenwender wenden und auf der anderen Seite goldgelb backen. Den fertig gebackenen Pfannkuchen auf einen Teller gleiten lassen, warm stellen.
**5.** Den zweiten Pfannkuchen auf die gleiche Weise backen, dabei vor dem Backen den Teig etwas umrühren und restliches Fett in die Pfanne geben.
**6.** Die Erdbeeren mit Joghurt, Mandeln, Haselnusskernen und Pistazienkernen vermengen. Die Erdbeeren nach Geschmack mit Zucker süßen.
**7.** Pfannkuchen mit Erdbeerjoghurt anrichten und sofort servieren.

Türkische Eierpfannkuchen

Apfelschnecken

## Apfelschnecken

8 Stück

*Zubereitungszeit (inklusive Backzeit):* 45 Minuten, ohne Ruhe- und Abkühlzeit

**Für die Füllung:**
400 g säuerliche Äpfel, z. B. Elstar
30 g Butter
50 g Zucker
1 Prise gem. Zimt
1 Pck. Dr. Oetker Finesse Geriebene Zitronenschale

**Für den Hefeteig:**
375 g Weizenmehl
1 Pck. Hefeteig Garant
50 g Zucker
170 ml Milch (3,5 % Fett)
100 g Butter oder Margarine (zimmerwarm)

2 EL Milch (3,5 % Fett)
2 EL Zucker

*Pro Stück:*
E: 6 g, F: 15 g, Kh: 58 g,
kJ: 1677, kcal: 400

**1.** Für die Füllung Äpfel schälen, vierteln und entkernen. Die Apfelviertel in etwa 1/2 cm große Würfel schneiden. Butter in einem kleinen Topf zerlassen. Die Apfelwürfel mit Zucker, Zimt und Zitronenschale dazugeben, unterrühren und aufkochen. Die Apfelstücke bei schwacher Hitze etwa 5 Minuten dünsten, dann abkühlen lassen.
**2.** Für den Teig in der Zwischenzeit das Mehl mit Hefeteig Garant in einer Rührschüssel sorgfältig vermischen. Zucker, Milch und Butter oder Margarine hinzufügen. Die Zutaten mit einem Mixer (Knethaken) zunächst kurz auf niedrigster, dann auf höchster Stufe in etwa 2 Minuten zu einem Teig verarbeiten.
**3.** Den Teig auf der leicht bemehlten Arbeitsfläche nochmals kurz durchkneten, dann zu einem Rechteck (etwa 32 x 40 cm) ausrollen. Die Apfelmasse darauf verteilen und ver-

streichen, dabei an den kurzen Seiten einen etwa 2 cm breiten Rand frei lassen.

**4.** Den Backofen vorheizen.
*Ober-/Unterhitze:* etwa 200 °C
*Heißluft:* etwa 180 °C

**5.** Den Teig von der kurzen Seite her aufrollen. Die Rolle mit einem Sägemesser in 8 Scheiben schneiden. Die Teigscheiben mit etwas Abstand auf ein Backblech (mit Backpapier belegt) legen und etwa 5 Minuten ruhen lassen.

**6.** Die Apfelschnecken mit Milch bestreichen und mit Zucker bestreuen. Das Backblech in den vorgeheizten Backofen schieben. Die Apfelschnecken 20–25 Minuten backen.

**7.** Die Apfelschnecken mit dem Backpapier auf einen Kuchenrost ziehen und erkalten lassen.

## Nuss-Teilchen

8 Stück (ohne Foto)

*Zubereitungszeit (inklusive Backzeit):* 30 Minuten

1 Rolle Sonntagsbrötchen (8 Stück, aus dem Kühlregal)
1 Eigelb
2 EL Milch
3–4 EL gehackte Haselnusskerne
etwas Hagelzucker
einige gehackte Pistazienkerne

*Pro Stück:*
E: 5 g, F: 6 g, Kh: 27 g,
kJ: 785, kcal: 187

**1.** Den Backofen vorheizen.
*Ober-/Unterhitze:* etwa 200 °C
*Heißluft:* etwa 180 °C

**2.** Die Teigstücke mit den Händen zu flachen Kreisen oder Quadraten formen und auf ein Backblech (mit Backpapier belegt) legen.

**3.** Das Eigelb mit der Milch verschlagen. Die Teigstücke mit der Eiermilch bestreichen und mit Haselnusskernen, Hagelzucker und Pistazien bestreuen, alles leicht andrücken.

**4.** Das Backblech in den vorgeheizten Backofen schieben. Nuss-Teilchen etwa 15 Minuten backen.

**5.** Die Nuss-Teilchen mit dem Backpapier von dem Backblech auf einen Kuchenrost ziehen und lauwarm abkühlen lassen.

## Apfel-Marzipan-Muffins

12 Stück

*Zubereitungszeit (inklusive Backzeit):* 35 Minuten, ohne Abkühlzeit

**Für den Rührteig:**
250 g Äpfel, z. B. Jonagold
1 EL Zitronensaft
2 Eiweiß (Größe M)
1 Prise Salz
75 g Zucker
200 g Marzipan-Rohmasse
70 g Butter (zimmerwarm)
2 Eigelb (Größe M)
2 Eier (Größe M)
125 g Weizenmehl
1 gestr. TL Dr. Oetker Backin
1 Msp. gem. Ingwer

30 g gehobelte Mandeln
2–3 EL Aprikosenkonfitüre
1 EL Wasser

einige Semmelbrösel

*Pro Stück:*
E: 6 g, F: 15 g, Kh: 27 g,
kJ: 1120, kcal: 268

**1.** Für den Teig Äpfel schälen, vierteln und entkernen. Apfelviertel grob raspeln, mit Zitronensaft mischen.

**2.** Den Backofen vorheizen.
*Ober-/Unterhitze:* etwa 180 °C
*Heißluft:* etwa 160 °C

**3.** Eiweiß mit Salz und 25 g des Zuckers steif schlagen und beiseitestellen.

**4.** Marzipan in dünne Scheiben schneiden. Marzipanscheiben und

Apfel-Marzipan-Muffins

Butter mit dem Mixer (Rührstäbe) auf höchster Stufe geschmeidig rühren. Nach und nach restlichen Zucker unterrühren. So lange rühren, bis eine gebundene Masse entstanden ist.

**5.** Eigelb und Eier nach und nach unterrühren (jedes Ei etwa 1/2 Minute). Mehl mit Backpulver und Ingwer mischen und auf mittlerer Stufe kurz unterrühren. Erst die Äpfelraspel unterrühren, danach den Eischnee in 2 Portionen kurz unterrühren.

**6.** Den Teig in eine Muffinform (für 12 Muffins, gefettet mit Semmelbröseln ausgestreut) geben und glatt streichen. Die Muffinform auf dem Rost in den vorgeheizten Backofen schieben. Die Apfel-Marzipan-Muffins 20–25 Minuten backen.

**7.** Die Muffinform auf einen Kuchenrost stellen. Muffins etwa 5 Minuten abkühlen lassen, dann aus der Form lösen und auf dem mit Backpapier belegten Kuchenrost erkalten lassen.

**8.** Die Mandeln in einer Pfanne ohne Fett unter Wenden goldbraun rösten und auf einen Teller geben. Aprikosenkonfitüre und Wasser in einem kleinen Topf verrühren, aufkochen, auf die Muffins streichen (stückige Konfitüre nach dem Aufkochen durch ein Sieb streichen) und mit gehobelten Mandeln bestreuen.

Pfirsiche, orientalisch

Apfelküchlein

## Pfirsiche, orientalisch
4 Portionen

*Zubereitungszeit:* 25 Minuten, ohne Abkühlzeit

1 kg Pfirsiche
4 EL flüssiger Honig
etwas gem. Zimt
Schale von 1 Bio-Zitrone (unbehandelt, ungewachst)

**Für die Joghurtsahne:**
150 g Crème fraîche oder Schlagsahne
200 g Joghurt (3,5 % Fett)
etwas Zucker
etwas Zitronensaft

etwa 50 g abgezogene, geröstete Mandelkerne

*Pro Portion:*
E: 7 g, F: 20 g, Kh: 41 g,
kJ: 1593, kcal: 383

**1.** Pfirsiche mit kochendem Wasser übergießen, kurz darin liegen lassen, wieder herausnehmen, kalt abspülen und enthäuten. Pfirsiche halbieren, entsteinen und vierteln.
**2.** Den Honig in einem Topf oder einer Pfanne erwärmen. Pfirsichviertel mit Zimt und Zitronenschale hinzufügen. Die Zutaten zugedeckt zum Kochen bringen, 5–10 Minuten dünsten. Die Pfirsiche in 4 Schälchen füllen und erkalten lassen.
**3.** Für die Joghurtsahne inzwischen Crème fraîche oder Sahne halbsteif schlagen, mit dem Joghurt verrühren. Die Joghurtsahne mit Zucker und Zitronensaft abschmecken.
**4.** Pfirsiche mit Mandeln bestreuen und mit Joghurtsahne servieren.

## Apfelküchlein
12 Stück

*Zubereitungszeit (inklusive Backzeit):* 45 Minuten

500 g säuerliche Äpfel, z. B. Boskop
1–2 TL Zitronensaft

**Für den Quark-Öl-Teig:**
75 g Weizenmehl
2 gestr. TL Dr. Oetker Backin
1 Ei (Größe M)
2 EL Sonnenblumenöl
25 g Zucker
1 Pck. Dr. Oetker Vanillin-Zucker
50 g Magerquark

*Pro Stück:*
E: 2 g, F: 2 g, Kh: 11 g,
kJ: 311, kcal: 74

**1.** Den Backofen vorheizen.
*Ober-/Unterhitze:* etwa 180 °C
*Heißluft:* etwa 160 °C
**2.** Die Äpfel schälen, vierteln, entkernen und in kleine Stifte schneiden, Zitronensaft unterrühren.
**3.** Für den Teig Mehl mit Backpulver in einer Rührschüssel mischen. Ei, Öl, Zucker, Vanillin-Zucker und Quark hinzufügen. Zutaten mit einem Mixer (Knethaken) auf niedrigster, dann auf höchster Stufe in etwa 1 Minute verarbeiten (Achtung: Der Teig ist sehr weich). Die Apfelstifte kurz unter den Teig kneten.
**4.** Mit 2 Esslöffeln kleine Häufchen abstechen und auf ein Backblech (gefettet, mit Backpapier belegt) setzen. Das Backblech in den vorgeheizten Backofen schieben. Die Apfelküchlein etwa 30 Minuten backen.

## Vanillequark mit Beerensauce

4–6 Portionen (ohne Foto)

*Zubereitungszeit:* 20 Minuten

500 g Magerquark
5–6 EL Milch
1 Pck. Dr. Oetker Bourbon-Vanille-Zucker
2–3 EL Zucker

**Für die Beerensauce:**
etwa 400 g frische oder TK-Beeren, z. B. Erdbeeren, Himbeeren, Johannisbeeren
1 Pck. Dr. Oetker Vanillin-Zucker

*Pro Portion:*
E: 14 g, F: 1 g, Kh: 19 g,
kJ: 630, kcal: 150

**1.** Quark mit Milch geschmeidig rühren. Vanille-Zucker und Zucker unterrühren.
**2.** Für die Beerensauce frische Beeren abspülen, gut auf Küchenpapier abtropfen lassen und entstielen. TK-Beeren nach Packungsanleitung auftauen lassen.
**3.** Beeren pürieren und mit Vanillin-Zucker verrühren, evtl. je nach Süße der Früchte mit etwas Zucker abschmecken. Den Vanillequark mit der Beerensauce servieren.

## Sommertörtchen
8–10 Stück

*Zubereitungszeit:* 20 Minuten

**Für die Bröselböden:**
125 g Löffelbiskuits
50 g Butter
1 EL Nuss-Nougat

**Für den Belag:**
250 g Magerquark
2 EL Zitronensaft
40 g Zucker
1 Pck. Dr. Oetker Vanillin-Zucker

250 g abgetropfte Stachelbeeren (aus dem Glas)
einige vorbereitete Minzeblättchen

**Außerdem:**
8–10 Papiertartelettförmchen

*Pro Stück:*
E: 1 g, F: 6 g, Kh: 8 g,
kJ: 374, kcal: 90

**1.** Für die Bröselböden die Löffelbiskuits in einen Gefrierbeutel geben. Den Beutel fest verschließen. Die Löffelbiskuits mit einer Teigrolle sehr fein zerbröseln. Die Brösel in eine Schüssel geben.
**2.** Die Butter mit dem Nuss-Nougat in einem Topf zerlassen. Die Nougatbutter zu den Bröseln geben und die Zutaten gut vermengen. Die Bröselmasse in den Tartelettförmchen verteilen, mit einem Löffel zu festen Böden andrücken und in den Kühlschrank stellen.
**3.** Für den Belag kurz vor dem Servieren alle Zutaten gut verrühren. Die Creme auf die Bröselböden geben und glatt streichen. Die Stachelbeeren auf der Creme verteilen. Die Törtchen mit Minzeblättchen garnieren und sofort servieren.

## Mini-Mint-Amerikaner
20 Stück

*Zubereitungszeit (inklusive Backzeit für 1 Backblech):*
42 Minuten, ohne Abkühlzeit

**Für den Rührteig:**
100 g Butter (zimmerwarm)
50 g Zucker
75 g Pfefferminzfondant (weiß/rosa)
2 EL Wasser
2 Eier (Größe M)
1 Pck. Dr. Oetker Pudding-Pulver Vanille-Geschmack
75 ml Milch
250 g Weizenmehl
3 gestr. TL Backpulver

**Für den Guss:**
125 g Pfefferminzfondant (weiß/rosa)
etwa 1 EL Wasser

*Pro Stück:*
E: 2 g, F: 5 g, Kh: 23 g,
kJ: 643, kcal: 154

**1.** Den Backofen vorheizen.
*Ober-/Unterhitze:* etwa 200 °C
*Heißluft:* etwa 180 °C
**2.** Für den Teig die Butter mit einem Mixer (Rührstäbe) auf höchster Stufe geschmeidig rühren. Nach und nach den Zucker unterrühren. Pfefferminzfondant fein hacken, mit dem Wasser in einem kleinen Topf erwärmen und so lange rühren, bis alles gelöst ist. Den aufgelösten Fondant unter die Butter rühren. So lange rühren, bis eine gebundene Masse entstanden ist.
**3.** Eier nach und nach unterrühren (jedes Ei etwa 1/2 Minute). Pudding-Pulver mit der Milch hinzufügen. Das Mehl mit Backpulver mischen und in 2 Portionen auf mittlerer Stufe kurz unterrühren.
**4.** Den Rührteig mit 2 Teelöffeln in 20 Häufchen auf Backbleche (gefettet, mit Backpapier belegt) setzen. Die Teighäufen mit einem feuchten Messer etwas nachformen. Die Backbleche nacheinander (bei Heißluft zusammen) in den vorgeheizten Backofen schieben. Amerikaner etwa 12 Minuten je Backblech backen.
**5.** Amerikaner mit dem Backpapier von den Backblechen auf Kuchenroste ziehen und erkalten lassen.
**6.** Für den Guss Fondant klein hacken, mit dem Wasser in einem Topf erwärmen, bis er flüssig ist (nicht kochen lassen!). Fondant abkühlen lassen, bis er dickflüssig ist, dann die glatte Fläche der Amerikaner damit bestreichen.

Sommertörtchen

Mini-Mint-Amerikaner

## Nusswaffeln
8–10 Stück

*Zubereitungszeit:* 30 Minuten

**Für den All-in-Teig:**
125 g Weizenvollkornmehl
1 gestr. TL Dr. Oetker Backin
125 g gem. Haselnusskerne
75 g Apfeldicksaft
1 Prise Salz
3 Eier (Größe M)
150 g saure Sahne
75 g zerlassene, abgekühlte Butter oder Margarine

1 säuerlicher Apfel, z. B. Boskop

*Pro Stück:*
E: 6 g, F: 21 g, Kh: 17 g,
kJ: 1173, kcal: 280

**1.** Für den Teig Mehl mit Backpulver in einer Rührschüssel mischen. Nusskerne, Apfeldicksaft, Salz, Eier, saure Sahne und Butter oder Margarine hinzufügen. Die Zutaten mit einem Mixer (Rührstäbe) zunächst kurz auf niedrigster, dann auf höchster Stufe in etwa 2 Minuten zu einem glatten Teig verarbeiten.
**2.** Den Apfel schälen, vierteln, entkernen und grob raspeln. Die Apfelraspel unterheben.
**3.** Jeweils 2 Esslöffel Teig in ein gut erhitztes, gefettetes Waffeleisen füllen und verstreichen. Die Waffeln goldbraun backen, mit einer Gabel oder einem Pfannenwender herausnehmen und einzeln auf einem Kuchenrost erkalten lassen.

## Spekulatiuswaffeln
7 Stück

*Zubereitungszeit:* 30 Minuten

**Für den All-in-Teig:**
200 g Gewürz-Spekulatius
75 g Weizenmehl
1/2 gestr. TL Dr. Oetker Backin
50 g abgezogene, gem. Mandeln
75 g Butter oder Margarine (zimmerwarm)
75 g flüssiger Honig
4 Eier (Größe M)
100 ml Milch

75 g gehobelte Mandeln

*Pro Stück:*
E: 11 g, F: 30 g, Kh: 34 g,
kJ: 1877, kcal: 448

**1.** Für den Teig die Spekulatius evtl. portionsweise in einen Gefrierbeutel geben, den Beutel fest verschließen. Spekulatius mit einer Teigrolle fein zerbröseln.
**2.** Mehl mit Backpulver in einer Rührschüssel mischen. Restliche Zutaten und die Spekulatiusbrösel hinzufügen und mit einem Mixer (Rührstäbe) zunächst kurz auf niedrigster, dann auf höchster Stufe in etwa 2 Minuten zu einem glatten Teig verarbeiten.
**3.** Jeweils 1 Esslöffel Mandeln in ein gut erhitztes, gefettetes Waffeleisen füllen, 2 Esslöffel Teig daraufgeben und verstreichen. Die Waffeln goldbraun backen, mit einer Gabel oder einem Pfannenwender herausnehmen und einzeln auf einem Kuchenrost erkalten lassen.

## Nussbrezeln
14 Stück

*Zubereitungszeit (inklusive Backzeit):* 35 Minuten, ohne Abkühlzeit

50 g gem. Haselnusskerne

**Für die Füllung:**
50 g Marzipan-Rohmasse
1 Eigelb (Größe M)
1 EL Rum oder Orangensaft
1 Prise Salz
1 Msp. gem. Zimt

Nusswaffeln

Spekulatiuswaffeln

Nussbrezeln

Milchreiswaffeln mit roter Grütze

1 Pck. frischer Blätterteig
(275 g, rechteckig, etwa 40 x 25 cm, aus dem Kühlregal)

**Zum Bestreichen und Bestäuben:**
1 Eigelb
1 EL Milch (3,5 % Fett)
etwas Puderzucker

*Pro Stück:*
E: 3 g, F: 9 g, Kh: 10 g,
kJ: 557, kcal: 133

**1.** Die Nusskerne in einer Pfanne ohne Fett unter Wenden goldbraun rösten, dann auf einen Teller geben.
**2.** Für die Füllung Marzipan in Stücke schneiden und in eine Rührschüssel geben. Restliche Zutaten und Nüsse hinzufügen und mit einem Mixer (Rührstäbe) zu einer streichfähigen Masse verrühren.
**3.** Die Blätterteigplatte mit dem Backpapier auf einer Arbeitsfläche ausrollen. Die Marzipan-Nuss-Masse auf einer Hälfte der Teigplatte verstreichen. Die andere Teighälfte darauflegen, sodass ein Rechteck (etwa 20 x 25 cm) entsteht. Den Teig leicht andrücken und etwa 5 Minuten in den Kühlschrank stellen.
**4.** Inzwischen Backofen vorheizen.
*Ober-/Unterhitze:* etwa 220 °C
*Heißluft:* etwa 200 °C
**5.** Das Blätterteigrechteck mit einem scharfen Messer in 14 (etwa 1 1/2 cm x 25 cm) lange Streifen schneiden. Aus den Blätterteigstreifen zuerst je eine Spirale drehen, diese jeweils zur Brezel zusammenlegen und nebeneinander auf ein Backblech (mit Backpapier belegt) legen.
**6.** Eigelb mit Milch verquirlen und die Brezeln damit bestreichen. Das Backblech in den vorgeheizten Backofen schieben. Die Brezeln 15–20 Minuten backen.
**7.** Die Brezeln mit dem Backpapier vom Backblech auf einen Kuchenrost ziehen und noch warm mit Puderzucker bestäuben. Die Brezeln auf dem Kuchenrost erkalten lassen.

## Milchreiswaffeln mit roter Grütze

9 Stück

*Zubereitungszeit:* 35 Minuten

**Für den Schüttelteig:**
150 g Weizenmehl
1/2 gestr. TL Dr. Oetker Backin
75 g Zucker
abgeriebene Schale von 1/2 Bio-Zitrone (unbehandelt, ungewachst)
3 Eier (Größe M)
125 g zerlassene, abgekühlte Butter
500 g Milchreis (aus dem Kühlregal)

**Zum Bestreuen:**
75 g gehackte Mandeln

**Für die Füllung:**
500 g rote Grütze
(aus dem Kühlregal)

*Pro Stück:*
E: 8 g, F: 20 g, Kh: 46 g,
kJ: 1663, kcal: 395

**1.** Für den Teig das Mehl mit Backpulver mischen, in eine verschließbare Schüssel (etwa 3 l) geben, mit Zucker und Zitronenschale mischen. Eier, Butter und den Milchreis hinzufügen und die Schüssel mit dem Deckel fest verschließen. Schüssel mehrmals kräftig schütteln (insgesamt 15–30 Sekunden), sodass alle Zutaten gut vermischt sind.
**2.** Alles mit einem Schneebesen oder Rührlöffel nochmals sorgfältig durchrühren, damit vor allem trockene Zutaten vom Rand mit untergerührt werden.
**3.** Jeweils 1 Esslöffel Mandeln in ein gut erhitztes, gefettetes Waffeleisen streuen, etwa 3 Esslöffel Teig daraufgeben und vorsichtig verstreichen. Die Waffeln goldbraun backen, mit einer Gabel oder einem Pfannenwender herausnehmen und einzeln auf einem Kuchenrost erkalten lassen.
**4.** Für die Füllung die Waffeln einzeln auf Teller legen. Auf eine Waffelhälfte 1–2 Esslöffel Grütze geben und die andere Waffelhälfte darüberklappen.

***Tipps:*** Die Waffeln nach Belieben mit abgespülten, trocken getupften Him- oder Johannisbeeren und Minzeblättchen garnieren, mit Puderzucker bestäuben (Foto).

Überraschungspäckchen

Zwergenröllchen

## Überraschungs-päckchen

9 Stück

*Zubereitungszeit (inklusive Backzeit für 1 Backblech):*
45 Minuten, ohne Abkühlzeit

**Für die Füllung:**
175 g abgetropfte Sauerkirschen (aus dem Glas)
1 Pck. Saucenpulver Vanille-Geschmack zum Kochen
250 g Schlagsahne oder 250 ml Milch
30 g Zucker

**Für den Quark-Öl-Teig:**
300 g Weizenmehl
3 gestr. TL Dr. Oetker Backin
125 g Magerquark
100 ml Milch, 100 ml Speiseöl
75 g Zucker
1 Pck. Dr. Oetker Vanillin-Zucker
1 Pck. Dr. Oetker Finesse Geriebene Zitronenschale

1–2 Haselnusskerne
1 Ei, 1 EL Milch
100 g Puderzucker
etwas Kirschsaft (aus dem Glas)

*Pro Stück:*
E: 8 g, F: 18 g, Kh: 56 g,
kJ: 1743, kcal: 416

**1.** Für die Füllung von den Kirschen etwas Saft auffangen und zum Garnieren beiseitestellen. Saucenpulver mit 4 Esslöffeln von der Sahne oder Milch anrühren. Restliche Sahne oder Milch mit dem Zucker in einem Topf zum Kochen bringen. Das angerührte Saucenpulver in die von der Kochstelle genommene Sahne oder Milch rühren, kurz aufkochen lassen. Den Pudding in eine Schale umfüllen. Frischhaltefolie direkt auf die Puddingoberfläche legen.
**2.** Den Backofen vorheizen.
*Ober-/Unterhitze:* etwa 200 °C
*Heißluft:* etwa 180 °C
**3.** Für den Teig Mehl mit Backpulver in einer Rührschüssel mischen. Quark, Milch, Öl, Zucker, Vanillin-Zucker und Zitronenschale hinzufügen. Die Zutaten mit einem Mixer (Knethaken) auf niedrigster, dann auf höchster Stufe in etwa 1 Minute zu einem Teig verarbeiten (nicht zu lange, Teig klebt sonst).
**4.** Den Teig auf einer leicht bemehlten Arbeitsfläche zu einem Quadrat (etwa 36 x 36 cm) ausrollen, dieses in 9 Quadrate (etwa 12 x 12 cm) schneiden. Jeweils eine Teighälfte diagonal mit etwas Pudding füllen und mit einigen Kirschen belegen, dabei rundherum etwas Rand frei lassen.
**5.** Als Überraschung zusätzlich je 1 Haselnusskern in 1–2 Päckchen legen. Das Ei mit der Milch verschlagen, die Teigränder damit bestreichen. Die Teigplatten diagonal zuklappen, den Rand gut andrücken und die Päckchen auf Backbleche (mit Backpapier belegt) legen. Die Päckchen mit der restlichen Eiermilch bestreichen. Die Backbleche nacheinander (bei Heißluft zusammen) in den vorgeheizten Backofen schieben. Päckchen etwa 15 Minuten je Backblech backen.
**6.** Die Gebäcke mit dem Backpapier von den Backblechen auf Kuchenroste ziehen und erkalten lassen.
**7.** Zum Garnieren Puderzucker mit etwas Kirschsaft zu einer dickflüssigen Masse verrühren, in einen kleinen Gefrierbeutel füllen, eine kleine Ecke abschneiden und die Gebäckstücke mit Glückssymbolen verzieren oder einfach besprenkeln.

***Tipp:*** Wer die Überraschung (Haselnuss) findet, bekommt vom Gastgeber ein kleines Geschenk.

## Zwergenröllchen

12–14 Stück

*Zubereitungszeit (inklusive Backzeit):* 50 Minuten, ohne Kühlzeit

**Für den Biskuitteig:**
3 Eier (Größe M)
1 Eigelb (Größe M)
75 g Zucker
1 Pck. Dr. Oetker Finesse Geriebene Zitronenschale
75 g Weizenmehl
15 g Speisestärke
1/2 TL Dr. Oetker Backin

**Für die Füllung:**
300 g Frischkäse mit Fruchtgeschmack, z. B. Erdbeere
125 g kalte Schlagsahne (mind. 30 % Fett)
1 Pck. Sahnesteif
1 EL Zartbitter-Raspelschokolade

**Zum Garnieren:**
6–7 Erdbeeren mit Grün

*Pro Stück:*
E: 4 g, F: 10 g, Kh: 18 g,
kJ: 754, kcal: 181

**1.** Den Backofen vorheizen.
*Ober-/Unterhitze:* etwa 200 °C
*Heißluft:* etwa 180 °C
**2.** Für den Teig Eier und Eigelb mit einem Mixer (Rührstäbe) auf höchster Stufe in etwa 1 Minute schaumig schlagen. Zucker mit Zitronenschale mischen, in etwa 1 Minute einstreuen, noch etwa 2 Minuten schlagen.
**3.** Mehl mit Speisestärke und Backpulver mischen, auf die Eiercreme geben und kurz auf niedrigster Stufe unterrühren. Den Teig auf ein Backblech (30 x 40 cm, gefettet, mit Backpapier belegt) geben und glatt streichen. Das Backblech sofort in den Backofen schieben. Die Biskuitplatte etwa 10 Minuten backen.
**4.** Den Gebäckrand mit einem Messer lösen, dann die Biskuitplatte auf ein mit Zucker bestreutes Backpapier stürzen. Mitgebackenes Backpapier vorsichtig abziehen und die Platte erkalten lassen. Anschließend die Platte längs halbieren.
**5.** Für die Füllung Frischkäse in einer Rührschüssel verrühren. Sahne mit Sahnesteif steif schlagen und unter den Frischkäse rühren. Die Raspelschokolade unterheben. Die Füllung nebeneinander in je 3 breiten Streifen auf den Gebäckhälften verstreichen und von der längeren Seite aus zu 2 langen Rollen aufrollen. Die Rollen bis zum Servieren (mindestens 1 Stunde) in den Kühlschrank stellen.
**6.** Vor dem Servieren die Erdbeeren kurz abspülen, trocken tupfen und halbieren. Jede Rolle in 6–7 Stücke schneiden, hochkant in Papierförmchen setzen und mit je 1/2 Erdbeere garnieren.

## Streuselplätzchen
18–20 Stück

*Zubereitungszeit (inklusive Backzeit):* 35 Minuten, ohne Abkühlzeit

1 Pck. frischer Blätterteig (275 g, rechteckig, etwa 40 x 25 cm, aus dem Kühlregal)
150 g rote Konfitüre, z. B. Kirschkonfitüre

**Für die Streusel:**
75 g getrocknete Cranberrys
200 g Weizenmehl
125 g Zucker
1 Pck. Dr. Oetker Vanillin-Zucker
1/2 TL gem. Zimt
1 Prise Salz
150 g Butter oder Margarine (zimmerwarm)

*Pro Stück:*
E: 2 g, F: 10 g, Kh: 27 g,
kJ: 856, kcal: 204

**1.** Die Blätterteigplatte mit dem Backpapier auf einem Backblech (30 x 40 cm, gefettet) ausrollen.
**2.** Aus dem Blätterteig mit einer runden Ausstechform (Ø 7–8 cm) oder einem Wasserglas Plätzchen ausstechen. Den Teig aus den Zwischenräumen vorsichtig herauslösen, evtl. anderweitig verwenden. Jedes Plätzchen mit einer Gabel mehrmals einstechen. Jeweils etwas Konfitüre in die Mitte der Plätzchen streichen.
**3.** Den Backofen vorheizen.
*Ober-/Unterhitze:* etwa 200 °C
*Heißluft:* etwa 180 °C
**4.** Für die Streusel Cranberrys fein würfeln. Mehl in einer Rührschüssel mit Zucker, Vanillin-Zucker, Zimt und Salz mischen. Butter oder Margarine hinzufügen.
**5.** Zutaten mit einem Mixer (Rührstäbe) zunächst auf niedrigster, dann auf höchster Stufe zu Streuseln von gewünschter Größe verarbeiten. Cranberrys untermischen. Die Streusel auf den Teigplätzchen verteilen.
**6.** Das Backblech in den vorgeheizten Backofen schieben. Die Streuselplätzchen etwa 15 Minuten backen. Die Streuselplätzchen vom Backpapier lösen und auf einem Kuchenrost erkalten lassen.

Streuselplätzchen

## Rosmarin-Sandtaler
70 Stück

*Zubereitungszeit (inklusive Backzeit für 1 Backblech):* 30 Minuten, ohne Kühlzeit

2 kleine Zweige Rosmarin (etwa 2 g Rosmarinnadeln)
100 g weiche Butter
75 g Zucker
1 Prise Salz
1 Ei (Größe S) oder 1/2 Ei (Größe M)
150 g Weizenmehl
30 g brauner Zucker

*Pro Stück:*
E: 0 g, F: 2 g, Kh: 4 g,
kJ: 144, kcal: 34

**1.** Rosmarinzweige abspülen, trocken tupfen und die Nadeln von den Zweigen zupfen. Die Nadeln fein hacken.
**2.** Butter mit Zucker, Salz und Rosmarinnadeln mit einem Mixer (Rührstäbe) zunächst kurz auf niedrigster, dann auf höchster Stufe schaumig schlagen. Das Ei kurz unterrühren. Das Mehl auf die Butter-Ei-Masse geben und mit den Händen unterkneten.
**3.** Den Teig in 2 Portionen teilen. Jede Teigportion zu einer Rolle (je etwa 35 cm) formen und in dem braunen Zucker wälzen. Teigrollen in Frischhaltefolie gewickelt 15–30 Minuten in den Gefrierschrank legen.
**4.** Den Backofen vorheizen.
*Ober-/Unterhitze:* etwa 180 °C
*Heißluft:* etwa 160 °C
**5.** Die Teigrollen mit einem Sägemesser in etwa 1 cm dicke Scheiben schneiden. Dabei die Rollen immer wieder formen, damit die Scheiben gleichmäßig rund sind.
**6.** Die Taler auf Backbleche (mit Backpapier belegt) legen. Die Backbleche nacheinander (bei Heißluft zusammen) in den vorgeheizten Backofen schieben. Die Rosmarin-Sandtaler etwa 10 Minuten je Backblech backen.
**7.** Die Sandtaler mit dem Backpapier von den Backblechen auf Kuchenroste ziehen und erkalten lassen.

Rosmarin-Sandtaler

## Tassen-Käsekuchen mit Cashewstreuseln

6 Stück

*Zubereitungszeit (inklusive Backzeit):* 60 Minuten

**Für die Streusel:**
40 g Weizenmehl
40 g zerlassene, abgekühlte Butter
80 g fein gehackte Cashewkerne
20 g Zucker

Tassen-Käsekuchen mit Cashewstreuseln

**Für die Quarkmasse:**
100 g Cranberrys
70 g Zucker
50 g zerlassene, abgekühlte Butter
3 Eier (Größe M)
250 g Magerquark
50 g Weichweizengrieß
2 TL Dr. Oetker Backin
1 Pck. Dr. Oetker Finesse Geriebene Zitronenschale
1 EL Zitronensaft

**Zum Bestäuben:**
1 EL Puderzucker

**Außerdem:**
6 ofenfeste Tassen
(je etwa 200 ml Inhalt)

*Pro Stück:*
E: 13 g, F: 21 g, Kh: 36 g,
kJ: 1629, kcal: 389

**1.** Für die Streusel Mehl in eine Rührschüssel geben. Restliche Zutaten hinzufügen und mit einem Mixer (Rührstäbe) zu Streuseln von gewünschter Größe verarbeiten. Die Streusel zugedeckt in den Kühlschrank stellen.
**2.** Den Backofen vorheizen.
*Ober-/Unterhitze:* etwa 180 °C
*Heißluft:* etwa 160 °C
**3.** Für die Quarkmasse Cranberrys abspülen, in einem Sieb abtropfen lassen. Cranberrys in einer Schüssel mit Zucker vermischen. Die Tassen mit etwas von der Butter ausstreichen. Restliche Butter in eine Rührschüssel geben. Eier, Quark, Grieß, Backpulver, Zitronenschale und -saft hinzufügen und alles mit einem Schneebesen gut verrühren. Die Cranberrys unterheben.
**4.** Die Cranberry-Quark-Masse in die Tassen verteilen. Streusel gleichmäßig darauf verteilen. Die Tassen auf dem Rost in den vorgeheizten Backofen schieben. Die Käsekuchen etwa 30 Minuten backen.
**5.** Tassen-Käsekuchen auf einen Kuchenrost stellen, dann mit Puderzucker bestäuben und sofort servieren.

Vanille-Kirsch-Quark

Muffins mit Quark

## Vanille-Kirsch-Quark

4 Portionen

*Zubereitungszeit:* 25 Minuten, ohne Abkühlzeit

370 g abgetropfte Sauerkirschen (aus dem Glas)
250 ml Kirschsaft (aus dem Glas)
2 TL Speisestärke
1–2 EL Zucker
500 g Magerquark
4 EL Milch (1,5 % Fett)
4 EL Zitronensaft
2 EL Puderzucker
1 Pck. Dr. Oetker Bourbon-Vanille-Zucker

*Pro Portion:*
E: 18 g, F: 1 g, Kh: 38 g,
kJ: 1042, kcal: 250

**1.** Von den Kirschen die Flüssigkeit auffangen und 250 ml Saft abmessen, evtl. mit Wasser auffüllen. 4 Esslöffel von der abgemessenen Flüssigkeit abnehmen und mit Speisestärke verrühren. Restliche Flüssigkeit mit Zucker in einen Topf geben und unter Rühren kurz aufkochen lassen.
**2.** Die angerührte Stärke unter Rühren dazugeben und unter Rühren nochmals aufkochen lassen. Die Kirschen dazugeben und alles etwa 1/2 Minute köcheln lassen. das Kompott in eine Schüssel umfüllen und abkühlen lassen.
**3.** Den Quark mit Milch, Zitronensaft, Puderzucker und Vanille-Zucker verrühren. Die Quarkcreme und Kirschkompott im Wechsel in Dessertgläser schichten und sofort servieren.

## Muffins mit Quark

12 Stück

*Zubereitungszeit (inklusive Backzeit):* 50 Minuten

**Zum Vorbereiten:**
75 g getrocknete Aprikosen
2 EL Wasser

**Für den Rührteig:**
65 g Butter oder Margarine (zimmerwarm)
3 EL Speiseöl, z. B. Sonnenblumenöl
70 g Zucker
1 Pck. Dr. Oetker Vanillin-Zucker
1 Prise Salz, 1 Ei (Größe M)
125 g Magerquark
175 g Weizenmehl
3 gestr. TL Dr. Oetker Backin
5 EL Milch (1,5 % Fett)
50 g Rosinen

**Außerdem:**
12 Muffin-Papierbackförmchen

*Pro Stück:*
E: 4 g, F: 8 g, Kh: 24 g,
kJ: 766, kcal: 183

**1.** Zum Vorbereiten Aprikosen in kleine Stücke schneiden und in einer Schüssel mit dem Wasser vermischen. Die Aprikosenstücke etwa 10 Minuten einweichen lassen.
**2.** In der Zwischenzeit den Backofen vorheizen.
*Ober-/Unterhitze:* etwa 180 °C
*Heißluft:* etwa 160 °C
**3.** Für den Teig Butter oder Margarine mit einem Mixer (Rührstäbe) auf höchster Stufe geschmeidig rühren. Nach und nach Speiseöl, Zucker, Vanillin-Zucker und Salz unterrühren. So lange rühren, bis eine gebundene Masse entstanden ist.
**4.** Das Ei etwa 1/2 Minute unterrühren. Den Quark kurz unterrühren.
**5.** Mehl mit Backpulver mischen und abwechselnd mit der Milch auf mittlerer Stufe kurz unterrühren. Rosinen und Aprikosenstücke vorsichtig auf niedrigster Stufe unter den Teig rühren.
**6.** Den Teig in eine Muffinform (für 12 Muffins, mit Papierbackförmchen ausgelegt) verteilen und glatt streichen. Die Form auf dem Rost in den vorgeheizten Backofen schieben. Die Muffins 25–30 Minuten backen.
**7.** Die Muffinform auf einen Kuchenrost stellen. Die Muffins nach etwa 5 Minuten aus der Form lösen und auf dem Kuchenrost erkalten lassen.

***Tipp:*** Die Muffins mit Puderzucker bestäuben.

Mohnschnecken

Kokoswaffeln

## Mohnschnecken
12–14 Stück

*Zubereitungszeit (inklusive Backzeit):* 35 Minuten, ohne Ruhezeit

**Für den Hefeteig:**
375 g Weizenmehl
1 Pck. Hefeteig Garant
1 Prise Salz, 50 g Zucker
125 ml Milch (3,5 % Fett)
70 g Butter (zimmerwarm)

**Für die Füllung:**
1 Eigelb (Größe M)
1 EL Weichweizengrieß
50 g zerlassene, abgekühlte Butter
250 g Mohn-Back
(backfertige Mohnfüllung)
125 g Rum-Rosinen
1 Eiweiß (Größe M)

*Pro Stück:*
E: 6 g, F: 11 g, Kh: 39 g,
kJ: 1211, kcal: 289

**1.** Für den Teig Mehl mit Hefeteig Garant in einer Rührschüssel sorgfältig vermischen. Die restlichen Zutaten hinzufügen und mit einem Mixer (Knethaken) zunächst auf niedrigster, dann auf höchster Stufe in etwa 2 Minuten zu einem glatten Teig verarbeiten. Den Teig auf der leicht bemehlten Arbeitsfläche nochmals kurz durchkneten und zu einem Rechteck (etwa 40 x 25 cm) ausrollen.
**2.** Für die Füllung Eigelb mit Grieß und flüssiger Butter glatt verrühren. Mohn-Back und Rosinen unterrühren. Eiweiß sehr steif schlagen und sorgfältig unterziehen.
**3.** Die Mohnfüllung auf den Hefeteig streichen, dabei an der langen Seite einen etwa 2 cm breiten Rand frei lassen. Den Teigrand mit Wasser bestreichen.
**4.** Den Teig von der kurzen Seite her aufrollen. Die Rolle in 12–14 gleich große Stücke schneiden. Die Stücke mit etwas Abstand auf ein Backblech (mit Backpapier belegt) legen, etwa 5 Minuten ruhen lassen.
**5.** Inzwischen Backofen vorheizen.
*Ober-/Unterhitze:* etwa 200 °C
*Heißluft:* etwa 180 °C
**6.** Das Backblech in den vorgeheizten Backofen schieben. Die Schnecken etwa 15 Minuten backen.
**7.** Die Schnecken mit dem Backpapier auf einen Kuchenrost ziehen und erkalten lassen.

## Kokoswaffeln
8 Stück

*Zubereitungszeit:* 30 Minuten

30 g Kokosraspel

**Für den Rührteig:**
175 g Butter oder Margarine
(zimmerwarm)
100 g brauner Zucker
3 Eigelb (Größe M)
125 g Weizenmehl
50 g Speisestärke
160 ml Kokosmilch
3 Eiweiß (Größe M)
1 Prise Salz
1 EL Batida de Côco (Kokoslikör, z. B. Mangaroca Batida de Côco)

**Für die Kokossahne:**
200 g Schlagsahne
4 EL Batida de Côco (Kokoslikör, z. B. Mangaroca Batida de Côco)

*Pro Stück:*
E: 5 g, F: 35 g, Kh: 32 g,
kJ: 2021, kcal: 484

**1.** Die Kokosraspel in einer Pfanne ohne Fett goldbraun rösten und auf einem Teller erkalten lassen.
**2.** Für den Teig in der Zwischenzeit Butter oder Margarine mit einem Mixer (Rührstäbe) auf höchster Stufe geschmeidig rühren. Nach und nach Zucker unterrühren. So lange rühren, bis eine gebundene Masse entstanden ist.
**3.** Eigelb nach und nach unterrühren (jedes Eigelb knapp 1/2 Minute). Mehl mit Speisestärke mischen und mit der Kokosmilch auf mittlerer Stufe kurz unterrühren.
**4.** Das Eiweiß mit Salz steif schlagen. Eischnee und Batida de Côco unter den Teig heben.
**5.** Jeweils 2–3 Esslöffel Teig in ein gut erhitztes, gefettetes Waffeleisen füllen und verstreichen. Die Waffeln goldgelb backen, mit einer Gabel oder einem Pfannenwender herausnehmen und einzeln auf einem Kuchenrost erkalten lassen.
**6.** Für die Kokossahne Sahne steif schlagen, Batida de Côco unterrühren. Die Kokossahne mit den gerösteten Kokosraspeln bestreuen und zu den Waffeln reichen.

## Russisch-Brot-Waffeln

7 Stück

*Zubereitungszeit:* 30 Minuten, ohne Abkühlzeit

**Für den All-in-Teig:**
200 g Russisch-Brot-Kekse
100 g Weizenmehl
50 g Zucker
4 Eier (Größe M)
125 g Butter oder Margarine (zimmerwarm)
125 g Schlagsahne

**Für den Guss:**
50 g Vollmilch-Schokolade

*Pro Stück:*
E: 9 g, F: 27 g, Kh: 46 g,
kJ: 1953, kcal: 467

**1.** Für den Teig von den Keksen 7 beiseitelegen. Restliche Kekse in einen Gefrierbeutel geben, den Beutel fest verschließen. Das Gebäck mit einer Teigrolle zerbröseln.
**2.** Mehl in eine Rührschüssel geben. Gebäckbrösel mit den restlichen Teigzutaten hinzufügen. Die Zutaten mit einem Mixer (Rührstäbe) zunächst kurz auf niedrigster, dann auf höchster Stufe in etwa 2 Minuten zu einem glatten Teig verarbeiten.
**3.** Jeweils 2–3 Esslöffel Teig in ein gut erhitztes, leicht gefettetes Waffeleisen füllen und verstreichen. Die Waffeln goldbraun backen, mit einer Gabel oder einem Pfannenwender herausnehmen und einzeln auf einem Kuchenrost erkalten lassen.
**4.** Für den Guss die Schokolade in kleine Stücke brechen. Zwei Drittel davon in einem Topf im Wasserbad bei schwacher Hitze unter Rühren schmelzen. Topf aus dem Wasserbad nehmen und restliche Schokolade darin unter Rühren schmelzen. Je 1 Teelöffel der Schokoladenmasse auf die Waffeln geben. Die beiseitegelegten Buchstaben jeweils auf die Schokoladenmasse legen und leicht andrücken. Guss fest werden lassen.

## Sambuca-Kaffee-Törtchen

12 Stück

*Zubereitungszeit (inklusive Backzeit):* 35 Minuten, ohne Kühlzeit

**Für den All-in-Teig:**
125 g Weizenmehl
1 geh. EL gesiebtes Kakaopulver
2 gestr. TL Dr. Oetker Backin
125 g Zucker
1 Pck. Dr. Oetker Vanillin-Zucker
3 Eier (Größe M)
125 g Butter oder Margarine (zimmerwarm)
50 g fein gehackte Mocca-Schokolade

**Für den Belag:**
40 ml Sambuca- oder Kaffeelikör
1 geh. EL Instant-Kaffeepulver
2 Pck. Paradiescreme Sahne-Karamell-Geschmack (Dessertpulver)
400 ml Milch

**Zum Garnieren und Bestäuben:**
12 feine Mocca-Bohnen
etwas Kakaopulver

*Pro Stück:*
E: 5 g, F: 13 g, Kh: 31 g,
kJ: 1143, kcal: 273

**1.** Den Backofen vorheizen.
*Ober-/Unterhitze:* etwa 200 °C
*Heißluft:* etwa 180 °C
**2.** Für den Teig Mehl mit Kakaopulver und Backpulver in einer Rührschüssel mischen. Zucker, Vanillin-Zucker, Eier und Butter oder Margarine hinzufügen. Zutaten mit einem Mixer (Rührstäbe) erst kurz auf niedrigster, dann auf höchster Stufe in etwa 2 Minuten zu einem glatten Teig verarbeiten. Schokolade unterrühren.
**3.** Den Teig in 12 Tartelettförmchen (Ø 12 cm, gefettet) geben und glatt streichen. Die Förmchen auf dem Rost in den vorgeheizten Backofen schieben, etwa 15 Minuten backen.
**4.** Die Förmchen auf einen Kuchenrost stellen. Törtchen etwa 5 Minuten abkühlen lassen, auf einen mit Backpapier belegten Kuchenrost stürzen und erkalten lassen.
**5.** Für den Belag den Sambuca leicht erwärmen (nicht kochen). Kaffeepulver darin auflösen. Aus Dessertpulver, Milch und Sambuca-Kaffee-Mischung nach Packungsanleitung (aber mit den hier angegebenen Zutaten und Mengen) eine Creme zubereiten. Die Creme in einen Spritzbeutel mit Lochtülle füllen und auf die Törtchen spritzen. Törtchen zugedeckt in den Kühlschrank stellen.
**6.** Die Törtchen mit den Mocca-Bohnen garnieren und mit dem Kakaopulver bestäuben.

Russisch-Brot-Waffeln

Sambuca-Kaffee-Törtchen

## Eierpfannkuchen
4 Stück

*Zubereitungszeit:* 15 Minuten, ohne Ruhezeit

125 g Weizenmehl
2 Eier (Größe M)
175 ml Milch
75 ml (6–7 EL) Mineralwasser
1 Prise Salz
1/2–1 EL Zucker
etwa 40 g Butter oder Speiseöl

*Pro Stück:*
E: 8 g, F: 13 g, Kh: 27 g,
kJ: 1098, kcal: 263

**1.** Das Mehl in eine Schüssel geben, in die Mitte eine Vertiefung eindrücken. In einer anderen Schüssel Eier mit Milch, Mineralwasser, Salz und Zucker mit einem Schneebesen verschlagen. Die Eiermasse zum Mehl geben und mit dem Schneebesen von außen nach innen verrühren. Dabei darauf achten, dass keine Klümpchen entstehen. Den glatt gerührten Teig etwa 15 Minuten ruhen lassen.
**2.** Jeweils etwas Fett in einer Pfanne (Ø 26 cm) erhitzen. Aus dem Teig insgesamt 4 Pfannkuchen backen. Dafür je ein Viertel des Teiges in die Pfanne geben. Die Pfanne leicht schwenken, damit sich der Teig gleichmäßig auf dem Boden der Pfanne verteilen kann. Sobald die Ränder goldgelb sind und der gebackene Teig sich in der Pfanne leicht hin- und herschieben lässt, den Pfannkuchen vorsichtig mit einem Pfannenwender oder einem Holzspatel wenden und auf der anderen Seite goldgelb backen.
**3.** Den restlichen Teig auf die gleiche Weise backen, dabei vor jedem Backen den Teig umrühren und etwas Fett in die Pfanne geben.

***Tipps:*** Die Pfannkuchen mit Zuckerrübensirup, Ahornsirup, Erdbeerkonfitüre oder Apfelkraut bestreichen oder mit etwas Obst garnieren. Bereits fertig gebackene Pfannkuchen im Backofen bei 80 °C (Ober-/Unterhitze) oder 60 °C (Heißluft) warm halten.

## Milchreis
6 Portionen (als Dessert)

*Zubereitungszeit:* 30 Minuten

1 l Milch
1 Prise Salz
20 g Zucker
1 Pck. Dr. Oetker Vanillin-Zucker
175 g Milchreis (Rundkornreis)
20–30 g Zucker
1/2 TL gem. Zimt

*Pro Portion:*
E: 8 g, F: 6 g, Kh: 40 g,
kJ: 1045, kcal: 250

**1.** Milch mit Salz, Zucker und Vanillin-Zucker in einem Topf unter gelegentlichem Rühren zum Kochen bringen.
**2.** Milchreis unterrühren, unter Rühren zum Kochen bringen und mit halb aufgelegtem Deckel bei schwacher Hitze etwa 30 Minuten ausquellen lassen. Dabei gelegentlich umrühren, damit der Reis nicht anbrennt.
**3.** Den fertigen Milchreis noch warm mit Zucker und Zimt bestreuen und servieren. Oder den Milchreis erkalten lassen und dann mit Zimt und Zucker bestreut servieren.

## Cappuccino-Creamcheese-Cakes

12 Stück

*Zubereitungszeit (inklusive Backzeit):* 50 Minuten

**Für den Teig:**
125 g Butter (zimmerwarm)
125 g Zucker
1 Prise Salz
3–4 TL Instant-Espresso-Pulver
3 Eier (Größe M)
100 g Weizenmehl
50 g Speisestärke
2 gestr. TL Dr. Oetker Backin
1/2 gestr. TL Natron
125 ml Milch

Eierpfannkuchen

Milchreis

**Für das Topping:**
200 g Doppelrahm-Frischkäse
1 EL Crème fraîche
1 TL Speisestärke
1 Pck. Dr. Oetker Vanillin-Zucker
40 g Puderzucker

**Zum Bestäuben:**
etwas Kakaopulver

**Außerdem:**
12 Muffin-Papierbackförmchen

*Pro Stück:*
E: 5 g, F: 17 g, Kh: 26 g,
kJ: 1147, kcal: 274

**1.** Den Backofen vorheizen.
*Ober-/Unterhitze:* etwa 200 °C
*Heißluft:* etwa 180 °C
**2.** Für den Teig die Butter mit einem Mixer (Rührstäbe) geschmeidig rühren. Zucker mit Salz und Espresso-Pulver mischen. Die Mischung nach und nach unterrühren, bis eine gebundene Masse entstanden ist. Eier nach und nach unterrühren (jedes Ei etwa 1/2 Minute). Mehl mit Speisestärke, Backpulver und Natron mischen und mit der Milch auf mittlerer Stufe kurz unterrühren.
**3.** Den Teig in einer Muffinform (für 12 Muffins, mit Papierbackförmchen ausgelegt) verteilen. Die Form auf dem Rost in den vorgeheizten Backofen schieben. Die Cakes etwa 15 Minuten backen.
**4.** Für das Topping inzwischen Frischkäse mit Crème fraîche, Speisestärke, Vanillin-Zucker und Puderzucker in einer Rührschüssel gut verrühren.
**5.** Die Muffinform auf einen Kuchenrost stellen. Die Käsemasse zügig auf den heißen Cakes verteilen. Die Muffinform wieder in den heißen Backofen schieben. Die Cupcakes bei gleicher Backofentemperatur weitere etwa 10 Minuten backen.
**6.** Die Cakes etwa 5 Minuten in der Form stehen lassen, dann herausnehmen und auf einem Kuchenrost erkalten lassen. Die Cupcakes vor dem Servieren mit etwas Kakaopulver bestäuben.

Cappuccino-Creamcheese -Cakes

Cashew-Schoko-Cookies

## Cashew-Schoko-Cookies

60 Stück

*Zubereitungszeit (inklusive Backzeit für 1 Backblech):*
45 Minuten

**Zum Vorbereiten:**
100 g geröstete, gesalzene Cashewkerne
200 g Zartbitter-Schokolade (etwa 50 % Kakaoanteil)
1–2 TL rosa Pfefferbeeren

**Für den Rührteig:**
200 g Butter oder Margarine (zimmerwarm)
120 g Zucker
1 Ei (Größe M)
200 g Weizenmehl
1 gestr. TL Dr. Oetker Backin

*Pro Stück:*
E: 1 g, F: 5 g, Kh: 6 g,
kJ: 302, kcal: 72

**1.** Zum Vorbereiten Cashewkerne hacken und 1–2 Esslöffel davon zum Bestreuen beiseitestellen. 120 g von der Schokolade sowie die Pfefferbeeren portionsweise hacken. Restliche Schokolade in kleine Stücke brechen. Zwei Drittel davon in einem Topf im Wasserbad bei schwacher Hitze unter Rühren schmelzen. Den Topf aus dem Wasserbad nehmen und die restliche Schokolade darin unter Rühren schmelzen. Schokolade abkühlen lassen.
**2.** In der Zwischenzeit den Backofen vorheizen.
*Ober-/Unterhitze:* etwa 180 °C
*Heißluft:* etwa 160 °C
**3.** Für den Teig Butter oder Margarine mit einem Mixer (Rührstäbe) auf höchster Stufe geschmeidig rühren. Nach und nach Zucker unterrühren. So lange rühren, bis eine gebundene Masse entstanden ist. Das Ei etwa 1/2 Minute unterrühren. Geschmolzene Schokolade kurz unterrühren.
**4.** Mehl mit Backpulver mischen und in 2 Portionen auf mittlerer Stufe kurz unterrühren. Zuletzt die gehackten Zutaten dazugeben und kurz unterrühren.
**5.** Den Teig mit 2 Teelöffeln in walnussgroßen Häufchen mit etwas Abstand auf 2 Backbleche (gefettet, mit Backpapier belegt) setzen. Die Häufchen mit den beiseitegestellten Cashewkernen bestreuen. Das Backbleche nacheinander (bei Heißluft zusammen) in den vorgeheizten Backofen schieben. Die Cookies etwa 15 Minuten je Backblech backen.
**6.** Die Backbleche auf Kuchenroste stellen. Die Cookies darauf erkalten lassen, anschließend vom Backblech nehmen.

Studentenfutter-Joghurt-Muffins

Limettenmuffins

## Studentenfutter-Joghurt-Muffins

12 Stück

*Zubereitungszeit (inklusive Backzeit):* 45 Minuten, ohne Abkühlzeit

**Für den Teig:**
200 g Studentenfutter
100 g Weizenmehl
30 g zarte Haferflocken
3 gestr. TL Dr. Oetker Backin
1 Prise Salz
100 g brauner Zucker
150 g Joghurt (3,5 % Fett)
2 Eier (Größe M)
100 ml Speiseöl,
z. B. Sonnenblumenöl

*Pro Stück:*
E: 5 g, F: 17 g, Kh: 22 g,
kJ: 1084, kcal: 260

**1.** Den Backofen vorheizen.
*Ober-/Unterhitze:* etwa 180 °C
*Heißluft:* etwa 160 °C
**2.** Für den Teig Studentenfutter fein hacken. Mehl, Haferflocken, Backpulver, Salz, Zucker und fein gehacktes Studentenfutter in einer Rührschüssel mit einem Schneebesen verrühren.
**3.** Joghurt, Eier und Speiseöl in einem Rührbecher mit dem Schneebesen glatt rühren. Die flüssigen Zutaten zu der Mehl-Nuss-Mischung in die Rührschüssel geben und zu einem glatten Teig verrühren.
**4.** Den Teig in eine Muffinform (für 12 Muffins, gefettet, bemehlt) geben. Die Form auf dem Rost in den vorgeheizten Backofen schieben. Die Muffins etwa 25 Minuten backen.
**5.** Die Form auf einen Kuchenrost stellen. Muffins etwa 5 Minuten in der Form abkühlen lassen, dann aus der Form lösen und auf dem Rost erkalten lassen.

***Tipp:*** Zusätzlich für den Belag (Foto) 50 g Vollmilch-Schokolade sehr klein hacken, mit 1/2 Teelöffel Speiseöl in einem kleinen Topf im heißen Wasserbad bei schwacher Hitze unter Rühren schmelzen. 50 g Studentenfutter fein hacken und unter die Schokolade rühren. Schoko-Nuss-Masse auf den erkalteten Muffins verteilen und fest werden lassen.

## Limettenmuffins

12 Stück

*Zubereitungszeit (inklusive Backzeit):* 45 Minuten, ohne Abkühlzeit

**Für den Teig:**
1 Bio-Limette
(unbehandelt, ungewachst)
250 g Weizenmehl
3 gestr. TL Dr. Oetker Backin
1 Prise Salz
130 g Zucker
200 ml Buttermilch
1 Ei (Größe M)
125 ml Speiseöl,
z. B. Sonnenblumenöl

**Zum Tränken:**
2 Limetten
70 g Puderzucker

**Außerdem:**
1 Holzstäbchen

*Pro Stück:*
E: 3 g, F: 12 g, Kh: 33 g,
kJ: 1066, kcal: 255

**1.** Den Backofen vorheizen.
*Ober-/Unterhitze:* etwa 180 °C
*Heißluft:* etwa 160 °C
**2.** Für den Teig Limette heiß abwaschen, abtrocknen und die Schale fein abreiben.
**3.** Mehl, Backpulver, Salz und Zucker in einer Rührschüssel mit einem Schneebesen verrühren.
**4.** Buttermilch, Ei, Speiseöl und Limettenschale in einem Rührbecher mit dem Schneebesen glatt rühren. Die flüssigen Zutaten zu der Mehlmischung in die Rührschüssel geben und zu einem glatten Teig verrühren.
**5.** Den Teig in eine Muffinform (für 12 Muffins, gefettet, bemehlt) geben. Die Form auf dem Rost in den vorgeheizten Backofen schieben. Die Muffins etwa 25 Minuten backen.

**6.** Zum Tränken in der Zwischenzeit die Limetten (auch die Bio-Limette) halbieren und den Saft auspressen. Von dem Saft 100 ml abmessen, in eine kleine Schüssel geben und mit Puderzucker glatt rühren.
**7.** Die Form auf einen Kuchenrost stellen. Sofort nach dem Backen die Muffins mit einem Holzstäbchen mehrmals einstechen und mit dem Limettensaft beträufeln. Wenn der Saft aufgesogen ist, die Muffins aus der Form lösen und auf dem Kuchenrost erkalten lassen.

***Tipp:*** Die Muffins mit gekühltem Sahnejoghurt servieren, das ist an heißen Tagen besonders erfrischend.

## Feigen in Karamellsirup

4 Portionen

*Zubereitungszeit:* 15 Minuten, ohne Abkühlzeit

4 Stängel frische Ananasminze
50 g Zucker
250 ml Wasser
16 frische Feigen
2 Eigelb (Größe M)

*Pro Portion:*
E: 5 g, F: 5 g, Kh: 49 g,
kJ: 1095, kcal: 261

**1.** Ananasminze abspülen und gut trocken tupfen. Die Spitzen von den Stängeln schneiden und zum Garnieren beiseitelegen. Spitzen am besten in kaltem Wasser aufbewahren, damit sie frisch bleiben. Restliche Blättchen von den Stängeln zupfen. Blättchen in feine Streifen schneiden. Die Stängel mit dem Messerrücken etwas schlagen, damit sie ihr Aroma später im Karamellsirup besser entfalten können.
**2.** Den Zucker in einem Edelstahltopf goldgelb karamellisieren. Den Topf von der Kochstelle nehmen. Karamell mit dem Wasser ablöschen (Vorsicht: Es spritzt!). Die Minzestängel hinzugeben. Die Karamellmasse zum Kochen bringen und bei schwacher Hitze so lange kochen lassen, bis sich der Karamell aufgelöst hat. Dabei gelegentlich umrühren.
**3.** Die Feigen entstielen, vorsichtig schälen und in den Karamellsirup legen. Wieder zum Kochen bringen und 1–2 Minuten bei schwacher Hitze kochen lassen. Den Topf von der Kochstelle nehmen.
**4.** Die Feigen mit einer Schaumkelle aus dem Sirup heben, abtropfen lassen und beiseitelegen. Den Karamellsirup durch ein Sieb streichen, wieder in den Topf geben, zum Kochen bringen und um die Hälfte (etwa 150 ml) einkochen. Sirup abkühlen lassen.
**5.** Eigelb in einer Edelstahlschüssel mit einem Schneebesen verrühren. Nach und nach Karamellsirup unterrühren. Die Eigelb-Sirup-Masse über dem heißen Wasserbad schlagen, bis ein dicklicher Schaum entstanden ist (Wasser im Topf sollte kurz vorm Kochen sein, aber nicht kochen). Dann die Minzestreifen unter den Schaum heben.
**6.** Feigen mit dem Karamellsirup anrichten und mit den beiseitegelegten Minzespitzen garniert sofort servieren.

## Erdbeer-Bananen-Teller mit Cornflakes

4 Portionen

*Zubereitungszeit:* 10 Minuten

500 g Erdbeeren
1–2 EL Zucker
1 Banane (etwa 200 g)
1 kg Dickmilch oder Joghurt (3,5 % Fett)
8 EL Cornflakes

*Pro Portion:*
E: 11 g, F: 10 g, Kh: 32 g,
kJ: 1131, kcal: 271

**1.** Erdbeeren abspülen, gut abtropfen lassen, entstielen, vierteln und mit Zucker vermischen.
**2.** Die Banane schälen und in dünne Scheiben schneiden.
**3.** Dickmilch oder Joghurt verrühren und in 4 Portionen aufteilen.
**4.** Erdbeeren und Bananenscheiben darauf verteilen und mit Cornflakes bestreuen.

Feigen in Karamellsirup

Erdbeer-Bananen-Teller mit Cornflakes

## Himbeerküchlein

12 Stück

*Zubereitungszeit (inklusive Backzeit):* 35 Minuten

**Für den Teig:**
250 g Magerquark
80 g Zucker
1 Pck. Dr. Oetker Bourbon-Vanille-Zucker
1 Prise Salz
50 g Joghurt-Butter (65 % Fett, zimmerwarm)
3 Eigelb (Größe M)
50 g Hartweizengrieß
1/2 TL Dr. Oetker Backin
3 Eiweiß (Größe M)
125 g TK-Himbeeren

1 1/2 EL Hartweizengrieß

*Pro Stück:*
E: 5 g, F: 5 g, Kh: 12 g,
kJ: 493, kcal: 118

**1.** Den Backofen vorheizen.
*Ober-/Unterhitze:* etwa 180 °C
*Heißluft:* etwa 160 °C
**2.** Für den Teig Quark mit Zucker, Vanille-Zucker, Salz und Butter in einer Rührschüssel mit einem Mixer (Rührstäbe) verrühren.
**3.** Das Eigelb nach und nach unterrühren, bis eine cremige Masse entstanden ist.
**4.** Grieß mit Backpulver mischen und unterrühren. Eiweiß steif schlagen und unterheben.
**5.** Den Teig in eine Muffinform (für 12 Muffins, gefettet, mit Grieß ausgestreut) füllen, dabei darauf achten, dass die Förmchen nur zu zwei Dritteln mit Teig gefüllt sind. Die Himbeeren gefroren auf dem Teig verteilen und leicht eindrücken.
**6.** Die Form auf dem Rost in den vorgeheizten Backofen schieben. Die Küchlein etwa 25 Minuten backen.
**7.** Die Form auf einen Kuchenrost stellen. Die Himbeerküchlein etwa 10 Minuten in der Form abkühlen lassen, dann aus der Form lösen und erkalten lassen.

Himbeerküchlein

## Zitronen-Preiselbeer-Schnecken

20 Stück

*Zubereitungszeit (inklusive Backzeit für 1 Backblech):* 40 Minuten, ohne Ruhezeit

**Für den Hefeteig:**
500 g Weizenmehl
1 Pck. Hefeteig Garant
50 g Zucker
1 Pck. Dr. Oetker Vanillin-Zucker
1 Prise Salz
2 Pck. Dr. Oetker Finesse Geriebene Zitronenschale
2 Eier (Größe M)
150 ml Milch (1,5 % Fett)
100 g Halbfett-Butter (39 % Fett, zimmerwarm)

Zitronen-Preiselbeer-Schnecken

**Für die Füllung:**
1 Pck. Backfeste Pudding-Creme
250 ml Milch (1,5 % Fett)
300 g Wild-Preiselbeeren (aus dem Glas)

4 EL Aprikosenkonfitüre (etwa 120 g)
2 EL Wasser

*Pro Stück:*
E: 4 g, F: 3 g, Kh: 36 g,
kJ: 1097, kcal: 193

**1.** Für den Teig Mehl mit Hefeteig Garant in einer Rührschüssel sorgfältig vermischen. Restliche Zutaten hinzufügen und mit einem Mixer (Knethaken) zunächst kurz auf niedrigster, dann auf höchster Stufe in etwa 2 Minuten zu einem glatten Teig verarbeiten.
**2.** Den Teig auf einer leicht bemehlten Arbeitsfläche nochmals kurz durchkneten und zu einem Rechteck (etwa 30 x 40 cm) ausrollen.
**3.** Für die Füllung Pudding-Creme mit Milch nach Packungsanleitung zubereiten, Preiselbeeren unterrühren. Die Creme auf dem Teig verteilen, dabei rundherum einen etwa 1 cm breiten Rand frei lassen.
**4.** Den Teig von der längeren Seite aus aufrollen und in etwa 2 cm dicke Scheiben schneiden (am besten mit einem Sägemesser). Die Teigscheiben auf Backbleche (mit Backpapier belegt) legen und etwa 15 Minuten ruhen lassen.
**5.** Inzwischen Backofen vorheizen.
*Ober-/Unterhitze:* etwa 180 °C
*Heißluft:* etwa 160 °C
**6.** Die Backbleche nacheinander (bei Heißluft zusammen) in den vorgeheizten Backofen schieben. Die Schnecken 15–20 Minuten je Backblech backen.
**7.** Die Backbleche auf Kuchenroste stellen. Konfitüre durch ein Sieb streichen und mit Wasser in einem Topf unter Rühren etwas einkochen lassen. Schnecken sofort damit bestreichen. Die Schnecken mit dem Backpapier auf Kuchenroste ziehen und erkalten lassen.

## Kardamom-Muffins mit Birnen

12 Stück

*Zubereitungszeit (inklusive Backzeit):* 50 Minuten, ohne Abkühlzeit

**Für den Teig:**
100 g Weizenmehl
50 g nicht abgezogene, gem. Mandeln
20 g gesiebtes Kakaopulver
1/2 TL gem. Kardamom
2 gestr. TL Dr. Oetker Backin
1 Prise Salz
90 g Zucker
175 g Schlagsahne
1 Ei (Größe M)
460 g abgetropfte Birnenhälften (aus der Dose)

**Zum Bestreichen:**
70 g Apfel- oder Quittengelee

**Außerdem:**
12 Muffin-Papierbackförmchen

*Pro Stück:*
E: 3 g, F: 8 g, Kh: 24 g,
kJ: 755, kcal: 180

**1.** Den Backofen vorheizen.
*Ober-/Unterhitze:* etwa 180 °C
*Heißluft:* etwa 160 °C
**2.** Für den Teig Mehl, Mandeln, Kakao, Kardamom, Backpulver, Salz und Zucker in einer Rührschüssel mit einem Schneebesen verrühren.
**3.** Sahne und Ei in einem Rührbecher mit dem Schneebesen glatt rühren. Die flüssigen Zutaten zu der Mehl-Kakao-Mischung in die Rührschüssel geben und zu einem glatten Teig verrühren.
**4.** Sechs Birnenhälften quer in Scheiben schneiden. Restliche Birnenhälften in sehr kleine Würfel schneiden. Birnenwürfel mit einem Löffel unter den Teig heben.
**5.** Den Teig in eine Muffinform (für 12 Muffins, mit Papierbackförmchen ausgelegt) geben. Die Birnenscheiben darauf verteilen. Die Form auf dem Rost in den vorgeheizten Backofen schieben. Kardamom-Muffins etwa 30 Minuten backen.
**6.** Die Form auf einen Kuchenrost stellen. Die Muffins etwa 5 Minuten in der Form abkühlen lassen, dann aus der Form heben und auf dem Kuchenrost erkalten lassen.
**7.** Zum Bestreichen Gelee in einem kleinen Topf unter Rühren aufkochen. Die Muffins damit bestreichen und trocknen lassen.

Kardamom-Muffins mit Birnen

Apfel-Zimt-Muffins

## Apfel-Zimt-Muffins

12 Stück

*Zubereitungszeit (inklusive Backzeit):* 50 Minuten

**Zum Vorbereiten:**
500 g Äpfel, z. B. Boskop
2 EL Zucker
1 gestr. TL gem. Zimt

**Für den Teig:**
160 g Butter (zimmerwarm)
120 g Zucker
1 Prise Salz
3 Eigelb (Größe M)
180 g Weizenmehl
1 gestr. TL Dr. Oetker Backin
3 Eiweiß (Größe M)
50 g Zucker

2 EL Zucker
1 gestr. TL gem. Zimt

**Außerdem:**
12 Muffin-Papierbackförmchen

*Pro Stück:*
E: 3 g, F: 13 g, Kh: 34 g,
kJ: 1121, kcal: 268

**1.** Den Backofen vorheizen.
*Ober-/Unterhitze:* etwa 180 °C
*Heißluft:* etwa 160 °C
**2.** Zum Vorbereiten die Äpfel schälen, vierteln und entkernen. Äpfel in kleine Stücke schneiden, mit Zucker und Zimt vermischen.
**3.** Die Butter mit einem Mixer (Rührstäbe) etwa 2 Minuten schaumig schlagen. Nach und nach Zucker und Salz unterrühren. Eigelb ebenfalls nach und nach unterrühren. Mehl mit Backpulver mischen und hinzugeben (noch nicht vermischen).
**4.** Eiweiß mit Zucker steif schlagen. Zunächst die Hälfte des Eischnees zügig unter die vorbereitete Masse rühren. Den restlichen Eischnee mit einem Teigschaber vorsichtig unterheben.
**5.** Den Teig in eine Muffinform (für 12 Muffins, mit Papierbackförmchen ausgelegt) gleichmäßig verteilen. Die vorbereiteten Zimt-Äpfel auf dem Teig verteilen und etwas hineindrücken.
**6.** Die Muffinform auf dem Rost in den vorgeheizten Backofen schieben. Die Apfel-Zimt-Muffins etwa 25 Minuten backen.
**7.** Die Muffins aus der Form nehmen und mit Zimt-Zucker bestreuen.

## Aprikosen-Mandel-Brownies

42 Stück

*Zubereitungszeit (inklusive Backzeit):* 45 Minuten, ohne Abkühlzeit

**Für den Rührteig:**
200 g Blockschokolade
75 ml Wasser
100 g Butter oder Margarine (zimmerwarm)
100 g Zucker
1 Pck. Dr. Oetker Vanillin-Zucker
1 gestr. TL gem. Zimt
3 Eier (Größe M)
150 g Weizenmehl
3 gestr. TL Dr. Oetker Backin
100 g fein gewürfelte, getrocknete Aprikosen
50 g gehackte Mandeln

**Für den Guss:**
150 g Zartbitter-Kuvertüre

evtl. einige getrocknete Aprikosen
evtl. einige gehackte Mandeln

*Pro Stück:*
E: 2 g, F: 5 g, Kh: 13 g,
kJ: 450, kcal: 107

**1.** Für den Teig Schokolade in kleine Stücke brechen. Zwei Drittel davon mit Wasser und Butter oder Margarine in einem Topf im Wasserbad bei schwacher Hitze unter Rühren schmelzen. Den Topf aus dem Wasserbad nehmen und die restliche Schokolade darin unter Rühren schmelzen.

**2.** Den Backofen vorheizen.
*Ober-/Unterhitze:* etwa 180 °C
*Heißluft:* etwa 160 °C

**3.** Die Schokoladenmasse in eine Rührschüssel geben. Nach und nach Zucker, Vanillin-Zucker und Zimt mit einem Mixer (Rührstäbe) unterrühren. Eier nach und nach unterrühren (jedes Ei etwa 1/2 Minute).

**4.** Mehl mit Backpulver mischen und auf mittlerer Stufe kurz unterrühren. Aprikosen und Mandeln unterrühren. Einen Backrahmen (etwa 24 x 28 cm) auf ein Backblech (mit Backpapier belegt) stellen. Teig einfüllen und glatt streichen. Das Backblech in den vorgeheizten Backofen schieben. Den Brownie-Kuchen etwa 25 Minuten backen.

**5.** Das Backblech auf einen Kuchenrost stellen. Den Brownie-Kuchen erkalten lassen.

**6.** Für den Guss Kuvertüre in kleine Stücke hacken. Zwei Drittel davon in einem Topf im Wasserbad bei schwacher Hitze unter Rühren schmelzen. Den Topf aus dem Wasserbad nehmen und die restliche Kuvertüre darin unter Rühren schmelzen. Den Brownie-Kuchen mit der Kuvertüre bestreichen, nach Belieben mit einigen getrockneten Aprikosen und gehackten Mandeln garnieren. Guss fest werden lassen. Den Kuchen in Würfel (etwa 4 x 4 cm) schneiden.

## Sauerkirsch-Schoko-Muffins

12 Stück

*Zubereitungszeit (inklusive Backzeit):* 55 Minuten

**Für den Teig:**
100 g Zwieback
150 ml Kakaotrunk aus entrahmter Milch
30 g zerlassene, abgekühlte Halbfett-Butter (39 % Fett)
2 Eiweiß (Größe M)
1 Pck. Dr. Oetker Vanillin-Zucker
1 Prise Salz
2 Eigelb (Größe M)
40 g Zucker
4 EL warmes Wasser
40 g Weizenmehl
1 gestr. TL Dr. Oetker Backin
30 g geriebene Zartbitter-Schokolade

175 g abgetropfte Sauerkirschen (aus dem Glas)

**Außerdem:**
12 Muffin-Papierbackförmchen

*Pro Stück:*
E: 3 g, F: 3 g, Kh: 19 g,
kJ: 503, kcal: 120

**1.** Den Backofen vorheizen.
*Ober-/Unterhitze:* etwa 180 °C
*Heißluft:* etwa 160 °C

**2.** Für den Teig den Zwieback in einen Gefrierbeutel geben, den Beutel fest verschließen. Zwieback mit einer Teigrolle fein zerbröseln. Zwiebackbrösel in eine Rührschüssel geben. Kakaotrunk und Butter hinzugeben und gut verrühren.
**3.** Das Eiweiß steif schlagen. Vanillin-Zucker und Salz einrieseln lassen und kurz unterschlagen. Eigelb mit Zucker und Wasser mit einem Mixer (Rührstäbe) in etwa 3 Minuten zu einer cremigen Masse aufschlagen.
**4.** Mehl mit Backpulver mischen, auf die Eigelbmasse geben und kurz unterschlagen. Die Butter-Brösel-Masse und geriebene Schokolade unterrühren. Zuletzt den Eischnee unterheben.
**5.** Den Teig in eine Muffinform (für 12 Muffins, mit Papierbackförmchen ausgelegt) füllen. Kirschen gleichmäßig darauf verteilen und leicht eindrücken. Die Form auf dem Rost in den vorgeheizten Backofen schieben. Die Muffins 25–30 Minuten backen.
**6.** Nach dem Backen die Muffins aus der Form nehmen und auf einem Kuchenrost erkalten lassen.

***Tipps:*** Die Muffins halten sich in Frischhaltefolie gewickelt und kühl gestellt 2–3 Tage frisch. Sie können auch etwa 175 g aufgetaute TK-Sauerkirschen verwenden.

## Milchnudeln

4 Portionen (ohne Foto)

*Zubereitungszeit:* 15 Minuten

1 l Milch
1 Prise Salz
1 Zimtstange
10 g Butter
250 g Bandnudeln
50 g Zucker
60 g Rosinen

*Pro Portion:*
E: 16 g, F: 12 g, Kh: 78 g,
kJ: 2067, kcal: 495

**1.** Die Milch mit Salz, der Zimtstange und Butter in einem Topf zum Kochen bringen. Die Nudeln hinzugeben, zum Kochen bringen und in 8–10 Minuten ausquellen lassen, dabei hin und wieder umrühren.
**2.** Die Zimtstange entfernen. Die Milchnudeln mit Zucker und Rosinen mischen und servieren.

***Tipp:*** Die Rosinen schmecken besser, wenn Sie sie etwa 30 Minuten in kaltem Wasser einweichen.

## Beerenmuffins mit Pumpernickel

12 Stück

*Zubereitungszeit (inklusive Backzeit):* 55 Minuten, ohne Abkühlzeit

**Für den Teig:**
120 g Pumpernickel
150 g Weizenmehl
3 gestr. TL Dr. Oetker Backin
1 Prise Salz
120 g brauner Zucker
70 ml Milch (3,5 % Fett)
100 ml Speiseöl,
z. B. Sonnenblumenöl
2 Eier (Größe M)
150 g gemischte TK-Beeren

**Für den Belag:**
200 g Frischkäse mit Joghurt (13 % Fett)
2–3 TL Puderzucker
1/2 Pck. Dr. Oetker Finesse Orangenschalen-Aroma

**Außerdem:**
12 Muffin-Papierbackförmchen

*Pro Stück:*
E: 5 g, F: 12 g, Kh: 25 g,
kJ: 950, kcal: 227

**1.** Den Backofen vorheizen.
*Ober-/Unterhitze:* etwa 180 °C
*Heißluft:* etwa 160 °C
**2.** Für den Teig Pumpernickel mit den Händen sehr fein zerbröseln.
**3.** Mehl mit Backpulver, Salz und Zucker in einer Rührschüssel mit einem Schneebesen verrühren.
**4.** Milch, Speiseöl und Eier in einem Rührbecher mit dem Schneebesen glatt rühren. Die flüssigen Zutaten zu der Mehlmischung in die Rührschüssel geben und zu einem glatten Teig verrühren. Pumpernickelbrösel und gefrorene Beeren (sehr große Beeren zerkleinern) mit einem Löffel unterrühren.
**5.** Den Teig in eine Muffinform (für 12 Muffins, mit Papierbackförmchen ausgelegt) füllen. Die Form auf dem Rost in den vorgeheizten Backofen schieben. Muffins etwa 30 Minuten backen.
**6.** Die Form auf einen Kuchenrost stellen. Die Muffins etwa 5 Minuten in der Form stehen lassen, dann aus der Form nehmen und auf dem Kuchenrost erkalten lassen.
**7.** Für den Belag Frischkäse mit Puderzucker verrühren. Mit einem Löffel je einen Klecks auf die Muffins geben und mit Orangenschalen-Aroma bestreuen. Muffins sofort servieren.

Beerenmuffins mit Pumpernickel

## Himbeer-Vanille-Windbeutel

10 Stück

*Zubereitungszeit (inklusive Backzeit):* 50 Minuten, ohne Abkühlzeit

**Für den Brandteig:**
125 ml Wasser
30 g Butter
100 g Weizenmehl
1 Prise Salz
2 Eier (Größe M)

**Für die Füllung:**
125 g frische oder TK-Himbeeren
250 g Magerquark
300 g Vanillejoghurt (3,5 % Fett)

2 TL Puderzucker

*Pro Stück:*
E: 7 g, F: 6 g, Kh: 16 g,
kJ: 618, kcal: 148

**1.** Den Backofen vorheizen.
*Ober-/Unterhitze:* etwa 220 °C
*Heißluft:* etwa 200 °C

**2.** Für den Teig Wasser mit Butter am besten in einem Stieltopf zum Kochen bringen. Mehl mit dem Salz auf einmal in die von der Kochstelle genommene Flüssigkeit schütten, zu einem glatten Kloß rühren und unter Rühren etwa 1 Minute erhitzen. Den heißen Kloß sofort in eine Rührschüssel geben.
**3.** Ein Ei mit einem Mixer (Knethaken) auf höchster Stufe unterarbeiten. Das zweite Ei verquirlen und nur so viel davon unter den Teig arbeiten, bis er stark glänzt und in langen Spitzen an einem Löffel hängen bleibt.
**4.** Mit 2 Teelöffeln 10 kleine Teighäufchen auf ein Backblech (gefettet, bemehlt) setzen. Das Backblech in den vorgeheizten Backofen (Mitte) schieben. Das Gebäck etwa 20 Minuten backen.
**5.** Während der ersten 15 Minuten der Backzeit die Backofentür nicht öffnen, da das Gebäck sonst zusammenfällt. Sofort nach dem Backen von jedem Windbeutel einen Deckel abschneiden. Anschließend das Gebäck auf einem Kuchenrost erkalten lassen.

Himbeer-Vanille-Windbeutel

**6.** Für die Füllung Himbeeren verlesen, evtl. vorsichtig abspülen und gut abtropfen lassen, TK-Himbeeren auftauen und auf Küchenpapier abtropfen lassen. Quark mit Joghurt verrühren, Himbeeren vorsichtig unterrühren. Die Windbeutel mit der Quarkcreme füllen und mit Puderzucker bestäubt sofort servieren.

## Knusprige Schoko-Gugelhupfe

6 Stück

*Zubereitungszeit (inklusive Backzeit):* 60 Minuten, ohne Abkühlzeit

6 quadratische Platten TK-Blätterteig (etwa 270 g)
75 g Blockschokolade
100 g Zucker

**Zum Besprenkeln:**
30 g weiße Schokolade

**Außerdem:**
6 Muffin-Papierbackförmchen

*Pro Stück:*
E: 4 g, F: 16 g, Kh: 43 g,
kJ: 1379, kcal: 329

**1.** Die Blätterteigplatten nach Packungsanleitung auftauen lassen. Inzwischen die Blockschokolade auf einer Küchenreibe reiben.
**2.** Den Backofen vorheizen.
*Ober-/Unterhitze:* etwa 220 °C
*Heißluft:* etwa 200 °C
**3.** Jede aufgetaute Blätterteigplatte auf etwas von dem Zucker zu einem Rechteck (etwa 25 x 11 cm) ausrollen. Die Teigrechtecke jeweils mit gut 1 Esslöffel geriebener Schokolade bestreuen, dabei an den Rändern rundherum etwa 1 cm frei lassen.
**4.** Die Teigrechtecke dann von der längeren Seite aus aufrollen und die Enden gut zusammendrücken. Die Teigrollen schneckenförmig in eine

Knusprige Schoko-Gugelhupfe

Schoko-Chili-Muffins

Silikon-Mini-Gugelhupfform (für 6 Gugelhupfe, mit kaltem Wasser ausgespült) geben.

**5.** Die Form auf dem Rost in den vorgeheizten Backofen schieben. Die Backofentemperatur um etwa 20 °C herunterschalten. Die Gugelhupfe etwa 35 Minuten backen.

**6.** Die Gugelhupfe mithilfe einer Gabel aus der Form nehmen und auf einem mit Backpapier belegten Kuchenrost erkalten lassen.

**7.** Zum Besprenkeln weiße Schokolade grob zerkleinern, in einen Gefrierbeutel geben und diesen fest verschließen. Den Beutel in ein heißes Wasserbad hängen und die Schokolade darin bei schwacher Hitze schmelzen lassen.

**8.** Den Beutel trocken tupfen, kurz durchkneten, eine kleine Ecke abschneiden. Die Gugelhupfe mit der Schokolade besprenkeln und in Papierbackförmchen servieren.

***Tipps:*** Blockschokolade lässt sich besser reiben, wenn man sie vorher gut kühlt. Mischen Sie 1 Päckchen Dr. Oetker Finesse Orangenschalen-Aroma unter die Schokoladenfüllung. Sollten Sie keine Mini-Gugelhupfform haben, so können Sie den aufgewickelten Blätterteig als gerollte Stangen auf einem Backblech (mit Backpapier belegt) backen. Dafür die Längsseiten mit Wasser bestreichen und gut andrücken.

## Schoko-Chili-Muffins

12 Stück

*Zubereitungszeit (inklusive Backzeit):* 55 Minuten, ohne Abkühlzeit

2 rote Chilischoten

**Für den Rührteig:**
125 g Butter oder Margarine (zimmerwarm)
125 g Zucker
3 Eier (Größe M)
150 g Weizenmehl
15 g gesiebtes Kakaopulver
1 1/2 gestr. TL Dr. Oetker Backin
2 Tropfen Tabasco
100 g Raspelschokolade

**Für den Guss:**
50 g Zartbitter-Schokolade (etwa 50 % Kakaoanteil)
1 TL Speiseöl, z. B. Sonnenblumenöl

**Außerdem:**
12 Muffin-Papierbackförmchen

*Pro Stück:*
E: 4 g, F: 14 g, Kh: 26 g, kJ: 1050, kcal: 251

**1.** Chilis längs halbieren, entstielen, entkernen und die weißen Scheidewände entfernen. Chilis abspülen, trocken tupfen und sehr fein würfeln. 1 Teelöffel Chiliwürfel beiseitelegen.

**2.** Den Backofen vorheizen.
*Ober-/Unterhitze:* etwa 180 °C
*Heißluft:* etwa 160 °C

**3.** Für den Teig Butter oder Margarine mit einem Mixer (Rührstäbe) auf höchster Stufe geschmeidig rühren. Nach und nach Zucker unterrühren. So lange rühren, bis eine gebundene Masse entstanden ist. Die Eier nach und nach unterrühren (jedes Ei etwa 1/2 Minute).

**4.** Mehl mit Kakao und Backpulver mischen und auf mittlerer Stufe kurz unterrühren. Tabasco und Chiliwürfel hinzufügen und mit der Raspelschokolade unterheben.

**5.** Den Teig in einer Muffinform (für 12 Muffins, mit Papierbackförmchen ausgelegt) verteilen und glatt streichen. Die Form auf dem Rost in den vorgeheizten Backofen schieben. Muffins etwa 25 Minuten backen.

**6.** Die Muffins etwa 5 Minuten in der Form stehen lassen, dann vorsichtig aus der Form lösen und auf einem Kuchenrost erkalten lassen.

**7.** Für den Guss Schokolade in kleine Stücke brechen. Zwei Drittel davon mit dem Speiseöl in einem Topf im Wasserbad bei schwacher Hitze unter Rühren schmelzen. Den Topf aus dem Wasserbad nehmen und die restliche Schokolade darin unter Rühren schmelzen. Die Muffins damit verzieren und mit den beiseitegelegten Chiliwürfeln bestreuen. Guss fest werden lassen.

Dinkelwaffeln mit Datteln

## Dinkelwaffeln mit Datteln

8 Stück

*Zubereitungszeit:* 30 Minuten, ohne Abkühlzeit

125 g Butter oder Margarine (zimmerwarm)
100 g brauner Zucker
1 Pck. Dr. Oetker Bourbon-Vanille-Zucker
4 Eier (Größe M)
250 g Dinkelmehl (Type 630)
1 gestr. TL Dr. Oetker Backin
150 ml Mineralwasser (Medium)
125 g getrocknete Datteln, in kleine Würfel geschnitten

*Pro Stück:*
E: 8 g, F: 17 g, Kh: 44 g,
kJ: 1522, kcal: 364

**1.** Die Butter oder Margarine mit einem Mixer (Rührstäbe) auf höchster Stufe geschmeidig rühren. Nach und nach Zucker und Vanille-Zucker unterrühren. So lange rühren, bis eine gebundene Masse entstanden ist.
**2.** Eier nach und nach unterrühren (jedes Ei etwa 1/2 Minute). Das Mehl mit Backpulver mischen und abwechselnd mit dem Mineralwasser in 2 Portionen auf mittlerer Stufe kurz unterrühren. Zuletzt die Dattelwürfel unterheben.
**3.** Jeweils 2–3 Esslöffel Teig in ein gut erhitztes, gefettetes Waffeleisen füllen und verstreichen. Die Waffeln goldbraun backen und mit einer Gabel oder einem Pfannenwender herausnehmen. Waffeln einzeln auf einen Kuchenrost legen und erkalten lassen.

***Tipp:*** Dazu schmeckt ein Klecks Hagebuttenkonfitüre.

Honigsüßes Maisgebäck

## Honigsüßes Maisgebäck

6 Stück

*Zubereitungszeit (inklusive Backzeit):* 50 Minuten, ohne Abkühlzeit

**Für den All-in-Teig:**
75 g Maismehl
100 ml Buttermilch
25 g Weizenmehl
1/2 gestr. TL Dr. Oetker Backin
1/2 gestr. TL Natron
50 g flüssiger Honig
2 EL Speiseöl, z. B. Sonnenblumenöl
1 Ei (Größe M)
60 g Pinienkerne

**Für die Füllung:**
1 Pck. Dr. Oetker Vanillin-Zucker
1 Pck. Sahnesteif
125 g Crème double

*Pro Stück:*
E: 6 g, F: 20 g, Kh: 23 g,
kJ: 1216, kcal: 292

**1.** Den Backofen vorheizen.
*Ober-/Unterhitze:* etwa 180 °C
*Heißluft:* etwa 160 °C
**2.** Für den Teig Maismehl in einer Rührschüssel mit der Buttermilch anrühren, etwa 10 Minuten quellen lassen. Mehl mit Backpulver und Natron mischen und zum gequollenen Maismehl geben. Restliche Zutaten hinzufügen und mit einem Schneebesen zu einem glatten Teig verarbeiten.
**3.** Den Teig in eine Mini-Gugelhupfform (für 6 Gugelhupfe, gefettet) füllen. Die Form auf dem Rost in den vorgeheizten Backofen schieben. Die Gugelhupfe etwa 20 Minuten backen.
**4.** Die Form auf einen Kuchenrost stellen. Die Gugelhupfe etwa 10 Minuten abkühlen lassen, aus der Form lösen, auf den Kuchenrost stürzen und erkalten lassen.
**5.** Für die Füllung die kleinen Gugelhupfe einmal waagerecht halbieren. Vanillin-Zucker und Sahnesteif mischen, mit Crème double in einen Rührbecher geben und kurz aufschlagen.
**6.** Die Creme in einen kleinen Gefrierbeutel geben und eine kleine Ecke abschneiden. Die Creme in Schlangenlinien auf die unteren Gugelhupfhälften spritzen. Obere Gugelhupfhälften aufsetzen und jeweils einen Klecks in die Mitte spritzen.

## Hefeteilchen

9 Stück

*Zubereitungszeit (inklusive Backzeit):* 55 Minuten

**Für den Hefeteig:**
375 g Weizenmehl
1 Pck. Hefeteig Garant
75 g Zucker
1 Prise Salz
1 Ei (Größe M)
1 Eiweiß (Größe M)
125 ml Milch (1,5 % Fett)
50 g Halbfett-Butter (39 % Fett, zimmerwarm)

1 Eigelb
1 EL Milch (1,5 % Fett)
240 g abgetropfte Aprikosenhälften (aus der Dose)
50 g Haselnusskrokant

*Pro Stück:*
Ɛ: 7 g, F: 5 g, Kh: 50 g,
kJ: 1187, kcal: 283

**1.** Den Backofen vorheizen.
*Ober-/Unterhitze:* etwa 180 °C
*Heißluft:* etwa 160 °C
**2.** Für den Hefeteig Mehl mit Hefeteig Garant in einer Rührschüssel sorgfältig vermischen. Die restlichen Zutaten hinzufügen und mit einem Mixer (Knethaken) zunächst kurz auf niedrigster, dann auf höchster Stufe in etwa 2 Minuten zu einem glatten Teig verarbeiten.
**3.** Teig zu einer Rolle formen, auf einer leicht bemehlten Arbeitsfläche zu einem Quadrat (etwa 30 x 30 cm) ausrollen und 9 kleine Quadrate (je etwa 10 x 10 cm) ausschneiden.
**4.** Das Eigelb mit Milch verschlagen und die Teigränder damit bestreichen. Aprikosenhälften in die Mitte der Teigquadrate legen. Jeweils 2 gegenüberliegende Teigseiten zur Mitte zusammenklappen und festdrücken.
**5.** Die Teilchen mit der Naht nach unten auf ein Backblech (mit Backpapier belegt) legen. Teigoberfläche mit einem scharfen Messer 2-mal diagonal einschneiden, mit der restlichen Eigelbmilch bestreichen und mit Krokant bestreuen.
**6.** Das Backblech in den vorgeheizten Backofen schieben. Die Teilchen etwa 20 Minuten backen.
**7.** Die Hefeteilchen mit dem Backpapier vom Backblech auf einen Kuchenrost ziehen und erkalten lassen.

## Fruchtige Scones
12 Stück

*Zubereitungszeit (inklusive Backzeit):* 35 Minuten

50 g getrocknete Aprikosen

**Für den Knetteig:**
250 g Weizenmehl
3 gestr. TL Dr. Oetker Backin
100 g Halbfett-Butter (39 % Fett, zimmerwarm)
40 g Zucker
1/2 TL Salz
1 Pck. Dr. Oetker Finesse Orangenschalen-Aroma
100 ml Milch (1,5 % Fett)

etwas Milch (1,5 % Fett)

*Pro Stück:*
Ɛ: 3 g, F: 4 g, Kh: 22 g,
kJ: 556, kcal: 133

**1.** Die Aprikosen in feine Würfel schneiden.
**2.** Den Backofen vorheizen.
*Ober-/Unterhitze:* etwa 200 °C
*Heißluft:* etwa 180 °C
**3.** Für den Teig Mehl mit Backpulver in einer Rührschüssel mischen. Restliche Zutaten hinzufügen und mit einem Mixer (Knethaken) zunächst kurz auf niedrigster, anschließend auf höchster Stufe gut durcharbeiten.
**4.** Den Teig mit den Aprikosenstückchen auf der leicht bemehlten Arbeitsfläche kurz verkneten.
**5.** Den Teig zu einer Rolle formen. Die Teigrolle in 12 gleich große Stücke teilen und je zu einer Kugel formen. Teigkugeln jeweils zu einem Kreis (Ø etwa 4 cm) flach drücken, auf ein Backblech (mit Backpapier belegt) legen und mit Milch bestreichen.
**6.** Das Backblech in den vorgeheizten Backofen (Mitte) schieben. Scones etwa 15 Minuten backen.
**7.** Die Scones mit dem Backpapier vom Backblech auf einen Kuchenrost ziehen. Scones etwas abkühlen lassen und lauwarm servieren.

***Tipp:*** Die Scones mit Magerquark und Marmelade bestrichen servieren (Foto).

Hefeteilchen

Fruchtige Scones

## Maulwurfmuffins
12 Stück

*Zubereitungszeit (inklusive Backzeit):* 50 Minuten, ohne Abkühlzeit

**Für den Teig:**
100 g Weizenmehl
100 g gem. Haselnusskerne
20 g gesiebtes Kakaopulver
3 gestr. TL Dr. Oetker Backin
1 Prise Salz
120 g Zucker
1 Pck. Dr. Oetker Vanillin-Zucker
80 ml Milch (3,5 % Fett)
100 ml Speiseöl, z. B. Sonnenblumenöl
2 Eier (Größe M)

**Für die Füllung:**
200 g kalte Schlagsahne (mind. 30 % Fett)
2 TL Puderzucker
250 g Rote Grütze (aus dem Kühlregal)

**Zum Bestreuen:**
1 EL Kakaopulver

*Pro Stück:*
E: 6 g, F: 22 g, Kh: 25 g, kJ: 1294, kcal: 309

**1.** Den Backofen vorheizen.
*Ober-/Unterhitze:* etwa 180 °C
*Heißluft:* etwa 160 °C
**2.** Für den Teig Mehl, Haselnusskerne, Kakao, Backpulver, Salz, Zucker und Vanillin-Zucker in einer Rührschüssel mit einem Schneebesen verrühren. Milch, Speiseöl und die Eier in einem Rührbecher mit dem Schneebesen glatt rühren. Die flüssigen Zutaten zu der Mehl-Nuss-Mischung geben und zu einem glatten Teig verrühren.
**3.** Den Teig in eine Muffinform (für 12 Muffins, gefettet, bemehlt) geben. Die Form auf dem Rost in den vorgeheizten Backofen schieben. Muffins etwa 25 Minuten backen.
**4.** Die Form auf einen Kuchenrost stellen. Die Muffins etwa 5 Minuten in der Form abkühlen lassen, dann aus der Form lösen und auf dem Kuchenrost erkalten lassen.
**5.** Jeden Muffin etwas aushöhlen, dabei rundherum einen etwa 1 cm breiten Rand stehen lassen. Die Gebäckbrocken fein zerbröseln.
**6.** Für die Füllung die Sahne mit Puderzucker steif schlagen. Zwei Drittel der Gebäckbrösel unterrühren. Nacheinander Grütze und Bröselsahne in die Muffins füllen, mit den restlichen Bröseln und dem Kakao bestreuen. Die Muffins sofort servieren oder bis zum Servieren zugedeckt in den Kühlschrank stellen.

## Zimtrollen
10 Stück

*Zubereitungszeit (inklusive Backzeit):* 45 Minuten, ohne Ruhezeit

**Für den Hefeteig:**
375 g Weizenmehl
1 Pck. Hefeteig Garant
75 g Zucker
150 ml Milch
75 g Butter (zimmerwarm)
knapp 1 gestr. TL gem. Kardamom

50 g Butter (zimmerwarm)
50 g Zucker
knapp 1 gestr. TL gem. Zimt
60 g Rosinen
etwas Kondensmilch

*Pro Stück:*
E: 5 g, F: 12 g, Kh: 49 g, kJ: 1386, kcal: 331

**1.** Für den Teig Mehl mit Hefeteig Garant sorgfältig vermischen. Den Zucker, Milch, Butter und Kardamom hinzufügen. Die Zutaten mit einem Mixer (Knethaken) zunächst kurz auf niedrigster, dann auf höchster Stufe in etwa 5 Minuten zu einem glatten Teig verarbeiten.
**2.** Den Teig auf einer mit Mehl bestäubten Arbeitsfläche zu einem

Maulwurfmuffins

Zimtrollen

Rechteck (etwa 25 x 30 cm) ausrollen. Die Teigplatte mit der sehr weichen Butter bestreichen. Zucker mit Zimt mischen und gleichmäßig auf den Hefeteig streuen. Die Rosinen daraufstreuen.

**3.** Den Teig von der längeren Seite aus locker (der Teig muss noch aufgehen können) aufrollen. Die Teigrolle in etwa 3 cm dicke Scheiben schneiden. Die Zimtrollen mit viel Abstand auf ein Backblech (mit Backpapier belegt) legen und mit den Händen flach drücken. Zimtrollen zugedeckt 15 Minuten ruhen lassen.

**4.** In der Zwischenzeit den Backofen vorheizen.

*Ober-/Unterhitze:* etwa 180 °C
*Heißluft:* etwa 160 °C

**5.** Zimtrollen mit Kondensmilch bestreichen. Das Backblech in den vorgeheizten Backofen schieben. Zimtrollen 25–30 Minuten backen.

**6.** Backblech auf einen Kuchenrost stellen. Zimtrollen erkalten lassen.

***Tipps:*** Die Zimtrollen können zusätzlich mit Puderzuckerguss bestrichen oder besprenkelt werden. Besonders lecker schmecken die Rollen ganz frisch. Sie trocknen nicht so schnell aus, wenn Sie die Rollen in einem gut verschlossenen Gefrierbeutel aufbewahren.

Brownie-Küchlein aus dem Glas

## Brownie-Küchlein aus dem Glas

6 Stück

*Zubereitungszeit (inklusive Backzeit):* 55 Minuten, ohne Abkühlzeit

**Für den Teig:**
150 g Zartbitter-Schokolade (etwa 60 % Kakaoanteil)
100 g Butter
60 g Zucker
1 Pck. Dr. Oetker Bourbon-Vanille-Zucker
2 Eier (Größe M)
80 g Weizenmehl
1/2 TL Dr. Oetker Backin
40 g grob gehackte Walnusskerne
40 g grob gehackte Cashewkerne
40 g grob gehackte, weiße Schokolade

**Außerdem:**
6 Sturz-Form-Gläser (je 160 ml Inhalt) mit passenden Gummiringen und Klammern

*Pro Stück:*
E: 8 g, F: 33 g, Kh: 39 g,
kJ: 2031, kcal: 486

**1.** Für den Teig Schokolade in Stücke brechen. Schokoladenstücke mit Butter in einem Topf bei schwacher Hitze unter Rühren zu einer geschmeidigen Masse verrühren. Die Masse in eine Rührschüssel geben und abkühlen lassen.

**2.** Den Backofen vorheizen.

*Ober-/Unterhitze:* etwa 180 °C
*Heißluft:* etwa 160 °C

**3.** Zucker, Vanille-Zucker und Eier zu der Butter-Schoko-Masse geben und mit einem Rührlöffel unterrühren. Mehl mit Backpulver mischen und unter die Schokoladenmasse rühren. Nüsse und Schokolade unterheben.

**4.** Den Teig mit einem Teelöffel in die Gläser (gefettet, bemehlt) füllen, die Glasränder säubern. Den Rost in den vorgeheizten Backofen (Mitte) schieben. Die Gläser auf den Rost stellen. Die Küchlein etwa 25 Minuten backen.

**5.** Nach dem Backen ein Glas mit Topflappen aus dem Backofen nehmen und verschließen. Dazu den vorbereiteten feuchten Gummiring auf die Innenseite eines Glasdeckels legen. Das Glas sofort mit dem Deckel und 4 Klammern verschließen. Die restlichen Gläser auf die gleiche Weise verschließen. Nach jedem Glas, das aus dem Backofen genommen wird, den Backofen wieder schließen.

**6.** Die Gläser auf einem Kuchenrost vollständig erkalten lassen, dann die Klammern lösen und die Gläser kühl aufbewahren.

***Tipps:*** Die Küchlein vor dem Servieren mit einem Schokoladenguss überziehen. Die Brownies halten sich etwa 2 Monate.

Kapitel 09

Rezepte 801–900

Kuchen

Johannisbeer-Mohn-Kuchen

## Johannisbeer-Mohn-Kuchen

16 Stücke

*Zubereitungszeit* (inklusive Backzeit): 60 Minuten, ohne Abkühlzeit

**Zum Vorbereiten:**
350 g rote Johannisbeeren

**Für den Rührteig:**
120 g Halbfett-Butter (39 % Fett, zimmerwarm)
120 g Zucker
1 Pck. Dr. Oetker Vanillin-Zucker
1 Prise Salz
2–3 Tropfen Butter-Vanille-Aroma
3 Eier (Größe M)
300 g Weizenmehl
3 gestr. TL Dr. Oetker Backin
45 g Mohnsamen
150 g Joghurt (1,5 % Fett)

**Zum Bestäuben:**
1 TL Puderzucker

*Pro Stück:*
E: 5 g, F: 6 g, Kh: 24 g,
kJ: 707, kcal: 169

**1.** Johannisbeeren abspülen und in einem Sieb gut abtropfen lassen. 16 kleine Rispen (etwa 100 g) zum Garnieren beiseitestellen. Die restlichen Johannisbeeren von den Rispen zupfen und auf Küchenpapier abtropfen lassen.
**2.** Den Backofen vorheizen.
*Ober-/Unterhitze:* etwa 180 °C
*Heißluft:* etwa 160 °C
**3.** Für den Teig die Butter mit einem Mixer (Rührstäbe) auf höchster Stufe geschmeidig rühren. Nach und nach Zucker, Vanillin-Zucker, Salz und Aroma unterrühren. So lange rühren, bis eine gebundene Masse entstanden ist.
**4.** Die Eier nach und nach unterrühren (jedes Ei etwa 1/2 Minute). Mehl mit Backpulver und Mohn mischen. Die Mehlmischung in 2 Portionen abwechselnd mit dem Joghurt auf mittlerer Stufe kurz unterrühren.
**5.** Teig in eine Springform (Ø 26 cm, Boden gefettet, mit Backpapier belegt) geben und glatt streichen. Die Johannisbeeren auf den Teig geben, mit einer Gabel unter den Teig ziehen.
**6.** Die Form auf dem Rost in den vorgeheizten Backofen schieben. Den Kuchen etwa 40 Minuten backen.
**7.** Die Form auf einen Kuchenrost stellen. Den Kuchen etwa 10 Minuten abkühlen lassen. Dann aus der Form lösen und erkalten lassen.
**8.** Den Kuchen mit Johannisbeerrispen garnieren und mit Puderzucker bestäuben.

***Tipps:*** Dieser saftig-fruchtige Kuchen lässt sich ohne Garnierung, in Stücke portioniert und in Folie gewickelt wunderbar einfrieren. So können Sie nach Lust, Laune und Bedarf einzelne Stücke auftauen. Ohne Garnierung planen Sie bitte 250 g frische Johannisbeeren für den Kuchen ein.

## Rotweinschnitten mit Schüttelteig

15 Stücke

*Zubereitungszeit* (inklusive Backzeit): 60 Minuten, ohne Kühlzeit

**Zum Vorbereiten:**
80 g Edelbitter-Schokolade (etwa 70 % Kakaoanteil)
150 g Butter oder Margarine

**Für den Schüttelteig:**
150 g Weizenmehl
2 gestr. TL Dr. Oetker Backin
150 g Zucker
1 Pck. Dr. Oetker Vanillin-Zucker
100 g abgezogene, gem. Mandeln
2 Eier (Größe M)
6 EL Milch

**Für die Füllung:**
200 g Schlagsahne (mind. 30 % Fett)
1 TL Puderzucker
1 Pck. Sahnesteif
1 Pck. Rotweincreme (Dessertpulver)
4 EL kaltes Wasser

**Zum Bestreichen:**
2 EL Johannisbeer- oder Sauerkirschkonfitüre
1 EL Wasser

**Zum Garnieren und Verzieren:**
200 g kernlose, grüne und blaue Weintrauben
100 g Schlagsahne (mind. 30 % Fett)
20 g Edelbitter-Schokolade (etwa 70 % Kakaoanteil)

*Pro Stück:*
E: 7 g, F: 21 g, Kh: 51 g,
kJ: 1835, kcal: 437

**1.** Zum Vorbereiten Schokolade in kleine Stücke brechen. Zwei Drittel davon in einem Topf im Wasserbad bei schwacher Hitze unter Rühren schmelzen. Den Topf aus dem Wasserbad nehmen und die restliche Schokolade darin unter Rühren schmelzen. Butter oder Margarine zerlassen und abkühlen lassen.

**2.** Den Backofen vorheizen.
*Ober-/Unterhitze:* etwa 180 °C
*Heißluft:* etwa 160 °C

**3.** Für den Teig das Mehl mit Backpulver mischen, in eine verschließbare Schüssel (etwa 3 l) geben, mit Zucker, Vanillin-Zucker und Mandeln mischen. Eier, Butter oder Margarine, flüssige Schokolade und Milch hinzufügen. Die Schüssel mit dem Deckel fest verschließen.

**4.** Schüssel mehrmals (insgesamt 15–30 Sekunden) kräftig schütteln, sodass alle Zutaten gut vermischt sind. Alles mit einem Schneebesen oder Rührlöffel nochmals sorgfältig durchrühren, damit trockene Zutaten vom Rand mit untergerührt werden.

**5.** Den Teig auf ein Backblech (30 x 40 cm, gefettet, mit Backpapier belegt) geben und glatt streichen. Das Backblech in den vorgeheizten Backofen schieben. Die Gebäckplatte etwa 25 Minuten backen.

**6.** Die Gebäckplatte auf die Arbeitsfläche oder auf Backpapier stürzen. Gebäckplatte erkalten lassen, mitgebackenes Backpapier abziehen. Gebäckplatte senkrecht halbieren, sodass 2 gleich große Platten (je 15 x 40 cm) entstehen. Eine Gebäckhälfte auf eine rechteckige Platte legen und einen Backrahmen darumstellen.

**7.** Für die Füllung Sahne mit Puderzucker und Sahnesteif steif schlagen. Rotwein aus der Packung mit 4 Esslöffeln Wasser in eine Rührschüssel geben. Dessertpulver hinzufügen. Die Creme nach Packungsanleitung zubereiten. Die steif geschlagene Sahne unterheben.

**8.** Die Rotweincreme auf die untere Gebäckhälfte streichen. Die zweite Gebäckhälfte darauflegen und leicht andrücken.

**9.** Zum Bestreichen die Konfitüre mit Wasser in einem kleinen Topf unter Rühren gut aufkochen lassen und durch ein Sieb streichen. Konfitüre auf den Kuchen streichen. Den Kuchen etwa 1 Stunde kalt stellen, den Backrahmen lösen und entfernen.

**10.** Zum Garnieren und Verzieren die Weintrauben waschen, abtropfen lassen, entstielen und halbieren. Den Kuchen in Stücke schneiden. Sahne steif schlagen. Die Kuchenstücke jeweils mit einem Klecks Sahne verzieren. Die Weintraubenhälften in die Sahne legen. Schokolade mit einem Sparschäler darüberhobeln.

Rotweinschnitten mit Schüttelteig

## Birnen-Baiser-Torte
12 Stücke

*Zubereitungszeit* (inklusive Backzeit): 60 Minuten, ohne Abkühlzeit

**Für den Teig:**
100 g Weizenmehl
1/2 Pck. Dr. Oetker Backin
75 g Zucker
1 Pck. Dr. Oetker Vanillin-Zucker
3 Eier (Größe M)
2 EL Speiseöl, z. B. Sonnenblumenöl
1 EL Weißweinessig

**Für den Belag:**
460 g abgetropfte Birnenhälften (aus der Dose)
1 Pck. Dr. Oetker Pudding-Pulver Schokoladen-Geschmack
1 EL Zucker
2 Eigelb (Größe M)
200 ml Birnensaft (aus der Dose)
300 ml Milch

**Für das Baiser:**
2 Eiweiß (Größe M)
100 g Puderzucker

*Pro Stück:*
E: 5 g, F: 5 g, Kh: 35 g,
kJ: 863, kcal: 206

**1.** Den Backofen vorheizen.
*Ober-/Unterhitze:* etwa 180 °C
*Heißluft:* etwa 160 °C

**2.** Für den Teig das Mehl mit Backpulver in eine Rührschüssel mischen. Die restlichen Zutaten hinzufügen und mit einem Mixer (Rührstäbe) zunächst kurz auf niedrigster, dann auf höchster Stufe in etwa 2 Minuten zu einem glatten Teig verarbeiten. Teig in eine Springform (Ø 26 cm, Boden gefettet) geben und glatt streichen. Die Form auf dem Rost in den vorgeheizten Backofen schieben. Den Boden etwa 35 Minuten backen.
**3.** Für den Belag in der Zwischenzeit von den Birnen den Saft auffangen und beiseitestellen.
**4.** Die Form auf einen Kuchenrost stellen. Den heißen Tortenboden mit den Birnenhälften belegen.
**5.** Pudding-Pulver mit dem Zucker mischen und mit Eigelb und 200 ml Birnensaft anrühren. Die Milch zum Kochen bringen. Angerührtes Pudding-Pulver in die von der Kochstelle genommene Milch rühren und unter Rühren aufkochen lassen. Den heißen Pudding auf die Birnen geben und abkühlen lassen.
**6.** Für das Baiser Eiweiß steif schlagen, Puderzucker unterschlagen. Die Baisermasse in einen Spritzbeutel mit Lochtülle füllen und in Tuffs auf den Pudding setzen.
**7.** Die Backofentemperatur um etwa 40 °C heraufschalten. Die Form wieder auf dem Rost in den heißen Backofen schieben. Das Baiser in etwa 8 Minuten bräunen.
**8.** Die Form auf einen Kuchenrost stellen. Den Kuchen erkalten lassen.

***Tipps:*** 2–3 Esslöffel Kokosraspel in einer Pfanne ohne Fett unter Wenden anrösten, etwas abkühlen lassen und an den mit etwas Pudding bestrichenen Rand der Torte drücken. Sie können den Kuchen bereits am Vortag zubereiten. Das Baiser aber erst kurz vor dem Servieren frisch aufspritzen und bräunen. Sie können das Baiser auch wellenartig mithilfe eines Löffels auf dem Pudding verteilen.

Birnen-Baiser-Torte

## Puddingkuchen
10 Stücke

*Zubereitungszeit* (inklusive Backzeit): 45 Minuten, ohne Abkühlzeit

**Für den Hefeteig:**
300 g Weizenmehl
1 Pck. Hefeteig Garant
50 g Zucker
100 ml Milch (3,5 % Fett)
1 Ei (Größe M)
75 g Butter oder Margarine (zimmerwarm)

50 g Butter
1 EL Honig
1 Pck. Dr. Oetker Vanillin-Zucker
50 g Schlagsahne

**Für die Füllung:**
1 Pck. Dr. Oetker Pudding-Pulver Vanille-Geschmack
50 g Zucker
400 ml Milch (3,5 % Fett)
200 g Schmand (Sauerrahm)
2 EL Aprikosenkonfitüre

**Für den Guss:**
125 g dunkle Kuchenglasur
50 g Schokoladenraspel oder -blättchen

*Pro Stück:*
E: 7 g, F: 27 g, Kh: 55 g,
kJ: 2096, kcal: 500

Puddingkuchen

Kringelkuchen

**1.** Für den Teig Mehl mit Hefeteig Garant in einer Rührschüssel mischen. Restliche Zutaten hinzufügen und mit einem Mixer (Knethaken) erst kurz auf niedrigster, dann auf höchster Stufe in etwa 2 Minuten zu einem glatten Teig verarbeiten.
**2.** Den Teig auf der leicht bemehlten Arbeitsfläche nochmals kurz durchkneten, dann auf einem Backblech (30 x 40 cm, gefettet) ausrollen. Den Teig zugedeckt etwa 5 Minuten ruhen lassen.
**3.** In der Zwischenzeit den Backofen vorheizen.
*Ober-/Unterhitze:* etwa 180 °C
*Heißluft:* etwa 160 °C
**4.** Butter, Honig, Vanillin-Zucker und Sahne in einem kleinen Topf kurz erhitzen, bis der Zucker geschmolzen ist. Den Kuchen mit einer Gabel dicht an dicht einstechen. Die Butter-Sahne-Mischung vorsichtig gleichmäßig darauf verstreichen bzw. träufeln. Das Backblech in den vorgeheizten Backofen schieben. Den Kuchen 15–20 Minuten backen.
**5.** Das Backblech auf einen Kuchenrost stellen. Den Kuchen erkalten lassen.
**6.** Für die Füllung inzwischen aus Pudding-Pulver, Zucker und Milch nach Packungsanleitung einen Pudding zubereiten. Schmand und Aprikosenkonfitüre sofort gut unterrühren.
**7.** Die Kuchenplatte senkrecht halbieren, sodass 2 Platten (jeweils etwa 20 x 30 cm) entstehen. Einen Backrahmen eng um eine Teigplatte stellen. Die Puddingfüllung auf den Teig geben und glatt streichen. Die zweite Teigplatte darauflegen und leicht andrücken.
**8.** Für den Guss die Glasur nach Packungsanleitung schmelzen. Den Kuchen mit der Glasur bestreichen und mit Schokoladenraspeln oder -blättchen bestreuen. Kuchen zugedeckt etwa 1 Stunde in den Kühlschrank stellen. Den Backrahmen lösen und entfernen.

## Kringelkuchen

16 Stücke

*Zubereitungszeit* (inklusive Backzeit): 60 Minuten

**Für den Streuselteig:**
150 g Weizenmehl
1 Msp. Dr. Oetker Backin
50 g Zucker
1 Pck. Dr. Oetker Vanillin-Zucker
1 Msp. gem. Zimt
100 g Butter oder Margarine

**Für die Quarkfüllung:**
250 g Speisequark (40 % Fett)
1 Ei (Größe M)
1 TL Zitronensaft
2 Pck. Dr. Oetker Vanillin-Zucker
1 geh. TL Speisestärke

**Für die Mohnfüllung:**
250 g Mohn-Back
(backfertige Mohnfüllung)
1 Ei (Größe M)

*Pro Stück:*
E: 5 g, F: 10 g, Kh: 20 g,
kJ: 795, kcal: 190

**1.** Den Backofen vorheizen.
*Ober-/Unterhitze:* etwa 200 °C
*Heißluft:* etwa 180 °C
**2.** Für den Teig Mehl mit Backpulver in einer Rührschüssel mischen. Die restlichen Zutaten hinzufügen und mit einem Mixer (Rührstäbe) zunächst kurz auf niedrigster, dann auf höchster Stufe zu feinen Streuseln verarbeiten. Zwei Drittel der Teigstreusel auf dem Boden einer Springform (Ø 26 cm, gefettet) verteilen und zu einem Boden andrücken.
**3.** Für die Quarkfüllung Quark mit Ei, Zitronensaft, Vanillin-Zucker und Speisestärke verrühren, in einen Spritzbeutel mit Lochtülle füllen. Mit der Quarkmasse aus dem Spritzbeutel einen dicken Punkt in die Mitte sowie 2 flache Ringe auf den Boden spritzen, dabei einen etwa 1 cm breiten Rand frei lassen.
**4.** Für die Mohnfüllung Mohn-Back mit dem Ei verrühren. Die Masse ebenfalls in einen Spritzbeutel mit Lochtülle füllen und 2 Ringe zwischen die Quarkringe spritzen. Oder die Masse mit einem Esslöffel zwischen den Quarkringen verteilen.
**5.** Die restlichen Teigstreusel an den Rand und auf die Füllungen streuen.
**6.** Die Form auf dem Rost in den vorgeheizten Backofen schieben. Den Kuchen etwa 35 Minuten backen.
**7.** Die Form auf einen Kuchenrost stellen. Den Kuchen erkalten lassen.

Caribic-Nuss-Kuchen

## Caribic-Nuss-Kuchen

20 Stücke

*Zubereitungszeit* (inklusive Backzeit): 60 Minuten

**Zum Vorbereiten:**
100 g Caribic Royal (Frucht- und Nussmischung, von Seeberger)

**Für den Biskuitteig:**
4 Eier (Größe M)
125 g Zucker
1 Pck. Dr. Oetker Vanillin-Zucker
4–5 Tropfen Rum-Aroma
125 g Weizenmehl
2 gestr. TL Dr. Oetker Backin
2 gestr. TL gem. Zimt
50 g gem. Haselnusskerne

*Pro Stück:*
E: 3 g, F: 4 g, Kh: 15 g,
kJ: 430, kcal: 103

**1.** Zum Vorbereiten Frucht- und Nussmischung klein hacken.
**2.** Den Backofen vorheizen.
*Ober-/Unterhitze:* etwa 180 °C
*Heißluft:* etwa 160 °C
**3.** Für den Teig Eier mit einem Mixer (Rührstäbe) auf höchster Stufe in etwa 1 Minute schaumig schlagen. Zucker mit Vanillin-Zucker mischen, in etwa 1 Minute einstreuen, dann noch etwa 2 Minuten schlagen. Das Aroma hinzufügen.
**4.** Mehl mit Backpulver und Zimt mischen, auf die Eiercreme geben und kurz auf niedrigster Stufe unterrühren. Die Haselnusskerne vorsichtig unterheben.

Apfel-Quiche mit Mandeln

**5.** Den Teig in eine Kastenform (25 x 11 cm, gefettet, bemehlt) geben und glatt streichen. Die Frucht-Nuss-Mischung darauf verteilen.
**6.** Die Form auf dem Rost in den vorgeheizten Backofen schieben. Den Kuchen etwa 50 Minuten backen.
**7.** Die Form auf einen Kuchenrost stellen. Den Kuchen etwa 10 Minuten in der Form stehen lassen, dann aus der Form lösen und auf dem Kuchenrost erkalten lassen.

## Apfel-Quiche mit Mandeln

12 Stücke

*Zubereitungszeit* (inklusive Backzeit): 50 Minuten, ohne Abkühlzeit

1 Pck. frischer Blätterteig (aus dem Kühlregal, etwa 270 g, rechteckig, etwa 40 x 25 cm)
2 süßsauere Äpfel z. B. Cox Orange
125 g Schlagsahne
2 Eier (Größe M), 2 EL Zucker
1 Pck. Dr. Oetker Finesse Geriebene Zitronenschale
1 Pck. Dr. Oetker Bourbon-Vanille-Zucker
2–3 EL gehobelte Mandeln

1 EL Puderzucker

*Pro Stück:*
E: 3 g, F: 10 g, Kh: 13 g,
kJ: 669, kcal: 160

**1.** Den Blätterteig evtl. noch etwas größer ausrollen. Aus dem Teig eine runde Platte (Ø 32–34 cm) ausschneiden. Die Teigplatte so in eine Springform (Ø 26 cm, gefettet, mit kaltem Wasser besprenkelt) legen, dass der Rand leicht überlappt. Den Rand etwas andrücken.
**2.** Den Backofen vorheizen.
*Ober-/Unterhitze:* etwa 200 °C
*Heißluft:* etwa 180 °C
**3.** Die Äpfel schälen, halbieren und das Kerngehäuse herausschneiden. Die Apfelhälften in dünne Scheiben schneiden. Die Apfelscheiben dachziegelartig auf dem Blätterteigboden verteilen.
**4.** Sahne mit Eiern, Zucker, Zitronenschale und Vanille-Zucker verquirlen und über die ausgelegten Apfelscheiben gießen. Die Oberfläche mit Mandeln bestreuen. Form auf dem Rost in den vorgeheizten Backofen schieben. Quiche etwa 20 Minuten backen.
**5.** Die Form auf einen Kuchenrost stellen. Die Quiche etwas abkühlen lassen, dann den überhängenden Rand abschneiden. Die Quiche vorsichtig aus der Form lösen, mit Puderzucker bestäuben und am besten lauwarm servieren.

## Gugelhupf mit Aprikosen

20 Stücke

*Zubereitungszeit* (inklusive Backzeit): 60 Minuten

**Zum Vorbereiten:**
100 g getrocknete Aprikosen
5 EL Apfelsaft (etwa 60 ml)

**Für den Rührteig:**
80 g Joghurt-Butter (65 % Fett, zimmerwarm)
100 g brauner Zucker
1 Prise Salz
2 Eier (Größe M)
300 g Weizenmehl

1 geh. TL Dr. Oetker Backin
50 g Joghurt (1,5 % Fett)
2 EL gem. Haselnusskerne
100 ml Apfelsaft

1 EL Semmelbrösel
(etwa 10 g)
1 EL Puderzucker

*Pro Stück:*
E: 3 g, F: 5 g, Kh: 20 g,
kJ: 564, kcal: 135

**1.** Zum Vorbereiten Aprikosen fein würfeln und mit dem Saft verrühren, einige Minuten durchziehen lassen.
**2.** In der Zwischenzeit den Backofen vorheizen.
*Ober-/Unterhitze:* etwa 180 °C
*Heißluft:* etwa 160 °C
**3.** Für den Teig Butter mit einem Mixer (Rührstäbe) geschmeidig rühren. Nach und nach Zucker und Salz unterrühren. So lange Rühren bis eine gebundene Masse entstanden ist.
**4.** Eier nach und nach unterrühren (jedes Ei etwa 1/2 Minute). Mehl mit Backpulver mischen, und abwechselnd mit Joghurt und Haselnüssen auf mittlerer Stufe kurz unterrühren. Aprikosen mit der Flüssigkeit und dem Apfelsaft unterrühren.
**5.** Den Teig in eine Gugelhupfform (Ø 22 cm, gefettet, mit Semmelbröseln ausgestreut) geben und glatt streichen.
**6.** Die Form auf dem Rost in den vorgeheizten Backofen schieben. Den Gugelhupf etwa 50 Minuten backen.
**7.** Gugelhupf etwas abkühlen lassen, dann aus der Form stürzen und auf einem Kuchenrost erkalten lassen. Den Gugelhupf mit Puderzucker bestäuben.

## Gewürz-Kirsch-Tarte

12 Stücke

*Zubereitungszeit* (inklusive Backzeit): 60 Minuten

**Für den Rührteig:**
125 g Butter oder Margarine (zimmerwarm)
110 g Zucker
1 Msp. gem. Anis
1 gestr. TL gem. Ingwer
1 gestr. TL Dr. Oetker Finesse Geriebene Zitronenschale
2 Eier (Größe M)
170 g Weizenmehl
2 gestr. TL Dr. Oetker Backin

370 g abgetropfte Sauerkirschen (aus dem Glas)

**Für die Streusel:**
170 g Weizenmehl
1 gestr. TL Dr. Oetker Backin
110 g Zucker
3 EL gehackte Cashewkerne
25 g gehackte Pistazienkerne
125 g Butter oder Margarine

*Pro Stück:*
E: 6 g, F: 21 g, Kh: 46 g,
kJ: 1742, kcal: 408

**1.** Für den Teig Butter oder Margarine mit einem Mixer (Rührstäbe) auf höchster Stufe geschmeidig rühren. Nach und nach Zucker, Anis, Ingwer und Zitronenschale unterrühren. So lange rühren, bis eine gebundene Masse entstanden ist.
**2.** Die Eier nach und nach unterrühren (jedes Ei etwa 1/2 Minute). Mehl mit Backpulver mischen und auf mittlerer Stufe kurz unterrühren.
**3.** Teig in eine Tarteform (Ø 28 cm, gefettet) geben und glatt streichen. Die Kirschen auf dem Teig verteilen.
**4.** Den Backofen vorheizen.
*Ober-/Unterhitze:* etwa 200 °C
*Heißluft:* etwa 180 °C
**5.** Für die Streusel Mehl mit Backpulver in einer Rührschüssel mischen. Restliche Zutaten hinzufügen und mit dem Mixer (Rührstäbe) zu Streuseln von gewünschter Größe verarbeiten. Die Streusel auf den Kirschen verteilen.
**6.** Die Form auf dem Rost in den vorgeheizten Backofen schieben. Die Tarte etwa 35 Minuten backen.
**7.** Die Form auf einen Kuchenrost stellen und die Tarte in der Form erkalten lassen.

Gugelhupf mit Aprikosen

Gewürz-Kirsch-Tarte

## Mühlespiel
20 Stücke

*Zubereitungszeit* (inklusive Backzeit): 55 Minuten, ohne Abkühlzeit

**Für den Rührteig:**
200 g Butter oder Margarine (zimmerwarm)
200 g Zucker
1 Pck. Dr. Oetker Vanillin-Zucker
1 Prise Salz
4 Eier (Größe M)
250 g Weizenmehl
3 gestr. TL Dr. Oetker Backin
25 g gesiebtes Kakaopulver
125 ml Rotwein
100 g gehackte Haselnusskerne

**Für den Guss:**
100 g Puderzucker
1 EL Zitronensaft

**Zum Verzieren und Garnieren:**
je 9 dunkle weiße Schokoladentaler
etwas Puderzucker

*Pro Stück:*
E: 4 g, F: 16 g, Kh: 30 g,
kJ: 1209, kcal: 289

**1.** Den Backofen vorheizen.
*Ober-/Unterhitze:* etwa 180 °C
*Heißluft:* etwa 160 °C

**2.** Für den Teig Butter oder Margarine mit einem Mixer (Rührstäbe) auf höchster Stufe geschmeidig rühren. Nach und nach Zucker, Vanillin-Zucker und Salz unterrühren. So lange rühren, bis eine gebundene Masse entstanden ist. Eier nach und nach unterrühren (je Ei etwa 1/2 Minute).

**3.** Mehl mit Backpulver und Kakao mischen, in 2 Portionen abwechselnd mit dem Rotwein auf mittlerer Stufe kurz unterrühren (nur so viel Rotwein verwenden, dass der Teig schwer reißend von einem Löffel fällt). Die Haselnusskerne kurz unterrühren.

**4.** Den Teig auf ein Backblech (30 x 40 cm, gefettet) geben und glatt streichen. Backblech in den vorgeheizten Backofen schieben. Die Gebäckplatte etwa 25 Minuten backen.

**5.** Das Backblech auf einen Kuchenrost stellen. Die Gebäckplatte erkalten lassen.

**6.** Für den Guss Puderzucker mit Zitronensaft und etwas Wasser zu einer zähflüssigen Masse verrühren. Guss in ein Pergamentpapiertütchen füllen und eine kleine Spitze abschneiden. Mit dem Guss die Linien eines Mühlespielfeldes auf die Gebäckplatte spritzen. Die Schokoladentaler darauf verteilen. Den Guss fest werden lassen. Die Kuchenränder mit Puderzucker bestäuben.

***Tipps:*** Der Kuchen bleibt länger frisch, wenn er vor dem Verzieren und Garnieren mit 150 g geschmolzener Schokolade überzogen wird. Statt Zuckerguss können sie auch weiße Schokolade verwenden.

Mühlespiel

## Cola-Kranz
14 Stücke

*Zubereitungszeit* (inklusive Backzeit): 55 Minuten, ohne Abkühlzeit

**Für den All-in-Teig:**
200 g Weizenmehl
2 gestr. TL Dr. Oetker Backin
200 g feinster Zucker oder gesiebter Puderzucker
50 g gesiebtes Kakaopulver
100 ml Orangensaft
1 Pck. Dr. Oetker Finesse Orangenschalen-Aroma
100 ml Cola
125 ml Speiseöl
1 Pck. Dr. Oetker Vanillin-Zucker
3 Eier (Größe M)

**Für den Guss:**
25 g Butter
250 g Puderzucker
25 g gesiebtes Kakaopulver
3–4 EL Cola

*Pro Stück:*
E: 4 g, F: 13 g, Kh: 46 g,
kJ: 1352, kcal: 323

Cola-Kranz

1. Den Backofen vorheizen.
*Ober-/Unterhitze:* etwa 180 °C
*Heißluft:* etwa 160 °C

2. Für den Teig Mehl mit Backpulver in einer Rührschüssel mischen. Die restlichen Zutaten hinzufügen und mit einem Mixer (Rührstäbe) zunächst kurz auf niedrigster, dann auf höchster Stufe in etwa 2 Minuten zu einem glatten Teig verarbeiten.

3. Den Teig in eine Springform mit Rohrboden (Ø 20 cm, gefettet, bemehlt) geben und glatt streichen. Die Form auf dem Rost in den vorgeheizten Backofen schieben. Den Kuchen etwa 35 Minuten backen.

4. Die Form auf einen Kuchenrost stellen. Den Kuchen etwa 10 Minuten in der Form abkühlen lassen. Dann aus der Form lösen und auf den mit Backpapier belegten Kuchenrost stürzen. Den Kuchen erkalten lassen.

5. Für den Guss Butter zerlassen. Puderzucker, Kakao und Cola gut unterrühren. Den Kuchen mit dem Guss überziehen. Wenn der Guss etwas herunterläuft, ihn wieder auf dem Kuchen verteilen. Guss fest werden lassen.

***Tipp:*** Für eine große Springform mit Rohrboden (Ø 26 cm) die doppelte Menge Teig zubereiten. Den Kuchen dann etwa 55 Minuten bei der oben angegebenen Backofentemperatur backen.

## Aprikosen-Wähe mit Marzipanguss

12 Stücke

*Zubereitungszeit* (inklusive Backzeit): 60 Minuten

**Für den Quark-Öl-Teig:**
300 g Weizenmehl
1 Pck. Dr. Oetker Backin
150 g Magerquark
75 g Zucker
6 EL Milch
6 EL Speiseöl
1 Prise Salz

**Für den Belag:**
2 EL gem. Mandeln
480 g abgetropfte Aprikosenhälften (aus der Dose)

**Für den Marzipanguss:**
100 g Marzipan-Rohmasse
250 g Schmand (Sauerrahm)
4 Eier (Größe M)
2 EL Speisestärke
1 Pck. Dr. Oetker Finesse Bourbon-Vanille-Aroma

2 EL gehobelte Mandeln
evtl. Puderzucker

*Pro Stück:*
E: 10 g, F: 18 g, Kh: 39 g,
kJ: 1512, kcal: 361

Aprikosen-Wähe mit Marzipanguss

1. Den Backofen vorheizen.
*Ober-/Unterhitze:* etwa 200 °C
*Heißluft:* etwa 180 °C

2. Für den Teig Mehl mit Backpulver in einer Rührschüssel mischen. Restliche Zutaten hinzufügen und mit einem Mixer (Knethaken) auf niedrigster, dann auf höchster Stufe in etwa 1 Minute zu einem glatten Teig verarbeiten (nicht zu lange, Teig klebt sonst). Anschließend den Teig auf einer leicht bemehlten Arbeitsfläche zu einer Rolle formen.

3. Die Teigrolle zu einer runden Platte (Ø etwa 32 cm) ausrollen und in eine Wähe- oder Tarteform (Ø 30 cm) legen. Den überstehenden Rand abschneiden.

4. Den Teigboden mit Mandeln bestreuen und mit Aprikosenhälften belegen.

5. Für den Guss Marzipan in feine Scheiben schneiden und in eine Rührschüssel geben. Schmand, Eier, Speisestärke und Aroma hinzufügen. Die Zutaten pürieren.

6. Den Guss auf den Aprikosenhälften verteilen, den Rand mit Mandeln bestreuen. Die Form auf dem Rost in den vorgeheizten Backofen schieben. Die Aprikosen-Wähe etwa 30 Minuten backen.

7. Die Form auf einen Kuchenrost stellen. Den Kuchenrand nach Belieben mit Puderzucker bestäuben. Die Wähe lauwarm oder kalt servieren.

Eierlikör-Schüttelkuchen

Popcornkuchen mit Cola

## Eierlikör-Schüttelkuchen

10 Stücke

*Zubereitungszeit* (inklusive Backzeit): 60 Minuten, ohne Abkühlzeit

**Für den Schüttelteig:**
25 g Zitronat (Sukkade)
150 g Weizenmehl
3 gestr. TL Dr. Oetker Backin
100 g Puderzucker
100 g gem. Haselnusskerne
2 Eier (Größe M)
100 ml Speiseöl
125 ml Eierlikör

**Zum Aprikotieren:**
2–3 EL Aprikosenkonfitüre
1 EL Wasser

**Für den Guss:**
150 g Zartbitter-Schokolade (etwa 50 % Kakaoanteil)
2 EL Speiseöl

**Zum Bestreuen:**
25 g Zitronat (Sukkade)

*Pro Stück:*
E: 7 g, F: 26 g, Kh: 40 g,
kJ: 1775, kcal: 424

**1.** Den Backofen vorheizen.
*Ober-/Unterhitze:* etwa 180 °C
*Heißluft:* etwa 160 °C
**2.** Für den Teig Zitronat fein hacken. Mehl mit Backpulver und Puderzucker mischen, in eine verschließbare Schüssel (etwa 3 l) geben. Haselnusskerne, Eier, Speiseöl, Eierlikör und Zitronat hinzufügen. Die Schüssel mit dem Deckel fest verschließen.
**3.** Schüssel mehrmals (insgesamt 15–30 Sekunden) kräftig schütteln, sodass alle Zutaten gut vermischt sind. Alles mit einem Schneebesen oder Rührlöffel nochmals sorgfältig durchrühren, damit die trockenen Zutaten vom Rand mit untergerührt werden. Den Teig in eine Springform (Ø 20 cm, Boden gefettet) geben und glatt streichen. Die Form auf dem Rost in den vorgeheizten Backofen schieben. Den Kuchen etwa 35 Minuten backen.
**4.** Den Kuchen lösen und auf einem Kuchenrost erkalten lassen.
**5.** Zum Aprikotieren Konfitüre durch ein Sieb streichen, mit Wasser in einem kleinen Topf gut aufkochen lassen. Kuchen damit bestreichen.
**6.** Für den Guss Schokolade in kleine Stücke brechen. Zwei Drittel davon mit dem Speiseöl in einem Topf im Wasserbad bei schwacher Hitze unter Rühren schmelzen. Den Topf aus dem Wasserbad nehmen und die restliche Schokolade darin unter Rühren schmelzen.
**7.** Den Kuchen mit dem Guss überziehen. Zitronat auf den feuchten Guss streuen. Guss fest werden lassen.

***Tipp:*** Für eine Ø 28 cm große Springform die Zutaten verdoppeln.

## Popcornkuchen mit Cola

20 Stücke

*Zubereitungszeit* (inklusive Backzeit): 60 Minuten, ohne Abkühlzeit

**Für den All-in-Teig:**
300 g Weizenmehl
40 g gesiebtes Kakaopulver
2 gestr. TL Dr. Oetker Backin
300 g Zucker
4 Eier (Größe M)
1 Fläschchen Zitronen-Aroma
200 g Butter oder Margarine (zimmerwarm)
150 ml Buttermilch
150 ml Cola
30 g fertiges Popcorn

**Für den Guss:**
40 g Butter
35 g gesiebtes Kakaopulver
75 ml Cola, 300 g Puderzucker

30 g fertiges Popcorn
evtl. Cola-Fläschchen oder Fruchtgummis

*Pro Stück:*
E: 5 g, F: 13 g, Kh: 45 g, kJ: 1319, kcal: 315

**1.** Den Backofen vorheizen.
*Ober-/Unterhitze:* etwa 180 °C
*Heißluft:* etwa 160 °C
**2.** Für den Teig Mehl mit Kakao und Backpulver in einer Rührschüssel mischen. Zucker, Eier, Aroma, Butter oder Margarine, Buttermilch und Cola hinzugeben. Zutaten mit einem Mixer (Rührstäbe) erst kurz auf niedrigster, dann auf höchster Stufe in etwa 2 Minuten zu einem glatten Teig verarbeiten. Popcorn unterheben.
**3.** Den Teig auf ein Backblech (30 x 40 cm, gefettet) geben und glatt streichen. Das Backblech in den vorgeheizten Backofen schieben. Den Kuchen 25–30 Minuten backen.
**4.** Das Backblech auf einen Kuchenrost stellen. Den Kuchen kurz abkühlen lassen.
**5.** Für den Guss Butter mit Kakao und Cola in einen Topf geben, zum Kochen bringen und gut aufkochen lassen. Den Topf von der Kochstelle nehmen. Puderzucker unterrühren. Den heißen Guss (etwas von dem Guss beiseitestellen) auf den fast noch heißen Kuchen geben.
**6.** Das Popcorn auf den feuchten Guss streuen. Den beiseitegestellten Guss mithilfe eines Teelöffels oder eines Pergamentpapiertütchens auf den Kuchen sprenkeln.
**7.** Kuchen nach Belieben mit Cola-Fläschchen oder Fruchtgummis garnieren. Den Guss trocknen lassen.

***Tipp:*** Der Kuchen kann statt mit einem Puderzuckerguss auch mit 200 g geschmolzener Schokolade überzogen werden.

## Schachbrettkuchen, beschwipst

12 Stücke

*Zubereitungszeit* (inklusive Backzeit): 60 Minuten, ohne Abkühlzeit

**Für den Teig:**
4 Eier (Größe M), 125 g Zucker
1 Pck. Dr. Oetker Vanillin-Zucker
125 g zerlassene, abgekühlte Butter
125 ml Eierlikör
225 g Weizenmehl
2 gestr. TL Dr. Oetker Backin
75 g Zartbitter-Raspelschokolade
10 g gesiebtes Kakaopulver
1 EL Milch

**Für den Guss:**
75 g Puderzucker
4 EL Eierlikör

*Pro Stück:*
E: 6 g, F: 14 g, Kh: 39 g, kJ: 1403, kcal: 335

**1.** Den Backofen vorheizen.
*Ober-/Unterhitze:* etwa 180 °C
*Heißluft:* etwa 160 °C
**2.** Für den Teig Eier, Zucker und Vanillin-Zucker mit einem Mixer (Rührstäbe) auf höchster Stufe in etwa 4 Minuten schaumig schlagen. Butter und Eierlikör unterrühren. Mehl mit Backpulver mischen und in 2 Portionen auf mittlerer Stufe kurz unterrühren. Die Hälfte des Teiges in eine Springform (Ø 26 cm, Boden gefettet) geben und glatt streichen.
**3.** Raspelschokolade, Kakao und Milch unter den restlichen Teig rühren. Den dunklen Teig in einen Spritzbeutel mit großer, glatter Tülle füllen und ein Schachbrettmuster (je 4 Längs- und Querstreifen) auf den hellen Teig spritzen. Form auf dem Rost in den vorgeheizten Backofen schieben. Den Kuchen 35–40 Minuten backen.
**4.** Die Form auf einen Kuchenrost stellen. Den Kuchen etwas abkühlen lassen. Dann aus der Form lösen, auf einen mit Backpapier belegten Kuchenrost stürzen und wieder umdrehen.
**5.** Für den Guss Puderzucker mit Eierlikör zu einem Guss verrühren und auf dem noch warmen Kuchen verstreichen. Den Kuchen vollständig erkalten lassen.

Schachbrettkuchen, beschwipst

## Macadamia-Mango-Tarte

12 Stücke

*Zubereitungszeit* (inklusive Backzeit): 35 Minuten, ohne evtl. Kühlzeit

**Für den Knetteig:**
125 g gesalzene Macadamianusskerne
150 g Weizenmehl
1 Msp. Dr. Oetker Backin
50 g Zucker
1 Pck. Dr. Oetker Vanillin-Zucker
100 g Butter oder Margarine

**Für den Belag und den Guss:**
2 reife Mangos
1 Pck. ungezuckerter Tortenguss, klar
50 ml Zitronensaft
200 ml Wasser
25 g Zucker

*Pro Stück:*
E: 3 g, F: 14 g, Kh: 23 g,
kJ: 993, kcal: 237

**1.** Für den Teig Nusskerne unter fließendem kalten Wasser abspülen, mit Küchenpapier trocken reiben und 75 g davon fein hacken. Restliche Nusskerne grob hacken und für den Belag beiseitestellen.
**2.** Den Backofen vorheizen.
*Ober-/Unterhitze:* etwa 200 °C
*Heißluft:* etwa 180 °C
**3.** Mehl mit Backpulver in einer Rührschüssel mischen. Restliche Zutaten hinzufügen und mit einem Mixer (Knethaken) zunächst kurz auf niedrigster, dann auf höchster Stufe gut durcharbeiten. Die fein gehackten Nusskerne unterkneten.
**4.** Anschließend auf einer leicht bemehlten Arbeitsfläche kurz zu einem Teig verkneten. Sollte er kleben, ihn in Frischhaltefolie gewickelt eine Zeit lang in den Kühlschrank legen.
**5.** Den Teig auf der leicht bemehlten Arbeitsfläche zu einer runden Platte (Ø 30 cm) ausrollen. Die Teigplatte in eine Tarteform (Ø 28 cm, gefettet) legen und andrücken. Den Teigboden mehrmals mit einer Gabel einstechen. Die Form auf dem Rost in den vorgeheizten Backofen schieben. Den Knetteigboden etwa 15 Minuten backen.
**6.** Die Form auf einen Kuchenrost stellen. Den Knetteigboden in der Form erkalten lassen.
**7.** Für den Belag die Mangos schälen. Das Fruchtfleisch vom Stein lösen, in dünne Spalten schneiden und kranzförmig auf den Knetteigboden legen.
**8.** Aus Tortengusspulver, Saft, Wasser und Zucker nach Packungsanleitung einen Guss zubereiten, auf dem Obst verteilen und mit den grob gehackten Nüssen bestreuen. Guss fest werden lassen.

Macadamia-Mango-Tarte

## Frankfurter Blitz-Kranz

14 Stücke

*Zubereitungszeit:* 25 Minuten

1 heller Kranzkuchen
(500 g, fertig gekauft)

**Für die Buttercreme:**
250 g Butter (zimmerwarm)
500 g Sahne-Pudding Vanille-Geschmack (aus dem Kühlregal, zimmerwarm)

**Zum Tränken:**
2 EL Rum
2 EL Wasser

**Zum Bestreichen und Bestreuen:**
3 EL Johannisbeergelee
100 g Haselnuss-Krokant

*Pro Stück:*
E: 3 g, F: 27 g, Kh: 30 g,
kJ: 1612, kcal: 385

**1.** Den Kranzkuchen 2-mal waagerecht durchschneiden.
**2.** Für die Buttercreme Butter mit einem Mixer (Rührstäbe) auf höchster Stufe geschmeidig rühren. Nach und nach den Pudding unterrühren. Die Buttercreme zugedeckt in den Kühlschrank stellen.

Frankfurter Blitz-Kranz

3. Zum Tränken Rum mit Wasser verrühren. Den unteren Gebäckring auf eine Tortenplatte legen und mit der Hälfte der Rum-Wasser-Mischung bestreichen.
4. Von der Buttercreme 1–2 Esslöffel abnehmen und beiseitestellen. Die restliche Buttercreme in 3 gleich große Portionen teilen. Den unteren Gebäckring mit einer Portion davon bestreichen. Den mittleren Gebäckring vorsichtig draufsetzen, leicht andrücken und mit der restlichen Rum-Wasser-Mischung bestreichen.
5. Zum Bestreichen das Gelee glatt rühren, dann auf dem mittleren Gebäckring verstreichen.
6. Eine weitere Portion Buttercreme auf den mittleren Ring streichen, mit dem oberem Ring bedecken und leicht andrücken. Den Kranz rundherum mit der letzten Portion Buttercreme bestreichen. Den Krokant aufstreuen und leicht andrücken.
7. Beiseitegestellte Buttercreme in einen Spritzbeutel mit kleiner Sterntülle füllen und in Rosetten auf den Kranz spritzen.

**Tipps:** Damit die Buttercreme gelingt, müssen Butter und Pudding Zimmertemperatur haben. Sollte sie dennoch gerinnen, etwas Butter zerlassen und langsam unter die Creme schlagen. Klassischer wird der Kranz, wenn Sie das Gelee auf den unteren Ring streichen.

## Schokino-Heidelbeer-Kuchen

25 Stücke

*Zubereitungszeit* (inklusive Backzeit): 45 Minuten, ohne Abkühlzeit

**Zum Vorbereiten:**
220 g abgetropfte Heidelbeeren (aus dem Glas)

**Für den Rührteig:**
1 Pck. Backmischung Schokino-Kuchen
125 g Butter oder Margarine (zimmerwarm)
3 Eier (Größe M)
50 ml Milch

**Für den Guss:**
1 Pck. ungezuckerter Tortenguss, klar
1 EL Zitronensaft
1 EL Zucker
250 ml Heidelbeersaft (aus dem Glas)

*Pro Stück:*
E: 2 g, F: 6 g, Kh: 16 g, kJ: 520, kcal: 123

1. Zum Vorbereiten von den Heidelbeeren den Saft auffangen, 250 ml davon abmessen (evtl. mit Wasser ergänzen) und beiseitestellen.

Schokino-Heidelbeer-Kuchen

2. Den Backofen vorheizen.
*Ober-/Unterhitze:* etwa 200 °C
*Heißluft:* etwa 180 °C
3. Für den Teig die Backmischung nach Packungsanleitung mit Butter oder Margarine, Eiern und Milch zubereiten, aber alle Schokoladenflocken (in der Packung enthalten) in den Teig geben.
4. Einen Backrahmen (30 x 30 cm) auf ein Backblech (mit Backpapier belegt) stellen. Den Rührteig in den Backrahmen geben und glatt streichen. Die Heidelbeeren gleichmäßig darauf verteilen. Das Backblech in den vorgeheizten Backofen schieben. Den Kuchen etwa 25 Minuten backen.
5. Das Backblech auf einen Kuchenrost stellen. Den Kuchen erkalten lassen.
6. Für den Guss aus Tortengusspulver, Zitronensaft, Zucker und beiseitegestelltem Heidelbeersaft nach Packungsanleitung zubereiten. Guss mit einem Pinsel auf dem Kuchen verteilen. Guss fest werden lassen.

**Tipp:** Garnieren Sie den Kuchen mit etwas aufgeschlagener Vanillesahne und Schoko-Ornamenten. Für die Ornamente den in der Backmischung enthaltenen Glasur-Beutel einige Minuten in heißes Wasser legen, herausnehmen, trocken tupfen und eine sehr kleine Ecke abschneiden. Ornamente auf Backpapier spritzen und fest werden lassen.

Walnuss-Schnitten

Birnentarte

## Walnuss-Schnitten
20 Stücke

*Zubereitungszeit* (inklusive Backzeit): 50 Minuten, ohne Abkühlzeit

**Für den Rührteig:**
250 g Butter oder Margarine (zimmerwarm)
150 g Zucker
2 Pck. Dr. Oetker Vanillin-Zucker
1 Prise Salz
4 Eier (Größe M)
200 g Weizenmehl
2 gestr. TL Dr. Oetker Backin
1 geh. EL gesiebtes Kakaopulver
1 gestr. TL gem. Zimt
80 g fein gehackte Walnusskerne

**Für den Guss und zum Garnieren:**
250 g Haselnuss-Kuchenglasur
20 halbe Walnusskerne

*Pro Stück:*
E: 4 g, F: 22 g, Kh: 23 g,
kJ: 1261, kcal: 301

**1.** Den Backofen vorheizen.
*Ober-/Unterhitze:* etwa 180 °C
*Heißluft:* etwa 160 °C
**2.** Für den Teig Butter oder Margarine mit einem Mixer (Rührstäbe) auf höchster Stufe geschmeidig rühren. Nach und nach Zucker, Vanillin-Zucker und Salz unterrühren. So lange rühren, bis eine gebundene Masse entstanden ist.
**3.** Eier nach und nach unterrühren (jedes Ei etwa 1/2 Minute). Mehl mit Backpulver, Kakao und Zimt mischen und in 2 Portionen auf mittlerer Stufe kurz unterrühren. Zuletzt die Walnusskerne unterheben.
**4.** Den Teig auf ein Backblech (30 x 40 cm, gefettet) geben und glatt streichen. Das Backblech in den vorgeheizten Backofen schieben. Den Kuchen etwa 25 Minuten backen.
**5.** Backblech auf einen Kuchenrost stellen. Den Kuchen erkalten lassen.
**6.** Die Kuchenglasur nach Packungsanleitung schmelzen. Den Kuchen gleichmäßig damit bestreichen. Den Kuchen in 20 Schnitten einteilen und jede Schnitte mit einem halben Walnusskern garnieren. Guss trocknen lassen.

## Birnentarte
16 Stücke

*Zubereitungszeit* (inklusive Backzeit): 60 Minuten, ohne Abkühlzeit

**Für den All-in-Teig:**
200 g Weizenmehl
2 gestr. TL Dr. Oetker Backin
1 Prise Salz
80 g Zucker
1 Pck. Dr. Oetker Vanillin-Zucker
125 g Buttermilch
2 Eier (Größe M)
150 g Butter oder Margarine (zimmerwarm)
50 g Korinthen

460 g abgetropfte Birnenhälften, natursüß (aus der Dose)

**Zum Bestreichen:**
2 EL Aprikosenkonfitüre (etwa 60 g)

*Pro Stück:*
E: 3 g, F: 9 g, Kh: 23 g,
kJ: 761, kcal: 182

**1.** Den Backofen vorheizen.
*Ober-/Unterhitze:* etwa 170 °C
*Heißluft:* etwa 150 °C
**2.** Für den Teig Mehl mit Backpulver in einer Rührschüssel mischen. Salz, Zucker, Vanillin-Zucker, Buttermilch, Eier und Butter oder Margarine hinzufügen.
**3.** Die Zutaten mit einem Mixer (Rührstäbe) zunächst kurz auf niedrigster, dann auf höchster Stufe in etwa 2 Minuten zu einem glatten Teig verarbeiten.
**4.** Teig in eine Springform (Ø 26 cm, Boden gefettet, mit Backpapier belegt) geben und glatt streichen. Korinthen gleichmäßig auf dem Teig verteilen.
**5.** Die Birnenhälften darauflegen. Die Form auf dem Rost in den vorgeheizten Backofen schieben. Die Birnentarte etwa 50 Minuten backen.
**6.** Die Form auf einen Kuchenrost stellen. Die Birnentarte etwas abkühlen lassen. Den Springformrand vorsichtig lösen und entfernen. Die Tarte mit dem Backpapier auf einen Kuchenrost ziehen und erkalten lassen.
**7.** Zum Bestreichen die Konfitüre durch ein Sieb streichen, in einem kleinen Topf zum Kochen bringen. Die Birnenhälften mit der Konfitüre bestreichen.

## Nusskuchen mit Kaffeeguss

20 Stücke

*Zubereitungszeit* (inklusive Backzeit): 55 Minuten

**Für den Schüttelteig:**
200 g Weizenmehl
4 gestr. TL Dr. Oetker Backin
225 g Zucker
1 Pck. Dr. Oetker Vanillin-Zucker
3 Eier (Größe M), 2–3 EL Rum
gut 200 ml Speiseöl
300 g gem. Haselnusskerne

**Für den Guss:**
20 g Butter
200 g Puderzucker
1 geh. TL Instant-Kaffeepulver
150 g saure Sahne
2–3 EL heißes Wasser

*Pro Stück:*
E: 4 g, F: 22 g, Kh: 31 g,
kJ: 1412, kcal: 337

**1.** Den Backofen vorheizen.
*Ober-/Unterhitze:* etwa 180 °C
*Heißluft:* etwa 160 °C
**2.** Für den Teig Mehl mit Backpulver mischen, in eine verschließbare Schüssel (etwa 3 l) geben und mit Zucker und Vanillin-Zucker mischen. Eier, Rum und Speiseöl hinzufügen. Die Schüssel mit dem Deckel fest verschließen.
**3.** Schüssel mehrmals (insgesamt 15–30 Sekunden) kräftig schütteln, sodass alle Zutaten gut vermischt sind. Die Haselnusskerne hinzufügen. Alles mit einem Schneebesen oder einem Rührlöffel nochmals sorgfältig durchrühren, damit trockene Zutaten vom Rand mit untergerührt werden.
**4.** Den Teig auf ein Backblech (30 x 40 cm, gefettet) geben und glatt streichen. Das Backblech in den vorgeheizten Backofen schieben. Den Kuchen etwa 25 Minuten backen.
**5.** Das Backblech auf einen Kuchenrost stellen.
**6.** Für den Guss Butter zerlassen. Den Puderzucker mit dem Kaffeepulver in einer Schüssel mischen. Saure Sahne, Wasser und die zerlassene Butter hinzufügen. Die Zutaten zu einer dickflüssigen Masse verrühren. Den heißen Kuchen damit bestreichen. Den Guss fest werden lassen.

***Tipp:*** Den Nusskuchen nach Belieben mit gehackten Haselnusskernen garnieren.

## Erfrischungstarte

16 Stücke

*Zubereitungszeit* (inklusive Backzeit): 50 Minuten, ohne Abkühlzeit

**Für den All-in-Teig:**
170 g Weizenmehl
2 gestr. TL Dr. Oetker Backin
120 g Zucker
1 Pck. Dr. Oetker Vanillin-Zucker
2 Eier (Größe M)
80 ml Speiseöl
125 ml Buttermilch mit Zitronen-Geschmack

350 g abgetropfte Mandarinen (aus der Dose)

**Für den Guss:**
1 Pck. ungezuckerter Tortenguss, klar
2 EL Zucker
250 ml Mango-Maracuja-Nektar

*Pro Stück:*
E: 2 g, F: 6 g, Kh: 25 g,
kJ: 701, kcal: 167

**1.** Den Backofen vorheizen.
*Ober-/Unterhitze:* etwa 200 °C
*Heißluft:* etwa 180 °C
**2.** Für den Teig Mehl mit Backpulver in einer Rührschüssel mischen. Restliche Zutaten hinzufügen und mit einem Mixer (Rührstäbe) erst kurz auf niedrigster, dann auf höchster Stufe in etwa 2 Minuten zu einem glatten Teig verarbeiten.
**3.** Teig in eine Tarteform (Ø 28 cm, gefettet) geben und glatt streichen. Die Mandarinen darauf verteilen. Die Form auf dem Rost in den vorgeheizten Backofen schieben. Die Tarte 30–35 Minuten backen.
**4.** Die Form auf einen Kuchenrost stellen. Die Tarte in der Form erkalten lassen.
**5.** Für den Guss aus Tortengusspulver, Zucker und Nektar einen Guss nach Packungsanleitung zubereiten. Den Guss mit einem Löffel von innen nach außen auf die Tarte geben. Guss fest werden lassen.

Nusskuchen mit Kaffeeguss

Erfrischungstarte

## Bunte Obsttorte

12 Stücke

*Zubereitungszeit* (inklusive Backzeit): 55 Minuten, ohne Abkühlzeit

**Für den Rührteig:**
100 g Butter oder Margarine (zimmerwarm)
100 g Zucker
1 Pck. Dr. Oetker Vanillin-Zucker
1 Prise Salz
2 Eier (Größe M)
100 g Weizenmehl
1 Msp. Dr. Oetker Backin

**Für den Belag:**
16–20 kernlose, grüne Weintrauben
1 Banane
etwas Zitronensaft
1 Pck. Dr. Oetker Pudding-Pulver Vanille-Geschmack
40 g Zucker
500 ml Milch
330 g abgetropfte Aprikosenhälften (aus der Dose)
15–20 abgetropfte Kaiserkirschen (aus dem Glas)

**Für den Guss:**
1 Pck. ungezuckerter Tortenguss, klar
250 ml Aprikosensaft (aus der Dose, evtl. mit Wasser aufgefüllt)
evtl. etwas Zucker

*Pro Stück:*
E: 4 g, F: 10 g, Kh: 36 g,
kJ: 1063, kcal: 254

**1.** Den Backofen vorheizen.
*Ober-/Unterhitze:* etwa 180 °C
*Heißluft:* etwa 160 °C
**2.** Für den Teig Butter oder Margarine mit einem Mixer (Rührstäbe) auf höchster Stufe geschmeidig rühren. Nach und nach Zucker, Vanillin-Zucker und Salz unterrühren. So lange rühren, bis eine gebundene Masse entstanden ist.
**3.** Eier nach und nach unterrühren (jedes Ei etwa 1/2 Minute). Mehl mit Backpulver mischen und auf mittlerer Stufe kurz unterrühren.
**4.** Den Teig in eine Obstbodenform (Ø 28 cm, gefettet) geben und glatt streichen. Die Form auf dem Rost in den vorgeheizten Backofen schieben. Den Tortenboden 20–25 Minuten backen.
**5.** Den Tortenboden aus der Form lösen, auf einen mit Backpapier belegten Kuchenrost stürzen und erkalten lassen. Anschließend den Tortenboden auf eine Tortenplatte legen.
**6.** Für den Belag Weintrauben abspülen, trocken tupfen und entstielen. Die Banane schälen und in Scheiben schneiden. Bananenscheiben mit Zitronensaft beträufeln.
**7.** Aus Pudding-Pulver, Zucker und Milch einen Pudding nach Packungsanleitung zubereiten. Pudding etwas abkühlen lassen, dabei ab und zu umrühren. Den Pudding auf den Tortenboden geben und glatt streichen. Das vorbereitete Obst, die Aprikosenhälften und die Kirschen kreisförmig auf dem Pudding verteilen.
**8.** Für den Guss aus Tortengusspulver und Saft einen Guss nach Packungsanleitung zubereiten. Den Guss evtl. mit Zucker abschmecken und von der Mitte aus auf dem Obst verteilen. Guss fest werden lassen.

***Tipp:*** Für den Belag kann beliebiges Obst verwendet werden, z. B. auch Stachelbeeren, Sauerkirschen oder Pfirsiche.

## Mohn-Cashew-Schnitten

12 Stücke

*Zubereitungszeit* (inklusive Backzeit): 60 Minuten, ohne Abkühlzeit

**Für die Mohnfüllung:**
150 g Cashewkerne
1 Apfel (etwa 150 g)
500 g Mohn-Back (backfertige Mohnfüllung)
2–3 TL Rum
1 Pck. Dr. Oetker Bourbon-Vanille-Zucker
1 Ei (Größe M)

**Für den Quark-Öl-Teig:**
400 g Weizenmehl
3 gestr. TL Dr. Oetker Backin
100 g Zucker
1 Pck. Dr. Oetker Bourbon-Vanille-Zucker

Bunte Obsttorte

Mohn-Cashew-Schnitten

125 g Magerquark
100 ml Milch
100 ml Speiseöl

**Zum Aprikotieren:**
3–4 EL Aprikosenkonfitüre

*Pro Stück:*
E: 10 g, F: 21 g, Kh: 60 g,
kJ: 2001, kcal: 478

**1.** Für die Füllung Cashewkerne grob hacken und 50 g davon beiseitelegen. Apfel schälen, vierteln, entkernen und grob raspeln. Mohnfüllung in einer Rührschüssel mit Cashewkernen, Apfelraspeln, Rum, Vanille-Zucker und Ei gut verrühren.
**2.** Den Backofen vorheizen.
*Ober-/Unterhitze:* etwa 200 °C
*Heißluft:* etwa 180 °C
**3.** Für den Teig Mehl mit Backpulver in einer Rührschüssel mischen. Restliche Zutaten hinzufügen und mit einem Mixer (Knethaken) auf niedrigster, dann auf höchster Stufe zu einem glatten Teig verarbeiten (nicht zu lange, Teig klebt sonst).
**4.** Anschließend auf einer leicht bemehlten Arbeitsfläche zu einer Rolle formen und zu einem Quadrat (etwa 40 x 40 cm) ausrollen. Die Mohnfüllung darauf verstreichen. Den Teig von einer Seite aus fest aufrollen und in etwa 1 1/2 cm dicke Scheiben schneiden. Die Teigscheiben leicht dachziegelartig auf eine Hälfte des Backblechs (40 x 15 cm, gefettet, mit Backpapier belegt) legen. Das Backblech in den vorgeheizten Backofen (unteres Drittel) schieben. Den Kuchen etwa 30 Minuten backen.
**5.** Das Backblech auf einen Kuchenrost stellen. Den Kuchen erkalten lassen.
**6.** Zum Aprikotieren Konfitüre durch ein Sieb streichen und in einem kleinen Topf unter Rühren kurz aufkochen lassen. Den Kuchen damit bestreichen und mit den beiseitegelegten Cashewkernen bestreuen.

***Tipp:*** Sie können den Rum durch die gleiche Menge Apfelsaft ersetzen.

Nusshappen

## Nusshappen

30 Stücke

*Zubereitungszeit* (inklusive Backzeit): 50 Minuten, ohne Abkühlzeit

**Für den All-in-Teig:**
220 g Weizenmehl
2 TL Dr. Oetker Backin
100 g gehackte Haselnusskerne
100 g Zucker
1 Pck. Dr. Oetker Vanillin-Zucker
4 Eier (Größe M)
250 g Butter oder Margarine (zimmerwarm)
70 g Nuss-Nougat-Creme (zimmerwarm)

**Für den Belag:**
400 g Edelbitter-Schokolade (etwa 60 % Kakaoanteil)
70 g Butter
100 g Schlagsahne
50 g weiße Schokolade

*Pro Stück:*
E: 4 g, F: 20 g, Kh: 16 g,
kJ: 1089, kcal: 260

**1.** Den Backofen vorheizen.
*Ober-/Unterhitze:* etwa 180 °C
*Heißluft:* etwa 160 °C
**2.** Für den Teig Mehl mit Backpulver und Haselnusskernen in einer Rührschüssel mischen. Zucker, Vanillin-Zucker, Eier und Butter oder Margarine dazugeben. Die Zutaten mit einem Mixer (Rührstäbe) zuerst auf niedrigster, dann auf höchster Stufe in etwa 2 Minuten zu einem glatten Teig verarbeiten. Zum Schluss Nuss-Nougat-Creme kurz unterrühren.
**3.** Den Teig auf ein Backblech (30 x 40 cm, gefettet) geben und glatt streichen.
**4.** Das Backblech in den vorgeheizten Backofen schieben. Den Boden etwa 15 Minuten backen.
**5.** Das Backblech auf einen Kuchenrost stellen. Den Boden etwa 30 Minuten abkühlen lassen.
**6.** Für den Belag die Schokolade in kleine Stücke brechen. Zwei Drittel davon mit Butter und Sahne in einem Topf im Wasserbad bei schwacher Hitze unter Rühren schmelzen. Den Topf aus dem Wasserbad nehmen und die restliche Schokolade darin unter Rühren schmelzen.
**7.** Schokoladenmasse mit einem Teigschaber gleichmäßig auf den Nusskuchen streichen und etwa 10 Minuten abkühlen lassen.
**8.** Die weiße Schokolade mit einem Sparschäler direkt auf den Schokobelag hobeln. Schokobelag fest werden lassen. Den Kuchen zum Servieren in 30 Quadrate (je etwa 6 x 6 cm) schneiden.

## Kirschkuchen mit Guss

16 Stücke

*Zubereitungszeit* (inklusive Backzeit): 60 Minuten, ohne Abkühlzeit

**Zum Vorbereiten:**
370 g abgetropfte Sauerkirschen (aus dem Glas)

**Für den Rührteig:**
125 g Joghurt-Butter (65 % Fett, zimmerwarm)
125 g Zucker
1 Pck. Dr. Oetker Vanillin-Zucker
1 Prise Salz
3 Eier (Größe M)
200 g Weizenmehl
2 gestr. TL Dr. Oetker Backin
1 EL Milch

30 g gehobelte Mandeln

**Für den Guss:**
1 Pck. ungezuckerter Tortenguss, rot
250 ml Kirschsaft (aus dem Glas)
1 TL Zucker

*Pro Stück:*
E: 3 g, F: 8 g, Kh: 25 g,
kJ: 765, kcal: 184

**1.** Zum Vorbereiten von den Sauerkirschen den Saft auffangen, 250 ml davon abmessen und beiseitestellen.

**2.** Den Backofen vorheizen.
*Ober-/Unterhitze:* etwa 180 °C
*Heißluft:* etwa 160 °C

**3.** Für den Teig die Butter mit einem Mixer (Rührstäbe) auf höchster Stufe geschmeidig rühren. Nach und nach Zucker, Vanillin-Zucker und Salz unterrühren. So lange rühren, bis eine gebundene Masse entstanden ist.

**4.** Eier nach und nach unterrühren (jedes Ei etwa 1/2 Minute). Mehl mit Backpulver mischen und in 2 Portionen abwechselnd mit der Milch auf mittlerer Stufe kurz unterrühren.

**5.** Teig in eine Springform (Ø 26 cm, Boden gefettet, mit Backpapier belegt) geben und glatt streichen. Kirschen darauf verteilen, dabei rundherum einen etwa 1 cm breiten Rand frei lassen. Die Mandeln daraufstreuen.

**6.** Die Form auf dem Rost in den vorgeheizten Backofen schieben. Den Kuchen etwa 40 Minuten backen.

**7.** Die Form auf einen Kuchenrost stellen. Den Kuchen etwa 1 Stunde abkühlen lassen, dann aus der Form lösen.

**8.** Für den Guss aus Tortengusspulver, Kirschsaft und Zucker nach Packungsanleitung einen Guss zubereiten. Den Guss löffelweise von der Mitte aus zügig über die Kirschen geben. Den Kirschkuchen mindestens 30 Minuten in den Kühlschrank stellen.

## Französischer Zwetschenkuchen

12 Stücke

*Zubereitungszeit* (inklusive Backzeit): 60 Minuten, ohne Kühlzeit

**Für den Rührteig:**
150 g Butter oder Margarine (zimmerwarm)
100 g Zucker
1 Pck. Dr. Oetker Bourbon-Vanille-Zucker
1 TL gem. Zimt
1 Msp. gem. Nelken
2 Eier (Größe M)
150 g Weizenmehl
1 TL Dr. Oetker Backin
50 g abgezogene, gem. Mandeln

**Zum Bestreuen:**
50 g abgezogene, gem. Mandeln

**Für den Belag:**
750 g Zwetschen

**Zum Bestreichen:**
3 EL Johannisbeergelee
1 EL Zitronensaft

**Zum Bestreuen:**
25 g gestiftelte Mandeln

*Pro Stück:*
E: 5 g, F: 18 g, Kh: 28 g,
kJ: 1223, kcal: 292

**1.** Für den Teig Butter oder Margarine mit einem Mixer (Rührstäbe) auf höchster Stufe geschmeidig rühren. Nach und nach Zucker, Vanille-Zucker, Zimt und Nelken unterrühren. So lange rühren, bis eine gebundene Masse entstanden ist.

**2.** Eier nach und nach unterrühren (jedes Ei etwa 1/2 Minute). Mehl mit Backpulver mischen und auf mittlerer Stufe kurz unterrühren, Mandeln unterheben.

**3.** Teig in eine Springform (Ø 26 cm, Boden gefettet) geben, glatt streichen und mit Mandeln bestreuen.

**4.** Den Backofen vorheizen.
*Ober-/Unterhitze:* etwa 180 °C
*Heißluft:* etwa 160 °C
**5.** Für den Belag Zwetschen abspülen, abtrocknen, halbieren, entsteinen und vierteln. Große Zwetschen achteln und die Spitzen etwa 1/2 cm tief einschneiden. Die Zwetschen von außen nach innen auf den Teig legen. Die Form auf dem Rost in den vorgeheizten Backofen schieben. Den Kuchen etwa 35 Minuten backen.
**6.** Die Form auf einen Kuchenrost stellen. Das Gelee mit Zitronensaft in einem Topf bei mittlerer Hitze zum Kochen bringen. Die Zwetschen sofort damit bestreichen und mit Mandeln bestreuen. Den Kuchen erkalten lassen und aus der Form lösen.

## Zwetschentarte mit Karamell-Pudding

16 Stücke

*Zubereitungszeit* (inklusive Backzeit): 50 Minuten, ohne Kühlzeit

**Für den Knetteig:**
150 g Weizenmehl
1 Prise Salz
2–3 EL kaltes Wasser
130 g Butter oder Margarine

**Für den Belag:**
500 g Zwetschen
1/2 Pck. Dr. Oetker Pudding-Pulver Karamell-Geschmack (20 g)
250 ml Milch
2 EL Zucker

**Zum Bestreuen:**
30 g brauner Zucker
1 TL gem. Zimt
etwas Puderzucker

*Pro Stück:*
E: 2 g, F: 8 g, Kh: 17 g,
kJ: 612, kcal: 146

**1.** Für den Teig Mehl mit Salz in einer Rührschüssel mischen. Die restlichen Zutaten hinzufügen und mit einem Mixer (Knethaken) zunächst kurz auf niedrigster, dann auf höchster Stufe gut durcharbeiten.
**2.** Anschließend auf einer leicht bemehlten Arbeitsfläche kurz zu einem Teig verkneten. Den Teig in Frischhaltefolie gewickelt etwa 1 Stunde in den Kühlschrank stellen.
**3.** Für den Belag Zwetschen abspülen, abtropfen lassen, entstielen, halbieren und entsteinen. Die Zwetschenhälften nochmals längs durchschneiden.
**4.** Das Pudding-Pulver mit 6 Esslöffeln von der Milch und dem Zucker verrühren. Restliche Milch in einem Topf zum Kochen bringen. Den Topf von der Kochstelle nehmen, angerührtes Pudding-Pulver einrühren und unter Rühren aufkochen lassen. Den Pudding etwas abkühlen lassen, dabei ab und zu umrühren.
**5.** Den Backofen vorheizen.
*Ober-/Unterhitze:* etwa 200 °C
*Heißluft:* etwa 180 °C
**6.** Den Teig mit etwas Mehl bestäuben und auf der leicht bemehlten Arbeitsfläche zu einer runden Platte (Ø etwa 32 cm) ausrollen. Die Teigplatte in eine Tarteform (Ø 28 cm, gefettet) legen und am Rand andrücken. Evtl. überstehenden Teigrand abschneiden und auf den Teigboden legen, andrücken. Den Teigboden mit einer Gabel mehrmals einstechen.
**7.** Die Puddingmasse auf den Teigboden geben und glatt streichen. Zwetschenviertel dachziegelartig darauf verteilen und leicht hineindrücken.
**8.** Zum Bestreuen den braunen Zucker mit Zimt mischen und auf die Zwetschenviertel streuen. Die Form auf dem Rost in den vorgeheizten Backofen schieben. Die Tarte etwa 35 Minuten backen.
**9.** Die Form auf einen Kuchenrost stellen. Die Zwetschentarte warm oder kalt servieren. Vor dem Servieren mit Puderzucker bestäuben.

***Tipp:*** Statt der frischen Zwetschen können Sie auch gut abgetropfte Zwetschen aus dem Glas verwenden.

Französischer Zwetschenkuchen

Zwetschentarte mit Karamell-Pudding

## Pflaumen-Streusel-Kuchen

12 Stücke

*Zubereitungszeit* (inklusive Backzeit): 60 Minuten

**Zum Vorbereiten:**
125 g Butter

**Für den Streuselteig:**
200 g Weizenmehl
1 gestr. TL Dr. Oetker Backin
100 g Zucker
1 Pck. Dr. Oetker Vanillin-Zucker
1 Prise Salz

385 g abgetropfte Pflaumenhälften (aus dem Glas)

**Für den Guss:**
200 g Schmand (Sauerrahm)
1 Ei (Größe M)
1 Pck. Saucenpulver Vanille-Geschmack zum Kochen
50 g Zucker

*Pro Stück:*
E: 3 g, F: 14 g, Kh: 33 g,
kJ: 1119, kcal: 267

**1.** Zum Vorbereiten Butter zerlassen und kurz abkühlen lassen. Den Backofen vorheizen.
*Ober-/Unterhitze:* etwa 180 °C
*Heißluft:* etwa 160 °C
**2.** Für den Teig Mehl mit Backpulver in einer Rührschüssel gut vermischen. Zucker, Vanillin-Zucker, Salz und zerlassene Butter hinzufügen. Die Zutaten mit einem Mixer (Rührstäbe) zunächst kurz auf niedrigster, dann auf höchster Stufe kurz zu feinen Streuseln verarbeiten.
**3.** Etwa drei Viertel der Streusel in einer Springform (Ø 26 cm, Boden gefettet) verteilen und zu einem Boden andrücken. Die Pflaumen darauf verteilen.
**4.** Für den Guss den Schmand mit Ei, Saucenpulver und Zucker mit einem Schneebesen verrühren. Den Guss auf die Pflaumen gießen und mit den restlichen Streuseln bestreuen.
**5.** Die Form auf dem Rost in den vorgeheizten Backofen schieben. Den Kuchen etwa 45 Minuten backen.
**6.** Die Form auf einen Kuchenrost stellen. Den Kuchen etwa 10 Minuten abkühlen lassen, dann den Springformrand lösen und entfernen. Den Kuchen erkalten lassen. Den Kuchen vom Springformboden lösen und auf eine Kuchenplatte setzen.

***Tipps:*** Zusätzlich kann noch 1 Teelöffel gemahlener Zimt oder etwas geriebene Zitronenschale in den Teig gegeben werden. Für den Guss kann Schmand durch Crème fraîche oder saure Sahne ersetzt werden.

Pflaumen-Streusel-Kuchen

## Fruchtige Sommertarte

16 Stücke

*Zubereitungszeit* (inklusive Backzeit): 60 Minuten, ohne Abkühlzeit

**Für den Knetteig:**
200 g Weizenmehl
1 Msp. Dr. Oetker Backin
100 g Butter oder Margarine
1 Ei (Größe M)
50 g Zucker
1 Prise Salz

**Für die Vanillecreme:**
1/2 Vanilleschote
125 ml Milch (3,5 % Fett)
100 g Crème fraîche
2 Eier (Größe M)
60 g Zucker
3–4 Tropfen Orangenblütenwasser (erhältlich in Apotheken)

einige getrocknete Hülsenfrüchte zum Blindbacken

**Für den Belag:**
350 g abgetropfte Sauerkirschen (aus dem Glas)
250 g abgetropfte Aprikosenhälften (aus der Dose)

*Pro Stück:*
E: 3 g, F: 9 g, Kh: 24 g,
kJ: 798, kcal: 191

**1.** Für den Teig Mehl mit Backpulver in einer Rührschüssel mischen. Die restlichen Zutaten hinzufügen und mit einem Mixer (Knethaken) zunächst kurz auf niedrigster, dann auf

Fruchtige Sommertarte

Mandarinen-Mandel-Kuchen

höchster Stufe gut durcharbeiten. Auf der leicht bemehlten Arbeitsfläche zu einem glatten Teig verkneten. Den Teig in Frischhaltefolie gewickelt in den Kühlschrank legen.

**2.** Für die Creme in der Zwischenzeit die Vanilleschote längs aufschneiden und das Mark herausschaben. Milch, Vanilleschote und -mark in einen Topf geben und zum Kochen bringen. Den Topf von der Kochstelle nehmen. Die Vanilleschote entfernen und die Crème fraîche unterrühren.

**3.** Die Eier und Zucker in einer Rührschüssel mit dem Mixer (Rührstäbe) kurz verrühren. Die heiße Crème-fraîche-Vanille-Milch unter Rühren hinzugeben. Vanillecreme erkalten lassen, dabei ab und zu umrühren. Orangenblütenwasser unterrühren.

**4.** Den Backofen vorheizen.
*Ober-/Unterhitze:* etwa 200 °C
*Heißluft:* etwa 180 °C

**5.** Den Teig auf der leicht bemehlten Arbeitsfläche zu einer runden Platte (Ø etwa 30 cm) ausrollen. Die Teigplatte in eine Tarteform (Ø 28 cm, gefettet) legen, den Rand andrücken. Den Teigboden mit einer Gabel mehrmals einstechen, dann mit Backpapier belegen und mit Hülsenfrüchten bedecken.

**6.** Die Form auf dem Rost in den vorgeheizten Backofen schieben. Den Knetteigboden etwa 10 Minuten vorbacken.

**7.** Das Backpapier mit den Hülsenfrüchten entfernen und den Knetteigboden bei gleicher Backofentemperatur weitere etwa 5 Minuten vorbacken.

**8.** Die Form auf einen Kuchenrost stellen. Den Knetteigboden etwas abkühlen lassen. Die Kirschen und die Aprikosenhälften auf den vorgebackenen Boden legen. Die Vanillecreme darauf verteilen. Die Form wieder auf dem Rost in den heißen Backofen schieben und die Tarte bei gleicher Backofentemperatur in etwa 25 Minuten fertig backen.

**9.** Die Form auf einen Kuchenrost stellen. Die Tarte erkalten lassen.

## Mandarinen-Mandel-Kuchen

20 Stücke

*Zubereitungszeit* (inklusive Backzeit): 50 Minuten, ohne Abkühlzeit

**Für den Belag:**
350 g abgetropfte Mandarinen (aus der Dose)
125 g Butter
75 g Zucker
4 EL Mandarinensaft (aus der Dose)
150 g gehobelte Mandeln

**Für den Rührteig:**
250 g Butter oder Margarine (zimmerwarm)
150 g Zucker, 1 Prise Salz
1 Pck. Dr. Oetker Vanillin-Zucker
1/2 Pck. Dr. Oetker Finesse Orangenschalen-Aroma
3 Eier (Größe M)
250 g Weizenmehl
2 gestr. TL Dr. Oetker Backin
75 ml Milch

*Pro Stück:*
E: 4 g, F: 21 g, Kh: 25 g,
kJ: 1286, kcal: 307

**1.** Für den Belag von den Mandarinen den Saft auffangen und 4 Esslöffel abmessen. Butter mit Zucker und dem abgemessenen Saft in einem Topf unter Rühren erhitzen, Mandeln unterrühren. Die Masse aufkochen lassen. Topf von der Kochstelle nehmen, Masse etwas abkühlen lassen.

**2.** Den Backofen vorheizen.
*Ober-/Unterhitze:* etwa 180 °C
*Heißluft:* etwa 160 °C

**3.** Für den Teig Butter oder Margarine mit einem Mixer (Rührstäbe) auf höchster Stufe geschmeidig rühren. Nach und nach Zucker, Salz, Vanillin-Zucker und Aroma unterrühren. So lange rühren, bis eine gebundene Masse entstanden ist.

**4.** Eier nach und nach unterrühren (jedes Ei etwa 1/2 Minute). Mehl mit Backpulver mischen, abwechselnd mit der Milch in 2 Portionen auf mittlerer Stufe kurz unterrühren.

**5.** Den Teig auf ein Backblech (30 x 40 cm, gefettet) geben und glatt streichen. Die Mandarinen gleichmäßig auf dem Teig verteilen. Die Mandelmasse mit einem Esslöffel daraufgeben. Das Backblech in den vorgeheizten Backofen schieben. Den Kuchen etwa 25 Minuten backen.

**6.** Das Backblech auf einen Kuchenrost stellen. Den Kuchen erkalten lassen und in Stücke schneiden.

## Schoko-Bananen-Kuchen

15 Stücke

*Zubereitungszeit (inklusive Backzeit): 60 Minuten, ohne Abkühlzeit*

**Für den Schüttelteig:**
100 g Zartbitter-Schokolade (etwa 50 % Kakaoanteil)
125 g Butter
2 feste Bananen
250 g Weizenmehl
2 gestr. TL Dr. Oetker Backin
130 g Zucker
1 Pck. Dr. Oetker Vanillin-Zucker
3 Eier (Größe M)
7–8 EL (75–100 ml) Bananen-Nektar

30 g fein gehackte Vollmilch-Schokolade (etwa 30 % Kakaoanteil)

*Pro Stück:*
E: 4 g, F: 12 g, Kh: 29 g,
kJ: 990, kcal: 236

**1.** Für den Teig Schokolade in kleine Stücke brechen. Zwei Drittel davon mit der Butter in einem Topf im Wasserbad bei schwacher Hitze unter Rühren schmelzen. Den Topf aus dem Wasserbad nehmen und die restliche Schokolade darin unter Rühren schmelzen. Anschließend die Masse abkühlen lassen. Bananen schälen und in feine Würfel schneiden.
**2.** Den Backofen vorheizen.
*Ober-/Unterhitze: etwa 180 °C*
*Heißluft: etwa 160 °C*
**3.** Das Mehl mit Backpulver in eine verschließbare Schüssel (etwa 3 l) geben und mit Zucker und Vanillin-Zucker mischen. Eier, Nektar, Bananenwürfel und Butter-Schoko-Masse hinzufügen und die Schüssel mit dem Deckel fest verschließen.
**4.** Schüssel mehrmals kräftig schütteln (insgesamt 15–30 Sekunden), sodass alle Zutaten gut vermischt sind. Alles mit einem Schneebesen oder Rührlöffel nochmals gut durchrühren, damit trockene Zutaten vom Rand mit untergerührt werden.
**5.** Den Teig in eine Kastenform (25 x 11 cm, gefettet, bemehlt) geben und glatt streichen. Die Form auf dem Rost in den vorgeheizten Backofen schieben. Den Kuchen etwa 45 Minuten backen.
**6.** Die Form auf einen Kuchenrost stellen. Den Kuchen etwa 10 Minuten abkühlen lassen, dann auf einen Kuchenrost stürzen und umdrehen. Die Schokolade auf den heißen Kuchen streuen, leicht andrücken und den Kuchen erkalten lassen.

## Haselnusskuchen

20 Stücke

*Zubereitungszeit (inklusive Backzeit): 40 Minuten*

**Für den Belag:**
150 g Zucker
125 g Butter
200 g gehobelte Haselnusskerne

**Für den Knetteig:**
375 g Weizenmehl
2 TL Dr. Oetker Backin
150 g Zucker
1 Pck. Dr. Oetker Vanillin-Zucker
2 Eier (Größe M)
200 g Butter

**Zum Bestreichen:**
3–4 EL Aprikosenkonfitüre

*Pro Stück:*
E: 4 g, F: 21 g, Kh: 34 g,
kJ: 1417, kcal: 339

**1.** Für den Belag Zucker mit Butter in einem Topf unter Rühren aufkochen. Die Haselnusskerne unterrühren und anschließend den Topf von der Kochstelle nehmen.
**2.** Den Backofen vorheizen.
*Ober-/Unterhitze: etwa 200 °C*
*Heißluft: etwa 180 °C*
**3.** Für den Teig Mehl mit Backpulver in einer Rührschüssel mischen. Die restlichen Teigzutaten hinzufügen und mit einem Mixer (Knethaken) zunächst kurz auf niedrigster, dann auf höchster Stufe gut durcharbeiten. Anschließend auf einer leicht bemehlten Arbeitsfläche kurz zu einem Teig verkneten.
**4.** Teig auf einem Backblech (30 x 40 cm, gefettet) ausrollen. Backblech in den vorgeheizten Backofen schieben. Den Boden etwa 10 Minuten vorbacken.
**5.** Den vorgebackenen Boden zuerst mit der Aprikosenkonfitüre und dann mit der Haselnussmasse bestreichen. Das Backblech wieder in den heißen Backofen schieben. Den Kuchen bei der gleichen Backofentemperatur in 10–15 Minuten fertig backen.
**6.** Das Backblech auf einen Kuchenrost stellen. Den Haselnusskuchen erkalten lassen.

## Zuckerkuchen
20 Stücke

*Zubereitungszeit* (inklusive Backzeit): 40 Minuten, ohne Abkühlzeit

**Für den Hefeteig:**
50 g Butter
375 g Weizenmehl
1 Pck. Hefeteig Garant
75 g Zucker
1 Pck. Dr. Oetker Vanillin-Zucker
1 Prise Salz
1 Ei (Größe M)
150 ml Milch

**Für den Belag:**
75 g kalte Butter
120 g Zucker
150 g saure Sahne

*Pro Stück:*
E: 3 g, F: 7 g, Kh: 25 g,
kJ: 744, kcal: 178

**1.** Für den Teig Butter zerlassen und abkühlen lassen. Mehl in einer Rührschüssel mit Hefeteig Garant sorgfältig vermischen. Die restlichen Zutaten mit der Butter hinzufügen und mit einem Mixer (Knethaken) erst kurz auf niedrigster, dann auf höchster Stufe in etwa 2 Minuten zu einem glatten Teig verarbeiten.
**2.** Den Teig auf einer leicht bemehlten Arbeitsfläche zu einer Rolle verkneten und auf einem Backblech (30 x 40 cm, gefettet) ausrollen.
**3.** Den Backofen vorheizen.
*Ober-/Unterhitze:* etwa 200 °C
*Heißluft:* etwa 180 °C
**4.** Für den Belag die Butter in Flöckchen gleichmäßig auf den Teig setzen. Den Zucker daraufstreuen. Das Backblech in den vorgeheizten Backofen schieben und den Kuchen etwa 20 Minuten backen.
**5.** Etwa 5 Minuten vor dem Ende der Backzeit das Gebäck mit saurer Sahne bestreichen und fertig backen.
**6.** Das Backblech auf einen Kuchenrost stellen. Den Kuchen erkalten lassen.

## Quarkkuchen
20 Stücke

*Zubereitungszeit* (inklusive Backzeit): 60 Minuten

**Für den Streuselteig:**
350 g Weizenmehl
1 gestr. TL Dr. Oetker Backin
150 g Zucker
2 Eier (Größe M)
100 g Butter oder Margarine

**Für den Belag:**
1 kg Magerquark
175 g Zucker
1 Pck. Dr. Oetker Vanillin-Zucker
4 Eier (Größe M)
60 g Speisestärke
400 g Schlagsahne
50 g gehobelte Mandeln

**Zum Bestreuen:**
2 EL Zucker
1 TL gem. Zimt

*Pro Stück:*
E: 11 g, F: 14 g, Kh: 36 g,
kJ: 1341, kcal: 321

**1.** Den Backofen vorheizen.
*Ober-/Unterhitze:* etwa 180 °C
*Heißluft:* etwa 160 °C
**2.** Für den Teig Mehl mit Backpulver in einer Rührschüssel mischen. Die restlichen Zutaten hinzufügen und mit einem Mixer (Rührstäbe) zunächst kurz auf niedrigster, dann auf höchster Stufe zu Streuseln verarbeiten.
**3.** Die Streusel auf einem Backblech (30 x 40 cm, gefettet) verteilen und mit einem Esslöffel zu einem Boden andrücken.
**4.** Für den Belag Quark mit Zucker, Vanillin-Zucker, Eiern und Speisestärke gut verrühren. Anschließend die Sahne steif schlagen und unterheben.
**5.** Die Quarkmasse vorsichtig auf den Streuselteig geben und glatt streichen. Gehobelte Mandeln darauf verteilen.
**6.** Das Backblech in den vorgeheizten Backofen schieben. Den Kuchen etwa 40 Minuten backen.
**7.** Das Backblech auf einen Kuchenrost stellen. Den Zucker mit Zimt mischen, den noch heißen Kuchen damit bestreuen. Den Kuchen erkalten lassen.

Zuckerkuchen

Quarkkuchen

## Ananas-Kokos-Kuchen
18 Stücke

*Zubereitungszeit* (inklusive Backzeit): 60 Minuten, ohne Kühlzeit

**Für den Teig:**
3 Eier (Größe M)
120 g Zucker
1 Pck. Dr. Oetker Vanillin-Zucker
abgeriebene Schale von
1/2 Bio-Limette
(unbehandelt, ungewachst)
1 EL Limettensaft
200 g Weizenmehl
2 gestr. TL Dr. Oetker Backin
100 ml Speiseöl
100 ml Limettenlimonade

**Für die Füllung:**
340 g abgetropfte Ananasstücke (aus der Dose)
7 Blatt weiße Gelatine
400 ml Ananassaft (aus der Dose, evtl. mit Wasser aufgefüllt)
1 Pck. Dr. Oetker Pudding-Pulver Vanille-Geschmack
200 ml Kokosmilch
30 g Zucker
3 EL Ananassaft (aus der Dose)
250 g Schlagsahne (mind. 30 % Fett)

**Zum Bestreuen:**
etwa 70 g Kokosraspel
evtl. einige Tropfen gelbe und grüne Speisefarbe

*Pro Stück:*
E: 4 g, F: 16 g, Kh: 25 g,
kJ: 1099, kcal: 263

**1.** Den Backofen vorheizen.
*Ober-/Unterhitze:* etwa 180 °C
*Heißluft:* etwa 160 °C
**2.** Für den Teig die Eier in einer Rührschüssel mit Mixer (Rührstäbe) auf höchster Stufe in etwa 1 Minute schaumig schlagen. Den Zucker mit Vanillin-Zucker mischen und in etwa 1 Minute einstreuen, dann noch etwa 2 Minuten schlagen. Limettenschale und -saft hinzufügen. Das Mehl mit Backpulver mischen, in 2 Portionen kurz auf mittlerer Stufe unterrühren. Nach und nach Speiseöl und Limonade unterrühren.
**3.** Den Teig auf ein Backblech (30 x 40 cm, mit Backpapier belegt) geben und glatt streichen. Das Backblech in den vorgeheizten Backofen schieben. Boden 15–20 Minuten backen.
**4.** Das Backblech auf einen Kuchenrost stellen. Den Gebäckboden erkalten lassen.
**5.** Für die Füllung von den Ananasstücken den Saft auffangen. Ananasstücke etwas kleiner schneiden, dabei ebenfalls den Saft auffangen und insgesamt 400 ml und 3 Esslöffel Saft abmessen. Gelatine einweichen. 400 ml Ananassaft in einem Topf zum Kochen bringen. Pudding-Pulver mit Kokosmilch und Zucker anrühren. Angerührtes Pudding-Pulver in den von der Kochstelle genommenen Saft rühren und unter Rühren aufkochen lassen. Gelatine leicht ausdrücken und in dem heißen Pudding unter Rühren auflösen. 5 Esslöffel von der Puddingmasse abnehmen, mit 3 Esslöffeln Ananassaft verrühren und beiseitestellen (nicht kalt stellen).
**6.** Die klein geschnittenen Ananasstücke unter den restlichen Pudding heben und kalt stellen, zwischendurch umrühren. Sahne steif schlagen. Sobald die Ananasmasse anfängt dicklich zu werden, die Sahne unterheben.
**7.** Gebäckboden senkrecht halbieren, sodass 2 Rechtecke (etwa 20 x 30 cm) entstehen, mitgebackenes Backpapier entfernen. Eine Gebäckhälfte auf eine Tortenplatte legen. Die Ananas-Sahne-Creme daraufgeben und glatt streichen. Die zweite Gebäckhälfte darauflegen. Den Kuchen zugedeckt etwa 2 Stunden in den Kühlschrank stellen.
**8.** Die Kuchenoberfläche und die -seiten dünn mit der beiseitegestellten Puddingmasse bestreichen. Den Kuchen in 18 Stücke schneiden.
**9.** Zum Bestreuen die Kokosraspel nach Belieben mit Speisefarbe einfärben und die Ananas-Kokos-Stücke mit den Kokosraspeln bestreuen.

Ananas-Kokos-Kuchen

## Wodka-Lemon-Kuchen
20 Stücke (ohne Foto)

*Zubereitungszeit* (inklusive Backzeit): 30 Minuten, ohne Abkühlzeit

**Für den Rührteig:**
4 Eier (Größe M)
150 g Zucker
1 Pck. Dr. Oetker Vanillin-Zucker
1 Pck. Dr. Oetker Finesse
Geriebene Zitronenschale
150 ml Sonnenblumenöl
150 ml Bitter Lemon
2 EL Wodka
400 g Weizenmehl
3 gestr. TL Dr. Oetker Backin

**Für den Guss:**
150 g Puderzucker
1 EL Bitter Lemon
1 EL Wodka

*Pro Stück:*
E: 4 g, F: 9 g, Kh: 31 g,
kJ: 978, kcal: 234

**1.** Den Backofen vorheizen.
*Ober-/Unterhitze:* etwa 200 °C
*Heißluft:* etwa 180 °C
**2.** Für den Teig Eier, Zucker und Vanillin-Zucker mit einem Mixer (Rührstäbe) auf höchster Stufe schaumig rühren. Nach und nach Zitronenschale, Öl, Bitter Lemon und Wodka unterrühren.
**3.** Mehl mit Backpulver mischen und in 2 Portionen auf mittlerer Stufe kurz unterrühren. Den Teig auf ein Backblech (30 x 40 cm, gefettet) geben und glatt streichen.
**4.** Das Backblech in den vorgeheizten Backofen schieben. Den Kuchen etwa 15 Minuten backen.
**5.** Das Backblech auf einen Kuchenrost stellen. Den Kuchen erkalten lassen.
**6.** Für den Guss Puderzucker mit Bitter Lemon und Wodka zu einem dickflüssigen Guss verrühren, den Kuchen damit bestreichen. Guss trocknen lassen.

Feiner Mohnkuchen mit Kokoshaube

## Feiner Mohnkuchen mit Kokoshaube

16 Stücke

*Zubereitungszeit* (inklusive Backzeit): 60 Minuten

**Zum Vorbereiten:**
1 Bio-Orange
(unbehandelt, ungewachst)
1 Orange

**Für den Rührteig:**
200 g Butter oder Margarine
(zimmerwarm)
170 g Zucker
1 Pck. Dr. Oetker Bourbon-Vanille-Zucker
4 Eier (Größe M)
3 Eigelb (Größe M)
120 g Weizenmehl
2 gestr. TL Dr. Oetker Backin
250 g gem. Mohn
3 EL Orangensaft (von den Orangen)

**Für den Belag:**
3 Eiweiß (Größe M)
1 Prise Salz
150 g Zucker
1 EL Orangensaft (von den Orangen)
150 g Kokosraspel

*Pro Stück:*
E: 8 g, F: 26 g, Kh: 29 g,
kJ: 1598, kcal: 382

**1.** Zum Vorbereiten die Bio-Orange heiß abwaschen, abtrocknen und von einer Hälfte die Schale abreiben. Die Bio-Orange und die Hälfte der zweiten Orange so schälen, dass die weiße Haut vollständig entfernt wird. Orangen filetieren und dabei den Saft auffangen. Die Orangenfilets beiseitestellen. Von der restlichen Orangenhälfte den Saft auspressen und mit dem aufgefangenen Saft beiseitestellen.
**2.** Den Backofen vorheizen.
*Ober-/Unterhitze:* etwa 180 °C
*Heißluft:* etwa 160 °C
**3.** Für den Teig Butter oder Margarine mit einem Mixer (Rührstäbe) auf höchster Stufe geschmeidig rühren. Nach und nach Zucker, Vanille-Zucker und Orangenschale unterrühren. So lange rühren, bis eine gebundene Masse entstanden ist.
**4.** Die Eier und Eigelb nach und nach unterrühren (jedes Ei/Eigelb etwa 1/2 Minute). Das Mehl mit Backpulver und Mohn mischen, in 2 Portionen mit 3 Esslöffeln von dem Orangensaft kurz auf mittlerer Stufe unterrühren. Die Orangenfilets in kleine Stücke schneiden und vorsichtig unter den Teig heben.
**5.** Einen Backrahmen auf ein Backblech (30 x 40 cm, mit Backpapier belegt) stellen. Den Teig auf dem Backblech verteilen und glatt streichen. Backblech in den vorgeheizten Backofen schieben und die Gebäckplatte etwa 15 Minuten vorbacken.
**6.** Das Backblech auf einen Kuchenrost stellen. Die Backofentemperatur um etwa 20 °C heraufschalten.
**7.** Für den Belag Eiweiß und Salz mit dem Mixer (Rührstäbe) auf höchster Stufe so steif schlagen, dass ein Messerschnitt sichtbar bleibt. Zucker nach und nach kurz unterschlagen. Restlichen Orangensaft unterrühren, Kokosraspel unterheben.
**8.** Die Kokosmasse auf die heiße Gebäckplatte geben und unregelmäßig verstreichen. Das Backblech wieder in den heißen Backofen schieben. Den Mohnkuchen weitere etwa 10 Minuten backen.
**9.** Das Backblech auf einen Kuchenrost stellen. Den Mohnkuchen erkalten lassen. Den Backrahmen lösen und entfernen.

Mandel-Karamell-Kuchen

Zitronen-Götterspeise-Kuchen

## Mandel-Karamell-Kuchen

14 Stücke

*Zubereitungszeit* (inklusive Backzeit): 50 Minuten, ohne Abkühlzeit

**Für die Mandel-Karamell-Masse:**
90 g Zucker
25 g Butter
1 EL Schlagsahne
2 Prisen gem. Zimt
200 g blanchierte Mandeln (abgezogene Mandelkerne)

**Für den All-in-Teig:**
175 g Weizenmehl
2 gestr. TL Dr. Oetker Backin
1 Prise Salz
150 g Butter oder Margarine (zimmerwarm)
100 g Zucker
1 Pck. Dr. Oetker Vanillin-Zucker
2 Tropfen Bittermandel-Aroma
2 EL Milch (3,5 % Fett)
3 Eier (Größe M)

**Für den Guss:**
100 g dunkle Kuchenglasur

**Zum Bestäuben:**
etwas Puderzucker

*Pro Stück:*
E: 6 g, F: 23 g, Kh: 29 g,
kJ: 1445, kcal: 345

**1.** Für die Mandel-Karamell-Masse Zucker, Butter, Sahne und Zimt in einem Topf unter gelegentlichem Rühren erwärmen, die Mandeln einrühren. Den Topf von der Kochstelle nehmen.
**2.** Den Backofen vorheizen.
*Ober-/Unterhitze:* etwa 180 °C
*Heißluft:* etwa 160 °C
**3.** Für den Teig Mehl mit Backpulver und Salz in einer Rührschüssel mischen. Restliche Zutaten hinzufügen und mit einem Mixer (Rührstäbe) zunächst kurz auf niedrigster, dann auf höchster Stufe in etwa 2 Minuten zu einem glatten Teig verarbeiten. Den Teig in eine Springform (Ø 26 cm, mit Backpapier belegt) geben und glatt streichen. Die Mandel-Karamell-Masse darauf gleichmäßig verteilen.
**4.** Die Form auf dem Rost in den vorgeheizten Backofen schieben. Den Kuchen etwa 25 Minuten backen.
**5.** Die Form auf einen Kuchenrost stellen. Den Kuchen etwas abkühlen lassen, danach den Formrand lösen, entfernen und den Kuchen auf dem Springformboden erkalten lassen.
**6.** Den Kuchen vorsichtig vom Backpapier lösen und auf eine Tortenplatte setzen.
**7.** Für den Guss die Kuchenglasur nach Packungsanleitung schmelzen. Den Kuchenrand und die Kuchenoberfläche etwa 4 cm breit gleichmäßig mit dem Guss überziehen. Guss fest werden lassen.
**8.** Vor dem Servieren den Kuchen mit Puderzucker bestäuben.

## Zitronen-Götterspeise-Kuchen

20 Stücke

*Zubereitungszeit* (inklusive Backzeit): 55 Minuten, ohne Abkühl- und Gelierzeit

**Für den Rührteig:**
120 g Butter oder Margarine (zimmerwarm)
120 g Zucker
1 Prise Salz
1 Pck. Dr. Oetker Finesse Geriebene Zitronenschale
3 Eier (Größe M)
250 g Weizenmehl
50 g Speisestärke
3 gestr. TL Dr. Oetker Backin
150 g Joghurt (1,5 % Fett)

**Für den Belag:**
2 Beutel aus 1 Pck. Götterspeise Zitronen-Geschmack
450 ml Wasser
180 g Zucker
450 g Joghurt (1,5 % Fett)
100 g Schlagsahne (mind. 30 % Fett)

*Pro Stück:*
E: 4 g, F: 8 g, Kh: 28 g,
kJ: 864, kcal: 206

**1.** Den Backofen vorheizen.
*Ober-/Unterhitze:* etwa 200 °C
*Heißluft:* etwa 180 °C
**2.** Für den Teig Butter oder Margarine in einer Rührschüssel mit einem

Mixer (Rührstäbe) auf höchster Stufe geschmeidig rühren. Nach und nach Zucker, Salz und Zitronenschale unterrühren. So lange rühren, bis eine gebundene Masse entstanden ist.
**3.** Die Eier nach und nach unterrühren (jedes Ei etwa 1/2 Minute). Mehl mit Speisestärke und Backpulver mischen, abwechselnd in 2 Portionen mit dem Joghurt auf mittlerer Stufe kurz unterrühren.
**4.** Den Teig auf ein Backblech (30 x 40 cm, gefettet) geben, glatt streichen. Das Backblech in den vorgeheizten Backofen schieben. Die Gebäckplatte etwa 25 Minuten backen.
**5.** Das Backblech auf einen Kuchenrost stellen. Die Gebäckplatte erkalten lassen.
**6.** Für den Belag beide Beutel Götterspeise nach Packungsanleitung (aber mit nur 150 ml Wasser) zum Quellen anrühren. Zucker zu der gequollenen Götterspeise geben. Götterspeise nach Packungsanleitung auflösen.
**7.** 300 ml kaltes Wasser vorsichtig unter die aufgelöste Götterspeise rühren. 150 ml der Götterspeisenflüssigkeit in ein flaches Gefäß gießen und zugedeckt zum Gelieren in den Kühlschrank stellen. Die restliche Flüssigkeit in eine Rührschüssel geben. Den Joghurt unterrühren. Sahne steif schlagen und unterheben. Die Zitronencreme kurz in den Kühlschrank stellen, bis sie anfängt dicklich zu werden.
**8.** Die Zitronencreme gleichmäßig auf der Gebäckplatte verstreichen. Fest gewordene Götterspeise mit einem Messer aus dem Gefäß in kleine Stücke teilen und auf der Creme verteilen. Den Kuchen kurz in den Kühlschrank stellen.

## Stachelbeer-Haselnuss-Kuchen

20 Stücke

*Zubereitungszeit* (inklusive Backzeit): 60 Minuten, ohne Abkühlzeit

**Zum Vorbereiten:**
100 g Nuss-Nougat (schnittfest)

**Für den Teig:**
200 g Butter oder Margarine (zimmerwarm)
200 g Zucker
1 Prise Salz
4 Eier (Größe M)
200 g Weizenmehl
2 gestr. TL Dr. Oetker Backin
200 g gem. Haselnusskerne
3 EL Milch (3,5 % Fett)

720 g abgetropfte Stachelbeeren (aus dem Glas)

**Für die Baiserstreusel:**
50 g Baisertropfen (Fertigprodukt)

**Zum Garnieren:**
100 g Nuss-Nougat (schnittfest)

*Pro Stück:*
E: 5 g, F: 20 g, Kh: 31 g,
kJ: 1353, kcal: 323

**1.** Den Backofen vorheizen.
*Ober-/Unterhitze:* etwa 180 °C
*Heißluft:* etwa 160 °C
**2.** Zum Vorbereiten Nuss-Nougat in kleine Würfel schneiden.
**3.** Für den Teig die Butter oder Margarine mit einem Mixer (Rührstäbe) auf höchster Stufe geschmeidig rühren. Nach und nach Zucker und Salz unterrühren. So lange rühren, bis eine gebundene Masse entstanden ist. Eier nach und nach unterrühren (jedes Ei etwa 1/2 Minute).
**4.** Das Mehl mit Backpulver und den Nusskernen mischen, nach und nach auf mittlerer Stufe kurz unterrühren. Dann die Milch unterrühren. Nougatwürfel unterheben.
**5.** Den Teig in ein tiefes Backblech (30 x 40 cm, gefettet) geben und glatt streichen. Die Stachelbeeren darauf verteilen.
**6.** Für die Streusel Baiser grob hacken und auf den Stachelbeeren verteilen. Backblech in den vorgeheizten Backofen schieben. Den Kuchen etwa 30 Minuten backen.
**7.** Zum Garnieren inzwischen den Nougat in kleine Würfel schneiden.
**8.** Das Backblech auf einen Kuchenrost stellen. Nach 3–5 Minuten die Nougatwürfel auf dem Kuchen verteilen. Sobald sie zu schmelzen beginnen, die Würfel mit einem Teelöffel leicht verstreichen. Den Kuchen erkalten lassen und in 20 Stücke schneiden.

Stachelbeer-Haselnuss-Kuchen

## Mandel-Mirabellen-Kuchen

20 Stücke

*Zubereitungszeit* (inklusive Backzeit): 60 Minuten, ohne Abkühlzeit

**Für den Belag:**
770 g abgetropfte Mirabellen (aus Gläsern)

**Für den Rührteig:**
150 g Butter oder Margarine (zimmerwarm)
125 g Zucker
1 Pck. Dr. Oetker Vanillin-Zucker
1/2 Fläschchen Rum-Aroma
8 Eigelb (Größe M)
400 g gem. Mandeln
100 g gehackte Mandeln
1 gestr. TL Dr. Oetker Backin
8 Eiweiß (Größe M)
1 Prise Salz
25 g Zucker

**Für den Guss:**
1 Pck. ungezuckerter Tortenguss, klar
250 ml Mirabellensaft (aus dem Glas)
1 TL Zucker

**Zum Verzieren:**
100 g Haselnuss-Schokolade
1 TL Speiseöl

*Pro Stück:*
E: 10 g, F: 24 g, Kh: 22 g,
kJ: 1434, kcal: 342

**1.** Für den Belag von den Mirabellen den Saft auffangen. Die Mirabellen vorsichtig entsteinen und nochmals abtropfen lassen. Von dem Saft 250 ml für den Guss abmessen und beiseitestellen.
**2.** Den Backofen vorheizen.
*Ober-/Unterhitze:* etwa 180 °C
*Heißluft:* etwa 160 °C
**3.** Für den Teig Butter oder Margarine mit einem Mixer (Rührstäbe) geschmeidig rühren. Nach und nach Zucker, Vanillin-Zucker und Aroma unterrühren. So lange rühren, bis eine gebundene Masse entstanden ist.
**4.** Eigelb nach und nach unterrühren. Mandeln mit Backpulver mischen und in 2 Portionen kurz auf mittlerer Stufe unterrühren. Eiweiß mit Salz und Zucker steif schlagen und vorsichtig unter den Mandelteig heben.
**5.** Einen Backrahmen auf ein Backblech (30 x 40 cm, mit Backpapier belegt) stellen. Den Teig auf das Backblech geben und glatt streichen. Die Mirabellen in kleinen Gruppen darauf verteilen. Das Backblech in den vorgeheizten Backofen schieben. Den Kuchen etwa 30 Minuten backen.
**6.** Das Backblech auf einen Kuchenrost stellen. Den Kuchen erkalten lassen.
**7.** Für den Guss aus Tortengusspulver, 250 ml Mirabellensaft und Zucker einen Guss nach Packungsanleitung zubereiten. Den Guss auf den Mirabellen verteilen. Guss fest werden lassen.
**8.** Zum Verzieren die Schokolade in Stücke brechen, mit Speiseöl in einem Topf im heißen Wasserbad bei schwacher Hitze unter Rühren schmelzen. Schokolade in Form von Punkten oder Streifen auf die Kuchenoberfläche geben. Schokolade fest werden lassen.
**9.** Den Backrahmen lösen und entfernen. Kuchen in Stücke schneiden.

## Amarettini-Kuchen
16 Stücke

*Zubereitungszeit* (inklusive Backzeit): 55 Minuten

**Für den All-in-Teig:**
200 g Weizenmehl
2 TL Dr. Oetker Backin
80 g Zucker
1 Pck. Dr. Oetker Vanillin-Zucker
1 Prise Salz
3 Eier (Größe M)
2 EL gem. Mandeln
3 EL Amaretto (ital. Mandellikör)
125 g Joghurt-Butter (65 % Fett)
75 g Amarettini (ital. Mandelmakronen)
370 g abgetropfte Sauerkirschen (aus dem Glas)

2 EL ganze, abgezogene Mandeln

*Pro Stück:*
E: 4 g, F: 9 g, Kh: 24 g,
kJ: 810, kcal: 194

Amarettini-Kuchen

Cheesecake

**1.** Den Backofen vorheizen.
*Ober-/Unterhitze:* etwa 180 °C
*Heißluft:* etwa 160 °C

**2.** Für den Teig Mehl mit Backpulver in einer Rührschüssel mischen. Zucker, Vanillin-Zucker, Salz, Eier, Mandeln, Likör und Butter hinzufügen. Die Zutaten mit einem Mixer (Rührstäbe) zunächst kurz auf niedrigster, dann auf höchster Stufe in etwa 2 Minuten zu einem glatten Teig verarbeiten. Amarettini und abgetropfte Kirschen vorsichtig unterheben.

**3.** Teig in eine Springform (Ø 26 cm, Boden gefettet, mit Backpapier belegt) geben und glatt streichen.

**4.** Die Form auf dem Rost in den vorgeheizten Backofen schieben. Den Kuchen etwa 10 Minuten backen. Dann den Kuchen mit den Mandeln bestreuen. Den Kuchen bei gleicher Backofentemperatur in etwa 30 Minuten fertig backen.

**5.** Die Form auf einen Kuchenrost stellen, den Kuchen etwas abkühlen lassen, dann aus der Form lösen und auf dem mit Backpapier belegten Kuchenrost erkalten lassen.

***Tipps:*** Den Kuchen nach dem Erkalten mit 1 Teelöffel Puderzucker bestäuben. Ganze, abgezogene Mandeln gibt es nur selten zu kaufen, sie können sie aber leicht selbst abziehen. Dafür die ganzen Mandeln kurz in kochendes Wasser legen. Anschließend mit kaltem Wasser abschrecken und die Schale abziehen. Abgezogene Mandeln auf Küchenpapier gut abtropfen lassen.

## Cheesecake

20 Stücke

*Zubereitungszeit* (inklusive Backzeit): 60 Minuten, ohne Abkühlzeit

**Für den Teig:**
350 g Butterkekse
100 g Zartbitter-Schokolade (etwa 50 % Kakaoanteil)
200 g Butter

**Für den Belag:**
600 g Doppelrahm-Frischkäse
500 g Magerquark
150 g Zucker
1 Pck. Dr. Oetker Vanillin-Zucker
1/2 Pck. Dr. Oetker Finesse Geriebene Zitronenschale
1 Pck. Dr. Oetker Pudding-Pulver Sahne-Geschmack
5 Eigelb (Größe M)
5 Eiweiß (Größe M)
25 g Zucker

**Zum Bestreichen:**
etwa 50 g Zartbitter-Schokolade (etwa 50 % Kakaoanteil)

*Pro Stück:*
E: 11 g, F: 24 g, Kh: 28 g,
kJ: 1537, kcal: 367

**1.** Für den Teig Butterkekse in einen Gefrierbeutel geben. Den Beutel fest verschließen. Butterkekse mit einer Teigrolle fein zerbröseln und in eine Rührschüssel geben. Schokolade in Stücke brechen, mit der Butter in einem Topf im heißen Wasserbad bei schwacher Hitze unter Rühren schmelzen. Die Schokoladenbutter zu den Keksbröseln geben und gut verrühren.

**2.** Den Backofen vorheizen.
*Ober-/Unterhitze:* etwa 180 °C
*Heißluft:* etwa 160 °C

**3.** Einen Backrahmen auf ein Backblech (30 x 40 cm, leicht gefettet, mit Backpapier belegt) stellen. Die Bröselmasse auf das Backblech geben und mit einem Esslöffel zu einem flachen Boden andrücken.

**4.** Für den Belag den Frischkäse mit Quark, Zucker, Vanillin-Zucker, Zitronenschale, Pudding-Pulver und Eigelb zu einer geschmeidigen Masse verrühren. Eiweiß mit Zucker steif schlagen und unterheben.

**5.** Frischkäsemasse auf dem Bröselboden verteilen und glatt streichen. Das Backblech in den vorgeheizten Backofen schieben. Den Kuchen etwa 35 Minuten backen.

**6.** Das Backblech auf einen Kuchenrost stellen. Den Kuchen erkalten lassen. Den Backrahmen lösen und entfernen.

**7.** Zum Bestreichen Schokolade in Stücke brechen, in einem Topf im heißen Wasserbad bei schwacher Hitze unter Rühren schmelzen. Die Kuchenoberfläche mithilfe eines Backpinsels damit bestreichen. Anschließend die Schokolade fest werden lassen.

***Tipp:*** Nach Belieben mit roter Konfitüre verzieren.

Joghurt-Erdbeer-Kuchen

## Joghurt-Erdbeer-Kuchen

16 Stücke

*Zubereitungszeit* (inklusive Backzeit): 45 Minuten, ohne Abkühlzeit

**Für den Teig:**
150 g Joghurt
2 Eier (Größe M)
150 ml Speiseöl,
z. B. Sonnenblumenöl
2 EL Zitronensaft
150 g Zucker
2 Pck. Dr. Oetker Vanillin-Zucker
200 g Weizenmehl
3 gestr. TL Dr. Oetker Backin

**Für den Belag:**
400 g Schlagsahne
(mind. 30 % Fett)
2–3 Pck. Sahnesteif
300 g Erdbeer-Sahne-Joghurt
200 g Erdbeeren

*Pro Stück:*
E: 4 g, F: 20 g, Kh: 25 g,
kJ: 1246, kcal: 298

**1.** Den Backofen vorheizen.
*Ober-/Unterhitze:* etwa 180 °C
*Heißluft:* etwa 160 °C
**2.** Für den Teig Joghurt, Eier, Öl, Zitronensaft, Zucker und Vanillin-Zucker mit einem Mixer (Rührstäbe) gut verrühren. Mehl mit Backpulver mischen und kurz unterrühren.
**3.** Teig in eine Springform (Ø 26 cm, Boden gefettet) geben und glatt streichen. Die Form auf dem Rost in den vorgeheizten Backofen schieben. Boden etwa 30 Minuten backen.
**4.** Die Form auf einen Kuchenrost stellen. Den Springformrand lösen und entfernen. Den Tortenboden auf dem Springformboden erkalten lassen. Dann den Tortenboden vom Springformboden lösen und auf eine Tortenplatte legen.
**5.** Für den Belag Sahne mit Sahnesteif steif schlagen, Joghurt unterheben. Die Creme in einen großen Gefrierbeutel füllen, eine größere Spitze abschneiden und große Tuffs auf den Tortenboden spritzen.
**6.** Die Erdbeeren kurz abspülen, trocken tupfen und vierteln. Die Torte mit den Erdbeervierteln garnieren und bis zum Servieren zugedeckt in den Kühlschrank stellen.

## Selterskuchen

20 Stücke

*Zubereitungszeit* (inklusive Backzeit): 40 Minuten, ohne Abkühlzeit

**Für den Schüttelteig:**
300 g Weizenmehl
3 gestr. TL Dr. Oetker Backin
300 g Zucker
1 Pck. Dr. Oetker Finesse Geriebene Zitronenschale oder
1 Pck. Dr. Oetker Finesse Orangenschalen-Aroma
4 Eier (Größe M)
150 ml Sonnenblumenöl
150 ml Selters, Apfel- oder Orangensaft

**Für den Guss:**
250 g Puderzucker
3–4 EL Apfel- oder Orangensaft
gelbe und rote Speisefarbe

*Pro Stück:*
E: 3 g, F: 9 g, Kh: 40 g,
kJ: 1074, kcal: 257

**1.** Den Backofen vorheizen.
*Ober-/Unterhitze:* etwa 180 °C
*Heißluft:* etwa 160 °C
**2.** Für den Teig Mehl mit Backpulver mischen, in eine verschließbare Schüssel (etwa 3 l) geben und mit Zucker, Zitronenschale oder Aroma mischen. Eier, Öl, Selters oder Saft hinzufügen und die Schüssel mit dem Deckel fest verschließen. Schüssel mehrmals kräftig schütteln (insgesamt 15–30 Sekunden), sodass alle Zutaten gut vermischt sind.
**3.** Alles mit einem Schneebesen oder Rührlöffel nochmals sorgfältig durchrühren, damit trockene Zutaten vom Rand mit untergerührt werden. Den Teig auf ein Backblech (30 x 40 cm, gefettet, bemehlt) geben und glatt streichen. Das Backblech in den vorgeheizten Backofen schieben. Den Kuchen etwa 20 Minuten backen.
**4.** Backblech auf einen Kuchenrost stellen. Kuchen erkalten lassen.

**5.** Für den Guss Puderzucker mit Saft zu einem dickflüssigen Guss verrühren. Ein Drittel des Gusses in 3 Portionen teilen und mit Speisefarbe rot, gelb und orange einfärben. Den farbigen Guss getrennt in kleine Gefrierbeutel füllen. Den Kuchen mit dem restlichen weißen Guss überziehen. Von den Gefrierbeuteln jeweils eine kleine Ecke abschneiden und abwechselnd Linien auf den noch feuchten, weißen Guss spritzen. Mit einem Holzstäbchen abwechselnd von oben nach unten und von unten nach oben so durch den Guss ziehen, dass geschwungene Linien entstehen. Den Guss fest werden lassen.

## Kolatschenkuchen vom Blech

20 Stücke

*Zubereitungszeit* (inklusive Backzeit): 55 Minuten, ohne Abkühlzeit

**Für den Quark-Öl-Teig:**
400 g Weizenmehl
1 Pck. Dr. Oetker Backin
75 g Zucker
1 Pck. Dr. Oetker Vanillin-Zucker
1 Prise Salz
200 g Magerquark
100 ml Milch (3,5 % Fett)
100 ml Speiseöl,
z. B. Sonnenblumenöl

**Für die Quarkmasse:**
550 g Magerquark
75 g Butter oder Margarine (zimmerwarm)
75 g Zucker
50 g Speisestärke
3 EL Zitronensaft
2 Eier (Größe M)

**Für den Pflaumenmusbelag:**
4–5 EL Pflaumenmus

**Für die Mohnmasse:**
250 g Mohn-Back (backfertige Mohnfüllung)
150 g Crème fraîche

**Zum Bestreichen und Bestreuen:**
50 g gehobelte Mandeln
5 EL Aprikosenkonfitüre

*Pro Stück:*
E: 10 g, F: 15 g, Kh: 39 g,
kJ: 1379, kcal: 330

**1.** Den Backofen vorheizen.
*Ober-/Unterhitze:* etwa 180 °C
*Heißluft:* etwa 160 °C

**2.** Für den Teig Mehl mit Backpulver in einer Rührschüssel mischen. Die restlichen Zutaten hinzufügen und mit einem Mixer (Knethaken) zunächst kurz auf niedrigster, dann auf höchster Stufe zu einem glatten Teig verarbeiten (nicht zu lange, da der Teig sonst klebt). Dann den Teig auf der leicht bemehlten Arbeitsfläche zu einer Rolle formen.

**3.** Für die Quarkmasse Quark mit Butter oder Margarine, Zucker, Stärke, Zitronensaft und Eiern verrühren.

**4.** Für den Belag Pflaumenmus glatt rühren.

**5.** Für die Mohnmasse die Mohnfüllung mit Crème fraîche verrühren.

**6.** Teig auf einem Backblech (30 x 40 cm, gefettet) ausrollen. Quarkmasse darauf verstreichen. Pflaumenmus mit einem Löffel in Klecksen auf der Quarkmasse verteilen. Die Mohnmasse in den Zwischenräumen verteilen. Das Backblech in den vorgeheizten Backofen (unteres Drittel) schieben. Den Kuchen etwa 25 Minuten backen.

**7.** Das Blech auf einen Kuchenrost stellen. Den Kuchen erkalten lassen. Mandeln in einer Pfanne ohne Fett unter Wenden goldbraun rösten und auf einen Teller geben. Die Aprikosenkonfitüre durch ein Sieb streichen und unter Rühren in einem kleinen Topf aufkochen lassen. Den Kuchen damit bestreichen und mit den Mandeln bestreuen.

Selterskuchen

Kolatschenkuchen vom Blech

## Makronenkuchen
20 Stücke

*Zubereitungszeit* (inklusive Backzeit): 50 Minuten

**Für den All-in-Teig:**
300 g Weizenmehl
2 TL Dr. Oetker Backin
125 g Zucker
1 Pck. Dr. Oetker Vanillin-Zucker
1 Prise Salz, 4 Eigelb (Größe M)
200 g Butter oder Margarine (zimmerwarm)
200 ml Milch

**Für den Belag:**
4 Eiweiß (Größe M)
200 g Zucker
200 g Kokosraspel

*Pro Stück:*
E: 4 g, F: 17 g, Kh: 28 g,
kJ: 1176, kcal: 281

**1.** Den Backofen vorheizen.
*Ober-/Unterhitze:* etwa 180 °C
*Heißluft:* etwa 160 °C
**2.** Für den Teig Mehl mit Backpulver in einer Rührschüssel vermischen. Die restlichen Zutaten hinzufügen und mit einem Mixer (Rührstäbe) zunächst kurz auf niedrigster, dann auf höchster Stufe in etwa 2 Minuten zu einem glatten Teig verarbeiten.
**3.** Den Teig auf ein Backblech (30 x 40 cm, gefettet) geben und glatt streichen. Das Backblech in den vorgeheizten Backofen schieben. Den Kuchenboden etwa 20 Minuten vorbacken.
**4.** Für den Belag Eiweiß steif schlagen, Zucker nach und nach einrieseln lassen, Kokosraspel vorsichtig unterheben. Die Masse auf dem vorgebackenen Boden verteilen. Nach Belieben die Oberfläche mit einem Tortengarnierkamm wellenförmig verzieren.
**5.** Die Backofentemperatur um etwa 20 °C herunterschalten. Das Backblech wieder in den heißen Backofen schieben. Den Kuchen in etwa 15 Minuten fertig backen.
**6.** Das Backblech auf einen Kuchenrost stellen. Kuchen erkalten lassen.

## Limettenkuchen
20 Stücke

*Zubereitungszeit* (inklusive Backzeit): 45 Minuten, ohne Abkühlzeit

**Für den Teig:**
250 g Weizenmehl
2 TL Dr. Oetker Backin
1 Pck. Dr. Oetker Pudding-Pulver Vanille-Geschmack
250 g Zucker
2 Pck. Dr. Oetker Bourbon-Vanille-Zucker
3 EL Limettensaft
1 Pck. Dr. Oetker Finesse Geriebene Zitronenschale
4 Eier (Größe M)
250 g Butter oder Margarine (zimmerwarm)

**Für den Guss:**
150 g Puderzucker
etwa 50 ml Limettensaft

*Pro Stück:*
E: 3 g, F: 12 g, Kh: 31 g,
kJ: 1038, kcal: 248

**1.** Den Backofen vorheizen.
*Ober-/Unterhitze:* etwa 180 °C
*Heißluft:* etwa 160 °C
**2.** Für den Teig Mehl mit Backpulver und Pudding-Pulver in einer Rührschüssel vermischen. Die restlichen Zutaten hinzufügen und mit einem Mixer (Rührstäbe) zunächst kurz auf niedrigster, dann auf höchster Stufe in etwa 2 Minuten zu einem glatten Teig verarbeiten.
**3.** Den Teig auf ein Backblech (30 x 40 cm, gefettet) geben und glatt streichen. Das Backblech in den vorgeheizten Backofen schieben. Den Kuchen etwa 30 Minuten backen.
**4.** Das Backblech auf einen Kuchenrost stellen, Kuchen erkalten lassen.
**5.** Für den Guss Puderzucker und Limettensaft zu einem dickflüssigen Guss verrühren. Den Kuchen damit überziehen. Guss fest werden lassen.

Makronenkuchen

Limettenkuchen

## Knusper-Müsli-Kuchen

20 Stücke

*Zubereitungszeit* (inklusive Backzeit): 45 Minuten, ohne Abkühlzeit

**Für den All-in-Teig:**
250 g Weizenmehl
3 gestr. TL Dr. Oetker Backin
200 g Zucker
200 g gem. Haselnusskerne
1 Msp. gem. Zimt
4 Eier (Größe M)
250 g Butter oder Margarine (zimmerwarm)
50 ml Milch (3,5 % Fett)

720 g Apfelkompott (aus dem Glas)
200 g Knuspermüsli
3 EL Fruchtaufstrich Aprikose (ohne Fruchtstücke)

*Pro Stück:*
E: 5 g, F: 20 g, Kh: 33 g,
kJ: 1399, kcal: 334

**1.** Den Backofen vorheizen.
*Ober-/Unterhitze:* etwa 180 °C
*Heißluft:* etwa 160 °C
**2.** Für den Teig Mehl mit Backpulver in einer Rührschüssel vermischen. Die restlichen Zutaten hinzufügen und mit einem Mixer (Rührstäbe) zunächst kurz auf niedrigster, dann auf höchster Stufe in etwa 2 Minuten zu einem glatten Teig verarbeiten.
**3.** Den Teig auf ein Backblech (30 x 40 cm, gefettet) geben und glatt streichen. Apfelkompott darauf verteilen und mit dem Knuspermüsli bestreuen.
**4.** Das Backblech in den vorgeheizten Backofen (unteres Drittel) schieben. Den Kuchen etwa 30 Minuten backen.
**5.** Das Backblech auf einen Kuchenrost stellen, Kuchen erkalten lassen.
**6.** Den Fruchtaufstrich in einem kleinen Topf zum Kochen bringen und den Kuchen damit bestreichen.

## Joghurttorte mit Cassis-Baiser-Sahne

14 Stücke

*Zubereitungszeit* (inklusive Backzeit): 50 Minuten, ohne Abkühlzeit

**Für den All-in-Teig:**
175 g Weizenmehl
1 TL Dr. Oetker Backin
2 Eier (Größe M)
75 ml Sonnenblumenöl
150 g Zucker
1 Pck. Dr. Oetker Vanillin-Zucker
1 Prise Salz
1 Pck. Dr. Oetker Finesse Geriebene Zitronenschale
75 g Joghurt (3,5 % Fett)
350 g TK-Beeren-Mix

**Für die Cassis-Baiser-Sahne:**
40 g Baiserschalen oder -tropfen (Fertigprodukt)
400 g gekühlte Schlagsahne (mind. 30 % Fett)
2 Pck. Sahnesteif
2–3 EL Cassis-Likör oder -Sirup

*Pro Stück:*
E: 3 g, F: 16 g, Kh: 28 g,
kJ: 1134, kcal: 271

**1.** Den Backofen vorheizen.
*Ober-/Unterhitze:* etwa 180 °C
*Heißluft:* etwa 160 °C
**2.** Für den Teig Mehl mit Backpulver mischen. Restliche Zutaten (bis auf die Beeren) hinzufügen, mit einem Mixer (Rührstäbe) erst kurz auf niedrigster, dann auf höchster Stufe in etwa 2 Minuten zu einem glatten Teig verarbeiten.
**3.** Von den Beeren 2 gehäufte Teelöffel beiseitestellen. Restliche Beeren kurz unter den Teig heben. Teig in eine Springform (Ø 26 cm, Boden gefettet, mit Backpapier belegt) geben, glatt streichen. Die Form auf dem Rost in den vorgeheizten Backofen schieben. Boden etwa 30 Minuten backen.
**4.** Die Form auf einen Kuchenrost stellen. Tortenboden etwas abkühlen lassen, dann aus der Form lösen, auf einem Kuchenrost erkalten lassen. Boden auf eine Tortenplatte setzen.
**5.** Für die Sahne kurz vor dem Anrichten Baiser grob zerbröseln. 2 Esslöffel beiseitestellen. Sahne mit Sahnesteif steif schlagen, nach Belieben mit Likör oder Sirup abschmecken. Beeren und Baiser unterheben. Die Sahne auf dem Boden wolkenartig verstreichen, mit den restlichen Baiserbröseln bestreuen.

# Heidelbeertarte

16 Stücke

*Zubereitungszeit* (inklusive Backzeit): 60 Minuten, ohne Abkühlzeit

**Für den All-in-Teig:**
250 g Weizenmehl
2 gestr. TL Dr. Oetker Backin
120 g brauner Zucker
1 Pck. Dr. Oetker Bourbon-Vanille-Zucker
1 Prise Salz
1 Pck. Dr. Oetker Finesse Orangenschalen-Aroma
125 g Butter oder Margarine (zimmerwarm)
3 Eier (Größe M)
50 ml Milch (3,5 % Fett)

**Für den Belag:**
300 g TK-Heidelbeeren oder 250 g abgetropfte Heidelbeeren (aus dem Glas)

**Zum Bestreichen:**
60 g bittere Orangenmarmelade
1 EL Wasser

*Pro Stück:*
E: 3 g, F: 8 g, Kh: 24 g,
kJ: 765, kcal: 183

**1.** Den Backofen vorheizen.
*Ober-/Unterhitze:* etwa 180 °C
*Heißluft:* etwa 160 °C
**2.** Für den Teig das Mehl mit Backpulver in einer Rührschüssel mischen. Die restlichen Zutaten hinzufügen und mit einem Mixer (Rührstäbe) zunächst kurz auf niedrigster, dann auf höchster Stufe in etwa 2 Minuten zu einem glatten Teig verarbeiten.
**3.** Teig in eine Tarteform (Ø 26–28 cm, gefettet) geben und glatt streichen. Die gefrorenen Heidelbeeren oder die gut abgetropften Heidelbeeren darauf verteilen.
**4.** Die Form auf dem Rost in den vorgeheizten Backofen schieben. Die Tarte etwa 35 Minuten backen.
**5.** Die Form auf einen Kuchenrost stellen. Die Tarte erkalten lassen.

Heidelbeertarte

**6.** Zum Bestreichen die Orangenmarmelade mit dem Wasser unter Rühren kräftig aufkochen lassen. Die Marmelade auf die Beeren streichen und abkühlen lassen.

# Johannisbeer-Sahne-Kuchen

20 Stücke

*Zubereitungszeit* (inklusive Backzeit): 50 Minuten, ohne Abkühlzeit

**Für den Rührteig:**
200 g weiße Kuvertüre
150 g Butter oder Margarine (zimmerwarm)
30 g Zucker
1 Pck. Dr. Oetker Bourbon-Vanille-Zucker
abgeriebene Schale von 1 Bio-Orange (unbehandelt, ungewachst)
4 Eier (Größe M)
125 g Weizenmehl
3 gestr. TL Dr. Oetker Backin
100 g gehackte Mandeln
3 EL Orangensaft

100 g Amarettini (ital. Mandelmakronen)

**Für den Belag:**
500 g Johannisbeeren
500 ml Johannisbeer- oder Kirschsaft
2 Pck. Dr. Oetker Pudding-Pulver Vanille-Geschmack
150 g Zucker

**Zum Verzieren und Bestreuen:**
250 g Schlagsahne (mind. 30 % Fett)
1 Pck. Sahnesteif
evtl. 2 EL Amaretto (Mandellikör)
evtl. etwas weiße Kuvertüre

*Pro Stück:*
E: 5 g, F: 19 g, Kh: 35 g,
kJ: 1377, kcal: 328

**1.** Für den Teig Kuvertüre in kleine Stücke hacken. Zwei Drittel davon in einem Topf im Wasserbad bei schwacher Hitze unter Rühren schmelzen. Topf aus dem Wasserbad nehmen und die restliche Kuvertüre darin unter Rühren schmelzen. Kuvertüre leicht abkühlen lassen.
**2.** Den Backofen vorheizen.
*Ober-/Unterhitze:* etwa 180 °C
*Heißluft:* etwa 160 °C
**3.** Butter oder Margarine mit einem Mixer (Rührstäbe) auf höchster Stufe geschmeidig rühren. Nach und nach Zucker, Vanille-Zucker und Orangenschale unterrühren. So lange rühren, bis eine gebundene Masse entstanden ist.
**4.** Eier nach und nach unterrühren (jedes Ei etwa 1/2 Minute). Mehl mit Backpulver und Mandeln mischen und in 2 Portionen mit dem Orangensaft auf mittlerer Stufe unterrühren. Zuletzt die Kuvertüre unterrühren.

**5.** Den Teig auf ein Backblech (30 x 40 cm, gefettet) geben und glatt streichen. Einen Backrahmen darumstellen. Die Amarettini grob zerbröseln und auf den Teig streuen. Das Backblech in den vorgeheizten Backofen schieben. Den Gebäckboden etwa 20 Minuten backen.
**6.** Das Backblech auf einen Kuchenrost stellen. Den Gebäckboden erkalten lassen.
**7.** Für den Belag Johannisbeeren abspülen, gut abtropfen lassen und entstielen. Von dem Saft 8 Esslöffel abmessen. Pudding-Pulver mit Zucker und abgemessenem Saft anrühren. Restlichen Saft in einem Topf zum Kochen bringen. Angerührtes Pudding-Pulver in den von der Kochstelle genommenen Saft rühren und unter Rühren aufkochen lassen. Den Pudding erkalten lassen, dabei gelegentlich umrühren. Die Johannisbeeren unterheben.
**8.** Zum Verzieren Sahne mit Sahnesteif steif schlagen. Nach Belieben Amaretto unterschlagen. Die Sahnemasse in einen Spritzbeutel mit großer Lochtülle füllen, dann Streifen in Abständen von knapp 3 cm auf den Gebäckboden spritzen. Danach die Johannisbeer-Pudding-Masse ebenfalls in einen Spritzbeutel mit großer Lochtülle füllen und anschließend in die Zwischenräume spritzen.
**9.** Den Johannisbeer-Sahne-Kuchen kalt stellen. Den Backrahmen lösen und entfernen. Nach Belieben mit geschabter Kuvertüre bestreuen.

## Brombeer-Streusel-Kuchen

20 Stücke

*Zubereitungszeit* (inklusive Backzeit): 60 Minuten

**Für den Hefeteig:**
375 g Weizenmehl
1 Pck. Hefeteig Garant
150 ml lauwarme Milch
60 g Zucker
1 Pck. Dr. Oetker Vanillin-Zucker
1 Prise Salz, 1 TL gem. Zimt
1 Ei (Größe M)
60 g zerlassene, abgekühlte Butter oder Margarine

750 g Brombeeren
3 EL Semmelbrösel

**Für die Streusel:**
200 g Weizenmehl
150 g Zucker
1 Pck. Dr. Oetker Vanillin-Zucker
1 gestr. TL gem. Zimt
90 g Butter oder Margarine

*Pro Stück:*
E: 4 g, F: 8 g, Kh: 37 g,
kJ: 1005, kcal: 240

**1.** Für den Hefeteig Mehl mit Hefeteig Garant in einer Rührschüssel sorgfältig vermischen. Die restlichen Zutaten hinzufügen und mit einem Mixer (Knethaken) zunächst kurz auf niedrigster, dann auf höchster Stufe in etwa 2 Minuten zu einem glatten Teig verarbeiten.
**2.** Brombeeren verlesen, abspülen, gut abtropfen lassen und entstielen. Den Teig auf einem Backblech (30 x 40 cm, gefettet) ausrollen und mit Semmelbröseln bestreuen. Die Brombeeren darauf verteilen.
**3.** Für die Streusel Mehl in eine Rührschüssel geben. Restliche Zutaten hinzufügen und mit dem Mixer (Rührbesen) zu Streuseln von gewünschter Größe verarbeiten. Die Teigstreusel auf den Brombeeren verteilen. Den Teig etwa 15 Minuten ruhen lassen.
**4.** In der Zwischenzeit den Backofen vorheizen.
*Ober-/Unterhitze:* etwa 180 °C
*Heißluft:* etwa 160 °C
**5.** Das Backblech in den vorgeheizten Backofen schieben. Den Kuchen etwa 30 Minuten backen.
**6.** Das Backblech auf einen Kuchenrost stellen. Den Brombeer-Streusel-Kuchen erkalten lassen.

Johannisbeer-Sahne-Kuchen

Brombeer-Streusel-Kuchen

## Apfelkompott-Kuchen

12 Stücke

*Zubereitungszeit* (inklusive Backzeit): 50 Minuten, ohne Kühlzeit

**Für den Biskuitteig:**
50 g Butter oder Margarine
3 Eier (Größe M)
3 EL Orangensaft
90 g brauner Zucker
1 Pck. Dr. Oetker Bourbon-Vanille-Zucker
abgeriebene Schale von 1 Bio-Orange (unbehandelt, ungewachst)
120 g gesiebtes Dinkelmehl (Type 630)
1 gestr. TL. Dr. Oetker Backin

**Zum Bestreuen:**
100 g gehobelte Haselnusskerne
20 g brauner Zucker
1/2 TL gem. Zimt

**Für die Füllung:**
360 g Apfelkompott (aus dem Glas)
250 g Schlagsahne (mind. 30 % Fett)
1 EL Orangensaft
1 Pck. Sahnesteif
1 TL Zucker

*Pro Stück:*
E: 5 g, F: 17 g, Kh: 24 g,
kJ: 1115, kcal: 267

**1.** Den Backofen vorheizen.
*Ober-/Unterhitze:* etwa 180 °C
*Heißluft:* etwa 160 °C
**2.** Für den Teig Butter oder Margarine zerlassen. Eier und Orangensaft mit Mixer (Rührstäbe) auf höchster Stufe in etwa 1 Minute schaumig schlagen. Zucker mit Vanille-Zucker und Orangenschale mischen, in etwa 1 Minute einstreuen, dann noch etwa 2 Minuten schlagen.
**3.** Mehl mit Backpulver mischen und kurz auf niedrigster Stufe unterrühren. Zerlassene Butter oder Margarine unterheben. Den Teig auf ein Backblech (30 x 40 cm, mit Backpapier belegt) geben und glatt streichen. Das Backpapier an der offenen Seite des Backblechs zur Falte knicken, sodass ein Rand entsteht.
**4.** Zum Bestreuen Haselnusskerne mit Zucker und Zimt mischen. Den Teig damit bestreuen. Das Backblech in den vorgeheizten Backofen schieben. Die Biskuitplatte 12–15 Minuten backen.
**5.** Dann die Biskuitplatte sofort vom Backblechrand lösen und mit dem Backpapier vom Backblech auf einen Kuchenrost ziehen. Biskuitplatte erkalten lassen.
**6.** Die Biskuitplatte auf eine Platte stürzen. Das mitgebackene Backpapier abziehen. Biskuitplatte wieder zurückstürzen und von der längeren Seite aus mit einem scharfen Sägemesser in 3 Gebäckplatten (je etwa 13 x 30 cm) schneiden.
**7.** Für die Füllung eine Gebäckplatte mit der Haselnussseite nach oben auf eine Tortenplatte legen und mit der Hälfte des Apfelkompottes bestreichen. Sahne mit Orangensaft, Sahnesteif und Zucker steif schlagen. Die Hälfte der Sahne auf das Apfelkompott geben und glatt streichen. Die zweite Gebäckplatte mit der Haselnussseite nach oben darauflegen. Restliches Apfelkompott darauf verteilen und mit der letzten Gebäckplatte mit der Haselnussseite nach oben belegen. Den Kuchen zugedeckt etwa 1 Stunde in den Kühlschrank stellen.

***Tipp:*** Den Kuchen nach Belieben mit Puderzucker bestäuben.

## Hefekuchen mit Cranberrys

20 Stücke

*Zubereitungszeit* (inklusive Backzeit): 45 Minuten, ohne Ruhezeit

**Für den Hefeteig:**
350 g Weizenmehl
1 Pck. Hefeteig Garant
50 g Zucker
1 Ei (Größe M)
200 ml Milch (3,5 % Fett)
30 g Butter (zimmerwarm)

**Für den Belag:**
100 g getrocknete Cranberrys
250 g Speisequark (40 % Fett)
300 g Vanillejoghurt (3,5 % Fett)
1 Ei (Größe M)
1 gestr. EL Speisestärke
30 g gehobelte Mandeln
30 g Zucker
1 Pck. Dr. Oetker Vanillin-Zucker

*Pro Stück:*
E: 5 g, F: 5 g, Kh: 25 g,
kJ: 722, kcal: 172

Hefekuchen mit Cranberrys

**1.** Für den Hefeteig das Mehl in einer Rührschüssel mit Hefeteig Garant sorgfältig vermischen. Die restlichen Zutaten hinzufügen und mit einem Mixer (Knethaken) zunächst kurz auf niedrigster, dann auf höchster Stufe in etwa 2 Minuten zu einem glatten Teig verarbeiten.
**2.** Den Teig auf der leicht bemehlten Arbeitsfläche nochmals kurz durchkneten und in einem tiefen Backblech (30 x 40 cm, gefettet) ausrollen, dabei den Teig am Rand leicht andrücken. Den Teig etwa 10 Minuten ruhen lassen.
**3.** In der Zwischenzeit den Backofen vorheizen.
*Ober-/Unterhitze:* etwa 200 °C
*Heißluft:* etwa 180 °C
**4.** Für den Belag Cranberrys in kleine Stücke hacken. Quark mit Joghurt, Ei und Stärke verschlagen.
**5.** Mit bemehlten Fingern oder einem bemehlten Kochlöffelstiel in gleichmäßigen Abständen Löcher in die Teigplatte drücken. Cranberrys auf dem Teig verteilen und die Quark-Joghurt-Masse darauf verstreichen. Zuerst die Mandeln, dann den Zucker und Vanillin-Zucker daraufstreuen.
**6.** Das Backblech in den vorgeheizten Backofen schieben. Den Kuchen etwa 25 Minuten backen.
**7.** Das Backblech auf einen Kuchenrost stellen. Den Kuchen erkalten lassen.

**Tipp:** Der Kuchen schmeckt frisch am besten.

Stachelbeerkuchen mit Saure-Sahne-Guss

## Stachelbeerkuchen mit Saure-Sahne-Guss

20 Stücke

*Zubereitungszeit* (inklusive Backzeit): 60 Minuten, ohne Teiggehzeit

**Für den Hefeteig:**
200 ml Milch (1,5 % Fett)
20 g Butter
100 g Vollkorn-Weizenmehl
200 g Weizenmehl (Type 550)
1 Pck. Dr. Oetker Trockenbackhefe
20 g Zucker
1 Prise Salz

**Für den Guss:**
2 Eier (Größe M)
50 g brauner Zucker
300 g stichfeste saure Sahne

780 g abgetropfte Stachelbeeren (aus Gläsern)
10 g gem. Pistazienkerne

*Pro Stück:*
E: 4 g, F: 5 g, Kh: 22 g,
kJ: 638, kcal: 152

**1.** Für den Teig die Milch in einem kleinen Topf leicht erwärmen. Die Butter darin zerlassen.
**2.** Beide Mehlsorten in einer Rührschüssel mit der Trockenbackhefe sorgfältig vermischen. Zucker, Salz und warme Milch-Butter-Mischung hinzufügen. Die Zutaten mit einem Mixer (Knethaken) zunächst kurz auf niedrigster, dann auf höchster Stufe in etwa 5 Minuten zu einem glatten Teig verarbeiten. Den Teig zugedeckt so lange an einem warmen Ort gehen lassen, bis er sich sichtbar vergrößert hat, etwa 30 Minuten.
**3.** Den gegangenen Teig auf einer leicht bemehlten Arbeitsfläche zu einem Rechteck (etwa 30 x 40 cm) ausrollen. Die Teigplatte in ein tiefes Backblech (30 x 40 cm, gefettet) legen und nochmals zugedeckt so lange an einem warmen Ort gehen lassen, bis sie sich sichtbar vergrößert hat, etwa 30 Minuten.
**4.** Den Backofen vorheizen.
*Ober-/Unterhitze:* etwa 180 °C
*Heißluft:* etwa 160 °C
**5.** Für den Guss die Eier und Zucker mit dem Mixer (Rührstäbe) zu einer schaumigen Masse aufschlagen. Saure Sahne kurz auf niedrigster Stufe unterrühren.
**6.** Die Stachelbeeren auf der Teigplatte verteilen. Den Saure-Sahne-Guss daraufgeben. Das Backblech in den vorgeheizten Backofen schieben. Den Kuchen etwa 30 Minuten backen.
**7.** Das Backblech auf einen Kuchenrost stellen. Den Kuchen mit Pistazienkernen bestreuen und erkalten lassen.

**Tipp:** Damit der Kuchen schön glänzt, 100 g erwärmtes Apfel- oder Quittengelee mit einem Backpinsel auf den Kuchen streichen und dann mit den Pistazienkernen bestreuen.

Orientalischer Nuss-Honig-Kuchen

Maracujatarte à la Crème brûlée

# Orientalischer Nuss-Honig-Kuchen

12 Stücke

*Zubereitungszeit* (inklusive Backzeit): 50 Minuten, ohne Abkühlzeit

**Für den Nuss-Honig-Belag:**
80 g Butter
75 g Honig
25 g brauner Zucker
275 g gemischte Nüsse, z. B. Hasel-, Wal-, Pekannuss- und Cashewkerne, blanchierte Mandeln
2 EL geschälte Sesamsamen
2 EL Schlagsahne
1/2 Pck. Dr. Oetker Finesse Orangenschalen-Aroma

**Für den Teig:**
125 g Schlagsahne
1 Prise Salz
60 g Zucker
2 Eier (Größe M)
150 g Weizenmehl
2 1/2 gestr. TL Dr. Oetker Backin
je 1/4 TL gem. Kardamom, Nelken, Zimt und Piment oder 1 gestr. TL Lebkuchen- oder Weihnachts-Aroma
1/2 Pck. Dr. Oetker Finesse Orangenschalen-Aroma

**Außerdem:**
2 EL Aprikosenkonfitüre

*Pro Stück:*
E: 7 g, F: 26 g, Kh: 28 g,
kJ: 1546, kcal: 370

**1.** Für den Belag die Butter, Honig und Zucker in einem Topf erwärmen. Nüsse, Sesam, Sahne und Aroma unterrühren. Die Masse einmal kurz aufkochen lassen. Den Topf von der Kochstelle nehmen.

**2.** Den Backofen vorheizen.
*Ober-/Unterhitze:* etwa 180 °C
*Heißluft:* etwa 160 °C

**3.** Für den Teig die Sahne mit einem Mixer (Rührstäbe) aufschlagen. Dabei Salz und Zucker nach und nach einrieseln lassen. Die Eier nacheinander zugeben, alles cremig rühren. Mehl mit Backpulver, Gewürzen und Aroma sorgfältig mischen und kurz unterrühren. Den Teig in eine Springform (Ø 26 cm, gefettet, mit Backpapier belegt) geben, glatt streichen.

**4.** Die Konfitüre mit einem Teelöffel in kleinen Häufchen darauf verteilen. Nuss-Honig-Belag darauf verteilen. Den Teig und die Nussmasse mit einer Gabel leicht spiralförmig durchziehen.

**5.** Die Form auf dem Rost in den vorgeheizten Backofen schieben. Den Kuchen etwa 30 Minuten backen.

**6.** Die Form auf einen Kuchenrost stellen. Den Kuchen in der Form vollständig erkalten lassen, dann aus der Form lösen und vom Backpapier direkt auf eine Kuchenplatte ziehen.

# Maracujatarte à la Crème brûlée

12 Stücke

*Zubereitungszeit* (inklusive Backzeit): 50 Minuten, ohne Abkühlzeit

**Für den Streuselteig:**
175 g Weizenmehl
1 gestr. TL Dr. Oetker Backin
60 g Zucker
1/2 Pck. Dr. Oetker Finesse Geriebene Zitronenschale
1 Prise Salz, 1 Eigelb (Größe M)
1–2 EL kaltes Wasser
90 g Butter oder Margarine (zimmerwarm)

**Für die Maracujacreme:**
2 Eigelb (Größe M)
1 geh. TL Speisestärke (12 g)
10 g Zucker
1/2 Pck. Dr. Oetker Finesse Geriebene Zitronenschale
125 g Magerquark
200 g Mascarpone (ital. Frischkäse)
125 ml Maracujanektar
60 g Zucker

*Pro Stück:*
E: 4 g, F: 15 g, Kh: 24 g,
kJ: 1057, kcal: 253

**1.** Für den Teig Mehl und Backpulver in einer Rührschüssel mischen.

Die restlichen Zutaten hinzufügen und mit einem Mixer (Rührstäbe) zunächst kurz auf niedrigster, dann auf höchster Stufe zu feinen Streuseln verarbeiten.

**2.** Die Streusel in eine Springform (Ø 26 cm, gefettet, mit Backpapier belegt) geben und mit einem Löffel zu einem Boden andrücken, dabei einen kleinen Rand formen. Die Form in den Kühlschrank stellen.

**3.** Den Backofen vorheizen.
*Ober-/Unterhitze:* etwa 220 °C
*Heißluft:* etwa 200 °C

**4.** Für die Creme Eigelb, Stärke, Zucker, Zitronenschale, Quark, Mascarpone und Nektar mit dem Mixer (Rührstäbe) gut verschlagen. Die Creme auf den Streuselteig geben und verstreichen. Den Zucker gleichmäßig daraufstreuen.

**5.** Die Form auf dem Rost in den vorgeheizten Backofen schieben. Die Tarte etwa 30 Minuten backen, bis die Oberfläche goldgelb gebräunt ist.

**6.** Die Tarte in der Form auf einem Kuchenrost erkalten lassen. Dann die Tarte aus der Form lösen.

## Schokokuchen mit Honig-Milchschaum

20 Stücke

*Zubereitungszeit* (inklusive Backzeit): 30 Minuten, ohne Kühlzeit

**Für den Belag:**
10 Blatt weiße Gelatine
600 ml Milch (1,5 % Fett)
50 g flüssiger Honig,
z. B. Blütenhonig

**Für den Biskuitteig:**
3 Eier (Größe M)
2 Eigelb (Größe M)
2 EL heißes Wasser
80 g Zucker
1 Pck. Dr. Oetker Vanillin-Zucker
1 Prise Salz
100 g Weizenmehl
20 g Speisestärke
10 g gesiebtes Kakaopulver
1 gestr. TL Dr. Oetker Backin

2 Eiweiß (Größe M)
40 g Zucker
2 EL heißes Wasser
100 g Schlagsahne (mind. 30 % Fett)
1 TL Dr. Oetker Bourbon-Vanille-Zucker
2 EL Zartbitter-Raspelschokolade

*Pro Stück:*
E: 4 g, F: 4 g, Kh: 16 g,
kJ: 513, kcal: 122

**1.** Für den Belag Gelatine nach Packungsanleitung einweichen. Die Hälfte der Milch und den Honig in einem Topf bei schwacher Hitze schaumig schlagen (nicht kochen). Den Topf von der Kochstelle nehmen.

**2.** Die eingeweichte Gelatine ausdrücken und in der heißen Honigmilch unter Rühren auflösen. Die restliche Milch unterrühren. Honigmilch zum Gelieren in den Kühlschrank stellen, dabei gelegentlich mit einem Schneebesen umrühren.

**3.** Den Backofen vorheizen.
*Ober-/Unterhitze:* etwa 200 °C
*Heizluft:* etwa 180 °C

**4.** Für den Teig Eier, Eigelb und Wasser in einer Rührschüssel mit einem Mixer (Rührstäbe) auf höchster Stufe in etwa 1 Minute schaumig schlagen. Zucker mit Vanillin-Zucker und Salz mischen, in etwa 1 Minute einstreuen, noch etwa 2 Minuten schlagen.

**5.** Mehl mit Speisestärke, Kakao und Backpulver mischen, auf die Eiercreme geben und kurz auf niedrigster Stufe unterrühren.

**6.** Den Teig in ein tiefes Backblech (30 x 40 cm, gefettet, bemehlt) geben und glatt streichen. Das Backblech in den vorgeheizten Backofen schieben. Die Biskuitplatte etwa 8 Minuten backen.

**7.** Das Backblech auf einen Kuchenrost stellen. Die Biskuitplatte erkalten lassen.

**8.** Wenn die Honigmilch anfängt dicklich zu werden, Eiweiß mit dem Mixer (Rührstäbe) auf höchster Stufe steif schlagen. Nach und nach den Zucker unterschlagen und so lange schlagen, bis der Eischnee stark glänzt. 2 Esslöffel heißes Wasser unter ständigem Schlagen nach und nach hinzugeben.

**9.** Sahne mit Vanille-Zucker steif schlagen. Zuerst die Sahne, dann den Eischnee unter die gelierende Honigmilch heben. Die Creme auf der Biskuitplatte glatt streichen und mit der Raspelschokolade bestreuen. Den Kuchen zugedeckt etwa 2 Stunden in den Kühlschrank stellen und den Honig-Milchschaum fest werden lassen.

***Hinweis:*** Für den Belag nur ganz frische Eier verwenden, die nicht älter als 5 Tage sind (Legedatum beachten!). Den Schokokuchen im Kühlschrank aufbewahren und innerhalb von 24 Stunden verzehren.

Schokokuchen mit Honig-Milchschaum

## Aprikosen-Mohn-Kuchen

12 Stücke

*Zubereitungszeit* (inklusive Backzeit): 55 Minuten

**Für den Streuselteig:**
175 g Weizenmehl
1 gestr. TL Dr. Oetker Backin
60 g Zucker
1 Prise Salz
1 Eigelb (Größe M)
1 EL kaltes Wasser
90 g Butter oder Margarine (zimmerwarm)

**Für den Belag:**
30 g Butter
150 g Magerquark
1 Ei (Größe M)
250 g Mohn-Back (backfertige Mohnfüllung)
1/2 Pck. Dr. Oetker Finesse Geriebene Zitronenschale
480 g abgetropfte Aprikosenhälften (aus der Dose)

2 EL Aprikosenkonfitüre

*Pro Stück:*
E: 6 g, F: 12 g, Kh: 33 g, kJ: 1112, kcal: 266

**1.** Für den Teig das Mehl mit Backpulver in einer Rührschüssel mischen. Die restlichen Zutaten hinzufügen und mit einem Mixer (Rührstäbe) zunächst kurz auf niedrigster, dann auf höchster Stufe zu feinen Streuseln verarbeiten.
**2.** Die Streusel in eine Springform (Ø 26 cm, Boden gefettet, mit Backpapier belegt) geben und mit einem Löffel leicht andrücken, dabei einen kleinen Rand formen. Die Form in den Kühlschrank stellen.
**3.** Für den Belag in der Zwischenzeit Butter zerlassen, mit Quark, Ei, Mohn-Back und Zitronenschale verrühren. 100 g der Aprikosen in feine Würfel schneiden. Die Aprikosenwürfel unter die Mohnmasse heben.
**4.** Den Backofen vorheizen.
*Ober-/Unterhitze:* etwa 200 °C
*Heißluft:* etwa 180 °C
**5.** Die Aprikosen-Mohn-Masse auf den Teig streichen. Restliche Aprikosen in Spalten schneiden und darauf verteilen. Springform auf den Rost (unteres Drittel) in den vorgeheizten Backofen schieben. Den Kuchen etwa 35 Minuten backen.
**6.** Die Form auf einen Kuchenrost stellen. Die Konfitüre durch ein feines Sieb streichen, die Früchte damit aprikotieren. Den Kuchen in der Form erkalten lassen.

## Sächsischer Kirmeskuchen

20 Stücke

*Zubereitungszeit* (inklusive Backzeit): 60 Minuten

**Für den Quark-Öl-Teig:**
300 g Weizenmehl
3 gestr. TL Dr. Oetker Backin
125 g Magerquark
100 ml Milch (3,5 % Fett)
100 ml Speiseöl
75 g Zucker
1 Pck. Dr. Oetker Vanillin-Zucker
1 Prise Salz

**Für den Quarkbelag:**
50 g Butter (zimmerwarm)
125 g Zucker, 1 Prise Salz
2 Eier (Größe M)
750 g Magerquark
2–3 EL Milch (3,5 % Fett)
1 Pck. Dr. Oetker Pudding-Pulver Vanille-Geschmack
1 Pck. Dr. Oetker Finesse Geriebene Zitronenschale
50 g Rosinen

2 Eier (Größe M)
60 g Zucker
2 EL Rum
80 g zerlassene, abgekühlte Butter

Aprikosen-Mohn-Kuchen

Sächsischer Kirmeskuchen

**Für die Streusel:**
150 g Weizenmehl
75 g Zucker
1 Pck. Dr. Oetker Vanillin-Zucker
75 g Butter oder Margarine (zimmerwarm)

*Pro Stück:*
E: 10 g, F: 16 g, Kh: 39 g,
kJ: 1425, kcal: 341

**1.** Für den Teig Mehl mit Backpulver in einer Rührschüssel mischen. Restliche Zutaten hinzufügen und mit einem Mixer (Knethaken) auf niedrigster, dann auf höchster Stufe in etwa 1 Minute zu einem Teig verarbeiten (nicht zu lange, Teig klebt sonst). Den Teig in einem tiefen Backblech (30 x 40 cm, gefettet) ausrollen.
**2.** Den Backofen vorheizen.
*Ober-/Unterhitze:* etwa 180 °C
*Heißluft:* etwa 160 °C
**3.** Für den Quarkbelag Butter mit einem Mixer (Rührstäbe) schaumig rühren. Nach und nach Zucker, Salz, Eier, Quark, Milch, Pudding-Pulver und Zitronenschale hinzugeben und zu einer cremigen Masse verrühren. Die Rosinen unterrühren. Die Quarkmasse auf den Teig geben und glatt streichen.
**4.** Eier, Zucker, Rum und zerlassene Butter gut verrühren. Die Masse vorsichtig auf dem Belag verstreichen.
**5.** Für die Streusel Mehl mit Zucker und Vanillin-Zucker in einer Rührschüssel mischen. Butter hinzufügen. Alle Zutaten mit einem Mixer (Rührstäbe) erst auf niedrigster, dann auf höchster Stufe zu Streuseln von gewünschter Größe verarbeiten. Die Streusel gleichmäßig auf der Quarkmasse verteilen.
**6.** Das Backblech in den vorgeheizten Backofen schieben. Den Kuchen etwa 35 Minuten backen.
**7.** Das Backblech auf einen Kuchenrost stellen. Den Kuchen erkalten lassen.

**Tipp:** Sie können den Rum durch die gleiche Menge Apfelsaft ersetzen.

Streuselecken

## Streuselecken
24 Stücke

*Zubereitungszeit (inklusive Backzeit): 55 Minuten*

**Für den Teig:**
250 g Weizenmehl
2 Pck. Dr. Oetker Vanillin-Zucker
1 Prise Salz
175 g kalte Butter
150 g Crème fraîche

**Für die Streusel:**
300 g Weizenmehl
100 g Puderzucker
1 Pck. Dr. Oetker Vanillin-Zucker
175 g kalte Butter

**Zum Bestreichen:**
2 EL Milch (3,5 % Fett)

**Zum Bestäuben:**
1–2 TL Puderzucker

*Pro Stück:*
E: 3 g, F: 14 g, Kh: 22 g,
kJ: 977, kcal: 234

**1.** Für den Teig Mehl mit Vanillin-Zucker und Salz in einer Rührschüssel mischen. Butter in Stücke schneiden und daraufgeben.
**2.** Von der Crème fraîche 1 Esslöffel zum Bestreichen abnehmen. Die restliche Crème hinzufügen. Zutaten mit einem Mixer (Knethaken) zunächst kurz auf niedrigster, dann auf höchster Stufe gut durcharbeiten.
**3.** Anschließend auf der leicht bemehlten Arbeitsfläche kurz zu einem Teig verkneten. Sollte er kleben, ihn in Frischhaltefolie gewickelt eine Zeit lang in den Kühlschrank legen.
**4.** Den Backofen vorheizen.
*Ober-/Unterhitze:* etwa 200 °C
*Heißluft:* etwa 180 °C
**5.** Für die Streusel Mehl mit Puderzucker und Vanillin-Zucker mischen. Butter in Flöckchen dazugeben. Die Zutaten mit einem Mixer (Rührstäbe) zunächst kurz auf niedrigster, dann auf höchster Stufe zu Streuseln von gewünschter Größe verarbeiten.
**6.** Teig auf einem Backblech (30 x 40 cm, gefettet) ausrollen. Abgenommene Crème fraîche mit Milch verrühren. Den Teig damit bestreichen, mehrmals mit einer Gabel einstechen. Streusel darauf verteilen.
**7.** Das Backblech in den vorgeheizten Backofen schieben. Den Kuchen etwa 30 Minuten backen.
**8.** Das Backblech auf einen Kuchenrost stellen. Den Kuchen sofort nach dem Backen in 12 etwa 10 x 10 cm große Quadrate schneiden, diese diagonal halbieren und mit Puderzucker bestäuben. Streuselecken erkalten lassen.

**Tipp:** Den Teigboden anstatt mit Crème fraîche mit 2–3 Esslöffeln erwärmter Konfitüre bestreichen.

Für den Guss:
250 g Zartbitter-Kuvertüre
(etwa 50 % Kakaoanteil)
20 g Kokosfett

**Zum Verzieren:**
200 g Schlagsahne (mind. 30 % Fett)
1/2 Pck. Sahnesteif
1 EL gehackte Pistazienkerne

*Pro Stück:*
E: 6 g, F: 20 g, Kh: 39 g,
kJ: 1557, kcal: 372

**1.** Den Backofen vorheizen.
*Ober-/Unterhitze:* etwa 180 °C
*Heißluft:* etwa 160 °C
**2.** Für den Teig das Mehl mit Backpulver mischen, in eine verschließbare Schüssel (etwa 3 l) geben und mit Zucker und Vanillin-Zucker mischen. Eier, Joghurt und Sahne hinzufügen und die Schüssel mit dem Deckel fest verschließen. Schüssel mehrmals kräftig schütteln (insgesamt 15–30 Sekunden), sodass alle Zutaten gut vermischt sind. Die Mandeln hinzugeben.
**3.** Alles mit einem Schneebesen oder Rührlöffel nochmals sorgfältig durchrühren, damit trockene Zutaten vom Rand mit untergerührt werden.
**4.** Teig in eine Springform (Ø 26 cm, Boden gefettet) geben, glatt streichen. Boden etwa 30 Minuten backen.
**5.** Den Gebäckboden aus der Form lösen und auf einem mit Backpapier belegten Kuchenrost erkalten lassen.
**6.** Für den Belag die Birnenhälften mit der Wölbung nach oben sternförmig auf den Gebäckboden legen.
**7.** Für den Guss Kuvertüre in kleine Stücke hacken. Zwei Drittel davon mit dem Kokosfett in einem Topf im Wasserbad bei schwacher Hitze unter Rühren schmelzen. Den Topf aus dem Wasserbad nehmen und die restliche Kuvertüre darin unter Rühren schmelzen. Den Kuchen mit dem Guss überziehen. Den Guss fest werden lassen.
**8.** Zum Verzieren Sahne mit Sahnesteif steif schlagen und in einen

Zitronenkuchen

## Zitronenkuchen
20 Stücke

*Zubereitungszeit* (inklusive Backzeit): 60 Minuten

**Für den Rührteig:**
350 g Butter oder Margarine
(zimmerwarm)
250 g Zucker
2 Pck. Dr. Oetker Finesse
Geriebene Zitronenschale
5 Eier (Größe M)
275 g Weizenmehl
120 g Speisestärke
2 gestr. TL Dr. Oetker Backin

**Für den Guss:**
250 g Puderzucker
6–7 EL Zitronensaft

*Pro Stück:*
E: 5 g, F: 16 g, Kh: 40 g,
kJ: 1350, kcal: 323

**1.** Den Backofen vorheizen.
*Ober-/Unterhitze:* etwa 180 °C
*Heißluft:* etwa 160 °C
**2.** Für den Teig Butter oder Margarine mit einem Mixer (Rührstäbe) auf höchster Stufe geschmeidig rühren. Nach und nach Zucker und Zitronenschale unterrühren. So lange rühren, bis eine gebundene Masse entstanden ist. Eier nach und nach unterrühren (jedes Ei etwa 1/2 Minute).
**3.** Mehl mit Stärke und Backpulver mischen und in 2 Portionen auf mittlerer Stufe kurz unterrühren.
**4.** Den Teig auf ein Backblech (30 x 40 cm, gefettet, mit Backpapier belegt) geben und glatt streichen. Das Backblech in den vorgeheizten Backofen schieben und den Kuchen etwa 25 Minuten backen.
**5.** Für den Guss Puderzucker mit so viel von dem Zitronensaft verrühren, dass ein dickflüssiger Guss entsteht.
**6.** Das Backblech auf einen Kuchenrost stellen. Den heißen Kuchen mit dem Guss bestreichen (je heißer der Kuchen, desto stärker zieht der Guss ein). Den Kuchen auf dem Backblech erkalten lassen.

## Schüttelkuchen mit Joghurt
14 Stücke

*Zubereitungszeit* (inklusive Backzeit): 60 Minuten, ohne Abkühlzeit

**Für den Schüttelteig:**
225 g Weizenmehl
3 gestr. TL Dr. Oetker Backin
150 g Zucker
1 Pck. Dr. Oetker Vanillin-Zucker
2 Eier (Größe M)
150 g Joghurt, 75 g Schlagsahne
100 g abgezogene, gem. Mandeln

**Für den Belag:**
920 g abgetropfte Birnenhälften
(aus der Dose)

Spritzbeutel mit Sterntülle füllen. Die Tortenoberfläche mit Sahnetuffs verzieren und mit Pistazienkernen bestreuen.

***Tipp:*** Damit die Birnenhälften nicht vom Kuchen rutschen, diese mit je einem Zahnstocher fixieren, bis der Guss fest geworden ist.

## Feigenkuchen

20 Stücke

*Zubereitungszeit* (inklusive Backzeit): 55 Minuten, ohne Kühlzeit

**Für den All-in-Teig:**
100 g Weizenmehl
1 gestr. TL Dr. Oetker Backin
200 g gem. Haselnusskerne
100 g Zucker
1 Pck. Dr. Oetker Vanillin-Zucker
2 Eier (Größe M)
100 g Nuss-Nougat (zimmerwarm)
100 g Butter oder Margarine (zimmerwarm)

**Für den Belag:**
6 Blatt weiße Gelatine
1 Pck. Dr. Oetker Pudding-Pulver Vanille-Geschmack
50 g Zucker, 500 ml Vanillemilch
630 g abgetropfte, ganze Feigen (aus der Dose)
500 g Speisequark (20 % Fett)
200 g Schlagsahne (mind. 30 % Fett)

**Für den Guss:**
500 ml Feigensaft (aus der Dose)
2 Pck. ungezuckerter Tortenguss, klar
1 TL Zucker

*Pro Stück:*
E: 8 g, F: 17 g, Kh: 29 g,
kJ: 1279, kcal: 306

**1.** Den Backofen vorheizen.
*Ober-/Unterhitze:* etwa 180 °C
*Heißluft:* etwa 160 °C
**2.** Für den Teig Mehl mit Backpulver und Haselnusskernen in einer Rührschüssel mischen. Restliche Zutaten hinzufügen und mit einem Mixer (Rührstäbe) zunächst kurz auf niedrigster, dann auf höchster Stufe in etwa 2 Minuten zu einem glatten Teig verarbeiten.
**3.** Einen Backrahmen auf ein Backblech (30 x 40 cm, mit Backpapier belegt) stellen. Teig auf das Backblech geben und glatt streichen. Gebäckplatte 10–15 Minuten backen.
**4.** Das Backblech auf einen Kuchenrost stellen. Die Gebäckplatte erkalten lassen.
**5.** Für den Belag die Gelatine nach Packungsanleitung einweichen. Aus Pudding-Pulver, Zucker und Vanillemilch einen Pudding nach Packungsanleitung (aber mit den hier angegebenen Zutaten und Mengen) zubereiten. Die Gelatine leicht ausdrücken und in dem heißen Pudding unter Rühren auflösen. Anschließend den Pudding etwa 15 Minuten unter gelegentlichem Rühren erkalten lassen.
**6.** Von den Feigen den Saft auffangen. Feigen der Länge nach halbieren, nochmals in einem Sieb abtropfen lassen und den restlichen Saft auffangen.
**7.** Den Quark unter den abgekühlten Pudding rühren. Sahne steif schlagen und ebenfalls unterheben. Die Creme auf der Gebäckplatte verstreichen. Die Feigenhälften darauf verteilen. Den Kuchen anschließend zugedeckt etwa 2 Stunden in den Kühlschrank stellen.
**8.** Für den Guss aus Feigensaft, Tortengusspulver und Zucker einen Guss nach Packungsanleitung zubereiten. Den Guss auf dem Kuchen verteilen. Den Kuchen nochmals etwa 30 Minuten in den Kühlschrank stellen.
**9.** Den Backrahmen lösen und entfernen. Den Feigenkuchen in Stücke schneiden.

Schüttelkuchen mit Joghurt

Feigenkuchen

## Rosmarin-Apfelkuchen

20 Stücke

*Zubereitungszeit* (inklusive Backzeit): 60 Minuten, ohne Durchzieh- und Abkühlzeit

**Zum Vorbereiten:**
2–3 Stängel Rosmarin
40 g Zucker

**Für den All-in-Teig:**
275 g Weizenmehl
2 gestr. TL Dr. Oetker Backin
125 g Zucker
abgeriebene Schale von 1/2 Bio-Zitrone (unbehandelt, ungewachst)
4 Eier (Größe M)
175 g weiche Butter oder Margarine
2 EL Zitronensaft

**Für den Belag:**
etwa 800 g rotschalige Äpfel, z. B. Gala, Elstar, Pink Lady

**Zum Bestreichen:**
2 EL Zitronensaft

*Pro Stück:*
E: 3 g, F: 9 g, Kh: 24 g, kJ: 773, kcal: 185

**1.** Zum Vorbereiten Rosmarin abspülen und trocken tupfen. Die Nadeln von den Stängeln zupfen, 2 Esslöffel davon abmessen, fein hacken und in eine kleine Schüssel geben. Zucker hinzugeben, unterrühren und etwa 20 Minuten durchziehen lassen.

**2.** In der Zwischenzeit den Backofen vorheizen.
*Ober-/Unterhitze:* etwa 180 °C
*Heißluft:* etwa 160 °C

**3.** Für den Teig Mehl mit Backpulver in einer Rührschüssel mischen. Restliche Zutaten hinzufügen und mit einem Mixer (Rührstäbe) zunächst kurz auf niedrigster, dann auf höchster Stufe in etwa 2 Minuten zu einem glatten Teig verarbeiten. Teig auf ein Backblech (30 x 40 cm, gefettet, mit Backpapier belegt) geben und glatt streichen. Vor den Teig einen mehrfach geknickten Streifen Alufolie legen.

**4.** Für den Belag Äpfel heiß abspülen, gut abtrocknen und mit einem Apfelausstecher je das Kerngehäuse ausstechen. Die Äpfel in etwa 2 cm dicke Scheiben schneiden und mit etwas Zitronensaft bestreichen. Die Apfelscheiben auf den Teig legen.

**5.** Von dem vorbereiteten Rosmarinzucker 1 Teelöffel abnehmen und beiseitestellen. Den restlichen Rosmarinzucker auf die Apfelscheiben streuen. Das Backblech in den vorgeheizten Backofen schieben. Den Kuchen etwa 35 Minuten backen.

**6.** Das Backblech auf einen Kuchenrost stellen.

**7.** Restlichen Rosmarinzucker und Zitronensaft in einem kleinen Topf unter Rühren zum Kochen bringen. Dann die noch heißen Apfelscheiben mit der Flüssigkeit bestreichen. Den Kuchen erkalten lassen. Den Alustreifen entfernen und den Kuchen in Stücke schneiden.

Rosmarin-Apfelkuchen

## Pfirsich-Flammkuchen

12 Stücke

*Zubereitungszeit* (inklusive Backzeit): 40 Minuten

**Für den Quark-Öl-Teig:**
275 g Weizenmehl
1 1/2 gestr. TL Dr. Oetker Backin
140 g Magerquark
80 ml Milch (3,5 % Fett)
70 ml Speiseöl, z. B. Sonnenblumenöl
40 g Zucker
1 Prise Salz

**Für den Belag:**
40 g Zucker
2 EL fein geschnittene Zitronenmelisseblättchen
1 TL fein gehackte Zitronenthymianblättchen
500 g Pfirsiche (etwa 4 Stück)
40 g zerlassene Butter
250 g Mascarpone (ital. Frischkäse)
20 g Zucker
1 Pck. Dr. Oetker Bourbon-Vanille-Zucker

*Pro Stück:*
E: 5 g, F: 18 g, Kh: 31 g, kJ: 1270, kcal: 303

**1.** Den Backofen vorheizen.
*Ober-/Unterhitze:* etwa 200 °C
*Heißluft:* etwa 180 °C

**2.** Für den Teig Mehl mit Backpulver in einer Rührschüssel mischen. Restliche Zutaten hinzufügen und mit einem Mixer (Knethaken) auf niedrigster, dann auf höchster Stufe in etwa 1 Minute zu einem Teig ver-

Pfirsich-Flammkuchen

Pflaumen-Hirse-Kuchen

arbeiten (nicht zu lange, Teig klebt sonst).
**3.** Den Teig auf einer leicht bemehlten Arbeitsfläche kurz durchkneten und in 2 Portionen teilen. Teigstücke auf einem Backblech (30 x 40 cm, gefettet, mit Backpapier belegt) zu 2 ovalen Fladen (je etwa 18 x 24 cm) ausrollen.
**4.** Für den Belag Zucker mit Zitronenmelisse und -thymian in einer Schüssel gut verrühren. 1 Esslöffel von dem Kräuterzucker zum Bestreuen beiseitelegen. Pfirsiche heiß abwaschen, abtrocknen, halbieren und entsteinen. Die Pfirsichhälften in schmale Spalten schneiden.
**5.** Die Teigränder etwas hochdrücken, sodass eine kleine Kante entsteht. Die Teigböden mehrmals mit einer Gabel einstechen. Die Teigplatten mit einem Teil der zerlassenen Butter bestreichen.
**6.** Mascarpone mit Zucker und Vanille-Zucker verrühren und auf den Teigplatten verteilen, dabei am Rand jeweils etwa 1 cm frei lassen. Die Pfirsichspalten auf die Creme legen, mit dem Kräuterzucker bestreuen und mit der restlichen Butter beträufeln.
**7.** Das Backblech in den vorgeheizten Backofen schieben. Die Flammkuchen 15–20 Minuten backen.
**8.** Die Pfirsich-Flammkuchen sofort mit dem restlichen Kräuterzucker bestreuen und in Stücke schneiden. Flammkuchen nach Belieben lauwarm oder abgekühlt servieren.

## Pflaumen-Hirse-Kuchen

20 Stücke

*Zubereitungszeit* (inklusive Backzeit): 60 Minuten, ohne Quell- und Abkühlzeit

**Zum Vorbereiten:**
600 ml Wasser
200 g Hirse
1 Zimtstange

**Für den Belag:**
1,2 kg reife Pflaumen

**Für den Hirseboden:**
4 Eier (Größe M)
100 g brauner Zucker
1 Prise Salz
70 g Kartoffelmehl
2 gestr. TL Dr. Oetker Backin

**Zum Bestreichen:**
100 g Aprikosenkonfitüre

*Pro Stück:*
E: 3 g, F: 2 g, Kh: 24 g,
kJ: 523, kcal: 125

**1.** Zum Vorbereiten Wasser in einem Topf zum Kochen bringen. Hirse und Zimtstange hinzugeben, umrühren und aufkochen. Die Hirse zugedeckt etwa 20 Minuten bei schwacher Hitze quellen lassen, bis die Flüssigkeit aufgesogen ist. Hirse erkalten lassen. Die Zimtstange entfernen.
**2.** Für den Belag die Pflaumen abspülen, abtrocknen, halbieren und entsteinen. Die Pflaumenhälften nochmals längs durchschneiden.
**3.** Den Backofen vorheizen.
*Ober-/Unterhitze:* etwa 180 °C
*Heißluft:* etwa 160 °C
**4.** Für den Hirseboden die Eier in einer Rührschüssel mit einem Mixer (Rührstäbe) kurz aufschlagen. Zucker und Salz in etwa 1 Minute einstreuen, dann noch etwa 2 Minuten schlagen.
**5.** Kartoffelmehl mit Backpulver mischen. Zuerst die Hirse, dann das Kartoffelmehlgemisch kurz auf niedrigster Stufe unter die Eiermasse rühren. Hirseteig auf ein Backblech (30 x 40 cm, gefettet, mit Kartoffelmehl bestäubt) geben und glatt streichen. Einen Backrahmen darumstellen. Die Pflaumenspalten dachziegelartig in Reihen darauflegen.
**6.** Das Backblech in den vorgeheizten Backofen schieben. Den Kuchen etwa 30 Minuten backen.
**7.** Das Backblech auf einen Kuchenrost stellen. Kuchen erkalten lassen.
**8.** Zum Bestreichen die Konfitüre in einem kleinen Topf pürieren, dann erhitzen. Die Pflaumenspalten mit der Konfitüre bestreichen und erkalten lassen. Den Backrahmen lösen und entfernen.

***Tipp:*** Statt der Zimtstange können Sie auch die Schale von 1/2 Bio-Zitrone (unbehandelt, ungewachst) verwenden.

Himbeer-Ricotta-Kuchen

Kokos-Johannisbeer-Kuchen

## Himbeer-Ricotta-Kuchen

20 Stücke

*Zubereitungszeit:* 35 Minuten, ohne Kühlzeit

**Für den Boden:**
200 g Zwieback
200 g Butter
2 Pck. Dr. Oetker Finesse Geriebene Zitronenschale

**Für die Füllung:**
12 Blatt weiße Gelatine
500 g Himbeeren
500 g Ricotta (ital. Frischkäse)
150 g Zucker
1 Pck. Dr. Oetker Bourbon-Vanille-Zucker
400 g Schlagsahne (mind. 30 % Fett)

**Zum Bestreichen und Bestäuben:**
300 g Schlagsahne (mind. 30 % Fett)
1 Pck. Sahnesteif
1 TL Zucker
etwas Puderzucker

*Pro Stück:*
E: 5 g, F: 24 g, Kh: 19 g,
kJ: 1305, kcal: 312

**1.** Für den Boden Zwieback in einen Gefrierbeutel geben. Den Beutel fest verschließen. Zwieback mit einer Teigrolle fein zerbröseln.
**2.** Die Butter in einem Topf zerlassen. Zitronenschale und Zwiebackbrösel gut unterrühren. Die Masse auf ein Backblech (30 x 40 cm, gefettet, mit Backpapier belegt) geben, mit einem Löffel zu einem Boden andrücken. Einen Backrahmen darumstellen.
**3.** Für die Füllung Gelatine nach Packungsanleitung einweichen. Himbeeren verlesen, evtl. kurz abspülen und gut trocken tupfen. Ricotta mit den Himbeeren in einer hohen Rührschüssel pürieren. Zucker und Vanille-Zucker unterrühren.
**4.** Die Gelatine leicht ausdrücken und in einem kleinen Topf bei schwacher Hitze unter Rühren auflösen. Die aufgelöste Gelatine zuerst mit etwa 4 Esslöffeln von der Püreemasse verrühren, dann unter die restliche Püreemasse rühren. Die Püreemasse in den Kühlschrank stellen.
**5.** Die Sahne steif schlagen. Sobald die Püreemasse anfängt dicklich zu werden, die Sahne unterheben. Die Himbeercreme auf den Bröselboden geben und glatt streichen. Den Kuchen zugedeckt mindestens 3 Stunden in den Kühlschrank stellen.
**6.** Zum Bestreichen Sahne mit Sahnesteif und Zucker steif schlagen. 5 Esslöffel der Sahne zum Verzieren beiseitestellen.
**7.** Den Backrahmen lösen und entfernen. Die Kuchenoberfläche mit der Sahne bestreichen. Die beiseitegestellte Sahne mit der runden Seite eines Teelöffels wellenförmig auf dem Kuchen verteilen. Den Kuchen mit etwas Puderzucker bestäubt servieren.

*Tipp:* Den Kuchen mit vorbereiteten Himbeeren garnieren.

## Kokos-Johannisbeer-Kuchen

20 Stücke

*Zubereitungszeit* (inklusive Backzeit): 50 Minuten

**Für den Teig:**
200 g Schlagsahne
200 g Zucker
1 Pck. Dr. Oetker Vanillin-Zucker
3 Eier (Größe M)
250 g Weizenmehl
1 Pck. Dr. Oetker Backin
1 Prise Salz

**Für den Belag:**
500 g Johannisbeeren
100 g Butter
100 g Zucker
1 Pck. Dr. Oetker Vanillin-Zucker
200 g Kokosraspel

*Pro Stück:*
E: 3 g, F: 15 g, Kh: 28 g,
kJ: 1083, kcal: 259

**1.** Den Backofen vorheizen.
*Ober-/Unterhitze:* etwa 180 °C
*Heißluft:* etwa 160 °C
**2.** Für den Teig Sahne, Zucker, Vanillin-Zucker und die Eier in einer Rührschüssel mit einem Mixer (Rührstä-

be) gut verrühren. Mehl mit Backpulver und Salz mischen, hinzugeben und alles zu einem glatten Teig verrühren.

**3.** Den Teig auf ein Backblech (30 x 40 cm, gefettet, mit Backpapier belegt) geben und glatt streichen. Das Backblech in den vorgeheizten Backofen schieben und den Boden etwa 12 Minuten vorbacken.

**4.** Für den Belag in der Zwischenzeit Johannisbeeren abspülen, abtropfen lassen und entstielen. Die Butter in einem kleinen Topf zerlassen. Zucker und Vanillin-Zucker unterrühren. Den Topf von der Kochstelle nehmen und Kokosraspel unter die Buttermasse rühren.

**5.** Das Backblech auf einen Kuchenrost stellen. Die Johannisbeeren auf dem vorgebackenen Boden verteilen. Die Kokosmasse gleichmäßig daraufgeben. Das Backblech bei gleicher Backofentemperatur wieder in den heißen Backofen schieben. Den Kuchen in etwa 15 Minuten fertig backen.

**6.** Das Backblech auf einen Kuchenrost stellen. Den Kokos-Johannisbeer-Kuchen erkalten lassen.

## Streusel-Fladenkuchen

12 Stücke

*Zubereitungszeit* (inklusive Backzeit): 60 Minuten, ohne Abkühlzeit

**Für die Streusel:**
150 g Weizenmehl
75 g Zucker
1 Pck. Dr. Oetker Vanillin-Zucker
1 Msp. gem. Zimt
100 g zerlassene, abgekühlte Butter

**Für den Quark-Öl-Teig:**
225 g Weizenmehl
3 TL Dr. Oetker Backin
125 g Magerquark
50 g Zucker
50 ml Milch
50 ml Speiseöl, z. B. Sonnenblumenöl

**Für den Belag:**
520 g abgetropfte Sauerkirschen (aus dem Glas)
150 g Crème fraîche
1 Ei (Größe M)
30 g Zucker
2 Pck. Dr. Oetker Vanillin-Zucker
1 EL Speisestärke

**Zum Bestäuben:**
etwas Puderzucker

*Pro Stück:*
E: 6 g, F: 16 g, Kh: 49 g,
kJ: 1533, kcal: 366

**1.** Den Backofen vorheizen.
*Ober-/Unterhitze:* etwa 200 °C
*Heißluft:* etwa 180 °C

**2.** Für die Streusel Mehl in eine Rührschüssel geben. Restliche Zutaten hinzufügen und mit einem Mixer (Rührstäbe) zunächst kurz auf niedrigster, dann auf höchster Stufe zu Streuseln von gewünschter Größe verarbeiten.

**3.** Für den Quark-Öl-Teig Mehl mit Backpulver in einer Rührschüssel mischen. Restliche Zutaten hinzufügen und mit dem Mixer (Knethaken) auf niedrigster, dann auf höchster Stufe in etwa 1 Minute zu einem Teig verarbeiten (nicht zu lange, Teig klebt sonst). Anschließend mit bemehlten Händen auf einer leicht bemehlten Arbeitsfläche zu einem glatten Teig verarbeiten.

**4.** Teig zu einer Rolle formen. Die Rolle auf ein Backblech (30 x 40 cm, gefettet, mit Backpapier belegt) legen und zu einem ovalen Fladen (etwa 20 x 35 cm) ausrollen. Den Teig am Rand etwa 2 cm hochdrücken.

**5.** Für den Belag die Kirschen auf dem Teig verteilen. Crème fraîche mit Ei, Zucker, Vanillin-Zucker und Speisestärke gut verrühren. Die Masse mit einem Esslöffel auf den Kirschen verteilen. Die Streusel auf die Creme streuen.

**6.** Das Backblech in den vorgeheizten Backofen schieben. Den Fladen etwa 35 Minuten backen.

**7.** Das Backblech auf einen Kuchenrost stellen. Den Fladen erkalten lassen, mit Puderzucker bestäuben.

Streusel-Fladenkuchen

## Birnen-Schoko-Kuchen

20 Stücke

*Zubereitungszeit* (inklusive Backzeit): 60 Minuten, ohne Abkühlzeit

**Zum Vorbereiten:**
460 g abgetropfte Birnenhälften (aus der Dose)
120 g Zartbitter-Schokolade (etwa 50 % Kakaoanteil)

**Für den All-in-Teig:**
250 g Weizenmehl
4 gestr. TL Dr. Oetker Backin
200 g Zucker
1 Pck. Dr. Oetker Vanillin-Zucker
4 Eier (Größe M)
125 g Butter oder Margarine (zimmerwarm)
125 g Schlagsahne

**Zum Besprenkeln:**
80 g Zartbitter-Schokolade (etwa 50 % Kakaoanteil)

*Pro Stück:*
E: 4 g, F: 12 g, Kh: 29 g,
kJ: 1004, kcal: 240

**1.** Zum Vorbereiten die Birnenhälften mit Küchenpapier trocken tupfen und in dünne Spalten schneiden. Schokolade in kleine Stücke brechen. Zwei Drittel davon in einem Topf im Wasserbad bei schwacher Hitze unter Rühren schmelzen. Den Topf aus dem Wasserbad nehmen und die restliche Schokolade darin unter Rühren schmelzen, etwas abkühlen lassen.
**2.** Den Backofen vorheizen.
*Ober-/Unterhitze:* etwa 180 °C
*Heißluft:* etwa 160 °C
**3.** Für den Teig Mehl mit Backpulver in einer Rührschüssel mischen. Restliche Zutaten mit der Schokolade hinzufügen und mit einem Mixer (Rührstäbe) zunächst kurz auf niedrigster, dann auf höchster Stufe in etwa 2 Minuten zu einem glatten Teig verarbeiten.
**4.** Den Teig auf ein Backblech (30 x 40 cm, gefettet) geben und glatt streichen. Die Birnenspalten gleichmäßig auf dem Teig verteilen. Das Backblech in den vorgeheizten Backofen schieben. Kuchen etwa 30 Minuten backen.
**5.** Das Backblech auf einen Kuchenrost stellen. Den Kuchen erkalten lassen.
**6.** Zum Besprenkeln Schokolade wie unter Punkt 1 beschrieben schmelzen. Den Kuchen mit der Schokolade besprenkeln.

***Tipp:*** Der Schoko-Birnen-Kuchen kann bereits 1–2 Tage vor dem Verzehr zubereitet werden.

***Abwandlung:*** Statt Birnen können auch Sauerkirschen oder Aprikosen verwendet werden

## Amerikanischer Schokoladenkuchen

20 Stücke

*Zubereitungszeit* (inklusive Backzeit): 45 Minuten, ohne Kühlzeit

**Für den All-in-Teig:**
300 g Weizenmehl
80 g gesiebtes Kakaopulver
3 gestr. TL Dr. Oetker Backin
200 g Zucker
2 Pck. Dr. Oetker Vanillin-Zucker
1 Prise Salz
4 Eier (Größe M)
200 ml Speiseöl, z. B. Sonnenblumenöl
200 ml Wasser
75 g Schokotröpfchen

75 g Schokotröpfchen

Birnen-Schoko-Kuchen

Amerikanischer Schokoladenkuchen

Apfelkuchen, aprikotiert

**Für den Belag:**
200 g Butter (zimmerwarm)
250 g Puderzucker
125 ml Cranberry-Saft (zimmerwarm)
evtl. etwas rote Speisefarbe

*Pro Stück:*
E: 4 g, F: 24 g, Kh: 39 g,
kJ: 1606, kcal: 384

**1.** Den Backofen vorheizen.
*Ober-/Unterhitze:* etwa 200 °C
*Heißluft:* etwa 180 °C
**2.** Für den Teig Mehl mit Kakao und Backpulver in einer Rührschüssel mischen. Restliche Zutaten hinzufügen und mit einem Mixer (Rührstäbe) zunächst kurz auf niedrigster, dann auf höchster Stufe in etwa 2 Minuten zu einem glatten Teig verarbeiten.
**3.** Den Teig auf ein Backblech (30 x 40 cm, gefettet) geben und glatt streichen. Schokotröpfchen darauf verteilen. Das Backblech in den vorgeheizten Backofen schieben. Den Kuchen etwa 25 Minuten backen.
**4.** Backblech auf einen Kuchenrost stellen. Den Kuchen erkalten lassen.
**5.** Für den Belag die Butter in einer Rührschüssel mit dem Mixer (Rührstäbe) kurz cremig aufschlagen. Nacheinander Puderzucker, Saft und nach Belieben etwas rote Speisefarbe kurz unterrühren. Die Creme auf den Kuchen geben und glatt streichen. Ein Muster mit einer Gabel oder einem Tortengarnierkamm in die Creme ziehen. Den Kuchen mindestens 15 Minuten in den Kühlschrank stellen.

***Tipp:*** Sie können den Teig auch mit Mayonnaise zubereiten. Verwenden Sie dann allerdings nur 3 Eier (Größe M) und anstelle des Speiseöls 250 g Mayonnaise (80 % Öl, aus dem Glas).

## Apfelkuchen, aprikotiert

20 Stücke

*Zubereitungszeit* (inklusive Backzeit): 60 Minuten, ohne Ruhezeit

**Für den Hefeteig:**
375 g Weizenmehl
1 Pck. Hefeteig Garant
125 ml Milch (3,5 % Fett)
50 g Butter oder Margarine (zimmerwarm)
50 g Zucker
1 Pck. Dr. Oetker Vanillin-Zucker
1 Prise Salz
1 Ei (Größe M)

**Für den Belag:**
1 1/2 kg Äpfel, z. B. Elstar
3 EL Zitronensaft
100 g gestiftelte Mandeln
100 g Rosinen

**Zum Aprikotieren:**
4 EL Aprikosenkonfitüre
1 EL Wasser

*Pro Stück:*
E: 4 g, F: 6 g, Kh: 32 g,
kJ: 855, kcal: 204

**1.** Für den Teig Mehl mit Hefeteig Garant in einer Rührschüssel mischen. Restliche Zutaten hinzufügen und mit einem Mixer (Knethaken) erst auf niedrigster, dann auf höchster Stufe in etwa 2 Minuten zu einem glatten Teig verarbeiten. Den Teig nochmals kurz durchkneten, dann auf einem Backblech (30 x 40 cm, gefettet, bemehlt) ausrollen.
**2.** Äpfel schälen, vierteln und entkernen. Apfelviertel in dicke Spalten schneiden und mit dem Zitronensaft mischen. Apfelspalten dachziegelartig auf den Teig legen. Mandeln und Rosinen daraufstreuen, zugedeckt etwa 10 Minuten ruhen lassen.
**3.** In der Zwischenzeit den Backofen vorheizen.
*Ober-/Unterhitze:* etwa 200 °C
*Heißluft:* etwa 180 °C
**4.** Das Backblech in den vorgeheizten Backofen schieben. Den Kuchen etwa 30 Minuten backen. Das Backblech auf einen Kuchenrost stellen.
**5.** Zum Aprikotieren Konfitüre und Wasser in einem Topf unter Rühren aufkochen. Den heißen Apfelkuchen damit bestreichen und erkalten lassen.

Apfelkuchen vom Blech

Himbeer-Minz-Kuchen

## Apfelkuchen vom Blech

20 Stücke

*Zubereitungszeit* (inklusive Backzeit): 50 Minuten

**Für den Belag:**
1 1/2 kg säuerliche, mürbe Äpfel, z. B. Boskop
4 EL Zitronensaft
1 Pck. Dr. Oetker Bourbon-Vanille-Zucker

**Für den Quark-Öl-Teig:**
400 g Weizenmehl
1 Pck. Dr. Oetker Backin
75 g Zucker
1 Pck. Dr. Oetker Vanillin-Zucker
1 Prise Salz
200 g Magerquark
100 ml Milch (3,5 % Fett)
100 ml Speiseöl, z. B. Sonnenblumenöl

100 g Butter

**Zum Bestreuen:**
1–1 1/2 TL gem. Zimt
75 g Zucker
50 g gehobelte Mandeln

*Pro Stück:*
E: 4 g, F: 12 g, Kh: 31 g, kJ: 1038, kcal: 248

**1.** Für den Belag Äpfel schälen, vierteln, entkernen und in kleine Stücke schneiden. Apfelstücke mit Zitronensaft und Vanille-Zucker mischen.
**2.** Den Backofen vorheizen.
*Ober-/Unterhitze:* etwa 200 °C
*Heißluft:* etwa 180 °C
**3.** Für den Teig Mehl mit Backpulver in einer Rührschüssel mischen. Restliche Zutaten hinzufügen und mit einem Mixer (Knethaken) erst kurz auf niedrigster, dann auf höchster Stufe zu einem glatten Teig verarbeiten (nicht zu lange kneten, der Teig klebt sonst). Den Teig auf einem Backblech (30 x 40 cm, gefettet, bemehlt) ausrollen.
**4.** In den Teig mit bemehlten Fingern Vertiefungen drücken. Butter in kleinen Stücken und Apfelstückchen auf dem Teig verteilen. Zimt mit Zucker mischen, auf die Äpfel streuen, dann die Mandeln daraufstreuen.
**5.** Das Backblech in den vorgeheizten Backofen schieben und den Kuchen etwa 30 Minuten backen.
**6.** Das Backblech auf einen Kuchenrost stellen. Den Kuchen erkalten lassen.

***Tipp:*** Wenn es noch schneller gehen soll: 800 g stückiges Apfel-Kompott (z. B. aus dem Glas) in einem Sieb gründlich abtropfen lassen. Dann auf dem Teig verteilen. Da das Kompott bereits gesüßt ist, auf zusätzlichen Zucker verzichten und den Kuchen nur nach Belieben mit 1–2 Päckchen Dr. Oetker Vanillin-Zucker bestreuen.

## Himbeer-Minz-Kuchen

16 Stücke

*Zubereitungszeit* (inklusive Backzeit): 60 Minuten, ohne Abkühlzeit

**Zum Vorbereiten:**
50 g Butter
225 g frische Himbeeren
6–8 Minzeblätter

**Für den Biskuitteig:**
3 Eier (Größe M)
100 g Puderzucker
1 Prise Salz
100 g Weizenmehl
1 gestr. TL Dr. Oetker Backin

2–3 TL Himbeergeist

**Zum Bestäuben:**
1 TL Puderzucker

*Pro Stück:*
E: 2 g, F: 4 g, Kh: 12 g, kJ: 390, kcal: 93

**1.** Zum Vorbereiten die Butter zerlassen und abkühlen lassen. In der Zwischenzeit Himbeeren verlesen, evtl. kurz abspülen und gut abtropfen lassen. Minzeblätter abspülen und trocken tupfen. 150 g von den Himbeeren mit der Hälfte der Minzeblätter pürieren. Restliche Minzeblätter in grobe Streifen schneiden.

**2.** Den Backofen vorheizen.
*Ober-/Unterhitze:* etwa 180 °C
*Heißluft:* etwa 160 °C
**3.** Für den Teig Eier mit einem Mixer (Rührstäbe) auf höchster Stufe in etwa 1 Minute schaumig schlagen. Puderzucker mit Salz mischen, in etwa 1 Minute einstreuen, dann noch etwa 2 Minuten schlagen.
**4.** Das Mehl mit Backpulver mischen, auf die Eiercreme geben und kurz auf niedrigster Stufe unterrühren. Butter mit Himbeerpüree mischen und kurz unterheben. Den Teig in eine Springform (Ø 26 cm, Boden gefettet, mit Backpapier belegt) geben und glatt streichen. Restliche Himbeeren und Minzestreifen auf dem Teig verteilen. Die Form auf dem Rost in den vorgeheizten Backofen schieben. Den Kuchen etwa 40 Minuten backen.
**5.** Form auf einen Kuchenrost stellen und Kuchen sofort mit dem Himbeergeist tränken. Den Kuchen etwa 10 Minuten in der Form stehen lassen, dann aus der Form lösen und mit dem Backpapier auf dem Kuchenrost erkalten lassen. Anschließend Backpapier entfernen.
**6.** Den Kuchen am Rand mit Puderzucker bestäuben.

***Tipps:*** Der Kuchen ist gefriergeeignet. Anstelle von frischen Himbeeren können Sie auch TK-Himbeeren verwenden. Damit sie schneller auftauen, die Himbeeren auf einem großen, mit Küchenpapier belegten Teller verteilen und bei 450 Watt in der Mikrowelle etwa 1 1/2 Minuten auftauen lassen.

## Thüringer Streuselkuchen

20 Stücke

*Zubereitungszeit* (inklusive Backzeit): 50 Minuten, ohne Ruhe- und Abkühlzeit

**Für den Hefeteig:**
150 ml Milch
50 g Butter oder Margarine
375 g Weizenmehl
1 Pck. Hefeteig Garant
50 g Zucker
1 Pck. Dr. Oetker Vanillin-Zucker
1 Ei (Größe M)

**Für die Streusel:**
300 g Weizenmehl
150 g Zucker
1 Pck. Dr. Oetker Vanillin-Zucker
200 g Butter oder Margarine

20 g zerlassene Butter
10 g gesiebtes Kakaopulver

Thüringer Streuselkuchen

**Zum Beträufeln:**
125 ml Milch
60 g Butter

**Zum Bestreichen und Bestäuben:**
100 g Butter
50 g Puderzucker

*Pro Stück:*
E: 5 g, F: 19 g, Kh: 39 g,
kJ: 1475, kcal: 352

**1.** Für den Teig Milch in einem kleinen Topf erwärmen. Butter oder Margarine darin zerlassen.
**2.** Mehl mit Hefeteig Garant einer Rührschüssel sorgfältig vermischen. Restliche Zutaten und die warme Milch-Fett-Mischung hinzufügen, mit einem Mixer (Knethaken) zunächst kurz auf niedrigster, dann auf höchster Stufe in etwa 2 Minuten zu einem glatten Teig verarbeiten. Teig auf einem Backblech (30 x 40 cm, gefettet) ausrollen und 15 Minuten ruhen lassen.
**3.** In der Zwischenzeit den Backofen vorheizen.
*Ober-/Unterhitze:* etwa 200 °C
*Heißluft:* etwa 180 °C
**4.** Für die Streusel Mehl mit Zucker, Vanillin-Zucker und Butter oder Margarine mit dem Mixer (Rührstäbe) zu Streuseln verarbeiten.
**5.** Den Hefeteig mit der Butter bestreichen.
**6.** Die Hälfte der Streusel großzügig auf dem Teig verteilen. Unter die restlichen Streusel das Kakaopulver arbeiten und die Lücken damit füllen, sodass ein schwarz-weißes Muster entsteht.
**7.** Das Backblech in den vorgeheizten Backofen schieben. Den Kuchen etwa 20 Minuten backen.
**8.** Zum Beträufeln die Milch erhitzen und die Butter darin zerlassen. Das Backblech auf einen Kuchenrost stellen. Den noch heißen Kuchen damit beträufeln. Den Kuchen erkalten lassen.
**9.** Zum Bestreichen Butter zerlassen, den Kuchen damit bestreichen und mit Puderzucker bestäuben.

## Erfrischungskuchen

20 Stücke

*Zubereitungszeit* (inklusive Backzeit): 60 Minuten, ohne Abkühlzeit

**Für den Rührteig:**
150 g Butter oder Margarine (zimmerwarm)
150 g Zucker
1 Pck. Dr. Oetker Vanillin-Zucker
1 Prise Salz
abgeriebene Schale von 1/2 Bio-Orange (unbehandelt, ungewachst)
3 Eier (Größe M)
150 g Weizenmehl
1 gestr. TL Dr. Oetker Backin

**Zum Tränken:**
125 ml frisch gepresster Orangensaft
je etwas abgeriebene Schale von 1 Bio-Orange und Bio-Zitrone (unbehandelt, ungewachst)
75 g Zucker

**Zum Bestäuben:**
etwas Puderzucker

*Pro Stück:*
E: 2 g, F: 7 g, Kh: 18 g,
kJ: 627, kcal: 150

**1.** Den Backofen vorheizen.
*Ober-/Unterhitze:* etwa 180 °C
*Heißluft:* etwa 160 °C

**2.** Für den Teig Butter oder Margarine mit einem Mixer (Rührstäbe) auf höchster Stufe geschmeidig rühren. Nach und nach Zucker, Vanillin-Zucker, Salz und Orangenschale unterrühren. So lange rühren, bis eine gebundene Masse entstanden ist. Die Eier nach und nach unterrühren (jedes Ei etwa 1/2 Minute).

**3.** Das Mehl mit Backpulver mischen, auf mittlerer Stufe kurz unterrühren. Dann den Teig in eine Rehrückenform (30 x 11 cm, gefettet) geben, glatt streichen. Die Form auf dem Rost in den vorgeheizten Backofen schieben. Den Kuchen etwa 40 Minuten backen.

**4.** Zum Tränken Orangensaft mit Orangen-, Zitronenschale und Zucker verrühren.

**5.** Den Kuchen nach dem Backen aus der Form lösen und auf einen Kuchenrost stürzen. Den Kuchen wieder in die Form geben und die flache Kuchenseite mit einem Holzstäbchen mehrmals einstechen. Den Kuchen mit etwas Orangensaft beträufeln (am besten mit einem Pinsel bestreichen). Den Orangensaft kurz einziehen lassen.

Erfrischungskuchen

**6.** Den Kuchen wieder zurück auf einen Kuchenrost stürzen. Die gewölbte Kuchenseite ebenfalls mit einem Holzstäbchen einstechen und mit dem restlichen Orangensaft bestreichen. Den Kuchen erkalten lassen und mit Puderzucker bestäuben.

***Tipps:*** Vor dem Backen fein gewürfelte Filets von 1 Orange unter den Teig heben. Den Kuchen nach Belieben mit 150 g geschmolzener Zartbitter-Kuvertüre (etwa 50 % Kakaoanteil) überziehen. Sie können den Erfrischungskuchen auch in einer Kastenform (30 x 11 cm) backen.

## Fruchtiger Maulwurfshügel

8 Stücke

*Zubereitungszeit* (inklusive Backzeit): 50 Minuten, ohne Abkühlzeit

**Für den Biskuitteig:**
3 Eier (Größe M)
2 EL warmes Wasser
100 g flüssiger Honig
1 Pck. Dr. Oetker Vanillin-Zucker
75 g Weizenmehl
1 gestr. TL Dr. Oetker Backin
1 EL gesiebtes Kakaopulver
50 g abgezogene, gem. Mandeln

**Für die Füllung:**
250 g abgetropfter Fruchtcocktail (aus der Dose)
250 g Schlagsahne (mind. 30 % Fett)
1 Pck. Sahnesteif
1 Pck. Dr. Oetker Vanillin-Zucker
2 EL Fruchtcocktail-Saft (aus der Dose)

*Pro Stück:*
E: 6 g, F: 16 g, Kh: 29 g,
kJ: 1222, kcal: 292

**1.** Den Backofen vorheizen.
*Ober-/Unterhitze:* etwa 200 °C
*Heißluft:* etwa 180 °C

Fruchtiger Maulwurfshügel

Kokosrosette

**2.** Eier, Wasser und Honig mit einem Mixer (Rührstäbe) auf höchster Stufe in etwa 1 Minute schaumig schlagen. Vanillin-Zucker in etwa 1 Minute einstreuen, dann noch etwa 2 Minuten schlagen. Mehl mit Backpulver, Kakao und Mandeln mischen, auf die Eiercreme geben und kurz auf niedrigster Stufe unterrühren.
**3.** Teig in eine Springform (Ø 22 cm, Boden gefettet, mit Backpapier belegt) geben und glatt streichen. Die Form auf dem Rost in den vorgeheizten Backofen schieben. Den Tortenboden etwa 25 Minuten backen.
**4.** Den Tortenboden aus der Form lösen und auf einem mit Backpapier belegten Kuchenrost erkalten lassen.
**5.** Für die Füllung von dem Fruchtcocktail den Saft auffangen und 2 Esslöffel davon abmessen. Das Backpapier vom Tortenboden entfernen. Den Boden in der Mitte etwa 2 cm tief aushöhlen, dabei rundherum einen Rand von 1–2 cm stehen lassen. Den herausgelösten Teig fein zerkrümeln.
**6.** Sahne mit Sahnesteif und Vanillin-Zucker steif schlagen, den abgemessenen Saft kurz unterrühren. Die Hälfte der Teigkrümel unter die Sahne heben.
**7.** Den Fruchtcocktail in den ausgehöhlten Boden geben. Die Sahnemasse bergförmig daraufgeben und mit den restlichen Teigkrümeln bestreuen. Die Teigkrümel leicht andrücken.

## Kokosrosette

16 Stücke

*Zubereitungszeit* (inklusive Backzeit): 45 Minuten, ohne Abkühlzeit

**Für den Belag:**
50 g Butter
75 g Zucker
1 Pck. Dr. Oetker Vanillin-Zucker
1 EL Milch
75 g Kokosraspel

**Für den All-in-Teig:**
50 g Butter oder Margarine
150 g Weizenmehl
3 gestr. TL Dr. Oetker Backin
30 g Zucker
75 g Joghurt
3 EL Milch

**Zum Bestreichen:**
2 EL Milch

**Zum Garnieren:**
50 g Zartbitter-Kuvertüre (etwa 50 % Kakaoanteil)

*Pro Stück:*
E: 2 g, F: 10 g, Kh: 16 g,
kJ: 680, kcal: 163

**1.** Für den Belag Butter in einem Topf zerlassen. Nach und nach Zucker, Vanillin-Zucker und Milch unterrühren. Kokosraspel hinzufügen und untermischen. Die Kokosmasse erkalten lassen.
**2.** Den Backofen vorheizen.
*Ober-/Unterhitze:* etwa 180 °C
*Heißluft:* etwa 160 °C
**3.** Für den Teig Butter oder Margarine zerlassen und abkühlen lassen. Mehl mit Backpulver in einer Rührschüssel mischen. Zucker, Joghurt, Milch und Butter oder Margarine hinzufügen. Die Zutaten mit einem Mixer (Rührstäbe) zunächst kurz auf niedrigster, dann auf höchster Stufe in etwa 2 Minuten zu einem glatten Teig verarbeiten.
**4.** Den Teig mit bemehlten Fingern in eine Rosettenform (Ø 30 cm, gefettet) drücken und mit Milch bestreichen. Die Kokosmasse gleichmäßig darauf verteilen. Die Form auf dem Rost in den vorgeheizten Backofen schieben. Den Kuchen etwa 25 Minuten backen.
**5.** Danach den Kuchen lösen, auf einen Kuchenrost stürzen, wieder umdrehen und auf dem Kuchenrost erkalten lassen.
**6.** Zum Garnieren Kuvertüre in kleine Stücke hacken. Zwei Drittel davon in einem Topf im Wasserbad bei schwacher Hitze unter Rühren schmelzen. Den Topf aus dem Wasserbad nehmen und die restliche Kuvertüre darin unter Rühren schmelzen. Kuvertüre in einen Gefrierbeutel füllen und eine kleine Ecke abschneiden. Den Kuchen blütenförmig damit verzieren.

Nusskuchen, geschüttelt

Möhrenkuchen mit Äpfeln

## Nusskuchen, geschüttelt

16 Stücke

*Zubereitungszeit* (inklusive Backzeit): 60 Minuten, ohne Abkühlzeit

**Für den Schüttelteig:**
300 g Weizenmehl
1 Pck. Dr. Oetker Backin
150 g Zucker
1 Pck. Dr. Oetker Vanillin-Zucker
4 Eier (Größe M)
100 g zerlassene, abgekühlte Butter oder Margarine
150 ml Eierlikör
50 g gem. Haselnusskerne
100 g Raspelschokolade

**Für den Guss:**
100 g Zartbitter-Kuvertüre (etwa 50 % Kakaoanteil)
1–2 EL Speiseöl

**Zum Bestreuen:**
100 g weiße Kuvertüre

*Pro Stück:*
E: 6 g, F: 17 g, Kh: 37 g,
kJ: 1464, kcal: 350

**1.** Den Backofen vorheizen.
*Ober-/Unterhitze:* etwa 180 °C
*Heißluft:* etwa 160 °C

**2.** Für den Teig Mehl mit Backpulver mischen, in eine verschließbare Schüssel (etwa 3 l) geben und mit Zucker und Vanillin-Zucker mischen. Eier, Butter oder Margarine und Eierlikör hinzufügen. Die Schüssel mit dem Deckel fest verschließen.
**3.** Schüssel mehrmals (insgesamt 15–30 Sekunden) kräftig schütteln, sodass alle Zutaten gut vermischt sind. Die Haselnusskerne und Raspelschokolade hinzugeben. Alles mit einem Schneebesen oder Rührlöffel nochmals sorgfältig durchrühren, damit trockene Zutaten vom Rand mit untergerührt werden.
**4.** Teig in eine Springform (Ø 26 cm, Boden gefettet) geben und glatt streichen.
**5.** Die Form auf dem Rost in den vorgeheizten Backofen schieben. Den Kuchen etwa 40 Minuten backen.
**6.** Den Kuchen lösen und auf einem Kuchenrost erkalten lassen.
**7.** Für den Guss Kuvertüre in kleine Stücke hacken. Zwei Drittel davon in einem Topf im Wasserbad bei schwacher Hitze unter Rühren schmelzen. Den Topf aus dem Wasserbad nehmen und die restliche Kuvertüre darin unter Rühren schmelzen. Den Kuchen mit dem Guss überziehen.
**8.** Zum Bestreuen die Kuvertüre mit einem Sparschäler raspeln und auf den noch nicht ganz fest gewordenen Guss streuen.

## Möhrenkuchen mit Äpfeln

20 Stücke

*Zubereitungszeit* (inklusive Backzeit): 60 Minuten, ohne Abkühlzeit

**Für den All-in-Teig:**
300 g Weizenmehl
4 gestr. TL Dr. Oetker Backin
125 g Zucker
1 Pck. Dr. Oetker Vanillin-Zucker
1 Pck. Dr. Oetker Finesse Geriebene Zitronenschale
3 Eier (Größe M)
125 ml Möhrensaft mit Honig und Zitronensaft
125 ml Speiseöl, z. B. Sonnenblumenöl

**Für den Belag:**
750 g mittelgroße Äpfel
6–7 ganze, abgezogene Mandeln
20 g Rosinen
20 g Erdbeerkonfitüre
30 g gehobelte Mandeln

**Zum Bestäuben:**
30 g Puderzucker

*Pro Stück:*
E: 3 g, F: 8 g, Kh: 25 g,
kJ: 791, kcal: 189

**1.** Für den Teig Mehl mit Backpulver in einer Rührschüssel mischen. Die restlichen Zutaten hinzufügen und mit einem Mixer (Rührstäbe) zunächst kurz auf niedrigster, dann auf höchster Stufe in etwa 2 Minuten zu einem glatten Teig verarbeiten.
**2.** Den Backofen vorheizen.
*Ober-/Unterhitze:* etwa 180 °C
*Heißluft:* etwa 160 °C
**3.** Den Teig auf ein Backblech (30 x 40 cm, gefettet, mit Backpapier belegt) geben und glatt streichen.
**4.** Für den Belag Äpfel schälen. Mit einem Apfelausstecher das Kerngehäuse entfernen. Die Äpfel waagerecht in etwa 1 cm dicke Scheiben schneiden. Die Apfelscheiben auf dem Teig verteilen.
**5.** Die Löcher der Apfelscheiben abwechselnd mit je 1 Mandel und einigen Rosinen oder der Konfitüre füllen. Die gehobelten Mandeln auf den Teig streuen. Die Apfelscheiben mit etwa der Hälfte des Puderzuckers bestäuben. Das Backblech in den vorgeheizten Backofen schieben. Den Möhrenkuchen etwa 25 Minuten backen.
**6.** Das Backblech auf einen Kuchenrost stellen. Den Kuchen erkalten lassen und mit dem restlichen Puderzucker bestäuben.

***Tipp:*** Wenn Sie keinen Apfelausstecher haben, können Sie die Kerngehäuse in den Apfelscheiben auch mit einer umgedrehten Garniertülle des Spritzbeutels entfernen.

## Himbeertarte mit Eiskonfekt

16 Stücke

*Zubereitungszeit* (inklusive Backzeit): 55 Minuten, ohne Abkühlzeit

**Für den Schüttelteig:**
125 g Butterschmalz
170 g Weizenmehl
2 gestr. TL Dr. Oetker Backin
2 gestr. EL Hartweizengrieß
150 g Zucker, 3 Eier (Größe M)
2 EL Orangensaft

Himbeertarte mit Eiskonfekt

**Für die Füllung:**
300 g TK-Himbeeren

**Zum Bestreichen und Garnieren:**
2 EL Himbeergelee
200 g Eiskonfekt
evtl. etwas Puderzucker

*Pro Stück:*
E: 3 g, F: 13 g, Kh: 30 g,
kJ: 1088, kcal: 260

**1.** Den Backofen vorheizen.
*Ober-/Unterhitze:* etwa 180 °C
*Heißluft:* etwa 160 °C
**2.** Für den Teig Butterschmalz zerlassen und abkühlen lassen. Mehl mit Backpulver mischen, in eine verschließbare Schüssel (etwa 3 l) geben und mit Grieß und Zucker mischen.
**3.** Eier, Orangensaft und zerlassenes Butterschmalz hinzufügen. Die Schüssel mit dem Deckel fest verschließen und mehrmals kräftig schütteln (insgesamt 15–30 Sekunden), sodass alle Zutaten gut vermischt sind.
**4.** Alles mit einem Schneebesen oder Rührlöffel nochmals sorgfältig durchrühren, damit trockene Zutaten vom Rand mit untergerührt werden.
**5.** Teig in eine Tarteform (Ø 28 cm, gefettet) geben und glatt streichen. Die gefrorenen Himbeeren auf dem Teig verteilen. Die Form auf dem Rost in den vorgeheizten Backofen schieben. Die Himbeertarte 30–35 Minuten backen.
**6.** Zum Bestreichen und Garnieren die Form auf einen Kuchenrost stellen. Himbeergelee glatt rühren. Die heiße Tarte sofort damit bestreichen. Die Tarte erkalten lassen.
**7.** Das Eiskonfekt in grobe Stücke hacken. Die Himbeertarte mit Eiskonfektstücken bestreuen und nach Belieben mit etwas Puderzucker bestäuben.

***Tipp:*** Der Orangensaft kann durch die gleiche Menge Himbeergeist ersetzt werden.

## Kaffeekuchen

16 Stücke

*Zubereitungszeit* (inklusive Backzeit): 60 Minuten, ohne Abkühlzeit

**Für den All-in-Teig:**
250 g Weizenmehl
4 gestr. TL Dr. Oetker Backin
150 g brauner Zucker
1 Pck. Dr. Oetker Bourbon-Vanille-Zucker
1 Msp. Salz
1/2 TL ger. Muskatnuss
2 Eier (Größe M)
150 ml Speiseöl
150 ml Buttermilch

150 g getrocknete Softpflaumen
1 gestr. TL gem. Zimt
50 g Knusperflakes mit Mandeln

**Zum Bestäuben:**
etwas Puderzucker
etwas gem. Zimt

**Außerdem:**
8 Papierstreifen

*Pro Stück:*
E: 3 g, F: 11 g, Kh: 28 g,
kJ: 945, kcal: 226

**1.** Den Backofen vorheizen.
*Ober-/Unterhitze:* etwa 180 °C
*Heißluft:* etwa 160 °C
**2.** Für den Teig Mehl mit Backpulver in einer Rührschüssel mischen. Restliche Zutaten mit einem Mixer (Rührstäbe) zunächst kurz auf niedrigster, dann auf höchster Stufe in etwa 2 Minuten zu einem glatten Teig verarbeiten.
**3.** Zwei Drittel des Teiges in eine Springform (Ø 26 cm, Boden gefettet) geben und glatt streichen. Die Form auf dem Rost in den vorgeheizten Backofen schieben. Den Boden etwa 15 Minuten vorbacken.
**4.** Die Form auf einen Kuchenrost stellen. Die Softpflaumen in kleine Würfel schneiden. Den restlichen Teig mit den Pflaumenwürfeln und dem Zimt verrühren, auf den vorgebackenen Boden streichen und mit Knusperflakes bestreuen. Die Form wieder auf dem Rost in den heißen Backofen schieben. Den Kuchen bei gleicher Backofentemperatur in etwa 25 Minuten fertig backen.
**5.** Den Kuchen aus der Form lösen und auf einem Kuchenrost erkalten lassen.
**6.** Zum Bestäuben etwas Puderzucker mit etwas Zimt mischen. Die Kuchenoberfläche mit Papierstreifen belegen (je 4 Streifen längs und 4 Streifen quer, sodass Karos entstehen). Die Kuchenoberfläche mit der Puderzucker-Zimt-Mischung bestäuben. Die Papierstreifen vorsichtig abnehmen.

## Obstkuchen mit Quarkpudding

20 Stücke

*Zubereitungszeit* (inklusive Backzeit): 50 Minuten, ohne Abkühlzeit

**Für den All-in-Teig:**
300 g Weizenmehl
3 gestr. TL Dr. Oetker Backin
200 g Zucker
1 Pck. Dr. Oetker Vanillin-Zucker
3 Eier (Größe M)
125 g Butter (zimmerwarm)
100 ml Buttermilch

1 kg abgetropfte Cocktailfrüchte (aus der Dose)
2–3 EL Johannisbeergelee
1 Pck. Dr. Oetker Pudding-Pulver Sahne-Geschmack
300 ml Milch (3,5 % Fett)

Kaffeekuchen

Obstkuchen mit Quarkpudding

4 EL Zucker
500 g Magerquark

**Für den Guss:**
2 Pck. ungezuckerter Tortenguss, klar
1 EL Zucker
500 ml Fruchtsaft (aus der Dose)

*Pro Stück:*
E: 7 g, F: 7 g, Kh: 39 g,
kJ: 1053, kcal: 252

**1.** Den Backofen vorheizen.
*Ober-/Unterhitze:* etwa 180 °C
*Heißluft:* etwa 160 °C
**2.** Für den Teig Mehl mit Backpulver in einer Rührschüssel mischen. Restliche Zutaten hinzufügen und mit einem Mixer (Rührstäbe) zunächst kurz auf niedrigster, dann auf höchster Stufe in etwa 2 Minuten zu einem glatten Teig verarbeiten.
**3.** Den Teig auf ein Backblech (30 x 40 cm, gefettet) geben und glatt streichen. Das Backblech in den vorgeheizten Backofen schieben. Den Boden etwa 20 Minuten backen.
**4.** In der Zwischenzeit von den Cocktailfrüchten den Saft auffangen, 500 ml davon abmessen und für den Guss beiseitestellen.
**5.** Das Backblech auf einen Kuchenrost stellen. Den noch warmen Kuchenboden mit dem Johannisbeergelee bestreichen. Den Kuchenboden erkalten lassen. Einen Backrahmen um den Kuchenboden stellen.
**6.** Pudding-Pulver mit 100 ml Milch und Zucker anrühren. Restliche Milch zum Kochen bringen. Angerührtes Pudding-Pulver einrühren und unter ständigem Rühren aufkochen lassen. Den Topf von der Kochstelle nehmen. Quark zum Pudding geben und die Zutaten mit einem Schneebesen glatt rühren. Die Masse gleichmäßig auf dem Kuchenboden verteilen und glatt streichen. Die Cocktailfrüchte darauf verteilen.
**7.** Für den Guss aus Tortengusspulver, Zucker und dem beiseitegestellten Fruchtsaft nach Packungsanleitung einen Guss zubereiten und auf den Früchten verteilen.

Mandarinentarte, gestürzt

**8.** Kuchen bis zum Servieren zugedeckt in den Kühlschrank stellen. Zum Servieren Backrahmen lösen und entfernen.

## Mandarinentarte, gestürzt

14 Stücke

*Zubereitungszeit* (inklusive Backzeit): 60 Minuten, ohne Abkühlzeit

**Zum Vorbereiten:**
60 g zarte Orangenkekse

**Für den All-in-Teig:**
150 g Weizenmehl
3 gestr. TL Dr. Oetker Backin
125 g brauner Zucker
1 Pck. Dr. Oetker Vanillin-Zucker
150 g Butter oder Margarine (zimmerwarm)
3 Eier (Größe M)
100 g abgezogene, gem. Mandeln

350 g abgetropfte Mandarinen (aus der Dose)

**Zum Bestreichen:**
5–6 EL Mandarinensaft (aus der Dose)
50 g Zucker

*Pro Stück:*
E: 143 g, F: 15 g, Kh: 33 g,
kJ: 1202, kcal: 287

**1.** Zum Vorbereiten 12 Kekse beiseitelegen. Die restlichen Kekse in einen Gefrierbeutel geben. Den Beutel fest verschließen und die Kekse mit einer Teigrolle fein zerbröseln.
**2.** Den Backofen vorheizen.
*Ober-/Unterhitze:* etwa 180 °C
*Heißluft:* etwa 160 °C
**3.** Für den Teig Mehl mit Backpulver in einer Rührschüssel mischen. Restliche Zutaten hinzufügen und mit einem Mixer (Rührstäbe) erst kurz auf niedrigster, dann auf höchster Stufe in etwa 2 Minuten zu einem glatten Teig verarbeiten. Die Keksbrösel kurz unterrühren.
**4.** Von den Mandarinen 1 Esslöffel Saft auffangen und zum Bestreichen beiseitestellen. Die restlichen Kekse und die Mandarinen auf dem Boden einer Springform (Ø 26 cm, gefettet, mit Backpapier belegt) gleichmäßig verteilen. Den Teig daraufgeben und glatt streichen. Die Form auf dem Rost in den vorgeheizten Backofen schieben. Die Tarte 35–40 Minuten backen.
**5.** Die Form auf einen Kuchenrost stellen. Die Mandarinentarte etwas abkühlen lassen. Dann aus der Form lösen und auf einen mit Backpapier belegten Kuchenrost stürzen. Das mitgebackene Backpapier abziehen. Mandarinentarte erkalten lassen.
**6.** Zum Bestreichen Saft mit dem Zucker in einem kleinen Topf unter Rühren zum Kochen bringen. Die Saft-Zucker-Mischung unter Rühren etwa 3 Minuten einkochen lassen, dann die Tarte damit bestreichen.

Liebeskuchen

Orangen-Minz-Kuchen

## Liebeskuchen

12 Stücke

*Zubereitungszeit* (inklusive Backzeit): 60 Minuten

**Für den All-in-Teig:**
150 g Weizenmehl
2 gestr. TL Dr. Oetker Backin
150 g Puderzucker
75 g Hartweizengrieß
1 Pck. Dr. Oetker Finesse Geriebene Zitronenschale
Saft von 1 Zitrone
4 Eier (Größe M)
125 g Butter oder Margarine (zimmerwarm)

**Für den Belag:**
150 g Zucker
100 g flüssiger Honig
5 EL Schlagsahne
Saft von 1 Zitrone
1 Pck. Dr. Oetker Finesse Geriebene Zitronenschale
75 g gehobelte Mandeln

*Pro Stück:*
E: 6 g, F: 16 g, Kh: 46 g,
kJ: 1464, kcal: 350

**1.** Den Backofen vorheizen.
*Ober-/Unterhitze:* etwa 180 °C
*Heißluft:* etwa 160 °C

**2.** Für den Teig Mehl mit Backpulver und Puderzucker in einer Rührschüssel mischen. Grieß, Zitronenschale, -saft, Eier und Butter oder Margarine hinzufügen.

**3.** Nun die Zutaten mit einem Mixer (Rührstäbe) zunächst kurz auf niedrigster, dann auf höchster Stufe in etwa 2 Minuten zu einem glatten Teig verarbeiten.

**4.** Teig in eine Springform (Ø 26 cm, Boden gefettet) geben und glatt streichen. Die Form auf dem Rost in den vorgeheizten Backofen schieben. Den Kuchenboden etwa 25 Minuten vorbacken.

**5.** Für den Belag in der Zwischenzeit Zucker mit Honig, Sahne, Zitronensaft und -schale in einem Topf unter Rühren zum Kochen bringen und gut aufkochen lassen. Die Mandeln unterrühren.

**6.** Die Form auf einen Kuchenrost stellen. Die Mandelmasse auf den vorgebackenen Boden streichen.

**7.** Die Form wieder auf dem Rost in den heißen Backofen schieben. Den Kuchen bei gleicher Backofentemperatur in etwa 15 Minuten fertig backen.

**8.** Die Form auf einen Kuchenrost stellen. Den Kuchenrand sofort mit einem Messer lösen. Den Kuchen in der Form erkalten lassen. Anschließend den Kuchen lösen und auf eine Tortenplatte setzen.

***Tipp:*** Sie können den Liebeskuchen auch füllen: Dafür den Kuchen einmal waagerecht durchschneiden. Für die Füllung aus 375 ml Milch, 1 Päckchen Dr. Oetker Pudding-Pulver Sahne-Geschmack und 50 g Zucker nach Packungsanleitung einen Pudding zubereiten. Von der Kochstelle nehmen, 100 g Butter (zimmerwarm) unterrühren und die Puddingcreme erkalten lassen, zwischendurch umrühren. Die Puddingcreme auf den unteren Boden streichen. Den oberen Boden in 12 Stücke schneiden und auf der Puddingcreme verteilen. Den Kuchen etwa 1 Stunde kalt stellen.

## Orangen-Minz-Kuchen

16 Stücke

*Zubereitungszeit* (inklusive Backzeit): 50 Minuten, ohne Abkühlzeit

**Für den Schüttelteig:**
125 g Butter oder Margarine
120 g Weizenmehl
3 gestr. TL Dr. Oetker Backin
2 gestr. EL gesiebtes Kakaopulver
150 g Zucker
1 Pck. Dr. Oetker Bourbon-Vanille-Zucker
1/2 Pck. Dr. Oetker Finesse Orangenschalen-Aroma
2 Eier (Größe M)
100 ml Orangensaft

**Für den Belag:**
100 g Orangenmarmelade
125 g Mascarpone (ital. Frischkäse)
300 g Schlagsahne (mind. 30 % Fett)
4 EL Puderzucker
einige Tropfen Minzöl (aus der Apotheke)

**Zum Bestreuen und Garnieren:**
1/2 Pck. Dr. Oetker Finesse Orangenschalen-Aroma
einige vorbereitete Minzeblättchen

*Pro Stück:*
E: 3 g, F: 17 g, Kh: 23 g,
kJ: 1090, kcal: 260

**1.** Für den Teig Butter oder Margarine zerlassen und abkühlen lassen.
**2.** Den Backofen vorheizen.
*Ober-/Unterhitze:* etwa 180 °C
*Heißluft:* etwa 160 °C
**3.** Mehl mit Backpulver und Kakao mischen, in eine gut verschließbare Schüssel (etwa 3 l) geben und mit Zucker, Vanille-Zucker und Aroma mischen. Eier, Orangensaft und zerlassene Butter oder Margarine hinzufügen und die Schüssel mit dem Deckel fest verschließen. Schüssel mehrmals kräftig schütteln (insgesamt 15–30 Sekunden), sodass alle Zutaten gut vermischt sind.
**4.** Das Ganze mit einem Schneebesen oder Rührlöffel nochmals sorgfältig durchrühren, damit trockene Zutaten vom Rand mit untergerührt werden. Den Teig in eine Springform (Ø 26 cm, Boden gefettet) geben und glatt streichen.
**5.** Die Form auf dem Rost in den vorgeheizten Backofen schieben. Den Gebäckboden 25–30 Minuten backen. Die Form auf einen Kuchenrost stellen.
**6.** Für den Belag die Marmelade glatt rühren und auf den heißen Gebäckboden streichen. Den Boden in der Form erkalten lassen. Dann aus der Form lösen und auf eine Tortenplatte legen.
**7.** Mascarpone mit Sahne und Puderzucker in einen hohen Rührbecher geben, mit einem Mixer (Rührstäbe) zu einer steifen Creme schlagen und mit etwas Minzöl abschmecken.
**8.** Die Minzcreme mit einem Esslöffel wellenförmig auf dem Gebäckboden verteilen. Den Kuchen bis zum Servieren zugedeckt in den Kühlschrank stellen.
**9.** Zum Bestreuen und Garnieren die Tortenoberfläche mit Aroma bestreuen und mit Minzeblättchen garnieren.

## Raspelkuchen mit Sauerkirschen

24 Stücke

*Zubereitungszeit* (inklusive Backzeit): 60 Minuten, ohne Abkühlzeit

**Für den Rührteig:**
250 g Butter oder Margarine (zimmerwarm)
200 g Zucker
1 Pck. Dr. Oetker Vanillin-Zucker
1 Prise Salz
5 Eier (Größe M)
375 g Weizenmehl
3 gestr. TL Dr. Oetker Backin
2 EL Milch

750 g abgetropfte Sauerkirschen (aus dem Glas)

**Für den Belag:**
150 g Butter
200 g Zucker
1 Pck. Dr. Oetker Vanillin-Zucker
200 g Kokosraspel
2–3 EL Milch

*Pro Stück:*
E: 4 g, F: 21 g, Kh: 35 g,
kJ: 1454, kcal: 347

**1.** Den Backofen vorheizen.
*Ober-/Unterhitze:* etwa 180 °C
*Heißluft:* etwa 160 °C
**2.** Für den Teig Butter oder Margarine mit einem Mixer (Rührstäbe) auf höchster Stufe geschmeidig rühren. Nach und nach Zucker, Vanillin-Zucker und Salz unterrühren. So lange rühren, bis eine gebundene Masse entstanden ist.
**3.** Die Eier nach und nach unterrühren (jedes Ei etwa 1/2 Minute). Mehl mit Backpulver mischen, in 2 Portionen abwechselnd mit der Milch auf mittlerer Stufe kurz unterrühren. Den Teig auf ein Backblech (30 x 40 cm, gefettet) geben und glatt streichen. Die Kirschen darauf verteilen.
**4.** Für den Belag die Butter in einem Topf zerlassen. Nach und nach Zucker und Vanillin-Zucker hinzufügen, unter Rühren schmelzen lassen. Den Topf von der Kochstelle nehmen. Kokosraspel und Milch unterrühren. Die Kokosmasse auf den Sauerkirschen verteilen. Das Backblech in den vorgeheizten Backofen schieben. Den Kuchen etwa 40 Minuten backen.
**5.** Backblech auf einen Kuchenrost stellen. Kuchen erkalten lassen, erst in Quadrate (je 10 x 10 cm), dann diagonal in Dreiecke schneiden.

Raspelkuchen mit Sauerkirschen

## Zwieback-Streusel-Kuchen

20 Stücke

*Zubereitungszeit* (inklusive Backzeit): 60 Minuten, ohne Teiggehzeit

**Für den Hefeteig:**
1 Pck. Grundmischung Hefeteig
50 g Butter oder Margarine (zimmerwarm)
150 ml warme Milch
1 Ei (Größe M)

**Zum Bestreichen:**
3–4 EL Milch

**Für die Zwiebackstreusel:**
100 g Zwieback
75 g Weizenmehl
100 g Zucker
1/2 TL gem. Zimt
100 g abgezogene, gem. Mandeln
150 g Butter oder Margarine

**Für den Belag:**
1 Pck. Backfeste Puddingcreme
250 ml Milch

**Zum Bestreichen:**
2–3 EL Aprikosenkonfitüre

*Pro Stück:*
E: 5 g, F: 13 g, Kh: 30 g,
kJ: 1083, kcal: 258

**1.** Für den Teig die Grundmischung mit Butter oder Margarine, Milch und Ei nach Packungsanleitung zubereiten. Den Teig zugedeckt so lange an einem warmen Ort gehen lassen, bis er sich sichtbar vergrößert hat, etwa 30 Minuten.
**2.** Den Teig auf der leicht bemehlten Arbeitsfläche gut durchkneten, auf einem Backblech (30 x 40 cm, gefettet) ausrollen und mit Milch bestreichen.
**3.** Für die Streusel Zwieback in einen Gefrierbeutel geben. Beutel fest verschließen. Zwiebacke mit einer Teigrolle fein zerbröseln.
**4.** Mehl in eine Rührschüssel geben. Zucker, Zimt, Mandeln, Butter oder Margarine und Zwiebackbrösel hinzufügen. Zutaten mit einem Mixer (Rührstäbe) zu Streuseln von gewünschter Größe verarbeiten. Die Streusel auf dem Teig verteilen.
**5.** Für den Belag die Puddingcreme mit Milch nach Packungsanleitung zubereiten.
**6.** Mit einem Esslöffel kleine Vertiefungen in den Teig drücken. Die Puddingcreme mithilfe eines Teelöffels in etwa walnussgroßen Häufchen in die Vertiefungen geben.
**7.** Den Backofen vorheizen.
*Ober-/Unterhitze:* etwa 200 °C
*Heißluft:* etwa 180 °C
**8.** Den Teig nochmals zugedeckt so lange an einem warmen Ort gehen lassen, bis er sich sichtbar vergrößert hat, etwa 20 Minuten.
**9.** Das Backblech in den vorgeheizten Backofen schieben. Den Kuchen etwa 25 Minuten backen.
**10.** Das Backblech auf einen Kuchenrost stellen. Zum Bestreichen Aprikosenkonfitüre gut verrühren. Die Puddinghäufchen sofort damit bestreichen. Den Kuchen erkalten lassen.

Zwieback-Streusel-Kuchen

## Mousse-au-Chocolat-Tarte

12 Stücke

*Zubereitungszeit* (inklusive Backzeit): 60 Minuten, ohne Abkühlzeit

**Für den Rührteig:**
200 g Zartbitter-Schokolade (etwa 50 % Kakaoanteil)
150 g Butter
5 Eiweiß (Größe M)
1 Prise Salz
5 Eigelb (Größe M)
100 g Zucker
1 Pck. Dr. Oetker Bourbon-Vanille-Zucker
100 g abgezogene, gem. Mandeln
1 Pck. Gala Schokoladen-Pudding-Pulver
1 Msp. Dr. Oetker Backin

**Zum Bestäuben:**
1 EL Kakaopulver

Mousse-au-Chocolat-Tarte

Bananen-Apfel-Kuchen

*Pro Stück:*
E: 6 g, F: 23 g, Kh: 20 g,
kJ: 1308, kcal: 312

**1.** Den Backofen vorheizen.
*Ober-/Unterhitze:* etwa 180 °C
*Heißluft:* etwa 160 °C
**2.** Für den Teig Schokolade in kleine Stücke brechen. Zwei Drittel davon mit der Butter in einem Topf im Wasserbad bei schwacher Hitze unter Rühren schmelzen. Den Topf aus dem Wasserbad nehmen und die restliche Schokolade darin unter Rühren schmelzen, abkühlen lassen.
**3.** Eiweiß mit Salz steif schlagen. In einer anderen Rührschüssel Eigelb mit Zucker und Vanille-Zucker mit einem Mixer (Rührstäbe) weißschaumig rühren und die Schoko-Butter-Masse unterrühren. Den Eischnee unterheben. Mandeln mit Pudding-Pulver und Backpulver mischen und ebenfalls unterheben.
**4.** Teig in eine Springform (Ø 26 cm, Boden gefettet, mit Backpapier belegt) geben und glatt streichen. Die Form auf dem Rost in den vorgeheizten Backofen schieben. Die Tarte etwa 35 Minuten backen.
**5.** Die Form auf einen Kuchenrost stellen. Die Tarte etwa 1 Stunde abkühlen lassen, dann aus der Form lösen und mit dem Backpapier auf dem Kuchenrost erkalten lassen.
**6.** Zum Servieren die Tarte mit Kakaopulver bestäuben.

## Bananen-Apfel-Kuchen

16 Stücke

*Zubereitungszeit* (inklusive Backzeit): 55 Minuten, ohne Abkühlzeit

**Für den Streuselteig:**
100 g Dinkelgrieß
50 g Polenta (Maisgrieß)
80 g gehackte Haselnusskerne
1 Pck. Dr. Oetker Bourbon-Vanille-Zucker
1–2 TL Dr. Oetker Finesse Geriebene Zitronenschale
80 g zerlassene, abgekühlte Butter
2 EL flüssiger Blütenhonig (30 g)

2 Bananen (300 g)
1 EL Zitronensaft
2 säuerliche Äpfel, z. B. Elstar (300 g)
50 g Wild-Preiselbeeren (aus dem Glas)

*Pro Stück:*
E: 2 g, F: 8 g, Kh: 15 g,
kJ: 579, kcal: 138

**1.** Den Backofen vorheizen.
*Ober-/Unterhitze:* etwa 180 °C
*Heißluft:* etwa 160 °C
**2.** Für den Teig den Dinkel- und Maisgrieß in eine Rührschüssel geben. Haselnusskerne, Vanille-Zucker und Zitronenschale untermischen. Butter und Honig hinzufügen. Die Zutaten mit einem Mixer (Rührstäbe) zu Streuseln von gewünschter Größe verarbeiten. Die Hälfte der Teigstreusel in eine Spring- oder Tarteform (Ø 26 cm, Boden gefettet, mit Backpapier belegt) geben und zu einem Boden andrücken.
**3.** Die Form auf dem Rost in den vorgeheizten Backofen schieben. Boden etwa 15 Minuten vorbacken.
**4.** In der Zwischenzeit die Bananen schälen, zunächst der Länge nach halbieren, dann in Scheiben schneiden. Die Bananenscheiben mit dem Zitronensaft vermischen. Die Äpfel abspülen, abtrocknen, evtl. schälen und auf einer Haushaltsreibe grob raspeln.
**5.** Die Form auf einen Kuchenrost stellen. Bananenscheiben und Apfelraspel mit der restlichen Streuselmasse vermengen und gleichmäßig auf dem vorgebackenen, heißen Gebäckboden verteilen.
**6.** Dann die Form wieder auf dem Rost in den heißen Backofen schieben. Den Kuchen bei gleicher Backofentemperatur in etwa 20 Minuten fertig backen.
**7.** Die Form auf einen Kuchenrost stellen, den Kuchen etwas abkühlen lassen. Die Preiselbeeren mit einem Teelöffel in Klecksen auf dem warmen Kuchen verteilen. Bananen-Apfel-Kuchen erkalten lassen und aus der Form lösen.

Apfel-Knusper-Tarte

Schmandkuchen

## Apfel-Knusper-Tarte
12 Stücke

*Zubereitungszeit* (inklusive Backzeit): 50 Minuten

**Für den Streuselteig:**
200 g Weizenmehl
50 g Zucker
1 Pck. Dr. Oetker Vanillin-Zucker
150 g Butter oder Margarine (zimmerwarm)

**Für den Belag:**
50 g Eierplätzchen
500 g Äpfel
50 g Rosinen
1 EL Zucker

**Für den Guss:**
4 EL Apfelgelee
50 ml Apfelsaft

*Pro Stück:*
E: 2 g, F: 11 g, Kh: 35 g,
kJ: 1064, kcal: 254

**1.** Für den Teig Mehl in eine Rührschüssel geben. Restliche Zutaten hinzufügen und mit einem Mixer (Rührstäbe) zunächst kurz auf niedrigster, dann auf höchster Stufe zu Streuseln verarbeiten.
**2.** Zwei Esslöffel von den Streuseln abnehmen und beiseitestellen. Die restlichen Streusel in einer Tarteform (Ø 26 cm, gefettet) verteilen und zu einem Boden andrücken.
**3.** Für den Belag die Eierplätzchen in einen Gefrierbeutel geben, diesen verschließen. Die Plätzchen mit einer Teigrolle zerkleinern. Die Hälfte der Plätzchenbrösel auf den Streuselboden streuen.
**4.** Den Backofen vorheizen.
*Ober-/Unterhitze:* etwa 200 °C
*Heißluft:* etwa 180 °C
**5.** Äpfel schälen, vierteln und entkernen. Die Äpfel in feine Spalten schneiden und ringförmig auf den Boden legen. Die Rosinen, die restlichen Streusel, die restlichen Plätzchenbrösel und den Zucker nacheinander auf die Äpfel streuen.
**6.** Die Form auf dem Rost in den vorgeheizten Backofen schieben. Die Tarte 25–30 Minuten backen.
**7.** Für den Guss das Apfelgelee mit dem Apfelsaft aufkochen und direkt nach dem Backen mithilfe eines Esslöffels auf den Belag geben. Die Tarte in der Form auf einem Kuchenrost abkühlen lassen.

## Schmandkuchen
20 Stücke

*Zubereitungszeit* (inklusive Backzeit): 50 Minuten

150 g Rosinen

**Für den Quark-Öl-Teig:**
300 g Weizenmehl
3 gestr. TL Dr. Oetker Backin
150 g Magerquark
100 ml Milch (3,5 % Fett)
75 ml Speiseöl, z. B. Sonnenblumenöl
75 g Zucker
1 Prise Salz

**Für den Belag:**
1 Pck. Dr. Oetker Pudding-Pulver Vanille-Geschmack
75 g Zucker
375 ml Milch (3,5 % Fett)
500 g Schmand (Sauerrahm)

*Pro Stück:*
E: 4 g, F: 11 g, Kh: 27 g,
kJ: 959, kcal: 229

**1.** Rosinen mit kochendem Wasser übergießen und kurz ziehen lassen.
**2.** Für den Teig in der Zwischenzeit Mehl mit Backpulver in einer Rührschüssel mischen. Restlichen Zutaten hinzufügen und mit einem Mixer (Knethaken) zunächst auf niedrigster, dann auf höchster Stufe in etwa 1 Minute zu einem Teig verarbeiten (nicht zu lange, Teig klebt sonst).
**3.** Den Teig auf einem Backblech (30 x 40 cm, gefettet) ausrollen. Die Rosinen abtropfen lassen, trocken tupfen und auf den Teig streuen.
**4.** Den Backofen vorheizen.
*Ober-/Unterhitze:* etwa 200 °C
*Heißluft:* etwa 180 °C
**5.** Für den Belag aus Pudding-Pulver, Zucker und Milch nach Packungsanleitung (aber mit den hier angegebenen Zutaten) einen Pudding zubereiten. Den Schmand unterrühren. Die Puddingcreme auf dem Teig verstreichen. Das Backblech in den vorgeheizten Backofen schieben. Den Kuchen etwa 30 Minuten backen.

**Tipp:** Der Schmandkuchen schmeckt statt der Rosinen auch mit getrockneten Cranberrys oder Kirschen.

## Pritzelkuchen
20 Stücke

*Zubereitungszeit* (inklusive Backzeit): 45 Minuten, ohne Abkühlzeit

**Für den Rührteig:**
250 g Butter oder Margarine (zimmerwarm)
200 g Zucker
1 Pck. Dr. Oetker Vanillin-Zucker
1 Prise Salz
5 Eier (Größe M)
2 Beutel (etwa 12 g) Brausepulver, z. B. Orangen-Geschmack
350 g Weizenmehl
3 gestr. TL Dr. Oetker Backin
etwa 50 ml Milch

2 Beutel (etwa 12 g) Brausepulver, z. B. Orangen-Geschmack
200 ml Orangensaft

**Zum Bestreuen:**
bunter Knusperpuffreis

*Pro Stück:*
E: 4 g, F: 12 g, Kh: 25 g,
kJ: 987, kcal: 236

**1.** Den Backofen vorheizen.
*Ober-/Unterhitze:* etwa 180 °C
*Heißluft:* etwa 160 °C
**2.** Für den Teig Butter oder Margarine mit einem Mixer (Rührstäbe) auf höchster Stufe geschmeidig rühren. Nach und nach Zucker, Vanillin-Zucker und Salz unterrühren. So lange rühren, bis eine gebundene Masse entstanden ist.
**3.** Eier nach und nach unterrühren (jedes Ei etwa 1/2 Minute). Brausepulver unterrühren. Mehl mit Backpulver mischen und abwechselnd mit der Milch in 2 Portionen auf mittlerer Stufe kurz unterrühren.
**4.** Den Teig auf ein Backblech (30 x 40 cm, gefettet) geben und glatt streichen. Das Backblech in den vorgeheizten Backofen schieben. Kuchen etwa 25 Minuten backen.
**5.** Das Backblech auf einen Kuchenrost stellen. Den Pritzelkuchen etwa 10 Minuten abkühlen lassen.
**6.** Zum Tränken das Brausepulver mit dem Saft verrühren. Den Pritzelkuchen damit gleichmäßig bestreichen und mit dem Knusperreis bestreuen.

## Käse-Streusel-Tarte
16 Stücke

*Zubereitungszeit* (inklusive Backzeit): 60 Minuten

**Für die Streusel:**
50 g Butter oder Margarine
70 g Weizenmehl
50 g gehackte Mandeln
40 g Zucker

**Für die Quarkmasse:**
1 Eigelb (Größe M)
120 g Zucker
1 Pck. Dr. Oetker Vanillin-Zucker
200 g Doppelrahm-Frischkäse
300 g Magerquark
5 EL Amaretto (Mandellikör)
30 g Speisestärke
1 Eiweiß (Größe M)

einige Semmelbrösel

*Pro Stück:*
E: 5 g, F: 9 g, Kh: 18 g,
kJ: 760 g, kcal: 181

**1.** Für die Streusel Butter oder Margarine zerlassen. Mehl, Mandeln und Zucker in einer Rührschüssel mischen. Die lauwarme Butter oder Margarine hinzugeben. Die Zutaten mit den Händen zu Streuseln verkneten.
**2.** Den Backofen vorheizen.
*Ober-/Unterhitze:* etwa 200 °C
*Heißluft:* etwa 180 °C
**3.** Für die Quarkmasse Eigelb, Zucker, Vanillin-Zucker, Frischkäse, Quark, Amaretto und Speisestärke in einer Rührschüssel verrühren. Das Eiweiß steif schlagen und mit einem Teigschaber unter die Quarkmasse heben. Die Quarkmasse in eine Tarteform (Ø 28 cm, gefettet, mit Semmelbröseln ausgestreut) geben und glatt streichen.
**4.** Die Teigstreusel auf der Quarkmasse verteilen. Die Form auf dem Rost in den vorgeheizten Backofen schieben. Die Tarte etwa 35 Minuten backen.
**5.** Die Form auf einen Kuchenrost stellen. Die Tarte erkalten lassen.

Pritzelkuchen

Käse-Streusel-Tarte

## Aprikosen-Cashew-Schnitten

24 Stücke

*Zubereitungszeit* (inklusive Backzeit): 60 Minuten, ohne Kühlzeit

**Zum Vorbereiten:**
480 g abgetropfte Aprikosenhälften (aus der Dose)
100 g Cashewkerne

**Für den Rührteig:**
250 g Butter oder Margarine (zimmerwarm)
175 g Zucker
1 Pck. Dr. Oetker Vanillin-Zucker
1 Prise Salz
5 Eier (Größe M)
350 g Weizenmehl
2 gestr. TL Dr. Oetker Backin

**Zum Beträufeln:**
100 ml Aprikosenlikör, z. B. Apricot-Brandy

**Für die Creme:**
1 Pck. Mousse à la Vanille (Dessertpulver)
200 g Schlagsahne
50 ml Aprikosenlikör, z. B. Apricot-Brandy

*Pro Stück:*
E: 4 g, F: 15 g, Kh: 27 g, kJ: 1137, kcal: 272

**1.** Zum Vorbereiten Aprikosenhälften in kleine Würfel schneiden. Von den Cashewkernen 24 ganze Kerne abnehmen und beiseitelegen. Restliche Cashewkerne klein hacken.
**2.** Den Backofen vorheizen.
*Ober-/Unterhitze:* etwa 180 °C
*Heißluft:* etwa 160 °C
**3.** Für den Teig Butter oder Margarine mit einem Mixer (Rührstäbe) auf höchster Stufe geschmeidig rühren. Nach und nach Zucker, Vanillin-Zucker und Salz unterrühren. So lange rühren, bis eine gebundene Masse entstanden ist. Dann Eier nach und nach unterrühren (jedes Ei etwa 1/2 Minute).
**4.** Mehl mit Backpulver mischen, in 2 Portionen kurz auf mittlerer Stufe unterrühren. Den Teig auf ein Backblech (30 x 40 cm, gefettet) geben und glatt streichen. Die Aprikosenwürfel darauf verteilen und mit den Cashewkernstückchen bestreuen. Das Backblech in den vorgeheizten Backofen schieben. Den Kuchen etwa 30 Minuten backen.
**5.** Das Backblech auf einen Kuchenrost stellen. Den heißen Kuchen sofort mit Likör beträufeln und erkalten lassen. Den Kuchen in 24 gleich große Stücke einteilen.
**6.** Für die Creme Mousse mit Likör nach Packungsanleitung zubereiten. Die Creme in einen Spritzbeutel mit Lochtülle (Ø 12 mm) geben. Auf jedes Kuchenstück eine Cremekuppel spritzen und je 1 Cashewkern auf die Creme legen. Den Kuchen zugedeckt mindestens 30 Minuten in den Kühlschrank stellen.

***Tipp:*** Für Kinder können Sie die Schnitten statt mit Likör auch mit Aprikosensaft aus der Dose beträufeln und die Creme ebenfalls mit Saft zubereiten.

Aprikosen-Cashew-Schnitten

## Kirsch-Honig-Kuchen

10 Stücke

*Zubereitungszeit* (inklusive Backzeit): 60 Minuten, ohne Abkühl- und Trockenzeit

**Für den Teig:**
200 g flüssiger Honig
80 g Zucker
70 g Butter oder Margarine
1 Ei (Größe M)
270 g Weizenmehl
1 gestr. TL Dr. Oetker Backin
2 gestr. TL gem. Zimt
1 gestr. TL gem. Anis
3 EL Milch (1,5 % Fett)
350 g abgetropfte Sauerkirschen (aus dem Glas)
1 gestr. TL Dr. Oetker Finesse Geriebene Zitronenschale

**Für den Guss:**
50 g Puderzucker
1/2–1 EL Kirschsaft (aus dem Glas)

*Pro Stück:*
E: 4 g, F: 7 g, Kh: 55 g, kJ: 1263, kcal: 302

**1.** Für den Teig Honig, Zucker und Butter oder Margarine in einem Topf unter Rühren erwärmen, bis der Zucker gelöst ist. Die Masse in eine

Kirsch-Honig-Kuchen

Butterkuchen

Rührschüssel geben und abkühlen lassen.
**2.** In der Zwischenzeit den Backofen vorheizen.
*Ober-/Unterhitze:* etwa 180 °C
*Heißluft:* etwa 160 °C
**3.** Das Ei unter die fast erkaltete Honig-Butter-Masse rühren. Mehl mit Backpulver, Zimt und Anis mischen, auf die Honigmasse geben und unterrühren. Dann die Milch kurz unterrühren. Den Teig etwa 5 Minuten stehen lassen.
**4.** In der Zwischenzeit von den Kirschen 1 Esslöffel Saft für den Guss auffangen und beiseitestellen. Die Kirschen und die Zitronenschale unter den Honigteig heben.
**5.** Einen Backrahmen (etwa 20 x 25 cm) auf ein Backblech (gefettet, mit Backpapier belegt) stellen, den Teig hineingeben und glatt streichen. Das Backblech in den vorgeheizten Backofen schieben. Kirsch-Honig-Kuchen 25–30 Minuten backen.
**6.** Das Backblech auf einen Kuchenrost stellen. Kuchen erkalten lassen.
**7.** Dann den Backrahmen vorsichtig lösen und entfernen. Den Kuchen mit einem Sägemesser in 10 Stücke (etwa 5 x 10 cm) schneiden.
**8.** Für den Guss Puderzucker mit so viel Kirschsaft verrühren, dass eine dickflüssige Masse entsteht. Den Guss in einen kleinen Gefrierbeutel füllen, eine kleine Ecke abschneiden. Den Kirsch-Honig-Kuchen mit dem Guss verzieren. Guss trocknen lassen.

***Tipp:*** Für Kinder in die Kuchenstücke an der kurzen Seite bis mindestens zur Mitte jeweils einen Holzspatel stecken und schon ist der Kirsch-Honig-Kuchen am Stiel fertig.

## Butterkuchen

20 Stücke

*Zubereitungszeit* (inklusive Backzeit): 45 Minuten, ohne Ruhezeit

**Für den Hefeteig:**
375 g Weizenmehl
1 Pck. Hefeteig Garant
50 g Zucker
1 Pck. Dr. Oetker Vanillin-Zucker
1 Prise Salz
1 Ei (Größe M)
150 ml Milch (3,5 % Fett)
50 g Butter (zimmerwarm)

100 g Butter
75 g Zucker
1 Pck. Dr. Oetker Vanillin-Zucker
100 g gehobelte Mandeln

*Pro Stück:*
E: 4 g, F: 10 g, Kh: 22 g,
kJ: 829, kcal: 198

**1.** Für den Teig Mehl mit Hefeteig Garant in einer Rührschüssel vermischen. Restliche Zutaten hinzufügen und mit einem Mixer (Knethaken) erst auf niedrigster, dann auf höchster Stufe in etwa 2 Minuten zu einem glatten Teig verarbeiten.
**2.** Den Teig auf der leicht bemehlten Arbeitsfläche nochmals kurz durchkneten, anschließend auf einem Backblech (30 x 40 cm, gefettet) ausrollen.
**3.** Den Backofen vorheizen.
*Ober-/Unterhitze:* etwa 200 °C
*Heißluft:* etwa 180 °C
**4.** In den Teig mit bemehlten Fingern oder einem Kochlöffelstiel Vertiefungen drücken. Butter in kleinen Stücken in die Vertiefungen geben. Zucker mit Vanillin-Zucker mischen. Nacheinander das Zuckergemisch und Mandeln auf den Teig streuen. Das Ganze zugedeckt noch 5–10 Minuten ruhen lassen.
**5.** Das Backblech in den vorgeheizten Backofen schieben. Den Kuchen etwa 20 Minuten backen.
**6.** Das Backblech auf einen Kuchenrost stellen. Den Kuchen erkalten lassen.

Kapitel 10

Rezepte 901–1000

# Brot & pikantes Gebäck

Gefüllte Fladenbrote

## Gefüllte Fladenbrote

6 Stück

*Zubereitungszeit* (inklusive Backzeit): 45 Minuten

300 g abgetropfter Tunfisch naturell (aus der Dose)
6 kleine Fladenbrote (je etwa 150 g)
50 ml Olivenöl
3 große Tomaten
3 Zwiebeln
etwa 125 g abgetropfte, schwarze Oliven ohne Stein
etwa 100 g abgetropfte, grüne Oliven, mit Paprika gefüllt
Salz
gem. weißer Pfeffer
gerebelter Oregano
6 Scheiben Käse, z. B. Gouda (je etwa 50 g)

*Pro Stück:*
E: 34 g, F: 30 g, Kh: 68 g,
kJ: 2875, kcal: 686

**1.** Den Backofen vorheizen.
*Ober-/Unterhitze:* etwa 200 °C
*Heißluft:* etwa 180 °C

**2.** Den Tunfisch mit einer Gabel zerpflücken. Fladenbrote waagerecht aufschneiden. Jeweils beide Hälften etwas aushöhlen. Die unteren Brothälften auf ein Backblech (mit Backpapier belegt) legen, mit etwas Olivenöl beträufeln und mit Tunfisch belegen.

**3.** Tomaten abspülen, abtrocknen, halbieren und die Stängelansätze herausschneiden. Tomaten in Scheiben schneiden. Zwiebeln abziehen, zunächst in dünne Scheiben schneiden, dann in Ringe teilen. Schwarze Oliven in kleine Stücke hacken, grüne Oliven in dünne Scheiben schneiden.

**4.** Tomatenscheiben, Zwiebelringe, Olivenstücke und -scheiben auf dem Tunfisch verteilen und alles mit Salz, Pfeffer und Oregano würzen. Käse in dünne Streifen schneiden und als Gitter darauflegen. Den Belag mit den oberen Brothälften bedecken, diese mit dem restlichen Olivenöl bestreichen. Das Backblech in den vorgeheizten Backofen schieben. Die Fladenbrote 10–15 Minuten backen, bis der Käse geschmolzen ist.

**5.** Die Fladenbrote etwas abkühlen lassen, nach Belieben halbieren und lauwarm servieren.

## Quiche nach Puszta Art

12 Portionen

*Zubereitungszeit* (inklusive Backzeit): 60 Minuten

**Für den Knetteig:**
260 g Weizenmehl
1 Ei (Größe M)
140 g Butter
60 g Crème fraîche
Salz

**Für den Belag:**
je 300 g rote und grüne Paprikaschoten
2 Zwiebeln
2 Knoblauchzehen
80 g getrocknete Tomaten
3 EL Maiskeimöl
90 g geräucherte Speckwürfel
1 EL Paprikapulver edelsüß
4 Eier (Größe M)
140 g Crème fraîche
1 TL gerebelter Thymian
3 Zweige fein geschnittene, glatte Petersilie
gem. Pfeffer
80 g ger. Höhlenkäse

Pro Portion:
E: 9 g, F: 31 g, Kh: 20 g,
kJ: 1693, kcal: 405

**1.** Für den Teig das Mehl in eine Rührschüssel geben. Restliche Zutaten hinzufügen und mit einem Mixer (Knethaken) zunächst kurz auf niedrigster, dann auf höchster Stufe gut durcharbeiten. Anschließend auf einer leicht bemehlten Arbeitsfläche kurz zu einem Teig verkneten. Den Teig bis zur Weiterverarbeitung in Frischhaltefolie gewickelt in den Kühlschrank legen.

**2.** Für den Belag die Paprikaschoten halbieren, entstielen, entkernen, die weißen Scheidewände entfernen. Die Schoten abspülen und in etwa 3 cm große Würfel schneiden. Zwiebeln und Knoblauch abziehen und beides fein würfeln. Die Tomaten in Streifen schneiden.

**3.** Den Backofen vorheizen.
*Ober-/Unterhitze:* etwa 200 °C
*Heißluft:* etwa 180 °C

**4.** Öl in einem Topf erhitzen. Zwiebel- und Knoblauchwürfel darin andünsten. Speck hinzufügen und ebenfalls andünsten. Paprikapulver darüberstäuben und kurz mitdünsten, kurz abkühlen lassen. Die Masse mit Tomaten, Eiern und Crème fraîche vermischen. Paprikastücke dazugeben und alles mit Thymian, Petersilie, Salz und Pfeffer würzen.

**5.** Den Teig auf der leicht bemehlten Arbeitsfläche zu einer runden Platte (Ø etwa 32 cm) ausrollen. Die Teigplatte in eine Springform (Ø 28 cm, gefettet) legen und den Teigrand etwas hochdrücken. Belag gleichmäßig auf dem Teig verteilen, mit dem Käse bestreuen. Die Form auf dem Rost in den vorgeheizten Backofen schieben und die Quiche etwa 40 Minuten backen.

**6.** Die Form etwa 5 Minuten auf einem Kuchenrost stehen lassen. Quiche aus der Form lösen, in Stücke schneiden und servieren.

Quiche nach Puszta Art

# Pizza „Vier Jahreszeiten"

4 Portionen

*Zubereitungszeit* (inklusive Backzeit): 50 Minuten

**Für den Quark-Öl-Teig:**
200 g Weizenmehl
1/2 TL Salz
100 g Magerquark
60 ml Milch (1,5 % Fett)
50 ml Sonnenblumenöl

100 g Tomatensauce (aus dem Glas)

**Für den Belag:**
je 1/2 kleine rote und grüne Paprikaschote
1 Zwiebel
3 abgetropfte Artischockenherzen (aus der Dose)
100 g abgetropfte Champignonscheiben (aus der Dose)
75 g Kochschinkenwürfel
gerebelter Oregano
Salz, gem. Pfeffer
125 g ger. Mozzarella oder Gouda

*Pro Portion:*
E: 22 g, F: 23 g, Kh: 44 g,
kJ: 1980, kcal: 473

**1.** Den Backofen vorheizen.
*Ober-/Unterhitze:* etwa 200 °C
*Heißluft:* etwa 180 °C
**2.** Für den Teig Mehl mit Salz in einer Rührschüssel mischen. Quark, Milch und Öl hinzufügen. Die Zutaten mit einem Mixer (Knethaken) auf niedrigster, dann auf höchster Stufe in etwa 1 Minute zu einem Teig verarbeiten (nicht zu lange, Teig klebt sonst). Den Teig auf einer leicht bemehlten Arbeitsfläche zu einer runden Platte (Ø 28–30 cm) ausrollen.
**3.** Den Pizzaboden auf ein Backblech (mit Backpapier belegt) oder in eine Tarte- oder Springform (Ø 28–30 cm, gefettet) legen. Den Pizzaboden mit der Sauce bestreichen.
**4.** Für den Belag Paprikaschoten halbieren, entstielen, entkernen und die weißen Scheidewände entfernen. Schoten abspülen, abtropfen lassen und in feine Streifen schneiden. Zwiebel abziehen, ebenfalls in feine Streifen schneiden und gleichmäßig auf dem Pizzaboden verteilen. Die Artischocken in feine Scheiben schneiden.
**5.** Je ein Viertel der Pizza mit Artischocken, Champignons, Schinkenwürfeln und Paprikastreifen belegen.
**6.** Die Pizza mit Oregano, Salz und Pfeffer bestreuen. Käse darauf verteilen. Backblech bzw. die Form auf einem Rost in den vorgeheizten Backofen schieben. Die Pizza 25–30 Minuten backen.

# Rosmarin- oder Thymianbaguettes

8 Stück

*Zubereitungszeit* (inklusive Backzeit): 15 Minuten

4 Baguettebrötchen
150 g Butter
grobes Meersalz
1 Bund Rosmarin oder Thymian

*Pro Stück:*
E: 3 g, F: 16 g, Kh: 17 g,
kJ: 948, kcal: 227

Pizza „Vier Jahreszeiten"

Rosmarin- oder Thymianbaguettes

**1.** Die Baguettebrötchen waagerecht halbieren und auf dem Aufbackrost des Toasters jeweils 2–3 Minuten aufbacken.
**2.** In der Zwischenzeit den Backofen vorheizen.
*Ober-/Unterhitze:* etwa 200 °C
*Heißluft:* etwa 180 °C
**3.** Butter mit etwas Salz geschmeidig rühren. Rosmarin oder Thymian abspülen, trocken tupfen und die Nadeln bzw. die Blättchen von den Stängeln zupfen. Rosmarinnadeln bzw. Thymianblättchen fein hacken. Die Kräuter unter die Butter rühren.
**4.** Die aufgebackenen Baguettehälften mit der Kräuterbutter bestreichen. Baguettehälften auf ein Backblech (mit Backpapier belegt) legen. Das Backblech in den vorgeheizten Backofen schieben. Die Baguettes etwa 5 Minuten backen.
**5.** Die Baguettes sofort servieren.

***Tipps:*** Sie können die Baguettes auch unzerteilt schräg einschneiden und Butter in die Einschnitte streichen. Die Baguettes müssen dann zuvor nicht auf dem Toaster aufgebacken werden, sondern nur einmal im Backofen bei der angegebenen Temperatur etwa 6 Minuten gebacken werden. Sie können die frischen Kräuter durch 3 Teelöffel gerebelten Rosmarin oder Thymian ersetzen.

Brandteigbrötchen

## Brandteigbrötchen
10–12 Stück

*Zubereitungszeit* (inklusive Backzeit): 40 Minuten, ohne Abkühlzeit

**Für den Brandteig:**
250 ml Wasser
50 g Butter oder Margarine
125 g Weizen-Vollkornmehl
1/2 TL Salz
gem. Pfeffer
ger. Muskatnuss
3 Eier (Größe M)
1/2 TL Dr. Oetker Backin

*Pro Stück:*
E: 3 g, F: 6 g, Kh: 8 g,
kJ: 401, kcal: 96

**1.** Für den Teig das Wasser mit Butter oder Margarine am besten in einem Stieltopf zum Kochen bringen. Mehl mit Salz, Pfeffer und Muskat mischen und auf einmal in die von der Kochstelle genommene Flüssigkeit schütten, zu einem glatten Kloß rühren und unter Rühren etwa 1 Minute erhitzen. Den heißen Kloß sofort in eine Schüssel geben.
**2.** Den Backofen vorheizen.
*Ober-/Unterhitze:* etwa 200 °C
*Heißluft:* etwa 180 °C
**3.** Nach und nach die Eier mit einem Mixer (Knethaken) auf höchster Stufe unterarbeiten. Das Backpulver in den erkalteten Teig arbeiten. Mit 2 Esslöffeln 10–12 Teighäufchen auf ein Backblech (gefettet, bemehlt) setzen.
**4.** Das Backblech in den vorgeheizten Backofen schieben. Brandteigbrötchen etwa 35 Minuten backen.
**5.** Die Brandteigbrötchen auf einem Kuchenrost erkalten lassen oder lauwarm servieren.

***Tipp:*** Für Käsebrötchen 100 g Gouda fein würfeln oder grob raspeln und kurz unter den Teig arbeiten.

Kräuter-Baguettes

Knoblauchtoast mit Tomaten und Mozzarella

## Kräuter-Baguettes

4 Stück

*Zubereitungszeit* (inklusive Backzeit): 15 Minuten

4 Baguettebrötchen (300 g)
125 g Butter (zimmerwarm)
1 Knoblauchzehe
2 EL gehackte Petersilie
Salz

*Pro Stück:*
E: 7 g, F: 27 g, Kh: 39 g,
kJ: 1814, kcal: 433

**1.** Den Backofen vorheizen.
*Ober-/Unterhitze:* etwa 200 °C
*Heißluft:* etwa 180 °C
**2.** Die Brötchen in Abständen von etwa 2 cm so tief einschneiden, dass ein Boden von etwa 1 cm stehen bleibt.
**3.** Die Butter mit einem Mixer (Rührstäbe) geschmeidig rühren. Knoblauchzehe abziehen und fein hacken. Knoblauch mit Petersilie unter die Butter rühren, mit Salz würzen.
**4.** Die Knoblauchbutter in die Einschnitte der Brötchen streichen. Die Brötchen auf ein Backblech legen. Das Backblech in den vorgeheizten Backofen schieben. Die Brötchen etwa 5 Minuten backen.
**5.** Das Backblech auf einen Kuchenrost stellen und die Brötchen warm servieren.

## Knoblauchtoast mit Tomaten und Mozzarella

8 Stück

*Zubereitungszeit* (inklusive Backzeit): 25 Minuten

4 Knoblauchzehen
4–6 EL Olivenöl
8 Scheiben Baguette
4 Tomaten
125 g Mozzarella
2 EL geschnittene Basilikumblättchen
grober, bunter Pfeffer

Pro Stück:
E: 12 g, F: 19 g, Kh: 37 g,
kJ: 1633, kcal: 391

**1.** Den Backofen vorheizen.
*Ober-/Unterhitze:* etwa 200 °C
*Heißluft:* etwa 180 °C
**2.** Knoblauchzehen abziehen, durch eine Knoblauchpresse drücken oder sehr fein hacken. Knoblauch mit dem Öl verrühren, dann auf die Baguettescheiben träufeln.
**3.** Die Baguettescheiben auf ein Backblech legen. Tomaten abspülen, abtrocknen und die Stängelansätze herausschneiden. Tomaten und Mozzarella in Scheiben schneiden, abwechselnd, leicht überlappend auf die Baguettescheiben legen. Backblech in den vorgeheizten Backofen schieben. Die Toasts etwa 10 Minuten backen.
**4.** Toasts auf Tellern anrichten, mit Basilikumblättchen und Pfeffer bestreuen.

## Fladenbrot-Hähnchen-Pizza

4 Portionen (ohne Foto)

*Zubereitungszeit* (inklusive Backzeit): 40 Minuten

250 g Hähnchenbrustfilet
2 EL Olivenöl
Salz
gem. Pfeffer
Paprikapulver edelsüß

1 Fladenbrot
4 Tomaten
1 Bund Frühlingszwiebeln
200 g Schafskäse
50 g abgetropfte, schwarze Oliven ohne Stein
100 g Zaziki
(aus dem Kühlregal)
etwas gerebelter Oregano
evtl. einige Kräuterblättchen

*Pro Portion:*
E: 35 g, F: 24 g, Kh: 71 g,
kJ: 2709, kcal: 647

**1.** Hähnchenbrustfilet unter fließendem kalten Wasser abspülen und trocken tupfen. Hähnchenbrust in dünne Streifen schneiden. Olivenöl in einer Pfanne erhitzen. Die Hähnchenstreifen darin unter Rühren anbraten. Hähnchenstreifen mit Salz, Pfeffer und Paprikapulver würzen, abkühlen lassen.
**2.** Inzwischen Backofen vorheizen.
*Ober-/Unterhitze:* etwa 200 °C
*Heißluft:* etwa 180 °C
**3.** Das Fladenbrot auf ein Backblech (mit Backpapier belegt) legen. Die Tomaten abspülen, abtrocknen, halbieren und die Stängelansätze herausschneiden. Anschließend die Tomaten in dünne Scheiben schneiden. Die Frühlingszwiebeln putzen, abspülen, abtropfen lassen und in dünne Scheiben schneiden.
**4.** Den Schafskäse fein würfeln. Die Oliven in Stücke schneiden und mit den Käsewürfeln vermischen.
**5.** Die Hähnchenstreifen gleichmäßig auf dem Fladenbrot verteilen. Den Zaziki in Klecksen daraufgeben, mit Tomaten- und Frühlingszwiebelscheiben belegen, mit Oregano bestreuen.
**6.** Oliven-Käse-Mischung zuletzt auf die Pizza streuen. Das Backblech in den vorgeheizten Backofen schieben. Fladenbrot-Hähnchen-Pizza etwa 20 Minuten backen.
**7.** Die Fladenbrot-Hähnchen-Pizza nach Belieben mit abgespülten, trocken getupften Kräuterblättchen bestreuen und in Stücke schneiden.

**Tipp:** Servieren Sie dazu Blattsalat, Gurkensalat oder eingelegte Kürbisstücke.

## Käsetörtchen
15 Stück

*Zubereitungszeit* (inklusive Backzeit): 50 Minuten

2–3 TK-Blätterteigplatten (etwa 120 g)

**Für die Füllung:**
60 g Schweizer Käse
50 g Schinkenspeck
1 kleine Tomate
1 Ei (Größe S)
60 g Schlagsahne

**Außerdem:**
15 Muffin-Papierbackförmchen

*Pro Stück:*
E: 3 g, F: 5 g, Kh: 3 g,
kJ: 293, kcal: 70

**1.** Den Blätterteig nach Packungsanleitung auftauen lassen.
**2.** In der Zwischenzeit den Backofen vorheizen.
*Ober-/Unterhitze:* etwa 180 °C
*Heißluft:* etwa 160 °C
**3.** Für die Füllung in der Zwischenzeit Käse und Schinkenspeck in sehr feine Würfel schneiden. Tomate abspülen, abtrocknen, vierteln und den Stängelansatz herausschneiden. Tomate entkernen, fein würfeln und mit Ei und Sahne verrühren. Käse- und Schinkenwürfel unterheben.
**4.** Die Blätterteigplatten übereinanderlegen und dünn ausrollen. Aus dem Blätterteig 15 Kreise (je etwa Ø 5 cm) ausstechen.
**5.** Die ausgestochenen Teigkreise in die Papierbackförmchen geben. Die Füllung darauf verteilen. Die Förmchen auf dem Rost in den vorgeheizten Backofen schieben. Die Käsetörtchen etwa 15 Minuten backen.
**6.** Törtchen lauwarm servieren.

**Tipp:** Dazu schmeckt ein gemischter Salat.

Käsetörtchen

## Mini-Calzone
12 Stück

*Zubereitungszeit* (inklusive Backzeit): 30 Minuten

1 Pck. frischer Pizzateig (400 g, aus dem Kühlregal)

**Für die Füllung:**
1 Zwiebel
1/2 Zucchini (200 g)
75 g Mailänder Salami

**Zum Bestreichen und Bestreuen:**
etwas lauwarmes Wasser
75 g geraspelter Käse, z. B. Gouda

*Pro Stück:*
E: 5 g, F: 7 g, Kh: 13 g, kJ: 557, kcal: 133

**1.** Den Teig aus der Packung nehmen, entrollen, auf einer leicht bemehlten Arbeitsfläche mit einer Teigrolle noch etwas größer (etwa 30 x 40 cm) ausrollen. Aus der Teigplatte 12 Kreise (Ø etwa 10 cm) ausstechen.
**2.** Für die Füllung Zwiebel abziehen und fein würfeln.
**3.** Zucchiniende abschneiden. Die Zucchini waschen, trocken tupfen, raspeln und mit den Zwiebelwürfeln vermischen. Salami in feine Würfel schneiden und unter die Zucchini-Zwiebel-Masse mengen.
**4.** Den Backofen vorheizen.
*Ober-/Unterhitze:* etwa 200 °C
*Heißluft:* etwa 180 °C
**5.** Die Teigkreise auf einer Hälfte mit etwas von der Zucchini-Salami-Masse belegen, dabei den Rand frei lassen. Die andere Teighälfte darüberklappen. Die Taschen gut an den Rändern andrücken, auf ein Backblech (mit Backpapier belegt) legen.
**6.** Die Taschen mit lauwarmem Wasser bestreichen und mit Käse bestreuen.
**7.** Das Backblech in den vorgeheizten Backofen schieben. Die Mini-Calzone etwa 15 Minuten backen.

***Tipps:*** Statt der Zucchini 150 g gewürfelten Schafskäse mit in die Füllung geben. Wenn Sie die Teigplatte in 12 Quadrate schneiden, bekommen sie eckige Taschen und haben keine Teigreste.

Mini-Calzone

## Zweierlei gefüllte Teigschiffchen

6 Stück

*Zubereitungszeit* (inklusive Backzeit): 35 Minuten

1 Pck. frischer Pizzateig (400 g, aus dem Kühlregal)

**Für die Gehacktes-Füllung:**
150 g Lamm- oder Rindergehacktes
1/2 kleine, gewürfelte Zwiebel
1/2 EL Joghurt
einige Pinienkerne
10 g zerlassene Butter
1/2 gestr. TL gem. Kreuzkümmel (Cumin)
Salz
gem. Pfeffer
1 gestr. TL Paprikapulver edelsüß

**Für die Schafskäse-Füllung:**
150 g Schafskäse
25 g Butter (zimmerwarm)
1 Ei (Größe M)
2 EL gehackte Petersilie

*Pro Stück (Gehacktes-Füllung):*
E: 16 g, F: 18 g, Kh: 32 g, kJ: 1480, kcal: 354

*Pro Stück (Schafskäse-Füllung):*
E: 15 g, F: 27 g, Kh: 32 g, kJ: 1814, kcal: 434

Zweierlei gefüllte Teigschiffchen

Pizza Salami

**1.** Pizzateig entrollen und auf einer leicht bemehlten Arbeitsfläche noch etwas größer ausrollen (30 x 40 cm). Die Teigplatte in 6 gleich große Teigplatten schneiden (je 10 x 20 cm).
**2.** Den Backofen vorheizen.
*Ober-/Unterhitze:* etwa 220 °C
*Heißluft:* etwa 200 °C
**3.** Für die Gehacktes-Füllung das Gehackte mit Zwiebelwürfeln, Joghurt, Pinienkernen und Butter vermengen. Die Gehacktes-Masse mit Kreuzkümmel, Salz, Pfeffer und Paprikapulver pikant würzen.
**4.** Für die Schafskäse-Füllung den Schafskäse grob mit einer Gabel zerbröckeln, mit Butter, Ei und Petersilie verrühren.
**5.** Die Gehacktes-Füllung gleichmäßig auf 3 Teigplatten geben und verstreichen, dabei rundherum einen etwa 2 cm breiten Rand frei lassen. Die Ränder auf die Füllung klappen, die Enden zu Spitzen formen und zusammendrücken. Die Schafskäse-Füllung ebenso auf den restlichen 3 Teigplatten verstreichen und die Teigplatten zu Schiffchen formen.
**6.** Die Schiffchen auf ein Backblech (mit Backpapier belegt) legen. Das Backblech in den vorgeheizten Backofen schieben. Die Teigschiffchen 15–20 Minuten backen.
**7.** Die Teigschiffchen noch lauwarm servieren.

***Tipp:*** Dazu schmeckt ein Joghurt-Minze-Dip.

## Pizza Salami

4 Portionen

*Zubereitungszeit* (inklusive Backzeit): 60 Minuten

**Für den Pizza-Teig:**
250 g Weizenmehl
2 gestr. TL Dr. Oetker Backin
1 TL Salz
50 g Butter (zimmerwarm)
75 g ger. mittelalter Gouda
125 ml lauwarmes Wasser

**Für den Belag:**
2 EL Tomatenketchup
1 EL Tomatenmark
100 g Salamischeiben
200 g abgetropfte Champignonscheiben (aus der Dose)
Salz, gem. Pfeffer
gerebelter Oregano
125 g ger. mittelalter Gouda

*Pro Portion:*
E: 25 g, F: 40 g, Kh: 51 g,
kJ: 2775, kcal: 664

**1.** Den Backofen vorheizen.
*Ober-/Unterhitze:* etwa 200 °C
*Heißluft:* etwa 180 °C
**2.** Für den Teig alle Zutaten in eine Rührschüssel geben und mit dem Mixer (Knethaken) erst kurz auf niedrigster, dann auf höchster Stufe gut verkneten. Anschließend auf einer leicht bemehlten Arbeitsfläche zu einem glatten Teig verarbeiten.
**3.** Teig zu einer runden Platte (Ø etwa 28 cm) ausrollen. Die Teigplatte auf ein Backblech (gefettet oder mit Backpapier belegt) legen.
**4.** Für den Belag Tomatenketchup und -mark verrühren, auf den Teig streichen.
**5.** Salami- und Champignonscheiben daraufgeben, mit Salz, Pfeffer und Oregano bestreuen. Zuletzt den Käse gleichmäßig auf der Pizza verteilen. Das Backblech in den vorgeheizten Backofen schieben und die Pizza 20–25 Minuten backen.

Crème-fraîche-Käse-Hörnchen

Käsige Muffins

## Crème-fraîche-Käse-Hörnchen

20 Stück

*Zubereitungszeit* (inklusive Backzeit für 1 Backblech): 40 Minuten

**Für den Teig:**
450 g TK-Blätterteig
(10 quadratische Platten)

**Für die Füllung:**
100 g mittelalter Gouda
75 g Crème fraîche

**Zum Bestreichen:**
1 Ei

*Pro Stück:*
E: 3 g, F: 9 g, Kh: 8 g,
kJ: 533, kcal: 128

**1.** Für den Teig Blätterteig nach Packungsanleitung auftauen lassen.
**2.** Für die Füllung in der Zwischenzeit den Gouda fein reiben. Fein geriebenen Gouda mit Crème fraîche in einer Schüssel gut verrühren.
**3.** Den Backofen vorheizen.
*Ober-/Unterhitze:* etwa 200 °C
*Heißluft:* etwa 180 °C
**4.** Die Blätterteigplatten diagonal halbieren, sodass 20 Dreiecke entstehen. Auf jedes Teigdreieck ein Häufchen der Crème-fraîche-Käse-Masse geben.
**5.** Zum Bestreichen das Ei mit einer Gabel verschlagen. Die Ränder der Dreiecke mit etwas Eiermilch bestreichen. Die Dreiecke von der breiten Seite aus aufrollen und zu Hörnchen formen.
**6.** Die Blätterteighörnchen auf Backbleche (mit Backpapier belegt) legen und mit der restlichen Eiermilch bestreichen. Die Backbleche nacheinander (bei Heißluft zusammen) in den vorgeheizten Backofen schieben. Die Crème-fraîche-Käse-Hörnchen 12–15 Minuten je Backblech backen.
**7.** Die Hörnchen mit dem Backpapier von den Backblechen auf Kuchenroste ziehen und etwas abkühlen oder vollständig erkalten lassen.

***Rezeptvariante:*** Für **süße Blätterteighörnchen** für die Füllung anstelle von Crème fraîche und Gouda 100 g Marzipan-Rohmasse mit 1 Ei (Größe M) verkneten. Die Masse auf den Teigdreiecken verteilen. Die Hörnchen mit Nüssen oder Hagelzucker bestreuen und wie im Rezept angegeben backen.

## Käsige Muffins
22 Stück

*Zubereitungszeit* (inklusive Backzeit): 50 Minuten

**Zum Vorbereiten:**
200 g Kochschinken
1 Bund glatte Petersilie

**Für den Teig:**
150 g Butter oder Margarine
5 Eier (Größe M)
350 g Weizenmehl
1 Pck. Dr. Oetker Backin
200 g Schlagsahne
200 g ger. Emmentaler
Salz, gem. Pfeffer
ger. Muskatnuss

**Außerdem:**
44 Muffin-Papierbackförmchen

*Pro Stück:*
E: 8 g, F: 14 g, Kh: 12 g,
kJ: 920, kcal: 220

**1.** Den Backofen vorheizen.
*Ober-/Unterhitze:* etwa 180 °C
*Heißluft:* etwa 160 °C
**2.** Zum Vorbereiten Schinken in Würfel schneiden. Petersilie abspülen, trocken tupfen und die Blättchen von

den Stängeln zupfen. Blättchen fein hacken.

**3.** Für den Teig Butter oder Margarine mit einem Mixer (Rührstäbe) auf höchster Stufe geschmeidig rühren. Die Eier nach und nach unterrühren (jedes Ei etwa 1/2 Minute).

**4.** Mehl mit Backpulver mischen und in 2 Portionen abwechselnd mit der Sahne auf mittlerer Stufe kurz unterrühren. Petersilie, Schinkenwürfel und Käse unterrühren. Den Teig mit Salz, Pfeffer und Muskat würzen.

**5.** Den Teig in jeweils 2 ineinandergestellte Papierbackförmchen füllen. Die Förmchen auf ein Backblech stellen. Das Backblech in den vorgeheizten Backofen schieben. Die Muffins 25–30 Minuten backen.

**6.** Die Muffins auf einem Kuchenrost erkalten lassen oder warm servieren.

***Tipps:*** Sie können die Muffins auch in kleinen Souffléförmchen backen. Möchten Sie die käsigen Muffins vorbereiten, rohen Teig in Muffin-Papierbackförmchen geben und 1–2 Stunden einfrieren. Dann die gefrorenen Muffins luftdicht in Gefrierbeutel verpacken. Zum Backen die Muffins in den kalten Backofen schieben und bei der angegebenen Temperatur (aber 5–10 Minuten länger als angegeben) backen.

## Party-Baguettes

12 Stück

*Zubereitungszeit* (inklusive Backzeit für 1 Backblech): 40 Minuten

3 Baguettes
300 g Kräuter-Crème-fraîche
2–3 rote Zwiebeln
4 Tomaten
1/2 Bund Basilikum
Salz
gem. Pfeffer
125 g Salamischeiben
125 g roher Schinken in Scheiben
750 g Esrom in Scheiben
1/2 Bund Schnittlauch
1/2 Bund glatte Petersilie

*Pro Stück:*
E: 31 g, F: 29 g, Kh: 70 g, kJ: 2288, kcal: 667

**1.** Den Backofen vorheizen.
*Ober-/Unterhitze:* etwa 200 °C
*Heißluft:* etwa 180 °C

**2.** Die Baguettes einmal in der Mitte durchschneiden, jede Baguettehälfte waagerecht aufschneiden. Die Schnittflächen mit Crème fraîche bestreichen.

**3.** Die Zwiebeln abziehen, in dünne Scheiben schneiden. Die Zwiebelscheiben gleichmäßig auf den Baguettes verteilen.

**4.** Tomaten abspülen, abtrocknen, halbieren und die Stängelansätze herausschneiden. Tomaten in Scheiben schneiden. Basilikum abspülen, trocken tupfen und die Blättchen von den Stängeln zupfen.

**5.** Vier Baguettehälften mit den Tomatenscheiben belegen, mit Salz und Pfeffer würzen, mit Basilikumblättchen (einige zum Garnieren zurücklassen) belegen.

**6.** Vier weitere Baguettehälften mit Salami, die restlichen vier Baguettehälften mit Schinken belegen und mit Pfeffer würzen.

**7.** Alle Baguettehälften gleichmäßig mit Käse belegen und auf Backbleche (mit Backpapier belegt) legen. Die Backbleche nacheinander (bei Heißluft zusammen) in den vorgeheizten Backofen schieben. Die Baguettes 15–20 Minuten überbacken.

**8.** In der Zwischenzeit Schnittlauch und Petersilie abspülen und trocken tupfen. Schnittlauch in Röllchen schneiden. Die Petersilienblättchen von den Stängeln zupfen und fein schneiden.

**9.** Die Salami-Baguettes mit Schnittlauch, die Schinken-Baguettes mit Petersilie und die Tomaten-Baguettes mit Basilikum bestreuen.

Party-Baguettes

## Toast „Anatolia"

20 Stück

*Zubereitungszeit* (inklusive Backzeit für 1 Backblech): 45 Minuten

1 großes, ovales Fladenbrot
2–3 mittelgroße Zwiebeln
2 Knoblauchzehen
1 rote Paprikaschote
50 g abgetropfte, schwarze Oliven ohne Stein
200 g Schafskäse
1 Bund glatte Petersilie
800 g Lammgehacktes
2 Eier (Größe M)
Salz, gem. Pfeffer
Pul Biber (geschrotete Pfefferschoten)
4 EL Olivenöl

*Pro Stück:*
E: 13 g, F: 8 g, Kh: 15 g,
kJ: 5782, kcal: 186

**1.** Fladenbrot in etwa 20 Scheiben schneiden. Zwiebeln und Knoblauch abziehen, in feine Würfel schneiden. Paprika halbieren, entstielen, entkernen und die weißen Scheidewände entfernen. Schote abspülen, abtropfen lassen und in kleine Würfel schneiden.

**2.** Oliven fein würfeln. Schafskäse in kleine Würfel schneiden. Petersilie abspülen, trocken tupfen und die Blättchen von den Stängeln zupfen. Blättchen fein hacken.

**3.** Lammgehacktes in eine Schüssel geben. Eier, Zwiebel-, Knoblauch-, Paprikawürfel, Petersilie, Oliven und die Hälfte des Schafkäses hinzugeben und gut vermengen. Die Fleischmasse mit Salz, Pfeffer und Pul Biber würzen.

**4.** Den Backofen vorheizen.
*Ober-/Unterhitze:* etwa 200 °C
*Heißluft:* etwa 180 °C

**5.** Fleischmasse gleichmäßig auf den Fladenbrotscheiben verstreichen, mit restlichem Schafskäse bestreuen. Die Fladenbrotscheiben auf 2 Backbleche (mit Backpapier belegt) legen und mit dem Olivenöl beträufeln. Die Backbleche nacheinander (bei Heißluft zusammen) in den vorgeheizten Backofen schieben und die Toasts 12–15 Minuten je Backblech backen.

**6.** Die Toasts mit dem Backpapier auf einen Kuchenrost ziehen und warm oder kalt servieren.

## Tomaten-Paprika-Brot

1 Brot (18–20 Scheiben, ohne Foto)

*Zubereitungszeit* (inklusive Backzeit): 45 Minuten

**Für den Teig:**
400 g Weizenmehl (Type 550)
1 Pck. Dr. Oetker Backin
1–2 gestr. TL Salz
1/2–1 gestr. TL Paprikapulver edelsüß
4 EL Olivenöl
250 ml Tomatensaft

etwas Weizenmehl

*Pro Scheibe:*
E: 2 g, F: 2 g, Kh: 17 g,
kJ: 412, kcal: 98

Toast „Anatolia"

Schinken-Käse-Brötchen

**1.** Den Backofen vorheizen.
*Ober-/Unterhitze:* etwa 180 °C
*Heißluft:* etwa 160 °C
**2.** Für den Teig Mehl mit Backpulver, Salz und Paprikapulver in einer Rührschüssel mischen. Olivenöl und Tomatensaft dazugeben. Die Zutaten mit einem Mixer (Knethaken) zu einem glatten Teig verkneten.
**3.** Den Teig auf der leicht mit Mehl bestäubten Arbeitsfläche mit den Händen kurz verkneten und zu einer etwa 28 cm langen Rolle formen. Die Rolle auf ein Backblech (mit Backpapier belegt) legen und mit Mehl bestäuben.
**4.** Anschließend die Teigrolle an der Oberfläche mit einem scharfen Messer 6-mal schräg etwa 1 cm tief einschneiden.
**5.** Das Backblech in den vorgeheizten Backofen schieben und das Brot etwa 35 Minuten backen.
**6.** Das Brot auf einen Kuchenrost legen und erkalten lassen.

***Tipps:*** Möchten Sie das Tomaten-Paprika-Brot gern pikanter, geben Sie etwas Tabasco, Ajvar oder Sambal Oelek in den Teig. Geben Sie zusätzlich einige in Öl eingelegte, getrocknete und klein geschnittene Tomatenstücke in den Teig.

## Schinken-Käse-Brötchen

14–16 Stück

*Zubereitungszeit* (inklusive Backzeit): 25 Minuten

200 g Kochschinken
200 g roher Schinken
200 g Gouda oder Edamer
125 g Butter (zimmerwarm)
100–125 g Schlagsahne
Salz, gem. Pfeffer
Paprikapulver edelsüß
ger. Muskatnuss
7–8 Brötchen (Semmeln)

*Pro Stück:*
E: 12 g, F: 15 g, Kh: 27 g,
kJ: 1055, kcal: 252

**1.** Den Backofen vorheizen.
*Ober-/Unterhitze:* etwa 200 °C
*Heißluft:* etwa 180 °C
**2.** Beide Schinkensorten und den Käse in Würfel schneiden. Die Butter geschmeidig rühren.
**3.** Schinken- und Käsewürfel und so viel Sahne unter die Butter rühren, dass eine feste, aber streichfähige Masse entsteht. Mit Salz, Pfeffer, Paprika und Muskat abschmecken.
**4.** Die Brötchen waagerecht halbieren. Jede Brötchenhälfte mit etwas von der Buttermasse bestreichen. Die Brötchenhälften auf ein Backblech legen. Das Backblech in den vorgeheizten Backofen schieben. Die Brötchen etwa 15 Minuten backen.

Muffins mit Schafskäse und Oliven

Frühstücksmuffins

## Muffins mit Schafskäse und Oliven

12 Stück

*Zubereitungszeit* (inklusive Backzeit): 55 Minuten

125 g Schafskäse
12 abgetropfte, schwarze Oliven ohne Stein
250 g Weizenmehl
2 gestr. TL Dr. Oetker Backin
1/2 TL Natron
etwas Salz
2 Eier (Größe M)
75 ml Olivenöl
150 ml Milch
1 gestr. EL gerebelter Oregano

*Pro Stück:*
E: 6 g, F: 13 g, Kh: 16 g,
kJ: 918, kcal: 219

**1.** Den Schafkäse fein würfeln. Die Oliven vierteln.
**2.** Den Backofen vorheizen.
*Ober-/Unterhitze:* etwa 180 °C
*Heißluft:* etwa 160 °C
**3.** Mehl mit Backpulver und Natron in einer Rührschüssel mischen. Salz, Eier, Öl und Milch hinzufügen. Die Zutaten mit einem Mixer (Knethaken) zu einem Teig verarbeiten. Zuletzt Oregano, Schafskäse und Oliven unterheben.
**4.** Den Teig in einer Muffinform (für 12 Muffins, gefettet, bemehlt) verteilen. Danach die Form auf dem Rost in den vorgeheizten Backofen schieben. Die Muffins etwa 25 Minuten backen.
**5.** Die Form auf einen Kuchenrost stellen. Die Muffins etwa 10 Minuten in der Form stehen lassen, dann lösen und lauwarm servieren.

## Frühstücksmuffins

12 Stück

*Zubereitungszeit* (inklusive Backzeit): 40 Minuten

**Für den Schüttelteig:**
200 g Weizenmehl
3 gestr. TL Dr. Oetker Backin
1 TL Zucker
1 Pck. Dr. Oetker Vanillin-Zucker
60 g zerlassene, abgekühlte Butter oder Margarine oder 5 EL Speiseöl
2 Eier (Größe M)
150 g Joghurt (3,5 % Fett)

evtl. 2 EL Rosinen
evtl. 2 EL Schokostreusel
evtl. 20 g gem. Mohnsamen
evtl. 20 g gehackte Mandeln
evtl. 2 EL ger. Käse

*Pro Stück:*
E: 4 g, F: 7 g, Kh: 14 g,
kJ: 582, kcal: 139

**1.** Den Backofen vorheizen.
*Ober-/Unterhitze:* etwa 180 °C
*Heißluft:* etwa 160 °C
**2.** Für den Teig Mehl mit Backpulver mischen, in eine verschließbare Schüssel (etwa 3 l) geben und mit Zucker und Vanillin-Zucker mischen. Butter oder Margarine oder Öl, Eier und Joghurt hinzufügen. Die Schüssel mit dem Deckel fest verschließen, mehrmals kräftig schütteln (insgesamt 15–30 Sekunden), sodass alle Zutaten gut vermischt sind.
**3.** Alles mit einem Schneebesen oder Rührlöffel nochmals sorgfältig durchrühren, damit trockene Zutaten vom Rand mit untergerührt werden.
**4.** Den Teig in einer Muffinform (für 12 Muffins, gefettet) verteilen und nach Belieben mit Rosinen, Schokostreuseln, Mohn, Mandeln oder Käse bestreuen.
**5.** Die Form auf dem Rost in den vorgeheizten Backofen schieben. Die Frühstücksmuffins 20–25 Minuten backen.

**6.** Die Form auf einen Kuchenrost stellen. Muffins etwa 10 Minuten stehen lassen, dann aus den Förmchen lösen und warm servieren.

***Tipp:*** Dazu Butter und Konfitüre reichen.

## Dinkel-Muffins mit Salami

12 Stück

*Zubereitungszeit* (inklusive Backzeit): 55 Minuten

150 g Salami
1 Bund glatte Petersilie
200 g Dinkelmehl (Type 630)
100 g Weizenmehl
2 gestr. TL Dr. Oetker Backin
1/2 gestr. TL Natron
1/2 gestr. TL Salz
2 Eier (Größe M)
250 ml Buttermilch
5 EL Olivenöl

**Außerdem:**
12 Muffin-Papierbackförmchen

*Pro Stück:*
E: 8 g, F: 11 g, Kh: 19 g,
kJ: 921, kcal: 220

**1.** Den Backofen vorheizen.
*Ober-/Unterhitze:* etwa 180 °C
*Heißluft:* etwa 160 °C
**2.** Salami in kleine Würfel schneiden. Petersilie abspülen, trocken tupfen und die Blättchen von den Stängeln zupfen. Blättchen fein hacken.
**3.** Anschließend beide Mehlsorten mit Backpulver und Natron in einer Rührschüssel mischen. Restliche Zutaten hinzufügen und mit einem Mixer (Rührstäbe) erst kurz auf niedrigster, dann auf höchster Stufe zu einem glatten Teig verarbeiten. Salamiwürfel und Petersilie unterheben.
**4.** Den Teig in einer Muffinform (für 12 Muffins, mit Papierbackförmchen ausgelegt) verteilen. Die Form auf dem Rost in den vorgeheizten Backofen schieben. Die Muffins 25–30 Minuten backen.
**5.** Die Muffinform auf einen Kuchenrost stellen. Die Muffins etwa 10 Minuten in der Form abkühlen lassen. Dann aus der Form lösen.

***Tipps:*** Die Muffins schmecken lauwarm am besten. Servieren Sie dazu eine Tomatensauce. Für lockere und saftige Muffins ist es wichtig, dass das Mehl und die restlichen Zutaten möglichst schnell miteinander vermischt werden. Durch zu langes Rühren wird der Teig klebrig. Sie können den Teig auch ohne Mixer mit einem Schneebesen zubereiten.

Dinkel-Muffins mit Salami

## Amerikanische Pizza

4–6 Portionen

*Zubereitungszeit* (inklusive Backzeit): 50 Minuten

1 Pck. frischer Pizzateig (400 g, aus dem Kühlregal)

**Für den Belag:**
1 mittelgroße Süßkartoffel (250 g)
Salz
300 g gemischte Paprikaschoten (rot, grün, gelb)
1/2 Bund Basilikum
200 g Mini-Frikadellen (aus der Frischetheke oder dem Kühlregal)
150 g ger. Pizza-Käse

Pro Portion:
E: 20 g, F: 24 g, Kh: 52 g,
kJ: 2111, kcal: 505

**1.** Den Teig mit dem Backpapier auf einer Arbeitsfläche entrollen. Von der Platte (mit dem Backpapier) einen etwa 10 cm breiten Streifen abschneiden. Diesen Streifen nochmals längs halbieren. Die Teigplatte mithilfe des Backpapiers in eine Pizza- oder Tarteform (Ø 28 cm, gefettet) legen, das Backpapier vorsichtig abziehen. Die Teigplatte mit den leicht hochstehenden Ecken auf den Formboden drücken. Die restlichen Teigstreifen vom Backpapier lösen und als Rand an den Formrand drücken.
**2.** Den Backofen vorheizen.
*Ober-/Unterhitze:* etwa 200 °C
*Heißluft:* etwa 180 °C
**3.** Für den Belag Süßkartoffel schälen und in etwa 1/2 cm dicke Scheiben schneiden. Die Kartoffelscheiben in Salzwasser etwa 3 Minuten kochen und anschließend abgießen.
**4.** Paprikaschoten halbieren, entstielen, entkernen und die weißen Scheidewände entfernen. Schoten abspülen, abtrocknen und quer in dünne Streifen schneiden. Basilikum abspülen, trocken tupfen und die Blättchen von den Stängeln zupfen. Die Hälfte davon hacken. Die Frikadellen halbieren.
**5.** Pizzaboden mit Kartoffelscheiben, gehacktem Basilikum, Paprikastreifen und Frikadellen belegen. Pizza mit dem Käse bestreuen. Form auf dem Rost in den vorgeheizten Backofen schieben. Die Pizza etwa 30 Minuten backen.
**6.** Die Pizza mit den restlichen Basilikumblättchen garnieren.

## Pizzagesichter

4–6 Portionen

*Zubereitungszeit* (inklusive Backzeit): 50 Minuten

6 kleine Pitabrote (je Ø etwa 12 cm, aus dem Brotregal)
3 Scheiben Kochschinken
125 g ger. Käse, z. B. Gouda
4–6 EL Tomatenketchup
6 abgetropfte, grüne Oliven, mit Paprika gefüllt
6 kleine Champignons
2–3 Tomaten
6 kleine Salamischeiben
evtl. einige vorbereitete Basilikumblättchen

Amerikanische Pizza

Pizzagesichter

Gemüse-Quark-Kuchen

*Pro Portion:*
E: 19 g, F: 11 g, Kh: 49 g,
kJ: 1552, kcal: 371

**1.** Den Backofen vorheizen.
*Ober-/Unterhitze:* etwa 180 °C
*Heißluft:* etwa 160 °C
**2.** Die Pitabrote seitlich vorsichtig auf-, aber nicht durchschneiden. Kochschinkenscheiben halbieren. Pitabrote mit je 1/2 Scheibe Kochschinken und 1 Esslöffel Käse füllen, wieder zusammenklappen. Die Brote auf ein Backblech (mit Backpapier belegt) legen. Jedes Brot mit 1 Esslöffel Ketchup bestreichen.
**3.** Die kleinen Pizzen nun so belegen, dass daraus lustige Gesichter entstehen: Oliven in Scheiben schneiden und als Augen auf die Pizzen legen. Champignons putzen, evtl. kurz abspülen und trocken tupfen. Die Stiele abschneiden. Champignonköpfe als Nasen auf die Pizzen legen.
**4.** Tomaten abspülen, abtrocknen, halbieren und die Stängelansätze herausschneiden. Die Tomaten in Scheiben schneiden. Diese als rote Bäckchen auf die Pizzen legen. Die Salamischeiben halbieren und als lachenden oder weinenden Mund auf die Pizzen legen. Zuletzt die Pizzen so mit dem restlichen Käse bestreuen, dass ein Haarschopf entsteht.
**5.** Das Backblech in den vorgeheizten Backofen schieben. Die Pizzen etwa 10 Minuten backen. Die Pizzagesichter nach Belieben mit Basilikumblättchen garnieren.

## Gemüse-Quark-Kuchen

12 Stücke

*Zubereitungszeit* (inklusive Backzeit): 55 Minuten

1 rote Paprikaschote (200 g)
einige Stängel Koriander
oder glatte Petersilie
400 g Kräuterquark
200 g Schlagsahne
3 Eier (Größe M)
60 g Hartweizengrieß
140 g abgespülter, abgetropfter
Gemüsemais (aus der Dose)
140 g abgespülte, abgetropfte
Erbsen (aus der Dose)
Salz
gem. Pfeffer
Paprikapulver rosenscharf
etwas vorbereiteter Koriander
oder glatte Petersilie

*Pro Stück:*
E: 7 g, F: 10 g, Kh: 9 g,
kJ: 639, kcal: 153

**1.** Den Backofen vorheizen.
*Ober-/Unterhitze:* etwa 200 °C
*Heißluft:* etwa 180 °C
**2.** Paprikaschote halbieren, entstielen, entkernen und die weißen Scheidewände entfernen. Die Paprika abspülen, abtropfen lassen und in etwa 1/2 cm große Würfel schneiden.
**3.** Koriander oder Petersilie abspülen, trocken tupfen, die Blättchen von den Stängeln zupfen und die Blättchen hacken.
**4.** Kräuterquark, Sahne, Eier und Grieß in eine Rührschüssel geben und mit einem Schneebesen verrühren. Mais, Erbsen und Paprikawürfel kurz unterrühren. Die Masse mit Salz, Pfeffer und Paprika würzen und in eine Tarteform (Ø 26–28 cm, gefettet) füllen.
**5.** Die Form auf dem Rost in den vorgeheizten Backofen schieben. Den Quark-Gemüse-Kuchen 30–35 Minuten backen.
**6.** Die Form auf einen Kuchenrost stellen. Den Kuchen in der Form erkalten lassen, zum Servieren mit Koriander oder Petersilie garnieren.

Toast Hawaii / Filettoast mit Käse / Käsetoast mit Frühlingszwiebeln

## Toast Hawaii
4 Portionen

*Zubereitungszeit* (inklusive Backzeit): 15 Minuten

4 Scheiben Toastbrot
30 g Butter
4 Scheiben Kochschinken (je 40 g)
4 abgetropfte Ananasscheiben (aus der Dose)
4 Scheiben Käse, z. B. junger Gouda (je 60 g)

*Pro Portion:*
E: 24 g, F: 27 g, Kh: 20 g, kJ: 1773, kcal: 424

**1.** Den Backofen vorheizen.
*Ober-/Unterhitze:* etwa 200 °C
*Heißluft:* etwa 180 °C
**2.** Die Toastbrotscheiben toasten, anschließend mit der Butter bestreichen. Jede Toastscheibe nacheinander mit je 1 Scheibe Kochschinken, Ananas und Käse belegen.
**3.** Die Toasts auf ein Backblech (mit Backpapier belegt) legen. Das Backblech in den vorgeheizten Backofen schieben. Die Toasts etwa 8 Minuten überbacken.

## Filettoast mit Käse
4 Portionen

*Zubereitungszeit* (inklusive Backzeit): 30 Minuten

300 g Schweinefilet
2 EL Speiseöl, z. B. Sonnenblumenöl
Salz, gem. Pfeffer
4 Scheiben Schinkenspeck
4 Scheiben Toastbrot
30 g Butter
200 g Camembert
einige Salatblätter, z. B. Kopfsalat oder Endivie

Pro Portion:
E: 32 g, F: 22 g, Kh: 10 g, kJ: 1536, kcal: 367

**1.** Den Backofengrill vorheizen.
**2.** Schweinefilet mit Küchenpapier trocken tupfen und in 8 gleich große Stücke schneiden. Das Öl in einer Pfanne erhitzen. Filetstücke darin von jeder Seite etwa 2 Minuten braten, mit Salz und Pfeffer würzen, aus der Pfanne nehmen und kurz warm stellen.
**3.** Schinkenspeckscheiben in dem verbliebenen Bratfett kurz anbraten und aus der Pfanne nehmen. Toastbrot toasten und mit der Butter bestreichen. Camembert in Scheiben schneiden.
**4.** Salatblätter abspülen, trocken tupfen und auf die Toastscheiben legen. Nacheinander Speckscheiben, Filetstücke und Camembertscheiben darauf verteilen.
**5.** Die Toasts auf ein Backblech (mit Backpapier belegt) legen. Das Backblech kurz unter den Backofengrill schieben, bis der Käse anfängt zu zerlaufen. Die Toasts nach Belieben mit Pfeffer bestreuen und sofort servieren.

***Tipp:*** Wenn Sie keinen Backofengrill haben, schieben Sie die Toasts für etwa 8 Minuten in den vorgeheizten Backofen (Ober-/Unterhitze: etwa 200 °C, Heißluft: etwa 180 °C), bis der Käse zerläuft.

## Käsetoast mit Frühlingszwiebeln

4 Portionen

*Zubereitungszeit* (inklusive Backzeit): 20 Minuten

2 Tomaten
2 Frühlingszwiebeln
4 Scheiben Toastbrot
60 g Erdnussbutter
4 Scheiben Bratenaufschnitt (je 20 g)
4 Scheiben Butterkäse (je 30 g)

*Pro Portion:*
E: 17 g, F: 17 g, Kh: 16 g,
kJ: 1219, kcal: 291

**1.** Den Backofengrill vorheizen.
**2.** Tomaten abspülen, abtrocknen, halbieren und die Stängelansätze herausschneiden. Tomaten in Scheiben schneiden. Frühlingszwiebeln putzen, abspülen und abtropfen lassen. Die Frühlingszwiebeln in so lange Stücke schneiden, dass diese etwa die Länge der Toastbrotscheiben haben. Dann nochmals längs halbieren.
**3.** Brotscheiben toasten und mit je 1 Portion Erdnussbutter bestreichen. Jede Brotscheibe mit 1 Scheibe Bratenaufschnitt, 2–3 Tomatenscheiben, Frühlingszwiebeln und 1 Scheibe Käse belegen. Toasts auf ein Backblech (mit Backpapier belegt) legen. Das Backblech kurz unter den heißen Backofengrill schieben, bis der Käse anfängt zu zerlaufen.
**4.** Die Toasts sofort servieren.

***Tipp:*** Als Bratenaufschnitt schmecken z. B. Rinder- oder Putenbraten.

## Fruchtig-pikante Käsehäppchen

8 Portionen

*Zubereitungszeit* (inklusive Backzeit): 50 Minuten

**Für den Teig:**
400 g Weizenmehl
1 Pck. Dr. Oetker Backin
150 g Joghurt (3,5 % Fett)
100 ml Sonnenblumenöl
1/2 gestr. TL Salz
1 Ei (Größe M)

**Für den Belag:**
75 g Crème fraîche
240 g abgetropfte Aprikosenhälften (aus der Dose)
230 g abgetropfte Birnenhälften (aus der Dose)
je 75 g Blau- und Weißschimmelkäse
100 g Walnusskerne

evtl. einige Zitronenmelisse- oder Basilikumblättchen

Pro Portion:
E: 13 g, F: 34 g, Kh: 50 g,
kJ: 2316, kcal: 555

**1.** Den Backofen vorheizen.
*Ober-/Unterhitze:* etwa 200 °C
*Heißluft:* etwa 180 °C
**2.** Für den Teig Mehl mit Backpulver in einer Rührschüssel mischen. Restliche Zutaten hinzufügen und mit einem Mixer (Knethaken) kurz zu einem glatten Teig verarbeiten.
**3.** Für den Belag den Teig auf einem Backblech (30 x 40 cm, gefettet) ausrollen. Die Teigplatte mit Crème fraîche bestreichen.
**4.** Aprikosen, Birnen und den Käse in mundgerechte Würfel schneiden. Auf einer Teighälfte die Aprikosenwürfel, auf der anderen Hälfte die Birnenwürfel verteilen. Die Käsewürfel mit den gehackten Walnusskernen auf dem ganzen Blech verteilen. Das Backblech in den vorgeheizten Backofen (Mitte) schieben. Das Gebäck etwa 25 Minuten backen.
**5.** Das Backblech auf einen Kuchenrost stellen. Das Gebäck in kleine Stücke schneiden. Nach Belieben abgespülte und trocken getupfte Zitronenmelisse- oder Basilikumblättchen in Streifen schneiden und auf den Käsehäppchen verteilen. Die fruchtig-pikanten Häppchen warm oder kalt servieren.

Fruchtig-pikante Käsehäppchen

## Vegetarischer Toast
5 Portionen

*Zubereitungszeit* (inklusive Backzeit): 35 Minuten

250 g TK-Brokkoli
Salz
1 mittelgroße, rote Zwiebel
2 mittelgroße Tomaten
5 Scheiben Roggenmischbrot
175 g Zaziki (aus dem Kühlregal)
etwa 140 g abgetropfter Gemüsemais (aus der Dose)
gem. Pfeffer
100 g Emmentaler in Scheiben
100 g abgetropfte, rote Paprikaschoten (aus dem Glas)
50 g geröstete Sonnenblumenkerne

Pro Portion:
E: 14 g, F: 16 g, Kh: 30 g,
kJ: 1333, kcal: 319

**1.** Brokkoli in Salzwasser nach Packungsanleitung garen, in ein Sieb gießen, mit kaltem Wasser abschrecken und abtropfen lassen.
**2.** Zwiebel abziehen und in dünne Scheiben schneiden. Tomaten abspülen, abtrocknen, halbieren und die Stängelansätze herausschneiden. Tomaten in Scheiben schneiden.
**3.** Den Backofen vorheizen.
*Ober-/Unterhitze:* etwa 200 °C
*Heißluft:* etwa 180 °C
**4.** Die Brotscheiben toasten und auf ein Backblech (mit Backpapier belegt) legen. Die Brotscheiben gleichmäßig mit dem Zaziki bestreichen. Die Zwiebel- und Tomatenscheiben, Brokkoliröschen und Mais daraufgeben, mit Salz und Pfeffer bestreuen.
**5.** Käse und Paprika in etwa 2 cm breite Streifen schneiden und die vorbereiteten Brotscheiben damit belegen. Die Sonnenblumenkerne daraufstreuen.
**6.** Das Backblech in den vorgeheizten Backofen schieben. Die Toasts etwa 5 Minuten backen.

Vegetarischer Toast

## Schinken-Piroggen
10 Stück

*Zubereitungszeit* (inklusive Backzeit): 45 Minuten

**Für die Füllung:**
175 g Kochschinken
2 EL fein gehackter Dill
70 g gekochter Langkornreis (etwa 25 g Rohgewicht)
1 Zwiebel, 1 EL Butter
75 g rosa Champignons
gem. Pfeffer

1 Pck. frischer Pizzateig (400 g, aus dem Kühlregal)

**Zum Bestreichen:**
1 Eiweiß
1 Eigelb
2 EL Milch

*Pro Stück:*
E: 9 g, F: 7 g, Kh: 24 g,
kJ: 808, kcal: 193

**1.** Für die Füllung den Schinken fein würfeln. Die Schinkenwürfel mit Dill und Reis in eine Schüssel geben. Die Zwiebel abziehen, halbieren und in feine Würfel schneiden.
**2.** Butter in einer Pfanne zerlassen. Zwiebelwürfel darin weich dünsten.
**3.** Champignons putzen, evtl. kurz abspülen, in kleine Würfel schneiden und hinzufügen. Zutaten bei starker Hitze unter Rühren so lange dünsten, bis die Flüssigkeit verdampft ist. Die Zwiebel-Champignon-Mischung un-

Schinken-Piroggen

Buchweizenwaffeln

ter die Schinkenmischung rühren, mit Pfeffer würzen.

**4.** Den Backofen vorheizen.
*Ober-/Unterhitze:* etwa 200 °C
*Heißluft:* etwa 180 °C

**5.** Den Teig mit dem Backpapier auf einer Arbeitsfläche entrollen, evtl. noch etwas ausrollen (der Teig sollte etwa 3 mm dick sein). Aus dem Teig etwa 8 Kreise (Ø etwa 12 cm) ausstechen. Den restlichen Teig nochmals übereinanderlegen, ausrollen und 2 weitere Kreise daraus ausstechen. Jeweils etwa 1 Esslöffel von der Schinken-Füllung in die Mitte der Teigkreise geben.

**6.** Die Teigränder mit verschlagenem Eiweiß bestreichen. Die Teigkreise zu Halbkreisen zusammenklappen. Die Ränder mit einer Gabel rundherum gut festdrücken. Piroggen auf ein Backblech (mit Backpapier belegt) legen.

**7.** Das Eigelb mit der Milch verschlagen. Die Teigoberfläche damit bestreichen. Das Backblech in den vorgeheizten Backofen schieben. Die Piroggen 15–20 Minuten backen. Piroggen etwas abkühlen lassen.

**Tipp:** Wenn es noch etwas schneller gehen soll oder muss: Den Teig auf dem Backpapier in 2 gleich große Stücke schneiden. Jeweils die Hälfte der Füllung mittig darauf verteilen und die Teigränder mit Eiweiß bestreichen. Dann den Teig jeweils zur Hälfte überklappen und rundherum die Ränder sehr gut andrücken, evtl. rund schneiden. Piroggen mit verquirltem Eigelb bestreichen und bei angegebener Temperatur 20–25 Minuten backen.

## Buchweizenwaffeln

8–10 Stück

*Zubereitungszeit* (inklusive Backzeit): 30 Minuten

120 g Buchweizenmehl
80 g Weizenmehl
1 gestr. TL Dr. Oetker Backin
1 gestr. TL Salz
250 ml Milch
4 Eier (Größe M)
170 g zerlassene Butter

*Pro Stück:*
E: 6 g, F: 20 g, Kh: 18 g,
kJ: 1208, kcal: 289

**1.** Für den Teig beide Mehlsorten mit Backpulver in einer Rührschüssel mischen. Salz, Milch, Eier und Butter hinzufügen.

**2.** Die Zutaten mit einem Mixer (Rührstäbe) erst kurz auf niedrigster, anschließend auf höchster Stufe in etwa 2 Minuten zu einem glatten Teig verarbeiten.

**3.** Den Teig in nicht zu großen Portionen in ein gut erhitztes, gefettetes Waffeleisen geben und verstreichen. Die Waffeln goldbraun backen, mit einer Gabel oder einem Pfannenwender herausnehmen und einzeln auf einen Kuchenrost legen.

**Tipps:** Die Waffeln schmecken warm oder kalt. Servieren Sie dazu etwas Kräuterquark und Rote Bete. Die Waffeln können im Toaster aufgebacken werden. Reichen Sie die Buchweizenwaffeln mit etwas Knoblauchbutter als Appetitanreger auf einer Party.

Tomatenpizza

Salbeimuffins

## Tomatenpizza
4 Portionen (1 Backblech)

*Zubereitungszeit* (inklusive Backzeit): 45 Minuten

1 Pck. frischer Pizzateig
mit Tomatensauce
(400 g + 200 g, aus dem Kühlregal)

500 g Cocktailtomaten
gem. Pfeffer
75 g Salamischeiben
100 g Gouda
125 g Mozzarella
1 EL gehackte Majoranblättchen
1 EL gehackte Basilikumblättchen
2 EL Olivenöl

Pro Portion:
E: 26 g, F: 28 g, Kh: 55 g,
kJ: 2438, kcal: 577

**1.** Den Backofen vorheizen.
*Ober-/Unterhitze:* etwa 200 °C
*Heißluft:* etwa 180 °C
**2.** Den Pizzateig mit dem Backpapier auf einem Backblech entrollen. Die in der Packung enthaltene Sauce auf den Teig streichen.
**3.** Tomaten abspülen, abtrocknen und evtl. die Stängelansätze herausschneiden. Die Tomaten halbieren, mit der Schnittfläche nach oben auf dem Pizzaboden verteilen, mit Pfeffer bestreuen.
**4.** Salamischeiben halbieren oder vierteln und zwischen die Tomatenhälften legen. Gouda grob reiben. Die Pizza damit bestreuen. Mozzarella in Würfel schneiden und ebenfalls auf der Pizza verteilen. Die Pizza mit Majoran- und Basilikumblättchen bestreuen, mit Olivenöl beträufeln.
**5.** Das Backblech in den vorgeheizten Backofen schieben und die Pizza 15–20 Minuten backen.

## Salbeimuffins
12 Stück

*Zubereitungszeit* (inklusive Backzeit): 55 Minuten

**Für den Teig:**
1 Bund Salbei
100 g Butter oder Margarine
250 g Weizenmehl (Type 550)
2 gestr. TL Dr. Oetker Backin
1 geh. TL Salz
gem. Pfeffer
3 Eier (Größe M)
175 g Apfelmus (aus dem Glas)
3 EL Milch

*Pro Stück:*
E: 4 g, F: 9 g, Kh: 17 g,
kJ: 728, kcal: 174

**1.** Den Backofen vorheizen.
*Ober-/Unterhitze:* etwa 180 °C
*Heißluft:* etwa 160 °C
**2.** Salbei abspülen, trocken tupfen und die Blättchen von den Stängeln zupfen. 12 Blättchen beiseitelegen. Die restlichen Blättchen in feine Streifen schneiden.
**3.** Die Butter oder Margarine in einer Pfanne zerlassen. Salbeistreifen hinzufügen und unterrühren. Die Salbeibutter etwas abkühlen lassen.
**4.** Das Mehl mit dem Backpulver, Salz und Pfeffer in einer Rührschüssel mischen. Eier, Apfelmus, Milch und die flüssige Salbeibutter hinzufügen. Die Zutaten mit einem Mixer (Rührstäbe) auf höchster Stufe zu einer geschmeidigen Masse verrühren.
**5.** Den Teig in einer Muffinform (für 12 Muffins, gefettet, bemehlt) geben, glatt streichen und mit den beiseitegelegten Salbeiblättchen belegen. Die Muffinform auf dem Rost in den vorgeheizten Backofen schieben.

Die Salbeimuffins etwa 30 Minuten backen.

**6.** Die Muffinform auf einen Kuchenrost stellen. Die Muffins etwa 5 Minuten in der Form stehen lassen. Dann aus den Mulden lösen und auf dem mit Backpapier belegten Kuchenrost erkalten lassen.

## Parmesan-Muffins

12 Stück (ohne Foto)

*Zubereitungszeit* (inklusive Backzeit): 40 Minuten

**Für den Teig:**
250 g Weizenmehl
2 gestr. TL Dr. Oetker Backin
1/2 gestr. TL Natron
1 gestr. TL Salz
100 g ger. Parmesan
2 Eier (Größe M)
250 ml Milch
(3,5 % Fett)

*Pro Stück:*
E: 7 g, F: 4 g, Kh: 17 g,
kJ: 593, kcal: 142

**1.** Den Backofen vorheizen.
*Ober-/Unterhitze:* etwa 180 °C
*Heißluft:* etwa 160 °C

**2.** Das Mehl mit Backpulver und Natron in einer Rührschüssel mischen. Die restlichen Zutaten hinzufügen und mit einem Mixer (Knethaken) zunächst kurz auf niedrigster, dann auf höchster Stufe zu einem glatten Teig verarbeiten.

**3.** Den Teig in einer Muffinform (für 12 Muffins, gefettet) gleichmäßig verteilen. Die Form auf dem Rost in den vorgeheizten Backofen schieben. Die Muffins 25–30 Minuten backen.

**4.** Die Form auf einen Kuchenrost stellen. Die Muffins etwa 10 Minuten in der Form abkühlen lassen. Dann aus der Form lösen und am besten lauwarm servieren.

**Tipp:** Die Muffins schmecken gut zu mariniertem, eingelegtem Gemüse.

## Mais-Käse-Muffins

12 Stück

*Zubereitungszeit* (inklusive Backzeit): 45 Minuten

**Für den Teig:**
250 g Weizenmehl
1 Pck. Dr. Oetker Backin
1/2 TL Salz
125 g ger. Parmesan
2 Eier (Größe M)
250 ml Milch (3,5 % Fett)
4 EL Sonnenblumenöl
140 g abgetropfter Gemüsemais (aus der Dose)

*Pro Stück:*
E: 8 g, F: 9 g, Kh: 19 g,
kJ: 828, kcal: 198

**1.** Den Backofen vorheizen.
*Ober-/Unterhitze:* etwa 180 °C
*Heißluft:* etwa 160 °C

**2.** Für den Teig Mehl mit Backpulver in einer Rührschüssel mischen. Salz, Parmesan, Eier, Milch und Öl hinzufügen. Die Maiskörner unterheben.

**3.** Den Teig in einer Muffinform (für 12 Muffins, gefettet, bemehlt) geben. Die Form auf dem Rost in den vorgeheizten Backofen schieben. Die Muffins etwa 25 Minuten backen.

**4.** Dic Form auf cincn Kuchenrost stellen. Die Muffins etwa 10 Minuten in der Form abkühlen lassen. Dann vorsichtig aus den Muffinmulden lösen. Muffins lauwarm servieren.

**Tipp:** Die Mais-Käse-Muffins sind gefriergeeignet.

Mais-Käse-Muffins

## Tortilla-Sticks
30 Stück

*Zubereitungszeit* (inklusive Backzeit): 15 Minuten

1 Eigelb (Größe M)
2 EL Milch
1 geh. EL ungeschälte Sesamsamen
2 TL Paprikapulver rosenscharf
1 TL gem. Kreuzkümmel (Cumin)
3 Tortilla-Weizenmehl-Fladen
(Ø je etwa 20 cm)

*Pro Stück:*
E: 1 g, F: 1 g, Kh: 2 g,
kJ: 73, kcal: 17

**1.** Den Backofengrill vorheizen.
**2.** Das Eigelb mit der Milch verquirlen. Sesam, Paprikapulver und den Kreuzkümmel unterrühren.
**3.** Die Tortillafladen nebeneinander auf eine Arbeitsplatte legen. Die Fladen auf einer Seite dünn mit der Eiermilch bestreichen. Jeden Fladen in etwa 2 cm breite Streifen schneiden. Die Fladenstreifen mit der bestrichenen Seite nach oben auf ein Backblech (mit Backpapier belegt) legen.
**4.** Das Backblech in den vorgeheizten Backofen (Mitte) schieben. Die Tortilla-Sticks kurz goldbraun grillen. Das Backblech auf einen Kuchenrost stellen und die Tortilla-Sticks erkalten lassen.

***Tipp:*** Die Tortilla-Sticks während der Grillzeit beobachten, da sie sehr schnell bräunen.

## Feurige Hähnchenpizza
4 Portionen (1 Backblech)

*Zubereitungszeit* (inklusive Backzeit): 35 Minuten

500 g Hähnchenbrustfilet
1–2 EL Speiseöl, z. B. Olivenöl
Salz
gem. Pfeffer
1 Pck. frischer Pizzateig
mit Tomatensauce
(400 g + 200 g, aus dem Kühlregal)
250 ml Hot Chili Sauce
285 g abgetropfter Gemüsemais
(aus der Dose)
etwa 70 g abgetropfte Peperoni
(aus dem Glas)
etwa 170 g ger. Pizza-Käse

Pro Portion:
E: 52 g, F: 24 g, Kh: 72 g,
kJ: 3036, kcal: 724

**1.** Für den Belag Hähnchenbrustfilet unter fließendem kalten Wasser abspülen, trocken tupfen und in Würfel schneiden. Öl portionsweise in einer großen Pfanne erhitzen. Die Hähnchenwürfel darin portionsweise unter Wenden bei mittlerer bis starker Hitze kräftig anbraten, mit Salz und Pfeffer würzen und herausnehmen.
**2.** Den Backofen vorheizen.
*Ober-/Unterhitze:* etwa 220 °C
*Heißluft:* etwa 200 °C
**3.** Den Pizzateig auf einem Backblech (30 x 40 cm, gefettet, mit Backpapier belegt) ausrollen. Die Tomatensauce (aus der Packung) mit der Chili Sauce in einer Schüssel mischen. Die Sauce auf dem Teig gleichmäßig verstreichen.

Tortilla-Sticks

Feurige Hähnchenpizza

Kerniger Roggenfladen

4. Hähnchenfleisch, Mais und Peperoni darauf verteilen und mit dem Käse bestreuen. Das Backblech in den vorgeheizten Backofen schieben. Die Pizza nach Packungsanleitung 10–12 Minuten backen.

## Kerniger Roggenfladen

1 Fladen (20 Scheiben)

*Zubereitungszeit* (inklusive Backzeit): 45 Minuten, ohne Ruhezeit

**Für den Teig:**

70 g Sonnenblumenkerne
3 EL Zuckerrübensirup (Rübenkraut)
250 g Weizenmehl (Type 1050)
150 g Roggen-Vollkornschrot
1 Pck. Hefeteig Garant
1–2 gestr. TL Salz
1/2 TL gem. Kümmel
100 g kernige Haferflocken
2 EL Rapsöl
250 ml Sauerkrautsaft
100 ml Wasser

**Zum Bestreuen:**

20 g Sonnenblumenkerne

*Pro Scheibe:*
E: 5 g, F: 3 g, Kh: 20 g, kJ: 537, kcal: 128

**1.** Für den Teig Sonnenblumenkerne in einer Pfanne ohne Fett unter Wenden goldbraun rösten. Zuckerrübensirup hinzugeben, mit den Kernen vermengen und die Mischung etwas abkühlen lassen.

**2.** In der Zwischenzeit den Backofen vorheizen.
*Ober-/Unterhitze:* etwa 200 °C
*Heißluft:* etwa 180 °C

**3.** Mehl, Vollkornschrot, Hefeteig Garant, Salz und Kümmel in einer Rührschüssel mischen. Restliche Zutaten und die Sonnenblumenkern-Sirup-Mischung hinzugeben und alles mit einem Mixer (Knethaken) zu einem glatten Teig verkneten.

**4.** Den Teig auf ein Backblech (gefettet, mit Backpapier belegt) geben und mit einem breiten Messer oder einer Palette zu einem Fladen (etwa 30 x 15 cm) verstreichen. Den Fladen zuerst mit Wasser bestreichen, dann mit Sonnenblumenkernen bestreuen und zugedeckt etwa 15 Minuten ruhen lassen.

**5.** Das Backblech in den vorgeheizten Backofen schieben und das Brot etwa 30 Minuten backen.

**6.** Das Brot auf einen Kuchenrost legen und erkalten lassen.

***Tipps:*** Dieses Brot passt sehr gut zu einer rustikalen Brotzeit. Servieren Sie dazu kräftigen Käse, geräucherte Wurstspezialitäten sowie Radieschen, eingelegte Gurken und in feine Scheiben geschnittenen Rettich.
Mit Butter und Zuckerrübensirup (Rübenkraut) bestrichen ist dieses Brot ein ganz besonderer Genuss.

Dinkel-Roggen-Brot mit Kürbiskernen

Mischbrot mit Weizenkeimen

## Dinkel-Roggen-Brot mit Kürbiskernen

1 Brotstange (20 Scheiben)

*Zubereitungszeit* (inklusive Backzeit): 45 Minuten

**Für den Teig:**
250 g Dinkel-Vollkornmehl
100 g Roggen-Vollkornmehl
2 gestr. TL Dr. Oetker Backin
1 gestr. TL Natron
1 gestr. TL Salz
50 g geschälte Kürbiskerne
175 ml Buttermilch
3 EL Rapsöl

etwas Weizenmehl

*Pro Scheibe:*
E: 3 g, F: 3 g, Kh: 12 g,
kJ: 385, kcal: 92

**1.** Den Backofen vorheizen.
*Ober-/Unterhitze:* etwa 180 °C
*Heißluft:* etwa 160 °C
**2.** Für den Teig beide Mehlsorten mit Backpulver, Natron und Salz in einer Rührschüssel mischen. Kürbiskerne hacken und dazugeben. Buttermilch und Rapsöl hinzufügen. Die Zutaten mit einem Mixer (Knethaken) zu einem glatten Teig verkneten.
**3.** Den Teig auf der leicht bemehlten Arbeitsfläche kurz mit den Händen verkneten und zu einer Rolle (etwa 30 cm lang) formen. Die Teigrolle in sich drehen, sodass sie etwas unregelmäßig wird. Die Teigrolle auf ein Backblech (mit Backpapier belegt) legen, mit Wasser bestreichen und mit etwas Mehl bestäuben.
**4.** Das Backblech in den vorgeheizten Backofen schieben und das Brot etwa 30 Minuten backen.
**5.** Dinkel-Roggen-Brot auf einen Kuchenrost legen und erkalten lassen.

***Tipps:*** Zu diesem rustikalen Brot harmoniert sehr gut kräftig gewürzte Landleberwurst. Zu pikantem Käse passt es ebenfalls ausgezeichnet. Möchten Sie lieber einen süßen Belag, probieren Sie Kürbis- oder Preiselbeerkonfitüre. Wenn Sie die Kürbiskerne vor dem Verarbeiten in einer kleinen Pfanne ohne Fett anrösten, schmecken Sie noch ein bisschen intensiver.

## Mischbrot mit Weizenkeimen

1 Brot (25 Scheiben)

*Zubereitungszeit* (inklusive Backzeit): 55 Minuten, ohne Ruhezeit

**Zum Vorbereiten:**
50 g getrocknete Weizenkeime
100 ml kochendes Wasser

**Für den Teig:**
250 g Weizen-Vollkornmehl
100 g Weizenmehl (Type 550)
100 g Roggen-Vollkornmehl
1 Pck. Dr. Oetker Backin
1–2 gestr. TL Salz
300 ml reine Molke
3 EL Nussöl,
z. B. Walnussöl
1 EL Ahornsirup (Grad A)

etwas Weizenmehl

*Pro Scheibe:*
E: 3 g, F: 2 g, Kh: 14 g,
kJ: 344, kcal: 82

**1.** Zum Vorbereiten Weizenkeime in eine kleine hitzebeständige Schüssel geben. Kochendes Wasser hinzugießen. Weizenkeime zugedeckt beiseitestellen und bis zur Weiterverarbeitung beiseitestellen.
**2.** Den Backofen vorheizen.
*Ober-/Unterhitze:* etwa 180 °C
*Heißluft:* etwa 160 °C
**3.** Für den Teig die drei Mehlsorten mit dem Backpulver und Salz in einer Rührschüssel mischen. Restliche Zutaten und die eingeweichten Weizenkeime hinzufügen. Die Zutaten mit einem Mixer (Knethaken) zu einem glatten Teig verkneten und zugedeckt etwa 5 Minuten ruhen lassen.
**4.** Den Teig auf einer leicht bemehlten Arbeitsfläche zu einer ovalen Teigrolle (etwa 25 x 9 cm) formen. Anschließend auf ein Backblech (mit Backpapier belegt) legen und leicht mit Mehl bestäuben. Mit einem in Mehl getauchten runden, scharfen Ausstecher ein Muster aus Ringen in den Teig drücken.
**5.** Das Backblech in den vorgeheizten Backofen schieben und das Brot etwa 40 Minuten backen.
**6.** Das Brot auf einen Kuchenrost legen und erkalten lassen.

***Tipps:*** Zu diesem herzhaft-frischen Brot schmecken kräftige Beläge wie Salami, Teewurst oder Bergkäse. Ziehen Sie einen süßen Belag vor, probieren Sie dazu Speisequark mit Konfitüre oder einfach Butter mit Pflaumenmus.

## Rote-Bete-Brot

1 Brot (20 Scheiben)

*Zubereitungszeit* (inklusive Backzeit): 55 Minuten, ohne Ruhezeit

**Für den Teig:**
100 g Roggen-Vollkornschrot
350 g Weizenmehl (Type 550)
1 Pck. Dr. Oetker Backin
1–2 gestr. TL Salz
1 Msp. gem. Kümmel
1 Msp. gem. Koriander
1/2 TL gerebelter Thymian
200 ml Rote-Bete-Saft
2 EL Apfelessig
2 EL Rapsöl
100 g Magerquark

etwas Weizenmehl

*Pro Scheibe:*
E: 3 g, F: 1 g, Kh: 17 g,
kJ: 402, kcal: 96

**1.** Den Backofen vorheizen.
*Ober-/Unterhitze:* etwa 180 °C
*Heißluft:* etwa 160 °C
**2.** Roggenschrot, Mehl, Backpulver und Salz in einer Rührschüssel mischen. Kümmel und Koriander hinzufügen. Thymian mit den Fingern zerreiben und auf die Mischung streuen.
**3.** Rote-Bete-Saft, Essig, Öl und Quark hinzufügen. Die Zutaten mit einem Mixer (Knethaken) zu einem glatten Teig verkneten. Teig zugedeckt etwa 5 Minuten ruhen lassen.
**4.** Den Teig auf einer leicht mit Mehl bestäubten Arbeitsfläche zu einer etwa 25 cm langen Rolle formen. Die Teigrolle auf ein Backblech (mit Backpapier belegt) legen und mit Mehl bestäuben. Die Teigrolle auf der Oberfläche mit einem scharfen Messer kreuzweise diagonal etwa 1 cm tief einschneiden.
**5.** Das Backblech in den vorgeheizten Backofen schieben und das Brot etwa 40 Minuten backen.
**6.** Das Rote-Bete-Brot auf einen Kuchenrost legen und erkalten lassen.

Rote-Bete-Brot

## Käse-Schnecken

112 Stück

*Zubereitungszeit* (inklusive Backzeit für 1 Backblech): 45 Minuten, ohne Kühlzeit

**Für den Knetteig:**
150 g Weizenmehl
1 gestr. TL Dr. Oetker Backin
100 g ger. alter Emmentaler oder Gouda
1 Eiweiß (Größe M)
1/2 Eigelb (Größe M)
100 g kalte Butter oder Margarine
50 g abgezogene, gem. Mandeln

**Zum Bestreichen und Bestreuen:**
1/2 Eigelb
1 TL Milch
25 g ger. Parmesan

*Pro Stück:*
E: 1 g, F: 1 g, Kh: 1 g,
kJ: 78, kcal: 19

**1.** Für den Teig Mehl mit Backpulver in einer Rührschüssel mischen. Restliche Zutaten hinzufügen und mit einem Mixer (Knethaken) zunächst kurz auf niedrigster, dann auf höchster Stufe gut durcharbeiten. Anschließend auf einer leicht bemehlten Arbeitsfläche kurz zu einem Teig verkneten. Sollte er kleben, ihn in Frischhaltefolie gewickelt etwa 30 Minuten in den Kühlschrank legen. Teig in 2 gleich große Stücke teilen. Teigstücke jeweils zu einem Rechteck (etwa 24 x 28 cm) ausrollen.
**2.** Zum Bestreichen und Bestreuen Eigelb mit Milch verschlagen. Die Teigplatten damit bestreichen. Jede Teigplatte mit je der Hälfte des Parmesans bestreuen. Teigplatten von der längeren Seite her fest aufrollen. Die Rollen in Frischhaltefolie gewickelt in den Kühlschrank legen, bis sie schnittfest sind.
**3.** In der Zwischenzeit den Backofen vorheizen.
*Ober-/Unterhitze:* etwa 180 °C
*Heißluft:* etwa 160 °C
**4.** Die Teigrollen in etwa 1/2 cm dicke Scheiben schneiden, auf Backbleche (mit Backpapier belegt) legen.
**5.** Backbleche nacheinander (bei Heißluft zusammen) in den vorgeheizten Backofen schieben. Käse-Schnecken jeweils etwa 12 Minuten backen.
**6.** Die Backbleche auf einen Kuchenrost stellen. Käse-Schnecken erkalten lassen.

## Blätterteigtaschen, pikant gefüllt

16 Stück

*Zubereitungszeit* (inklusive Backzeit): 35 Minuten

300 g TK-Blätterteig

125 g Kochschinken oder roher Schinken
100 g Käse, z. B. Gouda
1–2 EL gehackte Petersilie
3 EL Wasser
1 Eigelb
2 EL Milch

Käse-Schnecken

Blätterteigtaschen, pikant gefüllt

*Pro Stück:*
Ɛ: 4 g, F: 7 g, Kh: 7 g,
kJ: 453, kcal: 108

**1.** Blätterteig nach Packungsanleitung auftauen lassen.
**2.** In der Zwischenzeit Schinken und Käse in Würfel schneiden. Beides mit der Petersilie vermengen.
**3.** Den Backofen vorheizen.
*Ober-/Unterhitze:* etwa 200 °C
*Heißluft:* etwa 180 °C
**4.** Die Teigplatten übereinanderlegen. Aus dem Teig zunächst ein großes Quadrat (etwa 40 x 40 cm) ausrollen, daraus 16 kleine Quadrate (je etwa 10 x 10 cm) schneiden.
**5.** Jeweils etwas von der Schinken-Käse-Füllung in die Mitte der Quadrate geben. Die Ränder mit Wasser bestreichen, dann die Quadrate zu Taschen übereinanderklappen und die Ränder gut festdrücken.
**6.** Eigelb mit Milch verschlagen. Die Teigtaschen auf ein Backblech (mit Backpapier belegt) legen und mit der Eiermilch bestreichen. Das Backblech in den vorgeheizten Backofen schieben und die Teigtaschen etwa 15 Minuten backen.
**7.** Das Backblech auf einen Kuchenrost stellen. Die Teigtaschen lauwarm oder kalt servieren.

## Gefüllte Baguettes

8–12 Portionen

*Zubereitungszeit* (inklusive Backzeit): 35 Minuten

3 Baguettes (je etwa 150 g, zum Aufbacken)
200 g Käse, z. B. mittelalter Gouda
200 g roher Schinken oder Kochschinken
150 g Butter (zimmerwarm)
je 1 Bund glatte Petersilie und Schnittlauch
1 gestr. EL Paprikapulver edelsüß
gem. Pfeffer

*Pro Portion:*
Ɛ: 13 g, F: 22 g, Kh: 26 g,
kJ: 1476, kcal: 353

**1.** Den Backofen vorheizen.
*Ober-/Unterhitze:* etwa 200 °C
*Heißluft:* etwa 180 °C
**2.** Jedes Baguette 8-mal schräg ein-, aber nicht ganz durchschneiden, sodass die Scheiben noch zusammenhalten.
**3.** Den Käse in kleine Würfel, den Schinken in feine Streifen schneiden. Butter mit Käse und Schinken verrühren. Kräuter abspülen und trocken tupfen. Von der Petersilie die Blättchen von den Stängeln zupfen. Petersilienblättchen und Schnittlauch fein schneiden und unter die Buttermasse rühren, mit Paprika und Pfeffer würzen.
**4.** Die Buttermasse in die Broteinschnitte füllen und etwas zusammendrücken. Die Baguettes auf ein Backblech (mit Backpapier belegt) legen. Das Backblech in den vorgeheizten Backofen schieben. Die Baguettes etwa 10 Minuten backen.

***Tipp:*** Noch etwas schneller geht es, wenn die Baguettes quer halbiert und dann gefüllt werden.

Kümmelstangen

## Sesam-Käse-Stangen
30 Stück

*Zubereitungszeit* (inklusive Backzeit): 35 Minuten

**Für den Teig:**
250 g Weizenmehl
1 Pck. Dr. Oetker Backin
125 g Magerquark
3 EL Milch (1,5 % Fett)
1 Ei (Größe M)
1 Eiweiß (Größe M)
3 EL Speiseöl
1 gestr. TL Salz

50 g geröstete Sesamsamen
25 g ger. Parmesan
1 Eigelb
1 TL Milch

*Pro Stück:*
E: 3 g, F: 3 g, Kh: 7 g,
kJ: 262, kcal: 63

**1.** Den Backofen vorheizen.
*Ober-/Unterhitze:* etwa 200 °C
*Heißluft:* etwa 180 °C

**2.** Für den Teig Mehl mit Backpulver in einer Rührschüssel mischen. Die restlichen Zutaten hinzufügen und mit einem Mixer (Knethaken) in etwa 1/2 Minute zu einem Teig verarbeiten.
**3.** Sesamsamen und Parmesan unter den Teig kneten. Danach den Teig in 2 gleich große Portionen teilen. Jede Teigportion auf einer leicht bemehlten Arbeitsfläche zu einer Rolle formen. Diese jeweils knapp 1/2 cm dick zu einer rechteckigen Platte (etwa 26 x 12 cm) ausrollen. Die Teigplatten in Streifen (etwa 1,5 cm x 12 cm) schneiden oder rädern. Teigstreifen auf ein Backblech (mit Backpapier belegt) legen.
**4.** Eigelb mit der Milch verschlagen. Die Teigstreifen damit bestreichen. Das Backblech in den vorgeheizten Backofen schieben. Sesam-Käse-Stangen etwa 15 Minuten backen.

***Tipps:*** Die Sesam-Käse-Stangen zu Wein oder Bier oder als Beilage zu Bouillon reichen. Die Sesam-Käse-Stangen halten sich gut verpackt etwa 2 Tage frisch.

## Kümmelstangen
20 Stück

*Zubereitungszeit* (inklusive Backzeit): 20 Minuten

1 Pck. frischer Pizzateig (400 g, aus dem Kühlregal)
1 Eigelb
2 EL Milch
6–7 TL Kümmelsamen

*Pro Stück:*
E: 2 g, F: 2 g, Kh: 9 g,
kJ: 279, kcal: 67

**1.** Den Backofen vorheizen.
*Ober-/Unterhitze:* etwa 200 °C
*Heißluft:* etwa 180 °C
**2.** Den Teig mit dem Backpapier auf einer Arbeitsfläche entrollen. Den Teig mit einem scharfen Messen in Streifen (etwa 12 x 2 cm) schneiden. Je 2 Teigstreifen aufeinanderlegen und an beiden Seiten entgegengesetzt eindrehen, dabei etwas auseinanderziehen. Die Teigstangen mit etwas Abstand zueinander auf

ein Backblech (mit Backpapier belegt) legen.
**3.** Eigelb mit Milch verschlagen. Die Teigstangen damit bestreichen und mit Kümmel bestreuen. Das Backblech in den vorgeheizten Backofen schieben. Die Kümmelstangen in etwa 15 Minuten goldbraun backen, am besten lauwarm servieren.

***Tipp:*** Backen Sie kalte Kümmelstangen etwa 2 Minuten bei Ober-/Unterhitze: etwa 200 °C bzw. Heißluft: etwa 180 °C auf.

## Ziegenkäse-Tarte

8 Stücke

*Zubereitungszeit* (inklusive Backzeit): 60 Minuten

1/2 Bund Thymian
5 Ziegenkäsetaler, z. B. Picandou (je 40 g)

**Für den Teig:**
100 g Weizenmehl (Type 550)
30 g Hartweizengrieß
3 gestr. TL Dr. Oetker Backin
1 gestr. TL Salz
80 ml Buttermilch
2 Eier (Größe M)
100 ml Olivenöl

**Zum Bestreuen und Beträufeln:**
etwa 1 TL rosa Pfefferbeeren
1–2 EL Olivenöl

*Pro Stück:*
E: 8 g, F: 22 g, Kh: 14 g,
kJ: 1193, kcal: 285

**1.** Thymian abspülen und trocken tupfen. Von 4 Stängeln Thymian die Blätter abstreifen. Die Käsetaler mit einem Sägemesser mit abgespülter Klinge waagerecht halbieren.
**2.** Den Backofen vorheizen.
*Ober-/Unterhitze:* etwa 200 °C
*Heißluft:* etwa 180 °C
**3.** Für den Teig Mehl mit Grieß, Backpulver, Salz und Thymianblättern in einer Rührschüssel mischen. Buttermilch, Eier und Olivenöl dazugeben und mit einem Mixer (Rührstäbe) unterrühren.
**4.** Danach den Teig in eine Tarteform (Ø 26–28 cm, gefettet, mit Semmelbröseln ausgestreut) füllen und glatt streichen.
**5.** Die Käsetaler auf dem Teig verteilen und mit den restlichen Thymianstängeln belegen. Die rosa Pfefferbeeren grob zerdrücken, auf die Taler streuen und mit Öl beträufeln. Die Form auf dem Rost in den vorgeheizten Backofen schieben. Die Ziegenkäse-Tarte etwa 30 Minuten backen.
**6.** Die Form auf einen Kuchenrost stellen. Die Ziegenkäse-Tarte in der Form erkalten lassen.

***Tipps:*** Servieren Sie die Tarte als Vorspeise. Die Tarte kann gut vorbereitet und vor dem Servieren in etwa 5 Minuten bei Ober-/Unterhitze: etwa 200 °C, Heißluft: etwa 180 °C aufgebacken werden. Sie schmeckt lauwarm am besten. Wer keinen Ziegenkäse mag, kann ihn durch Mozzarellascheiben ersetzen.

## Lauch-Möhren-Kuchen

12 Stücke

*Zubereitungszeit* (inklusive Backzeit): 45 Minuten

225 g TK-Blätterteig

**Für den Belag:**
2 Schalotten oder kleine Zwiebeln
1 Stange Porree (Lauch)
1 Möhre
50 g Butter
1 TL Kräutersalz
1/2 TL gem. Koriander
gem. Pfeffer

125 g Schlagsahne
2 Eier (Größe M)

*Pro Stück:*
E: 3 g, F: 12 g, Kh: 8 g,
kJ: 653, kcal: 156

**1.** Blätterteigplatten nebeneinander legen und zugedeckt nach Packungsanleitung auftauen lassen.
**2.** In der Zwischenzeit Schalotten oder Zwiebeln abziehen, und in feine Würfel schneiden. Die Porreestange putzen, längs halbieren, gründlich waschen, gut abtropfen lassen und in dünne Streifen schneiden. Möhre putzen, schälen und fein raspeln. Butter in einer Pfanne zerlassen. Schalotten- oder Zwiebelwürfel, Porree und Möhren darin andünsten.
**3.** Kräutersalz und Koriander dazugeben, mit Pfeffer abschmecken. Sahne mit Eiern verschlagen und untermischen. Bei schwacher Hitze leicht stocken lassen.
**4.** Den Backofen vorheizen.
*Ober-/Unterhitze:* etwa 200 °C
*Heißluft:* etwa 180 °C
**5.** Blätterteig aufeinanderlegen (nicht verkneten!) und auf einer leicht bemehlten Arbeitsfläche zu einer runden Platte (Ø 30–32 cm) ausrollen. Die Platte in eine Springform (Ø 26 cm, mit kaltem Wasser ausgespült, nicht abgetrocknet) legen. Den Teig am Rand so hochlegen, dass er etwas über die Form hängt, etwas andrücken.
**6.** Die Eiermasse auf dem Teig verteilen. Die Form auf dem Rost in den vorgeheizten Backofen schieben. Den Kuchen etwa 25 Minuten backen.
**7.** Die Form auf einen Kuchenrost stellen. Kuchen etwas abkühlen lassen. Überstehenden Rand abschneiden. Kuchen aus der Form lösen.

## Rote-Bete-Waffeln

10–12 Doppelwaffeln
(Brüsseler Waffeleisen)

*Zubereitungszeit* (inklusive Backzeit): 30 Minuten

**Für den Teig:**
330 g abgetropfte Rote-Bete-Kugeln oder -Scheiben (aus dem Glas)
750 g Kartoffelteig, z. B. Kloßteig für rohe Klöße (aus dem Kühlregal)
50 g Speisestärke
3 Eier (Größe M)
125 ml Milch
Salz, gem. Pfeffer
ger. Muskatnuss

Lauch-Möhren-Kuchen

Rote-Bete-Waffeln

**Außerdem:**
6 Matjesfilets (480–500 g)
1 rote Zwiebel
etwas glatte Petersilie

*Pro Stück:*
E: 12 g, F: 10 g, Kh: 24 g,
kJ: 956, kcal: 228

**1.** Für den Teig Rote Bete in einen hohen Rührbecher geben und mit einem Pürierstab pürieren.
**2.** Kartoffelteig in eine Rührschüssel geben. Speisestärke, Eier, Milch und Rote-Bete-Püree hinzufügen. Die Zutaten mit einem Schneebesen zu einem glatten Teig verrühren, mit Salz, Pfeffer und Muskat pikant würzen.
**3.** Matjesfilets in Stücke schneiden. Zwiebel abziehen, zuerst in Scheiben schneiden, dann in Ringe teilen. Petersilie abspülen, trocken tupfen, Blättchen von den Stängeln zupfen.
**4.** Den Teig in nicht zu großen Portionen in ein gut erhitztes, gefettetes Waffeleisen geben und verstreichen. Die Waffeln bei mittlerer Temperatureinstellung fertig backen, mit einer Gabel oder einem Pfannenwender herausnehmen und einzeln auf einen Kuchenrost legen.
**5.** Die warmen Waffeln mit den Matjesstücken anrichten, mit Zwiebelringen und Petersilie garnieren.

***Tipps*** Jeweils einen Klecks Kräuter-Crème-fraîche auf die Waffeln geben und etwas Forellenkaviar oder Seehasenrogen darauf verteilen. Falls der Teig zu fest ist, zusätzlich etwas Rote-Bete-Saft unterrühren. Die Waffeln mit Rote-Bete-Scheiben und Schnittlauchhalmen garnieren.

## Dill-Knoblauch-Brot
2 Portionen

*Zubereitungszeit* (inklusive Backzeit): 30 Minuten

2 Bund Dill
3 Knoblauchzehen
100 g Butter (zimmerwarm)
1 EL Zitronensaft
1/2 gestr. TL Salz

2 kleine Baguettes

**Außerdem:**
Alufolie

Pro Portion:
E: 8 g, F: 43 g, Kh: 52 g,
kJ: 2659, kcal: 635

**1.** Den Backofen vorheizen.
*Ober-/Unterhitze:* etwa 220 °C
*Heißluft:* etwa 200 °C
**2.** Dill abspülen, trocken tupfen und die Spitzen von den Stängeln zupfen. Spitzen klein hacken.
**3.** Knoblauch abziehen und durch eine Knoblauchpresse drücken. Butter mit Zitronensaft, Dill, Knoblauch und Salz verrühren.
**4.** Die Baguettes waagerecht aufschneiden und mit der Dill-Knoblauch-Butter bestreichen. Die Baguettes in jeweils 1 Bogen Alufolie wickeln und auf dem Rost in den vorgeheizten Backofen schieben. Die Dill-Knoblauch-Brote etwa 10 Minuten backen.

***Tipp:*** Die in Alufolie eingewickelten Baguettes können auch auf dem Holzkohlegrill in etwa 10 Minuten gegrillt werden.

Vollkorn-Kastenbrot / Fladenbrot

## Vollkorn-Kastenbrot

1 Brot (25 Scheiben)

*Zubereitungszeit* (inklusive Backzeit): 40 Minuten, ohne Ruhezeit

**Für den Teig:**
250 g Dinkel-Vollkornmehl
100 g Weizenmehl
1 Pck. Hefeteig Garant
1 TL flüssiger Honig
1 gestr. TL Salz
50 g gemischte Körner, z. B. Sonnenblumenkerne, Kürbiskerne und Leinsamen
4 EL Speiseöl, z. B. Olivenöl
200 ml Wasser

etwas Dinkel-Vollkornmehl

*Pro Scheibe:*
E: 2 g, F: 3 g, Kh: 11 g, kJ: 343, kcal: 82

**1.** Für den Teig beide Mehlsorten mit Hefeteig Garant sorgfältig vermischen. Restliche Zutaten hinzufügen und mit einem Mixer (Knethaken) kurz auf niedrigster, dann auf höchster Stufe in etwa 2 Minuten zu einem glatten Teig verarbeiten.
**2.** Den Teig auf einer leicht bemehlten Arbeitsfläche kurz zu einer etwa 25 cm langen Rolle verkneten.
**3.** Die Teigrolle in eine Kastenform (25 x 11 cm, gefettet, gemehlt) legen, andrücken, mit Wasser bestreichen und mit etwas Mehl bestäuben. Den Teig zugedeckt etwa 10 Minuten ruhen lassen.
**4.** Inzwischen Backofen vorheizen.
*Ober-/Unterhitze:* etwa 200 °C
*Heißluft:* etwa 180 °C
**5.** Die Form auf dem Rost (unteres Drittel) in den vorgeheizten Backofen schieben. Das Brot etwa 25 Minuten backen.
**6.** Brot auf einen Kuchenrost stürzen, umdrehen und erkalten lassen.

## Fladenbrot

6–8 Portionen (1 Brot)

*Zubereitungszeit* (inklusive Backzeit): 30 Minuten, ohne Ruhezeit

**Für den Teig:**
375 g Weizenmehl
1 Pck. Hefeteig Garant
1 TL flüssiger Honig
1 gestr. TL Salz
4 EL Speiseöl, z. B. Olivenöl
200 ml Wasser

etwas Weizenmehl

*Pro Portion:*
E: 6 g, F: 6 g, Kh: 42 g, kJ: 1070, kcal: 256

**1.** Für den Teig Mehl mit Hefeteig Garant in einer Rührschüssel sorgfältig vermischen. Restliche Zutaten hinzufügen und mit einem Mixer (Knet-

haken) zuerst kurz auf niedrigster und dann auf höchster Stufe in etwa 2 Minuten zu einem glatten Teig verarbeiten.
**2.** Den Teig auf einer leicht bemehlten Arbeitsfläche kurz zu einer Rolle verkneten und dann zu einem ovalen Fladen (etwa 35 x 20 cm) ausrollen.
**3.** Den Fladen auf ein Backblech (mit Backpapier belegt) legen. Fladen mit Wasser bestreichen, mit etwas Mehl bestäuben und mit einem scharfen Messer diagonal mehrfach leicht einritzen, sodass ein Rautenmuster entsteht. Den Teig zugedeckt etwa 10 Minuten ruhen lassen.
**4.** In der Zwischenzeit den Backofen vorheizen.
*Ober-/Unterhitze:* etwa 220 °C
*Heißluft:* etwa 200 °C
**5.** Das Backblech in den vorgeheizten Backofen schieben. Das Fladenbrot etwa 15 Minuten backen.
**6.** Anschließend das Brot auf einem Kuchenrost erkalten lassen.

***Tipp:*** Das Brot schmeckt frisch am besten.

## Tomaten-Mozzarella-Muffins

12 Stück

*Zubereitungszeit* (inklusive Backzeit): 55 Minuten

125 g Mozzarella
75 g abgetropfte, getrocknete Tomaten in Öl

**Für den Teig:**
250 g Weizenmehl
3 gestr. TL Dr. Oetker Backin
1/2 TL Salz
3 Eier (Größe M)
125 ml Buttermilch
75 ml Olivenöl
1 EL gehackte Basilikumblättchen

**Außerdem:**
12 Muffin-Papierbackförmchen

*Pro Stück:*
E: 7 g, F: 11 g, Kh: 17 g,
kJ: 798, kcal: 191

**1.** Mozzarella und die Tomaten fein würfeln. Einige Mozzarella-Würfel zum Bestreuen beiseitelegen.
**2.** Den Backofen vorheizen.
*Ober-/Unterhitze:* etwa 180 °C
*Heißluft:* etwa 160 °C
**3.** Für den Teig Mehl mit Backpulver und Salz in einer Rührschüssel mischen. Eier, Buttermilch und Öl hinzufügen und alles mit einem Mixer (Rührstäbe) zu einem Teig verarbeiten. Basilikum, Mozzarella- und Tomatenwürfel unterheben.
**4.** Den Teig gleichmäßig in einer Muffinform (für 12 Muffins, mit Papierbackförmchen ausgelegt) verteilen. Anschließend die beiseitegelegten Mozzarella-Würfel daraufstreuen.
**5.** Die Muffinform auf dem Rost in den vorgeheizten Backofen schieben. Die Muffins etwa 25 Minuten backen.
**6.** Nach dem Backen die Muffins etwa 5 Minuten in der Form stehen lassen, dann aus der Form nehmen und lauwarm servieren.

***Tipp:*** Kalte Muffins lassen sich auf dem Toaster wieder aufbacken.

Tomaten-Mozzarella-Muffins

## Tarteletts mit Ziegenfrischkäse

4 Stück

*Zubereitungszeit* (inklusive Backzeit): 40 Minuten

225 g TK-Blätterteig
2–3 Stängel Thymian
1 1/2 EL flüssiger Honig
1/2 Bund Frühlingszwiebeln
125 g Ziegenfrischekäserolle
Salz
gem. Pfeffer

*Pro Stück:*
E: 8 g, F: 17 g, Kh: 25 g,
kJ: 1216, kcal: 291

**1.** Die Blätterteigplatten nach Packungsanleitung auftauen lassen.
**2.** In der Zwischenzeit Thymian abspülen und trocken tupfen (1 Stängel beiseitelegen). Die Blättchen von den Stängeln zupfen.
**3.** Den Backofen vorheizen.
*Ober-/Unterhitze:* etwa 200 °C
*Heißluft:* etwa 180 °C
**4.** Honig und Thymianblättchen in einen Topf geben, unter Rühren einmal aufkochen lassen. Den Topf von der Kochstelle nehmen.
**5.** Die Blätterteigplatten aufeinanderlegen und auf einer leicht bemehlten Arbeitsfläche zu einem Rechteck (etwa 25 x 25 cm) ausrollen. 4 runde Platten (Ø etwa 12 cm) ausstechen. Die Teigplatten auf ein Backblech (mit Backpapier belegt) legen.
**6.** Frühlingszwiebeln putzen, abspülen, abtropfen lassen und in feine Scheiben schneiden. Ziegenkäse in 4 Scheiben schneiden. Frühlingszwiebelscheiben auf den Teigplatten verteilen, mit Salz bestreuen und mit je 1 Käsescheibe belegen. Die Tarteletts mit Pfeffer bestreuen und mit Thymianhonig bestreichen.
**7.** Das Backblech in den vorgeheizten Backofen schieben. Die Tarteletts etwa 15 Minuten backen.
**8.** Die Tarteletts vom Backblech lösen und mit den beiseitegelegten Thymianstängeln garnieren. Tarteletts mit Ziegenfrischkäse warm oder kalt servieren.

## Sonnenblumenkernbrötchen

12 Stück

*Zubereitungszeit* (inklusive Backzeit): 40 Minuten

**Für den Quark-Öl-Teig:**
300 g Weizenmehl
1 Pck. Dr. Oetker Backin
1 Pck. Dr. Oetker Finesse
Geriebene Zitronenschale
1 Prise Salz
150 g Magerquark
100 ml Milch
100 ml Speiseöl
80 g Zucker

**Zum Bestreichen und Bestreuen:**
1 Eigelb
1 EL Wasser oder Milch
100 g Sonnenblumenkerne

etwas Weizenmehl

*Pro Stück:*
E: 7 g, F: 13 g, Kh: 28 g,
kJ: 1094, kcal: 261

Tarteletts mit Ziegenfrischkäse

Sonnenblumenkernbrötchen

Buttermilchbrot mit Rosinen

**1.** Den Backofen vorheizen.
*Ober-/Unterhitze:* etwa 200 °C
*Heißluft:* etwa 180 °C
**2.** Für den Teig Mehl mit Backpulver in einer Rührschüssel mischen. Restliche Zutaten dazugeben, mit einem Mixer (Knethaken) erst auf niedrigster, dann auf höchster Stufe in etwa 1 Minute zu einem Teig verarbeiten (nicht zu lange, Teig klebt sonst).
**3.** Den Teig auf einer leicht mit Mehl bestäubten Arbeitsfläche mit den Händen zu einer Rolle formen. Die Rolle in 12 Scheiben teilen. Aus jeder Teigscheibe eine Kugel formen. Eigelb mit Wasser oder Milch verquirlen. Die Kugeln auf der Unterseite damit bestreichen und mit der Unterseite in die Sonnenblumenkerne drücken.
**4.** Die Kugeln mit der Kern-Seite nach unten auf ein Backblech (mit Backpapier belegt) legen, mit dem restlichen verquirlten Ei bestreichen und dann die restlichen Sonnenblumenkerne auf die Kugeln streuen. Das Backblech in den vorgeheizten Backofen schieben. Die Brötchen etwa 20 Minuten backen.
**5.** Die Brötchen vom Backpapier lösen und auf einem Kuchenrost erkalten lassen.

## Buttermilchbrot mit Rosinen

1 Brot (25 Scheiben)

*Zubereitungszeit* (inklusive Backzeit): 45 Minuten

**Für den Teig:**
200 g Weizenmehl (Type 550)
250 g Weizenmehl (Type 1050)
1 Pck. Dr. Oetker Backin
1 1/2 gestr. TL Salz
1 Msp. gem. Nelken
1 Msp. gem. Muskatnuss
50 g Butter (zimmerwarm)
350 g Buttermilch
70 g Rosinen

etwas Weizenmehl

Pro Scheibe:
E: 3 g, F: 2 g, Kh: 16 g,
kJ: 393, kcal: 93

**1.** Den Backofen vorheizen.
*Ober-/Unterhitze:* etwa 180 °C
*Heißluft:* etwa 160 °C
**2.** Für den Teig beide Mehlsorten mit Backpulver, Salz, Nelken und Muskat in einer Rührschüssel gut miteinander mischen. Butter und Buttermilch hinzufügen. Die Zutaten mit einem Mixer (Knethaken) zu einem glatten Teig verkneten. Die Rosinen zum Schluss vorsichtig unterkneten, sodass sie gleichmäßig im Teig verteilt sind.
**3.** Den Teig auf einer leicht bemehlten Arbeitsfläche zu einem ovalen Laib (etwa 25 cm lang) formen und auf ein Backblech (mit Backpapier belegt) legen.
**4.** Den Brotlaib dünn mit Mehl bestäuben. Brotoberfläche mit einem sehr scharfen Messer 5-mal einschneiden (etwa 1 cm tief).
**5.** Das Backblech in den vorgeheizten Backofen schieben. Buttermilchbrot etwa 35 Minuten backen.
**6.** Das Buttermilchbrot auf einen Kuchenrost legen und erkalten lassen.

***Tipps:*** Sie können die Rosinen durch die gleiche Menge getrocknete Pflaumen, Aprikosen oder Cranberrys (alles in kleinere Stücke schneiden) ersetzen. Getrocknetes Obst ist weicher und saftiger, wenn Sie es vor der Einarbeitung in den Teig 10–20 Minuten in etwas Apfelsaft oder Wasser einweichen.

Müslistangen

## Müslistangen

8 Stück

*Zubereitungszeit* (inklusive Backzeit): 50 Minuten, ohne Ruhezeit

**Für den Teig:**
150 g Früchtemüsli (ohne Zuckerzusatz)
150 ml Milch
300 g Weizenmehl (Type 550)
1 Pck. Hefeteig Garant
1 Prise gem. Koriander
1 gestr. TL Meersalz
2 TL flüssiger Honig
200 g Magerquark
40 g weiche Butter
1 EL neutraler Speiseessig

etwa 30 g gehobelte Haselnusskerne

*Pro Stück:*
E: 10 g, F: 8 g, Kh: 43 g,
kJ: 1255, kcal: 299

**1.** Für den Teig Müsli in eine Rührschüssel geben. Milch in der Mikrowelle erhitzen. Die heiße Milch auf das Müsli gießen. Die Mischung 5 Minuten stehen lassen, damit die Milch etwas abkühlt. Zunächst das Mehl, dann den Hefeteig Garant daraufgeben. Hefeteig Garant mit dem Mehl vermengen. Koriander, Meersalz, Honig, Quark, Butter und zuletzt den Essig hinzugeben.
**2.** Alle Zutaten mit einem Mixer (Knethaken) zuerst auf niedrigster, dann auf höchster Stufe zu einem glatten Teig verarbeiten.
**3.** Mit angefeuchteten Händen 8 Brötchenstangen formen und auf ein Backblech (mit Backpapier belegt) legen. An der Oberseite 2-mal mit einem scharfen Messer etwa 1 cm tief einschneiden, mit gehobelten Haselnusskernen bestreuen. Zugedeckt etwa 15 Minuten ruhen lassen.
**4.** Inzwischen Backofen vorheizen.
*Ober-/Unterhitze:* etwa 200 °C
*Heißluft:* etwa 180 °C
**5.** Das Backblech in den vorgeheizten Backofen schieben. Die Müslistangen 25–30 Minuten backen. Müslistangen auf einen Kuchenrost legen und erkalten lassen.

***Tipps:*** Raspeln Sie einen Apfel in den Teig. Reduzieren sie die Quarkmenge dann um etwa 25 g und ersetzen Sie den Koriander durch die gleiche Menge gemahlenen Zimt. Haben Sie keine gehobelten Haselnusskerne zur Hand, bestreuen Sie die Müslistangen mit kernigen Haferflocken, Mohn- oder Sesamsamen.

## Muffins mit Hähnchenfleisch

12 Stück

*Zubereitungszeit* (inklusive Backzeit): 55 Minuten

**Zum Vorbereiten:**
1 kleine, rote Paprikaschote
350 g Hähnchenbrustfilet
1/2 Bund Koriander
Salz
gem. Pfeffer

**Für den Teig:**
100 g Weizenmehl (Type 550)
30 g Hartweizengrieß
3 gestr. TL Dr. Oetker Backin
100 ml Buttermilch
2 Eier (Größe M)
100 ml Speiseöl,
z. B. Sonnenblumenöl

*Pro Stück:*
E: 10 g, F: 10 g, Kh: 9 g,
kJ: 706, kcal: 169

**1.** Zum Vorbereiten Paprikaschote halbieren, entstielen, entkernen und die weißen Scheidewände entfernen. Schote abspülen, trocken tupfen und in etwa 1 cm große Würfel schneiden.
**2.** Hähnchenbrust abspülen, trocken tupfen und in etwa 1 cm große Würfel schneiden. Koriander abspülen, trocken tupfen und Blättchen von den Stängeln zupfen. Blättchen in Streifen schneiden. Hähnchenfleisch mit Salz, etwas Pfeffer und Korianderstreifen in einer Schüssel mischen.
**3.** Den Backofen vorheizen.
*Ober-/Unterhitze:* etwa 200 °C
*Heißluft:* etwa 180 °C
**4.** Für den Teig Mehl mit Grieß, Backpulver und Salz in eine Rührschüssel geben, mit einem Schneebesen verrühren. Buttermilch, Eier und Speiseöl dazugeben und mit einem Mixer (Rührstäbe) unterrühren. Die Hähnchenbrustwürfel und Paprikawürfel kurz unterrühren.
**5.** Den Teig in einer Muffinform (für 12 Muffins, gefettet, mit Semmelbröseln ausgestreut) verteilen und glatt streichen. Die Form auf dem Rost in den vorgeheizten Backofen schieben. Die Muffins 30–35 Minuten backen.
**6.** Die Form auf einen Kuchenrost stellen. Muffins mit Hähnchenfleisch etwa 10 Minuten in der Form stehen lassen, dann aus der Form lösen und warm servieren oder auf dem mit Backpapier belegten Kuchenrost erkalten lassen.

## Paprikapizza

4–6 Portionen (1 Backblech, ohne Foto)

*Zubereitungszeit* (inklusive Backzeit): 45 Minuten

1 Pck. frischer Pizzateig
(400 g, aus dem Kühlregal)

**Für den Belag:**
1 große, rote oder gelbe Paprikaschote (etwa 250 g)
1 Zwiebel
1 Stange Porree
(Lauch, etwa 250 g)
75 g Bacon (Frühstücksspeck)
250 g Mozzarella
125 g Crème fraîche
Salz
gem. Pfeffer

*Pro Portion:*
E: 19 g, F: 29 g, Kh: 41 g,
kJ: 2097, kcal: 503

**1.** Den Backofen vorheizen.
*Ober-/Unterhitze:* etwa 220 °C
*Heißluft:* etwa 200 °C
**2.** Den Teig mit dem Backpapier auf einem Backblech entrollen.
**3.** Für den Belag die Paprikaschote halbieren, entstielen, entkernen und die weißen Scheidewände entfernen. Schote abspülen, abtropfen lassen, in feine Streifen schneiden. Zwiebel abziehen, zunächst in Scheiben schneiden, dann in Ringe teilen.
**4.** Porree putzen, die Stange längs halbieren, gründlich waschen und abtropfen lassen. Porree in Streifen schneiden. Bacon in Stücke, Mozzarella in Scheiben schneiden.
**5.** Den Teig mit Crème fraîche bestreichen, mit Salz und Pfeffer bestreuen. Die Pizza mit Paprika- und Porreestreifen, Zwiebelringen, Baconstückchen und Mozzarellascheiben belegen. Das Backblech in den vorgeheizten Backofen schieben und die Paprikapizza etwa 30 Minuten backen.

***Tipp:*** Bestreuen Sie die Pizza nach dem Backen mit frischem Rucola.

Muffins mit Hähnchenfleisch

## Baguettebrötchen

6–8 Stück

*Zubereitungszeit* (inklusive Backzeit): 50 Minuten

**Für den Hefeteig:**
375 g Weizenmehl (Type 550)
1 Pck. Hefeteig Garant
1 gestr. TL Salz
knapp 1 EL Speiseöl, z. B. Sonnenblumenöl
75 ml Milch
150 ml lauwarmes Wasser
evtl. 1–2 EL Milch

*Pro Stück:*
E: 7 g, F: 2 g, Kh: 41 g,
kJ: 921, kcal: 219

**1.** Für den Teig Mehl mit Hefeteig Garant in einer Rührschüssel sorgfältig vermischen. Salz, Öl, Milch und Wasser hinzufügen. Die Zutaten mit einem Mixer (Knethaken) zunächst kurz auf niedrigster, dann auf höchster Stufe in etwa 2 Minuten zu einem glatten Teig verarbeiten. Sollte er zu fest sein, noch 1–2 Esslöffel Milch unterkneten.
**2.** Den Teig auf der leicht bemehlten Arbeitsfläche nochmals gut durchkneten und in 6–8 Portionen teilen. Die Teigportionen jeweils zu länglichen Rollen (12–13 cm) formen und auf ein Backblech (mit Backpapier belegt) legen.
**3.** Den Backofen vorheizen.
*Ober-/Unterhitze:* etwa 220 °C
*Heißluft:* etwa 200 °C
**4.** Die Teigrollen auf der Oberfläche mit einem scharfen Messer mehrmals schräg einschneiden (nicht drücken) und mit Wasser bestreichen. Backblech in den vorgeheizten Backofen schieben. Die Brötchen etwa 25 Minuten backen.
**5.** Die Baguettebrötchen mit dem Backpapier von dem Backblech auf einen Kuchenrost ziehen und erkalten lassen.

***Tipp:*** Die Baguettebrötchen schmecken frisch am besten.

## Fladenkuchen mit Lauch

10 Portionen

*Zubereitungszeit* (inklusive Backzeit): 50 Minuten, ohne Ruhezeit

400 g Porree (Lauch)
2 EL Olivenöl
1/2 TL gerebelter Thymian
Salz, gem. Pfeffer

**Für den Hefeteig:**
350 g Weizenmehl (Type 550)
1 Pck. Hefeteig Garant
1 TL Salz
125 ml Wasser
1 TL flüssiger Honig
2 EL Olivenöl

**Für den Belag:**
250 g Schmand (Sauerrahm)
ger. Muskatnuss
75 g Frühstücksspeck in Scheiben (Bacon)

Baguettebrötchen

*Pro Portion:*
E: 7 g, F: 13 g, Kh: 29 g,
kJ: 1099, kcal: 263

**1.** Porree putzen. Die Stangen längs halbieren, gründlich waschen und abtropfen lassen. Den Porree in etwa 2 cm breite Stücke schneiden.
**2.** Das Olivenöl in einer Pfanne erhitzen. Porree darin etwa 2 Minuten dünsten. Thymian unterrühren. Porreegemüse mit Salz und Pfeffer würzen, etwas abkühlen lassen.
**3.** In der Zwischenzeit für den Teig Mehl mit Hefeteig Garant in einer Rührschüssel sorgfältig vermischen. Salz, Wasser, Honig und Öl hinzufügen. Die Zutaten mit einem Mixer (Knethaken) zunächst auf niedrigster, dann auf höchster Stufe in etwa 2 Minuten zu einem glatten Teig verarbeiten.
**4.** Den Teig auf einer leicht bemehlten Arbeitsfläche kurz durchkneten und auf einem Backblech (gefettet, mit Backpapier belegt) zu einem ovalen Fladen (etwa 30 x 35 cm) ausrollen.
**5.** Den Backofen vorheizen.
*Ober-/Unterhitze:* etwa 200 °C
*Heißluft:* etwa 180 °C
**6.** Für den Belag Schmand mit Pfeffer und Muskat würzen. Die Baconscheiben längs halbieren. Schmand auf den Teig streichen, dabei rundherum einen etwa 2 cm breiten Rand frei lassen. Nacheinander Porreegemüse und Bacon auf dem Schmand verteilen. Den Fladen zugedeckt etwa 5 Minuten ruhen lassen.
**7.** Backblech in den vorgeheizten Backofen schieben. Den Fladenkuchen etwa 25 Minuten backen.
**8.** Den Fladenkuchen mit dem Backpapier vom Backblech auf einen Kuchenrost ziehen. Fladenkuchen heiß oder lauwarm servieren.

***Tipps:*** Den Fladenkuchen nach Belieben mit frischem Thymian bestreuen. Statt Schmand können Sie für den Belag auch die gleiche Menge Crème fraîche und statt Bacon fertige Schinkenwürfel verwenden.

Fladenkuchen mit Lauch

## Herzhaft-süße Kürbismuffins

12 Stück (ohne Foto)

*Zubereitungszeit* (inklusive Backzeit): 45 Minuten

**Für den Teig:**
150 g Maismehl
150 g Weizenmehl
1 Pck. Dr. Oetker Backin
100 g brauner Zucker
150 g Joghurt (3,5 % Fett)
2 EL Zitronensaft
4 Eier (Größe M)
100 ml Sonnenblumen- oder Rapsöl
1 Prise Salz
1/2 kleiner Hokkaido-Kürbis (etwa 200 g Kürbisfruchtfleisch)

**Außerdem:**
12 Muffin-Papierbackförmchen

*Pro Stück:*
E: 5 g, F: 11 g, Kh: 27 g,
kJ: 962, kcal: 230

**1.** Den Backofen vorheizen.
*Ober-/Unterhitze:* etwa 180 °C
*Heißluft:* etwa 160 °C
**2.** Für den Teig beide Mehlsorten mit dem Backpulver in einer Rührschüssel vermischen. Zucker, Joghurt, Zitronensaft, Eier, Öl und Salz hinzufügen. Die Zutaten mit einem Mixer (Rührstäbe) zunächst kurz auf niedrigster, dann auf höchster Stufe in etwa 2 Minuten zu einem glatten Teig verarbeiten.
**3.** Den Kürbis abspülen, abtrocknen, entkernen und fein raspeln. Das Kürbisfruchtfleisch unter den Teig heben. Den Teig in einer Muffinform (für 12 Muffins, mit Papierbackförmchen) verteilen. Die Form auf dem Rost in den vorgeheizten Backofen schieben. Die Muffins etwa 25 Minuten backen.
**4.** Die Muffinform auf einen Kuchenrost stellen. Die Muffins etwa 5 Minuten in der Form abkühlen lassen. Anschließend aus der Form lösen und warm servieren oder auf dem Kuchenrost erkalten lassen.

Pesto-Häppchen / Zwiebelkuchen-Häppchen / Paprika-Häppchen

## Zwiebelkuchen-Häppchen

20 Stück

*Zubereitungszeit* (inklusive Backzeit): 30 Minuten

1 Pck. frischer Pizzateig (400 g, aus dem Kühlregal)
1 Beutel Zwiebelsuppe (für 750 ml Flüssigkeit)
250 g Schmand (Sauerrahm)
100 g Schafskäse

Pro Stück:
E: 3 g, F: 6 g, Kh: 11 g,
kJ: 471, kcal: 112

**1.** Den Backofen vorheizen.
*Ober-/Unterhitze:* etwa 220 °C
*Heißluft:* etwa 200 °C
**2.** Den Pizzateig mit dem Backpapier auf die Arbeitsfläche legen und in etwa 20 gleich große Rechtecke (etwa 5 x 9 cm) schneiden. Die Teigplatten vom Backpapier vorsichtig auf ein Backblech (mit Backpapier belegt) legen.
**3.** Das Zwiebelsuppenpulver mit Schmand verrühren und auf die Teigplatten streichen.
**4.** Den Schafskäse in Würfel schneiden oder mit einer Gabel zerdrücken und auf der Schmandmasse verteilen. Backblech in den vorgeheizten Backofen schieben. Zwiebelkuchen-Häppchen etwa 15 Minuten backen.
**5.** Die Zwiebelkuchen-Häppchen direkt aus dem Backofen oder kalt servieren.

## Paprika-Häppchen

20 Stück

*Zubereitungszeit* (inklusive Backzeit): 30 Minuten

1 Pck. frischer Pizzateig (400 g, aus dem Kühlregal)
250 g Schmand (Sauerrahm)
1 geh. EL Paprikamark
165 g abgetropfte Tomaten-Paprika-Streifen (aus dem Glas)
Salz, gem. Pfeffer
100 g Schafskäse

*Pro Stück:*
E: 3 g, F: 6 g, Kh: 10 g,
kJ: 454, kcal: 108

**1.** Den Backofen vorheizen.
*Ober-/Unterhitze:* etwa 220 °C
*Heißluft:* etwa 200 °C
**2.** Den Pizzateig mit dem Backpapier auf einer Arbeitsfläche entrollen und in etwa 20 gleich große Rechtecke (etwa 5 x 9 cm) schneiden. Die Teigplatten vom Backpapier vorsichtig auf ein Backblech (mit Backpapier belegt) legen.
**3.** Schmand mit Paprikamark glatt rühren. Die Tomaten-Paprika-Streifen unterrühren, mit Salz und Pfeffer würzen. Den Paprika-Schmand auf die Teigplatten streichen.
**4.** Den Schafskäse in Würfel schneiden oder mit einer Gabel zerdrücken und gleichmäßig auf der Schmandmasse verteilen.
**5.** Das Backblech in den vorgeheizten Backofen schieben. Die Häppchen etwa 15 Minuten backen.
**6.** Die Paprika-Häppchen noch heiß direkt aus dem Backofen oder kalt servieren.

***Tipp:*** Statt Schafskäse etwa 75 g geriebenen Käse (z. B. Gouda) nehmen und auf der Paprika-Schmand-Masse verteilen.

## Pesto-Häppchen

20 Stück

*Zubereitungszeit* (inklusive Backzeit): 30 Minuten

1 Pck. frischer Pizzateig (400 g, aus dem Kühlregal)
90–100 g Pesto alla Genovese (aus dem Glas)
250 g Schmand (Sauerrahm)
100 g Schafskäse

Pro Stück:
E: 3 g, F: 8 g, Kh: 10 g,
kJ: 510, kcal: 122

**1.** Den Backofen vorheizen.
*Ober-/Unterhitze:* etwa 220 °C
*Heißluft:* etwa 200 °C
**2.** Den Pizzateig mit dem Backpapier auf einer Arbeitsfläche entrollen und in etwa 20 gleich große Rechtecke (etwa 5 x 9 cm) schneiden. Die Teigplatten vom Backpapier vorsichtig auf ein Backblech (mit Backpapier belegt) legen.
**3.** Pesto mit Schmand verrühren und auf die Teigplatten streichen.
**4.** Den Schafkäse in Würfel schneiden oder mit einer Gabel zerdrücken und auf der Pesto-Schmand-Masse verteilen.
**5.** Das Backblech in den vorgeheizten Backofen schieben und die Pesto-Häppchen etwa 15 Minuten backen.
**6.** Die Pesto-Häppchen direkt aus dem Backofen oder kalt servieren.

***Tipp:*** Besonders dekorativ sind runde Häppchen. Dafür mit einem Glas (Ø etwa 7 cm) runde Platten ausstechen. Die Teigreste wieder zusammenkneten, nochmals ausrollen und weitere Platten ausstechen. Die Teigplatten wie im Rezept beschrieben weiterverarbeiten.

## Roggenringe

5 Stück

*Zubereitungszeit* (inklusive Backzeit für 1 Backblech): 25 Minuten

250 g Roggenmehl (Type 1150)
1 gestr. TL Dr. Oetker Trockenbackhefe
175 ml lauwarmes Wasser
1 gestr. TL Salz
25 g Butter (zimmerwarm)

*Pro Stück:*
E: 5 g, F: 5 g, Kh: 36 g,
kJ: 880, kcal: 210

**1.** Den Backofen vorheizen.
*Ober-/Unterhitze:* etwa 240 °C
*Heißluft:* etwa 220 °C
**2.** Für den Teig Mehl mit Trockenbackhefe in einer Rührschüssel mischen. Wasser, Salz und Butter hinzugeben, mit einem Mixer (Knethaken) etwa 1 Minute zu einem elastischen Teig verkneten.
**3.** Den Teig in 5 gleich große Stücke teilen und jeweils zu einer Kugel formen. Die Teigkugeln auf einer leicht mit Mehl bestäubten Arbeitsfläche zu Kreisen ausrollen (Ø etwa 15 cm). Jeweils in der Mitte ein Loch (Ø etwa 3 cm) ausstechen.
**4.** Die Teigkreise auf Backbleche (mit Backpapier belegt) legen und nacheinander (bei Heißluft zusammen) in den vorgeheizten Backofen schieben. Die Roggenringe 15–20 Minuten je Backblech backen.
**5.** Die Roggenringe auf einen Kuchenrost legen und erkalten lassen.

***Tipps:*** Da das Brot sehr gut haltbar ist, stellen Sie die doppelte Menge her. Lagern Sie die Roggenringe in einer gut verschlossenen Dose, getrennt von frischem Brot. Aus diesem Teig können Sie auch kleine Roggentaler, die sich gut zum Dippen eignen, zubereiten. Die Backzeit beträgt dann etwa 10 Minuten. Zum Ausstechen können Sie kleine Wassergläser verwenden. Oder Sie rollen den Teig auf einer leicht mit Mehl bestäubten Arbeitsfläche aus und stechen mit Plätzchenausstechern Motive (z. B. Tiere) aus. Das gefällt besonders Kindern gut.

## Weizen-Quark-Brot mit Leinsamen

2 Brote (je 12 Scheiben)

*Zubereitungszeit* (inklusive Backzeit): 45 Minuten

300 g Weizen-Vollkornmehl
100 g Weizenmehl (Type 550)
1 Pck. und 1 gestr. TL Dr. Oetker Backin
1–2 gestr. TL Salz
1 Msp. gem. Fenchel
250 g Magerquark
5 EL Leinöl oder neutrales Speiseöl
150 ml Milch
30 g ganzer Leinsamen

*Pro Scheibe:*
E: 4 g, F: 3 g, Kh: 144 g, kJ: 386, kcal: 92

**1.** Den Backofen vorheizen.
*Ober-/Unterhitze:* etwa 180 °C
*Heißluft:* etwa 160 °C
**2.** Beide Mehlsorten mit Backpulver, Salz und Fenchel in einer Rührschüssel mischen.
**3.** Die restlichen Zutaten hinzufügen und mit einem Mixer (Knethaken) zu einem glatten Teig verkneten.
**4.** Den Teig auf einer leicht mit Mehl bestäubten Arbeitsfläche mit den Händen kurz verkneten und halbieren. Beide Teighälften mit Mehl bestäuben.
**5.** Die Teighälften zu Rechtecken in Größe der Formen bzw. Körbe formen und in 2 Backformen oder Spankörbe (je 18 x 12 cm, mit Backpapier ausgelegt) legen.
**6.** Die Formen bzw. Körbe auf einem Rost in den vorgeheizten Backofen schieben. Die Brote etwa 35 Minuten backen.

***Tipps:*** Um zu prüfen, ob das Brot gar ist, das Brot kurz mithilfe von Topflappen oder einem sauberen Geschirrtuch aus dem Korb oder der Form nehmen (Achtung: heiß!). Beim Klopfen auf die Unterseite muss es hohl klingen, dann ist das Brot fertig gebacken. Champignons werden z. B. in Spankörben der angegebenen Größe verkauft. Die Körbe einfach abspülen, trocknen lassen und mit Backpapier auslegen. Der Teig kann auch ohne Korb oder Form auf einem mit Backpapier belegten Backblech gebacken werden. Sie können das Brot auch in einer Kastenform (etwa 30 x 11 cm) backen. Die Backzeit beträgt in diesem Fall etwa 50 Minuten. Gemahlenen Fenchel bekommen Sie in Reformhäusern oder Bio-Läden.

Weizen-Quark-Brot mit Leinsamen

## Zwiebelfladen

4 Fladen

*Zubereitungszeit* (inklusive Backzeit): 45 Minuten

170 g Frühlingszwiebeln
3 EL Olivenöl
100 g 5-Korn-Flocken
etwas Salz, gem. Pfeffer
300 g Weizenmehl (Type 1050)
1 Pck. Dr. Oetker Backin
1/2–1 gestr. TL Salz
250 ml Buttermilch

etwas Weizenmehl

*Pro Stück:*
E: 15 g, F: 10 g, Kh: 76 g, kJ: 1940, kcal: 462

**1.** Den Backofen vorheizen.
*Ober-/Unterhitze:* etwa 180 °C
*Heißluft:* etwa 160 °C
**2.** Frühlingszwiebeln putzen, abspülen, abtropfen lassen und in feine Scheiben schneiden. Das Öl in einer Pfanne erhitzen. Die Zwiebelscheiben hinzugeben und etwa 2 Minuten bei mittlerer Hitze unter Rühren an-

Zwiebelfladen

braten. 5-Korn-Flocken hinzugeben, kurz mit andünsten, mit Salz und Pfeffer würzen. Die Pfanne von der Kochstelle nehmen und die Zwiebel-Flocken-Mischung etwas abkühlen lassen.

**3.** Inzwischen Mehl mit Backpulver und Salz in einer Rührschüssel mischen. Buttermilch und lauwarmes Zwiebel-Flocken-Gemisch dazugeben, mit einem Mixer (Knethaken) zu einem weichen Teig verkneten.

**4.** Teig auf einer leicht mit Mehl bestäubten Arbeitsfläche zu einer Rolle formen und in 4 gleich große Portionen teilen. Die Stücke zu rundlichen Ovalen formen, mit Mehl bestäuben und etwas flach drücken.

**5.** Die Zwiebelfladen auf ein Backblech (mit Backpapier belegt) legen. Das Backblech in den vorgeheizten Backofen schieben. Fladen etwa 35 Minuten backen.

**6.** Die Zwiebelfladen auf einen Kuchenrost legen und erkalten lassen.

***Tipps:*** 5-Korn-Flocken werden als fertige Mischung angeboten. Sie besteht zum Beispiel aus Weizen-, Gerste-, Hafer-, Roggen- und Reisflocken. Anstelle der fertigen Mischung können Sie auch kernige Hafer- oder Dinkelflocken verwenden. Die Zwiebelfladen eignen sich sehr gut als Beilage zu herzhaften Suppen oder zu rustikalen Belägen wie Salami oder frischer Landleberwurst. Auch mit Schmalz bestrichen und anschließend mit etwas Salz bestreut sind die Fladen ein Genuss.

## Blätterteigschnecken mit Tomaten und Kapern

16 Stück (ohne Foto)

*Zubereitungszeit* (inklusive Backzeit): 35 Minuten

225 g TK-Blätterteig (3 rechteckige Platten)
2 EL abgetropfte Kapern (aus dem Glas)
80 g Tomatenmark
Salz
gem. Pfeffer
Cayennepfeffer

*Pro Stück:*
E: 1 g, F: 3 g, Kh: 5 g,
kJ: 231, kcal: 55

**1.** Blätterteig nach Packungsanleitung auftauen lassen.

**2.** In der Zwischenzeit den Backofen vorheizen.
*Ober-/Unterhitze:* etwa 220 °C
*Heißluft:* etwa 200 °C

**3.** Die Kapern fein hacken und mit dem Tomatenmark in einer Schüssel verrühren. Die Tomaten-Kapern-Masse mit Salz, Pfeffer und Cayennepfeffer abschmecken.

**4.** Die Blätterteigsplatten übereinanderlegen und zu einem Rechteck (etwa 20 x 40 cm) ausrollen. Das Teigrechteck mit der Tomaten-Kapern-Masse bestreichen, dabei rundherum einen etwa 1 cm breiten Rand frei lassen. Das Teigrechteck vorsichtig von der längeren Seite aus eng aufrollen. Die Rolle in etwa 16 Scheiben (je etwa 2 cm breit) schneiden.

**5.** Blätterteigscheiben mit etwas Abstand nebeneinander auf ein Backblech (mit Backpapier belegt) legen und leicht flach drücken. Das Backblech in den vorgeheizten Backofen (Mitte) schieben. Die Blätterteigschnecken etwa 13 Minuten backen.

**6.** Die Schnecken mit dem Backpapier auf einen Kuchenrost ziehen. Schnecken warm oder kalt servieren.

Vegetarische Pizza

## Vegetarische Pizza
4 Portionen (1 Backblech)

*Zubereitungszeit* (inklusive Backzeit): 50 Minuten

1 Pck. frischer Pizzateig mit Tomatensauce (400 g + 200 g, aus dem Kühlregal)

**Für den Belag:**
200 g abgetropfte Artischockenherzen (aus der Dose)
2 Tomaten (etwa 100 g)
100 g Champignons
1 kleine Zucchini (etwa 100 g)
50 g abgetropfte schwarze Oliven ohne Stein
2 EL abgetropfte Kapern aus dem Glas
125 g Mozzarella
75 g Gorgonzola
100 g ger. Gouda
1 EL gerebelter Oregano

*Pro Portion:*
E: 27 g, F: 25 g, Kh: 55 g, kJ: 2359, kcal: 561

**1.** Den Backofen vorheizen.
*Ober-/Unterhitze:* etwa 200 °C
*Heißluft:* etwa 180°C
**2.** Den Teig mit dem Backpapier auf einem Backblech entrollen. Den Teig mit der Tomatensauce (aus der Packung) gleichmäßig bestreichen.
**3.** Für den Belag die Artischockenherzen in Scheiben schneiden. Tomaten abspülen, abtrocknen, halbieren und die Stängelansätze entfernen. Champignons putzen, evtl. kurz abspülen und trocken tupfen. Zucchini abspülen, abtrocknen und die Enden abschneiden. Die Tomaten, Champignons und Zucchini in feine Scheiben schneiden.
**4.** Den mit der Sauce bestrichenen Pizzateig mit Tomaten-, Champignon-, Zucchinischeiben, Oliven und Kapern belegen.
**5.** Den Mozzarella in dünne Scheiben schneiden. Den Gorgonzola in Würfel schneiden. Mozzarellascheiben, Gorgonzolawürfel und geriebenen Gouda auf dem Gemüse verteilen, mit Oregano bestreuen. Das Backblech in den vorgeheizten Backofen schieben. Die Pizza 20–30 Minuten backen.

Kürbis-Pie

## Kürbis-Pie
4 Portionen

*Zubereitungszeit* (inklusive Backzeit): 50 Minuten

**Für den Belag:**
400 g abgetropftes Kürbisfleisch (aus dem Glas)
2 Eier (Größe M)
150 g Crème fraîche
1/2 TL Cayennepfeffer
etwa 1 1/2 TL Currypulver
Salz
250 g Kochschinken

1 Pck. Flammkuchenteig (260 g, aus dem Kühlregal)
3 EL geschälte Kürbiskerne

*Pro Portion:*
E: 29 g, F: 26 g, Kh: 36 g, kJ: 2079, kcal: 499

**1.** Für den Belag das Kürbisfleisch in einem Mixer oder mit einem Pürierstab grob pürieren. Eier, Crème fraîche, Cayennepfeffer, Currypulver und Salz unterrühren. Den Schinken in Würfel schneiden und unter die Kürbismasse ziehen.

**2.** Den Backofen vorheizen.
*Ober-/Unterhitze:* etwa 200 °C
*Heißluft:* etwa 180 °C

**3.** Den Teig mit dem Backpapier auf einer Arbeitsfläche entrollen. Von der Teigplatte einen etwa 10 cm breiten Streifen (mit dem Backpapier) abschneiden. Diesen Streifen nochmals längs halbieren. Die Teigplatte mithilfe des Backpapiers in eine Pie- oder Springform (Ø 30 cm, gefettet) legen. Das Backpapier vorsichtig abziehen und die Teigplatte mit den leicht hochstehenden Ecken auf den Formboden drücken. Die beiden Teigstreifen vom Backpapier lösen und als Rand an den Formrand drücken.

**4.** Kürbismischung auf den Teigboden gießen, glatt streichen und mit Kürbiskernen bestreuen. Form auf dem Rost in den vorgeheizten Backofen (unten) schieben. Kürbis-Pie etwa 35 Minuten goldbraun backen.

***Tipp:*** Das Rezept reicht für 6–8 Personen, wenn die Pie zum Aperitif serviert wird.

## Speckkuchen

10 Stücke

*Zubereitungszeit* (inklusive Backzeit): 50 Minuten

**Für den Hefeteig:**
350 g Weizenmehl (Type 550)
1 Pck. Hefeteig Garant
1 TL Salz
1 Ei (Größe M)
125 ml Wasser
1/2 TL Zucker
3 EL Sonnenblumenöl

**Für den Belag:**
2 große Zwiebeln
1 EL Sonnenblumenöl
250 g magere Schinkenspeckwürfel (aus dem Kühlregal)
1 EL Kümmelsamen

*Pro Stück:*
E: 10 g, F: 7 g, Kh: 28 g, kJ: 939, kcal: 224

**1.** Für den Teig Mehl mit Hefeteig Garant in einer Rührschüssel sorgfältig vermischen. Salz, Ei, Wasser, Zucker und Sonnenblumenöl hinzufügen. Die Zutaten mit einem Mixer (Knethaken) zunächst auf niedrigster, dann auf höchster Stufe in etwa 2 Minuten zu einem glatten Teig verarbeiten.

**2.** Den Hefeteig auf einer leicht bemehlten Arbeitsfläche nochmals kurz durchkneten, dann in eine Springform (Ø 28 cm, gefettet) geben und zu einem Boden andrücken, dabei einen Rand hochziehen. Den Teigboden etwa 5 Minuten ruhen lassen.

**3.** In der Zwischenzeit den Backofen vorheizen.
*Ober-/Unterhitze:* etwa 180 °C
*Heißluft:* etwa 160 °C

**4.** Für den Belag Zwiebeln abziehen und fein würfeln. Sonnenblumenöl in einer Pfanne erhitzen. Zwiebelwürfel darin glasig andünsten.

**5.** Mit einem bemehlten Kochlöffelstiel oder mit bemehlten Fingern Vertiefungen in den Teig drücken. Speck- und Zwiebelwürfel auf dem Teig verteilen und mit Kümmel bestreuen.

**6.** Form auf dem Rost in den vorgeheizten Backofen schieben. Speckkuchen etwa 30 Minuten backen.

Speckkuchen

## Käsestangen

20 Stück

*Zubereitungszeit* (inklusive Backzeit für 1 Backblech): 35 Minuten

270–300 g frischer Blätterteig (aus dem Kühlregal)

**Zum Bestreichen:**
1 Eigelb
1 EL Milch

**Für die Füllung:**
75 g ger. Appenzeller
Paprikapulver edelsüß
gem. Pfeffer

**Zum Bestreuen:**
etwas Hagelsalz
einige Mohn-, Sesam- und Kümmelsamen

*Pro Stück:*
E: 2 g, F: 6 g, Kh: 5 g, kJ: 339, kcal: 81

**1.** Den Backofen vorheizen.
*Ober-/Unterhitze:* etwa 200 °C
*Heißluft:* etwa 180 °C
**2.** Den Blätterteig entrollen und auf der leicht bemehlten Arbeitsfläche zu einem Rechteck (etwa 20 x 40 cm) ausrollen.
**3.** Zum Bestreichen Eigelb mit Milch gut verschlagen. Die Teigplatte mit einem Teil der Eigelbmilch bestreichen. Auf eine Teighälfte Käse, Paprikapulver und Pfeffer streuen. Die andere Teighälfte darüberklappen und gut andrücken.
**4.** Den Teig in etwa 1 cm breite Streifen schneiden, die Streifen spiralförmig drehen und auf Backbleche (mit Backpapier belegt) legen. Die Enden der Käsestangen etwas fest drücken und mit der restlichen Eigelbmilch bestreichen. Käsestangen mit Hagelsalz, Mohn-, Sesam- und Kümmelsamen bestreuen. Die Backbleche nacheinander (bei Heißluft zusammen) in den vorgeheizten Backofen schieben. Stangen etwa 15 Minuten je Backblech backen.
**5.** Die Käsestangen mit dem Backpapier von den Backblechen auf Kuchenroste ziehen, erkalten lassen.

***Tipps:*** Die Käsestangen schmecken frisch am besten. Die Käsestangen werden noch würziger, wenn Sie zusätzlich 75 g Bacon (Frühstücksspeck) in feine Streifen schneiden und zusammen mit dem Käse auf den Teig streuen.

## Lachs-Meerrettich-Muffins

12 Stück (ohne Foto)

*Zubereitungszeit* (inklusive Backzeit): 40 Minuten

125 g Räucherlachs
250 g Weizenmehl
50 g Weizen-Vollkornmehl
2 gestr. TL Dr. Oetker Backin
1 gestr. TL Natron

Käsestangen

Geflügelpizza

2 Eier (Größe M)
1 Prise Salz
125 g Crème double
100 ml Milch
2 EL Speiseöl
2 geh. TL Meerrettich (aus dem Glas)
1 EL gehackter Dill

*Pro Stück:*
E: 7 g, F: 11 g, Kh: 19 g, kJ: 864, kcal: 207

**1.** Lachs in dünne Streifen schneiden.
**2.** Den Backofen vorheizen.
*Ober-/Unterhitze:* etwa 180 °C
*Heißluft:* etwa 160 °C
**3.** Beide Mehlsorten mit Backpulver und Natron in einer Rührschüssel mischen. Eier, Salz, Crème double, Milch und Speiseöl hinzufügen. Die Zutaten mit einem Mixer (Rührstäbe) zu einem glatten Teig verarbeiten.
**4.** Lachstreifen. Meerrettich und Dill unterarbeiten. den Teig in einer Muffinform (für 12 Muffins, gefettet) gleichmäßig verteilen. Die Form auf dem Rost in den vorgeheizten Backofen schieben. Die Muffins etwa 25 Minuten backen.
**5.** Die Muffinform auf einen Kuchenrost stellen. Die Muffins etwa 10 Minuten in der Form abkühlen lassen. Dann aus der Form lösen und lauwarm servieren.

***Tipp:*** Die Muffins wie ein Brötchen waagerecht aufschneiden, mit Sahnemeerrettich bestreichen und wieder zusammensetzen.

## Geflügelpizza
4 Portionen (1 Backblech)

*Zubereitungszeit* (inklusive Backzeit): 55 Minuten

1 Pck. frischer Pizzateig (400 g, aus dem Kühlregal)

**Für den Belag:**
4 Stangen Staudensellerie (etwa 200 g)
1 Stange Porree (Lauch)
1 rote Paprikaschote
1 Zwiebel
1 Knoblauchzehe
2 EL Speiseöl
Salz
gem. Pfeffer
Kräuter der Provence
400 g Hähnchenbrustfilet
2 EL Speiseöl
2 EL Sojasauce
3 EL Tomatenmark
4 Tomaten
100 g ger. Gouda
etwas Olivenöl

*Pro Portion:*
E: 40 g, F: 31 g, Kh: 54 g, kJ: 2758, kcal: 658

**1.** Den Teig mit dem Backpapier auf einem Backblech entrollen.
**2.** Für den Belag Staudensellerie putzen und die harten Außenfäden abziehen. Sellerie abspülen und abtropfen lassen. Sellerie in Scheiben schneiden. Den Porree putzen, die Stangen längs halbieren, gründlich waschen und abtropfen lassen. Den Porree in dünne Streifen schneiden.
**3.** Die Paprika halbieren, entstielen, entkernen und die weißen Scheidewände entfernen. Schoten abspülen, abtropfen lassen und in dünne Streifen schneiden. Zwiebel und Knoblauch abziehen und fein würfeln.
**4.** Den Backofen vorheizen.
*Ober-/Unterhitze:* etwa 200 °C
*Heißluft:* etwa 180 °C
**5.** Das Öl in einem Topf erhitzen. Sellerie, Porree, Paprika, Zwiebel und Knoblauch hinzufügen und darin etwa 5 Minuten dünsten. Gemüse mit Salz, Pfeffer und Kräutern der Provence würzen, auf einen Teller geben.
**6.** Hähnchenbrustfilet unter fließendem kaltem Wasser abspülen, trocken tupfen und in dünne Streifen schneiden. Hähnchen mit Salz und Pfeffer würzen. Das Öl in der Pfanne erhitzen. Die Fleischstreifen unter häufigem Wenden darin etwa 3 Minuten braten. Sojasauce dazugeben, gut verrühren und abkühlen lassen.
**7.** Den Teig mit Tomatenmark bestreichen und das Gemüse daraufgeben. Tomaten abspülen, abtrocknen, halbieren und die Stängelansätze herausschneiden. Tomaten in Scheiben schneiden und auf der Pizza verteilen, mit den Fleischstreifen belegen.
**8.** Den Käse über den Belag streuen, mit Kräutern der Provence bestreuen und mit Olivenöl beträufeln. Das Backblech in den vorgeheizten Backofen schieben. Die Pizza etwa 25 Minuten backen.

Weizenbrot mit Molke

Strudelmuffins à la Mexicana

## Weizenbrot mit Molke

1 Brot (18–20 Scheiben)

*Zubereitungszeit* (inklusive Backzeit): 45 Minuten

**Für den Teig:**
400 g Weizenmehl (Type 550)
1 Pck. Dr. Oetker Backin
1–2 gestr. TL Salz
50 g Butter (zimmerwarm)
250 ml reine Molke

etwas Weizenmehl

*Pro Scheibe:*
E: 2 g, F: 2 g, Kh: 17 g,
kJ: 419, kcal: 100

**1.** Den Backofen vorheizen.
*Ober-/Unterhitze:* etwa 180 °C
*Heißluft:* etwa 160 °C
**2.** Mehl mit Backpulver und Salz in einer Rührschüssel mischen. Butter und Molke dazugeben. Die Zutaten mit einem Mixer (Knethaken) zu einem glatten Teig verkneten.
**3.** Den Teig auf einer leicht mit Mehl bestäubten Arbeitsfläche mit den Händen kurz verkneten und zu einer etwa 28 cm langen Rolle formen. Die Rolle auf ein Backblech (mit Backpapier belegt) legen und mit Mehl bestäuben. Die Teigrolle an der Oberfläche mit einem scharfen Messer 6-mal schräg etwa 1 cm tief einschneiden.
**4.** Das Backblech in den vorgeheizten Backofen schieben und das Brot etwa 35 Minuten backen.
**5.** Das Weizenbrot auf einen Kuchenrost legen und erkalten lassen.

***Tipps:*** Wie alle Brote, die mit Backpulver gelockert werden, schmeckt dieses Brot am besten ganz frisch. Es eignet sich sehr gut zu süßen und herzhaften Aufstrichen und Belägen.

## Strudelmuffins à la Mexicana

12 Stück

*Zubereitungszeit* (inklusive Backzeit): 40 Minuten

**Für die Füllung:**
5 Eier (Größe M)
100 g Crème fraîche
100 g Cabanossi

1 Ei
1 EL Milch
6 Blätter frischer Strudel-, Filo- oder Yufkateig (etwa 30 x 30 cm, etwa 200 g, aus dem Kühlregal)

140 g abgetropfter Gemüse-Mais-Mix (aus der Dose)
100 g Taco-Sauce (aus dem Glas)

*Pro Stück:*
E: 6 g, F: 10 g, Kh: 12 g,
kJ: 680, kcal: 163

**1.** Den Backofen vorheizen.
*Ober-/Unterhitze:* etwa 180 °C
*Heißluft:* etwa 160 °C
**2.** Für die Füllung Eier und Crème fraîche in eine Rührschüssel geben, mit einem Mixer (Rührstäbe) kurz verschlagen. Cabanossi längs halbieren, in dünne Scheiben schneiden.
**3.** Ei mit Milch verschlagen. Die Strudelblätter aufeinanderlegen und in je 6 gleich große Teigblättchen (etwa 10 x 15 cm) schneiden. Jede Mulde einer Muffinform (für 12 Muffins, gut gefettet) etwas versetzt mit 2 Teigblättchen auslegen, dabei den Teig etwas über den Mulden stehen lassen. Die Blättchen mit Eiermilch bestreichen und darauf jeweils 1 weiteres Teigblättchen legen, mit der Eiermilch bestreichen. Evtl. restliche Eiermilch unter die Eier-Crème-fraîche rühren.
**4.** Cabanossischeiben und Gemüse-Mix auf dem Teig verteilen, jeweils 1 Teelöffel Taco-Sauce daraufgeben. Die Eier-Crème-fraîche gleichmäßig darübergießen.
**5.** Die Form auf dem Rost in den vorgeheizten Backofen schieben. Die Muffins etwa 25 Minuten backen.
**6.** Die Muffins etwa 5 Minuten in der Form auf einem Kuchenrost abkühlen lassen, herausheben und servieren.

## Kürbis-Quiche

12 Stücke

*Zubereitungszeit* (inklusive Backzeit): 55 Minuten

**Für den Streuselteig:**
200 g Weizenmehl
1/2 TL Salz
90 g Butter oder Margarine (zimmerwarm)
1 Ei (Größe M)
1–2 EL kaltes Wasser

**Für die Füllung:**
1/2 kleiner Hokkaido-Kürbis (etwa 250 g Kürbisfruchtfleisch)
200 g Schmand (Sauerrahm)
2 Eier (Größe M)
1–2 TL gerebelter Salbei, Thymian oder Rosmarin
Salz, gem. Pfeffer
125 g Fetakäse

*Pro Stück:*
E: 6 g, F: 14 g, Kh: 14 g,
kJ: 869, kcal: 208

**1.** Den Backofen vorheizen.
*Ober-/Unterhitze:* etwa 220 °C
*Heißluft:* etwa 200 °C

**2.** Für den Teig Mehl mit Salz, Butter oder Margarine, Ei und Wasser in eine Rührschüssel geben. Die Zutaten mit einem Mixer (Rührstäbe) zunächst auf niedrigster Stufe, danach auf höchster Stufe zu feinen Streuseln verarbeiten.

**3.** Die Streusel in einer Springform (Ø 26 cm, gefettet, mit Backpapier belegt) verteilen, mit einem Löffelrücken oder leicht bemehlten Händen zu einem Boden andrücken und einen kleinen Rand formen.

**4.** Für die Füllung Kürbis abspülen, abtrocknen, entkernen und grob raspeln. Schmand mit den Eiern und Kräutern verschlagen. Kürbisraspel unterrühren, mit Salz und Pfeffer kräftig würzen. Die Kürbis-Schmand-Mischung auf dem Streuselboden verteilen. Feta fein zerkrümeln oder raspeln und daraufstreuen.

**5.** Die Form auf dem Rost in den vorgeheizten Backofen (unteres Drittel) schieben. Die Quiche etwa 30 Minuten backen.

**6.** Die Kürbis-Quiche vor dem Anschneiden und Servieren etwa 3 Minuten abkühlen lassen.

***Tipps:*** Statt mit Kräutern die Kürbismischung mit etwas Curry und grob geschrotetem Chili würzen. Zusätzlich etwa 250 g geräucherte Hähnchenbrust in Würfel schneiden und mit der Kürbis-Mischung auf dem Boden verteilen. Aus dem Kürbisrest Muffins backen: Dafür je 150 g Mais- und Weizenmehl mit 1 Päckchen Backpulver mischen. 100 g braunen Zucker, 150 g Joghurt, 2 Esslöffel Zitronensaft, 4 Eier (Größe M), 100 ml Rapsöl, 1 Prise Salz mit dem Mixer (Rührstäbe) unterarbeiten. 200 g geraspelten Kürbis unterheben. Teig in eine Form (für 12 Muffins, gefettet) geben, auf dem Rost in den vorgeheizten Backofen (Ober-/Unterhitze: etwa 180 °C, Heißluft: etwa 160 °C) schieben, etwa 25 Minuten backen.

Kürbis-Quiche

## Gorgonzola-Gemüse-Pie

8 Stücke

*Zubereitungszeit* (inklusive Backzeit): 50 Minuten

**Für den Streuselteig:**
200 g Weizenmehl
1/2 TL Salz
100 g Butter oder Margarine (zimmerwarm)
1 Ei (Größe M)
1 EL Wasser

50 g Walnusskernhälften

**Für die Füllung:**
230 g abgetropfte Birnenhälften (aus der Dose)
4 Stangen Staudensellerie (etwa 200 g)
100 g Frühlingszwiebeln
1 EL Speiseöl, z. B. Rapsöl
2 Eier (Größe M)
200 g Schmand (Sauerrahm)
gem. Pfeffer
Salz
100–150 g Gorgonzola

*Pro Stück:*
E: 10 g, F: 29 g, Kh: 25 g, kJ: 1695, kcal: 405

**1.** Den Backofen vorheizen.
*Ober-/Unterhitze:* etwa 220 °C
*Heißluft:* etwa 200 °C

**2.** Für den Teig Mehl mit Salz, Butter oder Margarine, Ei und Wasser in eine Rührschüssel geben. Die Zutaten mit einem Mixer (Rührstäbe) zunächst kurz auf niedrigster, danach auf höchster Stufe zu feinen Streuseln verarbeiten.

**3.** Dann die Streusel in einer Spring- oder Tarteform (Ø 26–28 cm, gefettet, mit Backpapier belegt) verteilen, mit einem Löffelrücken zu einem Boden andrücken und einen kleinen Rand formen. Die Walnusskernhälften darauf verteilen.

**4.** Für die Füllung die Birnen mit Küchenpapier trocken tupfen und in breite Spalten schneiden. Birnenspalten auf dem Streuselboden verteilen.

**5.** Sellerie putzen, evtl. abfädeln, gut abspülen und abtropfen lassen. Frühlingszwiebeln putzen, abspülen, abtropfen lassen und in Scheiben schneiden. Sellerie in feine Scheiben schneiden. Öl in einer Pfanne erhitzen. Selleriescheiben darin unter Wenden etwa 1 Minute anbraten. Frühlingszwiebelscheiben zugeben und alles 1 weitere Minute braten.

**6.** Die Sellerie-Zwiebel-Mischung auf den Birnen verteilen. Eier mit Schmand, Pfeffer und etwas Salz in einem hohen Rührbecher verschlagen. Schmand-Ei-Creme über die Zutaten in der Springform gießen. Gorgonzola evtl. entrinden, in feine Würfel schneiden und daraufstreuen.

**7.** Die Form auf dem Rost in den vorgeheizten Backofen (unteres Drittel) schieben und die Gemüse-Pie etwa 30 Minuten backen.

**8.** Die Pie vor dem Anschneiden und Servieren etwa 5 Minuten abkühlen lassen.

***Tipps:*** Für ein besonderes Aroma die Sellerie-Zwiebel-Mischung mit 4 Esslöffeln trockenem Weißwein ablöschen und einkochen lassen. Zusätzlich 4–5 Scheiben Bacon (Frühstücksspeck) auf dem Gemüsebelag verteilen und knusprig mitbacken. Die Pie schmeckt auch mit anderen würzigen Käsesorten, z. B. Munster, Bavaria blue.

Gorgonzola-Gemüse-Pie

## Frischkäse-Muffins

12 Stück (ohne Foto)

*Zubereitungszeit* (inklusive Backzeit): 50 Minuten

**Für den Teig:**
250 g Weizenmehl
3 gestr. TL Dr. Oetker Backin
1/2 gestr. TL Natron
150 g Frischkäse
1 TL Salz
je 1/2 gestr. TL gem. Pfeffer und Paprikapulver edelsüß
2 Eier (Größe M)
5 EL Speiseöl
250 ml Milch
2 EL gehackte Kräuter, z. B. Petersilie oder Schnittlauch

*Pro Stück:*
E: 6 g, F: 8 g, Kh: 17 g, kJ: 733, kcal: 175

**1.** Den Backofen vorheizen.
*Ober-/Unterhitze:* etwa 180 °C
*Heißluft:* etwa 160 °C
**2.** Für den Teig Mehl mit Backpulver und Natron in einer Rührschüssel mischen. Frischkäse, Salz, Pfeffer, Paprikapulver, Eier, Öl und Milch hinzufügen. Die Zutaten mit einem Mixer (Knethaken) zu einem glatten Teig verarbeiten. Zuletzt die Kräuter unterarbeiten.
**3.** Teig gleichmäßig in einer Muffinform (für 12 Muffins, gefettet) verteilen.
**4.** Form auf dem Rost in den vorgeheizten Backofen schieben. Muffins 25–30 Minuten backen.
**5.** Die Muffinform auf einen Kuchenrost stellen. Die Muffins etwa 10 Minuten in der Form abkühlen lassen. Dann aus den Förmchen lösen. Die Frischkäse-Muffins lauwarm oder kalt servieren.

***Tipp:*** Die Frischkäse-Muffins waagerecht halbieren, mit Tomatenscheiben und Zwiebeln belegen und etwa 5 Minuten bei Ober-/Unterhitze: etwa 180 °C bzw. Heißluft: etwa 160 °C im Backofen aufbacken.

Hirtenschnecken

## Hirtenschnecken

16 Stück

*Zubereitungszeit* (inklusive Backzeit): 35 Minuten

225 g TK-Blätterteig (3 rechteckige Platten)
150 g Hirten- oder Schafskäse
1 1/2 EL TK-Petersilie
gem. Pfeffer
evtl. Salz

*Pro Stück:*
E: 3 g, F: 5 g, Kh: 5 g, kJ: 331, kcal: 79

**1.** Den Blätterteig nach Packungsanleitung auftauen lassen.
**2.** In der Zwischenzeit den Backofen vorheizen.
*Ober-/Unterhitze:* etwa 220 °C
*Heißluft:* etwa 200 °C
**3.** Den Käse in eine Schüssel geben und mit einer Gabel zerdrücken. Die Petersilie unterrühren und alles mit Pfeffer und nach Belieben etwas Salz abschmecken.
**4.** Die Blätterteigplatten übereinanderlegen und zu einem Rechteck (etwa 20 x 40 cm) ausrollen. Das Teigrechteck mit der Käsemasse bestreichen, dabei rundherum einen etwa 1 cm breiten Rand frei lassen. Das Teigrechteck vorsichtig von der längeren Seite aus eng aufrollen. Die Rolle in etwa 16 Scheiben (je etwa 2 cm breit) schneiden.
**5.** Blätterteigscheiben mit etwas Abstand nebeneinander auf ein Backblech (mit Backpapier belegt) legen und leicht flach drücken.
**6.** Das Backblech in den vorgeheizten Backofen (Mitte) schieben. Die Hirtenschnecken etwa 13 Minuten backen.
**7.** Die Hirtenschnecken mit dem Backpapier von dem Backblech auf einen Kuchenrost ziehen. Hirtenschnecken warm oder kalt servieren.

Dinkel-Kräuter-Brötchen

Quark-Öl-Teig-Brötchen mit Oliven

## Dinkel-Kräuter-Brötchen

12 Stück

*Zubereitungszeit* (inklusive Backzeit): 60 Minuten

**Für den Teig:**
200 g Dinkelmehl (Type 630)
200 g Dinkel-Vollkornmehl
1 Pck. Dr. Oetker Backin
1–2 gestr. TL Salz
200 g Kräuterquark (40 % Fett)
200 ml Buttermilch
50 g TK-8-Kräuter (Petersilie, Dill, Kresse, Schnittlauch, Sauerampfer, Borretsch, Pimpernelle und Kerbel)

etwas Dinkelmehl

**Zum Bestreichen:**
2–3 EL Milch

*Pro Stück:*
E: 7 g, F: 3 g, Kh: 25 g,
kJ: 655, kcal: 157

**1.** Den Backofen vorheizen.
*Ober-/Unterhitze:* etwa 180 °C
*Heißluft:* etwa 160 °C
**2.** Für den Teig beide Mehlsorten mit Backpulver und Salz in einer Rührschüssel mischen. Quark, Buttermilch und gefrorene Kräuter hinzugeben. Die Zutaten mit einem Mixer (Knethaken) zu einem glatten Teig verkneten.
**3.** Den Teig auf einer leicht mit Mehl bestäubten Arbeitsfläche mit den Händen nochmals kurz durchkneten und zu einer Rolle formen. Die Teigrolle in 12 gleich große Portionen teilen. Aus den Teigportionen jeweils ein ovales oder rundes Brötchen formen und auf ein Backblech (mit Backpapier belegt) setzen.
**4.** Danach die Brötchen mit Milch bestreichen und leicht mit Mehl bestäuben. Die Oberfläche der Brötchen mit einem scharfen Messer etwa 1 cm tief einschneiden.
**5.** Das Backblech in den vorgeheizten Backofen schieben. Die Brötchen etwa 30 Minuten backen. Die Brötchen sind gar, wenn sie beim Klopfen auf die Unterseite hohl klingen.
**6.** Anschließend die Brötchen vom Backblech nehmen und auf einem Kuchenrost erkalten lassen oder lauwarm servieren.

***Tipps:*** Zu den Dinkel-Kräuter-Brötchen schmecken am besten herzhafte Beläge. Auch zu Kräuterrührei schmecken sie sehr gut.

## Quark-Öl-Teig-Brötchen mit Oliven

10 Stück

*Zubereitungszeit* (inklusive Backzeit): 40 Minuten

100 g abgetropfte, schwarze Oliven ohne Stein
100 g Walnusskerne

**Für den Quark-Öl-Teig:**
375 g Weizenmehl
3 1/2 gestr. TL Dr. Oetker Backin
1 Prise Zucker
1 gestr. TL Salz
150 g Magerquark
125 ml Milch (3,5 % Fett)
125 ml Olivenöl

*Pro Stück:*
E: 8 g, F: 22 g, Kh: 30 g,
kJ: 1479, kcal: 353

**1.** Den Backofen vorheizen.
*Ober-/Unterhitze:* etwa 200 °C
*Heißluft:* etwa 180 °C
**2.** Oliven vierteln. Walnusskerne grob hacken.
**3.** Für den Teig Mehl mit Backpulver, Zucker und Salz in einer Rührschüssel mischen. Quark, Milch und Öl hinzu-

fügen. Die Zutaten mit einem Mixer (Knethaken) zunächst auf niedrigster, dann auf höchster Stufe in etwa 1 Minute zu einem Teig verarbeiten (nicht zu lange, Teig klebt sonst). Oliven und Walnüsse kurz vor Ende der Knetzeit unterarbeiten.

**4.** Den Teig auf einer leicht bemehlten Arbeitsfläche nochmals kurz durchkneten und zu einer Rolle formen. Die Rolle in 10 gleich große Stücke schneiden.

**5.** Die Teigstücke jeweils leicht länglich formen und auf ein Backblech (mit Backpapier belegt) geben. Das Backblech in den vorgeheizten Backofen schieben und die Brötchen etwa 25 Minuten backen.

**6.** Die Brötchen auf einem Kuchenrost erkalten lassen.

***Tipp:*** Statt Walnusskerne können auch gehackte Erdnuss- oder Pinienkerne unter den Teig geknetet werden.

## Würziges Sprossenbrot

1 Brot (25 Scheiben)

*Zubereitungszeit* (inklusive Backzeit): 55 Minuten

**Zum Vorbereiten:**

100 g gemischte Sprossen, z. B. Sonnenblumen-, Mini-Mungobohnen- und Radieschensprossen

**Für den Teig:**

300 g Dinkel-Vollkornmehl
100 g Roggen-Vollkornmehl
1 Pck. Dr. Oetker Backin
1–2 gestr. TL Salz
1/2 TL gem. Fenchel
3 EL Olivenöl
350 ml reine Molke

etwas Weizenmehl

*Pro Scheibe:*
E: 2 g, F: 2 g, Kh: 11 g, kJ: 297, kcal: 71

**1.** Zum Vorbereiten die Sprossen in ein hitzebeständiges Sieb geben, mit kochendem Wasser übergießen und abtropfen lassen.

**2.** Den Backofen vorheizen.
*Ober-/Unterhitze:* etwa 180 °C
*Heißluft:* etwa 160 °C

**3.** Beide Mehlsorten mit Backpulver, Salz und Fenchel in einer Rührschüssel mischen. Sprossen und restliche Zutaten hinzugeben. Die Zutaten mit einem Mixer (Knethaken) zu einem weichen Teig verkneten. Teig mit Mehl bestäuben und kurz ruhen lassen.

**4.** Den Teig in eine Kastenform (etwa 25 x 11 cm, mit Backpapier ausgelegt) geben und glatt streichen. Die Form auf dem Rost in den vorgeheizten Backofen schieben. Das Brot etwa 45 Minuten backen.

***Tipp:*** Zu diesem Brot schmecken unterschiedliche Frischkäseaufstriche, z. B. mit Meerrettich oder Schnittlauch, sehr gut.

## Käsemuffins
12 Stück

*Zubereitungszeit* (inklusive Backzeit): 40 Minuten

**Für den Teig:**
250 g Weizenmehl
3 gestr. TL Dr. Oetker Backin
1/2 TL Salz
3 Eier (Größe M)
125 ml Buttermilch
75 ml Olivenöl
1 TL Paprikapulver edelsüß
200 g ger. Emmentaler

*Pro Stück:*
E: 9 g, F: 13 g, Kh: 16 g,
kJ: 927, kcal: 221

**1.** Den Backofen vorheizen.
*Ober-/Unterhitze:* etwa 200 °C
*Heißluft:* etwa 180 °C
**2.** Für den Teig Mehl mit Backpulver in einer Rührschüssel mischen. Dann Salz, Eier, Buttermilch und Olivenöl hinzufügen.
**3.** Zutaten mit einem Mixer (Rührstäbe) in etwa 1 Minute zu einem glatten Teig verarbeiten. Paprikapulver und Käse hinzufügen und unterrühren.
**4.** Den Teig mit einem Löffel in einer Muffinform (für 12 Muffins, gefettet, bemehlt) verteilen.
**5.** Die Form auf dem Rost in den vorgeheizten Backofen schieben. Die Muffins etwa 25 Minuten backen.
**6.** Die Form auf einen Kuchenrost stellen. Muffins etwa 5 Minuten in der Form abkühlen lassen. Dann aus der Form nehmen und warm servieren oder auf dem mit Backpapier belegten Kuchenrost erkalten lassen.

## Bohnenpäckchen
8 Stück

*Zubereitungszeit* (inklusive Backzeit): 40 Minuten

2 Pck. Blätterteig (je 270 g, etwa 24 x 42 cm, aus dem Kühlregal)
1–2 Stängel Rosmarin
720 g abgetropfte, grüne Bohnen (aus dem Glas)
4 dünne Scheiben Raclettekäse
grobes Meersalz, 1 Eigelb

Pro Stück:
E: 12 g, F: 21 g, Kh: 26 g,
kJ: 1422, kcal: 342

**1.** Den Backofen vorheizen.
*Ober-/Unterhitze:* etwa 200 °C
*Heißluft:* etwa 180 °C
**2.** Beide Blätterteigrollen entrollen. Jeden Blätterteig in 4 gleich große Stücke (je etwa 12 x 21 cm) schneiden. Rosmarin abspülen, trocken tupfen und die Nadeln von den Stängeln zupfen. Nadeln fein hacken.
**3.** Bohnen auf eine Länge schneiden und in 8 gleich große Portionen teilen. Die Käsescheiben halbieren. Jeweils 1 Portion Bohnen auf 1/2 Scheibe Käse legen, mit Rosmarin und Meersalz bestreuen. Die Bohnen mit dem Käse zu Röllchen aufrollen.
**4.** Käseröllchen quer auf je 1 Stück Blätterteig legen und von der kürzeren Seite darin so einwickeln, dass die Blätterteigpäckchen gut verschlossen sind. Die Teigränder gut andrücken.
**5.** Die Bohnenpäckchen auf ein Backblech (mit Backpapier belegt) legen. Das Eigelb mit einer Gabel verschlagen. Die Bohnenpäckchen damit bestreichen.
**6.** Das Backblech in den vorgeheizten Backofen schieben. Bohnenpäcken etwa 20 Minuten backen.
**7.** Die Bohnenpäckchen am besten warm servieren.

Käsemuffins

Bohnenpäckchen

Käse-Nuss-Törtchen

## Quark-Käse-Muffins
12 Stück (ohne Foto)

*Zubereitungszeit* (inklusive Backzeit): 45 Minuten

**Zum Vorbereiten:**
125 g Blauschimmelkäse

**Für den Teig:**
250 g Weizenmehl
3 gestr. TL Dr. Oetker Backin
1 gestr. TL Salz
125 g Magerquark
150 ml Milch
75 ml Speiseöl
2 Eier (Größe M)

*Pro Stück:*
E: 8 g, F: 11 g, Kh: 17 g,
kJ: 865, kcal: 206

**1.** Zum Vorbereiten Käse in 12 gleich große Würfel schneiden.
**2.** Den Backofen vorheizen.
*Ober-/Unterhitze:* etwa 180 °C
*Heißluft:* etwa 160 °C
**3.** Für den Teig Mehl mit Backpulver in einer Rührschüssel mischen. Restliche Zutaten hinzufügen und mit einem Mixer (Rührstäbe) zu einem glatten Teig verarbeiten.
**4.** Den Teig in einer Muffinform (für 12 Muffins, gefettet) gleichmäßig verteilen. Jeweils 1 Stück Käse in den Teig drücken. Die Form auf dem Rost in den vorgeheizten Backofen schieben. Die Quark-Käse-Muffins etwa 25 Minuten backen.
**5.** Die Form auf einen Kuchenrost stellen. Die Muffins etwa 10 Minuten in der Form abkühlen lassen. Dann aus der Form lösen und lauwarm servieren.

***Tipps:*** Dazu frischen Blattspinat servieren. Die Muffins lassen sich auch mit anderem Käse, wie Höhlenkäse oder Gouda, zubereiten.

## Käse-Nuss-Törtchen
10–12 Stück

*Zubereitungszeit* (inklusive Backzeit): 50 Minuten

270 g frischer Blätterteig (aus dem Kühlregal)
150 g Blauschimmelkäse,
z. B. Roquefort oder Gorgonzola
50 g gehackte Walnusskerne
3 Eigelb (Größe M)
125 g Speisequark (40 % Fett)

1 EL Wasser

*Pro Stück:*
E: 7 g, F: 17 g, Kh: 9 g,
kJ: 912, kcal: 218

**1.** Den Teig entrollen. Aus dem Teig 10–12 Rechtecke (etwa 8 x 10 cm) ausschneiden. Die Teigrechtecke in die Mulden einer Muffinform (für 12 Muffins, gefettet) geben und so andrücken, dass die Spitzen etwas überlappen.
**2.** Den Backofen vorheizen.
*Ober-/Unterhitze:* etwa 220 °C
*Heißluft:* etwa 200 °C
**3.** In der Zwischenzeit den Käse mit einem Löffel zerdrücken. Nüsse, Eigelb (1 Teelöffel zurückbehalten) und Quark hinzufügen. Die Zutaten gut verrühren.
**4.** Die Käsemasse in die Muffinmulden geben und glatt streichen. Teigspitzen etwas nach innen klappen.
**5.** Restliches Eigelb mit Wasser verquirlen. Die Teigspitzen vorsichtig damit bestreichen.
**6.** Die Muffinform auf dem Rost (unteres Drittel) in den vorgeheizten Backofen schieben. Die Törtchen 18–20 Minuten backen.
**7.** Muffinform auf einen Kuchenrost stellen und die Törtchen etwa 5 Minuten abkühlen lassen. Dann vorsichtig aus den Förmchen lösen und auf Tellern anrichten.

Provenzalische Tomaten-Tarte

Spinatbrot mit Kürbiskernöl

## Provenzalische Tomaten-Tarte

8 Stücke

*Zubereitungszeit* (inklusive Backzeit): 45 Minuten

**Für den Streuselteig:**
200 g Weizenmehl
1/2 TL Salz
100 g Butter oder Margarine (zimmerwarm)
1 Ei (Größe M)
1 EL kaltes Wasser

250 g Cocktailtomaten
3 Eier (Größe M)
150 g Ziegenfrischkäse
Salz
gem. Pfeffer
1 TL getrocknete Kräuter der Provence

*Pro Stück:*
E: 7 g, F: 18 g, Kh: 20 g,
kJ: 1130, kcal: 271

**1.** Den Backofen vorheizen.
*Ober-/Unterhitze:* etwa 220 °C
*Heißluft:* etwa 200 °C
**2.** Für den Teig das Mehl mit Salz, Butter oder Margarine, Ei und Wasser in eine Rührschüssel geben. Die Zutaten mit einem Mixer (Rührstäbe) zunächst kurz auf niedrigster, dann auf höchster Stufe zu feinen Streuseln verarbeiten.
**3.** Die Streusel in einer Springform (Ø 26 cm, gefettet, mit Backpapier belegt) verteilen, mit einem Löffelrücken oder leicht bemehlten Händen zu einem Boden andrücken und einen kleinen Rand formen.
**4.** Die Tomaten abspülen, abtrocknen, halbieren, evtl. die Stängelansätze herausschneiden. Tomaten auf dem Boden verteilen.
**5.** Eier mit Frischkäse, etwas Salz und Pfeffer in einen hohen Rührbecher geben und mit einem Mixer (Rührstäbe) verschlagen. Die Kräuter unter die Creme rühren. Creme gleichmäßig über die Tomaten gießen.
**6.** Die Form auf dem Rost in den vorgeheizten Backofen (unteres Drittel) schieben. Die Tomaten-Tarte etwa 30 Minuten backen.
**7.** Die Tarte vor dem Anschneiden und Servieren etwa 5 Minuten abkühlen lassen.

***Tipp:*** Wenn Sie frische Kräuter verwenden möchten, dann jeweils 2–3 Stängel Thymian, Rosmarin und Pfefferminze abspülen, trocken tupfen und die Blättchen oder Nadeln von den Stängeln zupfen und fein schneiden.

## Spinatbrot mit Kürbiskernöl

1 Brot (20 Scheiben)

*Zubereitungszeit* (inklusive Backzeit): 55 Minuten, ohne Ruhezeit

**Zum Vorbereiten:**
150 g TK-Blattspinat
100 ml Wasser
2 EL Kürbiskernöl

**Für den Teig:**
100 g Roggen-Vollkornschrot
350 g Weizenmehl (Type 550)
1 Pck. Dr. Oetker Backin
2 gestr. TL Salz
2 EL Apfelessig
100 g Magerquark

etwas Weizenmehl

*Pro Scheibe:*
E: 3 g, F: 1 g, Kh: 17 g,
kJ: 390, kcal: 93

**1.** Zum Vorbereiten Spinat mit Wasser in einem Topf zugedeckt zum Kochen bringen.
**2.** Anschließend in einen Rührbecher geben. Kürbiskernöl dazugeben. Die Zutaten mit einem Pürierstab fein pürieren.
**3.** Den Backofen vorheizen.
*Ober-/Unterhitze:* etwa 180 °C
*Heißluft:* etwa 160 °C
**4.** Für den Teig Roggenschrot, Mehl, Backpulver und Salz in einer Rührschüssel vermischen. Spinatpüree, Essig und Quark hinzufügen. Die Zutaten mit einem Mixer (Knethaken) zu einem glatten Teig verkneten. Den Teig zugedeckt etwa 5 Minuten ruhen lassen.
**5.** Den Teig auf der leicht mit Mehl bestäubten Arbeitsfläche zu einer etwa 25 cm langen Rolle formen. Die Teigrolle auf ein Backblech (mit Backpapier belegt) legen und mit Mehl bestäuben.
**6.** Anschließend die Teigrolle auf der Oberfläche mit einem scharfen Messer kreuzweise diagonal etwa 1 cm tief einschneiden.
**7.** Das Backblech in den vorgeheizten Backofen schieben und das Brot etwa 40 Minuten backen.
**8.** Das Spinatbrot auf einen Kuchenrost setzen und erkalten lassen.

## Hähnchen „La Fontaine"

4 Portionen

*Zubereitungszeit* (inklusive Backzeit): 50 Minuten

375 g Hähnchengeschnetzeltes
Salz
gem. Pfeffer
gerebelter Thymian
20 g Butterschmalz
1 Zwiebel
2 Tomaten
230 g abgetropfte Champignons (aus der Dose)
2–3 EL TK-Petersilie
1 Pck. frischer Pizzateig (400 g, aus dem Kühlregal)
3 Scheiben Kochschinken
2 EL Milch, 1 Eigelb

Pro Portion:
E: 41 g, F: 20 g, Kh: 49 g,
kJ: 2264, kcal: 540

**1.** Hähnchengeschnetzeltes mit Salz, Pfeffer und Thymian würzen. Butterschmalz in einer Pfanne zerlassen. Geschnetzeltes darin von allen Seiten gut anbraten, in etwa 5 Minuten fertig braten.
**2.** Die Zwiebel abziehen und in feine Würfel schneiden. Tomaten abspülen, abtrocknen, halbieren und die Stängelansätze herausschneiden. Tomaten in kleine Würfel schneiden. Champignons klein schneiden.
**3.** Das Hähnchengeschnetzelte aus der Pfanne nehmen und abkühlen lassen. Zwiebelwürfel in die heiße Pfanne geben und glasig dünsten.
**4.** Champignons und Tomaten dazugeben, alles unter häufigem Rühren so lange anschwitzen, bis die Flüssigkeit verdampft ist. Die Petersilie hinzufügen, mit Salz, Pfeffer und Thymian abschmecken und kalt stellen.
**5.** Den Backofen vorheizen.
*Ober-/Unterhitze:* etwa 200 °C
*Heißluft:* etwa 180 °C
**6.** Den Pizzateig mit dem Backpapier auf einer Arbeitsfläche auslegen.
**7.** Kochschinken darauflegen, mit der Pilz-Tomaten-Masse bestreichen, darauf das Geschnetzelte geben und fest zusammenrollen. Milch und Eigelb verschlagen und die Teigrolle damit bestreichen. Die Teigrolle mit dem Backpapier vorsichtig auf ein Backblech ziehen. Das Backblech in den vorgeheizten Backofen schieben. Hähnchen etwa 20 Minuten backen.
**8.** Die Hähnchenrolle in Scheiben schneiden, anrichten und servieren.

Hähnchen „La Fontaine"

## Pikante Windbeutel

8 Stück

*Zubereitungszeit* (inklusive Backzeit): 60 Minuten, ohne Abkühlzeit

**Für den Brandteig:**
250 ml Wasser
50 g Butter
125 g Weizen-Vollkornmehl
Salz
3–4 Eier (Größe M)

**Für die Füllung:**
250 g Kräuterquark
(aus dem Kühlregal)

*Pro Stück:*
E: 7 g, F: 10 g, Kh: 11 g,
kJ: 687, kcal: 164

**1.** Den Backofen vorheizen.
*Ober-/Unterhitze:* etwa 200 °C
*Heißluft:* etwa 180 °C
**2.** Für den Teig Wasser mit Butter am besten in einem Stieltopf zum Kochen bringen. Mehl mit dem Salz auf einmal in die von der Kochstelle genommene Flüssigkeit schütten, zu einem glatten Kloß rühren und unter Rühren etwa 1 Minute erhitzen. Den heißen Kloß sofort in eine Schüssel geben.
**3.** Nach und nach die Eier mit einem Mixer (Knethaken) auf höchster Stufe unterarbeiten. Eiermenge hängt von der Beschaffenheit des Teiges ab. Er muss stark glänzen und so vom Löffel abreißen, dass lange Spitzen hängen bleiben.
**4.** Den Teig in einen Spritzbeutel geben und 8 kleine Tupfen auf ein Backblech (mit Backpapier belegt) Spritzen oder den Teig mit 2 Esslöffeln in 8 kleinen Häufchen auf das Backblech setzen.
**5.** Das Backblech in den vorgeheizten Backofen schieben. Die Windbeutel 25–30 Minuten backen.
**6.** Das Backblech auf einen Kuchenrost stellen. Von den noch heißen Windbeuteln sofort einen Deckel abschneiden. Windbeutel auf einem mit Backpapier belegten Kuchenrost erkalten lassen.
**7.** Für die Füllung Quark gut durchrühren, dann jeweils einen Klecks auf die Windbeutelunterseiten geben. Die Deckel daraufsetzen und leicht andrücken. Die Windbeutel auf einer Platte anrichten.

Pikante Windbeutel

***Tipps:*** Während der ersten 15 Minuten Backzeit die Backofentür auf keinen Fall öffnen, da sonst das Gebäck zusammenfällt. Garnieren Sie die Windbeutel mit abgespülten, trocken getupften frischen Kräutern, z. B. Schnittlauch und Petersilie.

## Möhren-Koriander-Muffins

12 Stück (ohne Foto)

*Zubereitungszeit* (inklusive Backzeit): 60 Minuten

**Für die Kräuterbutter:**
125 g Butter
(zimmerwarm)
1 rote Chilischote
1/2 Bund Koriander
Schale und Saft von 1 Bio-Limette
(unbehandelt, ungewachst)
etwas Salz

**Für den Teig:**
350 g Möhren
1 Bund Koriander
200 g Weizenmehl
25 g kernige Haferflocken
25 g zarte Haferflocken
2 gestr. TL Dr. Oetker Backin
1 Msp. Natron
2 Msp. gem. Koriander
1/2 TL Salz
50 g zerlassene Butter
2 Eier (Größe M)
125 ml Buttermilch

*Pro Stück:*
E: 5 g, F: 14 g, Kh: 17 g,
kJ: 932, kcal: 223

**1.** Für die Kräuterbutter die Butter glatt rühren. Chilischote abspülen, halbieren und entkernen. Koriander abspülen, trocken tupfen und die Blättchen von den Stängeln zupfen. Chili und Korianderblättchen fein hacken, mit Limettenschale und Saft unter die Butter rühren, mit Salz abschmecken.

Gyros-Pizza

**2.** Kräuterbutter in Alufolie zu einer Rolle rollen und in der Alufolie in den Kühlschrank legen.
**3.** Den Backofen vorheizen.
*Ober-/Unterhitze:* etwa 200 °C
*Heißluft:* etwa 180 °C
**4.** Für den Teig Möhren putzen, schälen abspülen, abtropfen lassen, grob reiben und gut ausdrücken. Koriander abspülen, trocken tupfen und die Blättchen von den Stängeln zupfen. Blättchen fein hacken.
**5.** Mehl mit beiden Haferflockensorten, Backpulver, Natron, Koriander und Salz vermengen. Zerlassene Butter, Eier und Buttermilch verrühren. Möhren, Koriander und die Mehl-Haferflocken-Mischung darübergeben und locker unterheben.
**6.** Den Teig in einer Muffinform (für 12 Muffins, gefettet) gleichmäßig verteilen. Form auf dem Rost in den vorgeheizten Backofen schieben. Die Muffins etwa 30 Minuten backen.
**7.** Die Form auf einen Kuchenrost stellen. Die Muffins etwa 10 Minuten in der Form abkühlen lassen. Dann die Muffins aus der Form lösen und warm oder kalt mit der Kräuterbutter servieren.

***Tipps:*** Die Muffins sind gefriergeeignet. Die Muffins dann etwa 1 Stunde vor dem Verzehr zugedeckt auftauen und etwa 10 Minuten bei Ober-/Unterhitze: etwa 180 °C bzw. Heißluft: etwa 160 °C aufbacken und servieren.

## Gyros-Pizza

4 Portionen (1 Backblech)

*Zubereitungszeit* (inklusive Backzeit): 30 Minuten

1–2 EL Speiseöl, z. B. Olivenöl
300 g Gyrosfleisch, fertig mariniert
1 Pck. Pizzateig mit Tomatensauce (400 g + 200 g, aus dem Kühlregal)
200 g passierte Tomaten (aus der Dose)
etwa 70 g abgetropfte Peperoni (aus dem Glas)
150 g ger. Gouda
2–3 Stängel glatte Petersilie

Pro Portion:
E: 32 g, F: 28 g, Kh: 53 g,
kJ: 2517, kcal: 598

**1.** Öl portionsweise in einer großen Pfanne erhitzen. Das Gyrosfleisch darin portionsweise unter Wenden bei mittlerer bis starker Hitze kräftig anbraten, anschließend aus der Pfanne nehmen.
**2.** Den Backofen vorheizen.
*Ober-/Unterhitze:* etwa 220 °C
*Heißluft:* etwa 200 °C
**3.** Den Pizzateig auf einem Backblech (30 x 40 cm, gefettet, mit Backpapier belegt) entrollen.
**4.** Die Tomatensauce (aus der Packung) mit den passierten Tomaten in einer Schüssel verrühren. Die Tomatensauce auf dem Teig gleichmäßig verstreichen.
**5.** Gyros und Peperoni darauf verteilen und mit dem Käse bestreuen. Das Backblech in den vorgeheizten Backofen schieben. Die Pizza nach Packungsanleitung 10–12 Minuten backen.
**6.** In der Zwischenzeit die Petersilie abspülen, trocken tupfen und die Blättchen von den Stängeln zupfen. Blättchen fein hacken.
**7.** Die Pizza in 4 gleich große Stücke schneiden und mit der Petersilie bestreut servieren.

Sardellenpizza

Abruzzenpizza

## Sardellenpizza
2 Pizzen (4 Portionen)

*Zubereitungszeit* (inklusive Backzeit): 35 Minuten

**Für den Hefeteig:**
250 g Weizenmehl
1 Pck. Hefeteig Garant
150 ml Wasser
1 EL Speiseöl
1 TL Salz

**Für den Belag:**
450 g Tomaten
3–4 Knoblauchzehen
250 g gut abgetropfter Mozzarella
gerebelter Majoran
10 abgetropfte Sardellenfilets (aus der Dose)
50 g ger. Parmesan
3 EL Olivenöl

*Pro Portion:*
E: 25 g, F: 28 g, Kh: 55 g,
kJ: 2465, kcal: 589

**1.** Den Backofen vorheizen.
*Ober-/Unterhitze:* etwa 220 °C
*Heißluft:* etwa 200 °C
**2.** Für den Teig Mehl in einer Rührschüssel mit Hefeteig Garant sorgfältig vermischen. Restliche Zutaten hinzufügen und mit einem Mixer (Knethaken) zunächst kurz auf niedrigster, dann auf höchster Stufe in etwa 2 Minuten zu einem glatten Teig verarbeiten.
**3.** Den Teig in 2 gleich große Portionen teilen. Jede Teigportion auf einer leicht bemehlten Arbeitsfläche zu einem runden Teigfladen (Ø 30 cm) ausrollen. Teigfladen auf Backbleche (mit Backpapier belegt) legen.
**4.** Für den Belag die Tomaten abspülen, abtrocknen und die Stängelansätze mit einem spitzen Messer herausschneiden. Tomaten in Scheiben schneiden. Knoblauch abziehen, in feine Scheiben schneiden. Tomatenscheiben und Knoblauch auf den Pizzen verteilen.
**5.** Mozzarella in Scheiben schneiden, auf den Teigfladen verteilen, mit Majoran bestreuen. Die Sardellenfilets kreuzweise auf den Teig legen.
**6.** Pizzen mit Parmesan bestreuen, dann mit Öl beträufeln. Backbleche nacheinander (bei Heißluft zusammen) in den vorgeheizten Backofen schieben. Die Pizzen etwa 15 Minuten backen.
**7.** Pizzen vor dem Servieren nochmals mit etwas Majoran bestreuen.

***Tipp:*** Die Pizza schmeckt auch sehr lecker mit Tunfisch oder Artischockenherzen belegt.

## Abruzzenpizza
4 Portionen (1 Backblech)

*Zubereitungszeit* (inklusive Backzeit): 30 Minuten

1 Pck. frischer Pizzateig mit Vollkornanteil (400 g, aus dem Kühlregal)
200 g Tomatensauce (aus dem Glas)

**Für den Belag:**
2 grüne Paprikaschoten
1 rote Paprikaschote
4 Peperoni
4 Zwiebeln
100 g Champignons
30 g abgetropfte, grüne Oliven, mit Paprika gefüllt
200 g ger. Bergkäse oder Gouda
1 TL grob gem. Pfeffer

*Pro Portion:*
E: 26 g, F: 20 g, Kh: 60 g,
kJ: 2214, kcal: 526

**1.** Den Backofen vorheizen.
*Ober-/Unterhitze:* etwa 200 °C
*Heißluft:* etwa 180 °C
**2.** Den Teig mit dem Backpapier auf einem Backblech entrollen und mit der Tomatensauce bestreichen.
**3.** Alle Paprikaschoten halbieren, entstielen, entkernen, die weißen Scheidewände entfernen. Schoten abspülen, abtropfen lassen und in feine Streifen schneiden. Peperoni abspülen, abtrocknen und in dünne Scheiben schneiden.
**4.** Die Zwiebeln abziehen, zuerst in Scheiben schneiden, dann in Ringe teilen. Champignons putzen, evtl. kurz abspülen und trocken tupfen. Champignons in Scheiben schneiden.
**5.** Oliven halbieren, evtl. in Scheiben schneiden. Die vorbereiteten Zutaten gleichmäßig auf dem mit Tomatensauce bestrichenen Pizzaboden verteilen, mit Käse und Pfeffer bestreuen. Backblech in den vorgeheizten Backofen schieben. Die Pizza 12–15 Minuten backen.

## Champignonbrötchen

4 Stück

*Zubereitungszeit* (inklusive Backzeit): 40 Minuten

4 Dinkel- oder Roggenbrötchen
300 g frische Champignons
1 Zwiebel
1/2 Bund Petersilie
2 EL Speiseöl
3 Eier (Größe M)
Salz
gem. Pfeffer
80 g ger. Käse, z. B. Gouda

*Pro Stück:*
E: 19 g, F: 17 g, Kh: 29 g, kJ: 1413, kcal: 338

**1.** Von den Brötchen je einen kleinen Deckel abschneiden. Die unteren Brötchen aushöhlen. Das Brötcheninnere etwas kleiner schneiden.
**2.** Den Backofen vorheizen.
*Ober-/Unterhitze:* etwa 200 °C
*Heißluft:* etwa 180 °C
**3.** Champignons putzen, evtl. kurz abspülen und trocken tupfen. Champignons vierteln. Zwiebel abziehen, halbieren und fein würfeln. Petersilie abspülen, trocken tupfen und fein hacken.
**4.** Das Speiseöl in einer Pfanne erhitzen. Die Zwiebelwürfel darin glasig dünsten. Champignons hinzufügen und etwa 5 Minuten weiter dünsten. Die Masse etwas abkühlen lassen.
**5.** Eier verschlagen. Das Brötcheninnere und die Petersilie unterrühren, mit Salz und Pfeffer würzen. Die ausgehöhlten Brötchen auf ein Backblech (mit Backpapier belegt) setzen. Die Eier-Brötchen-Masse in die Brötchen geben und mit dem Käse bestreuen.
**6.** Das Backblech in den vorgeheizten Backofen schieben und die Brötchen 12–15 Minuten backen, anschließend sofort servieren.

Champignonbrötchen

## Gemüsekuchen

4 Portionen

*Zubereitungszeit* (inklusive Backzeit): 40 Minuten

200 g abgetropfte, geröstete, abgezogene Paprikaschoten in Öl (aus dem Glas)
500 g Mangold
1 Gemüsezwiebel (etwa 250 g)
2 EL Olivenöl

1 Pck. frischer Pizzateig (400 g, aus dem Kühlregal)
Salz, gem. Pfeffer
ger. Muskatnuss
4 EL Olivenöl

*Pro Portion:*
E: 11 g, F: 33 g, Kh: 51 g,
kJ: 2302, kcal: 550

**1.** Die Paprikaschoten in Streifen schneiden. Vom Mangold welke Blätter entfernen. Restliche Blätter und Stiele gründlich abspülen, gut abtropfen lassen, in Streifen schneiden. Zwiebel abziehen, halbieren und in grobe Stücke schneiden.
**2.** Das Öl in einer großen Pfanne erhitzen. Mangoldstiele und Zwiebelstücke hinzugeben und darin etwa 5 Minuten garen, dabei ab und zu umrühren. Blätter zugeben und alles unter Wenden weitere 3–4 Minuten braten.
**3.** In der Zwischenzeit den Backofen vorheizen.
*Ober-/Unterhitze:* etwa 200 °C
*Heißluft:* etwa 180 °C
**4.** Den Pizzateig mit dem Backpapier auf einem Backblech entrollen. Den Teig mit Paprikastreifen, Mangold und Zwiebelstücken belegen. Den Belag mit Salz, Pfeffer und Muskatnuss würzen, mit Olivenöl beträufeln. Das Backblech in den vorgeheizten Backofen schieben. Den Gemüsekuchen etwa 25 Minuten backen.

## Kräuter-Ingwer-Muffins

12 Stück (ohne Foto)

*Zubereitungszeit* (inklusive Backzeit): 40 Minuten

1 walnussgroßes Stück frischer Ingwer (etwa 25 g)
350 g Weizenmehl
1 Pck. Dr. Oetker Backin
1 TL Salz
30 g Zucker
2 Eier (Größe M)
250 ml Milch
6 EL Speiseöl
2 TL gerebelter Thymian

**Außerdem:**
24 Muffin-Papierbackförmchen

*Pro Stück:*
E: 5 g, F: 8 g, Kh: 25 g,
kJ: 857, kcal: 205

Gemüsekuchen

Kürbiswaffeln

**1.** Frischen Ingwer schälen und fein hacken.
**2.** Den Backofen vorheizen.
*Ober-/Unterhitze:* etwa 180 °C
*Heißluft:* etwa 160 °C
**3.** Mehl mit Backpulver in einer Rührschüssel mischen. Restliche Zutaten mit dem fein gehackten Ingwer hinzufügen und mit einem Mixer (Rührstäbe) zu einem glatten Teig verarbeiten.
**4.** Den Teig in einer Muffinform (für 12 Muffins, mit Papierbackförmchen ausgelegt) gleichmäßig verteilen.
**5.** Die Form auf dem Rost in den vorgeheizten Backofen schieben und die Kräuter-Ingwer-Muffins etwa 25 Minuten backen.
**6.** Die Form auf einen Kuchenrost stellen. Die Muffins etwa 10 Minuten in der Form abkühlen lassen. Dann aus der Form lösen und lauwarm servieren.

## Kürbiswaffeln
7 Stück

*Zubereitungszeit* (inklusive Backzeit): 30 Minuten

**Für den Schüttelteig:**
75 g Maismehl
75 g Weizenmehl
1/2 Pck. Dr. Oetker Backin
50 g brauner Zucker
1 Prise Salz
2 Eier (Größe M)
1 EL Zitronensaft
50 ml Kürbiskernöl
75 g Joghurt (3,5 % Fett)
150 ml Buttermilch
100 g geraspeltes, frisches Kürbisfleisch

*Pro Stück:*
E: 5 g, F: 10 g, Kh: 24 g,
kJ: 885, kcal: 211

**1.** Für den Teig beide Mehlsorten mit Backpulver mischen, in eine verschließbare Schüssel (etwa 3 l) geben und mit Zucker und Salz mischen. Eier, Zitronensaft, Kürbiskernöl, Joghurt und Buttermilch hinzufügen. Die Schüssel mit dem Deckel fest verschließen.
**2.** Schüssel mehrmals kräftig schütteln (insgesamt 15–30 Sekunden), sodass alle Zutaten gut vermischt sind. Kürbisraspel hinzugeben. Alles mit einem Schneebesen oder Rührlöffel nochmals sorgfältig durchrühren, damit trockene Zutaten vom Rand mit untergerührt werden.
**3.** Den Teig in nicht zu großen Portionen in ein gut erhitztes, gefettetes Waffeleisen geben und verstreichen. Die Waffeln goldbraun backen, mit einer Gabel oder einem Pfannenwender herausnehmen und einzeln auf einem Kuchenrost erkalten lassen.

# Ratgeber für schnelles Kochen und Backen

Blitzschnell kochen und backen und dabei bei Geschmack und Genuss keine Abstriche machen. Mit ein paar Tipps und Tricks ist das ganz unkompliziert möglich.

### Zubereitungszeiten

Die Zubereitungszeit ist ein Anhaltswert für die Zeit der Vorbereitung und die eigentliche Zubereitung. Sie variiert je nach Geschick und Übung. Immer gilt jedoch: Je besser die Vorbereitung, desto schneller ist das Gericht später gekocht oder der Kuchen im Ofen. Ordnung und ausreichend Platz in der Küche erleichtern das Arbeiten. Bitte studieren Sie die Rezepte immer sehr gründlich, bevor Sie mit dem eigentlichen Kochen bzw. Backen beginnen. Gerade ungeübte Köche und Bäcker können sich daraufhin einen kleinen Zeitplan zurechtlegen und erleben dann keine bösen Überraschungen während der Zubereitung.

Damit Ihnen wirklich alles blitzschnell gelingt, beachten Sie bitte noch folgende Hinweise:

- Stellen Sie alle Zutaten für das Gericht oder den Kuchen, die entsprechenden Formen und die benötigen Küchengeräte bereit.
- Bereiten Sie, sofern benötigt, zuerst die Backform bzw. das Backblech vor. Beginnen Sie dann mit dem Abmessen bzw. -wiegen der Zutaten und schalten Sie ggf. Ihren Backofen (wie im Rezept angegeben) an.

Die Zubereitungszeit bei **Kochrezepten** gibt an, wie viel Zeit benötigt wird, bis das Gericht fertig zubereitet auf dem Tisch steht. Das sind für einen durchschnittlich erfahrenen „Koch" immer maximal 30 Minuten. Kurze Ruhe-, Marinier- oder Durchziehzeiten von nur wenigen Minuten, die nach Beendigung der eigentlichen Zubereitung erfolgen und den Geschmack eines Gerichtes verbessern, kommen zur Zubereitungszeit hinzu und sind gesondert ausgewiesen. Ruhe-, Durchzieh- oder Marinierzeiten, die stattfinden, während parallel andere Tätigkeiten ausgeführt werden, sind in der berechneten Zubereitungszeit enthalten und nicht gesondert ausgewiesen.

Die Zubereitungszeit bei **Backrezepten** (Kuchen, Kleingebäck, Brot und pikantes Gebäck) gibt an, wie viel Zeit benötigt wird, bis das Gebäck aus dem Ofen genommen wird. Das sind für einen durchschnittlich erfahrenen „Bäcker" immer maximal 60 Minuten. Die Zubereitungszeit wird also inklusive Backzeit angeben. Die Abkühlzeit ist nicht in der Zubereitungszeit enthalten.

### Die Rezepte und ihre Zutaten

#### Portionsangaben

Die Portionszahl ist in den einzelnen Rezepten angegeben. Möchten Sie für mehr oder weniger Leute kochen oder backen, passen Sie die Mengen entsprechend an. Am einfachsten ist es, die Rezeptzutaten dann zu verdoppeln oder zu halbieren. Berücksichtigen Sie dabei immer, dass sich eventuell Gar- und Backzeiten sowie die Zubereitungszeiten verändern können und/oder Sie ggf. größere Töpfe, Pfannen, Backformen usw. benötigen.

#### Zutatenliste

In den von uns ausgewählten Rezepten werden sowohl frische Lebensmittel als auch vorbereitete Produkte, sogenanntes Convenience-Food (frei übersetzt: „bequemes Essen"), angegeben. Die Verwendung einiger solcher Produkte ist durchaus in Ordnung und sogar empfehlenswert, solange Sie sich nicht ausschließlich davon ernähren und Sie diese Produkte zusätzlich mit frischen Lebensmitteln ergänzen. So lässt sich zum Beispiel bei Gemüse und Obst sehr gut auf **Tiefkühlprodukte** ausweichen. Der Vitamingehalt ist vergleichbar mit frischer Ware und teilweise sogar höher, da das Gemüse bzw. Obst direkt verarbeitet und gleich gefrostet wird. So sind beispielsweise tiefgekühlte Kräuter enorm praktisch. Sie werden in kleinen Päckchen gewaschen und gehackt angeboten und sind überall dort ideal, wo Frische und Grün fehlt. Kaufen Sie hier aber idealerweise immer die „puren" Sorten ohne zusätzliche Fette und Gewürze. Mit TK-Gemüse und -Obst sparen Sie sich so jede Menge Arbeit – denn das Waschen, Putzen und Kleinschneiden entfällt – ohne dabei auf Genuss, Geschmack und Nährstoffe verzichten zu müssen.

Immer wieder werden Sie auch **Dosenware** in der Zutatenliste finden. Viele Gemüse- und Obstsorten können hier mit tiefgekühlter Ware nicht mithalten. Unschlagbar sind unter anderem allerdings Tomaten, Gemüsemais und Pilze aus der Dose. Sie verlieren kaum an Nährstoffen, Biss und Geschmack. Ihr Vorteil: Man kann sie das ganze Jahr über kaufen. Besonders Dosentomaten sind in punkto Aroma nicht zu schlagen, besonders wenn sie gegen die winterliche Treibhausware antreten. Aufgepeppt mit Kräutern und frischen Lebensmitteln stehen sie ihren frischen Originalen in nichts nach.

**Fertigteige** aus dem Kühlregal sind eine durchaus akzeptable Alternative zum Selbermachen. Um vor allem bei Brot und pikantem Gebäck eine schnelle Zubereitung zu ermöglichen, haben wir hier immer wieder auf Fertigteige zurückgegriffen.

Ebenso ideal und im Kühlregal in immer größer werdendem Angebot zu finden, sind **Kartoffelgerichte,** wie Bratkartoffeln, Schupfnudeln oder Klöße, sowie gefüllte Nudeln oder vorgebackene Pfannkuchen.

# Kapitelregister

**Fleisch**

### Fisch & Meeresfrüchte



### Vegetarische Gerichte

**Pasta**

## Snacks & Kleinigkeiten



## Süße Gerichte & Kleingebäck

## Kuchen

**Brot & pikantes Gebäck**



**A**



**B**

**G**

## P



## Q



## R



## S

## U



## V



## W



## Y/Z



## Bildnachweis

Bei mehreren Bildern auf einer Seite geben die Abkürzungen hinter der Seitenzahl die Position des Bildes an: l. = links, m = mittig, r. = rechts.

### Titelfoto

Thomas Diercks, Hamburg

### Innenfotos

**Walter Cimbal, Hamburg** (S. 12 r., 13 r., 15 l., 25 l., 26 l., 33 l., 40, 78 l., 352, 368, 379 l., 381 r., 382, 390 r., 395 r., 397 m., 398, 399, 402 r., 403 l., 406 r., 407, 415 l., 423 r., 430 r., 446 r., 449 r., 451 l., 476 r., 493 r., 494, 519–521, 530 l., 531, 537–539, 544 l., 549)

**Fotostudio Diercks (Thomas Diercks, Kai Boxhammer, Christiane Krüger), Hamburg** (S. 4, 12 l., 15 r., 18 l., 24 r., 27 l., 28, 29 r., 30 l., 32, 36 l., 39 r., 41–43, 49, 50 r., 51 l., 52 l., 53, 54, 56, 59, 61, 62, 64, 67 l., 68 l., 69, 70 l., 71, 72, 73 r., 75 r., 76, 77 r., 78 r., 81, 83, 84 r., 85 r., 86 l., 87, 89 r., 91 r., 92 r.–94 l., 95, 97 l., 99 l., 100 l., 101, 104 r., 108 r.–110, 111 r., 113–116, 117 r.–120 l., 121–124, 125 r., 127 r., 129, 130 r., 131 l., 134–136, 139, 141 r., 142, 143 r., 144, 145 l., 146, 147, 148 r., 149, 151 l., 152–154, 156, 158, 159, 161 l., 162, 164 l., 165 l., 166 l., 167, 168 l., 169, 171, 172 r.–175, 178, 179 r., 180 l., 182 l., 183–185 l., 186, 189, 190–192 l., 193–195, 197–201, 203 r.–205, 206 r.–210, 212 r.–215 l., 216 l., 217, 218, 219 r., 220 r., 224, 225 r.–230, 234, 235 r., 237 l., 239 l., 241 r., 244, 247, 248 r.–250 l., 256–259 l., 260, 261 r., 262 l., 263 r., 264, 266 r., 267, 269 r., 271 l., 272 l., 273 l., 274, 275 r., 276 l., 279 r., 281–283 l., 285 r., 286 l., 287 l., 288, 290 l., 292, 294 r., 296 r., 297 l., 298 r., 299 l., 300 l., 302, 303 r., 305 l., 307 r., 308, 311 r., 313 r., 317, 319 r., 320 r., 321, 325, 326, 328, 329 l., 332 l., 333 r.–335, 337, 338 l., 338 r., 339, 340 r., 342, 343, 345 l., 350, 351 r., 353, 356 l., 357, 358, 360, 361, 366 l., 367 l., 374, 375 r., 380 l., 383 l., 385, 386 l., 387–390 l., 391, 392, 394 l., 395 l., 397 l., 400, 401 r., 402 l., 404 l., 405, 409, 410 l., 411 l., 415 r., 416 r., 417, 419 l., 420, 421, 422 r., 423 l., 425, 428 l., 429 r., 430 l., 431, 432–434, 435 r., 436, 437 r., 439, 440, 442–445 l., 449 l., 451 r., 454–456, 458, 459 r., 461, 463 r.–471, 473 r.–476 l., 478 r., 480 r., 481, 483 l., 484 r.–486, 488 l., 489, 490, 491 r., 492 l., 493 l., 495 l., 496, 498, 508 l., 509, 511, 516 r.–518 l., 523 l., 525, 527 l., 533, 534, 541, 544 r.–546, 548 l., 550 r.–553, 555, 556 l., 557, 559)

**Ulli Hartmann, Halle/Westf.** (S. 10 r., 11 r., 27 r., 60, 105 l., 106 r., 120 r., 130 l., 141 l., 151 r., 161 r., 163 l., 172 l., 179 l., 185 r., 196 l., 206 l., 216 r., 222 r., 253 l., 293 l., 294 l., 306 l., 316 l., 320 l., 323 r., 332 r., 348, 351 l., 354 r., 356 r., 371 m., 375 l., 378 r., 394 r., 412 l., 427 r., 446 l., 450, 460, 462, 463 l., 487, 491 l., 504, 512, 513, 516 l., 523 r., 548 r.)

Bela Hoche, Hamburg (S. 85 l., 143 l., 220 l., 221, 233 l., 250 r., 269 l., 272 r., 285 l., 301 l., 354 m., 527 r.)
**Ulrich Kopp, Sindelfingen** (S. 80 l., 233 r., 291 l., 304, 329 r., 413, 510)
**Bernd Lippert** (S. 68 r., 137 l., 155 l., 177, 408 r., 424 l., 483 r., 484 l., 503 l., 508 r., 515 r.)
**Herbert Maass** (S. 8, 34 l., 67 r., 225 l., 397 r., 515 l.)
**Janne Peters, Hamburg** (S. 33 r., 37 l., 38 r., 70 r., 79, 100 r., 102 l., 105 r., 163 r., 211, 239 r., 243, 245, 248 l., 259 r., 261 l., 278, 279 l., 311 l., 312 l., 338 m., 344, 346 r., 363, 366 r., 367 r., 401 l.)
**Antje Plewinski, Berlin** (S. 9 r., 11 l., 23, 24 l., 25 r., 26 r., 29 l., 30 r., 34 r., 35, 36 r., 37 r., 38 l., 39 l., 45 l., 47, 48 l., 50 l., 51 r., 80 r., 88, 96, 98 r., 107 r., 126, 127 l., 128 r., 131 r., 138, 140, 145 r., 148 l., 150 l., 155 r., 157 r., 160, 176 r., 182 r., 187 r., 188, 192 r., 215 r., 235 l., 237 r., 238, 240, 242, 246, 252, 254, 255 l., 262 r., 268, 270 r., 271 r., 273 r., 275 l., 280, 283 r., 295 l., 300 r., 305 r., 310, 312 r., 336, 340 l., 341, 345 r., 347, 349, 359 l., 362, 365 r., 369 r.–371 l., 371 r., 372 r., 373 m., 396, 406 l., 418, 422 l., 424 r., 426, 429 l., 436 r., 437 l., 447, 448, 452, 453, 472, 477 r., 478 l., 479, 480 l., 495 r., 518 r., 526, 528, 529, 530 r., 535, 536, 547, 550 l.)
**Anke Politt, Hamburg** (S. 386 r., 393, 404 r., 414 l., 473 l.)
**Christiane Pries** (S. 52 r., 276 r., 301 r., 324 r., 327 l., 556 r.)
**Hans-Joachim Schmidt, Hamburg** (S. 14, 16, 17 l., 19 r., 20–22, 31, 44, 45 r., 46, 55, 57, 63 l., 66, 91, 103 r., 131, 132, 133, 150 r., 164 r., 168 r., 170, 232, 236 l., 263 l., 270 l., 286 r., 287 r., 290 r., 296 l., 299 r., 307 l., 309 l., 324 l., 330, 331 r., 359 r.)
**Axel Struwe, Bielefeld** (S. 10 l., 17 r., 91 l., 157 l., 231, 346 l., 354 l., 355, 369 l., 372 l., 373 l., 373 r., 376 l., 377, 412 r., 506, 514)
**Norbert Toelle, Bielefeld** (S. 58 l., 84 l., 99 r., 111 l., 112, 125 l., 165 r., 166 r., 176 l., 181, 187 l., 203 l., 212 l., 219 l., 222 l., 223, 251, 266 l., 277 l., 284, 293 r., 313 l., 327 r., 378 l., 380 r., 381 l., 408 l., 482, 499, 505, 507, 540 r., 543, 558)
**Brigitte Wegner, Bielefeld** (S. 18 r., 19 l., 48 r., 58 r., 73 l., 90 l., 102 r., 128 l., 137 r., 180 r., 196 r., 202, 236 r., 241 l., 253 r., 255 r., 265, 291 r., 297 r., 298 l., 306 r., 309 r., 314, 316 r., 318 r., 323 l., 364, 365 l., 376 r., 379 r., 410 r., 411 r., 427 l., 428 r., 435 l., 438, 441, 445 r., 459 l., 488 r., 492 r., 497, 500–502, 503 r., 522, 524, 532, 540, 554)
**Winkler Studios, Bremen** (S. 63 r., 65, 74, 75 l., 77 l., 82, 86 r., 89 l., 90 r., 92 l., 94 r., 97 r., 98 l., 103 l., 104 l., 106 l., 107 l., 108 l., 117 l., 277 r., 295 r., 303 l., 315, 318 l., 319 l., 331 l., 383 r., 384, 403 r., 414 r., 419 r., 457)
**Bernd Wohlgemuth, Hamburg** (S. 322, 416 l., 542)

# Abkürzungen/Allgemeine Hinweise

## Abkürzungen

| | | |
|---|---|---|
| EL | = | Esslöffel |
| TL | = | Teelöffel |
| Msp. | = | Messerspitze |
| Pck. | = | Packung/Päckchen |
| g | = | Gramm |
| kg | = | Kilogramm |
| ml | = | Milliliter |
| l | = | Liter |
| evtl. | = | eventuell |
| geh. | = | gehäuft |
| gem. | = | gemahlen |
| ger. | = | gerieben |
| gestr. | = | gestrichen |
| TK | = | Tiefkühlprodukt |
| °C | = | Grad Celsius |
| Ø | = | Durchmesser |

## Kalorien-/Nährwertangaben

| | | |
|---|---|---|
| E | = | Eiweiß |
| F | = | Fett |
| Kh | = | Kohlenhydrate |
| kJ | = | Kilojoule |
| kcal | = | Kilokalorien |

Bei den Nährwertangaben in den Rezepten handelt es sich um auf- bzw. abgerundete ganze Werte. Aufgrund von ständigen Rohstoffschwankungen und/oder Rezepturveränderungen bei Lebensmitteln, kann es zu Abweichungen kommen. Die Nährwertangaben dienen daher lediglich Ihrer Orientierung und eignen sich nur bedingt für die Berechnung eines Diätplans, zum Beispiel bei Krankheiten wie Diabetes.
Bei krankheitsbedingten Diäten richten Sie sich daher bitte nach den Anweisungen Ihres Diätassistenten bzw. Ihres Arztes.

## Allgemeine Hinweise

Lesen Sie bitte vor der Zubereitung – besser noch vor dem Einkauf – das Rezept einmal vollständig durch. Oft werden Arbeitsabläufe oder -zusammenhänge dann klarer.

## Zutatenliste

Die Zutaten sind in der Reihenfolge ihrer Verarbeitung aufgeführt.

## Arbeitsschritte

Die Arbeitsschritte sind einzeln hervorgehoben, in der Reihenfolge, in der sie von uns ausprobiert wurden.

## Zubereitungszeit

Genaue Angaben darüber, wie die Zubereitungszeiten berechnet wurden, finden Sie im Ratgeber auf Seite 560.

## Backofeneinstellung und Backzeiten

Die in den Rezepten angegebenen Backtemperaturen und Backzeiten sind Richtwerte, die je nach individueller Hitzeleistung Ihres Backofens über- oder unterschritten werden können. Gegen Ende der angegebenen Backzeit sollten die Gebäcke genau beobachtet werden. Machen Sie nach Beendigung der angegebenen Backzeit eine Garprobe. Die Temperaturangaben in diesem Buch beziehen sich auf Elektrobacköfen. Die Temperatureinstellmöglichkeiten für Gasbacköfen variieren je nach Hersteller sehr stark, sodass wir keine allgemeingültigen Angaben machen können. Bitte beachten Sie deshalb bei der Einstellung des Backofens die Gebrauchsanleitung des Herstellers. Ein Backofenthermometer eignet sich dabei gut, um die Backofentemperatur im Blick zu haben.

## Einschubhöhe bei Backrezepten

Hohe und halbhohe Formen werden im Allgemeinen auf dem Rost im unteren Drittel des Backofens eingeschoben, flache Formen auf dem Rost in die mittlere Einschubleiste. Blechkuchen, Klein- und Eiweißgebäck gelingen am besten in der Mitte des Backofens. Abweichungen sind möglich und von der Ausführung Ihres Backofens abhängig (Herstellerangaben beachten).

## Nur Frische Eier verwenden

Bei der Zubereitung von Speisen, Torten oder Tortenfüllungen mit frischen Eiern, die später nicht gegart bzw. gebacken werden, nur Eier verwenden, die nicht älter als 5 Tage sind (Legedatum beachten!). Ei bzw. Eier in eine Rühr- oder Edelstahlschüssel geben und im heißen Wasserbad mit einem Mixer (Rührstäbe) bei mittlerer Hitze aufschlagen, bis eine Temperatur von etwa 70 °C entstanden ist. Die Torten im Kühlschrank aufbewahren und innerhalb von 24 Stunden verzehren.

**Titelrezept**

## Schweinegeschnetzeltes mit Paprika und Bandnudeln

4 Portionen

*Zubereitungszeit:* 30 Minuten

500 g Schweineschnitzel
2 rote Paprika
1 EL Olivenöl
Wasser
Salz
400 g Bandnudeln

125 ml Hühnerbrühe
4 EL Sojasauce
2 EL Saucenbinder
gem. Pfeffer
1 Prise Zucker
1 Spritzer Zitronensaft
4 Frühlingszwiebeln
1 TL Sesamöl
2 EL gehackte Petersilie

*Pro Portion:* E: 43 g, F: 8 g, Kh: 84 g, *kJ: 2461,* kcal: 588

**1.** Schweineschnitzel mit Küchenpapier trocken tupfen und in etwa 2 cm breite Streifen schneiden.
**2.** Paprikaschoten halbieren, entstielen, entkernen und die weißen Scheidewände entfernen. Schoten abspülen, abtropfen lassen und in kleine Würfel schneiden.
**3.** Das Olivenöl in einer Pfanne erhitzen. Die Fleischstreifen darin portionsweise kurz bei starker Hitze von allen Seiten scharf anbraten. Anschließend wieder herausnehmen.
**4.** Wasser in einem großen Topf zugedeckt zum Kochen bringen. Dann Salz und Nudeln zugeben. Die Nudeln im geöffneten Topf bei mittlerer Hitze nach Packungsanleitung bissfest kochen, dabei gelegentlich umrühren.
**5.** In der Zwischenzeit in dem Fleisch-Bratensatz die Paprikawürfel kurz anbraten, dann mit der Brühe ablöschen. Sojasauce zugeben, aufkochen lassen und mit Saucenbinder leicht andicken. Sauce mit Pfeffer, Prise Zucker und etwas Zitronensaft abschmecken.
**6.** Die Fleischstreifen zugeben und einmal kurz aufkochen lassen, zugedeckt beiseite stellen.
**7.** Frühlingszwiebeln putzen, abspülen, abtropfen lassen und in Scheiben schneiden. Frühlingszwiebeln zusammen mit dem Sesamöl unter das Geschnetzelte mischen, mit den Bandnudeln anrichten und mit gehackter Petersilie bestreuen.

---


Kaiserstraße 14 b
D-80801 München

3. Auflage 2016

ISBN: 978-3-7670-1710-8
Projektleitung: Carola Reich
Redaktionelle Mitarbeit: Carola Hülshoff, Christina Langner, Annette Riesenberg
Nährwertberechnungen: Nutri Service
Titelgestaltung: kontur:design GmbH
Grafische Gestaltung und Satz: MDH Haselhorst
Producing: Jan Russok, Peter Karg-Cordes
Druck & Bindung: Optimal media GmbH, Röbel/Müritz



Die Bücher und E-Books unter der Marke Dr. Oetker Verlag erscheinen als Lizenz in der ZS Verlag GmbH. www.oetker-verlag.de | www.facebook.de/Dr.OetkerVerlag

Die ZS Verlag GmbH ist ein Unternehmen der Edel AG, Hamburg. www.zsverlag.de / www.facebook.de/zs-verlag

Für Fragen, Vorschläge oder Anregungen steht Ihnen der Verbraucherservice der Dr. Oetker Versuchsküche Telefon: 00800 71 72 73 74 Mo.–Fr. 8:00–18:00 Uhr, Sa. 9:00–15:00 Uhr (gebührenfrei in Deutschland) zur Verfügung.